AF859540

BÜLOW

Landespersonalvertretungsgesetz Nordrhein-Westfalen

Landespersonalvertretungsgesetz Nordrhein-Westfalen

Praxiskommentar für Arbeitgeber

Formulare und Checklisten
zum Download

Christian Bülow
Jurist beim Kommunalen Arbeitgeberverband Nordrhein-Westfalen

3. Auflage 2024

moll

Bibliografische Information der Deutschen Nationalbibliothek |
Die Deutsche Nationalbibliothek verzeichnet diese Publikation in der Deutschen Nationalbibliografie; detaillierte bibliografische Daten sind im Internet über www.dnb.de abrufbar.

3. Auflage, 2024
ISBN 978-3-415-07555-9

© 2016 Richard Boorberg Verlag
Das Werk einschließlich aller seiner Teile ist urheberrechtlich geschützt. Jede Verwertung, die nicht ausdrücklich vom Urheberrechtsgesetz zugelassen ist, bedarf der vorherigen Zustimmung des Verlages. Dies gilt insbesondere für Vervielfältigungen, Bearbeitungen, Übersetzungen, Mikroverfilmungen und die Einspeicherung und Verarbeitung in elektronischen Systemen.

Titelfoto: © Rafa Fernandez – stock.adobe.com | Satz: abavo GmbH, Nebelhornstraße 8, 86807 Buchloe | Druck und Bindung: Beltz Grafische Betriebe GmbH, Am Fliegerhorst 8, 99947 Bad Langensalza

Richard Boorberg Verlag GmbH & Co KG | Scharrstraße 2 | 70563 Stuttgart
Stuttgart | München | Hannover | Berlin | Weimar | Dresden
www.boorberg.de

Vorwort

Die 3. Auflage des vorliegenden Werkes soll in erster Linie wieder der **„Arbeitgeberseite“** die Zusammenarbeit mit dem Personalrat erleichtern. Der hier und im Titel der neuen Auflage gewählte „Arbeitgeberbegriff“ entspricht zwar nicht der Terminologie des LPVG NRW, das von der „Dienststelle“ spricht, ist aber im umgangssprachlichen Sinne plakativer. Damit soll noch deutlicher gemacht werden, dass sich das vorliegende Werk maßgeblich an die Dienststellenleitungen (= Dienstherren/Arbeitgeber) und deren Personalverantwortliche richtet!

Der Fundus der **Mustervorlagen und Grafiken** zu Verfahrensabläufen für die praktische Umsetzung des LPVG NRW wurde seit der Erstauflage im Jahr 2016 erneut erweitert und ergänzt.

Auch in der 3. Auflage sind sämtliche Ausführungen unter **Berücksichtigung der aktuellen Rechtslage** nach dem LPVG NRW und der aktuellen Rechtsprechung, insbesondere des OVG NRW, vorgenommen worden, ohne einen Anspruch auf Vollständigkeit zu erheben. Sie stellen **keine Rechtsberatung** dar und können eine solche auch nicht ersetzen!

Soweit das **BPersVG 2021 novelliert** und dabei zum größten Teil eine neue Struktur erhalten hat, wurde dies in der vorliegenden Neuauflage entsprechend berücksichtigt. Die Fundstellen der in Verweisung genommenen Kommentare zum Bundesgesetz wurden angepasst. **Soweit einige LBS zum Stand 11/2023 noch nicht alle Vorschriften neu kommentiert haben, wurde darauf hingewiesen und auf die bislang noch vorhandene (Alt-)Kommentierung verwiesen.**

Um die Lesbarkeit des vorliegenden Werkes zu vereinfachen, wurde auch weiterhin auf die zusätzliche Formulierung der weiblichen Form verzichtet. Es wird darauf hingewiesen, dass die ausschließliche **Verwendung der männlichen Schreibform** ausdrücklich als geschlechtsunabhängig verstanden werden soll.

Die 3. Auflage enthält keine CD-ROM mehr. Wichtige **Zusatzmaterialien für die Praxisarbeit** (Checklisten, Tabellen, Übersichten, Muster als Word-Datei etc.) können nunmehr über einen Download-Link abgerufen werden:

www.boorberg-plus.de/alias/lpvg
Passwort: lpvg-nrw-buelow-03

Das vorliegende Werk wird durch den gesondert im hiesigen Verlag erschienenen **Kommentar zur Wahlordnung (WO-LPVG NRW)** praxisorientiert ergänzt!

Ich wünsche allen Lesern einen interessanten und vor allem erfolgreichen Umgang in der Praxis mit der neu gestalteten 3. Auflage des Kommentars und Formularbuchs.

Christian Bülow

Inhaltsverzeichnis

Abkürzungs- und Literaturverzeichnis

a. A.	andere Ansicht
a. a. O.	am angegebenen Ort
AbgG	Abgeordnetengesetz
Abs.	Absatz/Absätze
actus contrarius	Gegenteiliger Akt/Rechtshandlung
ADO	Allgemeine Dienstordnung
ADVO	Aufwandsdeckungsverordnung
AEVO	Ausbildereignungsverordnung
AGG	Allgemeines Gleichbehandlungsgesetz
AltTZG	Altersteilzeitgesetz
Altvater u. a.	Altvater/Baden/Baunack/Berg/Dierßen/Herget/Kröll/Lenders/Noll, Bundespersonalvertretungsgesetz, 11. Auflage, 2023, Bund-Verlag
amtl. LS	amtlicher Leitsatz
ANB	Allgemeine Nutzungsbedingungen
Anm.	Anmerkung
AO	Abgabenordnung
AöR	Anstalt des öffentlichen Rechts
ArbG	Arbeitsgericht
ArbGG	Arbeitsgerichtsgesetz
ArbNerfG	Arbeitnehmererfindungsgesetz
ArbSchG	Arbeitsschutzgesetz
ArbZG	Arbeitszeitgesetz
arg. e contr.	argumentum e contrario (lat.), Umkehrschluss
Arnold/Günther	Arbeitsrecht 4.0, Praxishandbuch, 2018
Art.	Artikel
ASiG	Arbeitssicherheitsgesetz
Auerbach/Pietsch	Beamtenstatusgesetz, Kurzkommentar für die Praxis, 2008
AÜG	Arbeitnehmerüberlassungsgesetz
AwbG	Arbeitnehmerweiterbildungsgesetz
AZVO NRW	Verordnung über die Arbeitszeit der Beamtinnen und Beamten im Lande Nordrhein-Westfalen
AZVOFeu	Verordnung über die Arbeitszeit der Beamtinnen und Beamten des feuerwehrtechnischen Dienstes im Lande Nordrhein-Westfalen

AZVOPol	Verordnung über die Arbeitszeit der Polizeivollzugsbeamten des Landes Nordrhein-Westfalen
BAFzA	Bundesamt für Familie und Zivilgesellschaftliche Aufgaben
BAG	Bundesarbeitsgericht
BAT	Bundes-Angestelltentarifvertrag
BayVGH	Bayerischer Verwaltungsgerichtshof
BBesG	Bundesbesoldungsgesetz
BBesO	Bundesbesoldungsordnung
BBiG	Berufsausbildungsgesetz
BDSG	Bundesdatenschutzgesetz
BeamtVG	Beamtenversorgungsgesetz
BeamtStG	Beamtenstatusgesetz
BEEG	Gesetz zum Elterngeld und zur Elternzeit
BEM	Betriebliches Eingliederungsmanagement
BetrVG	Betriebsverfassungsgesetz
BFD	Bundesfreiwilligendienst
BFDG	Gesetz über den Bundesfreiwilligendienst
BFD-WahlV	Verordnung über die Wahl der Sprecherinnen und Sprecher der Freiwilligen des BFD
BGB	Bürgerliches Gesetzbuch
Bieler/Müller-Fritzsche	Niedersächsisches Personalvertretungsgesetz (NPersVG), Kommentar, 17. Aufl., 2016
BildscharbV	Verordnung über Sicherheit und Gesundheitsschutz bei der Arbeit an Bildschirmgeräten
BKrFQG	Gesetz über die Grundqualifikation und Weiterbildung der Fahrer bestimmter Kraftfahrzeuge für den Güterkraft- oder Personenverkehr
BKrFQV	Verordnung zur Durchführung des Berufskraftfahrer-Qualifikations-Gesetzes
BImschG	Bundes-Immisionsschutzgesetz
BMFSFJ	Bundesamt für Familie, Senioren, Frauen und Jugend
BPersVG	Bundespersonalvertretungsgesetz
BPR	Bezirkspersonalrat
BRAO	Bundesrechtsanwaltsordnung
BRRG	Beamtenrechtsrahmengesetz
BORA	Berufsordnung der Rechtsanwälte
BSG	Bundessozialgericht

Bülow	Landesgleichstellungsgesetz Nordrhein-Westfalen, Kommentar, 2024, Luchterhand
Bülow	Landespersonalvertretungsgesetz Nordrhein-Westfalen, Vorschriftensammlung für Praxis und Ausbildung, 4. Auflage, 2024, Richard Boorberg – Edition Moll
Bülow	Wahlordnung zum Landespersonalvertretungsgesetz Nordrhein-Westfalen, Kommentar, 2020, Richard Boorberg – Edition Moll
BVerfG	Bundesverfassungsgericht
BVerfGE	Entscheidungssammlung des Bundesverfassungsgerichts
BVerwG	Bundesverwaltungsgericht
BVerwGE	Entscheidungssammlung des Bundesverwaltungsgerichts
BWG	Bundeswahlgesetz
bzw.	beziehungsweise
Cecior u. a.	Cecior/Vallendar/Lechtermann/Klein, Das Personalvertretungsrecht in Nordrhein-Westfalen, Loseblatt-Kommentar, Rehm
DB	Der Betrieb (Zeitschrift)
Deppisch u. a.	Deppisch/Jung/Schleitzer, Tipps für neu- und wiedergewählte PR- Mitglieder, 4. Auflage, 2018, Bund
DGB	Deutscher Gewerkschaftsbund
d. h.	das heißt
DHPolG	Gesetz über die Deutsche Hochschule der Polizei
DRiG	Deutsches Richtergesetz
Drucks.	Drucksache
DSG NRW	Datenschutzgesetz Nordrhein-Westfalen
DSGVO	Datenschutzgrundverordnung
DWVO NRW	Verordnung über Dienstwohnungen für Beamtinnen und Beamte und die Richterinnen und Richter des Landes Nordrhein-Westfalen sowie die Beamtinnen und Beamten der Gemeinden und Gemeindeverbände
EG	Entgeltgruppe
EigVO NRW	Eigenbetriebsverordnung für das Land Nordrhein-Westfalen
EMRK	Europäische Menschenrechtskonvention
ErfK	Erfurter Kommentar zum Arbeitsrecht, 15. Auflage, 2015, C.H. Beck

Erl.	Erläuterungen
etc.	et cetera
EuGH	Europäischer Gerichtshof
evtl.	eventuell
ff.	folgende
FH	Fachhochschule
FHGöd	Gesetz über die Fachhochschulen für den öffentlichen Dienst im Lande Nordrhein-Westfalen
Fischer u. a.	Fischer/Goeres/Gronimus, Personalvertretungsrecht des Bundes und der Länder, GKöD Band V, Loseblatt-Kommentar, Erich Schmidt
Fitting u. a.	Fitting/Schmidt/Trebinger/Linsenmaier/Schelz, Betriebsverfassungsgesetz, 31. Auflage, 2022, Vahlen
ForstunterhVO	Verordnung über die Gewährung von Unterhaltsbeihilfe an Forstinspektoranwärter und Forstreferendare
FrUrlV NRW	Verordnung über die Freistellung wegen Mutterschutz für Beamtinnen und Richterinnen, Eltern- und Pflegezeit, Erholungs- und Sonderurlaub der Beamtinnen und Beamten und Richterinnen und Richter im Land Nordrhein-Westfalen
FVG	Gesetz über die Finanzverwaltung
GABl.	Gemeinsames Amtsblatt
GBl.	Gesetzblatt
GdP	Gewerkschaft der Polizei
GemHVO	Gemeindehaushaltsverordnung
Gem.-OGB	Gemeinsamer Senat der Obersten Gerichtshöfe des Bundes
GemKHBVO NRW	Verordnung über den Betrieb gemeindlicher Krankenhäuser für das Land Nordrhein-Westfalen
GEW	Gewerkschaft Erziehung und Wissenschaft
GewO	Gewerbeordnung
GG	Grundgesetz für die Bundesrepublik Deutschland
ggf.	gegebenenfalls
GmbH	Gesellschaft mit beschränkter Haftung
GO NRW	Gemeindeordnung für das Land Nordrhein-Westfalen
Gronimus	Das personalvertretungsrechtliche Beschlussverfahren, Kommentar, 1. Auflage, 2017, Erich Schmidt Verlag
grds.	grundsätzlich

GUV-VA 6/7	Unfallverhütungsvorschrift Betriebsärzte, Sicherheitsingenieure und andere Fachkräfte für Arbeitssicherheit
GV NRW	Gesetz- und Verordnungsblatt für das Land Nordrhein-Westfalen
GVBl.	Gesetz- und Verordnungsblatt
GVG	Gerichtsverfassungsgesetz
h. M.	herrschende Meinung
HAG	Heimarbeitsgesetz
Havers/Giesen	Havers/Giesen, Landespersonalvertretungsgesetz (LPVG), Kommentar, 10. Auflage, 2017, Reckinger
HebG	Hebammengebührenverordnung
Hess u. a.	Hess/Worzalla/Glock/Nicolai/Rose/Huke, BetrVG, Kommentar, 9. Auflage, 2014, Luchterhand
HG NW	Gesetz über die Hochschulen des Landes Nordrhein-Westfalen
HGB	Handelsgesetzbuch
HPR	Hauptpersonalrat
i. d. F.	in der Fassung
i. d. R.	in der Regel
i. H. v.	in Höhe von
i. S. v.	im Sinne von
i. V. m.	in Verbindung mit
i. Ü.	im Übrigen
Ilbertz u. a.	Ilbertz/Widmaier, Bundespersonalvertretungsgesetz, 15. aktualisierte Auflage, 2023, Kohlhammer
JAG NRW	Gesetz über die juristischen Prüfungen und den juristischen Vorbereitungsdienst in Nordrhein-Westfalen
JAV	Jugend- und Auszubildendenvertretung
JArbSchG	Jugendarbeitsschutzgesetz
JFD	Jugendfreiwilligendienst
JFDG	Gesetz zur Förderung von Jugendfreiwilligendiensten
JustizG NRW	Gesetz über die Justiz im Land Nordrhein-Westfalen
JVEG	Justizvergütungs- und Entschädigungsgesetz
KAV NW	Kommunaler Arbeitgeberverband Nordrhein-Westfalen
KGSt	Kommunale Gemeinschaftsstelle für Verwaltungsmanagement

Klein/Lechtermann	Das Personalvertretungsrecht NRW – Novelle 2011 –, 2011, Rehm
KrO NRW	Kreisordnung für das Land Nordrhein-Westfalen
KrPflG NRW	Gesetz über die Berufe in der Krankenpflege in Nordrhein-Westfalen
KschG	Kündigungsschutzgesetz
KunstHG NRW	Gesetz über die Kunsthochschulen des Landes Nordrhein-Westfalen
KWahlG	Kommunalwahlgesetz
Laber/Pagenkopf	Landespersonalvertretungsgesetz Nordrhein-Westfalen, Kommentar, 2017, C.H. Beck
LABG	Lehrerausbildungsgesetz
LAG	Landesarbeitsgericht
LBeamtVG NRW	Beamtenversorgungsgesetz für das Land Nordrhein-Westfalen
LBesG NW	Landesbesoldungsgesetz Nordrhein-Westfalen
LBG	Landesbeamtengesetz
LDG	Landesdisziplinargesetz
LDSG	Landesdatenschutzgesetz
Lenders	Lenders/Richter, Die Personalvertretung, 1. Auflage, 2010, Luchterhand
LG	Landgericht
LGG NRW	Gesetz zur Gleichstellung von Frauen und Männern für das Land Nordrhein-Westfalen
LHO	Landeshaushaltsordnung
Litschen/Herbert	Tarifrecht der Beschäftigten im öffentlichen Dienst, Loseblatt-Kommentar, Luchterhand
LOG NRW	Gesetz über die Organisation der Landesverwaltung
Lorenzen u. a.	Lorenzen/Etzel/Gerhold/Schlatmann/Rehak/Faber/Griebeling/Hebeler, Bundespersonalvertretungsgesetz, Loseblatt-Kommentar, R. v. Decker
LPVG NRW	Landespersonalvertretungsgesetz Nordrhein-Westfalen
LRiG NRW	Richtergesetz für das Land Nordrhein-Westfalen
LRiStaG NRW	Richter- und Staatsanwältegesetz für das Land Nordrhein-Westfalen
LRKG NRW	Landesreisekostengesetz
LT	Landtag
LT-Drucks.	Landtagsdrucksache
LV NRW	Verfassung für das Land Nordrhein-Westfalen

LVerbO NRW	Landschaftsverbandsordnung für das Land Nordrhein-Westfalen
LVOPol	Laufbahnverordnung der Polizei
MBl	Ministerialblatt
m. w. N.	mit weiteren Nachweisen
MTArb	Manteltarifvertrag für Arbeiterinnen und Arbeiter des Bundes und der Länder
MuSchG	Gesetz zum Schutze der erwerbstätigen Mutter
Nr.	Nummer
n.rk.	Nicht rechtskräftig
NtV NRW	Verordnung über die Nebentätigkeit der Beamten und Richter im Lande Nordrhein-Westfalen
NV-Bühnen	Normalvertrag Bühne
NVwZ	Neue Zeitschrift für Verwaltungsrecht
NW	Nordrhein-Westfalen
o. g.	oben genannt
öAT	Zeitschrift für das öffentliche Arbeits- und Tarifrecht, zitiert nach Autor, Titel, Jahrgang, Seitenzahl
ÖGDG NRW	Gesetz über den öffentlichen Gesundheitsdienst des Landes Nordrhein-Westfalen
OLG	Oberlandesgericht
ÖPNV	Öffentlicher Personennahverkehr
OVG	Oberverwaltungsgericht
PersR	Der Personalrat (Zeitschrift), zitiert nach Autor, Titel, Jahrgang, Seitenzahl
PersV	Die Personalvertretung (Zeitschrift), zitiert nach Autor, Titel, Jahrgang, Seitenzahl
PflZG	Gesetz über die Pflegezeit
POG NRW	Gesetz über die Organisation und die Zuständigkeit der Polizei im Lande Nordrhein-Westfalen
PR	Personalrat
PVL	Verordnung über die Errichtung von Personalvertretungen für die im Landesdienst beschäftigten Lehrer
RatSchTV Ang	Tarifvertrag über den Rationalisierungsschutz für Angestellte
RDG	Gesetz über außerordentliche Rechtsdienstleistungen
RdErl.	Runderlass
RefUnterhVO	Verordnung über die Gewährung von Unterhaltsbeihilfen an Rechtsreferendare

Regel-Bsp.	Regelbeispiel
Reich	Reich, Dr. Andreas, Beamtenstatusgesetz, 2. Auflage, 2012, C.H. Beck
Reinartz	Reinartz, Franz-Josef, Personalvertretungsgesetz Nordrhein-Westfalen mit Wahlordnung, Kommentar für die Praxis, 1997, Walhalla
Richardi u. a.	Richardi/Dörner/Weber, Personalvertretungsrecht, 5. neu bearbeitete Auflage, 2020, C.H. Beck
Rn	Randnummer
Rooschütz u. a.	Rooschütz (begr.)/Amend (begr.)/Bader/Gerstner-Heck/Käßner u. a, Landespersonalvertretungsgesetz für Baden-Württemberg, 14. Auflage 2014, Kohlhammer
RRefBeihV NRW	Verordnung über die Gewährung von Unterhaltsbeihilfen an Rechtsreferendare vom 20. April 1999
RVG	Gesetz über die Vergütung der Rechtsanwältinnen und Rechtsanwälte
RVO	Reichsversicherungsordnung
Rz.	Randziffer
S.	Seite
s. o.	siehe oben
SchulG NRW	Schulgesetz für das Land Nordrhein-Westfalen
SchwbG	Schwerbehindertengesetz (abgelöst durch SGB IX)
SGB	Sozialgesetzbuch
Stege u. a.	Stege/Weinspach/Schiefer, Betriebsverfassungsgesetz, 9. Auflage, 2002, Institut der Deutschen Wirtschaft Köln
StGB	Strafgesetzbuch
StrlSchV	Verordnung über den Schutz vor Schäden durch ionisierende Strahlen
SÜG NRW	Gesetz über die Voraussetzungen und das Verfahren von Sicherheitsüberprüfungen des Landes Nordrhein-Westfalen
TEVO	Trennungsentschädigungsverordnung
ThürPersVG	Thüringer Personalvertretungsgesetz
TIntG NRW	Gesetz zur Förderung der gesellschaftlichen Teilhabe und Integration in Nordrhein-Westfalen
TRANSNET	ehemals Gewerkschaft der Eisenbahner Deutschlands

TSG	Gesetz über die Änderung der Vornamen und die Feststellung der Geschlechtszugehörigkeit in besonderen Fällen (Transsexuellengesetz)
TVAöD	Tarifvertrag für Auszubildende des öffentlichen Dienstes
TVG	Tarifvertragsgesetz
TV-L	Tarifvertrag für den öffentlichen Dienst der Länder
TVöD	Tarifvertrag für den öffentlichen Dienst
TVPöD	Tarifvertrag für Praktikantinnen/Praktikanten des öffentlichen Dienstes
TVÜ	Tarifvertrag zur Überleitung der Beschäftigten der kommunalen Arbeitgeber in den TVöD und zur Regelung des Übergangsrechts
TV-V	Tarifvertrag Versorgungsbetriebe
TzBfG	Gesetz über Teilzeitarbeit und befristete Arbeitsverträge
u. a.	unter anderem
usw.	und so weiter
UVV	Unfallverhütungsvorschriften
v.	vom
ver.di	Vereinte Dienstleistungsgewerkschaft
VG	Verwaltungsgericht
VGH	Verwaltungsgerichtshof
vgl.	vergleiche
VKA	Vereinigung der kommunalen Arbeitgeber
VMBl.	Ministerialblatt des Bundesministeriums der Verteidigung
VR	Vorschussrichtlinien
VV	Verwaltungsvorschrift
VVzLRKG	Allgemeine Verwaltungsvorschriften zum Landesreisekostengesetz
VVzTEVO	Verwaltungsvorschriften zur Durchführung der Trennungsentschädigungsverordnung
VwGO	Verwaltungsgerichtsordnung
VwV	Verwaltungsvorschrift
VwVfG	Verwaltungsverfahrensgesetz
WissZeitVG	Gesetz über befristete Arbeitsverträge in der Wissenschaft
WO-LPVG	Wahlordnung zum Landespersonalvertretungsgesetz

z. B.	zum Beispiel
ZDG	Gesetz über den Zivildienst der Kriegsdienstverweigerer
ZDVG	Gesetz über den Vertrauensmann der Zivildienstleistenden
ZfPR	Zeitschrift für Personalvertretungsrecht, zitiert nach Autor, Jahrgang, Seitenzahl
Ziff.	Ziffer
ZPO	Zivilprozessordnung

Geschichte des Personalvertretungsrechts in Deutschland/NRW

I. „Deutscher Bund" (1815 – 1866)

Die historische Entwicklung des Personalvertretungsrechts im öffentlichen Dienst ist eng mit der Geschichte der Arbeiterbewegung und der des Betriebsverfassungsrechts verbunden.

Bereits in der Mitte des 19. Jahrhunderts formten sich die ersten Versuche, eine kollektive Interessenvertretung der Arbeiterschaft ins Leben zu rufen. So lag nach der Märzrevolution 1848 der damaligen verfassungsgebenden Nationalversammlung in der Paulskirche Frankfurt a. M. der **Entwurf einer Reichsgewerbeordnung (RGewO)** vor, welche die zwingende Bildung von „Fabrikausschüssen" anstrebte. Eine Umsetzung erfolgte sodann aber nicht.

II. „Deutsches Kaiserreich" (1871 – 1918)

Die maßgeblichen Grundlagen der heutigen, gesetzlich geregelten kollektiven Interessenvertretung in Betrieben der Privatwirtschaft und im öffentlichen Dienst wurden erst in der Zeit des letzten Deutschen Kaiserreichs gebildet. Durch das **Gesetz zur Abänderung der Gewerbeordnung vom 1. Juni 1891** fand eine Novellierung der RGewO mit der Folge statt, dass den Arbeitgebern/Fabrikanten fortan das Ermessen eröffnet wurde, sog. „Arbeiterausschüsse" einzurichten. In diesem Rahmen wurde der Arbeiterschaft die Möglichkeit eingeräumt, sich bei dem Erlass von Ordnungsvorschriften des Betriebes durch einen ständig eingerichteten Ausschuss beratend einbringen zu können. Bestimmte Vorschriften über das Verhalten der Arbeiterschaft konnten so auch nur mit ihrer Zustimmung in die Arbeitsordnung aufgenommen werden. Bei der Fragestellung, ob Arbeitgeber/Fabrikanten dieses Ermessen auch tatsächlich ausgeübt haben, oder ob es sich lediglich um eine „Vorschrift auf dem Papier" gehandelt hat, wird man eher zu Letzterem tendieren müssen.

Während des Ersten Weltkrieges (1914 – 1918) wurden den Arbeitnehmern mit dem **Gesetz über den vaterländischen Hilfsdienst („HilfsdienstG") vom 5. Dezember 1916** erste rechtliche Zugeständnisse gemacht. Sie bestanden darin, dass in Betrieben mit einer bestimmten Beschäftigtenanzahl „Arbeiterausschüsse" gebildet werden mussten. Diese hatten die Verpflichtung, das gute Einvernehmen innerhalb der Arbeiterschaft des Betriebes sowie zwischen der Arbeiterschaft und dem Arbeitgeber zu fördern, wobei ihnen auch speziell in sozialen Angelegenheiten Anhörungsrechte zustanden (§ 12).

Mit den vorbenannten Zugeständnissen war die damalige deutsche Regierung in der Kriegszeit bemüht, sich sowohl der Loyalität des Reichstages als auch der Arbeiterschaft zu versichern. Dennoch kam es in den letzten Kriegsjahren vermehrt zu Massenstreiks, die zu einer Revolution, der Ausrufung der Republik und letztendlich zur Abdankung des Kaisers führten.

III. „Weimarer Republik" (1918 – 1933)

Während der Revolution hatten sich zunächst diverse Arbeiter- und Soldatenräte gebildet, die grundsätzlich den Aufbau eines Rätesystems forderten. Dieses sollte sich nicht nur auf den Arbeitsbetrieb beschränken, sondern auch dem Teilhabeverlangen der Arbeiter in der Wirtschaft und in der Politik entsprechend Rechnung tragen. In der Übergangsphase vom Kaiserreich zur Republik hin, oblag die höchste Regierungsgewalt dem Rat der Volksbeauftragten (11. November 1918). Dieser hat die im Hilfsdienstgesetz von 1916 enthaltenen Zugeständnisse durch den Erlass der **Verordnung über Tarifverträge, Arbeiter- und Angestelltenausschüsse und Schlichtung von Arbeitsstreitigkeiten vom 23. Dezember 1918** noch weiter ausgedehnt.

Mit dem Inkrafttreten der **Weimarer Reichsverfassung (WRV) vom 11. August 1919** wurde die Bildung von Betriebsarbeiterräten zur Wahrnehmung der sozialen und wirtschaftlichen Belange der Arbeiter und Angestellten (vgl. Art. 165 Abs. 2 WRV) sowie die Bildung spezieller Beamtenvertretungen (vgl. Art. 130 Abs. 3 WRV) erstmalig verfassungsrechtlich garantiert. In der verfassungsgebenden Nationalversammlung konnte allerdings keine Einigkeit über ein einheitliches Gesetz zur Wahrung der Rechte und Pflichten von Betriebsräten und Beamtenräten gefunden werden. Das im Weiteren erlassene **Betriebsrätegesetz (BRG) vom 4. Februar 1920** hat zwar für alle Betriebe und Verwaltungen des Privaten und öffentlichen Dienstes Geltung, dabei aber nur die dort beschäftigten Arbeitnehmer erfasst. Da im Reichstag keine Einigung über die Ausgestaltung des Beamtenrechts erzielt werden konnte, kam es in der Folge zu keinem eigenen Reichsgesetz für die Beamtenvertretungen. § 61 BRG sah jedoch die Möglichkeit vor, den Besonderheiten der Verwaltungen des öffentlichen Rechts durch Verordnungen entsprechend Rechnung zu tragen. Dadurch kam es zumindest in einigen Reichs- und Länderverwaltungen sowie bei der Reichsbahn und Reichspost zur Bildung von Beamten- und Räteausschüssen. Deren Kompetenzen waren im Gegensatz zu den Betriebsräten, die auf einem Reichsgesetz fußten, entsprechend uneinheitlich im Reichsgebiet. Nach § 65 BRG war gesetzlich lediglich vorgegeben, dass sie mit den in den Verwaltungen bestehenden Betriebsräten zur gemeinschaftlichen Beratung gemeinsamer Angelegenheiten zusammentreten konnten.

IV. „Drittes Reich" (1933 – 1945)

Mit der Machtergreifung der Nationalsozialisten am 30. Januar 1933 wurde die Regierungsgewalt im Deutschen Reich auf die NSDAP und ihre nationalkonservativen Koalitionspartner übertragen. Damit wurde die sich zum Ende des Kaiserreichs hin immer mehr geformte und sich in der Weimarer Republik immer mehr gefestigte Arbeiterbewegung in ihrer Organisation und ihrem Handeln gestoppt. Durch das ausschließlich nur für die private Wirtschaft geltende **Gesetz zur Ordnung der Nationalen Arbeit (AOG) vom 20. Januar 1934** wurde das BRG von 1920 aufgehoben (vgl. § 65 Nr. 1 AOG). Im Sinne der nationalsozialistischen Ideologie arbeiteten nunmehr Unternehmer als „Führer des Betriebes" und Angestellte/Arbeiter als „Gefolgschaft" gemeinsam zur Förderung der Betriebszwecke und zum gemeinsamen Nutzen von Volk und Staat zusammen (vgl. § 1 AOG). Anstatt eines Betriebsrates gab es nun einen „Vertrauensrat", der dem Unternehmer lediglich beratend zur Seite stehen konnte, unter seiner Leitung gebildet und letztendlich mit ihm als Vorsitzenden besetzt werden musste (vgl. § 5 Abs. 1 AOG). Durch das Gesetz zur Ordnung der Nationalen Arbeit in öffentlichen Verwaltungen und Betrieben (AOGö) vom 23.03.1934 wurden dann entsprechende Regelungen für den öffentlichen Dienst aufgestellt.

V. Nachkriegszeit (1945 – 1949)

Nach dem Ende des Zweiten Weltkrieges in Europa und dem Zusammenbruch des nationalsozialistischen Herrschaftssystems am 8. Mai 1945 wurde Deutschland in vier Besatzungszonen aufgeteilt und von den Siegermächten (USA, Sowjetunion, Großbritannien und Frankreich) besetzt. Mit der sog. „Berliner Erklärung" vom 5. Juni 1945 übernahmen die Siegermächte offiziell die Regierungsgewalt in Deutschland. Diese sollte als Ganzes durch die Oberbefehlshaber der vier Siegermächte ausgeübt werden, die sich repräsentativ im Alliierten-Kontrollrat, der am 30. Juli 1945 konstituierend zusammengetreten ist, wiederfinden. In dieser Zeit sind zunächst vereinzelt in einigen Betrieben wieder Betriebsräte entstanden, die zu Anfang in Ermangelung einer gesetzlichen Grundlage teilweise auf die Grundzüge des BRG von 1920 zurückgegriffen haben. Das hat sich dann aber geändert, als der Alliierte Kontrollrat mit dem **Kontrollratsgesetz (KRG) Nr. 22 (Betriebsräte) vom 10. April 1946** zur Wahrnehmung der beruflichen, wirtschaftlichen und sozialen Interessen der Arbeiter und Angestellten in den einzelnen Betrieben die Einrichtung und Tätigkeit von Betriebsräten gestattet hat (vgl. Art. I KRG Nr. 22). Die Wahl der Betriebsratsmitglieder musste dabei unter Anwendung demokratischer Grundsätze stattfinden, und die Amtsausführung war für höchstens ein Jahr mit der Möglichkeit der Wiederwahl gestattet (vgl. Art. III KRG Nr. 22).

Der Öffentliche Dienst wurde formaljuristisch ausgeklammert, da die Öffentliche Verwaltung und die dort tätigen Arbeiter und Beamten im Kontrollratsgesetz nicht ausdrücklich benannt wurden. Im Tatsächlichen hat man sie aber dennoch mit in die Gesetzesanwendung einbezogen. Denn in der Praxis wurden **gemeinsame Vertretungen für Arbeiter in der Privatwirtschaft und in der öffentlichen Verwaltung und für die dortigen Beamte** gebildet. Dadurch wurde zunächst der Weg für ein einheitliches Recht aller kollektiven betrieblichen Interessenvertretungen geebnet.

VI. Bundesrepublik Deutschland (ab 1949)

Mit der Gründung der Bundesrepublik Deutschland am 23. Mai 1949 wurde der letztgenannte Weg dann aber nicht weiter bzw. zu Ende beschritten. Soweit ehemals die WRV die Personalvertretung im öffentlichen Dienst ausdrücklich benannt hat, tat dies das nunmehr geltende Grundgesetz (GG) nicht mehr. Wie schon zuvor in der Weimarer Republik, gestaltete sich der Erlass eines einheitlichen Gesetzes äußerst schwierig, da die Auffassungen über seine Ausgestaltung sehr stark auseinandergingen. Mit dem **Betriebsverfassungsgesetz (BetrVG) vom 11. Oktober 1952** sind die Bemühungen um ein einheitliches Gesetz dann letztendlich gescheitert, da der öffentliche Dienst ausdrücklich von dessen Geltungsbereich abgegrenzt wurde. Am 6. September 1955 trat dann das **Personalvertretungsgesetz des Bundes (PersVGB)** in Kraft, das sich im Unterschied zu den vorangegangenen Regierungsentwürfen von 1952 allerdings weitestgehend am BetrVG von 1952 ausgerichtet hat. Als Bundesgesetz beschränkte es sich vornehmlich auf die Regelung der Personalvertretung der Beschäftigten der Verwaltungen und Betriebsverwaltungen des Bundes, der bundesunmittelbaren Körperschaften, Anstalten und Stiftungen des öffentlichen Rechtes sowie der Gerichte des Bundes. Ausgenommen einer unmittelbar geltenden Regelung über den Kündigungsschutz (§ 95) sah es für die Personalvertretungen in den Ländern lediglich Rahmenvorschriften vor (§§ 82 bis 94). Damit hat dieses Gesetz eine bundesuneinheitliche Entwicklung des Personalvertretungsrechts für den öffentlichen Dienst vorangetrieben. Ausgenommen Schleswig-Holstein, das sich bereits 1954 ein eigenes Gesetz geschaffen hat. Nach dem Inkrafttreten des PersVGB von 1955 folgten auch in den übrigen Bundesländern eigene Landespersonalvertretungsgesetze. Am 1. April 1974 ist das **Bundespersonalvertretungsgesetz (BPersVG)** in Kraft getreten, das die Rechtsstellung der Personalvertretungen und ihrer Mitglieder verbessert und die Rechte der Gewerkschaften gestärkt hat. In der weiteren Konsequenz wurden auch einige Landespersonalvertretungsgesetze novelliert.

V. Entwicklungen des Personalvertretungsrechts in Nordrhein-Westfalen

In der Nachkriegszeit sind zunächst auch in Nordrhein-Westfalen (NRW) in vielen Betrieben Betriebsräte ohne eine gesetzliche Grundlage eingerichtet worden. Aufgrund des **Kontrollratsgesetzes (KRG) Nr. 22 vom 10. April 1946** wurde erstmalig mit der **Betriebsvereinbarung der Landesregierung vom 17. März 1948** eine Mitbestimmung für den Bereich des öffentlichen Dienstes ins Leben gerufen. Diese Vereinbarung enthielt bereits umfangreiche Beteiligungsrechte der Personalvertretung. In gesetzlicher Form wurden diese dann erstmals im **Personalvertretungsgesetz für das Land Nordrhein-Westfalen (LPVG NRW) vom 28. Mai 1958** festgelegt. Dieses orientierte sich grundlegend an dem zwischenzeitlich in Kraft getretenen PersVGB von 1955. In Teilbereichen, und dabei auch in der Mitbestimmung ging es jedoch deutlich über die bundesrechtlichen Vorgaben hinaus. Das zeigte sich z. B. darin, dass Einstellungen, Anstellungen und Beförderungen oder Höhergruppierungen von Beamten und Arbeitnehmern der Mitbestimmungspflicht unterlagen, wohingegen das BPersVG hier nur Mitwirkungsrechte zusprach. Nachfolgend ist am 15.07.1958 sodann die entsprechende **Wahlordnung (WO-LPVG NRW)** in Kraft getreten (vgl. hierzu **Bülow, Kommentar zur WO-LPVG NRW**).

Die Novelle im **Jahr 1974** änderte das LPVG umfangreich. Die Beteiligungsrechte in den §§ 72ff. wurden erweitert und es wurde erstmals die „Einigungsstelle“ in das Gesetz eingeführt, der in vereinzelten Mitbestimmungsangelegenheiten auch ein Letztentscheidungsrecht zugestanden wurde.

Im **Jahr 1984** wurde das LPVG NRW erneut umfassend novelliert. Die Beteiligungsrechte der Personalvertretung wurden dabei wieder ausgebaut. Mit der Schaffung von Mitbestimmungstatbeständen, in Rationalisierungs-, Technologie- und Organisationsangelegenheiten, wurden im § 72 Abs. 3 z.B. vollständig neue Mitbestimmungsrechte eingeführt, die im Hinblick auf das BPersVG, das BetrVG und die sonstigen Landespersonalvertretungsgesetz exemplarisch sind. Neben Erweiterungen der Mitbestimmung hatte die Novelle aber auch eine Schwächung des „Gruppenprinzips“ zur Folge. Bis dahin stand die Führung der laufenden Geschäfte dem „Vorstand“ des Personalrats zu, dem ein Mitglied jeder im Personalrat vertretenen Gruppe angehören musste. Mit der Novelle wurde dieser abgeschafft und durch eine Einzelperson, d.h. den „Vorsitzenden“ ersetzt (vgl. § 29 Abs. 2 i.d.F. 1985).

Nach zehn Jahren, erfolgte dann im **Jahr 1994** eine weitere Novelle, die aber lediglich geringfügige Gesetzesänderungen mit sich brachte. Der Deutsche Gewerkschaftsbund – Landesbezirk Nordrhein-Westfalen (DGB NRW) hatte seinerzeit zwar vielzählige Änderungsvorschläge vorgetragen, die im Ergebnis überwiegend bei der Novellierung nicht berücksichtigt wurden. Grundlegend hat die Reform dennoch die Rechte der Personalvertretungen erneut erweitert, da ihnen nunmehr ein „individuelles Initiativrecht“ zugesprochen wurde (vgl. § 66 Abs. 4 LPVG NRW i.d.F. 1994).

Nach den Jahren der Mitbestimmungserweiterung zugunsten der Personalvertretungen wurden deren Rechte mit der Novelle im **Jahr 2007** dann zur Vereinfachung und Straffung des Beteiligungsverfahrens in der Betriebs- und Verwaltungspraxis zurückgeführt. Die damalige Landesregierung (CDU/FDP-Koalition) hatte damit vor allem das Ziel, die Strukturen der öffentlichen Verwaltung zu modernisieren und zu verschlanken. Im Ergebnis hat das LPVG NRW durch die Novellierung eine Anpassung an das BPersVG erfahren. Die Novellierung erfolgte zugleich aber auch im Kontext der Entscheidung des Bundesverfassungsgericht (BVerfG) vom 24.05.1995 – 2 BvF 1/92, das vor allem die verfassungsrechtlichen Grenzen der Personalvertretung neu bestimmt hat. Diese Rechtsprechung hat der damalige Gesetzgeber aufgegriffen und nunmehr bestimmt, dass die Einigungsstelle fortan in bestimmten Fällen nur noch eine Empfehlung aussprechen darf und die endgültige Entscheidung der Dienststelle vorbehalten ist.

Nachdem sich bei der Landtagswahl 2010 die politischen Mehrheiten erneut geändert haben, ist die neue Landesregierung (SPD und BÜNDNIS 90/DIE GRÜNEN-Koalition) im **Jahr 2011** darangegangen, die Änderungen der Novellierung 2007 wieder zugunsten der Personalvertretungen zurückzudrehen. Für die Landesregierung stand im Fokus, dass NRW wieder zum „*Mitbestimmungsland Nr. 1*" gemacht werden sollte. Die Kritik der Arbeitsgemeinschaft der kommunalen Spitzenverbände (Städtetag, Landkreistag sowie Städte- und Gemeindebund NRW) und des kommunalen Arbeitgeberverbandes (KAV NW) haben letztendlich im novellierten Gesetz kaum Berücksichtigung gefunden. Insgesamt ist das Mitbestimmungsniveau wieder zurück auf den Stand vor der Novelle 2007 geführt, und vereinzelt sogar erweitert worden (vgl. die Neueinführung eines Wirtschaftsausschusses [§ 65a LPVG NRW] nach dem Vorbild des BetrVG und die „prozessbegleitenden Informations- und Mitbestimmungspflicht [§ 65 Abs. 1 LPVG NRW]).

In den Folgejahren wurde das LPVG NRW – wie zuvor auch schon – verschiedentlich ergänzt und modifiziert. Zu erwähnen ist hier insbesondere die mit dem **Corona-Pandemie-Gesetz vom 14.04.2020** neu aufgenommene Möglichkeit, Personalratssitzungen vollständig oder unter Zuschaltung einzelner Mitglieder im Rahmen von Video- oder Telefonkonferenzen durchführen zu können. Dies ist seit **2023** nun dauerhaft möglich geworden. Zudem hat der Gesetzgeber endlich einmal („zeitgemäß") entsprechendes für die Durchführung von Personalversammlungen vorgesehen (vgl. GV. NRW. S. 316).

Soweit auch die aktuelle Landesregierung bislang die Sitzungsdurchführung der Vorabstimmungs- und Wahlvorstände leider immer noch nicht modernisiert hat, bleibt zu hoffen, dass zukünftig auch hier alsbald digitale oder hybride Möglichkeiten eröffnet werden (siehe hierzu auch **Bülow, Die Personalratswahlen im Coronamodus 2020/21 – Alles neu, oder wie?**, DÖD 2021, 1)!

Kommentar zum Landespersonalvertretungsgesetz Nordrhein-Westfalen

Personalvertretungsgesetz für das Land Nordrhein-Westfalen (Landespersonalvertretungsgesetz LPVG)

vom 3. Dezember 1974 (GV. NW. S. 1514),
zuletzt geändert durch Gesetz vom 30. Mai 2023 (GV. NRW. S. 316)

Inhaltsübersicht

Erstes Kapitel
Allgemeine Vorschriften

§ 1 (Geltungsbereich)

(1) Bei den Dienststellen des Landes, der Gemeinden, der Gemeindeverbände und der sonstigen der Aufsicht des Landes unterstehenden Körperschaften, Anstalten und Stiftungen des öffentlichen Rechts werden Personalvertretungen gebildet.

(2) Dienststellen im Sinne dieses Gesetzes sind, soweit nicht im Zehnten Kapitel etwas anderes bestimmt ist, die Behörden, Einrichtungen und Betriebe des Landes sowie die Kunsthochschulen des Landes, die Schulen und die Gerichte; bei den Gemeinden, den Gemeindeverbänden und den sonstigen der Aufsicht des Landes unterstehenden Körperschaften, Anstalten und Stiftungen des öffentlichen Rechts bilden die Verwaltungen, die Eigenbetriebe und die Schulen gemeinsam eine Dienststelle.

(3) Nebenstellen oder Teile einer Dienststelle können von der obersten Dienstbehörde zu selbständigen Dienststellen im Sinne dieses Gesetzes erklärt werden, sofern der Nebenstelle oder dem Teil einer Dienststelle eine selbständige Regelungskompetenz im personellen und sachlichen Bereich zusteht.

Gliederung

I. Einleitende Bemerkung

Die Vorschrift regelt den Geltungsbereich des LPVG NRW in Abgrenzung zu dem des BPersVG. 1

Siehe auch: Geschichte der Personalvertretung in Deutschland/NRW, S. 15 ff. 1a

II. Bildung von Personalvertretungen

Abs. 1: Der **sachliche Geltungsbereich** der Vorschrift legt fest, dass in den genannten Dienststellen (vgl. Rz. 5 ff.) Personalvertretungen zu bilden sind. Diese Anordnung bezieht sich auf alle der Landesgesetzgebung unterliegenden Bereiche des öffentlichen Dienstes. Die Aufzählung im Gesetzestext ist 2 nicht abschließend (vgl. OVG NRW 28.08.1984 – CL 57/82 – für nicht rechtsfähige Verwaltungsgemeinschaften von öffentlich-rechtlichen Körperschaften verschiedener Länder und BVerwG 05.05.1976 – VII P 7.74 – für nicht gemeinschaftliche Einrichtungen mehrerer Länder). Der **räumliche Geltungsbereich** ergibt sich nur mittelbar aus Abs. 1 und regelt die Anwendbarkeit des LPVG NRW auf alle Dienststellen mit Sitz in Nordrhein-Westfalen und deren Beschäftigten (vgl. OVG NRW 14.02.1990 – CL 56/87 –). Der **persönliche Geltungsbereich** ist § 5 zu entnehmen, der den Kreis der Beschäftigten i. S. d. LPVG NRW definiert.

3 Unter „**Personalvertretung**" ist die Sammelbezeichnung für die nach dem LPVG NRW zu wählenden Vertretungsorgane zu verstehen. Hierzu gehören die örtlichen Personalräte, die Bezirks- (§ 50), Haupt- (§§ 50, 85) und Gesamtpersonalräte (§ 52) sowie die gesetzlich besonders geregelten Vertretungen in den §§ 81 ff. Ebenfalls umfasst sind Personalversammlungen nach den §§ 45 ff. (vgl. BVerwG 25.06.1962 – VII P 11.60 –). Nicht erfasst sind die Jugend- und Auszubildendenvertretung (§ 54), da sie mit Blick auf ihre Aufgaben und Befugnisse (§ 61) keine Personalvertretung im eigentlichen Sinne darstellen. Siehe zur Rolle der Personalvertretung in der Dienstelle auch **Bülow, Der praktische Fall – Die Interaktion zwischen den verschiedenen Interessenvertretungen**, DöD 2023, S. 182.

4 Das „**Personalvertretungsrecht**" gehört mit Blick auf Art. 73 Nr. 8 GG zum Recht des öffentlichen Dienstes (vgl. BVerfG 03.10.1957 – 2 BvL 7/56 –). Seine Geltung endet allerdings mit dem **Übergang einer Dienststelle auf einen privatrechtlichen Rechtsträger**, d.h. z.B. einer GmbH oder AG (vgl. entsprechend BAG 09.02.1982 – 1 ABR 36/80 – zum BetrVG). Das hat zur Folge, dass ein in der ehemaligen öffentlich-rechtlichen Dienststelle vorhandener Personalrat sein Amt verliert und statt seiner nunmehr ein Betriebsrat nach den Vorgaben des BetrVG zu bilden ist. Aufgrund der fehlenden Wesensgleichheit des Personalvertretungs- und des Betriebsverfassungsrechts (vgl. BVerwG 19.10.2015 – 5 P 11.14 –) besteht nach hiesiger Auffassung im Weiteren **kein Übergangsmandat des Personalrats**, sodass er vor allem kein Recht die Wahl eines Betriebsrats vorzubereiten (str., vgl. im Kontext BAG 25.05.2000 – 8 AZR 416/99 –, das diese Frage aber offengelassen hat).

III. Dienststellen

5 **Abs. 2:** Der Gesetzgeber gibt keine (Legal-)Definition vor, was unter „**Dienststellen**" zu verstehen ist, sondern benennt nur abschließend die verschie-

denen Dienststellen, auf die das LPVG NRW Anwendung findet. Dienststellen im personalvertretungsrechtlichen Sinne sind jedenfalls nach der höchstrichterlichen Rechtsprechung organisatorische Einheiten, die einen selbstständigen Aufgabenbereich haben und innerhalb der Verwaltungsorganisation verselbstständigt sind. Dabei ist nicht die Aufgabe der jeweiligen Einrichtung dafür maßgebend, ob sie eine selbstständige Dienststelle bildet, sondern es hängt vielmehr davon ab, dass sie in dem in der öffentlichen Verwaltung möglichen Umfang organisatorisch verselbstständigt ist (vgl. BVerwG 13.08.1986 – 6 P 7.85 – und VG Arnsberg 22.03.2007 – 20 K 2029/06.PVL – m. w. N.; insbesondere auch zur Rechtsprechung des OVG NRW). Für die Begriffsbestimmung der in **Abs. 2 Halbsatz 1** angesprochenen **„Behörden und Einrichtungen des Landes"** ist auf das LOG NRW zurückzugreifen. Da das Personalvertretungsrecht eine Beteiligung der Beschäftigten bei ihren innerdienstlichen, sozialen und personellen Angelegenheiten gewährleisten soll, muss die Definition des „Behördenbegriffs" speziell dieser Zweckbestimmung gerecht werden. Ein bloßes Abstellen auf die in § 1 Abs. 2 VwVfG NRW enthaltende Definition („… jede Stelle, die Aufgaben der öffentlichen Verwaltung wahrnimmt") genügt dem nicht. Eine Behörde i. S. d. LPVG NRW ist vielmehr eine innerhalb der Verwaltungsorganisation verselbstständigte organisatorische Einheit, die Verwaltungsaufgaben verpflichtend erfüllen muss und deren Leiter eine hinreichende Entscheidungsbefugnis in Bezug auf personalvertretungsrechtliche Angelegenheiten hat. Siehe zu **Einzelfragen zum Wegfall einer Dienststelle i. Ü. die Ausarbeitung des Wissenschaftlichen Dienstes des Deutschen Bundestages** (2018 - WD 6 – 3000 – 120/18).

Wichtig! 6

Im 10. Kapitel des LPVG NRW (§§ 81 bis 106) sind hinsichtlich des Dienststellenbegriffs für bestimmte Bereiche und Beschäftigte wie z. B. Polizei, Lehrkräfte, Staatsanwälte und Referendare im juristischen Vorbereitungsdienst „Sondervorschriften" enthalten!

Die Begrifflichkeit der **„Einrichtungen des Landes"** kann § 14 LOG NRW, 7
die der **„Betriebe des Landes"** den Art. 81 Abs. 2, 88 LV NRW und die der **„Kunsthochschulen des Landes"** dem § 1 Abs. 2 KunstHG NRW entnommen werden. Der Begriff **„Schulen"** umfasst einzig öffentliche Schulen; auf Privatschulen findet hingegen das BetrVG Anwendung. Der schulischen Dienststelle i. S. d. LPVG NRW zugehörig sind nur die dortigen Beschäftigten (Sekretariatskräfte, Hausmeister, Reinigungskräfte etc.). Auf Lehrkräfte finden die Sondervorschriften der §§ 85 ff. Anwendung. Der Begriff **„Gerichte"** umfasst sämtliche vom Land errichteten Gerichte (Or-

dentliche-, Verwaltungs-, Finanz-, Arbeits- und Sozialgerichtsbarkeit), die jeweils eine Dienststelle darstellen (z. B. das VG Gelsenkirchen, das OVG NRW etc.). Für Richter werden „Richterräte und Bezirksrichterräte" eingerichtet (vgl. § 7 LRiG NRW) für welche die Vorschriften des LPVG NRW entsprechend Anwendung finden, soweit keine landesgesetzlichen Spezialregelungen etwas anderes bestimmen (vgl. § 14 LRiG NRW).

8 Nach **Abs. 2 Halbsatz 2** bilden die **„Verwaltungen"** bei den Gemeinden (vgl. GO NRW), den Gemeindeverbänden (vgl. KrO NRW und LVerbO NRW) und den sonstigen, der Aufsicht des Landes unterstehenden Körperschaften, Anstalten und Stiftungen des öffentlichen Rechts sowie die Eigenbetriebe und die Schulen gemeinsam eine Dienststelle. Dem Verwaltungsbegriff unterliegen dabei diejenigen Einheiten innerhalb einer Dienststelle, denen die Verwaltungsaufgabe zukommt. **„Eigenbetriebe"** sind wirtschaftliche Unternehmen der Gemeinde ohne eigene Rechtspersönlichkeit (vgl. § 114 GO NRW sowie die Vorschriften der EigVO NRW). Nach Maßgabe der GemKHBVO NRW sind kommunale Krankenhäuser gleichfalls wie Eigenbetriebe ohne Rechtspersönlichkeit zu betreiben!

IV. Nebenstellen oder Teile einer Dienststelle

9 <u>**Abs. 3:**</u> Eine obere Dienstbehörde kann Nebenstellen oder Teile von Dienststellen zu **„selbstständigen Dienststellen"** i. S. d. LPVG NRW erklären, was zur Folge hat, dass bei denen dann örtliche Personalräte zu wählen sind. Durch die Gesetzesnovelle 2007 und die dabei erfolgte Einführung des Halbsatzes „... sofern dem Leiter der Nebenstelle oder dem Leiter eines Teils einer Dienststelle eine selbstständige Regelungskompetenz in personellen und sachlichen Bereich zusteht" sollte der mit der Teilungserklärung verfolgte Zweck, die Personalratstätigkeit zu erleichtern untermauert werden (vgl. LT-Drucks. 14/4239 S. 88). Die Erklärungsmöglichkeit zu selbstständigen Dienststellen ist damit eingeschränkt und erschwert worden. Mit der **Novelle 2011** ist keine inhaltliche Änderung erfolgt, sondern lediglich der Wortlaut des Absatzes 3 geschlechterneutral gefasst worden (vgl. LT-Drucks. 15/1644 S. 75).

10 Der Gesetzgeber hat den Begriff **„oberste Dienstbehörde"** im LPVG NRW nicht definiert. Nach dem Wortlaut des vorstehenden Begriffs und nach dem Normzweck ist insoweit auf die Begriffsbestimmung des § 2 Abs. 1 LBG NRW zurückzugreifen. Diese Vorschrift stellt sich im Wortlaut wie folgt dar:

„(1) Oberste Dienstbehörde ist

1. für die Beamten des Landes die oberste Behörde des Geschäftsbereichs, in dem sie ein Amt bekleiden,
2. für die Beamten der Gemeinden und Gemeindeverbände die Vertretung der Gemeinde oder des Gemeindeverbandes und
3. für die Beamten der sonstigen der Aufsicht des Landes unterstehenden Körperschaften, Anstalten und Stiftungen des öffentlichen Rechts das nach Gesetz oder Satzung zuständige Organ.

Satz 1 Nr. 1 gilt für Beamte ohne Amt entsprechend. Für Ruhestandsbeamte, frühere Beamte und deren Hinterbliebene gilt als oberste Dienstbehörde die letzte oberste Dienstbehörde. Ist eine oberste Dienstbehörde nicht vorhanden, so bestimmt für die Beamten der Gemeinden, der Gemeindeverbände und der sonstigen der Aufsicht des Landes unterstehenden Körperschaften, Anstalten und Stiftungen des öffentlichen Rechts die oberste Aufsichtsbehörde, wer die Aufgaben der obersten Dienstbehörde wahrnimmt."

Als **oberste Dienstbehörde des Landes** ist entsprechend auf die Landesregierung, den Ministerpräsidenten und die Landesminister abzustellen (vgl. § 2 Abs. 1 Satz 1 Nr. 1 LBG NRW i. V. m. § 3 LOG NRW).

Als **oberste Dienstbehörde der Gemeinden und Gemeindeverbände** ist entsprechend auf die Vertretung der Gemeinde oder des Gemeindeverbandes abzustellen.

In **Gemeinden** stellt die oberste Dienstbehörde somit der **Rat** dar. Nach § 40 Abs. 2 Satz 1 GO NRW wird die Bürgerschaft, d. h. also die Gemeinde durch den Rat und durch den Bürgermeister vertreten. Dabei ist der Rat als das wichtigere Organ der Gemeinde anzusehen. Die Vielzahl seiner Mitglieder erleichtern es ihm die Vielfalt der Ansichten und Einstellungen der Bürger in die Beratungen und in seine Entscheidung miteinzubringen. Von daher ist ihm bereits schon aus dieser Warte heraus, d. h. aufgrund des Zwecks der Verselbstständigung von Nebenstellen oder Teilen einer Dienststelle sowie die damit zusammenhängenden kommunalen Auswirkungen eine Entscheidungs- bzw. Organkompetenz zuzusprechen. Dem wird im Gesamtkontext auch eine historische Auslegung gerecht, soweit man im Hinblick auf die Begriffsbestimmung nach dem LBG NRW und den Bestimmungen der GO NRW auf die Vorgängerregelungen abstellt. Auch die Systematik des LPVG NRW führt zu dieser Betrachtung. Denn der Gesetzgeber hat in der vorliegenden Vorschrift ausdrücklich den Begriff „oberste Dienstbehörde" gewählt, wie dies auch in § 67 Abs. 1 Satz 1 ausdrücklich der Fall ist. Die letztgenannte Vorschrift gibt die gesetzliche Verpflichtung vor, dass bei jeder obersten Dienstbehörde für die Dauer der Wahlperiode der Personalvertretung eine Einigungsstelle zu bilden ist. Beide zuvor benannte Vorschriften knüpfen also an hierarchische Begebenheiten und dabei an die Behörde als solches an. Der Gesetzgeber hat hier gerade nicht wie z.B. in § 68 auf das „verfassungsmäßig zuständige oberste Organ" abgestellt.

In den **Kreisen** stellt entsprechend der vorstehenden Ausführungen der **Kreistag** (§ 26 KrO NRW) die oberste Dienstbehörde dar.

In den **Landschaftsverbänden** stellt entsprechend der vorstehenden Ausführungen die **Landschaftsversammlung** die oberste Dienstbehörde dar.

10a „**Nebenstellen**" einer Dienststelle sind räumlich von ihr getrennte und in gewisser Weise relativ verselbstständigte Verwaltungsteile, die aber dennoch nicht organisatorisch selbstständig sind, sondern ihr weiterhin als sog. Hauptdienststelle unterstehen (z.B. kommunale Eigenbetriebe oder Zweigstellen einer Sparkasse etc.).

11 „**Teile einer Dienststelle**" stellen sonstige Dienststellenuntergliederungen dar, die zwar unmittelbar dem Zweck der Dienststelle dienen, aber keine organisatorische Selbstständigkeit besitzen (z.B. kommunale Krankenhäuser oder Alteneinrichtungen, aber auch einzelne Dezernate etc.).

12 Die **Verselbstständigungserklärung** liegt im Beurteilungsermessen der obersten Dienstbehörde (vgl. auch OVG NRW 26.02.1987 – CL 53/86 –), d.h. z.B. Landesminister, Gemeinderat oder Kreistag. Insoweit ist dann der Personalrat der obersten Dienstbehörde nach § 72 Abs. 4 Satz 1 Nr. 12 LPVG NRW mitbestimmungsrechtlich zu beteiligen. Die Verselbstständigung hat zur Folge, dass für die abgekoppelte Teileinheit der Dienststelle auch ein eigener Personalrat zu bilden ist. Jeder insoweit bestehende Personalrat ist dann personalvertretungsrechtlich in Bezug auf die ehemalige (Gesamt-)Dienststelle nur beschränkt für seine Teileinheit zuständig (OVG Niedersachsen 03.09.1986 – 17 OVG B 2/86 –). Weiter ist nach § 52 an dieser Stelle ein Gesamtpersonalrat zu bilden. Die Entscheidungsbefugnisse des Dienststellenleiters werden durch die Verselbstständigung grundsätzlich nicht beeinflusst (vgl. BVerwG 3.07.1990 – 6 P 10.87 –). Er ist fortan aber sowohl als Leiter der Gesamtdienststelle, als auch der verselbstständigten Teile zuständig.

13 **Wichtig!**

Bei Maßnahmen des Dienststellenleiters, die nur Beschäftigte einer Teildienststelle betreffen, ist der bei dieser gebildete Personalrat und nicht der Gesamtpersonalrat zu beteiligen (vgl. BVerwG 15.08.1983 – 6 P 18.81 – und OVG NRW 03.07.1986 – LV 36/84 –)!

V. Rechtliche Auseinandersetzungen

Die Fragen, ob eine Dienststelle i. S. d. LPVG NRW vorliegt oder, ob eine Selbstständigkeitserklärung einer Nebenstelle etc. wirksam erfolgt ist, können im Wege einer Wahlanfechtung bzw. Feststellung der Nichtigkeit der Wahl gerichtlich geklärt werden (vgl. BVerwG 18.01.1990 – 6 P 8.88 –). Darüber hinaus kann bei Streit darüber, ob bei einer Dienststelle ein Personalrat zu bilden ist (vgl. OVG NRW 25.03.1982 – CL 1/80 –), auch das personalvertretungsrechtliche Beschlussverfahren beschritten werden. 14

§ 2 (Vertrauensvolle Zusammenarbeit, Friedenspflicht)

(1) Dienststelle und Personalvertretung arbeiten zur Erfüllung der dienstlichen Aufgaben und zum Wohle der Beschäftigten im Rahmen der Gesetze und Tarifverträge vertrauensvoll zusammen; hierbei wirken sie mit den in der Dienststelle vertretenen Gewerkschaften und Arbeitgebervereinigungen zusammen.

(2) Dienststelle und Personalvertretung haben alles zu unterlassen, was geeignet ist, die Arbeit und den Frieden der Dienststelle zu beeinträchtigen. Insbesondere dürfen Dienststelle und Personalvertretung keine Maßnahmen des Arbeitskampfes gegeneinander durchführen. Arbeitskämpfe tariffähiger Parteien werden hierdurch nicht berührt.

(3) Außenstehende Stellen dürfen erst angerufen werden, wenn eine Einigung in der Dienststelle nicht erzielt worden ist. Dies gilt nicht für Gewerkschaften, Berufsverbände und Arbeitgeberverbände.

Gliederung

I. Einleitende Bemerkung

In dieser Vorschrift ist das **Leitmotiv des LPVG NRW** enthalten (vgl. auch § 2 BPersVG und hierzu BVerwG 26.02.1960 – VII P 4/59 – sowie Steiner, Die Harmoniekonzeption des BPersVG, PersV 2018, S. 244 ff. m.w.N.). Es bezieht sich dabei auf die „Akteure des LPVG NRW", d. h. die Dienststelle und den Personalrat. Ansprechpartner des Personalrates ist grundsätz- 1 lich die Dienststelle. Soweit in Einzelfällen nicht die Dienststelle nach dem LPVG NRW handlungsbefugt bzw. handlungszuständig ist, wird dies jeweils speziell gesetzlich geregelt, so etwa in § 68 Satz 1 Nr. 2 oder in § 66 Abs. 3 Satz 7 bis 9 oder in § 69 Abs. 6, wonach die Zuständigkeit des verfassungsmäßig zuständigen obersten Organs oder eines von diesem bestimmten Ausschusses geregelt wird.

1a Siehe auch: Geschichte der Personalvertretung in Deutschland/NRW, S. 15 ff.

II. Grundsatz der vertrauensvollen Zusammenarbeit

2 Abs. 1: Die Vorschrift regelt in **Abs. 1 Halbsatz 1** den für das gesamte Personalvertretungsrecht maßgeblichen **Grundsatz der vertrauensvollen Zusammenarbeit.** Dabei handelt es sich um keine Anspruchsgrundlage, sondern um ein zwingendes **allgemeines partnerschaftliches Verhaltensgebot** im Hinblick auf die Ausübung bestehender Rechte (vgl. entsprechend BAG 28.05.2014 – 7 ABR 36/12 – zum BetrVG). Es geht also alleine um die Art und Weise der bei bestehenden Beteiligungsrechten und sonstigen personalvertretungsrechtlichen Aufgaben notwendigen Zusammenarbeit, nicht aber um die rechtlichen Grundlagen (vgl. OVG NRW 29.11.2000 – 1 A 4383/98 –). Aus dem Grundsatz erwächst **kein allgemeines Kontrollrecht des Personalrats**, sondern allenfalls ein präventiver Informationsanspruch, wenn es um die Beachtung von Mitbestimmungsrechten geht (vgl. OVG Baden-Württemberg 07.05.2018 – PL 15 S 976/17 –). Ferner fungiert der vom Gesetzgeber aufgestellte Grundsatz als **Auslegungsregel in Zweifelsfällen** (vgl. OVG NRW 18.02.1998 – 1 A 5728/95.PVL –). Dabei gilt der Grundsatz dem Grunde nach hauptsächlich für das Verhältnis zwischen der **„Dienststelle“** (vgl. § 8 Rz. 2) und dem **„Personalrat“** (vgl. OVG NRW 22.10.1970 – CD 3/70 –) und bindet diese wechselseitig nur bei ihrem auf das personalvertretungsrechtliche Tätigwerden gerichtete Handeln (vgl. OVG NRW 21.12.2009 – 16A 1340/08.PVL zur Geltung bei einem Erörtungsgespräch nach § 66 Abs. 2 Satz 5 f. und BVerwG 25.05.2016 –5 PB 22.15 – zur Geltung im Disziplinarverfahren). Darüber hinaus gelangt er aber auch für die **Zusammenarbeit innerhalb des Personalrates** zur Anwendung (vgl. § 35 Rz. 15). Er wird durch die **Schweigepflicht in § 9** konkretisiert (vgl. § 9 Rn. 1). Siehe zum Miteinander in der Dienststelle auch **Bülow, Der praktische Fall – Die Interaktion zwischen den verschiedenen Interessenvertretungen**, DöD 2023, S. 182.

2a Siehe auch **Checkliste:** Konflikte mit dem Personalrat.

2b Siehe auch **Tabelle**: Lexikon der wichtigsten Personalratsrechte.

Keine Anwendung findet der vorbenannte Grundsatz auf das Dienst- bzw. Arbeitsverhältnis zwischen der Arbeitsstätte und den dortigen Beamten bzw. Beschäftigen oder das Verhältnis letztgenannter untereinander (vgl. BAG 13.07.1962 – AP 1 zu § 242 BGB). Es gilt auch nicht im behördlichen Disziplinarverfahren (vgl. BVerwG 25.05.2016 – 5 PB 22.15 –). 3

Bei der Auslegung, ob das gesetzgeberische Grundgebot eingehalten wird, ist auf die Grundsätze von Treu und Glauben (vgl. § 242 BGB) und auf die von der Rechtsprechung hierzu entwickelten Maßstäbe abzustellen. Entsprechend wird beiden Parteien vor allem **„Ehrlichkeit“** und **„Offenheit“** abverlangt (OVG NRW 22.10.1970 – CB 3/70 –). Um eine vertrauensvolle Zusammenarbeit zu erreichen ist ein dementsprechender **direkter und persönlicher Kontakt unumgänglich und von beiden Seiten zu fordern**! Nur so können gemeinsam und dabei partnerschaftlich die unterschiedlichen Aufgabenstellungen der Parteien zum Wohle der Beschäftigten (vgl. Rn. 6) erfüllt werden. Diesen Umstand hat der Gesetzgeber auch in Abs. 3 (vgl. Rz. 19 ff.) konkretisiert, wonach es vor allem dem Personalrat verwehrt ist, Ansprüche eigenmächtig durchzusetzen, ohne sich zunächst an den Dienststellenleiter oder einen für derartige Fälle benannten Vertreter (§ 8) zu wenden, um eine einvernehmliche Regelung zu erreichen (vgl. hierzu OVG Rheinland-Pfalz 21.06.1988 – 5 A 24/87 –)! 4

Die **Verletzung dieses Grundgebotes** kann im Rahmen einer gerichtlichen Auseinandersetzung dazu führen, dass der Personalrat aufgelöst wird oder dass es gem. § 25 zu einem Ausschlussverfahren von einem Personalratsmitglied kommt (vgl. BVerwG 19.09.1984 – 1 D 38.84 –). Auf der Seite der Dienststellenleitung kann es zu beamtenrechtlichen Disziplinarverfahren bzw. sonstigen entsprechenden arbeitsrechtlichen Folgen kommen. Zur **Rechtmäßigkeit eines Hausverbotes für ein Personalratsmitglied** (vgl. BayVGH 19.04.2016 – 5 CS 16.488 – für die Diensträume des Polizeiärztlichen Dienstes; VG Düsseldorf 12.07.2019 – 39 – L 1262/19.PLV – während eines Verfahrens auf Ersetzung der Zustimmung des Personalrats zur außerordentlichen Kündigung eines Personalratsmitgliedes und OVG NRW 05.04.2023 – 33 B 287/23.PVB zum Hausverbot eines Oberstabfeldwebels m. w. N.). Gegen einen Personalrat kann ein **Anspruch auf zukünftige Unterlassung** einer getätigten unwahren Äußerung (z.B. im Rahmen einer „Personalratsinfo“) aus § 1004 BGB analog bestehen (VG Berlin 05.06.2023 – 1 L 590/22 –). 5

Beispiele für Verletzungen sind insbesondere: 5a

- **Herausgabe eines Informationsblattes mit Angriffen auf die Dienststellenleitung** (vgl. BVerwG 26.11.1982 – 6 P 40/79 –)
- **Schikanöse Ausnutzung bestehender Unterrichtungsrechte** (vgl. OVG NRW 10.02.1979 –CL 16/79 – m. w. N.)

- **Unmittelbare Kontaktaufnahme zu kommunalen Mandatsträgern** (vgl. OVG NRW 24.02.1994 – 1 A 35/91 –)
- **Fragebogenaktion zur Ermittlung von Verbesserungen des Gesundheitsschutzes, obwohl die Dienststelle bereits eine Gefährdungsanalyse nach § 5 Abs. 1 ArbSchG vorbereitet** (vgl. BVerwG 08.08.2012 – 6 PB 8.12 –)
- **Missachtung des Gebots der sparsamen Verwendung öffentlicher Haushaltsmittel** (vgl. § 40 Rz. 7 m. w. N.)

5b **Beispiele für nicht bestehende Verletzungen** sind insbesondere:

- **Generelle Befragungen und Fragebogenaktionen im Rahmen der Aufgabenwahrnehmung i. S. d. LPVG NRW** (vgl. entsprechend BAG 08.02.1977 – 1 ABR 82/74 – und LAG Sachsen 15.07.2022 – 4 TaBVGa 1/22 – jeweils zum BetrVG)
- **Automatische Erfassung der Fernsprechdaten des Personalrats** (vgl. BVerwG 16.06.1989 –6 P 10/86 – und OVG NRW 11.12.1985 – CB 1/84 –)
- **Dienststellenseitige Einstellung einer überobligatorischen Unterrichtungspraxis** (vgl. BAG 27.10.2010 – 7 ABR 86/09 – zum BetrVG)
- **Dienststellenseitig ausschließlich schriftlich erfolgende Anhörung des Personalrats** (vgl. OVG NRW 18.02.1998 – 1 A 5728/95 –)
- **Personalratsseitige Ausschöpfung der Freistellungsstaffel gem. § 42 Abs. 4** (vgl. OVG NRW 15.04.1991 – 1 A 78/91.PVL –)

Das Ziel der partnerschaftlichen vertrauensvollen Zusammenarbeit ist auf die **„Erfüllung der dienstlichen Aufgaben und auf das Wohl der Beschäftigten“** gerichtet. Es gilt beiderseits gleichermaßen, damit die Gemeinsamkeit der Aufgabenverrichtung hervorgehoben wird (vgl. BVerwG 06.12.1978 – 6 P 2.78). Zur gemeinsamen **Prävention gegen Burn-out-Faktoren in der Dienststelle** siehe im Übrigen Kersten, Burnout, PersV 2015, 204 ff.

6a Siehe auch **Tabelle**: Aufgaben und Befugnisse der Dienststellenleitung.

7 Bei **„dienstlichen Aufgaben“** handelt es sich um diejenigen Angelegenheiten und Vorgänge, deren Erledigung in die Zuständigkeit der Dienststelle fällt, bei der die Personalvertretung gebildet ist. Die Aufgabenstellung der einzelnen Dienststelle ist dabei aufgrund ihrer organisatorischen Einbindung aber keinesfalls isoliert zu betrachten. Es ist vielmehr eine Gesamtbetrachtung anzustellen und dabei auf das Gemeinwohl aller Beschäftigten abzustellen.

8 Die vertrauensvolle Zusammenarbeit hat **„im Rahmen der Gesetze und Tarifverträge“** zu erfolgen. Der (Landes-)Gesetzgeber hat damit in **Abs. 1 Halbsatz 1** den Vorgaben des höherrangigen Rechtes (vgl. Art. 20 Abs. 3 GG) entsprechend Rechnung getragen.

Praxistipp! 9

Eine vertrauensvolle Zusammenarbeit verlangt regelmäßig von beiden Seiten einen konkreten Einigungswillen. Von daher braucht sich die Dienststelle nicht mit „generellen Positionen" des Personalrates, wie z. B. „Wir stimmen nie zu …" etc. abzufinden! In einem solchen Fall sollte sie darauf hinweisen, dass Derartiges in der personalvertretungsrechtlichen Meinungsfindung ausdrücklich nicht vorgesehen ist!

Bei der Zusammenarbeit der Dienststelle und der Personalvertretung hat der Gesetzgeber in **Abs. 1 Halbsatz 2** auf die **Unterstützungsfunktion der Gewerkschaften und Arbeitgebervereinigungen** abgestellt (vgl. BVerwG 09.10.1991 – 6 P 1.90 –). Diesem allgemeinen Strukturprinzip lassen sich aber nicht unmittelbar selbstständige Ansprüche entnehmen (vgl. hierzu OVG NRW 25.08.2006 – 1 A 3619/05.PVL –). 10

Der Gesetzgeber hat weder im LPVG NRW, noch in anderen Gesetzen den Begriff **„Gewerkschaften"** definiert. Nach den Vorgaben der Rechtsprechung handelt es sich bei ihnen um Vereinigungen von Arbeitnehmern, die sich als satzungsgemäße Aufgabe die Wahrnehmung der Interessen ihrer Mitglieder gesetzt haben und willens sind, Tarifverträge abzuschließen (vgl. auch BAG 26.06.2018 – 1 ABR 37/16 – zur Tariffähigkeit). Sie müssen frei gebildet, gegnerfrei, unabhängig und auf überbetrieblicher Grundlage organisiert sein und das geltende Tarifrecht als verbindlich anerkennen. Des Weiteren ist auch Voraussetzung, dass die Vereinigungen ihre Aufgaben als Tarifpartner sinnvoll erfüllen können. Das setzt sowohl eine vorhandene Durchsetzungskraft gegenüber dem sozialen Gegenspieler als auch eine gewisse Leistungsfähigkeit ihrer Organisation voraus (vgl. BVerfGBVerG 13.09.2019 – 1 BvR 1/16 –, BVerwG 25.07.2006 – 6 P 17/05 – und OVG NRW 10.11.2005 – 1 A 1264/05 –). Für das begriffsbestimmende Merkmal des Zwecks einer Gewerkschaft i. S. d. PersVR, ihre Mitglieder gegenüber dem Dienstherrn/Arbeitgeber bei der Gestaltung der dienstrechtlichen Beziehungen zu vertreten und sich für ihre wirtschaftlichen Belange einzusetzen, ist auf die Satzung der betreffenden Organisation abzustellen (vgl. hierzu BVerwG 21.06.2023 – 5 PB 8.22 –). 11

Eine (Teil-) Ausnahme nimmt die Rechtsprechung für Beamtenverbände bzw. -gewerkschaften an, bei denen es aufgrund der Natur des Beamtenverhältnisses auf die Tariffähigkeit nicht ankommt (vgl. BVerwG 23.11.1962 a. a. O. und OVG NRW 25.02.1957 – 5 B 590/56 –). Gewerkschaften unterstehen für ihren Bestand und ihre Betätigungsfreiheit dem Schutz der in Artikel 9 Abs. 3 GG garantierten Koalitionsfreiheit. Die **Spitzenorganisationen der Gewerkschaften** wie z. B. dbb oder DGB stellen keine Gewerkschaften im personalvertretungsrechtlichen Sinne dar. Denn sie haben als Mitglieder einzelne Gewerkschaften und keine natürlichen Personen. Aus Gründen der Gleichbehandlung zählen zu den Gewerkschaften im vorbenannten Sinne aber die **Berufsverbände der Beamten** (vgl. hierzu § 93 LBG NRW), wobei allerdings die Vorgaben der Rechtsprechung zum Gewerkschaftsbegriff nicht vollends herangezogen werden können. So kommt es etwa auf den Abschluss von Tarifverträgen in Ermangelung einer vorhandenen Tariffähigkeit nicht an (vgl. auch OVG NRW 10.11.2005 a.a.O.).

11a **Praxistipp!**

Zur Überprüfung der Gewerkschaftseigenschaft wird empfohlen, dass der Dienststellenleiter bzw. bei Wahlen der Wahlvorstand (vgl. § 17 f.) schriftlich Kontakt zu der in Betracht kommenden „Gewerkschaft" aufnimmt und um Auskunft über die zuvor dargestellten Anforderungen der Rechtsprechung bittet. Zur Zulässigkeit dieser Vorgehensweise vgl. entsprechend BVerfG 21.03.1994 – 1 BvR 1485/93 –!

11b Siehe auch **Tabelle**: Aufgaben und Befugnisse der Gewerkschaften.

12 Unter **„Arbeitgebervereinigungen"** sind freiwillige Zusammenschlüsse von Arbeitgebern zu verstehen, die sich satzungs- und übungsgemäß mit der Vertretung der Interessen der Arbeitgeber befassen. Das geschieht vor allem durch den Abschluss von Tarifverträgen zur Regelung von Arbeitsbedingungen der bei ihren Mitgliedern beschäftigten Arbeitnehmer. Hierzu gehören im öffentlichen Dienst die Tarifgemeinschaft deutscher Länder (TdL) und die Vereinigung der kommunalen Arbeitgeberverbände (VKA), mit ihren einzelnen kommunalen Arbeitgeberverbänden (KAVen) in den jeweiligen Bundesländern. Letzteren sind wiederum die einzelnen, den Manteltarifverträgen des öffentlichen Dienstes (u.a. TVöD und TV-V) unterliegenden Arbeitgeber angeschlossen, wozu kommunale Gebietskörperschaften (Städte, Gemeinde und Landkreise) und kommunale Unternehmen (u.a. Krankenhäuser und Pflegeeinrichtungen, Sparkassen, Versorgungs- und Entsorgungsbetriebe, Nahverkehrsbetriebe und Flughäfen) gehören. Als Arbeitgebervereinigungen i.S.d. LPVG NRW kommen vor allem dem Arbeitgeberverband des Landes Nordrhein-Westfalen e.V. (AdL NRW) und dem kommunalen Arbeitgeberverband Nordrhein-Westfalen (KAV-NW) eine hohe Bedeutung zu. Sie unterstehen für ihren Bestand und ihre Betätigungsfreiheit dem Schutz der in Art. 9 Abs. 3 GG garantierten Koalitionsfreiheit.

Wichtig! 13

Es sollte beachtet werden, dass der Dienststellenleiter und die Personalvertretung im Rahmen ihrer vertrauensvollen Zusammenarbeit grundsätzlich nur mit denen in der Dienststelle vertretenen Gewerkschaften und Arbeitgebervereinigungen zusammenzuwirken haben! Eine Gewerkschaft ist dann in der Dienststelle vertreten, wenn ihr mindestens ein Beschäftigter der Dienststelle angehört (vgl. entsprechend BAG 25.03.1992 – 7 ABR 65/90 – zum BetrVG m. w. N.)!

III. Friedenspflicht und Arbeitskampfverbot

Abs. 2: Mit dieser Bestimmung wird eine **Friedenspflicht** und ein **Arbeitskampfverbot** betont. Es wird systematisch deutlich gemacht, dass ein Zuwiderhandeln der Parteien hiergegen eine Verletzung des Gebots der vertrauensvollen Zusammenarbeit nach Abs. 1 zur Folge hat. 14

Nach **Abs. 2 Satz 1** hat sowohl der Dienststellenleiter als auch die Personalvertretung **arbeits- und friedensstörende Handlungen** zu unterlassen. Wenn einer von beiden also wissen müsste, dass seine/ihre Handlung mit hoher Wahrscheinlichkeit zu einer Beeinträchtigung der Arbeit und des Friedens in der Dienststelle führen wird, besteht eine Unterlassungspflicht (vgl. hierzu auch § 3 Abs. 1/„parteipolitische Betätigung", Rz. 1 ff.). Beide Seiten haben also besonders die gesetzlichen Vorgaben im LPVG NRW und die hierzu ergangene Rechtsprechung zu beachten. Dementsprechend muss der Personalrat z. B. darauf achten, dass er bei der Abhaltung von Sprechstunden nach § 39 Abs. 1 Satz 2 die Zeit und den Ort im Benehmen mit der Dienststelle zu bestimmen hat oder bei der Einberufung von Gruppenversammlungen nach § 45 Abs. 2 Satz 2, sich vorab gleichsam mit der Dienststelle abstimmen muss (vgl. BVerwG 12.12.2005 – 6 P 7.05 –). Im gleichen Sinne hat der Dienststellenleiter zu agieren und muss vor allem stets die Beteiligungsrechte der Personalvertretung beachten. 15

Wichtig! 16

Durch die Friedenspflicht in Abs. 2 ist für beide Seiten nicht nur ein Unterlassen vorgesehen! Beide sind auch gehalten, Beeinträchtigungen der Arbeit oder des Friedens in der Dienststelle aktiv entgegenzutreten. Das kann z. B. gegeben sein, wenn ein Personalratsmitglied für seine Gewerkschaft in der Dienststelle Mitgliederwerbung betreibt, die nachhaltig und unter Druck erfolgt (vgl. BVerwG 22.08.1991 – 6 P 10/90 – und § 3 Rz. 10)!

16a Der Personalrat oder einzelne seiner Mitglieder haben zwar grundsätzlich das **Recht auf Zugang zu Beschäftigten am Arbeitsplatz**, wenn damit keine arbeitsstörende Handlung verbunden ist. Dieses Recht dürfen sie nur im Einvernehmen mit dem Dienststellenleiter wahrnehmen. Wenn dieser dem begehrten Aufsuchen von Beschäftigten widerspricht, so muss er triftige Gründe geltend machen, z. B. dass andernfalls eine nicht unerhebliche Störung der Ordnung und des Arbeitsablaufs zu besorgen oder dass der Besuch offensichtlich rechtsmissbräuchlich wäre (vgl. BVerwG 09.03.1990 – 6 P 15.88 –). Zur Übergabe von Gewerkschaftswerbung am Arbeitsplatz vgl. § 3 Rz. 10.

17 **Abs. 2 Satz 2** regelt das Gebot, **„keine Arbeitskämpfe gegeneinander“** zu führen. Dadurch ist beiden Seiten untersagt unmittelbaren Druck auf den jeweils anderen auszuüben, um im Ergebnis die Durchsetzung einer Forderung zu erzwingen. Arbeitskämpfe und dabei stattfindende **Streiks** und **Aussperrungen** stellen grundsätzlich Angelegenheiten der tariffähigen Parteien (Gewerkschaften, Arbeitgebervereinigungen oder einzelne Arbeitgeber) dar (siehe hierzu auch die Arbeitskampfrichtlinien der VKA = www.kav-nw.de/downloads). Die Personalvertretung als Organ darf einen solchen Streik nicht unterstützen und einzelne Mitglieder müssen speziell bei einer gewerkschaftlichen Betätigung im Zusammenhang mit einem Streik achtgeben, dass jede Beziehung zum Personalratsamt vermieden wird (vgl. BVerwG 23.02.1994 – 1 D 65.91 –).

18 Nach **Abs. 2 Satz 3** werden Arbeitskämpfe tariffähiger Parteien durch das Verbot in Abs. 2 Satz 2 nicht berührt.

IV. Anrufung außenstehender Stellen

19 **Abs. 3:** Mit der Vorgabe in **Abs. 3 Satz 1** konkretisiert der Gesetzgeber das Gebot der vertrauensvollen Zusammenarbeit. Es soll grundsätzlich zunächst eine Einigung auf der Ebene der Dienststelle erzielt werden (vgl. hierzu OVG NRW 27.06.1983 – CB 18/82 –). **„Außenstehende Stellen“** dürfen erst angerufen werden, wenn ein solcher Konsens nicht erreicht worden ist. Außenstehenden Stellen i.S.d. Abs. 3 Satz 1 sind die vorgesetzten Dienststellen, die Stufenvertretungen und die Einigungsstellen, die nach den §§ 66 ff. angerufen werden können. Dazu sind auch Gerichte, die im Rahmen des § 79 angerufen werden können, zu zählen (vgl. OVG NRW 27.06.1983 – CB 18/82 –).

20 **Keine außenstehenden Stellen** nach Abs. 3 Satz 2 sind insbesondere Gewerkschaften, Berufsverbände Arbeitgebervereinigungen, Rechts-

anwälte, Daten- und Arbeitsschutzbeauftragte, Politiker, Parteien und die Presse, da sie keine Kompetenz aufweisen Streitigkeiten zwischen der Dienststelle und dem Personalrat beizulegen (vgl. OVG NRW 27.06.1983 – CB 18/82 –).

Wichtig!

Die Vorgabe in Abs. 3 Satz 2 stellt zwar keine Prozessvoraussetzung für die Durchführung eines personalvertretungsrechtlichen Beschlussverfahrens dar. Wenn von der antragseinreichenden Seite aber vorab nicht alles für eine Einigung unternommen worden ist, kann das Verwaltungsgericht einen Antrag wegen mangelnden Rechtsschutzbedürfnisses zurückweisen (vgl. BVerwG 05.02.1971 – VII P 12.70 –)!

V. Rechtliche Auseinandersetzungen

Kontroversen zwischen Dienststelle und Personalvertretung im Zusammenhang mit der **Verletzung des Grundsatzes der vertrauensvollen Zusammenarbeit** sind im personalvertretungsrechtlichen Beschlussverfahren zu klären. Das Gericht kann dabei allerdings nicht die isolierte Feststellung der Verletzung des vorbenannten Grundsatzes feststellen (vgl. OVG NRW 04.03.1993 – CL 25/89 – und 29.11.2000 – 1 A 4383/98.PVL –). Ein Antrag auf Feststellung, dass ein vergangenes Verhalten des Personalrats gegen das Gebot der vertrauensvollen Zusammenarbeit verstoßen hat, ist unzulässig, wenn das Verhalten nicht fortwirkt (vgl. VG Düsseldorf 18.02.2019 – 40 K 1965/18 – zur einmaligen Vorführung eines satirischen Videofilms, n.rk.). Die Verletzung des vorbenannten Grundsatzes kann, je nach Schwere, ggf. im Rahmen eines Ausschluss- oder Auflösungsverfahren nach § 25 geltend gemacht werden (vgl. hierzu auch BVerwG 19.09.1984 – 1 D 38/84 – zur Einberufung einer illegalen Personalversammlung die Verwaltungsablaufstörungen zur Folge gehabt hat). 21

Im Falle eines Streits über **Zugangsrechte von Gewerkschaften** sind, wenn sie nicht aus einem bürgerlich-rechtlichen Anspruch abgeleitet werden, im allgemeinen Verwaltungsgerichtsverfahren zu klären (arg. e contr. § 79 Abs. 1). Streitigkeiten darüber, ob Gewerkschaften Werbematerialien oder Plakate in der Dienststelle verteilen dürfen sind im Verfahren der ordentlichen Gerichtsbarkeit zu führen. 22

§ 3 (Verhaltensregeln, Gewerkschaften, Arbeitgebervereinigungen)

(1) Die Dienststelle und die Personalvertretung in der Dienststelle haben jede parteipolitische Betätigung zu unterlassen; die Behandlung von Tarif-, Besoldungs- und Sozialangelegenheiten wird hierdurch nicht berührt.

(2) Beschäftigte, die Aufgaben nach diesem Gesetz wahrnehmen, werden dadurch in der Betätigung für ihre Gewerkschaft in der Dienststelle nicht beschränkt.

(3) Die Aufgaben der Gewerkschaften und Vereinigungen der Arbeitgeber, insbesondere die Wahrnehmung der Interessen ihrer Mitglieder, werden durch dieses Gesetz nicht berührt.

(4) Zur Wahrnehmung der in diesem Gesetz genannten Aufgaben und Befugnisse der in der Dienststelle vertretenen Gewerkschaften ist deren Beauftragten nach Unterrichtung der Dienststelle Zugang zu der Dienststelle zu gewähren, soweit dem nicht unumgängliche Notwendigkeiten des Dienstablaufs, zwingende Sicherheitsvorschriften oder der Schutz von Dienstgeheimnissen entgegenstehen.

Gliederung

I. Verbot der parteipolitischen Betätigung

1 Abs. 1: Die Vorschrift stellt eine Konkretisierung der Friedenspflicht nach § 2 Abs. 2 Satz 1 dar und betont mit dem **Verbot der parteipolitischen Betätigung** die Verpflichtung beider Seiten zu einer parteipolitischen Neutralität während der Wahrnehmung von Rechten und Pflichten nach dem LPVG NRW **„in der Dienststelle"**. Das letztgenannte Merkmal stellt dabei keine bloße räumliche Begrenzung dar, sondern umfasst auch Betätigungen, die sich aufgrund der engen Verknüpfung mit der dienstrechtlichen Stellung, des Dienststellenleiters oder Personalratsmitglieds auf den Arbeitsablauf und den Betriebsfrieden auswirken. Das kann z. B. der Fall sein, wenn ein parteipolitischer Aufruf in externen Medien vor dem ausdrücklichen Hinweis auf die vorbenannte dienstrechtliche Stellung bzw. Personalratsmitgliedschaft erfolgt. Gleichfalls umfasst sind Betätigungen, die wegen ihrer engen Beziehung zur Dienststelle und deren inneren Vorgängen auf den Arbeitsablauf sowie den Betriebsfrieden Auswirkun-

gen haben, wie das Verteilen von parteipolitischen Flugblättern außerhalb des Geländes der Dienststelle. Siehe zum Miteinander in der Dienstelle auch **Bülow, Der praktische Fall – Die Interaktion zwischen den verschiedenen Interessenvertretungen**, DöD 2023, S. 182.

Von den Verbotsvorgaben nach **Abs. 1 Halbsatz 1** ist alles umfasst, was Beschäftigte zu einer Stellungnahme in parteipolitischen Fragen veranlassen soll. Dazu zählen auch Maßnahmen, die zwar ohne Nennung einer Partei, aber offenbar deren Interessen dienen (vgl. entsprechend BAG 13.09.1977 – 1 ABR 67/75 – zum BetrVG). Dementsprechend sind politische Abstimmungen oder Umfragen in der Dienststelle sowie politische Stellungnahmen zu außerbetrieblichen Maßnahmen und Ereignissen verboten (vgl. entsprechend BAG 12.06.1986 – 6 ABR 67/84 – zum BetrVG). 2

Nach **Abs. 1 Halbsatz 2** hat der Gesetzgeber von den vorbenannten Verbotsvorgaben eine Ausnahme bei der Behandlung von Tarif-, Besoldungs- und Sozialangelegenheiten gemacht, wenn sie einen hinreichenden objektiven Bezug zur Dienststelle oder zu den dortigen Beschäftigten aufweisen. Die Behandlung derartiger Angelegenheiten in der Dienststelle sind auch dann zulässig, wenn dabei parteipolitische Auffassungen befürwortet oder abgelehnt werden (vgl. BAG 13.09.1977 – 1 ABR 67/75 –). 3

II. Gewerkschaftliche Betätigung

Abs. 2: Der Gesetzgeber stellt klar, dass durch die Übernahme von Aufgaben nach dem LPVG NRW die Betätigung für eine Gewerkschaft (vgl. zum Begriff § 2 Rn. 11) in der Dienststelle nicht beschränkt wird. 4

Vom **persönlichen Geltungsbereich** dieser Bestimmung umfasst sind nicht nur der Leiter der Dienststelle und die Personalvertretung, sondern auch alle Beschäftigten, die Aufgaben nach dem LPVG NRW wahrnehmen wie z.B. Mitglieder der örtlichen, Bezirks-, Haupt- und Gesamtpersonalräte, der Jugend- und Auszubildendenvertretung, aber auch Vertrauenspersonen gem. der §§ 85ff., Mitglieder des Sozialvorstandes, Beisitzer der Einigungsstelle, die der Dienststelle angehören und die Schwerbehindertenvertretungen. Dazu gehören auch Gewerkschaftsbeauftragte und Vertreter der Arbeitgebervereinigungen, wenn sie die Beschäftigteneigenschaft innehaben. 5

Wichtig! 6

Die Ersatzmitglieder der örtlichen Bezirks-, Haupt- und Gesamtpersonalräte sowie der JAV fallen erst dann unter den Personenkreis nach Abs. 2, wenn sie für das jeweils ausgeschiedene oder verhinderte Mitglied auch tatsächlich eintreten!

7 Der **sachliche Geltungsbereich** der Vorschrift behandelt das Verhältnis zwischen der Wahrnehmung von Aufgaben nach dem LPVG NRW und einer gewerkschaftlichen Betätigung.

8 In der Praxis gilt es zu beachten, dass **gewerkschaftlich organisierte Personalratsmitglieder** sich zwar für ihre Gewerkschaft in der Dienststelle engagieren dürfen (vgl. BVerwG 26.05.1970 – 2 BvR 664/65 –), dabei aber darauf achten müssen, dass das Personalratsamt einerseits und die Gewerkschaftszugehörigkeit andererseits in der Person des Personalratsmitglieds nicht derart vermengt werden, dass die Beschäftigten nicht mehr unterscheiden können, in welcher Eigenschaft das Mitglied tätig wird. Das Personalratsamt muss also objektiv, neutral und dabei nicht zugunsten einer Gewerkschaft oder ihrer Mitglieder ausgeübt werden. Wenn ein Personalratsmitglied bzw. der Personalrat als Organ bei der Ausübung seiner Befugnisse berücksichtigt, dass der hierbei betroffene Beschäftigte einer gegnerischen Gewerkschaft angehört, so ist dies nicht gegeben (BVerwG 15.12.1961 – VII P 3.61 –).

9 **Praxistipp!**

Vor dem zuvor dargestellten Hintergrund ist der Dienststelle nicht zu empfehlen, einer oder mehreren Gewerkschaften Räume innerhalb der Dienststelle, d. h. also auf dem Gelände der Dienststelle, zur Verfügung zu stellen!

10 Zur Frage der **Durchführung und Ausgestaltung von Gewerkschaftswerbung** in der Dienststelle ist auf Folgendes hinzuweisen:

Ein Personalratsmitglied darf nach der zuvor dargestellten Maßgabe **zugunsten der eigenen Gewerkschaft Werbung betreiben**, wenn dadurch der Arbeitsablauf nicht oder nur unerheblich gestört wird und **keine Störung des Betriebsfriedens** bewirkt wird (vgl. im Kontext auch § 2 Rz. 16a). Mit Blick auf das Vertrauen der Beschäftigten in die Objektivität und Neutralität des Personalratsamtes ist das Auslegen von Werbe- und Informationsmaterial im Personalratszimmer unzulässig (vgl. OVG Niedersachsen 29.09.1972 – PB 1/72 –). Zulässig ist hingegen die Aushändigung im Rahmen eines „kurzen“ Gesprächs am Arbeitsplatz während der Arbeitszeit (vgl. BVerfG 14.11.1995 – 1 BvR 601/92 –). Derartiges hat allerdings im Einvernehmen mit der Dienststelle zu erfolgen. Wenn die Dienststellenleitung dies nicht möchte, so kann sie dem widersprechen. Sie muss dabei allerdings triftige Gründe geltend machen können wie z. B., dass andernfalls eine nicht unerhebliche Störung der Ordnung und des Arbeitsablaufs zu besorgen oder der Besuch offensichtlich rechtsmissbräuchlich wäre (vgl. hierzu BVerwG 09.03.1990 – 6 P 15.88 –).

Beispiel: 11

So dürfte etwa ein nur wenige Minuten dauerndes Gespräch im Zusammenhang mit der Aushändigung von Werbematerialien grundsätzlich zulässig sein. Wenn dabei jedoch eine Gefahrenlage geschaffen wird, wie z. B. bei der Ansprache eines Maschinenführers, der dadurch in seiner notwendigen Aufmerksamkeit bei der Arbeitsverrichtung unterbrochen wird, dürfte dies nicht der Fall sein.

Wenn im Rahmen der **Gewerkschaftswerbung** ein **nachhaltiger Druck** erfolgt, ist dadurch die negative Koalitionsfreiheit der hiervon betroffenen Beschäftigten beeinträchtigt und ein solches Vorgehen der Form oder dem Inhalt nach unzulässig (vgl. BVerwG 06.02.1979 – 6 P 14/78 –). Gleiches ist anzunehmen, wenn die Werbung in der Form vollzogen wird, dass ausdrücklich oder stillschweigend an die dem Personalratsmitglied zustehenden Einflussmöglichkeiten angeknüpft wird, z. B. unter Andeutung einer später erfolgenden missbräuchlichen Ausübung der Personalratsbefugnisse (vgl. BVerfG 26.05.1970 – 02 BvR 664/65 –). 12

Wichtig! 13

Es gilt zu beachten, dass eine „unzulässige Werbung" nicht dadurch zulässig wird, dass sie außerhalb der Dienstzeit und außerhalb der Dienststelle erfolgt, z. B. in der Wohnung des Beschäftigten (vgl. BVerwG 06.02.1979 – 6 P 14/78 –)!

III. Grundsatz der Unabhängigkeit

<u>Abs. 3:</u> Der **Gesetzgeber betont, dass die Aufgaben der Gewerkschaften und Arbeitgebervereinigungen durch das LPVG NRW nicht berührt werden**. Damit wird im Zusammenhang mit Artikel 9 Abs. 3 GG klargestellt, dass die gewerkschaftlichen Aufgaben durch dieses Gesetz weder erweitert bzw. beschränkt, noch verändert werden. Das von Art. 9 Abs. 3 GG geschützte Recht dienststellenangehöriger Gewerkschaftsmitglieder, sich durch die Verteilung gewerkschaftlichen Informations- oder Werbematerials in der Dienststelle aktiv an der koalitionsgemäßen Betätigung ihrer Gewerkschaft zu beteiligen (vgl. hierzu Rz. 10) und diese dadurch bei der Verfolgung ihrer koalitionsspezifischen Ziele zu unterstützen, unterliegt nicht der Regelungsmacht der Dienststelle und des Personalrats (vgl. entsprechend BAG 28.07.2020 – 1 ABR 41/18 –). Diese dürfen insbesondere keine Dienstvereinbarung abschließen mit der dieses Recht beschränkt wird. 14

Siehe auch **Tabelle**: Aufgaben und Befugnisse der Gewerkschaften. 14a

IV. Zugangsrecht der Gewerkschaften

15 Abs. 4: Damit der Personalvertretung ein Zusammenwirken mit den Gewerkschaften unter Beachtung der Vorgaben nach § 2 Abs. 1 Halbsatz 2 möglich ist, hat der Gesetzgeber den Gewerkschaften und Berufsverbänden (§ 110) **nach Abs. 4 Halbsatz 1** ein **personalvertretungsrechtliches Zugangsrecht** eingeräumt. Dieses steht nur den in der Dienststelle vertretenen Gewerkschaften bzw. Berufsverbänden zu (vgl. BVerwG 25.07.2006 – 6 P 17/05 –). Zum Begriff der Gewerkschaft vgl. § 2 Rz. 11 und zu dem des Berufsverbandes vgl. § 110 Rz. 3. Das Tatbestandsmerkmal „in der Dienststelle vertreten" ist erfüllt, wenn zumindest ein Beschäftigter der Dienststelle einer Gewerkschaft bzw. Berufsverband angehört (vgl. BVerwG 11.02.1981 – 6 P 20.80 –). Zur **Teilnahme bei der Feststellung des Wahlergebnisses** vgl. Bülow, § 19 WO-LPVG NRW, Rz. 9.

Die **Vorschrift erfasst kein Zugangsrecht für Vertreter von Arbeitgebervereinigungen**, da der Dienststellenleiter ihnen kraft des ihm zukommenden Hausrechts stets Zutritt gewähren kann! Das **Zugangsrecht ist abhängig von bestehenden Rechten aus dem LPVG NRW** (siehe auch Tabelle Rz. 14a).

16 **Praxistipp!**

Der Dienststellenleiter sollte beachten, dass Personen die einen Zugang zur Dienststelle begehren, vom Zugangsrecht nach § 3 Abs. 4 nur dann Gebrauch machen können, wenn sie von einer Gewerkschaft entsprechend beauftragt worden sind (vgl. BVerwG 14.06.1968 – VII P 21.66 –)! Derart beauftragte Personen können nicht nur Gewerkschaftssekretäre oder Beschäftigte der Dienststelle, sondern auch sonstige Dritte wie z. B. ein Rechtsanwalt sein. Die Beauftragung sollte sich die Dienststelle stets nachweisen lassen!

17 Das Zugangsrecht erlaubt den **Zutritt zur Dienststelle** in ihrer Gesamtheit, aber auch im Hinblick auf einzelne Teile von ihr wie z. B. einem einzelnen Arbeitsplatz. Die Gewährung des Zugangsrechts erfolgt nicht uneingeschränkt, sondern nur zur Wahrnehmung der im LPVG NRW genannten Aufgaben und Befugnisse. Dementsprechend kann der Dienststellenleiter einem Gewerkschaftsbeauftragten den Zugang verweigern, wenn diese Voraussetzungen nicht vorliegen und/oder eine Ausnahmebestimmung nach Abs. 4 Halbsatz 2 eingreift. Letzteres kann z. B. der Fall sein, wenn dem Zugang unumgängliche Notwendigkeiten des Dienstablaufs, zwingende Sicherheitsvorschriften oder der Schutz von Dienstgeheimnissen entgegenstehen.

„Unumgängliche Notwendigkeiten des Dienstablaufs“ sind gegeben, wenn dadurch die Erfüllung der, der jeweiligen Dienststelle übertragenen Aufgaben erheblich gestört wird wie evtl. im Fall eines Zutritts in der Abrechnungsabteilung, während „der heißen Phase des Rechnungslaufes“ etc. 18

„**Zwingende Sicherheitsvorschriften**“ im öffentlichen Dienst, die dem Zugang eines Gewerkschaftsbeauftragten entgegenstehen können, sind speziell in den Bereichen von Krankenhäusern (OP, Labor, Leichenkammer), Flughäfen (Flugsicherung) und Sparkassen (Tresorraum) etc. zu finden. 19

Aufgrund gesetzlicher Vorschriften (vgl. z.B. § 30 AO/„Steuergeheimnis“ und § 1 Abs. 2 SÜG NRW „personeller Geheimvorbehalt“) können auch „**Dienstgeheimnisse**“ dem Zugang von Gewerkschaftsbeauftragten entgegenstehen. 20

Wichtig! 21

Generell muss der Dienststellenleiter darlegen und beweisen, aufgrund welcher Umstände er konkret ein Zugangsrecht für nicht gegeben erachtet, wenn er sich auf einen Versagungsgrund nach § 3 Abs. 4 Halbsatz 2 berufen möchte! Hiervon gibt es aber eine Ausnahme, wenn im Zuge dessen die Einhaltung von Sicherheitsvorschriften bzw. der Schutz von Dienstgeheimnissen nicht gewährleistet werden kann (z. B. Tresorbereiche einer Sparkasse)!

V. Rechtliche Auseinandersetzungen

Kontroversen im Hinblick auf einen **Verstoß gegen die Verbote nach § 3 Abs. 1 und/oder Abs. 2** sind im Rahmen eines personalvertretungsrechtlichen Beschlussverfahrens vor dem Verwaltungsgericht zu klären. 22

Bei Streitigkeiten über die **Zulässigkeit und den Umfang der koalitionsspezifischen Betätigung einer Gewerkschaft i.S.v. Abs. 3**, ist der Weg über die Arbeitsgerichtsbarkeit im Urteilsverfahren zu nehmen (vgl. § 2 Abs. 1 Nr. 2 ArbGG). Bei rechtlichen Kontroversen über das **Zugangsrecht der Gewerkschaften i.S.v. § 3 Abs. 4** erscheint hingegen der Rechtsweg über das personalvertretungsrechtliche Beschlussverfahren, bei analoger Anwendung des § 79 Abs. 1 Nr. 3 geboten. Denn diese Vorschrift soll praktisch alle Rechtsstreitigkeiten, die die Aufgaben und Befugnisse der Personalvertretungen betreffen, erfassen. Sie hat also eine Auffangfunktion und ist entsprechend weit auszulegen (vgl. OVG NRW 17.12.2003 – 1 A 1088/01.PVL –). Daran angeknüpft besteht somit bei derartigen Auseinandersetzungen eine entsprechende „Sachnähe“, die eine analoge Anwendung zulässt (a. A. Wahlers m. w. N. zum Streitstand in PersV 2000, 146 ff.). 23

§ 4 (Gesetzesvorrang)

Durch Tarifvertrag oder Dienstvereinbarung kann das Personalvertretungsrecht nicht abweichend von diesem Gesetz geregelt werden.

Gliederung

I. Ausschluss abweichender Regelungen

1 Die Bestimmung verbietet eine von den gesetzlichen Vorschriften abweichende Regelung des Personalvertretungsrechts durch Tarifverträge oder Dienstvereinbarungen (vgl. § 3 BPersVG). Das gilt insoweit auch für das **Wahlverfahren** (vgl. Bülow, WO-LPVG NRW, Einleitung Rz. 2). Der hiermit zum Ausdruck gebrachte **Vorrang des Gesetzes** besteht auch gegenüber Verwaltungsvorschriften oder Ministerialerlassen (vgl. BVerwG 07.12.1994 – 6 P 36.93 –). Die Rechtsprechung hält diese Einschränkung mit dem Grundrecht aus Art. 9 Abs. 3 GG für vereinbar (vgl. BAG 15.07.1986 – 1 AZR 654/84 –) und hat ausdrücklich klargestellt, dass die der Personalvertretung gesetzlich eingeräumten Rechte durch die in § 4 benannten Regelungswerke weder eingeschränkt, noch erweitert bzw. neu geschaffen werden können (vgl. OVG NRW 01.03.2000 – 1 A 4865/98.PVL –).

2 Ein **„Tarifvertrag"** ist ein schriftlicher Vertrag zwischen einem Arbeitgeberverband oder Arbeitgebern und einer Gewerkschaft zur Regelung von Rechten und Pflichten zwischen diesen Vertragsparteien. Gesetzliche Regelungen hierzu sind im TVG zu finden.

3 Unter einer **„Dienstvereinbarung"** sind vertragliche Abmachungen mit normativer Wirkung zwischen der Dienststelle und der Personalvertretung, die zur Entstehung objektiven Rechts führen zu verstehen (vgl. OVG NRW 20.11.1997 – 1 A 3125/95.PVL –). Sie dürfen keine Regelung treffen, mit der vom LPVG NRW abgewichen wird. In der Praxis ist zu beachten, dass eine Dienstvereinbarung nur in beteiligungspflichtigen Angelegenheiten zum Zuge kommt (vgl. OVG NRW 16.09.1993 – CL 117/90 –). Siehe ausführlich zum Ganzen die Kommentierung zu § 70 Rz. 3 ff.!

4 Das Regelungsverbot im LPVG NRW ist darauf gerichtet im Verhältnis der Dienststelle zu ihren Beschäftigten **einheitlich geordnete Rechtsverhältnisse in ganz NRW** herbeizuführen und zu gewährleisten (vgl. LT-Drucks. 7/3543, S. 49). Dementgegen wird im Betriebsverfassungsrecht den (Tarif-

vertrags-)Parteien ein erweiterter Gestaltungsspielraum zugestanden, der nach § 1 Abs. 1 TVG die Möglichkeit zur Regelung von betriebsverfassungsrechtlichen Fragen durch Tarifvertrag eröffnet (vgl. § 3 BetrVG/"abweichende Regelungen"). Die Bestimmung nach § 4 stellt in Anbetracht der Wesensverschiedenheit der beiden Gesetze aber eine speziellere Bestimmung zu den allgemein eingeräumten Möglichkeiten nach § 1 Abs. 1 TVG dar und ist deshalb mit dieser Vorschrift vereinbar (vgl. OVG NRW 10.05.1988 – CB 1/86 –).

II. Rechtliche Auseinandersetzungen

Kontroversen über die **Vereinbarkeit eines Tarifvertrages mit § 4** sind vor 5
dem Arbeitsgericht im Urteilsverfahren auszutragen (vgl. § 2 Abs. 1 Nr. 1 ArbGG). Wenn es hingegen um die **Vereinbarkeit einer Dienstvereinbarung mit § 4** geht, so ist in diesem Fall gem. § 79 Abs. 1 Nr. 5 der Weg über das verwaltungsgerichtliche Beschlussverfahren zu nehmen.

§ 5 (Beschäftigte)

(1) Beschäftigte im Sinne dieses Gesetzes sind die Beamtinnen und Beamten und Arbeitnehmerinnen und Arbeitnehmer und arbeitnehmerähnlichen Personen im Sinne des § 12a Tarifvertragsgesetz der in § 1 bezeichneten Körperschaften, Anstalten und Stiftungen des öffentlichen Rechts einschließlich der Personen, die sich in der Berufsausbildung befinden. Beschäftigte im Sinne dieses Gesetzes sind auch diejenigen, die in der Dienststelle weisungsgebunden tätig sind oder der Dienstaufsicht unterliegen, unabhängig davon, ob ein Arbeits- oder Dienstverhältnis zur Dienststelle besteht. Richterinnen und Richter sind nicht Beschäftigte im Sinne dieses Gesetzes.

(2) Wer Beamtin oder Beamter ist, bestimmen die Beamtengesetze. Als Beamtin oder Beamter gelten auch Beschäftigte in einem öffentlich-rechtlichen Ausbildungsverhältnis.

(3) Arbeitnehmerinnen und Arbeitnehmer im Sinne dieses Gesetzes sind Beschäftigte, die nach dem für die Dienststelle maßgebenden Tarifvertrag oder nach der für die Dienststelle geltenden Dienstordnung oder nach ihrem Arbeitsvertrag Arbeitnehmerinnen oder Arbeitnehmer sind oder als übertarifliche Arbeitnehmerinnen oder Arbeitnehmer beschäftigt werden einschließlich der zu ihrer Berufsausbildung Beschäftigten.

(4) Als Beschäftigte im Sinne dieses Gesetzes gelten nicht

a) Hochschullehrerinnen und Hochschullehrer, Lehrbeauftragte mit einem Lehrumfang unter vier Lehrveranstaltungsstunden, studentische Hilfskräfte, nach § 78 Hochschulgesetz nicht übernommene Hochschullehrerinnen und Hochschullehrer, Fachhochschullehrerinnen und Fachhochschullehrer und entsprechende Beschäftigte an Hochschulen, Hochschuldozentinnen und Hochschuldozenten, wissenschaftliche und künstlerische Assistentinnen und Assistenten, Oberassistentinnen und Oberassistenten, Oberingenieurinnen und Oberingenieure und entsprechende Beschäftigte an Hochschulen,

b) Professorinnen und Professoren an der Sozialakademie,

c) Staatsanwältinnen und Staatsanwälte,

d) Ehrenbeamtinnen und Ehrenbeamte,

e) Rechtspraktikantinnen und Rechtspraktikanten,

f) Personen, die überwiegend zu ihrer Heilung, Wiedereingewöhnung, sittlichen Besserung oder Erziehung beschäftigt werden,

g) Personen, die nur vorübergehend ausschließlich zur Behebung eines durch höhere Gewalt bedingten Notstandes beschäftigt werden.

(5) Bei gemeinsamen Dienststellen des Landes und anderer Körperschaften gelten die im Landesdienst Beschäftigten als zur Dienststelle des Landes und die im Dienst der Körperschaft Beschäftigten als zur Dienststelle der Körperschaft gehörig.

Gliederung

I. Einleitende Bemerkungen

1 Die Vorschrift hat im Zuge der **Novelle 2011** neben einer Anpassung an die geschlechtergerechte Sprache vor allem eine deutliche **Ausweitung des personalvertretungsrechtlichen Beschäftigtenbegriffs** erfahren. Letzterem unterfallen nunmehr auch arbeitnehmerähnliche Personen i.S.d. § 12a TVG. Durch den neu eingeführten Abs. 1 Satz 2 wurde der Beschäftigtenbegriff zu dem auf die, der Dienststelle weisungsgebundenen Tätigen oder der Dienstaufsicht unterliegenden Beschäftigten erweitert. Dabei spielt es nunmehr keine Rolle mehr, ob ein Arbeits- oder Dienstverhältnis zur Dienst-

stelle besteht, sodass dadurch erstmalig auch Leiharbeitnehmer i. S. d. AÜG dem Anwendungsbereich des LPVG NRW als Beschäftigte unterliegen.

II. Beschäftigte nach dem LPVG NRW

Abs. 1: Während § 1 den sachlichen (und auch räumlichen) Geltungsbereich des Gesetzes festlegt, bestimmt § 5 den **persönlichen Geltungsbereich.** Zur Bedeutung im Rahmen der (Personalrats-)Wahl vgl. Bülow, § 2 WO-LPVG NRW Rz. 7 ff. 2

Nach **Abs. 1 Satz 1** sind **„Beschäftigte"** zunächst diejenigen, die als Arbeitnehmer (vgl. Rz. 22) oder Beamte (vgl. Rz. 21) in einer der in § 1 genannten Einrichtungen beschäftigt sind (vgl. hierzu auch BVerwG 29.04.1966, BVerwGE 24, 76). Dabei ist es egal, ob sie innerhalb von NRW oder in einem anderen Bundesland bzw. außerhalb des Bundesgebietes tätig sind (vgl. OVG NRW 25.10.2001 – 1 L A 315/01.PVL – und 30.06.2005 – 1 A 2358/03. PVL). Es kommt auch nicht darauf an, ob die Tätigkeit haupt- oder nebenberuflich ausgeübt wird. 3

Diese Personen müssen in der jeweiligen Dienststelle beschäftigt sein, d. h., es muss dort eine **Eingliederung** stattfinden. Das ist dann der Fall, wenn sie gemeinsam mit den in der Dienststelle schon arbeitenden (anderen) Beschäftigten eine Tätigkeit verrichten, die ihrer Art nach **weisungsgebunden** ist, der Verwirklichung des arbeitstechnischen Zwecks der Dienststelle dient und deshalb von ihr organisiert werden muss. Dabei müssen sie derart in die Arbeitsorganisation integriert sein, dass die Dienststelle das für ein Arbeitsverhältnis typische Weisungsrecht innehat und die Entscheidung über den Arbeitseinsatz auch nach Zeit und Ort trifft. Das für eine Eingliederung maßgebliche **Weisungsrecht** ist somit im Wesentlichen personenbezogen und ablauf- sowie verfahrensorientiert. Es beinhaltet vor allem auch spezielle Anleitungen zur Vorgehensweise und Motivation des Mitarbeiters (vgl. BVerwG 08.01.2003 – 6 P 8.02 – und OVG NRW 11.04.2013 – 20 A 2092/12. PVL –). Die Anordnung an eine Musikschulkraft, z. B. die vertraglich vereinbarte Tätigkeit nur in bestimmten Räumlichkeiten zu verrichten, kann bei deren nur zeitlich beschränkten Zurverfügungstellung eine Weisungsgebundenheit in zeitlicher Hinsicht begründen, soweit die Zeitspanne nicht so bemessen ist, dass dem Mitarbeiter ein erheblicher Spielraum verbleibt (vgl. BAG 21.11.2017 – 9 AZR 117/17 –). 4

Als Beschäftigter ist auch derjenige anzusehen, der zu einem Dritten in einem Dienst- oder Arbeitsverhältnis steht, aber **zu weisungsgebundenen Dienstleistung in die Dienststelle eingegliedert** worden ist, wie z. B. bei einer vollständigen Abordnung nach § 4 Abs. 1 Nr. 1 TVöD. Wenn jemand 5 nur teilweise abgeordnet wird, kann er nach sechs Monaten über eine **doppelte Dienststellenzugehörigkeit** verfügen (vgl. zu Auswirkungen auf die Wahlberechtigung § 10 Rz. 15), was aber der Beschäftigteneigenschaft nicht abträglich ist (vgl. OVG Bremen 23.08.1988 – PV-B 1/88 –).

6 Bei der Feststellung der Beschäftigteneigenschaft kommt es nicht darauf an in welcher Funktion der Beschäftigte in die Dienststelle eingegliedert ist, sodass auch der **Dienststellenleiter und seine ständigen Vertreter** (vgl. § 8), vom Beschäftigtenbegriff erfasst werden, da sie selbst jeweils der Dienstaufsicht unterfallen (vgl. BVerwG 07.03.1984 – 6 P 10.81 –). Bei einem **freigestellten Mitglied des Personalrats** wird die Eingliederung in die Dienststelle und die Dienststellenzugehörigkeit im personalvertretungsrechtlichen Sinn nicht aufgehoben, so es ebenfalls die Beschäftigteneigenschaft aufweist (vgl. BVerwG 19.11.2015 – 2 B 26.15 –).

7 Die Beschäftigteneigenschaft hängt nicht von einer bestimmten Entgelthöhe und/oder einem bestimmten Umfang der wöchentlichen oder täglichen Arbeitszeit ab, sodass auch **geringfügige Beschäftigungen** (vgl. BVerwG 25.09.1995 – 6 P 44.93 –) und **Teilzeitbeschäftigungen** (§ 2 Abs. 1 TzBfG) sowie **Abrufkräfte** (§ 12 TzBfG) vom Geltungsbereich des § 5 erfasst werden.

8 Bei sog. **Telearbeitern** ergibt sich die Dienststellenzugehörigkeit zumeist aus der zugrunde liegenden Vertragsgestaltung, sodass selbst bei einer ausschließlich im häuslichen Privatbereich erfolgenden Arbeit eine Beschäftigung im vorbenannten Sinne besteht. Die Einrichtung eines Telearbeitsplatzes ist z. B. nach § 72 Abs. 3 Nr. 6 mitbestimmungspflichtig, wenn es sich um einen Arbeitsplatz handelt auf dem ein „Beschäftigter“ tätig wird (= ungeschriebenes Tatbestandsmerkmal. Zur Annahme eines **Arbeitsverhältnisses im Rahmen einer Vereinsmitgliedschaft** siehe BAG 25.04.2023 – 9 AZR 253/22 –.

9 Personen, die eine **Altersteilzeit im Blockmodell** ausüben und sich am Tag der Wahl in der Freistellungsphase befinden, zählen zu den Beschäftigten, auch wenn sie nach § 10 Abs. 3 lit. e) nicht wahlberechtigt sind (str.: so BVerwG 15.05.2002 – 6 P 8.01 – und Bieler/Müller-Fritzsche, § 4 NPersVG Rn. 5 m. w. N.; a. A. BayVGH 14.11.2001 – 17 P 01.638 – PersV 2002, 506 und zum BetrVG: BAG 16.04.2003 – 7 ABR 53/02 – NZA 2003, 1345). Sie stellen allerdings keine „In-der-Regel-Beschäftigten“ i. S. d. §§ 13 f. oder des § 42 Abs. 4 dar, wenn eine Nachbesetzung der Stelle zum Zeitpunkt des Wahlausschreibens (§ 6 WO-LPVG NRW i. V. m. §§ 2, 3 WO-LPVG NRW) nicht feststeht (vgl. § 13 Rz. 5)! Auch Beschäftigte im **Erholungsurlaub**, im **Sonderurlaub** (§ 28 TV-L/TVöD und § 9 Abs. 1 AZV) oder in der **disziplinarischen Freistellung** (z. B. Suspendierung wegen des Verdachts eines Arbeitgeberbetrugs) unterfallen dem Geltungsbereich des § 5. Zu gekündigten Arbeitnehmern vgl. Rz. 26.

Dem Beschäftigtenbegriff unterfallen nach **Abs. 1 Satz 1** auch **„arbeitnehmerähnliche Personen i.S.d. § 12a TVG“**. Die letztgenannte Vorschrift stellt sich im Wortlaut, der nachfolgend auszugsweise und mit Unterstreichungen des Kommentators versehen worden ist, wie folgt dar: 10

„(1) Die Vorschriften dieses Gesetzes gelten entsprechend
1. für Personen, die wirtschaftlich abhängig und vergleichbar einem Arbeitnehmer sozial schutzbedürftig sind (arbeitnehmerähnliche Personen), wenn sie auf Grund von Dienst- oder Werkverträgen für andere Personen tätig sind, die geschuldeten Leistungen persönlich und im wesentlichen ohne Mitarbeit von Arbeitnehmern erbringen und
   a) überwiegend für eine Person tätig sind oder
   b) ihnen von einer Person im Durchschnitt mehr als die Hälfte des Entgelts zusteht, das ihnen für ihre Erwerbstätigkeit insgesamt zusteht; ist dies nicht voraussehbar, so sind für die Berechnung, soweit im Tarifvertrag nichts anderes vereinbart ist, jeweils die letzten sechs Monate, bei kürzerer Dauer der Tätigkeit dieser Zeitraum, maßgebend; […]“

Arbeitnehmerähnliche Personen werden in der Praxis oft auch als **„freie Mitarbeiter“** oder **„Honorarkräfte“** bezeichnet (vgl. BAG 27.06.2017 – 9 AZR 851/16 – zum Nebeneinander von Arbeits- und Honorarvertrag bei Musikschullehrern, OVG Bremen 01.12.2015 – 6 LP 103/14 – zu „freien Mitarbeitern“ bei Radio Bremen und LAG Düsseldorf 18.03.2013 – 9 Sa 1746/12 –). Sie werden zumeist aufgrund eines Werkvertrages gem. § 631 BGB oder im Rahmen eines Dienstverhältnisses nach § 611 BGB tätig (vgl. BAG 08.05.2007 – 9 AZR 777/06 –). Sie weisen regelmäßig keine oder lediglich eine geringe Weisungsgebundenheit auf (vgl. BAG 26.07.1995 – 5 AZR 22/94 –). Zur Weisungsgebundenheit von Honorarkräften im schulischen Bereich vgl. OVG Berlin Brandenburg 13.03.2014 – OVG 60 PV 19.12 – und im Musikschulbereich vgl. Rz. 4. Zur sog. **Scheinselbständigkeit und der diesbezüglich bestehenden Sozialversicherungspflicht** vgl. BSG 28.06.2022 – B 12 R 3/20 R –. 11

In der Praxis gilt es zu beachten, dass solche Mitarbeiter nur dann arbeitnehmerähnliche Personen i. S. d. § 12a TVG sind, wenn bei ihnen zum einen eine wirtschaftliche Abhängigkeit und zum anderen, vor allem auch eine soziale Schutzbedürftigkeit vergleichbar einem Arbeitnehmer bestehen! 12

Eine „**wirtschaftliche Abhängigkeit**“ ist regelmäßig dann anzunehmen, wenn der Betroffene auf die Verwertung seiner Arbeitskraft und die Einkünfte aus der Dienstleistung zur Sicherung seiner Existenzgrundlage angewiesen ist (BAG 26.09.2002 – 5 AZB 19/01 – und Erfurter Kommentar TVG, § 12a TVG Rn. 4 ff. m.w.N.). 13

14 Bei der **„sozialen Schutzbedürftigkeit“** ist auf die Umstände des Einzelfalls abzustellen (vgl. BAG 11.04.1997 – 5 AZB 35/96 –). Das Merkmal dient zur Abgrenzung von selbstständig tätigen Personen (vgl. BAG 17.01.2006 – 9 AZR 61/05 –).

14a **Praxistipp!**

Die Dienststelle sollte das **Vorliegen der Tatbestandsvoraussetzungen des § 12a TVG aktiv vor Ort durch Nachfrage aufklären**. Bestenfalls sollten hierbei nur die Personen zu einer Selbstauskunft aufgefordert werden, für die auch eine wirtschaftliche Abhängigkeit aufgrund der Höhe der Einkünfte überhaupt möglich erscheint. Bei Personen, die keine entsprechende Selbstauskunft geben, könnte davon ausgegangen werden, dass eine Schutzbedürftigkeit im Sinne des LPVG NRW und des TVG nicht gegeben wäre. Bei einer hiernach orientierten Abfrage der in Betracht kommenden Personen könnte man klar zum Ausdruck bringen, dass die Notwendigkeit der Selbstauskunft durch eine gesetzliche Regelung veranlasst wurde und bei fehlender Auskunft von einer nicht bestehenden Schutzbedürftigkeit ausgegangen werden müsste!

15 Im Zuge der **Novelle 2011** gelten nach **Abs. 1 Satz 2** nun auch „diejenigen, die in der **Dienststelle weisungsgebunden tätig** sind oder der **Dienstaufsicht unterliegen, unabhängig davon, ob ein Arbeits- oder Dienstverhältnis zur Dienststelle besteht**“ als Beschäftigte.

16 Eine Person wird **„weisungsgebunden tätig“**, wenn die Dienststelle i. S. d. § 106 GewO (Direktionsrecht) Inhalt, Ort und Zeit der Arbeitsleistung nach billigem Ermessen näher bestimmen darf (vgl. auch Rz. 4 f.). Die **„Dienstaufsicht“** stellt das Aufsichts- und Weisungsrecht einer höheren Behörde gegenüber der ihr nachgeordneten Behörde und des Vorgesetzten gegenüber seinen ihm untergebenen Beamten dar. Damit stellt sie das (beamtenrechtliche) Pendant zum Weisungsrecht gegenüber der Arbeitnehmerschaft dar. Die Arbeitsgerichte haben bei der Prüfung des Arbeitnehmerstatus einen weiten Beurteilungsspielraum.

30. November 2021

- 9 AZR 145/21 –

17 Aufgrund dieser Neuregelung weisen fortan auch alle **Leiharbeitnehmer** i. S. d. AÜG die Beschäftigteneigenschaft nach dem LPVG NRW auf. Zu den wesentlichen Merkmalen der Leiharbeit vgl. i. Ü. Erfurter Kommentar AÜG, Einleitung Rz. 1 ff. Dazu gehören also auch die durch Fiktionswirkung zustande gekommenen Arbeitsverhältnisse nach § 10 Abs. 1 Satz 1 AÜG (vgl. auch Rz. 25). Entsprechendes ist ebenfalls für **gestelltes Personal** und speziell auch bei gestellten **DRK-Schwestern** anzunehmen (vgl. OVG NRW 23.03.2010 –16 A 2423/08.PVL –). Dabei gilt es zu beachten,

dass die personalvertretungsrechtliche Zuständigkeit des Personalrats für diese Beschäftigte nicht aufgrund einer etwaigen Unwirksamkeit des Gestellungsvertrags entfällt soweit sie bereits in der Dienststelle eingegliedert sind (vgl. entsprechend BAG 18.07.2017 – 1 ABR 15/16 –).

Auch, wenn **Teilnehmer des Bundesfreiwilligendienstes** (BFDG) faktisch unter Arbeitsbedingungen in der Dienststelle zum Einsatz gelangen, gehören sie trotzdem nicht zu den Beschäftigten i. S. d. LPVG NRW. Denn es hat sich mit der organisatorischen Umsetzung der Bundesverordnung vom 19.03.2013 über die Wahl der Sprecherinnen und Sprecher der Freiwilligen des Bundesfreiwilligendienstes (BFD-Wahlverordnung – BFD-WahlV) in der Praxis gezeigt, dass der Gesetzgeber ihren personalvertretungsrechtlichen Schutz ausreichend und vor allem abschließend geregelt hat, a. A. wohl Cecior u. a. § 5 Rn. 76 u. a. mit Verweis auf eine weisungsgebundene Arbeitsverrichtung, jedoch in Verkennung, dass die Freiwilligendienstleistenden nur reine „Hilfs- und keine Arbeitstätigkeiten“ verrichten (vgl. insoweit § 4 Abs. 2 BFDG, wonach die Freiwilligen von den Einsatzstellen nur eine fachliche Anleitung und gerade keine Weisungen erhalten) und der Erlass des Ministeriums für Inneres und Kommunales NRW vom 03.03.2016 – Az.: 24-42.05.05-5/42.05.03, der allerdings keine Begründung für die dortige Auffassung enthält). Entsprechendes gilt für die **Teilnehmer des Jugendfreiwilligendienstes** (JFDG). Die gewählten Sprecher (§ 10 BFDG) repräsentieren die Teilnehmer nach außen und sollen vor allem ihnen bekannte oder bekannt gewordene Missstände dem BMFSFJ oder dem BAFzA melden (vgl. i.Ü. entsprechend auch OVG Niedersachsen 30.11.2005 – 18 LP 18/02 – zu Vertrauensmännern des ZDVG). Sie können darüber hinaus Ideen oder Verbesserungsvorschläge sammeln und einbringen sowie über Erfolgsmodelle in der Praxis informieren. Zudem sind sie neben Vertretern der am Bundesfreiwilligendienst beteiligten Verbände, Kirchen, Länder und kommunalen Spitzenverbände sowie Gewerkschaften und Arbeitgeberverbände ebenfalls Mitglieder im „Beirat für den Bundesfreiwilligendienst“. 18

In der Praxis führen speziell immer wieder die nachfolgenden Beschäftigtengruppen zu Kontroversen. Hierzu kurz Folgendes: 19

- **Angehörige der Freiwilligen Feuerwehr** → (–), vgl. OVG NRW 11.04.2013 – 20 A 2092/12.PVL –
- **Tätige im Ehrenamt** → Grundsätzlich (–), Ausnahmen aber möglich, vgl. hierzu OVG NRW a. a. O.
- **Unternehmensarbeitnehmer aufgrund Werkvertrages etc.** → Grundsätzlich (–),
- **Sozialhilfeempfänger im gemeinnützigen Arbeitseinsatz** → (+), vgl. BVerwG a. a. O.

- **ABM/MAE-Kräfte** („Ein-Euro-Jobber") → (+), vgl. auch BVerwG 21.03.2007 – 6 P 4/06 –
- **Werkstudenten** → Grundsätzlich (+), wenn weisungsgebundene Tätigkeiten erledigt werden, vgl. BAG 11.11.2008 – 1 ABR 68/07 –
- **Drittmittelbedienstete** → Grundsätzlich (–), vgl. OVG NRW 05.04.2012 – 3 A 2663/09 –
- **Praktikanten** → Grundsätzlich (–), vgl. BAG 11.11.2008 – 1 ABR 68/07 –; Ausnahmen möglich, vgl. TVPöD.
- **Tagesmütter** (–), vgl. BAG 23.05.2018 – 5 AZR 263/17 –
- **Mitglieder von Pflegefamilien** (–)

20 Nach **Abs. 1 Satz 3** sind **„Richter"** grundsätzlich von der persönlichen Geltung des LPVG NRW ausgenommen. Als Richter sind nur diejenigen Personen anzusehen, die auch explizit zu Richtern ernannt worden sind. Anderweitig bei Gericht beschäftigte Personen wie z.B. Rechtspfleger, Staatsanwälte etc. unterliegen nicht dem Ausschluss.

III. Beamte

21 Abs. 2: Wer **„Beamter"** ist, bestimmt sich nach den §§ 3 ff. LBG NRW bzw. nach den entsprechenden Vorschriften des Bundes. Der strafrechtliche oder haftungsrechtliche Beamtenbegriff ist deswegen für das LPVG NRW nicht maßgeblich. Nach **§ 72 Abs. 1 Satz 2 Halbsatz 2 Nr. 1** sind die dort benannten **(politischen) Beamte** von der Mitbestimmung nach § 72 Abs. 1 Satz 1 ausgenommen (vgl. § 72 Rz. 369).

IV. Arbeitnehmer

22 Abs. 3: Als **„Arbeitnehmer"** gelten nach dieser Vorschrift folgende Personen:

Diejenigen Beschäftigten, die **„aufgrund des für die Dienststelle maßgebenden Tarifvertrages"** als Arbeitnehmer anzusehen sind. Hier galt bis ins Jahr 2005 – mit Ausnahmen – der Bundes-Angestelltentarifvertrag (BAT). Dieser wurde durch den am 01.10.2005 in Kraft getretenen Tarifvertrag für den öffentlichen Dienst (TVöD) und den für den öffentlichen Dienst der Länder (TV-L) am 01.11.2006 in Kraft getretenen Tarifvertrag abgelöst.

23 Diejenigen Beschäftigten, die **„aufgrund der für die Dienststelle geltend Dienstordnung"** als Arbeitnehmer anzusehen sind. Hierzu zählen u.a. Personen, die bei der Unfallkasse NRW entsprechend beschäftigt werden.

Des Weiteren sind Arbeitnehmer auch diejenigen, **„die nach ihrem Arbeitsvertrag Arbeitnehmer sind“**. Dazu zählen diejenigen, die aufgrund eines privatrechtlichen Vertrages im Dienst eines anderen zur Leistung weisungsgebundener und fremdbestimmter Arbeit in persönlicher Abhängigkeit verpflichtet sind. Zur Abgrenzung von Personen, die im wesentlichen frei ihre Tätigkeit gestalten und ihre Arbeitszeit bestimmen können vgl. auch BAG 20.01.2010 – 5 AZR 99/09 –. Zur Abgrenzung von Arbeits- und Werkvertrag vgl. BAG 25.09.2013 – 10 AZR 282/12 – und LAG Köln 27.10.2021 – 3 Sa 257721 – zu einer Digitalisierungstätigkeit von Ausgrabungsdokumenten in einem Museum). Ferner sind Arbeitnehmer auch diejenigen, die als **„übertarifliche Arbeitnehmer“** beschäftigt werden. Abgestellt wird dabei auf Vertragsvereinbarungen, die Regelungen enthalten, welche über die einschlägigen tariflichen Bestimmungen hinausgehen. In der Praxis sind das vor allem Sonderregelungen zum Urlaub, zur Vergütungshöhe und zu tarifvertraglich nicht vorgesehenen weiteren Vergütungsbestandteilen (z. B. Prämien, Dienstwagen etc.). Die **bloße Bezeichnung als Arbeitsvertrag ist nicht alleinentscheidend für die rechtliche Einordnung nach § 5 Abs. 3**. Es ist vielmehr die Frage zu klären, ob diese Titulierung sich sowohl im tatsächlichen Vertragsinhalt als auch in der gelebten Vertragspraxis wiederfinden lässt (vgl. auch § 611a Abs. 1 Satz 6 BGB). Die Arbeitsgerichte haben bei der Prüfung des Arbeitnehmerstatus letztlich einen weiten Beurteilungsspielraum (vgl. BAG 30.11.2021 – 9 AZR 145/21 – zum Status einen Sportfotografen). **24**

Zu den Arbeitnehmern i. S. d. vorliegenden Vorschrift gehören nach hiesiger Auffassung auch diejenigen, deren **Arbeitsverhältnisse nach § 10 Abs. 1 Satz 1 AÜG** zustande gekommen sind. Denn anstelle des nach § 9 AÜG unwirksamen Leiharbeitsvertrags mit dem Verleiher wird zum selben Zeitpunkt aufgrund zwingender gesetzlicher Fiktion ein neues Arbeitsverhältnis zwischen Leiharbeitnehmer und Entleiher, d. h. der Dienststelle begründet, dass einem normalen Arbeitsverhältnis entspricht. Soweit das AÜG keine Sonderregelungen trifft, muss für dieses fingierte Arbeitsverhältnis das gesamte Arbeitsrecht einschließlich des öffentlichen Arbeitsrechts gelten (a. A. Cecior § 5 Rn. 96a und Laber/Pagenkopf § 5 Rn. 33). Etwas anderes gilt nur dann, wenn der betroffene Leiharbeitnehmer eine Festhaltenserklärung nach § 9 Abs. 1 Nr. 1 – 1b AÜG abgibt. Denn in diesem Fall entfällt die Fiktionswirkung des § 10 AÜG ex tunc. In der Dienststellenpraxis kann die vorstehende Streitfrage jedenfalls dahinstehen, da aufgrund der Eingliederung die Beschäftigteneigenschaft ohnehin schon nach Abs. 1 Satz 2 besteht (vgl. Rz. 16). Die tatsächliche **Durchführung von Kleinstaufträgen („Mikrojobs“) durch Nutzer einer Onlineplattform („Crowdworker“)** auf der Grundlage einer **25** mit deren Betreiber („Croudsourcer“) getroffenen Rahmenvereinbarung kann ergeben, dass die rechtliche Beziehung als Arbeitsverhältnis zu qualifizieren ist (vgl. BAG 01.12.2020 – 9 AZR 102/20 –).

26 Durch die **Beendigung des Arbeitsverhältnisses**, z.B. durch Fristablauf bei Zeitverträgen (§ 15 TzBfG), den Eintritt einer auflösenden Bedingung (§ 21 TzBfG) das Erreichen der Altersgrenze (§ 33 Abs. 1 lit. a) TV-L/TVöD), durch Tod, durch rechtsgestaltendes Urteil (§ 9 KSchG) oder den Abschluss eines Aufhebungsvertrages (§ 33 Abs. 1 lit. b) TV-L/TVöD), wird auch die **Beendigung der Beschäftigteneigenschaft** herbeigeführt. Wenn ein Arbeitsvertrag aufgrund einer Anfechtung oder Nichtigkeit fehlt, wird die Beschäftigteneigenschaft durch die Arbeitsaufnahme begründet (vgl. BVerwG 20.95.1992 – 6 P 4/90 – und VGH Baden-Württemberg 25.05.1993 – PL 15 S 1603/92 –) und ist dabei an den Bestand des insoweit entstandenen faktischen Arbeitsverhältnisses gebunden (so Altvater u.a. § 4 BPersVG, Rz. 25 m.w.N.). Eine Ausnahme stellt die Beendigung des privatrechtlichen Arbeitsverhältnisses durch die Ernennung zum Beamten dar (vgl. § 16 Abs. 4 LBG NRW und Rz. 3). Wird das Arbeitsverhältnis **durch Kündigung beendet**, so gilt es zu beachten, dass die Beschäftigteneigenschaft bei einer außerordentlichen Kündigung mit sofortiger Wirkung (vgl. § 74 Rz. 103ff.) und bei einer ordentlichen Kündigung (vgl. § 74 Rz. 7ff.) sowie einer außerordentlichen Kündigung mit sozialer Auslauffrist (vgl. § 74 Rz. 17) erst nach Ablauf der Kündigungsfrist entfällt. Nichts anderes gilt für den Fall, der **Erhebung einer Kündigungsschutzklage**, ohne, dass bis zum rechtskräftigen Abschluss des Kündigungsschutzprozesses eine Weiterbeschäftigung erfolgt. Denn die Kündigungsschutzklage lässt den Umstand, dass der Gekündigte nicht mehr eingegliedert (vgl. Rz. 4) und auch nicht mehr weisungsgebunden ist (vgl. Rz. 15ff.) nicht entfallen (vgl. entsprechend BAG 10.11.2004 – 7 ABR 12/04 – zu § 8 BetrVG). Wenn allerdings eine Weiterbeschäftigung aufgrund eines Weiterbeschäftigungsanspruchs auf der Grundlage eines obsiegenden Urteils oder eines abgeschlossenen Prozessrechtsarbeitsverhältnisses oder bei einem gekündigten Personalratsmitglied unter den Voraussetzungen des § 43 Abs. 2 (vgl. § 43 Rz. 31ff.) stattfindet, ist dem Gekündigten auch nach dem Ablauf der jeweiligen Kündigungsfrist zumindest für die Dauer seiner tatsächlichen Beschäftigung der Beschäftigtenstatus des § 5 zuzusprechen, wenn im späteren rechtskräftig festgestellt wird, dass die Kündigung rechtswirksam ist (vgl. BAG 10.11.2004 und 15.01.1991 jeweils a.a.O.).

27 Auch die **„zu ihrer Berufsausbildung Beschäftigten“** gelten als Arbeitnehmer nach Abs. 3. Für die Auslegung des Begriffs Berufsausbildung kann dabei aber nicht auf das BBiG abgestellt werden (vgl. § 3 Abs. 2 Nr. 3 BBiG). Das personalvertretungsrechtliche Augenmerk ist nämlich primär auf das Ziel gerichtet, dass nur diejenigen Auszubildenden vom Geltungsbereich des § 5

umfasst werden, die eine zukünftige Tätigkeit als Arbeitnehmer im öffentlichen Dienst ausüben (vgl. hierzu auch Gem.-OGB 12.03.1987 – 6/86 –, ergangen auf Vorlagebeschluss des BAG, NJW 1987, 2571), sodass der Ausbildungsgegenstand entsprechend geeignet sein muss auf einen derartigen Beruf vorzubereiten (vgl. BVerwG 02.06.1993 – 6 P 4.92 –). Mithin sind Personen, die im Rahmen eines Förderprogramms eine „überbetriebliche" oder „außerbetriebliche" Ausbildung erhalten, die sie nicht im vorbenannten Sinne befähigt, keine Beschäftigten (vgl. Gem.-OGB a.a.O.). Zum **Zeitpunkt der Beendigung des Berufsausbildungsverhältnisses** vgl. § 74 Rz. 146.

V. Keine Beschäftigten nach dem LPVG NRW

Abs. 4: Der Gesetzgeber hat bestimmte Gruppen von Beschäftigten dem Geltungsbereich des LPVG NRW entzogen. 28

Nach **Abs. 4 lit. a)** ist bestimmtes **„Lehr- und Assistenzpersonal"** ausgeschlossen. Mit der **Novelle 2011** wurden die ehemals aufgeführten akademischen Räte und Oberräte auf Zeit, und wissenschaftliche sowie künstlerische Hilfskräfte gestrichen, da man nun eine personalvertretungsrechtliche Schutzbedürftigkeit annimmt (vgl. LT-Drucks. 15/1644, 75). Zur Definition einer „studentischen Hilfskraft" vgl. OVG NRW 10.01.2018 – 20 A 2767/17.PVL –. 29

Nach **Abs. 4 lit. b)** sind de facto die **„Professoren an der Sozialakademie Dortmund"** gemeint (vgl. § 5 Abs. 5 lit. c) a.f. vom 03.12.1974 (GV NRW S. 1514). 30

In **Abs. 4 lit. c)** sind aufgrund des Art. 3 Nr. 2 lit. a) des Gesetzes zur Neuregelung der Rechtsverhältnisse der Richterinnen und Richter sowie Staatsanwältinnen und Staatsanwälte im Land Nordrhein-Westfalen vom 08.12.2015 nunmehr auch **„Staatsanwältinnen und Staatsanwälte"** dem Geltungsbereich des LPVG NRW gänzlich entzogen, da ihre Beteiligungsrechte fortan durchweg von speziellen Staatsanwaltsräten nach Vorgabe des § 46f. LRiStaG gewahrt werden. Von der Vorschrift nicht erfasst sind **sog. Amtsanwälte**, die ohne eine Volljuristenausbildung nach § 145 Abs. 2 GVG im Bereich der Amtsgerichte tätig werden können (vgl. im Kontext auch LT-Drucks. 7/4343, S. 25). 30a

Der **Abs. 4 lit. c)** stellt auf den **„Ehrenbeamten"** i.S.d. § 107 LBG NRW ab. 31

Die Bestimmung in **Abs. 4 lit. d)** bezieht sich auf **„Rechtspraktikanten"**, d.h. de facto Teilnehmer in einem Ausbildungsversuch (vgl. LT-Drucks. 7/3543 vom 05.02.1974, S. 49). 32

Weiterhin sind nach **Abs. 4 lit. e)** **„Personen, die überwiegend zu ihrer Heilung, Wiedereingewöhnung, sittlichen Besserung oder Erziehung be-** 33

schäftigt sind", keine Beschäftigten. Davon umfasst sind, wenn sie dort arbeiten, z. B. alkohol- und/oder drogensüchtige Personen in Krankenanstalten sowie Insassen von Justizvollzugsanstalten.

34 Bei der Regelung in **Abs. 4 lit. f)** wird vorausgesetzt, dass **„ein durch höhere Gewalt bedingter Notstand"** (Blitzschläge, Erdbeben, Sturmfluten, Terroranschläge) gegeben ist (vgl. BVerwG 25.11.202 – 8 B 112.02 –). Zur Definition i. S. d. europäischen Gemeinschaftsrechts vgl. BVerwG 29.04.2004 – 3 C 27/03 –.

VI. Sonderregelung für Beschäftigte in gemeinsamen Dienststellen

35 Abs. 5: Der Gesetzgeber hat mit Abs. 5 eine Sonderregelung im Hinblick auf Beschäftigte in **„gemeinsamen Dienststellen"** des Landes und anderer Körperschaften (z. B. Oberfinanzdirektionen, vgl. § 6 FVG) getroffen.

VII. Rechtliche Auseinandersetzungen

36 Die Frage, ob ein Dienststellenangehöriger Beschäftigter i. S. d. § 5 ist, kann kein selbstständiger Streitgegenstand im Rahmen von personalvertretungsrechtlichen Beschlussverfahren sein. Eine Klärung vor dem Verwaltungsgericht kann in einem solchen Verfahren aber als **„Vorfrage"** erfolgen, wenn es dort um die Wahlberechtigung oder Wählbarkeit geht (vgl. i. Ü. § 79 Abs. 1 Nr. 1–3).

38 Nach § 54 BeamtStG und § 103 LBG NRW sind Kontroversen über die Frage, ob ein **Beamtenverhältnis** besteht vor dem Verwaltungsgericht zu klären. Wenn es jedoch um die Frage des Bestehens eines **individuellen Beschäftigungsverhältnisses** geht, ist nach § 2 Abs. 1 Nr. 3 lit. a) oder b) ArbGG der Weg über die Arbeitsgerichtsbarkeit zu nehmen.

§ 6 (Gruppen)

Beamtinnen und Beamte sowie Arbeitnehmerinnen und Arbeitnehmer bilden je eine Gruppe.

Gliederung

I. Einleitende Bemerkungen

Das LPVG NRW ist vom **Gruppenprinzip** beherrscht (vgl. BVerwG 01.08.1958 – VII P 21.57 –). Es unterteilt die Gesamtheit der Beschäftigten einer Dienststelle in zwei Gruppen. Das sind die „**Beamten**" (vgl. § 5 Abs. 2, Rz. 21) und die **„Arbeitnehmer"** (vgl. § 5 Abs. 3, Rz. 22). Der Gesetzgeber hat diese vormals mit der Novelle 1984 entfallene Regelung mit der Gesetzesänderung 2007 wieder eingeführt und dabei vollständig neu gefasst. Er hat seinerzeit gemeint, dass nach dem Wegfall der rahmenrechtlichen Vorgaben zum Gruppenprinzip eine eigenständige landesrechtliche Regelung angezeigt sei (vgl. LT-Drucks. 14/4239, 88). Im BetrVG hatte man hingegen schon vorab einen einheitlichen Arbeitnehmerbegriff hervorgehoben (vgl. § 5 BetrVG). Im öffentlichen Dienst wurde gleichfalls mit dem Inkrafttreten des TVöD am 01.10.2005 und des TV-L am 01.11.2006 die Unterscheidung zwischen **Angestellten** und **Arbeitern** abgeschafft, sodass man annehmen könnte, dass die Wiedereinführung des Gruppenprinzips veraltet und überflüssig wäre. Dem ist aber nicht so. Denn es gilt zu beachten, dass Beamte und Angestellte unterschiedliche Rechtsverhältnisse und daraus resultierend teilweise auch andere Interessenlagen aufweisen (vgl. auch BVerfG 12.06.2018 – 2 BvR 1738/12 – u.a. zum Verfassungsrang des Gruppenprinzips für Beamte). Durch die besondere Berücksichtigung beider Gruppen im LPVG NRW wird diesem Umstand Rechnung getragen. Das Gesetz räumt beiden Gruppen die Möglichkeit ein, dass sich ihre (besonderen) Interessen aufgrund der von ihnen jeweils gewählten sachverständigen Vertreter in der letztendlichen Personalvertretung wiederfinden (vgl. im Einzelnen die Kommentierung von Bülow zur WO-LPVG NRW). 1

Durch die **Novelle 2011** wurde das Gruppenprinzip geschwächt. Es fand ein Wechsel vom Vorstands- zum Vorsitzenden-Prinzip hin statt, sodass nun anstelle eines Vorstandes eine **Vorsitzende Person nebst Stellvertretern** die Geschäftsführung des Personalrats übernimmt (vgl. auch § 29 Rz. 2). Die vormalige enge Teilnahme, der aus den jeweiligen Gruppen gewählten Vertretern ist dadurch abgeschafft worden. 2

Wichtig! 3

Die Novelle 2011 hat zwar in § 6 eine geschlechtergerechte sprachliche Anpassung in Bezug auf „Beamtinnen" und „Arbeitnehmerinnen" mit sich gebracht. Das führt aber nicht zu einer Erweiterung auf insgesamt „vier Gruppen". In der Personalvertretung existieren auch weiterhin nur zwei Gruppen!

II. Relevanz des Gruppenprinzips im LPVG NRW

4 Das Gruppenprinzip und dabei speziell die Gruppenzugehörigkeit spielt an vielen Stellen im LPVG NRW eine entscheidende Rolle:

- Vertretung jeder Gruppe im Personalrat (§ 14)
- Getrennte Wahlgänge in den jeweiligen Gruppen (§ 16 Abs. 2)
- Vertretung jeder Gruppe im Wahlvorstand (§ 17 Abs. 1 Satz 2)
- Evtl. getrennte Wahlanfechtung (§ 22 Abs. 2)
- Neuwahl von Gruppenmitgliedern (§ 24 Abs. 3)
- Gruppenberücksichtigung bei der Stellvertreterwahl (§ 29 Abs. 1 Satz 3)
- Gruppenantrag im Personalrat (§ 32 Abs. 1)
- Aussetzung von Personalratsbeschlüssen (§ 35 Abs. 1)
- Freistellung nach der Gruppenstärke (§ 42 Abs. 3 Satz 2 u. 3)

III. Rechtliche Auseinandersetzungen

5 Kontroversen über die **Zugehörigkeit von Beschäftigten** zu einer der in § 6 genannten Gruppe sind im personalvertretungsrechtlichen Beschlussverfahren vor dem Verwaltungsgericht zu klären (vgl. § 79 Abs. 1 i.V.m. Abs. 2 Satz 1). Zur Frage der **Reihenfolge bei der Freistellung von Personalratsmitgliedern unter Berücksichtigung der Gruppenzugehörigkeit** (§ 42 Abs. 3 Satz 2 u. 3) vgl. OVG NRW 18.09.2008 – 16 A 2260/08.PVL –. Zur Fragestellung, ob jemand Beschäftigter oder Beamter ist vgl. § 5 Rz. 3. Zur **Fehlerhaftigkeit des Wählerverzeichnisses** vgl. Bülow, § 2 WO-LPVG NRW Rz. 50 f.

§ 7 (Schutz der Personalvertretung und der Auszubildenden)

(1) Personen, die Aufgaben oder Befugnisse nach diesem Gesetz wahrnehmen, dürfen darin nicht behindert werden und wegen ihrer Tätigkeit nicht benachteiligt oder begünstigt werden; dies gilt auch für ihre berufliche Entwicklung.

(2) Beabsichtigt der Arbeitgeber, eine oder einen in einem Berufsausbildungsverhältnis nach dem Berufsbildungsgesetz, dem Krankenpflegegesetz oder dem Hebammengesetz stehende Beschäftigte oder stehenden Beschäftigten (Auszubildende oder Auszubildenden), die oder der Mitglied einer Personalvertretung oder einer Jugend- und Auszubildendenvertretung ist, nach erfolgreicher Beendigung des Berufsausbildungsverhältnisses nicht in ein Arbeitsverhältnis auf unbestimmte Zeit zu übernehmen, so hat er dies drei Monate vor Beendigung des Berufsausbildungsverhältnisses der oder dem Auszubildenden schriftlich mitzuteilen.

(3) Verlangt eine oder ein in Absatz 2 genannte Auszubildende oder genannter Auszubildender innerhalb der letzten drei Monate vor Beendigung des Berufsausbildungsverhältnisses schriftlich vom Arbeitgeber ihre oder seine Weiterbeschäftigung, so gilt zwischen der oder dem Auszubildenden und dem Arbeitgeber im Anschluss an das erfolgreiche Berufsausbildungsverhältnis ein Arbeitsverhältnis auf unbestimmte Zeit als begründet.

(4) Die Absätze 2 und 3 gelten auch, wenn das Berufsausbildungsverhältnis vor Ablauf eines Jahres nach Beendigung der Amtszeit der Personalvertretung oder der Jugend- und Auszubildendenvertretung erfolgreich endet.

(5) Der Arbeitgeber kann spätestens bis zum Ablauf von zwei Wochen nach Beendigung des Berufsausbildungsverhältnisses beim Verwaltungsgericht beantragen,

a) festzustellen, dass ein Arbeitsverhältnis nach den Absätzen 3 oder 4 nicht begründet wird, oder

b) das bereits nach den Absätzen 3 oder 4 begründete Arbeitsverhältnis aufzulösen,

wenn Tatsachen vorliegen, aufgrund derer dem Arbeitgeber unter Berücksichtigung aller Umstände die Weiterbeschäftigung nicht zugemutet werden kann. In dem Verfahren vor dem Verwaltungsgericht ist die Personalvertretung, bei einem Mitglied der Jugend- und Auszubildendenvertretung auch diese beteiligt.

(6) Die Absätze 3 bis 5 sind unabhängig davon anzuwenden, ob der Arbeitgeber seiner Mitteilungspflicht nach Absatz 2 nachgekommen ist.

Gliederung

I. Einleitende Bemerkungen

Der Gesetzgeber hat die bislang in den §§ 107 bis 109 BPersVG a. F. enthaltenen und unmittelbar für die Länder geltenden Vorgaben mit der Novelle 2007 in das LPVG NRW integriert. Die **Novelle 2011** hat lediglich eine geschlechtergerechte Sprachanpassung in den Absätzen 2 und 3 mit sich gebracht. 1

II. Aufbau der Vorschrift

2 Die Vorschrift ist wie folgt aufgebaut:

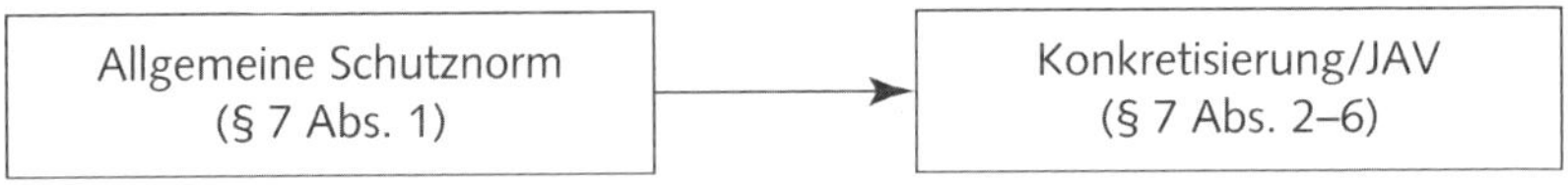

III. Behinderungs-, Benachteiligungs- und Begünstigungsverbot

3 Abs. 1: Die Vorschrift formuliert einen **allgemeinen Schutz für einzelne Funktionsträger, die Aufgaben oder Befugnisse nach dem LPVG NRW wahrnehmen** (vgl. hierzu auch BVerwG 21.09.2006 – 2 C 13.05 –). Dabei soll sowohl die Tätigkeit der Personalvertretung als auch die Unabhängigkeit der Entscheidung der vorbenannten Personen geschützt werden, damit diese in ihrer Arbeit nicht behindert, wegen ihrer Tätigkeit nicht benachteiligt, aber auch nicht begünstigt werden. Entsprechendes gilt für ihre berufliche Entwicklung. Die Übernahme von Ämtern und Aufgaben soll neutral bleiben.

Zu den besonderen **Rechten und Pflichten von Wahlvorstandsmitgliedern** vgl. **Bülow**, § 1 WO-LPVG NRW Rz. 60ff.

Zu einer **zulässigen personalvertretungsrechtlichen Abmahnung** siehe **Bülow, Die Missbilligung im öffentlichen Dienst, Teil 2: Die personalvertretungsrechtliche Er- und Abmahnung, PersV 2022, S. 324** und auch Rz. 11 im Folgenden.

4 Dieses allgemeine Schutzziel des Gesetzgebers findet sich auch in anderen Vorschriften wieder wie z. B.:

- Verbot der Wahlbehinderung/-beeinflussung (§ 21 Abs. 1)
- Verbot der Beeinträchtigung des beruflichen Werdegangs (§ 42 Abs. 3 Satz 4)
- Schutz vor Versetzung, Abordnung und Umsetzung (§ 43 Abs. 1)
- Schutz vor außerordentlicher Kündigung (§ 43 Abs. 2)
- Verbot der Bezug- oder Arbeitsentgeltminderung (§ 42 Abs. 2 Satz 1)
- Ausschluss der ordentlichen Kündigung (§§ 15 Abs. 2, 16 KSchG)
- Schutz von Vertrauenspersonen (§ 93 Abs. 2 und 3 SGB IX)

5 **Wichtig!**

Die Gleichstellungsbeauftragte nimmt nach § 16 Abs. 1 Satz 1 LGG NRW ihre Aufgabe als Angehörige der Verwaltung, d. h. der Dienststelle wahr. Sie steht also nicht „im Lager" der Personalvertretung (siehe ausführlich zum Ganzen Bülow, § 16 LGG NRW Rn. 6ff.)!

Verstöße gegen das Schutzziel können **Ansprüche auf Schadensersatz,** speziell nach § 823 Abs. 2 BGB (vgl. BAG 26.09.1990 – 7 AZR 208/89 –) und/oder auf **Unterlassung** nach sich ziehen (vgl. OVG NRW 25.01.2010 – 6 A 2025/07 –). 6

§ 7 Abs. 1 hat aber nicht nur die zuvor skizzierte Schutzfunktion. Er dient darüber hinaus auch als **Auslegungsregel**, wenn es um die (rechtmäßige) Anwendung anderer Vorschriften des LPVG NRW geht (vgl. BVerwG 27.04.1983 – 6 P 3.81 –, im Zusammenhang mit der Frage, ob das Kfz eines Personalratsmitgliedes von diesem im dienstlichen Interesse gehalten wird, wurde festgestellt, dass sich aus der Verletzung des Behinderungsverbotes nach § 107 BPersVG a. F. (aktuell § 10 BPersVG) ein Anspruch auf Anerkennung ergeben kann). 7

Vom **persönlichen Schutzbereich** sind alle Personen umfasst, die Aufgaben oder Befugnisse nach dem LPVG NRW wahrnehmen. Das sind vor allem sämtliche ordentlichen und ersatzweisen Mitglieder der Personal- und Stufenvertretungen (§§ 13, 50), der Gesamtpersonalräte (§ 52), der Jugend- und Auszubildendenvertretung (§ 54) samt deren entsprechende weiteren Vertretungen (§ 60), der Vertrauenspersonen der Polizei (§ 83 Satz 1), des Hauptpersonalrats beim Innenministerium (§ 84), der Lehrerräte (§ 85 ff.), der Personalvertretungen im Rechtsreferendariat (§ 96) und an Hochschulen (§ 105) und die Mitglieder des Wirtschaftsausschuss (§§ 65a, 105b). Erfasst werden weiterhin die Leiter der Dienststellen (§ 8 Abs. 1 Satz 1), ihre Vertreter (§ 8 Abs. 1 Satz 2) samt der in § 8 weiterhin aufgeführten Personen sowie die Teilnehmer an Personal- und JAV-Versammlungen (§§ 45, 59). Im Zusammenhang mit Wahlen werden die in § 1 Abs. 2 WO-LPVG NRW genannten Personen erfasst, d.h. die Wahlvorstandsmitglieder und Wahlhelfer, die Mitglieder des Abstimmungsvorstands (vgl. § 15 Rz. 2 und Bülow, § 4 WO-LPVG NRW Rz. 12) und auch alldiejenigen wahlberechtigten Beschäftigten (§ 10), die ihre jeweiligen Wahlbefugnisse nach Maßgabe des LPVG NRW ausüben soweit sie nicht ohnehin bereits durch § 24 Abs. 1 entsprechend geschützt sind. Erfasst wird ferner der Fachkammervorsitzende Richter bei einer erfolgreichen Wahlanfechtung (§ 22 Abs. 2 Satz 1 u. 2). Weiterhin einbezogen werden zudem bei der Wahrnehmung ihrer Befugnisse nach dem LPVG NRW die Mitglieder der Arbeitgebervereinigung, der die Dienststelle angehört (§ 30 Abs. 4 Satz 2), Gewerkschaftsbeauftragte (§ 32 Abs. 1), die Schwerbehindertenvertretung (§ 36 Abs. 1 Satz 1), Besucher von Sprechstunden des Personalrats (§ 39), das dem Personalrat zur Verfügung gestellte Büropersonal (§ 40 Abs. 3), die Vorsitzende Person, deren Stellvertretung und die Beisitzer der Einigungsstelle (§ 67 Abs. 1 Satz 2) und Beschäftigte die An- 8 regungen und Beschwerden an den Personalrat richten (§ 64 Nr. 5). Siehe zum Miteinander in der Dienstelle auch **Bülow, Der praktische Fall – Die Interaktion zwischen den verschiedenen Interessenvertretungen**, DöD 2023, S. 182.

9 Der **sachliche Schutzbereich** erfasst nur die Wahrnehmung der nach dem LPVG NRW übertragenen Aufgaben. Nicht erfasst sind also die (Überwachungs-)Aufgaben, die dem Personalrat nach § 176 SGB IX übertragenen werden.

10 Das **Behinderungsverbot** nach **Abs. 1 Halbsatz 1 1. Alt** ist umfassend auszulegen (vgl. BVerwG 27.04.1983 – 6 P 3.81 –). Es sollen jegliche Formen der Beeinträchtigung der Aufgabenwahrnehmung verhindert werden (vgl. OVG NRW 09.06.2004 – A 898/02.PVL –). Das beginnt bei Erschwerungen und Störungen und reicht bis zu deren gänzlichen Verhinderung (vgl. BVerwG 27.08.1990 – 6 P 26.87 –). Eine Behinderung kann durch ein **positives Tun** oder durch ein **Unterlassen** – wenn eine Pflicht zum Handeln besteht – stattfinden. Das kann sowohl in **unmittelbarer** (vgl. § 3 Abs. 1 AGG) als auch **mittelbarer Form** (vgl. § 3 Abs. 2 AGG) geschehen. Es kommt dabei weder auf ein Verschulden noch auf eine Behinderungsabsicht an (vgl. BAG 12.11.1997 – 7 ABR 14/97 –). Die personalvertretungsrechtliche Stellung muss allerdings **kausal** für eine Benachteiligung sein (vgl. BVerwG 01.02.2010 – 6 PB 36.09 –).

11 Einen **Verstoß gegen das Behinderungsverbot** liegt z. B. vor,

- wenn der stellvertretenden Vorsitzenden Person der Zugang zum Personalratsbüro untersagt wird (vgl. auch VGH Hessen 22.5.74 – BPV TK 3/74),
- wenn der Dienststellenleiter Inhaltskontrollen und Verbote bzgl. Personalratsmitteilungen über das Intranet ausspricht, soweit es keine strafbaren Inhalte anbelangt (vgl. BVerwG 27.10.2009 – 6 P 11.08 –), sowie
- bei Verhinderung des Zugangs von Gewerkschaftsbeauftragten (vgl. BAG 23.06.1975 – 1 ABR 104/73).

Unzulässig ist auch die **arbeitsrechtliche Abmahnung eines Personalratsmitgliedes** wegen eines Verhaltens aus dem Bereich seiner Amtsführung, es sei denn, der zu beanstandende Sachverhalt stellt gleichzeitig auch einen Pflichtenverstoß aus dem Arbeits- oder Dienstverhältnis dar (vgl. VG Frankfurt a. M. 30.09.1989 – III/2 E 2426/87 – und OVG Berlin-Brandenburg 18.05.2010 – 61 PV 6/09 –). **Zu einer zulässigen personalvertretungsrechtlichen Abmahnung wegen ausschließlicher Amtspflichtverletzung** vgl. § 42 Rz. 5 f. m. w. N. Der **Personalrat hat im Übrigen keinen aus § 7 Abs. 1 Halbsatz 1 Alt. 1 folgenden Anspruch auf Entfernung einer Abmahnung aus der Personalakte eines seiner Mitglieder**, da es sich hierbei um ein höchstpersönliches Recht des betroffenen Personalratsmitgliedes handelt (vgl. zum BetrVG: BAG 09.09.2015 – 7 ABR 69/13 –).

Wichtig! 12

Dienstliche Beurteilungen und auch die Personalakte eines Mitgliedes der Personalvertretung dürfen weder zur Zeit der Amtsausführung noch danach gegen dessen Willen Hinweise auf seine dortige Tätigkeit enthalten (vgl. BAG 19.08.1992 – 7 AZR 262/91 –)!

Kein Verstoß gegen das Behinderungsverbot ist anzunehmen, wenn der Dienststellenleiter einzelnen Personalratsmitgliedern die Nutzung eines Schwarzen Bretts untersagt, das dem Personalrat für eigene Mitteilungen über seine Tätigkeiten zur Verfügung gestellt wurde (vgl. BayVGH 29.07.1987 – 17 C 87.01678 –). Er darf auch Mitglieder des Personalrates dazu anhalten im Rahmen ihrer Amtsausführung allgemeine Rechtsberatungen zu unterlassen (vgl. BVerwG 18.08.2003 – 6 P 6.03 –). 13

Praxistipp! 14

Die von der Personalvertretung verursachten Kosten stellen keine „geheimen Kosten dar"! Der Dienststellenleiter darf sie zur Kenntnis des sonstigen Personalbestandes gelangen lassen. Dabei gilt es zu beachten, dass eine Veröffentlichung, z. B. am Schwarzen Brett oder auf Flugzetteln, nicht zulässig ist. Vertretbar ist aber eine verwaltungsinterne Veröffentlichung nach den entsprechenden Vorgaben des BAG vom 19.07.1995 – 7 ABR 60/94 zur Bekanntgabe von Betriebsratskosten. Eine solche Veröffentlichung könnte z. B. im Rahmen einer Personalversammlung (§ 45) vorgenommen werden!

Das „**Benachteiligungsverbot**" gem. **Abs. 1 Halbsatz 1 Alt. 2.** soll vor Schlechterstellung in Folge der Wahrnehmung von Aufgaben oder Befugnissen nach dem LPVG NRW schützen. Eine Benachteiligung ist anzunehmen, wenn einem Personalratsmitglied objektiv im Vergleich mit einem Beschäftigten in einer vergleichbaren Situation ohne Personalratsmandat durch positives Tun ein dienstlicher oder privater Nachteil bereitet (→ Schlechterstellung im engeren Sinne oder Zurücksetzung) oder durch pflichtwidriges Unterlassen eine Leistung (→ Vorteilsgewährung) vorenthalten wird, weil (→ Kausalität) es in einem Personalrat mandatiert ist oder war (→ Personalratstätigkeit) oder sich dort in einer Angelegenheit in bestimmter Weise (→ Konkretes Tätigwerden) verhalten hat (vgl. BVerwG 01.03.2018 – 5 P 5.17 –). Für die Annahme einer Benachteiligung ist eine objektiv kausale Verknüpfung einer Schlechterstellung im weiteren Sinne, d. h. eine Verschlechterung im engeren Sinne oder Vorenthaltung einer Ver- 15 besserung mit der Personalratsfunktion erforderlich und ausreichend; auf eine subjektive Benachteiligungsabsicht der Dienststelle kommt es nicht an (vgl. OVG Niedersachsen 10.01.2018 – 18 LP 5/15 – m. w. N.). Die **Beweislast für eine unzulässige Benachteiligung** und damit auch für die vorbenannte Kausalitätsbeziehung trägt dem Grunde nach der Personalrat bzw. dessen betroffene Mitglieder (vgl. OVG Niedersachsen a. a. O.). Allerdings kommt ausnahmsweise in Betracht der Dienststelle die Obliegenheit aufzuerlegen, vorgetragene Indizien für eine Benachteiligung wegen des Personalratsmandats zu entkräften (vgl. OVG Niedersachsen a. a. O.). **Das Verbot der Benachteiligung von Personalratsmitgliedern wegen ihrer Tätigkeit im Personalrat wirkt auch für die Zeit nach dem Ausscheiden aus dem Personalrat nach** (vgl. OVG Bremen 05.10.2022 – 2 LC 246/21 – zur Anrechnung von Zeiten für die Erfüllung der Wartezeit nach § 46 BBesG a. F.).

16 Ein **Verstoß gegen das Benachteiligungsverbot** liegt z. B. vor, wenn einem Personalratsmitglied nach der Wahl eine niedriger bewertete Tätigkeit übertragen wird (vgl. LAG Düsseldorf 30.07.1990, DB 1970, S. 2035). Zur Zahlungsverpflichtung von Steuern und Sozialabgaben für bewilligtes Trennungsgeld vgl. BVerwG 27.01.2004 – 6 P 9.03 – und von Einkommenssteuer, die auf die Wegstreckenentschädigung abzuführen ist vgl. BVerwG 25.06.2009 – 6 PB 15/09 –). Zur Bewahrung vor (Reise-)Kosten vgl. BVerwG 01.03.2018 a. a. O. Die **Nichtbeschäftigung auf dem alten Dienstposten bzw. Arbeitsplatz nach Ablauf einer Freistellung** stellt sich grds. nicht als Verstoß dar, wenn dem betreffenden Personalratsmitglied eine seinem Amt bzw. seinem Arbeitsvertrag entsprechende Tätigkeit übertragen wird (so auch Lorenzen u. a. § 46 BPersVG, Rn. 174 – Stand LBS 11/2023). Der aus sachlichen Gründen gerechtfertigte Entzug von Dienstaufgaben eines nicht dauerhaft freigestellten PR-Mitgliedes führt ebenfalls dem Grunde nach nicht zu einem Verstoß gegen die vorliegende Vorschrift (vgl. OVG Rheinland-Pfalz 11.06.2018 – 5 A 11924/17. OVG –). Das gilt auch für die **Versagung einer leistungsbezogenen Besoldung für ein vollständig freigestelltes Personalratsmitglied** (vgl. BVerwG 23.01.2020 – 2 C 22.18 – und Anm. Bülow ZTR 2021, S. 240) und die Nichtbeschäftigung über das Renteneintrittsalter hinaus (vgl. entsprechend BAG 21.12.2022 – 7 AZR 489/21 – zum BetrVG).

17 Mit dem **Begünstigungsverbot nach Abs. 1 Halbsatz 1 Alt. 3** wollte der Gesetzgeber verhindern, dass der Dienststellenleiter die Gunst der Personalvertretung durch das Gewähren von Vorteilen erwirbt. Insofern ist in Bezug auf einen personalvertretungsrechtlichen Vorwurf die Begünstigungen einer Behinderung im zuvor dargestellten Sinne gleichgestellt, da begünstigte Mitglieder der Personalvertretung gewissermaßen „bestochen“ und damit dem Willen der Dienststellenleitung unterworfen werden sollen (vgl.

näher hierzu OVG Niedersachsen 10.01.2018 – 18 LP 5/15 – m.w.N.). Dementsprechend setzt eine unzulässige Begünstigung gleichsam keine subjektive Benachteiligungsabsicht der Dienststelle voraus (vgl. Rz. 15). **Verbotene Begünstigungen** sind z.B. überhöhte Entschädigungen für Auslagen, Reisekosten und Sitzungsgelder für Personalratssitzungen (vgl. hierzu auch OVG Niedersachsen 29.08.2001 – 18 L 2101/99 –), **„besonders vorteilhafte" Aufhebungsverträge im Beendigungsfall** (vgl. entsprechend BAG 21.03.2018 – 7 AZR 590/16 –), sachlich unbegründete Höhergruppierungen (vgl. LAG Berlin-Brandenburg 23.10.2019 – 17 Sa 2297/18 – und i.Ü. Altvater u.a., § 52 Rn. 33 m.w.N.), Stundengutschriften oder Vereinbarungen über die Erhöhung von Sollarbeitszeiten wegen personalratsbedingter Mehrbelastungen (vgl. entsprechend BAG 26.05.2021 – 7 AZR 248/20 – zum BetrVG) oder die Zahlung einer Leistungsvergütung für ein vollständig freigestelltes Personalratsmitglied (vgl. entsprechend BAG 26.08.2020 – 7 AZR 345/18 zum BetrVG). **Verstößt die Dienststelle mit einer Zahlung an ein Personalratsmitglied gegen das Begünstigungsverbot, so steht einem Rückforderungsanspruch § 817 Satz 2 BGB entgegen** (vgl. entsprechend LAG Düsseldorf 17.04.2019 – 7 Sa 1065/18 – zum BetrVG). **Nicht verboten** ist z.B. die Beibehaltung der bisherigen Vergütungs- und Entgeltgruppe bei einer Umsetzung eines Personalratsmitglieds auf einen, niedriger bewerteten Arbeitsplatz (vgl. OVG Niedersachsen a.a.O.).

Nach **Abs. 1 Halbsatz 2** gelten die im ersten Halbsatz aufgeführten Verbote **18**
auch für die „**berufliche Entwicklung**" von Mitgliedern der Personalvertretung. Hierbei handelt es sich um einen allgemeinen Grundsatz, der speziell durch die Regelung in **§ 42 Abs. 3 Satz 4** konkretisiert wird, wonach vor allem die Freistellung von Mitgliedern des Personalrats nicht zur Beeinträchtigung des beruflichen Werdeganges führen darf. Dementsprechend ist ein freigestelltes Personalratsmitglied bei Vorliegen der notwendigen Voraussetzungen auch dann höher zu gruppieren (Beschäftigte) bzw. zu befördern (Beamte), wenn von Anfang an außer Zweifel steht, dass es wegen der Freistellung (tatsächlich) auf der infrage kommenden Stelle nicht eingesetzt werden kann. Um vor diesem Hintergrund eine Beeinträchtigung zu vermeiden, ist die Dienststelle im Rahmen der beruflichen Förderung gehalten eine **Nachzeichnung des fiktiven beruflichen Werdegangs** vorzunehmen, wie er sich voraussichtlich ergeben hätte, wenn die Freistellung nicht erfolgt wäre (vgl. OVG Münster, 24.06.1980 – 6 A 292/78 –). Diese unterstellte Leistungsentwicklung wird dem Benachteiligungs- und Begünstigungsverbot gerecht, wenn sie den Werdegang des freigestellten Mitgliedes, wie den beruflichen Werdegang vergleichbarer Kollegen behandelt, die weder das Amt eines Personalratsmitgliedes ausüben noch vom Dienst freigestellt sind

(vgl. VG Köln 17.08.2009 – 19 K 2780/08 –). Es ist also von dem gezeigten konkreten Leistungsstand der letzten dienstlichen Beurteilung auszugehen und dabei anzunehmen, dass das freigestellte Personalratsmitglied auch weiterhin gleiche Leistungen erbracht hätte. Dass sich darstellende Leistungsbild ist dann an der Leistungsentwicklung vergleichbarer Kollegen (sog. Referenzgruppe) zu messen und entsprechend einzuordnen (vgl. VG Köln a. a. O. und OVG NRW 14.02.2005 – 6 B 2496/03 – m. w. N.).

19 Hierzu und zum Umgang mit teilweise freigestellten Personalratsmitgliedern **vgl. im Übrigen die ausführliche Kommentierung zu § 42 Rz. 36 ff.**!

20 **Wichtig!**

Ein Anspruch auf Höhergruppierung nach den §§ 7 Abs. 1 Halbsatz 2, 42 Abs. 3 Satz 5 LPVG NRW setzt nicht zwingend voraus, dass sich das freigestellte Personalratsmitglied tatsächlich um eine (Beförderungs-)Stelle beworben hat. Es kann vielmehr auch dann einen Anspruch aufweisen, wenn es eine Bewerbung von Anfang an gerade wegen seiner Freistellung unterlassen hat und sich darauf beruft, dass ohne seine Freistellung eine vorgenommene Bewerbung erfolgreich gewesen wäre oder nach Art. 33 Abs. 2 GG erfolgreich hätte sein müssen (vgl. BAG 27.06.2001 – 7 AZR 496/99 –). Dafür ist es allerdings darlegungs- und beweisbelastet!

IV. Mitteilung der nicht beabsichtigten Weiterbeschäftigung

21 Abs. 2: Durch die **Regelungen in den Abs. 2 bis 6** werden diejenigen, die sich in einem Berufsausbildungsverhältnis nach dem BBiG, dem KrPflG NRW oder dem HebG befinden und Mitglied einer Personalvertretung oder einer JAV sind, gegen die Nichtübernahme in ein Arbeitsverhältnis nach ihrer Ausbildung geschützt (vgl. auch OVG NRW 25.03.1999 – 1 A 5787/98. PVL –). Das LPVG NRW greift hierbei den Wortlaut des § 56 BPersVG auf.

22 **Wichtig!**

Zum geschützten Personenkreis i. S. d. Abs. 2 bis 6 können auch Verhinderungsvertreter und Ersatzmitglieder einer JAV gehören (zu den Voraussetzungen vgl. BVerwG 01.10.2013 – 6 P 6.13 – m. w. N. und praxistauglichen Tipps, um einen Rechtsmissbrauch im Hinblick auf die Erweiterung des vorbenannten Personenkreises entgegenzuwirken)!

23 Bei „**Berufsausbildungsverhältnissen**“ nach dem BBiG ist in erster Linie auf den Inhalt des zugrunde liegenden Ausbildungsvertrages abzustellen (vgl. BVerwG 28.02.1990 – 6 P 21/87 –). Berufsausbildungen nach § 3

Abs. 2 BBiG sind also nicht geschützt. Entsprechend ausgeklammert sind Vertragsverhältnisse von Praktikanten, Volontären (vgl. § 82a HGB), Werkstudenten und Schülern (vgl. BAG 15.03.1991, AP BBiG § 47 Nr. 2) auch, wenn § 26 BBiG für sie teilweise bestimmte Vorschriften des BBiG zur Anwendung bringt.

Da die Regelung in Abs. 2 originär dem BetrVG (vgl. § 78a Abs. 2 BetrVG) 24
entstammt und auf das BBiG abstellt, hat der Gesetzgeber in der Konsequenz die Begrifflichkeit **„Arbeitgeber"** und nicht Dienststelle bzw. Dienststellenleiter verwendet. „Arbeitgeber" i.S.d. Abs. 2 (und der Absätze 3 bis 6) ist derjenige, der beim Vertragsschluss Vertragspartner des Arbeitnehmers wäre (vgl. BVerwG 01.12.2003 a.a.O.).

Der Arbeitgeber hat gegenüber dem Auszubildenden eine **Mitteilungs-** 25
pflicht. Er muss ihn benachrichtigen, wenn er beabsichtigt ihn nach erfolgreicher Beendigung des Berufsausbildungsverhältnisses (vgl. § 74 Rz. 146) nicht in ein Arbeitsverhältnis zu übernehmen. Die Mitteilung unterliegt dem **Schriftformerfordernis** (vgl. § 126 BGB). Mündliche Mitteilungen reichen nicht aus. Um dem betroffenen Auszubildenden rechtzeitig die Möglichkeit zu geben, sich auf die Situation einzustellen und auch ein angemessener Überlegungszeitraum für ein Weiterbeschäftigungsverlangen nach § 7 Abs. 3 (vgl. Rz. 28) eingeräumt wird, muss die Mitteilung spätestens **drei Monate vor dem Ende des Berufsausbildungsverhältnisses** erfolgen. Die Fristberechnung bestimmt sich dabei nach den §§ 187 ff. BGB. Maßgebend ist grundsätzlich der normale vertraglich vorgesehene Ablauf der vorgesehenen Ausbildungszeit (vgl. hierzu und zu weiteren Konstellationen § 21 BBiG).

Praxistipp! 26

Das Unterlassen der Nichtübernahmemitteilung führt nicht zur Begründung eines Arbeitsverhältnisses. Sie lässt im Fall eines JAV-Mitgliedes auch nicht die dienststellenseitige Möglichkeit der Nichtfeststellung oder Auflösung eines fiktiv entstandenen Arbeitsverhältnisses entfallen (vgl. Rz. 31 ff.). Ungeachtet dessen muss der Arbeitgeber aber ggf. Gegenteiliges befürchten, wenn er einen Auszubildenden über das Ausbildungsende hinaus (trotzdem) weiterbeschäftigt (vgl. § 24 BBIG)! Um Letzteres zu vermeiden, sollte der Dienststellenleiter sich somit frühzeitige Wiedervorlagefristen notieren!

Der **Personalrat weist im Zusammenhang mit der Mitteilung nach Abs. 2** 27
kein Beteiligungsrecht auf. Im Rahmen der vertrauensvollen Zusammenarbeit i.S.d. § 2 Abs. 1 Halbsatz 1 sollte er aber dennoch unterrichtet werden.

V. Übernahmeverlangen und Kontrahierungszwang

28 Abs. 3: Der Gesetzgeber hat dem Auszubildenden, der Mitglied einer Personalvertretung oder einer JAV ist, die Möglichkeit eingeräumt, vom Arbeitgeber seine **„Weiterbeschäftigung“** verlangen zu können. Das muss fristgerecht, d. h. **„innerhalb der letzten drei Monate vor Beendigung des Berufsausbildungsverhältnisses“** (vgl. Rz. 25) erfolgen. Wenn der Auszubildende die Erklärung bereits zeitlich vorab vornimmt, ist sie unwirksam (vgl. BVerwG 22.04.1987 – 6 P 15.83 –). Nichts anderes ergibt sich für den Fall, dass der Arbeitgeber seiner Mitteilungspflicht nach Abs. 2 nicht nachgekommen ist, da es nicht seine Aufgabe ist, den Auszubildenden auf die Wahrnehmung seiner Rechte nach § 7 Abs. 3 hinzuweisen (vgl. BVerwG 09.10.1996 – 6 P 20.94 –). Der Auszubildende kann allerdings ein verfrühtes Weiterbeschäftigungsverlangen schriftlich wiederholen, um so doch noch die Dreimonatfrist zu wahren (vgl. BVerwG 23.04.1987 a. a. O.)! Die vorliegende Vorschrift erfasst **keine Beamtenverhältnisse** (vgl. hierzu auch VG Hannover 08.04.2019 – 17 A 4016/18 –).

28a **Wichtig!**

Wenn das JAV-Mitglied allerdings innerhalb der letzten drei Monate des Ausbildungsverhältnisses mit dem Arbeitgeber einen befristeten Arbeitsvertrag abschließt, so ist darin regelmäßig der Verzicht auf seine unbefristete Weiterbeschäftigung zu sehen (vgl. BVerwG 31.05.2005 – 6 PB 1.05 – und OVG Rheinland-Pfalz 03.05.2016 – 5 A 10002/16.OVG –)!

29 Wenn Vorbenanntes (1. Voraussetzung) erfüllt ist, die **Berufsausbildung erfolgreich beendet** wurde (2. Voraussetzung) und keine anderweitige gerichtliche Entscheidung nach § 7 Abs. 5 (vgl. Rz. 31 ff.) ergeht (3. Voraussetzung), gilt zwischen dem Auszubildenden und dem Arbeitgeber ein (gesetzliches) **„Arbeitsverhältnis auf unbestimmte Zeit“** als begründet. Dieser gesetzliche Kontrahierungszwang bezieht sich auf ein unbefristetes Vollzeitarbeitsverhältnis (vgl. VG Köln 07.11.2012 – 34 K 4168/12.PVL –). Ein Widerruf des Weiterbeschäftigungsverlangens ist nur bis zum Abschluss der Berufsausbildung möglich (vgl. BVerwG 31.05.2005 – 6 PB 1.05 –) und führt somit, wenn er danach erfolgt nicht zur Auflösung des gesetzlich zustande gekommenen Arbeitsverhältnis!

29a **Wichtig!**

Wenn der Arbeitgeber den Auszubildenden in dem gesetzlich begründeten Arbeitsverhältnis nicht beschäftigt und einen Auflösungsantrag nach Abs. 5 Satz 1 lit. b) gestützt auf die Unzumutbarkeit einer Weiterbeschäftigung stellt (vgl. Rz. 31 ff.), so ist ein tatsächliches Angebot der Arbeitsleistung regelmäßig entbehrlich. Es genügt zur Begründung des Annahmeverzugs des Arbeitgebers, wenn der Auszubildende gegen die Ablehnung seiner Arbeitsleistung protestiert (vgl. BAG 24.08.2016 – 5 AZR 853/15 – zum BetrVG)!

Weiterhin besteht auch **für Ersatzmitglieder ein Weiterbeschäftigungsanspruch**, wenn sie im letzten Jahr vor der Beendigung des Berufsausbildungsverhältnisses (1. Voraussetzung) mindestens einmal (2. Voraussetzung) stellvertretend für ein verhindertes ordentliches Mitglied der JAV aktiv geworden (3. Voraussetzung) sind (vgl. BVerwG 01.10.2013 – 6 P 6.13 – und OVG Berlin 12.09.2019 – 61 PV 2.18. –). Das ist schon dann der Fall, wenn das Ersatzmitglied an der konstitutiven Sitzung der JAV mitgewirkt hat (vgl. OVG Sachsen 08.05.2014 – PL 9 A 686/12 –). Das **Aktivwerden** muss stets auf eine objektive zeitweise Verhinderung eines ordentlichen Mitglieds zurückzuführen sein. Das ist z. B. nicht der Fall, wenn ein Ersatzmitglied an der Sitzung des Personalrats oder der JAV bzw. anderer ihr gesetzlich zugewiesenen Aufgabenverrichtungen teilnimmt, weil das ordentliche Mitglied diesen wegen erhöhter dienstlicher Belastungen fernbleibt. Das Aktivwerden ist im wörtlichen Sinne zu verstehen. Die Teilnahme, d.h. die bloße Anwesenheit als solches bei den zuvor aufgeführten Sitzungen etc. begründet also noch keinen Anspruch auf Weiterbeschäftigung. Dieser entsteht erst, wenn eine tatsächliche Mitwirkung wie z.B. das Halten eines Vortrags oder die Vornahme einer Moderation etc. stattgefunden hat (vgl. hierzu auch VG Hannover 10.2.2023 – 17 A 931/22 – n.rkr.). Ein **rechtsmissbräuchliches Aktivwerden** schließt den Weiterbeschäftigungsschutz aus. Von einem solchen Rechtsmissbrauch ist auszugehen, wenn ordentliche Mitglieder und Ersatzmitglieder der JAV kollusiv zusammenwirken, um unter Vortäuschung einer in Wirklichkeit nicht gegebenen Verhinderung aufseiten des ordentlichen Mitglieds dem Ersatzmitglied einen Weiterbeschäftigungsanspruch zu verschaffen. Das ist auch dann der Fall, wenn sich ordentliche Mitglieder oder Ersatzmitglieder über **Anordnungen des Leiters der Ausbildungsdienststelle** hinwegsetzen, die dazu dienen sollen sicherzustellen, dass ein Ersatzmitglied nur bei Vorliegen eines Vertretungsfalls i. S. d. § 57 Abs. 2 Satz 3 i. V. m. § 28 Abs. 1, 2 und 4 in der JAV tätig wird (vgl. OVG Sachsen 08.05.2014 a. a. O.). 29b

VI. Nachwirkung des Übernahmeschutzes

Abs. 4: Der Gesetzgeber hat im LPVG NRW geregelt, dass die Mitgliedschaft in der Personalvertretung oder der JAV im Hinblick auf den Übernahmeanspruch nach Abs. 3 noch ein Jahr nachwirkt. Damit hat er sich 30 an § 15 Abs. 1 Satz 2 bzw. Abs. 2 Satz 2 KSchG angelehnt. Für die Fristberechnung ist also auf die Beendigung der persönlichen Amtszeit in der Personalvertretung oder JAV abzustellen. Die Möglichkeiten des Erlöschens der Mitgliedschaft nach § 26 sind, mit Ausnahme des Falles einer gerichtlichen Entscheidung nach § 26 Abs. 1 lit. g) i. V. m. § 25 entsprechend zu berücksichtigen (str.; bejahend BAG 21.08.1979 – 6 AZR 789/77 –, a. A. Richardi u.a. Rn. 7).

VII. Befreiung des Arbeitgebers von der Übernahme

31 Abs. 5: Der Arbeitgeber ist dem gesetzlichen Kontrahierungszwang „zumindest nach der Theorie“ des Abs. 3 nicht völlig schutzlos ausgesetzt. Wenn Tatsachen vorliegen, aufgrund derer ihm unter Berücksichtigung aller Umstände die Weiterbeschäftigung des JAV-Mitgliedes unzumutbar ist, kann er sich nach **Abs. 5 Satz 1** hiervon durch das Verwaltungsgericht befreien lassen (zur „Praxistauglichkeit“ dieser gesetzlichen Möglichkeit vgl. Rz. 33). Er kann entweder eine gerichtliche Feststellung, dass ein Arbeitsverhältnis nach den Absätzen 3 oder 4 nicht begründet wird, oder eine gerichtliche Auflösung des bereits nach den Absätzen 3 oder 4 begründeten Arbeitsverhältnisses herbeiführen. In beiden Fällen muss der Arbeitgeber in der Praxis jedoch „viel Zeit“ und wohl am Ende des Tages auch „Geld“ aufweisen, um sich tatsächlich trennen zu können. Das Problem sind an dieser Stelle vor allem die viel zu langsam arbeitenden Verwaltungsgerichte (vgl. insbesondere Rz. 33 und 45)!

32 Der **Feststellungsantrag nach Abs. 5 Satz 1 lit. a)** ist grundsätzlich vor der Beendigung des Berufsausbildungsverhältnisses in Betracht zu ziehen, um abzuklären, dass ein anschließendes unbefristetes Arbeitsverhältnis nicht begründet wird. Nach der Beendigung der Ausbildungszeit kommt grundsätzlich nur noch der **Auflösungsantrag nach Abs. 5 Satz 1 lit. b)** infrage (vgl. BVerwG 26.06.1981 – 6 P 71.78 –). Wenn über den Feststellungsantrag nicht rechtzeitig durch das Verwaltungsgericht entschieden worden ist – was in der Regel der Fall ist –) wandelt er sich in einen Auflösungsantrag um (vgl. BVerwG 30.10.1987 – 6 P25.85 –). Zur Kombination von Haupt- und Hilfsantrag in Bezug auf die Frage, ob überhaupt ein Weiterbeschäftigungsverhältnis zustande gekommen ist, vgl. auch VG Düsseldorf 22.06.2012 – 40 K 3157.11 PVL –.

Praxistipp! 33

Der Auszubildende hat trotz eines Feststellungs- oder Auflösungsantrages so lange einen Anspruch auf eine vorläufige Weiterbeschäftigung in der Ausbildungsdienststelle, bis rechtskräftig – und zwar mit Wirkung für die Zukunft – über den Antrag entschieden worden ist (vgl. BVerwG 29.03.2006 – 6 P 2/06 – und entsprechend BAG 29.11.1989 – 7 ABR 67/88 – zum BetrVG). Dadurch erhält die vorliegende Vorschrift in der Praxis in gewisser Weise leider den Charakter eines „zahnlosen Papiertigers". Denn bis dahin ist der Arbeitgeber aufgrund der i. d. R. viel zu lange andauernden Gerichtsverfahren (Verfahrensgang beim VG + Beschwerde beim OVG + evtl. Nichtzulassungsbeschwerde beim BVerwG + viel zu lange Terminierungen in allen Verfahren ...) also einer erheblichen Personalkostenbelastung im Minimum von $^1/_2$ bis zu $1^1/_2$ Jahren und mehr ausgesetzt.

→ Der Dienststellenleiter sollte deswegen frühzeitig vor dem Ende der Ausbildung von Personen i. S. d. § 7 Abs. 3 die Möglichkeit eines (Übernahme-)Arbeitsplatzes einplanen!

→ Für den Fall rechtlicher Auseinandersetzungen sollten frühzeitig Rückstellungen für die Kosten der Weiterbeschäftigung und des Rechtsstreits gebildet werden!

Die Anträge nach Abs. 5 Satz 1 sind nur zulässig, wenn sie „**spätestens bis zum Ablauf von zwei Wochen nach Beendigung des Ausbildungsverhältnisses**" (Ausschlussfrist) gestellt werden! Die dienststellenseitig nach Abs. 2 vorgesehene Mitteilungspflicht, wenn keine Übernahme beabsichtigt ist (vgl. Rz. 21 ff.) stellt indes keine Wirksamkeitsvoraussetzung dar (vgl. entsprechend BayVGH 15.11.2022 – 17 P 22.21 –). 34

Wichtig! 35

Die Zwei-Wochen-Ausschlussfrist hat der Arbeitgeber nur dann gewahrt, wenn bis zu ihrem Ablauf auch eine Original-Vollmacht bei Gericht vorliegt, die von der zur Vertretung des Arbeitgebers befugten Person ausgestellt ist (vgl. BVerwG 01.12.2003 – 6 P 11.03 –)!

Die Anträge nach Abs. 5 Satz 1 sind begründet, „**wenn Tatsachen vorliegen, aufgrund derer dem Arbeitgeber unter Berücksichtigung aller Umstände die Weiterbeschäftigung nach der Beendigung des Ausbildungsverhältnisses nicht zugemutet werden kann**". 36

Der Wortlaut der Vorschrift lehnt sich an § 626 BGB an, sodass grundsätzlich an die Voraussetzungen für eine außerordentliche Kündigung aus wichtigem Grund anzuknüpfen ist (vgl. BAG 16.01.1979 – 6 AZR 153/77 –). Dabei kann sowohl auf die Person des Auszubildenden als auch auf die betrieblichen Gegebenheiten abgestellt werden. 37

38 Die Weiterbeschäftigung kann **aufgrund schwerwiegender, in der Person des Auszubildenden liegender Gründe** unzumutbar sein, wie im Fall einer Arbeitsverweigerung (vgl. LAG Hamm 25.05.2012 – 7 Sa 2/12 –), einer Beleidigung des Arbeitgebers (vgl. BAG 10.10.2002 – 2 AZR 418/01 –) oder einer Straftat zulasten des Arbeitgebers (vgl. BAG 10.06.2010 – 2 AZR 541/09 –). Eine **in einem Ausbildungsverhältnis ausgesprochene Abmahnung** hat übrigens in der Regel nicht die Wirkung, dass die dortigen Vorkommnisse nicht auch im Antragsverfahren nach Abs. 5 Satz 1 zur Begründung der Unzumutbarkeit, das Arbeitsverhältnis aufrechtzuhalten, herangezogen werden können (vgl. entsprechend OVG Sachsen 27.10.2016 – 8 A 103/16 – zu einer Manipulation bei der Arbeitszeiterfassung, die zwar einen wichtigen Grund i. S. d. § 626 Abs. 1 BGB dargestellt hat, in der zweiten Hälfte des Ausbildungsverhältnisses aber verhältnismäßiger Weise nur abgemahnt wurde). Zur Abmahnung eines Arbeitnehmers siehe § 74 Rz. 68 ff. und i. Ü. auch **Bülow, Der praktische Fall – Die Arbeitnehmerabmahnung, DöD 2023, 40**.

39 Die Weiterbeschäftigung kann **aus betrieblichen Gründen** unzumutbar sein, wenn arbeitgeberseitig zum Zeitpunkt der Beendigung des Ausbildungsverhältnisses **kein auf Dauer angelegter Arbeitsplatz im Bereich der Ausbildungsdienststelle** (vgl. BVerwG 15.10.1985 – 6 P 13.84 –) bereitgestellt werden kann, der der Ausbildung des Auszubildenden entspricht und ihn sowohl in Bezug auf die rechtliche Ausgestaltung des Arbeitsverhältnisses als auch der Vergütung und der beruflichen Entwicklungsmöglichkeiten einem Beschäftigten gleichsteht, der vom Arbeitgeber für eine vergleichbare Tätigkeit ausgewählt und eingestellt worden ist (vgl. BVerwG 01.11.2005 – 6 P 3/05 – m. w. N.). Die **Weiterbeschäftigungspflicht ist nicht notwendig an das Vorhandensein einer Planstelle gebunden**. Entscheidend ist vielmehr, ob ein ausbildungsadäquater, auf Dauer angelegter und gesicherter Arbeitsplatz tatsächlich zur Verfügung steht (vgl. BVerwG 05.12.2019 – 5 PB 21.19 –, OVG NRW 29.10.2007 – 1 A 4443/06.PVL – und OVG Rheinland-Pfalz 03.05.2016 – 5 A 10002/16.OVG – für den bloßen Fall eines späteren Wechsels auf einen Dauerarbeitsplatz). Das ist z. B. anzunehmen, wenn ein für die Besetzung mit dem Auszubildenden geeigneter Arbeitsplatz dienststellenseitig freigehalten wird, um im späteren eine Besetzung mit einer Person aus dem Personalüberhang vorzunehmen (vgl. OVG NRW 30.07.2007 – 1 A 3046/06.PVG –) oder kurz vor der Beendigung.

Wenn das JAV-Mitglied ein Übernahmeverlangen nach § 7 Abs. 3 gestellt und sich gleichzeitig auch auf eine konkrete Teilzeitstelle beworben hat, ist diese Stelle bei der Prüfung des Vorhandenseins eines geeigneten und besetzbaren Arbeitsplatzes im Übrigen mit zu berücksichtigen (vgl. OVG Niedersachsen 28.09.2015 – 18 LP 2/15 –)! Für die Frage, ob ein dauerhafter Arbeitsplatz vorhanden ist, kommt es generell nur auf den Bereich der Ausbildungsstelle an, d. h., der **Arbeitgeber ist nicht verpflichtet einen Arbeitsplatz in einer anderen Dienststelle zuzuweisen** (vgl. BVerwG 01.11.2005 – 6 P 3/05 –). Anders verhält es sich hingegen, wenn der Arbeitgeber auch anderen Auszubildenden regelmäßig die Möglichkeit eröffnet, in anderen Dienststellen weiterbeschäftigt zu werden und der nach § 7 Abs. 3 geschützte Auszubildende auch ein Weiterbeschäftigungsverlangen über die Dienststelle hinaus zu erkennen gibt (vgl. BVerwG 01.11.2005 a. a. O. und OVG Niedersachsen 28.11.2007 – 18 LP 7/05 –). Im Hinblick auf die geschützten personalvertretungsrechtlichen Funktionen kommt es für Mitglieder der Jugend- und Auszubildendenstufenvertretung oder -gesamtvertretung stets auf alle Dienststellen im Geschäftsbereich der übergeordneten Dienststelle bzw. der Gesamtdienststelle an. Die Entscheidung darüber, ob in dem jeweils zu berücksichtigenden Bereich der Ausbildungsdienststelle ein zuvor dargestellter Arbeitsplatz zur Verfügung steht, obliegt primär dem Haushaltsgesetzgeber (vgl. BVerwG 02.11.1994 – 6 P 39.93 – und VG Köln 07.11.2012 – 34 K 4168/12.PVL –).

Personalwirtschaftliche Überlegungen des Arbeitgebers, die z. B. das Ziel haben Personalkosten zu senken, stellen keine Unzumutbarkeit dar (vgl. VG Frankfurt a. M. 16.05.1994 – 22 H 4/94 [V]). Entsprechendes gilt auch für bloße **verwaltungsinterne Einstellungsstopps** (so BVerwG 13.03.1989 – 6 P 22.85 – und BayVGH 19.03.1997 – 18 P 96.4276 –; anders BayVGH 14.04.2015 – 18 P 14.513 –), nicht aber für die **von einer übergeordneten Behörde verfügten Einstellungsstopps**, wenn sie in Vollzug wenigstens globaler Anweisungen des Haushaltsgesetzgebers zur Personaleinsparung ergangen sind (vgl. BVerwG 02.11.1994 – 6 P 39/93 –) und für **Wiederbesetzungssperren durch den Haushaltsgesetzgeber** (vgl. BVerwG 30.05.2007 – 6 PB 1.07 – und 06.09.2011 – 6 PB 10/11 –). 40

Nach **Abs. 5 Satz 2** ist im Verfahren vor dem Verwaltungsgericht die Personalvertretung und, wenn es sich um ein Mitglied der JAV handelt, auch Letztere zu beteiligen. Die Kosten dieser Beteiligten gehen, wenn die Voraussetzungen nach § 40 Abs. 1 Satz 1 vorliegen (vgl. § 40 Rz. 2 ff.), zulasten der Dienststelle. 41

Praxistipp! 42

Es wird empfohlen, dass der Dienststellenleiter den Kontakt zu den in Betracht kommenden Beteiligten bereits vor einer Mitteilung nach § 7 Abs. 2 und vor einer Antragsstellung nach § 7 Abs. 5 sucht. Bestenfalls können dadurch für alle Beteiligten eine tragbare Lösung erzielt und im Ergebnis Kosten sowie ein langer (Rz. 33) Rechtsstreit vermieden werden!

42a **Muster 74**: Antragsschrift für eine Auflösung des Arbeitsverhältnisses.

42b Siehe auch **Übersicht**: Verwaltungsgerichtsbezirke NRW.

VIII. Übernahmeverlangen losgelöst von der Mitteilung des Arbeitgebers

43 Abs. 6: Der Gesetzgeber weist darauf hin, dass das Übernahmeverlangen des Auszubildenden nach den Abs. 3 und 4 nicht von einer fristgerechten Mitteilung des Arbeitgebers nach Abs. 2 abhängt abhängt (ebenso entsprechend BayVGH 15.11.2022 – 17 P 22.21 –).

IX. Rechtliche Auseinandersetzungen

44 Da das personalvertretungsrechtliche Beschlussverfahren nicht der Sanktionierung von Fehlverhalten eines Beteiligten dient, besteht **kein Rechtsschutzinteresse für die Feststellung von Pflichtverletzungen gegen das Behinderungs-, Benachteiligung- und Begünstigungsverbot** nach Abs. 1. Das gilt vor allem für einen auf einen abgeschlossenen Sachverhalt bezogenen Feststellungsantrag des Personalrats, die Dienststelle habe durch die Verletzung eines Beteiligungs- oder Informationsrechts die Arbeit des Personalrats behindert (vgl. OVG NRW 03.04.2017 – 20 A 598/16.PVL –). Bei wiederholten Pflichtverletzungen kann indes ein Unterlassungsanspruch nach Maßgabe des § 79 Abs. 3 Satz 1 f. i.V.m. § 23 Abs. 3 BetrVG geltend gemacht werden. Da jede Behinderung eines Personalratsmitglieds bei der Wahrnehmung seiner personalvertretungsrechtlichen Aufgaben und Befugnisse zugleich auch eine Behinderung der Arbeit des Gremiums bedeutet, kann die Benachteiligung eines Personalratsmitglieds im personalvertretungsrechtlichen Beschlussverfahren vom Personalrat geltend gemacht werden (vgl. OVG NRW 05.04.2023 – 33 B 287/23.PVB –).

45 Für rechtliche Auseinandersetzungen über die **Zumutbarkeit der Weiterbeschäftigung** sind die Verwaltungsgerichte zuständig. Im Rahmen von Feststellungs- oder Auflösungsverfahren i. S. d. § 7 Abs. 5 des letztgenannten Antragsbegehrens dürfen sie zunächst über die „Vorfrage“ entscheiden, ob ein Weiterbeschäftigungsverhältnis nicht zustande gekommen ist (vgl. BVerwG 09.10.1996 – 6 P 20.94 –). Diese Verfahren bieten allerdings keine Grundlage für die Klärung im Verlauf des Verfahrens entstehender Vergütungsansprüche und sind nicht geeignet, die Kostenrisiken des Arbeitnehmers bei der Durchsetzung von Ansprüchen wegen Annahmeverzugs zu

begrenzen (vgl. entsprechend BAG 24.08.2016 – 5 AZR 853/15 – zum Verfahren nach § 78a Abs. 4 Satz 1 Nr. 2 BetrVG). Wenn ein Auszubildender i.S.d. § 7 Abs. 3 seine **tatsächliche Beschäftigung im Anschluss an das Ausbildungsverhältnis** gerichtlich geklärt haben möchte, muss er nach § 2 Abs. 1 Nr. 3 lit. b) ArbGG den Weg über das Arbeitsgericht nehmen. Ebenso, wenn der Arbeitgeber bereits Anträge nach § 7 Abs. 5 beim Verwaltungsgericht anhängig gemacht hat (vgl. BAG 10.02.1988 – 7 AZR 607/86 –).

Zur Möglichkeit eines arbeitgeberseitigen gerichtlichen Feststellungsbe- **46**
gehrens vor dem Verwaltungsgericht, dass eine **Weiterbeschäftigungsverhältnis nicht zustande gekommen** ist, vgl. BVerwG 09.10.1996 – 6 P 21.94 –.

Zu den **Beteiligten** im personalvertretungsrechtlichen Verfahren vgl. Rz. 41. **47**

§ 8 (Dienststellenleitung, Vertretung)

(1) Für die Dienststelle handelt ihre Leiterin oder ihr Leiter. Sie oder er kann sich durch ihre oder seine ständige Vertretung oder durch die Leiterin oder den Leiter der für Personalangelegenheiten zuständigen Abteilung sowie in Gemeinden und Gemeindeverbänden durch die Leiterin oder den Leiter des für Personalangelegenheiten zuständigen Dezernats oder Amts vertreten lassen, soweit diese oder dieser entscheidungsbefugt ist. Das Gleiche gilt für sonstige Beauftragte, sofern die Personalvertretung sich mit dieser Beauftragung einverstanden erklärt.

(2) Im Bereich der Sozialversicherung handelt bei den der Aufsicht des Landes unterstehenden Körperschaften und Anstalten des öffentlichen Rechts für die Dienststelle der Vorstand, soweit er die Entscheidungsbefugnis nicht auf die Geschäftsführung übertragen hat. Er kann sich durch eines oder mehrere seiner Mitglieder vertreten lassen.

(3) Für Hochschulen mit Ausnahme der Fachhochschulen für den öffentlichen Dienst handelt vorbehaltlich des § 105 die Vizepräsidentin oder der Vizepräsident für den Bereich Wirtschafts- und Personalverwaltung oder die Kanzlerin oder der Kanzler, für die Universitätsklinik die Kaufmännische Direktorin oder der Kaufmännische Direktor.

(4) Abweichend von den Absätzen 1 bis 3 ist bei verfahrenseinleitenden Maßnahmen und bei anderen schriftlichen Äußerungen der Dienststelle gegenüber der Personalvertretung unabhängig von dem jeweiligen Stand des Verfahrens auch eine Vertretung entsprechend der geschäftsordnungsmäßig allgemein oder im Einzelfall erteilten Zeichnungsbefugnis zulässig. Die Dienststelle hat der Personalvertretung die Zeichnungsbefugten namentlich zu benennen.

Gliederung

I. Einleitende Bemerkungen

1 Die Vorschrift stellt klar, wer für den Bereich des LPVG NRW die Dienststelle, d.h. den öffentlichen Dienstherrn/Arbeitgeber repräsentiert und für ihn handelt. Dieses Handeln bezieht sich auf alle durch die Dienststelle zu treffenden personalvertretungsrechtlichen Entscheidungen, die Wahrnehmung von Befugnissen und die Erfüllung von Aufgaben, die der Dienststelle nach dem LPVG NRW obliegen (vgl. auch BVerwG 06.04.1989 – 2 C 26.88 –). Zur **Unterstützung der Dienststelle im Rahmen der (Personalrats-)Wahl** vgl. Bülow, § 1 WO-LPVG NRW Rz. 134 ff. Zum Miteinander in der Dienststelle siehe im Übrigen auch **Bülow, Der praktische Fall – Die Interaktion zwischen den verschiedenen Interessenvertretungen**, DöD 2023, S. 182.

II. Dienststellenleiter und Vertreter

2 **Abs. 1:** Nach **Abs. 1 Satz 1** handelt der Dienststellenleiter für die Dienststelle.

2a Siehe auch **Tabelle**: Aufgaben und Befugnisse der Dienststellenleitung.

3 Als **„Dienststellenleiter“** ist derjenige anzusehen, der unter Berücksichtigung des personalvertretungsrechtlichen Dienststellenbegriffs (vgl. § 1 Rz. 5) an der Spitze der Dienststelle steht (vgl. OVG NRW 30.01.1961 – CL 19/60 –). Dies richtet sich im konkreten Einzelfall nach der Organisationsstruktur der Verwaltung (vgl. BVerwG 26.08.1987 – 6 P 11.86 –). Welche Reichweite die Befugnisse des Dienststellenleiters erreichen, ist unerheblich, da § 8 nur die personalvertretungsrechtliche Position des Dienststellenleiters als solche voraussetzt. Der Dienststellenleiter muss nicht zwingend eine Befugnis zur rechtsgeschäftlichen Vertretung oder zur Vertretung bei Gericht aufweisen. Auch eine Weisungsgebundenheit in beteiligungspflichtigen Angelegenheiten ist unbeachtlich (vgl. OVG NRW 30.01.1961 – CL 19/60 –). Zur personalvertretungsrechtlichen Stellung des **Geschäftsführers eines Jobcenters** vgl. BVerwG 16.07.2020 – 5 P 8/19 – und Anm. Bülow, ZTR 2021, S. 241).

Beispiele: 4

- **Kommunaler Bereich** => Leiter der Gemeindeverwaltung (vgl. BVerwG 14.01.1983 – 6 P 93.78 –).
- **Juristische Person des öffentlichen Rechts mit mehrköpfigem Vorstand** => Der gesamte Vorstand (beachte gegebenenfalls besondere Satzungsvorgaben)

Der Leiter der Dienststelle kann sich durch die in **Abs. 1 Satz 2 und 3** aufgeführten Personen vertreten lassen. 5

Der Gesetzgeber hat in **Abs. 1 Satz 2 Alt. 1** an erster Stelle eine Vertretungsmöglichkeit durch den **ständigen Vertreter des Dienststellenleiters** eingeräumt. Wer das ist, geht aus den entsprechenden organisationsrechtlichen Vorschriften hervor (vgl. OVG NRW 26.02.1987 – CL 26/85 –). Die zulässige Vertretung setzt voraus, dass der Vertreter im gleichen Umfang wie der Dienststellenleiter nach den geltenden Organisationsnormen **„entscheidungsbefugt"** (vgl. hierzu auch § 11 Rn. 8) ist. Das Bestehen eines (konkreten) Verhinderungsfalles ist keine Voraussetzung. Eine derartige Beschränkung hatte das LPVG NRW zwar seit 1974 ebenfalls aufgewiesen. Mit der Novelle 1984 ist sie wieder entfallen. 6

Der Dienststellenleiter kann sich nach **Abs. 1 Satz 2 Alt. 2** ansonsten auch durch den **„Leiter der für Personalangelegenheiten zuständigen Abteilung"** und nach **Abs. 1 Satz 2 Alt. 3** in den Gemeinden und Gemeindeverbänden durch den **„Leiter des für Personalangelegenheiten zuständigen Dezernats oder Amts"** vertreten lassen, soweit dieser jeweils entscheidungsbefugt ist. Letzteres ist dann der Fall, wenn die Amts- oder Dezernatsleitung ermächtigt ist, verbindliche Erklärungen gegenüber der Personalvertretung abzugeben (vgl. hierzu auch LT-Drucks. 9/3845 S. 54). Soweit nicht schon der Fall, sollten sich solche entsprechenden Ermächtigungen in der Praxis bestenfalls in der (Haupt-)Satzung wiederfinden lassen. 7

Die Geschäftsführung einer eigenbetriebsähnlichen städtischen Einrichtung, die keine eigene Rechtspersönlichkeit besitzt und die nicht als Teildienststelle oder Nebenstelle verselbstständigt ist, kann die Dienststelle nicht i. S. v. § 8 LPVG NRW personalvertretungsrechtlich vertreten (vgl. VG Düsseldorf 16.6.2021 – 40 L 1009/21.PVL –). 7a

Nach **Abs. 1 Satz 3** ist auch eine **„Vertretung durch sonstige Beauftragte"** möglich, wenn die Personalvertretung sich mit dieser Beauftragung einverstanden erklärt. Der **Beauftragungsumfang** muss nicht alle Aufgabenbereiche des Dienststellenleiters erfassen, sondern kann sowohl sachlich als auch zeitlich auf einzelne Angelegenheiten beschränkt werden, z. B. 8

auf eine generelle Abwesenheitsvertretung oder die einmalige Wahrnehmung einer Quartalsbesprechung (§ 63) etc. Der Beauftragte tritt an die Stelle des Dienststellenleiters und weist deshalb nach dem Normzweck der Regelung des Abs. 1 Satz 3 insbesondere auch ein **Teilnahmerecht an Personalratssitzungen** auf (§ 30 Abs. 4).

9 Der Gesetzeswortlaut stellt auf eine **vorherige Zustimmung** der Personalvertretung ab, sodass eine (nachträgliche) Genehmigung nicht ausreicht (vgl. §§ 183 Abs. 1 und 184 Abs. 1 BGB).

10 **Praxistipp!**

In der Praxis kann der Dienststellenleiter seine Absicht zunächst der Personalvertretung mitteilen (vgl. **Muster 1:** Beabsichtigte Beauftragung gem. § 8 Abs. 1 Satz 3). Diese kann dann ihrerseits eine entsprechende Einverständniserklärung (vgl. Rz. 11) abgeben. Vorstellbar ist aber auch, dass die Parteien in einer gemeinsamen Vereinbarung Beauftragte festlegen (vgl. **Muster 2:** Vereinbarung über Beauftragte i. S. d. § 8 Abs. 1 Satz 3).

11 Das Einverständnis der Personalvertretung setzt stets einen **förmlichen Beschluss** gem. § 34 voraus! Die bloße Erklärung der Vorsitzenden Person oder eines einzelnen Mitgliedes der Personalvertretung ist nicht ausreichend. Das gilt auch für die beiden zuvor dargestellten möglichen Fälle im Praxistipp (vgl. Rz. 10). Die **Einverständniserklärung** der Personalvertretung kann sowohl kumulativ als auch alternativ in tatsächlicher und zeitlicher Hinsicht beschränkt werden. Eine tatsächliche Beschränkung kann sich z.B. auf einen konkreten Einzelfall oder eine bestimmte Angelegenheit beziehen.

12 **Praxistipp!**

Es besteht keine gesetzliche Begründungspflicht, wenn das Einverständnis verwehrt wird. Der Dienststellenleiter sollte in einem solchen Fall die Personalvertretung aber trotzdem nach den Gründen fragen, da sie im Rahmen der vertrauensvollen Zusammenarbeit nach § 2 durchaus bemüht sein sollte, ihre Entscheidung nachvollziehbar darstellen zu können.

13 Zur Wahlberechtigung von „**sonstigen Beauftragten**" vgl. § 10 Rz. 6ff. und zu ihrer Wählbarkeit vgl. § 11 Rz. 11.

III. Sonderregelungen für den Bereich der Sozialversicherung

14 Abs. 2: Der Gesetzgeber hat für den **Bereich der Sozialversicherung** eine besondere Regelung aufgestellt, wonach der **Vorstand** (vgl. auch § 31

Abs. 1 Satz 1 SGV IV) als Dienststellenleiter anzusehen ist. Dabei kann der gesamte Vorstand handeln. Es kann aber auch per Satzung oder im Einzelfall bestimmt werden, dass die vorbenannte Position durch einzelne Mitglieder des Vorstandes wahrgenommen wird (vgl. auch § 35 Abs. 1 Satz 2 SGB IV). Wenn der Vorstand eine Übertragung der Entscheidungsbefugnis auf den **Geschäftsführer** vorgenommen hat oder sich eine solche Befugnis bereits nach § 36 SGB IV ergibt, handelt dieser personalvertretungsrechtlich für die Dienststelle.

IV. Sonderregelungen für den Bereich der Hochschulen

Abs. 3: Die Vorschrift hat ihren Ursprung in der Novelle 1984 (vgl. LT- 15
Drucks. 9/3091, S. 33). Mit der Novelle 2007 ist die Vorschrift an das neu gefasste HG NW angepasst worden. Für die „**Hochschulen**“ des Landes, mit Ausnahme der Fachhochschulen für den öffentlichen Dienst, handelt vorbehaltlich des § 105 (vgl. § 105 Rz. 10) entweder der Vizepräsident für den Bereich der Wirtschafts- und Personalverwaltung oder der Kanzler. Für die Kunsthochschulen des Landes handelt grundsätzlich der Kanzler.

Die „**Fachhochschulen für den öffentlichen Dienst**“ (FHf, FHr und FHöV; 16
vgl. § 1 FHGöD) werden nach § 9 FGHöD durch den Leiter und an der FHöV durch den Präsidenten der Fachhochschule geleitet. Sie weisen somit keine Rektorenverfassung auf und unterliegen damit nicht der Ausnahme nach Abs. 3 (vgl. auch LT-Drucks. 9/3091, S. 33). Für sie gilt § 8 Abs. 1!

Für die **Universitätskliniken** handelt deren kaufmännischer Direktor. 17
Für medizinische Einrichtungen in der Rechtsform einer AÖR gilt nach Maßgabe des § 105 Abs. 2 Satz 1 entsprechendes (vgl. § 105 Rz. 5).

V. Vertretung durch zeichnungsbefugte Personen

Abs. 4: Abweichend von den Absätzen 1 bis 3 können bei **„verfahrensein-** 18
leitenden Maßnahmen“ und bei **„anderen schriftlichen Äußerungen“** der Dienststelle gegenüber der Personalvertretung unabhängig von dem jeweiligen Stand des Verfahrens auch andere zeichnungsbefugte Personen als „Korrespondenzpartner“ handeln (vgl. LT-Drucks. 11/5258, S. 32).

Diese Regelung stellt keine Ausnahmevorschrift von Abs. 1 dar (vgl. LAG 19
Düsseldorf 10.12.1996 – 8 Sa 1466/96 –). Das bedeutet, dass der Dienststellenleiter, die ihm kraft Gesetz übertragenen Aufgaben, also grundsätzlich

persönlich bewirken muss. Er soll alleinig im administrativen Bereich und hier bei verfahrenseinleitenden Maßnahmen und bei anderweitigen schriftlichen Äußerungen eine Entlastung erfahren (vgl. hierzu auch Havers/Giesen, § 8 Rn. 32).

20 Bei **„mündlichen Kontakten“** zwischen dem Dienststellenleiter und der Personalvertretung kann sich der Dienststellenleiter also nur durch eine der in Abs. 1 Satz 2 und 3 genannten Personen vertreten lassen. Bei **„Vorgesprächen“** oder **„Vorverhandlungen“** mit der Personalvertretung kann er allerdings auch andere Personen beauftragen, da es streng genommen hierbei noch nicht um die Wahrnehmung von Aufgaben und Befugnissen durch die Dienststelle geht (vgl. BAG 10.03.1983 – 2 AZR 356/81 –).

21 Beispiele zu „**schriftlichen Äußerungen**“ in der Übersicht:

Maßnahme	Vertretung (§ 8 Abs. 1 Satz 2 und 3)	(§ 8 Abs. 4)
Anfechtungsantrag (im Namen des DL) gem. § 22	+	–
Gemeinschaftliche Besprechung gem. § 63	+	–
Unterrichtung gem. § 65	+	+
Antrag auf Zustimmung gem. § 66 Abs. 2 Satz 1	+	+
Durchführung der Erörterung gem. § 66 Abs. 3 Satz 1, Halbsatz 2	+	–
Fristverlängerung gem. § 66 Abs. 3 Satz 1, Halbsatz 2	+	+
Verkürzungsverlangen gem. § 66 Abs. 3 Satz 2	+	+
Einleiten des Unterrichtungsverfahren gem. § 66 Abs. 3 Satz 7	+	+
→ Weitere Beispiele auf der nächsten Seite!		
Anrufung der Einigungsstelle gem. § 66 Abs. 7 Satz 1	+	–
Mitteilung der Vornahme einer vorläufigen Regelung gem. § 66 Abs. 8 Satz 2	+	+
Mitwirkungsverfahren gem. §§ 69, 73 und 74 Abs. 1	+	+
Bei der Anhörung gem. §§ 74 Abs. 2, 75	+	+

22 Unter **„Zeichnungsbefugnis“** ist hier die Ermächtigung eines Beschäftigten zu verstehen, Schriftstücke seiner Dienststelle in Vertretung (i. V.) oder im Auftrag (i. A.) zu unterzeichnen. Die Erteilung der Befugnis muss dabei entweder geschäftsordnungsmäßig allgemein oder für einen konkreten Einzelfall vorgenommen werden.

Nach **Abs. 4 Satz 2** hat die Dienststelle der Personalvertretung die **Zeichnungsbefugten namentlich zu benennen**. Damit wird sichergestellt, dass die Personalvertretung auch ausreichend Kenntnis darüber aufweist, wer zeichnungsbefugt ist und ihr somit als entsprechender „Korrespondenzpartner“ gegenübersteht. 23

Praxistipp! 24

Aus Gründen der Dokumentation und des Nachweises sollte der Dienststellenleiter die Benennung stets schriftlich vornehmen!

Die Regelung des Abs. 4 Satz 2 hat lediglich im personalvertretungsrechtlichen Verhältnis zwischen der Dienststelle und der Personalvertretung Bedeutung. Der Dienststellenleiter kann sich von daher im Außenverhältnis der Mitwirkung anderweitig zeichnungsbefugter Beschäftigter bedienen (vgl. OVG NRW 19.02.1997 – 1 A4696/96.PVL –). 25

VI. Rechtliche Auseinandersetzungen

Die Frage, **wer Dienststellenleiter** ist oder, ob die **Dienststelle** nach den Vorgaben des § 8 **rechtswirksam vertreten gehandelt hat**, können inzidenter, z.B. im Zuge der Rechtsklärung von konkreten streitigen Beteiligungsfällen im Beschlussverfahren vor dem Verwaltungsgericht geklärt werden (vgl. BVerwG 26.01.1986 – VII P 10.66 und OVG NRW 26.02.1987 – CL 22/85 –). Die Klärung der Rechtsfrage kann aber auch entsprechend im Urteilsverfahren vor dem Arbeitsgericht stattfinden, wenn es dort z.B. um die Frage der Rechtmäßigkeit einer Umsetzung, Versetzung oder Kündigung etc. geht. 26

Bei der Frage, **welches kommunalverfassungsrechtliche Organ** für eine beabsichtigte Maßnahme zuständig ist, handelt es sich nicht um einen personalvertretungsrechtlichen Streit (vgl. BVerwG 26.01.1968 – 7 P 10.66 –). 28

In einem seine Dienststelle betreffenden personalvertretungsrechtlichen Beschlussverfahren ist der Dienststellenleiter stets Beteiligter (vgl. BVerwG 14.08.1959 – VII P 15.58 –). 29

§ 9 (Schweigepflicht, Aussagegenehmigung)

(1) Personen, die Aufgaben oder Befugnisse nach diesem Gesetz wahrnehmen oder wahrgenommen haben, sind verpflichtet, über die ihnen dabei bekannt gewordenen Angelegenheiten und Tatsachen zu schweigen.

(2) Die Schweigepflicht besteht nicht für Angelegenheiten oder Tatsachen, die offenkundig sind oder ihrer Bedeutung nach keiner Geheimhaltung bedürfen. Sie gilt ferner nicht gegenüber den von Maßnahmen gemäß § 72 Abs. 1 unmittelbar erfassten Beschäftigten. Abgesehen von den Fällen des § 65 Abs. 3 gilt die Schweigepflicht nicht im Verhältnis der Mitglieder der Personalvertretungen und der Jugend- und Auszubildendenvertretung zu den Mitgliedern dieser Vertretungen und zu den Vertrauensleuten sowie für die in § 36 genannten Personen; sie entfällt ferner in den Verfahren nach den §§ 66 bis 69 und § 78 Absatz 2 bis 4 und 6 zwischen den dort bezeichneten Stellen.

(3) Bei Rechtsstreitigkeiten kann für die Mitglieder der Personalvertretungen und der in den §§ 54, 60, 85 und 86 genannten Vertretungen Aussagegenehmigung durch diese Vertretungen im Einvernehmen mit der Dienststelle erteilt werden.

Gliederung

I. Einleitende Bemerkungen

1 Personen, die Aufgaben oder Befugnisse nach dem LPVG NRW wahrnehmen, erhalten sehr oft Informationen über die Dienstelle und die dort Beschäftigten. Diese Informationen sollen naturgemäß nicht zur Kenntnisnahme an Dritte gelangen. Das gilt vor allem für Vorgänge, die noch nicht offenkundig sein sollen bzw. sind. Daher wurde mit dieser Vorschrift eine besondere **Verschwiegenheitspflicht** begründet, die an das Gebot der vertrauensvollen Zusammenarbeit nach § 2 Abs. 1 Halbsatz 1 anknüpft. Denn Vertrauen kann nur dort entstehen, wo auch entsprechend verantwortungsvoll mit erhaltenen Informationen umgegangen wird! Mit der Vorschrift wird also dem dienstrechtlichen Interesse an der Vertraulichkeit dienststelleninterner Vorgänge Genüge getan, das Vertrauen in die Zuverlässigkeit der jeweiligen personalvertretungsrechtlichen Einrichtung geschützt und ihre Funktionsfähigkeit gewahrt (vgl. hierzu auch

BVerwG 11.01.2006 – 6 PB 17.05 –). Sie ist also das **Gegenstück zu den im LPVG NRW enthaltenen Unterrichtungsansprüchen des Personalrats** (vgl. hierzu grundsätzlich § 65 Rz. 3 ff.).

Von der in § 9 Abs. 1 normierten besonderen Obliegenheit ist die **im öffentlichen Dienst geltende allgemeine Pflicht zur Verschwiegenheit** zu unterscheiden. Diese findet ihre Grundlage in den jeweiligen Beschäftigungsverhältnissen selbst (vgl. § 3 Abs. 2 TV-L, § 3 Abs. 1 TVöD oder § 37 Abs. 1 BeamtStG). Sie bezieht sich auf die Dinge, die dem Beschäftigten bzw. Beamten bei seiner dienstlichen bzw. amtlichen Tätigkeit bekannt geworden sind (vgl. hierzu auch OVG NRW 04.03.1994 – 1 A 2443/91.PVL –). Soweit die DSGVO zwar keine Pflicht mehr zur Wahrung von Datengeheimnissen aufweist (anders § 5 BDSG und § 6 DSG NRW), kann sich eine solche ggf. aus einer insoweit einzelvertraglich abgeschlossenen Verpflichtung ergeben. Für nicht tarifgebundene Arbeitnehmer im öffentlichen Dienst gilt eine individualvertragliche Verschwiegenheitspflicht. Sie ergibt sich als Nebenpflicht aus dem Arbeitsvertrag bzw. nach §§ 823 Abs. 1 und 2, 826 BGB i. V. m. §§ 17, 18 UWG. Soweit nach **Art. 5 Abs. 1 lit. f. DSGVO eine Pflicht zur Integritäts- und Vertraulichkeitswahrung** besteht kann aufgrund ihres Umfangs davon ausgegangen werden, dass ein diesbezüglicher Verstoß zugleich auch die vorliegende Schweigepflicht nach § 9 verletzt. Im Hinblick auf das seit dem 26.04.2019 in Kraft getretene **Gesetz zum Schutz von Geschäftsgeheimnissen** (GeschGehG) ist § 9 als lex specialis anzusehen. Für die **Behandlung von Verschlusssachen** (Mindestgeheimhaltungsgrad „V-Vertraulich") gilt wiederum § 106 als Spezialvorschrift (vgl. die dortige Kommentierung). Für **Richter** gelten im Speziellen die Vorgaben der §§ 43 ff. DRiG (Beratungsgeheimnis) und **Rechtsanwälte** § 43a Abs. 2 BRAO. 2

Im Zuge der **Novelle 2011** hat der Gesetzgeber neben der Beseitigung redaktioneller Versehen in Abs. 2 Satz 3 Halbsatz 2 (Streichung des Klammerzusatzes) dort auch noch zusätzliche Verfahren aufgenommen, in denen die Schweigepflicht entfällt. Ansonsten hat er die Vorschrift noch einer geschlechtergerechten Sprachanpassung unterzogen. 3

II. Verschwiegenheitspflicht

Abs. 1: Die Vorschrift bestimmt, dass Personen, die Aufgaben oder Befugnisse nach dem LPVG NRW wahrnehmen oder wahrgenommen haben, dazu verpflichtet sind, über die ihnen dabei bekannt gewordenen Angelegenheiten und Tatsachen zu schweigen. Zur wahrgemäßen **Aussageverpflichtung** 4

in einem Strafverfahren vgl. BVerwG 28.06.2012 – 2 WD 34.10 – und LG Magdeburg 18.06.2006 – 21 Qs 44a/08 – sowie OVG Sachsen 14.11.2014 – PL 9 B 68/14 – **in einem Disziplinarverfahren** m. w. N.).

5 Zum **verpflichteten Personenkreis** des § 9 Abs. 1 gehören alle Personen, die Aufgaben und Befugnisse nach dem LPVG NRW wahrnehmen oder wahrgenommen haben. Hierzu zählen vornehmlich die **Mitglieder der Personalvertretungen und deren Ersatzmitglieder**, wenn sie vertretungs- bzw. ersatzweise zum Einsatz gelangen (siehe hierzu auch Gronimus, PersV 2016, 50 ff.). In diesem Zusammenhang erfasst wird auch die **Dienststellenleitung** und die sie vertretenden Personen (§ 8 Abs. 1 bis 3). Verpflichtet werden aber auch **Mitglieder des Wahlvorstands** und **Wahlhelfer** (vgl. Bülow, § 1 WO-LPVG NRW Rz. 66). Für die **Besucher von Sprechstunden des Personalrates** oder für die **Teilnehmer von Personalversammlungen** erwächst dem Grunde nach, keine besondere Pflicht zur Verschwiegenheit, da sich ihr Agieren entgegen dem zuvor benannten Personenkreis nicht aus der Wahrnehmung einer qualifizierten Funktion nach dem LPVG NRW ableitet (a. A. Ilbertz u. a., § 11 Rn. 6 f. soweit es sich dabei nicht um eigene Angelegenheiten handelt). Gegenteiliges ist hingegen für den in § 49 aufgeführten Personenkreis anzunehmen. Zum verpflichteten Personenkreis gehören ferner, die **vom Personalrat zu Sitzungen hinzugezogenen Sachverständigen** (vgl. BVerwG 08.11.1989 – 6 P 7.87 –), das ihm nach § 40 Abs. 3 an die Hand gegebene **Büropersonal, Gewerkschaftsbeauftragte, Vertreter der Arbeitgebervereinigungen** und **Mitglieder der Einigungsstelle** (Vorsitzende Person und Beisitzer)**, der Personalkommission, sowie des Wirtschaftsausschusses**. Was letztere betrifft, so greift bei Mitgliedern, die zugleich dem Personalrat angehörig sind (§ 65a Abs. 4 Satz 1), diesem gegenüber, die Schweigepflicht jedoch nicht. Sie ist zudem immer dann ausgeschlossen, wenn der Wirtschaftsausschuss seiner Unterrichtungspflicht gegenüber dem Personalratsgremium nachkommt (§ 65a Abs. 5 Satz 2). Von der Schweigepflicht erfasst sind dem Grunde nach auch **Beauftragte einer Gewerkschaft** und dementsprechend **Vertreter von Arbeitgebervereinigungen**, soweit sie Aufgaben (1. Alt.) oder Befugnisse (2. Alt.) nach dem LPVG NRW wahrnehmen. Insoweit gilt jedoch zu beachten, dass die Schweigepflicht im Hinblick auf ihre spezielle Aufgabenwahrnehmung für eine Arbeitnehmer- bzw. Arbeitgeberorganisation nicht gegenüber dieser bestehen kann, wenn die im Rahmen der Aufgaben- bzw. Befugniswahrnehmung gewonnenen Informationen eine entsprechende Erforderlichkeit für die koalitionsinterne Willensbildung aufweisen (str.: ebenso Altvater u. a. § 11 Rn. 19, a. A. BayVGH 09.12.1965 – Nr. 4 IX 65 –). Diese Ausnahme gilt jedoch nicht personenbezogene Beschäftigtendaten (ebenso Altvater u. a. § 11 a. a. O.)!

Zur **Schweigepflicht der Personalratsmitglieder** 5a
- gegenüber dem Personalrat (vgl. den gleichlautenden Aufsatz von Knorz, PersV 2019, S. 44)
- gegenüber den Beschäftigten (vgl. Rz. 14)
- gegenüber der Dienststelle (vgl. Rz. 14)
- gegenüber der Gewerkschaft (vgl. BayVGH 09.12.1965 – Nr. 4 IX 65 –)

Für die **Schwerbehindertenvertretung** besteht im Rahmen ihrer Amts- 6
ausführung eine besondere Schweigepflicht nach § 179 Abs. 7 SGB IX. Wenn sie allerdings bei der Wahrnehmung ihrer Rechte nach dem LPVG NRW Kenntnisse erhält, so gilt § 9 Abs. 1 für sie gleichermaßen (vgl. OVG NRW 02.10.1998 – 1 A 905/97 .PVL –). Für die **Gleichstellungsbeauftragte** gilt („nur") die besondere Schweigepflicht nach § 16 Abs. 5 LGG NRW, da der Gesetzgeber ihr bislang noch keine Rechte nach dem LPVG NRW eingeräumt hat (siehe ausführlich zum Ganzen Bülow, § 16 LGG NRW Rn. 71 ff.). Siehe im Kontext und dabei für das Miteinander in der Dienststelle, auch **Bülow, Der praktische Fall – Die Interaktion zwischen den verschiedenen Interessenvertretungen**, DöD 2023, S. 182.

Unter „**Angelegenheiten**" sind komplexe Geschehen und Vorgänge pro- 7
zesshafter Art zu verstehen (vgl. BVerwG 11.01.2006 – 6 PB 17.05 –), wie z. B. Willensbildungen oder Abstimmungsverhalten im Personalrat (vgl. hierzu auch OVG NRW 08.05.1961 – CB 3/63 –). Erfasst werden alle entsprechenden Vorgänge aus den Personalratssitzungen und entsprechende personalratsinterne schriftlichen oder elektronische Korrespondenzen (vgl. OVG Rheinland-Pfalz 06.08.2014 – 5 A 10386/14.OVG –).

Bei „**Tatsachen**" handelt es sich um Sachangaben und Feststehendes (vgl. 8
BVerwG a. a. O.) wie z. B. Bewertungen oder Meinungen, die im Personalrat oder von der Dienststelle im Rahmen der Erörterung mit dem Personalrat geäußert werden. Damit die vorbenannten Gegenstände der Schweigepflicht nach § 9 Abs. 1 unterliegen, muss ihr Bekanntwerden jeweils im Zusammenhang mit der Wahrnehmung von Aufgaben oder Kompetenzen nach dem LPVG NRW stehen. Ein ausdrücklicher Hinweis auf eine bestehende Vertraulichkeit ist dabei nicht erforderlich. Eine **besondere Bedeutung** erhält die Verschwiegenheitspflicht dementsprechend für den Fall, dass ein Beschäftigter **Zuwendungen i. S. d. § 72 Abs. 2 Nr. 1** (z. B. ein Arbeitgeberdarlehen) beantragt hat. Denn hierbei ist der Beschäftigte aus seiner Bedürftigkeitssituation heraus gezwungen, seine persönlichen und auch wirtschaftlichen Verhältnisse darzulegen. Die dabei bestehenden besonderen schutzwürdigen Interessen des Beschäftigten, d. h. also die Vertraulichkeit der Beantragung und der zugrunde liegenden Sachlage sind vom Personalrat dementsprechend bei der Behandlung der Angelegenheit im Rahmen des Mitbestimmungsverfahrens besonders zu beachten!

8a **Wichtig!**

Das Bestehen einer Schweigepflicht für den in Rn. 5 benannten Personenkreis setzt voraus, dass die Kenntnis über Angelegenheiten und/oder Tatsachen im Rahmen der Ausübung der entsprechenden (Ehrenamts-)Tätigkeit bekannt wurden, d. h. dass ein diesbezüglicher Zusammenhang bestand (vgl. hierzu BayVGH 26.04.2010 – 17 P 09.3079 –)!

Die Kenntniserlangung der zuvor dargestellten Angelegenheiten und Tatsachen kann mündlich, schriftlich oder durch ein tatsächliches Verhalten, z. B. Stimmabgabe einzelner Gremiumsmitglieder!

9 Eine **Verletzung der Schweigepflicht** liegt vor, wenn eine geheimhaltungsbedürftige Angelegenheit oder Tatsache offenbart oder verwertet wird (vgl. VG Göttingen 06.08.2018 – 7 A 2/17 – zum Herantreten an die Presse). Auf ein persönliches Verschulden kommt es dabei nicht an. **Offenbaren** ist das Mitteilen des der Verschwiegenheit unterliegenden Gegenstandes an Unbefugte. Das ist insbesondere der Fall, wenn Vorgänge aus Personalratssitzungen an Außenstehende aktiv weitergegeben werden (vgl. hierzu BVerwG 23.01.2002 – 6 P 5.01 – und OVG Rheinland-Pfalz 05.08.2005 – 4 A 10571/05 –). Erfasst wird aber auch ein mittelbares Handeln, z. B. wenn Unterlagen im vorbenannten Sinne nicht unter Verschluss genommen werden, sodass Dritte unproblematisch darauf zugreifen können. Eine Verletzung stellt damit letztendlich auch die Herbeiführung einer Offenbarung durch Dritte, z. B. in einem gewerkschaftlichen Flugblatt dar (vgl. OVG Niedersachsen 15.12.1997 – 18 M 4676/97 –). **Verwerten** ist das Ausnutzen einer geheimhaltungsbedürftigen Angelegenheit oder Tatsache im eigenen Interesse (vgl. VG Göttingen 06.08.2018 a. a. O.). Das kann z. B. der Fall sein, wenn ein Personalratsmitglied im Rahmen seiner Aufgabenwahrnehmung Kenntnisse über eingruppierungsrelevante Umstände eines Beschäftigten erlangt und diese dann dazu verwendet, um seine eigene Höhergruppierung zu begründen.

9a **Wichtig!**

Eine spätere Entschuldigung oder „tätige Reue“ lässt die vorbenannte Tatbestandsverwirklichung nicht rückwirkend entfallen (vgl. OVG Rheinland-Pfalz 06.08.1914 – 5 A 10386/13 –)!

10 Die Verletzung der Schweigepflicht kann Folgendes nach sich ziehen:

Direkte Folgen:

- Ausschluss aus dem Personalrat gem. § 25 wegen grober Pflichtverletzung (vgl. OVG NRW 22.01.1991 – CB 7/90 – und OVG Rheinland-Pfalz 06.08.2014 – 5 A 10386/14.OVG –)

- Strafrechtliche Verfolgung i. S. d. §§ 203 ff. StGB („Privatgeheimnisse") oder § 353b StGB („Dienstgeheimnis")
- Hausverbot/Verweigerung des Zugangsrecht aus § 3 Abs. 4 (siehe hierzu auch OVG NRW 05.04.2023 – 33 B 287/23.PVB)
- Schadensersatzpflicht nach § 823 Abs. 2 BGB i. V. m. § 9 Abs. 1

Ergänzende Folgen:

Disziplinarische Maßnahmen mit Blick auf § 3 Abs. 1 TVöD und 37 Abs. 1 BeamtStG

- Arbeitsrechtliche Maßnahmen, wie z. B. eine Abmahnung (vgl. BAG 16.09.1987 – 5 AZR 254/86 –) oder Kündigung (vgl. BAG 23.10.1969 – 2 AZR 127/69 –)
- Personalvertretungsrechtliche Abmahnung, z. B. bei einer Schweigepflichtverletzung, die nicht „grob" i. S. d. § 25 ist (vgl. § 42 Rz. 5 f. m. w. N.).

Die **Verletzung der Schweigepflicht kann allein keine Wahlanfechtung nach § 22 begründen**. Hierzu bedarf es vielmehr eines Verstoßes gegen wesentliche Wahlvorschriften etc. Siehe zum Ganzen die Kommentierung des § 22 und auch **Bülow, Die Anfechtung einer Personalratswahl – Theorie & Praxis?**, ZTR 2020, 495. 10a

Die **personalvertretungsrechtliche Schweigepflicht gilt als solche nicht für das Aussageverbot und die Aussagegenehmigung** (vgl. auch Rz. 19) **in zivil- und strafgerichtlichen Verfahren** (§ 376 ZPO und § 54 Abs. 1 StPO), Die Pflicht zur Amtsverschwiegenheit ist von der im LPVG NRW normierten Schweigepflicht zu trennen (vgl. entsprechend OVG Sachsen 01.07.2016 – 6 E 22/16.D – m. w. N.). 10b

III. Ausnahmen von der Verschwiegenheitspflicht

Abs. 2: Die (absolute) Schweigepflicht nach § 9 Abs. 1 erfährt an dieser Stelle Ausnahmen: 11

Sind, bzw. werden Angelegenheiten oder Tatsachen nach Abs. 2 Satz 1 Alt. 1 offenkundig oder entfällt im Späteren die Geheimhaltungspflicht (z. B. weil Einvernehmen über eine offizielle Bekanntgabe besteht etc.), so unterliegen sie nicht (mehr) der Pflicht zur Verschwiegenheit. Eine **Offenkundigkeit** liegt vor, wenn eine allgemeine Bekannt- oder Erkennbarkeit besteht, die ohne Mühe von jedermann in Erfahrung gebracht werden kann (z. B. ein neuer Arbeitsplatz eines Beschäftigten an der Pforte). Ob dies letztendlich der Fall ist, muss nach den Umständen des Einzelfalles beurteilt werden (vgl. hierzu auch BayVGH 14.11.2001 – 17 P 01.1526 – und VG Mainz 12.03.2014 – 5 K 1240/13.MZ –).

12 **Praxistipp!**

Wenn Zweifel bestehen, ob Angelegenheiten oder Tatsachen der Schweigepflicht nach § 9 unterliegen, ist anzuraten sich darüber umgehend Klarheit zu verschaffen (z. B. bei der Dienststelle, dem Personalrat oder bei Betroffenen)!

13 Nicht schweigepflichtig nach **Abs. 2 Satz 1 Alt. 2** sind zudem **Angelegenheiten oder Tatsachen, die ihrer Bedeutung nach einer Geheimhaltung nicht bedürfen**. Das ist bspw. der Fall, wenn weder die Dienststelle noch ein betroffener Beschäftigter ein nennenswertes Interesse daran haben, dass ein Bekanntwerden nicht erfolgt (z. B. Bürogröße des Dienststellenleiters etc.). In der Praxis ist aber zu beachten, dass, wenn eine solche Angelegenheit, aus welchen Gründen auch immer, aktuell oder später doch noch eine Bedeutung gewinnen könnte, d. h. nicht völlig belanglos wäre, dennoch schweigepflichtig ist (vgl. OVG NRW 05.08.1960 – V 49/59 –). Auch an dieser Stelle sollte sich in der Praxis also entsprechende Gewissheit verschafft werden.

14 Nach **Abs. 2 Satz 2** findet die Schweigepflicht gegenüber **den von Maßnahmen nach § 72 Abs. 1 unmittelbar erfassten Beschäftigten** keine Anwendung. Das bezieht sich auf alle Beschäftigten, denen gegenüber eine derartige personelle Einzelmaßnahme ergriffen werden soll (z. B. Umsetzung/Versetzung) bzw. die sich um eine solche bewerben und die im Ergebnis nicht berücksichtigt werden. Wenn ein Personalratsmitglied z. B. aus einer Sitzung kommt und von einem vorbenannten Beschäftigten gefragt wird, ob seine Angelegenheit dem Personalrat in der Sitzung vorlag und ob dem zugestimmt worden ist, so kann es in zulässiger Weise darauf antworten. Anders verhält es sich hingegen, wenn ein Dritter diese Fragen stellt. Ungeachtet dessen sollten Personalratsmitglieder dennoch abwägen, ob sie Auskunft geben. Denn es besteht im Hinblick auf die von der Dienststelle beantragten Maßnahmen (§ 66 Abs. 2 Satz 1) letztendlich keine Vollzugsverpflichtung (vgl. § 71 Rz. 5), sodass durch solche Auskünfte schlimmstenfalls vergebliche Hoffnungen geweckt werden. Soweit der Gesetzgeber die §§ 73 und 74 ausdrücklich nicht genannt hat ist davon auszugehen, dass der Personalrat im Rahmen des Mitwirkungsverfahrens nach § 69 und im Rahmen des Anhörungsverfahrens im Hinblick auf die Anhörungstatbestände der §§ 74 Abs. 2, 75 über die ihm von der Dienststelle mitgeteilten Tatsachen gegenüber den betroffenen Beschäftigten Verschwiegenheit zu bewahren hat. Er darf ihnen insbesondere nicht die ihm zugeleitete Personalratsvorlage nebst deren Anlagen in Kopie überlassen. Soweit nicht i.S.d. Abs. 2 Satz 2 erfasst, gilt die **Verschwiegenheitspflicht gegenüber allen sonstigen Beschäftigten** –insbesondere im

Rahmen ihrer speziellen Unterrichtung nach § 40 Abs. 4 Satz 1 (vgl. § 40 Rz. 45 ff.) und im Rahmen von Personalversammlungen (vgl. § 46 Rz. 5 und § 48 Rz. 9) – und mit Ausnahme der im LPVG NRW vorgesehenen Besprechungen, Erörterungen und Verhandlungen **auch gegenüber der Dienststelle**!

Nach **Abs. 2 Satz 3 Halbsatz 1** gilt die Schweigepflicht, abgesehen von den 15
Fällen des § 65 Abs. 3 (vgl. im Folgenden Rz. 16 f.) auch nicht im Verhältnis der Mitglieder der Personalvertretungen und der Jugend- und Auszubildendenvertretung zu den Mitgliedern dieser Vertretungen. Gegenüber von Ersatzmitgliedern gilt diese Ausnahme nur, wenn diese für ein verhindertes oder ausgeschiedenes Mitglied eintreten. Für vorübergehend verhinderte Mitglieder gilt die Ausnahme von der Schweigepflicht grundsätzlich nicht. Etwas anderes gilt nur, wenn sie endgültig ausscheiden.

Weiterhin gilt die Schweigepflicht nach dieser Vorschrift ebenso nicht im 16
Verhältnis zu den **Vertrauensleuten** und für die **in § 36 aufgeführten Personen**.

Wichtig! 17

Letztendlich greifen die vorbenannten Ausnahmen aber **nicht uneingeschränkt**, sondern entfallen, wenn einem Mitglied der Personalvertretung in Wahrnehmung seiner Befugnisse nach § 65 Abs. 3 Kenntnisse zugeflossen sind!

Nach **Abs. 2 Satz 3 Halbsatz 2** entfällt die Schweigepflicht in den Verfah- 18
ren nach den §§ 66 bis 69 und 78 Abs. 2 bis 4 und 6 sowie zwischen den dort bezeichneten Stellen.

IV. Aussagegenehmigungen

Abs. 3: An dieser Stelle sieht das Gesetz die **Erteilung von Aussagegeneh-** 19
migungen in Fällen von Rechtsstreitigkeiten als Sonderregelung vor (siehe bereits zuvor Rz. 10b). Die Erteilung ist von dem jeweiligen Gremium durch eine förmliche Beschlussfassung vorzunehmen. Dabei ist das Einvernehmen mit der Dienststelle herzustellen. Die Entscheidungsfindung hat sich dabei an den Voraussetzungen nach § 37 Abs. 4 BeamtStG zu orientieren.

V. Rechtliche Auseinandersetzungen

20 Rechtliche Auseinandersetzungen, die im personalvertretungsrechtlichen Beschlussverfahren geklärt werden, können nicht die Verletzung der Schweigepflicht als solche zum selbstständigen Streitgegenstand haben (vgl. BVerwG 15.03.1968 – VII P 22.66 – und OVG Sachsen 14.11.2014 – PL 9 B 68/14 – zur streitgegenständlichen Frage, ob die Schweigepflicht ein Zeugnisverweigerungsrecht begründen kann). Über den Gegenstand und die Grenzen der Schweigepflicht kann aber innerhalb eines solchen Verfahrens als „Vorfrage" entschieden werden. Das kann z. B. in einem eigentlichen Rechtsstreit über die Zuständigkeit und Geschäftsführung der Personalvertretung nach § 79 Abs. 1 Nr. 3 oder über die Rechtsstellung ihrer Mitglieder nach § 79 Abs. 1 Nr. 4 der Fall sein. Entsprechendes gilt für alle sonstigen gerichtlichen Verfahren denen eine Pflichtverletzung aus § 9 zugrunde liegt (vgl. hierzu Rz. 9). Wird ein Beschäftigter insoweit bspw. abgemahnt, hat das Arbeitsgericht im Rahmen eines dort zu führenden Abmahnungsentfernungsprozesses als Vorfrage darüber zu entscheiden, ob eine Schweigepflichtverletzung gegeben ist.

Zweites Kapitel
Personalrat

Erster Abschnitt
Wahl und Zusammensetzung

§ 10 (Wahlberechtigung)

(1) Wahlberechtigt sind alle Beschäftigten, die am Wahltage das 18. Lebensjahr vollendet haben.

(2) Wer zu einer Dienststelle abgeordnet ist oder im Wege einer Zuweisung oder Personalgestellung Dienst- oder Arbeitsleistungen erbringt, wird in ihr wahlberechtigt, sobald die Abordnung, die Zuweisung oder die Personalgestellung länger als sechs Monate gedauert hat; im gleichen Zeitpunkt tritt, außer im Falle der Gestellung, der Verlust des Wahlrechts bei der bisherigen Dienststelle ein.

(3) Wahlberechtigt sind nicht Beschäftigte, die

a) infolge Richterspruchs das Recht, in öffentlichen Angelegenheiten zu wählen oder zu stimmen, nicht besitzen,

b) voraussichtlich nur für einen Zeitraum von höchstens sechs Monaten beschäftigt werden,

c) am Wahltag seit mehr als achtzehn Monaten unter Wegfall der Bezüge beurlaubt sind,
d) in § 8 Abs. 1 Satz 1 und 2, Abs. 2 und 3 genannt sind,
e) bei Altersteilzeit im Blockmodell in die Freistellungsphase eintreten.

(4) Beschäftigte in der Berufsausbildung sind nur bei der Dienststelle wahlberechtigt, die von der die Ausbildung leitenden Stelle als Stammdienststelle erklärt wird.

(5) Beamtinnen und Beamte in der Schulaufsicht bei den Bezirksregierungen sind bei der Dienststelle wahlberechtigt, der sie angehören. Beamtinnen und Beamte in der Schulaufsicht bei den Schulämtern sowie im Landesdienst beschäftigtes Verwaltungspersonal an Schulen sind zu dem bei der jeweiligen Bezirksregierung gebildeten Bezirkspersonalrat der allgemeinen Verwaltung wahlberechtigt.

Gliederung

I. Einleitende Bemerkungen

Die Vorschrift regelt die **Wahlberechtigung** (aktives Wahlrecht) und beinhaltet das Recht, bei der Wahl des Personalrats an der Abstimmung teilzunehmen (vgl. auch Bülow, § 2 WO-LPVG NRW Rz. 22 ff.). 1

Die Wahlberechtigung ist **zugleich auch Voraussetzung für die Wählbarkeit** zum Personalrat (passives Wahlrecht), wobei die hierzu in § 11 aufgeführten Bedingungen entsprechend zu berücksichtigen sind. Die Wahlberechtigung ist darüber hinaus auch maßgebend für eine Reihe weiterer Abstimmungen und Entscheidungen, die mit der Personalratswahl im Zusammenhang stehen, wie z. B.: 2

- Bildung von Personalräten (§ 13 Abs. 1 LPVG NRW)
- Größe des Personalrats (§ 13 Abs. 3 LPVG NRW)
- Abstimmung über eine gemeinsame Wahl (§ 16 Abs. 2 LPVG NRW)
- Vorschläge zur Wahl des Personalrats (§ 16 Abs. 4 LPVG NRW)
- Bestellung zum Wahlvorstand (§ 17 Abs. 1 LPVG NRW)
- Personalversammlung zur Wahl des Wahlvorstandes (§ 18 ff. LPVG NRW)
- Wahlanfechtung (§ 22 LPVG NRW)

- Ausschluss eines Personalratsmitglieds (§ 25 LPVG NRW)
- Einberufung einer Personalversammlung (§ 46 Abs. 2 LPVG NRW)
- Bestellung zum Wahlhelfer (§ 1 Abs. 2 Satz 2 WO-LPVG NRW)
- Wahlvorschlags- und Unterzeichnungsrecht (§ 16 Abs. 4 i.V.m. § 7 Abs. 1 LPVG NRW)

3 Die materiellen Voraussetzungen der Wahlberechtigung sind in § 10 dem Grunde nach abschließend geregelt (vgl. BVerwG 28.03.1979 – 6 P 86.78 –). Die Regelungen stellen zwingendes Recht dar, sodass abweichende Regelungen in Tarifverträgen oder Dienstvereinbarungen nicht rechtswirksam vereinbart werden können.

4 Es besteht zwar **kein wirksamer Verzicht** auf das aktive Wahlrecht (vgl. OVG Hamburg 07.08.1991 – BsTB 2/90 –). Für den Wahlberechtigten besteht allerdings keine Wahlpflicht, sodass er freiwillig darauf verzichten kann, sich an der Personalratswahl zu beteiligen.

5 Im Zuge der **Novelle 2011** wurden die Absätze 2 und 5 der vorliegenden Vorschrift neu gefasst. In **Abs. 2** ist neben einer redaktionellen Überarbeitung die **Personalgestellung** (vgl. BAG 25.01.2024 – 6 AZR 390/20 – zur Rechtmäßigkeit im öffentlichen Dienst) im Hinblick auf den Erwerb und den Verlust des Wahlrechts mit in das Gesetz aufgenommen worden. Weiterhin hat der Gesetzgeber dort auch eine Klarstellung in Bezug auf die **Wahlberechtigung von Beschäftigten mit zugewiesenen Tätigkeiten** in einer neuen Dienststelle getroffen. In **Abs. 5** ist eine Regelung zur Wahlberechtigung von dem beim Land beschäftigten **Verwaltungspersonal an Schulen** neu in das Gesetz aufgenommen worden. Weiterhin wurde eine geschlechtergerechte Sprachanpassung („Beamtinnen und Beamte“) vorgenommen.

Siehe zur Wahlberechtigung auch die **gesonderte Kommentierung von Bülow zur WO-LPVG NRW** und Bülow, Die Personalratswahl in Nordrhein-Westfalen, DöD 2024, S. 27 ff.

II. Voraussetzungen der Wahlberechtigung

6 **Abs. 1:** Die Vorschrift regelt, wer wahlberechtigt ist. Das sind zunächst alle Personen, die am (letzten) Wahltag das **18. Lebensjahr vollendet** haben (1. Voraussetzung). Die Berechtigung tritt also zu Beginn des Tages ein, an dem der Beschäftigte 18 Jahre alt wird (vgl. § 188 Abs. 2 BGB). Wer jünger ist, kann an der Wahl zur Jugend- und Auszubildendenvertretung teilnehmen (vgl. § 55 Abs. 1).

7 Die Wahlberechtigung setzt weiter voraus, dass diese Personen sowohl die **Beschäftigteneigenschaft nach § 5** (2. Voraussetzung) als auch die **Dienststel-**

lenzugehörigkeit (3. Voraussetzung) aufweisen (vgl. OVG NRW 31.01.2014 – 20 A 2155/12.PVL –). Um Beschäftigter einer bestimmten Dienststelle sein zu können, muss in dieser und auch für diese ein Tätigwerden erfolgen (vgl. BVerwG 19.06.1980 – 6 P 1.80 – und BayVGH 19.04.2016 – 17 PV 16.531 – zu vertraglich vereinbarten Vorruhestandsregelungen). Die Stellung des Beschäftigten in der Dienststelle ist dabei ohne Belang. Eine Probezeitvereinbarung ist unschädlich (vgl. Rn. 23). Die **Geschäftsfähigkeit der Beschäftigten** ist im LPVG NRW nicht ausdrücklich genannt und stellt mit Blick auf die Entscheidung des BVerfG vom 29.01.2019 – 2 BvC 62/14 – zur Verfassungswidrigkeit eines dementsprechenden Wahlrechtsausschlusses bei der Bundestagswahl auch keine ungeschriebene Voraussetzung für die Wahlberechtigung dar (so im Ergebnis auch Cecior, § 10 Rn. 47). Zur letzten Voraussetzung, d.h. dem **Nichtbestehen eines Wahlausschlusses i.S.d. § 10 Abs. 3** (4. Voraussetzung) vgl. Rz. 21ff. Zur **Wahlberechtigung in verselbstständigten Dienststellen** § 1 Abs. 3 vgl. VG Magdeburg 19.04.2022 – 17 A5/20 MD –).

Eine **vorübergehende Abwesenheit von der Dienststelle**, z.B. wegen Krank- 8
heit, Urlaub oder einer Lehrgangsteilnahme etc. lassen die Wahlberechtigung unberührt (siehe aber auch Rz. 25). Das gilt auch für eine **befristete Beschäftigung**, wenn sie für einen Zeitraum von über sechs Monaten erfolgt (vgl. Rz. 23f.). Ein **Hausverbot** hindert nicht an der Ausübung des aktiven Wahlrechts, solange eine Briefwahl (vgl. Bülow, § 16 WO-LPVG NRW Rz. 6) möglich ist (vgl. VG Düsseldorf 27.02.2020 – 40 L 214/20.PVL –).

Nur wer in das **Wählerverzeichnis** (vgl. § 2 Abs. 2 Satz 1 WO-LPVG NRW) 9
eingetragen ist, kann das aktive Wahlrecht ausüben (vgl. § 14 Abs. 1 Satz 1 WO-LPVG NRW). Der Wahlvorstand muss bei der Eintragung die „Dienststellenzugehörigkeit" feststellen. Dabei braucht er allerdings nicht nach materiellen Kriterien zu prüfen, ob ein sog. „freier Mitarbeiter" (vgl. § 5 Rz. 11 und 24) inzwischen als Arbeitnehmer i.S.d. Arbeitsrechts anzusehen ist (vgl. OVG NRW 25.11.1993 – 1 A 322/93.PVB – und OVG Berlin-Brandenburg 17.08.2017 – 60 PV 2.17 –). Durch eine Nichteintragung verliert ein Beschäftigter jedenfalls sein Wahlrecht genauso wenig, wie ein fälschlicherweise in das Wählerverzeichnis Eingetragener es hierdurch erlangt (vgl. BVerwG 21.11.1958 – VII P 3/58 –)!

Wenn **Beamtenanwärter, Auszubildende oder Praktikanten** eine Wahl- 10
möglichkeit im zuvor dargestellten Sinne aufweisen, steht ihnen ein **Doppelwahlrecht** zu, sodass sie an den Wahlen zum Personalrat und auch zur Jugend- und Auszubildendenvertretung gleichermaßen teilnehmen können (vgl. hierzu § 55 Rz. 9)!

Übersicht:

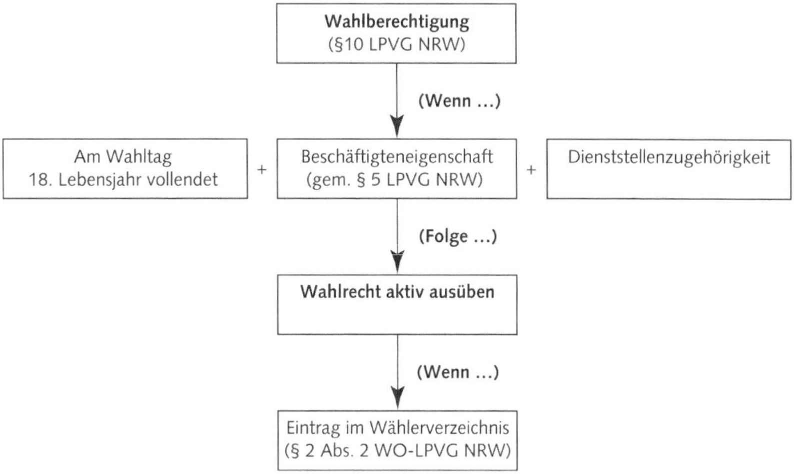

11 Wenn die zuvor dargestellten Voraussetzungen vorliegen, besteht die Wahlberechtigung vom ersten Tag der Beschäftigung an. Dem unterliegen u.a. auch **geringfügig Beschäftigte** (vgl. BVerwG 15.03.1968 – VII P 3.67 –), nicht aber **Teilnehmer des Bundesfreiwilligendienstes** und des Jugendfreiwilligendienst (vgl. § 5 Rz. 18). Sog. **„freie Mitarbeiter"** können wahlberechtigt sein, wenn durch eine Entscheidung des Arbeitsgerichts ihre Beschäftigteneigenschaft festgestellt wurde (vgl. OVG NRW, 25.11.1993 – 1 A 322/93.PVB –).

12 **Wenn Beschäftigte kündigen oder gekündigt werden**, bleibt ihre Wahlberechtigung bis zum Erreichen des Kündigungstermins bestehen; ob dies auch darüber hinaus der Fall ist, wird streitig behandelt (bejahend Cecior u.a. § 10 Rn. 42, Rooschütz u.a. § 11 Rn. 7; a.A. Altvater u.a. § 14 Rn. 16, wenn eine Kündigungsschutzklage erhoben wurde und eine Weiterbeschäftigung im dortigen Prozess erfolgt).

13 **Beamte verlieren ihr Wahlrecht** erst mit Eintritt der Rechtskraft einer Entlassungsverfügung. Eine vorläufige Dienstenthebung oder ein Verbot der Führung der Dienstgeschäfte tangieren ihre Wahlberechtigung nicht.

13a Zur **Wahlberechtigung bei Wiederholungswahlen** nach einer Wahlanfechtung vgl. § 22 Rz. 33a.

III. Das Wahlrecht bei Abordnung, Zuweisung oder Gestellung

Abs. 2: Für die Zugehörigkeit zu einer Dienststelle ist nicht die auf dem Dienstvertrag beruhende rechtliche Beziehung, sondern das tatsächliche Beschäftigungsverhältnis ausschlaggebend (vgl. BVerwG 21.11.1958 – VII P 3.58 –). Die Regelung in Abs. 2 berücksichtigt das bei einer Abordnung, Zuweisung oder Gestellung zu einer anderen Dienststelle bzw. einem Dritten. Sobald eine dieser Maßnahmen länger als sechs Monate gedauert hat, bestimmt **Abs. 2 Halbsatz 1**, dass die hiervon betroffenen Beschäftigten in der dortigen Dienststelle wahlberechtigt sind. Nach **Abs. 2 Halbsatz 2** tritt im gleichen Zeitpunkt – mit Ausnahme der Gestellung – der Verlust des Wahlrechts bei der bisherigen Dienststelle ein. Zu einem **Doppelwahrecht** bei einer teilweisen Abordnung vgl. VG Düsseldorf 13.09.2011 – 39 L 775/11.PVB und bei einer Gestellung vgl. Rn. 17. 14

Für **Staatsanwälte** werden nach Maßgabe des § 46f. LRiStaG besondere Staatsanwaltsräte gebildet. Für den Fall, dass Staatsanwälte zu einer anderen Verwaltungsbehörde, d.h. also einer Behörde, die keine Staatsanwaltschaft ist, länger als sechs Monate abgeordnet werden, erscheint in Ermangelung einer Regelung im LRiStaG eine analoge Anwendung des § 10 Abs. 2 geboten. 14a

Unter einer **Abordnung** ist die Zuweisung einer vorübergehenden Beschäftigung bei einer anderen Dienststelle oder einem anderen Betrieb desselben oder eines anderen Arbeitgebers unter Fortsetzung des bestehenden Arbeitsverhältnisses zu verstehen (vgl. für **Arbeitnehmer** Nr. 1 der Protokollerklärung zu § 4 Abs. 1 TVöD/TV-L und für **Beamte** § 14 BeamtStG). Das bedeutet also, dass bei einer solchen Zuweisung die Zugehörigkeit zur bisherigen Stammdienststelle aufrechterhalten bleibt (vgl. BVerwG 20.04.1977 – VI C 154.73 –). Zum Vorliegen dienstlicher Gründe und zur Interessenabwägung siehe LAG Rheinland-Pfalz 26.10.2021 – 6 Sa 99/21 – m.w.N. Der zuvor dargestellte Begriff der Abordnung ist, was zu beachten ist, mit dem im personalvertretungsrechtlichen Sinne nicht ohne Weiteres gleichzusetzen (vgl. BVerwG 02.09.1983 – 6 P 29/82 –)! Die Zugehörigkeit des einzelnen Beschäftigten zu einer Dienststelle, ist für den Bereich des Personalvertretungsrechts nämlich nicht nach rechtlichen Kriterien, sondern vielmehr nach den tatsächlichen Gegebenheiten zu bestimmen (vgl. BVerwG a.a.O.). Im Hinblick auf eine Abordnung muss also einerseits eine Ausgliederung aus der bisherigen Dienststelle und andererseits eine Eingliederung in die neue Dienststelle erfolgt sein. Was **vom Dienst freigestellte Mitglieder einer Stufenvertretung** betrifft (vgl. §§ 50, 51 Satz 1 i.V.m. § 42 Abs. 3), so regelt § 14 Abs. 2 Satz 2 15

BPersVG, dass eine solche Freistellung nicht als Abordnung zu verstehen ist. Das LPVG NRW enthält hingegen keine dementsprechende Regelung. Deshalb ist es vertretbar auf den personalvertretungsrechtlichen Begriff abzustellen. Ein Anspruch des Beschäftigten auf Abordnung besteht nicht (vgl. BVerwG 27.04.2021 – 2 VR 3.21 –).

Zu weiteren Ausführungen und zur Mitbestimmung bei Abordnungen vgl. auch § 72 Rz. 220.

16 Unter der **Zuweisung** eines Arbeitnehmers ist die vorübergehende Beschäftigung bei einem Dritten im In- und Ausland, bei dem der allgemeine Teil des TVöD nicht zur Anwendung kommt, unter Fortsetzung des bestehenden Arbeitsverhältnisses, zu verstehen (vgl. Protokollerklärung zu § 4 Abs. 2 TVöD/TV-L). Für Beamte macht § 20 BeamtStG Vorgaben. Für Beschäftigte, denen nach § 44b Abs. 1 und Abs. 2 Zweites Buch Sozialgesetzbuch Aufgaben der gemeinsamen Einrichtungen zugewiesen sind oder werden, gilt es die **Sondervorschrift des § 112** zu beachten!

Zu weiteren Ausführungen und zur Mitbestimmungspflicht von Zuweisungen vgl. auch § 72 Rz. 235 ff. (für Beamte) und Rz. 241 ff. (für Arbeitnehmer).

17 Die **Personalgestellung** ist tarifrechtlich von der Zuweisung zu unterscheiden (vgl. EuGH 22.06.2023 – C-427/21 – und BAG 25.01.2024 – 6 AZR 390/20 – zur Rechtmäßigkeit im öffentlichen Dienst). Sie ist, die auf Dauer angelegte Beschäftigung bei einem Dritten, unter Fortsetzung des bestehenden Arbeitsverhältnisses (vgl. Protokollerklärung zu § 4 Abs. 3 TVöD/TV-L). Aufgrund der im Zuge der Novelle 2011 neu eingeführten Sonderregelung des Abs. 2 Halbsatz 2 kann für die hiervon betroffenen Beschäftigten letztendlich ein **Doppelwahlrecht**, d.h. sowohl in der abgebenden als auch in der aufnehmenden Dienststelle bestehen (vgl. im Kontext auch VG Ansbach 21.06.2021 – AN 8 PE 21.00909 –und 06.05.2022 - AN 8 P 21.00715 jeweils zum Wahlrecht eines Hausmeisters). Zum **Wahlrecht kreisbediensteter Polizisten in einer landratsgeführten Kreispolizeibehörde** vgl. § 81 Rn. 3 und zur **Zuständigkeit des Personalrats bei Maßnahmen eines Dritten im Rahmen einer Personalgestellung,** vgl. im Übrigen VGH Baden-Württemberg 04.03.2016 – PL 15 S 408/15 –.

18 Damit die Wahlberechtigung in der neuen Dienststelle erworben wird, muss der abgeordnete, zugewiesene oder gestellte Beschäftigte ihr am letzten Tag der Wahl mindestens einen Tag **länger als sechs Monate** angehört haben. Für die Fristberechnung und dabei den Fristbeginn, ist auf den in der Abordnungs- oder Gestellungsverfügung bzw. den in der Zuweisungsvereinbarung festgesetzten Zeitpunkt abzustellen. Ist dort die **Formulie-**

rung mit „sofortiger Wirkung" enthalten, muss durch Auslegung ermittelt werden, ob der Beschäftigte bereits mit dem Tag der Bekanntgabe der Maßnahme ihm gegenüber, der neuen Dienststelle angehören soll oder erst zu einem späteren Zeitpunkt. Ein Indiz dafür, dass erstgenanntes wohl nicht der Fall sein sollte, könnte z.B. eine Arbeitsaufnahme erst am nächsten Werktag sein (so auch Cecior u.a., § 10 Rn. 55). In der Praxis sollte also stets ein konkretes Datum und eine konkrete Aussage für die neue Dienststellenangehörigkeit gewählt werden!

Wenn der Beschäftigte länger als sechs Monate abgeordnet oder zugewiesen 19
war und nach deren Ablauf wieder zu seiner Stammdienststelle zurückkehrt, ist konsequenterweise auch wieder anzunehmen, dass er dort die Wahlberechtigung innehat. Dem Gesetz ist diese Folge zwar nicht ausdrücklich zu entnehmen. Das aktive Wahlrecht knüpft nach Abs. 1 aber an die Beschäftigteneigenschaft an und dabei an die Zugehörigkeit zu einer Dienststelle. Somit würde es nicht dem gesetzgeberischen Willen entsprechen, wenn ein zu seiner Stammdienststelle Zurückkehrender dort weiter dem Wahlausschluss unterliegen würde, aber ansonsten eine Wahlberechtigung bei einer Dienststelle, der er gar nicht mehr angehört, aufweisen würde.

Auf **abgeordnete Polizeivollzugsbeamte** findet Abs. 2 keine Anwendung, 20
da sie nach § 83 Abs. 1 nur bei ihrer Stammdienststelle wahlberechtigt sind. Wenn sie als Bundesbeamte oder Beamte eines anderen Bundeslandes hingegen nach NRW abgeordnet werden, kommt die letztgenannte Sondervorschrift nicht zum Zuge (vgl. OVG NRW 16.05.1978 – CL 34/78 –)!

IV. Von der Wahlberechtigung ausgeschlossene Personen

Abs. 3: Die hier aufgeführten Beschäftigungsgruppen sind von der **Wahl-** 21
berechtigung ausgeschlossen.

Beschäftigte sind nach **Abs. 3 lit. a)** nicht wahlberechtigt, wenn ihnen im 22
Zeitpunkt der Wahl durch Richterspruch das Recht aberkannt wurde in öffentlichen Angelegenheiten zu wählen oder zu stimmen. Eine solche **Aberkennung des Wahlrechts durch Richterspruch** kann z.B. nach § 45 Abs. 5 StGB für bestimmte Straftaten wie etwa Hochverrat (§§ 81 ff. StGB), Gefährdung des demokratischen Rechtsstaates (§§ 84 ff. StGB), Landesverrat (§§ 93 ff. StGB) oder Straftaten gegen Verfassungsorgane und bei Wahlen und Abstimmungen (§§ 105 ff. StGB) erfolgen. Eine Aberkennung kann aber auch in einem Verfahren über die Verwirkung von Grundrechten nach Art. 18 GG i.V.m. § 39 Abs. 2 BVerfGG durch das Bundesverfassungsgericht ausgesprochen werden.

23 Beschäftigte, die voraussichtlich nur für einen Zeitraum von höchstens sechs Monaten beschäftigt werden **(sog. „Halb-Jahres-Beschäftigte")**, sind nach **Abs. 3 lit. b)** auch nicht wahlberechtigt. Diese Regelung dient dem Schutz der Interessen des Stammpersonals der Dienststelle, da ansonsten die nur kurzzeitig Beschäftigten maßgeblichen Einfluss auf die Zusammensetzung des gewählten Personalrats ausüben könnten (so auch Havers/Giesen, § 10 Rn. 18). In der Praxis sind von daher hauptsächlich Beschäftigte mit befristeten Arbeitsverträgen von der Wahl ausgeschlossen, deren Zeitraum sechs Monate nicht überschreiten. Unbefristete Arbeitsverträge mit einer Probezeit (max. 6 Monate) werden von der Vorschrift klarstellend nicht erfasst!

24 **Wichtig!**

Wiederkehrende Verlängerungen von befristeten Arbeitsverträgen sprechen dafür, dass nicht nur eine Beschäftigung für einen Zeitraum von höchstens sechs Monaten erfolgen soll! Die hiervon betroffenen Beschäftigten sind also trotz ihrer Befristung wahlberechtigt!

25 Beschäftigte die **am Wahltag seit mehr als achtzehn Monaten unter Wegfall der Bezüge beurlaubt** sind, weisen nach **Abs. 3 lit. c)** ebenfalls keine Wahlberechtigung auf. Der Gesetzgeber hat bei der Regelung des aktiven Wahlrechts von Anfang an den Eingliederungsgedanken hervorgehoben. Dem trägt diese Regelung Rechnung, da bei einer Beurlaubung über einen derart langen Zeitraum die tatsächliche Eingliederung in die Dienststelle verloren geht. Der Begriff der **„Beurlaubung"** ist also nicht zwingend nur auf Fälle beschränkt in denen förmlich unter dieser Bezeichnung „Urlaub" zur Bewilligung gelangt ist, sondern erlaubt auch die Einbeziehung aller Fälle, in denen das Arbeitsverhältnis ruht und deshalb die Verpflichtung zur Erbringung der Arbeitsleistung entfällt (vgl. BVerwG 20.11.1979 – 6 P 12/79 – und BayVGH 19.04. – 17 PC 16.531 –). Entsprechendes gilt somit für die Inanspruchnahme von (voller) **Elternzeit**, d.h., wenn nicht von der Möglichkeit der Teilzeitbeschäftigung Gebrauch gemacht wird (vgl. OVG NRW 10.11. – 20 A 679/14.PVL, VG Greifswald 20.04.2016 – 7 A 700/15 HGW – und VG Saarland 04.02.2013 – 9 L 341/13); für den Fall, dass das Arbeitsverhältnis am Wahltag wegen des **Bezuges einer befristeten Rente wegen verminderter Erwerbsfähigkeit** bereits seit mehr als 18 Monaten ruht (vgl. BVerwG 15.05.2002 – 6 P 18/01 –) und für **arbeitsunfähig erkrankte Arbeitnehmer**, die deswegen kein Arbeitsentgelt erhalten, wenn eine Genesung am Wahltag ausgeschlossen ist (vgl. auch OVG NRW 15.04.2003 – 1 A 3281/02.PVG –).

25a Bei dem Wort **„Bezüge"** handelt es sich um einen Sammelbegriff für Dienstbezüge und Arbeitsentgelt (vgl. BVerwG 20.11.1979 a.a.O.), sodass sowohl Arbeitnehmer als auch Beamte hiervon erfasst werden (vgl. OVG NRW 15.04.2003 – 1 A 3281/02.PVB –).

Keine Wahlberechtigung weisen nach **Abs. 3 lit. d)** die in § 8 Abs. 1 Satz 1 und 2, Abs. 2 und 3 genannten Beschäftigten, d.h. also das **Leitungspersonal der Dienststelle** auf. Als nicht wahlberechtigte Personen i.S.d. § 8 Abs. 1 Satz 2 sind klarstellend nur diejenigen anzusehen, die neben der dort aufgeführten Leitungsfunktion (1. Voraussetzung) auch eine Entscheidungsbefugnis in Personalangelegenheiten (2. Voraussetzung) aufweisen! Beschäftigte, die nur die letztgenannte (2.) Voraussetzung aufweisen bleiben also wahlberechtigt, sind allerdings nicht wählbar (vgl. § 11 Rn. 8). Der Dienststellenleiter (§ 8 Abs. 1 Satz 1) und seine ständige Vertretung (§ 8 Abs. 1 Satz 2) sind im Übrigen auch zu den Stufenvertretungen bei den Dienststellen, bei denen sie nicht die genannten Funktionen ausüben, nicht wählbar (vgl. OVG NRW 06.12.1988 – CL 21/87 –)! 26

Nach **Abs. 3 lit. e)** führt der **Eintritt in die Freistellungsphase** bei Beschäftigten, die eine **Altersteilzeit im Blockmodell** wahrnehmen, ebenso zum Verlust der Wahlberechtigung. Denn mit Beginn der Freistellungsphase scheiden sie endgültig aus dem aktiven Dienst aus (vgl. BVerwG 15.02.2002 – 6 P 8.01.PVL –). 27

V. Beschäftigte in der Berufsausbildung

Abs. 4: Für „**Beschäftigte in der Berufsausbildung**“ gilt, dass sie nur bei der Dienststelle wahlberechtigt sind, die von der die Ausbildung leitenden Stelle als Stammdienststelle erklärt wird. Mit der **Novelle 2011** sind die **beim Land angestellten Schulpsychologen** miterfasst worden (vgl. LT-Drucks. 15/1644, S. 76). **Lehrkräfte im Vorbereitungsdienst** gelten gem. § 85 Abs. 3 Satz 2 als Lehrer und werden deshalb nicht von § 10 Abs. 4 erfasst. Für **Rechtsreferendare** gelten die Sonderregelungen der §§ 95 ff. 28

VI. Beamte in der Schulaufsicht bei den Bezirksregierungen

Abs. 5: **Beamte in der Schulaufsicht bei den Bezirksregierungen** sind nach Abs. 5 Satz 1 bei der Dienststelle wahlberechtigt, der sie angehören. Sie nehmen Aufgaben der Schulaufsicht wahr, die der Bezirksregierung obliegt. Dementsprechend sind sie in der dortigen Dienststelle eingegliedert. Beamte in der Schulaufsicht bei den Schulämtern sowie im Landesdienst beschäftigtes Verwaltungspersonal an Schulen sind nach Abs. 5 Satz 2 zu dem bei der jeweiligen Bezirksregierung gebildeten Bezirksper- 29 sonalrat der allgemeinen Verwaltung wahlberechtigt. Mit der **Novelle 2011** sind die beim Land angestellten Schulpsychologen entsprechend miterfasst worden (vgl. LT-Drucks. 15/1644, S. 76).

VII. Rechtliche Auseinandersetzungen

30 Rechtliche Auseinandersetzungen über die Wahlberechtigung können im Rahmen eines personalvertretungsrechtlichen Beschlussverfahren gem. § 79 Abs. 1 Nr. 1 i.V.m. Abs. 2 geklärt werden (vgl. hierzu auch BayVGH 19.04.2016 – 17 PC 16.531 –, wonach eine Verfahrensbeteiligung des Personalrats verneint wird). Wenn Fragen im Zusammenhang mit einem Wahlverfahren auftreten, so sind sie Gegenstand eines Wahlanfechtungsverfahrens gem. § 22 (vgl. § 22 Rz. 9). Zum Verhältnis beider vorbenannter Verfahren vgl. BVerwG 18.10.1978 – 6 P 7.78. Zur Frage, unter welchen Voraussetzungen eine **einstweilige Verfügung zur Regelung der Teilnahme eines Beschäftigten an Personalratswahlen** erlassen werden kann vgl. OVG NRW 09.11.2020 – 20 B 1111/20.PVB m. w. N.). Bei Streitigkeiten über die **Richtigkeit des Wählerverzeichnisses** eröffnet § 3 WO-LPVG NRW die Möglichkeit eines Einspruchs.

§ 11 (Wählbarkeit)

(1) Wählbar sind alle Wahlberechtigten, die am Wahltage seit sechs Monaten derselben Körperschaft, Anstalt oder Stiftung angehören.

(2) Nicht wählbar sind Beschäftigte, die

a) infolge Richterspruch die Fähigkeit, Rechte aus öffentlichen Wahlen zu erlangen, nicht besitzen,

b) zu selbständigen Entscheidungen in Personalangelegenheiten der Dienststelle befugt sind sowie die in § 8 Abs. 1 Satz 3 genannten sonstigen Beauftragten, sofern diese nach einer Wahl die mit der Beauftragung eingeräumten Befugnisse weiter ausüben,

c) am Wahltag seit mehr als sechs Monaten unter Wegfall der Bezüge beurlaubt sind,

d) nach der Wahl Aufgaben einer Gleichstellungsbeauftragten der Dienststelle wahrnehmen.

(3) Nicht wählbar sind Arbeitnehmerinnen und Arbeitnehmer der Gemeinden und der Gemeindeverbände, die dem in deren Verfassung vorgesehenen obersten Organ angehören.

Gliederung

I. Einleitende Bemerkungen

Die Vorschrift bestimmt den Personenkreis der wählbaren Beschäftigten. 1
Die Wählbarkeit ist eine fundamentale Grundlage für die Wahl der Personalvertretungen des LPVG NRW. Die **Novelle 2011** hat die Vorschrift inhaltlich nicht betroffen, sondern hat lediglich eine geschlechtergerechte Sprachanpassung mit sich gebracht. Siehe zur Wählbarkeit auch die **gesonderte Kommentierung von Bülow zur WO-LPVG NRW** und Bülow, Die Personalratswahl in Nordrhein-Westfalen, DöD 2024, S. 27 ff.

II. Voraussetzungen der Wählbarkeit

Abs. 1: Die Vorschrift regelt die **Wählbarkeit** (passives Wahlrecht). Sie ist 2
zwingendes Recht und definiert die persönlichen Voraussetzungen dafür, um auf einem Wahlvorschlag benannt und in den Personalrat gewählt werden zu können (vgl. Bülow, § 7 WO-LPVG NRW Rz. 2).

Die Wählbarkeit setzt zunächst einmal den **Besitz der Wahlberechtigung** 3
(aktives Wahlrecht) gem. § 10 voraus.

Weiterhin muss der Beschäftigte **am Wahltag eine sechsmonatige Dienst-** 4
stellenzugehörigkeit aufweisen. Das Wahlrecht verbindet die Beschäftigten einer Dienststelle mit ihrem Personalrat. Die Fristenvorgabe stellt sicher, dass sich ein potenzieller Kandidat ausreichend ein Bild über die dienstlichen Begebenheiten und Belange vor Ort machen konnte. Die (Sechsmonats-)Frist berechnet sich nach den §§ 187, 188 BGB.

Beispiel:

Eintritt am 01. Mai → Wählbarkeit am 01. November

Die sechsmonatige Dienststellenzugehörigkeit muss am Wahltag in un- 5
unterbrochener Folge bestanden haben (vgl. BVerwG 09.10.1959 – VII P 17.58 –). Der Wortlaut des § 11 Abs. 1 stellt ausdrücklich auf ein Angehören und nicht auf ein Tätigwerden des Beschäftigten ab. Von daher sind **kurzfristige Unterbrechungen der tatsächlichen Beschäftigung wie z.B.**

aufgrund von Krankheit, Urlaub oder Arbeitskampf unschädlich. Wenn sich die Wahl über mehrere Tage erstreckt, reicht es aus, wenn die sechsmonatige Mindestdauer am letzten Tag der Wahl vorliegt. Es ist nicht erforderlich, dass der Beschäftigte während dieser Zeit durchgehend bei derselben Dienststelle beschäftigt gewesen ist. Eine Versetzung – ohne Dienstherrenwechsel – hat zur Folge, dass der Beschäftigte die Wählbarkeit in der neuen Dienststelle sofort erwirbt. Eine solche Unmittelbarkeit ist bei einer Abordnung dagegen nicht gegeben. Hier ist die Sechsmonatsfrist nach § 10 Abs. 2 zu beachten (vgl. § 10 Rz. 18).

6 Ein **gekündigter Beschäftigter** ist für die Dauer eines Kündigungsrechtsstreits noch wahlberechtigt, wenn er mit seiner Klage nicht nur die Kündigung als solche angreift, sondern gleichzeitig auch einen Weiterbeschäftigungsanspruch geltend macht (vgl. hierzu auch BAG 14.05.1997 – 7 ABR 26/96 –).

6a Wer sich am **Wahltag in Elternzeit** befindet, hat nicht allein deshalb die Wählbarkeit verloren; sie besteht vielmehr so lange, wie auch das aktive Wahlrecht fortbesteht (so VG Frankfurt a.M. 25.07.2005 – 22 K 1568/05 –). Es gilt aber § 11 Abs. 2 lit. c) zu beachten (vgl. dort Rz. 12)! Auch **befristet Beschäftigte** weisen während der Dauer ihrer Beschäftigung das passive Wahlrecht auf und sind nach sechsmonatiger Dienststellenzugehörigkeit (vgl. Rz. 4 f.) wählbar. Eine tatsächliche Wahl in den Personalrat hindert allerdings nicht den Ablauf ihres befristeten Beschäftigungsverhältnisses zu dem dort vereinbarten Zeitpunkt. Denn durch die Wahl in den Personalrat kann nicht nachträglich der sachliche Grund für eine Befristung oder etwa der Umstand, dass zum Zeitpunkt der Befristungsvornahme kein Sachgrund für eine rechtswirksame Befristung erforderlich gewesen ist, aufgehoben werden.

III. Von der Wählbarkeit ausgeschlossene Personen

7 **Abs. 2:** Die hier benannten Personen sind von der Wählbarkeit ausgeschlossen.

Beschäftigte sind nach **Abs. 2 lit. a)** nicht wählbar, wenn ein Verlust ihrer Amtsfähigkeit nach § 45 Abs. 1 oder 2 StGB erfolgt ist (vgl. auch § 10 Rz. 22).

8 Beschäftigte sind nach **Abs. 2 lit. b) 1. Alt** ebenfalls nicht wählbar, wenn sie Entscheidungsbefugnisse in Personalangelegenheiten der Dienststelle aufweisen. Davon umfasst sind alle Beschäftigten, welche die Befugnis aufweisen, in eigener und alleiniger Verantwortung endgültig in Personalangelegenheiten zu entscheiden (vgl. hierzu auch OVG NRW 24.06.1982 – CL 45/81 –).

Dieses Befugnis drückt sich in der Regel dadurch aus, dass eine Verantwortlichkeit zur Schlusszeichnung besteht (vgl. OVG NRW 01.04.1982 – CL 62/81 –). Die Befugnis muss auf Dauer angelegt sein, d.h. zu den regulären Aufgaben des betroffenen Beschäftigten gehören (vgl. BVerwG 06.09.2005 – 6 PB 13.05 –). Es reicht aus, wenn die Entscheidungsbefugnis zumindest gegenüber einem Teil der Beschäftigten der Dienststelle besteht (vgl. OVG NRW a.a.O.). Eine schriftliche Organisationsentscheidung ist für die Befugnis keine Voraussetzung (vgl. BVerwG a.a.O. und OVG NRW 22.05.1996 – 1 A 3651/92.PVL –). Zur gleichzeitigen **Mitgliedschaft im Orchestervorstand und Personalrat** eines städtischen Orchesters in Form einer selbstständigen Dienststelle (vgl. OVG NRW 28.09.2017 – 20 A 1002/17 –).

Entscheidungsbefugnisse i.S.d. § 11 Abs. 2 können sich z.B. aus den nachbenannten Mitbestimmungskatalogen ergeben: 9

- § 72 Abs. 1 Satz 1 (Personalangelegenheiten)
- § 72 Abs. 1 Satz 2 (Soziale Angelegenheiten)
- § 72 Abs. 4 Nr. 4 (Festsetzung Erholungsurlaub)
- § 72 Abs. 4 Nr. 5 (Entgeltgestaltung)
- § 72 Abs. 4 Nr. 6 (Bestellung von Ärzten etc.)
- § 72 Abs. 4 Nr. 8 (Prämienfeststellungen)
- § 72 Abs. 4 Nr. 9 (Regelungen zum Ordnungsverhalt)
- § 72 Abs. 4 Nr. 11 (Geltendmachung von Ersatzansprüchen)
- § 74 Abs. 1 (Ordentliche Kündigungen)
- § 74 Abs. 2 (Außerordentliche Kündigungen, Abmahnungen, Aufhebungs- und Beendigungsverträge)

Wenn ein Beschäftigter lediglich **vertretungsweise zu selbstständigen Entscheidungen** im zuvor dargestellten Sinn befugt ist, schließt das nicht schon als solches seine Wählbarkeit aus (vgl. OVG NRW 20.08.1962 – CB 8/62 –). Abweichendes kann aber gelten, wenn ihm auch die Erstellung von dienstlichen Beurteilungen übertragen ist (vgl. BVerwG 22.06.2005 – 6 P 8.04 –). Einem Sachbearbeiter für Personalangelegenheiten kommt im Regelfall keine selbstständige Entscheidungskompetenz zu, da er letztendliche Entscheidungen nur vorbereitet (vgl. VG Freiburg 21.10.1958 – 60 PO 58 –). 10

Nach **Abs. 2 lit. b) Alt. 2.** sind auch die in § 8 Abs. 1 Satz 3 genannten sonstigen Beauftragten von der Wahl ausgeschlossen, falls sie nach einer Wahl die mit der Beauftragung eingeräumten Befugnisse weiter ausüben, da sie in einen Interessenkonflikt geraten können, wenn sie parallel, Personalratstätigkeiten ausüben (vgl. LT-Drucks. 14/4239, S. 89). Mit Blick auf § 9 WO-LPVG ist der Wahlvorstand bei der Prüfung der Wahlvorschläge gehalten, zu entscheiden, ob den Befugnissen nach der Wahl auch noch weiter nachgegangen wird. Dabei gilt aber der Umstand zu beachten, dass 11 sich nach § 8 Abs. 1 Satz 3 der neue Personalrat mit der Beauftragung überhaupt erst einverstanden erklären muss. Um also dem vorbenannten gesetzgeberischen Ziel gerecht zu werden, erscheint es vertretbar, dass der Wahlvorstand an dieser Stelle das Einverständnis des Personalrats unterstellt (so auch Lechtermann, ZfPR 2008, S. 113).

12 Beschäftigte, die am Wahltag seit mehr als sechs Monaten unter Wegfall der Bezüge beurlaubt sind, besitzen nach **Abs. 2 lit. c)** ebenfalls keine Wählbarkeit (vgl. hierzu entsprechend § 10 Rz. 25 f.).

13 Gleichsam der in Abs. 2 lit. b) 2. Alt. benannten Beschäftigten ist auch ein Interessenkonflikt bei Beschäftigten, die nach der Wahl **Aufgaben einer Gleichstellungsbeauftragten** der Dienststelle wahrnehmen, nicht auszuschließen (vgl. näher hierzu Bülow, § 16 LGG NRW Rn. 6 ff.), sodass auch sie sich nach **Abs. 2 lit. d)** nicht wählen lassen können (vgl. VGH Baden-Württemberg 20.01.2015 – PL 15 S 1102 –). Bei einer Kandidatur müssen sie sich also vorab entscheiden, welches Amt sie künftig ausüben möchten und dies dem Wahlvorstand spätestens am Wahltag mitteilen. Eine Inkompatibilität zwischen der Mitgliedschaft im Personalrat und der **Schwerbehindertenvertretung** besteht hingegen nicht (vgl. OVG NRW 24.07.2019 – 6 A 696/17). Das gilt auch für andere Personen wie z. B. **Anti-Korruptionsbeauftragte, Anti-Mobbingbeauftragte, Auszubildendenvertreter**, da sie gesetzlich nicht für den Ausschluss benannt sind. Insbesondere liegt für **Datenschutzbeauftragte** keine Unvereinbarkeit i.S.v. Art. 38 Abs. 6 Satz 2 DSGVO vor. Aus datenschutzrechtlicher Sicht und im Hinblick auf eine „neutrale" Amtswahrnehmung der anderen zuvor beispielhaft aufgeführten Personen, sollten diese sicherlich eine Verbindung ihrer speziellen Funktionen mit der eines Personalratsmitgliedes im eigenen Interesse möglichst vermeiden und deshalb von sich aus erst nicht zu einer Personalratswahl antreten. Rechtlich verhindert werden kann dies jedoch nicht; es sei denn, dass andere Ausschlusstatbestände i.S.d. Abs. 2 vorliegen. Die Wahrnehmung des Amtes des Datenschutzbeauftragten und der der Vorsitzenden Person des Personalratsgremiums ist im Übrigen inkompatibel (vgl. hierzu § 12 Rz. 12 m. w. N.). Zum Miteinander in der Dienstelle ansonsten auch **Bülow, Der praktische Fall – Die Interaktion zwischen den verschiedenen Interessenvertretungen**, DöD 2023, S. 182.

IV. Wahlausschluss für Mitglieder kommunaler Vertretungsorgane

15 <u>**Abs. 3:**</u> Arbeitnehmer der Gemeinden und der Gemeindeverbände, die dem in deren Verfassung vorgesehenen obersten Organ angehören sind, gleichfalls nicht wählbar. Mit der Novelle 2007 ist der „Arbeiterbegriff"

im LPVG NRW entfallen, sodass der Gesetzgeber in § 11 Abs. 3 wörtlich die Begrifflichkeit „Arbeitnehmer“ berücksichtigt hat. Tatsächlich gemeint hat er jedoch die „Arbeiter“, weil nur diese vom Kommunalwahlgesetz (§ 13 KWahlG) tangiert werden (vgl. LT-Drucks. 14/4239).

V. Rechtliche Auseinandersetzungen

Rechtliche Kontroversen über die Wählbarkeit können im Rahmen eines 16
personalvertretungsrechtlichen Beschlussverfahrens gem. § 79 Abs. 1 Nr. 1 i.V.m. Abs. 2 geklärt werden (vgl. hierzu auch BayVGH 19.04.2016 – 17 PC 16.531 –, das eine Verfahrensbeteiligung des Personalrats verneint). Wenn Fragen im Zusammenhang mit einem Wahlverfahren auftreten, so sind sie Gegenstand eines Wahlanfechtungsverfahrens gem. § 22 (vgl. § 22 Rz. 2 ff.). Im Übrigen siehe auch § 10 Rz. 30 entsprechend.

§ 12 (Erleichterung der Wählbarkeit)

Besteht die Körperschaft, Anstalt oder Stiftung oder in der Landesverwaltung die Dienststelle, der die oder der Beschäftigte angehört, weniger als sechs Monate, so bedarf es für die Wählbarkeit nicht der Voraussetzungen des § 11 Abs. 1.

Gliederung

I. Ausnahmeregelung für neue Dienststellen

Die Vorschrift stellt eine Ausnahme von der zwingenden Voraussetzung 1
der sechsmonatigen Dienststellenzugehörigkeit nach § 11 Abs. 1 dar. Der Gesetzgeber hat den besonderen Bedürfnissen der Beschäftigten bei **neu gebildeten Dienststellen** insoweit Rechnung getragen, sodass diese unabhängig von der Dauer ihrer Tätigkeit dort wahlberechtigt sind (vgl. LT-Drucks. 9/3091, S. 33). Im Zuge der **Novelle 2011** wurde die Vorschrift lediglich an die geschlechtergerechte Sprache angepasst und hat ansonsten keine inhaltlichen Änderungen erfahren (vgl. LT-Drucks. 15/1644, S. 76). Zur Wahl als solches wird im Übrigen auf die **gesonderte Kommentierung von Bülow zur WO-LPVG NRW** und auf Bülow, Die Personalratswahl in Nordrhein-Westfalen, DöD 2024, S. 27 ff. verwiesen.

2 Eine vergleichbare Vorschrift ist z. B. in § 8 Abs. BetrVG (Bestehen der Betriebe von weniger als sechs Monaten ...) enthalten.

3 Für die **Berechnung der Frist** nach § 12 ist als Stichtag auf den (ersten) Wahltag abzustellen (vgl. auch § 11 Rz. 4).

II. Rechtliche Auseinandersetzungen

4 Die Frage, ob die Voraussetzungen für die Erleichterung der Wählbarkeit nach § 12 bestehen, ist nach § 79 Abs. 1 Nr. 1 im personalvertretungsrechtlichen Beschlussverfahren vor dem Verwaltungsgericht zu klären.

§ 13 (Bildung von Personalräten, Mitgliederzahl)

(1) In allen Dienststellen mit in der Regel mindestens fünf wahlberechtigten Beschäftigten, von denen drei wählbar sind, werden Personalräte gebildet.

(2) Dienststellen des Landes, bei denen die Voraussetzungen des Absatzes 1 nicht gegeben sind, werden von der übergeordneten Dienststelle im Einvernehmen mit der Stufenvertretung einer benachbarten Dienststelle zugeteilt.

(3) Der Personalrat besteht in Dienststellen mit in der Regel

5	**bis**	**20**	**wahlberechtigten Beschäftigten aus einer Person,**
21	**bis**	**50**	**wahlberechtigten Beschäftigten aus drei Mitgliedern,**
51	**bis**	**150**	**Beschäftigten aus fünf Mitgliedern,**
151	**bis**	**300**	**Beschäftigten aus sieben Mitgliedern,**
301	**bis**	**600**	**Beschäftigten aus neun Mitgliedern,**
601	**bis**	**1000**	**Beschäftigten aus elf Mitgliedern.**

Die Zahl der Mitglieder erhöht sich in Dienststellen mit 1001 bis 5000 Beschäftigten um je zwei für je weitere angefangene 1000, mit 5001 und mehr Beschäftigten um je zwei für je weitere angefangene 2000.

(4) Die Höchstzahl der Mitglieder beträgt fünfundzwanzig.

Gliederung

I. Einleitende Bemerkungen

Die Vorschrift konkretisiert die in § 1 vorgegebene Bildung von Personalvertretungen. Eine vergleichbare Bestimmung ist in § 13 BPersVG und in den §§ 1, 4 Abs. 2 BetrVG zu finden. Zur **Zahlenermittlung durch den Wahlvorstand** siehe auch die Kommentierung von Bülow zu § 5 WO-LPVG NRW! Zur Wahl als solches siehe daneben Bülow, Die Personalratswahl in Nordrhein-Westfalen, DöD 2024, S. 27 ff. 1

II. Personalratsfähige Dienststellen

Abs. 1: In Dienststellen mit in der Regel mindestens fünf wahlberechtigten Beschäftigten (vgl. § 10), von denen mindestens drei wählbar sind (vgl. § 11), werden Personalräte gebildet. (vgl. insoweit die gesetzlich vorgesehenen Möglichkeiten nach den §§ 17 ff. und hierzu wiederum die **gesonderte Kommentierung von Bülow zur Wahlordnung** (WO-LPVG NRW)! 2

Es ist maßgeblich auf die Zahl der **in der Regel Beschäftigten** (zum Beschäftigtenbegriff vgl. § 5) abzustellen. Der Gesetzgeber will so sicherstellen, dass während der Amtszeit des Personalrates nicht nur ein vorübergehendes, sondern vielmehr ein weitergehendes Spiegelbild der Anzahl der Beschäftigten und der einzelnen in der Dienststelle vorhandenen Gruppen repräsentiert wird (vgl. BVerwG 19.12.2006 – 6 PB 12/06 – und OVG NRW 15.04.2003 – 1 A 3281/02.PVB –). Durch die Vorgabe wird verhindert, dass bloße zufällige oder nur kurzweilig eintretende Veränderungen der Beschäftigungszahl einen entscheidenden Einfluss auf die Personalratsfähigkeit der Dienststelle gewinnen können. 3

Für die **Feststellung der in der Regel Beschäftigten** gilt es die folgenden drei Schritte zu beachten:

Entscheidend dafür, wie viele von ihnen der Dienststelle angehörig sind, ist zunächst (1. Schritt) die Feststellung der Anzahl dieser Beschäftigten zum **Zeitpunkt des Wahlausschreibens** (vgl. § 6 WO-LPVG NRW i.V.m. §§ 2, 3 WO-LPVG NRW und im Kontext VG Berlin 03.09.2014 – 70 K 7.14.PVB). Im Tatsächlichen ist vom **Stellenplan bzw. der Stellenübersicht** auszugehen (vgl. BVerwG 03.07.2013 – 6 P 2.13 – und OVG NRW 15.01.2019 – 20 A 1787/17. VL –). Nach Auffassung des BVerwG sind Abweichungen vom Stellenplan, sei es nach oben oder nach unten, letztendlich in der Weise Rechnung zu tragen, dass der tatsächliche Beschäftigtenstand zugrunde gelegt wird, wie er während des überwiegenden Teils der Amtszeit des zu wählenden Personalrats mit aller Voraussicht nach bestehen und somit diese Amtszeit prägen wird. Danach kommt es nicht auf eine Durchschnittszahl für den vorbenannten Zeitraum an, sondern diejenige Zahl von Beschäftigten, die voraussichtlich über die Dauer des überwiegenden Teils der Amtszeit des Personalrates mindestens erreicht oder überschritten wird (vgl. BVerwG 03.07.1991 und 03.07.2013 jeweils a.a.O.). Dementsprechend ist die im ersten Schritt angestellte Regelvermutung für den Zeitpunkt des Wahlausschreibens nochmals zu hinterfragen (2. Schritt) und erforderlichenfalls zu korrigieren (3. Schritt), wenn sich im Rahmen einer Rück- und Vorschau Anhaltspunkte dafür ergeben, dass die Verhältnisse im überwiegenden Teil der Amtszeit des zu wählenden Personalrats von denjenigen im Zeitpunkt des Wahlausschreibens abweichen werden (vgl. BVerwG 27.05.2010 – 6 PB 2.10 –). Im Rahmen der vom Wahlvorstand im zweiten Schritt vorzunehmenden Überprüfung liegen zu berücksichtigende **absehbare zukünftige Veränderungen des Personalbestandes** nur vor, wenn sie für ihn offensichtlich sind, d.h., es muss sich für ihn eine Entwicklung abzeichnen, die eine „Verbindlichkeit beanspruchen darf" (vgl. BVerwG 22.12.2015 – 5 PB 19.15 – und OVG Berlin-Brandenburg 17.08.2017 – 60 PV 2.17 – zum Fall der Verschmelzung einer Dienststelle). Wenn das nicht der Fall ist, so verbleibt es bei der Feststellung zum Zeitpunkt des Wahlausschreibens.

3a **Beispiele:**

Die Zahl der Beschäftigten liegt bei 605 Personen. Das Wahlausschreiben wird am 06.06.2018 erlassen und ausgehängt. Letzter Wahltag ist der 31.07.2018.

a) Bis zum 06.06.2018 erfolgen zehn Personalaustritte (Tod, Pensionierung, Aufhebungsverträge etc.). Die Stellen werden aufgrund einer Haushaltssperre nicht nachbesetzt. Die Zahl der in der Regel Beschäftigten reduziert sich damit auf 595 Personen.
b) Bis zum 06.06.2018 werden zur Deckung eines erhöhten Personalbedarfs 15 Personen unbefristet neu eingestellt, sodass sich die Zahl der in der Regel Beschäftigten auf 620 Personen erhöht.
c) Am 06.06.2018 wird gegen einen Beschäftigten ein strafrechtliches Ermittlungsverfahren wegen Verdachts auf Arbeitszeitbetrug eingeleitet und dieser vom Dienst suspendiert. Im Späteren wird ihm rechtskräftig gekündigt. Die Zahl der in der Regel Beschäftigten reduziert sich nicht, da es sich um keine absehbare zukünftige Veränderung handelt.

4 Zum o.g. Regelbestand der Beschäftigten können sowohl Vollzeit- als auch **Teilzeitbeschäftigte** zählen. Entsprechendes gilt für Beschäftigte die als **ständige Springerkraft** zum Einsatz gelangen. Wenn einzelne (ständige) Beschäftigte nur vorübergehend, z.B. aufgrund von Krankheit oder Urlaub ausfallen, ist das unschädlich (vgl. auch BVerwG 05.05.1978 – 6 P 58.78 –).

Nicht zum Regelbestand der Beschäftigten zählen diejenigen, die nicht planmäßig und nicht ständig in der Dienststelle tätig sind, da ihre Zugehörigkeit nur vorübergehender Art ist. Dazu gehören z. B. **Saison- und Aushilfskräfte**, die kurzfristig zur **Urlaubs- oder Krankenvertretung** angestellt werden, da sie den Personalbestand nicht erhöhen, sondern lediglich auf der notwendigen Höhe halten (vgl. hierzu auch BVerwG 05.05.1978 – 6 P 58.78 – und im Kontext auch OVG NRW 18.11.1968 – CB 8/68 –). Entsprechendes gilt auch für Beschäftigte in **Altersteilzeit im Blockmodel**, wenn eine Nachbesetzung der Stelle nicht feststeht (vgl. hierzu BVerwG 19.12.2006 – 6 PB 12.06 – und entsprechend BAG 16.04.2003 – 7 ABR 53/0 – sowie ArbG Düsseldorf 10.07.2002 – 4 BV 37/02 – zum BetrVG). Bei einer Agentur für Arbeit oder einem anderen Träger i. S. d. § 6 Abs. 1 SGB II, z. B. einer kreisfreien Stadt oder einem Kreis sind bei der Ermittlung der Zahl der in der Regel Beschäftigten diejenigen außer Betracht zu lassen, denen **auf der Grundlage von § 44 g Abs. 1 Satz 1 SGB II Tätigkeiten bei einer gemeinsamen Einrichtung** zugewiesen sind (vgl. OVG NRW 13.06.2013 – 20 A 2811/12.PVB –). 5

Der Personalrat kann nur gebildet werden, wenn von den in der Regel mindestens fünf Wahlberechtigten auch **mindestens drei Beschäftigte wählbar** (vgl. § 11) sind. Wenn also die zuvor erörterte Mindestzahl gegeben ist, jedoch nur einer oder zwei von diesen Beschäftigten wählbar sind, ist die Dienststelle nicht personalratsfähig. 6

Wichtig! 7

Wenn die Voraussetzungen nach § 13 Abs. 1 vorliegen, besteht eine Pflicht zur Errichtung eines Personalrates. Der Dienststellenleiter muss also bei dem Zustandekommen der Personalratswahl mitwirken (vgl. § 18, Rz. 5). Wenn es letztendlich aber nicht zu einer Personalratsbildung kommt, so weist die Dienststelle keinen Personalrat auf!

Das **Absinken der Zahl der in der Regel Beschäftigten** während der Amtszeit des Personalrats unter die Personenzahl von fünf (Mindeststärke) hat zur Folge, dass der Personalrat automatisch wegfällt und die Sonderregelung des Abs. 2 eingreift (a. A. BAG 19.10.2022 7 ABR 27/21 zum Entfallen der Existenzberechtigung der Schwerbehindertenvertretung). Ein sonstiges Absinken oder Erhöhen der Personalstärke hat keine Auswirkungen auf seinen Bestand. Zum Absinken der Anzahl der Personalratsmitglieder und den Auswirkungen auf den Bestand des Personalrats siehe § 26 Rz. 6 ff.

III. Sonderregelung für Kleindienststellen

8 Abs. 2: Die Vorschrift gilt nur für Dienststellen des Landes mit weniger als 5 wahlberechtigten Beschäftigten, d.h. sog. „Kleindienststellen". Diese werden von der „**übergeordneten Dienststelle**" (vgl. den jeweiligen Verwaltungsaufbau) im Einvernehmen mit der Stufenvertretung einer benachbarten Dienststelle zugeteilt. Unter „**Einvernehmen**" ist die positive Befürwortung, d.h. Zustimmung der Stufenvertretung zu sehen; dies allerdings nicht i.S.d. der Mitbestimmung nach § 66.

IV. Gesetzliche Mitgliederzahl des Personalrats

9 Abs. 3: Der Gesetzgeber hat die letztendliche Personalratsstärke nach der Zahl der Beschäftigten in den Dienststellen (vgl. Rz. 3) gestaffelt. Diese Vorgaben sind zwingend. Abweichende Regelungen durch Tarifverträge oder Dienstvereinbarungen können nicht getroffen werden (vgl. auch § 4).

10 **Wichtig!**

Wenn nicht genug Wahlbewerber zur Verfügung stehen, um die gesetzliche Staffelung zu erfüllen, wird ein Personalrat mit einer geringeren Mitgliederzahl gebildet. Die Voraussetzung einer Neuwahl nach § 24 Abs. 1 lit. b) sind nicht gegeben, sodass ein solcher Personalrat auch die volle Amtszeit innehat!

V. Gesetzliche Höchstzahl der Mitglieder des Personalrats

11 Abs. 4: Der Gesetzgeber hat die Höchstzahl der Mitglieder des Personalrates auf 25 begrenzt. Diese Vorgabe ist zwingender Natur (vgl. Rz. 9).

VI. Rechtliche Auseinandersetzungen

12 Rechtliche Fragen über die Notwendigkeit der Errichtung eines Personalrats, die Ermittlung der für die Größe des Personalrats maßgebenden Zahl der Wahlberechtigten und über die „**Personalratsfähigkeit**" als solches sind nach § 79 Abs. 1 Nr. 2 vor dem Verwaltungsgericht zu klären.

13 Wenn ein Personalrat gewählt wurde und Streit darüber besteht, ob die Tatbestandsvoraussetzungen nach § 13 Abs. 1 im Hinblick auf die **Regelzahl der Wahlberechtigten und/oder wählbar Beschäftigten** besteht, ist gleich-

falls der Weg über das Verwaltungsgericht zu nehmen. Eine Klärung kann dort entweder im Rahmen einer Feststellung der Nichtigkeit der Wahl nach § 79 Abs. 1 Nr. 2 oder im Rahmen eines Wahlanfechtungsverfahrens nach § 22 herbeigeführt werden. Ein alleiniger Streit über die Mitgliederzahl des Personalrats kann nur im letztgenannten Verfahren entschieden werden.

§ 14 (Gruppenvertreter, Minderheitenschutz)

(1) Sind in der Dienststelle Angehörige verschiedener Gruppen beschäftigt, so muss jede Gruppe entsprechend ihrer Stärke im Personalrat vertreten sein, wenn dieser aus mindestens drei Mitgliedern besteht. Bei gleicher Stärke der Gruppen entscheidet das Los. Macht eine Gruppe von ihrem Recht, im Personalrat vertreten zu sein, keinen Gebrauch, so verliert sie ihren Anspruch auf Vertretung.

(2) Der Wahlvorstand berechnet die Verteilung der Sitze auf die Gruppen nach den Grundsätzen der Verhältniswahl.

(3) Eine Gruppe erhält mindestens

bei weniger als 51 Gruppenangehörigen ein Mitglied,

bei 51 bis 200 Gruppenangehörigen zwei Mitglieder,

bei 201 bis 600 Gruppenangehörigen drei Mitglieder,

bei 601 bis 1000 Gruppenangehörigen vier Mitglieder,

bei 1001 bis 3000 Gruppenangehörigen fünf Mitglieder,

bei 3001 und mehr Gruppenangehörigen sechs Mitglieder.

(4) Eine Gruppe, der in der Regel nicht mehr als fünf Beschäftigte angehören, erhält nur dann eine Vertretung, wenn sie mindestens ein Zwanzigstel der Beschäftigten der Dienststelle umfasst. Erhält sie keine Vertretung, und findet Gruppenwahl statt, so kann sich jede oder jeder Angehörige dieser Gruppe durch Erklärung gegenüber dem Wahlvorstand einer Gruppe anschließen.

(5) Der Personalrat soll sich aus Mitgliedern der verschiedenen Beschäftigungsarten zusammensetzen.

(6) Frauen und Männer sollen ihrem zahlenmäßigen Anteil in der Dienststelle entsprechend vertreten sein.

Gliederung

I. Einleitende Bemerkungen

1 Das LPVG NRW ist vom **Gruppenprinzip** beherrscht (vgl. BVerwG 01.08.1958 – VII P 21.57 –). Es unterteilt die Gesamtheit der Beschäftigten einer Dienststelle in die Gruppen der „Beamte" und „Arbeitnehmer" (vgl. § 6). In der vorliegenden Vorschrift sind die Vertretung dieser beiden Gruppen im Personalrat und eine anteilige Repräsentation der Geschlechter geregelt. Zur Wahl unter Berücksichtigung des Gruppenprinzipes wird auch auf die **gesonderte Kommentierung von Bülow zur WO-LPVG NRW** und auf Bülow, Die Personalratswahl in Nordrhein-Westfalen, DöD 2024, S. 27 ff. verwiesen!

II. Zusammensetzung des Personalrats nach Gruppen

2 **Abs. 1:** Wenn der Personalrat aus mindestens drei Mitgliedern besteht (vgl. auch § 13 Abs. 1, Rz. 6), muss nach **Abs. 1 Satz 1** jede Gruppe entsprechend ihrer Stärke im Personalrat vertreten sein. Zur Zusammensetzung der einzelnen Gruppen vgl. § 6 i. V. m. § 5 Abs. 2 und 3 WO-LPVG NRW (vgl. auch Bülow, § 5 WO-LPVG NRW, Rz. 8 ff.).

3 Für den Fall, dass die vorbenannten Voraussetzungen vorliegen, aber aufgrund des Vorhandenseins von gleichstarken Gruppen letztendlich eine vollständige Aufteilung der Sitze nicht möglich ist, hat der Gesetzgeber nach **Abs. 1 Satz 2** eine **Entscheidung durch das Los** vorgesehen (vgl. hierzu auch Bülow, § 5 WO-LPVG NRW, Rz. 18).

> **Beispiel:**
>
> Wenn die Dienststelle 48 Beschäftigte aufweist (24 Beamte und 24 Arbeitnehmer) und der Personalrat aus drei Mitgliedern besteht, dann bestimmt das Los, welche Gruppe zwei Vertreter in den Personalrat entsenden darf.

4 Wie die **Durchführung des Losverfahrens** zu erfolgen hat, gibt der Gesetzgeber nicht vor. Nach der Rechtsprechung kann hierbei auf jede geeignete Verfahrensweise zurückgegriffen werden, die den Zufall nicht beein-

trächtigt und jedem Bewerber gleiche Chancen zur Verfügung stellt (vgl. BVerwG 15.05.1991 – 6 P 15.89 –). Das OVG NRW hält allerdings nicht jede Art des Losverfahrens für angemessen, sondern nur das Verfahren, wie es auch im Bundes- und Landeswahlrecht vorgesehen ist, bei dem verdeckt gekennzeichnete oder in Briefumschlägen verschlossene Zettel gezogen werden (vgl. OVG NRW 06.07.1987 – CB 30/85 –; a. A.; BVerwG 15.05.1991 – 6 P 15.89 –, das auch andere Formen des Losverfahrens für zulässig ansieht und OVG Niedersachsen 09.05.1980 – P OVG B 23/79 –, das sogar ein Losentscheid durch Münzwurf anerkennt).

Mit der Regelung in **Abs. 1 Satz 3** hat der Gesetzgeber die Möglichkeit einer 5
Verwirkung des Anspruchs einer Gruppe auf Vertretung im Personalrat geregelt, wenn diese sich nicht an der Personalratswahl beteiligt, d. h. keine eigenen gültigen Wahlvorschläge einreicht (vgl. § 10 WO-LPVG NRW).

Wichtig! 6

Wenn eine Gruppe keinen Wahlbewerber aufstellen kann oder einer Gruppe kein Beschäftigter i. S. d. § 14 Abs. 1 Satz 1 angehört, besteht nach § 15 Abs. 2 Satz 1 für jede Gruppe auch die Möglichkeit, Angehörige anderer Gruppen vorzuschlagen (vgl. § 15 Rz. 8 f.)!

Eine Gruppe kann auch ausdrücklich auf die Vertretung im Personalrat 7
verzichten. Dabei gilt zu beachten, dass ein derart ausdrücklich erklärter **Verzicht** aber nicht von einzelnen Gruppenangehörigen, sondern nur von der Gesamtheit aller Gruppenangehörigen beschlossen werden kann. Der Beschluss und die Verzichtserklärung sollten aus Gründen der Dokumentation und des Nachweises schriftlich niedergelegt werden.

Wenn eine Gruppe ihren Vertretungsanspruch verliert, ist das für die Zahl 8
der zu wählenden Personalratsmitglieder ohne Belang. Der Verlust führt in diesem Fall nicht zur Verringerung der Sitzzahl im Personalrat, sondern nur dazu, dass die nach § 13 Abs. 3 ausgemachten Sitze auf die übrige/n Gruppe/n verhältnismäßig verteilt werden (vgl. BVerwG 23.10.1970 – 7 P 3.70 –).

III. Verteilung der Personalratssitze auf die Gruppen

Abs. 2: Für die Verteilung der Personalratssitze auf die Gruppen sind die 9
Grundsätze der „**Verhältniswahl**" maßgebend. Die Berechnung erfolgt nach dem sog. d'Hondtschen Höchstzahlenverfahren (vgl. § 5 WO-LPVG NRW).

1. Schritt: Dabei ist zunächst auf die Zahl der Gruppenangehörigen abzustellen, d.h. auf die Zahl der am Erlasstag des Wahlausschreibens in der

Regel (vgl. § 13, Rz. 2) beschäftigten Gruppenangehörigen (vgl. OVG Berlin-Brandenburg 21.08.2014 – 6.2 PV 10.13 –).

2. Schritt: Die sich dabei ergebenden Zahlen der Beamten und der Arbeitnehmer werden dann in einem weiteren Schritt nebeneinandergestellt und sodann nacheinander durch die natürlichen Zahlen 1, 2, 3 usw. geteilt.

3. Schritt: Auf die dabei erhaltenen Bruchzahlen, d.h. sog. „Höchstzahlen", wird dann so lange ein Sitz zugeteilt, bis letztendlich alle errechneten Personalratssitze (vgl. § 13, Rz. 11) vergeben sind. Jede Gruppe erhält damit so viele Sitze, wie Höchstzahlen auf sie entfallen.

4. Schritt: Wenn bei gleichen Höchstzahlen nur noch ein Sitz oder bei drei gleichen Höchstzahlen nur noch zwei Sitze zu verteilen sind, entscheidet das Los (vgl. § 5 Abs. 2 WO-LPVG NRW).

10 **Beispiel:**

Eine Dienststelle weist insgesamt 290 Beschäftigte auf (99 Beamte und 191 Arbeitnehmer). Der Personalrat besteht aus sieben Mitgliedern. Damit ergeben sich die folgenden Höchstzahlen:

Divisor	Beamte	Arbeitnehmer
: 1	99 (HZ)	191 (HZ)
: 2	49 1/2 (HZ)	95 1/2 (HZ)
: 3	33	63 3/5 (HZ)
: 4	24 3/4	47 3/4 (HZ)
: 5	19 4/5	38 1/5 (HZ)
: 6	16 1/2	31 83/100

Höchstzahlen (HZ)

191, 99, 95 1/2, 63 3/5, 49 1/2, 47 3/4 und 38 1/5

Im Ergebnis entfallen zwei Höchstzahlen auf die Beamten und fünf Höchstzahlen auf die Arbeitnehmer. Demzufolge werden der Beamtengruppe 2 Sitze und der Arbeitnehmergruppe 5 Sitze im Personalrat zuteil.

IV. Minderheitenschutz

11 **Abs. 3:** Die Anwendung des d'Hondtschen Höchstzahlenverfahrens nach Abs. 2 kann speziell bei größeren Unterschieden in der Zahl der Gruppenangehörigen eine Ausgrenzung vorhandener „Minderheitsgruppen" zur Folge haben. Das würde im Ergebnis aber eine Verletzung des Gruppenprinzips mit sich bringen, sodass der Gesetzgeber in Abs. 3 eine **Mindestvertretung im Personalrat** vorgesehen hat, die nach der Zahl der Gruppenangehörigen gestaffelt ist. Wenn also bei der Verteilung der Sitze nach Abs. 2 auf eine Gruppe weniger Sitze entfallen, als ihr nach Abs. 3 mindestens zustehen, erhält sie die in Abs. 3 vorgeschriebene (Mindest-)Zahl von Sitzen. Die Zahl der Sitze der übrigen Gruppen vermindert sich ent-

sprechend. **1. Schritt:** Dabei werden die jeweils zuletzt zugeteilten Sitze zuerst gekürzt. **2. Schritt:** Wenn bei gleichen Höchstzahlen nur noch ein Sitz zu kürzen ist, entscheidet das Los, welche Gruppe den Sitz abzugeben hat (vgl. hierzu Bülow, § 5 WO-LPVG NRW, Rz. 11).

Beispiel: 12

Eine Dienststelle weist insgesamt 132 Beschäftigte auf (116 Beamte und 16 Arbeitnehmer). Der Personalrat besteht aus fünf Mitgliedern. Damit ergeben sich die folgenden Höchstzahlen:

Divisor	Beamte	Arbeitnehmer
: 1	116 (HZ)	16
: 2	58 (HZ)	8
: 3	38 3/5 (HZ)	5 3/10
: 4	29 (HZ)	4
: 5	23 1/5 (HZ)	3 1/5

Höchstzahlen (HZ)

116, 58, 38 3/5, 29, 23 1/5, 19 3/10

Im Ergebnis würde damit die Gruppe der Beamten alle fünf Sitze im Personalrat erhalten, sodass die Gruppe der Arbeitnehmer dort gar nicht vertreten wäre. Dementsprechend wird den Beamten ein Sitz gestrichen und den Arbeitnehmern als Minderheitsgruppe zugesprochen (vgl. § 5 Abs. 3 Satz 2 und 3 WO-LPVG NRW).

V. Einschränkung des Mindestvertretungsschutzes

13 **Abs. 4: Die Vorschrift stellt eine Einschränkung der nach Abs. 3 vorgesehenen Mindestvertretung dar**. Eine Gruppe, der „in der Regel" (vgl. § 13; Rz. 3) nicht mehr als fünf Beschäftigte angehören (sog. Kleinstgruppe) erhält nach **Abs. 4 Satz 1** aufgrund ihrer geringen Gruppenstärke nur dann eine Vertretung, wenn sie mindestens 1/20 der Beschäftigten der Dienststelle (vgl. § 13, Rz. 6) umfasst. Wenn solche Kleinstgruppen die Voraussetzung nach Abs. 4 Satz 1 nicht aufweisen, erhalten sie gar keine Vertretung. Nach **Abs. 4 Satz 2** kann sich aber jeder Angehörige dieser Gruppe durch Erklärung gegenüber dem Wahlvorstand einer anderen Gruppe (einzeln oder in der Gesamtheit) anschließen. Er wird dann bei dieser Gruppe wahlberechtigt und auch wählbar. Bei der letztendlichen Sitzverteilung dieser Gruppe ist er dann aber nicht mit einzubeziehen (str.: bejahend Cecior u. a. § 14 Rn. 18 mit Verweis auf BVerwG 10.05.1982 – 6 P 40.80 –; a. A. Havers/Giesen, § 14 Rn. 14). Zur streitigen Frage, ob Kleinstgruppenangehörige i.S.d. Abs. 4 Satz 2 sich nur einer Gruppe anschließen können, die selbst auch vertretungsberechtigt ist, vgl. bejahend OVG NRW 25.10.1976 – B CL 11/76 –; a. A.: Cecior u. a. § 14 Rn. 20 mit überzeugenden Gegenargumenten.

14 Die Erklärung des Anschlusses kann erfolgen, wenn ein Wahlvorstand besteht. Das Gesetz macht zwar keine Formvorgaben, aus Gründen der

Dokumentation und Beweissicherung sollte die Erklärung dennoch schriftlich erfolgen.

VI. Berücksichtigung der Beschäftigungsarten

15 Abs. 5: Der Personalrat repräsentiert grundsätzlich die Gesamtinteressen der Beschäftigten. Demzufolge soll er sich auch aus **„Mitgliedern der verschiedenen Beschäftigungsarten“** zusammensetzen. Letztere sind nicht mit Gruppen im personalvertretungsrechtlichen Sinne zu verwechseln. Mit Blick auf die ausgewogene Repräsentanz und den dabei größtmöglich zu versammelnden Sachverstand im Personalrat ist an dieser Stelle also auf die tatsächlich ausgeübte Funktion des einzelnen Beschäftigten abzustellen (z. B. Innen- und Außendienst; Verwaltungs- und Betriebsdienst etc.). Aus der Vorschrift erwächst allerdings **keine zwingende Einhaltung** („soll“), sondern nur eine **Empfehlung an den Wahlvorstand.** Eine Verletzung stellt also keine Verstoß gegen wesentliche Vorschriften des Wahlverfahrens und somit keinen Grund für eine Wahlanfechtung nach § 22 dar.

VII. Repräsentation der Geschlechter

16 Abs. 6: Diese (Soll-)Vorschrift trägt dem Gleichberechtigungsgrundsatz nach Art. 3 Abs. 2 GG entsprechend Rechnung. Eine Verletzung stellt also keinen Verstoß gegen wesentliche Vorschriften des Wahlverfahrens und somit keinen Grund für eine Wahlanfechtung nach § 22 dar.

VIII. Rechtliche Auseinandersetzungen

17 Meinungsverschiedenheiten über die Verteilung der Personalratssitze auf die jeweiligen Gruppen können, wenn nicht (schon) eine Berichtigung des Wahlergebnisses ausreicht, in einem personalvertretungsrechtlichen Beschlussverfahren vor dem Verwaltungsgericht nach § 79 Abs. 1 Nr. 2 geklärt werden. Bei erfolgter Wahl kann auf diesem Verfahrenswege auch eine Wahlanfechtung nach § 22 betrieben werden. Soweit vorab bereits ein o. g. Beschlussverfahren eingeleitet worden ist, wird dieses dann als Wahlanfechtungsverfahren fortgesetzt. Siehe zum Ganzen auch Bülow, § 5 WO-LPVG NRW, Rz. 19 ff. m. w. N.

§ 15 (Abweichende Sitzverteilung)

(1) Die Verteilung der Mitglieder des Personalrats auf die Gruppen kann abweichend von § 14 geordnet werden, wenn jede Gruppe dies vor der Neuwahl in getrennter geheimer Abstimmung beschließt.

(2) Für jede Gruppe können auch Angehörige anderer Gruppen vorgeschlagen werden. Die Gewählten sind Mitglieder derjenigen Gruppe, für die sie vorgeschlagen worden sind.

Gliederung

I. Einleitende Bemerkung

Zur ordnungsgemäßen Durchführung der Wahl siehe neben den folgenden Ausführungen auch die **gesonderte Kommentierung von Bülow zur WO-LPVG NRW** – zu Vorabstimmungen dort speziell § 4 WO-LPVG NRW Rz. 2 ff. – und zusammenfassend **Bülow, Die Personalratswahl in Nordrhein-Westfalen**, DöD 2024, S. 27 ff. und zum BPersVG **Bülow, Die Vorbereitung und Durchführung der Personalratswahl**, ZTR 2020, 3 ff. 1

Siehe ferner auch **Bülow, Vorabstimmungen – Die Weichen werden vor der Wahl gestellt**, PersV 2019, S. 316 ff.

I. Abweichende Sitzverteilung im Personalrat

__Abs. 1:__ Die Vorschrift eröffnet die Möglichkeit, dass die Beschäftigten der Dienststelle, abweichend von § 14, die Sitzverteilung im Personalrat verändern können. Das setzt jedoch voraus, dass jede Gruppe dies durch förmliche Beschlüsse im Rahmen einer geheimen **Vorabstimmung** entsprechend mehrheitlich beschließt. Damit hat der Gesetzgeber eine von § 14 abweichende Sitzverteilung zugelassen, die im Ergebnis allerdings nicht zu einer Änderung der Gesamtzahl der Personalratssitze führen darf (vgl. § 13). Nach herrschender Meinung ist hierfür ein **übereinstimmender förmlicher Beschluss aller in der Dienststelle vertretenen Gruppen** erforderlich (h. M.; vgl. hierzu Cecior u. a. § 15 Rn. 5 m. w. N.). Stimmberechtigt sind dabei nicht nur die wahlberechtigten Gruppenangehörigen, sondern alle Beschäftigten, die zu einer Gruppe gehören (vgl. Reinartz, § 15 Anm. 1). Die 2

Vorabstimmungsinitiative kann von jedem Beschäftigten in der Dienststelle und dabei auch von Mitgliedern des noch amtierenden Personalrats, von Wahlbewerbern (§ 8 WO-LPVG NRW) sowie vom Wahlvorstand selbst ausgehen. Den in der Dienststelle vertretenen Gewerkschaften steht nach Maßgabe der §§ 17 Abs. 2 Satz 1, 18 und 19 LPVG NRW nur ein Initiativrecht für die Personalratswahl, nicht aber für die Vorabstimmungen zu. (str.: so letztendlich wohl auch BVerwG 21.07.1980 – 6 P 13.80VGH – und Cecior u.a., § 15 LPVG NRW Rn. 6, wonach jeweils durchweg auf Beschäftigte abgestellt wird; a.A. Altvater u.a., § 4 Rn. 7 m.w.N.). Für die Durchführung der Vorabstimmungen ist nicht der Wahlvorstand, sondern ein gesonderter **Abstimmungsvorstand** zuständig. Der Wahlvorstand kann die Aufgaben des Abstimmungsvorstands aber übernehmen (so OVG Rheinland-Pfalz 07.01.1961 – 4 A 1/60 –). Er ist dazu aber nicht verpflichtet. Die **Ergebnisse der Vorabstimmungen werden nur berücksichtigt**, wenn sie dem Wahlvorstand nach § 4 WO-LPVG NRW glaubhaft gemacht werden (vgl. hierzu ausführlich Bülow, § 4 WO-LPVG NRW, Rz. 25 ff.). **Werden Sitzverteilungen i.S.d. vorliegenden Vorschrift vorgenommen, ohne, dass vorab eine wirksame Vorabstimmung stattgefunden hat, so ist die Wahl ungültig** (vgl. entsprechend VG München 03.05.2022 – M 20 P 21.3987 –)!

3 **Wichtig!**

Da die Vorabstimmung nach § 15 Abs. 1 der Durchführung der Personalratswahl dient handelt es sich um Wahlkosten, die die Dienststelle nach § 21 Abs. 2 Satz 1 tragen muss (vgl. auch § 21 Rz. 14)! Dementsprechend sind die an Vorabstimmungen teilnehmenden Personen auch nach § 21 Abs. 2 Satz 3 vor finanziellen Nachteilen geschützt (vgl. auch § 21 Rz. 20).

III. Möglichkeit gruppenübergreifender Wahlvorschläge

4 Abs. 2: Die Vorschrift ist unabhängig von Abs. 1. Sie eröffnet die Möglichkeit, dass für jede Gruppe auch **Angehörige der anderen Gruppe** vorgeschlagen werden können. **„Vorschlagen“** bedeutet hier, dass sie in einen entsprechenden Wahlvorschlag aufgenommen werden.

5 **Wichtig!**

Da ein Beschäftigter nach § 16 Abs. 8 (vgl. § 16 Rz. 24) nur auf einem Wahlvorschlag benannt werden darf, wäre es unzulässig, dass ein gruppenfremder Wahlbewerber sowohl auf einem Wahlvorschlag seiner eigenen Gruppe als auch dem einer anderen Gruppe benannt wird!

Die vorbenannte Kandidatur gruppenfremder Vertreter muss noch vor der Wahl eingeleitet werden (vgl. BVerwG 30.10.1958 – VII P 12.57 –). 6

Eine auf einen gruppenübergreifenden Wahlvorschlag nach Abs. 2 hin erfolgte Wahl hat zur Folge, dass ein gruppenfremder Kandidat als Personalratsmitglied derjenigen Gruppe gilt, für die er vorgeschlagen worden ist. 7

Beispiel: 8

Ein Beamter wird nach seinem Eintritt in den Ruhestand im Rahmen eines Arbeitnehmerverhältnisses weiterbeschäftigt. Auch wenn er von der Gruppe der Beamten gewählt wird, bleibt er dienst- bzw. arbeitsrechtlich weiterhin Arbeitnehmer. Er gilt aber in seiner Eigenschaft als gewähltes Personalratsmitglied als Beamter (z. B. bei Gruppenabstimmungen nach § 34 Abs. 2 oder bei einem Aussetzungsantrag nach § 35 Abs. 1).

IV. Rechtliche Auseinandersetzungen

Bei Meinungsverschiedenheiten über die **Fehlerhaftigkeit von Vorabstimmungen nach § 15 Abs. 1** ist der Weg über das Verwaltungsgericht zu nehmen (§ 79 Abs. 1 Nr. 2). Eine gerichtliche Überprüfung kann schon vor der Durchführung der Wahl erfolgen. Wenn eine rechtskräftige Entscheidung allerdings – was wohl die Regel sein dürfte – noch nicht vor der Wahl ergangen ist, muss im Weiteren eine Verfahrensüberleitung in ein Wahlanfechtungsverfahren nach § 22 unter Beachtung der dort vorgegebenen Zwei-Wochen-Ausschlussfrist erfolgen (vgl. BVerwG 11.05.1962 – VII P 6.61 –). 9

Verstöße gegen § 15 Abs. 2 können die Ungültigkeit der Wahl nach sich ziehen und sind von daher ebenfalls im Anfechtungsverfahren geltend zu machen. 10

§ 16 (Grundsätze der Personalratswahl)

(1) Der Personalrat wird in geheimer und unmittelbarer Wahl gewählt.

(2) Besteht der Personalrat aus mehr als einer Person, wählt jede Gruppe ihre Mitglieder (§ 14) je in getrennten Wahlgängen, es sei denn, dass die wahlberechtigten Angehörigen jeder Gruppe vor der Neuwahl in getrennten geheimen Abstimmungen die gemeinsame Wahl beschließen. Der Beschluss bedarf der Mehrheit der Stimmen aller wahlberechtigten Beschäftigten jeder Gruppe.

(3) Die Wahl wird nach den Grundsätzen der Verhältniswahl durchgeführt. Wird nur ein Wahlvorschlag eingereicht, so findet Personenwahl statt. In

Dienststellen, deren Personalrat aus einer Person besteht, wird dieser mit einfacher Stimmenmehrheit gewählt. Das Gleiche gilt für Gruppen, denen nur ein Mitglied im Personalrat zusteht.

(4) Zur Wahl des Personalrats können die wahlberechtigten Beschäftigten und die in der Dienststelle vertretenen Gewerkschaften Wahlvorschläge machen. Die nach § 11 Abs. 2 nicht wählbaren Beschäftigten dürfen keine Wahlvorschläge machen oder unterzeichnen. Die oder der Beschäftigte darf nur einen Wahlvorschlag unterzeichnen.

(5) Bei einer Wahl in getrennten Wahlgängen muss jeder Wahlvorschlag der Beschäftigten von mindestens einem Zwanzigstel der wahlberechtigten Gruppenangehörigen, jedoch von mindestens drei wahlberechtigten Gruppenangehörigen, unterzeichnet sein; in jedem Fall genügt die Unterzeichnung durch 100 wahlberechtigte Gruppenangehörige.

(6) Bei gemeinsamer Wahl muss jeder Wahlvorschlag der Beschäftigten von mindestens einem Zwanzigstel der wahlberechtigten Beschäftigten, jedoch von mindestens drei wahlberechtigten Beschäftigten, unterzeichnet sein; in jedem Fall genügt die Unterzeichnung durch 100 wahlberechtigte Beschäftigte. Werden bei gemeinsamer Wahl für eine Gruppe gruppenfremde Bewerberinnen und Bewerber vorgeschlagen, muss der Wahlvorschlag von mindestens einem Zwanzigstel der wahlberechtigten Angehörigen dieser Gruppe unterzeichnet sein.

(7) Jeder Wahlvorschlag einer Gewerkschaft muss von einer von ihr beauftragten Person unterzeichnet sein.

(8) Die oder der Beschäftigte darf nur auf einem Wahlvorschlag benannt werden.

Gliederung

I. Einleitende Bemerkungen

1 Die Vorschrift regelt das Verfahren zur Wahl des Personalrats. Siehe hierzu auch die **gesonderte Kommentierung von Bülow zur WO-LPVG NRW** und zusammenfassend **Bülow, Die Personalratswahl in Nordrhein-Westfalen**, DöD 2024, S. 27 ff. und zum BPersVG **Bülow, Die Vorbereitung und Durchführung der Personalratswahl**, ZTR 2020, 3ff. **Bülow, Die Personalratswahl in Nordrhein-Westfalen**, DöD 2024, S. 27 ff.

II. Grundsatz der geheimen und unmittelbaren Wahl

Abs. 1: Es gilt der Grundsatz, dass der Personalrat in **„geheimer und unmittelbarer Wahl gewählt"** wird. Als demokratische Wahl gilt dabei gleichsam der Grundsatz der **Wahlfreiheit,** der **Allgemeinheit** der Wahl und der **Gleichheit** der Wahl. 2

Die Wahl ist **„geheim"**, wenn die Stimmabgabe der Beschäftigten so erfolgt, dass nicht festgestellt werden kann, welches Votum der Einzelne abgegeben hat. Das Wahlgeheimnis dient dabei der Sicherung der freien unbeeinflussten Wahl (vgl. OVG NRW 07.08.1998 – 1 A 777/97.PVL –). Um eine freie und unbeeinflusste Wahl zu sichern, müssen vor allem ausreichende Sicherungsvorkehrungen gegen die Beobachtung durch dritte Personen beim Wahlvorgang, d.h. der Stimmabgabe, getroffen werden (vgl. OVG Berlin-Brandenburg 23.08.2018 – OVG 60 PV 11.17 –, OVG NRW 27.09.2000 – 1 A 1541/99.PVB – und entsprechend BAG 21.03.2018 – 7 ABR 29/16 – zur Betriebsratswahl). Der Wahlvorstand hat also zu gewährleisten, dass der Wähler den Stimmzettel im Wahlraum unbeobachtet (Sichtschutz, Wahlkabine) kennzeichnen und in den Wahlumschlag legen kann (vgl. auch § 15 Abs. 1 Satz 1 WO-LPVG NRW). Der Grundsatz der geheimen Wahl ist Teil der Wahlfreiheit (vgl. Rn. 6) und steht deshalb nicht zur Disposition des Wählers (vgl. BAG 21.03.2018 – 7 ABR 29/16 –). Eine von diesem selbst herbeigeführte bzw. geduldete Beobachtung seiner Stimmabgabe lässt also einen Verstoß i.S.d. § 22 nicht entfallen (ebenso Cecior § 16 Rn. 5; a.A. LAG Rheinland-Pfalz 26.02.2016 – 1 TaBV 24/15 – zur Wahl der Schwerbehindertenvertretung). Die Ausgabe und Beschriftung von Stimmzetteln außerhalb des Wahlraumes ist unzulässig (vgl. hierzu auch OVG NRW 31.03.2006 – 1 A 5195/04.PVL –). Die mit § 16 WO-LPVG NRW eingeräumte Möglichkeit der **„Briefwahl"** ist mit dem Grundsatz der geheimen Wahl vereinbar (so OVG NRW 06.08.1962 – CB 10/62 – und entsprechend BAG 21.03.2018 – 7 ABR 29/16 – zur Wahl der Schwerbehindertenvertretung). Zur **„Gestaltung eines Nebenzimmers zum Wahlraum"** vgl. OVG NRW 14.09.1977 – CB 23/77 –. 3

Der Wahlrechtsgrundsatz der **„Unmittelbarkeit"** zielt darauf ab, dass die Wahl ohne die Zwischenschaltung von Wahlmännern stattfindet. Dieser Grundsatz ist gewahrt, wenn das Wahlverfahren so geregelt ist, dass jede abgegebene Stimme bestimmten oder bestimmbaren Wahlbewerbern zugerechnet wird, ohne dass nach der Stimmabgabe noch eine Zwischeninstanz nach ihrem Ermessen die Personalratsmitglieder final auswählt (vgl. BVerfG 03.07.1957 – 2 BvR 9/56 –). 4

Die WO-LPVG NRW geht vom **Grundsatz der persönlichen Stimmabgabe** aus (vgl. § 15 Abs. 1 Satz 1 WO-LPVG NRW). Dabei handelt es sich nicht 5 um einen Unterfall des Begriffs der „unmittelbaren Wahl", sondern lediglich um eine Ausprägung des auf Bundes- und Länderebene geregelten Wahlrechts (vgl. § 14 Abs. 4 BWG und § 26 Abs. 4 Satz 1 LWahlG NW). Für Wähler, die durch körperliche Gebrechen in der Stimmabgabe behindert sind, gelten Ausnahmen (vgl. § 15 Abs. 1 Satz 2 ff. WO-LPVG NRW).

6 Der Grundsatz der **„Wahlfreiheit"** gilt auch ohne Benennung im LPVG NRW für Personalratswahlen (vgl. OVG NRW 06.08.1962 – CB 10/62 –). Er sichert vor unzulässiger Einflussnahme (Wahlbeteiligungsfreiheit: „OB" und Wahlentscheidungsfreiheit: „WIE", vgl. auch Rz. 3).

7 Die Grundsätze der **„Allgemeinheit der Wahl"** und der **„Gleichheit der Wahl"** gelten ebenfalls für Personalratswahlen (vgl. BVerfG 23.03.1982 – 2 BvL 1/81 –). Im Rahmen der legitimen Vorgaben des § 10 steht das Wahlrecht grundsätzlich allen Beschäftigten der Dienststelle zu, wobei jede Stimme gleichviel zählt.

III. Besonderheiten bei einer mehrköpfigen Personalratswahl

8 **Abs. 2:** Wenn der Personalrat aus mehr als einer Person besteht, wählt nach **Abs. 2 Satz 1** jede Gruppe (§ 6) ihre Mitglieder (§ 14) **„in getrennten Wahlgängen"**, es sei denn, dass die wahlberechtigten Angehörigen jeder Gruppe vor der Neuwahl in getrennten geheimen Abstimmungen (sog. Vorabstimmungen) die **„gemeinsame Wahl"** beschließen (Abs. 2 Satz 1 Halbsatz 2). Siehe hierzu auch Bülow, § 4 WO-LPVG NRW, Rz. 1 ff. und **Bülow, Vorabstimmungen – Die Weichen sind vor der Wahl zu stellen**, PersV 2019, S. 316 ff.

9 Bei der Gruppenwahl wählen die Beamten, Arbeitnehmer und ihre Vertreter (vgl. § 14 Rz. 9 ff.) nur die Vertreter ihrer Gruppe. Bei der gemeinsamen Wahl hingegen wählen alle Wahlberechtigten sämtliche Mitglieder des Personalrats ohne Rücksicht auf deren Gruppenzugehörigkeit. Beide Wahlen sind damit für sich gesehen rechtlich selbstständig. Dementsprechend sind nach § 15 Abs. 1 Satz 6 Halbsatz 2 bei einer Gruppenwahl auch getrennte Wahlurnen zu verwenden (zur gleichen Beschaffenheit der Stimmzettel und Wahlumschläge vgl. § 14 Abs. 1 Satz 2 und 3 WO-LPVG NRW).

10 Nach **Abs. 2 Satz 2** bedarf der (Vorabstimmungs-)Beschluss zur Durchführung einer Gemeinschaftswahl i.S.d. Abs. 1 Halbsatz 2 der **„Mehrheit der Stimmen aller Wahlberechtigten jeder Gruppe"**.

11 **Beispiel:**

Wenn einer Dienststelle 360 Beamte und 140 Arbeitnehmer angehören müssen also wenigstens 181 Beamte und 58 Arbeitnehmer für die Durchführung einer Gemeinschaftswahl gestimmt haben.

Die **Ergebnisse der Vorabstimmung** sind vom Wahlvorstand nur zu berücksichtigen, wenn sie ihm innerhalb einer Woche nach der Bekanntgabe seiner Mitglieder vorliegen und ihm glaubhaft gemacht wird, dass sie unter Leitung eines aus mindestens drei wahlberechtigten Beschäftigten bestehenden Abstimmungsvorstand in geheimer und nach Gruppen getrennten Abstimmungen zustande gekommen sind (§ 4 Abs. 1 Satz 1 WO-LPVG NRW). Die **Genehmigung der Gemeinschaftswahl** durch das Nachholen der Abstimmung im Späteren ist damit ausgeschlossen. In einem solchen Fall liegt ein wesentlicher Verfahrensfehler i. S. d. § 22 vor, der die Möglichkeit der Anfechtung eröffnet (vgl. auch Altvater u. a. § 19 Rn. 19). 12

IV. Verhältnis- und Personenwahl

Abs. 3: Wenn bei einer gemeinsamen Wahl mehrere gültige Wahlvorschläge eingegangen sind, ist gem. **Abs. 3 Satz 1** nach den Grundsätzen der „**Verhältniswahl**" (Listenwahl) zu wählen (§ 23 Abs. 1 lit. b) WO-LPVG NRW). Zu den **Verfahrensregeln und der Berechnung nach dem sog. d'Hondtschen Höchstzahlenverfahren** vgl. § 14 Rz. 9. Weiterhin sind bei einer gemeinsamen Wahl in formeller Hinsicht noch die besonderen Angaben auf dem Stimmzettel nach § 23 Abs. 2 WO-LPVG NRW zu beachten. Wenn eine Vorschlagsliste weniger Bewerber einer Gruppe enthält, als ihnen nach den Höchstzahlen Sitze zustehen würden, so fallen die restlichen Stimmen dieser Gruppe den Angehörigen derselben Gruppe auf den übrigen Vorschlagslisten in der Reihenfolge der nächsten Höchstzahlen zu (§ 25 Abs. 2 WO-LPVG NRW). 13

Beispiel:

Für 5 Mandate im Personalrat sind 3 Listen eingereicht worden, die folgende Stimmen aufweisen: Liste 1 = 413 Stimme, Liste 2 = 190 Stimmen und Liste 3 = 175 Stimmen.

Wenn bei einer gemeinsamen Wahl nur ein Wahlvorschlag eingereicht wird, so finden die Grundsätze der „**Personenwahl**" (Mehrheitswahl) nach **Abs. 3 Satz 2** Anwendung. Dabei bezeichnet der Wahlberechtigte auf dem Stimmzettel die Kandidaten, für welche er seine Stimme abgeben möchte (§ 26 Abs. 2 Satz 2 WO-LPVG NRW). 14

15 **1. Beispiel:**

Es sind insgesamt 1600 Stimmen abgegeben worden, wobei fünf Sitze für eine Gruppe zu besetzen sind.

Bewerber	Stimmen	Reihenfolge der Gewählten
A	310	1.
B	100	
C	105	
D	300	2.
E	50	
F	228	4.
G	225	5.
H	49	
I	233	3.

16 **2. Beispiel:**

Für einen Personalrat, der vier Beamte und sieben Arbeitnehmer aufweist, findet folgende Verteilung statt.

Bewerber	Gruppe	Stimmen	Reihenfolge Gewählte
A	Beamte	800	(2.)
B	Beamte	600	(3.)
C	Beamte	300	(4.)
D	Beamte	1000	(1.)
E	Beamte	100	
F	Beamte	50	
G	Beamte	200	
H	Beamte	50	
I	Arbeitnehmer	1200	1.
J	Arbeitnehmer	1100	2.
K	Arbeitnehmer	500	4.
L	Arbeitnehmer	900	3.
M	Arbeitnehmer	60	
N	Arbeitnehmer	40	
O	Arbeitnehmer	400	5.
P	Arbeitnehmer	380	6.

Q	Arbeitnehmer	130	
R	Arbeitnehmer	70	
S	Arbeitnehmer	120	
T	Arbeitnehmer	40	
U	Arbeitnehmer	60	
V	Arbeitnehmer	140	7.

In Dienststellen, deren Personalrat aus einer Person besteht, wird dieser mit einfacher Stimmenmehrheit gewählt. Hierbei ist streitig, ob derartige Wahlen stets nach den Grundsätzen der Personenwahl stattfinden müssen (so Lorenzen u. a., § 19 Rz. 34 ff. und Reinartz, § 16 Rn. 3) oder ob in diesen Fällen auch die Grundsätze der Verhältniswahl herangezogen werden können (so zutreffend Cecior u. a. § 16 Rn. 51 m. w. N. zum Streitstand). Im Ergebnis ist hier Cecior u. a. zu folgen, der zu Recht darauf hinweist, dass Abs. 3 Satz 3 dem Wortlaut nach keine Aussage über die Durchführungsart der Wahl trifft (vgl. Cecior a. a. O.). 17

Soweit **§ 26 Abs. 3 WO-LPVG NRW** davon spricht, dass nach den Grundsätzen der Personenwahl gewählt werden **„kann"**, stellt sich die Frage, wer in welcher Form letztendlich darüber zu entscheiden hat, nach welchen Grundsätzen die Wahl durchzuführen ist. Eine klare Regelung hierzu kann der vorgenannten Vorschrift jedenfalls nicht entnommen werden. Man könnte deshalb daran denken, hier dem Wahlvorstand die Kompetenz zuzusprechen, um so diese Gesetzeslücke zu schließen. Dieser hat aber nach § 1 Abs. 1 Wo-LPVG NRW die Durchführung der Wahl nach Maßgabe der Regelungen in der WO-LPVG NRW zu gewährleisten. Da Letztere jedoch im Hinblick auf die o. g. Fragestellung gerade nicht vorhanden ist, erscheint das keine passende Lösung zu sein. Wegen der Konsequenzen, die eine hier zu treffende Entscheidung mit sich bringen kann, ist eher der Auffassung von Cecior u. a. zu folgen, wonach hier ein **Mehrheitsvotum der wahlberechtigten Beschäftigten** der betreffenden Gruppe bzw. der Dienststelle erfolgen müsse (vgl. Cecior u. a. § 16 Rn. 53). 18

V. Wahlvorschläge

In den **Absätzen 4 bis 8** hat der Gesetzgeber sich zu einen damit auseinandergesetzt, wer wahlvorschlagsberechtigt ist und wie Wahlvorschläge inhaltlich ausgestaltet sein müssen. Siehe ausführlich hierzu auch die Kommentierung von Bülow zu den §§ 7 bis 9 WO-LPVG NRW. 19

20 **Abs. 4:** Zur Wahl des Personalrats können nach **Abs. 4 Satz 1** die **„wahlberechtigten Beschäftigten“** (vgl. § 10 Rz. 1 ff.) und unter bestimmten Voraussetzungen **„die in der Dienststelle vertretenen Gewerkschaften“** (vgl. § 2 Rz. 11) **„Wahlvorschläge“** (vgl. § 7 Abs. 1 WO-LPVG NRW) machen. „Wahlvorschläge“ bestehen aus einer Bewerber- und Unterschriftenliste, die sich beide in einer äußerlich einheitlichen Urkunde wiederfinden müssen (vgl. BVerwG 04.10.1957 – VII 5/57 –). Der Inhalt der Wahlvorschläge ist § 8 WO-LPVG NRW zu entnehmen. Die nach § 11 Abs. 2 **„nicht wählbaren Beschäftigten“** (vgl. § 11 Rz. 7 ff.) dürfen nach **Abs. 4 Satz 2** keine Wahlvorschläge machen oder unterzeichnen. In **Abs. 4 Satz 3** wird klargestellt, dass jeder Beschäftigte nur einen Wahlvorschlag unterzeichnen darf.

21 **Abs. 5 und Abs. 6:** Der Gesetzgeber hat hier Mindestvorgaben im Hinblick auf die Unterschriftenliste (Unterschriftenquorum) bei einer Wahl in getrennten Wahlgängen (Abs. 5) und bei einer gemeinsamen Wahl (Abs. 6) getroffen. Für die Feststellung der jeweiligen Quorumregelung kommt es auf den Zeitpunkt der Einreichung des Wahlvorschlags an (vgl. OVG NRW 24.06.1970 – CB/70).

22 **Wichtig!**

Wenn nach der Einreichung des Wahlvorschlages die Unterschrift zurückgezogen wird, ist das rechtlich unbeachtlich und beeinträchtigt die Gültigkeit des Wahlvorschlags nicht (vgl. OVG NRW 06.05.1970 – CB 7/69 –)!

23 **Abs. 7: Wahlvorschläge** sind **innerhalb von drei Wochen nach dem Erlass des Wahlausschreibens** beim Wahlvorstand einzureichen (§ 7 Abs. 2 WO-LPVG NRW). Jeder Wahlvorschlag einer Gewerkschaft muss dabei von einer von ihr beauftragten Person unterzeichnet sein. Wenn die Frist verstrichen ist und die Voraussetzungen für eine Nachfrist nach § 10 WO-LPVG NRW nicht vorliegen, ist der Vorschlag unberücksichtigt zu lassen (vgl. hierzu auch OVG NRW 11.01.2023 – 34 A 716/22.PVL –).

24 **Abs. 8:** Es gilt die zwingende Vorgabe, dass der Beschäftigte nur auf einem Wahlvorschlag benannt werden darf (vgl. § 6 Abs. 2 Nr. 7 WO-LPVG NRW).

VI. Rechtliche Auseinandersetzungen

25 Auseinandersetzungen über die **Einhaltung der Wahlrechtsgrundsätze** hat zunächst der Wahlvorstand zu entscheiden (vgl. z.B. § 3 Abs. 1 WO-LPVG NRW). Entsprechendes gilt bei streitigen Fragen über die **Gültigkeit von Wahlvorschlägen**.

Wichtig! 26

Um in der Praxis unnötige Rechtsstreitigkeiten zu vermeiden, sollten alle Beteiligten zunächst versuchen, die Entscheidung des Wahlvorstandes möglichst anzunehmen. Gelingt das nicht, so kann nach Maßgabe des § 22 im Wahlanfechtungsverfahren eine Entscheidung vor dem Verwaltungsgericht herbeigeführt werden. Im laufenden Wahlverfahren kann nur im Ausnahmefall auf den Erlass einer Einstweiligen Verfügung zurückgegriffen werden (vgl. hierzu VGH Baden-Württemberg 24 02.2005 – PL 15 S 434/05 – und OVG NRW 01.06.1987 – CL 27/87 – zur eiligst begehrten Zulassung von Wahlbewerbern)!

§ 17 (Wahlvorstand in Dienststellen mit Personalrat)

(1) Spätestens drei Monate vor Ablauf der Amtszeit bestellt der Personalrat drei wahlberechtigte Beschäftigte als Wahlvorstand und eine oder einen von ihnen als vorsitzende Person. Sind in der Dienststelle Angehörige verschiedener Gruppen beschäftigt, so soll jede Gruppe im Wahlvorstand vertreten sein. Hat die Dienststelle weibliche und männliche Beschäftigte, sollen dem Wahlvorstand Frauen und Männer angehören. Für jedes Mitglied des Wahlvorstandes kann ein Ersatzmitglied benannt werden.

(2) Besteht zwei Monate vor Ablauf der Amtszeit des Personalrats kein Wahlvorstand, so beruft die Dienststelle auf Antrag von mindestens drei wahlberechtigten Beschäftigten oder einer in der Dienststelle vertretenen Gewerkschaft eine Personalversammlung zur Wahl des Wahlvorstandes ein. Absatz 1 Satz 2 und 3 gilt entsprechend. Die Personalversammlung wählt eine Person als Versammlungsleitung.

Gliederung

I. Einleitende Bemerkungen

Zur ordnungsgemäßen Durchführung der Wahl siehe neben den folgenden Ausführungen auch die **gesonderte Kommentierung von Bülow zur WO-LPVG NRW** und zusammenfassend **Bülow, Die Personalratswahl in Nordrhein-Westfalen**, DöD 2024, S. 27 ff. und zum BPersVG **Bülow, Die** 1

Vorbereitung und Durchführung der Personalratswahl, ZTR 2020, 3ff. Bülow, Die Personalratswahl in Nordrhein-Westfalen, DöD 2024, S. 27 ff.

Die Wahlperiode des Personalrats in NRW beträgt **vier Jahre** (§ 23 Abs. 1 Satz 2), sodass turnusmäßig Neuwahlen stattzufinden haben (zu anderen Tatbeständen, die eine Neuwahl auslösen können vgl. § 24). Das zuständige **Gremium zur Durchführung der Personalratswahlen** ist der **Wahlvorstand** (vgl. auch OVG NRW 28.09.2017 – 20 A 1002/17 – zu der ihm zukommenden Neutralitätspflicht). Die vorliegende Vorschrift regelt die Bestellung und Zusammensetzung in Dienststellen, die bereits einen Personalrat aufweisen. Weiter führt sie Ausnahmefälle auf, in denen die Personalversammlung oder die Dienststelle diese Tätigkeit übernimmt. Siehe hierzu und auch zu den **Rechten und Pflichten des Wahlvorstands** Bülow, § 1 WO-LPVG NRW, Rz. 1ff.

II. Bestimmung des Wahlvorstandes durch den Personalrat

2 **Abs. 1:** Nach **Abs. 1 Satz 1** bestellt der Personalrat vor Ablauf der Amtszeit (vgl. § 23 Abs. 1 Satz 1) drei wahlberechtigte Beschäftigte als Wahlvorstand und im Zuge dessen einen von ihnen als Vorsitzende Person dieses Organes. Damit wird der **Regelfall einer verpflichtenden Bestellung eines Wahlvorstands** erfasst, d.h., wenn also bereits ein Personalrat in einer Dienststelle besteht und dieser wegen Ablauf seiner Amtszeit neu gewählt werden muss. Zum umgekehrten Fall vgl. § 18.

3 Die Mitglieder des Wahlvorstandes werden durch einen **Beschluss des Personalrates** nach Maßgabe der §§ 33ff. bestellt. Im Rahmen der gemeinsamen Beratung und Beschlussfassung (§ 34) entscheidet die Mehrheit darüber, wer zum Wahlvorstand bestellt oder gegebenenfalls als Ersatzmitglied (§ 17 Abs. 1 Satz 4, vgl. Rz. 9) benannt wird. Die **Vornahme einer richtigen Bestellung ist sehr wichtig**, denn ansonsten liegt ein wesentlicher Verstoß gegen Wahlvorschriften vor, der eine Wahlanfechtung begründen kann (vgl. etwa VG Berlin 22.06.2018 – 62 K 4.18 PVL – und entsprechend VG Bremen 01.06.2017 – 1 K 927/16 – zur Wahl der Frauenbeauftragten, beide jeweils m. w. N.).

4 Die Bestellung hat nach der Gesetzesvorgabe „**spätestens drei Monate vor Ablauf der Amtszeit**" zu erfolgen. Ein nicht fristgerechtes Handeln des Personalrats führt allerdings nicht unbedingt zum Verlust des Bestellungsrechts. Er kann vielmehr den Wahlvorstand auch noch im späteren bestellen, solange die Dienststelle und die Personalversammlung von ihren Rechten nach Abs. 2 (vgl. Rz. 10ff.) noch keinen Gebrauch gemacht haben (vgl. VG Düsseldorf 28.07.1967 – 14 PVB 5/67 –). Die Dreimonatsfrist

berechnet sich nach den §§ 187 ff. BGB. Die „**Amtszeit**" des Personalrates endet mit der jeweiligen Wahlperiode. Nach § 23 Abs. 1 Satz 2 beträgt sie vier Jahre. Zur Ausnahme, wenn ein Personalrat während einer Wahlperiode gewählt wird, vgl. § 23 Rz. 5. Nach Ablauf der Amtszeit (§ 23 Abs. 3) oder in den gesetzlich benannten Fällen der Neuwahl (§ 24 Abs. 2) führt der bisherige Personalrat die Geschäfte weiter, bis der neue Personalrat zu seiner konstitutiven Sitzung zusammengetreten ist.

Der Personalrat muss „**drei wahlberechtigte Beschäftigte**" als Wahlvorstand bestellen (zur Wahlberechtigung vgl. § 10 und zum Beschäftigtenbegriff vgl. § 5). Die Vorgabe der Anzahl ist zwingend, sodass auch für den Fall, dass nur ein Personalratsmitglied zu wählen ist (§ 13 Abs. 3 Alt. 1), hiervon weder nach oben noch nach unten hin abgewichen werden darf (vgl. auch BVerwG 27.11.1959 – VII P 18.58 –). Wenn also z. B. ein Mitglied des Wahlvorstandes aus der Dienststelle ausscheidet und auch kein Ersatzmitglied (vgl. Abs. 1 Satz 4 und Abs. 2 Satz 2) vorhanden ist, muss das ausscheidende Mitglied entsprechend ergänzt werden, damit die gesetzlich vorgegebene Zahl von Mitgliedern wiederhergestellt ist. Dabei kommen dieselben Regeln zum Zuge wie im Fall der ursprünglichen Bestellung des Wahlvorstandes. Sollten die für den Wahlvorstand bestellten Personen jedenfalls erkennbar ihr Amt nicht ausüben (z. B. Rücktritt des Hauptbestellten und Verzicht des Ersatzmitgliedes o. Ä.), ist der Wahlvorstand fehlerhaft bestellt worden (vgl. hierzu VG Berlin 04.05.2016 – 62 K 18.15 PVL –). 5

Der Personalrat hat bei der Bestellung des Wahlvorstandes **ein Mitglied als Vorsitzende Person** zu bestellen, die den Vorstand im Rahmen der gefassten Beschlüsse vertritt. Die Bestellung einer solchen Person ist verpflichtend. Wenn der Personalrat die Bestellung vergessen hat, muss er sie nachholen. Die Bestellung ist Aufgabe des noch amtierenden Personalrats. Wenn in der Dienststelle kein Personalrat mehr existiert, können die drei Mitglieder des Wahlvorstandes selbst eine Person entsprechend von ihnen bestellen. Die Beschlussfassung erfolgt dabei mit einfacher Stimmenmehrheit (vgl. § 1 Abs. 4 WO-LPVG NRW). 6

Wenn **in der Dienststelle Angehörige verschiedener Gruppen** beschäftigt sind, „**sollen**" nach **Abs. 1 Satz 2** diese auch im Wahlvorstand vertreten sein. Mit anderen Worten: Der Wahlvorstand soll also aus jeder Gruppe einen wahlberechtigten Beschäftigten als Mitglied bestellen. Hiervon kann er nur abweichen, wenn wichtige Gründe vorliegen, die es zulassen, von der Erfüllung des gesetzlichen „Soll-Gebots" abzuweichen (vgl. OVG NRW 22.01.1998 – 1 A 4257/97.PVL –). Das Gebot der Gruppenberücksichtigung nach Abs. 1 Satz 2 findet im Übrigen keine Anwendung, wenn nur die Mitglieder einer Gruppe neu zu wählen sind (so auch Cecior u. a. § 17 Rn. 28). 7

8 Nach **Abs. 1 Satz 3** sollen dem Wahlvorstand sowohl Frauen als auch Männer angehören, wenn die Dienststelle beide Geschlechter hat. Zur Festlegung der Geschlechtszugehörigkeit ist im Übrigen auf das Transsexuellengesetz (TSG) zu verweisen.

9 Nach **Abs. 1 Satz 4** kann der Personalrat für jedes Mitglied des Wahlvorstandes ein **Ersatzmitglied** benennen. Hier gelten die o.g. Grundsätze zur Bestellung der Mitglieder des Wahlvorstandes entsprechend (vgl. Rz. 2ff.). **Pauschale Beschlüsse sind unzulässig.** Der Personalrat muss bei seiner Beschlussfassung konkret festlegen, für welches Mitglied des Wahlvorstandes das Ersatzmitglied benannt werden soll. Dabei hat er die vorhandenen Gruppen und Geschlechter nach Abs. 1 Satz 2 und 3 entsprechend zu berücksichtigen.

Ausgehend vom Wortlaut des Abs. 1 Satz 4 „… ein Ersatzmitglied“ und unter Berücksichtigung der Höchstzahl von drei Mitgliedern des Wahlvorstandes (vgl. Rz. 2) ist davon auszugehen, dass für einzelne Mitglieder des Wahlvorstandes nicht gleich mehrere Ersatzmitglieder benannt werden können (a.A. Fitting u.a. § 16 Rn. 35 zum BetrVG).

III. Sonderfall der Wahl durch die Personalversammlung

10 **Abs. 2:** Wenn zwei Monate vor Ablauf der Amtszeit des Personalrats (noch) kein Wahlvorstand besteht, wird dieser nach Abs. 2 Satz 1 von der **Personalversammlung** gewählt. Zur Berechnung der Zweimonatsfrist vgl. entsprechend Rz. 4. Damit wird der Grundsatz (vgl. § 46 Abs. 2 Rz. 7) durchbrochen, dass eigentlich der Personalrat für die Einberufung einer Personalversammlung zuständig ist (vgl. BVerwG 23.05.1986 – 6 P 23.83 –). Durch die unterschiedlichen Fristenvorgaben des Abs. 1 (= drei Monate) und der vorliegenden Vorschrift (= zwei Monate) entsteht aber nur ein Zeitfenster, in dem der Personalrat seiner Aufgabenwahrnehmung letztendlich doch noch nachkommen kann. Das gilt auch für den Fall, dass schon eine Personalversammlung einberufen wurde, diese aber wiederum keinen Wahlvorstand gewählt hat (vgl. Rz. 4).

Fälle des übergehenden Wahlrechts auf die Personalversammlung: 11

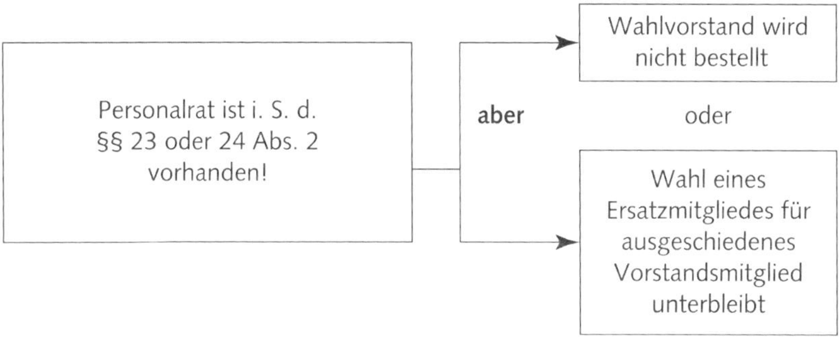

Die Personalversammlung kann in diesen Fällen **„auf Antrag von mindestens drei wahlberechtigten Beschäftigten“** (vgl. zur Wahlberechtigung § 10 und zum Beschäftigtenbegriff § 5) oder **„einer in der Dienststelle vertretenen Gewerkschaft“** (vgl. § 2 Rz. 11, 13) einberufen werden. 12

Wenn die vorgenannten Voraussetzungen vorliegen, ist die Dienststelle verpflichtet eine **Personalversammlung mit dem alleinigen Gegenstand der Wahl des Wahlvorstandes** einzuberufen (vgl. auch OVG NRW 09.12.1982 – CL 15/82 –). Zum Zweck der Information über eigene Belange der Dienststelle kann diese am Versammlungstag daneben, d.h. also gesondert zudem eine sog. „Mitarbeiterversammlung“ mit eigener Tagesordnung ansetzen. Diese kann z.B. im Anschluss an die Personalversammlung stattfinden. Die Einberufung und die Durchführung der Personalversammlung richten sich grundsätzlich nach den Vorschriften des vierten Kapitels des LPVG NRW (§§ 45 ff.). Die **Einberufung der Personalversammlung** und ihr Zweck, d.h. die Wahl eines Wahlvorstandes, sind von der Dienststelle so bekannt zu machen, dass alle Beschäftigten hiervon Kenntnis nehmen können (vgl. zu Einberufungsmängeln und der Folge der Wahlnichtigkeit BAG 07.05.1986 – 2 AZR 349/85 –). Zum Recht der Dienststelle auf Teilnahme an der gesamten Versammlung vgl. Rz. 16. 13

Praxistipp! 14

Das Gesetz verlangt nicht, dass über die Wahl des Wahlvorstandes in der Personalversammlung eine Niederschrift angefertigt werden muss (vgl. §§ 13, 20 WO-LPVG NRW). Aus Gründen der Dokumentation und des Nachweises (z.B. im Rahmen eines späteren Wahlanfechtungsverfahrens nach § 22) ist eine solche Niederschrift aber dennoch unbedingt zu empfehlen!

15 Nach **Abs. 2 Satz 2** sind bei der Wahl des Wahlvorstandes durch die Personalversammlung **die in der Dienststelle vorhandenen Gruppen und Geschlechter** gleichsam der Bestellung durch den Personalrat nach Abs. 1 zu berücksichtigen. Mit anderen Worten: Wenn in der Dienststelle Angehörige verschiedener Gruppen beschäftigt sind, soll jede Gruppe im Wahlvorstand vertreten sein. Wenn die Dienststelle weibliche und männliche Beschäftigte hat, sollen dem Wahlvorstand Frauen und Männer angehören. In Abs. 2 Satz 2 wird zwar nicht ausdrücklich auf Abs. 1 Satz 4 verwiesen, dennoch ist anzunehmen, dass die Personalversammlung auch **Ersatzmitglieder** wählen kann.

16 Die im vierten Kapitel des LPVG NRW (§§ 45 ff.) geregelte Personalversammlung wird von der Vorsitzenden Person des Personalrats geleitet (§ 45 Abs. 1 Satz 2). Nach **Abs. 2 Satz 3** wählt die zur Wahl des Wahlvorstandes einberufene Personalversammlung abweichend hiervon eine **Person als Versammlungsleiter**. Diese Person muss nicht Beschäftigter i. S. d. § 5 sein und auch keine Wahlberechtigung i. S. d. § 10 aufweisen (vgl. entsprechend ArbG Bonn, 04.05.2011 – 5 BV 51/11 – zur SchwerbVWO m. w. N.). Als gewählt gilt derjenige, der die meisten Stimmen erhalten hat. Bis dahin obliegt die Leitung vollständig der Dienststelle. Sie beruft die Versammlung ein und eröffnet sie. Danach führt sie die Wahl des Versammlungsleiters durch und übergibt das Zepter an den Gewählten. Danach besteht nur noch ein **Teilnahmerecht der Dienststelle mit beratender Stimme**. Denn für einen Ausschluss der Dienststelle und Ihres Rederechts nach der Wahl des Versammlungsleiters bietet das LPVG NRW keine Handhabe. Nach § 49 Satz 3 besteht bei Versammlungen, zu denen sie ausdrücklich eingeladen hat diesbezüglich vielmehr eine uneingeschränkte Rechtsposition. Da im Hinblick auf den Zweck der zur Wahl des Wahlvorstands einberufenen Versammlung (vgl. Rz. 13) die Rechte des § 48 nicht greifen, ist im Übrigen § 49 Satz 1 teleologisch dahingehend zu reduzieren, dass **nur je eine beauftragte Person der in der Dienststelle vertretenen Gewerkschaften** teilnahmeberechtigt ist (ebenso Cecior u. a., § 17 Rn. 52).

IV. Rechtliche Auseinandersetzungen

17 Meinungsverschiedenheiten im Zusammenhang mit der Bestellung oder der Wahl des Wahlvorstandes sind im personalvertretungsrechtlichen Beschlussverfahren vor dem Verwaltungsgericht zu klären, wenn nicht eine speziellere Wahlanfechtung nach § 22 in Betracht kommt (vgl. BVerwG 05.02.1965 – VII P 10.64 –). Der Wahlvorstand verliert mit dem Erlöschen seines Amtes seine Beteiligungsfähigkeit im einleitend benannten Beschlussverfahren (vgl. BVerwG 22.09.2015 – 5 P 12.14 –).

§ 18 (Wahlvorstand in Dienststellen ohne Personalrat)

Besteht in einer Dienststelle, die die Voraussetzungen des § 13 Abs. 1 erfüllt, kein Personalrat, so beruft die Dienststelle auf Antrag von mindestens drei wahlberechtigten Beschäftigten oder einer in der Dienststelle vertretenen Gewerkschaft eine Personalversammlung zur Wahl des Wahlvorstandes ein. § 17 Abs. 2 Satz 3 gilt entsprechend.

Gliederung

I. Einleitende Bemerkungen

Zur ordnungsgemäßen Durchführung der Wahl siehe neben den folgenden Ausführungen auch die **gesonderte Kommentierung von Bülow zur WO-LPVG NRW** und zusammenfassend **Bülow, Die Personalratswahl in Nordrhein-Westfalen**, DöD 2024, S. 27 ff. und zum BPersVG **Bülow, Die Vorbereitung und Durchführung der Personalratswahl, ZTR 2020, 3 ff.** 1

Die vorliegende Vorschrift macht **Vorgaben zur Bildung eines Wahlvorstandes in Dienststellen, die i. S. d. § 13 Abs. 1 personalratsfähig sind und in denen (noch) kein Personalrat vorhanden ist**. Siehe zum Ganzen und auch zu den **Rechten und Pflichten des Wahlvorstands** auch Bülow, § 1 WO-LPVG NRW, Rz. 1 ff.

II. Personalversammlung zur Wahl eines Wahlvorstandes

Satz 1: In personalratslosen Dienststellen, die die Voraussetzungen des § 13 Abs. 1 erfüllen (vgl. § 13, Rz. 2), ist die Personalversammlung für die Wahl des Wahlvorstandes zuständig. Für den Fall, dass bereits ein Personalrat existiert, vgl. § 17. 2

In der Praxis können folgende **Anwendungsfälle** bestehen: 3
- Neue Einrichtung einer personalratsfähigen Dienststelle (§ 13 Abs. 1)
- Erklärung von Nebenstellen oder Teilen von Dienststellen zu selbstständigen Dienststellen (§ 1 Abs. 3)
- Nachträgliche Erlangung der Personalratsfähigkeit durch Erhöhung der Beschäftigtenzahl (§ 13 Abs. 1)
- Tatsächliches nicht mehr Bestehen und Fehlen eines geschäftsführenden Personalrats (§ 24 Abs. 1 lit. a) bis c), 2)

- Fehlen eines Personalrats aufgrund bislang nicht durchgeführter Wahl (§ 13 Abs. 1).

4 Die Personalversammlung wird von der Dienststelle (§ 1) einberufen, wenn dies von „**drei wahlberechtigten Beschäftigten**“ (zur Wahlberechtigung vgl. § 10 und zum Beschäftigtenbegriff vgl. § 5) oder „**einer in der Dienststelle vertretenen Gewerkschaft**“ (vgl. § 2 Rz. 11, 13) beantragt wird. Die Einberufung und die Durchführung der Personalversammlung richten sich nach den Vorschriften des vierten Kapitels des LPVG NRW (§§ 45 ff.).

5 Das Gesetz macht der Dienststelle zwar keine **Fristenvorgaben**, wann sie die Personalversammlung einzuberufen hat. Zur Gewährleistung einer alsbaldigen Personalratswahl ist jedoch anzunehmen, dass sie eingehende Anträge **unverzüglich, d.h. ohne schuldhaftes Zögern (§ 121 BGB)** zu prüfen und bei Vorliegen der Antragsvoraussetzungen die Versammlung entsprechend einzuberufen hat.

6 **Wichtig!**

Wenn die Dienststelle trotz des Vorliegens der o. g. Voraussetzungen eine Einberufung unterlässt, handelt es sich um eine Wahlbehinderung nach § 21 Abs. 1 (vgl. § 21 Rz. 3)!

7 Satz 2: Nach Satz 2 gilt § 17 Abs. 2 Satz 3 entsprechend, d.h., dass die Personalversammlung eine **Person als Versammlungsleitung** wählt. Die Personalversammlung hat bei dieser Wahl die allgemeinen Grundsätze zu berücksichtigen, die auch für eine Wahl nach § 17 gelten (vgl. die dortige Kommentierung).

8 **Wichtig!**

Die Dienststelle ist nur zur Einberufung, nicht aber zur Leitung der daraufhin zustande gekommenen Personalversammlung befugt! Wenn die Dienststelle eine Personalversammlung einberufen hat, diese aber nicht zusammen kommt oder keinen Wahlvorstand wählt, muss sie nach den Vorgaben des § 19 handeln!

III. Rechtliche Auseinandersetzungen

9 Meinungsverschiedenheiten im Zusammenhang mit der **Bestellung des Wahlvorstandes** nach § 18 sind vor dem Verwaltungsgericht zu klären. Soweit es dabei um die Feststellung geht, dass die Dienststelle zur Einberufung einer Personalversammlung nach § 18 verpflichtet ist, weist jeder Beschäftigte der Dienststelle (vgl. § 5) eine entsprechende Antragsbefugnis auf. Siehe ansonsten auch Bülow, § 1 WO-LPVG NRW, Rz. 137 ff.

§ 19 (Bestellung des Wahlvorstandes)

Findet eine Personalversammlung (§ 17 Abs. 2, § 18) nicht statt oder wählt die Personalversammlung keinen Wahlvorstand, so bestellt ihn die Dienststelle auf Antrag von mindestens drei wahlberechtigten Beschäftigten oder einer in der Dienststelle vertretenen Gewerkschaft.

Gliederung

I. Einleitende Bemerkungen

1 Die Vorschrift sieht eine letzte Möglichkeit zur Bestellung eines Wahlvorstandes zur Durchführung der Personalratswahl vor. Die Dienststelle wird insoweit ersatzweise für die Personalversammlung tätig. Die Novelle 2011 hat lediglich eine geschlechtergerechte Sprachanpassung mit sich gebracht (vgl. LT-Drucks. 15/1644, S. 76). Zur ordnungsgemäßen Durchführung der Wahl siehe die **gesonderte Kommentierung von Bülow zur WO-LPVG NRW** und zusammenfassend **Bülow, Die Personalratswahl in Nordrhein-Westfalen**, DöD 2024, S. 27 ff. und zum BPersVG **Bülow, Die Vorbereitung und Durchführung der Personalratswahl**, ZTR 2020, 3 ff.

2 Die Vorschrift findet keine entsprechende Anwendung bei der **Wahl der Stufenvertretung** (§ 50 Abs. 3 Satz 1) oder bei der **Wahl des Gesamtpersonalrats** (§ 53)!

II. Wahlvorstand durch die Dienststelle

3 Wenn eine Personalversammlung nicht stattfindet oder diese erfolglos ist und deshalb kein Wahlvorstand gewählt wird, hat die Dienststelle auf Antrag einen Wahlvorstand zu bestellen.

4 **Beispielsfälle:**

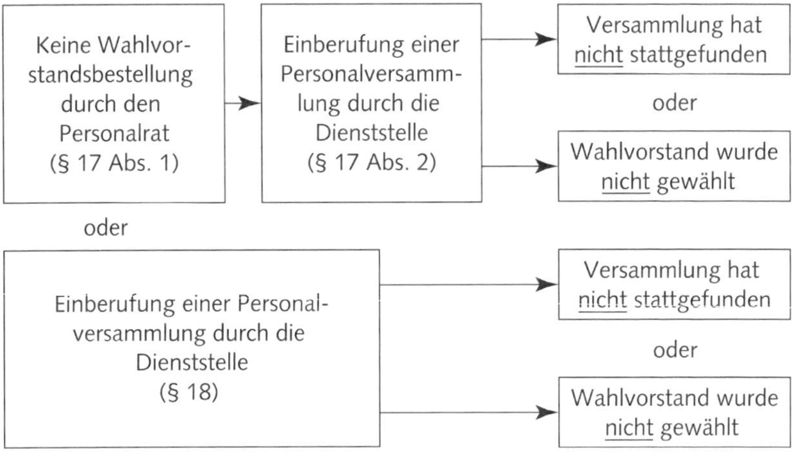

5 Die Dienststelle muss einen Wahlvorstand verpflichtend bestellen, wenn drei wahlberechtigte Beschäftigte (§§ 5, 10) oder eine in der Dienststelle vertretene Gewerks chaft (§ 2 Abs. 1) dies beantragt (vgl. hierzu näher § 18 Rz. 4).

6 **Wichtig!**

Bei einem Pflichtverstoß des Wahlvorstandes i. S. d. § 20 Abs. 1 Satz 1 gilt im Übrigen die Bestellungspflicht der Dienststelle nach der vorliegenden Vorschrift entsprechend (§ 20 Abs. 1 Satz 3). Das gilt gleichermaßen bei einem Verstoß der Personalkommission i. S. d. § 44 Abs. 1 (vgl. § 44 Abs. 4 Satz 2)!

7 Die Dienststelle hat Folgendes zu prüfen:

Prüfungsschema/Antrag nach § 19

I. Zeitpunkt des Antragseinganges?
II. Personalratsfähigkeit der Dienststelle nach § 13 Abs. 1?
III. Antragsberechtigung?
IV. Bei Bestehen eines Personalrates: Wahlvorstand in der Zwischenzeit bestellt?
V. Bei Nichtbestehen eines Personalrates: erfolglose Einberufung der Personalversammlung?

8 Wenn die o.g. Voraussetzungen vorliegen, ist die Dienststelle verpflichtet, ersatzweise für die Personalversammlung tätig zu werden. Dabei hat sie

entsprechend nach der Maßgabe zu handeln wie auch die Personalversammlung bei der Wahl eines Wahlvorstandes (vgl. § 17 Abs. 2). Wenn die Dienststelle ebenfalls keine Bestellung eines Wahlvorstandes erreicht, z.B. wegen Ablehnung sämtlicher vorgesehener Mitglieder und/oder Ablehnung des Wahlvorstandsvorsitzes, so führt dies im Ergebnis dazu, dass die Dienststelle keinen eigenen Personalrat hat. Sollten im Weiteren erneute Anträge i.S.d. vorliegenden Vorschrift an sie herangetragen werden, muss sie erst dann wieder tätig werden, wenn die der Einrichtung des Wahlvorstandes bislang entgegenstehenden Hindernisse ausgeräumt sind.

III. Rechtliche Auseinandersetzungen

Rechtliche Fragen im Zusammenhang mit der **Bestellung des Wahlvorstandes nach § 19** sind im personalvertretungsrechtlichen Verfahren nach § 79 Abs. 1 Nr. 2 i.V.m. Abs. 2 vor dem Verwaltungsgericht zu klären. Das Beschlussverfahren kann nur nach dieser Vorschrift antragsberechtigt eingeleitet werden, d.h. also nur von mindestens drei wahlberechtigten Beschäftigten, nicht hingegen von einzelnen Beschäftigten der Dienststelle. Siehe ansonsten auch Bülow, § 1 WO-LPVG NRW, Rz. 137ff. m.w.N.! 9

§ 20 (Pflichten und Abberufung des Wahlvorstandes)

(1) Der Wahlvorstand hat die Wahl fristgerecht vorzubereiten; sie soll spätestens zwei Wochen vor Ablauf der Amtszeit des Personalrats stattfinden. Kommt der Wahlvorstand dieser Verpflichtung nicht nach, so beruft die Dienststelle auf Antrag von mindestens drei wahlberechtigten Beschäftigten oder einer in der Dienststelle vertretenen Gewerkschaft eine Personalversammlung zur Wahl eines neuen Wahlvorstands ein. § 17 Abs. 2 Satz 3 und § 19 gelten entsprechend.

(2) Der Wahlvorstand hat seine Sitzungen den in der Dienststelle vertretenen Gewerkschaften bekanntzugeben. Je eine von ihnen beauftragte Person ist berechtigt, mit beratender Stimme teilzunehmen.

(3) Unverzüglich nach Abschluss der Wahl zählt der Wahlvorstand öffentlich die Stimmen, stellt das Ergebnis in einer Niederschrift fest und gibt es den Beschäftigten der Dienststelle durch Aushang bekannt. Der Dienststelle und den in der Dienststelle vertretenen Gewerkschaften ist eine Abschrift der Niederschrift zu übersenden.

Gliederung

I. Einleitende Bemerkungen

1 In der vorliegenden Vorschrift sind die wichtigsten Pflichten des Wahlvorstandes und die im Falle eines Pflichtenverstoßes bestehende Möglichkeit einer Abberufung geregelt. Zur ordnungsgemäßen Durchführung der Wahl siehe neben den folgenden Ausführungen auch die **gesonderte Kommentierung von Bülow zur WO-LPVG NRW** und zusammenfassend **Bülow, Die Personalratswahl in Nordrhein-Westfalen**, DöD 2024, S. 27 ff. und zum BPersVG **Bülow, Die Vorbereitung und Durchführung der Personalratswahl**, ZTR 2020, 3 ff.

II. Aufgaben des Wahlvorstandes

2 **Abs. 1:** In der vorliegenden Vorschrift hat der Gesetzgeber lediglich die wichtigsten Aufgaben des Wahlvorstandes dargestellt. Im Einzelnen sind seine Aufgaben in der **WO-LPVG NRW** geregelt (vgl. hierzu die gesonderte Kommentierung von Bülow). Aus § 1 Abs. 1 WO-LPVG NRW folgt, dass der Wahlvorstand „die Durchführung der Personalratswahl zu gewährleisten" hat, sodass ihm nicht nur die **Wahlvorbereitung**, sondern auch die **Wahlüberwachung** und dabei die **ordnungsgemäße Durchführung** bis hin zur **Feststellung des Wahlergebnisses** obliegt (vgl. zum Ganzen auch OVG NRW 14.08.2014 – 20 A 1888/13.PVL – und den Wahlkalender im Anhang der Kommentierung von Bülow zur WO-LPVG NRW). Daneben kann der Wahlvorstand **in bestimmten Fällen auch als kommissarische Personalvertretung** fungieren (vgl. § 22 Rz. 37 und § 24 Rz. 18a).

3 Der Wahlvorstand hat nach **Abs. 1 Satz 1** die Verpflichtung, **„die Wahl fristgerecht vorzubereiten"**. Damit die Tätigkeitsaufnahme des neuen Personalrats möglichst ohne Unterbrechung erfolgt, soll die Wahl **„spätestens zwei Wochen vor Ablauf der Amtszeit des Personalrats"** stattfinden.

4 **Wichtig!**

Die Fristenvorgabe stellt darauf ab, dass in einer Dienststelle bereits ein Personalrat besteht (§ 17 Abs. 1). Im Fall von Neuwahlen i.S.d. § 18 oder § 24 ist es vertretbar in Anlehnung an § 20 Abs. 1 a.F. vor der Novelle 1984, dass die Wahl spätestens 6 Wochen nach der Bestellung oder der Wahl des Wahlvorstandes stattfinden soll!

Der Wahlvorstand hat bei der Durchführung der Personalratswahl folgende Aufgaben: 5

Vorgehen	Aufgaben	WO-LPVG NRW
1.	Bekanntgabe der Mitglieder durch Aushang in der Dienststelle	§§ 1 Abs. 3, 4 Abs. 2
2.	Feststellung der Beschäftigtenzahl und ihre Verteilung auf die Gruppen	§ 2 Abs. 1
3.	Erstellung des Wählerverzeichnisses	§ 2 Abs. 2
4.	Ermittlung der Zahl der zu wählenden PR-Mitglieder/ Verteilung der Sitze auf die Gruppen	§ 5
5.	Erlass des Wahlausschreibens	§ 6
6.	Entgegennahme der Wahlvorschläge	§ 7 Abs. 2
7.	Prüfung der Wahlvorschläge	§ 9
8.	Ggf. Nachfristsetzung für die Einreichung von Wahlvorschlägen	§ 10
9.	Bezeichnung der Wahlvorschläge	§ 11
10.	Bekanntgabe der Wahlvorschläge	§ 12
11.	Wahlleitung/Überwachung	§§ 14 ff.
12.	Vorbereitung und Umsetzung der schriftlichen Stimmabgabe	§§ 16 f. (vgl. auch § 15 Abs. 3!)
13.	Feststellung des Wahlergebnisses	§§ 19, 20 Abs. 3
14.	Benachrichtigung der gewählten Bewerber und Bekanntmachung des Wahlergebnisses	§§ 20 Abs. 3, 21

Wenn der Wahlvorstand seiner Verpflichtung nach Abs. 1 Satz 1 nicht nachkommt, besteht nach **Abs. 1 Satz 2** die **Möglichkeit der Abberufung**. Dafür beruft die Dienststelle auf Antrag eine Personalversammlung zur Wahl eines neuen Wahlvorstandes ein. Ein hierfür auslösender Pflichtenverstoß kann sowohl in der Phase der Wahlvorbereitung als auch bei der Durchführung der Wahl und letztendlichen Feststellung des Wahlergebnisses erfolgen. 6

Eine die **Abberufung auslösende Pflichtverletzung** ist allerdings nicht für jegliche, einzelne Fehler gegeben, sondern setzt viel mehr voraus, dass der Wahlvorstand völlig untätig oder zumindest derart untätig geblieben ist, dass eine ordnungsgemäße Durchführung der Wahl letztendlich nicht sichergestellt ist (vgl. auch Lorenzen u.a., § 24 Rn. 18). Dabei kommt es nicht auf ein Verschulden, sondern nur auf die objektive Nichterfüllung der dem Wahlvorstand obliegenden Pflichten an. 7

8 Der Abberufung unterliegt nur der (gesamte) Wahlvorstand, nicht einzelne Mitglieder. Ein verpflichtendes Tätigwerden der Dienststelle hat nur zu erfolgen, wenn ein entsprechender **Antrag** von **„mindestens drei wahlberechtigten Beschäftigten“** (§§ 5,10) oder **„einer in der Dienststelle vertretenen Gewerkschaft“** (§ 2 Abs. 1) vorliegt (vgl. auch § 17 Abs. 2 Satz 1).

9 **Wichtig!**

Verstöße gegen die in Abs. 1 Satz 1 enthaltene Verpflichtung können eine Wahlbehinderung i. S. d. § 21 Abs. 1 Satz 1 LPVG NRW bedeuten (vgl. auch OVG NRW 14.04.2004 – 1 A 4408/02.PVB –)!

10 Nach **Abs. 1 Satz 3** gelten die §§ 17 Abs. 2 Satz 3 und 19 entsprechend (vgl. hierzu die dortigen Ausführungen entsprechend).

11 Die **Durchführung der Abberufung** und die **weitere Wahlvorbereitung** stellt sich wie folgt dar:

1. Schritt: Einberufung der Personalversammlung durch die Dienststelle nach Maßgabe der Antragsvoraussetzungen nach § 20 Abs. 2.

2. Schritt: Die Personalversammlung wählt eine Person als Versammlungsleitung (§ 20 Abs. 1 Satz 3).

Ausnahme: Bei Ausbleiben der Personalversammlung oder Nichtwahl eines Wahlvorstandes durch die Personalversammlung erfolgt eine Bestellung durch die Dienststelle (§ 20 Abs. 1 Satz 3 i. V. m. § 19).

3. Schritt: Bestellung eines neuen Wahlvorstandes durch die Personalversammlung

4. Schritt: Überprüfung der vom bisherigen Wahlvorstand bereits getroffenen Maßnahmen durch den neuen Wahlvorstand:
→ Rechtmäßige Maßnahmen bleiben erhalten!
→ Nicht ordnungsgemäße Maßnahmen müssen wiederholt werden!

5. Schritt: Weitere Vorbereitungen und Durchführung der Wahl durch den neuen Wahlvorstand.

6. Schritt: Ersatzweise Amtsführung des alten Wahlvorstandes bis zur Bestellung des neuen Wahlvorstandes

7. Schritt: Die Personalversammlung führt die Wahl des neuen Wahlvorstandes durch

12 Für die **Bildung von Stufen- und Sondervertretungen** gilt das zuvor Ausgeführte entsprechend (§ 50 Abs. 3 Satz 1). Etwas anderes gilt für die **Wahl der Jugend- und Auszubildendenvertretung** (§ 57 Abs. 1 Satz 2) so-

wie der **Wahl der Stufen- und Gesamtjugend- und Auszubildendenvertretungen** (§ 60 Abs. 1 Satz 2, Abs. 2 Satz 2 i.V.m. § 50 Abs. 3 Satz 1).

III. Beteiligung der Gewerkschaften

Abs. 2: Der Wahlvorstand hat nach **Abs. 2 Satz 1** seine **Sitzungen** den in der Dienststelle vertretenen Gewerkschaften (§ 2 Abs. 1 Halbsatz 2) bekannt zu geben, damit diese die Möglichkeit erhalten, nach Maßgabe des **Abs. 2 Satz 2** daran **mit beratender Stimme teilnehmen** zu können. Teilnahmeberechtigt ist jeweils nur ein beauftragter Gewerkschaftsvertreter. Das Teilnahmerecht gilt nur **für die Dauer der Beratung** (vgl. entsprechend § 32 Rz. 5 ff.). 13

IV. Stimmenauszählung und Bekanntgabe

Abs. 3: Nach dem Abschluss der Wahl hat nach **Abs. 3 Satz 1** eine **unverzügliche** (vgl. § 121 BGB) **Stimmenauszählung** nach Maßgabe des § 19 WO-LPVG NRW und sodann eine **Bekanntgabe** an die Beschäftigten **durch zweiwöchigen Aushang** an den Stellen, wo auch das Wahlausschreiben bekannt gemacht worden ist (§ 21 Satz 3 WO-LPVG NRW), zu erfolgen (vgl. auch entsprechend OVG NRW 07.05.2018 – 20 A 2065/17.PVL –). Nach **Abs. 3 Satz 2** ist sowohl die Dienststelle als auch den in ihr vertretenen Gewerkschaften eine **Abschrift der Niederschrift** zu übersenden. 14

V. Rechtliche Auseinandersetzungen

Rechtliche Kontroversen die im Zusammenhang mit den **Aufgaben des Wahlvorstandes** und auch seiner **Abberufung** zu sehen sind wie z.B. die Frage, ob der Wahlvorstand seine Pflichten im Einzelnen verletzt hat, ob bei Vorliegen von Pflichtverletzungen ein neuer Wahlvorstand zu bestellen ist und/oder, ob die Dienststelle ihren Aufgaben ordnungsgemäß nachgekommen ist etc., sind im personalvertretungsrechtlichen Beschlussverfahren nach § 79 Abs. 1 Nr. 2 i.V.m. Abs. 2 vor dem Verwaltungsgericht zu klären. 15

Bei Verstößen gegen jegliche Vorschriften des Wahlrechts, der Wählbarkeit oder des Verfahrens ist auf die Möglichkeit der **Wahlanfechtung nach § 22** zurückzugreifen. Siehe zum Ganzen auch Bülow, § 1 WO-LPVG NRW Rz. 137 ff. m.w.N. 16

§ 21 (Freiheit der Wahl, Wahlkosten)

(1) Niemand darf die Wahl des Personalrats behindern oder in einer gegen die guten Sitten verstoßenden Weise beeinflussen. Insbesondere darf keine wahlberechtigte Person in der Ausübung des aktiven und passiven Wahlrechts beschränkt werden. § 43 gilt für Mitglieder des Wahlvorstands und für Wahlbewerberinnen und Wahlbewerber entsprechend.

(2) Die Kosten der Wahl trägt die Dienststelle. Notwendige Versäumnis von Arbeitszeit infolge der Ausübung des Wahlrechts, der Teilnahme an den in § 17 Abs. 2 und in den §§ 18 und 20 Abs. 1 genannten Personalversammlungen oder der Betätigung im Wahlvorstand hat keine Minderung der Bezüge oder des Arbeitsentgelts zur Folge. Für die Mitglieder des Wahlvorstands gelten § 40 Abs. 1 Satz 2 und 3 sowie § 42 Abs. 2 Satz 2 und Abs. 5 entsprechend.

Gliederung

I. Einleitende Bemerkungen

1 Die Vorschrift schützt die **freie Ausübung des Wahlrechts** und regelt, wer die Kosten der Wahl trägt. Sie steht im Kontext der in § 1 Abs. 5 WO-LPVG NRW enthaltenen Unterstützungspflicht der Dienststelle. Mit der Novelle 2011 hat die Vorschrift keine Änderungen erfahren.

2 Für die Bildung von Stufen- und Sondervertretungen gilt die vorliegende Schutzvorschrift entsprechend (§ 50 Abs. 3 Satz 1). Das gilt ebenso für die Wahl der Jugend- und Auszubildendenvertretung (§ 57 Abs. 1 Satz 2) sowie die Wahl der Stufen- und Gesamtjugend- und Auszubildendenvertretungen (§ 60 Abs. 1 Satz 2, Abs. 2 Satz 2 i.V.m. § 50 Abs. 3 Satz 1). Zur ordnungsgemäßen Durchführung der Wahl siehe neben den folgenden Ausführungen auch die **gesonderte Kommentierung von Bülow zur WO-LPVG NRW** u.a. mit einem Wahlkalender, der die einzelnen Wahlstationen darstellt und zusammenfassend **Bülow, Die Personalratswahl in Nordrhein-Westfalen**, DöD 2024, S. 27 ff. und zum BPersVG **Bülow, Die Vorbereitung und Durchführung der Personalratswahl**, ZTR 2020, 3 ff.

II. Schutz der Wahl

Abs. 1: Nach Abs. 1 Satz 1 Alt. 1 ist zum Schutz der Wahl die Vorgabe des § 7 Abs. 1 konkretisierend geregelt, dass niemand die „**Wahl des Personalrats behindern**" darf. Unter „**Wahl**" ist insoweit nicht nur die eigentliche Wahlhandlung, sondern viel mehr der gesamte Vorgang von der Wahlvorbereitung bis hin zur Wahldurchführung einschließlich der Bekanntgabe des Wahlergebnisses zu verstehen (vgl. OVG NRW 14.04.2004 – 1B A 4408/02.PVB –). Eine **Wahlbehinderung** ist jedes Handeln oder Unterlassen, das darauf abstellt, den ordnungsgemäßen Ablauf der Wahl zu erschweren oder die Wahl als solches zu verhindern, vgl. auch BVerwG 29.08.2000 – 6 P 7.99 –). Auf ein Verschulden oder eine Behinderungsabsicht kommt es dabei nicht an. Hiervon abzugrenzen ist die bloße **Wahlbeeinflussung durch zulässige Wahlwerbung** (vgl. hierzu OVG NRW 10.11.2005 – 1 A 5076/04.PVL; VG Düsseldorf 18.12.2008 a.a.O. und Rn. 7 f. sowie Bülow, § 1 WO-LPVG NRW Rz. 4 m.w.N.). „**Niemand** darf die Wahl behindern." Damit ist bewirkt worden, dass der ungestörte Wahlablauf weitreichend gesichert worden ist, denn der Wahlschutz richtet sich insoweit nicht nur gegen die Dienststellen, sondern gegen jedermann (vgl. auch OVG NRW 10.11.2005 – 1 A 5076/04.PVL –). Das **Verbot für Personalratsmitglieder**, spezifisch unter Nutzung der durch das Personalratsamt zur Verfügung gestellten Darstellungs- und Wirkungsmöglichkeiten zu werben (vgl. BVerwG 19.9.2012 – 6 A 7.11 –), gilt nicht nur für die Werbung für andere Wahlkämpfer wie Gleichstellungsbeauftragte, sondern auch bei Wahlwerbung für sich selbst (vgl. BayVGH 28.01.2019 – 18 P 17.2228 –). 3

Eine **Wahlbehinderung** ist anzunehmen, wenn z.B. die Dienststelle den Wahlvorstand nicht über nahende Veränderungen im Geschäftsablauf unterrichtet (vgl. OVG NRW 14.04.2004 a.a.O.) oder wenn der Wahlvorstand einen Wahlberechtigten im Wahllokal zunächst die Möglichkeit der schriftlichen Wahl verweigert (vgl. OVG NRW 06.05.1996 – 1 A 4540/97.PVL –) oder wenn Mitglieder eines örtlichen Wahlvorstandes im Rahmen der Vorbereitung zur Gesamtpersonalratswahl sich des ausgelegten Wählerverzeichnis bemächtigen und sich der weiteren Wahlmitarbeit verweigern (vgl. OVG Berlin-Brandenburg 13.03.2014 – 60 PV 11.13 –). Entsprechendes gilt für den Umgang mit dem sog. Abstimmungsvorstand (vgl. § 15 Rz. 2). 4

Keine Wahlbehinderung ist z.B. die Ablehnung der Bestellung als Mitglied des Abstimmungs- oder Wahlvorstandes. Gleiches gilt für Plakatierungsvorgaben der Dienststelle im Hinblick auf bestimmte örtliche Stellen in der Dienststelle (vgl. hierzu BayVGH 17.07.1974 – Nr. 3 X 74 –). Die Dienststelle muss sich im Übrigen auch nicht jeder kritischen Äußerung über den Personalrat oder einzelne Mitglieder enthalten (vgl. Rz. 7 m.w.N.)! 5

6 **Praxistipp!**

Die Ausübung des aktiven Wahlrechts und auch der gesetzlich zugesprochene Schutz bei Arbeitszeitversäumnissen (vgl. § 21 Abs. 2 Satz 2, Rz. 19) führen nicht dazu, dass die Beschäftigten einfach während der Arbeitszeit ihren Arbeitsplatz ohne Weiteres verlassen dürfen, um z. B. an Vorabstimmungen teilzunehmen, eine Wahlvorstandstätigkeit auszuüben oder ihre Wahlstimme abzugeben! Hier gilt zu beachten, dass sie vielmehr eine Abmeldepflicht im Vorfeld gegenüber der Dienststelle bzw. gegenüber ihren Vorgesetzten aufweisen! In Vermeidung von Verwaltungsablaufstörungen könnte die Dienststelle also bereits von sich aus für den Wahltag eine Stimmabgabe organisieren, z. B. welche Abteilungen und Beschäftigten wann wählen oder im Vorfeld allein bzw. zusammen mit dem Personalrat entsprechende Informationen in der Dienststelle herausgeben.

7 Nach **Abs. 1 Satz 1 Alt. 2** darf auch niemand die Wahl „**in einer gegen die guten Sitten verstoßenden Weise beeinflussen**". Durch das Verbot der Wahlbeeinflussung soll die Entscheidungsfreiheit aller Personen, die an der Wahl des Personalrats beteiligt sind, geschützt werden (vgl. BVerwG 29.08.2000 – 6 P 7.99 –). Eine Wahlbeeinflussung kann jedes **aktive Tun** aber auch **Unterlassen** darstellen, das darauf abzielt, dass ein bestimmtes Wahlergebnis herbeigeführt wird. Zur Feststellung, ob ein Verstoß **„gegen die guten Sitten"** vorliegt, kann auf die in der Rechtsprechung entwickelten Grundsätze des § 138 BGB entsprechend zurückgegriffen werden (vgl. OVG NRW 27.10.1958 – VB 569/58 –).

Eine **sittenwidrige Wahlbeeinflussung** ist anzunehmen, wenn z. B. ein Beschäftigter einem Mitglied des Wahlvorstandes Geld anbietet, damit dieses seine Person bei der Wahlauszählung entsprechend positiv berücksichtigt (vgl. VG Düsseldorf 18.12.2008 – 34 K 4425/08.PVL –). Entsprechendes ist gegebenenfalls auch anzunehmen, wenn die Dienststelle einem oder einzelnen Wahlbewerbern vor oder während der Wahl bewusst und gewollt Sonderrechte einräumt, sodass diese dadurch einen gegen die guten Sitten verstoßenden (Wahl-)Vorteil erhalten (vgl. hierzu auch OVG NRW 10.11.2005 – 1 A 5076/04.PVL, das in dem dort zugrunde liegenden Fall bei der Zurverfügungstellung eines Outlookprogramms (noch) keine sittenwidrige Wahlbeeinflussung gesehen hat). Die Dienststelle muss sich ansonsten jedenfalls nicht jeder kritischen Äußerung über den Personalrat oder einzelne Mitglieder enthalten, sondern kann z. B. auch ihrerseits dazu aufrufen, eine „gescheite" Liste zu wählen und/oder aus ihrer Sicht geeignete Beschäftigte ansprechen, ob sie sich zur Wahl stellen wollen (vgl. entsprechend BAG 25.10.2017 – 7 ABR 10/16 – zum BetrVG). Für Sie und auch die sonstigen Beschäftigten gilt allerdings, dass die Verunglimpfung von (Mit-)Bewerbern, eine diffamierende wahrheitswidrige Wahlpropaganda und eine über die Sachlichkeit hinausgehende Schmähkritik unzulässig ist (vgl. BVerwG 27.06.2007 – 6 A 1.06 –). Die **Verwendung des Kennworts** „simply the best" überschreitet übrigens nicht die Grenze zur sittenwidrigen Wahlbeeinflussung (vgl. BayVGH 07.03.2017 – 17 P 16.2124 –). Die Frage „Haben Sie denn den Richtigen gewählt?" ist nach dem Ankreuzen des Stimmzettels und dessen Kuvertierung nicht zu beanstanden (so VG Berlin 30.01.2019 – 71 K 8/18 –). Zur **Verwechslungsgefahr bei der Verwendung ähnlicher Kennwörter oder Schreibweisen** siehe Bülow, § 8 WO-LPVG NRW Rz. 21 m. w. N.

Zur Frage der **Durchführung und Ausgestaltung von Gewerkschaftswerbung** in der Dienststelle vgl. § 3 Rz. 10. und 12. 8

Nach **Abs. 1 Satz 2 „darf keine wahlberechtigte Person an der Ausübung des aktiven und passiven Wahlrechts beschränkt werden**". Damit hat der Gesetzgeber einen besonders wichtigen Teil des Wahlbehinderungs- oder Wahlbeeinflussungsverbotes genannt. Damit erlangen an dieser Stelle also die zuvor dargestellten Grundsätze entsprechende Geltung (vgl. Abs. 1 Satz 1 und 2, Rz. 3 ff.). Eine Beschränkung des Wahlrechts bezieht sich sowohl auf **Maßnahmen, die vor, bei und auch nachträglich zu einer Wahl erfolgen**. In der Praxis können das Maßnahmen wie Versetzungen, Abordnungen oder angeordnete Dienste sein, wenn diese nur zu dem Zweck angeordnet worden sind, dass ein Beschäftigter dadurch gehindert wird, sein aktives oder passives Wahlrecht auszuüben. 9

Wichtig! 10

Das Beschränkungsverbot nach Abs. 1 Satz 2 führt nicht dazu, dass die Dienststelle solche wie die zuvor beispielhaft aufgezählten Personal- bzw. Dienstmaßnahmen nicht während der Wahlzeit vornehmen darf. Die Dienststelle sollte allerdings bei der Vornahme derartiger Maßnahmen in bzw. zu einem solchen Zeitpunkt besonders darauf achten, dass ihnen sachlich notwendige dienstliche Bedürfnisse zugrunde liegen und diese von ihr im Streitfall dargelegt und bewiesen werden können!

Zum besonderen **Schutz des Arbeitsplatzes von Personalratsmitgliedern** vgl. die Ausführungen zu § 43.

Eine **Beschränkung des Wahlrechts ist anzunehmen**, wenn z. B. einem Beschäftigten verboten wird, an einer Wahl teilzunehmen oder zu kandidieren bzw. ihm Nachteile angedroht werden, falls er seine bereits erfolgte Wahlaufstellung nicht wieder zurücknimmt. 11

Keine Beschränkung des Wahlrechts ist anzunehmen, wenn z. B. ein Beschäftigter zwar aufgrund einer notwendigen Dienstreise am Wahltag an einer (direkten persönlichen) Teilnahme gehindert ist, aber vorab von der 12

Möglichkeit der Briefwahl (§ 16 WO-LPVG NRW) hätte Gebrauch machen können.

13 Nach **Abs. 1 Satz 3** gesteht der **des Wahlvorstandes und Wahlbewerbern** den gleichen **Arbeitsplatzschutz** zu, wie er Personalratsmitgliedern nach § 43 zukommt. Damit genießen sie nach § 21 Abs. 1 Satz 3 i.V.m. § 43 Abs. 2 vor allem zunächst einen relativen Kündigungsschutz (vgl. hierzu § 43, Rz. 31). Ab dem Zeitpunkt der Bestellung gilt für sie sodann der volle Kündigungsschutz nach § 15 Abs. 3 KSchG. Für **Ersatzmitglieder des Wahlvorstandes** entsteht der volle Kündigungsschutz erst, wenn sie für ein ausgeschiedenes Mitglied des Wahlvorstandes nachgerückt sind. Er beginnt an dem Tag, an dem das ordentliche Mitglied des Wahlvorstandes ausgeschieden oder zum ersten Mal verhindert ist gewesen ist. Im Falle einer Urlaubsvertretung beginnt er am ersten Tag der Urlaubsabwesenheit zum Zeitpunkt des gewöhnlichen Arbeitsbeginns des verhinderten ordentlichen Wahlvorstandsmitgliedes (vgl. entsprechend BAG, 08.09.2011 – 2 AZR 388/11 – zum BetrVG). Wenn zum Zeitpunkt des Verhinderungsfall eine Sitzung des Wahlvorstandes terminiert ist, so beginnt der Schutz grundsätzlich bereits mit der Ladung zur Sitzung, mit der sich das Ersatzmitglied adäquat darauf vorbereitet (vgl. entsprechend BAG, E.v. 17.01.1979 – 5 AZR 891/77 – zum BetrVG). Der besondere Schutz für Ersatzmitglieder ist unabhängig davon, ob während der Vertretungszeit auch tatsächlich Vertretungstätigkeiten anfallen. Siehe zum Ganzen auch Bülow, § 1 WO-LPVG NRW Rn. 80 m.w.N.

III. Wahlkosten

14 Abs. 2: Nach **Abs. 2 Satz 1** trägt die Dienststelle die „**Kosten der Wahl**". Davon umfasst sind alle sachlichen und personellen Kosten, d.h. alle Ausgaben, die in Durchführung der §§ 10 – 22 LPVG NRW und der WO-LPVG NRW notwendig entstehen (vgl. hierzu auch BVerwG 25.02.1983 – 6 P 41.79 –).

15 Um eine ordnungsgemäße Wahl des Personalrates zu ermöglichen, entstehen somit **sachliche Kosten**, z.B. durch die Zurverfügungstellung von Wählerverzeichnissen, Stimmzetteln, Unterlagen für die Briefwahl, Wahlräumen, Wahlurnen und Wahlkabinen sowie Flugblätter im Rahmen des Wahlkampfes. Neben solchen Kosten des Geschäftsbedarfs für die Durchführung des Wahlverfahrens zählen zu den sachlichen Kosten aber auch die Kosten eines personalvertretungsrechtlichen Beschlussverfahrens zur Klärung der ordnungsgemäßen Wahldurchführung (vgl. BAG 08.04.1992 – 7 ABR 56/91 –).

16 Wenn **Mitglieder des Wahlvorstandes** zur Erfüllung ihrer gesetzlichen Aufgaben notwendigerweise an Schulungsveranstaltungen teilnehmen,

stellen die finanziellen Aufwendungen hierfür **personelle Kosten** der Wahl dar (vgl. BAG 07.06.1984 – 6 AZR 3/82 –). Entsprechendes gilt für notwendige Reisekosten von Mitgliedern eines Wahlvorstandes (vgl. § 21 Abs. 2 Satz 2 i. V. m. § 40 Abs. 1 Satz 2 u. 3 und § 40 Rz. 11) oder für die Bezahlung von Schreibkräften des Wahlvorstandes (vgl. auch Bülow, § 1 WO-LPVG NRW, Rz. 85 ff.).

Die Kosten der Wahl umfassen aber nicht nur die Vorbereitung und Durchführung des Wahlverfahrens, sondern auch die **Nachbereitung des Wahlverfahrens**, sodass Beschäftigte gegenüber der Dienststelle einen Anspruch auf Freistellung von außergerichtlichen Kosten eines Wahlanfechtungsverfahrens haben können (vgl. BVerwG 29.08.200 – 6 P 7.99 –). 17

Keine Kosten der Wahl stellen **mittelbare Kosten** wie z. B. Kosten für Wahlplakate und Flugblätter dar. Denn sie sind nicht durch die Wahl selbst veranlasst worden. 18

Nach **Abs. 2 Satz 2** besteht eine **Gehalts- und Lohngarantie.** Der Gesetzgeber schützt diejenigen, die das Wahlrecht ausüben vor finanziellen Nachteilen. Arbeitszeitversäumnisse, die im Zusammenhang mit der Wahl und dabei z. B. auch im Rahmen einer Vorabstimmung (vgl. § 4 WO-LPVG NRW) entstehen, haben keine Minderung der Lohn- oder Gehaltsbezüge zur Folge (vgl. auch entsprechend BAG 29.06.1988 – 7 AZR 651/87 – zum BetrVG und zu Überstunden von Mitgliedern des Wahlvorstandes). Dieser Schutz gilt nicht nur für die Teilnehmer an den in § 17 Abs. 2 und in den §§ 18 und 20 genannten Personalversammlungen oder für Personen, die sich im Wahlvorstand betätigen, sondern auch für alle Wähler und Wahlhelfer (§ 1 Abs. 1 WO-LPVG NRW). Eine Dienstbefreiung und Fahrtkostenerstattung nach § 47 Satz 3 und 4 kommen nicht in Betracht, da die vorliegende Vorschrift im Hinblick auf Veranstaltungen im Zusammenhang mit der Wahl als lex specialis eine abschließende Regelung trifft (so auch Cecior u. a., § 21 Rn. 54; a. A. Fitting u. a., § 20 Rn. 46 zum BetrVG und den dortigen Wahl- und Betriebsversammlungen). 19

Nach **Abs. 2 Satz 3** gelten für die Mitglieder des Wahlvorstandes § 40 Abs. 1 Satz 2 sowie § 42 Abs. 2 Satz 2 und Abs. 5 entsprechend. 20

IV. Rechtliche Auseinandersetzungen

Die Fragen, ob ein **Verstoß gegen § 21 Abs. 1** vorliegt und/oder, ob von der Dienststelle **Kosten nach § 21 Abs. 2** getragen werden müssen, sind im personalvertretungsrechtlichen Beschlussverfahren vor dem Verwaltungsgericht zu klären. 21

22 Wenn **Versetzungen, Kündigungen oder Geldzahlungen** im Hinblick auf ihre Rechtmäßigkeit von Beschäftigten infrage gestellt werden, sind für die insoweit betroffenen Arbeitnehmer die Arbeitsgerichte und für betroffene Beamte die Verwaltungsgerichte im Verfahren nach der VwGO zuständig.

§ 22 (Wahlanfechtung)

(1) Mindestens drei wahlberechtigte Beschäftigte, jede in der Dienststelle vertretene Gewerkschaft oder die Dienststelle können innerhalb von zwei Wochen nach dem Tage der Bekanntgabe des Wahlergebnisses die Wahl beim Verwaltungsgericht anfechten, wenn gegen wesentliche Vorschriften über das Wahlrecht, die Wählbarkeit oder das Wahlverfahren verstoßen worden und eine Berichtigung nicht erfolgt ist, es sei denn, dass durch den Verstoß das Wahlergebnis nicht geändert oder beeinflusst werden konnte.

(2) Wird die Wahl des Personalrats oder einer Gruppe mit Erfolg angefochten, so setzt die oder der Vorsitzende der Fachkammer des Verwaltungsgerichts einen Wahlvorstand ein. Wird die Wahl einer Gruppe mit Erfolg angefochten, so ist der Wahlvorstand aus Angehörigen dieser Gruppe zu bilden. Der Wahlvorstand hat unverzüglich eine neue Wahl einzuleiten. Bis zur Neuwahl nimmt er die dem Personalrat oder der Gruppe nach diesem Gesetz zustehenden Befugnisse und Pflichten wahr.

(3) Im Falle des Absatzes 2 Satz 1 bleiben die vom Personalrat oder von der Gruppe bis zum Eintritt der Rechtskraft des die Ungültigkeit oder Nichtigkeit feststellenden Urteils gefassten Beschlüsse rechtswirksam.

Gliederung

I. Einleitende Bemerkungen

1 In dieser Vorschrift ist die abschließende **Anfechtung der Wahl von Personalvertretungsorganen des LPVG NRW** geregelt. Eine entsprechende Anwendung erfährt die Vorschrift im Übrigen über § 177 Abs. 6 Satz 2 SGB IX für die **Anfechtung der Wahl der Schwerbehindertenvertretung**. Zur Geltendmachung einer Wahlnichtigkeit vgl. Rz. 32b. Siehe zu alledem auch **Bülow, Die Wahlanfechtung – Das Wichtigste im Überblick**, PersV 2016,

250 ff. und **Bülow, Die Anfechtung einer Personalratswahl – Theorie & Praxis?**, ZTR 2020, 495 m. w. N. Zur ordnungsgemäßen Durchführung der Personalratswahl siehe auch die gesonderte **Kommentierung von Bülow zur WO-LPVG NRW** und zusammenfassend **Bülow, Die Personalratswahl in Nordrhein-Westfalen**, DöD 2024, S. 27 ff. und zum BPersVG **Bülow, Die Vorbereitung und Durchführung der Personalratswahl**, PersV 2020, 3 ff.

II. Wahlanfechtung

Abs. 1: Die Vorschrift regelt die formellen und materiellen Voraussetzungen für die Wahlanfechtung. 2

Regelungen:

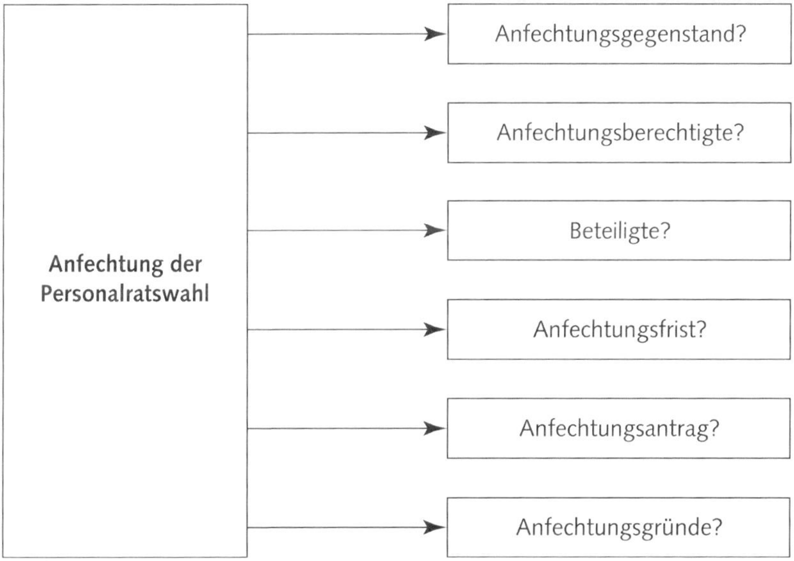

Anfechtungsgegenstand ist grundsätzlich die Wahl des Personalrats. Insoweit kann sowohl die gesamte Gültigkeit der Wahl (**Gesamtanfechtung**) als auch nur ein Teil der Wahl (**Teilanfechtung**) angegriffen werden (vgl. zu den Voraussetzungen für den letztgenannten Fall BVerwG 23.01.1959 – VII P 2.58, OVG NRW 08.06.1977 – CB 17/76 – und entsprechend BAG 28.04.2021 – 7 ABR 20/20 zur Betriebsratswahl). Des Weiteren kann die Wahlanfechtung auch auf die **Gültigkeit der Wahl innerhalb einer Gruppe** gerichtet werden (vgl. BVerwG 06.06.1991 – 6 P 8.89 –, OVG NRW 3

07.08.1998 – 1 A 777/97.PVL – und OVG Sachsen-Anhalt 03.05.2016 – 5 L 6/15 –). Wenn nur ein einziges Personalratsmitglied gewählt wurde und es sich dabei um das einzige Mitglied einer Gruppe handelt, kann auch diese Wahl angefochten werden (vgl. BVerwG 08.06.1962 – VII P 7.61 –).

4 **Weitere Anfechtungsgegenstände** können aber auch sein:

- Wahl der Stufenvertretung (§ 50 Abs. 3 Satz 1 i. V. m. § 22)
- Wahl des Gesamtpersonalrats (§§ 53, 50 Abs. 3 Satz 1 i. V. m. § 22)
- Wahl der JAV (§§ 57, Abs. 1 Satz 2, 60 Abs. 1 Satz 2 und Abs. 2 Satz 2 i. V. m. § 22)
- Wahl der Schwerbehindertenvertretung (§ 177 SGB IX i. V. m. § 22).

5 **Keinen Anfechtungsgegenstand** stellen **Wahlen innerhalb der Personalvertretungen** dar, z. B. die Wahl der Vorsitzenden Person des Personalrates (vgl. BVerwG 04.10.2005 – 6 P 12.04 –). Denn dabei handelt es sich nicht um Wahlen im personalvertretungsrechtlichen Sinne, sondern um Akte der Geschäftsführung (vgl. auch § 29 Rz. 2 ff.). Die **Bestellung des Wahlvorstands** (§§ 17 ff.) und die **Bestimmung der Mitglieder des Wirtschaftsausschusses** (vgl. § 65a Rz. 42) sowie **der Beisitzer der Einigungsstelle** (§ 67 Abs. 3) scheiden in Ermangelung eines Verweises auf § 22 als Anfechtungsgegenstand ebenfalls aus.

6 **Anfechtungsberechtigt** sind nach Abs. 1 entweder mindestens drei wahlberechtigte Beschäftigte, jede in der Dienststelle vertretene Gewerkschaft oder die Dienststelle selbst. Die Anfechtungs- bzw. Antragsberechtigung im Beschlussverfahren über eine Wahlanfechtung stellt eine spezifische Verfahrensvoraussetzung dar, die in jedem Verfahrensstadium, mithin von der Einleitung des Wahlanfechtungsverfahrens bis zum Zeitpunkt der letzten mündlichen Anhörung in der Rechtsbeschwerdeinstanz, gegeben sein muss, d. h. das Wahlanfechtungsverfahren muss von Wahlanfechtungsberechtigten eingeleitet werden, deren Präsenz während dessen gesamter Dauer erforderlich ist (vgl. BVerwG 21.06.2023 – 5 PB 8.22 –).

7 Die **„drei wahlberechtigten Beschäftigten“** (zum Beschäftigtenbegriff vgl. die Ausführungen zu § 5) müssen, um eine Anfechtungsberechtigung aufzuweisen, zumindest am Wahltag das aktive Wahlrecht i. S. d. § 10 aufgewiesen haben (vgl. BVerwG 29.11.1983 – 6 P 22.83 –). Ein späterer **Wegfall der Wahlberechtigung**, d. h. im Verlauf der eingeleiteten Wahlanfechtung, lässt die Anfechtungsbefugnis nicht entfallen (vgl. BVerwG 24.02.2015 – 5 P 7/14 –). Die Ausübung des Personalratsamtes steht der Anfechtungsbefugnis nicht entgegen, sodass auch **Personalratsmitglieder** einen Wahlanfechtungsantrag stellen können (vgl. LAG Hamm 26.02.1976 – 8 Ta BV 74/75 –). Auch die **Gruppenangehörigkeit** ist unerheblich (vgl. BVerwG 15.05.2002 – 6 P 18.01 –).

Im Fall der **Wahlanfechtung innerhalb einer selbstständigen Dienstelle** i. S. d. § 1 Abs. 3 (vgl. § 1 Rz. 5) ist erforderlich, dass die Anfechtenden dort auch wahlberechtigt gewesen sind. Dementsprechend muss auch vor allem die Stufenvertretung oder die Jugend- und Auszubildendenvertretung dort vorhanden gewesen sein, wenn deren Wahl angefochten werden soll. 8

Die **Mindestzahl von drei Anfechtungsberechtigten** (Mindestquorum) ist zwingend. Sie muss sowohl bei der Einleitung des Wahlanfechtungsverfahrens als auch während des gesamten Verfahrens gegeben sein (vgl. BVerwG 08.02.1982 – 6 P 43.80 – und VG München 02.11.2021 – M14 P 21.2801 – zu einer Einzelanfechtung). Wenn Letzteres also nicht mehr der Fall ist, weil z. B. bei einer Gesamtzahl von drei Antragenden ein antragsbeteiligter Beschäftigter seine Antragsbeteiligung aufgibt, führt dies zur **Unzulässigkeit** (vgl. BAG 10.06.1983 – 6 ABR 50/82 –). Vertretbar erscheint allerdings, das Letzteres dann nicht der Fall ist, wenn das durch das Ausscheiden unterlaufene Mindestquorum noch in der Laufzeit der Anfechtungsfrist durch den Eintritt einer anderen wahlberechtigten Person i. S. d. § 22 Abs. 1 wiederhergestellt wird (so auch Cecior u. a. § 22 Rn. 25 m. w. N.; a. A. Lorenzen u. a., § 25 Rn. 18a – Stand LBS 11/2023). 9

Weiterhin ist auch **„jede in der Dienststelle vertretene Gewerkschaft“** (vgl. § 2 Rz. 13) und jeder in der Dienststelle vertretene **Berufsverband i. S. d. §§ 2 Abs. 3, 110,** der einer gewerkschaftlichen Spitzenorganisation angeschlossen ist (vgl. § 110 Rz. 3 f.), anfechtungsberechtigt. Sollten diese eine Wahl nicht selbst angefochten haben, so gilt es zu beachten, dass sie im Späteren nicht berechtigt sind, sich an einem von dritter Seite eingeleiteten Wahlanfechtungsverfahren zu beteiligen und dort Rechtsmittel einzulegen (vgl. BVerwG 08.07.1977 – VII P 28.75 –). Zu den Verfahrenskosten einer Gewerkschaft oder eines Berufsverbandes vgl. Rz. 40. 10

Für eine **Wahlanfechtung in einer verselbstständigten Dienststelle** i. S. d. § 1 Abs. 3 (vgl. § 1 Rz. 9) ist erforderlich, dass die Gewerkschaft dort auch vertreten ist. 11

Keine Anfechtungsberechtigung weisen **Gewerkschaftliche Spitzenorganisationen** auf (vgl. § 12 TVG und BVerwG 11.02.1981 – 6 P 20.80 –). 12

Letztlich besteht auch eine Anfechtungsberechtigung der **„Dienststelle“** (vgl. zum Begriff § 1 Rz. 5). Dabei ist die Berechtigung nicht an die Person des jeweiligen Dienststellenleiters gebunden, sodass ein Personenwechsel auch keinen unzulässigen Einfluss auf ein bereits eingeleitetes Anfechtungsverfahren hat (vgl. BVerwG 06.02.1979 – 6 P 14.78 und OVG Niedersachsen 09.11.2011 – 18 LP 10/10 –). 13

14 **Praxistipp!**

Die Dienststelle kann sich bei der Wahlanfechtung durch die in § 8 Abs. 1 Satz 2 und 3 aufgeführten Personen vertreten lassen. Ungeachtet dessen muss nach außen aber dennoch stets als „richtiger" Antragsteller die Dienststelle als solches in Erscheinung treten. Deshalb muss der Anfechtungsantrag stets im Namen des Dienststellenleiters für die Dienststelle erfolgen. Etwaige Vertreter müssen dabei ihre Vertretung kenntlich machen (Unterzeichnung mit „i. V.")!

15 Bei einer **verselbstständigten Dienststelle** i. S. d. § 1 Abs. 3 (vgl. § 1 Rz. 9) gilt es zu beachten, dass grundsätzlich nur deren **Neben- oder Teildienststellenleiter** und nicht der Leiter der Gesamtdienststelle anfechtungsberechtigt. Der Letztgenannte kann die Wahl allerdings nur dann anfechten, wenn die gesamte Neben- oder Teildienststelle seiner Weisungsbefugnis untersteht (vgl. OVG NRW 30.10.2009 – 16 A 1027/09.PVB –) oder wenn es um eine Wahlanfechtung geht, die auf die Unwirksamkeit des Verselbstständigungsbeschlusses gestützt wird (vgl. BVerwG 07.01.2003 – 6 P 7.02 – und vorab ebenso OVG NRW 19.03.0202 – 1 A 1118/01.PVB –) oder wenn er seine Wahlanfechtung mit der fehlenden Personalratsfähigkeit der durch Beschluss verselbstständigten Neben- oder Teildienststelle begründet (vgl. OVG Sachsen 10.04.2013 – PL 9 A 891/11 –). In allen anderen Fällen, in denen er die dortige Wahl für anfechtbar hält, kann er zwar nicht selbst das Verfahren betreiben. Er kann aber aufgrund seiner generellen Verantwortung für die Geschehnisse in der gesamten Dienststelle immerhin den Neben- oder Teildienststellenleiter dazu anweisen, die Wahl anzufechten. (siehe hierzu auch OVG NRW 05.04.2023 – 33 B 287/23. PVB). **Für die Anfechtung der Wahl des Personalrats einer Teildienststelle, die auf eine Fehlerhaftigkeit des Verselbstständigungsbeschlusses gestützt wird, besteht nur dann ein Rechtsschutzbedürfnis, wenn zugleich auch die Wahl des Personalrats der Hauptdienststelle angefochten wird** (vgl. OVG NRW 30.03.2023 – 33 A 2885/21.PVB)!

16 Als **Beteiligte** an dem Wahlanfechtungsverfahren nehmen neben den bzw. dem Anfechtenden/m selbst stets sowohl der Personalrat als auch der Dienststellenleiter teil. **Kein Beteiligter** ist der Wahlvorstand (vgl. BVerwG 18.04.1978 – 6 P 4.78 –), die Schwerbehindertenvertretung oder die Gleichstellungsbeauftragte (siehe zu Letzterer auch die gesonderte Kommentierung von Bülow zum LGG NRW). Die Beteiligtenfähigkeit im personalvertretungsrechtlichen Beschlussverfahren liegt vor, wenn die im Beschlussverfahren begehrte Entscheidung die sich aus dem Personalvertretungsrecht ergebende Rechtsstellung einer Person oder Stelle unmittelbar berührt (vgl. BVerwG 04.07.2022 – 5 PB 12.21 –).

Die Wahlanfechtung durch die **Geschäftsleitung einer gemeinsamen Einrichtung** steht nur der Geschäftsleitung insgesamt zu und muss im Anfechtungsantrag auch durch eine entsprechende Bezeichnung der Anfechtenden oder einen ausdrücklichen Vertretungshinweis zum Ausdruck kommen (vgl. BVerwG 24.02.2015 – 5 P 1.14 –). 16a

Die Wahl kann nur innerhalb der **Anfechtungsfrist von zwei Wochen** angegriffen werden. Die Frist berechnet sich dabei vom Tag der Bekanntgabe des Wahlergebnisses an. Der **Fristenlauf beginnt** also mit dem Aushang des Wahlergebnisses (vgl. § 20 Abs. 3 Satz 1 LPVG NRW und § 21 Satz 3 WO-LPVG NRW. Zu den einzelnen Bekanntgabemöglichkeiten vgl. auch BVerwG 23.10.2003 – 6 P 10.03 –). Für die in der Dienststelle vertretenen Gewerkschaften und für den Dienststellenleiter bestimmt sich im Hinblick auf einen einheitlichen Fristenbeginn dieser ebenfalls nach dem Aushang des Wahlergebnisses und nicht nach dem Zeitpunkt der nach § 20 Abs. 3 Satz 2 vorgesehenen abschriftlichen Übersendung der Niederschrift (vgl. entsprechend BayVGH 24.04.1991 – 17 P 91.384 –). 17

Die **Berechnung der Frist** richtet sich nach den §§ 187 ff. BGB (vgl. auch § 48 WO-LPVG NRW).

Beispiele:

1. Bei einem Aushang des Wahlergebnisses an einem Donnerstag ist das Fristende am Donnerstag der übernächsten Woche (§§ 187 Abs. 2, 188 Abs. 2 BGB).
2. Bei einem Wahlaushang an einem Samstag ist der Fristablauf am Montag der überübernächsten Woche (§ 193 BGB).

Zur **Wahrung der Anfechtungsfrist** muss der begründete (vgl. Rz. 22 ff.) **Antragseingang am letzten Tag der Frist** beim zuständigen Verwaltungsgericht (vgl. Rz. 19) bewirkt werden. Es muss also entweder der schriftlich selbst erstellte Antrag dort fristwahrend eingereicht oder mündlich zur Niederschrift der Geschäftsstelle gestellt werden. Es besteht **keine Möglichkeit der Fristverlängerung**! Denn es handelt sich um eine gesetzliche Frist i. S. d. § 224 Abs. 2 ZPO für die kein gesetzlich bestimmter Verlängerungsfall vorgesehen ist. Dementsprechend kann ein innerhalb der Anfechtungsfrist eingeschränkt gestellter Wahlanfechtungsantrag nicht nach Ablauf der Anfechtungsfrist erweitert werden (vgl. BVerwG 13.05.1998 – 6 P 9.97 –). Ein Antrag auf Berichtigung des Wahlergebnisses kann nach Ablauf der Anfechtungsfrist auch nicht um einen auf die Ungültigkeit der Wahl gerichteten Antrag (vgl. Rz. 20) erweitert werden (vgl. VGH Baden-Württemberg 07.06.2011 – PL 15 S 147/11 –). 18

Die **Zuständigkeit des Verwaltungsgerichts** richtet sich nach dem Sitz der Dienststelle, in der die anzufechtende Wahl stattgefunden hat (vgl. auch 19

§ 79 Rz. 2ff. und die dortige Übersicht zu den Verwaltungsgerichten in NRW). Wenn der rechtzeitig eingehende Antrag an ein unzuständiges Verwaltungsgericht gestellt wird, verweist dieses ihn an das zuständige Verwaltungsgericht nach § 79 Abs. 2 i.V.m. §§ 80 Abs. 3, 48 Abs. 1 ArbGG und §§ 17ff. GVG, sodass die Anfechtungsfrist gewahrt wird (vgl. auch zum BetrVG: BAG 15.07.1960 – 1 ABR 3/59 –).

20 Der **Anfechtungsantrag** muss den Antragsgegenstand (vgl. Rz. 3) und den Anfechtungsumfang (vgl. Rz. 3 und 23a) unzweifelhaft erkennen lassen (vgl. hierzu auch BVerwG 08.05.1992 – 6 P 9.91 –). Er ist als Gestaltungsantrag zu stellen (vgl. BVerwG 06.06.1991 – 6 P 8.89 –), z.B. mit dem Ziel der „Ungültigkeitserklärung der Wahl" oder der „Ungültigkeitserklärung eines bestimmten Teiles der Wahl oder der Wahl einer Gruppe" oder der „Berichtigung des Wahlergebnisses" (vgl. OVG NRW 10.02.1999 – 1 A 3656/97.PVL –). Ein Berichtigungsbegehren als Zulässigkeitsvoraussetzung für eine Wahlanfechtung ist nur zu fordern, wenn die Mängel oder Fehler ohne Weiteres wieder behoben werden können, ohne dass hierzu eine Wiederholung der gesamten Wahl erforderlich ist (vgl. OVG Sachsen 16.01.2020 – 9 A 380/19 –). Zur beantragten Feststellung der „Nichtigkeit der Wahl" vgl. Rz. 32b. Bei der Antragstellung gilt es das zwingende **Schriftformerfordernis** zu beachten (vgl. § 79 Abs. 2 i.V.m. § 81 Abs. 1 ArbGG) und damit vor allem auch das Vorliegen einer eigenhändigen Unterschrift des Antragstellers (z.B. bei einer kommunalen Dienststelle, die des Bürger- bzw. Oberbürgermeisters) oder seines Bevollmächtigten (z.B. bei einer kommunalen Dienststelle, die des Fachbereichsleiters für den Bereich Personal und Service oder extern bevollmächtigten Rechtsvertreter des KAV NW bzw. Anwalt). Wenn die Anfechtung durch einen Verfahrensbevollmächtigten betrieben wird, kann dessen Bevollmächtigung auch noch nach dem Ablauf der Anfechtungsfrist (vgl. Rz. 17f.) dem Verwaltungsgericht nachgereicht werden (vgl. OVG Berlin-Brandenburg 07.10.2010 – OVG 60 PV 11.09 –).

21 **Formulierungsbeispiele:**

1. Die Antragstellerin beantragt, die am ... durchgeführte Wahl des Personalrats der Gemeinde ... für ungültig zu erklären.
2. Die Antragstellerin beantragt, dass das festgestellte Wahlergebnis der am ... durchgeführten Wahl des Personalrats der Gemeinde ... wie folgt berichtigt wird: ...

22 Die **Antragsschrift** bzw. die zur Niederschrift der Geschäftsstelle erfolgenden Ausführungen müssen neben dem Antrag auch eine **Begründung der Wahlanfechtung** enthalten (vgl. BVerwG 08.05.1992 – 6 P 9.91 – und OVG NRW 14.08.2014 – 20 A 1888/13.PVL –). Dabei muss im Minimum wenigstens ein relevanter Einzelsachverhalt vorgetragen werden, der als tragfähiger An-

fechtungsgrund i.S.d. Abs. 1 Satz 1 nicht von vornherein ausscheidet (vgl. auch OVG NRW 26.06.1998 – 1 A 315/98.PVL – und 14.08.2014 a.a.O.). Ist diesen Anforderungen Genüge getan, kann die Wahl im späteren auch aus Gründen für ungültig erklärt werden, die erst nach Ablauf der Anfechtungsfrist (vgl. Rz. 17f.) geltend gemacht oder festgestellt werden (vgl. BVerwG 13.05.1998 – 6 P 9.97 –). Eine unzulässige Begründung innerhalb der zur Verfügung stehenden Antragsfrist (vgl. Rz. 17) wird durch die Aufforderung des Gerichts zur Nachreichung der Begründung nicht zulässig (vgl. OVG NRW 26.06.1998 a.a.O.). Die gerichtliche Überprüfung der Wahl ist im Übrigen nicht auf die vom Wahlvorstand im Wahlverfahren oder den Beteiligten geltend gemachten Gründe begrenzt. Vielmehr sind alle Gründe einer gerichtlichen Überprüfung zugänglich, die als möglicher Verstoß in Betracht kommen und die zur Begründung des Wahlanfechtungsantrags führen können (vgl. BVerwG 23.02.2018 – 5 PB 6.17 – u. Anm. v. Bülow, ZTR 2019, S. 252 –).

Formulierungsbeispiel: 23

Bei der Personalratswahl vom ... wurde gegen eine wesentliche Vorschrift über ... (z.B. das Wahlrecht) verstoßen. Es haben ... (Personen benennen ...) fälschlicherweise an der Wahl teilgenommen, obwohl aus den nachbenannten Gründen für sie keine Wahlberechtigung nach § 10 LPVG NRW bestanden hat: ...

Muster 3: Antragsschrift zur Wahlanfechtung 23a

Zur **Ermittlung des Anfechtungsumfanges** durch (1. Prüfung) Auslegung anhand des Antragswortlautes, (2. Prüfung) des Streitanlasses und (3. Prüfung) des zur Begründung Vorgetragenen vgl. BVerwG 06.06.1991 – 6 P 8.89 –. Zur gerichtlichen Amtsermittlung und dem bestehenden rechtlichen Gehör bei Wahlanfechtungen vgl. BVerwG 29.01.2020 –1 WRB 6.18 –. 23b

Ein zulässiger Anfechtungsantrag setzt daneben vor allem auch ein **Rechtsschutzinteresse** voraus. Dieses ist als allgemeine Zulässigkeitsvoraussetzung vom Verwaltungsgericht in jeder Verfahrenslage, d.h. also auch noch in der Rechtsbeschwerdeinstanz von Amts wegen zu prüfen. Es entfällt mit Ablauf der Amtszeit des Personalrates, dessen Wahl angefochten wird (vgl. OVG NRW 14.04.2004 – 1 A 4408/02 –). Gleichwohl kann aber ein Rechtsschutzinteresse für die Feststellung der Wahlungültigkeit vorhanden sein, wenn eine hohe Wiederholungsgefahr im Hinblick auf den die Wahlanfechtung auslösenden Vorgang besteht und die sich daran anknüpfenden Rechtsfragen sich aller Voraussicht nach erneut stellen werden (vgl. BVerwG 13.07.2011 – 6 P 16.10 –). Der Antragsteller muss in diesem Fall dann eine Antragsumstellung, hin zu einem abstrakten (Status-)Feststellungsantrag vornehmen. Ein Rücktritt des Personalrates mit dem Ziel eine Neuwahl zu erzwingen lässt das Rechtsschutzinteresse für eine Wahlanfechtung nicht 23c entfallen (vgl. OVG NRW 07.08.1998 – 1 A 777/97.PVL –). Anders verhält es sich hingegen, wenn im Rahmen eines Anfechtungsverfahrens und dabei während des laufenden Nichtzulassungsbeschwerdeverfahrens der Personalrat zurückgetreten ist, eine Neuwahl stattgefunden und das Wahlergebnis bekanntgegeben wurde (vgl. BVerwG 08.07.2015 – 5 PB 19.14 –).

24 Die **Wahlanfechtung ist begründet**, wenn gegen wesentliche Vorschriften über das Wahlrecht, die Wählbarkeit oder das Wahlverfahren verstoßen wurde und eine Berichtigung nicht erfolgt ist. Weiter muss der Verstoß das Wahlergebnis geändert oder beeinflusst haben können. Diese Voraussetzungen müssen kumulativ vorliegen!

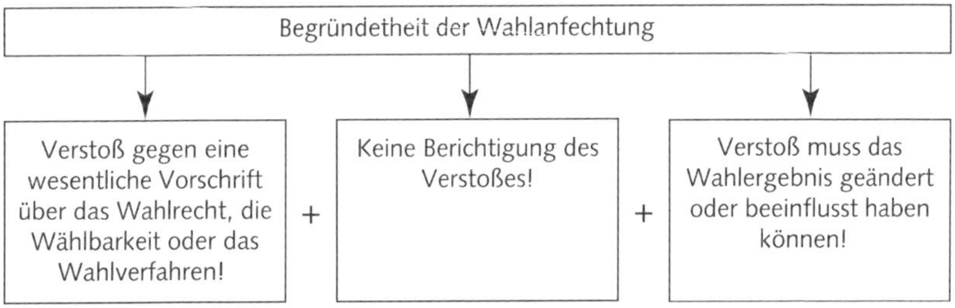

24a Die **Prüfung der Wahlanfechtung** gestaltet sich wie folgt:

25 **1. Prüfungsschritt:** In einem ersten Prüfungsschritt ist festzustellen, ob ein Verstoß gegen wesentliche Vorschriften über das Wahlrecht, die Wählbarkeit oder das Wahlverfahren vorliegt. Zur Feststellung der Nichtigkeit der Wahl vgl. Rz. 32b.

26 **„Wesentliche Vorschriften"** sind alle zwingenden Vorschriften („Muss-Vorschriften"), die zwingende Vorgaben machen und keine reinen Ordnungsvorschriften darstellen (vgl. BVerwG 26.11.1997 – 6 P 12.95 – und OVG NRW 29.01.1997 – 1 A 4826/96.PVL –). Vorschriften rechtlich nicht zwingender Natur (sog. „Soll-Vorschriften") wie z.B. die Berücksichtigung der Beschäftigungsarten (§ 14 Abs. 5) oder die Geschlechterrepräsentation (§ 14 Abs. 6) können damit regelmäßig keine Wahlanfechtung begründen, es sei denn, dass eine Vielzahl von ihnen verletzt wurde. Zu Abweichungen, die keinen vernünftigen und objektiv wichtigen Grund aufweisen, sodass der Anschein einer gesetzmäßigen Wahl nicht mehr vorliegt vgl. OVG NRW 10.02.1999 – 1 A 3658/97.PVL –.

27 Unter **„Vorschriften über das Wahlrecht"** sind diejenigen Vorschriften des LPVG NRW und der WO-LPVG NRW zu verstehen, die das aktive Wahlrecht betreffen. Insoweit ist vor allem auf § 10 hinzuweisen.

Beispiele:

- Wahlteilnahme von nicht wahlberechtigten Beschäftigten (vgl. BVerwG 27.04.1983 – 6 P17.81–)
- Wahlnichtteilnahme von wahlberechtigten Beschäftigten (vgl. BAG 29.01.1992 – 7 ABR 27/91 –)
- Wahlteilnahme von Gruppennichtangehörigen bei einer Gruppenwahl (vgl. BVerwG 26.10.1962 – VII P15.61 –)
- Unzulässige Verkürzung der Einreichungsfrist gem. § 7 Abs. 2 Satz 1 WO-LPVG NRW (vgl. OVG Rheinland-Pfalz 14.10.1992 – 4 A 10123/92 –)

Als wesentliche **„Vorschrift über die Wählbarkeit"**, d.h. das passive Wahlrecht betreffend, ist § 11 zu beachten. 28

Beispiele:

- Nichtzulassung eines Wahlberechtigten als Wahlbewerber (vgl. VG Düsseldorf 09.09.2013 – 33 K 4126/12. PVB –)
- Zulassung eines Wahlbewerbers bei bestehender Nichtwählbarkeit (vgl. OVG NRW 08.06.1977 – CB 17/76 –)

Als **Vorschriften über das Wahlverfahren** sind alle Regelungen des LPVG NRW und der WO-LPVG NRW zur Vorbereitung und zur Durchführung der Wahl anzusehen (vgl. hierzu auch BVerwG 26.11.1997 – 6 P 12.95 – und BVerwG 10.01.2007 – 6 PB 18.06 –). 29

Hier nur einige Beispiele:

- Falsche Sitzverteilung auf die Gruppen nach § 14 (vgl. BVerwG 20.06.1990 – 6 P 2.90 –)
- Verstößt gegen das Wahlgeheimnis nach § 16 Abs. 1 durch Einsichtnahme in die Wählerliste (vgl. BAG 06.12.2000 – 7 ABR 34/99 –)
- Nicht ordnungsgemäße Bestellung und/oder Zusammensetzung des Wahlvorstandes (vgl. BVerwG 27.11.1959 – VII P 18.58 –)
- Falsche Bestellung des Wahlvorstandes durch den Gesamtpersonalrat (vgl. OVG Sachen 29.01.2015 – PL 9 A 147/12 –)
- Beteiligung eines Beschäftigten als (vermeintliches) Wahlvorstandsmitglied bei der Wahldurchführung (vgl. OVG NRW 14.08.2014 –20 A 1888/13.PVL –)
- Fehlerhafte Feststellung des Wahlergebnisses nach § 20 Abs. 3 (vgl. BAG 15.11.2000 – 7 ABR 53/99 –)
- Fehlerhafte Funktionsbezeichnung „Personalrat" auf dem Stimmzettel nach § 14 WO-LPVG NRW (vgl. OVG NRW 27.06.1983 – CB 28/82 –)
- Unterlassen einer Wahlausschreibung nach § 6 Abs. 1 WO-LPVG NRW (vgl. BVerwG 27.04.1983 – 6 P 17.81 –)
- Annahme einer zu großen Anzahl von zu wählenden Personalratsmitgliedern nach § 6 Abs. 2 Satz 2 WO-LPVG NRW (vgl. BVerwG 24.02.2015 – 5 P 7/14 – und OVG NRW 10.02.1999 – 1 A 3656/97.PVL –)

- Berücksichtigung von ungültigen Stimmzetteln nach § 14 Abs. 3 WO-LPVG NRW mit handschriftlichen Anmerkungen (vgl. OVG NRW 29.11.1990 – CB 258/88 –)
- Nicht ordnungsgemäße Übersendung von Wahlunterlagen nach § 16 Abs. 1 WO LPVG (vgl. OVG NRW 16.12.1991 – CL 67/90 –)
- Nichtvorhandensein von Stimmzetteln im Wahllokal (vgl. BayVGH 13.02.1991 – 17 P 90.3750 –)
- Unzureichende Vorkehrungen zur geheimen Stimmabgabe (vgl. OVG Berlin-Brandenburg 23.08.2018 – OVG 60 PV 11.17 – und OVG Niedersachsen 08.02.2023 – 18 LP 4/21 –)
- Unzureichende Bezeichnung der Wahlvorschläge und Stimmzettel (vgl. VG Aachen 27.10.2016 – 16 K 1515/16.PVL –)
- Berücksichtigung von Stimmen außerhalb der Wahlurne (vgl. OVG Sachsen 01.03.2018 – 9 A 53/17.PVL –)
- Fehlerhafte Aufbewahrung von Wahlbriefen (vgl. OVG Berlin-Brandenburg 22.09.2022 – 62 PV 2/21 –)

30 **2. Prüfungsschritt:** Als zweite (kumulative) Voraussetzung ist zu prüfen, ob der Verfahrensverstoß im vorbenannten Sinne noch nicht durch eine **Berichtigung beseitigt** worden ist. Eine „**Berichtigung**" ist jeder tatsächliche Vorgang, durch den der aufgetretene Verfahrensverstoß und dabei insbesondere die Auswirkungen auf das Wahlergebnis insgesamt behoben wird (vgl. OVG NRW 22.01.1994 – 1 A 3698/94.PVL). Die Berichtigung erfolgt durch den Wahlvorstand, der durch entsprechenden Beschluss rechtzeitig zu handeln hat.

31 **Beispiele:**

Wenn der Wahlvorstand nach Ablauf der in § 7 und § 10 Abs. 2 Satz 1 WO-LPVG NRW genannten Fristen die Wahlvorschläge nicht ordnungsgemäß bekannt gegeben hat, weil er z. B. aufgrund eines redaktionellen Versehens einen Namen falsch geschrieben hat oder einen Vorschlag nicht aufgeführt hat kann er diesen Mangel noch berichtigen, wenn er dabei die Fristenvorgabe nach § 12 WO-LPVG NRW einhält.

32 **3. Prüfungsschritt:** Als dritte (kumulative) Voraussetzung ist sodann noch zu prüfen, ob die nicht berichtigte Verfahrensverletzung das Wahlergebnis geändert oder beeinflusst haben könnte. Für den Erfolg der Wahlanfechtung ist nicht erforderlich, das letztgenanntes im Tatsächlichen eingetreten ist (vgl. BVerwG 23.09.1966 – VII P 14.65 –). Es genügt vielmehr bereits die theoretische Möglichkeit einer Änderung oder Beeinflussung des Wahlergebnisses, wobei auf den konkreten Kausalzusammenhang zwischen dem Verfahrensmangel und dem Wahlergebnis abzustellen ist (vgl. OVG NRW 29.01.1997 – 1 A 4826/96.PVL –). Eine solche theoretische Möglichkeit wird jedenfalls nicht genügen die Anfechtung

zu begründen, wenn sie nach der allgemeinen Lebenserfahrung vernünftigerweise nicht in Betracht zu ziehen ist (vgl. BVerwG 23.09.1966 – VII P 15.65 – und 26.11.2008 – 6 P 7.08 –).

Beispiel:

Wenn ein nicht wahlberechtigter Beschäftigter fälschlicherweise zur Personalratswahl zugelassen wurde, muss berechnet werden, ob die Zahl der auf die einzelnen Wahlvorschläge entfallenen Sitze sich dadurch ändern würde, wenn auf den einzelnen Wahlvorschlägen jeweils eine entsprechende Zahl von Stimmen weniger abgegeben worden wäre (vgl. § 25 ff. WO-LPVG NRW).

Weiterhin gilt zu beachten, dass ein **Wahlverstoß, der sich lediglich auf die Ersatzmitglieder auswirkt**, weder das Wahlergebnis beeinflusst noch letztendlich zur Wahlanfechtung berechtigt (vgl. BAG 21.02.2001 – 7 ABR 41/99).

Wichtig! 32a

Wenn der Anfechtende sich auf einen Anfechtungsgrund stützt, den er selbst gesetzt hat, so stellt dies eine unzulässige Rechtsausübung (§ 242 BGB) dar, die zur Verwirkung der Anfechtungsberechtigung führen kann (vgl. OVG Berlin Brandenburg 13.03.2014 – 60 PV 11.13 –)!

Von der Anfechtbarkeit ist die **Nichtigkeit der Wahl** zu unterscheiden, 32b
d. h., dass gegen die Grundsätze einer ordnungsgemäßen Wahl in so hohem Maße verstoßen wurde, dass nicht einmal mehr von dem Anschein einer Wahl nach dem Gesetz gesprochen werden kann (vgl. BVerwG 03.11.1958 –VII P 9.57 –). Sie ist vom Verwaltungsgericht bei der Antragstellung auf Ungültigkeitserklärung der Wahl stets mit zu prüfen. Sie kann aber auch ohne Einhaltung einer Frist (vgl. BVerwG 18.01.1990 – 6 P 8.88 –) ausnahmsweise von jeder Person geltend gemacht werden, die an deren Feststellung ein berechtigtes Interesse aufweist (vgl. OVG Niedersachsen 04.06.2015 – 18 LP 1/15 – m.w.N. u. Bsp.). Die Klärung kann als solches in einem eigenständigen Verfahren – auch noch nach der Wahlanfechtung – oder als Vorfrage in jedem anderen Verfahren erfolgen. Im Fall der Nichtigkeit wird die Personalratswahl so behandelt, als hätte sie nicht stattgefunden (vgl. entsprechend zum BetrVG: BAG 19.11.2003 – 7 ABR 24/03 –). Siehe hierzu im Übrigen auch **Bülow, Die Wahlanfechtung – Das Wichtigste im Überblick**, PersV 2016, 250 ff. m.w.N.

Formulierungsbeispiel: 32c

Die Antragstellerin beantragt, die am … durchgeführte Personalratswahl der Gemeinde … für nichtig zu erklären.

III. Folgen der Wahlanfechtung

33 Abs. 2: Wenn das Verwaltungsgericht der Wahlanfechtung stattgibt, hat das zur Folge, dass die Wahl bei einem **Antrag auf Ungültigkeitserklärung** (vgl. Rz. 20) rückwirkend („ex nunc") ab dem Zeitpunkt der Rechtskraft der gerichtlichen Entscheidung für rechtsunwirksam erklärt wird. Da die Wahl bis zu diesem Zeitpunkt (noch) als wirksam behandelt wird, bleibt der aus ihr hervorgegangene Personalrat bis zur Rechtskraft der Ungültigkeitserklärung noch in seinem Amt. Danach besteht kein Personalrat mehr („Personalratsvakuum"), sodass nach **Abs. 2 Satz 1** der **Fachkammervorsitzende** (vgl. § 80 Rz. 4 ff.) des Verwaltungsgerichts den Wahlvorstand für die im Weiteren erforderliche Wiederholungswahl (vgl. Rz. 36) einrichtet. Er wird von Amts wegen tätig, sodass es keines gesonderten Antrags durch die Verfahrensbeteiligten bedarf. Wenn er sich in der Praxis nicht zeitnah aktiv zeigen sollte, die Einrichtung aber eilt, empfiehlt sich eine Nachfrage unter Verweis darauf (vgl. nachfolgendes Muster). Bei (weiterer) Untätigkeit besteht die Möglichkeit einer Dienstaufsichtsbeschwerde. Wenn eine Entscheidung des Fachkammervorsitzenden über die Einrichtung des Wahlvorstands stattgefunden hat, ist sie nicht anfechtbar. Es gilt in diesem Zusammenhang aber zu beachten, dass die für die Mitgliedschaft im neuen Wahlvorstand vorgesehenen Beschäftigten nicht gegen ihren Willen verpflichtet werden können (vgl. auch § 17 Rz. 3). Wenn sie das Amt ausschlagen, obliegt es dem Fachkammervorsitzenden andere Beschäftigte in den Wahlvorstand zu berufen. Wenn sich solche nicht finden und letztendlich alle Anstrengungen des Vorsitzenden gescheitert sind, bleibt die Dienststelle ohne Personalrat.

33a **Muster 4**: Nachfrage zur Einrichtung des Wahlvorstands

33b **Wichtig!**

Wird eine wegen erfolgreicher Wahlanfechtung für ungültig erklärte Personalratswahl wiederholt, so dürfen zwischenzeitlich neu eingestellte, wahlberechtigte Beschäftigte nicht an der Wiederholungswahl teilnehmen. Beschäftigte, die seit der angefochtenen Wahl die Gruppe gewechselt haben, sind bei der Wiederholungswahl für ihre frühere Gruppe wahlberechtigt (vgl. BVerwG 15.02.1994 – 6 P 9/92 –)!

34 Wenn es in der Hauptsache um eine **Berichtigung des Wahlergebnisses** (vgl. Rz. 20) geht oder sich ein berichtigungsfähiger Fehler erst im Laufe des Anfechtungsverfahrens herausstellt und damit Vorrang gegenüber der eigentlich beantragten Annullierung genießt (vgl. OVG NRW 20.11.1997 – 1 A 4863/96.PVL), wird durch das Verwaltungsgericht angeordnet, dass bis zur Rechtskraft des Berichtigungsbeschlusses die Personalratsgeschäfte

von den Personen wahrgenommen werden, die aufgrund des berichtigten Wahlergebnisses zu Personalräten gewählt worden sind (vgl. OVG Hamburg 31.08.1999 – 8 Bs 98/99 PVL –).

Die Feststellung der **Nichtigkeit der Wahl** (vgl. Rz. 32b) führt zur Amtsfortführung des alten Personalrates (vgl. § 23 Abs. 3). Die Bestellung des Wahlvorstandes für die im Weiteren erforderliche Neuwahl erfolgt in entsprechender Anwendung des § 22 Abs. 2 Satz 1 durch den Fachkammervorsitzenden des Verwaltungsgerichts (vgl. Rz. 33). **34a**

Nach **Abs. 2 Satz 2** gilt für den Fall, dass die Wahl einer Gruppe mit Erfolg angefochten wurde, dass der Wahlvorstand auch entsprechend aus Angehörigen dieser Gruppe zu bilden ist. **35**

Nach **Abs. 2 Satz 3** hat der Wahlvorstand „**unverzüglich**", d.h. ohne schuldhaftes Zögern (§ 121 Abs. 1 Satz 1 BGB) **„eine neue Wahl einzuleiten"**. Abweichend vom Gesetzeswortlaut handelt es sich dabei um eine Wiederholungswahl, d.h. die Nachholung der angefochtenen und für ungültig erklärten Wahl unter Vermeidung der früheren Wahlfehler. Die Wiederholungswahl ist insoweit grundsätzlich unter den (historischen) Verhältnissen der ursprünglichen Wahl durchzuführen (vgl. BVerwG 19.12.2006 – 6 PB 12.06 –). Eine Ausnahme besteht nur dann, wenn zwischen der ungültigen Wahl und der Wiederholungswahl ein sehr erheblicher Zeitraum verstrichen ist (bejahend BVerwG 15.02.1994 – 6 P 9.92 –, ohne zeitliche Konkretisierung und VG Potsdam 01.12.2015 – 20 K 1980/15 –, das einen Zeitraum von mehr als drei Jahren zugrunde legt; verneinend OVG Berlin-Brandenburg 08.07.2016 – OVG 62 PV 1.16 –). Ungeachtet der vom Wahlvorstand zu beachtenden zeitlichen Verhältnisse weist dieser jedenfalls die Rechte und Pflichten nach den §§ 17, 18 u. 19 auf. Kommt er diesen nicht nach, findet eine Ersetzung des Wahlvorstandes nach Maßgabe des § 20 Abs. 1 Satz 2 statt, d.h. eine Personalversammlung zur Wahl eines neuen Vorstandes. Der Vorsitzende der zuständigen Fachkammer des Verwaltungsgerichts ist in diesem Fall also weder berechtigt noch verpflichtet – wie fälschlich oft gemeint – einen andern Wahlvorstand einzusetzen. **36**

Nach **Abs. 2 Satz 4** nimmt der nach Abs. 2 Satz 1 eingesetzte Wahlvorstand bis zur Neuwahl die dem Personalrat oder der Gruppe nach dem LPVG NRW zustehenden Befugnisse und Pflichten wahr **(„kommissarische Personalvertretung")**. Zur gleich gelagerten Aufgabe im Fall einer sog. kollektiven Amtsniederlegung aller Personalratsmitglieder siehe § 24 Rz. 18a. **37**

IV. Auswirkung der Ungültigkeitserklärung auf Personalratsbeschlüsse

38 Abs. 3: Der Gesetzgeber führt klarstellend aus, dass im Falle der erfolgreichen Anfechtung die vom Personalrat oder von der Gruppe bis zum Eintritt der Rechtskraft des die Ungültigkeit oder Nichtigkeit feststellenden Urteils gefasste Beschlüsse rechtswirksam bleiben (vgl. BVerwG 20.03.1959 – VII P 12.58 –).

V. Rechtliche Auseinandersetzungen

39 Die **Entscheidung über den Anfechtungsantrag** nimmt zunächst das Verwaltungsgericht nach § 79 Abs. 1 i. V. m. § 22 im personalvertretungsrechtlichen Beschlussverfahren vor. Gegen diese Entscheidung kann sodann gegebenenfalls eine Beschwerde beim OVG NRW und gegen dessen Entscheidung gegebenenfalls eine Rechtsbeschwerde beim BVerwG eingelegt werden (vgl. § 79 Rz. 17 ff.). Hierbei besteht stets eine **Verfahrensbeteiligung des Personalrates**. Die Möglichkeit einer **Beschwerde gegen die Einsetzung des Wahlvorstandes** nach § 22 Abs. 2 ist nicht gegeben. Streitigkeiten im Hinblick darauf sind viel mehr in einem gesonderten Wahlanfechtungsverfahren geltend zu machen. Hier ist die gerichtliche Überprüfung einer Personalratswahl nicht auf die von den Antragstellern gerügten Wahlrechtsverstöße begrenzt (vgl. BVerwG 23.02.2018 – 5 PB 6.17 – und hierzu Anm. von Bülow, ZTR 2019, S. 252). Zum **Stellen eines abstrakten Feststellungsantrags** vgl. BVerwG 29.05.2018 – 5 P 6.16 – und hierzu ebenfalls die Anm. von Bülow, ZTR 2019, S. 252 f.

40 Im Wahlanfechtungsverfahren fallen **keine gerichtlichen Kosten** an (vgl. § 79 Abs. 2 i. V. m. § 80 Abs. 1, § 2a Abs. 1 und § 12 Abs. 5 ArbGG). Die außergerichtlichen **Kosten von Antragstellern**, d. h. von wahlberechtigten Beschäftigten, von Gewerkschaften (vgl. zu deren Anwaltskosten BAG 16.04.2003 – 7 ABR 29/02 –) und von Berufsverbänden sind unabhängig vom Verfahrensausgang nach § 21 Abs. 2 Satz 1 von der Dienststelle zu tragen (vgl. BVerwG 11.10.2010 – 6 P 16.09 – und entsprechend 17.12.2018 – 1 WB 34.18 – zur WBO). Eine Kostentragungspflicht besteht dabei nur für notwendige und erforderliche Kosten i. S. d. § 40 Abs. 1 Satz 1 (vgl. BVerwG 29.02.2000 – 6 P 7.99 –). Dazu können auch entsprechende **Kosten für einen Rechtsanwalt** gehören (vgl. grds. LAG Niedersachsen 14.09.2006 – 4 TaBV 7/06 –). Zum **Gegenstandswert** im Wahlanfechtungsverfahren siehe OVG Sachsen 24.7.2023 – 9 E 31/23.PL –. Die außergerichtlichen **Kosten des verfahrensbeteiligten Personalrates** hat die Dienststelle gem. § 40 Abs. 1 Satz 1 (vgl. § 40 Rz. 2 ff.) zu tragen.

Siehe auch **Übersicht**: Verwaltungsgerichtsbezirke NRW **(Anhang 2)** 41

Zum **Ablauf der Personalratswahl** siehe im Übrigen die Kommentierung von Bülow zu den §§ 1–22 WO-LPVG und **Bülow, Die Personalratswahl in Nordrhein-Westfalen**, DöD 2024, S. 27 ff. sowie zum BPersVG die Darstellung in ZTR 2020, Heft 1. 42

Zweiter Abschnitt
Amtszeit

§ 23 (Amtszeit)

(1) Die regelmäßige Amtszeit des Personalrats beginnt und endet mit der jeweiligen Wahlperiode. Sie beträgt vier Jahre. Für die Personalvertretungen, die für die bis zum 30.06.2020 laufende Wahlperiode gewählt wurden, wird die Amtszeit über den 30.06.2020 hinaus verlängert bis zur Wahl einer neuen Personalvertretung, längstens bis zum 30.06.2021. § 23 Absatz 2 Satz 1 findet für diese Personalräte Anwendung.

(2) Wird ein Personalrat während einer Wahlperiode gewählt, so beginnt seine Amtszeit mit dem Tage der Wahl. Sie endet mit Ablauf der laufenden Wahlperiode, wenn bis dahin mehr als ein Jahr verstrichen ist, sonst mit Ablauf der folgenden Wahlperiode. Entsprechendes gilt für die Gruppe, wenn die Mitglieder einer Gruppe während einer Wahlperiode neu gewählt werden.

(3) Nach Ablauf der Amtszeit des bisherigen Personalrats führt dieser die Geschäfte weiter, bis der neue Personalrat zu seiner ersten Sitzung zusammengetreten ist.

Gliederung

I. Einleitende Bemerkungen

Die Vorschrift trifft Aussagen zur Dauer der Amtszeit des Personalrats. 1
Die **Novelle 2011** hat lediglich eine geschlechtergerechte Sprachanpassung mit sich gebracht.

II. Beginn und Ende der regelmäßigen Amtszeit

2 <u>**Abs. 1:**</u> Das Ziel der Vorschrift ist eine einheitliche Amtszeit aller Personalräte in NRW. Nach **Abs. 1 Satz 1** „beginnt und endet im Regelfall die regelmäßige Amtszeit des Personalrats **mit der jeweiligen Wahlperiode"**. Siehe zum Ganzen auch den Wahlkalender im Anhang der gesonderten **Kommentierung von Bülow zur Wahlordnung (WO-LPVG NRW)**.

3 Die **Amtszeit beträgt in der Regel** nach **Abs. 1 Satz 2 „vier Jahre"**. Sie stellt nicht auf die einzelnen Personalratsmitglieder als solches, sondern auf den Personalrat als Organ ab.

4 Nach § 108 LPVG NRW begann die Wahlperiode der ersten Personalvertretungen am 1. Juli 1975. Seinerzeit betrug die Amtszeit drei Jahre (nach dem LPVG NRW von 1958 waren es sogar nur zwei Jahre). Dementsprechend endete die 1. Wahlperiode am 30. Juni 1978, die 2. Wahlperiode am 30. Juni 1981 usw. Durch die Novelle 1994 ist die Amtszeit um ein Jahr verlängert worden. Die Amtszeit hatte also im Folgenden am 1. Juli 1996 zu laufen begonnen. Die letzte regelmäßige Amtszeit hatte dann am 1. Juli 2016 begonnen und endete am 30.06.2020. Die 14. Wahlperiode verläuft sodann vom 01.07.2020 bis zum 30.06.2024 etc.

4a **Aufgrund der Ende 2019/Anfang 2020 sich darstellenden Corona-Pandemie und der sich damit einstellenden Probleme im Hinblick auf die tatsächliche und praktische Durchführung von Wahlen, wurden die Regelungen des Abs. 1 Satz 3 und 4 neu eingeführt.** Nach Abs. 1 Satz 3 wurde damit für die Personalvertretungen, die für die bis zum 30.06.2020 laufende Wahlperiode gewählt wurden, die Amtszeit über den 30.06.2020 hinaus verlängert bis zur Wahl einer neuen Personalvertretung, längstens jedoch bis zum 30.06.2021. Nach **Abs. 1 Satz 4** findet für diese Personalräte Abs. 1 Satz 1 Anwendung (vgl. zuvor Rz. 3 f.).

III. Beginn und Ende der Amtszeit in Sonderfällen

5 <u>**Abs. 2:**</u> Wenn eine **Personalratswahl außerhalb der gesetzlich festgelegten Perioden** stattgefunden hat, so beginnt die Amtszeit mit dem Tage der Wahl, d.h. also an dem Tag, an dem die Stimmabgabe zur Personalratswahl beendet gewesen ist.

Das trifft insbesondere in den folgenden Fällen zu:

- Der Personalrat wird verspätet gewählt.
- Der Personalrat ist neu zu wählen (§ 24 Abs. 1 lit. a) bis e).
- Erstmalige Einrichtung eines Personalrates während der Wahlperiode.

In den vorbenannten Sonderfällen endet die Amtszeit des Personalrates nach **Abs. 2 Satz 2 Alt.1** mit Ablauf der laufenden Wahlperiode, wenn bis dahin mehr als ein Jahr verstrichen ist. In diesem Fall verkürzt sich also die Amtszeit des Personalrats entsprechend. Wird der Personalrat noch später gewählt, so endet seine Amtszeit nach **Abs. 2 Satz 2 Alt. 2** erst mit Ablauf der folgenden Wahlperiode. In einem solchen Fall verlängert sich seine Amtszeit. 6

Beispiele: 7

1. Die 13. Wahlperiode begann am 01.07.2016 und geht bis zum 30.06.2020. Wenn der Personalrat am 15.08.2017 gewählt wurde endet seine Amtszeit bereits mit Ablauf des 30.06.2020.
2. Wenn der Personalrat in der 13. Wahlperiode erst am 15.08.2019 gewählt wurde endet seine Amtszeit mit der folgenden 14. Wahlperiode und damit erst mit Ablauf des 30.06.2024.

Nach **Abs. 2 Satz 3** gilt Entsprechendes für die Gruppenvertreter, wenn diese während der Wahlperiode neu gewählt werden. Dass kann z. B. der Fall sein, wenn nach § 24 Abs. 1 Satz 1 lit. d) die Wahl einer Gruppe mit Erfolg angefochten worden ist oder die Mitglieder einer Gruppe i. S. d. vorliegenden Vorschrift entsprechend gesunken ist. 8

Abs. 3: Nach **Ablauf der Amtszeit des bestehenden Personalrates muss dieser grundsätzlich die Geschäfte bis zur konstituierenden Sitzung des neuen Personalrats weiterführen** (vgl. auch Bülow, § 21 WO-LPVG NRW, Rz. 7 ff. zur Benachrichtigung der Gewählten). Die **Weiterführung der Geschäfte** soll die Zeit bis zur Wahl eines neuen Personalrates überbrücken und stellt quasi eine Verlängerung der Amtszeit des (noch) amtierenden Personalrates dar. 9

Bei einer Wahlanfechtung (§ 22) **oder Auflösung des Personalrats** durch das zuständige Verwaltungsgericht (§ 25) gilt es hingegen die Ausnahme zu beachten, dass der vom Letzteren eingesetzte Wahlvorstand die Geschäfte weiterführt (§ 22 Abs. 2 Satz 4 bzw. § 25 Abs. 2 i. V. m. § 22 Abs. 2). 10

Zur Ausnahme für den Fall einer kollektiven Amtsniederlegung aller Mitglieder siehe näher § 24 Rz. 18a. 11

Praxistipp! 12

Der (alte) Personalrat muss die von der Dienststelle eingeleiteten Mitbestimmungsverfahren nach § 66 Abs. 2 Satz 1 (noch) im Rahmen der Weiterführung der Geschäfte frist- und ordnungsgemäß durchführen. Er kann sich nicht darauf berufen, dass der neu zu wählende Personalrat die Entscheidung treffen soll. Je nach Maßnahme und je nachdem, wie die Dienststelle die letztendliche Entscheidung des jeweiligen Personalratsgremiums einschätzt, sollte sie sich gegebenenfalls dennoch überlegen, ob sie bestimmte beabsichtigte Maßnahmen trotzdem bis zum Amtsantritt des neuen Personalrates hinausschieben und diesem erst zur Vorlage bringen kann!

IV. Rechtliche Auseinandersetzungen

13 Meinungsverschiedenheiten über die **Dauer**, den **Beginn** oder das **Ende der Amtszeit** des Personalrats sind im personalvertretungsrechtlichen Beschlussverfahren nach § 79 Abs. 1 Nr. 2 vor dem Verwaltungsgericht zu klären. Zur Antragsberechtigung im Allgemeinen vgl. BVerwG 10.06.1989 – 6 P 7.97 – und zum Entfallen der Antragsberechtigung des Personalrats nach Durchführung der nächsten regulären Personalratsneuwahl und Amtsaufnahme durch den neuen Personalrat vgl. BVerwG 26.11.1997 – 6 P 12/95 –.

§ 24 (Neuwahl)

(1) Der Personalrat ist neu zu wählen, wenn

a) mit Ablauf von vierundzwanzig Monaten nach dem Tage der Wahl die Zahl der regelmäßig Beschäftigten um die Hälfte, mindestens aber um 50 gestiegen oder gesunken ist oder

b) die Gesamtzahl der Mitglieder des Personalrats auch nach Eintreten sämtlicher Ersatzmitglieder um mehr als ein Viertel der vorgeschriebenen Zahl gesunken ist oder

c) der Personalrat mit der Mehrheit seiner Mitglieder seinen Rücktritt beschlossen hat oder

d) die Wahl des Personalrats mit Erfolg angefochten worden ist oder

e) der Personalrat durch gerichtliche Entscheidung aufgelöst worden ist.

Satz 1 Buchstabe b gilt nicht, wenn es sich bei den dort bezeichneten Mitgliedern des Personalrats ausschließlich um Mitglieder einer Gruppe handelt.

(2) In den Fällen des Absatzes 1 Buchstabe a bis c führt der Personalrat die Geschäfte weiter, bis der neue Personalrat zu seiner ersten Sitzung zusammengetreten ist.

(3) Die Mitglieder einer Gruppe sind neu zu wählen, wenn die Gesamtzahl der Mitglieder dieser Gruppe auch nach Eintreten sämtlicher Ersatzmitglieder um mehr als ein Viertel der vorgeschriebenen Zahl 200 gesunken ist. Absatz 2 gilt entsprechend.

Gliederung

I. Einleitende Bemerkungen

Die Vorschrift sieht vor, dass der Personalrat in bestimmten Fällen außerhalb der regelmäßigen vierjährigen Amtszeit (§ 23 Abs. 1 Satz 2) neu zu wählen ist. Im Zuge der **Novelle 2011** hat die Vorschrift lediglich eine geschlechtergerechte Sprachanpassung erfahren. Siehe im Kontext auch die **gesonderte Kommentierung von Bülow zur WO-LPVG NRW**! 1

II. Verpflichtung zur Neuwahl

Abs. 1: Der Gesetzgeber hat Fälle einer vorzeitigen Neuwahl wegen der **vorzeitigen Beendigung der Amtszeit des Personalrats** an dieser Stelle im LPVG NRW abschließend geregelt (vgl. BVerwG 15.02.1994 – 6 P 9.92 –). 2

Wichtig! 3

Die erstmalige Wahl eines Personalrats in einer neu gebildeten Dienststelle oder in einer Dienststelle, die im späteren erst „personalratsfähig" wird (vgl. § 13 Abs. 1), unterfällt nicht der Regelung in § 24 Abs. 1!

Nach **§ 24 Abs. 1 Satz 1 lit. a)** ist der Personalrat neu zu wählen, wenn mit Ablauf von 24 Monaten nach dem Tag der Wahl die **„Zahl der regelmäßig Beschäftigten um die Hälfte, mindestens aber um 50 gestiegen oder gesunken"** ist. Diese Voraussetzungen müssen kumulativ vorliegen. Der Fristenlauf stellt auf den Tag der Wahl ab und die Fristberechnung auf einen Zeitraum von 24 Monaten. Somit berechnet sich die Frist nach § 187 Abs. 1 i. V. m. § 188 Abs. 2 BGB (ebenso Havers/Giesen § 24 Rn. 5 und Laber/Pagenkopf, § 24 Rn. 9). Stichtag ist also der Tag nach 24 Monaten, der seiner Benennung nach dem letzten Wahltag entspricht. Bei einer am 26.04.2012 durchgeführten Wahl wäre damit der 26.04.2014 maßgebend. Zahlenmäßige, **Veränderungen vor oder nach dem Stichtag** führen keine Neuwahlen herbei! 4

Am zuvor dargestellten Stichtag ist auf die **„Zahl der regelmäßig Beschäftigten"** abzustellen (vgl. auch § 13 Rz. 3). Deren Zahl muss am Stichtag um die Hälfte, mindestens jedoch um 50 gestiegen oder gesunken sein. 5

Beispiel:

Wenn sich die Zahl der „regelmäßig Beschäftigten" von 39 auf 79 erhöht, muss keine Neuwahl stattfinden, da sich in diesem Fall deren Zahl zwar um die Hälfte, nicht aber mindestens um 50 Beschäftigte gesteigert hat. Der Personalrat müsste im vorbenannten Beispiel also erst neu gewählt werden, wenn eine Erhöhung auf wenigstens 89 Beschäftigten stattgefunden hat.

6 Nach **Abs. 1 Satz 1 lit. b)** ist eine Neuwahl auch dann erforderlich, wenn die „**Gesamtzahl der Mitglieder des Personalrats auch nach Eintreten sämtlicher Ersatzmitglieder um mehr als ein Viertel der vorgeschriebenen Zahl gesunken**" ist. Die vorgeschriebene Zahl der Personalratsmitglieder ist § 13 Abs. 3 und 4 sowie gegebenenfalls § 14 Abs. 4 zu entnehmen. Daran gemessen muss die Gesamtzahl der Personalratsmitglieder „**um mehr als ein Viertel**" gesunken sein, wobei bereits alle Ersatzmitglieder nach Maßgabe des § 28 eingetreten sein müssen. Zur Frage aus welchen Vorschlagslisten Ersatzmitglieder in den Personalrat entnommen werden können vgl. BVerwG 16.07.1973 – VII P 10.62 –. Zum Fall einer vollständigen, d.h. kollektiven Amtsniederlegung vgl. Rz. 18a.

7 **Wichtig!**

Nach **Abs. 1 Satz 2** (vgl. Rz. 16). besteht eine Ausnahme, wonach Abs. 1 Satz 1 lit. b) dann nicht gilt, wenn das Absinken der Mitgliederzahl des Personalrats nur innerhalb einer Gruppe stattfindet (vgl. Rz. 16)!

8 Für die **Berechnung** kommt es auf den Zeitpunkt des Erlasses des Wahlausschreibens für die der Neuwahl vorangegangene Personalratswahl an (vgl. OVG NRW 09.12.1982 – CL 15/82 –).

Beispiel:

Eine Verringerung nach der vorliegenden Regelung liegt z.B. bei einem Personalrat mit 22 Mitgliedern vor, wenn die Mitgliedszahl um sechs Personen abgesunken ist.

9 Ein **Absinken** liegt nur dann vor, wenn Personalratsmitglieder ihres Amtes endgültig verlustig sind. Vorübergehende Verhinderungen von Personalratsmitgliedern sind von daher nicht zu berücksichtigen. Ein Absinken im vorbenannten Sinne liegt auch dann vor, wenn sämtliche Mitglieder und Ersatzmitglieder des Personalrates ihr Amt niederlegen (ebenso Cecior u.a. § 24, Rn. 16).

10 **Wichtig!**

Sowohl für den Personalrat als auch für die Dienststelle ist es gut, zu wissen, dass eine Minderheit von Personalratsmitgliedern eine Neuwahl des Personalrates nach § 24 Abs. 1 Satz 1 lit. b) dadurch erzwingen kann, dass sie, ohne dass ein Beschluss des Personalrates erforderlich ist, persönlich von ihrem Amt zurücktreten (vgl. OVG NRW 21.11.1960 – CL 13/60)!

11 Nach **Abs. 1 Satz 1 lit. c)** findet eine Neuwahl auch dann statt, wenn **„der Personalrat mit der Mehrheit seiner Mitglieder seinen Rücktritt beschlos-**

sen hat". Das ist auch möglich, wenn der Personalrat nur aus einer Person besteht (vgl. OVG Lüneburg, 19.02.1971 – P OVG B 4/70 –). In beiden Fällen ist ein konkreter und vor allem unbedingter Rücktrittsbeschluss des Personalrates notwendig. Dieser ist auf seine Gründe hin nicht gerichtlich überprüfbar (vgl. BVerwG 26.11.1992 – 6 P 14.91 – und 07.05.2003 – 6 P 17.02). Der Beschluss hat zur Folge, dass Ersatzmitglieder nicht nachrücken. Zum Fall einer vollständigen, d.h. kollektiven Amtsniederlegung vgl. Rz. 18a.

Wichtig! 12

Ein vorab eingeleitetes Auflösungsverfahren nach § 25 steht der Rücktrittsmöglichkeit des Personalrates nicht entgegen, sodass der Personalrat durchaus überlegen sollte, ob er nicht gegebenenfalls freiwillig das Feld räumt, bevor er dies zwangsweise durch Veranlassung des zuständigen Verwaltungsgerichts tun muss (vgl. § 25 Rz. 2)!

Nach **Abs. 1 Satz 1 lit. d)** findet eine Neuwahl auch **nach einer erfolgreichen Wahlanfechtung** (§ 22) statt. Insoweit gilt es zu beachten, das Letztere erst mit Eintritt ihrer Rechtskraft erfolgreich ist (vgl. § 22, Rz. 33). Der von der Wahlanfechtung betroffene Personalrat kann daher ein großes Interesse daran haben, die ihm zur Verfügung stehenden Rechtsmittel allesamt auszuschöpfen, um so seine Amtszeit noch verlängern zu können. Soweit er dabei regelmäßig Kosten zulasten der Dienststelle und vor allem auch der sonstigen Belegschaft in der Dienststelle produziert, ist darauf zu achten, dass seine weitergehenden Rechtswegbeschreitungen vor allem auch unter Beachtung des Grundsatzes der sparsamen Verwendung öffentlicher Mittel erfolgt. 13

Nach **Abs. 1 Satz 1 lit. e)** findet eine Neuwahl auch bei einer **Auflösung des Personalrates durch das Verwaltungsgericht** statt. Das setzt kumulativ drei Dinge voraus. Die Auflösung des Personalrates muss beantragt worden sein. Ihr muss seitens des Gerichts stattgegeben worden und der Auflösungsbeschluss muss rechtskräftig geworden sein (vgl. hierzu im Einzelnen § 25, Rz. 26). Der von der Auflösung betroffene Personalrat kann ähnlich wie im Fall des Abs. 1 Satz 1 lit. d) (vgl. Rz. 13) auch hier ein großes Interesse daran haben, die ihm zur Verfügung stehenden Rechtsmittel allesamt auszuschöpfen, um so seine Amtszeit noch verlängern zu können. Soweit er dabei regelmäßig Kosten zulasten der Dienststelle und vor allem auch der sonstigen Belegschaft in der Dienststelle produziert, ist darauf zu achten, dass seine weitergehenden Rechtswegbeschreitungen vor allem auch unter Beachtung des Grundsatzes der sparsamen Verwendung öffentlicher Mittel erfolgt. 14

15 **Wichtig!**

Von der Auflösung des Personalrates ist der in § 25 Abs. 1 Alt. 1 gleichfalls aufgeführte Ausschluss einzelner Personalratsmitglieder zu unterscheiden (vgl. § 25, Rz. 2). Dieser kann aufgrund des Absinkens der Mitgliederzahl des Personalrates allenfalls nur zu einer Neuwahl nach Abs. 1 Satz 1 lit. b) führen!

Wenn ein Rücktritt oder eine bzw. mehrere Amtsniederlegungen von Personalratsmitgliedern vor Eintritt der Rechtskraft vorgenommen wird bzw. werden, ist ungeachtet des noch laufenden Auflösungsverfahrens direkt zu prüfen, ob eine Neuwahl nach Abs. 1 Satz 1 lit. c) zu erfolgen hat!

16 In **Abs. 1 Satz 2** hat der Gesetzgeber eine **Ausnahmeregelung** getroffen. Danach gilt der Abs. 1 Satz 1 lit. b) nicht, wenn es sich bei den dort bezeichneten Mitgliedern des Personalrates ausschließlich um Mitglieder einer Gruppe handelt. In dieser Situation entfällt allerdings eine Neuwahl nicht in Gänze. Es scheidet vielmehr nur eine Neuwahl des gesamten Personalrats aus. Nach Abs. 3 Satz 1 (vgl. Rz. 19) findet nämlich eine Neuwahl der Mitglieder der vom Austritt betroffenen Gruppe statt.

III. Weiterführung der Geschäfte des Personalrates

17 Abs. 2: Der **Gesetzgeber hat mit der Vorschrift versucht eine Fortführung der Personalratsarbeit in der Dienststelle zu sichern.** Er hat durch Abs. 2 klargestellt, dass in den Fällen des Abs. 1 Satz 1 lit. a) bis c) **der Personalrat die Geschäfte weiterführt**, bis der neue Personalrat zu seiner ersten Sitzung zusammengetreten ist. Hier ist auch auf die Vorgaben des § 23 zu achten. In § 23 Abs. 3 ist Entsprechendes für den Fall einer verspäteten Neuwahl geregelt (vgl. zu den dortigen Bedingungen, die hier entsprechend gelten § 23 Rz. 9). Die gesetzlich vorgesehene Weiterführung der Geschäfte gilt auch für den Fall der Gruppenwahl (vgl. § 24 Abs. 3 Satz 2).

18 Der die Geschäfte noch weiterführende **Personalrat hat nach Maßgabe des § 17 Abs. 1 einen Wahlvorstand für die Neuwahl zu bestellen.** Wenn er dies unterlässt, ist nach § 17 Abs. 2 Satz 1 vorzugehen und eine Personalversammlung einzuberufen. Sollten auch über diesen Weg keine Neuwahlen herbeigeführt werden können, ist zunächst das Ende der Wahlperiode (§ 23) abzuwarten und nach Maßgabe des § 18 bzw. § 19 vorzugehen. Personalratsmitglieder, die dabei ihre gesetzlichen Pflichten verletzten, sollten bei Vorsatz oder grober Fahrlässigkeit – vor allem auch ohne Haftungserleichterung bei unerlaubten Handlungen i. S. d. § 823 BGB – in entsprechende Schadensersatzhaftung genommen werden!

Im **Fall einer kollektiven Amtsniederlegung**, d. h., wenn alle Personalratsmitglieder einschließlich der Ersatzmitglieder (§ 28) ihr Amt niederlegen, erlischt deren Amt ohne Weiteres und ein Personalrat existiert nicht mehr. Eine Weiterführung der Geschäfte, wie sie vorliegend in Abs. 2 vorgesehen ist, ist dann nicht möglich. Der Fall einer solchen Niederlegung ist im LPVG NRW bislang nicht vom Gesetzgeber berücksichtigt worden. Ginge man davon aus, dass durch die kollektive Amtsniederlegung die Amtszeit des Personalrates endet, käme es in Betracht, von der in § 23 Abs. 3 geregelten Verpflichtung des Personalrates auszugehen, die Geschäfte weiterzuführen, bis der neue Personalrat zu seiner ersten Sitzung zusammengetreten ist. Freilich setzte dies das rechtliche Fortbestehen des Personalrates voraus – das jedoch nicht mehr gegeben ist –. Andererseits besteht diese Verpflichtung des alten Personalrates zur Fortführung der Geschäfte dann nicht, wenn das Verwaltungsgericht die Auflösung des Personalrates nach § 25 beschließt. Existiert der Personalrat dadurch rechtlich nicht mehr – wie im Fall der kollektiven Amtsniederlegung – kann er auch nicht mit der Fortführung der Geschäfte betraut werden. Insoweit muss analog nach § 22 Abs. 2 verfahren werden, d. h. ein Wahlvorstand eingesetzt werden, der unverzüglich eine neue Wahl einzuleiten hat. Bis zur Neuwahl nimmt dieser dann kommissarisch die Aufgaben und Befugnisse des Personalrates wahr (§ 22 Abs. 2 Satz 4)! 18a

IV. Neue Gruppenwahl

Abs. 3: Wenn die Gesamtzahl der Mitglieder einer Gruppe auch nach dem Eintreten sämtlicher Ersatzmitglieder um mehr als ein Viertel der vorgeschriebenen Zahl gesunken ist, so sind nach **Abs. 3 Satz 1** die Mitglieder dieser Gruppe neu zu wählen. Die Vorschrift berücksichtigt damit den Gruppenschutz nach § 14 Abs. 1 Satz 1. Wenn aufgrund des Ausscheidens von Gruppenvertretern und auch nach dem Eintritt sämtlicher Ersatzmitglieder eine Gruppe nämlich nicht mehr über Dreiviertel der gesetzlich vorgeschriebenen Vertreter verfügt, ist sie im Personalrat nicht mehr ausreichend vertreten. 19

Ein bloßer **Wechsel der Gruppenzugehörigkeit** führt also nicht zum Absinken der Gruppenstärke, da hiermit kein Ausscheiden des Personalratsmitgliedes verbunden ist (vgl. § 26 Abs. 3). 20

21 **Wichtig!**

Wenn die Gesamtzahl im vorbenannten Sinne gesunken ist, weil sämtliche Mitglieder und Ersatzmitglieder des Personalrates ihr Amt niedergelegt haben (vgl. hierzu Rz. 15), findet keine gesonderte Neuwahl in der Gruppe, sondern im Hinblick auf den Personalrat in Gänze statt (vgl. BVerwG 18.03.1982 – 6 P 30.80 –)!

22 Nach **Abs. 3 Satz 2** gilt die in Abs. 2 geregelte **Weiterführung der Geschäfte des Personalrates** entsprechend (vgl. Rz. 17 f.). Der bisherige Personalrat führt die Geschäfte also weiter, bis der neu gewählte Personalrat zu seiner ersten Sitzung zusammengetreten ist. Da es sich dabei um eine konstituierende Sitzung handelt ist hierbei dann nach § 29 Abs. 1 eine neue Vorsitzende Person und Stellvertretung zu wählen.

V. Geltung für sonstige Vertretungen

23 Die Vorschriften des § 24 Abs. 1 Satz 1 lit. b) bis e) und Satz 2, Abs. 2 u. 3 gelten entsprechend für **Stufenvertretungen** (§ 51 Satz 1) und den **Gesamtpersonalrat** (§ 53 i. V. m. § 51 Satz 1).

24 Für die **Jugend- und Auszubildendenvertretung** gelten nach § 57 Abs. 2 Satz 3 nur die Vorschriften des § 24 Abs. 1 Satz 1 lit. b) bis e) und Abs. 2.

VI. Rechtliche Auseinandersetzungen

25 Meinungsverschiedenheiten im Hinblick auf die **vorzeitige Durchführung von Neuwahlen nach § 24 Abs. 1** und über die **Fortführung der Amtsgeschäfte des Personalrates nach § 24 Abs. 2** sind im personalvertretungsrechtlichen Beschlussverfahren nach § 79 Abs. 1 Nr. 2 und 3 vor dem Verwaltungsgericht zu klären.

26 Streitigkeiten darüber, ob Gründe für eine vorzeitige Neuwahl vorliegen, sind dort gleichfalls, allerdings in einem speziellen **Wahlanfechtungsverfahren gem. § 22** zu klären (vgl. hierzu auch BVerwG 26.11.1997 – 6 P 12.95 –).

§ 25 (Mitgliederausschluss, Auflösung)

(1) Auf Antrag eines Viertels der wahlberechtigten Beschäftigten oder einer in der Dienststelle vertretenen Gewerkschaft kann das Verwaltungsgericht den Ausschluss eines Mitglieds aus dem Personalrat oder die Auflösung des Personalrats wegen grober Vernachlässigung seiner gesetzlichen Befugnisse oder wegen grober Verletzung seiner Pflichten nach diesem Gesetz beschließen. Der Personalrat kann aus den gleichen Gründen den Ausschluss eines Mitglieds beantragen. Die Dienststelle kann den Ausschluss eines Mitgliedes aus dem Personalrat oder die Auflösung des Personalrats wegen grober Verletzung seiner gesetzlichen Pflichten beantragen.

(2) Ist der Personalrat aufgelöst, so gilt § 22 Abs. 2 entsprechend.

Gliederung

I. Einleitende Bemerkungen

1 Die Vorschrift regelt zum einen den **Ausschluss von Personalratsmitgliedern aus dem Personalrat** und zum anderen die **zwangsweise Auflösung des gesamten Personalrats**. Mit der **Novelle 2011** ist trotz der im Regierungsentwurf angedachten Streichung der Regelung in Abs. 1 Satz 3 – „Antragsrecht der Dienststelle" – (vgl. LT-Drucks. 15/1644, S. 77) im Ergebnis dann doch nur eine geschlechtergerechte Sprachanpassung erfolgt, ohne dass die vorbenannte Streichung oder weitere inhaltliche Änderungen vorgenommen wurden.

II. Ausschluss, Auflösung des Personalrats

2 Abs. 1: Die Vorschrift regelt abschließend, unter welchen Voraussetzungen der **Ausschluss eines Personalratsmitgliedes** und die zwangsweise **Auflösung des (gesamten) Personalrats** durch Beschluss des zuständigen Verwaltungsgerichts (vgl. hierzu § 79 Rz. 2ff.) stattfinden kann. Die Vorschrift hat somit einen Präventivcharakter und soll den Personalrat davon abhalten, dass er seine gesetzlichen Befugnisse grob vernachlässigt oder seine gesetzlichen Pflichten grob verletzt (vgl. BVerwG 27.11.1981 – 6 P 38.79 –). Denn der einmal wirksam gewählte Personalrat nimmt nach dem Gesetz eine star-

ke Stellung ein. Er kann weder im Ganzen noch im Hinblick auf ein einzelnes Mitglied zum Rücktritt gezwungen oder abgewählt werden wie z.B. durch einen Misstrauensantrag der Beschäftigten. Wenn der Personalrat also nicht selbst nach § 24 Abs. 1 lit. c) seinen Rücktritt beschließt (vgl. § 24 Rz. 11), kann er nur auf Antrag durch das Verwaltungsgericht und auch nur aus den in der vorliegenden Vorschrift genannten Gründen aufgelöst werden. Entsprechendes gilt für den Ausschluss von einmal gewählten Personalratsmitgliedern, soweit diese nicht von selbst von ihrem Amt zurücktreten. Die Auflösung und der Ausschluss eines Personalratsmitgliedes einer Personalvertretung hat **keine Auswirkung auf anderweitige personalvertretungsrechtliche Mandate,** z.B. bei einer Stufenvertretung etc. (str.: ebenso Lorenze u.a. § 28, Rn. 46; a.A. BayVGH 30.01.1964 – Nr. 2 IX/64 – das allerdings die Autonomie der jeweiligen Organe verkannt hat). Neben dem Ausschluss und der Auflösung erwächst aus der Vorschrift **keine weitergehende Möglichkeit der Dienststellenleitung Pflichtverletzungen von Personalratsmitgliedern z.B. gerichtlich feststellen zu lassen oder zu untersagen**. Was derartige Feststellungen betrifft, so können diese allenfalls inzidenter in einem vom Personalrat bzw. seiner Mitglieder eingeleiteten Verfahren erfolgen, in dem es um die Wirksamkeit einer dienststellenseitigen Abmahnung des Personalrats oder einzelner Mitglieder geht (vgl. hierzu im Folgenden Rz. 24). Die **Vorschrift eröffnet keine Ansprüche des Personalrats gegen die Dienststellenleitung** wegen grober Pflichtverletzungen; wie es u.a. dem Betriebsrat nach § 23 Abs. 3 BetrVG zusteht (vgl. hierzu auch VG Berlin 20.11.2013 – 71 K 10.13 PVG –). Der Personalrat hat aber im Zuge der Novelle 2011 die Möglichkeit erhalten, bei entsprechendem Vorliegen der Voraussetzungen des § 23 Abs. 3 BetrVG ein Unterlassen oder die Durchführung einer Maßnahme gerichtlich erwirken zu können (vgl. § 79 Rz. 32 ff.).

3 Die **Vorschrift des Abs. 1 ist auf Ersatzmitglieder entsprechend anzuwenden**, wenn diese vorübergehend Mitglied in dem Personalrat werden (§ 28 Abs. 1 Satz 2), und unmittelbar anzuwenden, wenn sie dauerhaft (§ 28 Abs. 1 Satz 1) eingetreten sind.

3a **Wichtig!**

Wenn sich ein Personalratsmitglied gegen einen Ausschlussantrag zur Wehr setzt, sind ihm die für seine anwaltliche Vertretung anfallenden Kosten nur dann von der Dienststelle zu erstatten, wenn das Personalratsmitglied bei gewissenhafter Überlegung und verständiger Abwägung aller Umstände zu der Überzeugung kommen durfte, seine Verteidigung gegen den Ausschlussantrag sei nicht von vornherein aussichtslos (vgl. OVG NRW 11.01.2023 – 34 A 437/21.PVL –)!

Nach **Abs. 1 Satz 1 Alt. 1** sind zur Stellung des Antrags auf Ausschluss eines Personalratsmitglieds oder auf Auflösung des gesamten Personalrates **antragsberechtigt** zunächst **„ein Viertel der wahlberechtigten Beschäftigten“** (sog. Antragsquorum). Zum Beschäftigtenbegriff vgl. die Ausführungen zu § 5 und zur Wahlberechtigung die zu § 10. Das vorbenannte Quorum muss sowohl im Zeitpunkt der Antragstellung als auch für die Dauer des Ausschluss- bzw. Auflösungsverfahrens, d. h. also auch noch in der Rechtsmittelinstanz, vorliegen (str.: ebenso Cecior u. a. § 25 Rn. 34 mit entsprechendem Verweis auf BVerwG 08.12.1982 – 6 P 43.80 – zum Quorum des § 22 und m. w. N. zum Streitstand). Eine Auswechslung der Antragsteller, d. h. der Wahlberechtigten während des Verfahrens, ist zulässig, da es im Rahmen des Quorums nicht auf eine individuelle Antragsbefugnis (→ Personenidentität) ankommt (vgl. entsprechend BVerwG 21.06.2017 – 1 WDS-VR 5/16 – zum Abberufungsverfahren nach § 42 IV 1 SBG und 08.11.2017 – 1 WB 30.16 – zu Zweifelsfragen das Quorum betreffend). Die tatsächliche **Antragstellung** muss durch die das Quorum bildenden natürlichen Personen vorgenommen werden. Eine Befugnis der Personalversammlung besteht nicht (so aber Havers/Giesen § 25 Rn. 9 ohne Begründung und unter Außerachtlassung des Wortlauts der Vorschrift sowie in Verkennung des Umstandes, dass die Personalversammlung ein Organ des Personalrates ist, vgl. § 45 Rz. 1). 4

Nach **Abs. 1 Satz 1 Alt. 2** besteht eine Antragsberechtigung auch für **„eine in der Dienststelle vertretene Gewerkschaft“** (vgl. hierzu auch § 2 Rz. 13), ohne dass es hierbei auch auf eine bestimmte Personenzahl der Gewerkschaftsmitglieder in der Gewerkschaft selbst oder in der Dienststelle ankommt. Die Antragsberechtigung der Gewerkschaften ergibt sich in der Konsequenz aus der ihnen eingeräumten Unterstützungsfunktion nach § 2 Abs. 1 Halbsatz 2. Unerheblich ist, ob das für die Amtsenthebung vorgesehene jeweilige Mitglied der antragstellenden Gewerkschaft angehört oder ob Letztere im Personalrat selbst vertreten ist. 5

Wichtig! 6

Außerdem kann nach Abs. 1 Satz 2 auch der Personalrat, d. h. das Gremium den Ausschluss eines Mitgliedes beantragen (vgl. Rz. 17)!

Die **Antragsgründe** sind in Abs. 1 Satz 1 abschließend aufgeführt. 7

Eine **grobe Vernachlässigung der gesetzlichen Befugnisse** ist jedwede Untätigkeit dort, wo die Interessen der Beschäftigten der Dienststelle ein Tätigwerden im Besonderen verlangen. 8

9 Abzustellen ist hierbei auf die **Befugnisse des Personalrats**, die sich entweder **aus dem LPVG NRW** selbst (z.B. Beantragung von Maßnahmen i.S.d. § 64 Nr. 1) **oder aus einer anderen gesetzlichen Grundlage** ergeben (z.B. Informationsrechte aus dem Bereich des Arbeitsschutzes). So können z.B. auch Verstöße gegen eine eigene Geschäftsordnung des Personalrats i.S.d. § 38, die insoweit einen Rechtsnormcharakter besitzt, antragsbegründend sein.

10 **Intern im Personalrat selbst veranlasste Aufgaben** wie z.B. Fortbildungsveranstaltungen für Mitglieder fristgerecht zu buchen oder Protokolle zeitgerecht zu erstellen, können somit **keine Vernachlässigung** im vorbenannten Sinne darstellen. In diesen Fällen ist der Personalrat vielmehr gehalten, dem jeweils beauftragten Mitglied die ihm zugewiesene Tätigkeit nach vorangegangener Beschlussfassung wieder zu entziehen (vgl. BayVGH 14.11.2001 –17 P 01.1526 –).

11 **Wichtig!**

Auch wenn der Personalrat im Nachgang der festgestellten Vernachlässigung zurückgetreten ist und das für den Ausschluss vorgesehene Personalratsmitglied zugesichert hat, sich künftig gesetzeskonform zu verhalten, so führt dies nicht automatisch dazu, dass die Vernachlässigung nicht mehr zu ahnden ist (vgl. BVerwG 06.02.1979 – 6 P 14.78 –)!

12 **Für eine ausschlussbegründende Vernachlässigung eines einzelnen Mitglieds ist ein schuldhaftes Verhalten erforderlich,** wobei bereits einfache Fahrlässigkeit (§ 276 Abs. 2 BGB) ausreicht (vgl. BVerwG 14.02.1969 – VII P 11.71 –). **Für die Auflösung des Personalrates genügt hingegen eine objektive Pflichtverletzung.** Es kommt hierbei also nicht auf ein Verschulden an (vgl. BVerwG 15.12.1961 – VII P 3.61 –).

13 Auch **„grobe Verletzungen gesetzlicher Pflichten"** können sich antragsbegründend auswirken. Leichte Verfehlungen sind also noch nicht ausreichend. Eine Pflichtverletzung ist vielmehr dann als **„grob"** anzusehen, wenn sie schwerwiegend ist und ein mangelndes Pflichtbewusstsein des betroffenen Personalratsmitgliedes bzw. des Personalrates deutlich werden lässt oder aber die gesetzmäßige Tätigkeit des Personalrates von nicht unbedeutendem Einfluss ist (vgl. VG Karlsruhe 24.05.2013 – PL12 K 3822/12 – und OVG Rheinland-Pfalz 06.08.2014 – 5 A 10386/14.OVG – zum Ausschluss wegen Verletzung der Schweigepflicht). Hierbei ist eine Einzelfallbetrachtung auf der Grundlage der konkreten vorliegenden Umstände vorzunehmen (vgl. BVerwG 12.08.1988 – 6 P 5.87 – und 22.08.1991 – 6 P 10.90 –). Insoweit kann bereits eine erstmalige bzw. alleinige Pflichtverletzung derart

schwerwiegend sein, dass sie sich antragsbegründend auswirkt (vgl. hierzu BVerwG 15.12.1961 –VII P 3.61–). Der VGH Mannheim hat insofern durch Beschluss vom 19.11.2002 – PL 15 S 1416/02 – zu Recht ausgeführt, dass **wiederholte leichte Verfehlungen** im Einzelfall zusammengezählt werden können.

Zur Voraussetzung eines **Verschuldens** vgl. Rz. 12. Zur **Unbeachtlichkeit** 14
einer tätigen Reue vgl. Rz. 22.

Die **Antragsgründe für einen Mitgliederausschluss** erfassen grundsätz- 15
lich nur die **Beseitigung gegenwärtiger Störungen**, d. h. solcher in der aktuellen Amtszeit. Zurückliegende Pflichtverletzungen können ein aktuelles Antragsverfahren also nicht alleinig tragen (str.: so auch Lorenzen u. a., § 28 Rn 36 – Stand LBS 11/2023; a. A. Havas § 25 Erl. 10). Wenn die frühere Pflichtverletzung in der aktuellen Amtsperiode wiederholt wird, erscheint es vertretbar, das frühere Verhalten zumindest bei der Bewertung der aktuellen Pflichtverletzung im Kontext mit zu berücksichtigen. Zu den Voraussetzungen eines im Hinblick auf die anwaltliche Vertretung betroffenen Personalratsmitgliedes in einem Ausschlussverfahren vgl. § 40 Rz. 16.

Beispiele für eine grobe Pflichtverletzung sind insbesondere: 16

Verhalten von Personalratsmitgliedern

- Ausruf und Organisation eines „wilden Streiks" (vgl. BVerwG 23.02.1994 – 1 D 65.91 –)
- Verbreitung von Flugblättern, welche die Friedenspflicht verletzen (vgl. BVerwG 27.11.1981 – 6 P 38.79 –)
- Verletzung der Schweigepflicht nach § 9 (vgl. OVG NRW 22.04.1991 – CB 7/90 – und LAG Düsseldorf 23.01.2015 – 6 TaBV 48/14)
- Versendung von internen Informationen per E-Mail (vgl. BayVGH 03.05.2022 – 17 P 21.3277 –)
- Diskriminierenden E-Mail an ein anderes Personalratsmitglied (vgl. VG Hannover 13.02.2020 – 16 A 6157/18 –)
- Mobbing der Personalratskollegen (vgl. BayVGH 08.10.2020 – 17 P 19.2114 –)

Verhalten des Personalrates

- Zustimmungsverweigerung zu einer Versetzung eines Personalratsmitglieds aus rechtsmissbräuchlichen Gründen (BVerwG 15.07.2004 – 6 P 15.03 –)
- Solidarisierung des Personalrates mit dem Fehlverhalten eines ausgeschlossenen Mitgliedes im Zuge der Wahlen (vgl. BVerwG 07.05.2003 – 6 P 17.02 –)
- Verweigerung eine gerichtliche Entscheidung zu vollziehen (vgl. BayVGH 08.12.1988 – Nr. 17 – P 88.02492 –)

17 Nach **Abs. 1 Satz 2** besteht auch ein **Antragsrecht des Personalrats**. Er ist aus den in Abs. 1 Satz 1 genannten Gründen aber nur berechtigt, den Ausschluss eines seiner Mitglieder zu beantragen. Dafür muss er einen Mehrheitsbeschluss nach § 33 durchführen, an deren Beschlussfassung sich das bzw. die betroffenen Personalratsmitglieder aber nicht beteiligen darf bzw. dürfen (vgl. BayVGH 14.02.2001 – 17 P 00.333 – und OVG NRW 21.04.1991 – CB 7/90 –).

18 Der Personalrat ist nicht verpflichtet, dem bzw. den betroffenen Mitgliedern vor seiner Beschlussfassung **Gelegenheit zur Äußerung** zu geben. Wenn er trotzdem eine Anhörung vornimmt, ist dies aber nicht schädlich.

19 Da der Ausschluss eines Personalratsmitgliedes unter dem Vorbehalt der gerichtlichen Entscheidung steht, kann der Personalrat den Ausschluss nicht **„mit sofortiger Wirkung"** beschließen. Das Mitglied darf also bis zur rechtskräftigen Beendigung des gerichtlichen Ausschlussverfahrens sein Personalratsamt weiter ausführen. Dem Personalrat verbleibt somit allenfalls die Möglichkeit, dem Mitglied seine Amtsausübung in besonders schwerwiegenden Fällen **im Wege einer einstweiligen Verfügung** wegen der Unzumutbarkeit der weiteren Zusammenarbeit bis zum Verfahrensabschluss untersagen zu lassen (vgl. hierzu auch OVG Niedersachsen 20.09.1995 – 17 M 826/95 – und VG Ansbach 10.04.2012 – AN 8 PE 12.00346 –).

20 Nach **Abs. 1 Satz 3** besteht auch ein **Antragsrecht der Dienststelle** im Hinblick auf den Ausschluss eines Mitgliedes aus dem Personalrat oder die Auflösung des Personalrats. Als **Antragsgrund** kann sie sich jedoch nur auf „grobe gesetzliche Pflichtverletzungen" stützen (vgl. hierzu Rz. 16).

21 **Wichtig!**

In der Praxis gilt es für die Dienststelle, streng zwischen den Pflichten, die das Personalratsmitglied nach dem LPVG NRW wahrzunehmen hat und zwischen den ihm obliegenden dienst- bzw. individualrechtlichen Pflichten zu unterscheiden (vgl. Rz. 9 und für Beamte BDH 21.02.1958 – I DV 7/57 – sowie für Arbeitnehmer LAG Köln 26.11.2001 – 4 Sa 700/01 –)!

22 Zur **Anhörung des betroffenen Personalratsmitgliedes im Falle eines beabsichtigten Ausschlusses** bzw. zur **Anhörung des Gesamtgremiums im Falle einer beabsichtigten Auflösung** ist mit Blick auf den Grundsatz der vertrauensvollen Zusammenarbeit (vgl. § 2 Rz. 2 ff.) entsprechend auf die Ausführungen zu § 74 Rz. 31 (allerdings ohne eine Fristenvorgabe) zu verweisen.

Eine **vorherige Abmahnung**, wie im individualarbeitsrechtlichen Fall einer verhaltensbedingten Kündigung (vgl. § 74 Rz. 26) ist für einen Ausschluss nach § 25 zwar keine zwingende formelle Voraussetzung, sollte vor einer gerichtlichen Antragstellung in der Praxis aber dennoch geprüft werden. Zu einer solchen **personalvertretungsrechtlichen Abmahnung** siehe § 42 Rz. 5 f.

Muster 6: Abmahnung (Personalratsmitglied) 23

Wichtig! 24

Wenn ein Personalratsmitglied also seine Pflichten nach dem LPVG NRW verletzt und damit zugleich auch ein Verstoß gegen seine dienst- bzw. individualrechtlichen Vertragspflichten vorliegt, kann es dafür (separat) auch disziplinarisch bzw. arbeitsrechtlich geahndet werden (vgl. § 42 Rz. 5 m. w. N.)!

Weiterhin kann die Dienststelle auch gegenüber dem Gremium anregen, dass einem pflichtwidrig handelnden Personalratsmitglied durch Personalratsbeschluss z. B. die Funktion des stellvertretenden Vorsitzes und/oder die Freistellung entzogen wird (vgl. VG Darmstadt 11.09.2008 –23 K 450/08.DA.PV –). Zur Befangenheit bei der Beschlussfassung vgl. VGH Baden-Württemberg 23.02.1996 – PL 15 S 3328/94 –!

Muster 7: Abmahnung (Arbeitnehmer) 25

III. Folgen der Auflösung des Personalrates

Abs. 2: Nach eintretender Rechtskraft des verwaltungsgerichtlichen Auflösungsbeschlusses hat der Vorsitzende der dortigen Fachkammer von Amts wegen einen **Wahlvorstand** nach § 25 Abs. 2 i. V. m. § 22 Abs. 2 Satz 1 (vgl. auch § 22 Rz. 33) zu bestellen. Letzterer nimmt bis zur Neuwahl die dem aufgelösten Personalrat nach dem LPVG NRW zustehenden Befugnisse und Pflichten wahr (§ 22 Abs. 2 Satz 4), sodass durch die Auflösung kein Personalratsvakuum entsteht. Siehe zum Ganzen auch Bülow, § 1 WO-LPVG NRW, Rz. 15. 26

IV. Rechtliche Auseinandersetzungen

Zur Zuständigkeit des Verwaltungsgerichts vgl. § 79 Rz. 2 ff. Zur Wahlanfechtung siehe die Ausführungen zu § 22. 27

§ 26 (Erlöschen der Mitgliedschaft)

(1) Die Mitgliedschaft im Personalrat erlischt durch

a) Ablauf der Amtszeit,
b) erfolgreiche Anfechtung der Wahl,
c) Niederlegung des Amtes,
d) Beendigung des Dienstverhältnisses,
e) Ausscheiden aus der Dienststelle,
f) Verlust der Wählbarkeit, außer die Abwesenheit beruht auf Elternzeit
g) gerichtliche Entscheidung nach § 25 Abs. 1,
h) Feststellung nach Ablauf der in § 22 Abs. 1 bezeichneten Frist, dass die oder der Gewählte nicht wählbar war.

(2) Die Mitgliedschaft im Personalrat erlischt ferner, wenn eine Beurlaubung ohne Besoldung oder Arbeitsentgelt während der Amtszeit des Personalrats länger als sechs Monate andauert, außer in den Fällen von Elternzeit.

(3) Die Mitgliedschaft im Personalrat wird durch einen Wechsel der Gruppenzugehörigkeit eines Mitglieds nicht berührt; dieses bleibt Mitglied der Gruppe, für die es gewählt wurde.

Gliederung

I. Einleitende Bemerkungen

1 Die Vorschrift regelt das **Erlöschen der Amtszeit des einzelnen Personalratsmitglieds**. Mit der Novelle 2011 wurde der Abs. 2 inhaltlich geändert und der Erlöschens Tatbestand der „Abordnung" gestrichen. Die Abs. 1 und 3 haben lediglich eine geschlechtergerechte Sprachanpassung erhalten. Das **Erlöschen hat zur Folge**, dass das hiervon betroffene (ehemalige) Mitglied nun keine Aufgaben mehr für den Personalrat wahrnehmen darf. Die Mitwirkung an einer Beschlussfassung (§ 33) hat somit dessen Unwirksamkeit zur Folge. Mit dem Erlöschen geht auch der besondere Schutz des Arbeitsplatzes nach § 43 verloren. Das ehemalige Personalratsmitglied weist allerdings grundsätzlich noch für ein Jahr, ab dem Beendigungszeitpunkt seiner Amtszeit an gerechnet einen Kündigungsschutz nach § 15 Abs. 2 Satz 2 KSchG auf. Dieser gilt nicht, wenn die Beendigung

der Mitgliedschaft auf einer gerichtlichen Entscheidung (vgl. insbesondere Rz. 4 und 11) beruht (§ 15 Abs. 2 Satz 2 Halbsatz 2 KSchG).

II. Erlöschen der Mitgliedschaft im Personalrat

Abs. 1: Die Vorschrift benennt die Tatbestände, die zwingend zum Erlöschen der Mitgliedschaft im Personalrat führen. Letzteres erfolgt unmittelbar kraft Gesetz mit dem Eintritt der jeweiligen Tatbestandsvoraussetzung. 2

Nach **Abs. 1 lit. a)** erlischt die Mitgliedschaft im Personalrat mit „**Ablauf der Amtszeit**". Diese endet grundsätzlich mit der jeweiligen Wahlperiode (§ 23 Abs. 1). Da der bisherige Personalrat die Geschäfte weiterführt, bis der neue Personalrat zu seiner ersten Sitzung zusammengetreten ist (§ 23 Abs. 3), ist die Amtszeit des einzelnen Personalratsmitgliedes auch erst in diesem Moment abgelaufen. Nach § 24 Abs. 1 Satz 1. lit. a) bis c) kann die Wahlperiode aber auch vorzeitig enden, wobei nach § 24 Abs. 2 auch in diesem Fall auf den zuvor benannten Zeitpunkt abzustellen ist. Die Vorschrift korrespondiert mit dem Erlöschenstatbestand nach Abs. 1 lit. g) im Falle eines gerichtlichen Auflösungsbeschlusses (vgl. Rz. 11). 3

Nach **Abs. 1 lit b)** führt auch die „**erfolgreiche Anfechtung der Wahl**" zum Erlöschen der Mitgliedschaft im Personalrat. Maßgeblich hierfür ist der Zeitpunkt der Rechtskraft der stattgebenden gerichtlichen Entscheidung (vgl. näher hierzu § 22, Rz. 33). 4

Nach **Abs. 1 lit. c)** endet die Mitgliedschaft im Personalrat auch durch die **„Niederlegung des Amtes"**. Diese ist jederzeit und auch formfrei, d.h. insbesondere ohne Angaben von Gründen möglich (vgl. BVerwG 16.07.1963 – VII P 10.62 –). Die (Niederlegungs-)**Erklärung** ist gegenüber dem Personalrat oder dessen Vorsitzender Person abzugeben. Sie darf keine Bedingungen enthalten **(„Bedingungsfeindlichkeit")** und muss unmissverständlich den Willen zur Amtsniederlegung erkennen lassen. Die **Wirksamkeit** der Erklärung tritt mit ihrem Zugang bei einem der vorbenannten Adressaten (vgl. § 130 Abs. 1 Satz 1 BGB) bzw. zu einem, gegebenenfalls in der Erklärung ausdrücklich benannten, Termin ein. Ein **Widerruf** ist nur dann wirksam, wenn er dem Adressaten vorher oder gleichzeitig zugeht (§ 130 Abs. 1 Satz 2 BGB). Ansonsten scheidet eine Rücknahme oder Anfechtung aus (vgl. BVerwG 09.10.1959 – VII P 1.59 –). Zu den Folgen einer **sog. kollektiven Amtsniederlegung**, d.h. aller ordentlichen Mitglieder und Ersatzmitglieder siehe § 23 Rz. 11 und § 24 Rz. 18a. 5

6 **Wichtig!**

Im Rahmen der vertrauensvollen Zusammenarbeit (vgl. § 2 Rz. 2ff.) sollte die Dienststelle bereits vor einer beabsichtigten Amtsniederlegung durch den Personalrat informiert werden!

7 Nach **Abs. 1 lit. d)** erlischt die Mitgliedschaft im Personalrat auch durch die **„Beendigung des Dienstverhältnisses“**. Letzteres ist im LPVG NRW nicht ausdrücklich geregelt, sodass auf die Regelungen des im Einzelfall maßgeblichen Beamten- bzw. Arbeitsrechts abzustellen ist (vgl. BVerwG 04.09.1995 – 6 P 20.93 –). Regelungen zur Beendigung des Beamtenverhältnisses sind z.B. in den § 15 („Versetzung unter Dienstherrenwechsel“) und den §§ 21ff. BeamtStG, aber auch im LBG NRW oder LDG NRW enthalten. Hinsichtlich der Beendigung von Arbeitsverhältnissen sind grundsätzlich die tarifvertraglichen Regelungen nach § 33f. TVöD/TV-L (z.B. Erreichen der Regelaltersgrenze oder Kündigung), gesetzliche Regelungen (z.B. § 14 TzBfG bei befristeten Arbeitsverhältnissen), einvernehmliche Regelungen (z.B. Aufhebungsvertrag), einseitige Handlungen (Anfechtung) sowie alle tatsächlichen Beendigungsumstände (z.B. Verschollenheit oder Todesfall) zu beachten. **Ein außerordentlich gekündigtes Personalratsmitglied** ist bei nicht offensichtlicher Unwirksamkeit der Kündigung grundsätzlich aus rechtlichen Gründen im Sinne der vorliegenden Vorschrift an der Ausübung seines Amts verhindert (vgl. BVerwG 04.02.2021 – 5 VR 1/20 –). Eine offensichtlich unwirksame Kündigung liegt vor, wenn sich schon aus dem eigenen Vortrag des Arbeitgebers ohne Beweiserhebung (1. Voraussetzung) und, ohne dass ein Beurteilungsspielraum gegeben wäre (2. Voraussetzung), jedem Kundigen die Unwirksamkeit der Kündigung geradezu aufdrängen muss, d.h. die Unwirksamkeit der Kündigung muss also ohne jeden vernünftigen Zweifel in rechtlicher und tatsächlicher Hinsicht offen zutage liegen (vgl. BVerwG 04.02.2021 a.a.O.). **Wenn das Arbeitsverhältnis des Mitarbeiters rechtswirksam befristet ist, hat eine etwaige Mitgliedschaft im Personalrat keinen Einfluss auf das Befristungsende.** Der Sonderschutz des § 15 KSchG wird nicht umgangen, wenn ein Arbeitnehmer während der Laufzeit eines befristeten Arbeitsvertrages in den Personalrat gewählt wird. Etwas anderes gilt jedoch für Arbeitnehmer, die zwar während der Laufzeit des befristeten Arbeitsvertrages in den Personalrat gewählt worden sind, aber während ihrer Amtszeit im Anschluss an die Erstbefristung erneut nur befristet weiterbeschäftigt werden. Wegen der möglichen Umgehung des § 15 KSchG sind bei der zweiten Befristung an den sachlichen Grund besonders strenge Anforderungen zu stellen.

Nach **Abs. 1 lit. e)** erlischt die Mitgliedschaft im Personalrat auch durch das „**Ausscheiden aus der Dienststelle**". Letzteres kann zum einen durch die Beendigung des Dienstverhältnisses nach Abs. 1 lit. d) (vgl. Rz. 7), aber auch durch eine **Versetzung** (vgl. § 43 Rz. 5) oder durch einen **Unterstellungswechsel** in der örtlichen Dienststelle (vgl. OVG NRW 13.12.00 – 1 A 475/99. PVB –) erfolgen. Ist ein Beschäftigter **zugleich Mitglied des örtlichen Personalrats und des Gesamtpersonalrats** (§ 52 f.), so führt eine Vollfreistellung für seine Tätigkeit im Gesamtpersonalrat allein noch nicht dazu, dass die Mitgliedschaft im örtlichen Personalrat kraft Gesetzes erlischt oder für die Dauer der Vollfreistellung ruht (vgl. entsprechend VGH Baden-Württemberg 21.09.2016 – PL 15 S 689/15 –). 8

Keinen Erlöschenstatbestand stellt eine **Abordnung** (vgl. § 10 Rz. 15) dar. 9
Entsprechendes gilt für eine **Zuweisung** (vgl. § 10 Rz. 16). In beiden Fällen besteht allerdings ein Erlöschensgrund nach § 26 Abs. 1 lit. f) (vgl. Rz. 10). Die Mitgliedschaft im Personalrat erlischt weiterhin auch nicht durch eine **Umsetzung** (vgl. § 72 Rz. 202 ff.). Etwas anderes gilt nur dann, wenn eine Umsetzung zwischen zwei verselbstständigten Dienststellenteilen i. S. d. § 1 Abs. 3 (Hauptdienststelle →Nebenstelle) erfolgt, sodass sie personalvertretungsrechtlich vielmehr als eine Versetzung oder Abordnung zu bewerten ist (ebenso Havers/Giesen, § 26 Rn. 6). Keinen Erlöschenstatbestand stellt dem Grunde nach auch die von vornherein auf eine Rückkehr gerichtete **Elternzeit** nach § 74 LBG NRW (bei Beamten) und nach § 15 BEEG (bei Arbeitnehmern) dar (vgl. entsprechend BAG 25.05.2005 – 7 ABR 45/04 – zum BetrVG). Ein Erlöschen der Mitgliedschaft kann sich aber bei einer längeren Elternzeit durch den Verlust der Wählbarkeit nach Abs. 1 lit. f) ergeben (vgl. Rz. 10; § 10 Rz. 25; § 11 Rz. 3 und BVerwG 15.05.2005 – 6 P 18.01 –).

Nach **Abs. 1 lit. f)** erlischt die Mitgliedschaft im Personalrat auch durch 10
den „**Verlust der Wählbarkeit**". Hierbei ist auf den **Zeitpunkt nach der Wahl** abzustellen, da das Fehlen des passiven Wahlrechts (§ 11) im Zeitpunkt vor oder bei der Wahl durch eine Anfechtung der Wahl (§ 22) geltend gemacht werden kann, sodass bereits der Erlöschenstatbestand nach § 26 Abs. 1 lit. b) (vgl. Rz. 4) oder nach § 26 Abs. 1 lit. h) (vgl. Rz. 12) zum Zuge kommt. In Betracht kommen nach der vorliegenden Vorschrift also insbesondere die **Verlustgründe nach § 11 Abs. 2** (vgl. § 11 Rz. 7). In Betracht kommt aber auch eine **Abordnung** (vgl. § 10 Rz. 15) oder eine **Zuweisung** (vgl. § 10 Rz. 16), wenn sie länger als sechs Monate andauern (vgl. hierzu auch § 10 Rz. 18 f.), oder eine längere **Elternzeit** (vgl. Rz. 9). Für Beschäftigte, die denen nach § 44b Abs. 1 und Abs. 2 Zweites Buch Sozialgesetzbuch Aufgaben der **gemeinsamen Einrichtungen (Jobcenter) zugewiesen** sind oder werden, gilt es, die Sondervorschrift des § 112 zu be-

achten. Mit dem dritten Änderungsgesetz vom 26.02.2019 (GV. NRW. S. 134) wurde eine **Ausnahme für den Fall, dass die Abwesenheit auf Elternzeit beruht**, neu in das Gesetz aufgenommen.

Diese dient der fortwährenden Förderung und Verbesserung der Vereinbarkeit von Familie und Beruf – im vorliegenden Fall in Form einer ehrenamtlichen Tätigkeit für die Kollegenschaft. Diese Ausnahme hat der Gesetzgeber als gerechtfertigt angesehen, da auf Elternzeit ein gesetzlicher Anspruch ohne Rücksicht auf dienstliche Belange besteht (vgl. LT-Drucks. 17/4350, S. 7).

11 Nach **Abs. 1 lit. g)** erlischt die Mitgliedschaft im Personalrat auch durch eine „**gerichtliche Entscheidung nach § 25 Abs. 1**". Ein solcher Erlöschenstatbestand liegt vor, wenn der vom Verwaltungsgericht gefasste Ausschlussbeschluss rechtskräftig wird (vgl. § 25, Rz. 19). Entsprechendes gilt für den gerichtlich gefassten Auflösungsbeschluss. In diesem Moment läuft auch die Amtszeit des Personalrats ab, sodass ebenfalls der Erlöschenstatbestand nach Abs. 1 lit. a) einschlägig ist (vgl. Rz. 3).

12 Nach **Abs. 1 lit. h)** erlischt die Mitgliedschaft im Personalrat auch durch eine „**Feststellung nach Ablauf der in § 22 Abs. 1 bezeichneten Frist, dass der Gewählte nicht wählbar war**". Die vorbenannte Feststellung erfolgt durch das Verwaltungsgericht auf einen im personalvertretungsrechtlichen Beschlussverfahren hin gestellten Antrag (vgl. BVerwG 17.03.1983 – 6 P 3082 –). Der **Antrag ist weder frist- noch formgebunden**. Er kann zu einem beliebigen Zeitpunkt, solange das gewählte Mitglied dem Personalrat angehört, gestellt werden. Zur **Antragsberechtigung** vgl. § 22 Rz. 6 entsprechend (so auch BVerwG 17.03.1983 a. a. O.). Zu den Gründen der Nichtwählbarkeit vgl. § 11 Rz. 7 ff. Ein **Feststellungsinteresse** ist nur dann gegeben, wenn der Mangel der Wählbarkeit bereits bei der vorgenommenen Wahl bestanden hat und im Zeitpunkt der gerichtlichen Entscheidung auch noch fortbesteht (vgl. zum nachträglichen Entfallen des Mangels BVerwG 08.06.1962 – VII P 7.61 –).

III. Längere Abwesenheit von der Dienststelle

13 <u>Abs. 2:</u> Neben den Erlöschungstatbeständen in Abs. 1 führt auch **eine länger als sechs Monate andauernde Beurlaubung ohne Besoldung oder Arbeitsentgelt** während der Amtszeit des Personalrats, zu einem Erlöschen der Mitgliedschaft. Denn das Personalratsmitglied büßt auch in diesem Fall seine Wählbarkeit nach § 11 Abs. 2 lit. d) ein (vgl. § 11 Rz. 14). Die ehemals in der Vorschrift enthaltene Abordnung wurde mit der **No-**

velle 2011 gestrichen, da sie, wenn sie länger als sechs Monate andauert, als Unterfall des § 26 Abs. 1 lit. f) i.V.m. §§ 11 Abs. 1 und 10 Abs. 2 (bereits) erfasst wird (vgl. LT-Drucks. 15/1644, S. 77). Der Begriff der „Beurlaubung" ist nicht wörtlich zu verstehen, sondern erfasst nach dem Normzweck alle Fälle, in denen die Hauptleistungspflichten des Dienst- bzw. Arbeitsverhältnisses ohne Vergütungsfortzahlung ruhen, wie z.B. bei Elternzeit (vgl. hierzu OVG NRW 10.11.2014 – 20 A 679/14.PVL –). Mit dem dritten Änderungsgesetz vom 26.02.2019 (GV. NRW. S. 134) wurde insoweit auch eine Ausnahme für die Elternzeit formuliert (vgl. hierzu auch Rz. 10). Weiterhin kommt bspw. **Sonderurlaub** nach § 28 TVöD/TV-L oder eine **Umschulung** nach SGB III, VI oder VII etc. in Betracht.

IV. Wechsel der Gruppenzugehörigkeit

Abs. 3: Die Vorschrift stellt klar, dass ein „**Wechsel der Gruppenzugehörigkeit**" nicht zum Erlöschen der Mitgliedschaft im Personalrat führt. Das betroffene Mitglied bleibt vielmehr Vertreter der Gruppe, für die es gewählt wurde. Nach § 28 Abs. 3 gilt entsprechendes für **Ersatzmitglieder**, wenn diese vor ihrem Eintritt in den Personalrat die Gruppe wechseln (vgl. § 28 Rz. 23). 14

V. Rechtliche Auseinandersetzungen

Meinungsverschiedenheiten die das **Erlöschen der Mitgliedschaft im Personalrat** betreffen, sind vor dem Verwaltungsgericht zu klären. Die Zuständigkeit bei Streitigkeiten im Hinblick auf die Erlöschenstatbestände nach § 26 Abs. 1 lit. a) bis g) richtet sich nach § 79 Abs. 1 Nr. 2. Für die nachträgliche Feststellung nach § 26 Abs. 1 lit h) ergibt sich die Entscheidungszuständigkeit des Verwaltungsgerichts nach § 79 Abs. 1 Nr. 1. 15

§ 27 (Ruhen der Mitgliedschaft)

(1) Die Mitgliedschaft einer Beamtin oder eines Beamten im Personalrat ruht, solange ihr oder ihm die Führung der Dienstgeschäfte verboten oder sie oder er wegen eines gegen sie oder ihn schwebenden Disziplinarverfahrens vorläufig des Dienstes enthoben ist.

(2) In den Fällen des § 26 Abs. 1 Buchstaben d und e ruht die Mitgliedschaft im Personalrat bis zur Rechtskraft der Entscheidung.

Gliederung

I. Einleitende Bemerkungen

1 Die **Vorschrift gilt nur für Beamte** und gibt vor, dass die Mitgliedschaft im Personalrat unter den dort genannten Voraussetzungen kraft Gesetz ruht. Mit der Novelle 2011 ist lediglich eine geschlechtergerechte Sprachanpassung erfolgt, ohne dass weitere inhaltliche Änderungen vorgenommen wurden.

2 Die Vorschrift gilt entsprechend für **Stufenvertretungen** (§ 51 Satz 1), für den **Gesamtpersonalrat** (§ 53), die **Jugend- und Auszubildendenvertretung** (§ 57 Abs. 2 Satz 3) und die Lehrervertretung nach § 85 Abs. 1 Satz 1.

II. Gründe für das Ruhen der Mitgliedschaft

3 Abs. 1: Die Vorschrift ordnet zwingend an, dass die **Mitgliedschaft eines Beamten im Personalrat** ruht, solange ihm die Führung der Dienstgeschäfte verboten oder er wegen eines gegen ihn schwebenden Disziplinarverfahrens vorläufig des Dienstes enthoben ist. Sie findet keine Anwendung auf Arbeitnehmer oder verbeamtete Ersatzmitglieder (vgl. § 28 Rz. 3). Eine einvernehmliche Einschränkung oder Erweiterung der Ruhenstatbestände durch die Dienststelle und den Personalrat ist nicht möglich. Das Ruhen der Mitgliedschaft hat anders als deren Erlöschen (§ 26) nicht zur Folge, dass der besondere Schutz des Arbeitsplatzes nach § 43 und § 15 Abs. 2 Satz 1 KSchG verloren gehen. Das Mitglied ist aber an der Mandatsausübung gehindert. Die Mitwirkung an einer Beschlussfassung (§ 33) hat während des Ruhens somit dessen Unwirksamkeit zur Folge.

4 Nach **Abs. 1 Alt. 1** ruht das Personalratsamt, wenn dem Mitglied **„die Führung der Dienstgeschäfte verboten“** ist. Beamten kann gem. § 39 Satz 1 BeamtStG aus zwingenden dienstlichen Gründen ein solches Verbot ausgesprochen werden. Dabei gilt, dass das Verbot gem. § 39 Satz 2 BeamtStG wieder erlischt, wenn nicht bis zum Ablauf von drei Monaten gegen den Beamten ein Disziplinarverfahren oder ein sonstiges auf Rücknahme der Ernennung oder auf Beendigung des Beamtenverhältnisses gerichtetes Verfahren bei dem Verwaltungsgericht (§ 54 Abs. 1 BeamtStG) eingeleitet worden ist. Im Einzelnen vergleiche hierzu die Kommentierung von Reich, BeamtStG, § 39.

Das Ruhen der Mitgliedschaft nach **Abs. 1 Alt. 2** für den Fall, dass das Mitglied **im Zusammenhang mit einem Disziplinarverfahren vorläufig des Dienstes enthoben** wird richtet sich nach den §§ 38 ff. LDG NRW. Die Dienstenthebung ist dabei nur vorübergehender Natur. Nach § 63 LDG NRW hat der Beamte die Möglichkeit, die Aussetzung der Enthebungsanordnung zu beantragen. Hierüber entscheidet die zuständige Disziplinarkammer des Verwaltungsgerichts durch Beschluss. 5

Wichtig! 6

Wenn das Disziplinarverfahren allerdings im Ergebnis die Entfernung aus dem Beamtenverhältnis zur Folge hat, endet nach § 10 Abs. 1 Satz 1 LDG NRW das Dienstverhältnis, sodass der Beamte dadurch aus dem Personalrat nach § 26 Abs. 1 lit. d) ausscheidet. Damit erlangt dann die Sonderregelung nach § 27 Abs. 2 Geltung (vgl. Rz. 7)!

III. Sonderregelung in den Fällen des § 26 Abs. 1 lit. d) und e)

Abs. 2: Die Vorschrift ordnet an, dass in den Erlöschensfällen des § 26 Abs. 1 lit. d) „Beendigung des Dienstverhältnisses“ (vgl. § 26 Rz. 7) und e) „Ausscheiden aus der Dienststelle“ (vgl. § 26 Rz. 8) die Mitgliedschaft im Personalrat bis zur Rechtskraft der gerichtlichen Entscheidung ruht. Damit hat der Gesetzgeber dem Umstand Rechnung getragen, dass in diesen Fällen die Mitgliedschaft im Personalrat vorzeitig endet, z. B. durch Versetzung oder Entlassung bzw. Kündigung. Soweit das betroffene Personalratsmitglied diesbezüglich den Rechtsweg beschreitet, hängt die Rechtswirksamkeit stets von der letztendlichen Rechtskraft der gerichtlichen Entscheidung ab (vgl. VG Düsseldorf 27.02.2020 – 40 L 214/20.PVL –). 7

Kein Ruhen der Mitgliedschaft ist bei einem **Abschluss eines Aufhebungsvertrages** anzunehmen, da in diesem Fall direkt eine Beendigung des Dienstverhältnisses eintritt. 8

Wichtig! 9

Das Ruhen wird beendet, wenn die angeordnete Maßnahme außer Kraft tritt. In dieser Zeit kann das beamtete Mitglied sein Personalratsamt nicht ausüben. Demzufolge ist ihm die Teilnahme an Personalratssitzungen (§§ 30 ff.), die Durchführung von Personalratssprechstunden (§ 39 Abs. 1 Satz 1), die Teilnahme an Personalgesprächen, Gesprächen im Rahmen des Betrieblichen Eingliederungsmanagements nach § 167 Abs. 2 SGB IX (siehe hierzu auch Bülow, Das „BEM“ in der Praxis, DöD 2023, S. 149) und an Personalratsfortbildungen in der Eigenschaft als Personalratsmitglied verwehrt!

IV. Rechtliche Auseinandersetzungen

10 Die Frage, ob die Mitgliedschaft im Personalrat nach den Vorgaben des § 27 ruht, ist im personalvertretungsrechtlichen Beschlussverfahren nach § 79 Abs. 1 Nr. 2 und 4 vor dem Verwaltungsgericht zu klären.

§ 28 (Ersatzmitglieder)

(1) Scheidet ein Mitglied aus dem Personalrat aus, so tritt ein Ersatzmitglied ein. Ist ein Mitglied zeitweilig verhindert oder ruht seine Mitgliedschaft, so tritt ein Ersatzmitglied für die Zeit der Verhinderung oder des Ruhens ein.

(2) Die Ersatzmitglieder werden der Reihe nach aus den nicht gewählten Beschäftigten derjenigen Vorschlagslisten entnommen, denen die zu ersetzenden Mitglieder angehören. Ist das zu ersetzende Mitglied mit einfacher Stimmenmehrheit gewählt, so tritt die oder der nicht gewählte Beschäftigte mit der nächsthöheren Stimmenzahl als Ersatzmitglied ein.

(3) § 26 Abs. 3 gilt entsprechend bei einem Wechsel der Gruppenzugehörigkeit vor dem Eintritt des Ersatzmitglieds in den Personalrat.

(4) Im Falle des § 24 Abs. 1 Satz 1 Buchstaben d und e treten Ersatzmitglieder nicht ein.

Gliederung

I. Einleitende Bemerkungen

1 Die Vorschrift regelt wann und in welcher Reihenfolge Ersatzmitglieder in den Personalrat eintreten. Mit der **Novelle 2011** ist lediglich eine geschlechtergerechte Sprachanpassung erfolgt, ohne dass weitere inhaltliche Änderungen vorgenommen wurden.

2 Die Vorschrift gilt entsprechend für **Stufenvertretungen** (§ 51 Satz 1), für den **Gesamtpersonalrat** (§ 53), die **Jugend- und Auszubildendenvertretung** (§ 57 Abs. 2 Satz 3) und die **Lehrervertretung** nach § 85 Abs. 1 Satz 1.

II. Eintritt des Ersatzmitgliedes kraft Gesetzes

Abs. 1: Damit der Personalrat die gesetzlich vorgegebene Mitgliederstärke und Zusammensetzung nach den §§ 12, 13 beibehält, wird nach **Abs. 1 Satz 1** im Falle des Ausscheidens eines Mitgliedes aus dem Personalrat der Eintritt eines Ersatzmitgliedes angeordnet. Ein „**Ersatzmitglied**" ist ein wählbarer Beschäftigter i. S. d. §§ 5, 11 der nicht in den Personalrat gewählt worden ist. Im vorbenannten Fall erfolgt sein Eintritt in den Personalrat „automatisch" kraft Gesetz und ist deshalb nicht von einer Entscheidung bzw. Ernennung des Personalrates oder seiner Vorsitzenden Person abhängig (vgl. entsprechend BAG 08.09.2011 – 2 AZR 388/10 – zum BetrVG). Für eine rechtswirksame Sitzungsteilnahme muss das eintretende Ersatzmitglied aber nach den Vorgaben des § 30 Abs. 2 Satz 3 entsprechend geladen werden (vgl. § 30 Rz. 16 f.). 3

Personalratsmitglieder können sich nach Abs. 1 nur in den drei nachbenannten Fällen von Ersatzmitgliedern vertreten lassen: 4

1. Fall: Nach **Abs. 1 Satz 1** tritt ein Ersatzmitglied ein, wenn ein **Mitglied aus dem Personalrat ausscheidet.** Das ist dann der Fall, wenn dessen Mitgliedschaft im Personalrat erlischt. Das kann aufgrund der in § 26 benannten Erlöschenstatbestände geschehen (vgl. die dortige Kommentierung). Wenn die Personalratsmitgliedschaft allerdings durch eine Beendigung des Dienstverhältnisses i. S. d. § 24 Abs. 1 Satz 1 lit. d) oder durch ein Ausscheiden aus der Dienststelle i. S. d. § 24 Abs. 1 Satz 1 lit. h) endet, treten nach § 28 Abs. 4 (vgl. Rz. 24) jedoch keine Ersatzmitglieder (nachrückend) ein! 5

2. Fall: Nach **Abs. 1 Satz 2 Alt. 1** tritt, wenn ein „**Mitglied zeitweilig verhindert**" ist, ein Ersatzmitglied für die Zeit der Verhinderung ein. Dass ist dann der Fall, wenn ein Personalratsmitglied entweder aus rechtlichen oder tatsächlichen Gründen nicht in der Lage ist, sein Amt zeitweilig auszuüben. Dabei kommt es nicht auf den Wunsch des Personalratsmitgliedes an, sich vertreten lassen zu wollen, sondern auf das objektive Vorliegen der Verhinderung. Die vorsitzende Person des Personalrats hat auf die Anzeige der Verhinderungsgründe eines Personalratsmitglieds hin zu prüfen, ob tatsächlich eine vorübergehende Verhinderung des Mitglieds vorliegt, welche die Ladung des Ersatzmitgliedes rechtfertigt. Sie darf also nicht ohne eine genaue eigene Prüfung von einer Verhinderung ausgehen (so BVerwG 16.05.2019 – 5 PB 16.18 – m. w. N.). Der Gesetzgeber hat im LPVG NRW keine Mindestdauer festgelegt (vgl. BVerwG 24.10.1975 – VII P 14.73 –). Ausreichend ist bereits, dass ein Personalratsmitglied z. B. nicht an der gesamten Personalratssitzung teilnehmen kann (vgl. zu un- 6

vermittelten, kurzfristigen Verhinderungen Rz. 8). **Keine Verhinderung** stellt allerdings die pflichtwidrige Ablehnung einer Sitzungsteilnahme dar, z.B. im Fall des unentschuldigten Fehlens (so zutreffend BayVGH 14.09.1988 – 17 P 88.02465 –). **Die Verhinderung eines Personalratsmitgliedes bestimmt sich im Übrigen nach objektiven Kriterien und nach danach, ob es trotz fehlender Dienstleistungspflicht z.B. während der Freistellungsphase eines Sabbaticals an Sitzungen teilnehmen möchte** (vgl. OVG Berlin-Brandenburg 19.12.2022 – OVG 60 PV 6.22 –). Ein Personalratsmitglied ist während der einjährigen **Freistellungsphase seines Sabbaticals** objektiv verhindert und daher zur Wahrnehmung von Personalratstätigkeit weder verpflichtet noch bei entsprechendem Wunsch berechtigt (Vgl. OVG Berlin-Brandenburg, 19.12.2022 – 60 PV 6.22 –).

7 Eine zeitweilige **Verhinderung aus rechtlichen Gründen** liegt z.B. dann vor, wenn ein Personalratsmitglied wegen **Interessenkollisionen** verhindert ist, an einer die eigene mitbestimmungspflichtige Maßnahme betreffenden Beschlussfassung des Personalrats und auch an der ihr vorangehenden Beratung teilzunehmen (vgl. BAG 03.08.1999 – 1 ABR 30/98 – zum BetrVG). Rechtliche Gründe stellen z.B. auch das **Ruhen der Mitgliedschaft im Personalrat nach Maßgabe des § 27** dar. Keinen rechtlichen Grund stellt indes die Teilnahme an einer zeitgleich stattfindenden Anhörung eines schwerbehinderten Beschäftigten und an einem sog. BEM-Gespräch als Stellvertreter der Vertrauensperson der Schwerbehinderten dar (vgl. OVG Berlin-Brandenburg 23.08.2018 – OVG 60 PV 8.17 –). Für **doppeltmandatierte Personalratsmitglieder**, d.h. also bei einer Mitgliedschaft in zwei Personalvertretungen löst der Zugang der ersten Ladung eine Teilnahmepflicht an der diesbezüglichen Sitzung und die rechtliche Verhinderung an der zeitgleich stattfindenden anderen Sitzung aus (vgl. BVerwG 15.05.2020 – 5 P 5.19 – und Anm. Bülow, ZTR 2021, S. 234f.).

8 Eine zeitweilige **Verhinderung aus tatsächlichen Gründen** liegt z.B. grds. dann vor, wenn das Personalratsmitglied sein Amt wegen **Krankheit** nicht ausüben kann. Das setzt in der Regel voraus, dass in einem solchen Fall eine ordnungsgemäße Krankmeldung (= AU-Meldung) stattgefunden hat und das Personalratsmitglied dem Dienst ferngeblieben ist. Ein Personalratsmitglied, das objektiv dienst- bzw. arbeitsunfähig ist, darf also dem Grunde nach an einer Personalratssitzung nicht teilnehmen (ebenso BayVGH 27.11.2002 – M 20 P 02.2543 – und 23.07.2003 – 17 P 03.18 –). Denn weder das Ersatzmitglied noch das ordentliche Mitglied können aufgrund der klaren Vorgabe des § 28 Abs. 1 Satz 2 LPVG NRW selbstständig entscheiden, ob Letzteres in der Lage ist, an der Sitzung teilzunehmen. Etwas anderes gilt ausnahmsweise nur dann, wenn sich das ordentliche Mit-

glied während der Krankheit in einer **stufenweisen Wiedereingliederung** befindet, d.h. bei Arbeitnehmern i.S.d. § 74 SGB V und § 44 SGB IX und bei Beamten in analoger Anwendung nach dem dortigen sog. Hamburger Modells, im Rahmen dessen es selbst über die Geltendmachung seiner Amts- bzw. Arbeitsfähigkeit entscheiden darf (vgl. hierzu VG Düsseldorf 31.10.2012 – 10 K 3029/12 –). **Plötzliche Befindlichkeitsstörungen**, die zu einer unvermittelten Teilnahmeunterbrechung an einer Personalratssitzung führen, sind grundsätzlich unschädlich. Die Sitzung kann in diesem Fall aber nur fortgesetzt werden, wenn das verhinderte Personalratsmitglied wieder zurückgekehrt ist. Sollte der Personalrat seine Sitzung eher fortsetzen wollen, so muss er ein Ersatzmitglied beiziehen. Ein solcher Ausnahmefall ist allerdings nur dann gegeben, wenn der Personalrat in örtlicher oder zeitlicher Hinsicht eine Benachrichtigung des Ersatzmitgliedes nicht realisieren kann oder eine solche ihm nicht zumutbar ist (vgl. BVerwG 24.10.1975 – VII P 14.73 –).

Einen tatsächlichen Verhinderungsgrund stellt auch eine **Ortsabwesenheit wegen Urlaub** (vgl. VG Köln 28.03.2014 – 33 K 5730/13.PVB –) **oder einer Dienstreise** dar. Bei einer solchen dienstlich genehmigten Abwesenheit erfolgt der Eintritt des Ersatzmitgliedes kraft Gesetz. Die Verhinderung bestimmt sich nach objektiven Kriterien, so dass auch die Freistellung im Rahmen eines **Sabbatical** einen Verhinderungsgrund darstellt (vgl. OVG Berlin-Brandenburg 19.12.2022 – OVG 60 PV 6/22 –). Das Personalratsmitglied hat also kein Wahlrecht, ob es während dieser Zeit doch an einer Personalratssitzung teilnehmen möchte. Das gilt selbst für den Fall, dass das eingetretene Ersatzmitglied unentschuldigt der Sitzung fernbleibt (vgl. BayVGH 14.09.1988 – Nr. 17 P 88.02465 – und dem sich anschließend VG Köln 28.03.2014 a.a.O.). Entsprechendes gilt für eine **Elternzeit**, die kein Erlöschen der Mitgliedschaft i.S.d. § 26 Abs. 1 lit. e) bewirkt (vgl. § 26 Rz. 9). **Zur Frage der Verhinderung eines im Schichtdienst beschäftigten Personalratsmitglieds an der Teilnahme an einer Personalratssitzung** OVG Berlin-Brandenburg 04.10.2022 – 60 PV 4.22 –. 9

Eine **Abordnung** (vgl. § 10 Rz. 16), die nicht länger als sechs Monate andauert, stellt ebenfalls eine zeitliche Verhinderung dar. Wenn sie länger andauert, führt sie nach § 26 Abs. 1 lit. f) zu einem Erlöschen der Mitgliedschaft des betroffenen Personalratsmitgliedes (vgl. § 26 Rz. 10). Entsprechendes gilt für eine **Zuweisung** i.S.d. Protokollerklärung zu § 4 Abs. 2 TVöD/TV-L und für eine **Personalgestellung** i.S.d. Protokollerklärung zu § 4 Abs. 3 TVöD/TV-L. Zur **Zuständigkeit des Personalrats bei Maßnahmen eines Dritten im Rahmen einer Personalgestellung** vgl. im Übrigen VGH Baden-Württemberg 04.03.2016 – PL 15 S 408/15 –. 10

11 <u>3. Fall:</u> Nach **Abs. 1 Satz 2 Alt. 2** tritt auch, wenn die **„Mitgliedschaft eines Personalratsmitgliedes ruht“**, ein Ersatzmitglied für diese Zeit ein. Zu den Gründen eines Ruhens der Mitgliedschaft vgl. die Ausführungen zu § 27.

III. Rechtsstellung der Ersatzmitglieder

12 Ein Ersatzmitglied weist die Rechtsstellung eines auf einer Wahlvorschlagsliste aufgeführten, aber (noch) nicht gewählten Beschäftigten auf, der die Möglichkeit hat, in den Personalrat einzutreten (vgl. BVerwG 27.09.1984 – 6 P 38.83 –). Es ist also außerhalb des Eintritts eines Vertretungsfalles („noch“) kein ordentliches Personalratsmitglied. Demzufolge genießen Ersatzmitglieder auch **nur während der Vertretungszeit** bzw. im Fall des endgültigen Nachrückens **den gleichen Schutz wie ordentliche Personalratsmitglieder**, z. B. vor Versetzung nach § 43 Abs. 1 Alt. 1 etc. (vgl. BVerwG a. a. O.).

13 Die **Wahrnehmung durch die Ersatzmitglieder ist freiwillig**, d. h., sie sind berechtigt, aber nicht verpflichtet, in den Personalrat einzutreten. Sie dürfen ohne Angabe von Gründen den Eintritt ablehnen (vgl. BVerwG 16.07.1963 – VII P 10.62 –). Da ihr Eintritt kraft Gesetzes erfolgt, ist eine „Weigerung“ personalvertretungsrechtlich als Amtsniederlegung i. S. d. § 26 Abs. 1 lit. c) zu werten, sodass sie für die bestehende Wahlperiode nicht mehr als Ersatzmitglieder zur Verfügung stehen (vgl. OVG NRW 09.12.1982 – CL 15/82 –).

14 Im **Verhinderungsfalle eines Ersatzmitgliedes** (A) kann sich dieses von dem in der Reihenfolge nach Abs. 2 bestimmten nächsten Ersatzmitglied (B) vertreten lassen. Dafür muss das „erste Ersatzmitglied“ allerdings seine Verhinderung begründen, da ansonsten eine Amtsniederlegung im zuvor dargestellten Sinne anzunehmen ist (vgl. Rz. 13). Klarstellend ist darauf hinzuweisen, dass das insoweit verhinderte Ersatzmitglied (A) sich sodann wieder („nur“) auf der „Ersatzliste“ befindet und damit die Rechtsstellung eines ordentlichen Personalratsmitgliedes (eingeschlossen den besonderen Schutz nach § 43 Abs. 1) nicht mehr innehat (vgl. BVerwG 29.04.2022 – 5 P 10.20 –)!

15 **Wichtig!**

Ersatzmitglieder können allerdings dem <u>nachwirkenden Kündigungsschutz</u> gem. § 15 Abs. 2 KSchG unterliegen. Zu den Voraussetzungen dafür vgl. BVerwG 18.12.1986 – 6 P 2084 – und 01.10.2013 – 6 P 6.13 – zum verlängerten Kündigungsschutz für Ersatzmitglieder der Jugend- und Auszubildendenvertretung!

IV. Reihenfolge des Eintretens der Ersatzmitglieder

Abs. 2: Die Vorschrift bestimmt die Reihenfolge, in welcher die nicht gewählten Wahlbewerber als Ersatzmitglieder schlussendlich in den Personalrat nachrücken können. Diese Bestimmung ist zwingend und findet bereits in der vorausgegangenen Wahl des Personalrats seine Grundlage (vgl. BVerwG 30.11.2010 – 6 PB 16.10 –). Nachträglich hiervon abweichende Regelungen des Personalrates oder auch einvernehmliche Regelungen mit der Dienststelle sind nicht zulässig. 16

Die Ersatzmitglieder rücken nach den gesetzlichen Vorgaben wie folgt nach: 17

Bei einer **Verhältniswahl**, d. h. einer sog. Listenwahl (vgl. § 16 Rz. 13) werden die Ersatzmitglieder nach **Abs. 2 Satz 1** der Reihe nach aus den nicht gewählten Beschäftigten derjenigen Vorschlagslisten entnommen, denen die zu ersetzenden Mitglieder angehören. Die Reihenfolge des Eintritts wird somit durch die in der Wahlvorschlagsliste (§ 8 Abs. 3 Satz 1 WO – LPVG NRW) aufgeführte Reihenfolge der Wahlbewerber bestimmt (vgl. Bülow, § 8 WO-LPVG NRW, Rz. 12 ff.).

Beispiel: 18

Bei der Wahl waren zwei Listen aufgestellt. Der **Liste I** stand ein Sitz (Müller) im Personalrat zu und der **Liste II** zwei Sitze (Schneider und Hoffmann).

Reihenfolge	Liste I	Liste II
1.	Müller	Schneider
2.	Meyer	Hoffmann
3.	Schmitz	Bauer
4.	Hermann	Krüger

Wenn von der **Liste I** Müller ausfällt, rückt Meyer für ihn nach etc. …

Wenn von der **Liste II** Schneider oder Hoffmann ausfallen, so rückt Bauer nach. Wenn beide, d. h. Schneider und Hoffmann ausfallen, rücken Bauer und in der Reihenfolge danach Krüger nach. Erst, wenn die Personen einer Wahlliste ausgeschöpft worden sind, ist es zulässig, auf andere Vorschlagslisten zurückzugreifen (vgl. OVG NRW 09.12.1982 – CL 15/82 –).

Bei einer **Gruppenwahl** ist auf die vorstehend dargestellte Ermittlungsweise zu verweisen. Hierfür ist die Reihenfolge maßgebend, in der die nicht gewählten Bewerber auf der Liste aufgeführt sind. 19

20 Bei einer **Mehrheitswahl**, d.h. einer sog. Personenwahl (vgl. § 16 Rz. 14), ist die Reihenfolge der Wahlvorschlagsliste nicht relevant, und nach **Abs. 2 Satz 2** tritt in diesem Fall der nicht gewählte Beschäftigte mit der nächsthöheren Stimmenzahl als Ersatzmitglied ein.

21 **Beispiel:**

Es wurden bei der Wahl folgende Stimmenzahlen erzielt:

Bewerber	Stimmen
Müller	310 (1.)
Meyer	100
Schmidt	105
Schröder	300 (2.)
Hartmann	50

Wenn Müller ausfällt, rückt Schröder nach, da er die nächsthöhere Stimmzahl aufweist.

22 Wenn eine **Stimmengleichheit der Ersatzmitglieder** vorliegen sollte, muss analog nach § 27 Abs. 4 WO-LPVG NRW durch Los entschieden werden (vgl. Bülow, § 27 WO-LPVG NRW, Rz. 8ff.). Da der Wahlvorstand zu diesem Zeitpunkt nicht mehr existiert, hat der Personalrat die Auslosung entsprechend vorzunehmen. Bei einer **gemeinsamen Wahl** (vgl. § 16 Rz. 14) ist insoweit auf die in der Wahlvorschlagsliste enthaltende Reihenfolge zurückzugreifen, als dass dort aufgeführte gruppenfremde Bewerber in der Reihenfolge unberücksichtigt bleiben und stattdessen auf den nächsten dort aufgeführten Angehörigen derjenigen Gruppe zurückgegriffen wird, dessen Ersetzung angestrebt wird.

V. Wechsel der Gruppenzugehörigkeit

23 <u>**Abs. 3:**</u> So, wie die Personalratsmitglieder beim Wechsel ihrer Gruppenzugehörigkeit auch weiterhin Angehörige der Gruppe im Personalrat bleiben, für die sie gewählt worden sind (vgl. § 26 Abs. 3), bleiben dementsprechend auch die Ersatzmitglieder über die gesamte Dauer der Amtszeit des Personalrats Ersatzmitglieder der Gruppe des Personalrats, für die sie gewählt worden sind. Eine Änderung der Gruppenzugehörigkeit der Ersatzmitglieder, z.B. durch die Ernennung eines Arbeitnehmers zum Beamten, ist somit unschädlich.

VI. Kein Eintritt von Ersatzmitgliedern

Abs. 4: Die Vorschrift bestimmt, dass in den Fällen des § 24 Abs. 1 Satz 1 lit. d) und e), d. h. im Falle der erfolgreichen Wahlanfechtung oder der gerichtlichen Auflösung des Personalrates, keine Ersatzmitglieder eintreten (vgl. hierzu auch § 24 Rz. 13 und 14). **24**

VII. Rechtliche Auseinandersetzungen

Meinungsverschiedenheiten im Hinblick auf die Ersatzmitgliedschaft gem. § 28 sind nach § 79 Abs. 1 Nr. 2 im personalvertretungsrechtlichen Beschlussverfahren vor dem Verwaltungsgericht zu klären. **25**

Fragen über die Ersatzmitgliedschaft (z. B. über die Person des eintretenden Ersatzmitgliedes oder des Zeitpunkts des Eintritts etc.) können aber auch jeweils in anderen Verfahren, so z. B. für Arbeitnehmer in einem arbeitsrechtlichen Kündigungsschutzverfahren (inzidenter geprüft) und entsprechend (mit-)entschieden werden. **26**

Dritter Abschnitt
Geschäftsführung

§ 29 (Vorsitzende Person, Stellvertretung)

(1) Der Personalrat wählt aus seiner Mitte die Vorsitzende Person und Stellvertreterinnen oder Stellvertreter. Die Reihenfolge der Stellvertretung bestimmt der Personalrat. Sofern im Personalrat Beamtinnen und Beamte sowie Arbeitnehmerinnen und Arbeitnehmer vertreten sind, darf die erste Stellvertreterin oder der erste Stellvertreter nicht derselben Gruppe angehören wie die Vorsitzende Person.

(2) Die Vorsitzende Person führt die laufenden Geschäfte und vertritt den Personalrat im Rahmen der von diesem gefassten Beschlüsse.

Gliederung

I. Einleitende Bemerkungen

1 Die Vorschrift regelt sowohl die Wahl der Vorsitzenden Person und ihrer Stellvertreter als auch deren personalvertretungsrechtliche Funktion und Kompetenzen. Mit der **Novelle 2011** wurde die Vorschrift größtenteils an den Zustand vor 2007 wieder angepasst. Das zuletzt erst eingeführte **Vorstandsprinzip** wurde wieder abgeschafft und durch das ehemals geltende **Vorsitzendenprinzip** ersetzt. Weiter wurde auch die Beschränkung für die Anzahl der Stellvertreter aufgehoben, sodass der Personalrat insgesamt wieder freizügiger die Personen an seiner Spitze wählen kann. Neben den folgenden Ausführungen siehe zusammenfassend auch Dobler, Konstituierung des Personalrats, PersR 2020, S. 26 ff. und Bülow, § 21 WO-LPVG NRW Rz. 7 ff.

II. Vorsitzende Person und Stellvertreter

2 **Abs. 1:** Nach **Abs. 1 Satz 1** wählt der Personalrat aus seiner Mitte die Vorsitzende Person und deren Stellvertreter. Diese Wahlverpflichtung findet nach § 113 Abs. 1 erstmals bei Neuwahlen Anwendung, die auf der Basis des im Jahr 2011 neu gestalteten LPVG NRW stattfinden. Der Personalrat ist gesetzlich dazu verpflichtet, eine Vorsitzende Person aus seiner Mitte zu wählen. Deren Wahl erfolgt innerhalb der vom Wahlvorstand einberufenen **konstituierenden Sitzung** des neu gewählten Personalrats (vgl. § 30 Rz. 2). Die Wahl wird vom Wahlvorstand geleitet, wobei es sich allerdings nicht um eine Wahl im eigentlichen Sinne, sondern letztendlich um einen Geschäftsführungsakt des Personalrates handelt, der in Form eines Beschlusses getroffen wird (vgl. hierzu auch BVerwG 13.06.1957 – II CO 3.56 –). Für Letzteren gelten die Vorgaben des § 33 (vgl. die dortige Kommentierung). Für **Fehler bei der Vorsitzenden und -stellvertreter Wahl** gelangen aus den vorstehend genannten Gründen die von der Rechtsprechung entwickelten Regeln für fehlerhafte Personalratsbeschlüsse zur Anwendung und nicht die Wahlanfechtungsvorgaben des § 22 (vgl. BVerwG 15.05.2020 – 5 P 11.14 – u. Anm. Bülow, ZTR 2021, S. 233 ff.). Danach sind Personalratsbeschlüsse (nur dann) nichtig und damit unwirksam, wenn sie einen Fehler aufweisen, der schwerwiegend (1. Voraussetzung) und offenkundig (2. Voraussetzung) ist. Ersteres ist dann der Fall, wenn es ein Handeln als geradewegs unerträglich, d.h. mit tragenden Verfassungsprinzipien oder der Rechtsordnung immanenten wesentlichen Wertvorstellungen unvereinbar erscheinen lässt, sodass von niemandem erwartet werden kann, das Handeln als verbindlich anzuerkennen. Zweites, d.h. die „Offenkundigkeit“ ist nur

dann gegeben, wenn die Fehlerhaftigkeit einer Beschlussentscheidung für einen unvoreingenommenen, mit den in Betracht kommenden Umständen vertrauten, verständigen Beobachter ohne Weiteres ersichtlich ist (vgl. BVerwG 15.05.2020 – 5 P 3.19 – u. Anm. Bülow, ZTR 2021, 234). Die **Wirksame Wahl der Vorsitzenden Person ist sehr wichtig, denn deren Unwirksamkeit schlägt sich auf die folgenden Beschlüsse des Personalratsgremiums nieder**, da dieses als rechtlich nicht handlungsfähig anzusehen ist (vgl. BVerwG 15.05.2020 a.a.O. u. Anm. Bülow ZTR 2020, a. a. O.)!

Wichtig! 3

Wenn sich innerhalb des Wahlgremiums eine Stimmengleichheit ergeben sollte, ist eine Entscheidung durch das Los zuwege zu bringen (vgl. auch BVerwG 01.08.1958 – VII P 21.57 –). Personalratsmitglieder haben sich insoweit vorab auf ein entsprechendes Losverfahren zu einigen (vgl. hierzu und zu zulässigen Verfahren auch § 14 Abs. 1 Satz 2, Rz. 3)!

Die Wahl hat zur Folge, dass einem Personalratsmitglied neben dem Per- 4
sonalratsamt zusätzlich auch noch das **Amt der Vorsitzenden Person** übertragen wird. Das gewählte Personalratsmitglied muss hierzu nicht die Annahme der Wahl erklären, sondern es **erwirbt sein Amt mit der Bekanntgabe des Wahlergebnisses**. Da es zur Übernahme des Amtes grundsätzlich nicht verpflichtet ist (vgl. hierzu BVerwG 28.02.1979 – 6 P 81.78 –), kann es allerdings formlos gegenüber dem Wahlleiter die Wahl ablehnen. In diesem Fall ist unverzüglich ein neuer Wahlgang einzuleiten. Das **Amt endet** mit dem Ablauf der Amtszeit des Personalrates. Es kann aber auch **vorzeitig enden**, wenn das Personalratsmitglied sein Amt niederlegt und/oder seine Mitgliedschaft im Personalrat erlischt (vgl. die Kommentierung zu § 26) oder ein Ausschluss aus dem Personalrat erfolgt (vgl. § 25 Abs. 1 Rz. 20).

Wichtig! 5

Ebenso, wie die Vorsitzende Person während der gesamten Amtsperiode ihr Amt niederlegen kann, können auch die Personalratsmitglieder durch Beschluss eine entsprechende Abberufung herbeiführen!

Nach der Wahl der Vorsitzenden Person sind in der **konstituierenden Sit-** 6
zung (vgl. § 30 Rz. 2) deren **Stellvertreter zu wählen**. Nach der **Novelle 2011** ist deren Zahl nicht mehr begrenzt (vgl. § 29 Abs. 1 Satz 1 f. 1984). Durch die Wahl zur Stellvertretung wird dem bzw. den entsprechenden Personalratsmitgliedern ein weiteres Amt übertragen, das in gleicher Weise beginnt und endet wie das der Vorsitzenden Person (vgl. hierzu § 29 Rz. 4).

7 Die **Stellvertretung bezieht sich auf das Amt der Vorsitzenden Person**, sodass sie im Hinblick auf deren Aufgaben und Funktionen weder erweitert noch beschränkt werden darf. Die Stellvertretung kann nur dann wahrgenommen werden, wenn die Vorsitzende Person verhindert ist.

8 Nach **Abs. 1 Satz 2** bestimmt der Personalrat durch Beschluss, wer in einem Fall der Verhinderung der Vorsitzenden Person diese und in einem Verhinderungsfall der Stellvertretung diese wiederum vertritt (**„Reihenfolge der Vertretungen“**).

9 **Wichtig!**

Es gilt zu beachten, dass die Stellvertretung sowohl im zeitweiligen als auch im dauerhaften Verhinderungsfall stets nur von einem Stellvertreter alleine wahrgenommen werden kann!

10 Sofern im Personalrat beide Gruppen (§ 6) d.h. Beamte und Arbeitnehmer, vertreten sind, darf nach **Abs. 1 Satz 3** der **erste Stellvertreter** nicht derselben Gruppe angehören wie die Vorsitzende Person. Die Vorschrift ist damit Ausdruck des Gruppenprinzips nach § 6. Die Vorgaben des Gesetzgebers sind zwingend, sodass der Personalrat selbst mit dem Einverständnis der betroffenen Gruppe hiervon nicht abweichen darf! Bei der **Bestimmung der Reihenfolge der weiteren Stellvertreter** unterliegt der Personalrat sodann keinen gesetzlichen Vorgaben und muss die Gruppenzugehörigkeit nicht verpflichtend beachten.

11 **Beispiel:**

Wenn die Vorsitzende Person der Gruppe der Arbeitnehmer angehört, muss der erste Stellvertreter ein Beamter sein. Die weiteren Stellvertreter können sodann auch Arbeitnehmer sein.

III. Aufgaben der Vorsitzenden Person

12 **Abs. 2:** Nach **Abs. 2 Halbsatz 1** obliegt der Vorsitzenden Person die **Führung der laufenden Geschäfte des Personalrats**. Dazu gehören vor allem die Vorbereitung, Anberaumung, Festsetzung der Tagesordnung und Leitung von Personalratssitzungen (§ 30 Abs. 2 u. 3), die Verständigung der Dienststelle über den Sitzungszeitpunkt (§ 31 Abs. 1 Satz 3), die Unterzeichnung der Sitzungsniederschrift und deren Vorlage zur Genehmigung der nächsten Sitzung (§ 37 Abs. 1 Satz 2), die Abhaltung von Sprechstunden (§ 39) und die Entgegennahme von Vorschlägen und Anträgen der Dienststelle und/oder der Beschäftigten. Zur Vorbereitung von Perso-

nalratsbeschlüssen (vgl. BVerwG 07.11.1969 – VII P 3.69 –). Des Weiteren zählt hierzu vor allem auch die Erledigung aller verwaltungsmäßigen und technischen Arbeiten, die aus der Tätigkeit des Personalrates hervorgehen (vgl. auch BVerwG 13.02.2012 – 6 PB 19/11 –). **Die Wahrnehmung des Amtes der Vorsitzenden Person des Personalrats steht i. Ü. der des Datenschutzbeauftragten entgegen; personell geht beides also nicht zusammen** (vgl. entsprechend BAG 23.06.2023 – 10 AZB 18/22 –)!

Wichtig! 13

Die Einbeziehung und Beauftragung eines Rechtsanwaltes für die Beratung und/oder Rechtsvertretung kann nur der Personalrat als Gesamtgremium beschließen (vgl. BVerwG 09.03.1992 – 6 P 11.90 –). Die Suche nach einem geeigneten Rechtsanwalt und die Einholung von Informationen wie beispielsweise, ob und wann dieser hinzugezogen werden kann, können allerdings von der Vorsitzenden Person im Rahmen der laufenden Geschäftsführung alleine vorgenommen werden!

Zusammengefasst gehört zu den laufenden Geschäften des Personalrates, 14
alles das, was an technischer, organisatorischer und büromäßiger Arbeit regelmäßig zur Vorbereitung und Durchführung der vom Personalrat zu fassenden und gefassten Beschlüsse notwendig ist (vgl. BVerwG 19.12.1994 – 2 BvL 8/88 –)!

Nicht zu den laufenden Geschäften gehört die Verrichtung von Angelegen- 15
heiten, über die der Personalrat nach den Vorgaben des LPVG NRW durch Beschluss zu entscheiden hat (vgl. hierzu auch BVerwG 20.03.1959 – VII P 8.58 –). Das sind insbesondere alle Angelegenheiten, die der Mitbestimmung oder der Mitwirkung des Personalrates unterliegen (vgl. BVerwG 11.10.1972 – VII P 2.72). Mithin gehören Stellungnahmen und Erörterungen in beteiligungspflichtigen Angelegenheiten nach den §§ 66, 69 nicht zu den laufenden Geschäften. Entsprechendes gilt auch für Äußerungen des Personalrats im Rahmen der Anhörung nach § 75! Ebenso obliegt das „Vierteljahresgespräch“ nach § 63 Satz 1 und die in § 64 enthaltenen allgemeinen Aufgaben dem Personalrat als Gesamtgremium!

Der Personalrat kann in einer **Geschäftsordnung** nicht verbindlich den 16
Begriff der „laufenden Geschäfte“ festlegen (vgl. BVerwG 07.11.1969 – VII P 3/69 –). Er kann dort lediglich die von der Vorsitzenden Person zu führenden laufenden Geschäfte regeln. Dabei muss er jedoch die von der Rechtsprechung entwickelten negativen Abgrenzungskriterien beachten (vgl. BVerwG 05.02.1971 – VII B 17.70 –).

Nach **Abs. 2 Halbsatz 2** obliegt der Vorsitzenden Person die **Vertretung** 17
des Personalrates im Rahmen der von ihm gefassten Beschlüsse. Sie ist

insoweit Vertreter des Personalrats „in der Erklärung“ und nicht „in dessen Willen“ (vgl. BVerwG 28.07.1982 – 6 P 14.79 –). Das bedeutet also, dass die Vorsitzende Person keine eigenständige Entscheidungsbefugnis aufweist, sondern vielmehr nur als **„Sprachrohr und Vollzugsorgan“** für den Personalrat nach außen hin auftritt! Im BetrVG verhält es sich ebenso. Hier hat das BAG entschieden, dass der Arbeitgeber grundsätzlich nicht auf Erklärungen von Betriebsratsvorsitzenden vertrauen darf, sondern, um Rechtssicherheit zu erlangen, beim Betriebsrat eine Beschlussabschrift nebst Protokoll zeitnah einfordern muss (vgl. entsprechend BAG 07.02.2022 – 1 AZR 233/21 –). Zur **Befangenheit einer Vorsitzenden Person** und den unterschiedlichen Rechtsfolgen im Hinblick auf eine Nichtteilnahme an einer Beschlussfassung und die spätere Information der Dienststelle über das Beschlussergebnis vgl. § 33 Rz. 10.

18 Der Vorsitzenden Person obliegt nach außen hin die **Abgabe von Erklärungen**. Insoweit kann sie in der Vertretung für den Personalrat sowohl mündliche als auch schriftliche Erklärungen abgeben, die sich im Rahmen der gefassten Beschlüsse halten. Ohne einen solchen Beschluss kann sie vor allem in beteiligungspflichtigen Angelegenheiten grundsätzlich keine wirksamen Äußerungen und schon gar nicht eine Zustimmung für das Gesamtgremium erklären. Es wird allerdings in der Rechtsprechung zum BetrVG vertreten, dass der Betriebsrat durch einen **nachträglichen Beschluss** eine **Heilung des Mangels der fehlenden Beschlussfassung** herbeiführen könne, sodass doch noch eine bindungswirkende Erklärung eintreten kann (vgl. BAG 08.06.2004 – 1 AZR 308/03 – zum BetrVG). Entsprechendes ist auch im Hinblick auf die Vorsitzende Person des Personalrates nach dem vorliegenden Gesetz anzunehmen (so auch Cecior u.a. § 29 Rn. 50). Findet eine solche Heilung nicht statt, so sind Erklärungen der Vorsitzenden Person (z.B. die Abgabe einer Zustimmungserklärung im Mitbestimmungsverfahren) unwirksam; die von der Rechtsprechung entwickelten Grundsätze der sog. Anscheinsvollmacht kommen insbesondere nicht in Betracht (vgl. entsprechend BAG 08.02.2022 1 AZR 233/21 – zum BetrVG).

19 **Wichtig!**

Auch wenn letztendlich eine Heilung in der Erklärungsabgabe stattgefunden hat, ist zu beachten, dass das Verhalten der Vorsitzenden Person eine grobe Pflichtverletzung i.S.d. § 25 darstellt, die bereits im geringsten Fall zum Ausspruch einer personalvertretungsrechtlichen Abmahnung durch die Dienststelle (vgl. § 25 Rz. 22) und im Höchstfall zum Ausschluss der Vorsitzenden Person aus dem Personalrat führen kann (vgl. hierzu auch OVG Niedersachsen 05.11.1974 – P OVG B 3/74 –)!

Im Rahmen der vertrauensvollen Zusammenarbeit (vgl. § 2 Rz. 2 ff.) ist der Personalrat bzw. dessen Mitglieder im Einzelnen dazu verpflichtet, die Dienststelle unverzüglich (§ 121 Abs. 1 BGB) darüber zu informieren, wenn Kenntnis über eine unrichtige Erklärung der Vorsitzenden Person besteht. Ein verzögertes Handeln oder gar ein Unterlassen stellt ebenfalls eine grobe Pflichtverletzung i. S. d. § 25, mit den zuvor dargestellten Folgen, dar!

Bei erkennbar im Namen des Personalrates abgegebenen Erklärungen kann der Dienststellenleiter jedenfalls dem Grunde nach zunächst darauf vertrauen, dass diese auch entsprechend vom Personalrat gefassten Beschlüsse zugrunde liegen **(sog. „Vermutung der Richtigkeit“)**. Dementsprechend ist die Vorsitzende Person nicht verpflichtet, bei der Abgabe der vorbenannten Erklärungen der Dienststelle die zugrunde liegenden Beschlüsse von sich aus vorzulegen. Wenn der Dienststellenleiter allerdings **begründete Zweifel** daran hat, dass die Erklärung tatsächlich mit einem vom Personalrat gefassten Beschluss übereinstimmt, so z. B. wegen des Inhaltes der Erklärung oder des gezeigten Verhaltens der Vorsitzenden Person oder aufgrund entgegenstehender Mitteilungen von anderen Personalratsmitgliedern etc., muss er diesen Zweifeln nachgehen und kann bzw. sollte unbedingt bei Vorliegen eines berechtigten Interesses von der Vorsitzenden Person den Nachweis der Richtigkeit der abgegebenen Erklärung einfordern (vgl. hierzu OVG NRW 14.10.1991 – CL 57/90 –). 20

Keine Vermutung der Erklärungsrichtigkeit besteht allerdings, wenn die Dienststellenleitung **Kenntnis über die Rechtsfehlerhaftigkeit einer Beschlussfassung** besitzt (vgl. BVerwG 13.10.1986 – 6 P 14.84 –)! 21

Praxistipp! 22

Im beiderseitigen Interesse sollten zur Vermeidung von Missverständnissen wichtige und maßgebliche Erklärungen der Vorsitzenden Person möglichst schriftlich oder zumindest unter Zeugen abgegeben bzw. entgegengenommen werden!

Der Vorsitzenden Person obliegt weiterhin auch die **Entgegennahme von Erklärungen**, die für den Personalrat bestimmt sind (vgl. bereits zuvor Rz. 17). Dazu gehört z. B. die Entgegennahme von Anhörungs- bzw. Unterrichtungsmitteilungen und Zustimmungsanträgen der Dienststelle. Aus Nachweis- und Dokumentationsgründen sollte sich die Dienststelle, was sicherlich im beiderseitigen Interesse liegen dürfte, die Erklärungsentgegennahme stets (schriftlich) bestätigen lassen. 23

IV. Rechtliche Auseinandersetzungen

24 Die **Wahl der Vorsitzenden Person und ihrer Stellvertreter** kann nicht nach § 22 angefochten werden (vgl. Rz. 2). Streitigkeiten über die Wahl sind vielmehr nach § 79 Abs. 1 Nr. 3 im personalvertretungsrechtlichen Beschlussverfahren vor dem Verwaltungsgericht zu klären. Dass gilt auch für Fragen im Hinblick auf die Befugnis zur Führung der laufenden Geschäfte zur Vertretung des Personalrates.

25 **Antragsberechtigt** sind insoweit alle Mitglieder des Personalrats (vgl. BVerwG 08.07.1977 – VII P 7.75 –). Die übrigen in der Dienststelle Beschäftigten weisen diese Berechtigung nicht auf (vgl. OVG NRW 18.09.1984 – CB 24/82 –). Letzteres gilt gleichfalls für die in der Dienststelle vertretenen Gewerkschaften (vgl. hierzu auch BVerwG 27.09.1990 – 6 P 23.88 –).

§ 30 (Anberaumung der Sitzungen)

(1) Spätestens eine Woche nach dem Wahltag hat der Wahlvorstand die Mitglieder des Personalrats zur Vornahme der vorgeschriebenen Wahlen einzuberufen und die Sitzung zu leiten.

(2) Die weiteren Sitzungen beraumt die Vorsitzende Person des Personalrats an. Sie setzt die Tagesordnung fest und leitet die Verhandlung. Die Vorsitzende Person hat die Mitglieder des Personalrats und die in § 36 genannten Personen zu den Sitzungen rechtzeitig unter Mitteilung der Tagesordnung zu laden.

(3) Auf Antrag eines Viertels der Mitglieder des Personalrats, der Mehrheit der Mitglieder einer Gruppe, der Dienststelle, in Angelegenheiten, die besonders schwerbehinderte Beschäftigte betreffen, der Schwerbehindertenvertretung oder in Angelegenheiten, die besonders Beschäftigte im Sinne von § 55 Abs. 1 betreffen, der Mehrheit der Mitglieder der Jugend- und Auszubildendenvertretung, hat die Vorsitzende Person eine Sitzung anzuberaumen und den Gegenstand, dessen Beratung beantragt ist, auf die Tagesordnung zu setzen.

(4) Die Dienststelle nimmt an den Sitzungen teil, die auf ihren Antrag anberaumt sind oder zu denen sie ausdrücklich eingeladen ist. Sie kann ein Mitglied der Arbeitgebervereinigung, der die Dienststelle angehört, hinzuziehen.

Gliederung

I. Einleitende Bemerkungen

1 Die Vorschrift regelt die Einberufung des Personalrats und die Anberaumung sowie Durchführung weiterer Sitzungen des Personalrats. Die **Novelle 2011** hat keine inhaltlichen Änderungen, sondern lediglich eine geschlechtergerechte Sprachanpassung mit sich gebracht (vgl. LT-Drucks. 15/1644, S. 78).

II. Einberufung des Personalrats und erste Personalratssitzung

2 <u>Abs. 1:</u> Nach der Neuwahl beruft der Wahlvorstand zunächst die erste Sitzung (**konstituierende Sitzung**) des Personalrates ein und leitet diese. Der Termin kann bereits im Wahlausschreiben angegeben werden (vgl. Bülow, § 6 WO-LPVG NRW, Rz. 29). Die Einladung sollte bereits mit der Benachrichtigung der Gewählten erfolgen (vgl. Bülow, § 21 WO-LPVG NRW, Rz. 7). Damit nimmt der Wahlvorstand seine vorletzte Amtspflicht wahr. Sein Amt endet mit Ablauf der in § 22 Satz 2 WO-LPVG NRW benannten Aufbewahrungsfrist (vgl. Bülow, § 22 WO-LPVG NRW, Rz. 12 ff.). Die Mitglieder des neuen Personalrates sind vom Wahlvorstand **„spätestens eine Woche nach dem Wahltag“** einzuberufen. Dass gilt auch dann, wenn der alte Personalrat noch im Amt sein sollte oder die Personalratswahl vor der Gründungssitzung bereits nach § 22 angefochten wurde. **Bei mehrtägigen Wahlen** hat die Einberufung nach dem letzten Wahltag stattzufinden.

3 Für die **Mitglieder der Stufenvertretung** besteht die Besonderheit, dass sie nach § 51 Satz 4 i. V. m. § 30 Abs. 1 spätestens **zwei Wochen (!)** nach dem Wahltag einzuberufen sind!

4 **Wichtig!**

Von der Wochenfrist des § 30 Abs. 1 ist nicht nur die Einberufung der <u>konstituierenden Sitzung</u>, sondern auch deren <u>Durchführung</u> umfasst, da nur so das gesetzgeberische Ziel frühzeitig einen (neuen funktionsfähigen) Personalrat zu bilden, gewährleistet wird!

5 Alleiniger **Gegenstand der konstituierenden Sitzung** sind die **Wahlen der Vorsitzenden Person des neuen Personalrates** (1. Tagesordnungspunkt) **und deren Stellvertretung** (2. Tagesordnungspunkt) **nach § 29 Abs. 1 LPVG NRW**. Zum Umgang mit Fehlern bei diesen Wahlen vgl. § 29 Rz. 2. Ansonsten bestehenden keine besonderen inhaltlichen Anforderungen.

6 Wenn der **Wahlvorstand es unterlässt, die konstituierende Sitzung fristgerecht einzuberufen**, hat dies grundsätzlich keine Auswirkungen für die rechtmäßige Bildung des Personalrats (vgl. hierzu auch Havers/Giesen, § 30 Rn. 3). In diesem Fall haben die neu gewählten Personalratsmitglieder allerdings die Möglichkeit, aus eigenem Antrieb heraus zusammenzutreten und die gesetzlich vorgesehenen Wahlen zu realisieren (→ „Recht auf Selbstversammlung"). Die Initiative hierzu kann jedes neu gewählte Personalratsmitglied – nicht aber Dritte und insbesondere nicht Mitglieder des vorherigen Personalrats – ergreifen, wobei letztendlich aber gewährleistet sein muss, dass auch sämtliche Mitglieder des neuen Personalrates in zeitlicher und örtlicher Hinsicht über diese selbst herbeigeführte konstituierenden Sitzung rechtzeitig informiert werden (so auch Altvater u.a., § 36 Rn. 10). Auch bei der zuvor dargestellten Selbstversammlung gilt es zu beachten, dass diese in der Regel nach § 31 Abs. 1 Satz 1 während der Arbeitszeit stattzufinden hat (vgl. hierzu § 31 Rz. 2 ff.) und die Dienststelle nach § 31 Abs. 1 Satz 3 darüber rechtzeitig zu informieren ist (vgl. hierzu § 31 Rz. 8)!

7 Da der alleinige Gegenstand der konstituierenden Sitzung die Wahl der Vorsitzenden Person und ihrer Stellvertreter darstellt (vgl. Rz. 5) besteht **kein Teilnahmerecht für die JAV und die Schwerbehindertenvertretung** (vgl. hierzu BayVGH 31.07.1996 – 17 P 96.14.03 und ArbG Mainz 12.02.2015 – 3 BV 73/13 –). Siehe im Übrigen zum Miteinander in der Dienststelle auch **Bülow, Der praktische Fall – Die Interaktion zwischen den verschiedenen Interessenvertretungen**, DöD 2023, S. 182.

8 **Praxistipp!**

Weitere Tagesordnungspunkte sieht das Gesetz innerhalb der konstituierenden Sitzung nicht vor, sodass eine Beschlussfassung, z. B. über die Freistellung der Vorsitzenden Person und/oder weiterer Personalratsmitglieder in einer separaten Sitzung zu erfolgen hat. Soweit dem alle Personalratsmitglieder zustimmen, bietet sich hier in Vermeidung unnötiger Unterbrechungen der Verwaltungsabläufe in der Dienststelle eine direkte Durchführung am Anschluss, als sog. außerordentlichen (Personalrats-)Sitzung an!

III. Einberufung und Durchführung der weiteren Sitzungen

Abs. 2: Die Vorschrift behandelt die Einberufung weiterer Personalratssitzungen. Nach **Abs. 2 Satz 1** werden diese durch die Vorsitzende Person anberaumt. Dabei legt diese den **Sitzungsort** fest (z. B. Sitzungssaal XY in der Dienststelle), den **Sitzungszeitpunkt** (z. B. am 10.11.2014) und den **Sitzungsbeginn** (z. B. um 08:00 Uhr) fest. Bei der **Festlegung des Sitzungsbeginns** hat die Vorsitzende Person vorrangig auf die dienstlichen Belange Rücksicht zu nehmen und zu beachten, dass die Sitzung nach § 31 Abs. 1 Satz 1 während der Arbeitszeit stattzufinden hat (vgl. hierzu auch OVG NRW 20.09.1990 – CB 1/88 –)! Im Hinblick auf die zulasten der Dienststelle gehenden Kosten für die an der Sitzung teilnehmenden Personalratsmitglieder darf die Vorsitzende Person vor allem die Sitzung nicht später beginnen lassen, als es in der Sitzungseinladung festgelegt wurde. Zur Kostenerstattung von Vorgesprächen etc. in der Personalratssitzung vgl. auch § 40 Rz. 7 ff. Soweit die Sitzungen grundsätzlich in Präsenz durchzuführen sind und virtuelle oder hybride Sitzungen einen Ausnahmefall darstellen, **bedarf es im Regelfall keiner Entscheidung der Vorsitzenden Person über die Form der Sitzungsdurchführung** (vgl. hierzu auch § 31 Rz. 14a). Die Einberufung, d.h. die **Ladung der Mitglieder kann per E-Mail erfolgen** (vgl. BayVGH 16.10.2014 – 17 P 13.91 – und OVG Sachsen 25.02.2021 – 9 B 422/20.PL –). 9

Das Gesetz regelt nicht, **in welchem zeitlichen Abstand Personalratssitzungen stattzufinden haben**. Die Vorsitzende Person hat also mit Blick auf die tatsächliche Dringlichkeit der anfallenden Sitzungsvorgänge, deren Anzahl und Dauer unter Beachtung des Grundsatzes der sparsamen Verwendung von öffentlichen Haushaltsmitteln nach pflichtgemäßem Ermessen entsprechend zu entscheiden. 10

Nach **Abs. 2 Satz 2** hat die Vorsitzende Person des Weiteren die **Festsetzung der Tagesordnung** vorzunehmen und die **Verhandlungsleitung** wahrzunehmen. Dabei muss sie darauf achten, dass in die Tagesordnung alle Angelegenheiten aufgenommen werden, die sich aus der Erfüllung der gesetzlichen Aufgaben der Personalvertretung ergeben (vgl. BVerwG 29.08.1975 – VII P 2.74 –). Insoweit ist die Tagesordnung inhaltlich so zu gestalten, dass die einzelnen Personalratsmitglieder die Möglichkeit erhalten, sich ausreichend auf die Sitzung und die dabei anstehenden Entscheidungen sowie die letztendlich zu treffenden Beschlüsse vorbereiten zu können. Das setzt die konkrete Benennung der einzelnen in der Sitzung zu beratenden Gegenstände voraus. 11

12 **Beispiel:**

1. Begrüßung
2. Genehmigung des Protokolls der letzten Sitzung vom…
3. Personelle Einzelmaßnahmen:
   a) Einstellung der Frau … als neue Mitarbeiterin für die Abteilung … zum …
   b) Beförderung von Herrn … zur/zum … mit Wirkung zum …
   c) Ordentliche Kündigung des Mitarbeiters Herrn … zum …

13 Die **Tagesordnung dient nur der Vorabinformation**. Letztendliche Informationsquelle ist die Personalratssitzung selbst, sodass die einzelnen Mitglieder keinen Anspruch darauf haben, dass ihnen zusammen mit der Tagesordnung auch abschriftlich Unterlagen übersendet werden, die der Vorsitzenden Person bereits vorliegen. Es muss ihnen aber möglich sein, in diese Unterlagen innerhalb der Sitzung Einsicht nehmen zu können. Dementsprechend besteht **für die Vorsitzende Person die Verpflichtung**, die zur Beschlussfassung anwesenden Personalratsmitglieder auch in der Sitzung **umfassend zu informieren** (vgl. hierzu BVerwG 19.07.1994 – 6 P 12/92). Zum Mangel der nicht rechtzeitigen Mitteilung vgl. Rz. 16.

13a Zur Bezeichnung des Tagesordnungspunktes bei beabsichtigter **Neubesetzung der Funktionen der stellvertretenden Vorsitzenden Person und des Sprechers einer im Personalrat vertretenen Gruppe** vgl. OVG NRW 27.04.2015 – 20 A 122/14. PVB –.

14 Im Hinblick auf die abschließend geregelten Möglichkeiten in Abs. 3 (vgl. Rz. 17) können einzelne Personalratsmitglieder von der Vorsitzenden Person nicht verlangen, dass diese individuelle von ihnen gewünschte Themen in die Tagesordnung mit aufnimmt (vgl. BVerwG 16.06.1982 – 6 P 63.78 –).

15 **Zur Verhandlungsleitung gehört im Wesentlichen** die Sitzungseröffnung, die Feststellung der Beschlussfähigkeit, die Durchführung und Auswertung von Abstimmungen des Gremiums sowie das Schließen der Sitzung. Sie beinhaltet auch die Beachtung der Anwesenheit von ausschließlich teilnahmeberechtigten Personen (zur Anwesenheit von Gewerkschaftsbeauftragen vgl. § 32 Rz. 1), die Aufrechterhaltung und Durchsetzung der Ordnung in der Sitzung, wozu auch die Er- und Abmahnung von störenden Sitzungsteilnehmern und gegebenenfalls deren Wortentzug zählt. Ferner hat die Vorsitzende Person auch die Verantwortung dafür, dass der Sitzungsinhalt und die dortigen Erörterungen den Vorgaben des LPVG NRW unterliegen, sodass sie z. B. partei- und/oder verbandspolitische Äußerungen (vgl. hierzu § 3 Rz. 1 ff.) zu unterbinden hat.

16 **Nach Abs. 2 Satz 3** hat die Vorsitzende Person, die Personalratsmitglieder und die in § 36 genannten Personen (JAV-Mitglied/Mitglied der Schwerbehinder-

tenvertretung) unter Mitteilung der Tagesordnung zu den Sitzungen **„rechtzeitig zu laden“**. Daneben hat sie im Übrigen bei bestehender Kenntnis über das Vorliegen eines Verhinderungsfalls auch die Ersatzmitglieder i. S. d. § 28 Abs. 1 Satz 2 entsprechend zu laden. Die Ladung erfolgt **„rechtzeitig“**, wenn den vorbenannten Personen noch ausreichend Zeit dafür bleibt, dass sie sich auf die einzelnen Tagesordnungspunkte, die ihnen übermittelt wurden, auch noch vorbereiten können und gegebenenfalls vorab noch Rücksprachen mit der Gruppe (§ 6) gehalten werden kann (vgl. auch OVG NRW 13.12.2011 – 20 A 10/10.PVL). Damit bezweckt der Gesetzgeber, dass die einzelnen Mitglieder des Personalrates im Rahmen der ihnen nach dem LPVG NRW zugesprochenen Mitwirkungsrechte effektiv handeln können (vgl. hierzu auch OVG NRW 12.12.1983 – CL 12/82 –). Für alle diese Handlungen besteht keine gesetzliche Formvorgabe, sodass in Eilfällen auch mündlich, fernmündlich, per Telefax oder per E-Mail gehandelt werden kann (vgl. hierzu auch BayVGH 16.10.2014 – 17 P 13.91 –). Mit der zuvor dargestellten Rechtzeitigkeit der Ladung geht auch **die Rechtzeitigkeit der einzelnen Tagesordnungspunkte** einher. Ein **Beschluss des Personalrats ist rechtswidrig**, wenn der Beratungsgegenstand erst in der Personalratssitzung auf die Tagesordnung gesetzt wird und nicht alle anwesenden Personalratsmitglieder mit der Behandlung dieses Tagesordnungspunktes einverstanden sind. Nicht erforderlich ist, dass in dieser Sitzung alle Personalratsmitglieder teilnehmen (vgl. zum Ganzen OVG NRW 27.04.2015 – 20 A 122/14.PVB m. w. N.). Der **Tagesordnungspunkt „Verschiedenes“** ist grundsätzlich zu unbestimmt, um eine „Rechtzeitigkeit“ im zuvor dargestellten Sinne zu begründen. Ausnahmen können sich allenfalls dann ergeben, wenn der vorgenannte Tagesordnungspunkt lediglich als „Oberpunkt“ aufgegriffen und mit konkreten Unterpunkten (z. B. zu beabsichtigten Initiativanträgen o. Ä.) ausgewiesen ist (vgl. hierzu OVG Bremen 30.06.2021 – 6 LP 48/20). Ein **Mangel der Tagesordnung und/oder der Nichtrechtzeitigkeit** kann nur bis zum Beginn der Eröffnung der fraglichen Sitzung geltend gemacht werden (vgl. BVerwG 15.05.2020 – 5 P 5.19 – u. Anm. Bülow ZTR 2020, 234 f.). Diese von der Rechtsprechung angenommene Präklusion gilt für jedermann, der sich auf den Mangel berufen möchte und damit insbesondere für ordentliche und auch ersatzweise eintretende Personalratsmitglieder!

IV. Antrag auf Sitzungsanberaumung und Aufnahme in die Tagesordnung

Abs. 3: Mit dieser Vorschrift hat der Gesetzgeber die Möglichkeit geschaffen, dass die **Vorsitzende Person auch gegen ihren Willen gezwungen werden kann, Personalratssitzungen anzuberaumen** und dabei bestimm- 17 te Gegenstände, deren Beratung beantragt werden, auf die Tagesordnung zu setzen (→ „Anberaumungsverpflichtung"). Wenn die gesetzlich vorgesehenen Voraussetzungen hierzu vorliegen, stellt die Untätigkeit der Vorsitzenden Person eine grobe Pflichtverletzung dar, die nach § 25 Abs. 1 entsprechend geahndet werden kann. Eine Pflicht zur Sitzungsanberaumung setzt zunächst einen **Antrag** voraus, indem eine oder mehrere bestimmte Gegenstände, die beraten werden sollen, benannt werden. Eine gesetzliche Formvorgabe hierfür gibt es nicht. Aus Gründen der Dokumentation und Beweissicherung empfiehlt sich grundsätzlich die **Schriftform**. Zudem muss der Vorsitzenden Person mit der Antragstellung auch ermöglicht werden, das Vorliegen der gesetzlichen Antragsvoraussetzungen zu überprüfen. Die antragsberechtigten Personen sind in Abs. 3 abschließend aufgeführt, sodass z. B. einzelne Personalratsmitglieder lediglich Wünsche bzw. Anregungen zur Tagesordnung abgeben können.

18 **Die Antragsberechtigung** hat zunächst **„ein Viertel der Mitglieder des Personalrates"** inne. Für die Berechnung kommt es auf die tatsächlich vorhandene **Ist-Anzahl der Personalratsmitglieder** und nicht auf die Soll-Anzahl (vgl. § 13 Rz. 4) bzw. die Mitgliederanzahl in einer bereits anberaumten Personalratssitzung an.

19 **Beispiel:**

Wenn in einer Dienststelle ein Personalrat aus vier Mitgliedern besteht, weist bereits ein Mitglied eine Antragsberechtigung auf (4:4 = 1).

20 Wenn eine Dienststelle einen Personalrat aufweist, der aus neun Mitgliedern besteht, so können nur drei Mitglieder zusammen einen Antrag stellen (9:4 = 2,25 [Aufgerundet] = 3).

21 Antragsberechtigt sind auch die **„Mehrheit der Mitglieder einer Gruppe"**.

Beispiele:

Im Personalrat ist eine Gruppe z. B. wie folgt vertreten:

Gruppenmitglieder	Anzahl der Antragsberechtigten
1	1 (Mehrheit)
2	2 (Mehrheit nur gemeinsam)
3	2 (Mehrheit: 3:2 = 1,5~~[nächste ganze Zahl] = 2)
4	2 (Mehrheit: 4:2 = 2)

22 Weiterhin ist auch die **„Dienststelle"** (vgl. zum Begriff § 1 Rz. 5 ff.) antragsberechtigt. In diesem Fall besteht für sie nach Abs. 4 Satz 1 (vgl. Rz. 24) eine Teilnahmepflicht an der auf ihren Antrag hin stattfindenden Sitzung.

Umfasst der Sitzungsgegenstand Angelegenheiten, die besonders schwerbehinderte Beschäftigte betreffen, ist auch die **Schwerbehindertenvertretung** (§§ 178 ff. SGB IX) antragsberechtigt. Der Personalrat kann ihr im Übrigen auch die Teilnahme an Sitzungen von Ausschüssen und Arbeitsgruppen des Personalrats gestatten (vgl. VG Oldenburg 15.07.2008 – 8 A 2018/07 zum BPersVG). Eine **„besondere Betroffenheit"** ist dann anzunehmen, wenn die anbelangten schwerbehinderten Beschäftigten nicht gleichsam der ansonsten Beschäftigten, sondern speziell infolge ihrer Schwerbehinderung (§ 2 SGB IX) betroffen sind. Dementsprechend ist auch die **„Mehrheit der Mitglieder der Jugend- und Auszubildendenvertretung"** (§§ 54 ff.) antragsberechtigt. In diesem Fall muss es sich um eine Angelegenheit handeln, die speziell jugendliche Beschäftigte betrifft. Ungeachtet derartiger Sondersitzungen sollte der Personalrat ohnehin ein JAV-Mitglied zu allen Personalratssitzungen einladen und einmal im Jahr auf die Tagesordnung einer Sitzung das Thema „Situation der Jugendlichen und Auszubildenden in der Dienststelle" setzen (ebenso Deppisch u. a., Erl. 4.8.2, S. 93). Siehe zum Miteinander in der Dienstelle im Übrigen auch **Bülow, Der praktische Fall – Die Interaktion zwischen den verschiedenen Interessenvertretungen**, DöD 2023, S. 182. 23

V. Teilnahme der Dienststelle an Personalratssitzungen

Abs. 4: Die Personalratssitzung ist der Dreh- und Angelpunkt der Personalratsarbeit, sodass die Dienststelle sicherlich generell daran nicht teilnimmt. Wenn Sitzungen allerdings auf Antrag der Dienststelle anberaumt worden sind oder diese ausdrücklich vom Personalrat zu Sitzungen eingeladen worden ist, hat sie nach **Abs. 4 Satz 1** ausdrücklich das Recht und zugleich auch die Pflicht, daran teilzunehmen. Im Rahmen einer vertrauensvollen Zusammenarbeit (vgl. § 2 Rz. 2 ff.) hat die Dienststelle im Falle der beabsichtigten Nichtteilnahme an (sonstigen) Sitzungen, zu denen sie vom Personalrat eingeladen worden ist, diesem ihr Fernbleiben mitzuteilen und zu begründen. Wenn der Dienststellenleiter indes teilnehmen möchte, jedoch nur persönlich verhindert ist, kann er sich durch die in § 8 aufgeführten Personen vertreten lassen. Er kann aus Gründen der Sachdienlichkeit auch weitere Personen, die Beschäftigte i. S. d. § 5 sind, zur Sitzung mitbringen, wenn das Einverständnis des Personalrates zu deren Anwesenheit besteht! Das Teilnahmerecht beinhaltet auch ein Recht auf Mitteilung der Tagesordnung im Hinblick auf den von ihr beantragten Ordnungspunkt. 24

25 **Wichtig!**

Die vorliegende Vorschrift verbietet der Dienststelle dem Grunde nach nicht das Gremium im Rahmen einer Sitzung aufzusuchen, um ggf. wichtige Fragen, die z. B. die Zusammenarbeit oder laufende Beteiligungsverfahren betreffen zu stellen oder insoweit Unterlagen mit persönlichen Anmerkungen zu übergeben!

26 **Muster 8**: Teilnahme weiterer Personen an der Personalratssitzung

27 Wenn die Dienststelle die Anberaumung einer Sitzung beantragt hat, kann die Vorsitzende Person darauf mit der **Anberaumung einer „Sondersitzung"**, aber auch durch die **Aufnahme des begehrten Sitzungsgegenstandes in die Tagesordnung einer bereits terminierten Sitzung** reagieren. Insoweit ist auf die Umstände des Einzelfalles abzustellen, wobei die Vorsitzende Person insbesondere die Dringlichkeit der Sitzungsdurchführung und auch den Grundsatz der sparsamen Verwendung öffentlicher Haushaltsmittel zu beachten hat. Wenn dem Antrag der Dienststelle durch Aufnahme in eine bereits terminierte Sitzung nachgekommen wird, beschränkt sich das **Teilnahmerecht** und die Pflicht nur im Hinblick auf die Behandlung dieses Punktes der Tagesordnung. Ungeachtet des letztendlich gewählten Sitzungsrahmens besteht **kein Teilnahmerecht bei der förmlichen Beratung und Beschlussfassung des Personalrates**!

28 **Muster 9**: Antrag der Dienststelle auf Sitzungsanberaumung

29 Nach **Abs. 4 Satz 2** kann die Dienststelle zu den vorbenannten Sitzungen auch ein **„Mitglied der Arbeitgebervereinigung"**, der die Dienststelle angehört, (vgl. § 2 Rz. 12 ff.) hinzuziehen.

30 **Wichtig!**

Aus dem Hinzuziehungsrecht der Dienststelle resultiert nicht zugleich auch das Teilnahmerecht eines Gewerkschaftsbeauftragten. Hier sind vielmehr die speziellen Anforderungen nach § 32 (vgl. die dortige Kommentierung) zu beachten!

VI. Rechtliche Auseinandersetzungen

31 Die Rechtmäßigkeit der Anberaumung und Durchführung der in § 30 benannten Sitzungen ist nach § 79 Abs. 1 Nr. 3 im personalvertretungsrechtlichen Beschlussverfahren vor dem Verwaltungsgericht zu klären. Wenn die Vorsitzende Person ihre Pflichten nach § 30 (z. B. keine bzw. unvollständige Ladung von Personalratsmitgliedern etc.) grob i. S. d. § 25 verletzt, kann gegebenenfalls auch ein Ausschlussverfahren betrieben werden (vgl. die Kommentierung zu § 25).

§ 31 (Durchführung der Sitzungen)

(1) Die Sitzungen des Personalrats finden in der Regel während der Arbeitszeit statt. Der Personalrat hat bei der Anberaumung seiner Sitzungen die dienstlichen Erfordernisse zu berücksichtigen. Die Dienststelle ist vom Zeitpunkt der Sitzung rechtzeitig zu verständigen.

(2) Die Sitzungen des Personalrats sind nicht öffentlich. Der Personalrat kann die Teilnahme des ihm nach § 40 Abs. 3 zur Verfügung gestellten Büropersonals sowie sachkundiger Personen gestatten.

(3) Die Sitzungen des Personalrats finden in der Regel als Präsenzsitzung in Anwesenheit seiner Mitglieder vor Ort statt. Die Sitzung kann vollständig oder unter Zuschaltung einzelner Personalratsmitglieder oder Teilnahmeberechtigter mittels Video- oder Telefonkonferenz durchgeführt werden, wenn

1. **vorhandene Einrichtungen genutzt werden, die durch die Dienststelle zur dienstlichen Nutzung freigegeben sind,**
2. **nicht mindestens ein Viertel der Mitglieder des Personalrats oder die Mehrheit der Mitglieder einer Gruppe binnen einer von der Vorsitzenden Person zu bestimmenden Frist gegenüber der Vorsitzenden Person widerspricht und**
3. **der Personalrat geeignete organisatorische Maßnahmen trifft, um sicherzustellen, dass Dritte vom Inhalt der Sitzung keine Kenntnis nehmen können.**

Eine Aufzeichnung ist unzulässig. § 37 Absatz 1 Satz 3 findet mit der Maßgabe Anwendung, dass die Vorsitzende Person vor Beginn der Beratung die zugeschalteten Personalratsmitglieder feststellt und in die Anwesenheitsliste einträgt.

Gliederung

I. Einleitende Bemerkungen

Die Vorschrift enthält die Grundsätze für die Durchführung der Personalratssitzungen. Im Zuge der **Novelle 2011** ist lediglich eine geschlechtergerechte Sprachanpassung erfolgt. In Folge der Corona-Pandemie ist **seit 2023 die Sitzungsdurchführung ausnahmsweise auch in der Form der Video- oder Telefonkonferenz möglich** (vgl. Rz. 14a ff.). 1

II. Durchführung der Personalratssitzungen

2 **Abs. 1:** Nach **Abs. 1 Satz 1** finden in der Regel die **Sitzungen des Personalrates während der Arbeitszeit** statt, sodass eine Benachteiligung oder Begünstigung der daran teilnehmenden Personalratsmitglieder ausgeschlossen wird (vgl. § 7 LPVG NRW i. V. m. § 107 Halbsatz 1 BPersG). Diese zeitliche Vorgabe ist bindend. **Abweichungen bestehen nur in Ausnahmefällen** („in der Regel"), z. B. wenn ein Großteil der Personalratsmitglieder auf Arbeitsplätzen tätig ist, von denen sie während ihrer persönlichen Arbeitszeit unabkömmlich sind.

3 **Beispiel:**

Wenn fast alle Personalratsmitglieder, d. h. der überwiegende Teil, auf einem Arbeitsplatz mit Publikumsverkehr beschäftigt werden, hat die Vorsitzende Person dies zu berücksichtigen und die Sitzung außerhalb der bestehenden Kunden- bzw. Servicezeiten zu legen!

4 In zeitlicher Hinsicht ist auf die **persönliche regelmäßige Arbeitszeit** der jeweils betroffenen Personalratsmitglieder abzustellen. Im Verhältnis von Personalratstätigkeit und geschuldeter Arbeitsleistung gilt, dass die Personalratstätigkeiten als gesetzliche Aufgaben den Arbeitspflichten vorgeht, was nicht nur für die Teilnahme an den Personalratssitzungen, sondern für alle Tätigkeiten gilt, die sich aus dem LPVG NRW ergeben Personalvertretungsgesetz ergeben (vgl. entsprechend VG Berlin 13.04.202362 L – 03/23.PVL –). Für die Sitzungsteilnahme bedürfen die Personalratsmitglieder gleichwohl einer Dienstbefreiung, die allerdings nicht einer ausdrücklichen Erteilung bedarf (vgl. hierzu auch BVerwG 16.05.1980 – 6 P 82.78 –). Das schließt aber nicht aus, dass die an der Sitzung teilnehmenden Personalratsmitglieder die beabsichtigte **Sitzungsteilnahme** gegenüber dem Dienststellenleiter **rechtzeitig anzeigen** (vgl. OVG Niedersachsen 01.04.1989 – 17 L 2295/96 –) und sich bei ihm unter Angabe der voraussichtlichen Abwesenheitsdauer **ab- und rückmelden** müssen (vgl.entsprechend BAG 13.05.1997 – 1 ABR 2/97 – zum BetrVG), wenn sie nicht in Gänze freigestellt sind (vgl. auch § 42 Rz. 15). Verstöße können eine disziplinare bzw. individualarbeitsrechtliche Abmahnung rechtfertigen (vgl. entsprechend Bieler/Müller-Fritzsche, § 39 NPersVG Rn. 6 m. w. N.). Zu einer hiervon abzugrenzenden personalvertretungsrechtlichen Abmahnung vgl. § 42 Rz. 5 f. m. w. N. Etwas anderes gilt nur dann, wenn der Dienststellenleiter bereits über den Sitzungstermin vorab durch die Vorsitzende Person oder das betroffene Personalratsmitglied verständigt wurde bzw. wenn es sich um die Teilnahme einer ihm bekannten festen turnusmäßigen Sitzung handelt. Insgesamt ist hier sowohl mit Blick auf die Dienst- und Arbeitspflichten als auch auf den Grundsatz der vertrauensvol-

len Zusammenarbeit gem. § 2 Abs. 1 stets zu beachten, dass die Ab- und Rückmeldung durch das betroffene Personalratsmitglied vornehmlich dazu dient, dass für seine Person entsprechender Ersatz etc. organisiert werden kann, damit die originären Betriebs- bzw. Verwaltungsabläufe weiter vonstattengehen können.

Wichtig! 5

Auch wenn im Ausnahmefall keine Pflicht zur Ab- und Rückmeldung besteht, hat der Dienststellenleiter trotzdem das Recht, dass ihm auf Nachfrage hin die gesamte Zeitdauer der wahrgenommenen Personalratstätigkeit mitgeteilt wird (vgl. BAG 29.06.2011 – 7 ABR 135/09 – zum BetrVG)!

Wenn ein Personalrat **außerhalb seiner persönlichen Arbeitszeit** an einer Personalratssitzung teilnimmt, weist sie einen Anspruch auf Dienstbefreiung nach § 42 Abs. 2 Satz 2 auf. 6

Nach **Abs. 1 Satz 2** hat der Vorsitzende des Personalrates bei der **Anberaumung der Sitzungen** die **dienstlichen Erfordernisse zu berücksichtigen**. Dadurch wird der Vorsitzenden Person ein pflichtgemäßes Ermessen eingeräumt, sodass sie sich z.B. vor der Festlegung von Sitzungsterminen zunächst versichern und prüfen muss, ob derartige Belange dem Zeitpunkt der geplanten Sitzung entgegenstehen. 7

Nach **Abs. 1 Satz 3** ist die „**Dienststelle vom Zeitpunkt der Sitzung rechtzeitig zu verständigen**". Damit sollte gewährleistet werden, dass die Dienststelle noch rechtzeitig vor Anberaumung der Sitzung Bedenken gegen deren zeitliche Lage äußern kann und die Gelegenheit erhält, im Vorfeld anstehender Sitzungen die Aufrechterhaltung der Betriebs- bzw. Verwaltungsabläufe zu organisieren, z.B. durch den Einsatz von Vertretungskräften. 8

III. Nichtöffentlichkeit der Sitzungen und Ausnahmen

Abs. 2: Nach **Abs. 2 Satz 1** sind die Sitzungen des Personalrates „**Nichtöffentlich**". Diese Vorgabe ist zwingend, sodass der Personalrat hiervon weder durch abweichende Regelungen in einer Geschäftsordnung noch durch einen entsprechenden Beschluss abweichen kann. Damit soll gewährleistet werden, dass die Beratungspunkte und -inhalte sowie der damit einhergehende Prozess der Willensbildung vertraulich und unabhängig von externen Einflüssen stattfinden (vgl. BVerwG 14.07.1977 – VII. P 24.76 –). Das kann in einer Videokonferenz zwar nicht so gut, wie in einer traditionellen Präsenzsitzung gewährleistet werden (vgl. Richter, Die Nichtöffentlichkeit von Personalratssitzungen, PersV 2017, S. 288 ff.), ist 9 seit dem 30.05.2023 aber gesetzlich dauerhaft doch möglich (vgl. Rz. 14a ff.). Teilnahmeberechtigt sind grundsätzlich nur Personalratsmitglieder und (erst) im Verhinderungsfall deren Ersatzmitglieder (vgl. auch § 28 Rz. 3 ff.). Die vorliegende Regelung korrespondiert mit der **Verschwiegenheitspflicht nach § 9**.

9a Ein **Verstoß gegen die Vorgabe der Nichtöffentlichkeit** kann die Unwirksamkeit von Personalratsbeschlüssen zur Folge haben, wenn nicht teilnahmeberechtigte Personen auf die Willensbildung des Personalrates Einfluss genommen haben. Da die Nichtöffentlichkeit eine zwingende gesetzliche Vorgabe darstellt (vgl. Rz. 9), kommt es dabei nicht darauf an, ob vor der Beschlussfassung die mangelnde Teilnahmeberechtigung von mindestens einem anwesenden Personalratsmitglied gerügt worden ist (so aber für das BetrVG: BAG 30.09.2014 – 1 ABR 32/13 –).

10 Die **Teilnahme anderer Personen** ist nur ausnahmsweise und dabei aufgrund vorgesehener gesetzlicher Regelung möglich (vgl. BVerwG 14.07.1977 a.a.O. und zu Ausnahmefällen Rz. 12 ff.).

11 **Wichtig!**

Der Personalrat kann zwar auch betroffene Beschäftigte (§ 74 Abs. 4 Satz 1) in der Sitzung anhören. Er darf diese aber bei der letztendlichen Beratung und Beschlussfassung nicht daran teilnehmen lassen (vgl. BVerwG 14.07.1977 a.a.O.)!

12 Nach **Abs. 2 Satz 2** hat der Gesetzgeber vom Grundsatz der Nichtöffentlichkeit mit dem Ziel der Erleichterung der Personalratsarbeit und der Beschleunigung des Sitzungsablaufes eine **Ausnahme** gemacht und die **Teilnahme** des dem Personalrat nach § 40 Abs. 3 (vgl. hierzu die dortige Kommentierung) zur Verfügung gestellten **„Büropersonals“** (z.B. für Protokolle oder Diktate) sowie sachkundiger Personen gestattet (vgl. LT-Drucks. 9/3091, S. 35). **„Sachkundige Personen“** können sowohl dienststelleninterner als auch externer Natur sein. Zur Definition eines sog. Sachverständigen vgl. BVerwG 06.09.1984 – 6 P 17.82 –. Einem **ehemaligen Personalratsvorsitzenden**, der in den Ruhestand eingetreten ist, steht kein Anspruch auf Zugang zu den Räumlichkeiten, in denen sich das Personalratsbüro befindet, zu (vgl. OVG Rheinland-Pfalz 08.09.2023 – 5 A 10132/23.OVG –).

12a Für die **Gleichstellungsbeauftragte** besteht nur eine Teilnahmemöglichkeit, wenn sie zu einzelnen Tagesordnungspunkten als Sachverständige vom Personalrat geladen wird (ebenso § 38 Rz. 10 und Ilbertz u.a., § 38 Rn. 11h). Denn sie ist „Angehörige der Verwaltung“ (vgl. Bülow, § 16 LGG NRW Rn. 6 ff.) und hat im LPVG NRW kein eigenständiges Teilnahmerecht vom Gesetzgeber erhalten. Soweit der Personalrat in der Praxis mit Blick auf eine vertrauensvolle Zusammenarbeit (§ 2 Abs. 1 Halbsatz 1 LPVG NRW) **Protokollauszüge, für einzelne Tagesordnungspunkte** seiner Sitzung, an der die Dienststelle teilgenommen hat, dieser abschriftlich aushändigt, sollte dies jedenfalls gleichermaßen für die Person die Gleichstellungsbeauftragten gelten. Denn der Personalrat ist nach § 64 Nr. 10 LPVG NRW verpflichtet, die Verwirklichung des Grundrechts der Gleichberechtigung von Frauen und Männer in der Dienststelle zu fördern, wozu auch die Arbeit der Gleichstellungsbeauftragten gehört. Zu den sonstigen Teilnahmerechten der Gleichstellungsbeauftragten siehe Bülow, § 18 LGG NRW Rn. 108 ff.!

Wichtig! 13

Wenn der Personalrat sachkundige Mitarbeiter der Dienststelle nach Abs. 2 Satz 2 zu seinen Sitzungen hinzuziehen möchte, bedarf er vorab der Zustimmung des Dienststellenleiters (vgl. OVG NRW 13.08.1996 – 1 A 91/95 PVL –)!

Das **Teilnahmerecht gilt nur für die Beratung**, nicht für die letztendliche Abstimmung (vgl. § 32 Rz. 7). 13a

Weitere Ausnahmen im und außerhalb des LPVG NRW, neben denen des Abs. 2 Satz 2: 14

- Teilnahmerecht der Dienststelle (§ 30 Abs. 4)
- Teilnahmerecht für Gewerkschaftsbeauftragte (§ 32)
- Teilnahmerecht eines Mitgliedes der Jugend- und Auszubildendenvertretung (§ 36 Abs. 1 Satz 1 Halbsatz 1)
- Teilnahmerecht der Schwerbehindertenvertretung (§ 178 Abs. 4 SGB IX).

IV. Präsenz-, Video- oder Telefonkonferenzform der Sitzung

Abs. 3: Die **Vorschrift wurde durch das Änderungsgesetz vom 30.05.2023 neu in das LPVG NRW aufgenommen** (GV. NRW. S. 316). Sie entspricht im Wesentlichen § 38 Abs. 3 BPersVG. Nach **Abs. 3 Satz 1** gilt danach der **Grundsatz, dass die Sitzungen des Personalrats als Präsenzsitzung in Anwesenheit seiner Mitglieder vor Ort stattfinden**. Das ergibt sich aus der vom Gesetzgeber verwendeten Wortwahl „i. d. R.“. Mit „Präsenzsitzung“ ist die physische Anwesenheit der Sitzungsteilnehmer an einem Ort gemeint, d. h. eine „traditionelle Sitzungsdurchführung“. 14a

Nach Maßgabe des **Abs. 3 Satz 2** können **Sitzungen ausnahmsweise auch vollständig** (1. Alt) **oder unter Zuschaltung einzelner Personalratsmitglieder oder Teilnahmeberechtigter (2. Alt) mittels Video- oder Telefonkonferenz durchgeführt werden**. Personalratsmitglieder, die in der letztgenannten Form teilnehmen gelten als anwesend (siehe zur Beschlussfassung auch § 33 14b

Rz. 13b f.). Sitzungen können insoweit vollständig als Video- oder Audiokonferenz, d.h. als „Virtuelle-Sitzung“ oder als „Hybridsitzung“ stattfinden. Es handelt sich um eine „Kann-Vorschrift“, d.h. die Vorsitzende Person darf nach pflichtgemäßem Ermessen selbst im Rahmen der Sitzungsanberaumung (§ 30 Abs. 2 Satz 1) bestimmen, für welche Sitzungsvariante sie sich sich entscheidet. Der Begriff **„Videokonferenz“** stellt auf eine Konferenzdurchführung ab, bei der die Personalratsmitglieder sich an verschiedenen Orten befinden, mithilfe der Videotechnik aber optisch und akustisch miteinander verbunden sind. Der Begriff **„Telefonkonferenz“** stellt auf vorgenanntes entsprechend ab und betrifft den Fall, dass die Personalratsmitglieder mithilfe zusammengeschalteter Telefone kommunizieren. Dabei ist es aufgrund der mit der vorliegenden Vorschrift eröffneten Durchführungsvarianten egal ob, dies nur „audio-technisch“ oder gar per „Bildtelefon“ erfolgt.

Die Vorgaben über **Verhandlungs- und Sitzungsniederschriften** des § 37 geltend für die Sitzungsvarianten nach Abs. 3 Satz 2 entsprechend (vgl. im Weiteren Rz. 14h).

14c Die **Sitzungsvarianten nach Abs. 3 Satz 2 sind unter den folgenden Voraussetzungen möglich**:

Die in Abs. 3 Satz 2 Nr. 1 bis 3 enthaltenen Vorgaben sind zwingend und müssen kumulativ, d.h. allesamt erfüllt sein. Wenn dies der Fall ist, so können im Rahmen der vorgenannten Sitzungsvarianten dem Grunde nach wirksame Personalratsbeschlüsse gefasst werden (vgl. hierzu auch § 33 Rz. 13b f.). Ist dies insgesamt nicht möglich, muss der Personalrat auf die Inanspruchnahme von Video- oder Telefonkonferenzen verzichten.

14d Nach **Abs. 3 Satz 2 Nr. 1** müssen **vorhandene Einrichtungen genutzt werden, die durch die Dienststelle zur dienstlichen Nutzung freigegeben sind**. Gemeint sind technische Einrichtungen, wie Hard- und Software, um Video- oder Telefonkonferenzen („technisch“) durchführen zu können, die bereits in der Dienststelle vorhanden sind. Soweit die Präsenzsitzung nach Abs. 3 Satz 1 die grundsätzliche Durchführungsform darstellt (vgl. Rz. 14a), erwächst aus Abs. 3 gleichsam dem Grunde nach, kein Anspruch des Personalrats auf Anschaffung derartiger Einrichtungen. Etwas anderes, d.h. eine eintretende „Erforderlichkeit“ zur entsprechenden Sachmittelanschaffung zur Kostenlast der Dienststelle kann jedoch im Wiederholungsfall einer Corona- oder sonstigen Pandemie entstehen, soweit die Durchführung von Präsenzsitzungen nicht mehr ausreichend gewährleistet werden kann. Die zu nutzenden Einrichtigungen müssen 1:1 den Sicherheits- und Datenschutzstandards in der Dienststelle entsprechen.

14e Nach **Abs. 3 Satz 2 Nr. 2 dürfen nicht mindestens ein Viertel der Mitglieder des Personalrats** (1. Alt) **oder die Mehrheit der Mitglieder einer Gruppe** (2.

Alt) **binnen einer von der Vorsitzenden Person zu bestimmenden Frist dieser gegenüber widersprechen** (= Widerspruchsvorbehalt). Die vorgenannten Widerspruchsquoren sind zwingend und im Rahmen der Beschlussfassung, die einer virtuellen bzw. hybriden Sitzungsdurchführung voranzugehen hat, vom Personalrat zu überprüfen. Sie knüpfen an die Vorgaben des § 30 Abs. 3 an (vgl. § 30 Rz. 18ff.). Bei der Frist handelt es sich um eine Ausschlussfrist. Die Vorsitzende Person hat auf diese und die Widerspruchsmöglichkeit hervorgehoben in der Einladung zur Sitzung hinzuweisen. Widerspruchsadressat ist die Vorsitzende Person des Personalrats. Verspätete Widersprüche dürfen von ihr nicht berücksichtigt werden. Sollten Widersprüche fälschlich an die Dienststellenleitung ergehen, so hat diese im Rahmen der vertrauensvollen Zusammenarbeit i.S.d. § 2 Abs. 1 Satz 1 Halbsatz 1 eine unverzügliche Weiterleitung vorzunehmen.

Nach **Abs. 3 Satz 2 Nr. 3** muss der **Personalrat geeignete organisatorische Maßnahmen treffen, um sicherzustellen, dass Dritte vom Inhalt der Sitzung keine Kenntnis nehmen können**. Die hier vom Gesetzgeber formulierte „Geeignetheit" im Hinblick auf die Sicherstellung einer nicht zur Kenntnisnahme knüpft an die Nichtöffentlichkeit der Personalratssitzung (vgl. Rz. 9f.) und die Verschwiegenheitspflicht nach § 9 an. Dementsprechendes ist vom Personalrat bei der Durchführung von Sitzungen nach Abs. 3 sicherzustellen und zu protokollieren und/oder im Rahmen einer Geschäftsordnung zu regeln (§ 38). Als mögliche Sicherungsmaßnahmen kommen z.B. in Betracht: **14f.**

- Nutzung einer akustisch und bestenfalls auch manuell abgeschirmten/verschlossenen Räumlichkeit
- Verwendung verschlüsselter Video- bzw. Telefonverbindungen (insbesondere auch mit Blick auf Art. 32 Abs. 1 DSGVO)
- Zusicherung der physisch anwesenden und auch virtuell oder akustisch zugeschalteten Sitzungsteilnehmer zum Sitzungsbeginn, dass keine unbefugten Dritten anwesend sind
- Hinweis auf Strafbarkeit nach § 230 StGB
- Ausschluss der Zuschaltung von Personen außerhalb der Dienststelle, z.B. im Rahmen des Home-Office o.ä.
- Unverzügliche Sitzungsunterbrechung für die Anwesenheitszeit unberechtigter Dritter

Nach **Abs. 3 Satz 3** ist eine **Aufzeichnung der Personalratssitzung unzulässig**. Auch diese Vorgabe knüpft an die Nichtöffentlichkeit der Personalratssitzung (vgl. Rz. 9f.) und die Verschwiegenheitspflicht nach § 9 an. Verstöße hiergegen können im Einzelfall eine grobe Pflichtverletzung i.S.d. § 25 darstellen und („theoretisch") zur Auflösung oder einen Mitgliederaus- **14g** schluss führen. Praktisch und dabei rechtlich zulässig wäre aber auch ein Rückgriff auf eine personalvertretungsrechtliche Abmahnung, wie sie der Verfasser der hiesigen Kommentierung, vertritt (vgl. § 42 Rz. 5 m.w.N.).

14h Nach **Abs. 3 Satz 4** findet § 37 Abs. 1 Satz 3 im Hinblick auf die Sitzungsniederschrift mit der Maßgabe Anwendung, dass die **Vorsitzende Person vor Beginn der Beratung die zugeschalteten Personalratsmitglieder feststellt und in die Anwesenheitsliste einträgt**. Im Zuge dessen sollte er sodann auch entsprechende „Vertraulichkeits-Zusicherungen" einholen (vgl. zuvor Rz. 14f.).

V. Rechtliche Auseinandersetzung

15 Rechtliche Fragen im Hinblick auf die **Verletzung des Grundsatzes der Nichtöffentlichkeit** oder von **Pflichtverletzungen aus dieser Vorschrift** sind nach § 79 Abs. 1 Nr. 3 im personalvertretungsrechtlichen Beschlussverfahren vor dem Verwaltungsgericht zu klären.

Bei Vorliegen „grober Vernachlässigungen der gesetzlichen Befugnisse" oder „grober Pflichtenverletzungen" i.S.d. § 25 kann auch ein **Ausschlussverfahren** vor dem Verwaltungsgericht betrieben werden (vgl. auch die Kommentierung zu § 25).

§ 32 (Sitzungsteilnahme von Gewerkschafts- und Stufenvertretungsbeauftragten)

(1) Auf Antrag von einem Viertel der Mitglieder oder der Mehrheit einer Gruppe des Personalrats können Beauftragte einer im Personalrat vertretenen Gewerkschaft an den Sitzungen beratend teilnehmen.

(2) Der Personalrat kann beschließen, dass beauftragte Mitglieder der Stufenvertretungen, die bei übergeordneten Dienststellen bestehen, sowie des Gesamtpersonalrats berechtigt sind, mit beratender Stimme an seinen Sitzungen teilzunehmen.

Gliederung

I. Teilnahme von Gewerkschaftsbeauftragten

Abs. 1: Mit dieser Vorschrift wird der in § 31 Abs. 2 Satz 1 bestimmte 1
Grundsatz, dass Personalratssitzungen nicht öffentlich sind, ausnahmsweise durchbrochen, da unter den hier geregelten besonderen Voraussetzungen auch **„Beauftragte einer im Personalrat vertretenden Gewerkschaft“** (vgl. § 2 Rz. 13 und § 3 Rz. 5) **beratend an den Sitzungen teilnehmen** können. Die alleinige Vertretung in der Dienststelle reicht somit nicht aus. Die Gewerkschaft muss vielmehr im Personalrat, d. h. unter den dortigen Mitgliedern vertreten sein.

Die Herbeiführung der Teilnahme setzt einen **„Antrag von einem Viertel der** 2
Mitglieder oder der Mehrheit einer Gruppe des Personalrates“ voraus. Der Antrag kann auf die **Einladung einer beauftragten Person einer bestimmten Gewerkschaft** beschränkt werden (vgl. BVerwG 16.06.1982 – 6 P 63.78 –). Bei diesem Teilnahmerecht handelt es sich nicht um einen originären Anspruch der Gewerkschaften, den diese selbstständig durchsetzen können. Die Vorschrift ist vielmehr auf das Gebot der Zusammenarbeit mit den in der Dienststelle vertretenen Gewerkschaften nach § 2 Abs. 1 Halbsatz 2 gerichtet. Zur **Antragsberechtigung** und **Berechnung des Antragsquorums** vgl. § 30 Rz. 18 ff. Aufgrund der vorliegenden Vorschrift und dem extra dort geregelten Antragserfordernis ist es dem Personalrat verwehrt, durch eine sonstige Beschlussfassung bzw. Regelung in einer Geschäftsordnung (§ 38) ein generelles unbeschränktes Teilnahmerecht einer Gewerkschaft herbeizuführen (anders aber zum BetrVG: BAG 28.02.1990 – 7 ABR 22/89 – das allerdings den Ausnahmecharakter des § 31 BetrVG verkennt).

Ein ordnungsgemäß gestellter Antrag i. S. d. vorliegenden Vorschrift kann 3
vom Personalrat **nicht durch einen Mehrheitsbeschluss abgelehnt werden** (vgl. OVG NRW 08.05.1995 – 1 A 146/92 PVL –). Ist ein entsprechender Beschluss im Personalrat gefasst worden, hat die Vorsitzende Person die benannte beauftragte Person zur nächsten Sitzung einzuladen. Etwas anderes gilt nur dann, wenn der Personalrat in seiner Geschäftsordnung die Antragswirkung erst für die nächste Sitzung gelten lässt. In diesem Fall hat die Vorsitzende Person in der Einladung und der Tagesordnung für die nächste Sitzung entsprechend darauf hinzuweisen.

Der Personalrat darf **nicht gezielt bestimmte Gewerkschaften von der Teil-** 4
nahme an Sitzungen ausschließen (vgl. BVerwG 16.06.1982 – 6 P 63.78 –).

Da die Teilnahmeberechtigung von Gewerkschaftsbeauftragten als Aus- 5
nahme von der Nichtöffentlichkeit der Personalratssitzung zu sehen ist, kann der Personalrat weder durch einen generellen Beschluss noch durch entsprechende Regelungen in seiner Geschäftsordnung bewirken, dass den Gewerkschaftsbeauftragten i. S. d. vorliegenden Vorschrift für alle

Sitzungen des Personalrates ein generelles Teilnahmerecht zugestanden wird. Mithin können **nur anlassbezogene Teilnahmeanträge** gestellt werden, die sich nur auf bestimmte Sitzungen und dabei auf bestimmte Tagesordnungspunkte beschränken (vgl. auch Rz. 2).

6 Das Teilnahmerecht der Gewerkschaftsbeauftragten umfasst **nur eine Sitzungsteilnahme mit beratender Stimme** für die beantragten Tagesordnungspunkte, sodass sie im Übrigen von der Sitzung ausgeschlossen werden müssen. Da die Personalratssitzung grundsätzlich keine Präsentations- und Agitationsplattform der Gewerkschaften darstellen soll, unterliegen die Gewerkschaftsbeauftragten bei ihrer Sitzungsteilnahme der **Worterteilung durch die Vorsitzende Person** und im Übrigen der für alle Teilnehmer geltenden Sitzungsordnung. Die Gewerkschaftsbeauftragten unterliegen, wenn sie an einer Sitzung teilgenommen haben, vor allem auch der **Schweigepflicht nach § 9**! Zu den Besonderheiten bei Sitzungen in Form von Video- oder Telefonkonferenzen vgl. § 31 Rz. 14a ff. und § 33 Rz. 13b. Die Vorsitzende Person hat insoweit darauf zu achten, dass Gewerkschaftsbeauftragte von Abstimmungen im digitalen Bereich ausgeschlossen sind!

7 Das **Teilnahmerecht gilt für die Dauer der Beratung** in der Personalratssitzung. Davon umfasst sind nicht die letztendlichen Abstimmungen des Personalrates. Hierzu können die beauftragten Personen lediglich im Nachhinein Stellung nehmen und gegebenenfalls Kritik äußern.

8 **Wichtig!**

Das Teilnahmerecht der Gewerkschaftsbeauftragten gilt nur für förmliche Personalratssitzungen und insbesondere nicht für Vierteljahresbesprechungen nach § 63. Hier ist eine Teilnahme nur dann möglich, wenn sie sowohl von der Dienststelle als auch vom Personalrat zugelassen wird (vgl. § 63 Rz. 11)!

9 Wenn in der Personalratssitzung **personelle oder soziale Angelegenheiten von einzelnen Beschäftigten** behandelt werden sollen, darf ein Gewerkschaftsbeauftragter zur Wahrung des Grundrechts der Beschäftigten auf informationelle Selbstbestimmung (Art. 2 Abs. 1 GG i.V.m. Art. 1 Abs. 1 GG) daran nur teilnehmen, wenn der bzw. die betroffenen Beschäftigten vorab schriftlich zugestimmt haben.

II. Sitzungsteilnahme von Stufenvertretungsbeauftragten und Mitgliedern des Gesamtpersonalrats

10 Abs. 2: Der Personalrat kann außerdem die **Teilnahme** von **„beauftragten Mitgliedern der Stufenvertretungen, die bei übergeordneten Dienststel-**

len bestehen, sowie des Gesamtpersonalrates berechtigt sind", beschließen. Im Gegensatz zu Abs. 1 ist die Teilnahmeberechtigung nicht von dem Antrag einer bestimmten Zahl von Stimmberechtigten abhängig, sondern von einem Beschluss des Personalrates, der unter Beachtung der Vorgaben des § 33 erfolgt (vgl. hierzu die dortige Kommentierung).

Der Personalrat kann ebenfalls sowohl die Teilnahme von Mitgliedern der **Stufenvertretung bei der nächst höheren Dienststelle** als auch der darüberstehenden **weiteren Dienststelle** beschließen. 11

Zum **Teilnahmeumfang** von Mitgliedern der Stufenvertretung sowie des Gesamtpersonalrats gilt Entsprechendes wie für Gewerkschaftsbeauftragte (vgl. Rz. 1 ff.). 12

III. Rechtliche Auseinandersetzungen

Streitige Fragen im Hinblick auf die Hinzuziehung und Teilnahme von Gewerkschaftsbeauftragten und Mitgliedern der Stufenvertretungen sind nach § 79 Abs. 1 Nr. 3 im personalvertretungsrechtlichen Beschlussverfahren vor dem Verwaltungsgericht zu klären. 13

§ 33 (Beschlussfassung)

(1) Die Beschlüsse des Personalrats werden mit einfacher Stimmenmehrheit der anwesenden Mitglieder gefasst. Stimmenthaltungen bleiben bei der Ermittlung der Mehrheit außer Betracht. Bei Stimmengleichheit ist ein Antrag abgelehnt.

(2) Der Personalrat ist nur beschlussfähig, wenn mindestens die Hälfte seiner Mitglieder anwesend ist; Stellvertretung durch Ersatzmitglieder ist zulässig.

(3) Personalratsmitglieder, die mittels Video- oder Telefonkonferenz an Sitzungen teilnehmen, gelten als anwesend im Sinne des Absatzes 1 Satz 1 und des Absatzes 2.

Gliederung

I. Einleitende Bemerkungen

1 Besteht der Personalrat aus mehr als einer Person, erfolgt seine Willensbildung durch Beschlüsse innerhalb der Personalratssitzung. Die Vorschrift stellt zwingendes Recht dar. Sie regelt, wann die für die Beschussfassung erforderliche Stimmenmehrheit (Abs. 1) gegeben ist und wann der Personalrat beschlussfähig (Abs. 2) ist. **Im Nachgang der Corona-Pandemie wurde 2023 die dauerhafte Möglichkeit geregelt, dass Personalratsmitglieder im Ausnahmefall an Beschlussfassungen mittels Video- oder Telefonkonferenzen teilnehmen können (Abs. 3).**

II. Beschlussfassung in der Personalratssitzung

2 **Abs. 1:** Wirksame Personalratsbeschlüsse können nur in einer nach § 30 ordnungsgemäß einberufenen Sitzung gefasst werden. Nach **Abs. 1 Satz 1** sind die Beschlüsse hierbei **„mit einfacher Stimmenmehrheit der anwesenden Mitglieder“** zu fassen (sog. einfache Mehrheit). Das LPVG NRW trifft keine **Formvorgaben** für die Durchführung der Beschlussfassung, sodass die hierfür erforderliche Abstimmung sowohl öffentlich in der Sitzung als auch geheim stattfinden kann. Die ergehenden Beschlüsse und die dabei vorhandene Stimmenmehrheit müssen in einer **Sitzungsniederschrift**, die die Anforderungen nach § 37 erfüllt, dokumentiert werden (vgl. § 37 und die dortige Kommentierung).

3 Der Beschlussfassung geht die **Beratung der zu beschließenden Angelegenheit** voraus. Eine stillschweigende Beschlussfassung ist nicht vorgesehen (vgl. entsprechend BAG 24.03.2021 – 7 ABR 6/20 – zum BetrVG). Insoweit verlangt der Gesetzgeber grundsätzlich die Anwesenheit aller Personalratsmitglieder, die an der Beschlussfassung teilnehmen, sodass eine **Beschlussfassung in Form eines schriftlichen Umlaufverfahrens elektronischer (E-Mail-)Abstimmung nicht zulässig** ist (vgl. hierzu auch VG Düsseldorf 14.03.1963 – 15 PVL 2/63 –). Eine Abstimmung im Rahmen einer Video- oder Telefonkonferenz ist aktuell aber nach Maßgabe des § 31 Abs. 3 möglich (vgl. nachstehend Rz. 13 b).

4 Eine Beschlussfassung durch **einfache Stimmenmehrheit** liegt dann vor, wenn mehr Ja-Stimmen als Nein-Stimmen vorliegen. **Stimmenthaltungen** werden nach **Abs. 1 Satz 2** dabei nicht berücksichtigt. Ungültige Stimmen werden als Nein-Stimmen gewertet.

Nach **Abs. 1 Satz 3** ist ein **Antrag bei Stimmengleichheit abgelehnt**.

1. Beispiel: 5

Wenn bei der Beschlussfassung zehn Mitglieder anwesend sind, liegt die einfache Stimmenmehrheit für eine Antragsannahme bei sechs Stimmen.

Wenn bei dieser Beschlussfassung fünf Ja- und Nein-Stimmen abgegeben werden und keine dieser Stimmen ungültig ist, gilt der Antrag als abgelehnt.

2. Beispiel:

Wenn bei der Beschlussfassung nur zwei Mitglieder anwesend sind, liegt eine wirksame Antragsannahme vor, wenn beide Mitglieder mit Ja stimmen oder bei unterschiedlichen Stimmen die Nein-Stimme ungültig ist oder nur ein Mitglied mit Ja stimmt und das andere Mitglied sich der Stimmabgabe enthält.

Wichtig! 6

Wenn der Abstimmungsantrag ein Personalratsmitglied in eigener Sache betrifft (Befangenheit) kann es weder an der Vorberatung noch an der Abstimmung teilnehmen (vgl. entsprechend zum BetrVG: BAG 03.08.1999 – 1 ABR 30/98 –; 10.11.2009 – 1 ABR 64/08 – und Rz. 10)!

III. Beschlussfähigkeit

Abs. 2: Vor der Abstimmung hat die Vorsitzende Person die Beschlussfähigkeit des Personalrates festzustellen. Diese ist nach **Abs. 2 Halbsatz 1** gegeben, wenn **„mindestens die Hälfte seiner Mitglieder anwesend“** ist. Dabei ist von der Mitgliederzahl auszugehen, die sich aus § 13 Abs. 3 ergibt. Für Verhinderte oder ausgeschiedene Personalratsmitglieder können **Ersatzmitglieder** nachrücken und sind für die Feststellung der Beschlussfähigkeit nach **Abs. 2 Halbsatz 2** zu berücksichtigen. Das Mindestquorum berechnet sich durch die Division der gesetzlich vorgegebenen Mitgliederzahl. Ist letztere ungerade, so muss aufgerundet werden. Damit kann letztendlich auch ein **Personalrat, der nur aus zwei ordentlichen Mitgliedern besteht**, beschlussfähig sein. Zur Wirksamkeit der von einem solchen Personalrat gefassten Beschlüsse vgl. Rz. 5. 7

Beispiel: 8

Wenn der Personalrat sich aus elf Mitgliedern zusammensetzt, müssen mindestens 6 Mitglieder anwesend sein, damit eine Beschlussfassung möglich ist (11 : 2 = 5,5). Setzt er sich aus zehn Mitgliedern zusammen, müssen nur mindestens fünf Mitglieder anwesend sein (10 : 2 = 5).

9 **Wichtig!**

Für die Bestimmung der Beschlussfähigkeit kommt es auf die Anwesenheit der in Abs. 2 benannten Mitgliederzahl bei der Abstimmung an, sodass bei der vorangehenden Beratung durchaus weniger Mitglieder vor Ort sein können!

10 Wenn ein Mitglied **wegen Befangenheit nicht an der Abstimmung teilnehmen kann,** bleibt seine Person bei der Feststellung der Beschlussfähigkeit unberücksichtigt. Für das befangene Mitglied tritt zur Abstimmung über den betroffenen Tagesordnungspunkt ein Ersatzmitglied ein, das entsprechend zur Sitzung zu laden ist. Sollte das auf der Nachrückliste vorhandene Ersatzmitglied ebenfalls befangen sein, so ist unter Beachtung der Listenreihenfolge auf ein anderes Ersatzmitglied zurückzugreifen. **Verstöße führen zur Nichtigkeit des Personalratsbeschlusses** (vgl. Rz. 12). Wann eine Befangenheit vorliegt, hat der Gesetzgeber im LPVG NRW nicht ausgeführt. Soweit das BVerwG in seiner Entscheidung vom 19.10.2015 – 5 P 11.14 – zumindest bei der Beurteilung einer Interessenkollision im Mitbestimmungsverfahren auf **die in § 20 Abs. 1 Satz 1 VwVfG enthaltenen allgemeinen verfahrensrechtlichen Grundsätze** abgestellt hat, kann dies sicherlich **als dogmatischer Anknüpfungspunkt** gesehen werden (vgl. etwa BVerwG 13.10.1986 – 6 P 14.84 – im Hinblick auf die Anwendung dieser Grundsätze auf das Personalvertretungsrecht). Im nordrhein-westfälischen Kommunalrecht gibt es ebenso vergleichbare Regelungen, wie etwa in § 31 Abs. 1 und 2 bzw. 3 GO NRW, in § 31 Abs. 4, in § 43 Abs. 2 Nr. 3 GO NRW und im Übrigen auch in § 50 Abs. 6 GO NRW. **In praktischer Hinsicht** kann daneben auch auf **bestehende Regelungen in anderen Landespersonalvertretungsgesetzen** zurückgegriffen werden. Zur Befangenheit einer Gleichstellungsbeauftragten siehe Bülow, § 17 LGG NRW Rn. 4 m. w. N. **Eine Befangenheit von Personalratsmitgliedern** ist vor allem dann anzunehmen, wenn die Entscheidung in einer Angelegenheit dem Personalratsmitglied selbst (= „persönliche Interessen“) oder z. B. dem Ehegatten oder dem Lebenspartner i. S. d. § 1 LPartG oder einem in gerader Linie oder in der Seitenlinie bis zum dritten Grad Verwandten oder einer von ihm kraft Gesetzes oder Vollmacht vertretenen Person etc. einen unmittelbaren Vor- oder Nachteil bringen kann (vgl. z. B. § 33 Abs. 1 Satz 1 LPVG BW). So ist z. B. ein Personalratsmitglied von der Entscheidungsmitwirkung über die Besetzung einer Stelle ausgeschlossen, wenn es sich zuvor selbst darauf beworben hatte, aber nicht ausgewählt wurde (vgl. BVerwG 19.10.2015 a. a. O.; a. A. BAG 24.04.2013 – 7 ABR 82/11 – zum BetrVG).). Ein Grund der Befangenheit ist ferner anzunehmen, wenn das Mitglied des Personalrates, die zur Beschlussfassung anstehende Maßnahme als Beschäftigter der Dienststelle vorbereitet oder daran verantwortlich mitgewirkt hat (vgl. z.B.

§ 33 Abs 2 LPVG BW). Das Mitglied darf in diesen Fällen weder beratend noch entscheidend mitwirken. Soweit eine **Vorsitzende Person einer Personalvertretung** (z.B. Personalrat, JAV etc.) zwar bei einer Beschlussfassung aus Gründen der Befangenheit nicht teilnehmen durfte, ist sie im Weiteren nicht daran gehindert in ihrer Funktion als „Sprachrohr des Gremiums" (vgl. § 29 Rz. 17) dessen Beschluss an die Dienststelle heranzutragen (vgl. entsprechend BAG 19.03.2001 – 7 ABR 15/02 und 08.02.2022 – 1 AZR 233/21 – zum BetrVG).

Die **Wirksamkeit von Personalratsbeschlüssen** ist erst in dem Moment gegeben, in dem die Vorsitzende Person das Abstimmungsergebnis festgestellt hat. Eine Rechtswirkung nach außen enthalten sie erst dann, wenn sie nach außen hin vollzogen worden sind, d.h. eine Mitteilung an die Dienststelle erfolgt ist. Solange das noch nicht geschehen ist, kann der Personalrat seine Beschlüsse jederzeit noch ändern oder aufheben (vgl. hierzu auch LAG Hamm 22.10.1991 – 13 TaBV 36/91 –). Dabei hat er die für eine wirksame Beschlussfassung geltenden Regelungen des LPVG NRW und in den Fällen förmlicher Beteiligungsverfahren vor allem auch die geltenden Fristen wie z.B. die Äußerungsfrist nach § 66 Abs. 2 Satz 3 zu beachten. 11

Wichtig! 11a

Wenn dem Personalrat ein Verfahrensfehler im Rahmen der Beschlussfassung unterläuft, der ausschließlich in seine Sphäre fällt („Sphärentheorie"), führt allein dieser nicht dazu, dass der Dienststelle z.B. im Weiteren eine nicht ordnungsgemäße Personalratsbeteiligung (§§ 72ff. i.V.m. §§ 66ff.) entgegengehalten werden kann (vgl. OVG NRW 11.01.2021 – 6 B 1515/20 –)!

Zur **Nichtigkeit eines Personalratsbeschlusses** können nur solche Verfahrensmängel führen, die „schwerwiegend" (1. Voraussetzung) und „offenkundig" (2. Voraussetzung) sind (vgl. hierzu BVerwG 13.10.1986 – 6 P 14/84 –, 04.10.2005 – 6 P 12.04 –, 19.10.2015 a.a.O. und OVG Berlin-Brandenburg 31.07.2014 – OVG 62 PV 5.13 –). Um in der Praxis die Frage zu beurteilen, ob die Entscheidung des Personalrats nichtig ist, empfiehlt sich für die Dienststelle zunächst ein entsprechender Blick in die Aufzählungen des § 44 Abs. 2 und 3 VwVfG NRW. Unwirksame Personalratsbeschlüsse ziehen jedenfalls nicht automatisch die Rechtswidrigkeit von mitbestimmungspflichtigen Maßnahmen, deren Zustimmung die Dienststelle beim Personalrat beantragt hat, nach sich. Das ist nur der Fall, wenn die Unwirksamkeit der Dienststelle bekannt ist (vgl. BVerwG 31.05.1990 – 2 C 35.88 – m.W.N.) oder zumindest Zweifel bestehen, ob der Erklärung der Vorsitzenden Person ein wirksamer Beschluss des Personalrats zugrunde liegt (vgl. OVG NRW 14.10.1991 – CL 57/90 –). Entsprechendes ist anzunehmen, wenn die Dienststelle und der 12

Personalrat bewusst und gewollt kollusiv zusammenwirkend einen unwirksamen Beschluss herbeiführen

13 **Praxistipp!**

Wenn die Dienststelle Kenntnis davon hat oder davon ausgeht, dass ein nichtiger Personalratsbeschluss vorliegt, sollte sie diesen Beschluss unter Angabe der Nichtigkeitsgründe gegenüber dem Personalrat umgehend zurückweisen und diesem die Möglichkeit geben, wenn dies im Rahmen, der vom Personalrat gesetzlich einzuhaltenden Fristen noch möglich ist, eine wirksame Beschlussfassung herbeizuführen!

13a Zur Thematik „**Fehler bei der Beschlussfassung und deren mögliche Heilung**" vgl. auch § 40 Rz. 20 und siehe i. Ü. den gleichnamigen Aufsatz von Knorz, PersV 2016, 9 ff.

IV. Sitzung als Video- oder Telefonkonferenz

13b **Abs. 3: Personalratsmitglieder, die mittels Video- oder Telefonkonferenz an Sitzungen teilnehmen, gelten als anwesend i.S.d. Abs. 1 Satz 1** (vgl. Rz. 2 ff.) **und des Abs. 2** (vgl. Rz. 7 ff.). Diese Vorschrift wurde durch Gesetz vom 30.05.2023 als dauerhafte Regelung in das LPVG NRW aufgenommen (vgl. GV. NRW. S. 316). Soweit dem durch das Corona-Pandemie-Gesetz vom 14.04.2020 bereits eine diesbezügliche befristete Regelung vorausgegangen ist, die zudem die Möglichkeit einer Beschlussfassung im sog. Umlaufverfahren zugelassen hat, ist diese nunmehr entfallen und wurde nicht dauerhaft übernommen! Derartige Verfahren sind aktuell also klarstellend unzulässig!

13c Die **Sitzungen des Personalrats finden in der Regel als Präsenzsitzung in Anwesenheit seiner Mitglieder vor Ort statt** (= Grundsatz). Sie können aber unter näherer Maßgabe des § 31 Abs. 3 ausnahmsweise vollständig oder unter Zuschaltung einzelner Personalratsmitglieder oder Teilnahmeberechtigter mittels Video- oder Telefonkonferenz durchgeführt werden (vgl. näher hierzu § 31 Rz. 14a ff.). Durch Durchführung einer sonstigen elektronischen Abstimmung, z. B. per E-Mail oder WhatsApp o. ä. ist aktuell nicht vorgesehen und damit unzulässig!

V. Rechtliche Auseinandersetzungen

14 Kontroversen über die Beschlussfassung und die Beschlussfähigkeit sowie die letztendliche Aufhebung von Beschlüssen sind nach § 79 Abs. 1

Nr. 3 im personalvertretungsrechtlichen Beschlussverfahren vor dem Verwaltungsgericht zu klären.

Wichtig! 15

Personalratsbeschlüsse können weder von den eigenen Mitgliedern noch von Dritten gem. der §§ 119 ff. BGB angefochten werden. Wenn die Beschlüsse noch keine externe Rechtswirkung entfaltet haben, kann der Personalrat jedoch Beschlüsse aufheben oder ändern (vgl. hierzu Rz. 11)!

§ 34 (Gemeinsame und Gruppenangelegenheiten)

(1) Über die gemeinsamen Angelegenheiten der Gruppen wird vom Personalrat gemeinsam beraten und beschlossen. Die in § 72 Absatz 2 bezeichneten Angelegenheiten gelten auch dann als gemeinsame Angelegenheiten, wenn sie nur einzelne Beschäftigte betreffen.

(2) Über Angelegenheiten, die lediglich die Angehörigen einer Gruppe betreffen, wird nach gemeinsamer Beratung vom Personalrat beschlossen, sofern die Mehrheit der Mitglieder der betreffenden Gruppe nicht widerspricht; bei Widerspruch beschließen nur die Mitglieder der Gruppe. Satz 1 gilt entsprechend für Angelegenheiten, die lediglich die Angehörigen von zwei Gruppen betreffen.

Gliederung

I. Gemeinsame Angelegenheiten

1 Abs. 1: Die Vorschrift ist Ausdruck des im LPVG NRW geltenden Gruppenprinzips (§ 6), wonach die Vertreter der Beamten- und Arbeitnehmergruppen zwar vornehmlich die jeweiligen Gruppeninteressen zu wahren haben, dabei allerdings letztendlich einer gemeinsamen und vor allem einheitlichen Personalvertretung dienen (vgl. auch § 6 Rz. 1). Dementsprechend sieht Abs. 1 auch eine **gemeinsame Beratung und Beschlussfassung** zum Wohle einer einheitlichen Personalvertretung vor. **Gemeinsame Angelegenheiten** sind dann anzunehmen, wenn nicht nur einzelne, sondern alle im Personalrat vertretenen Gruppen direkt betroffen sind. Insoweit sind von einer **gemeinsamen Beratung und Beschlussfassung nach Abs. 1 Satz 2** auch die in § 72 Abs. 2 bezeichneten Angelegenheiten

für den Fall erfasst, dass sie auch nur einen einzelnen Beschäftigten betreffen wie z. B. bei der Gewährung von Arbeitgeberdarlehen oder der Zuweisung bzw. Kündigung von Dienstwohnungen. Damit hat der Gesetzgeber auf das im Vordergrund stehende Interesse einer Gleichbehandlung aller Beschäftigten entsprechend abgestellt (vgl. hierzu auch Lorenzen u.a., § 38 Rn. 16 – Stand LBS 12/2019).

2 Auch über **Angelegenheiten, die lediglich die Angehörigen einer Gruppe betreffen** wird im Personalrat gemeinsam beraten und ein Beschluss gefasst. Damit wird dem Umstand Rechnung getragen, dass der Gesetzgeber zwar grundsätzlich davon ausgeht, dass die Angehörigen einer Gruppe, d.h. Beamte und Arbeitnehmer (§ 6), vornehmlich die Interessen ihrer eigenen Gruppe zu wahren haben, aber dennoch die im öffentlichen Dienst Tätigen einheitlich betrachtet.

2a Zu den **Besonderheiten und Anforderungen bei Sitzungen in Form von Video- oder Telefonkonferenzen** vgl. § 31 Rz. 14a ff. und § 33 Rz. 13b.

II. Gruppenangelegenheiten

3 **Abs. 2:** Bei den **Gruppenangelegenheiten** handelt es sich vornehmlich um **Personalangelegenheiten i. S. d. § 72 Abs. 1 Satz 1** (vgl. hierzu auch OVG NRW 14.10.1991 – CL 14/89 –). Zur Klärung der Frage, ob eine (Personal-)Angelegenheit alleine nur einem Angehörigen einer Gruppe oder auch zweier Gruppen zugleich betrifft, kommt es darauf an, ob tatsächlich nur eine Gruppe oder beide Gruppen gleichzeitig davon berührt werden (vgl. BVerwG 05.02.1971 – VII. P 11.70 –). Eine Abgrenzung ist hier nach dem der Angelegenheit zugrunde liegenden Gegenstand und der Rechtsnatur der Maßnahme im Einzelfall vorzunehmen.

4 Die gemeinsame Beratung und Beschlussfassung im Personalrat findet nach **Abs. 2 Satz 1 Halbsatz 1** nur dann statt, wenn die „**Mehrheit der Mitglieder der betreffenden Gruppen nicht widerspricht**“. Abzustellen ist hierbei auf die Mehrheit der anwesenden Mitglieder der betreffenden Gruppe (vgl. OVG NRW 08.05.1995 – 1 A 1479/92.PVL –). Zu den Besonderheiten bei Video- oder Telefonkonferenz-Sitzungen vgl. zuvor Rz. 2a. Durch den Widerspruchsvorbehalt berücksichtigt der Gesetzgeber das Gruppenprinzip und die jeweiligen Gruppeninteressen. Denn im Falle eines Widerspruches erfolgt keine gemeinsame Beschlussfassung. Nach **Abs. 2 Satz 1 Halbsatz 2** verhält es sich so, dass die Mitglieder der widersprechenden Gruppe vielmehr **alleine** über ihre (Gruppen-)Angelegenheit **beschließen.**

Der **Widerspruch** unterliegt keinen gesetzlichen **Formvorgaben**. In der Praxis sollte er unmissverständlich formuliert und im Sitzungsprotokoll entsprechend aufgenommen werden. Die Mitglieder der Gruppe müssen ihr Widerspruchsrecht **spätestens zum Ende der gemeinsamen Beratung hin** und damit noch vor der Durchführung einer gemeinsamen Beschlussfassung geltend machen. Wenn bereits eine gemeinsame Beschlussfassung stattgefunden hat, kann im Nachhinein kein wirksamer Widerspruch mehr geltend gemacht werden (vgl. hierzu OVG NRW 10.02.1999 – 1 A 800/97. PVL –). 5

Wenn ein **vorheriger Widerspruch** stattgefunden hat, kann ein **wirksamer Einzelgruppenbeschluss** nur erfolgen, wenn mindestens die Hälfte der Personalratsmitglieder anwesend ist (§ 33 Abs. 2). Auf die Teilnahme mindestens der Hälfte der gewählten Personalratsmitglieder kommt es dabei nicht an. 6

Beispiele: 7

Wenn eine Gruppe nur aus einem Gruppenmitglied besteht, repräsentiert dieses die Mehrheit der Gruppenmitglieder und kann somit alleine einen wirksamen Gruppenbeschluss herbeiführen.

Wenn eine Gruppe aus zwei Gruppenmitgliedern besteht und beide an der Sitzung teilnehmen, können sie nur gemeinschaftlich einen wirksamen Gruppenbeschluss herbeiführen, da es auf die Zustimmung der Mehrheit der anwesenden Gruppenmitglieder ankommt.

Die **Beschlüsse von Gruppenvertretern** stellen Beschlüsse des Personalrats dar (vgl. OVG NRW 29.11.1988 – CL 64/87 – und zur Ausführung solcher Beschlüsse vgl. § 29 Rz. 14, 17). 8

III. Rechtliche Auseinandersetzungen

Die Frage, ob die nach § 34 vorgegebenen Beschlussverfahren ordnungsgemäß durchgeführt und im Ergebnis wirksame Beschlüsse mit sich gebracht haben, ist im personalvertretungsrechtlichen Beschlussverfahren vor dem Verwaltungsgericht zu klären. 9

Antragsberechtigt ist jedes einzelne Mitglied des Personalrats, aber auch Beschäftigte, die durch die letztendlich unwirksame Beschlussfassung betroffen sind (vgl. OVG NRW 07.08.1974 – CL 10/73 –). Daneben kann auch der Personalrat eigenständig ein Beschlussverfahren herbeiführen. Dafür ist ein entsprechender Beschluss des gesamten Personalrates oder der jeweilig betroffenen Gruppe erforderlich. 10

Die Frage, ob in einem Wahlanfechtungsverfahren Beschwerde gegen einen Beschluss des Verwaltungsgerichts eingelegt werden soll, wenn 11 einer **Gruppe im Personalrat im Wege der Wahlberichtigung ein Sitz entzogen** worden ist, betrifft eine allgemeine und keine Gruppenangelegenheit. Die Beschwerde ist nur zulässig, wenn ein **Mehrheitsbeschluss des Personalrechts** ergeht. Der Beschluss einzelner Gruppen, die sich betroffen fühlen, reicht nicht aus (vgl. OVG NRW 29.11.1988 – CL 64/87 –).

§ 35 (Aussetzung von Beschlüssen)

(1) Erachtet die Mehrheit der Mitglieder einer Gruppe oder der Jugend- und Auszubildendenvertretung einen Beschluss des Personalrats als eine erhebliche Beeinträchtigung wichtiger Interessen der durch sie vertretenen Beschäftigten, so ist auf ihren Antrag der Beschluss auf die Dauer einer Woche vom Zeitpunkt der Beschlussfassung an auszusetzen. In dieser Frist soll, gegebenenfalls mithilfe der unter den Mitgliedern des Personalrats oder der Jugend- und Auszubildendenvertretung vertretenen Gewerkschaften, eine Verständigung versucht werden.

(2) Die Antragsteller können verlangen, dass an der nach Ablauf der Aussetzungsfrist stattfindenden Sitzung des Personalrats, in der über die Angelegenheit neu zu beschließen ist, eine beauftragte Person der von ihnen benannten und unter den Mitgliedern des Personalrats vertretenen Gewerkschaft mit beratender Stimme teilnimmt. Wird der erste Beschluss bestätigt, so kann der Antrag auf Aussetzung nicht wiederholt werden.

(3) Die Absätze 1 und 2 gelten entsprechend, wenn die Schwerbehindertenvertretung einen Beschluss des Personalrats als eine erhebliche Beeinträchtigung wichtiger Interessen der schwerbehinderten Beschäftigten erachtet.

Gliederung

I. Einleitende Bemerkungen

1 Die Vorschrift regelt unter welchen Voraussetzungen ein Beschluss des Personalrates ausgesetzt werden kann und wie sich das Verfahren im Anschluss daran gestaltet. Durch die **Novelle 2011** wurde lediglich eine geschlechtergerechte Sprachanpassung, ohne weitere inhaltliche Änderungen vorgenommen (vgl. LT-Drucks. 1516/44, S. 76).

II. Aussetzung von Personalratsbeschlüssen

Abs. 1: Die Aussetzung eines Personalratsbeschlusses kann nach **Abs. 1 Satz 1** durch einen Antrag der **„Mehrheit der Mitglieder einer Gruppe"** (§ 6) **„oder der Jugend- und Auszubildendenvertretung"** (§ 54) herbeigeführt werden (sogenanntes suspendierendes Vetorecht). Wenn ein solcher Antrag in der Personalratssitzung gestellt wird, ist zahlenmäßig auf die dort anwesenden Mitglieder abzustellen. Bei einer Antragsstellung außerhalb der Sitzung ist hingegen auf die Mehrheit der gewählten Mitglieder abzustellen. 2

Gegenstand eines Aussetzungsantrages kann jeder Personalratsbeschluss sein, der als eine erhebliche Beeinträchtigung wichtiger Interessen der durch die Antragsteller vertretenen Beschäftigten erachtet wird. Hierbei kommt es nicht auf eine objektive Betrachtung, sondern darauf an, ob die Antragsteller Derartiges annehmen dürfen (vgl. hierzu auch BVerwG 29.01.1992 – 6 P 17.89 –). 3

Ein solcher **Antragsgrund** kann zunächst die in den §§ 72 ff. geregelten beteiligungspflichtigen Angelegenheiten der Beschäftigten einer Gruppe betreffen. Er liegt aber auch dann vor, wenn anzunehmen ist, dass der Beschluss der anderen Gruppe Schule macht und somit die Sichtweise der eigenen gruppencharakteristischen Intentionen beeinträchtigt (vgl. BVerwG 29.01.1992 a.a.O. zur Konstellation der unterschiedlichen Behandlungen von Stellenausschreibungen durch die einzelnen Gruppen). 4

Die **Antragstellung ist formfrei**, wenn die Geschäftsordnung des Personalrates keine entgegenstehenden Vorgaben beinhaltet. Wenn der **Antrag innerhalb einer Personalratssitzung** gestellt wird, ist **Antragsadressat die Vorsitzende Person** des Personalrates. In diesem Fall kann der Antrag auch mündlich zu Protokoll in der Sitzungsniederschrift erklärt werden. Dabei ist darzulegen, auf welche konkreten Gründe der Antrag gestützt wird. In Anbetracht dessen ist für eine **Antragstellung außerhalb der Sitzung** aus Dokumentations- und Beweisgründen stets die Schriftform zu empfehlen. 5

Der Gesetzgeber hat zwar keine bestimmte **Frist** für die Antragstellung vorgegeben, dennoch ergibt sich insoweit **eine zeitliche Begrenzung**, als dass der Beschluss nur auf die Dauer einer Woche vom Zeitpunkt der Beschlussfassung an ausgesetzt werden kann (vgl. zur Fristenberechnung § 187 Abs. 1 i.V.m. § 188 Abs. 2 BGB). Das bedeutet, dass über die Angelegenheit **vor Ablauf von einer Woche** nicht neu beschlossen werden darf! **Nach Ablauf der (Wochen-)Frist** kann eine Aussetzung nicht mehr erfolgen. Dass ist auch dann der Fall, wenn der Beschluss bereits vollzogen worden ist. 6

Die **Entscheidung über den Aussetzungsantrag** trifft die Vorsitzende Person des Personalrats, der aber lediglich ein begrenztes Prüfungsrecht zusteht 7 (vgl. BVerwG 29.01.1992 a.a.O.). Sie kann den Antrag zurückweisen, wenn er offensichtlich unbegründet ist (vgl. BVerwG 29.01.1992 a.a.O.). Entsprechendes gilt, wenn sich der Antrag als rechtsmissbräuchlich darstellt, was insbesondere dann der Fall ist, wenn er offenkundig nur mutwillig oder zu sachfremden Zwecken bestellt wird, beispielsweise um eine Verzögerung der Beschlusswirkung herbeizuführen (vgl. BVerwG 29.01.1992 a.a.O.).

8 Bei **Antragsstattgabe** hat die Vorsitzende Person den Beschluss auf die Dauer einer Woche, vom Zeitpunkt der Beschlussfassung an, auszusetzen. Die gesetzliche Vorgabe der Aussetzungsdauer ist zwingend und kann auch durch den Beschluss des Personalrates nicht verlängert werden.

9 **Beispiel:**

Der zur Aussetzung begehrte Beschluss ist am Montag, den 12. Mai gefasst worden, sodass die Frist zur Aussetzung nach § 187 Abs. 1 erst am nächsten Tag, d.h. Dienstag, den 13. Mai, um 0:00 Uhr beginnt. Sie endet nach § 188 Abs. 2 in der folgenden Woche mit Ablauf des Dienstags, den 20. Mai, 24:00 Uhr.

10 **Praxistipp!**

Aus Dokumentations- und Nachweisgründen sollte die Vorsitzende Person für die Bekanntgabe der Aussetzungsanordnung stets die Schriftform wählen und im Rahmen der vertrauensvollen Zusammenarbeit nach § 2 Abs. 1 Halbsatz 1 der Dienststelle hierüber umgehend Mitteilung machen!

11 Die **Aussetzung hat die Suspendierung der Beschlusswirkung zur Folge**, der Beschluss wird in seiner Vollziehung gehemmt. Da die Beschlüsse des Personalrates mit dem Zeitpunkt der Mitteilung an die Dienststelle nach außen hin wirksam werden, darf somit im Fall der Aussetzung keine solche Mitteilung erfolgen.

12 Nach **Abs. 1 Satz 2** soll die Aussetzung dazu genutzt werden mithilfe der unter den Mitgliedern des Personalrats oder der Jugend- und Auszubildendenvertretung vertretenen Gewerkschaften eine **Verständigung** herbeizuführen. Der Gesetzgeber hat damit gewollt, dass der in § 2 Abs. 1 geregelte Grundsatz der vertrauensvollen Zusammenarbeit zwischen der Dienststelle und dem Personalrat also gleichsam für die Zusammenarbeit im Personalrat selbst gilt. Zur Herbeiführung eines Konsens ist nur auf die unter den in der Vorschrift benannten Mitgliedern vertretenen Gewerkschaften abzustellen. Diese können von allen Beteiligten und auch von einzelnen Personalratsmitgliedern gebeten werden, bei der Beilegung der herrschenden Unstimmigkeiten behilflich zu sein.

12a Die für eine Verständigung nach Abs. 1 Satz 2 **notwendigen Besprechungen und Beratungen** können sowohl im Rahmen einer förmlichen Personalratssitzung als auch außerhalb davon erfolgen. Sachdienlich kann hierbei durchaus auch die Zuziehung der Dienststelle sein, um letztendlich im Hause optimaler Weise ein von allen Seiten mitgetragenes Ergebnis zu erzielen!

III. Erneute Beschlussfassung nach Ablauf der Aussetzungsfrist

Abs. 2: Nach Ablauf der (Wochen-)Frist gem. Abs. 1 Satz 1 muss der Perso- 13
nalrat über die ausgesetzte Angelegenheit erneut entscheiden. Hierfür hat die Vorsitzende Person vor dem Ablauf der Aussetzungsfrist eine neue Personalratssitzung anzuberaumen, damit unmittelbar nach dem Ablauf der Aussetzungsfrist auch eine Entscheidung herbeigeführt werden kann. Nach **Abs. 2 Satz 1** können die Antragsteller verlangen, dass an der neu anberaumten Sitzung eine beauftragte Person der von ihnen benannten und unter den Mitgliedern des Personalrats vertretenen Gewerkschaft mit beratender Stimme teilnimmt. Damit ermöglich der Gesetzgeber auch an dieser Stelle, dass der Sachverstand der Gewerkschaften auch bei der Herbeiführung des erneuten Beschlusses nutzbar gemacht werden kann.

Wenn im Ergebnis der erste Beschluss bestätigt wird und die Verständi- 14
gungsversuche damit keine Änderungen mit sich gebracht haben, kann nach **Abs. 2 Satz 2** kein erneuter Antrag auf Aussetzung wiederholt werden. Wird dennoch ein derartiger Antrag gestellt, so ist er unzulässig. Die Vorsitzende Person hat diesen somit zurückzuweisen. Um in dieser Situation dennoch eine tragbare Einigung herbeizuführen, kann das zu beschließende Personalratsgremium einen Mittelweg wählen, in dem es dem erneuten Aussetzungsantrag zu mindestens zum Teil entspricht. Da die Antragsteller, die den ersten Aussetzungsantrag gestellt haben, damit besser gestellt worden sind, als wenn der ursprüngliche Beschluss vollständig bestätigt worden wäre, scheint es vertretbar, ihn kein weiteres Antragsaussetzungsrecht mehr zuzusprechen. Etwas anderes gilt allerdings für diejenigen, die sich an dem ersten Aussetzungsantrag nicht beteiligt haben. Wenn sie einen Antragsgrund i.S.d. Abs. 1 Satz 1 (vgl. Rz. 4) geltend machen können, haben sie die Möglichkeit einen Antrag auf Aussetzung des teilweise entsprochenen Beschlusses zu stellen. Damit genau das nicht geschieht und der vom beschließenden Gremium angestrebte Mittelweg zum Erfolg führt, sollte dieses nachhaltig das Für und Wider der beabsichtigten Zugeständnisse ausgiebig unter Verwendung konkreter Argumente und Begründungen erörtern.

15 Weiterhin besteht auch die **Möglichkeit**, dass das beschließende Gremium dem erneuten Aussetzungsantrag insoweit gerecht wird, als dass es eine entsprechende **Beschlussänderung** vornimmt. Auch in diesem Fall ist das Gremium gefordert, eine entsprechende Überzeugungsarbeit zu leisten, da die Antragsberechtigten, welche sich an dem ersten Aussetzungsantrag nicht beteiligt haben, die Aussetzung dieses Änderungsbeschlusses beantragen können. Sollte das beschließende Gremium von keinen der beiden zuvor dargestellten Möglichkeiten Gebrauch machen wollen, kann auch nach § 79 Abs. 1 Nr. 3 ein Beschlussverfahren eingeleitet werden und der bestätigte Beschluss direkt vor dem Verwaltungsgericht rechtlich geklärt werden. Im Hinblick auf den auch innerhalb des Personalrates geltenden Grundsatz der vertrauensvollen Zusammenarbeit (vgl. § 2 Rz. 2ff. entsprechend), auf den Frieden im Personalrat und mit Rücksicht auf die sparsame Verwendung öffentlicher Haushaltsmittel (vgl. § 40 Rz. 7), sollte dies allerdings nicht der vornehmlich anzustrebende Weg sein!

IV. Antragsrecht der Schwerbehindertenvertretung

16 **Abs. 3:** Neben den in den Abs. 1 und 2 benannten Antragsberechtigten hat auch die **Schwerbehindertenvertretung** (§ 178 SGB IX) ein **Antragsrecht**, um einen Beschluss des Personalrates wegen erachteter erheblicher Beeinträchtigungen wichtiger Interessen der schwerbehinderten Beschäftigten aufheben zu lassen (vgl. zu den Antragsvoraussetzungen Rz. 3ff. entsprechend). Zur **Zuständigkeit der Arbeitsgerichtsbarkeit im Beschlussverfahren über den Anspruch auf Kostentragung für die Schwerbehindertenvertretung**, selbst wenn es sich um Anwaltskosten für ein Verfahren vor einer Fachkammer für Personalvertretungsrecht handelt, mit dem die Schwerbehindertenvertretung einen Beschluss des Personalrats angreift, vgl. VG Berlin 23.06.2021 – 72 K 2/21 PVB – und im Kontext auch 11.02.2022 – 72 K 2.21 PVB).

V. Rechtliche Auseinandersetzungen

17 Streitige Fragen, die aus der Anwendung der Vorschrift entstehen, wie z.B. ob die Vorsitzende Person in zulässiger Weise einen Aussetzungsantrag zurückgewiesen oder diesem stattgegeben hat, sind nach § 79 Abs. 1 Nr. 3 im personalvertretungsrechtlichen Beschlussverfahren vor dem Verwaltungsgericht zu klären. Beteiligte im dortigen Beschlussverfahren sind die in § 35 benannten Antragsteller, der Personalrat als solches und der Dienststellenleiter als handelndes Organ für die Dienststelle.

§ 36 (Weitere Teilnehmer und Stimmberechtigte)

(1) Ein Mitglied der Jugend- und Auszubildendenvertretung, das von dieser benannt wird, und die Schwerbehindertenvertretung können an allen Sitzungen des Personalrats beratend teilnehmen; auf Beschluss des Personalrats können weitere Mitglieder teilnehmen. Der Vertrauensmann der Zivildienstleistenden kann an Sitzungen beratend teilnehmen, wenn Angelegenheiten behandelt werden, die auch die Dienstleistenden betreffen.

(2) Die gesamte Jugend- und Auszubildendenvertretung kann an Sitzungen des Personalrats, in denen Angelegenheiten behandelt werden, die besonders Beschäftigte im Sinne von § 55 Abs. 1 betreffen, teilnehmen und bei Beschlüssen mitstimmen.

Gliederung

I. Einleitende Bemerkungen

Die Vorschrift trägt den Umstand Rechnung, dass die Jugend- und Auszubildendenvertretung zwar Organ des LPVG NRW ist, für ihre Interessenvertretung jedoch der Personalrat zuständig ist (vgl. § 54 Rz. 1). Auch wenn die Rechte der Schwerbehindertenvertretung anderweitig gesetzlich geregelt sind (vgl. insbesondere § 178 SGB IX, „Aufgaben der Schwerbehindertenvertretung"), kommt ihr in der Praxis kaum eine andere Stellung zu, sodass der Gesetzgeber beiden die Möglichkeit einer beratenden Teilnahme an den Sitzungen des Personalrats eingeräumt hat. Siehe im Übrigen zum Miteinander in der Dienstelle auch **Bülow, Der praktische Fall – Die Interaktion zwischen den verschiedenen Interessenvertretungen**, DöD 2023, S. 182. 1

II. Beratende Teilnahme an Personalratssitzungen

Abs. 1: Nach **Abs. 1 Satz 1 Halbsatz 1** hat „**ein Mitglied der Jugend- und Auszubildendenvertretung**, das von dieser **benannt wird**" und auch die „**Schwerbehindertenvertretung**" ein **beratendes Teilnahmerecht** an allen Sitzungen des Personalrates. 2

Siehe neben der vorliegenden Kommentierung auch **Bülow, Der praktische Fall – Die Teilnahme der JAV an den Sitzungen des Personalrats**, DöD 2021, 281.

3 Nach **Abs. 1 Satz 1 Halbsatz 2** können darüber hinaus **für die Jugend- und Auszubildendenvertretung auch weitere Mitglieder** an der Sitzung teilnehmen, wenn der Personalrat dies nach Maßgabe der § 33 f. wirksam beschließt (vgl. die dortige Kommentierung). Damit hat der Gesetzgeber der Jugend- und Auszubildendenvertretung die Möglichkeit eröffnet, im Hinblick auf ihre besonderen Belange auch mit mehreren Mitgliedern an Personalratssitzungen teilnehmen zu können und die letztendliche Entscheidung darüber in das Ermessen des Personalrates gestellt. Eine Erweiterung des Teilnahmerechts für die **Schwerbehindertenvertretung** besteht indes nicht!

4 **„Mitglieder der Jugend- und Auszubildendenvertretung"** sind die nach Maßgabe der §§ 55 ff. gewählten Beschäftigten (§ 5) und deren Ersatzmitglieder, wenn ein wirksamer Vertretungsfall vorliegt (vgl. hierzu auch BVerwG 1.10.2013 – 6 P 6.13 –).

5 Bei einem **„Mitglied der Schwerbehindertenvertretung"** ist auf die in § 177 Abs. 1 Satz 1 SGB IX benannte Vertrauensperson und deren Stellvertretung abzustellen. Das Teilnahmerecht erstreckt sich nicht auf die konstituierende Sitzung eines neu gewählten Personalrates, sondern erfasst nur alle weiteren, dieser nachfolgenden Sitzungen während der Amtsperiode des Personalrats (vgl. ArbG Mainz 12.02.2015 – 3 BV 73/13 –).

6 Nach § 30 Abs. 2 Satz 3 hat die Vorsitzende Person die Jugend- und Auszubildendenvertretung sowie die Schwerbehindertenvertretung **zu allen Personalratssitzungen rechtzeitig unter Mitteilung der Tagesordnung zu laden**. Diese können dann selbstständig nach Abs. 1 Satz 1 entscheiden, ob sie auch schlussendlich teilnehmen möchten. Wenn die Jugend- und Auszubildendenvertretung ein Mitglied zur Sitzung entsenden möchte, so muss sie vorab gem. § 57 Abs. 3 Satz 2 i. V. m. § 33 einen entsprechenden Mehrheitsbeschluss vornehmen. Sie kann entweder für die Amtsperiode einen **ständigen Vertreter** bestimmen oder jeweils im Einzelfall bestimmen, wer von ihnen teilnehmen soll.

7 **Wichtig!**

Wenn die Jugend- und Auszubildendenvertretung jemanden zum ständigen Sitzungsvertreter bestellt hat, ist dieser auch im Weiteren Adressat für die Ladungen nach § 30 Abs. 2 Satz 3!

Wenn sie sich entschließt, nicht an der Personalratssitzung teilzunehmen, sollte sie im Hinblick auf eine vertrauensvolle Zusammenarbeit mit dem Personalrat diesen vorab, ohne dass dafür eine besondere Form eingehalten werden muss, informieren. Entsprechendes gilt letztendlich auch für die **Schwerbehindertenvertretung**! 8

Wenn die Vorsitzende Person die **Ladung** der Jugend- und Auszubildendenvertretung sowie die der Schwerbehindertenvertretung **unterlassen** hat und in der hiervon betroffenen Sitzung Personalratsbeschlüsse vorgenommen wurden, sind diese trotzdem wirksam; es sei denn, dass hierbei Angelegenheiten zugrunde gelegen haben, die besonders Beschäftigte i. S. v. § 55 Abs. 1 betroffen haben (vgl. hierzu auch Rz. 12). 9

Dem Mitglied bzw. den Mitgliedern der Jugend- und Auszubildendenvertretung sowie der Schwerbehindertenvertretung steht nach Abs. 1 Satz 1 Halbsatz 1 nur ein **Recht auf beratende Teilnahme** an der Personalratssitzung zu. Das bedeutet, dass sich der jeweilige Vertreter von ihnen bei der Erörterung der Sitzungsangelegenheiten entsprechend beteiligen und auch Vorschläge machen kann. Diesem Vorbringen sollte der Personalrat bei seiner Beschlussfassung dann auch ausreichend Rechnung tragen. 10

Nach **Abs. 1 Satz 2** besteht des Weiteren ein **beratendes Teilnahmerecht des Vertrauensmannes der Zivildienstleistenden** (§ 37 Abs. 1 ZDG i. V. m. dem ZDVG). Da im Jahr 2011 die Wehrpflicht ausgesetzt wurde und es nach dem Auslaufen der letzten Zivildienstverhältnisse keinen Zivildienst mehr gibt, kommt dieser Vorschrift derzeit keine aktuelle Bedeutung mehr zu. 11

III. Stimmrecht der Jugend- und Auszubildendenvertretung in der Personalratssitzung

Abs. 2: Die Vorschrift erweitert das Teilnahme- und Handlungsrecht der Jugend- und Auszubildendenvertretung im Hinblick auf Personalratssitzungen, wenn dort Angelegenheiten behandelt werden, die besonders jugendliche- und auszubildende Beschäftigte betreffen. Typischerweise handelt es sich hierbei zumeist um Themen, die im Zusammenhang mit dem BBiG, dem JArbSchG und dem TVAöD bzw. TVPöD stehen. Wenn das der Fall ist, besteht ein **Teilnahmerecht der gesamten Jugend- und Auszubildendenvertretung** an den Sitzungen des Personalrates. Ob Angelegenheiten im vorbenannten Sinne betroffen sind, richtet sich danach, ob die personalvertretungsrechtlich schutzwürdigen Interessen der jugendlichen Beschäftigten gegenüber den Interessen der anderen Beschäftigten ein größeres Gewicht haben (so BVerwG 08.07.1977 – VII P 22.75 –). 12

13 Sind derartige Angelegenheiten Gegenstand einer Personalratssitzung, hat die Vorsitzende Person nach § 30 Abs. 2 Satz 3 **sämtliche Mitglieder** der Jugend- und Auszubildendenvertretung **unter Mitteilung der Tagesordnung zu laden**. Hat die Vorsitzende Person nicht alle Mitglieder geladen bzw. eine **Ladung** gänzlich **unterlassen**, sind die in der Sitzung gefassten Beschlüsse, welche die besonderen Angelegenheiten der Jugend- und Auszubildendenvertretung nach Abs. 2 berühren, unwirksam. Die Teilnahme der Jugend- und Auszubildendenvertretung ist auch im Fall des Abs. 2 für diese nicht verpflichtend. Dementsprechend ist ein freiwilliges Fernbleiben, trotz ordnungsgemäß erfolgter Ladung für Beschlussfassungen im letztgenannten Sinne nicht schädlich.

14 Anders als bei der bloßen Teilnahmemöglichkeit nach Abs. 1 gewährt der Gesetzgeber neben dem erweiterten Teilnahmerecht für alle Mitglieder in Abs. 2, diesen zusätzlich auch noch eine Mitbestimmung, d.h. ein **Stimmrecht** bei den in der Sitzung gefassten Beschlüssen. Eine solche **Stimmberechtigung** steht allen Mitgliedern der Jugend- und Auszubildendenvertretung zu; dies auch bei Gruppenbeschlüssen i.S.d. § 34 Abs. 2 (vgl. BVerwG 28.10.1993 – 6 P 25.91 –).

IV. Rechtliche Auseinandersetzungen

15 Rechtliche **Fragen aus bzw. über die Anwendung der Vorschrift** sind nach § 79 Abs. 1 Nr. 3 im personalvertretungsrechtlichen Beschlussverfahren vor dem Verwaltungsgericht zu klären. **Hierzu gehört** in der Praxis zumeist die Frage, ob die Mitglieder der Jugend- und Auszubildendenvertretung und der Schwerbehindertenvertretung ordnungsgemäß zu Sitzungen hätten geladen werden müssen bzw. letztendlich ordnungsgemäß geladen worden sind. **Nicht dazu gehört** hingegen die in der Praxis durchaus auch kontrovers diskutierte Frage, ob der Personalrat bei seiner Beschlussfassung die Argumente bzw. Einwände der letztgenannten Teilnahmeberechtigten ausreichend berücksichtigt hat.

16 Wenn die Vorsitzende Person wiederholt gegen ihre Ladungsverpflichtung nach § 30 Abs. 2 Satz 3 i.V.m. § 36 verstößt, kann darin gegebenenfalls eine grobe Verletzung ihrer Pflichten nach dem LPVG NRW zu sehen sein, sodass ein Rückgriff auf das **Ausschlussverfahren nach § 25** angezeigt sein kann.

§ 37 (Sitzungsniederschrift)

(1) Über jede Verhandlung des Personalrats ist eine Niederschrift aufzunehmen, die mindestens den Wortlaut der Beschlüsse und die Stimmenmehrheit, mit der sie gefasst sind, enthält. Die Niederschrift ist von der Vorsitzenden Person und einem weiteren Mitglied zu unterzeichnen und dem Personalrat in der nächsten Sitzung zur Genehmigung vorzulegen. Der Niederschrift ist eine Anwesenheitsliste beizufügen, in die sich jede Teilnehmerin und jeder Teilnehmer eigenhändig einzutragen hat.

(2) Hat die Dienststelle an der Sitzung teilgenommen, so ist ihr der entsprechende Teil der Niederschrift in Abschrift zuzuleiten. Das Gleiche gilt für Beauftragte von Gewerkschaften, die an der Sitzung teilgenommen haben. Einwendungen gegen die Niederschrift sind unverzüglich schriftlich zu erheben und der Niederschrift beizufügen.

Gliederung

I. Einleitende Bemerkung

Die Vorschrift regelt die verpflichtende Erstellung einer Verhandlungs- und Sitzungsniederschrift sowie den weiteren Umgang mit diesen Dokumenten. 1

II. Pflicht zur Aufnahme einer Sitzungsniederschrift

Abs. 1: Nach **Abs. 1 Satz 1** ist zwingend festgelegt, dass der Personalrat über jede **„Verhandlung“** eine **„Niederschrift“** aufzunehmen hat. Diese Pflicht zur Protokollierung bezieht sich entgegen des verwendeten Wortlautes nur auf förmliche Personalratssitzungen im Sinne der §§ 30 ff. Dadurch wird gewährleistet, dass die wesentlichen im Mittelpunkt der Personalratsarbeit stehenden Angelegenheiten dokumentiert werden (vgl. auch entsprechend BAG 30.09.2014 – 1 ABR 32/13 – zum BetrVG) und ein Nachweis darüber besteht, ob die Geschäftsgänge des Personalrats ordnungsgemäß erfolgt und von ihm in der Sitzung getroffene Beschlüsse unter Beachtung der gesetzlichen Vorgaben zustande gekommen sind. 2

3 **Praxistipp!**

Der Personalrat ist grundsätzlich nicht verpflichtet Vorbesprechungen bzw. -beratungen zu protokollieren. Aus Gründen der Dokumentation und zur Berücksichtigung der Meinungsfindung innerhalb des Plenums bietet sich für ihn Derartiges dennoch an. Das gilt vor allem für die Protokollierung der Vierteljahresgespräche (§ 63) und sonstigen Zusammenkünften mit der Dienststelle. Insoweit sollte hierbei auch im Rahmen einer vertrauensvollen Zusammenarbeit abwechselnd aus beiden Lagern heraus eine entsprechende gemeinsame Niederschrift angefertigt werden!

4 Im Rahmen der Sitzungsleitung (§ 30 Abs. 2 Satz 2) hat die Vorsitzende Person entsprechend dafür Sorge zu tragen, dass derartige Niederschriften aufgenommen werden. Sie kann diese selbst anfertigen, aber auch einen Protokollführer aus den anwesenden Personalratsmitgliedern bestimmen bzw. auf eine dem Personalrat gegebenenfalls zur Verfügung gestellte (Büro-)Schreibkraft (vgl. auch Rz. 8) zurückgreifen.

5 **Muster 10**: Sitzungsniederschrift Personalratssitzung

6 Eine besondere **Form für die Niederschrift** gibt das Gesetz nicht vor. Nach Abs. 1 Satz 1 müssen allerdings zumindest der „**Wortlaut der Beschlüsse**" und die „**Stimmenmehrheit**", mit der sie gefasst wurden, enthalten sein. Soweit hierbei auf den Wortlaut der gefassten Beschlüsse abgestellt wird, ist zwar ein Wortprotokoll nicht unbedingt gefordert, aber aus den einleitend genannten Erwägungen durchaus sinnvoll. Dementsprechend sollten auch die, den in der Sitzung gefassten **Beschlüssen zugrunde liegenden Anträge**, durchaus wörtlich protokolliert werden und gegebenenfalls auch Ausführungen im Hinblick auf den tatsächlich gemeinten **Antragsgegenstand** gemacht werden. Wenn in der Sitzung keine Anträge gestellt werden, Anträge abgelehnt werden oder trotz einer Antragsstellung letztendlich kein (förmlicher) Beschluss vorgenommen wurde, ist auch dieses alles mit aufzunehmen. Eine Protokollierung, wie im Rahmen einer Abstimmung die einzelnen Mitglieder votiert haben, ist zwar nicht verpflichtend, sollte aber auch erfolgen.

7 Das Gesetz legt dem Personalrat **keine (direkte) Frist zur Erstellung einer Niederschrift** auf. Nach **Abs. 1 Satz 2** ist diese jedoch von der Vorsitzenden Person und einem weiteren Mitglied des Personalrates zu unterzeichnen und den Plenumsteilnehmern **in der nächsten Sitzung zur Genehmigung vorzulegen**. Daraus resultiert, dass die Erstellung der Sitzungsniederschrift zumindest innerhalb des vorbenannten Zeitrahmens erfolgt. Um eine vollständige und vor allem inhaltlich richtige Dokumentation zu gewährleisten, empfiehlt sich die Anfertigung einer Niederschrift möglichst zeitnah.

Die **Erstellung der Niederschrift** durch eine dem Personalrat zur Verfügung gestellte **Bürokraft** ist zulässig. Es gilt jedoch zu beachten, dass diese letztendlich nicht zu den zeichnungsberechtigten Personen i.S.d. Abs. 1 Satz 2 gehört. Zum Ausschluss bei der Beratung vgl. § 32 Rz. 13a. 8

Da die Sitzungsniederschrift dem Schutz des § 267 StGB („Urkundenfälschung") und der Beweiskraft im Hinblick auf die in ihr enthaltenen Erklärungen nach § 417 ZPO unterliegt, sollte **bei ihrer Anfertigung großer Wert auf Genauigkeit** und vor allem auch auf **Richtigkeit** gelegt werden! 9

Nach **Abs. 1 Satz 2** muss die **angefertigte und unterzeichnete Sitzungsniederschrift** in der nächsten Sitzung vom Personalrat genehmigt werden, d.h. die **nachträgliche Zustimmung** durch die dortigen an der Sitzung teilnehmenden Mitglieder erhalten. Eine solche Zustimmungserteilung erfolgt durch eine entsprechende **Beschlussfassung.** Damit sich diese substanziiert mit dem Inhalt und der letztendlichen Richtigkeit der Sitzungsniederschrift ausreichend auseinandersetzen können, ist jedem einzelnen Mitglied rechtzeitig zur adäquaten Vorbereitung der nächsten Sitzung und der dabei vorgesehenen Genehmigung eine **Abschrift der Sitzungsniederschrift** (Ausdruck oder E-Mail etc.) zuzuleiten (str.: bejahend Cecior u.a., § 37 Rn. 16 und Leuze, Personalratsminderheit gegen Personalratsmehrheit, PersV 1987, 5 m.w.N. zum Streitstand). 10

Damit im Rahmen der Genehmigung der Sitzungsniederschrift die Einhaltung der gesetzlichen Vorgaben der Beschlussfähigkeit und -fassung überprüft werden können, ist ihr nach **Abs. 1 Satz 3** eine **Anwesenheitsliste** beizufügen, in die sich alle Sitzungsteilnehmer eigenhändig einzutragen haben. Damit umfasst die Anwesenheitsliste nicht nur Personalratsmitglieder, sondern ebenfalls alle gegebenenfalls weiteren an der Sitzung Teilnehmenden wie den Dienststellenleiter, Gewerkschaftsvertreter, Jugend- und Auszubildendenvertreter oder die Schwerbehindertenvertretung. Mit dieser Vorschrift hat der Gesetzgeber eine Eintragungspflicht in die Anwesenheitsliste begründet und klargestellt, dass diese Bestandteil der Sitzungsniederschrift ist. Soweit aufgrund der Coronapandemie in § 37 Abs. 1 Satz 4 a.F. (vgl. GV. NRW. S. 690) zuletzt vorgesehen war, dass im Fall von Video- oder Telefonkonferenzen die Vorsitzende Person die Teilnehmenden zum Sitzungsbeginn feststellt (1. Akt) und dann in die Anwesenheitsliste einträgt (2. Akt), ist diese Vorgabe aktuell nicht mehr im Gesetz enthalten. Da in der Regel Präsenzsitzungen nach § 31 Abs. 3 Satz 1 stattzufinden haben, gilt hierfür nach wie vor eine „Selbsteintragungspflicht" für die Anwesenden. **Für die Ausnahmefälle der Video- oder Telefonkonferenzen i.S.d. § 31 Abs. 3 Satz 2** (vgl. § 31 Rz. 14a ff.) **ist aktuell auf den zuvor erwähnten § 37 Abs. 1 Satz 4 a.F. analog zurückzugreifen!** 11

III. Abschriftserteilung und Einwendungen gegen die Sitzungsniederschrift

12 Abs. 2: Wenn die Dienststelle an der Sitzung teilgenommen hat, so hat sie nach **Abs. 2 Satz 1** ein **Anspruch** darauf, dass ihr eine **Abschrift der Sitzungsniederschrift** für den Sitzungsteil, an dem sie zugegen gewesen ist, abschriftlich zugeleitet wird.

13 Nach **Abs. 2 Satz 2** gilt das Gleiche auch für Beauftragte von Gewerkschaften (vgl. auch § 32 Rz. 12 ff.), die an der Sitzung teilgenommen haben.

14 Nach **Abs. 2 Satz 3** besteht die Möglichkeit **Einwendungen gegen die Niederschrift** zu erheben. **Adressat** ist die Vorsitzende Person des Personalrates bzw. im Verhinderungsfall dessen Vertretung. Eine **Einwendungsberechtigung** steht allen Teilnehmern i. S. d. § 37 zu, die an der der Niederschrift zugrunde liegenden Sitzung teilgenommen haben. **Keine Einwendungen** können zur Sitzung hinzugezogene Dritte erheben (z. B. befragte Beschäftigte oder Sachverständige). In formaler Hinsicht sind Einwendungen **schriftlich** und in temporärer Hinsicht **unverzüglich**, d. h. „ohne schuldhaftes Zögern" (§ 121 Abs. 1 Satz 1 BGB) vorzunehmen. **Dementsprechend sind zeitlich spätere und vor allem erst mündlich in der zur Genehmigung des Sitzungsprotokolls anstehenden Sitzung i. S. d. Abs. 1 Satz 2 erfolgte Einwendungen nicht berücksichtigungsfähig** (ebenso nunmehr auch Ilbertz u. a., § 43 Rn. 12)!

15 Wenn die Genehmigungserteilung beschlossen worden ist, sind vorgebrachte **Einwendungen** grundsätzlich als **verspätet** anzusehen. Solche, aber auch anderweitig formal nicht ordnungsgemäß erhobene Einwendungen, kann die Vorsitzende Person des Personalrates zurückweisen. Aus Dokumentations- und Beweissicherungsgründen ist jedoch zu empfehlen, dass sie hierüber einen entsprechenden Protokollvermerk anfertigt und schriftlich geäußerte Einwände als Anlage sowohl zur genehmigten Sitzungsniederschrift, als auch zur weiteren Niederschrift der Genehmigungssitzung hinzufügt.

IV. Rechtliche Auseinandersetzungen

16 Rechtliche Fragen aus dieser Vorschrift sind nach § 79 Abs. 1 Nr. 3 im personalvertretungsrechtlichen Beschlussverfahren vor dem Verwaltungsgericht zu klären. Wenn die Vorsitzende Person im Rahmen ihrer Geschäftsführungstätigkeit für die in § 37 geregelten Pflichten nachhaltig keine Sorge trägt, kann u. U. auch der Weg eines Ausschlussverfahrens nach § 25 zu beschreiten sein.

§ 38 (Geschäftsordnung)

Sonstige Bestimmungen über die Geschäftsführung können in einer Geschäftsordnung getroffen werden, die der Personalrat mit der Mehrheit der Stimmen seiner Mitglieder beschließt.

Gliederung

I. Einleitende Bemerkungen

Die Vorschrift eröffnet dem Personalrat die Möglichkeit, sich eine Geschäftsordnung zu geben. Sie regelt, unter welchen Voraussetzungen diese zustande kommen kann und was in ihr in zulässigerweise geregelt werden darf. 1

II. Regelung durch eine Geschäftsordnung

Eine Geschäftsordnung soll **Klarheit über bestimmte Verfahrensregelungen und Verfahrenshandlungen** treffen, sodass der Personalrat seine Tätigkeit zur Erfüllung der dienstlichen Aufgaben und zum Wohle der Beschäftigten leichter organisieren kann. Er ist nicht dazu verpflichtet. Es liegt in seinem Ermessen, sich eine Geschäftsordnung zu geben. In Vermeidung von Missverständnissen und unnötigen Kontroversen innerhalb des Personalrates ist größeren Personalräten jedenfalls der Beschluss einer Geschäftsordnung zu empfehlen (vgl. auch die Mustergeschäftsordnung zum BPersVG a.F. bei Deppisch u.a., Anhang S. 210ff.). 2

In der Geschäftsordnung kann der Personalrat nur das regeln, was nicht bereits in den formellen Verfahrensvorschriften der §§ 29ff. durch den Gesetzgeber vorgegeben wird (**„gesetzliche Sperrwirkung“**). Er kann also die bereits vorhandenen zwingenden Regelungen nicht abändern, sondern lediglich ergänzen oder Regelungslücken ausfüllen. Zum **Verbot abweichender Regelungen** im Hinblick auf das Verfahren der Beschlussfassung in Gruppenangelegenheiten nach § 34 Abs. 2 (vgl. OVG NRW 07.08.1974 – CL 10/73 –). Die Geschäftsordnung darf keine den zwingenden Vorgaben des LPVG NRW entgegenstehenden Regelungen aufweisen wie z.B. die Durchführung von Maßnahmen des Arbeitskampfes gegen 3 die Dienststelle (vgl. § 2 Abs. 2 Satz 2). Sie darf vor allem nicht unmittelbar in die dem Personalrat gesetzlich übertragenen Kompetenzen eingreifen. Sie darf z. B. keine Regelung enthalten, wonach die Vorsitzende Person alleine das Einverständnis für die Vertretung durch einen sonstigen Beauftragten (vgl. § 8 Abs. 1 Satz 3) erteilen kann (vgl. BVerwG 20.03.1964 – VII P 3.63 –). Es besteht auch keine Regelungsmöglichkeit für Zwangs- bzw. Strafmaßnahmen für Mitglieder des Personalrats. **Störungen der Personalratsarbeit** durch einzelne Mitglieder sind somit bestenfalls unter Beteiligung aller Mitglieder in der Personalratssitzung zu besprechen und beizulegen, wobei auch die Möglichkeit der Inanspruchnahme eines Ausschlussverfahrens nach § 25 besteht.

4 **Zulässige Inhalte einer Geschäftsordnung** sind insbesondere:
- Zeitpunktbestimmungen der Personalratssitzungen
- Formalien der Sitzungsladungen
- Mitteilungsform der Tagesordnung
- Mitteilungsform der Sitzungsniederschrift in Abschrift (z. B. Ausdruck oder E-Mail etc.)
- Verfahrens- und Handlungsablauf der Personalratssitzung
- Art und Weise der Antragsstellung und Abstimmung
- Bestellung von Protokollanten
- Verwaltungsvorgaben des Personalrats (z. B. Verwendung von Briefbögen, Konzeption von Aushängen und Gestaltung des Ablagewesens etc.)
- Die Art und Weise der Durchführung von Sprechstunden unter Beachtung der zeitlichen und örtlichen Vorgaben des § 39 Abs. 1
- Die Art und Weise der Durchführung von Personalversammlungen unter Beachtung der Vorgaben nach § 45 Abs. 1

5 Der Personalrat kann sich eine **Geschäftsordnung nur durch Beschluss** geben. Dabei ist die **Mehrheit der Stimmen seiner Mitglieder** notwendig. Dabei hat der Gesetzgeber auf die **tatsächliche Ist-Stärke** des Personalrates abgestellt und nicht die formelle Soll-Stärke i. S. d. § 13 Abs. 3. Mithin kommt es nicht auf die Mehrheit der anwesenden Mitglieder in der Sitzung, sondern auf die Mehrheit der Stimmen aller Personalratsmitglieder an.

6 Die **Geltungsdauer** und die Wirkung der Geschäftsordnung beschränkt sich nur auf die **Amtszeit des Personalrates**, der sie auch beschlossen hat. Denn andernfalls würde die Autonomie des neugewählten Personalrates nicht beachtet werden. Ungeachtet dessen kann Letzterer allerdings die Geschäftsordnung des Personalrates der vorangegangenen Amtsperiode auch für sich übernehmen. Dafür muss er jedoch einen (neuen) Beschluss im zuvor dargestellten Sinne vornehmen.

Wenn der Personalrat **in der laufenden Amtsperiode** die **Geschäftsordnung zeitlich oder auch inhaltlich ändern** bzw. sogar gänzlich aufheben möchte, so kann er dies mit der Mehrheit der Stimmen seiner Mitglieder zu jeder Zeit beschließen. Eine **Abweichung von der Geschäftsordnung im Einzelfall** ist allerdings nicht möglich, da hierdurch die entweder in der Geschäftsordnung festgelegte befristete Geltung bzw. die sich grundsätzlich auf die Amtszeit beziehende Geltungsdauer und die damit bezweckte Regelungssicherheit konterkariert werden würde (str.: so im Ergebnis auch Cecior u.a., § 38 Rn. 12 – allerdings mit einer anderen Begründung – und m.w.N. zum Streitstand; a.A. Fischer u.a., § 42 Rn. 12). 7

III. Rechtliche Auseinandersetzungen

Rechtliche Fragen, die sich aus der Anwendung der Vorschrift ergeben und insbesondere die Inhalte und den Bestand der Geschäftsordnung als solches betreffen, sind vornehmlich im **personalvertretungsrechtlichen Beschlussverfahren** nach § 79 Abs. 1 Nr. 3 vor dem Verwaltungsgericht zu klären. Des Weiteren kann aber auch in anderen Verfahren, wie in einem **Kündigungsschutzverfahren** vor dem Arbeitsgericht eine gerichtliche Prüfung erfolgen, wenn die Geschäftsordnung als Grundlage für die Feststellung einer wirksamen Beschlussfassung des Personalrates, z.B. der Zustimmung zu einer ordentlichen Kündigung, von Bedeutung ist. 8

§ 39 (Sprechstunden)

(1) Der Personalrat kann Sprechstunden während der Arbeitszeit einrichten. Die Zeit und den Ort bestimmt er im Benehmen mit der Dienststelle.

(2) Versäumnis von Arbeitszeit, die zur Inanspruchnahme des Personalrats erforderlich ist, hat keine Minderung der Bezüge oder des Arbeitsentgelts zur Folge.

Gliederung

I. Einleitende Bemerkungen

1 Die Vorschrift eröffnet dem Personalrat die Möglichkeit, **Sprechstunden während der Arbeitszeit** einzurichten, und regelt insoweit deren zeitliche und örtliche Lage in Abstimmung mit der Dienststelle. Des Weiteren stellt sie sicher, dass den Beschäftigten, die solche Sprechstunden aufsuchen, keine finanziellen Nachteile entstehen. Im Zuge der **Novelle 2011** wurde das Wort „Einvernehmen" in Abs. 1 Satz 2 durch „Benehmen" ersetzt, sodass der ehemalige Zustand des LPVG NRW von 1974 wiederhergestellt wurde (vgl. LT-Drucks. 15/1644, S. 78).

II. Einrichten von Sprechstunden des Personalrats

2 Abs. 1: Der Personalrat kann nach **Abs. 1 Satz 1** nach pflichtgemäßem Ermessen darüber entscheiden, ob er für die Beschäftigten der Dienststelle **„Sprechstunden während der Arbeitszeit"** einrichten möchte. Wenn er sich dazu entscheidet, bedarf es hierfür eines entsprechenden Personalratsbeschluss, der nach § 33 Abs. 1 Satz 1 mit einfacher Stimmenmehrheit gefasst werden kann.

3 Für die Durchführung der Sprechstunden während der Arbeitszeit hat der Personalrat nach **Abs. 1 Satz 2** die **Zeit** und den **Ort im Benehmen mit der Dienststelle zu bestimmen**. Die Einrichtung von Sprechstunden als solche ist somit nicht von der Zustimmung der Dienststelle abhängig, sondern lediglich das „Wann" und „Wo" (vgl. VG Frankfurt 28.03.2011 – 23 K 386/11F.PV –). Der Personalrat muss bei der Abstimmung von Zeit und Ort mit einplanen, dass Beschäftigte die Möglichkeit erhalten müssen, in der Sprechstunde mit einem Vertreter ihrer Gruppe (§ 6) sprechen zu können.

4 Wenn Zeit und Ort der Sprechstunden während der Arbeitszeit zwischen dem Personalrat und der Dienststelle abgestimmt worden sind, kann der Personalrat durch **Aushang** (z.B. Schwarzes Brett des Personalrates, Tür des Personalratsbüros etc.) die Beschäftigten in der Dienststelle darüber **unterrichten**, sodass diese im weiteren auch die Möglichkeit erhalten, die Sprechstunden wahrzunehmen.

5 **Praxistipp!**

Der Umstand, dass Sprechstunden für Beschäftigte in der Dienststelle eingerichtet sind, führt nicht dazu, dass die einzelnen Beschäftigten einfach nach eigenem Belieben während der Arbeitszeit ihren Arbeitsplatz verlassen können, um den Personalrat aufzusuchen. Sie sind vielmehr verpflichtet, sich beim Verlassen des

Arbeitsplatzes bei ihrem unmittelbaren Vorgesetzten abzumelden und nach ihrer Rückkehr auch eine Rückmeldung abzugeben, damit die Fortführung der Verwaltungsabläufe gewährleistet werden kann (siehe auch Bülow, Der praktische Fall – Die anlassbezogene Dienstbefreiung von Personalratsmitgliedern, DöD 2021, S. 92 ff.). Durch einen entsprechenden Hinweis darauf, der in der Praxis durchaus zusammen mit der Unterrichtung über die Einrichtung von Sprechstunden vorgenommen wird, kann der Personalrat etwaigen Missverständnissen entgegenwirken. Soweit er hier bereits nicht schon von sich aus entsprechend tätig geworden ist, empfiehlt sich eine Anregung der Dienststelle – bestenfalls sodann eine gemeinsame Mitteilung – und bei Untätigkeit eine (vorbeugende) eigene Mitteilung!

Muster 11: Gemeinsame Mitteilung zu „Sprechstunden des Personalrates“ 6

Der Personalrat kann auch **Sprechstunden außerhalb der Arbeitszeit** einrichten. Diese unterliegen dann nicht dem Regelungsgegenstand des § 39, sodass hierfür die **Zustimmung der Dienststelle** erforderlich ist (arg. e contr.). Dadurch wird dem alleinigen Verfügungsrecht des Dienststellenleiters über die Diensträume und Gegenstände außerhalb der (gängigen) Arbeitszeit entsprechend Rechnung getragen. 7

Bei der **Beschlussfassung** über die Einrichtung von Sprechstunden sind die jeweiligen **Mitglieder und deren Rangfolge** im Hinblick auf die Durchführung der Sprechstunden zu bestimmen. Zur Wahrung der vordringlich zu beachtenden Erhaltung der Verwaltungsabläufe und der Beachtung des Grundsatzes der sparsamen Verwendung öffentlicher Haushaltsmittel sollten sachgerechter Weise die Sprechstunden entsprechend durch die **regelfreigestellten Personalratsmitglieder** i. S. d. § 42 Abs. 4 durchgeführt werden. 8

Die **Sprechstunde und Beratung kann nur durch Personalratsmitglieder** und z. B. nicht durch Gewerkschaftsvertreter oder externe Juristen bzw. Rechtsanwälte durchgeführt werden! 9

Zur **Abmeldepflicht von ganz oder teilweise freigestellten Personalratsmitgliedern** nach § 42 Abs. 3 oder 4 sowie zu den im Einzelfall freigestellten Personalratsmitgliedern vgl. § 42 Rz. 15. 10

Wenn Beschäftigte den Personalrat im Rahmen von Sprechstunden aufsuchen und es zur sachgerechten Ausübung der gesetzlich geregelten Handlungsbefugnisse des Personalrates erforderlich ist wie z. B. in bestimmten mitwirkungs- oder mitbestimmungspflichtigen Angelegenheiten, kann der Personalrat auch **rechtliche Erörterungen** durchführen. Hier gilt, dass „die Erörterung der die Beschäftigten berührenden Rechtsfragen mit ihren gewählten Interessenvertretungen, soweit ein Zusam- 11 menhang zu den Aufgaben dieser Vertretungen besteht" keine Rechtsdienstleistung nach § 2 Abs. 3 Nr. 3 RDG darstellt! Eine **Rechtsbetreuung** oder eine über das Vorbenannte hinausgehende bzw. losgelöste **Rechtsberatung** der Beschäftigten ist nicht zulässig und stellt im Übrigen keine gesetzliche Aufgabe des Personalrats dar, wie in der Praxis oftmals von Personalräten gemeint wird (vgl. BVerwG 18.08.2003 – 6 P 6/03 –).

12 Der Personalrat **darf nicht** die Beschäftigten bei der Durchsetzung ihrer höchstpersönlichen Rechte gegenüber der Dienststelle **direkt unterstützen** (vgl. auch BVerwG 18.08.2003 – 6 P 6/03 –). Für die in der Sprechstunde gegebenen **Auskünfte und Informationen** kann der Personalrat als solches nicht haften. Die hier tätig gewordenen einzelnen Personalratsmitglieder können allerdings aus unerlaubter Handlung (§§ 823 ff. BGB) in Haftung genommen werden!

III. Inanspruchnahme der Sprechstunden

13 Abs. 2: Die Beschäftigten sollen die Sprechstunden des Personalrates aufsuchen können, ohne einen Nachteil zu erleiden. Dementsprechend können sie nach dieser Vorschrift diese auch **ohne Minderung der Bezüge bzw. des Arbeitsentgeltes** aufsuchen.

14 Zur **Ab- und Rückmeldepflicht** bei einem Besuch der Sprechstunden (vgl. Rz. 5).

15 Wenn Beschäftigte z. B. aus Außenstellen stammen und ihnen durch das Aufsuchen der Sprechstunden **Reisekosten** entstehen, sind diese analog zum LRKG NRW zu erstatten. Sollte abzusehen sein, dass derartige Kosten vielzählig und mehrfach auftreten, empfiehlt sich in Abstimmung zwischen dem Personalrat und der Dienststelle gegebenenfalls auch die **turnusmäßige Einrichtung von Sprechstunden an verschiedenen Orten der Dienststelle**!

IV. Rechtliche Auseinandersetzungen

16 Rechtliche Fragen, die die Einrichtung oder Durchführung der Sprechstunden betreffen, sind gem. § 79 Abs. 1 Nr. 3 vor dem Verwaltungsgericht zu klären.

§ 40 (Kosten, Geschäftsbedarf)

(1) Die durch die Tätigkeit des Personalrats entstehenden Kosten trägt die Dienststelle. Reisen, die zur Erfüllung von Aufgaben des Personalrats notwendig sind, sind der Dienststelle rechtzeitig vorher anzuzeigen. Mitglieder des Personalrats erhalten bei solchen Reisen Reisekostenvergütungen nach dem Landesreisekostengesetz. Bei Fahrten zu der Stelle, bei der der Personalrat gebildet worden ist, und bei Fahrten zu regelmäßigen Sitzungen bei einer anderen Stelle und täglicher Rückkehr zum Wohnort finden die Bestimmungen des Trennungsentschädigungsrechts keine Anwendung. Dienststelle und Personalrat können sich im Rahmen eines Budgets über die voraussichtlich anfallenden notwendigen Kosten verständigen; der Personalrat entscheidet im Rahmen des Budgets eigenverantwortlich.

(2) Zur Deckung der dem Personalrat als Aufwand entstehenden Kosten sind ihm Haushaltsmittel zur Verfügung zu stellen. Ihre Höhe ist unter Berücksichtigung der Zahl der in der Regel vorhandenen Beschäftigten zu bemessen; sie wird durch Rechtsverordnung der Landesregierung festgesetzt. Über die Verwendung der Mittel beschließt der Personalrat. Er hat sie auf Verlangen gegenüber der für die Rechnungsprüfung zuständigen Stelle nachzuweisen.

(3) Für die Sitzungen, die Sprechstunden und die laufende Geschäftsführung hat die Dienststelle im erforderlichen Umfang Räume, den Geschäftsbedarf und Büropersonal zur Verfügung zu stellen.

(4) Der Personalrat ist im Rahmen seiner Aufgaben nach diesem Gesetz berechtigt, die Beschäftigten über Angelegenheiten, die sie unmittelbar betreffen, schriftlich oder elektronisch zu unterrichten. Ihm sind in allen Dienststellen geeignete Plätze für Bekanntmachungen zur Verfügung zu stellen und die Möglichkeit einer elektronischen Bekanntmachung zu eröffnen.

Gliederung

I. Einleitende Bemerkungen

1 Die Vorschrift regelt, wer welche **Kosten** und welchen **Geschäftsbedarf**, der durch die Personalratstätigkeit entstanden ist, zu tragen hat. Mit der **Novelle 2011** hat die Vorschrift lediglich eine geschlechtergerechte Sprachanpassung erfahren, ohne dass inhaltliche Änderungen vorgenommen wurden (vgl. LT-Drucks. 15/1644, S. 76).

II. Kostentragungspflicht der Dienststelle

2 Abs. 1: Nach **Abs. 1 Satz 1** trägt die Dienststelle nur **„die durch die Tätigkeit des Personalrates entstehenden Kosten"**. Damit bezieht sich die Kostentragungspflicht ausschließlich auf Tätigkeiten, die zu dem Aufgabenkreis des Personalrats nach dem LPVG NRW gehören und mit denen er entsprechend diese ihm zugewiesenen Rechte zur Anwendung bringt (vgl. hierzu auch BVerwG 18.06.1991 – 6 P 3.90 –). Zu diesen Aufgaben gehört auch die **Herausgabe von Informationsschriften** (vgl. Rz. 45). Zur **Durchführung und Ausgestaltung von Gewerkschaftswerbung** vgl. § 3 Rz. 10. Ob der Personalrat in seinem Aufgabenkreis handelt, beurteilt sich ausschließlich nach objektiven Gesichtspunkten, sodass er hierüber nicht im Rahmen eines eigenen Ermessens entscheiden darf. Die Pflicht des Personalrates sein Amt objektiv und neutral zu führen, wird dadurch entsprechend gesichert. Da der Personalrat keine Zuwendungen von Dritten annehmen darf (vgl. BVerwG 10.10.1990 – 6 P 22/88 –) und nach § 41 keine Beträge erheben sowie annehmen darf und sein Amt als Ehrenamt führt, ist die Tragung der Kosten durch die Dienststelle auch folgerichtig.

3 Die Vorschrift erfasst nicht nur die dem Personalrat als Plenum entstandenen Kosten, sondern auch die **Kosten der einzelnen Personalratsmitglieder**, die ihnen bei der Wahrnehmung ihrer Aufgaben nach dem LPVG NRW im vorgenannten Sinne entstanden sind. Wenn ein einzelnes Personalratsmitglied ein personalvertretungsrechtliches Beschlussverfahren führt (z.B. wegen der Fehlerhaftigkeit einer Sitzungsanberaumung, § 30, oder wegen einer fehlerhaften Beschlussfassung, § 33), so gelangen bei der Beantwortung der Frage, ob die Kosten von der Dienststelle zu tragen sind, die vorbenannten Grundsätze zur Anwendung. Es kommt also darauf an, ob das Personalratsmitglied die von ihm betriebene Maßnahme nach pflichtgemäßem Ermessen zur ordnungsgemäßen Ausführung seiner gesetzlichen Aufgaben für **erforderlich** halten durfte (vgl. in diesem Zusammenhang auch OVG Hamburg 26.11.2001 – 8 Bf 372/00.PVL –).

Praxistipp! 4

Als „Faustformel" kann sich die Dienststelle die Frage stellen: „War die kostenverursachende Tätigkeit des Personalrates objektiv zur Erfüllung seiner gesetzlichen Aufgaben notwendig?"

Keine erstattungsfähigen Kosten, d.h. Kosten für die Tätigkeit des Personalrates, die außerhalb seines gesetzlichen Aufgabenbereiches liegen, sind: 5

- Kosten für Begrüßungs-, Geburtstags-, Jubiläums- und Verabschiedungsgeschenke
- Kosten für die Teilnahme an Beerdigungen (vgl. VGH Hessen 26.11.1969 – VDI TK 4/68 –)
- Kosten für die Vorbereitung und Durchführung von Betriebsausflügen (vgl. VGH Hessen 15.12.1975 – HPV TL 8/74 –)
- Kosten, die einzelnen Personalratsmitglieder durch die Teilnahme als Zuhörer bei einer Gerichtsverhandlung entstanden sind (vgl. BAG 31.05.1989 – 7 AZR 277/88 – für Betriebsratsmitglieder)
- Kosten für die Teilnahme an Arbeitstagungen mit anderen Personalräten (vgl. hierzu auch OVG NRW v. 09.12.1981 – CL 18/80 –)
- Kosten für die Teilnahme an Gewerkschaftsveranstaltungen
- Werbungskosten von Beschäftigten für eine Gewerkschaft (vgl. BVerwG 28.04.1967 –VII P 11/66 –)
- Kosten für Krankenbesuche aus rein kollegialen Gründen (vgl. BVerwG 24.10.1969 – VII P 14.68 –)
- Ohne Auftrag des Dienststellenleiters entstandene Kosten durch die Organisation eines Betriebsausfluges (vgl. VGH Hessen 15.12.1975 – HPV TL 8/74 –)

Wichtig! 6

Zur Verwendungsmöglichkeit von Geldern im Rahmen einer Budgetierung nach Abs. 1 Satz 5 vgl. Rz. 30 und im Rahmen der zur Verfügung gestellten Haushaltsmittel nach Abs. 2 Satz 1 vgl. Rz. 31 ff.!

Eine **Kostentragungspflicht der Dienststelle** besteht nur dann, wenn die durch die Tätigkeit des Personalrats entstehenden Kosten notwendig sind. Hierbei handelt es sich in der aktuellen Fassung des LPVG NRW um ein ungeschriebenes Tatbestandsmerkmal, das sich aus der Entstehungsgeschichte der vorliegenden Vorschrift ergibt (vgl. LT-Drucks. 7/4343, S. 17). **Notwendige Kosten** des Personalrates sind diejenigen Aufwendungen, die ihm aus seiner Tätigkeit entstanden sind und die er bei objektiver Betrachtung und unter vernünftiger Abwägung aller Umstände des Ein- 7 z.B. einen an die Dienststelle gerichteten Anwaltsschriftsatz (vgl. hierzu auch VG Oldenburg 10.08.2018 – 9 A 711/18 – und Rz. 17). Der **Personalrat muss vorab alle ihm zur Verfügung stehenden Klärungsmöglichkeiten innerhalb der Dienststelle erfolglos genutzt** haben (vgl. VGH Baden-Württemberg 19.11.2002 – PL 15 S. 744/02 – und OVG NRW 12.02.1987 – CB 15/85 – zur Inanspruchnahme einer anwaltlichen Beratung)! Dazu gehört vor allem auch die vorherige Nachfrage bei Gewerkschaften (vgl. OVG Sachsen 16.12.1997 – P 5 S 29/96 –)!

11 Wenn dem Personalrat konkret Fragen aus der Anwendung einer Vorschrift des LPVG NRW erwachsen, gebietet es das Gebot der sparsamen Verwendung öffentlicher Mittel, dass er zunächst versucht eine **Klärung innerhalb der Dienststelle** herbeizuführen (vgl. OVG Niedersachsen 30.11.1973 – PL 11/73 –). Der Personalrat ist somit gehalten, zunächst eine Klärung mit dem Dienststellenleiter bzw. mit einem **in der Dienststelle beschäftigten Juristen** herbeizuführen (vgl. OVG NRW 12.02.1987 – CB 15/85 –). Auch kann dem Personalrat zugemutet werden, mit den **in der Dienststelle vertretenen Gewerkschaften** und/oder der zuständigen **Stufenvertretung** eine Verständigung herbeizuführen (vgl. OVG NRW 12.02.1987 – CB 15/85 –). Dabei muss er dann auch überprüfen, ob eine **Sitzungsteilnahme von Gewerkschafts- und/oder Stufenvertretern nach § 32** zur Klärung beiträgt. Nicht zuletzt muss der Personalrat **die in der Dienststelle vorhandenen Erkenntnisquellen**, wie (Rechts-)Literatur, Gesetzestexte, Schulungsunterlagen und, soweit vorhanden, das Internet ergebnislos nutzen, bevor kostenpflichtig ein Rechtsanwalt beauftragt wird!

12 Wenn der Personalrat die ihm zur Verfügung stehenden Möglichkeiten allesamt ausgeschöpft hat, darf er immer noch **nicht direkt einen Rechtsanwalt in Anspruch** nehmen. Er muss im Rahmen der vertrauensvollen Zusammenarbeit (§ 2 Abs. 1) **zunächst ernsthaft versuchen mit der Dienststelle eine Einigung zu finden** (vgl. BVerwG 09.03.1992 – 6 P 11.90 –). Erst, wenn diese abschließend gescheitert ist, darf er einen Personalratsbeschluss nach § 33 für die **beratende Hinzuziehung eines Rechtsanwaltes** herbeiführen. In dem Beschluss ist seine Abwägungsentscheidung und dabei vor allem anzugeben, für welche konkreten Fragen die Hinzuziehung erfolgen soll. Die Dienststelle prüft dann eine Kostentragung (vgl. Rz. 8). Erst danach darf er (kostenauslösend zulasten der Dienststelle) einen Rechtsanwalt in Anspruch nehmen. Das **Kostenausfallrisiko im Fall einer Verneinung der Erstattungspflicht der Dienststelle trägt letztendlich der handelnde Rechtsanwalt**. In diesem Zusammenhang ist zu erwähnen, dass der für den Personalrat handelnde Rechtsanwalt vor seinem Tätigwerden stets zu prüfen hat, ob seine Mandatierung auf einem wirksamen Beschluss des Personalrats beruht (vgl. hierzu BVerwG 19.12.1996 – 6 P 10.94 –).

Wichtig! 13

Im Zuge oder im unmittelbaren Nachgang einer anwaltlichen Beratung kommt es immer wieder vor, dass Rechtsanwälte außergerichtliche Korrespondenzen für den Personalrat führen. Sollten hierfür im Späteren Kosten an die Dienststelle herangetragen werden, so gilt es zu beachten, dass sich das anwaltliche Handeln als eine über die Beratung hinausgehende Tätigkeit darstellt. Diese ist nicht durch den Beschluss der Beratungshinzuziehung abgedeckt. Die Kosten sind somit grundsätzlich nicht von der Dienststelle zu übernehmen. Im Übrigen gilt, dass eine außergerichtliche Anwaltsvertretung generell keine Kostentragungspflicht der Dienststelle auslöst (vgl. auch VG Oldenburg 10.08.2018 – 9 A 711/18 –)!

Die Dienststelle braucht und sollte sich im Übrigen außergerichtlich zu keiner Zeit auf die vom Personalrat veranlasste und für diesen oftmals bequeme Korrespondenzführung mit einem Rechtsanwalt einlassen. Denn abgesehen von einer Rechtsvertretung vor Gericht (vgl. Rz. 14ff.) und ausnahmsweise ggf. auch vor der Einigungsstelle (vgl. Rz. 17), muss der Personalrat seine Aufgaben nach dem LPVG NRW nämlich selbst erfüllen!

Die aufgewendeten Kosten für eine **Rechtsanwaltsbeauftragung zur Durchführung eines gerichtlichen Beschlussverfahrens** sind nur notwendig gewesen, wenn der Personalrat die Verfahrensdurchführung und die anwaltliche Hinzuziehung bei sachgerechter Würdigung aller Umstände des betreffenden Einzelfalles für erforderlich halten durfte (vgl. VGH Baden-Württemberg 19.11.2002 – PL 15 S. 744/02 –). Die zuvor dargestellten Grundsätze gelten entsprechend, sodass der **Personalrat zunächst ernsthaft versuchen muss mit der Dienststelle eine Einigung zu finden** (vgl. Rz. 12)! Auch die Anwaltsbeauftragung zum gerichtlichen Tätigwerden setzt zunächst einen **Personalratsbeschluss nach § 33** voraus (vgl. zu den Anforderungen entsprechend Rz. 7). Eines Beschlusses bedarf es insoweit nicht nur vor der erstmaligen Beauftragung, sondern auch, bevor der Rechtsanwalt im Namen des Personalrates ein **Rechtsmittel** einlegt. Wenn ein solcher Beschluss fehlt, kann zwar das Rechtsmittel bei entsprechender Verfahrensvollmacht wirksam eingelegt sein. Eine Pflicht der Dienststelle zur Tragung der Rechtsanwaltskosten besteht in diesem Fall aber nicht (vgl. BAG 18.03.2015 – 7 ABR 4/13 – zu § 40 Abs. 1 BetrVG). Zur Heilung einer fehlerhaften Beschlussfassung vgl. im Übrigen Rz. 20. Zum Kostenausfallrisiko des handelnden Rechtsanwalts im Fall einer Verneinung der Erstattungspflicht der Dienststelle vgl. Rz. 12. Zur Kostenfreistellung eines einzelnen Personalratsmitglieds für einen von ihm beauftragten Rechtsanwalt vgl. Rz. 22 b. Die vorstehenden Ausführungen gelten auch entsprechend für die **Beauftragung eines Gewerkschaftssekretärs zur Durchführung eines Gerichtsverfahrens** (vgl. Rz. 22a). 14

15 **Keine Erforderlichkeit** und damit auch keine Notwendigkeit im vorbenannten Sinne liegt vor, wenn das gerichtliche Beschlussverfahren **mutwillig oder aus haltlosen Gründen eingeleitet** worden ist (vgl. BVerwG 29.04.2011 – 6 PB 21/10 –). Ein mutwilliges Handeln ist gegeben, wenn der Personalrat bei mehreren gleichwertigen prozessualen Wegen den kostspieligeren beschreitet (vgl. BVerwG 09.03.1992 a.a.O.). Wenn die Mitbestimmung des Personalrates im Hinblick auf eine Vielzahl von Einzelmaßnahmen, die allesamt inhaltlich gleich gelagert sind, im Streit steht, darf der Personalrat, wenn es ihm zumutbar ist, nicht jeden Fall einzeln gerichtlich anhängig machen, sondern muss diese Frage zunächst in einem repräsentativen Einzelverfahren gerichtlich abklären lassen (vgl. BVerwG 09.03.1992 a.a.O.). Mutwilligkeit ist auch dann anzunehmen, wenn der Personalrat direkt einen Initiativantrag bei Gericht anhängig macht, ohne vorab im ausreichenden Maße versucht zu haben, mit der Dienststelle eine Einigung herbeizuführen.

16 Der Personalrat hat auch dann **keinen Kostenerstattungsanspruch**, wenn die durch den beauftragten Rechtsanwalt vorgenommene **Rechtsverfolgung von vornherein aussichtslos** war (vgl. auch VG Dresden, 20.05.2016 – 9 K 64/15 – m.w.N.). Das ist dann der Fall, wenn sich die Abweisung eines gerichtlichen Antrages nach den einschlägigen Rechtsvorschriften und der dazu gegebenenfalls bereits vorhandenen Rechtsprechung praktisch aufdrängt. Ein Kostenerstattungsanspruch besteht aber, wenn die Rechtsverfolgung eine bislang noch nicht geklärte Rechtsfrage aufwirft (so BVerwG 11.10.2010 – 6 P 16/09 –). Zur Aussichtslosigkeit im Hinblick auf die **Anwaltskosten eines auszuschließenden Personalratsmitgliedes in einem gerichtlichen Ausschlussverfahren i.S.d. § 25 Abs. 1 Satz 2** vgl. OVG NRW 11.01.2023 – 34 A 437/21.PVL –). Zur Verneinung einer Kostenerstattung für den Fall, dass ein Beschäftigter Forderungen erhebt, gegen die sich der Personalrat versucht mit anwaltlicher Hilfe zu wehren (vgl. OVG Berlin-Brandenburg 22.06.2022 – OVG 62 PV 6/21 –).

17 Die **Kosten einer anwaltlichen Vertretung vor der Einigungsstelle** unterliegen grundsätzlich nicht der Kostentragungspflicht der Dienststelle. Denn es ist davon auszugehen, dass der Personalrat ausreichend selbst in der Lage ist, dort seine Position zu vertreten. Etwas anderes gilt ausnahmsweise **nur dann, wenn im Einigungsstellenverfahren schwierige Rechtsfragen zu prüfen und zu entscheiden sind, die spezielle juristische Kenntnisse erfordern** (vgl. OVG NRW 28.08.1984 – CL 57/82 –; OVG Hamburg 23.11.1978 – Bs. PH 3/78 –; 15.01.1990 –Bs PH 2/89 – und VG Arnsberg 15.03.2019 – 20 K 2716/18.PVL – n. rk. sowie entsprechend BAG 14.02.1996 – 7 ABR 24/95 – zum BetrVG und OVG Sachsen 16.12.1997 – P 5 S 29/96 – zu Sachverständigenkosten außerhalb des Beschlussverfahrens). Das ist dann insbesondere

nicht der Fall, wenn es entscheidungserheblich auf bekannte Konstellationen und Sachlagen in der Dienststelle ankommt wie bei der Dienstplanung oder anderen organisatorischen Maßnahmen. Sollte ausnahmsweise eine anwaltliche Vertretung vor der Einigungsstelle geboten sein, so hat der Personalrat vor der anwaltlichen Beauftragung einen Beschluss nach § 33 zu fassen und die Dienststelle unverzüglich und vollständig darüber zu unterrichten (vgl. hierzu entsprechend Rz. 7). Zur **Kostentragungspflicht der Dienststelle für den Fall der beratenden Teilnahme eines Rechtsanwalts als Sachverständige Person an der Sitzung der Einigungsstelle** vgl. im Übrigen BVerwG 25.10.2016 – 5 P 7/15 –. Sollten in Anlehnung an die zuvor dargestellte Rechtsprechung in einem Einigungsstellenverfahren zu Recht Kosten angefallen sein, so setzt die Freistellung des Personalrats von den Rechtsanwaltskosten für die dortige Vertretung keine an ihn adressierte Rechnung voraus (vgl. entsprechend BAG 08.03.2023 – 7 ABR 10/22 –).

Bei der **Beauftragung eines Rechtsanwaltes** hat der Personalrat unter Beachtung des Gebotes der sparsamen Verwendung öffentlicher Mittel auf einen **ortsansässigen Rechtsanwalt zurückzugreifen**, da für diesen geringere Reisekosten und Gebühren für die Dauer einer Kanzleiabwesenheit bei der Wahrnehmung von Beratungs- und Gerichtsterminen anfallen. Der Rückgriff auf einen auswärtigen Rechtsanwalt ist nur dann sachlich gerechtfertigt, wenn das Verfahren bzw. dessen Gegenstand eine Problematik betrifft, zu deren Bewertung und Durchführung dieser Anwalt besonders sach- und rechtskundig ist (vgl. hierzu auch OVG Sachsen-Anhalt 12.03.2009 – 5 L 6/07 –). **18**

Wie bei der Inanspruchnahme einer anwaltlichen Beratung, muss auch vor der Beauftragung eines Rechtsanwaltes zur Durchführung eines gerichtlichen Beschlussverfahrens der Personalrat einen entsprechenden **vorhergehenden Beschluss** fassen. Der Beschluss muss **für jede gerichtliche Instanz gesondert**, unter konkreter Benennung des zu beauftragenden Rechtsanwalts und des Verfahrensgegenstandes gefasst werden (vgl. BVerwG 09.03.1992 – 6 P 11.90 –). Mit Blick auf die „Notwendigkeit der Kosten" (vgl. Rz. 7 ff. u. 15) muss der Personalrat vor der Beschlussfassung zur anwaltlichen Beauftragung in der Rechtsmittelinstanz zunächst die (Entscheidungs-)Begründung der zugrunde liegenden Entscheidung zur Kenntnis nehmen und bewerten können! **19**

Wichtig! **20**

Die fehlerhafte oder unterbliebene Beschlussfassung führt dazu, dass der Personalrat in einem Gerichtsverfahren nicht wirksam anwaltlich vertreten ist. Die Unwirksamkeit eines Personalratsbeschlusses über die Einleitung eines Beschlussverfahrens und die Beauftragung eines Rechtsanwalts kann allerdings durch einen ordnungsgemäßen späteren Beschluss geheilt werden, wenn dieser noch vor Erlass einer den Antrag als unzulässig zurückweisenden gerichtlichen Entscheidung gefasst wird (vgl. Gem.-OGB 17.04.1984 – GmS-OBG 2/83 –, NJW 1984, 2149). Eine rückwirkende Heilung zu einem späteren Zeitpunkt ist hingegen nicht mehr möglich (vgl. hierzu BVerwG 29.06.2015 – 5 PB 14.14 –)!

21 Die Dienststelle muss **nur die gesetzlich geregelten Kosten eines Rechtsanwaltes** erstatten. Die anfallenden Kosten für eine anwaltliche Beratung und für ein außergerichtliches bzw. gerichtliches Tätigwerden bestimmen sich nach dem RVG. Dazu gehört nach § 10 RVG insbesondere auch die Erteilung einer entsprechenden Rechnung (Anwaltliche Kostennote), deren Adressat der Personalrat, und nicht die Dienststelle ist! Bei der **Gegenstandswertfestsetzung** für die anwaltliche Tätigkeit in einem personalvertretungsrechtlichen Beschlussverfahren, in dem nicht nur eine einzelne personelle Maßnahme in Streit steht, sondern eine Vielzahl gleich gelagerter personeller Maßnahmen (z. B. Masseneinstellungen), ist Übrigens auch der **Auffangstreitwert von 5000,00 Euro** zugrunde zu legen (vgl. BayVGH 30.05.2017 – 18 P 17.389 –).

Die Erstattungspflicht der Dienststelle setzt personalvertretungsrechtlich nicht voraus, dass der Rechtsanwalt nach § 10 Abs. 1 Satz 1 RVG eine **an den Personalrat als Auftraggeber adressierte Rechnung** erteilt hat (vgl. BayVGH 21.05.2019 – 17 P 18.2505 – m. w. N.). Im Hinblick auf eine Kostenüberprüfung sollte sich die Dienststelle eine solche Rechnung aber in der Praxis gleichwohl zunächst vorlegen lassen. Sollte es an einer anwaltlichen Kostennote danach mangeln, wird empfohlen, sich an die zuständige Rechtsanwaltskammer zu wenden. Das gilt im Übrigen auch für den Fall, dass Rechtsanwälte gar keine Kosten geltend machen sollten, soweit Streit über eine Übernahmepflicht der Dienststelle besteht!

22 **Wichtig!**

Die Kostenerstattungspflicht der Dienststelle bezieht sich grundsätzlich nur auf die gesetzliche Vergütung nach dem RVG, sodass hiervon nach oben hin abweichende Vergütungsvereinbarungen, die zwischen dem Personalrat und dem Rechtsanwalt getroffen worden sind, nicht erfasst werden (vgl. BVerwG 29.04.2011 – 6 PB 21/10 – und entsprechend BAG 14.12.2016 –7 ABR 8/15 – zum BetrVG, das in Ausnahmefällen aber eine Kostentragungspflicht annimmt, z. B. wenn die Dienststelle derartige Kosten bereits in der Vergangenheit akzeptiert hat oder aktuell hierzu ihr Einverständnis erteilt)!

22a Der Personalrat kann sich u. U. auch einer **Vertretung durch einen Gewerkschaftssekretär** bedienen. Es gelten hierbei die vorstehenden Ausführungen entsprechend (Rz. 2–22). Eine solche Vertretung erfordert zudem, dass mindestens ein Mitglied des Personalrats der jeweiligen Gewerkschaft angehört. Der von dort beauftragte Sekretär nimmt dann bei entsprechender Vollmacht des Personalrats die Interessen wahr, die dieser als Kollektivorgan im Beschlussverfahren verfolgt (vgl. BVerwG 27.4.1979 – 6 P 9.78 –). Die Gewerkschaft kann allerdings nicht die Erstattung der ihrem Vertreter erwachsenen Auslagen verlangen, wenn sie in ihrer Satzung ihre Mitglieder von dem Ersatz der baren Auslagen freistellt (vgl. BVerwG 27.4.1979 a. a. O.).

Grundsätzlich besteht auch ein **Kostenfreistellungsanspruch für einzelne Personalratsmitglieder für eine anwaltliche Vertretung** in einem personalvertretungsrechtlichen Beschlussverfahren (vgl. OVG Hamburg 26.11.2001 – 8 Bf 372/00.PVL –, BayVGH 23.04.1997 – 17 P 97.450 –). Ein Personalratsmitglied kann aber die Anwaltskosten, die ihm in einem gegen ihn gerichteten Ausschlussverfahren entstanden sind, nicht von der Dienststelle erstattet verlangen, wenn es an dem Ausschlussverfahren beteiligt war und in dem Verfahren festgestellt wurde, dass die Voraussetzungen des Ausschlusses vorliegen (so BVerwG 28.04.1967 – VII P 11/66 –). Für eine Kostentragungspflicht der Dienststelle gelten dieselben Grundsätze wie bei der anwaltlichen Hinzuziehung durch den Personalrat in seiner Gesamtheit (vgl. OVG Hamburg 26.11.2001 a. a. O.). Bei **außergerichtlicher Inanspruchnahme eines Rechtsanwalts** darf dem Personalratsmitglied nach seinen persönlichen Verhältnissen nicht zuzumuten sein, das Verfahren selbst zu führen, wobei insbesondere auf seine durch die Personalratstätigkeit oder Schulungen gewonnene Sachkunde und seinen Bildungsgrad abzustellen ist (vgl. OVG Hamburg 26.11.2001 a. a. O.). 22b

Die Kostentragungspflicht nach § 40 Abs. 1 Satz 1 kann sich auch auf die **Kosten für Sachverständige** beziehen. Hierbei gelten die gleichen Grundsätze wie zuvor dargestellt. Dementsprechend muss der Personalrat vor der Inanspruchnahme eines Sachverständigen vor allem zunächst alle in der Dienststelle vorhandenen und ihm zur Verfügung stehenden kostenfreien bzw. kostengünstigeren Hilfen abschließend ausgeschöpft haben (vgl. BVerwG 18.06.1991 – 6 P 3/90 –). Zu der einer Sachverständigenbeauftragung vorangehenden notwendigen Beschlussfassung nach § 33 vgl. Rz. 7. Zur Kostentragungspflicht der Dienststelle für den Fall der **beratenden Teilnahme eines Rechtsanwalts als Sachverständige Person an der Sitzung der Einigungsstelle** vgl. BVerwG 25.10.2016 – 5 P 7/15 –). 23

Nach **Abs. 1 Satz 2 und Satz 3** können Personalratsmitglieder **Reisekosten** in entsprechender Anwendung des Landesreisekostengesetzes erhalten (vgl. OVG NRW 29.11.2012 – 20 A 2916/11.PVL –). Die Reisen von ihnen 24 sind aber nicht als Dienstreisen i. S. d. § 2 Abs. 1 LRKG NRW zu bewerten, da mit ihnen keine Dienstgeschäfte erledigt werden. Sie bedürfen deshalb weder einer Genehmigung noch einer Anordnung der Dienststelle. Aus dem Gebot der vertrauensvollen Zusammenarbeit (§ 2 Abs. 1 Halbsatz 1 LPVG NRW) resultiert für den Personalrat aber eine **Pflicht zur rechtzeitigen Anzeige der Reise vor ihrem Antrag**. Der Personalrat muss zuvor einen Beschluss unter Benennung des Reisegrundes, des Reiseziels, der Reisedauer und des Reisemittels getroffen haben (vgl. BVerwG 21.07.1982 – 6 P 14/79 –). Die dortigen Benennungen sind Inhalt der Anzeige. Dabei muss insbesondere der Reisegrund konkret angegeben werden. Die in der Praxis oftmals zu lesende Angabe „Personalratsarbeit" genügt nicht. Denn die Reisen unterliegen nur dann der Kostentragungspflicht der Dienststelle, wenn die **Reise innerhalb des dem Personalrat gesetzlich zugewiesenen Aufgabenbereichs** stattfindet. Diese Voraussetzung unterliegt der objektiven Nachprüfung. Der Personalrat hat das Gebot der sparsamen Verwendung öffentlicher Mittel (vgl. § 40 Rz. 7) und den Grundsatz der Verhältnismäßigkeit zu beachten. Das Entstehen von Reisekosten muss für die Erfüllung seiner Aufgaben zwingend **notwendig** sein! Das bestimmt sich danach, ob der Personalrat die Reise nach pflichtgemäßer Prüfung aller Umstände des Einzelfalles für erforderlich halten durfte (vgl. BVerwG 27.04.1979 – 6 P 89.78 –). Dieser Beurteilungsspielraum umfasst eine Verhältnismäßigkeitsprüfung und erstreckt sich auf die konkrete Reiseausführung, also speziell auf die Frage, ob nicht gegebenenfalls auf eine andere, kostensparendere Weise das Personalratsamt erfüllt werden kann (vgl. OVG NRW 29.11.2012 – 20 A 2916/11.PVL –). Alles in allem hat der Personalrat also das „Ob" und das „Wie" einer Reise sorgsam abzuwägen (vgl. OVG NRW 21.02.2012 – 1 A 1295/09 –). Im Hinblick auf Letzteres muss er vor allem überprüfen, ob für die Benutzung eines Kfz triftige Gründe i.S.d. § 6 LRKG NRW vorliegen, oder ob ein Rückgriff auf eine kostenfreie bzw. kostengünstigere Inanspruchnahme öffentlicher Verkehrsmittel in Betracht kommt (vgl. OVG NRW 26.03.2013 – 20 A 878/12.PVB –). Es muss also in pflichtgemäßer Würdigung die für und gegen die Benutzung des Kfz sprechenden Umstände abwägen.

25 Notwendige **Übernachtungskosten** sind grundsätzlich nach Maßgabe des § 8 LRKG NRW zu erstatten. Wenn Personalratsmitglieder an ihren Wohnsitz zurückkehren, obwohl ein Verbleiben am Reiseziel eigentlich geboten wäre, kann die Reisekostenvergütung nach § 3 Abs. 7 LRKG NRW nur bis zur Höhe des Betrages gewährt werden, der ihnen beim Verbleiben am Reiseziel zustehen würde. Bei der Ermittlung dieses Betrages werden ansonsten erforderliche Übernachtungskosten mit 200 v.H. der Pauschale nach § 8 Abs. 1 Satz 2 LRKG NRW berücksichtigt. Bei **Reisen zu einer**

Schulungsveranstaltung findet eine solche Kostenvergleichsberechnung mit fiktiven Übernachtungskosten hingegen nicht statt. Hier ist die VV 3 VVzLRKG NRW zu beachten. Denn danach gilt bei Fortbildungsveranstaltungen VV 4 VVzTEVO NRW zu § 1 TEVO NRW, der wiederum auf § 1 Abs. 2 Nr. 9 TEVO NRW verweist. Danach bestimmt sich die Frage, ob Übernachtungskosten bei einer Schulungsveranstaltung von der Dienststelle zu übernehmen sind nach den Grundsätzen der TEVO NRW. Nach § 6 Abs. 1 Satz 1 i. V. m. § 3 Abs. 1 Satz 2 TEVO NRW gilt Folgendes: Ein Anspruchsberechtigter, der nicht täglich zum Wohnort zurückkehrt und dem die tägliche Rückkehr nicht zuzumuten oder aus dienstlichen Gründen nicht gestattet ist, erhält für die ersten 14 Tage nach beendeter Dienstantrittsreise als Trennungsentschädigung Tagegeld und Übernachtungskostenerstattung wie bei Dienstreisen. Die tägliche Rückkehr zum Wohnort ist in der Regel nicht zuzumuten, wenn die Abwesenheit von der Wohnung mehr als zwölf Stunden oder die benötigte Zeit für das Zurücklegen der Strecke zwischen Wohnung und Dienststelle und zurück mehr als drei Stunden beträgt; maßgebend sind die Zeiten, die sich bei Benutzung regelmäßig verkehrender Beförderungsmittel ergeben (fiktive Fahrtzeit öffentlicher Verkehrsmittel).

Wichtig! 25a

Die Entscheidung des OVG Sachsen-Anhalt vom 23.2.2023 – 5 L 1/22 – setzt sich im Zusammenhang mit Reisen von Personalratsmitgliedern gut aufbereitet für den Rechtsanwender mit den einzelnen Arbeitszeitbegriffen auseinander! Arbeitszeit i. S. d. ArbZG ist danach das „bloße Reisen“ und dabei auch das eventuelle „Schlafen“. Eine vergütungspflichtige Arbeitszeit liegt nach dieser Entscheidung zwar nicht vor, aber eine „Zählzeit“, die auf dem Arbeitszeitkonto – soweit für ein Personalratsmitglied geführt – für die „notwendige“ Reisezeit gutgeschrieben werden muss!

Notwendige Reisen können z. B. sein: 26

- Reisen zum Ort der Personalratssitzung und/oder der Personalratssprechstunden (§ 39), wenn neben der Hauptdienststelle räumlich weit entfernte weitere Dienststellenteile vorhanden sind
- Reisen von beauftragten Mitgliedern der Stufenvertretungen sowie des Gesamtpersonalrats zur Sitzungsteilnahme nach § 32 Abs. 2
- Reisen im Rahmen der Wahrnehmung von Schulungs- und Fortbildungsveranstaltungen (vgl. hierzu auch § 42 Rz. 65)
- Reisen der Vorsitzenden Person oder eines durch Beschluss beauftragten Personalratsmitgliedes zur Wahrnehmung, d. h. nicht zur Beobachtung (!), von Gerichtsterminen im personalvertretungsrechtlichem Beschlussverfahren und gegebenenfalls eine Reise zur Wahrnehmung eines Bespro-

chungstermins mit dem dabei beauftragten Verfahrensbevollmächtigten (vgl. BVerwG 21.07.1982 – 6 P 30.79 –)
- Reisen zu Fortbildungen (vgl. zu Übernachtungskosten auch Rz. 25)

27 **Keine notwendigen Reisen** sind z. B.:
- Fahrten von Personalratsmitgliedern zwischen ihrer Wohnung und der Dienststelle, wenn dort der Personalratssitz angesiedelt ist
- Reisen zur Arbeitstagung des Personalrates (vgl. BVerwG 27.04.1979 – 6 P 24.78 –)
- Reisen des gesamten Plenums zu einem Gerichtstermin (vgl. BVerwG 21.07.1982 a. a. O.)
- Reisen eines Personalratsmitglieds als Zuhörer in einem Kündigungsschutzprozess eines Beschäftigten (vgl. zum BetrVG: BAG 19.05.1983 – 6 AZR 290/81 – und 31.05.1989 – 7 AZR 277/88 –).

28 Nach **Abs. 1 Satz 4** erhalten Personalratsmitglieder bei **„Fahrten zu der Stelle, bei der der Personalrat gebildet worden“** ist und bei **„Fahrten zu regelmäßigen Sitzungen bei einer anderen Stelle und der täglichen Rückkehr zum Wohnort“**, keine Trennungsentschädigung. In diesen Fällen erhalten die Personalratsmitglieder vielmehr nach dem LRKG NRW eine Reisekostenvergütung und Wegstreckenentschädigung (vgl. OVG NRW 09.06.2004 – 1 A 898/02.PVL und 29.11.2012 – 10 A 2916/11.PVL –).

29 Nach **Abs. 1 Satz 5 Halbsatz 1** können sich die Dienststelle und der Personalrat im Rahmen eines **Budgets** über die voraussichtlich anfallenden notwendigen Kosten verständigen.

30 Nach **Abs. 1 Satz 5 Halbsatz 2** hat der Personalrat ein **eigenverantwortliches Entscheidungsrecht über das Budget**. Der Gesetzgeber hat mit dieser Regelung, die durch die Novelle 2007 in das LPVG NRW aufgenommen wurde, die Handlungsspielräume in den Dienststellen erweitert und durch eine Budgetierung letztendlich erreichen wollen, dass den Dienststellen die oft schwierige Prüfung einer Kostenübernahme im Einzelfall abgenommen werden kann (vgl. LT-Drucks. 14/4239, S. 91). Im Hinblick auf die Höhe eines zu vereinbarenden Budgets ist nach dem Dafürhalten des Gesetzgebers in erster Linie auf den finanziellen Aufwand in den vergangenen Jahren abzustellen und dementsprechend eine Prognose für zukünftig zu erwartende Ausgaben des Personalrates anzustellen. Eine derartige Budget-Vereinbarung ist zwar weder für die Dienststelle noch dem Personalrat zwingend, bringt jedoch für beide Seiten Vorteile mit sich.

III. Zur Verfügungstellung von Haushaltsmitteln

<u>Abs. 2:</u> Nach **Abs. 2 Satz 1** sind dem Personalrat zur Deckung der ihm als Aufwand entstehenden Kosten **Haushaltsmittel** zur Verfügung zu stellen. Deren Höhe bemisst sich nach **Abs. 2 Satz 2** nach der Regelzahl der Beschäftigten in der Dienststelle. Hierbei ist auch auf die Bestimmungen der Aufwandsdeckungsverordnung NRW (ADVO NRW) vom 25.02.1976 zurückzugreifen. 31

Zur **Bemessung des Aufwandsdeckungsbetrages** ist nach § 1 Satz 2 ADVO NRW auf die Zahl der im Stellenplan ausgebrachten Stellen abzustellen (vgl. OVG NRW 11.01.2013 – 20 A 49/12.PVL –). Die ermittelten Beträge sind nach § 3 Satz 1 ADVO NRW dem Personalrat zu Beginn des Haushaltsjahres zur Verfügung zu stellen. 32

Die dem Personalrat zur Verfügung gestellten Mittel sollen der **Deckung des Repräsentationsaufwandes** dienen, wobei der Personalrat alleine darüber entscheidet, in welcher Weise die ihm zur Verfügung stehenden Aufwandsmittel zu verwenden sind (vgl. RdErl. des Innenministeriums vom 22.03.1996 – II A 2–7.03.02–1/96, Ziff. 6). 33

Beispiele für einen Repräsentationsaufwand sind: 34

- Kleinere Gratulations- bzw. Dienstjubiläumsgeschenke 35
- Kleinere Geschenke bei Krankenbesuchen von Beschäftigten in der Dienststelle
- Aufwendungen aus Anlass des Todes von Beschäftigten (z.B. Kranz oder Blumenspenden)
- Bewirtungskosten von Teilnehmern an Besprechungen mit Mitgliedern der Stufenvertretung oder Gewerkschaftsvertretern

Wichtig! 36

Zum Nichtbestehen einer über die Haushaltsmittel hinausgehenden Kostentragungspflicht der Dienststelle vgl. Rz. 7!

IV. Räume, Geschäftsbedarf und Büropersonal

<u>Abs. 3:</u> Für die Sitzungen (§§ 30 ff.), die Sprechstunden (§ 39) und die laufende Geschäftsführung hat die Dienststelle dem Personalrat im erforderlichen Umfang Räume, den Geschäftsbedarf und Büropersonal zur Verfügung zu stellen. 37

38 Dem Personalrat können zur Erledigung der vorgenannten Tätigkeiten „**Räume**“ dauerhaft oder auch nur zeitweise zur Verfügung gestellt werden (z. B. Besprechungszimmer, Konferenzsaal). Soweit lediglich Großraumbüros zur Verfügung stehen, besteht Anspruch darauf, dass insoweit eine Teilfläche hiervon zur Verfügung gestellt wird, wenn bereits die Möglichkeit zur Mitbenutzung von anderweitigen Besprechungsräumen vorliegt (vgl. OVG NRW 04.03.1994 – 1 A 2443/91.PVL –). Einem **ehemaligen Personalratsvorsitzenden**, der in den Ruhestand eingetreten ist, steht kein Anspruch auf Zugang zu den Räumlichkeiten, in denen sich das Personalratsbüro befindet, zu (vgl. OVG Rheinland-Pfalz 08.09.2023 – 5 A 10132/23.OVG –).

39 Der zur Verfügung zu stellende „**Geschäftsbedarf**“ umfasst dem Grunde nach alles, was der Personalrat unter einer verständigen Betrachtung zur ordnungsgemäßen Erledigung seiner Aufgaben innehaben muss (vgl. BVerwG 29.06.1988 – 6 P 18.86 –). Bei der Frage, was hierfür „erforderlich“ ist, findet das Gebot der sparsamen Verwendung öffentlicher Mittel Beachtung (vgl. VGH Hessen 20.02.1980 – HPV TL 23/79 –). Zum **erforderlichen Geschäftsbedarf** gehören insbesondere eine Büromöbelausstattung, Schreibmaterialien und eine Schreibmaschine bzw. eine **EDV-Grundausstattung**, die aus einem Personal Computer, Monitor und Drucker samt der erforderlichen Software besteht (vgl. auch VGH Baden-Württemberg 09.10.2001 – PL 15 S. 2437/00 – und sehr ausführlich mit vielen Beispielen VG Arnsberg 14.12.2022 – 20 K 1727/21.PVL – n. rkr.). Ein mobiler Personal Computer wie z. B. ein **Notebook, Tablet oder Laptop** kann höchstens einzelfallabhängig erforderlich sein (verneinend als Grundausstattung: LAG Köln 10.07.1997 – 11 TaBV 15/97 – zum BetrVG). Entsprechendes gilt für die zur Verfügungstellung von **Mobilfunktelefonen** (Handys), wenn auf andere Weise eine unmittelbare, zugleich direkte und zeitnahe Kommunikation zwischen dem Personalrat und den Beschäftigten nicht möglich ist (vgl. hierzu entsprechend ArbG Frankfurt 12.08.1997 – 18 BV 103/97 – und LAG Hamm 20.05.2011 –10 TaBV 81/10 – sowie zur Verfügungstellung von sog. Smartphones LAG Hessen 13.03.2017 – 16 TaBV 212 – beide jeweils zum BetrVG). Alle zuvor thematisierten technischen Hilfs- bzw. Kommunikationsmittel sind also nur im Ausnahmefall dem Personalrat zuzusprechen. Ein genereller Anspruch ist abzulehnen.

40 Aufgabenbezogen kann auch der **Zugang zum Internet** zum Geschäftsbedarf des Personalrates gehören, damit dieser sich z. B. über die aktuelle Rechtsprechung im Arbeits- und Personalvertretungsrecht informieren kann (vgl. BAG 03.09.2003 – 7 ABR 8/03 – zum BetrVG). Der Personalrat hat insofern aber keinen Anspruch auf einen vom Proxy-Server der Dienststelle unabhän-

gigen Internetzugang (vgl. BAG 20.04.2016 – 7 ABR 50/14 –). Vorbenanntes gilt entsprechend für die **Nutzung eines in der Dienststelle bereits bestehenden Intranets**, soweit der Dienststelle dadurch keine zusätzlichen Kosten entstehen und die Schweigepflicht nach § 9 entsprechend gewahrt wird (vgl. BAG 03.09.2003 – 7 ABR 12/03 –). Zur Ermittlung einer bestehenden Erforderlichkeit im Hinblick auf die beiden vorbenannten Informationstechniken ist auf den in der Dienststelle vorhandenen Standard abzustellen.

Zum Geschäftsbedarf gehört auch ein eigener **Telefonanschluss**. Dazu zählt 41
auch ein **Anrufbeantworter**, wenn der Personalrat besonders schwer erreichbar ist, weil z. B. einzelne Dienststellenteile/Dependancen örtlich weit auseinanderliegen. Entsprechendes gilt im Hinblick auf ein **Mobiltelefon** (vgl. entsprechend LAG Hamm 20.05.2011 – 10 Ta BV 81/10 – zum BetrVG). Der Personalrat benötigt zur Wahrnehmung seiner gesetzlichen Aufgaben regelmäßig **aber kein Mobiltelefon mit Internetzugang**, wenn in der Dienststelle ein Festnetztelefon und ein PC mit Internetzugang vorhanden sind (vgl. entsprechend LAG Mecklenburg-Vorpommern 24.10.2017 – 5 TaBV 9 – zur Schwerbehindertenvertretung). Soweit in der Kommunikation innerhalb größerer Dienststellen üblich, ist dem Personalrat auch die **Mitbenutzung** eines in der Dienststelle vorhandenen **Telefax** zu gestatten und wenn insoweit der Datenschutz nicht gewährleistet werden kann, auch ein eigenes Gerät zur Verfügung zu stellen. Letzteres ist stets im Hinblick auf die Erforderlichkeit in Kontext einer bereits eingeräumten E-Mail bzw. Intranetnutzung zu sehen. Eine Doppelausstattung ist nicht als erforderlich anzusehen!

Neben den zuvor erörterten Informations- und Kommunikationstechniken 42
gehört zum Geschäftsbedarf des Personalrates auch die **Ausstattung mit grundlegender Fachliteratur** (vgl. BVerwG 25.07.1979 – 6 P 29/78 –). Dazu gehört der Gesetzestext des LPVG NRW und ein Kommentar zum LPVG NRW in der jeweils aktuellen Fassung (vgl. entsprechend VGH Baden-Württemberg 03.05.1994 – PB 15 S. 3048/93 –). Diese entsprechenden „Werke“ sind dem Personalrat zur eigenen Verwendung zur Verfügung zu stellen. Der Personalrat hat ein Wahlrecht ob er auf Literatur in Papierform oder in digitaler Form zurückgreif (vgl. VG Berlin 07.06.2029 – 72 K 12.18 PVB). Wenn in der Dienststelle z. B. ein Kommentar zum BPersVG vorhanden ist, ist dem Personalrat allerdings ein leihweiser Zugriff darauf zuzumuten. Wenn der Personalrat auch tarifgebundene Arbeitnehmer zu vertreten hat, gehört zu seinem erforderlichen Geschäftsbedarf zu mindestens auch ein Kommentar zum TVöD bzw. TV-L. Derartige Kommentierungen müssen ihm allerdings nicht eigenständig dauerhaft zur Verfügung gestellt werden. Auch hier reicht es aus, dass der Personalrat von einer Ausleihmöglichkeit vorhandener Werken in der Dienststelle Gebrauch machen kann (vgl. BVerwG 21.01.1991 – 6 P 13/89 –).

43 Zum Geschäftsbedarf gehört zumindest auch **eine Fachzeitschrift zum Personalvertretungsrecht**. Hat die Dienststelle allerdings bereits eine solche Zeitschrift abonniert, ist es ausreichend, wenn der Personalrat im Wege der Ausleihe auf diese zurückgreifen kann bzw. in einem Umlauf- bzw. Austauschverfahren entsprechende Einsicht erhält (vgl. BVerwG 29.06.1988 – 6 P 18/86 – und 12.09.1989 – 6 P 14/87 –). Wenn die Dienststelle dem Personalrat in der zuvor dargestellten Art und Weise eine Fachzeitschrift zur Verfügung stellt, hat er keinen Anspruch darauf, darüber hinaus auch noch andere Fachzeitschriften zu erhalten (vgl. BVerwG 30.01.1991 – 6 P 7/89 –). Wenn sich in der Dienststelle noch keine Fachzeitschrift vorfindet bzw. dem Personalrat nicht zur Mitbenutzung zur Verfügung gestellt wird, hat der Personalrat ein eigenes Auswahlrecht im Hinblick auf eine in Betracht kommende entsprechende Fachzeitschrift auf (vgl. BVerwG 05.10.1989 – 6 P 10/88 –).

44 Die Dienststelle hat überdies **„in erforderlichem Umfang Büropersonal"** zur Verfügung zu stellen. Insoweit besteht keine unbedingte, d. h. generelle dienststellenseitige Verpflichtung („hat"). Die Zurverfügungstellung steht vielmehr unter der Voraussetzung einer bestehenden „Erforderlichkeit". Der Begriff **„Büropersonal"** erfasst in der Hauptsache Schreibkräfte und möglicherweise auch Hilfskräfte für Büroarbeiten (z. B. Fotokopier- oder Ablageverrichtung). Zur Protokollführung im Rahmen der Personalratssitzung vgl. § 31 Rz. 12. Nicht erfasst werden Sachbearbeiter oder anderweitiges höher qualifiziertes Personal (vgl. BVerwG 21.03.1984 – 6 P 3.82 – und VG Köln 08.11.2018 – 33 K 1694/17 –). Entsprechendes gilt für sog. Kommunikationsbeauftragte, wie es das BAG für Informationsvermittler zwischen der Belegschaft und dem Betriebsrat in einem zu entscheidenden Fall für ein Unternehmen der freien Wirtschaft mit ca. 22.000 Beschäftigten, das also gar nicht mit den Dienststellengrößen im Anwendungsbereich des LPVG NRW zu vergleichen ist, entschieden hat (vgl. BAG 29.04.2015 – 7 ABR 102/12 –). Denn weder der Wortlaut des § 40 Abs. 3 noch dessen Normbestimmung decken Derartiges ab. Der Personalrat hat **keinen Anspruch auf eine bestimmte Person als Bürokraft** (vgl. OVG Hamburg 27.02.2013 – 8 Bf 197/12 –). Er muss also grundsätzlich die von der Dienststelle ausgewählte und ihm zugewiesene Bürokraft in Anspruch nehmen, wenn diese **„geeignet"** ist (vgl. im Kontext entsprechend LAG Berlin-Brandenburg 03.11.2022 – 26 TaBV 751/22 – zur Schwerbehindertenvertretung). Ein **Ablehnungsrecht** steht ihm ausnahmsweise nur dann zu, wenn er gewichtige persönliche oder fachliche Gründe in ihrer Person gegenüber der Dienststelle vorbringen kann (vgl. VG Gelsenkirchen 19.03.2009 – 12c K 1301/09.PVL – und Deppisch u. a., Erl. 4.6.1, S. 87). Umgekehrt hat die Dienststelle (Arbeitgeber) keinen Anspruch gegenüber dem Personalrat, dass dieser eine ihm zugewiesene Bürokraft im Weiteren auch tatsächlich

in Anspruch nimmt (vgl. entsprechend BAG 05.03.1997 – 7 ABR 3/96 zum BetrVG). In diesem Fall hat die Dienststelle mit der Zurverfügungstellung das ihrerseits erforderliche getan. Tritt der Umstand ein, dass eine zunächst zur Verfügung gestellte Bürokraft im Weiteren nicht mehr in Anspruch genommen werden soll (z.B. aufgrund eines eingetretenen Vertrauensverlustes oder dem Entfallen einer Erforderlichkeit), muss sich die Dienststelle um eine anderweitige Beschäftigung der Bürokraft in der Dienststelle kümmern, z.B. durch eine (Rück-)Umsetzung auf deren vormaligen Arbeitsplatz oder eine Änderungs- bzw. Beendigungskündigung, soweit kein passender Arbeitsplatz vorhanden ist. Die Dienststelle muss dem Personalrat nicht unbedingt, d.h. also in jedem Fall dauerhaft eine eigene Bürokraft zuweisen. Denn die gesetzlich gewährte Zurverfügungstellung ist darauf ausgerichtet, dass der Personalrat durch sie nur **„in erforderlichem Umfang"** bei der Erfüllung seiner gesetzlichen Aufgaben zu unterstützen ist. Der Unterstützungsumfang richtet sich danach, was diejenigen seiner Mitglieder, die mit der gesetzlichen Aufgabenwahrnehmung betraut sind, auch tatsächlich für diese Tätigkeit der unselbstständigen Hilfeleistung durch eine Bürokraft bedürfen (vgl. BVerwG 21.03.1984 a.a.O. und VG Köln 08.11.2018 a.a.O.). Der Personalrat weist also **nur bei entsprechendem Bedarf (!)** einen dem entsprechenden Anspruch auf. Das ist nach den **Umständen des Einzelfalles** und nach dem **tatsächlichen Arbeitsanfall** beim dem Personalrat der jeweiligen Dienststelle zu beurteilen. Dabei sind speziell die Art und der Umfang der anfallenden Schreib- und Büroarbeiten, aber auch Fragen der zeitgerechten Erledigung anfallender Arbeiten sowie die Gewährleistung der Unabhängigkeit der Personalvertretung von Bedeutung (so OVG NRW 17.05.1989 – CL 20/87 –, das in dem zugrunde liegenden Fall die zur Verfügungsstellung einer vom Personalrat begehrten Bürokraft im Umfang von 30 Wochenstunden verneint hat). Es fällt in den Verantwortungsbereich des Personalrats, im Einzelnen gegenüber der Dienststelle darzulegen, welche Bürotätigkeiten bei ihm anfallen und in welchem Umfang diese einer Bürokraft übertragen werden sollen (BayVGH 08.04.2008 – 18 P 07.1370 – m.w.N.). Der pauschale Hinweis auf Erfahrungen und eine Zurverfügungstellung in der Vergangenheit genügen nicht (vgl. VG Köln 08.11.2018 a.a.O.). Bei seiner vorangehenden Beschlussfassung hat er den **Grundsatz der sparsamen Verwendung öffentlicher Haushaltsmittel** zu beachten (vgl. VG München 23.04.2007 – M 14 P 06.1704 –)! Da § 40 Abs. 3 dem Personalrat letztendlich eine durchsetzungsfähige Rechtsposition zukommen lässt (vgl. Rz. 53), ist die Erforderlichkeitsbemessung samt einer dabei entsprechend bestehenden „Darlegungs- und Beweislastverteilung" normzweckentsprechend und sachgerecht. Eine „typisierenden Betrachtungsweise anhand von Erfahrungswerten in vergleichbaren Dienststellen", wie sie das OVG Niedersachsen in seiner Entscheidung vom 21.11.1984 – 18 L 1863/94 –, mit Bezug auf BayVGH 10.02.1993 – 17 P 92/2698 – vorgenommen hat oder eine „Beurteilung anhand der Anzahl, der in der Dienststelle freigestellten Personalratsmitglieder“, wie sie das OVG Sachsen-Anhalt in seiner Entscheidung vom 30.07.2003 – 5 L 5/02 – festgestellt hat und damit bei einem Personalrat mit neun Mitgliedern und einer vollen Freistellung als Erfahrungswert für die Erledigung der erforderlichen Büroarbeiten den Einsatz einer Bürokraft mit 20 Wochenstunden bejaht hat, ist abzulehnen. Bei einem **Arbeitsausfall der zur Verfügung gestellten Bürokraft** hat die Dienststelle dem Personalrat eine entsprechende Ersatzkraft zur Verfügung zu stellen (vgl. OVG Sachsen 07.07.1998 – P 5 S 4/97 –).

44a **Wichtig!**

Die tatsächliche Zurverfügungstellung wird durch eine Anordnung der Dienststelle gegenüber der Bürokraft bewirkt. Diese Anordnung und auch spätere Änderungen können sich im Einzelfall als mitbestimmungspflichtige Personalmaßnahme nach § 72 Abs. 1 Satz 1 (z. B. Umsetzung, Versetzung etc.) darstellen!

Verzichtet der Personalrat auf die Zurverfügungstellung im späteren, ist dies für die Dienststelle bindend. Sie kann ihn nicht zur (Weiter-)Beschäftigung der hiervon betroffenen Bürokraft als Sekretärin bei ihm zwingen (so zutreffend ArbG Bochum 02.11.2023 – 1 Ca 421/23 n.rk.)!

V. Bekanntmachungs- und Unterrichtungsrecht des Personalrats

45 Abs. 4: Nach **Abs. 4 Satz 1** hat der Personalrat die Berechtigung, die Beschäftigten über Angelegenheiten, die sie unmittelbar betreffen, schriftlich oder elektronisch zu unterrichten. Der Personalrat kann nicht nur auf die mündliche Informationsweitergabe, z. B. im Rahmen von Sprechstunden (§ 39) oder Personalversammlung (§ 45), verwiesen werden. Im Rahmen der ihm somit zur Verfügung gestellten **Unterrichtungsmöglichkeiten** kann er auswählen, welchen Informationsweg er jeweils beschreiten möchte. Hierbei hat er stets das Gebot der sparsamen Verwendung öffentlicher Mittel zu beachten. Von daher ist die Veröffentlichung einer **Informationsschrift für die Beschäftigten** in regelmäßigen Intervallen dem Grunde nach nicht unbedingt ausgeschlossen, wenn anderweitige Möglichkeiten der Information nicht im ausreichenden Maße zur Verfügung stehen, um das Informationsbegehren der Beschäftigten befriedigend zu erfüllen (vgl. auch OVG NRW 10.02.1993 – CL 1/90 –, das die Zulässigkeit

der Herausgabe für kleine bis mittlere Dienststellen zwar verneint, allerdings für große Dienststellen nicht abschließend entschieden hat).

Wichtig! 46

Da die Informationsschriften des Personalrates im unmittelbaren Zusammenhang seiner Aufgaben nach dem LPVG NRW stehen müssen, dürfen sie von ihm nicht dazu verwendet werden, öffentlich Streitigkeiten zwischen ihm und der Dienststelle auszutragen. Der Grundsatz der vertrauensvollen Zusammenarbeit (nach § 2 Abs. 1) erfordert an dieser Stelle vielmehr zwingend die persönliche Kontaktaufnahme und Korrespondenz zur Streitbeilegung (vgl. hierzu auch VGH Baden-Württemberg 06.09.1988 – 15 S 2018/87 –)!

Da üblicherweise in der heutigen Zeit nahezu alle Dienststellen mit moder- 47
ner EDV-Technik ausgestattet sind, kann der Personalrat die **Unterrichtung auch per Intranet bzw. E-Mail** vornehmen. Wenn Beschäftigte allerdings, z. B. in einer Außenstelle, keine EDV-Vernetzung aufweisen, müssen sie im Rahmen der Gleichbehandlung in klassischer Weise entsprechend schriftlich eingebunden werden.

Wenn in der Dienststelle regelmäßig das Intranet genutzt wird und dort 48
die Möglichkeit zur **Einrichtung einer eigenen Homepage** besteht, besteht unter Beachtung der zuvor dargestellten Grundsätze und im Übrigen mit Blick auf das Benachteiligungsverbot des § 7 Abs. 1 Halbsatz 1 Alt. 2 (vgl. § 7 Rz. 15 ff.) gegebenenfalls auch ein Anspruch des Personalrates darauf.

Nach **Abs. 4 Satz 2** sind dem Personalrat in allen Dienststellen, d.h. also 49
nicht nur in der Hauptdienststelle, **„geeignete Plätze für Bekanntmachungen“** zur Verfügung zu stellen und die Möglichkeit einer elektronischen Bekanntmachung zu eröffnen. Dem Personalrat sind somit an den Plätzen in der Dienststelle, wo die Beschäftigten auch eine ausreichende Einsichtsmöglichkeit haben, entsprechende Anschlagstafeln zuzubilligen. Zur Frage und Erforderlichkeit, wie viele Bekanntmachungsplätze dem Personalrat zur Verfügung zu stellen sind (vgl. OVG Hamburg 22.05.2000 – 8 Bf 436/99. PVL –). Was in welcher Form und wie lange an den vorbenannten Örtlichkeiten bekannt gemacht wird, unterliegt der Entscheidung des Personalrats (vgl. OVG Berlin 14.05.1997 – OVG PV [Bln] 15/94 zum LPVG Berlin).

Wichtig! 50

Die Anschlagstafel wird dem Personalratsplenum zur Verfügung gestellt. Insofern dürfen einzelne Personalratsmitglieder diese nicht für persönliche Mitteilungen über die bzw. ihre Personalratstätigkeit gebrauchen, wenn kein entsprechender Genehmigungsbeschluss vorliegt (vgl. BayVGH 29.07.1987 – Nr. 17 C 87.01687 –)!

51 Die verhältnismäßigen **Kosten für die Herausgabe von Informationsschriften** oder die Verwendung anderweitiger erforderlicher Informationsmedien durch den Personalrat trägt dem Grunde nach die Dienststelle nach Maßgabe der Regelung in Abs. 1. Wenn aber eine Informationsschrift Inhalte aufweist, die nichts mit dem gesetzlichen Aufgabenbereich des Personalrates zu tun hat oder ehrenrührig oder geeignet ist, den Frieden in der Dienststelle zu gefährden, so besteht insoweit keine Kostenübernahmepflicht der Dienststelle, d.h. also z.B. für die Druckkosten des betreffenden Schriftenteils (vgl. BVerwG 25.11.1982 – 6 P 40/79 – und OVG NRW 17.01.1991 – CL 54/88 – sowie 10.02.1993 – CL 1/90 –).

52 **Wichtig!**

Da der Personalrat keine Beiträge von den Beschäftigten erheben darf (§ 41), darf er entsprechend für die von ihm herausgegebenen Informationsschriften auch keine Kosten von den Beschäftigten verlangen (vgl. BVerwG 10.10.1990 – 6 P 22/88 –)!

VI. Rechtliche Auseinandersetzungen

53 Streitigkeiten aus dieser Vorschrift im Hinblick auf die Kostentragungspflicht der Dienststelle sind nach § 79 Abs. 1 Nr. 3 im personalvertretungsrechtlichen Beschlussverfahren vor dem Verwaltungsgericht zu klären. In einem Rechtsstreit des Personalrats oder eines Mitglieds des Personalrats mit der Dienststelle über das Honorar des Anwalts und die Freistellung von den Ansprüchen des Anwalts ist Letzterer kein Verfahrensbeteiligter (vgl. OVG Hamburg 26.11.2001 – 8 Bf 372/00.PVL –). Da § 40 Abs. 3 dem Personalrat eine durchsetzungsfähige Rechtsposition einräumt, kann er die **Ansprüche auf Zurverfügungstellung eines erforderlichen Raumbedarfs, Geschäftsbedarfs und von Büropersonal** gegen die Dienststelle mit einem Verpflichtungsantrag verfahrensrechtlich geltend machen (vgl. BVerwG 29.06.2004 – 6 PB 3.04 –).

54 **Wichtig!**

Wenn der Personalrat Kosten für Informationsschriften bislang noch nicht geltend gemacht hat, so kann die Dienststelle dennoch von sich aus im personalvertretungsrechtlichen Beschlussverfahren das Nichtbestehen einer Kostentragungspflicht klären bzw. feststellen lassen (vgl. OVG NRW 11.03.1994 – 1 A 1423/91.PVL –)!

§ 41 (Verbot der Beitragserhebung und -annahme)

Der Personalrat darf für seine Zwecke von den Beschäftigten keine Beiträge erheben oder annehmen.

Gliederung

I. Inhalt des Verbotes

Die Mitglieder des Personalrates führen ihr Amt nach § 42 Abs. 1 unentgeltlich als Ehrenamt aus, wobei ihre persönlichen und sachlichen Kosten nach Maßgabe des § 40 von der Dienststelle getragen werden. Dementsprechend soll der Personalrat als solcher seine Tätigkeit unabhängig ausführen und darf für seine Zwecke von den Beschäftigten keine Beiträge erheben oder annehmen. 1

„**Beiträge**" sind sämtliche Leistungen aller Art, d. h. z. B. Geldleistungen, aber auch Sach- oder Dienstleistungen (vgl. BVerwG 10.10.1990 – 6 P 22.88 – und OVG NRW 11.10.1988 – CL 38/86 –). Verboten sind insoweit vor allem auch Stundengutschriften oder Vereinbarungen über die Erhöhung von Sollarbeitszeiten wegen personalratsbedingter Mehrbelastungen, da diese faktisch eine Vergütung zur Folge haben (vgl. entsprechend BAG 26.05.2021 – 7 AZR 248/20 – zum BetrVG). 2

Damit soll sowohl die Tätigkeit der Personalvertretung als auch die Unabhängigkeit ihrer Entscheidungen geschützt werden. 3

Mit Blick darauf, dass der Personalrat verpflichtet ist, sein Amt objektiv und neutral zu führen, besteht das **Erhebungs- und Annahmeverbot** nicht nur **gegenüber den Beschäftigten**, sondern auch **gegenüber der Dienststelle** (vgl. BVerwG 10.10.1990 – 6 P 22/88 –). Mithin darf der Personalrat auch von dort aus, keine Leistungen entgegennehmen. Verhältnismäßige Bewirtungen bei Besprechungen mit der Dienststelle (z. B. Wasser, Kaffee und Plätzchen) und gegebenenfalls auch Sachmittel (z. B. Internetzugang), die allen Beschäftigten in der Dienststelle gleichsam zur Verfügung gestellt werden, sind als unbedenklich anzusehen. 4

Das in der vorliegenden Vorschrift geregelte Verbot bezieht sich auch auf **Sammlungen** für den Personalrat aber auch Dritte, sodass der Personalrat z. B. keine Beiträge für Gewerkschaften einziehen darf. Wenn allerdings ein einzelnes Personalratsmitglied außerhalb seiner Amtstätigkeit Beiträ- 5 ge der Gewerkschaft, der es angehört, beitreibt, ist dies unschädlich. Hierbei ist dem Mitglied zu empfehlen, darauf zu achten, dass nach außen hin unmissverständlich eine Abgrenzung zu seiner Personalratstätigkeit zu erkennen ist.

6 Damit keine Zweifel an der Unabhängigkeit des Personalrates aufkommen, sollte der Personalrat vor allem davon Abstand nehmen, **Sammlungen für innerdienstliche Anlässe** wie Geburtstage, Hochzeiten, Dienstjubiläen und Beerdigungen von sich aus vorzunehmen. Hier empfiehlt es sich vielmehr möglichst im Schulterschluss mit der Dienststelle zusammen zu handeln. So sollten etwa derartige Sammlungen gegebenenfalls einhergehend mit der Organisation einer Geburtstags- oder Jubiläumsfeier zusammen vorbereitet werden.

7 Des Weiteren ist dem Personalrat die **Annahme von Zuwendungen Dritter** und dabei insbesondere von **Geldspenden** verwehrt (vgl. BVerwG 10.10.1990 a.a.O. und OVG NRW 11.10.1988 a.a.O., allerdings unter Anwendung der Pflicht zur objektiven und neutralen Amtsführung nach § 2 Abs. 1 Hs 1 und Abs. 2 Satz 1). Das umfasst sowohl **aktiv zugeführte Zuwendungen** als auch **unentgeltlich ausgeführte Tätigkeiten** für den Personalrat wie z.B. der kostenfreie Druck von Informationsschriften oder die kostenfreie Überlassung von Fachliteratur durch Dritte.

II. Rechtliche Auseinandersetzungen

8 Streitige Fragen aus der Vorschrift sind nach § 79 Abs. 1 Nr. 3 im personalvertretungsrechtlichen Beschlussverfahren vor dem Verwaltungsgericht zu klären. Wenn sich der Verstoß gegen die Vorgaben des § 41 als eine „grobe Pflichtenverletzung" i.S.d. § 25 darstellen sollte, kann auch auf das ein Ausschluss- oder Auflösungsverfahren zurückgegriffen werden.

Vierter Abschnitt
Rechtsstellung der Mitglieder

§ 42 (Ehrenamt, Arbeitsversäumnis, Freistellung)

(1) Die Mitglieder des Personalrats führen ihr Amt unentgeltlich als Ehrenamt.

(2) Versäumnis von Arbeitszeit, die zur ordnungsgemäßen Durchführung der Aufgaben des Personalrats erforderlich ist, hat keine Minderung der Bezüge oder des Arbeitsentgelts zur Folge. Werden Personalratsmitglieder durch die

Erfüllung ihrer Aufgaben über ihre individuelle Arbeitszeit hinaus beansprucht, so ist ihnen Dienstbefreiung in entsprechendem Umfang zu gewähren.

(3) Mitglieder des Personalrats sind durch die Dienststelle von ihrer dienstlichen Tätigkeit ganz oder teilweise freizustellen, wenn und soweit es nach Umfang und Art der Dienststelle zur ordnungsgemäßen Durchführung ihrer Aufgaben erforderlich ist und der Personalrat die Freistellung beschließt. Dabei ist zunächst die Vorsitzende Person und sodann je ein Mitglied der Gruppe, der die Vorsitzende Person nicht angehört, unter Beachtung der in dieser Gruppe am stärksten vertretenen Liste zu berücksichtigen. Die übrigen Freistellungen richten sich nach der Gruppenstärke; Gewerkschaften, die zur selben Spitzenorganisation gehören sowie freie Listen können sich hierfür gruppenübergreifend zusammenschließen. Die Freistellung hat keine Minderung der Besoldung oder des Arbeitsentgelts zur Folge und darf nicht zur Beeinträchtigung des beruflichen Werdegangs führen.

(4) Von ihrer dienstlichen Tätigkeit sind nach Absatz 3 freizustellen in Dienststellen mit in der Regel 100 bis 199 Beschäftigten ein Mitglied für zwölf Arbeitsstunden in der Woche. Im Einvernehmen zwischen Personalrat und Dienststelle kann bei außergewöhnlichem, anlassbezogenen Bedarf vorübergehend abgewichen werden.

Von ihrer dienstlichen Tätigkeit sind nach Absatz 3 ganz freizustellen in Dienststellen mit in der Regel

200 bis 500 Beschäftigten ein Mitglied,

501 bis 900 Beschäftigten zwei Mitglieder,

901 bis 1 500 Beschäftigten drei Mitglieder,

1 501 bis 2 000 Beschäftigten vier Mitglieder,

2 001 bis 3 000 Beschäftigten fünf Mitglieder,

3 001 bis 4 000 Beschäftigten sechs Mitglieder,

4 001 bis 5 000 Beschäftigten sieben Mitglieder,

5 001 bis 6 000 Beschäftigten acht Mitglieder,

6 001 bis 7 000 Beschäftigten neun Mitglieder,

7 001 bis 8 000 Beschäftigten zehn Mitglieder,

8 001 bis 9 000 Beschäftigten elf Mitglieder,

9 001 bis 10 000 Beschäftigten zwölf Mitglieder.

In Dienststellen mit mehr als 10 000 Beschäftigten ist für je angefangene weitere 2 000 Beschäftigte ein weiteres Mitglied freizustellen. Von den Sätzen 3 und 4 kann im Einvernehmen zwischen Personalrat und Dienststelle abgewi-

chen werden. Auf Antrag des Personalrats können mehrere Mitglieder anteilig freigestellt werden.

(5) Die Mitglieder des Personalrats und Ersatzmitglieder, die regelmäßig zu Sitzungen des Personalrats herangezogen werden, sind unter Fortzahlung der Bezüge und Erstattung der angemessenen Kosten für die Teilnahme an Schulungs- und Bildungsveranstaltungen vom Dienst freizustellen, soweit diese Kenntnisse vermitteln, die für die Tätigkeit im Personalrat erforderlich sind. Dienststelle und Personalrat können sich im Rahmen eines Budgets über die voraussichtlich anfallenden notwendigen Kosten verständigen; der Personalrat entscheidet im Rahmen des Budgets eigenverantwortlich.

(6) Erleidet eine Beamtin oder ein Beamter anlässlich der Wahrnehmung von Rechten oder der Erfüllung von Pflichten nach diesem Gesetz einen Unfall, der im Sinne der beamtenrechtlichen Unfallfürsorgevorschriften ein Dienstunfall wäre, so finden diese Vorschriften entsprechende Anwendung.

Gliederung

I. Einleitende Bemerkungen

1 Die Vorschrift trifft Regelungen zur Rechtsstellung der Personalratsmitglieder (Abs. 1), zu ihrer zeitweisen Dienst- bzw. Arbeitsbefreiung (Abs. 2), zu ihrer dauerhaften Voll- oder Teilfreistellung (Abs. 3 und 4), zur Freistellung für Schulungs- und Bildungsveranstaltungen (Abs. 5) und zur Anwendung der beamtenrechtlichen Unfallverhütungsvorschriften (Abs. 6). **Einleitend ist in diesem Zusammenhang bereits klarzustellen, dass die in der Vorschrift enthaltenen Freistellung allesamt nur für die ausschließliche Erledigung von Personalratstätigkeiten vorgesehen sind!**

Überblick zu den einzelnen Freistellungsregelungen: 2

Abs. 2	=	Zeitweise Dienst-/Arbeitsbefreiung	→	**Nur bei Erforderlichkeit!**
Abs. 3	=	Dauerhafte Voll- oder Teilfreistellung	→	**Nur bei Erforderlichkeit!**
Abs. 4	=	Dauerhafte Voll- oder Teilfreistellung	→	**Zwingend!**
Abs. 5	=	Zeitweise Freistellung für Schulungen	→	**Nur bei Erforderlichkeit!**

Die Vorschrift ist durch die **Novelle 2011** tief greifend geändert worden. In den Abs. 3, 4 und 6 sind die Bestimmungen über Freistellungen geändert worden. In Abs. 3 Satz 2 ist im Hinblick auf den in § 29 durch die Novelle vorgenommenen Wechsel vom Vorstandsprinzip hin zum Vorsitzendenprinzip nunmehr bei Freistellungen zunächst die Vorsitzende Person des Personalrates zu berücksichtigen. In Abs. 4 Satz 1 ist die Festlegung des Teilfreistellungsumfanges für sog. Kleindienststellen von vormals bis zu 300 Beschäftigten auf „bis zu 199“ heruntergesetzt worden, sodass die Verpflichtung zur Teilfreistellung zugunsten der Personalräte ausgeweitet worden ist (vgl. LT-Drucks. 15/1644, S. 78). Ferner wurde der in Abs. 4 Satz 3 enthaltende Ausschlusstatbestand, dass weitergehende pauschale Freistellungen unzulässig sind, gestrichen. Der ehemals in Abs. 4 Satz 4 geregelte Freistellungsumfang ist nunmehr in Satz 3 geregelt und hat neben der systematischen Änderung auch inhaltlich eine Ausweitung erhalten. Soweit vormals ein Anspruch auf volle Freistellung eines Personalratsmitgliedes erst bei 301 Beschäftigten bestanden hat, ist dies nunmehr bereits bei 200 Beschäftigten der Fall (vgl. LT-Drucks. 15/1644 a. a. O.). Ansonsten hat die Vorschrift noch verschiedene geschlechtergerechte Sprachanpassungen erhalten. 3

II. Unentgeltliches Ehrenamt

<u>Abs. 1:</u> Die Vorschrift besagt, dass die Personalratsmitglieder ein „**Ehrenamt**“ versehen (vgl. BAG 26.05.2021 – 7 AZR 248/20 –) und dafür **keine Leistungsvergütung** beanspruchen dürfen (vgl. hierzu entsprechend BAG 20.00.2020 – 7 AZR 345/18 zum BetrVG). Währenddessen erhalten sie ihre 4

originäre Besoldung bzw. Bezahlung aus dem Dienst- bzw. Arbeitsverhältnis weiter (vgl. entsprechend BVerwG 13.09.2001 – 2 C 34.00 –). Bei dem Personalratsamt handelt es sich um ein öffentliches Ehrenamt, aus dem allerdings keine hoheitlichen Befugnisse folgen (vgl. BVerwG 19.09.1984 – 1 D 38.84 –). Dieses ist inhaltlich durch die Vorgaben des LPVG NRW ausgekleidet und beschränkt sich prinzipiell nur auf die dort geregelte Aufgabenwahrnehmung (vgl. BVerwG 07.10.1964 – VI C 70.62 –).

5 Die **Rechte und Pflichten der Personalratsmitglieder bei ihrer Amtsausübung** sind von dem ihnen als Beschäftigte zugrunde liegenden Beamten- bzw. Arbeitsverhältnis zu trennen. Dementsprechend kann ein Personalratsmitglied wegen der Verletzung ausschließlicher Beamten- bzw. Arbeitnehmerpflichten **(„beamten- bzw. individualarbeitsrechtliche Abmahnung“)**, wegen der Verletzung personalvertretungsrechtlicher Amtspflichten **(„personalvertretungsrechtliche Abmahnung“)** oder der zusammenfallenden Verletzung beider vorgenannter Pflichten abgemahnt werden. Die Möglichkeit des Ausspruchs einer personalvertretungsrechtlichen Abmahnung wird zwar im LPVG NRW nicht ausdrücklich erwähnt, ergibt sich nach dem Dafürhalten des Verfassers aber aus dem besonderen Kooperationsverhältnis, das zwischen der Dienststelle und der Personalvertretung besteht. Demzufolge ist ebenso dem Personalrat eine Abmahnungsmöglichkeit gegenüber der Dienststellenleitung (§ 8) zuzusprechen, wenn diese ihre gesetzlichen Amtspflichten missachtet. Soweit die beiden letztgenannten Möglichkeiten von der personalvertretungsrechtlichen Rechtsprechung noch nicht abschließend geklärt und in der Literatur z. T. streitig behandelt werden, wird im Einzelnen auf die erstmalige und ausführliche Aufbereitung zur Bejahung einer solchen Abmahnung, auf **Bülow, Die Missbilligung im öffentlichen Dienst, Teil 2: Die personalvertretungsrechtliche Er- und Abmahnung**, PersV 2022, S. 324, verwiesen!

6 **Beispiel:**

Wenn sich ein Personalratsmitglied, im Rahmen seiner Personalratstätigkeit z. B. kleine Mengen Druckerpapier seiner Dienststelle in rechtswidriger Weise zueignet, verletzt es dadurch seine Vermögensfürsorgepflicht gegenüber der Dienststelle, sowohl als Personalratsmitglied als auch als Arbeitnehmer.

Damit kann die Dienststelle sowohl für das Fehlverhalten aus dem Bereich der Personalratstätigkeit als auch für die individualrechtliche Pflichtverletzung jeweils eine (gesonderte) Abmahnung aussprechen.

7 **Muster**: Abmahnung Personalratsmitglied, vgl. **Muster 6** § 25 Rz. 23 und Abmahnung Arbeitnehmer, vgl. **Muster 7** § 25 Rz. 25

8 Die Mitglieder des Personalrates dürfen für ihr ehrenamtliches Mandat weder von der Dienststelle, den dortigen Beschäftigten noch von Dritten **Bei-**

träge erheben oder Zuwendungen entgegennehmen (vgl. BAG 22.05.1986 – 6 AZR 557/85 – und § 41, Rz. 1 ff.).

III. Zeitweise Dienstbefreiung und Versäumnis von Arbeitszeit

Abs. 2: Die Vorschrift legt fest, dass Mitglieder des Personalrates in dem 9
für die Wahrnehmung ihrer Aufgaben nach dem LPVG NRW erforderlichen Umfang einen **Anspruch auf Arbeits- oder Dienstbefreiung** haben (siehe auch Übersicht Rz. 2). Zur **Teilnahme an der Arbeitszeiterfassung** anlassbezogener freigestellter Personalratsmitglieder vgl. Rn. 44a.

Nach **Abs. 2 Satz 1** ist vorgesehen, dass die Versäumnis von Arbeitszeiten, 10
die zur ordnungsgemäßen Durchführung der Aufgaben des Personalrats erforderlich sind, **keine Minderung der Bezüge oder des Arbeitsentgelts** zur Folge haben darf (sog. „Lohnausfallprinzip“). Letztere stehen den Personalratsmitgliedern während der Ausübung des Personalratsmandats aus dem zugrunde liegenden Dienst- bzw. Arbeitsvertrag zu (vgl. Rz. 4). Die vorliegende Vorschrift stellt also keine eigenständige Anspruchsgrundlage für eine Vergütung dar, sondern konkretisiert vielmehr das Behinderungs- und Benachteiligungsverbot nach § 7 Abs. 1 (so im Ergebnis zutreffend OVG NRW 13.04.2016 – 1 A 1236/15 – zur Vergabe einer Leistungsprämie als Anerkennung für herausragende Leistungen an ein freigestelltes Personalratsmitglied der Beamtengruppe; a. A. OVG Saarland 20.06.2018 – 1 A 727/16, das in Verkennung des ausschließlich gesetzlich geregelten Minderungsverbot zu Unrecht einen Prämienzahlungsanspruch hergeleitet hat). Zu den Vergütungsbestandteilen im Einzelnen vgl. Rz. 42.

Eine Arbeitszeitversäumnis ist dann **„erforderlich“**, wenn sie im unmit- 11
telbaren Zusammenhang mit der ordnungsgemäßen Durchführung der dem Personalrat nach dem LPVG NRW zukommenden Aufgaben steht.

Beispiele: 12

- Besprechungsteilnahme auf Veranlassung der Dienststelle (§ 2 Abs. 1)
- Vor- und Nachbereitung sowie Teilnahme an Sitzungen (§ 31)
- Organisation und Durchführung von Sprechstunden (§ 39)
- Dienstreisen (§ 40 Abs. 1 Satz 2)
- Versammlungsleitung (§ 45 Abs. 1 Satz 2)
- Quartalsbesprechungen mit der Dienststelle (§ 63)
- Entgegennahme der Mitteilungen von Beschäftigten und deren Verhandlung mit der Dienststelle (§ 64 Nr. 5)

- Teilnahme an Vorstellungsgesprächen (§ 65 Abs. 2 Satz 2)
- Teilnahme an Sitzungen des Wirtschaftsausschusses (§ 65a Abs. 6)
- Teilnahme an Erörterungen mit der Dienststelle (§ 66 Abs. 3 Satz 1 Halbsatz 2)
- Teilnahme an Einigungsstellensitzungen (§ 67 Abs. 3)
- Teilnahme an Besprechungen mit Sicherheitsbeauftragten (§ 77 Abs. 3)

13 **Keine erforderliche Arbeitszeitversäumnis** stellten also Tätigkeiten dar, die außerhalb der Amtspflichten des Personalrates liegen, wie die Teilnahme an Beerdigungen von Kollegen, an Arbeitstagungen mit anderen Personalräten oder die Teilnahme als Zuhörer bei einer Gerichtsverhandlung (vgl. hierzu auch § 40 Rz. 5, 27 m. w. N.).

14 Es gibt **keine gesetzlichen Verfahrensvorgaben** zur Dienst- oder Arbeitsbefreiung nach Abs. 2 Satz 1. Wenn die dortigen Tatbestandsvoraussetzungen erfüllt sind, entfällt für das jeweilige Personalratsmitglied unmittelbar dessen Dienst- oder Arbeitspflicht (vgl. BAG 19.09.1985 – 6 AZR 476/83 –). Zur ordnungsgemäßen Aufgabendurchführung benötigen die Personalratsmitglieder also weder einen Urlaubs- noch einen Dienstbefreiungsantrag.

15 **Wichtig!**

Zur Aufrechterhaltung des ordnungsgemäßen Dienst- bzw. Verwaltungsbetriebes besteht allerdings die Pflicht die beabsichtigte Aufgabenwahrnehmung rechtzeitig beim Dienststellenleiter bzw. der zuständigen Führungskraft anzuzeigen. Weiterhin besteht die Pflicht unter Angabe der voraussichtlichen Abwesenheitsdauer eine entsprechende Ab- und Rückmeldung vorzunehmen (vgl. auch § 31 Rz. 4)!

16 Nach **Abs. 2 Satz 2** ist Personalratsmitgliedern **Freizeitausgleich** zu gewähren, wenn sie durch die Erfüllung ihrer Aufgaben über ihre individuelle Arbeitszeit hinaus beansprucht werden.

17 Das setzt zunächst voraus, dass eine **Beanspruchung durch die Erfüllung von Personalratsaufgaben** stattgefunden hat. Es gelten dieselben Grundsätze wie bei der Arbeits- oder Dienstbefreiung nach Abs. 2 Satz 1 (vgl. Rz. 11). Eine Ausnahme besteht allerdings für **Reisezeiten außerhalb der Arbeitszeit**, da sie auch ansonsten nicht als Dienst zu werten sind (vgl. BAG 17.10.1990 – 7 AZR 612/89 – und OVG Mecklenburg-Vorpommern 10.04.2002 – 8 L 120/00 – sowie BayVGH 07.01.1986 – Nr. 3 B 83 A 1377 –). Wenn ein Personalratsmitglied außerhalb seiner individuellen Arbeitszeit z. B. eine Besprechung mit Sicherheitsbeauftragten, eine Einigungsstellensitzung oder eine Sitzung des Hauptpersonalrats hat, so erhält es hierfür keinen Freizeitausgleich nach Abs. 2 Satz 2!

„**In entsprechendem Umfang**" heißt, dass der Freizeitausgleich nur im Umfang der tatsächlichen Dauer der Personalratstätigkeit zu gewähren ist. Pausenzeiten werden dabei nicht berücksichtigt (vgl. BVerwG 30.01.1986 – 2 C 18.83 –). Für die tatsächliche Dauer der Personalratstätigkeit trägt das betreffende Personalratsmitglied die Darlegungs- und Beweislast. 18

Durch das **Tatbestandsmerkmal der individuellen Arbeitszeit** wird klargestellt, dass es nicht auf die regelmäßige oder betriebsübliche Arbeitszeit, sondern maßgeblich auf die spezifische Arbeitszeit des betreffenden einzelnen Personalratsmitgliedes ankommt. Wenn ein Personalratsmitglied also z. B. **außerhalb der Nachtarbeitsstunden Personalratsaufgaben** wahrnimmt weist es auch dann kein Anspruch auf Gewährung von Nachtarbeitszuschlägen (§ 8 Abs. 1 Satz 1 lit. b) TVöD/TV-L) auf, wenn es vor der Mandatsübernahme Nachtarbeit geleistet hat und seine Arbeitszeit anlässlich der Mandatsübernahme einvernehmlich auf die Tagesarbeitszeit verschoben wurde (vgl. entsprechend BAG 18.05.2016 – 7 AZR 401/14 – zum BetrVG). 19

Wichtig! 20

Personalratsmitglieder müssen, wenn sie eine Personalratstätigkeit außerhalb ihrer persönlichen Arbeitszeit ableisten möchten, die Dienststelle vorab darüber unterrichten (vgl. BAG 31.10.1985 – 6 AZR 175/83 – für Betriebsratsmitglieder)!

Der Anspruch auf Freizeitausgleich unterliegt sowohl den **tarifvertraglichen Ausschlussfristen** (z. B. § 37 TVöD/TV-L) als auch den **Verjährungsvorschriften** nach den §§ 194 ff. BGB (so BAG 26.02.1992 – 7 AZR 201/91 – zum BetrVG). 21

Der Freizeitausgleichsanspruch steht sowohl nicht freigestellten, teilweise freigestellten als auch vollständig freigestellten Personalratsmitgliedern zu. Letztere sind jedoch verpflichtet, ihre gesetzlichen Aufgaben während der für sie als freigestelltes Mitglied bestehenden Arbeitszeit zu erledigen **(„Vorrang der Freistellungsphase")**! Damit kommt ihnen ein Freizeitausgleichsanspruch nur in Ausnahmefällen zu. 22

Kein Freizeitausgleichsanspruch besteht, wenn z. B. ein Personalratsmitglied im Rahmen einer Schulungs- oder Bildungsveranstaltung über seine individuelle Arbeitszeit hinaus in Anspruch genommen wird. 23

IV. Dauerhafte Freistellung bei bestehender Erforderlichkeit

24 Abs. 3: Im Gegensatz zu der nur zeitweise stattfindenden Dienst- bzw. Arbeitsbefreiung nach Abs. 2 (vgl. Rz. 9ff.) eröffnet diese Vorschrift die Möglichkeit, dass Mitglieder des Personalrates **dauerhaft** entweder **vollständig oder teilweise**, z. B. für Stunden, Tage, Wochen oder Monate, von ihrer dienstlichen Tätigkeit befreit werden können (siehe Übersicht Rz. 2). **Die sich danach ergebende Freistellungszeit ist sodann ausschließlich für die Erledigung von Personalratstätigkeiten vorgesehen.** Dabei ruht das der eigentlichen Beschäftigung in der Dienststelle zugrunde liegende Dienst- bzw. Arbeitsvertragsverhältnis. Insoweit ist z. B. ein Beamter, der aufgrund seiner Tätigkeit als Personalratsvorsitzender von seinen dienstlichen Pflichten freigestellt ist und Vertrauensarbeitszeit in Anspruch nimmt, nicht mit einem einstweiligen in den Ruhestand versetzten Beamten oder Abgeordneten gleichzustellen (vgl. Anwaltsgerichtshof Nordrhein-Westfalen 16.12.2022 – 1 AGH 31/22 zur Versagung einer anwaltlichen Nebentätigkeit eines Bezirkspersonalratsvorsitzenden). Zur **Teilnahme dauerhaft freigestellter Personalratsmitglieder an der Arbeitszeiterfassung** vgl. Rn. 44a.

25 Die Freistellung nach **Abs. 3 Satz 1** setzt zunächst voraus, dass sie nach Umfang und Art der Dienststelle zur ordnungsgemäßen Durchführung der dem Personalrat nach dem LPVG NRW übertragenen Aufgaben **„erforderlich“** ist. Damit besteht also ein Unterschied zur Freistellung nach Abs. 2, da die Freistellung nach der vorliegenden Vorschrift, eine dem Freistellungsausmaß nach schon im Vorfeld definierte Befreiung von der Dienstleistungspflicht betrifft. Da die Freistellungsregelung in Abs. 4 keine Erforderlichkeit für eine Freistellung voraussetzt, sondern sich gesetzlich geregelt in Abhängigkeit von der Beschäftigtenzahl in der Dienststelle verhält und die dortige Freistellungsstaffelung bei 200 Beschäftigten beginnt, gilt die Freistellungsregelung der vorliegenden Vorschrift also **nur für Kleindienststellen**, die weniger Beschäftigte aufweisen (vgl. OVG NRW 15.07.1991 – CL 114/90 –). Die nach Abs. 3 Satz 1 bestehende Erforderlichkeit bemisst sich anhand der Verhältnisse in diesen Kleindienststellen und dabei im Hinblick darauf, in welchem Umfang dort regelmäßig personalvertretungsrechtliche Aufgaben zu erledigen sind (vgl. OVG NRW 13.05.1981 – CB 22/80 –). Wenn der Personalrat also Freistellungen nach der vorliegenden Vorschrift begehrt, muss er **darlegen und beweisen** können, welche genauen Aufgaben von ihm in welchem konkreten Umfang erledigt werden müssen und warum diese Erledigungen von ihm nur dann ordnungsgemäß wahrgenommen werden können, wenn eines oder gegebenenfalls mehrere Mitglieder des Personalrates teilweise bzw. vollständig freigestellt sind.

Wichtig! 26

Bei begehrten Freistellungen hat der Personalrat das Gebot der sparsamen Verwendung öffentlicher Mittel zu beachten. Denn durch die Freistellung können der Dienststelle Mehrkosten entstehen, z. B. durch Überstunden, Mehrarbeit oder der zusätzlichen Einstellung von befristeten Vertretungskräften!

Wenn sämtliche Personalratsmitglieder einer vollständigen Freistellung entgegenstehen und ihnen eine solche tatsächlich auch nicht zumutbar ist, kann auch eine **rotierende Freistellung** vorgenommen werden (vgl. BVerwG 10.05.1984 – 6 P 33.83 –). 27

Wichtig! 28

Die Dienststelle darf sich nicht darauf berufen, dass dem vom Personalrat begehrten Gesamtumfang das Nichtvorhandensein von zahlenmäßig entsprechend vorhandenen Reservestellen im Haushalts- bzw. Stellenplan entgegensteht (vgl. VGH Hessen 20.02.1980 – HPV TL 23.79 –)!

Für die Freistellung ist weiterhin ein **Beschluss des Personalrats** erforderlich, in dem er eine Entscheidung über die Art und das Ausmaß der notwendigen Freistellungen samt den freizustellenden Personalratsmitgliedern zu treffen hat (vgl. hierzu OVG NRW 04.03.1993 – CL 33/89 –). Dabei handelt es sich um eine Entscheidung des Gremiums. Das einzelne Personalratsmitglied hat keinen individuellen Freistellungsanspruch. Ferner gilt es zu beachten, dass nur die in das Personalratsgremium gewählten Mitglieder und endgültig nachgerückten Ersatzmitglieder (§ 28 Abs. 1 Satz 1) freigestellt werden können; hingegen nicht die nur zeitweise eingetretenen Ersatzmitglieder (vgl. OVG NRW 21.06.1988 – CL 17/87 –). Nach der Beschlussfassung, hat der Personalrat unter Beachtung des Grundsatzes der vertrauensvollen Zusammenarbeit (§ 2 Abs. 1 Halbsatz 1) eine **umgehende Zuleitung des Beschlusses an die Dienststelle** zu bewirken. 29

Der Personalrat hat grundsätzlich gegenüber dem Dienststellenleiter einen (Rechts-)Anspruch auf Freistellung, wenn die gesetzlichen Voraussetzungen hierfür vorliegen. Zur tatsächlichen Umsetzung bedarf es zuvor aber erst noch der abschließenden **Entscheidung der Dienststelle über den Freistellungsbeschluss**. Dabei besteht ein **eingeschränktes Prüfungsrecht des Dienststellenleiters**, das ihm eine Ablehnung der Freistellungsausführung ermöglicht, wenn die gesetzlichen Voraussetzungen nicht gegeben sind, unabweisbare dienstliche Belange entgegenstehen oder seine eigene personalvertretungsrechtliche Stellung durch die Freistellung beeinträchtigt werden würde (vgl. VG Arnsberg 27.10.2015 – 20 K 2386/14 –)! 30

31 **Praxistipp!**

Da die Frage, ob und in welchem Umfang überhaupt eine Freistellung erforderlich ist, im personalvertretungsrechtlichen Beschlussverfahren überprüft werden kann, sollte der Personalrat bereits vor seiner Beschlussfassung vertrauensvolle Rücksprache mit der Dienststelle halten und die dabei gewonnenen Erkenntnisse mit in seine Beschlussfassung einbeziehen!

32 Nach **Abs. 3 Satz 2 und 3** besteht eine **gesetzliche Reihenfolge bei der Freistellung.**

33 Nach der Novelle 2011 ist **nach Abs. 3 Satz 2 zunächst die Vorsitzende Person** freizustellen. Die stellvertretende Vorsitzende Person ist zwar in der gesetzlich geregelten Reihenfolge nicht mit aufgeführt, darf aber dennoch nicht willkürlich übergangen werden (vgl. OVG NRW 07.08.1998 – 1 A 6489/96.PVL –). Im Weiteren ist **dann ein Mitglied der Gruppe**, der die Vorsitzende Person nicht angehört, zu berücksichtigen (vgl. Rz. 35). Ausschlaggebend ist dabei der Minderheitenschutz und die Rücksicht auf die verschiedenen Gruppeninteressen, sodass es nicht auf die Stellung, d.h. beispielsweise als Stellvertretung, ankommt. **Dann findet die Freistellung nach der Gruppenstärke** und **innerhalb der Gruppe nach der Anzahl der vorhandenen Sitze** statt (vgl. OVG NRW 16.12.1993 – 1 B 2477/93.PVL – und 01.06.2017 – 20 A 2646/16.PVL –). Mithin kommt es für die Freistellung nach dieser Vorschrift auf die **Zahl der über die jeweilige Liste gewählten Mitglieder** und nicht auf die für die jeweilige Liste abgegebenen Stimmen an (vgl. OVG NRW 01.06.2017 – 20 A 2646/16.PVL – und VG Gelsenkirchen 29.11.2016 – 12c K 5552/16 –).

34 Nach **Abs. 3 Satz 3 Halbsatz 1** richten sich **die übrigen Freistellungen nach der Gruppenstärke**. Nach der Rechtsprechung ist an dieser Stelle auf das sog. Höchstzahlenverfahren zurückzugreifen, wobei die beiden Grundfreistellungen nach Abs. 3 Satz 2 (vgl. Rz. 33) außer Betracht bleiben (vgl. OVG NRW 19.02.2001 – 1 B 1591/00.PVL –). Siehe hierzu die Darstellung die Rechenschritte und das Beispiel unter § 14 Rz. 9f. Wenn sich hierbei eine Ranggleichheit zwischen zwei Gruppen und steht nur eine weitere Freistellung zur Verfügung, so ist eine Auswahl erforderlich, die auf sachlichen Gründen beruhen muss (vgl. OVG NRW 19.02.2001 a.a.O.). Zu einem, von den gesetzlichen und der Rechtsprechung entwickelten Anforderungen, abweichenden Personalratsbeschluss vgl. Rz. 35. **Die Vorschrift ist so auszulegen, dass für die notwendige Berechnung allein die Anzahl der „übrigen" Freistellungen, die sich nach Abzug der beiden nach § 42 Abs. 3 Satz 2 vorgenommenen Freistellungen ergibt, zugrunde zu legen ist und nicht die Anzahl aller freizustellender Personalratsmitglieder** (vgl. VG Aachen 21.05.2021 – 16 K 143/21.PVL –).

Zur Erlangung der zuvor dargestellten übrigen Freistellungen können sich nach **Abs. 3 Satz 3 Halbsatz 2** Gewerkschaften, die zur selben Spitzenorganisation i. S. d. § 2 Abs. 2 TVG gehören, wie z. B. ver.di, GEW, GdP und TRANSNET, die dem DGB angehören, sowie freie Listen gruppenübergreifend zusammenschließen. Es gilt zu beachten, dass „**freie Listen**" keine Gewerkschaftslisten sein dürfen, sondern tatsächlich frei sein müssen! Durch diese mit der Novelle 2007 in das Gesetz eingeflossene, zuvor dargestellte Änderung wurde es möglich, durch einen solchen Listenzusammenschluss auch für kleinere Gewerkschaften Freistellungen zu erzielen (vgl. OVG NRW 18.09.1995 – 1 A 82/95.PVL –). 34a

Bei der Entscheidung über die gesetzlich geregelten Freistellungen weist der Personalrat grundsätzlich kein Ermessen auf (vgl. OVG NRW 15.05.1997 – 1 A 649/97.PVL –). Er darf insbesondere die Regelung des Abs. 3 nicht durch eine bloße Teilfreistellung oder gar einen gänzlichen Verzicht auf eine Freistellung umgehen (vgl. OVG NRW 19.02.2001 – 1 B 1591/00.PVL –). Von der zuvor dargestellten Verpflichtung zur Berücksichtigung der stärksten Liste kann der Personalrat im **Ausnahmefall** nur dann formalrechtlich abweichen, wenn die Gründe hierfür dem Plenum bekannt gemacht und zur Abstimmung gestellt worden sind (vgl. OVG NRW 07.08.1998 – 1 A 6489/96.PVL –). Dabei muss es sich materiell-rechtlich um **tatsächliche** und vor allem **bedeutsame Gründe** handeln wie z. B. die nicht vorhandene persönliche Eignung der Person (vgl. OVG NRW 04.08.1997 – 1 B 2954/96.PVL – zum Fall einer belasteten Akzeptanz bei der Dienststellenleitung durch bisheriges Verhalten des Personalratsmitgliedes). Letzteres dürfte auch der Fall sein, wenn z. B. alle infrage kommenden Gruppenmitglieder kein Interesse an einer Freistellung aufweisen und sich dieser verwehren. Zur **abschließenden Entscheidung und dem eingeschränkten Prüfungsrecht der Dienststelle** vgl. 30. 35

Nach **Abs. 3 Satz 4** dürfen in Konkretisierung des aus § 7 Abs. 1 Halbsatz 2 hervorgehenden Grundsatzes (vgl. § 7 Rz. 18 ff.) ganz oder teilweise freigestellte Personalratsmitglieder **keine Beeinträchtigung ihres beruflichen Werdeganges** erleiden. Sie sind so zu stellen, als wenn sie gearbeitet hätten, sodass ihnen die dienstliche bzw. berufliche Entwicklung zukommt, die sie ohne die Amtstätigkeit als Personalrat genommen hätten (vgl. BVerwG 21.09.2006 – 2 C 13.05 – und BAG 14.07.2010 – 7 AZR 359/09 –). Dabei sind auch im Rahmen des Vertretbaren zu erwartende Leistungssteigerungen entsprechend zu berücksichtigen (vgl. BVerwG 23.12.2015 – 2 B 40.14 – m. w. N.). **Hinsichtlich der Stellenbesetzung findet das personalvertretungsrechtliche Benachteiligungsverbot allerdings seine Grenzen in den Auswahlkriterien des Art. 33 Abs. 2 GG** (vgl. LAG Köln 19.08.2020 – 11 SaGa 3/20 –). Siehe zum Ganzen auch Baden, Probleme der Beurteilungs- und Laufbahnnachzeichnung bei Freigestellten, PersV 2019, S. 213 ff. 36

37 Die Eingliederung eines **Beamten** in der Dienststelle wird durch die Freistellung von der Dienstleistung für die Wahrnehmung des Personalratsmandates nicht aufgehoben (vgl. BVerwG 19.11.2015 – 2 B 26.15 –). Dementsprechend muss der Dienstherr grundsätzlich seine letzte planmäßige dienstliche Beurteilung mit Rücksicht auf die **Entwicklung vergleichbarer Beamte fiktiv fortschreiben** (vgl. BVerwG 10.04.1997 – 2 C 38.95 –; 25.06.2014 – 2 B 1.13 –; OVG Niedersachsen 03.01.2017 – 5 ME 157/16 – und OVG NRW 31.03.2017 – 6 B 1463/16 – sowie 07.10.2019 – 6 B 945/19 –). Ob eine Nachzeichnung möglich ist, hängt von der Dauer des Zeitraums ab, der zwischen der letzten beurteilten Dienstleistung und dem Beurteilungszeitraum liegt, für den die fiktive Fortschreibung erfolgen soll (so OVG NRW 19.03.2019 – 1 B 1301/18 –). Mangels einer belastbaren Tatsachengrundlage scheidet eine Nachzeichnung ausnahmsweise in den Fällen aus, in denen die Freistellung des Personalratsmitglieds bereits mehr als 16 Jahre andauert (vgl. BVerwG 16.12.2010 – 2 C 11.09 – und VGH Baden-Württemberg 22.03.2021 – 4 S 75/21 – zu einer 19 Jahre langen Dienstfreistellung). **Die fiktive Fortschreibung bedarf zunächst der Festlegung einer Vergleichsgruppe** (sog. Referenzgruppe). Das steht im Organisationsermessen der Dienststelle und nicht des Personalrats (vgl. BVerwG 23.12.2015 – 2 B 40.14 –, 20.04.2016 – 1 WB 41.15 – und BayVGH 24.05.2017 – 3 CE 17.465 – zur Größe der Vergleichsgruppe). Hier empfiehlt sich soweit möglich eine Gruppengröße von mindestens fünf Personen, einschließlich des freigestellten Personalratsmitgliedes (vgl. BayVGH 17.08.2023 – 6 CE 23.846 – und im Kontext BVerwG 11.12.2014 – 1 WB 6.13 –). Als Vergleichsmerkmale hat der Dienstherr bestenfalls in der Gesamtschau die Besoldungsgruppe, die Beurteilungsnote, den Dienstposten, die Dienstfunktion und gegebenenfalls auch den Geburts- sowie Einstellungsjahrgang zu berücksichtigen (vgl. BVerwG 21.03.2019 – 1 WB 12.18 – wonach möglichst eine beruflich-fachliche Homogenität der Gruppenmitglieder einzuhalten ist, wenn ein Erlass oder eine Verwaltungspraxis derartiges vorsieht). Es ist aber nicht zu beanstanden, wenn der Dienstherr die Vergleichsgruppe auf, noch nicht beförderter Mitglieder der ursprünglichen Vergleichsgruppe beschränkt, wenn diese noch mehr als die Hälfte der ursprünglichen Mitglieder der Vergleichsgruppe umfasst (vgl. BayVGH 18.07.2018 – 3 CE 18.491 –). Da die Bildung einer Vergleichsgruppe durch die Rechtsprechung konkretisiert wird und im Übrigen eine anfechtbare Maßnahme darstellt, sollte sie in der Praxis keinesfalls im Rahmen einer Richtlinie o. Ä. dienststellenseitig festgelegt werden (vgl. auch BVerwG 29.06.2017 – 1 WB 11.16 –). Bei bedeutsamen Veränderungen der Vergleichsgruppe besteht das Erfordernis der **Neubildung von Vergleichsgruppen** (vgl. BayVGH 18.07.2018 a. a. O.). Die **fiktive Fortschreibung vergangener Beurteilungen** und damit deren letztendliche Berücksichtigung setzt allerdings eine belastbare Tatsachengrundlage voraus.

Diese fehlt, wenn zwischen der letzten Beurteilung und dem Stichtag, zu dem die fiktive Fortschreibung zu erstellen ist, mehr als 16 Jahre liegen (vgl. BVerwG 16.12.2010 – 2 C 11/09 – und OVG NRW 19.03.2019 – 1 B 1301/18 – wonach bereits 15 Jahre ausreichen). Das ist auch der Fall, wenn nach mehr als 10 Jahren keine beurteilbare Dienstleistung vorliegt (vgl. entsprechend VGH 30.03.2022 – 1 B 308/21 – zu einer freigestellten Schwerbehindertenvertretung) oder ansonsten bei einer ununterbrochenen Freistellung von 19 Jahren (vgl. VGH Baden-Württemberg 22.03.2021 – 4 S 75/21). Die letztendliche **Auswahlentscheidung des Dienstherrn ist zu dokumentieren**. Hierzu gehört auch, hinreichende Informationen über das zugrunde liegende Tatsachenmaterial sowie das Ergebnis der Fortschreibung schriftlich zu fixieren (vgl. OVG NRW 05.10.2012 – 1 B 681/12 – und OVG Rheinland-Pfalz 20.08.2012 – 2 B 10673/12 OVG –). Letztendlich gilt es jedoch zu beachten, dass die vollständige Freistellung als Personalratsmitglied nicht von vornherein eine derartig wesentliche Änderung des Aufgabenreiches begründet, dass sich dem Dienstherrn die Erstellung einer Anlassbeurteilung aufdrängen muss (so VG Kassel 28.02.2019 – 1 L 2526/18 – n. rk.). Für verbeamtete Personalratsmitglieder besteht **kein Anspruch auf rückwirkende Beförderung** (vgl. BAG 15.05.2019 – 7 AZR 255/17 –). Zur fiktiven Nachzeichnung der Laufbahn im Hinblick die **Gewährung einer Leistungsprämie** vgl. VG Düsseldorf 13.12.2017 – 13 K 30/17 –). Zum **Schadensersatzanspruch eines bei der Beförderung aufgrund der Freistellung nicht berücksichtigten Personalratsmitgliedes** vgl. OVG NRW 11.04.2019 – 6 A 469/17 –).

Wichtig! 37a

Die Dienststelle hat dem freigestellten Personalratsmitglied die gebildete Vergleichsgruppe mitzuteilen. Sollte dieses Einwände aufweisen, muss es diese zeitnah geltend machen, da sie ansonsten der Verwirkung unterliegen (vgl. BVerwG 06.06.2014 – 2 B 75.13 – und 25.06.2014 – 2 B 1.13 –)! Rechtzeitige Einwände sind von der Dienststelle zu prüfen und, wenn sie berechtigt sind, zu berücksichtigen, da das Personalratsmitglied ansonsten ggf. Schadensersatzansprüche geltend machen kann (vgl. OVG Niedersachsen 26.03.2013 – 5 LA 210/12 –)!

Verbeamtete Personalratsmitglieder sind grundsätzlich, wenn ein **Beförderungsdienstposten** in einer Weise ausgeschrieben ist, dass sie davon Kenntnis erlangen können, **nur aufgrund einer Bewerbung** zu berücksichtigen OVG NRW 11.04.2019 – 6 A 469/17 – m. w. N.). Aus den zuvor dargestellten Gründen sind freigestellte verbeamtete Personalratsmitglieder allerdings vor einer Beförderung nicht verpflichtet, die Aufgaben des höherwertigen Dienstpostens zunächst zur Erprobung unter Verzicht auf ihre Freistellung wahrnehmen zu müssen (vgl. BVerwG 21.09.2006 – 2 C 13.05 –). Ein frei- 38 gestelltes verbeamtetes Personalratsmitglied kann beanspruchen, bei den **Entscheidungen des Dienstherrn über die Gewährung der verschiedenen Formen der Leistungsbesoldung** in den Kreis der möglichen Empfänger einbezogen zu werden (vgl. OVG Saarland 05.06.2018 – 1 A 727/16 –).

39 **Praxistipp!**

Da ein Personalratsmitglied im Zuge der Freistellung keinen besonderen Antrag auf fiktive Fortschreibung für seinen beruflichen Werdegang zu stellen braucht, ist der Dienststelle zu empfehlen, die Festlegung der Vergleichsgruppe bereits zu Beginn der Freistellung vorzunehmen, damit sie entsprechend vorbereitet ist, wenn später einmal Streitigkeiten über die berufliche Entwicklung und die letztendliche Eingruppierung entstehen sollten!

40 Zur fiktiven Laufbahnnachzeichnung eines **nicht vollständig, aber überwiegend freigestellten verbeamteten Personalratsmitglieds** vgl. OVG Niedersachsen 16.12.2015 – 5 ME 197/15 – (Polizeikommissar) und BAG 19.03.2003 – 7 AZR 334/02 – (Lehrkraft). Zu **teilweise freigestellten und zeitweilig freigestellten** verbeamteten Personalratsmitgliedern vgl. entsprechend Rz. 41a.

40a Zur Einbeziehung der **Leistungsprämie nach § 4 BLBV** vgl. OVG NRW 29.07.2014 – 1 A 2885/12 –, zur **Zulagengewährung im feuerwehrtechnischen Dienst** vgl. OVG NRW 12.06.2014 – 3 A 235/11 – und zur **Befreiung vom Laufbahnwechsellehrgang** bei bestehender Freistellung als Personalratsmitglied vgl. BVerwG 23.12.2015 – 2 B 40.14 –.

41 Bei einem **Arbeitnehmer** ist ebenfalls der **berufliche Werdegang im Wege der fiktiven Fortschreibung** vorzunehmen, wobei in diesem Fall auf die Entwicklung vergleichbarer Arbeitnehmer abzustellen ist (vgl. entsprechend Rz. 37f. und entsprechend BAG 23.11.2022 – 7 AZR 122/22 zum BetrVG). Entsprechendes gilt sog. **Dienstordnungsangestellte** (bei Krankenkassen oder Berufsgenossenschaften), auch wenn für sie eigentlich das Beamtenrecht gilt (vgl. BAG 29.10.1998 – 7 AZR 202/97 – und 15.05.2019 – 7 AZR 255/17 – wonach allerdings kein rückwirkender Anspruch auf Beförderung besteht). Die **Festlegung der Vergleichsgruppe** steht wie im Fall der Beamten im pflichtgemäßen Ermessen der Dienststelle, die insbesondere zu berücksichtigen hat, welche höher bewerteten Tätigkeiten für das freigestellte Personalratsmitglied infrage gekommen wären und vergleichbaren anderen, nicht durch das Personalratsmandat freigestellten Kollegen (sog. „Koppelmänner“) im Tatsächlichen übertragen worden sind. Bei freigestellten tarifbeschäftigten Arbeitnehmern gilt es zu beachten, dass sich die fiktive Nachzeichnung der üblichen beruflichen Entwicklung nicht auf die **Teilhabe am beschleunigten Stufenaufstieg nach § 17 Abs. 2 Satz 1**

TVöD erstreckt, wenn die Dienststelle die Verkürzung der Stufenlaufzeit entsprechend der Intention der Tarifvertragsparteien auf sachlich begründete Einzelfälle beschränkt (vgl. LAG Baden-Württemberg 05.08.2013 – 1 Sa 33/12 –). Weiterhin können bei Arbeitnehmern zum beruflichen Werdegang auch **turnusmäßig vorgesehene Weiterbildungen/Unterweisungen** zählen, so z.B. bei Berufskraftfahrern nach Maßgabe des BKrFQG i.V.m. der BKrFQV. Die Teilnahme daran ist entsprechend § 42 Abs. 3 Satz 4 LPVG NRW von der Dienststelle zu gewähren und die dabei anfallenden Kosten ggf. von ihr zu tragen. Eine dienststellenseitige Festlegung im Zuge einer Richtlinie o.Ä. ist nicht zu empfehlen (vgl. Rz. 37).

Bei **teilweise freigestellten oder nur zeitweilig freigestellten Personalratsmitgliedern** ist nur dann eine fiktive Fortschreibung vorzunehmen, wenn der verbleibende Teil der dienstlichen Tätigkeit eine sachgerechte Bewertung dieser Tätigkeit nicht mehr gewährleistet (so BAG 19.08.1992 – 7 AZR 262/91 –; a.A. ArbG Stuttgart 22.02.2012 – 22 Ca 6204/11 –, wonach uneingeschränkt ein Fortschreibungsanspruch bestehen soll). Davon kann für gewöhnlich ausgegangen werden, wenn die verbleibende Diensttätigkeit unter 25 % der Arbeitszeit gesunken ist (vgl. BAG 19.03.2003 – 7 AZR 334/02 –)! 41a

Vom **Lohnausfallprinzip** (vgl. Rz. 10) wird insbesondere Folgendes erfasst: 42

Freigestellten Personalratsmitgliedern stehen zunächst die **Ausgangsgrundvergütung** zu. Soweit vor der Freistellung die Möglichkeit bestanden hat, ein im Rahmen des Arbeitsverhältnisses **überlassenes Dienstfahrzeug für private Fahrten** nutzen zu dürfen, so ist dieses, Bestandteil der Ausgangsvergütung (vgl. auch entsprechend BAG 23.06.2004 – 7 AZR 514/03 – zum BetrVG). Das freigestellte Personalratsmitglied hat also einen Anspruch darauf, dass ihm die private Nutzung gleichsam wie vor der Freistellung und dabei nur außerhalb der Arbeitszeit eingeräumt wird. Wenn es daran durch seine Personalratstätigkeit gehindert ist, hat dies zur Folge, dass die Dienststelle in dieser Zeit entsprechend anderweitig darüber verfügen kann („Verfügungsanspruch"). In der Praxis sollte die Dienststelle rechtzeitig darauf hinweisen, damit dem Personalratsmitglied genügend Zeit verbleibt, um private Gegenstände) aus dem Fahrzeug herauszunehmen und ihr die Fahrzeugschlüssel übergeben zu können. Abweichende negative Regelungen (z.B. ausschließliche Nutzung zur Zeit der Personalratstätigkeit) oder positiv Regelungen (z.B. generelle Nutzung, ohne zeitliche Einschränkungen) stellen einen Verstoß gegen die Verbotsvorgaben des § 7 Abs. 1 Halbsatz 1 dar. Letzteres gilt auch für den (umgekehrten) Fall, der **Überlassung eines Dienstfahrzeuges, das dem Personalratsmitglied ohne diese Funktion nicht zugestan-**

den hätte (vgl. entsprechend LAG Berlin-Brandenburg 11.02.2020 – 7 Sa 997/19 – zum BetrVG). Weiterhin erfasst das Lohnausfallprinzip auch die **Entgeltfortzahlung im Krankheitsfall sowie bei der Urlaubnahme.** Bei den sonstigen Entgeltbestandteilen und dabei insbesondere bei der **Rufbereitschaftspauschale** (§ 8 Abs. 5 TV-L/§ 8 Abs. 3 TVöD) gilt es zu unterscheiden: Voll freigestellte Personalratsmitglieder brauchen aufgrund der völligen Entbindung von ihrer Dienstleistungspflicht keine Rufbereitschaft außerhalb der regelmäßigen Arbeitszeit leisten und haben somit Anspruch auf Fortgewährung der Pauschale (vgl. entsprechend OVG Niedersachsen 27.05.1988 – 18 OVG L 6/87 – zu Bereitschaftsdienst). Teilweise freigestellte Personalratsmitglieder weisen hingegen einen solchen Anspruch grundsätzlich nicht auf. Sie müssen vielmehr den Rufbereitschaftsdienst neben Ihrem Personalratsmandat weiter leisten, da die Teilfreistellung diesen gerade nicht erfasst (vgl. VGH Baden-Württemberg 24.06.1997 – PL 15 S 2429/96 –). Freigestellten Personalratsmitgliedern sind weiterhin nach ständiger Rechtsprechung auch die vor der Freistellung regelmäßig angefallenen Nebenbezüge wie z. B. **Nacht-, Sonntags- und Feiertagszuschläge sowie Erschwerniszuschläge etc.**, fortzugewähren (vgl. entsprechend BAG 05.04.2000 – 7 AZR 213/99 – zu § 37 Abs. 2 BetrVG und BVerwG 13.09.2001 – 2 C 34.00 – m. w. N.), wobei die hierfür anfallenden Steuern und Sozialversicherungsbeiträge von ihnen in eigener Person zu tragen sind (vgl. BAG 23.10.2002 – 7 AZR 416/01 –)! Konsequenterweise erwirbt ein freigestelltes Personalratsmitglied, dem ohne die Freistellung z. B. ein tariflicher Anspruch auf **Zusatzurlaub für Wechselschichtarbeit** zustünde, diesen Anspruch auch dann, wenn es wegen seiner Freistellung den mit der Wechselschichtarbeit verbundenen Erschwernissen nicht ausgesetzt ist. Vom Lohnausfallprinzip erfasst werden zudem Zeitgutschriften auf einem Lebensarbeitszeitkonto (vgl. VGH Hessen 03.05.2017 – 1 A 2795/15 –). Zur **Berechnung des fortzuschreibenden Entgelts** bei freigestellten Personalratsmitgliedern vgl. entsprechend BAG 29.08.2018 – 7 AZR 206/17 – für das BetrVG, wonach das Arbeitsentgelt des Personalratsmitgliedes dem, vergleichbarer Arbeitnehmer laufend anzupassen ist (sog. Koppelmann/-frau-Prinzip). Siehe im Kontext hierzu auch nachfolgend Rz. 44.

43 **Nicht vom Lohnausfallprinzip erfasst** wird insbesondere Folgendes:

Das sind zunächst **Geldleistungen die Aufwendungen ersetzen sollen**, d. h. die nur bei einer tatsächlichen Arbeitserledigung für das Personalratsmitglied angefallen wären, aber aufgrund der Befreiung von der Arbeitspflicht gerade nicht mehr entstehen (vgl. BVerwG 13.09.2001 a. a. O. zur Weitergewährung einer Erschwerniszulage an einen Beamten für Dienst zu ungünstigen Zeiten und entsprechend BAG 29.08.2018 – 7 AZR 206/17 – zum

BetrVG). Vor diesem Hintergrund unterliegen z.B. **Wegegelder, Auslösungen oder Zulagen für Beköstigungen/Verpflegungen** nicht dem Lohnausfallprinzip; Schmutz- oder Infektionszulagen hingegen schon. Für die Annahme eines Aufwendungscharakters kommt es nicht auf die Bezeichnung der Geldleistung, sondern auf die inhaltliche Ausgestaltung und den objektiven Zweck der Leistung an, d.h., die gewährte Leistung muss der Sache nach als Aufwendungsersatz anzusehen sein (vgl. BAG 15.07.1992 – 7 AZR 491/91 – zu § 46 Abs. 2 Satz 1 BPersVG a.F.). Wenn eine transparente Aufspaltung der Leistung nicht möglich ist, so ist sie insgesamt nicht als Aufwendungsersatz anzusehen (vgl. entsprechend BAG 05.04.2000 – a.a.O.). Die **Vergütung von Mehrarbeit und Mehrarbeitszuschlägen** ist ebenfalls dem Grunde nach nicht vom Lohnausfallprinzip erfasst, da Mehrarbeit gerade nicht im Rahmen der regelmäßigen Arbeitszeit geleistet wird, sondern über diese hinausgeht. Etwas anderes ist sachgerechter Weise aber dann anzunehmen, wenn der Eintritt von Mehrarbeit das Arbeitsverhältnis des freigestellten Personalratsmitgliedes vorab schon für eine gewisse Dauer entsprechend geprägt hat. Ferner besteht kein Entgeltschutz für **freiwillig gewährte Zulagen** (vgl. OVG NRW 12.06.2014 – 3 A 235/11 –) und für **allgemeine Arbeitgeberzuwendungen** wie z.B. Urlaubsgeld, Anwesenheitsprämien, vermögenswirksame Leistungen etc. Entsprechend wird auch die **leistungsorientierte Bezahlung (LOB)** erfasst (vgl. VG Berlin 03.11.2017 – 26 K 51.16 – mit Verweis auf OVG NRW 13.04.2016 – 1 A 1236/15 – und im Kontext zudem VG Düsseldorf 16.11.2012 – 13 K 2388/12 –). Dabei gilt es zunächst zu beachten, dass diese in der Regel auf der Grundlage einer entsprechenden Dienstvereinbarung (vgl. § 70) gewährt wird (vgl. § 18 Abs. 6 Satz 1 TVöD-V, § 6 Abs. 5 Satz 3 TV-V und § 7 Abs. 5 Satz 3 TV-N). Dabei kann zum einen eine Durchschnittsberechnung der Leistungsprämie aller vergleichbaren Beschäftigten in der Dienststelle vereinbart werden und daran orientiert auch eine in der Praxis grundsätzlich einfach zu handhabende Auszahlung an das freigestellte Personalratsmitglied vorgenommen werden. Es kann aber auch eine Prämienzahlung aufgrund individuell festgelegter Kriterien erfolgen. In diesem Fall ist die Dienststelle gehalten, in Ermangelung einer tatsächlichen Überprüfungsmöglichkeit die Erfüllung der festgelegten Kriterien anhand eines vergleichbaren Beschäftigten, d.h. eines sog. „Koppelmannes" festzumachen. Eine Pauschalzahlung würde bei einer individualisierten Prämienzahlung einen Verstoß gegen die Verbotsvorgaben des § 7 Abs. 1 Halbsatz 1 mit sich bringen. Da die fiktive Bewertung der Erfüllung von individuell festgelegten Kriterien anhand von Vergleichspersonen sich in der tatsächlichen Handhabung durchaus schwierig gestalten kann, sollte in der Praxis zur Vermeidung von rechtlichen Auseinandersetzungen an dieser Stelle ggf. bereits schon im Vorfeld bevorzugt auf die Vereinbarung einer Durchschnittsberechnung der LOB zurückgegriffen werden. Ein ganz vom Dienst freigestelltes Personalratsmitglied hat auf der Grundlage des allgemeinen Benachteiligungsverbots in aller Regel keinen Anspruch darauf, in die Ermessensentscheidung des Dienstherrn über die **Gewährung leistungsbezogener Besoldungsinstrumente** einbezogen zu werden (vgl. BVerwG 23.01.2020 – 2 C 22.18 – und Anm. Bülow ZTR 2021, S. 240f.). Ein Anspruch kann aber ausnahmsweise in Betracht kommen, wenn der Beamte in der Zeit vor seiner Freistellung wiederholt eine Form der Leistungsbesoldung (persönlich oder als Teammitglied) für herausragende besondere Leistungen erhalten hat (vgl. BVerwG 23.01.2020 a.a.O. und Anm. Bülow ZTR 2021 a.a.O.). Ein **Anspruch eines teilweise freigestellten Personalratsmitglieds** auf ermessensfehlerfreie Entscheidung über die Gewährung einer Leistungsprämie für einen Zeitraum, der in die Phase seiner Teilfreistellung fällt, setzt tatbestandlich eine tatsächlich erbrachte und als herausragend zu bewertende besondere dienstliche Leistung voraus (vgl. BayVGH 23.03.2023 – 14 B 21.1122 – (n.rkr.). **Ein für die Personalratstätigkeit freigestellter Feuerwehrbeamter** hat keinen Zahlungsanspruch in Höhe der Beträge, die Feuerwehrbeamte des Einsatzdienstes auf der Grundlage des unionsrechtlichen Haftungsanspruchs wegen unionsrechtswidriger Zuvielarbeit erhalten haben (so OVG NRW 15.03.2018 – 6 A 2923/15 –).

44 **Nach Ablauf der Freistellung** besteht für das zurückkehrende Personalratsmitglied (Beamte/Arbeitnehmer) **kein Anspruch auf dem alten Dienstposten bzw. Arbeitsplatz beschäftigt zu werden**. Der Dienstherr bzw. Arbeitgeber ist lediglich dazu gehalten, dem betreffenden Personalratsmitglied eine seinem Amt bzw. seinem Arbeitsvertrag entsprechende Tätigkeit zu übertragen (so auch Lorenzen u.a. § 46 Rn. 174 –Stand LBS 11/2023). Der BAG-Beschluss vom 13.09.2022 – 1 ABR 22/21 – verpflichtet die Arbeitgeberseite, Beginn und Ende der täglichen Arbeitszeit der Beschäftigten zu erfassen. **Dauerhaft freigestellte Personalratsmitglieder können an der Arbeitszeiterfassung teilnehmen, unterliegen aber nicht der Erfassungspflicht, da sie zweckgebunden** (= Personalratsamt) **freigestellt sind**. Anders verhält es sich bei anlassbezogenen Freistellungen. Hier ist lediglich die Erfassung für die Zeit der Wahrnehmung von Personalratsarbeit unterbrochen (z.B. Stempelung „Personalratstätigkeit“)!

Zu **sonstigen Arbeits- und dienstrechtlichen Folgen einer Freistellung** siehe auch Pätzel, Die Folgen einer Freistellung, PersR 2016, 13ff.

44a **Nach Ablauf der Freistellung** besteht für das zurückkehrende Personalratsmitglied (Beamte/Arbeitnehmer) **kein Anspruch auf dem alten Dienstposten bzw. Arbeitsplatz beschäftigt zu werden**. Der Dienstherr bzw. Arbeitgeber ist lediglich dazu gehalten, dem betreffenden Personalratsmitglied eine seinem Amt bzw. seinem Arbeitsvertrag entsprechende Tätigkeit zu übertragen (so auch Lorenzen u.a. § 46 BPersVG, Rn. 174). Zu **sonstigen Arbeits- und dienstrechtlichen Folgen einer Freistellung** siehe auch Pätzel, Die Folgen einer Freistellung, PersR 2016, 13 ff.

Wichtig! 44b

Zur Aufrechterhaltung des ordnungsgemäßen Dienst- bzw. Verwaltungsbetriebes besteht auch für dauerhaft freigestellte Personalratsmitglieder die Pflicht, sich unter Angabe der voraussichtlichen Dauer ihrer Abwesenheit rechtzeitig beim Dienststellenleiter bzw. der zuständigen Führungskraft ab- und bei ihrer Wiederkehr zurückzumelden, wenn sie außerhalb der Verwaltung in der sie ihr Personalratsbüro haben personalvertretungsrechtliche Aufgaben wahrnehmen (vgl. entsprechend BAG 24.02.2016 –7 ABR 20/14 – für freigestellte Betriebsratsmitglieder). Es gilt im Übrigen: Ein freigestelltes Personalratsmitglied ist verpflichtet, während der vertraglich vereinbarten oder durch Dienstvereinbarung geregelten Arbeitszeit in der Dienststelle anwesend zu sein (vgl. VG Düsseldorf 04.11.1998 – 34 L 4772/98.PVL –). Es hat die ihm zufallende Personalvertretungstätigkeit während der regelmäßigen Dienstzeit wahrzunehmen (vgl. BVerwG 19.12.1980 – 6 P 11/79 –). Siehe zum Ganzen auch Bülow, Der praktische Fall – Die anlassbezogene Dienstbefreiung von Personalratsmitgliedern, DöD 2021, S. 92 ff.!

V. Dauerhafte Freistellung nach gesetzlichen Vorgaben

Abs. 4: Bei dieser Vorschrift handelt es sich entgegen der zeitweisen Dienst- bzw. Arbeitsbefreiung nach Abs. 2 (vgl. Rz. 9) und der dauerhaften Freistellung nach Abs. 3 (vgl. Rz. 24), die beide jeweils unter dem Vorbehalt einer bestehenden Erforderlichkeit stehen, um **zwingende dauerhafte Freistellungsvorgaben** des Gesetzgebers (siehe Übersicht Rz. 2) die auf die Beschäftigtenzahl in der Dienststelle abstellen. 45

Nach **Abs. 4 Satz 1** gibt der Gesetzgeber eine **Teilfreistellung** vor und bestimmt zwingend, dass **„in Dienststellen mit in der Regel 100 bis 199 Beschäftigten ein Mitglied im Umfang für zwölf Arbeitsstunden in der Woche“** freizustellen ist. 46

Auch, wenn der Gesetzgeber das Freistellungsvolumen vorgegeben hat, bedarf es zur tatsächlichen Umsetzung der Freistellung auch hier zunächst noch der Mitwirkung der Dienststelle. Dabei besteht ein **eingeschränktes Prüfungs- und auch Ablehnungsrecht des Dienststellenleiters** (vgl. hierzu Rz. 30). 47

48 Nach **Abs. 4 Satz 2** lässt der Gesetzgeber von den zwingenden Vorgaben in Abs. 4 Satz 1 eine **Ausnahme** allerdings insoweit zu, als dass im beiderseitigen Einvernehmen **bei außergewöhnlichem anlassbezogenem Bedarf** eine **vorübergehende Abweichungsmöglichkeit** besteht. Die Dauer der Abweichung hat sich dabei entsprechend am Anlass zu orientieren.

49 **Beispiel:**

Wenn in einer vorbenannten Dienststelle beispielsweise Organisationsentscheidungen im Hinblick auf eine Privatisierung (vgl. § 72 Rz. 1175 ff.) anstehen und hierzu auch entsprechende Arbeitsgruppen i. S. d. § 65 Abs. 1 Satz 4 eingerichtet werden, kann der daraus erwachsene Arbeitsmehraufwand gegebenenfalls eine vorübergehende Erhöhung des Freistellungsumfanges (z. B. von 12 auf 14 oder auch mehr Arbeitsstunden in der Woche) rechtfertigen!

49a **Muster 13**: Einverständnis gem. § 42 Abs. 4 Satz 2

Muster 14: Kein Einverständnis gem. § 42 Abs. 4 Satz 2

50 Zur Ermittlung der Zahl der **„in der Regel Beschäftigten"** ist der Zeitpunkt des Freistellungsbeschlusses des Personalrats maßgeblich. Es ist auf die Zahl der innerhalb seiner übrigen Amtszeit vorhandenen Regelbeschäftigten abzustellen (vgl. OVG NRW 23.01.2019 – 20 A 1787/17.PVL – und entsprechend § 13 Rz. 3 ff.). Leiharbeitnehmer zählen mit, wenn sie zum regelmäßigen Personalbestand gehören (vgl. BAG 02.08.2017 – 7 ABR 51/15 –).

50a Zur **Ab- und Rückmeldepflicht von dauerhaft freigestellten Personalratsmitgliedern** bei einer Aufgabenwahrnehmung außerhalb der Dienststelle siehe Rz. 44b.

51 In **Abs. 4 Satz 3** hat der Gesetzgeber zwingende **vollständige Freistellungen** geregelt und dabei angelehnt an die Beschäftigtenzahl in der Dienststelle Freistellungsstaffel aufgestellt. Diese beginnen zunächst ab der Anzahl von **„200 in der Regel Beschäftigten"**, die eine vollständige Freistellung zur Folge hat. Zur Möglichkeit von sog. Teilfreistellungen vgl. Rz. 63 f.

52 Auch für diese Freistellungen besteht bedarf es zur tatsächlichen Umsetzung zunächst noch der Mitwirkung der Dienststelle. Zu dem dabei bestehenden **eingeschränkten Prüfungs- und auch Ablehnungsrecht des Dienststellenleiters** (vgl. Rz. 30 und 47).

53 Die Freistellungsstaffel nach Abs. 4 Satz 3 gilt auch für die besonderen Personalvertretungen in den Hochschulen (§§ 105 ff.). **Keine Anwendung** besteht für die **Stufenvertretung**, den **Gesamtpersonalrat** (§§ 51 Satz 1, 53) und für die **Jugend- und Auszubildendenvertretung** (§ 58 Satz 1).

54 Durch die **Novelle 2011** ist die Konstruktion der Freistellungsstaffeln zwar fortgeführt, das **Freistellungsvolumen** allerdings **zugunsten des Personal-**

rates ausgeweitet worden, da nun bereits bei der Höchstzahl von 200 bis 500 und nicht wie vormals 301 bis 600 ein Anspruch auf volle Freistellung besteht. In den weiteren Staffelungen ist durch die **Absenkung der Beschäftigtenzahl** die Erhöhung des Freistellungsvolumens entsprechend fortgeführt worden, sodass nunmehr z.B. bereits in Dienststellen mit 501 Beschäftigten die Freistellung von zwei Personalratsmitgliedern vorgesehen ist, wobei hier die Hürde zuvor erst bei 601 Beschäftigten gelegen hat.

Wichtig! 55

Die Freistellungsstaffel der vorliegenden Vorschrift legt sowohl in minimaler als auch maximaler Hinsicht das Freistellungsvolumen zwingend fest, sodass es hierbei nicht auf die Prüfung der Erforderlichkeit wie bei den Freistellungen nach Abs. 2 und 3 ankommt (vgl. OVG NRW 16.01.1984 – CL 29/82 –)!

Die Auflistung der Regelfreistellungen in Abs. 4 Satz 3 erfolgt bis zu 10.000 Beschäftigten. Nach **Abs. 4 Satz 4** ist sodann für je angefangene weitere 2000 Beschäftigte auch entsprechend ein weiteres Mitglied freizustellen. 56

Beispiel: 57

In einer Dienststelle mit 10.000 Beschäftigten sind zwölf Mitglieder, in einer Dienststelle mit 12.000 sind 13 Mitglieder und in einer Dienststelle mit 14.000 sind 14 Mitglieder etc. freizustellen.

Als Bemessungsgrundlage für die Ermittlung der richtigen Freistellungsstufe ist auf die Gegebenheiten in der Dienststelle zum Zeitpunkt der Freistellung abzustellen. Zur Ermittlung der Zahl der **„in der Regel Beschäftigten“** vgl. § 13 Rz. 3ff. 58

Wichtig! 59

Wenn sich während der Amtszeit des Personalrates die Zahl der Regelbeschäftigten dauerhaft erhöht bzw. vermindert, sodass eine andere Staffelungsstufe zum Zuge kommt, haben die Dienststelle und der Personalrat im Rahmen der vertrauensvollen Zusammenarbeit nach § 2 Abs. 1 entsprechende Anpassungen vorzunehmen (vgl. BVerwG 02.09.1996 – 6 P 3.95 – und 09.07.2008 – 6 PB 12.08 –)!

Muster 15: Mitteilung über Anpassung der Regelfreistellung/en 60

Nach **Abs. 4 Satz 5** hat der Gesetzgeber auch im Fall der vollständigen Freistellung eine **Ausnahme** zugelassen. So kann nach dieser Vorschrift von den gesetzlichen Regelvorgaben in den Abs. 3 und 4 im **Einvernehmen** zwischen dem Personalrat und der Dienststelle sowohl **erhöhende** als auch **reduzierende Abweichungen** vorgenommen werden. Ein Einver- 61 nehmen muss zwingend vorliegen. Es kann also von keiner Seite einseitig eine Abweichung herbeigeführt werden.

62 **Praxistipp!**

Auch wenn der Personalrat dem Grunde nach einen Anspruch auf die Inanspruchnahme der in Abs. 4 Satz 3 und 4 geregelten Freistellungen aufweist, sollte er in Anlehnung an den Grundsatz der vertrauensvollen Zusammenarbeit nach § 2 Abs. 1 Halbsatz 1 (vgl. § 2 Rz. 2 ff.) und unter Beachtung des Gebots der sparsamen Verwendung öffentlicher Mittel (vgl. Rz. 39) dennoch auf die vollständige Ausschöpfung des Freistellungsvolumens verzichten, wenn er gemessen an den besonderen Umständen der Dienststelle seine Aufgaben nach dem LPVG NRW auch anderweitig im ausreichenden Maße wahrnehmen kann! Für eine solche Entscheidung muss er einen entsprechenden Beschluss treffen und dabei auch diejenigen Gruppen und Listen berücksichtigen, die in den Genuss der gesetzlich vorgesehenen vollständigen Inanspruchnahme gekommen wären!

63 Neben der abweichenden Möglichkeit in Abs. 4 Satz 5 kann der Personalrat aber auch nach **Abs. 4 Satz 6** flexibel und dabei verhältnismäßig mit den ihm gesetzlich zugesprochenen Freistellungen verfahren und **auf Antrag die Verteilung des Gesamtfreistellungsvolumens auf mehrere Personalratsmitglieder bewirken**. Die letztendliche Gewährung liegt allerdings im Ermessen der Dienststelle („auf Antrag … können …"). Wenn sich das Teilfreistellungsbegehren des Personalrates allerdings als sachgerecht und zweckmäßig darstellt, dann ist das Ermessen der Dienststelle begrenzt, und es besteht grundsätzlich eine Verpflichtung dazu, die beantragte Freistellung auch auszusprechen (vgl. OVG NRW 11.11.1994 – 1 A 1409/84 – und 11.11.2004 – 1 A 1409/94.PVL – sowie den Voraussetzungen nach entsprechend VG Frankfurt a. M. 20.11.2017 – 22 K 8040/17.F.PV – das allerdings fälschlicher Weise im Ergebnis meint, dass der Personalrat letztendlich in eigener Sache über die Freistellungen entscheiden könne). Die vorstehenden Ausführungen gelten entsprechend auch im umgekehrten Fall, d. h., wenn entweder die Dienststelle oder der Personalrat im Späteren wieder von den Teilfreistellungen Abstand nehmen und zu einer Vollfreistellung zurückkehren möchten. Der Personalrat darf Teilfreistellungen auch listenübergreifend beschließen (vgl. entsprechend VG Darmstadt 23.01.2018 – 23 K 1768/16.DA.PV –).

64 **Wichtig!**

Wenn Personalratsmitglieder teilweise freigestellt sind, so bemisst sich ihre Teilnahme an Personalratssitzungen (§§ 30 ff.) nach der in § 42 Abs. 2 geregelten Bedarfsfreistellung (vgl. OVG NRW 24.08.2009 – 16 B1796/08.PVL –)!

VI. Zeitweise Freistellung für Schulungs- und Bildungsveranstaltungen

Abs. 5: Die Vorschrift gesteht den einzelnen Personalratsmitgliedern einen **Anspruch auf Teilnahme an Schulungs- und Bildungsveranstaltungen** zu. Neben der folgenden Kommentierung siehe auch **Bülow, Der praktische Fall – Die Schulung von Personalratsmitgliedern**, DöD 2021, 177. 65

Die erforderliche Teilnahme an einer Schulungs- bzw. Bildungsveranstaltung stellt grundsätzlich eine Personalratstätigkeit dar. Zur rechtlichen Bewertung einer möglichen Infektion im Rahmen einer Schulung, der im späteren als Dienstunfall gewertet werden kann (vgl. VG Düsseldorf 12.12.2022 – 23 K 6047/21 –). 65a

Nach **Abs. 5 Satz 1** besteht eine solche **Anspruchsberechtigung für alle ordentlichen Mitglieder des Personalrats und die Ersatzmitglieder, die regelmäßig zu Sitzungen (§§ 30 ff.) herangezogen werden**. Gemeint sind damit die Ersatzmitglieder, die, falls ein ordentliches Mitglied zeitweilig verhindert ist oder seine Mitgliedschaft ruht, für die Zeit der Verhinderung oder des Ruhens eintreten (§ 28 Abs. 1 Satz 2 LPVG). Eine „regelmäßige Heranziehung" ist anzunehmen (= Prognose), wenn sie voraussichtlich nicht nur gelegentlich an den Personalratssitzungen teilnehmen, sondern mit ihrem Eintritt als Ersatzmitglied so häufig zu rechnen ist, dass eine Schulung unter Berücksichtigung des Grundsatzes der sparsamen Verwendung öffentlicher Mittel gerechtfertigt erscheint (so VG Gelsenkirchen 07.11.2008 – 12c K 5490/08 –). Der bloße Umstand, dass ein Ersatzmitglied bereits in der Vergangenheit herangezogen wurde ist also nicht alleine maßgebend, sondern hat allenfalls eine Indizwirkung. Es kommt vielmehr auf eine (Zukunfts-)Prognose an, die auf Tatsachen beruht. An dieser Stelle kann die Dienststellengröße, die Anzahl der im Personalrat vertretenen Gruppen und Listen, das Vorhandensein von Dienststellenferien oder der langfristige Ausfall bestimmter Personalratsmitglieder Bedeutung haben (vgl. entsprechend LAG Hessen 17.01.2022 – 16 TaBV 99/21 – zum BetrVG). Die Prognose muss der Personalrat für jedes Einzelne für eine Schulungsteilnahme angedachte Ersatzmitglied anstellen und darüber einen Beschluss fassen. Er muss ihn der Dienststelle zuleiten und dabei seine Prognose konkret darlegen und beweisen können. Die in der Praxis häufig anzutreffende pauschale Begründung des Personalrats, dass Vertretungsfälle z.B. aufgrund des Urlaubs oder der vorübergehenden Erkrankung ordentlicher Mitglieder anfallen würden ist nicht ausreichend. Ein solcher Vertretungsbedarf kann im Übrigen bestenfalls bereits durch eine vorausschauende (Sitzungs-)Planung vermieden werden. Bei der Prüfung der im Weiteren näher dargestellten Erforderlichkeit einer Schulungs- 66 teilnahme (vgl. Rz. 67) von Ersatzmitgliedern ist vor allem auch die im Zeitpunkt der Beschlussfassung zu erwartende Tätigkeit bei künftigen Vertretungsfällen und die überhaupt noch verbleibende Amtszeit des amtierenden Personalrats besonders zu berücksichtigen (ebenso Cecior u.a., § 42 Rn. 243 f.). Ferner kann von Bedeutung sein, ob ein Ersatzmitglied z.B. durch die häufige Heranziehung in früheren Amtsperioden bereits über entsprechende personalvertretungsrechtliche Kenntnisse und Erfahrungen verfügt (siehe im Kontext VGH Hessen 10.08.1988 – BPV TK 1354/87 – n.v. und OVG NRW 09.11.2028 – 20 A 2349/17.PVL – zu einem bereits anderweitig geschulten Ersatzmitglied). Zum **Verfahren der Freistellung für Schulungen** siehe im Übrigen Rz. 74.

67 Ein Freistellungsanspruch unter Fortzahlung der Besoldung bzw. des Arbeitsentgeltes besteht nur, wenn eine **Erforderlichkeit** für die Teilnahme an einer Schulungs- und Bildungsveranstaltung besteht. Das ist dann der Fall, wenn kumulativ **ein sachliches und auch persönliches Erfordernis** besteht. Das Tatbestandsmerkmal der Erforderlichkeit bemisst sich also zunächst danach, ob die Schulung sachlich, d.h. **objektiv** für die Personalratstätigkeit geboten ist. Das ist grundsätzlich dann der Fall, wenn die Schulung Themen behandelt, die ihrer Art nach für die Tätigkeit des Personalrates relevant sind, dem das Mitglied, dass die Schulung in Anspruch nehmen soll angehört (vgl. BVerwG 27.04.1979 – 6 P 45.78 – und OVG NRW 25.02.1989 – 1 A 4407/96.PVB –). **Subjektiv** bestimmt sich die Erforderlichkeit sodann danach, ob das zur Schulung zu entsendende Personalratsmitglied für die dort behandelten Themen in seiner eigenen Person ein **Schulungsbedürfnis** aufweist (vgl. BVerwG 24.04.1979 a.a.O. und auch VG Düsseldorf 06.04.2022 – 40 L 452/22.PVL – m.w.N. zu einer Grundschulung). Das kann sowohl eine personalvertretungsrechtliche Grundschulung (vgl. Rz. 68) als auch eine Spezialschulung (vgl. Rz. 69) sein, um besondere Aufgaben im Personalrat erfüllen zu können (vgl. hierzu auch VGH Baden-Württemberg 11.04.1995 – PL 15 S 2879/94 –). Die **subjektive Erforderlichkeit entfällt**, wenn ein Personalratsmitglied die entsprechenden Kenntnisse bereits auf andere Weise erworben hat, wie z.B. durch eine langjährige Tätigkeit im Personalrat (vgl. OVG NRW 09.11.2018 – 20 A 2349/17 –). Zum Entfallen wegen Zeitablaufs vgl. Rz. 68a!

67a Bei der Anwendung des § 42 Abs. 5 Satz 1 gilt es ferner den **Grundsatz der Verhältnismäßigkeit** und das **Gebot der sparsamen Verwendung öffentlicher Mittel** (vgl. auch § 40 Rz. 7) zu beachten (vgl. BVerwG 14.11.1990 – 6 P 4.89 –, 07.12.1994 – 6 P 36.93 – und 14.10.2020 – 5 PB 23.19 – m.w.N.). So ist z.B. die Erforderlichkeit zu verneinen, wenn in geringerer Entfernung zur Dienststelle vergleichbare Veranstaltungen durchgeführt werden, deren Besuch sich kostengünstiger darstellt (vgl. auch Rz. 79) oder ein gleichwertiges Fortbildungsangebot direkt vor Ort („Inhouse- oder Onlineschulung“) oder behördeninterner Art („Indoorschulung“) zu wesentlich niedrigeren Kosten besteht (vgl. BVerwG 16.06.2011 – 6 PB 5/11 – und OVG Niedersachsen 21.12.2010 – 18 LP 6/09 m. w. N.)! So kann die Dienststelle insbesondere einem Personalrat insbesondere ersatzweise die Teilnahme an einer ganztägigen Indoor-Schulung anbieten, wenn eine von der Gewerkschaft angebotene (Grund-)Schulung auf zwei jeweils fünftägige Seminare aufgeteilt ist und dabei Kosten auslöst, die eine Summe von 2.300,00 Euro übersteigen (vgl. näher hierzu Rz. 68). Soweit das LAG Düsseldorf in seiner Entscheidung vom 24.11.2022 – 8 TaBV 59/21 – eine Vergleichbarkeit von Präsenz- und Webinar-Veranstaltungen nicht sieht und Letztere dem Grunde nach als reinen „Frontalunterricht“ abtut, ist dem nicht zu folgen. Denn Webinarveranstaltungen stellen keine durchweg monologe Themenpräsentation dar, sondern eröffnen auch Fragestellungen und Diskussionen. Von Personen, die freiwillig das Amt von Personalräten ausüben möchten, ist in diesem Zusammenhang also unabdingbar zu fordern, dass sie sich eigenständig auch im Rahmen dieser Veranstaltungen mit eigenen Fragestellungen und/oder Diskussionsbeiträgen einbringen. Soweit das ansonsten „oftmals betriebsratsfreundlich“ entscheidende BAG zuletzt auch für eine Personalvertretung gemeint hat, dass Übernachtungs- und Reisekosten als solches einem Präsenzseminar gegenüber einem gleichwertigen Webinar noch nicht entgegenstehen würden, hat es nach dem Dafürhalten des Verfassers den im öffentlichen Dienst zu beachten Umgang mit öffentlichen Geldern nicht genügend berücksichtigt (vgl. hierzu BAG 07.02.2024 – 7 ABR 8/23 –). Zur Erstattungspflicht „angemessener Schulungskosten“ wegen des Verstoßes gegen das vorbenannte Kostenminimierungsgebot vgl. Rz. 79. Weiterhin gilt es zu beachten, dass die dem Personalrat von der „mittelbewirtschaftenden Stelle“ der Dienststelle **zur Verfügung gestellten Haushaltsmittel** den Rahmen abstecken, innerhalb dessen sich die Ausgaben für Personalrat bewegen können. Sind die in der Dienststelle für Zwecke der Tätigkeit der Personalvertretungen verfügbaren Haushaltsmittel erschöpft, so hat der Personalrat sich also grundsätzlich weiterer kostenwirksamer Beschlüsse zu enthalten (vgl. § 40 Rz. 7). Im Hinblick auf die Kosten für Schulungsveranstaltungen darf der Personalrat einen dementsprechenden **Haushaltseinwand des Dienststellenleiters** nur übergehen, wenn die Schulungsteilnahme zu einem späteren Zeitpunkt bzw. bei einer vergleichbaren Schulungsveranstaltung ihren Zweck nicht mehr erfüllen kann, und der gesetzliche Anspruch aus § 40 Abs. unterzugehen droht. Die Bindung des Personalrats an das Haushaltsrecht geht also nicht so weit, dass er wegen aktuell fehlender oder unzureichender Haushaltsmittel in der Dienststelle auf die Entsendung seiner Mitglieder zu Schulungsveranstaltungen unbedingt in Gänze verzichten muss, die Teilnahme für eine ordnungsgemäße Personalratstätigkeit in der Sache unentbehrlich oder unaufschiebbar ist (so VG Saarlouis 07.03.2017 – 9 K 674/16 – mit Verweis auf BVerwG 26.02.2003 – 6P902 6 P 9/02 –).

68 Wenn nicht aufgrund aktueller oder zeitlich nach vorangegangener Arbeit in der Personal- oder Rechtsabteilung grundlegende Kenntnisse im Personalvertretungsrecht vorhanden sind, hat grundsätzlich jedes Mitglied des Personalrates einen **Anspruch auf eine Grundschulung im Personalvertretungsrecht** (vgl. OVG NRW 16.04.2008 – 1 A 4630/06.PVB – zur Teilnahme an einer TVöD-Schulung und VG Düsseldorf 06.04.2022 – 40 L 452/22.PVL – m.w.N. zu einer Grundschulung). Dieser Anspruch ist aber nach der Rechtsprechung des BVerwG in der Regel zeitlich begrenzt (vgl. Rz. 68a). Zu den vorbenannten Grundkenntnissen gehören insbesondere auch solche im **Dienst- und Arbeitsrecht** (vgl. BVerwG 14.06.2006 – 6 P 13/05 –) sowie im **Tarifvertragsrecht** (vgl. OVG NRW 16.04.2008 a.a.O.). Ein Schulungsanspruch ist nicht anzuerkennen, wenn und soweit entsprechenden Kenntnisse bereits in einer Grundschulung zum Personalvertretungsrecht vermittelt worden sind (vgl. BVerwG 10.04.2019 – 5 PB 21.18 –). Ein Anspruch ist im Hinblick auf alle zuvor dargestellten Schulungen ausnahmsweise auch dann zu verneinen, wenn sie erst nach Ablauf des, der Wahl folgenden Kalenderjahres (vgl. OVG Berlin-Brandenburg 14.08.2015 – OVG 62 PV 16.14 – m.w.N.) oder erst kurz vor dem Ende der Amtsperiode des Personalrates stattfinden sollen (vgl. BVerwG 25.06.1992 – 6 P 29.90 – und BAG 07.06.1989 – 7 ABR 26/88 –). Der **Umfang einer Grundschulung wird von der Rechtsprechung großzügig mit fünf Arbeitstagen bzw. einer Woche als angemessen angesehen**, wobei dies das Höchstmaß ist, sodass selbstredend auch Schulungen mit einem geringeren Umfang in verhältnismäßiger Weise vom Personalrat beansprucht werden können (vgl. hierzu OVG NRW 09.12.1980 – CL 7/78 – und zu einem, im Einzelfall u.U. weitergehenden zeitlichen Umfang OVG Niedersachsen 29.08.2001 – 18 L 3778/98 –). **Soweit in der Praxis Gewerkschaft oftmals Grundschulungen anbieten, die auf zwei fünftägige Seminare aufgeteilt werden (z.B. Teil 1 und Teil 2)**, kann die Dienststelle, wenn die Gesamtkosten ohne Übernachtung 2.300 Euro bzw. mit Übernachtung 2.800 Euro übersteigen, dem Personalrat ersatzweise eine Teilnahme an einer ganztägigen Indoor-Schulung anbieten (so zutreffend VG Saarlouis 07.03.2017 – 9 K 674/16 –, a.A. OVG Saarland 06.03.2018 – 5 A 414/17 –, dass unter bestimmten Umständen völlig überdimensioniert eine weitere 5-Tages-Schulung bejaht). Die Dienststelle muss hier von Anfang an sehr gut aufpassen! Wenn sie nämlich zunächst den Teil 1 einer an sie seitens des Personalrats herangetragenen Schulung „freigibt", was in der Praxis aus Unachtsamkeit immer wieder zu beobachten ist, so wird sie sich einer Freistellung und Kostenübernahme für den weiteren 2. Teil und dabei weiteren fünf Schulungstagen kaum entziehen können! Die **Wiederholung oder erneute Teilnahme an Grundschulungen** stellt eine Ausnahme dar. Eine Erforderlichkeit hierfür ist grundsätzlich nur anzunehmen, wenn wesentliche Änderungen des bisherigen Rechts in Kraft getreten sind (vgl. BVerwG

27.04.1979 – 6 P 76.78 –) oder in einer bereits besuchten Grundschulung, z. B. noch nicht die arbeitsrechtlichen Grundkenntnisse, vermittelt wurden, die für die Personalratstätigkeit erforderlich sind (vgl. BVerwG 14.06.2006 – 6 P 13/05 –). Gerade Letzteres ist allerdings nur unter sehr engen Voraussetzungen anzunehmen. **Kein Anspruch** besteht für **Teilnahme an einer erweiterten Grundschulung**, in der über die erforderlichen Grundkenntnisse hinausgehende zusätzliche Kenntnisse vermittelt werden (vgl. OVG Niedersachsen 14.09.2017 – 17 MP 7/17 –). Zu Übernachtungskosten vgl. Rz. 80a. Zu einer **Grundschulung die „Starter-Sets" und die Möglichkeit einer „kostenfreien anwaltlichen Erstberatung" beinhaltet** siehe entsprechend BAG 17.11.2021 – 7 ABR 27/20 – zum BetrVG).

Wichtig! 68a

Die Grundschulung eines Personalratsmitglieds muss „spätestens bis zum Ende des auf die Personalratswahl folgenden Kalenderjahres" stattfinden, um ihren Zweck noch zu erfüllen. Bei zeitlich danach beantragten Grundschulungen ist in der Regel anzunehmen, dass das betreffende Personalratsmitglied sich inzwischen das zur Bewältigung seiner Personalratstätigkeit erforderliche Grundwissen auf eine andere Weise angeeignet hat. Sein Grundschulungsanspruch geht daher nach Ablauf dieser Zeitspanne in aller Regel unter. (vgl. BVerwG 26.02.2003 – 6 P 9.02 – und VG Saarlouis 08.06.2012 – 8 L 547/12 –)!

Aufbauschulungen können auch erforderlich sein, wenn die dortigen Themen nicht bereits in der Grundschulung behandelt worden sind (vgl. BVerwG 18.08.1986 – 6 P 18.84 – und VGH Hessen 22.04.2004 – 21 TK 596/02 –). Erforderlich sein können ebenfalls **Spezialschulungen für einzelne Personalratsmitglieder**, die diese benötigen, um besondere Aufgaben die ihnen innerhalb des Personalrates zukommen, gerecht werden zu können (vgl. VG Köln 14.07.2016 – 33 K 2860/15.PVB – zum Schulungsthema „Analyse und Gestaltung von Aufgaben und Prozessen", „Daten-/Personalbedarfsermittlung und Bewertungsverfahren" und „Fallstudie Methodenanwendung bei Organisationsaufgaben sowie 13.09.2019 – 34 L 1794/19.PVL – zum Schulungsthema „Arbeitszeiten im TVöD"). Solche Schulungen liegen vor, wenn in bestimmten für die Personalratstätigkeit relevanten Tätigkeitsfeldern Kenntnisse vermittelt werden, die über Grundzüge hinausgehen, insbesondere der Wissensvertiefung und -erweiterung dienen (vgl. BVerwG 11.07.2006 – 6 PB 8/06 –, OVG NRW 16.04.2008 – 4630/06.PVG – und auch BayVGH 16.10.2017 – 18 AE 17.1998 –). Die dabei behandelten Schulungsthemen müssen aber in einem engen Zusammenhang mit der Tätigkeit im Personalrat stehen. Das kann z. B. bei Thematiken zum betrieblichen Arbeitsschutz oder zum Schwerbehinderten- oder -gleichstellungsrecht o. Ä. der Fall sein. Im besonderen Einzelfall 69 kann dies auch eine **Schulung zur Erstellung von Sitzungsniederschriften einer Personalratssitzung** sein (vgl. VGH Baden-Württemberg 13.09.2019 – PB 15 S 985/19 –). Die **Vermittlung von Spezialwissen im Hinblick auf die Digitalisierung** ist nur dann als erforderlich anzusehen, wenn der Personalrat unter Berücksichtigung der konkreten Situation in der Dienststelle und des Wissensstands im Gremium diese Spezialkenntnisse demnächst benötigt, um bestimmte Aufgaben sachgerecht erfüllen zu können (vgl. VG Köln 14.07.2016 – 33 K 2860/15.PVB – und entsprechend BAG 15.05.1986 – 6 ABR 64/83 – zum BetrvG). Ein Spezialseminar zur Digitalisierung kann überdies auch dann erforderlich, wenn sich einzelne Mitglieder im Rahmen ihrer Personalratstätigkeit mit speziellen Themen der Digitalisierung beschäftigen, z. B. weil sie Mitglied in einem entsprechenden Ausschuss sind o. Ä. (vgl. entsprechend BAG 15.06.1976 –1 ABR 81/74 – und LAG Hamburg 04.12.2012 – 4 TaBV 14/11 – m. w. N. zum BetrVG). **Keine Erforderlichkeit** besteht für die Einzel-Supervision von Personalratsmitgliedern, z. B. im betrieblichen Eingliederungsmanagement gem. § 167 Abs. 2 SGB IX (so zutreffend OVG Berlin-Brandenburg 06.03.2015 – OVG 62 PV 6.14 –; anders aber: BAG 28.09.2016 – 7 AZR 699/14 – für Betriebsratsmitglieder) oder z. B. im Hinblick auf rethorisches Auftreten (Stichwort: „Rethorikseminar“). Bei einem von der Gewerkschaft betitelten „Grundlagenseminar zur neuen Entgeltordnung TVöD-VKA“ handelt es sich um eine Spezialschulung, die regelmäßig nur auf ein einziges Personalratsmitglied oder einzelne Personalratsmitglieder beschränkt ist (vgl. OVG NRW 09.11.2018 – 20 A 2884717.PVL – bestätigt durch BVerwG 10.04.2019 – 5 PB 21/18 – und auch OVG NRW 19.04.2021 – 20 A 781/19.PVL – zur Bejahung einer subjektiven Erforderlichkeit). Ein (weiterbildendes) wissenschaftliches Hochschulstudium ist für Personalratsmitglieder i. d. R. keine erforderliche (Spezial-)Schulung (vgl. OVG Bremen 29.06.2022 – 6 LP 441/21-). Eine **Schulung kurz vor Ende der Amtszeit des Personalratsmitglieds** ist in der Regel nicht erforderlich, auch wenn seine Wiederwahl wahrscheinlich ist (vgl. hierzu auch entsprechend Rz. 68a).

70 Wer **Schulungs- bzw. Bildungsträger** der Maßnahme ist, wird gesetzlich nicht geregelt. Insoweit kommt es nur darauf an, dass der jeweilige Veranstalter den teilnehmenden Mitgliedern des Personalrates die für ihre Aufgabenerfüllung nach dem LPVG NRW angemessenen Themeninhalt richtig vermitteln kann. Soweit in der Praxis zumeist auf Schulungsangebote von Berufsverbänden und Gewerkschaften zurückgegriffen wird, ist dies zulässig, wenn keine vorrangig in Anspruch zu nehmendes behördeninternes Fortbildungsangebot besteht (vgl. Rz. 67a). In diesen Fällen dürfen die Schulungen aber nicht ausschließlich nur auf die entsprechenden Verbands- bzw. Gewerkschaftsziele abstellen (vgl. BVerwG 27.04.1979 – 6 P 45.78 –).

Wenn eine Veranstaltung zwar den Titel „Schulung" trägt, es sich tatsächlich jedoch nur um einen **Workshop** handelt, in dem bloße Erfahrungen ausgetauscht werden, handelt es sich nicht um eine zulässige Schulung i. S. d. vorliegenden Vorschrift (vgl. BVerwG 27.04.1979 – 6 P 89.78 –). 71

Die **Entscheidung über die Teilnahme bestimmter Personalratsmitglieder** obliegt dem Grunde nach dem Personalrat. Zur tatsächlichen Umsetzung der Freistellung bedarf es zuvor aber erst noch der abschließenden Entscheidung der Dienststelle über den Freistellungsbeschluss des Personalrats. Dabei besteht ein **eingeschränktes Prüfungsrecht des Dienststellenleiters** (vgl. Rz. 30)! 72

Der **Personalrat ist nicht berechtigt**, ein **behördeninternes Fortbildungsangebot** (vgl. Rz. 67a), das sich nicht bereits im Vorhinein nach den dazu in Betracht zu ziehenden Umständen als nicht gleichwertig erweist, zugunsten einer wesentlich kostenaufwendigeren gewerkschaftlichen Schulung auszuschlagen (so BVerwG 16.06.2011 – 6 PB 5/11 –)! 73

Bevor es zur tatsächlichen Schulungsteilnahme kommt sind in der Praxis die folgenden Schritte zu beachten: 74

Zunächst erfolgt eine **Personalratsentscheidung durch Beschluss** (1. Schritt). Das muss unbedingt vor der Entsendung zur Schulung stattfinden, da die Nachholung oder Bestätigung eines unwirksamen Beschlusses im Späteren nicht wirksam ist (vgl. entsprechend BAG 08.03.2000 – 7 ABR 11/98 – zum BetrVG). Der Personalrat ist bei seiner Beschlussfassung neben der Protokollierung, welche Personalratsmitglieder oder Ersatzmitglieder eine Schulung besuchen sollen, gehalten, auch aufzuführen, für welche Schulung („Was wird von wem, wo und wie lange geschult?") die Freistellung vorgenommen werden soll und warum eine Erforderlichkeit sowie Verhältnismäßigkeit besteht. („Wer soll warum, von wem, wo und wie lange geschult werden?") Zum Inhalt eines Entsendebeschlusses vgl. OVG NRW 30.10.1984 – CB 1/83 – und zu seiner Wirksamkeit vgl. OVG NRW 07.11.2013 – 20 A 2613/12.PVB – und entsprechend BAG 18.03.2015 – 7 ABR 4/13 zu einem Betriebsratsbeschluss. Sodann hat der Personalrat eine **umgehende Zuleitung des Beschlusses an die Dienststelle** (2. Schritt) zu bewirken. Dabei hat er ihr die vorbenannten Umstände entsprechend darzulegen und zu beweisen (vgl. VG Braunschweig 18.01.2007 – 9 B 1/07 –). Daran schließt sich eine **Überprüfung durch die Dienststelle** an (3. Schritt). Dabei prüft diese, ob die Voraussetzungen nach § 42 Abs. 5 unter Beachtung des dem Personalrat zukommenden Beurteilungsspielraums vorliegen (vgl. BVerwG 25.06.1992 – 6 P 29.90 – und OVG NRW a. a. O.). Eine solche Prüfung entfällt dem Grunde nach, wenn der Personalrat einen Budgetspielraum i.S.d. Abs. 5 S. 2 (vgl. Rz. 81 ff.) aufweist (vgl. VG Arnsberg 27.10.2015 – 20 K 2386/14.PVL – und

VG Köln 13.09.2019 – 34 L 1794/19.PVL –). Die Dienststelle kann allerdings trotz einer Budgetregelung ausnahmsweise die Angemessenheit und Erforderlichkeit der Kosten für Schulungsveranstaltungen doch prüfen, wenn besonders grobe Verstöße des Personalrats gegen die Regelung anzunehmen sein sollten, die gerade dem Zweck des § 42 Abs. 5 S. 2 zuwiderlaufen, z. B. wenn die Schulungsveranstaltung offensichtlich in keinerlei Zusammenhang zur Personalratstätigkeit steht (vgl. VG Köln 13.09.2019 a. a. O.). Bei einer Prüfung sind ansonsten jedenfalls erforderliche **Rückfragen und/oder Erörterungen** (Alternativ: 4. Schritt) vorzunehmen. Abschließend nimmt die Dienststelle entweder den **Ausspruch oder die Verweigerung der Freistellung** (5. Schritt) für die benannten Personalratsmitglieder vor. Dabei sollte die Dienststelle nicht vorschnell handeln. Denn, wenn sie z. B. keine Vorbehalte geäußert und das zur Entsendung vorgesehene Personalratsmitglied bereits freigestellt hat, so kann sie im späteren die Erforderlich der Schulung nicht mehr infrage stellen (vgl. OVG Rheinland-Pfalz 13.07.2006 – 4 A 1018/06 –)!

75 **Wichtig!**

Wenn die Dienststelle die Freistellung zu Schulungszwecken verweigert, darf der Personalrat bzw. das betroffene Personalratsmitglied sich nicht darüber hinwegsetzen. Wenn keine Einigung mit der Dienststelle in Betracht kommt, verbleibt dem Personalratsmitglied nur die Möglichkeit eine Teilnahmegewährung durch gerichtliche Entscheidung herbeiführen zu lassen (vgl. hierzu auch Rz. 84)!

76 **Beispiele für eine bestehende Schulungserforderlichkeit:**

- Teilnahme an Grundschulungen im Arbeitsrecht (vgl. BVerwG 14.06.2006 – 6 P 13.05 – und VGH Baden-Württemberg 13.11.1979 – XIII 3415/78 –)
- Spezialschulungen im Beamten- und Arbeitsrecht (vgl. BVerwG 27.04.1979 – 6 P 17.78 –)
- Spezialschulungen im Tarifrecht (vgl. OVG NRW 11.03.1991 – CL 70/88 –)
- Spezialschulungen zur elektronischen Datenverarbeitung (vgl. OVG NRW 10.05.1988 – CB 13/85 –)
- Schulung zur Thematik „Mobbing" (vgl. bejahend für das BetrVG: BAG 15.01.1997 – 7 ABR 14/96 –, bei gegebenem Handlungsbedarf)
- Schulung zur Thematik „Betriebliche Öffentlichkeitsarbeit" (vgl. BVerwG 04.02.1988 – 6 P 23.85 – und VG Köln 23.06.1997 – 34 K 10183/96.PVL –)
- Sonderschulung zum Schwerbehindertenrecht (vgl. OVG NRW 23.09.1992 – CB 172/89 –)
- Sonderschulung zur Altersversorgung im öffentlichen Dienst (vgl. OVG Niedersachsen 29.03.2007 – 17 LP 4/05 –)

77 **Beispiele für eine nicht bestehende Schulungserforderlichkeit:**

- Teilnahme des Stellvertreters der Vorsitzenden Person an einer Schulung für Personalratsvorsitzende (vgl. BVerwG 23.04.1991 – 6 P 19/88 –)

- Teilnahme von Personalratsmitgliedern, die mit der Materie der Schulung bereits vertraut sind (vgl. BVerwG 16.11.1987 – 6 PB 14/87 –)
- Teilnahme an Rhetorik-Schulungen (vgl. BVerwG 27.04.1979 – 6 P 36/78 –)
- Teilnahme an Schulungen zu Personalratswahlen/WO-LPVG NRW (vgl. BVerwG 27.04.1979 a. a. O.)
- Teilnahme an einer Schulung zum Thema „Arbeitskampf" (vgl. BVerwG 22.07.1982 – 6 P 42/79 –)
- Teilnahme an einer Schulung zum Thema „Mobbing" (vgl. zum BetrVG: BAG 14.01.2015 – 7 ABR 95/12 –)
- Teilnahme an einer Schulung, über dessen Inhalt andere Personalratsmitglieder vertraut sind (vgl. BVerwG 27.07.1979 – 6 P 30/78 – und OVG NRW 29.09.1999 – 1 A 3852/98.PVB –).

Die Freistellung erfolgt unter **Fortzahlung der Bezüge und Erstattung der angemessenen Kosten** für die Teilnahme an Schulungs- und Bildungsveranstaltungen. Für diese Kostenerstattung gilt ebenfalls das Lohnausfallprinzip und damit das Gleiche wie für die Fortzahlung der Besoldung und des Arbeitsentgeltes nach Abs. 2 Satz 1 (vgl. Rz. 10) und Abs. 3 Satz 4 (vgl. Rz. 24). Einem Personalratsmitglied steht allerdings für die Zeit seiner Schulungsteilnahme **kein Anspruch auf den Urlaubslohnaufschlag i.S.d. § 26 II i.V. mit § 67 Nr. 40 BMTG II o.Ä.** zu (vgl. BAG 23.10.2002 – 7 AZR 416/01 –). Die Kosten für etwaige vom Seminaranbieter ausgegebene **Gesetzestexte und Kommentierungen** sind ebenfalls nicht erstattungsfähig (vgl. BayVGH 03.05.2000 – 17 P 99.3639 –). 78

Wichtig! 79

Im Rahmen der Kostenerstattung ist ebenfalls der Grundsatz der sparsamen Verwendung öffentlicher Mittel vom Personalrat zu beachten, sodass bei unangemessen langen Veranstaltungen oder bei Veranstaltungsorten in unangemessener Entfernung nur ein Anspruch auf Erstattung der entsprechenden jeweils angemessenen anteiligen Kosten besteht (vgl. hierzu auch BVerwG 12.11.2012 – 6 P 4.12 –)! Wenn der Schulungsinhalt nur zum Teil erforderlich war, so muss die Dienststelle auch nur die entsprechenden anteiligen Kosten übernehmen (BVerwG 14.6.2006 – 6 P 13.05 –)!

Zur Kostenerstattung gehört insbesondere auch die **Reisekostenvergütung**. Im Runderlass des Ministeriums für Inneres und Kommunales zur Durchführung des LPVG NRW 25 – 42.05.05 vom 14.03.2013 heißt es hierzu: 80

11.6 Personalratsmitglieder, die an Schulungs- oder Bildungsveranstaltungen teilnehmen, erhalten Reisekostenvergütung.

11.6.1 Erhält das teilnehmende Personalratsmitglied seines Amtes wegen unentgeltlich Verpflegung und Unterkunft, so sind die Kürzungsbe-

stimmungen des § 7 Abs. 2 LRKG zu beachten; das gilt auch, wenn Verpflegung und Unterkunft kostenlos bereit gestellt werden oder die Kosten hierfür in dem Teilnehmerbeitrag enthalten sind.

11.6.2 Entstehen dem teilnehmenden Personalratsmitglied bei diesen Veranstaltungen geringe Aufwendungen für Verpflegungen oder Unterkunft als allgemein bei sonstigen Reisen, so ist nach § 7 Abs. 3 LRKG eine Aufwandsvergütung festzusetzen.

11.9 Reisekostenerstattung nach diesem Erlass erfolgt im Landeshaushalt in den jeweiligen Kapiteln aus Titel 527 02.

80a Wenn eine tägliche Anreise zum Schulungsort unzumutbar sein solle, sind dienststellenseitig **Übernachtungskosten** in einem verhältnismäßigen Rahmen zu tragen (vgl. hierzu OVG Saarland 06.03.2018 – 5 A 414/17 – und entsprechend BAG 27.05.2015 – 7 ABR 26/13 – zum BetrVG). Der Personalrat hat bei der Hotelbuchung den Kostenminimierungsgrundsatz zu beachten und kann nicht erwarten, dass die Dienststelle unbedingt etwa die „Präsidentensuite im ersten Hotel am Platz“ tragen wird! Zur **Schulungskostenerstattung für Mitglieder eines Lehrerrates** vgl. BVerwG 20.04.2016 – 5 P 3.15 –.

80b Zur gesonderten Kostenerstattung gehören nicht allgemeine sachliche **Vorhaltekosten einer gewerkschaftlichen Schulungsstätte** (z. B. Raum-, Material- und Kopierkosten) und Kosten für zur Verfügung gestellte personalvertretungsrechtliche Literatur (vgl. BayVGH 25.11.1992 – 17 P 92.2751 –).

81 Nach **Abs. 5 Satz 2** können sich die Dienststelle und der Personalrat im Rahmen eines **Budgets** über die voraussichtlich anfallenden notwendigen Kosten im Ergebnis verständigen, sodass der Personalrat im Rahmen eines solchen Budgets dann letztendlich eigenverantwortlich entscheidet. Insoweit entfällt insbesondere im Hinblick auf die Inanspruchnahme von Schulungen ein Prüfrecht der Dienststellenleitung (vgl. zuvor Rz. 74). Diese vom Gesetzgeber eröffnete Möglichkeit ist in der Praxis zu begrüßen, da sie die Verwaltungsabläufe verschlankt und letztendlich die Verantwortung und vor allem das Verantwortungsbewusstsein des Personalrates im Hinblick auf die Verwendung der ihm zur Verfügung gestellten öffentlichen Mittel stärkt. Im Übrigen ist auf die Ausführungen zur Budgetierungsmöglichkeit nach § 40 Abs. 1 Satz 5 zu verweisen (vgl. § 40 Rz. 6, 30).

81a **Wichtig!**

Wenn eine Budgetierung nach § 42 Abs. 5 Satz 2 vereinbart ist, kann die Dienststelle eine Kostenübernahme im Nachhinein grundsätzlich nicht mehr wegen fehlender Angemessenheit und Erforderlichkeit ablehnen. Etwas anderes gilt nur, wenn ein „besonders grober Verstoß“ des Personalrats gegen die Budgetregelung gegeben ist (vgl. VG Arnsberg 27.10.2015 – 20 K 2386/14.PVL –)!

VII. Unfallfürsorge für verbeamtete Personalratsmitglieder

Abs. 6: Durch den mit der Novelle 2007 eingeführten Absatz hat der Gesetzgeber eine **besondere Regelung für verbeamtete Personalratsmitglieder**, aber auch entsprechend andere Personen wie z. B. **Jugend- und Auszubildendenvertreter, Mitglieder des Wahlvorstandes** oder der **Stufenvertretung** oder der **Einigungsstelle** etc. getroffen, soweit diese anlässlich der Wahrnehmung von Rechten oder der Erfüllung von Pflichten nach dem LPVG NRW einen Unfall erleiden. Damit diese nicht schutzlos dastehen, weil die Amtstätigkeit als Personalrats keine „Diensttätigkeit" i. S. d. Beamtenrechts ist, gelangen die **beamtenrechtlichen Unfallfürsorgevorschriften** entsprechend zur Anwendung (vgl. auch § 12 BPersVG). Diese angeordnete entsprechende Geltung stellt im Hinblick auf § 31 Abs. 1 Satz 1 BeamtVG eine **Rechtsgrundverweisung** dar. Es muss also für die Anerkennung eines „Dienstunfalls" im Zusammenhang mit einer personalvertretungsrechtlichen Tätigkeit das in § 31 Abs. 1 Satz 1 BeamtVG vorgesehene Tatbestandsmerkmal des „Beruhens auf äußerer Einwirkung" erfüllt sein (so BayVGH 15.10.2018 – 14 ZB 17.2117 –). 82

VIII. Rechtliche Auseinandersetzungen

Streitigkeiten aus der Vorschrift können der gerichtlichen Klärung unterliegen. Welches Gericht zuständig ist, richtet sich grundsätzlich nach dem **Streit- bzw. Verfahrensgegenstand** (vgl. BVerwG 23.10.1980 – 2 C 43.78 –). Soweit es um eine **personalvertretungsrechtliche Frage** geht, ist das Verwaltungsgericht zuständig (§ 79 Abs. 1 Nr. 3 bzw. 4), welches im personalvertretungsrechtlichen Beschlussverfahren entscheidet (vgl. BVerwG 08.02.2018 – 5 P 7.16 – zur Antragsbefugnis des Personalrats bei Streitigkeiten über das Arbeitsentgelt bzw. die Eingruppierung). Bei Fragen, die einen **Beamten** und dessen dienstrechtliche Stellung betreffen, ist zwar auch das Verwaltungsgericht zuständig, wobei allerdings eine Entscheidung im Verfahren nach der VwGO und dem VwVfG NRW getroffen wird. Wenn ein **Arbeitnehmer** und dessen Rechte aus dem Arbeitsverhältnis gegenständlich sind, ist das Arbeitsgericht zuständig, welches im Urteilsverfahren entscheidet (§§ 2, 46 ff. ArbGG). 83

Wenn Streit über die **Rechtmäßigkeit eines Entsendungsbeschlusses** besteht und die Dienststelle die vom Personalrat beschlossene Freistellung nicht genehmigt, kann der Personalrat eine Klärung im personalvertretungsrechtlichen Beschlussverfahren betreiben (vgl. hierzu OVG NRW 01.03.1993 – CL 33/89 –). Zur **Antragsbefugnis** eines einzelnen Personal- 84 ratsmitgliedes im Hinblick auf die Feststellung der Rechtswidrigkeit eines Freistellungsbeschlusses des Plenums vgl. OVG NRW 09.12.1994 – 1 A 1761/94.PVL – und zur Antragsbefugnis des Personalratsgremiums und auch eines einzelnen Mitgliedes bei Streit über die Kostenübernahme vgl. BVerwG 20.04.2016 – 5 P 4.15 – und VG Ansbach 21.09.2018 – 7 PE 18.1811 –). Zum **Vorliegen eines Anordnungsgrundes in einem Verfahren gem. § 123 Abs. 1 VwGO** bei einer zulasten eines freigestellten Personalratsmitglieds getroffenen Auswahlentscheidung sowie einem Verstoß gegen das in § 7 Abs. 1 geregelte Benachteiligungsverbot vgl. im Übrigen VG Gelsenkirchen 22.11.2016 – 12 L 2084/16 – und BayVGH 06.07.2017 – 17 PC 17.1238 –).

84a Streitigkeiten über die **Anzahl und den Umfang von Freistellungen** können im personalvertretungsrechtlichen Beschlussverfahren nur beschränkt überprüft werden. Abweichungen von der Freistellungsstaffel nach § 42 Abs. 4 Satz 3 und 4 können z. B. gerichtlich nicht durchgesetzt werden (str.: so OVG NRW 15.04.1991 – 1 A 78/91.PVL – und auch entsprechend BayVGH 11.09.1991 – 18 P 91.1328 –; a. A. OVG Berlin-Brandenburg 11.09.2015 – IVG 62 PV 5.15 –).

85 Wenn die Dienststelle eine beantragte Freistellung für eine **Schulungsteilnahme nicht genehmigt**, kann der Personalrat versuchen, sein Begehren in einem personalvertretungsrechtlichen Beschlussverfahren, mit der Feststellung der Verpflichtung zur Freistellung, durchzusetzen (vgl. BVerwG 07.12.94 – 6 P 36.93 –). Zur schnellen Klärung kann dies auch im Rahmen des einstweiligen Rechtsschutzes erfolgen (vgl. hierzu OVG NRW NRW 14.10.1991 – 1 V 1690/91.PVL –; VG Hamburg 17.11.95 – 1 VG FL11/95 – und VG Köln 08.01.1998 – 33 L 4426/97.PVB –), wenn damit keine Vorwegnahme der Hauptsache einhergeht (vgl. hierzu BayVGH 06.07.2017 – 17 PC 17.1238 –). Wenn eine **Schulungsteilnahme genehmigt** wurde, jedoch im späteren **Streit über die dabei entstandenen Kosten** entsteht, kann ebenfalls eine Klärung im personalvertretungsrechtlichen Beschlussverfahren vorgenommen werden. Soweit der Personalrat dabei die Feststellung begehrt, dass die den Mitgliedern durch die Teilnahme an der Schulungsveranstaltung entstandenen Kosten von der Dienststelle zu erstatten seien, ist eine Verfahrensbeteiligung dieser betroffenen Mitglieder aber nicht gegeben (vgl. BVerwG 27.04.1979 – 6 P 30.78 – und VGH Hessen 22.04.2004 – 21 TK 596/02 –). Anders verhält es sich hingegen, wenn die jeweils betroffenen Personalratsmitglieder die Erstattung der ihnen angefallenen Kosten selbst geltend machen. In diesem Fall ist der Personalrat Verfahrensbeteiligter (vgl. BVerwG 27.04.1979 – 6 P 45.78 –). Ist streitig, ob ein Ersatzmitglied des Personalrates für die Teilnahme an einer Grundschulung unter Übernahme der Schulungskosten vom Dienst freizustellen ist, ist im Rahmen der

Gegenstandswertfestsetzung grds. der Auffangwert in Höhe von 5.000,00 Euro festzusetzen (so OVG Bremen 06.08.2018 – 5 S 55/18 –).

§ 43 (Schutz des Arbeitsplatzes)

(1) Eine Versetzung, Abordnung, Umsetzung nach § 72 Absatz 1 Satz 1 Nummer 5, Zuweisung oder Gestellung darf gegen den Willen des Mitglieds des Personalrats nur erfolgen, wenn dies auch unter Berücksichtigung der Mitgliedschaft im Personalrat aus wichtigen dienstlichen Gründen unvermeidbar ist, und der Personalrat, dem das Mitglied angehört, zustimmt. Dies gilt entsprechend für Ersatzmitglieder, solange sie gemäß § 28 Abs. 1 in den Personalrat eingetreten sind.

(2) Die außerordentliche Kündigung von Mitgliedern des Personalrats, die in einem Arbeitsverhältnis stehen, bedarf der Zustimmung des Personalrats. Verweigert der Personalrat seine Zustimmung oder äußert er sich nicht innerhalb von drei Arbeitstagen nach Eingang des Antrags, so kann das Verwaltungsgericht sie auf Antrag der Dienststelle ersetzen, wenn die außerordentliche Kündigung unter Berücksichtigung aller Umstände gerechtfertigt ist. In dem Verfahren vor dem Verwaltungsgericht ist die betroffene Arbeitnehmerin oder der betroffene Arbeitnehmer Beteiligte oder Beteiligter.

Gliederung

I. Einleitende Bemerkungen

Die Vorschrift soll Personalratsmitglieder vor dienstrechtlichen Maßnahmen, die eine Veränderung des dienstlichen Einsatzortes mit sich bringen können, schützen, sodass diese ungestört ihr Personalratsmandat ausüben können, und die für ihre Personalratsarbeit notwendige Unabhängigkeit gewährleistet ist (vgl. BVerwG 31.01.1994 – 2 B 1/94 –). Mit der **Novelle 2011** ist der Schutz auf „Zuweisungen“ und „Gestellungen“ ausgeweitet worden, da der Gesetzgeber deren Konsequenzen für die jeweiligen Betroffenen mit denen der Versetzung etc. für vergleichbar gehalten hat (vgl. LT-Drucks. 15/1644, S. 79). 1

II. Schutz gegen Versetzung, Abordnung, Umsetzung, Zuweisung oder Gestellung

2 Abs. 1: Nach **Abs. 1 Satz 1** darf eine Versetzung, Abordnung, Umsetzung für die Dauer von mehr als drei Monaten, Zuweisung oder Gestellung gegen den Willen des Personalratsmitgliedes nur stattfinden, wenn dies unter Berücksichtigung der Mitgliedschaft im Personalrat aus wichtigen dienstlichen Gründen unvermeidbar ist und der Personalrat, dem das betroffene Mitglied angehört, der jeweiligen Maßnahme zustimmt.

3 Der **persönliche Schutzbereich** der vorliegenden Vorschrift erfasst zunächst die **Mitglieder des Personalrats**. Der Schutz beginnt mit der Feststellung des Wahlergebnisses durch den Wahlvorstand (§ 20 Abs. 3 Satz 1 i. V. m. § 20 Abs. 1 Nr. 7 WO-LPVG NRW) und endet mit der Mitgliedschaft im Personalrat (§ 26). Wurde die **Mitgliedschaft im Personalrat aufgrund einer nichtigen Wahl erlangt**, so besteht kein Schutz. Siehe im Kontext auch **Bülow, gesonderte Kommentierung der Wahlordnung (WO-LPVG NRW)**!

Wenn in der Zwischenzeit ein Mitglied zeitweilig verhindert ist oder seine Mitgliedschaft ruht (§ 28 Abs. 1 Satz 1), so ist dies unschädlich. Denn nach **Abs. 1 Satz 2** gehören **Ersatzmitglieder** auch zum geschützten Personenkreis für die Zeit ihrer Zugehörigkeit zum Personalrat (vgl. BVerwG 29.04.2022 – 5 P 10.20 – und entsprechend OVG Sachsen 14.11.2018 – 2 B 302/18 – zur Wirksamkeit von Maßnahmen, die vor dem Eintritt der Ersatzmitgliedschaft ausgesprochen wurden). Im Falle eines endgültigen Nachrückens genießen Ersatzmitglieder somit den Schutz dauerhaft und für den Fall einer zeitweisen Vertretung nur für deren Dauer (vgl. auch OVG NRW 22.08.1983 – CB 11/82 –). Nach § 21 Abs. 1 Satz 3 i. V. m. § 43 Abs. 1 genießen auch die **Mitglieder des Wahlvorstandes und Wahlbewerber** einen Arbeitsplatzschutz. Dieser beginnt für Wahlvorstandsmitglieder mit der Bestellung bzw. Wahl bzw. Einsetzung des Wahlvorstandes und endet, wenn dieser nicht vorzeitig ersetzt wird (§ 20 Abs. 1 Satz 2) mit Ablauf der Frist des § 22 Satz 2 WO-LPVG NRW (vgl. Bülow, § 22 WO-LPVG NRW, Rz. 12 ff.). Für **Ersatzmitglieder des Wahlvorstandes** gilt Entsprechendes, wie zuvor dargestellt im Hinblick auf die Ersatzmitglieder des Personalrats. Wahlbewerber gehören zum geschützten Personenkreis, wenn sie wählbar i. S. d. § 11 sind und für sie in der Dienststelle ein Wahlvorschlag nach Maßgabe des § 16 Abs. 4 i. V. m. § 7 WO-LPVG NRW beim Wahlvorstand eingereicht wurde. Ihr Schutz endet ebenfalls mit der Bekanntgabe des Wahlergebnisses (vgl. BVerwG 13.06.2007 – 1 WDS-VR 2.07 –). In den persönlichen Schutzbereich des Abs. 1 fallen auch die **Mitglieder der Personalkommission** (§ 44 Abs. 3 i. V. m. § 43 Abs. 1), die **Mit-**

glieder der Stufenvertretung (§ 51 Satz 1 i. V. m. § 43 Abs. 1), die **Mitglieder des Gesamtpersonalrats** (§ 53 i. V. m. §§ 51 Satz 1, 43 Abs. 1) und die **Mitglieder der Jugend- und Auszubildendenvertretung** (vgl. auch Rz. 15) samt der dabei **vorhandenen Stufen- und Gesamtvertretungen** (§§ 58, 60 Abs. 1 Satz 2 und Abs. 2 Satz 2 i. V. m. § 43 Abs. 1).

Der vorbenannte Personenkreis wird gegen die nachfolgenden Personal- 4
maßnahmen geschützt **(sachlicher Schutzbereich)**:

Die **„Versetzung eines Beamten“** (vgl. zum beamtenrechtlichen Verset- 5
zungsbegriff § 25 LBG NRW und im Übrigen auch die Ausführungen zu § 72 Rz. 190 ff.) ist die auf Dauer gerichtete Übertragung eines gleichwertigen Amtes – im Rahmen des Beamtenverhältnisses – bei einer anderen Dienstbehörde des gleichen oder eines anderen Dienstherrn (vgl. BVerwG 20.04.1977 – VI C 154/73 –). Die Versetzung wird nach der Anhörung des Beamten von dem abgebenden im Einvernehmen mit dem aufnehmenden Dienstherrn verfügt, wobei das Einverständnis schriftlich zu erklären ist (§ 25 Abs. 5 Satz 2 Halbsatz 2 LBG NRW). Beides ist für das Zustandekommen der Versetzung gleich wichtig. Zur statusrechtlichen Übertragung eines anderen Amtes, ohne dass sich die Behördenzuständigkeit ändert **(sog. statusberührende Versetzung)** vgl. BVerwG 28.12.1992 – 2 B 201.92 –.

Keine Versetzung eines Beamten liegt in folgenden Fällen vor: 6
- bloße **Vorbereitung der Versetzung** (vgl. OVG NRW 05.07.1990 – CL 43/88 – und im Kontext auch OVG NRW 27.03.1998 – 1 A 1/96 –),
- **Abstellung an eine juristische Person des Privatrechts** (vgl. BVerwG 07.06.1984 – 2 C 84.81 –),
- örtliche Verlagerung der Behörde (vgl. LAG Köln 30.01.1995 – 3 Sa 1200/94 –) und aufgrund der spezialgesetzlichen Regelungen des LRiG NRW,
- **Ernennung eines Beamten zum Richter** kraft Auftrags (vgl. BVerwG 29.03.1993 – 6 P 19/91 –).

Für die **„Versetzung eines Arbeitnehmers“** kann auf die Definition in der 7
Protokollerklärung zu § 4 Abs. 1 TVöD bzw. § 4 Abs. 1 TV-L (dort Nr. 2) zurückgegriffen werden. Eine Versetzung ist danach die Zuweisung einer auf Dauer bestimmten Beschäftigung bei einer anderen Dienststelle oder einem anderen Betrieb desselben Arbeitgebers unter Fortsetzung des bestehenden Arbeitsverhältnisses. Die Versetzungsbefugnis folgt dabei aus dem Direktionsrecht des Arbeitgebers (vgl. § 106 GewO). Vgl. im Übrigen auch die Ausführungen zu § 72 Rz. 194 ff. Zum Versetzungsbegriff des BetrVG vgl. BAG 11.10.2022 – 1 ABR 18/21 –.

Zur **„Abordnung“** vgl. die Ausführungen zu § 10 Rz. 15. 8

Bei der **„Umsetzung“ eines Beamten** handelt es sich um die Zuweisung eines 9
anderen Dienstpostens, d. h. eines anderen Amtes im konkreten funktionel-

len Sinne innerhalb derselben Behörde (vgl. BVerwG 22.05.1980 – 2 C 30.78 –). Die Umsetzung lässt das statusrechtliche und das funktionelle Amt im abstrakten Sinne unberührt und stellt sich damit als eine innerbehördliche Weisungsmaßnahme dar.

10 Für den **Arbeitnehmer** stellt die Umsetzung den Entzug seines bisherigen Arbeitsbereiches bei gleichzeitiger Zuweisung eines neuen (gleichwertigen) Arbeitsbereiches innerhalb derselben Dienststelle dar (vgl. BAG 10.11.1992 – 1 AZR 185/92 –). Grundlegend ist hierbei auf das Direktionsrecht (vgl. § 106 GewO) und die im Arbeitsvertrag konkretisierte Tätigkeit des Arbeitnehmers abzustellen. Sofern Letzteres nicht gegeben ist, besteht das Recht des Arbeitgebers, dem Arbeitnehmer eine Tätigkeit, die der vereinbarten Entgeltgruppe entspricht, im Rahmen billigen Ermessens (§ 315 BGB) zuzuweisen. Siehe i. Ü. auch § 72 Rz. 209ff.

11 Durch die **Novelle 2011** greift der Schutz des Abs. 1 nur, wenn die Umsetzung länger als drei Monate andauern soll (§ 72 Abs. 1 Nr. 5 Alt. 2).

12 **Praxistipp!**

Wenn die Dienststelle zunächst nur eine Umsetzung für eine kürzere Dauer vornimmt, sollte sie sich eine Wiedervorlage für diese Maßnahme notieren, da bei einer Überschreitung des Zeitrahmens von drei Monaten der Schutz des § 43 Abs. 1 greift!

13 Zur „**Zuweisung**“ vgl. die Ausführungen zu § 10 Rz. 16 und zur „**Gestellung**“ vgl. die Ausführungen zu § 10 Rz. 17. Zur **Zuständigkeit des Personalrats bei Maßnahmen eines Dritten im Rahmen einer Personalgestellung** vgl. im Übrigen VGH Baden-Württemberg 04.03.2016 – PL 15 S 408/15 –.

14 Die vorbenannten Personalmaßnahmen sind in Abs. 1 abschließend aufgeführt. Sie unterliegen dem sachlichen Schutzbereich nur insoweit, als sie **an die von ihr geschützten Personen persönlich gerichtet** sind (vgl. BVerwG 15.07.2004 – 6 P 15.03 –). Wenn die vorbenannten Personalmaßnahmen in zwingender Folge **auf der Grundlage einer Organisationsentscheidung** stattfinden, ist das nicht der Fall, wobei der Schutz nach der Entscheidung des BVerwG vom 30.03.2009 – 6 PB 29.08 – dennoch greifen soll. Dem ist allerdings nach Cecior u. a. (vgl. dort § 43 Rn. 26) unter Verweis auf die frühere Entscheidung des BVerwG vom 11.12.1991 – 6 P 5.91 – nur dann zu folgen, wenn die jeweiligen Personalmaßnahmen beispielsweise vorgreifend auf eine nur geplante Auflösung der Dienststelle stattfinden. Kein Durchgriff ist hingegen anzunehmen, wenn die Entscheidung, dass die Dienststelle aufgelöst wird, bereits getroffen worden ist. Mit Blick auf die, eingangs benannte Auffassung des BVerwG und dem Sinn und Zweck des in § 43 Abs. 1 verankerten Arbeitsplatzschutzes erscheint dies konsequent.

Die Schutzvorschrift des Abs. 1 gilt auch für **Jugend- und Auszubildendenvertreter** (vgl. Rz. 3) im Hinblick auf die im Rahmen ihres Berufsausbildungsverhältnisses turnusmäßig festgelegte Zuweisung verschiedener Ausbildungsstätten, d.h. Ausbildungsstationen (vgl. hierzu BVerwG 11.09.2007 – 6 PB 9/07). Zur Abordnung von Auszubildenden vgl. im Übrigen auch § 72 Rz. 222. 15

Die genannten personellen Maßnahmen unterliegen dem Schutz nach Abs. 1 auch nur dann, wenn sie **„gegen den Willen“** der zum geschützten Personenkreis gehörenden Person vorgenommen werden sollen. Wenn Letztere also einvernehmlich mit der Dienststelle die Verfügung der Maßnahme befürwortet, besteht kein Zustimmungsvorbehalt des Personalrats (vgl. Rz. 2). 16

Praxistipp! 17

Trotz des Einverständnisses darf nicht vergessen werden, dass die Dienststelle vor der Umsetzung der Maßnahme noch das entsprechende Mitbestimmungsverfahren (z.B. bei einer Versetzung nach § 66 i.V.m. § 72 Abs. 1 Nr. 5 Fall 1) durchzuführen hat (vgl. auch Rz. 20). Hierbei hat sie den Personalrat über das bestehende Einverständnis zu informieren (vgl. Rz. 22)!

Aus diesem Grund sollte sich die Dienststelle das bestehende Einverständnis der betroffenen Person bereits vor dem Beteiligungsverfahren schriftlich einholen!

Die vorbenannten **Personalmaßnahmen sind nur zulässig, wenn** sie unter Berücksichtigung der Mitgliedschaft im Personalrat **„aus wichtigen dienstlichen Gründen unvermeidbar“** (1. Voraussetzung) sind (vgl. auch OVG NRW 12.02.2007 – 1 A 2358/05.PVL – zur verfassungsrechtlichen Unbedenklichkeit dieser Voraussetzung). Ein bloßes dienstliches Bedürfnis (vgl. §§ 24, 25 LBG NRW) ist nicht ausreichend. Es muss vielmehr hinzukommen, dass dienstliche Gründe mit einem außerordentlichen Gewicht die beabsichtigte Personalmaßnahme erfordern (vgl. hierzu auch OVG Sachsen-Anhalt 30.03.2023 – 5 M 2/23 –). Die Gründe müssen derart schwerwiegend sein, dass die Durchführung der Maßnahme auch unter Beachtung der Mitgliedschaft im Personalrat oder in einem der anderen dem persönlichen Schutzbereich des § 43 Abs. 1 unterliegenden Organ **„unvermeidbar“** ist (vgl. im Kontext auch entsprechend BAG 27.07.2016 – 7 ABR 55/14 – zu § 103 Abs. 3 BetrVG – dringende betriebliche Gründe). Im Ergebnis müssen bei einer gerechten Abwägung aller Umstände des Einzelfalles sowohl die Interessen des betroffenen Beschäftigten als auch die des Personalrates entsprechend zurückstehen, da kein milderes Mittel als die Durchsetzung der beabsichtigten Maßnahme der Dienststelle zur Verfügung stehen (vgl. hierzu auch BayVGH 06.10.1993 – 3 B 93.1184 –). 18

19 Auch wenn die zuvor dargestellten besonderen Gründe für die beabsichtigte Personalmaßnahme vorliegen, bedarf es zu ihrer Wirksamkeit noch der „**Zustimmung des Personalrates**“ (2. Voraussetzung), dem das Mitglied angehört. Zum Zustimmungsverfahren vgl. Rz. 24 ff.

20 **Wichtig!**

Die in § 43 Abs. 1 genannten Personalmaßnahmen unterliegen neben der dort geregelten Zustimmung auch noch der Mitbestimmung nach § 72 Abs. 1 Satz 1 Nr. 5 und 6 und damit zusätzlich dem Mitbestimmungsverfahren nach den §§ 66 ff.!

Da es sich um unterschiedliche Verfahren handelt und in beiden Verfahren auch unterschiedliche Personalvertretungen zuständig sein können (d. h. für die Zustimmung nach § 43 Abs. 1 z. B. der örtliche Personalrat und für den Zustimmungsantrag nach § 66 Abs. 2 Satz 1 ggf. der Bezirkspersonalrat), sollte die Dienststelle beide Verfahren unter Verwendung gesonderter Zustimmungsanträge („Personalratsvorlagen“) führen.

In zeitlicher Hinsicht muss die Dienststelle zunächst das Verfahren nach § 43 Abs. 1 betreiben, da die Maßnahme bei einer dortigen Zustimmungsverweigerung bereits nicht mehr weiter betrieben werden kann (vgl. Rz. 23)!

20a **Muster 24**: Personalratsvorlage im Mitbestimmungsverfahren

21 **Keine Zustimmung** ist erforderlich, wenn ein **Einverständnis** der nach § 43 Abs. 1 geschützten Person zu der beabsichtigten Maßnahme vorliegt (vgl. BVerwG 18.10.1977 – VII P 14.75 –).

22 Die vom Personalrat einmal **erteilte Zustimmung ist bindend**. Sie kann bei einer Personalmaßnahme, die erst nach Ablauf der Amtszeit, in der sie beantragt wurde, wirksam wird (z. B. Versetzung oder Umsetzung zu einem späteren Zeitpunkt) auch eine **Nachwirkung** entfalten (vgl. BVerwG 18.05.2004 – 1 WDS-VR 1.04 –). Der Personalrat kann, wenn die Dienststelle die Personalmaßnahme verfügt hat, seine **Zustimmung nicht widerrufen** (vgl. BVerwG 12.04.2000 – 1 WB 7/00 –).

23 Wenn der Personalrat seine **Zustimmung nicht erteilt** hat, kann die Dienststelle die beabsichtigte Personalmaßnahme nicht mehr weiter betreiben (vgl. OVG NRW 09.12.1981 – CL 29/79 – und BVerwG 15.07.2004 – 6 P 15.03 –). Es besteht **keine Möglichkeit der Zustimmungsersetzung** (vgl. BVerwG 10.07.1964 – VII P 8.63 –)!

24 **Für das Zustimmungsverfahren nach § 43 Abs. 1** gilt Folgendes:

Antragsadressat ist der Personalrat, dem das betroffene Mitglied angehört (vgl. BVerwG 09.07.1980 – 6 P 43.79 –). Wenn eine **Angehörigkeit für mehrere Personalvertretungen** besteht, so sind diese allesamt Antragsadressaten, da die Zustimmung in diesem Fall von ihnen allen eingeholt werden muss (vgl. BVerwG v. 30.04.1998 – 6 P 5.97). Bei Mitgliedern von Stufenvertretungen ist die Stufenvertretung und bei Mitgliedern von Gesamtpersonalräten ist der gesamte Personalrat der zuständige Adressat (vgl. BVerwG v. 08.12.1986 – 6 P 20.84).

Die **Antragsbefugnis** hat diejenige Dienststelle, die für die Maßnahme zu- 25
ständig ist. Von welcher Dienststelle die Personalmaßnahme letztendlich dann ausgesprochen werden soll, ist unerheblich (vgl. BVerwG 10.07.1964 – VII P 8.63 –).

Die **Antragsform** ist gesetzlich nicht vorgeschrieben. Da die Dienststelle 26
den Personalrat richtig und vollständig unterrichten muss und für das Vorliegen der wichtigen dienstlichen Gründe darlegungsbelastet ist, ist aus Dokumentations- und Nachweisgründen trotzdem stets die **Schriftform** zu empfehlen!

Muster 16: Zustimmungsantrag gem. § 43 Abs. 1 27

Das Gesetz sieht zwar keine **Antragsentscheidungsfrist** für den Personal- 28
rat vor (anders jedoch im Verfahren nach § 66, vgl. Rz. 25). Im Rahmen der vertrauensvollen Zusammenarbeit (vgl. § 2 Abs. 2 ff.) sollte der Personalrat dennoch **zeitnah** über den Antrag entscheiden. In **Eilfällen** sollte die Dienststelle den Personalrat einen entsprechenden Hinweis geben und darum bitten, in der insoweit gebotenen Zeit zu handeln.

Die **Zustimmungserteilung bzw. -verweigerung** erfolgt durch einen Be- 29
schluss des Personalrates nach § 34 Abs. 1 Satz 1 („Gemeinsame Angelegenheiten der Gruppen", vgl. hierzu § 34 Rz. 1). Das von der Zustimmungsmaßnahme betroffene Mitglied ist aufgrund der bestehenden Interessenkollision von der Mitwirkung bei Beschlussfassung ausgeschlossen. Nach § 28 Abs. 1 Satz 2 tritt ein Ersatzmitglied an seine Stelle. Wenn der Personalrat die Zustimmung nicht erteilen möchte, sollte er im Rahmen der vertrauensvollen Zusammenarbeit nach § 2 Abs. 1 seine **Absicht der Nichtzustimmung** der Dienststelle noch vor seiner letztendlichen Beschlussfassung mitteilen und ihr die **Möglichkeit einer Erörterung** einräumen.

Der **Zustimmungs- bzw. Verweigerungsbeschluss** ist der Dienststelle **um-** 30
gehend zuzuleiten, damit diese bei erteilter Zustimmung die beabsichtigte Maßnahme alsbald durchführen kann bzw. bei einer Zustimmungsverweigerung die Möglichkeit erhält, einen modifizierten erneuten Zustimmungsantrag stellen zu können.

III. Besonderer Kündigungsschutz

31 Abs. 2: Nach **Abs. 2 Satz 1** bedarf die **außerordentliche Kündigung von Mitgliedern des Personalrates**, die Arbeitnehmer sind (vgl. § 1 Abs. 1 TVöD bzw. TV-L), der **Zustimmung des Personalrates**. Damit greift die Vorschrift den besonders geregelten Kündigungsschutz für **Mitglieder der Personalvertretung und der Jugend- und Auszubildendenvertretung** nach § 15 Abs. 2 Satz 1 KSchG sowie für **Mitglieder des Wahlvorstandes samt der Wahlbewerber** nach § 15 Abs. 3 Satz 1 KSchG entsprechend auf (vgl. zuvor Rz. 3). Die **Zustimmung muss vor Ausspruch der Kündigung vorliegen**. Es besteht keine Möglichkeit der nachträglichen Zustimmung mit der Folge einer Unwirksamkeitsheilung (vgl. entsprechend BAG 20.03.1975 – 2 ABR 111/74 – zum BetrVG). Wenn der Personalrat die Zustimmung nicht erteilt oder sich im Übrigen nicht innerhalb der 3-Tages-Frist nach Abs. 2 Satz 2 äußert besteht die Möglichkeit der gerichtlichen Zustimmungsersetzung (vgl. Rz. 48 ff.).

32 Die Vorschrift des § 15 Abs. 2 KSchG lautet:

„(2) Die Kündigung eines Mitglieds einer Personalvertretung, einer Jugend- und Auszubildendenvertretung oder einer Jugendvertretung ist unzulässig, es sei denn, daß Tatsachen vorliegen, die den Arbeitgeber zur Kündigung aus wichtigem Grund ohne Einhaltung einer Kündigungsfrist berechtigen, und daß die nach dem Personalvertretungsrecht erforderliche Zustimmung vorliegt oder durch gerichtliche Entscheidung ersetzt ist. Nach Beendigung der Amtszeit der in Satz 1 genannten Personen ist ihre Kündigung innerhalb eines Jahres, vom Zeitpunkt der Beendigung der Amtszeit an gerechnet, unzulässig, es sei denn, daß Tatsachen vorliegen, die den Arbeitgeber zur Kündigung aus wichtigem Grund ohne Einhaltung einer Kündigungsfrist berechtigen; dies gilt nicht, wenn die Beendigung der Mitgliedschaft auf einer gerichtlichen Entscheidung beruht. […]

33 Für den **persönlichen Schutzbereich** des Abs. 2 gelten die zu Abs. 1 getroffenen Ausführungen entsprechend (vgl. Rz. 3). Nach § 21 Abs. 1 Satz 3 i. V. m. § 43 Abs. 2 genießen insbesondere auch die Mitglieder des Wahlvorstandes und Wahlbewerber einen Arbeitsplatzschutz (vgl. näher hierzu Bülow, § 1 WO-LPVG NRW, Rz. 75 ff. m.w.N.). Wurde die Mitgliedschaft im Personalrat aufgrund einer nichtigen Wahl erlangt, so besteht kein Schutz!

34 Nach der Entscheidung des BVerwG vom 08.12.1986 – 6 P 20.84 – bedarf die **außerordentliche Kündigung eines Ersatzmitglieds des Personalrats** nur in dem Fall und auch nur so lange der Zustimmung des Personalrats, wie es für ein gewähltes ordentliches Mitglied dem Personalrat angehört. Ersatzmitglieder besitzen also, wenn sie nur zeitweise an den Sitzungen des Personal-

rats teilgenommen haben, noch nicht den besonderen Kündigungsschutz nach § 43 Abs. 2 bzw. § 15 Abs. 2 KSchG (vgl. VG Düsseldorf 10.04.2006 – 34 K 783/06.PVL – und VG Arnsberg 12.07.2017 – 20 K 3007/16.PVL – sowie LAG Köln, 06.07.2005 – 3 (7) Sa 193/05 – zu § 47 BPersVG a. F.). Die besondere Rechtsprechung des BVerwG vom 01.10.2013 – 6 P 6.13 – mit dem der Weiterbeschäftigungsschutz nach § 7 für Ersatzmitglieder der Jugend- und Auszubildendenvertretung ausgedehnt wurde (vgl. § 7 Rz. 4, 37) ist klarstellend nicht auf den Kündigungsfall eines Ersatzmitgliedes des Personalrats, Gesamtpersonalrats etc. zu übertragen!

Dem **sachlichen Schutzbereich** des § 43 Abs. 2 Satz 1 unterliegt **jede arbeitgeberseitige außerordentliche Kündigung**, d. h. also verhaltens-, personen- und betriebsbedingte sowie druckbedingte Kündigungen (vgl. Rz. 4 ff.), Änderungs- und Beendigungskündigungen. Es muss sich um eine außerordentliche Kündigung handeln, die der Arbeitgeber noch während der Amtszeit der betroffenen Person aussprechen möchte, denn danach greift der Schutz des § 43 Abs. 2 Satz 1 nicht mehr. In zeitlicher Hinsicht kommt es dabei auf die Absendung der Kündigung und nicht auf deren Zugang an (vgl. BAG 27.01.1977 – 2 ABR 77/76 –). 35

Wichtig! 36

Gegenüber den in den persönlichen Schutzbereich der vorliegenden Vorschrift fallenden Personen (vgl. auch § 15 Abs. 2 KSchG) kann keine außerordentliche Kündigung mit einer sozialen Auslauffrist ausgesprochen werden (vgl. entsprechend BAG 12.05.2010 –2 AZR 587/08 – zum BetrVG)! Die BAG-Entscheidung vom 25.04.2018 – 2 AZR 6/18 –, wonach im Rahmen von § 34 Abs. 2 Satz 1 TV-L eine solche Kündigung bejaht wurde greift hier klarstellend nicht, da es sich bei § 43 Abs. 2 um einen gesetzlich angeordneten Kündigungsschutz handelt (vgl. OVG Berlin-Brandenburg 16.02.2021 – OVG 60 PV 10/20 – !

Auch die Umdeutung einer unwirksamen außerordentlichen Kündigung mit sofortigen Wirkung in eine außerordentliche Kündigung mit einer sozialen Auslauffrist ist nicht möglich (vgl. entsprechend BAG 21.06.2012 – 2 AZR 343/11 – zum BetrVG)!

Die begrifflich in § 43 Abs. 2 Satz 1 benannte **„außerordentliche Kündigung“** knüpft an die Regelung des § 626 Abs. 1 BGB und des § 34 Abs. 2 TVöD/TV-L an. Danach kann das Arbeitsverhältnis ohne Einhaltung einer Kündigungsfrist gekündigt werden, wenn Tatsachen vorliegen, aufgrund derer dem Arbeitgeber unter Berücksichtigung aller Umstände des Einzelfalls und unter Abwägung der Interessen beider Vertragsteile die Fortsetzung des Arbeitsverhältnisses bis zum Ablauf der ordentlichen Kündigungsfrist oder bis zu einer vereinbarten Beendigung des Arbeitsverhältnisses nicht zugemutet werden 37 kann. Nach der Rechtsprechung des BAG ist hierbei zunächst zu ermitteln (1. Prüfungsstufe), ob der der Kündigung zugrunde liegende Sachverhalt ohne seine besonderen Umstände „an sich" als **wichtiger Grund** geeignet ist. Im Weiteren (2. Prüfungsstufe) bedarf es dann der Überprüfung, ob dem Arbeitgeber die Fortsetzung des Arbeitsverhältnisses bis zum Ablauf der für eine ordentliche Kündigung geltenden Frist unter Berücksichtigung der konkreten Umstände des Einzelfalles und unter Abwägung der Interessen beider Vertragsteile **zumutbar** ist oder nicht (vgl. BAG 10.06.2010 – 2 AZR 541/09 –). Dem **Beschluss des BVerwG vom 16.6.2022 – 5 PB 18/21** – ist zudem folgende wichtige Aussage zu entnehmen: „Ein Mitglied des Personalrats kann in Ausübung seines Amts sowohl seine Pflichten als Personalratsmitglied und zugleich auch seine Pflichten aus dem Arbeitsvertrag verletzen. Wenn eine Handlung sowohl Amtspflichten als auch für alle Arbeitnehmer gleichermaßen geltende arbeitsvertragliche Pflichten verletzt oder aber die Vertragsverletzung nur deshalb eingetreten ist, weil der Arbeitnehmer als Personalratsmitglied tätig geworden ist, kann ein wichtiger Grund zur außerordentlichen Kündigung zwar vorliegen, mit Rücksicht auf die besondere Konfliktsituation, in der sich das Personalratsmitglied befindet, ist die außerordentliche Kündigung aber nur gerechtfertigt, wenn unter Anlegung eines besonders strengen Maßstabs das pflichtwidrige Verhalten auch als schwerer Verstoß gegen die Pflichten aus dem Arbeitsverhältnis zu werten ist."

38 **Außerordentliche Kündigungsgründe** können z. B. sein:

- Vorgetäuschte Krankheit/genesungswidriges Verhalten (vgl. BayVGH 09.03.2015 – 17 P 13.25.26 –),
- Beleidigung eines Vorgesetzten als „Arschloch" (vgl. VG Gelsenkirchen 10.01.2017 – 12c K 2610/16.PVL)
- Schmähkritik (vgl. BAG 05.12.2019 – 2 AZR 240/19 –)
- Verfassungsfeindliche Aktivitäten eines Beamten (vgl. BVerwG 17.11.2017 – 2 C 25.17 –)
- Anwahl von 0900-Nummern vom Diensttelefon (vgl. VG Mainz 02.02.2010 – 5 K 1390/09.MZ –)
- Private Internetnutzung (vgl. VG Meiningen 22.01.2018 – 3 P 50004/16 Me –)
- Sexuelle Belästigung (vgl. entsprechend LAG Mecklenburg-Vorpommern 05.03.2020 – 5 TaBV 9/19 –)
- Vgl. im Übrigen auch § 74 Rz. 121 m.w. Bsp.

39 Für den Ausspruch einer außerordentlichen Kündigung von Personalratsmitgliedern ist folgende **Besonderheit** zu beachten:

Bei der **Zumutbarkeitsprüfung**, d.h. der Prüfung, ob dem Arbeitgeber die Fortsetzung des Arbeitsverhältnisses mit dem Personalratsmitglied bis zum Ablauf der ordentlichen Kündigungsfrist oder bis zu einer vereinbarten Beendigung des Arbeitsverhältnisses zumutbar oder unzumutbar ist, ist auf die **fiktive Kündigungsfrist** abzustellen, die für das Personalratsmitglied ohne seinen besonderen Kündigungsschutz nach § 15 Abs. 2 KSchG und der vorliegenden Vorschrift gelten würde (vgl. BAG 10.02.1999 – 2 ABR 31/98 –). Die Interessenabwägung erfolgt hierbei im Rahmen einer Gesamtwürdigung (vgl. BAG 09.06.2011 – 2 AZR 381/10 –). Zur **Erforderlichkeit einer Abmahnung** vgl. OVG Niedersachsen 14.09.2011 –18 LP 15/10 –, 04.06.2015 – 18 LP 10/14 – und entsprechend BAG 09.09.2015 – 7 ABR 69/13 – zum BetrVG. Zur Abgrenzung und zu den Voraussetzungen einer personalvertretungsrechtlichen Abmahnung vgl. § 42 Rz. 5 f. m. w. N.

Für das **Zustimmungsverfahren nach § 43 Abs. 2** gilt Folgendes: 40

Antragsadressat ist der Personalrat, dem der von der Kündigung betroffene Arbeitnehmer als Mitglied angehört. Ansonsten gelten die zum Verfahren nach Abs. 1 erfolgten Ausführungen entsprechend (vgl. Rz. 24).

Die **Antragsbefugnis** kommt dem Leiter der Dienststelle zu, die nach den 41
bestehenden organisationsrechtlichen Vorgaben die Berechtigung zum Ausspruch der außerordentlichen Kündigung für den betroffenen Arbeitnehmer aufweist. Bei einem beispielsweise abgeordneten oder versetzten Beschäftigten, kann der Leiter der Beschäftigungsdienststelle somit keinen Zustimmungsantrag stellen. Er kann aber gegenüber dem vorbenannten Kündigungsberechtigten durchaus eine Kündigungsempfehlung abgeben (vgl. BVerwG 03.05.1999 – 6 P 2.98 –).

Eine **Antragsform** sieht das Gesetz nicht vor. Dennoch sollte die Dienststelle 42
im Hinblick auf die ihr in einem gerichtlichen Zustimmungsersetzungsverfahren nach § 43 Abs. 2 Satz 2 zukommende Darlegungs- und Beweislast stets auf die **Schriftform** zurückgreifen. Mit dem Antrag hat die Dienststelle den Personalrat richtig und vollständig über die beabsichtigte Kündigung zu unterrichten. Sie muss die Zustimmung vor allem unter konkreter Angabe der Kündigungsgründe beantragen! Hierbei finden insgesamt die für das Anhörungsverfahren nach § 74 Abs. 2 bestehenden Grundsätze entsprechend Anwendung (vgl. im Einzelnen § 74 Rz. 54 ff.).

Wichtig! 43

Neben dem Zustimmungsverfahren nach der vorliegenden Vorschrift kommt das Anhörungsverfahren nach § 74 Abs. 2 Satz 1 Alt. 3 nicht zusätzlich auch noch zur Anwendung (vgl. BVerwG 30.04.1998 – 6 P 5.97 –)!

Das von der Kündigung betroffene Personalratsmitglied ist aufgrund der bestehenden Interessenkollision von der Beschlussfassung im Zustimmungsverfahren ausgeschlossen. Nach § 28 Abs. 1 Satz 2 tritt ein Ersatzmitglied an seine Stelle!

44 **Muster 17**: Zustimmungsantrag gem. § 43 Abs. 2 Satz 1

45 Das Gesetz sieht für das Verfahren nach § 43 Abs. 2 keine ausdrückliche **Antragsfrist** vor, dennoch muss die Dienststelle den Antrag so rechtzeitig stellen, dass die beabsichtigte Kündigung auch noch innerhalb der **2-Wochen-Ausschlussfrist nach § 626 Abs. 2 Satz 1 BGB** (vgl. hierzu § 74 Rz. 113 ff.) ausgesprochen werden kann! Denn diese Frist wird durch den Zustimmungsantrag nach§ 43 Abs. 2 nicht unterbrochen und auch nicht gehemmt (vgl. BAG 10.12.1992 – 2 ABR 32/92 –)! Die Frist ist im Übrigen auch bei der Antragstellung auf Zustimmungsersetzung nach § 43 Abs. 2 Satz 2 zu beachten (vgl. Rz. 59)!

46 Der **Ausspruch einer Kündigung nach Ablauf der Ausschlussfrist** des § 626 Abs. 2 Satz 1 BGB ist nur ausnahmsweise dann möglich, wenn die Verspätung für die Dienststelle unabwendbar, d.h. faktisch unmöglich gewesen ist (vgl. BAG 08.06.2000 – 2 A 375/99 –).

46a Es ist darauf hinzuweisen, dass **vor dem Kündigungsausspruch keine arbeitgeberseitige Verpflichtung** besteht, **den Arbeitnehmer anhören zu müssen**. Soll dies doch geschehen – was in der Praxis durchaus hilfreich sein kann, um den Sachverhalt und dabei die „Einstellung und Einlassung“ der von der Kündigung betroffenen Person und/oder in diesem Zusammenhang auch die Bereitschaft zur Trennung durch Aufhebungsvertrag (vgl. zur diesbezüglichen Beteiligung § 74 Rz. 137 ff.) abzuklären –, so ist auf die **Entscheidung des BAG vom 27.06.2019 – 2 ABR 2/19 –** hinzuweisen, wonach folgendes gilt: *„Soll vor Ausspruch einer außerordentlichen Kündigung der Kündigungsgegner angehört werden, muss dies innerhalb einer kurzen Frist erfolgen. Sie darf im Allgemeinen nicht mehr als eine Woche nach Bekanntwerden von Anhaltspunkten für den Kündigungssachverhalt betragen und nur bei Vorliegen besonderer Umstände überschritten werden. Solche besonderen Umstände können sich daraus ergeben, dass ein den maßgeblichen Sachverhalt mitteilender Arbeitnehmer aus berechtigtem Interesse den Arbeitgeber darum bittet, zunächst keine Anhörung des Kündigungsgegners durchzuführen und der Arbeitgeber mit dem Abwarten seine Rücksichtnahmepflicht aus § 241 Abs. 2 BGB gegenüber diesem Arbeitnehmer erfüllt. In diesem Fall muss der Arbeitgeber, der sich die Möglichkeit einer außerordentlichen Kündigung erhalten will, den Arbeitnehmer auffordern, innerhalb einer angemessen kurzen Frist zu erklären, ob er auf die Vertraulichkeit der Mitteilung verzichtet. Von einer solchen Fristsetzung kann nur ausnahmsweise abgesehen werden.“*

46b Zum **Nachschieben von Kündigungsgründen** und der dabei bestehenden Beteiligungspflicht des Personalrates vgl. die Ausführungen zu § 74 Rz. 124 entsprechend.

Es besteht **keine Möglichkeit der Fristverlängerung** im Hinblick auf die Fristenvorgabe nach § 626 Abs. 2 Satz 1 BGB; auch nicht im Einvernehmen zwischen dem Personalrat und der Dienststelle. Dadurch ergeben sich aber in der **Praxis zeitliche Probleme**, wenn im Personalrat nämlich Uneinigkeit herrscht und eine **Aussetzung des Beschlusses nach § 35 Abs. 1 Satz 1** (sog. suspendierendes Veto) stattfindet. Denn dann muss der Personalrat über die Angelegenheit nach Ablauf von einer Woche erneut einen Beschluss fassen (vgl. § 35 Rz. 6), wobei allerdings die Entscheidungsfrist von drei Arbeitstagen nach § 43 Abs. 2 Satz 2 (vgl. Rz. 48) bereits abgelaufen wäre. Von daher erscheint es unter Berücksichtigung des Leitsatzes der vertrauensvollen Zusammenarbeit (§ 2 Abs. 1) in diesem Fall geboten, ausnahmsweise eine Verlängerung der 3-Tages-Frist nach § 43 Abs. 2 Satz 2 zuzulassen, sodass der Personalrat die Möglichkeit erhält, innerhalb von drei Tagen einen neuen Beschluss zu fassen (a. A. OVG Mecklenburg-Vorpommern 02.04.1997 – 8 L 83/96 –). Durch diese Vorgehensweise könnte man eine unvermeidbare Verzögerung und auch Sondersituation zu Gunsten der Arbeitgeberseite annehmen, sodass sich ein unverzüglicher Kündigungsausspruch nach Ablauf der Ausschlussfrist des § 626 Abs. 2 Satz 1 BGB als gerechtfertigt darstellen würde (str.: bejahend Cecior u. a., § 43 Rn. 70; a. A. OVG Mecklenburg-Vorpommern 02.04.1997 – 8 L 83/96 –). 47

Die **Dienststelle kann sich im späteren gem. § 242 BGB nicht auf die Wahrung der Kündigungserklärungsfrist des § 626 Abs. 2 Satz 1 BGB berufen**, wenn sie es zielgerichtet verhindert hat, dass eine für ihn kündigungsberechtigte Person bereits zu einem früheren Zeitpunkt Kenntnis von den für die Kündigung maßgebenden Tatsachen erlangte (Stichwort: „Organisationsverschulden“!) oder wenn sonst eine Abwägung aller Umstände des Einzelfalls ergibt, dass sich die späte Kenntniserlangung einer kündigungsberechtigten Person als unredlich darstellt (vgl. BAG 05.05.2022 – 2 AZR 483/21 –). 47a

Nach **Abs. 2 Satz 2** muss eine **Äußerung des Personalrats „innerhalb von drei Arbeitstagen nach Eingang des Antrages**“ (3-Tages-Frist) erfolgen. Diese Frist ist zwingend und kann nicht abgeändert werden. Zur Fristberechnung vgl. entsprechend § 74 Rz. 156 f. 48

Das **Ausbleiben einer fristgerechten Äußerung** führt im Verfahren nach § 43 Abs. 2 anders als im Mitbestimmungsverfahren nach § 66 nicht zu einer Zustimmungsfiktion (vgl. § 66 Abs. 2 Satz 5). Der Dienststelle wird in diesem Fall die Möglichkeit eröffnet das Zustimmungsersetzungsverfahren vor dem Verwaltungsgericht zu betreiben (vgl. Rz. 54). Durch die kurze Frist wird ihr also zunächst die Möglichkeit einer zügigen Verfahrensbetreibung ermöglichen, die im Weiteren dann allerdings aufgrund der viel zu lange andauernden Verfahren vor den Verwaltungsgerichten kaum zu erzielen ist. 49

50 **Praxistipp!**

Auch wenn die Dienststelle gesetzlich keinen Anspruch auf eine Äußerung und Begründung in schriftlicher Form aufweist, sollte der Personalrat unter Beachtung des Grundsatzes der vertrauensvollen Zusammenarbeit (vgl. § 2 Rz. 2 ff.) dennoch stets hiervon Gebrauch machen. Darauf sollte die Dienststelle bereits in der Anhörungsschrift entsprechend hinweisen. Die Begründung einer ablehnenden Haltung durch den Personalrat ist übrigens auch deshalb zweckdienlich, weil die Dienststelle so bestenfalls noch frühzeitig von ihrer Kündigungsabsicht Abstand nehmen kann bzw. im Gegenteiligen Fall das Verwaltungsgericht die widerstreitenden Gründe beider Seiten möglichst schnell in einem Zustimmungsersetzungsverfahren gegeneinander abwägen kann!

51 Die **Zustimmungserklärung** erfolgt durch die Vorsitzende Person des Personalrates gegenüber dem kündigungsberechtigten Dienststellenleiter (vgl. Rz. 25). Dieser darf darauf vertrauen, dass der zugrunde liegende Zustimmungsbeschluss wirksam gefasst wurde. Eine Ausnahme besteht nur dann, wenn er begründete Zweifel oder auch Kenntnis darüber aufweist, dass der Beschluss nicht ordnungsgemäß zustande gekommen ist (vgl. entsprechend BAG 23.06.1984 – 2 AZR 391/83 –). Für die Erklärung besteht **grundsätzlich kein Schriftformerfordernis** für die Zustimmungserklärung. Da Streitigkeiten über den Inhalt der von der Vorsitzenden Person abgegebenen Erklärung die weitere vertrauensvolle Zusammenarbeit mit der Dienststelle negativ beeinflussen und im schlimmsten Fall auch ein Ausschlussverfahren nach § 25 nach sich ziehen können, sollte sie **dennoch stets schriftlich** vorgenommen werden. Die Dienststelle sollte den Personalrat deshalb auch schon bei der Antragstellung darauf entsprechend hinweisen (vgl. auch Muster 11, Rz. 44)!

52 Die einmal erteilte **Zustimmung kann nicht widerrufen werden** (vgl. Rz. 22).

53 Wenn der Personalrat sich innerhalb der 3-Tages-Frist nicht zu der beabsichtigten Kündigung äußert oder ihr nicht zustimmt, kann nach **Abs. 2 Satz 2** das **Verwaltungsgericht auf Antrag** des kündigungsberechtigten Dienststellenleiters (vgl. Rz. 25) die **Zustimmung ersetzen**, wenn die außerordentliche Kündigung unter Berücksichtigung aller Umstände gerechtfertigt ist. Dabei gilt es zu beachten, dass die Mitgliedschaft des betroffenen Personalratsmitglieds bis zur rechtskräftigen Entscheidung über die Zustimmungsersetzung zunächst fortbesteht (vgl. VG Düsseldorf 12.07.2019 – 34 L 1262/19 – m. w. N.)!

Praxistipp! 54

Wenn die, der beabsichtigten Kündigung zugrunde liegende arbeitsvertragliche Pflichtenverletzung zugleich auch eine grobe Verletzung der Amtspflichten des Personalratsmitgliedes darstellt, ist der Dienststelle zu empfehlen, mit dem Zustimmungsersetzungsantrag auch einen hilfsweisen Antrag auf Amtsenthebung nach § 25 Abs. 1 Satz 3 (vgl. § 25 Rz. 20ff.) beim Verwaltungsgericht zu stellen. Dabei ist darauf zu achten, dass für einen solchen Hilfsantrag nur die Dienststelle antragsbefugt ist, der der Personalrat zugehörig ist!

Bei Vorlage besonders schwerwiegender Pflichtverletzungen kann die Dienststelle auch die Möglichkeit der Freistellung ohne Entgeltfortzahlung (sog. unbezahlte Suspendierung) in Betracht ziehen. Im Streitfall trägt sie allerdings die Darlegungs- und Beweislast für die Freistellungsgründe (vgl. auch LAG Köln 18.02.2011 – 10 Sa 1116/10 –)!

Soweit ausnahmsweise davon auszugehen ist, dass die weitere Ausübung des Personalratsmandates als Rechtsmissbrauch zu beurteilen ist, kann die Dienststelle zusätzlich ein Hausverbot aussprechen (vgl. BayVGH 19.04.2016 – 5 CS 16.488 – und VG Mainz 14.10.2016 – 5 L 989/16.MZ – sowie OVG NRW 05.04.2023 – 33 B 287/23.PVB). Aber Achtung: Im Fall der Erhebung einer Kündigungsschutzklage ist ein gekündigtes Personalratsmitglieder aber befugt sein Personalratsamt und die damit verbundenen Aufgaben weiter auszuüben, wenn die ausgesprochene Kündigung im konkreten Fall „offensichtlich unwirksam“ ist (vgl. BVerwG 04.02.2021 – 5 VR 1/20 – und Anm. Bülow, ZTR 2022, S. 277)!

Muster 18: Zustimmungsersetzungsantrag gem. § 43 Abs. 2 Satz 2 55

Muster 19: Zustimmungsersetzungsantrag gem. § 43 Abs. 2 Satz 2 mit Hilfsantrag auf Amtsenthebung gem. § 25 Abs. 1 Satz 3

Für das **Zustimmungsersetzungsverfahren nach § 43 Abs. 2 Satz 2** ist auf Folgendes hinzuweisen: 56

Die **Verfahrenseinleitung** erfolgt durch einen **Antrag beim zuständigen Verwaltungsgericht**, das nach § 79 Abs. 1 im personalvertretungsrechtlichen Beschlussverfahren entscheidet (vgl. OVG NRW 24.09.2021 – 20 A 3558/20.PVL –).

Eine **Antragsberechtigung** weist der kündigungsberechtigte Dienststellenleiter (vgl. Rz. 25) auf. 57

Nach **Abs. 2 Satz 3** ist der von der Kündigung betroffene Arbeitnehmer **Verfahrensbeteiligter**. Die Beteiligtenfähigkeit im personalvertretungsrechtlichen Beschlussverfahren liegt vor, wenn die im Beschlussverfahren begehrte Entscheidung, die sich aus dem Personalvertretungsrecht ergebende Rechtsstellung einer Person oder Stelle unmittelbar berührt (vgl. BVerwG 04.07.2022 – 5 PB 12.21 –). 58

59 Der **Zustimmungsersetzungsantrag** muss **innerhalb der 2-Wochen-Ausschlussfrist** des § 626 Abs. 2 Satz 1 BGB gestellt werden. Mit der Antragstellung wird der Fristenlauf aber unterbrochen (vgl. hierzu OVG Baden-Württemberg 02.04.1997 – 8 L 83/96 –). Eine Fristwahrung kann nur durch einen zulässigen Antrag herbeigeführt werden, was bei einem vorsorglichen Zustimmungsersetzungsantrag, der bereits vor Ablauf der 3-Tages-Frist nach § 43 Abs. 2 Satz 2 bei Gericht gestellt wird, nicht der Fall ist (vgl. BAG 07.05.1986 – 2 ABR 27/95 – und 24.10.1996 – 2 AZR 3/96 –).

60 **Verfahrensgegenstand** ist (nur) der Sachverhalt, den die Dienststelle dem Personalrat im Zustimmungsverfahren zur Vorlage gebracht hat (vgl. BayVGH 23.10.1991 – 17 P 91/1947 –). Eine Erweiterung bzw. Vervollständigung des Verfahrensgegenstandes erfolgt speziell auch nicht im Wege der, im personalvertretungsrechtlichen Beschlussverfahren geltenden, Amtsermittlung nach § 79 Abs. 3 Satz 1 i. V. m. § 83 Abs. 1 Satz 1 ArbGG.

61 Das **Verwaltungsgericht prüft**, ob die Voraussetzungen einer außerordentlichen Kündigung gegeben sind (vgl. VG Düsseldorf 23.11.2020 – 34 K 2939/19.PVL –). Dazu gehört die Prüfung, ob ein wichtiger Kündigungsgrund i. S. d. § 626 Abs. 1 BGB vorliegt, die Ausschlussfrist nach § 626 Abs. 2 Satz 1 BGB sowie im Fall einer Verdachtskündigung die Frist zur vorherigen Anhörung des Arbeitnehmers (vgl. § 74 Rz. 28 ff.) gewahrt worden sind und, ob keinerlei andere der Kündigung entgegenstehende Gründe vorliegen wie z. B. ein Verstoß gegen das Maßregelungsverbot nach § 612a BGB oder ein Verstoß gegen das Kündigungsverbot nach § 17 Abs. 1 MuSchG (vgl. auch § 17 Abs. 2 KSchG wonach eine Kündigung aber für zulässig erklärt werden kann). Das Gericht hat hingegen **nicht zu überprüfen**, ob bei einer beabsichtigten Kündigung eines schwerbehinderten Beschäftigten das Integrationsamt ordnungsgemäß beteiligt wurde (vgl. BAG 11.05.2000 – 2 AZR 275/99 –).

62 Der kündigungsberechtigte Dienststellenleiter (vgl. Rz. 25) kann **Kündigungsgründe nachschieben**, wenn ihm diese erst im laufenden Verfahren bekannt werden, obwohl sie bereits zum Zeitpunkt des Zustimmungsantrages nach § 43 Abs. 2 Satz 1 vorlagen (vgl. OVG Brandenburg 17.09.2009 – 60 PV 18.07 –). Dabei muss er im Hinblick auf jeden nachgeschobenen Kündigungsgrund die Vorschrift nach § 626 Abs. 2 Satz 1 BGB nicht beachten und **vor dem Nachschieben die Zustimmung des Personalrates nicht einholen** (str.: so BAG 18.01.1980 – 7 AZR 260/78 – und 04.06.1997 – 2 AZR 362/96 –, für das arbeitsgerichtliche Kündigungsschutzverfahren; a. A. VGH Baden-Württemberg 28.11.2000 – PL 15 S. 2838/99, dass allerdings den Sinn und Zweck der Schutzfrist des § 626 Abs. 2 Satz 1 BGB verkennt).

63 Der **Ausspruch der Kündigung** kann erst dann vorgenommen werden, wenn die gerichtlich beschlossene Zustimmungsersetzung rechtswirksam gewor-

den ist (vgl. BVerwG 03.05.1999 – 6 P 2.98 – und BAG 09.07.1998 – 2 AZR 142/98 –). Dann muss allerdings der Ausspruch **unverzüglich** vorgenommen werden (vgl. BAG 27.05.1974 – 2 ABR 125/74 –).

Vor dem rechtskräftigen Verfahrensabschluss kann der kündigungsberechtigte Dienststellenleiter (vgl. Rz. 25) sich auch dazu entscheiden, die ursprünglich beantragte Kündigung nicht weiter zu verfolgen **(Abstandnahme vom Kündigungsausspruch)** und gegebenenfalls aufgrund der Kenntnis neuer Kündigungsgründe eine erneute Kündigung aussprechen. In diesem Fall (vgl. hierzu OVG NRW 17.11.2011 – 20 A 869/09.PVG –) und auch dann, wenn der besondere Kündigungsschutz nach § 43 Abs. 2 im Hinblick auf die zu kündigende Person endet (vgl. BAG 27.06.2002 – 2 ABR 22/01 – zum BetrVG), ist auf seinen Antrag hin das Verfahren durch eine **Erledigungserklärung in der Hauptsache** zu beenden. 64

IV. Rechtliche Auseinandersetzung

Maßnahmen nach **§ 43 Abs. 1**, die nicht im Einverständnis mit den hiervon betroffenen Personen verfügt worden sind, können einer gerichtlichen Überprüfung unterzogen werden. Für Beamte steht gem. der §§ 126 Abs. 1 BRRG und 54 Abs. 1 BeamtStG der Weg vor die Verwaltungsgerichte und für Arbeitnehmer nach § 2 Abs. 1 Nr. 3 lit. a) ArbGG der Weg vor die Arbeitsgerichte zur Verfügung. Wenn eine Maßnahme i.S.d. § 43 Abs. 1 ohne die Zustimmung des Personalrates erfolgt ist, kann er nach § 79 Abs. 1 Nr. 3 eine Klärung im personalvertretungsrechtlichen Beschlussverfahren herbeiführen. Der von dieser Maßnahme betroffene personalvertretungsrechtliche Funktionsträger ist Beteiligter an diesem Verfahren (vgl. BVerwG 29.04.1981 – 6 P 37.79 –). Wenn Letztere allerdings nur die Zustimmungsbedürftigkeit der verfügten Maßnahme überprüfen lassen wollen, weil diese ihrer Auffassung nach z.B. ohne die erforderliche Zustimmung des Personalrates verfügt wurde, so haben sie auch die Möglichkeit die Fachkammer des Verwaltungsgerichts im Rahmen eines personalvertretungsrechtlichen Beschlussverfahrens anzurufen (vgl. BVerwG 11.12.1991 – 6 P 5.91 –). 65

Die nach **§ 43 Abs. 2** geschützten personalvertretungsrechtlichen Funktionsträger können die ihnen gegenüber ausgesprochene außerordentliche Kündigung nur im arbeitsgerichtlichen Kündigungsschutzprozess angreifen. Da dort inzidenter die ordnungsgemäße Personalratsbeteiligung überprüft werden kann, fehlt ihnen ein Rechtsschutzbedürfnis für die Durchführung eines personalvertretungsrechtlichen Beschlussverfahrens vor dem Verwaltungsgericht (vgl. OVG NRW 11.09.1985 – CL 5/84 –). 66

Drittes Kapitel
Personalkommission

§ 44 (Bildung, Aufgaben)

(1) Wird in der Landesverwaltung durch Zusammenlegung von Dienststellen oder von Teilen von Dienststellen eine neue Dienststelle gebildet, die die Voraussetzungen des § 13 Abs. 1 erfüllt, so werden die Rechte des bei der neuen Dienststelle zu wählenden Personalrats von einer Personalkommission wahrgenommen, bis der Personalrat zu seiner ersten Sitzung zusammengetreten ist. Das gilt auch für die Umbildung von Gemeinden, Gemeindeverbänden und sonstigen Körperschaften, Anstalten oder Stiftungen des öffentlichen Rechts, wenn im Zusammenhang mit der Umbildung keine besonderen personalvertretungsrechtlichen Vorschriften erlassen werden.

(2) Die Mitglieder der Personalkommission müssen für den Personalrat der neuen Dienststelle wählbar sein. § 13 Abs. 3 und 4 gilt entsprechend. Die Mitglieder sind von den Personalräten der von der Organisationsmaßnahme betroffenen Dienststellen zu bestellen; die anteilige Zahl der Mitglieder wird entsprechend dem Verhältnis der von der Organisationsmaßnahmen betroffenen wahlberechtigten Beschäftigten der bisherigen Dienststellen an der Gesamtzahl der wahlberechtigten Beschäftigten der neuen Dienststelle nach dem d'Hondt'schen Höchstzahlenverfahren ermittelt. Sind in der neuen Dienststelle Angehörige verschiedener Gruppen beschäftigt, so soll jede Gruppe entsprechend ihrer Stärke vertreten sein.

(3) Für die Geschäftsführung der Personalkommission und die Rechtsstellung ihrer Mitglieder gelten die §§ 29 bis 43 entsprechend.

(4) Die Personalkommission hat spätestens zwei Monate nach Wirksamwerden der Organisationsmaßnahmen einen Wahlvorstand für die Wahl des Personalrats zu bestellen. Die §§ 17 und 19 gelten entsprechend.

(5) Wird durch eine Organisationsmaßnahme im Sinne des Absatzes 1 eine Dienststelle betroffen, bei der eine Stufenvertretung besteht, so werden auch die Rechte der bei der neuen Dienststelle zu wählenden Stufenvertretung von einer Personalkommission wahrgenommen, bis die Stufenvertretung zu ihrer ersten Sitzung zusammengetreten ist. Die Absätze 2 bis 4 gelten entsprechend.

(6) Wird eine Dienststelle geteilt, umgewandelt oder aufgelöst, so bleibt deren Personalrat im Amt und führt die Geschäfte für die ihm bislang zugeordneten Dienststellenteile weiter, die die Voraussetzungen des § 13 Absatz 1 erfüllen und nicht in eine Dienststelle eingegliedert werden, in der ein Personalrat besteht (Übergangsmandat). Absatz 4 gilt entsprechend. Das Übergangsmandat

endet, sobald ein neuer Personalrat zu seiner ersten Sitzung zusammengetreten ist, spätestens jedoch sechs Monate nach der Teilung. Ist eine Dienststelle betroffen, in der eine Stufenvertretung besteht, gelten Satz 1 bis 3 entsprechend.

Gliederung

I. Einleitende Bemerkungen

Die Vorschrift soll verhindern, dass die Beschäftigten durch die Zusammenlegung von Dienststellen oder von Teilen von Dienststellen in den neu gebildeten Dienststellen keinen personalratslosen Zeiten unterliegen. Der Gesetzgeber hat deswegen bestimmt, dass dort zu ihrem Schutz eine **Personalkommission** eingerichtet wird. Mit der **Novelle 2011** ist der Abs. 6 neu angefügt worden und zum entsprechenden personalvertretungsrechtlichen Schutz in den Fällen von Dienststellenteilungen etc. ein Übergangsmandat für den vorherigen Personalrat eingeführt worden. 1

II. Personalkommission

Abs. 1: Da in der Landesverwaltung bei der **„Zusammenlegung von Dienststellen oder von Teilen von Dienststellen“** (§ 1 Abs. 3) eine neue Dienststelle gebildet wird, besteht der bzw. bestehen die ehemaligen Personalräte nicht fort (vgl. OVG NRW 02.06.1997 – 1 B 189/97.PVB –). Deshalb nimmt zur Vermeidung eines personalratslosen Zeitraums die **Personalkommission** nach **Abs. 1 Satz 1** die Rechte für die dortigen Beschäftigten entsprechend wahr. **Keine Zusammenlegung** i. S. d. Vorschrift stellt die **vollständige Auflösung einer Dienststelle** oder deren (teilweise oder vollständig) **Eingliederung in einer anderen Dienststelle** dar. In dem letzten Fall besteht bereits ein personalvertretungsrechtlicher Schutz durch den dort vorhandenen Personalrat (vgl. OVG Sachsen 11.03.2013 – PL 9 B 298/13 –). Dieser muss allerdings neu gewählt werden, wenn die Voraussetzungen nach § 24 Abs. 1 Satz 1 lit. a) vorliegen sollten (vgl. § 24 Rz. 4). 2

3 Die Wahrnehmung der Rechte des alten Personalrats durch die Personalkommission erfolgt allerdings nur dann, wenn die neue Dienststelle die **Voraussetzungen des § 13 Abs. 1** erfüllt, d.h., sie muss zumindest „in der Regel fünf wahlberechtigte Beschäftigte“ (vgl. §§ 5, 10) aufweisen (vgl. auch § 13 Rz. 6).

4 Die **Personalkommission hat die Rechte und Pflichten des vormaligen Personalrats**, bis der für die neue Dienststelle gewählte Personalrat zu seiner konstitutiven Sitzung zusammengetreten ist (vgl. auch Abs. 4).

5 Nach **Abs. 1 Satz 2** gilt die Regelungsvorgabe des Abs. 1 Satz 1 auch für die **„Umbildung von Gemeinden, Gemeindeverbänden und sonst. Körperschaften etc.“**. Im Hinblick auf die seit Langem schon abgeschlossene kommunale Neugliederung hat diese Regelung in der Praxis keine große Bedeutung. Außerdem hat sie für die hier genannten Gebietskörperschaften auch nur eine subsidiäre Geltung, wenn im Zuge des, die Umbildung betreffenden Gesetzes keine besonderen personalvertretungsrechtlichen Regelungen erlassen werden.

III. Zusammensetzung der Personalkommission

6 Abs. 2: Nach **Abs. 2 Satz 1** müssen die **Mitglieder der Personalkommission** die Wählbarkeit nach § 11 aufweisen (vgl. die Ausführungen zu § 11). Das bedeutet also, dass in der Personalkommission also nicht zwingend auch nur Personen des ehemaligen Personalrats sitzen müssen.

7 Bei der **Größe der Personalkommission** nach **Abs. 2 Satz 2** wird auf die Mindest- und Höchstzahl von Personalratsmitgliedern nach den Vorgaben des § 13 Abs. 3 und 4 abgestellt (vgl. § 13 Rz. 9 und 11). Damit besteht auch für die Personalkommission eine **Höchstzahl von 25 Mitgliedern**.

8 Nach **Abs. 2 Satz 3 Halbsatz 1** erfolgt die **Bestellung der Mitglieder der Personalkommission** durch die Personalräte der von der Organisationsmaßnahme betroffenen Dienststelle.

9 Nach **Abs. 2 Satz 3 Halbsatz 2** wird die anteilige Zahl der Mitglieder nach dem d'Hondtschen Höchstzahlenverfahren (vgl. § 14 Rz. 9) ermittelt.

10 Wenn **in der neuen Dienststelle Angehörige verschiedener Gruppen** beschäftigt sind, so muss nach **Abs. 2 Satz 4** zwingend jede Gruppe entsprechend ihrer Stärke vertreten sein. Wie dies zu ermitteln ist, wird gesetzlich nicht geregelt. Die Anwendung des d'Hondtschen Höchstzahlenverfahrens bietet sich hier an. Wenn allerdings im Hinblick auf die Höchstzahlbegrenzung von 25 Mitgliedern (vgl. Rz. 7) eine Umsetzung dieses Verfahrens

nicht möglich ist, muss der Grundsatz der anteiligen Gruppenvertretung einer letztendlichen anteiligen Vertretung der betroffenen Beschäftigten der ehemaligen Dienststellen entsprechend weichen (so zutreffend Cecior u.a., § 44 Rn. 32).

Die Amtszeit der Personalkommission endet spätestens jedoch sechs Mo- 11
nate nach der Zusammenlegung. Die Befristung nach Abs. 6 Satz 3 findet entsprechend Anwendung (vgl. hierzu Rz. 24).

IV. Geschäftsführung und Rechtsstellung der Mitglieder

Abs. 3: Soweit die Personalkommission die Rechte der Beschäftigten bis 12
zur Wahl des neu zu bildenden Personalrates wahrt, gelten für die **Geschäftsführung und die Rechtsstellung ihrer Mitglieder** die §§ 29 bis 43 entsprechend (vgl. hierzu die dortigen Ausführungen).

V. Bestellung des Wahlvorstandes

Abs. 4: In der Übergangszeit hat die Personalkommission **„spätestens 13
zwei Monate nach dem Wirksamwerden der Organisationsmaßnahmen“** die **„Bestellung eines Wahlvorstandes“** für die Wahl des Personalrates in der neuen Dienststelle vorzunehmen. Die §§ 17 und 19 gelten entsprechend (vgl. hierzu die dortigen Ausführungen und entsprechend Bülow, § 1 WO-LPVG NRW Rz. 4 ff. m.w.N.).

Beispiel: 14

Wenn die Entscheidung über die Zusammenlegung von Dienststellen am 30. September mit Wirkung zum 1. Dezember getroffen wird, so beginnt die 2-Monats-Frist am 1. Dezember.

VI. Zusätzliche Personalkommission für die Stufenvertretung

Abs. 5: Wenn durch eine Organisationsmaßnahme i.S.d. Abs. 1 eine Dienst- 15
stelle betroffen wird, bei der eine **Stufenvertretung** besteht, so soll auch auf dieser Ebene keine personalvertretungsrechtliche Leere entstehen. In diesem Fall werden die Rechte der, bei der neuen Dienststelle zu wählenden Stufenvertretung von einer **zusätzlich zu bildenden Personalkommission** wahrgenommen, bis die Stufenvertretung zu ihrer konstitutiven Sitzung zusammengetreten ist. Es gelten die Abs. 2 bis 4 entsprechend, wobei die Mitgliederbestellung jedoch durch die bisherige Stufenvertretung erfolgt.

VII. Übergangsmandat des vorherigen Personalrats

16 Abs. 6: Anders als bei der Zusammenlegung von Dienststellen nach Abs. 1 wird im Fall der Teilung, Umwandlung oder Auflösung einer Dienststelle nach den Vorgaben des **Abs. 6 Satz 1** keine Personalkommission eingesetzt, da ein **Übergangsmandat des vorherigen Personalrates** besteht, d. h., dieser führt die Geschäfte für die ihm bislang zugeordneten Dienststellen weiter. Diese Regelung ist mit der Novelle 2011 neu eingeführt worden, um so in den vorgenannten Fällen die Kontinuität des Beschäftigtenschutzes durch die Mandatserhaltung des ursprünglichen Personalrates zu erhalten (vgl. LT-Drucks. 15/2218, S. 52). **Der mit dem Übergangsmandat versehene Personalrat kann nicht wegen grober Verletzung seiner gesetzlichen Pflichten nach Maßgabe des § 25 aufgelöst werden; wohl ist aber der Ausschluss einzelner seiner Mitglieder möglich**, was allerdings mit Blick auf die viel zu langen Gerichtsverfahren vor dem Verwaltungsgericht in der Praxis wohl kaum effektiv in Anspruch genommen werden kann (vgl. entsprechend BAG 24.05.2023 – 7 ABR 21/21 – zum BetrVG).

Ein Betriebsrat kann nicht wegen grober Verletzung seiner gesetzlichen Pflichten aufgelöst werden, wenn er nach dem Untergang des Betriebs nur noch ein Restmandat innehat. Möglich ist aber der Ausschluss eines Mitglieds aus dem Betriebsrat wegen grober Verletzung seiner gesetzlichen Pflichten in dem Sinn, dass es von der Wahrnehmung des Restmandats ausgeschlossen ist.

17 Die **Teilung einer Dienststelle** liegt dann vor, wenn durch die Teilung zwei neue Organisationseinheiten geschaffen werden, die tatsächlich auch eigenständige Dienststellen i. S. d. § 1 sind. Wenn also z. B. durch die Teilung nur eine räumliche, aber keine organisatorische Selbstständigkeit herbeigeführt wird, ist keine neue Dienststelle, sondern nur eine Nebenstelle i. S. d. § 1 Abs. 3 geschaffen worden (vgl. § 1 Rz. 9). Nichts anderes gilt, wenn solche Nebenstellen oder auch Teile einer Dienststelle letztendlich von der obersten Dienstbehörde nach § 1 Abs. 3 zur selbstständigen Dienststelle i. S. d. LPVG NRW erklärt werden.

18 Mit dem Begriff der **Umwandlung einer Dienststelle** soll nach dem Willen des Gesetzgebers zum Schutz der Beschäftigten auch bei „Betriebsänderungen“, die keine Teilung oder Auflösung der Dienststelle darstellen, ein Übergangsmandat des ursprünglichen Personalrates gelten. Damit kommt diesem Tatbestand eine Auffangfunktion zu. Zur Begriffsbestimmung der „Umwandlung“ kann im öffentlichen Recht nicht auf das UmwG zurückgegriffen werden (vgl. BAG 18.12.2008 – 8 AZR 660/07 – und 08.05.2001 –

9 AZR 95/00 –). Wann der Fall einer Umwandlung gegeben sein soll, ist weder der Gesetzesbegründung noch letztendlich dem LPVG NRW selbst zu entnehmen. Im Hinblick auf den Normzweck und die im öffentlichen Dienst in der Praxis stattfindenden Veränderungen kann eine Umwandlung jedenfalls in dem Fall der **Umwandlung einer Dienststelle in eine AöR** (§ 114a GO NRW) angenommen werden.

Die **Auflösung einer Dienststelle** liegt vor, wenn diese nicht mehr i.S.d. § 1 existent ist. Die Aufgaben der Dienststelle müssen also ersatzlos wegfallen oder vollständig auf eine andere Dienststelle übertragen und von dieser übernommen werden (vgl. hierzu und zur Privatisierung § 73 Rz. 49). 19

Gleichsam der Bestellung der Personalkommission setzt die Wahrnehmung des Übergangsmandates das **Vorliegen der Voraussetzung des § 13 Abs. 1** voraus (vgl. Rz. 2ff.). Des Weiteren darf die bisherige Dienststelle nicht in eine Dienststelle eingegliedert werden, in der bereits ein Personalrat vorhanden ist, denn dann ist bereits ein personalvertretungsrechtlichen Schutz gewährleistet und damit kein Raum für ein Übergangsmandat. 20

Nach **Abs. 6 Satz 2** gilt Abs. 4 entsprechend, d.h. der das Übergangsmandat innehabende Personalrat muss **spätestens zwei Monate nach Wirksamwerden der Organisationsmaßnahme** die **Bestellung eines Wahlvorstandes** für die Wahl eines neuen Personalrates vornehmen (vgl. Rz. 14). 21

Während der Ausübung des Übergangsmandates ist an der personellen Zusammensetzung des Personalrates festzuhalten. Die Regelungen in § 26 Abs. 1 lit. d) bis f), d.h. ein Erlöschen der Mitgliedschaft im Personalrat durch Beendigung des Dienstverhältnisses, durch Ausscheiden aus der Dienststelle, durch Verlust der Wählbarkeit findet im Rahmen des Übergangsmandates **keine Anwendung**, da der Sinn und Zweck dieser Regelungen darauf abzielt, dass der Personalrat keine Mitglieder aufweist, die nicht mehr den Beschäftigten angehören, deren personalvertretungsrechtliche Interessen er wahrnimmt (so Fitting u.a., § 21a Rn. 16 zu § 21a BetrVG). Eine **Ausnahme** ist nur dann anzunehmen, wenn das Dienst- bzw. Arbeitsverhältnis eines Personalratsmitgliedes im Wege der Organisationsmaßnahme zusammen mit der bisherigen Dienststelle sein Ende findet und nicht mit der neuen Dienststelle fortgeführt wird (vgl. Fitting u.a., § 21a Rn. 17). 22

Nach **Abs. 6 Satz 3** tritt ein **Ende des Übergangsmandates** ein, sobald der neue Personalrat zu seiner konstituierenden Sitzung zusammengetreten ist, längstens darüber hinaus sechs Monate nach der Teilung. Es ist davon auszugehen, dass der Gesetzgeber durch die letztgenannte Befristung dem Status des Übergangsmandates als „zeitliche Vertretung" Rechnung tragen wollte. Nichts anderes darf nach dem Normzweck des § 44 für die 23

Personalkommission gelten, sodass die 6-Monats-Frist nach Abs. 6 Satz 3 gleichsam für sie gilt.

24 Nach **Abs. 6 Satz 4** gelten die Vorgaben des Abs. 6 Satz 1 bis 3 entsprechend, sofern eine Dienststelle betroffen ist, in der eine Stufenvertretung existiert. In diesem Fall besteht ein **Übergangsmandat für die Stufenvertretung**.

VIII. Rechtliche Auseinandersetzungen

25 Streitigkeiten über die **Zusammensetzung, die Amtszeit, die Zuständigkeit und die Geschäftsführung des Übergangsmandats innehabenden Organs**, können im personalvertretungsrechtlichen Beschlussverfahren vor der Fachkammer des Verwaltungsgerichts geklärt werden. Die in § 79 Abs. 1 Nr. 2 und 3 begrifflich aufgeführten „Personalvertretungen“ umfassen die örtlichen Personalräte und Stufenvertretungen, sodass eine entsprechende Anwendung der Vorschrift für den Fall der Wahrnehmung des Übergangsmandates gegeben ist.

26 Im Hinblick auf den Normzweck des § 44 muss auch die **Personalkommission** von dem Begriff der Personalvertretungen in § 79 Abs. 1 Nr. 2 und 3 entsprechend erfasst werden. Da der Zuständigkeitskatalog dieser Vorschrift erschöpfend ist (vgl. OVG NRW 27.01.1995 – 1 A 3556/92.PVL –) erscheint eine analoge Anwendung geboten.

Viertes Kapitel
Personalversammlung

§ 45 (Aufgaben)

(1) Die Personalversammlung besteht aus den Beschäftigten der Dienststelle. Sie wird von der Vorsitzenden Person des Personalrats geleitet. Sie ist nicht öffentlich.

(2) Kann nach den dienstlichen Verhältnissen eine gemeinsame Versammlung aller Beschäftigten nicht stattfinden, so sind Teilversammlungen abzuhalten. Das Gleiche gilt, wenn dies zur Erörterung der besonderen Belange eines Teils der Beschäftigten erforderlich ist.

(3) Der Personalrat kann die Personalversammlung oder die Teilversammlung im Einvernehmen mit der Leiterin oder dem Leiter der Dienststelle mittels Videokonferenz in digitaler Form oder hybrid durchführen sowie in Nebenstellen

oder Teile der Dienststelle übertragen. § 31 Absatz 3 Satz 2 Nummer 1 und 3 sowie Satz 3 gilt entsprechend.

Gliederung

I. Begriff und Zusammensetzung

<u>Abs. 1:</u> Die Personalversammlung besteht aus den Beschäftigten der Dienststelle (§ 1), in der die Versammlung stattfinden soll. Sie ist ein **Organ der Personalvertretung** (vgl. BVerwG 30.07.2010 – 6 P 11/09 –) und stellt ein **Forum für die dienststelleninterne Aussprache** dar (vgl. BVerwG 06.09.1984 – 6 P 17.82 – und VGH Baden-Württemberg 19.01.1993 – PL 15 S 346/92 –). Über die Personalversammlung kann der Personalrat die Beschäftigten im Rahmen einer gemeinsamen Veranstaltung über seine Aufgaben, seine Arbeit und seine Erfolge bzw. Niederlagen informieren. Der Dienststellenleiter kann an der Versammlung teilnehmen (§ 49), um seine Sicht der Dinge mitzuteilen und auch öffentlich mit dem Personalrat in die Diskussion zu treten. Das gilt auch für die Versammlungsteilnehmer, sodass für alle ein öffentlicher Informationsaustausch und bestmöglich auch Informationsgewinn stattfindet. Damit stellt die Personalversammlung nicht nur eine **Öffentlichkeitsarbeit für den Personalrat**, sondern speziell auch **für den Dienststellenleiter** dar, der auf dieser Plattform gleichsam den Kontakt zu den Beschäftigten in der Dienststelle nutzen sollte. Denn diese beobachten zumeist sehr genau, wie die Akteure des LPVG NRW miteinander umgehen und wer dabei „die Hand am Ruder hat"! Der Gesetzgeber hat die **Personalversammlung nur auf der Ebene der örtlichen Personalräte** vorgesehen. Dazu gehören verselbstständigte Dienststellen i. S. d. § 1 Abs. 3 entsprechend (vgl. auch Rz. 4). Auf der Ebene der Stufenvertretung (§ 50) oder des Gesamtpersonalrats (§ 52 f.) findet keine Personalversammlungen statt. Personalräte verschiedener Dienststellen können keine gemeinsame Personalversammlung abhalten (vgl. OVG Berlin-Brandenburg 19.07.2012 – OVG 62 PV 8.11 –). Mehrere Personalräte einer Dienststelle hingegen schon (vgl. VG Düsseldorf 29.09.1997 – 1

34 K 13091/96.PVL –). **Verselbstständigte Dienststellenteile** i. S. d. § 1 Abs. 3 gelten als selbstständige Dienststellen, sodass sie eigenständige Personalversammlungen durchführen (vgl. BVerwG 05.05.1973 – VII P 7.72 –)!

2 **Wichtig!**

Wenn eine Personalversammlung nicht stattfindet, kann sie nach § 46 Abs. 3 LPVG NRW erzwungen werden. Wird die Personalversammlung auch dann nicht durchgeführt, könnte nach § 25 Abs. 1 Satz 1 LPVG NRW vorgegangen werden, d. h. die Auflösung des Personalrates betrieben werden!

3 Das LPVG NRW differenziert im Hinblick auf den Teilnehmerumfang und die zeitliche Lage zwischen folgenden Personalversammlungen:

3a

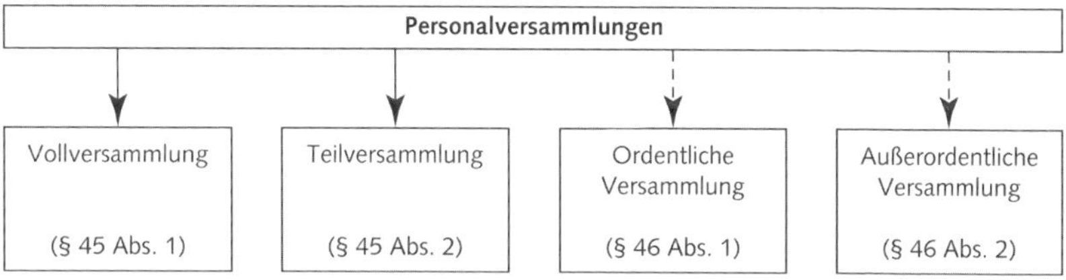

4 Jeder Beschäftigte hat ein **Recht auf Teilnahme an der Personalversammlung**. Neben der Beschäftigteneigenschaft nach § 5 (1. Voraussetzung) setzt das Teilnahmerecht auch die Eingliederung in die Dienststelle (2. Voraussetzung) voraus (vgl. BVerwG 20.11.2012 – 6 PB 14/12 –). Ein Teilnahmerecht weisen insoweit auch Leiharbeitnehmer auf (vgl. § 14 Abs. 2 Satz 1 AÜG). Beschäftigte der Bundesagentur, denen Tätigkeiten beim Jobcenter zugewiesen werden, verlieren ihr Recht auf Teilnahme an der Personalversammlung ihrer bisherigen Dienststelle spätestens nach Maßgabe der Fristenregelung in § 14 Abs. 2 Satz 1, 3 und 4 BPersVG (vgl. BVerwG 20.11.2012 a. a. O.). In verselbstständigten Dienststellen i. S. d. § 1 Abs. 3 weisen nur die dortigen Beschäftigten ein Teilnahmerecht auf (vgl. BVerwG 05.05.1973 – VII P 7.72 –). **Kein Teilnahmerecht** weisen dementsprechend ehemalige Beschäftigte der Dienststelle auf wie z. B. Beamte oder Arbeitnehmer im Ruhestand, gekündigte Beschäftigte oder Beschäftigte, deren Dienst- bzw. Arbeitsverhältnis aus sonstigen Gründen zum Zeitpunkt der Personalversammlung geendet hat. Beschäftigte, in Altersteilzeit im Blockmodell, haben ab Beginn der Freistellungsphase ebenfalls keine Teilnahmeberechtigung mehr (vgl. BVerwG 15.05.2002 – 6 P 8/01). Auch wenn in der Praxis teilweise anders gehandhabt, weist die Gleichstellungsbeauftragte in NRW weder nach dem LGG NRW noch nach dem LPVG NRW ein ausdrücklich

geregeltes Teilnahmerecht auf (anders auf Bundesebene: § 20 Abs. 2 BGleiG). Soweit es sich bei ihr aber um eine Angehörige der Verwaltung handelt und dabei eine Beschäftigte, dürfte einer Teilnahme ihrer Person nichts entgegenstehen (siehe zu den sonstigen Teilnahmerechten der Gleichstellungsbeauftragten auch Bülow, § 18 LGG NRW Rn. 115 ff. Zu Medienvertretern und Politikern vgl. Rz. 16). Die Teilnahme an der Personalversammlung ist freiwillig. Es besteht also **keine Pflicht zur Teilnahme** (vgl. BVerwG 16.12.1960 – VII P 3.59 –).

Die Teilnehmer haben einen **Anspruch auf Fortzahlung der Bezüge** oder des Arbeitsentgelts und auf **Befreiung vom Dienst** sowie auf **Fahrtkostenerstattung** (§ 47 Satz 3 bis 4). Zur Ausnahme bei einer gegen das Öffentlichkeitsverbot durchgeführten Versammlung vgl. Rz. 16. Damit die Teilnehmer sich an Diskussionen in der Personalversammlung beteiligen und dort auch frei entfalten können, kommt ihnen der **Schutz vor Benachteiligungen nach § 7 Abs. 1** zu. Wenn dort Themen, die der Verschwiegenheit unterliegen – eher theoretischer Natur ist – besprochen werden, so unterliegen die Teilnehmer der Verschwiegenheitspflicht nach § 9 (vgl. die dortige Kommentierung). 5

Das **Teilnahmerecht der Dienststelle** ist im § 49 Satz 1 geregelt und umfasst eine beratende Mitwirkung in der Versammlung. 6

Der **Zeitpunkt der Personalversammlung** sollte im Laufe der Arbeitszeit liegen und im Rahmen der vertrauensvollen Zusammenarbeit gem. § 2 Abs. 1 Halbsatz 1 mit der Dienststelle abgestimmt werden. Wenn keine Einigung über die zeitliche Lage zustande kommt – was in der Praxis eigentlich nicht der Fall sein sollte (!) –, so kann der Personalrat den Zeitpunkt selbst bestimmen, wobei er den Grundsatz der Verhältnismäßigkeit zu beachten hat (so Lorenzen u. a., § 60 Rn. 8). Hiergegen kann die Dienststelle nur im beschränkten Maße gerichtlich vorgehen (vgl. Rz. 22)! 7

Die **Ladung zur Personalversammlung** ist gesetzlich nicht geregelt. Nach dem Normzweck muss jedenfalls sichergestellt sein, dass alle Beschäftigten an der Versammlung teilnehmen können. Sie müssen also rechtzeitig unter Mitteilung der Tagesordnung eingeladen werden, was z. B. durch kostenneutrale elektronische Einladungsschreiben, durch Einladungsschreiben im Umlauf oder durch Anschläge am Schwarzen Brett des Personalrates bzw. im Einvernehmen mit der Dienststelle auch an anderweitigen einsehbaren Stellen in der Dienststelle erfolgen kann. 8

Der **Ort der Personalversammlung** ist gesetzlich nicht geregelt. Unter Berücksichtigung des Gebots der sparsamen Verwendung öffentlicher Mittel hat die Versammlung jedenfalls **vorzugsweise in den Räumlichkeiten am** 9

Sitz der Dienststelle stattzufinden. Dabei hat die Dienststelle geeignete, dem Anlass und dem Umfang der Veranstaltung entsprechende Räume zur Verfügung zu stellen. Sollten keine solcher Kapazitäten zur Verfügung stehen, gibt es verschiedene Möglichkeiten. Es kann entweder auf externe Veranstaltungsorte (1. Möglichkeit), die zumeist aber wohl mit zusätzlichen Kosten verbunden sind, zurückgegriffen werden (vgl. auch OVG NRW 26.08.1993 – 1 A 21/91.PVL – und VG Berlin 12.01.2018 – 72 L 9.17 zur Geeignetheit eines Versammlungslokals) oder es können ggf. Teilversammlungen (2. Möglichkeit) durchgeführt werden (vgl. hierzu Rz. 18 ff.).

10 **Wichtig!**

Wenn mehrere geeignete Räumlichkeiten zur Verfügung stehen, trifft im Streitfall die Dienststelle kraft ihres außerhalb der Personalversammlung bestehenden Hausrechts (vgl. auch Rz. 14) eine Auswahl!

11 Die **Kosten der Personalversammlung** trägt die Dienststelle. Die Teilnehmer haben **keinen Anspruch auf Bewirtung** in der Personalversammlung. Zur Erstattung der Kosten des Personalrates, z. B. für warme und kalte Getränke (vgl. § 40 Rz. 35).

12 Der **Tätigkeitsbericht des Personalrats** ist ein zwingender Bestandteil der jährlichen, ordentlichen Personalversammlung. Er stellt einen Rechenschaftsbericht für die Personalratsarbeit während des jährlichen Zeitraumes auf. Insoweit kann er auch über zwischenzeitlich stattgefundene außerordentliche Personalversammlungen (§ 46 Abs. 2) berichten. Der Personalrat muss die wesentlichen Inhalte des Tätigkeitsberichtes durch Beschluss festlegen (vgl. BVerwG 25.02.1972 – PersVG 1972, 214).

13 **Wichtig!**

Sowohl bei der inhaltlichen Festlegung als auch bei der späteren Berichterstattung in der Personalversammlung hat der Personalrat stets die Schweigepflicht nach § 9 Abs. 1 zu beachten und z. B. keine Details über behandelte Personalmaßnahmen etc. zu veröffentlichen (vgl. hierzu auch § 9 Rz. 4 ff.)!

14 Nach **Abs. 1 Satz 2** obliegt die **Versammlungsleitung** der Vorsitzenden Person des Personalrats. Sie hat die Versammlung zu eröffnen, die anwesenden Gäste und Hauptthemen der Versammlung vorzustellen und darauf zu achten, dass die Tagesordnung eingehalten wird. Ihr kommt für die äußere Versammlungsordnung auch das **Hausrecht für die Personalversammlung** zu. Damit kann sie Personen, die nicht zur Teilnahme berechtigt sind, bereits den Zutritt zur Versammlung verwehren bzw. diese wäh-

rend der Versammlung der Räumlichkeiten verweisen. Beschäftigte der Beamtengruppe kann und sollte sie im Bedarfsfall daran erinnern, dass sie dem dienstrechtlichen Mäßigungs- und Zurückbehaltungsgebot nach § 33 Abs. 2 BeamtStG unterworfen sind. Arbeitnehmer kann sie an ihre grundsätzliche politische Treuepflicht erinnern, die für sie als Angehörige des öffentlichen Dienstes besteht. Im Übrigen ist auf die Ausführungen zur Leitung der Personalratssitzung entsprechend zu verweisen (vgl. § 30 Rz. 11). Alles, was über die äußere Ordnung der Personalversammlung hinausgeht, d.h., sowohl in sachlicher als auch in zeitlicher Hinsicht unterliegt dem Hausrecht des Dienststellenleiters (vgl. auch Rz. 10). Aus Dokumentations- und Nachweisgründen sollte die Vorsitzende Person eine **Protokollierung der Personalversammlung** veranlassen. Sollte sie das nicht tun, z. B. weil sie dazu gesetzlich nicht verpflichtet ist, sollte der anwesende Vertreter der Dienststelle sich den Ablauf, die Themen und die dabei jeweils gewonnenen Ergebnisse eigenständig protokollieren. Das **Ende der Personalversammlung** tritt ein, wenn die Vorsitzende Person die Versammlung schließt.

Nach **Abs. 1 Satz 3** besteht ein **Ausschluss der Öffentlichkeit**, sodass dienst- 15
stellenfremde Personen nicht an der Versammlung teilnehmen dürfen (vgl. hierzu auch BVerwG 10.03.1995 – 6 P 15.93 –). Die gesetzliche Vorgabe ist zwingender Natur und kann weder durch einen anderslautenden Beschluss des Personalrates noch durch alle Teilnehmer in der Personalversammlung aufgehoben werden. Eine **Ausnahme** von dem vorbenannten Öffentlichkeitsausschluss besteht allerdings für **Beauftragte aller in der Dienststelle vertretenen Gewerkschaften**, eine **beauftragte Person der Arbeitgebervereinigung**, der die Dienststelle angehört (§ 49 Satz 1) und für **sachkundige Personen**, deren Teilnahme der Personalrat gestattet (§ 49 Satz 4).

Medienvertreter sind nicht teilnahmeberechtigt (vgl. BVerwG 24.10.1975 16
– VII P 11.73 –). **Politiker** dürfen hingegen als Auskunftsperson hinzugezogen werden, wenn dies zur Information der Beschäftigten aus einem aktuellen besonderen Anlass notwendig ist (vgl. BVerwG 10.03.1995 – 6 P 15/93 –). **Ton- und Bildaufnahmen** in der Personalversammlung sind nur zulässig, wenn alle Versammlungsteilnehmer dem zustimmen. Die Durchführung der Versammlung durch externe Medienvertreter, z. B. Showmaster oder Journalisten ist allerdings nicht zu gestatten. **DVD-, Videofilmaufführungen u. Ä.** sind zulässig soweit dort maßgeblich Themen behandelt werden, die die Dienststelle oder ihre Beschäftigten unmittelbar betreffen (vgl. hierzu und auch zu Ausleihkosten für Vorführungsmedien OVG NRW 09.08.1989 – CB 12/88 –). **Presseerklärungen, die im Nachgang zur Versammlung** abgegeben werden, verbieten sich ebenfalls, da durch

die damit einhergehende Informationspreisgabe an Außenstehende, der gesetzlich ausdrücklich gewollte Ausschluss der Öffentlichkeit umgangen werden würde. Anders verhält es sich bei der **Einstellung von schriftlich verfassten Reden aus der Personalversammlung in das Intranet** der Dienststelle (vgl. BayVGH 28.01.2019 – 18 P 17.2228 –).

17 **Wichtig!**

Die Vorsitzende Person sollte nachdringlich auf die Einhaltung des Ausschlusses der Öffentlichkeit achten, da im Fall der Missachtung mit ihrem Wissen, die Versammlungsteilnehmer ihren Freistellungs- und Kostenerstattungsanspruch nach § 47 verlieren (arg. e contr. § 47)! Weiterhin besteht im Nachgang zur Versammlung ggf. die Möglichkeit des Ausschlusses aus dem Personalrat nach § 25!

II. Teilversammlungen

18 Abs. 2: Wenn aufgrund der dienstlichen Verhältnisse eine gemeinsame Versammlung aller Beschäftigten nicht stattfinden kann, sind **„Teilversammlungen“** abzuhalten. Das ist dann der Fall, wenn eine Vollversammlung objektiv unmöglich oder unzweckmäßig ist (vgl. BVerwG 16.12.1960 – VII P 3.59 –), wie es evtl. bei Schichtdienst oder weiterer Entfernung zwischen den Dienststellenteilen der Fall sein kann. Die Prüfung obliegt dem Personalrat, der hierüber durch Beschluss entscheidet (vgl. auch OVG NRW 31.07.1975 – CB 12/74 –). Trotz der dem Personalrat eingeräumten Ermessensentscheidung sollte dieser im Rahmen der vertrauensvollen Zusammenarbeit gem. § 2 Abs. 1 Halbsatz 1 vor dem Beschluss zur Durchführung von Teilversammlungen stets eine **abstimmende Rücksprache mit der Dienststelle** halten. Denn letztendlich darf nicht nur eine Teilversammlung durchgeführt werden. Es müssen vielmehr so viele – mindestens zwei – Teilversammlungen durchgeführt werden, dass die Gesamtheit der Beschäftigten eine Teilnahmemöglichkeit erhält (vgl. VGH Baden-Württemberg 15.09.1987 – 15 S 3397/86 –). Dass hat ggf. einen organisatorischen Mehraufwand und vor allem auch Mehrkosten zur Folge, die über den Aufwand einer Vollversammlung hinausgehen. Der Personalrat hat durch Beschluss den Teilnehmerkreis für die jeweiligen Teilversammlungen zu bestimmen (vgl. BVerwG 05.05.1973 – VII P 7.72 –). Daran sind alle potenziellen Teilnehmer (vgl. Rz. 4 und die Ausführungen zu § 49) gebunden, wozu auch die einzelnen Personalratsmitglieder gehören. Alleinig die Vorsitzende kann kraft ihrer Leitungsfunktion an allen Teilversammlungen teilnehmen (vgl. BVerwG 05.05.1973 a. a. O.).

Nach **Abs. 2 Satz 2** können Teilversammlungen auch dann durchgeführt 19
werden, wenn dies zur „**Erörterung der besonderen Belange eines Teils der Beschäftigten**" erforderlich ist. Hierbei handelt es sich um eine Personalversammlung in der besonderen Art einer **Gruppenversammlung** (vgl. BVerwG 12.12.2005 – 6 P 7.05 –). Voraussetzung und Inhalt einer solchen Versammlung ist die notwendige Behandlung von Themen, die nur eine bestimmte Gruppe anbelangen, deren Mitglieder sich durch ihre gemeinsame berufliche Gestellung von anderen in der Dienststelle Beschäftigten abgrenzen (vgl. BVerwG 12.12.2005 a.a.O.). Derartige Versammlungen sind z.B. für Beschäftigte einzelner Abteilungen der Dienststelle oder für Beschäftigte einzelner Laufbahngruppen etc. möglich. Eine Teilnahmeberechtigung besteht mit Ausnahme für die Vorsitzenden Person des Personalrats (vgl. BVerwG 05.05.1973 a.a.O.) nur bei Vorlage der entsprechenden Gruppenzugehörigkeit.

Durch die Wortwahl „das Gleiche gilt, ..." wird ansonsten auf die Voraus- 20
setzungen für Teilversammlungen nach Abs. 2 Satz 1 verwiesen. Da Teilversammlungen letztendlich nur die Einzelschritte einer Vollversammlung darstellen, gelten für sie auch die Regelungen nach § 45 Abs. 1 (vgl. BVerwG 12.12.2005 a.a.O. und Rz. 1 bis 17).

III. Digitale oder hybride Versammlungen

Abs. 3: **Durch Änderungsgesetz vom 30.05.2023 wurde nunmehr die Mög- 20a
lichkeit eingeführt Personalversammlungen auch in digitaler oder hybrider Form durchzuführen** (GV.NRW. S. 316). Hierdurch wurde die Teilnahmemöglichkeit der Beschäftigten, speziell derjenigen in Nebenstellen, an der Personalversammlung verbessert. Der Gesetzgeber hat hierfür an entsprechende Durchführungsvarianten, die die Sitzungen und die Beschlussfassungen des Personalrats betreffen (§ 31 Abs. 3 und § 33 Abs. 3) angeknüpft. Soweit Sitzungen nach § 31 Abs. 3 Satz 1 i.d.R. in Präsenzform durchzuführen sind und Video- sowie Telefonkonferenzen Ausnahmen darstellen, wurde für Personalversammlungen ein solcher Grundsatz nicht formuliert. Es fehlt insbesondere ein Verweis auf die vorstehende Vorschrift (vgl. näher Rz. 20c).

Nach **Abs. 3 Satz 1** kann der Personalrat die **Personalversammlung oder** 20b
die Teilversammlung im Einvernehmen mit der Dienststellenleitung mittels Videokonferenz in digitaler Form (1. Alt.) **oder hybrid** (2. Alt.) **durchführen sowie in Nebenstellen oder Teile der Dienststelle übertragen**. Die Inanspruchnahme einer der vorgenannten Durchführungsvarianten, d.h.

einer reinen Präsenz- oder Digitalform oder einer gemischten Form) obliegt also dem Personalrat, wobei dieser dem Grunde nach nicht dazu verpflichtet ist („kann"). Soweit er sich dafür entscheidet, hat er dies zunächst zu beschließen und sodann das Einvernehmen mit der Dienststellenleitung herbeizuführen, d.h. also deren Zustimmung einzuholen. Beides hat im Vorfeld der Personalversammlung zu geschehen. Denn der Gesetzgeber hat ein Einvernehmen (= vorherige Zustimmung) und keine Genehmigung (= nachträgliche Zustimmung) formuliert. Kommt es zu keinem Einvernehmen, kann der Personalrat die in Abs. 3 vorgesehenen Sitzungsvarianten nicht („eigenmächtig") vornehmen. Zuwiderhandlungen können als grobe Pflichtverletzung gewertet und zu Maßnahmen nach § 25 oder zu einer vom Verfasser dem Grunde nach vertretenen personalvertretungsrechtlichen Abmahnung führen (vgl. § 42 Rz. 5 m.w.N.). Umgekehrt kann die Dienststellenleitung den Personalrat nicht zu einer digitalen oder hybriden Versammlungsdurchführung zwingen, diese jedoch im Rahmen der vertrauensvollen Zusammenarbeit (§ 2 Abs. 1 Satz 1 Halbsatz 1) durchaus anregen. Die **Durchführung oder Übertragung einer Personalversammlung als Telefonkonferenz**, wie für Personalratssitzungen vorgesehen (§ 31 Abs. 3), **hat der Gesetzgeber nicht gestattet**. Dieser Umstand ist wohl u.a. darauf zurückzuführen, dass die Versammlungsteilnehmer auch bei digitalen oder hybriden Versammlungsformen die Möglichkeit haben müssen, Fragen zu stellen und Ausführungen vorzunehmen (§ 48 Abs. 1 Satz 1). Eine diesbezügliche Umsetzung erscheint bei einer reinen Audio-Möglichkeit indes schwierig. Das gilt insbesondere auch für die Einhaltung des Gebots des Ausschlusses der Öffentlichkeit (§ 45 Abs. 1 Satz 3).

20c Nach **Abs. 3 Satz 2** gelten die Vorgaben für Personalratssitzungen nach § 31 Abs. 3 Satz 2 Nr. 1 und 3 sowie Satz 3 für digitale oder hybride Personalversammlungen entsprechend. Es müssen also **vorhandene Einrichtungen genutzt werden, die durch die Dienststelle zur dienstlichen Nutzung freigegeben sind** (vgl. entsprechend § 31 Rz. 14d). Sind solche Einrichtungen nicht vorhanden, muss die Sitzung, falls keine freiwillige Einigung mit der Dienststellenleitung erfolgt, als eine reine Präsensversammlung durchgeführt werden. Auf ein Beschluss- oder gar Widerspruchsquorum potenzieller Versammlungsteilnehmer kommt es nicht an, da die Inanspruchnahme der Durchführungsmöglichkeiten nach Abs. 3 Satz 1 dem Personalrat obliegt und im Übrigen nicht auf § 31 Abs. 3 Satz 2 Nr. 2 verwiesen wird. Der Personalrat muss **geeignete organisatorische Maßnahmen treffen, um sicherzustellen, dass Dritte vom Inhalt der Versammlung keine Kenntnis nehmen können** (vgl. entsprechend § 31 Rz. 14f.). Insoweit gilt es vor allem zu beachten, dass eine Versammlungsübertragung nur in der Dienststelle, in Nebenstellen oder Dienststellenteilen erfolgen darf, nicht hingegen andernorts hin, z. B. per Verbindung auf den Laptop, das Tablet oder das Mobiltelefon von Beschäftigten, die sich auf einer Dienstreise oder im Homeoffice befinden. **Das Vorhandensein entsprechender Einrichtungen und die zuvor dargestellte Sicherstellung müssen als kumulative Voraussetzungen gegeben sein,** ansonsten kommt es nicht zu einer digitalen oder hybriden Versammlungsdurchführung. Ferner gilt es zu beachten, dass die **Aufzeichnung der Personalratssitzung unzulässig ist** (vgl. entsprechend § 31 Rz. 14 g).

IV. Rechtliche Auseinandersetzungen

Bei Uneinigkeit im Hinblick auf die **Durchführung einer Personalversammlung** entscheiden gem. § 79 Abs. 1 Nr. 3 die Verwaltungsgerichte im personalvertretungsrechtlichen Beschlussverfahren (vgl. OVG NRW 01.07.1994 – 1 A 1505/91.PVL –). 21

Wenn der Personalrat die **zeitliche Lage** einer Personalversammlung ohne Rücksprache mit der Dienststelle oder nach dem gescheiterten Versuch einer Einvernahme so festgesetzt hat, dass **Störungen des Verwaltungs- und Dienstbetriebes** zu befürchten sind, kann die Dienststelle versuchen, im Wege des **einstweiligen Rechtsschutzes** eine Verlegung herbeizuführen (vgl. BVerwG 12.12.2005 a. a. O. und OVG NRW 04.09.1989 – CL 36/89 –)! 22

§ 46 (Tätigkeitsbericht, Einberufung)

(1) Der Personalrat hat einmal in jedem Kalenderjahr in einer Personalversammlung über seine Tätigkeit zu berichten.

(2) Der Personalrat ist berechtigt und auf Antrag der Dienststelle oder eines Viertels der wahlberechtigten Beschäftigten verpflichtet, zusätzliche Personalversammlungen einzuberufen und den Gegenstand, dessen Beratung beantragt ist, auf die Tagesordnung zu setzen.

(3) Auf Antrag einer in der Dienststelle vertretenen Gewerkschaft muss der Personalrat vor Ablauf von zwölf Arbeitstagen nach Eingang des Antrags eine Personalversammlung einberufen, wenn im vorhergegangenen Kalenderjahr keine Personalversammlung und keine Teilversammlung durchgeführt worden ist.

Gliederung

I. Einleitende Bemerkungen

1 Die Vorschrift befasst sich mit dem Tätigkeitsbericht der jährlich stattfindenden Personalversammlung und der Möglichkeit darüber hinaus Personalversammlungen durchzuführen. Die **Novelle 2011** hat lediglich eine geschlechtergerechte Sprachanpassung ohne inhaltliche Änderungen mit sich gebracht (vgl. LT-Drucks. 15/1644, S. 76).

II. Tätigkeitsbericht und ordentliche Personalversammlung

2 **Abs. 1:** Der Personalrat hat einmal in jedem Kalenderjahr über seine Tätigkeit zu berichten. Da dieser **Tätigkeitsbericht** in einer Personalversammlung erstattet werden muss, ist **zwingend eine jährliche Personalversammlung**, also eine ordentliche Personalversammlung durchzuführen. Zum Versammlungsort (vgl. § 45 Rz. 9). Wenn eine Personalversammlung nicht jährlich stattfindet, kann nach Abs. 3 auf Antrag einer in der Dienststelle vertretenen Gewerkschaft die Durchführung erzwungen werden. Zudem kann im Wiederholungsfall eine Auflösung oder ein Mitgliederausschluss nach § 25 erwirkt werden.

3 Der Personalrat entscheidet über die **Einberufung der Personalversammlung** durch Beschluss. Es liegt in seinem pflichtgemäßen Ermessen, zu welchem Zeitpunkt, an welchem Ort und in welchen Räumen er die Versammlung einberuft (vgl. hierzu und zur Beachtung des Grundsatzes der vertrauensvollen Zusammenarbeit mit der Dienststelle § 45 Rz. 7 ff.).

4 Die Vorsitzende Person hat sicherzustellen, dass alle Beschäftigten der Dienststelle rechtzeitig und unter Angabe der Tagesordnung zur Personalversammlung eingeladen werden (vgl. hierzu § 45 Rz. 8). Der Tätigkeitsbericht nach § 46 Abs. 1 muss insoweit zwingend als **Tagesordnungspunkt** aufgeführt werden.

5 Der Tätigkeitsbericht ist **mündlich** von der Vorsitzenden Person des Personalrates oder von einer oder mehreren beauftragten Mitgliedern des Perso-

nalrates (z. B. Aufteilung nach Gruppen) in der Personalversammlung vorzutragen. Für die letztgenannten Beauftragungen muss der Personalrat vorab einen Beschluss nach § 34 Abs. 1 Satz 1 fassen. Bei dem Vortrag ist die **Schweigepflicht nach § 9 Abs. 1** zu beachten. Der Personalrat kann unter Berücksichtigung der jeweiligen Dienststellensituation es für angemessen halten, für eine mündliche **Übersetzung seines Tätigkeitsberichtes an ausländische Beschäftigte** Vorsorge zur Kostenlast der Dienststelle zu treffen (vgl. entsprechend LAG Düsseldorf 30.01.1981 – 16 TaBV 21/80 – zum BetrVG).

Nach der Berichterstattung hat die Vorsitzende Person den Versammlungsteilnehmern die Möglichkeit der **Erörterung des Tätigkeitsberichtes** zu geben (vgl. § 48 Satz 1). Hierbei besteht ein **beratendes Teilnahmerecht der Dienststelle** (§ 49 Satz 1). 6

III. Außerordentliche Personalversammlung

Abs. 2: Der Personalrat ist berechtigt, neben der jährlichen Personalversammlung auch „**zusätzliche Personalversammlungen**“, d. h. also außerordentliche Personalversammlungen einzuberufen. 7

Die Einberufung außerordentlicher Personalversammlungen setzt den „**Antrag der Dienststelle oder eines Viertels der wahlberechtigten Beschäftigten**“ voraus. Zu den antragsbefugten Personen der Dienststelle vgl. § 8 und die dortige Kommentierung. Zum Antragsquorum der wahlberechtigten Beschäftigten vgl. § 25 Rz. 4. 8

Das Gesetz schreibt keine **Antragsform** vor. Aus Nachweis- und Dokumentationsgründen sollte dennoch stets der Schriftform der Vorzug gewährt werden. 9

Nach der Antragsstellung unterliegt die Einberufung der außerordentlichen Personalversammlung zunächst der **Beschlussfassung** des Personalrates. Wenn eine antragsgemäße Beschlussfassung erfolgt ist, hat der Personalrat die zusätzliche, d. h. außerordentliche Personalversammlung einzuberufen und den Gegenstand, dessen Beratung beantragt ist, auf die Tagesordnung zu setzen. 10

IV. Personalversammlung auf Initiative der Gewerkschaften

Abs. 3: Wenn der Personalrat im vorhergegangenen Kalenderjahr keine Personalversammlung und keine Teilversammlung durchgeführt hat, muss er auf „**Antrag einer in der Dienststelle vertretenen Gewerkschaft**“ (vgl. hier- 11 zu § 2 Rz. 13) vor Ablauf von zwölf Arbeitstagen nach Antragseingang eine Personalversammlung einberufen. Eine **Ausnahme vom Initiativrecht der Gewerkschaften** ist nur dann anzunehmen, wenn im vorhergegangenen Kalenderjahr eine außerordentliche Personalversammlung nach Abs. 2 durchgeführt wurde und dabei die nach Abs. 1 vorgesehene Tätigkeitsberichterstattung erfolgt ist.

12 Die Einberufungsfrist errechnet sich nach den §§ 187 ff. BGB.

13 **Beispiele:**

Wenn der Antrag z. B. am Montag, den 10. März beim Personalrat eingegangen ist, wird dieser Tag nach § 187 Abs. 1 BGB nicht mitgerechnet. Die Frist beginnt also mit dem folgenden Arbeitstag am 11. März. Die Frist endet sodann nach § 188 Abs. 1 BGB mit Ablauf des nachfolgenden 12. Arbeitstag (5-Tage-Woche, d. h. mit Ablauf des 26. März).

Wenn der Antrag z. B. am Freitag, den 10. März zum Eingang gelangt, so endet die Frist bei einer 5-Tage-Woche am Montag, den 28. März.

V. Rechtliche Auseinandersetzungen

14 Kontroversen über die Einberufung einer Personalversammlung sind nach § 79 Abs. 1 Nr. 3 im personalvertretungsrechtlichen Beschlussverfahren vor dem Verwaltungsgericht zu klären. Je nach Streitausrichtung können sowohl der Personalrat, die Dienststelle als auch die in ihr vertretenen Gewerkschaften eine **Antragsbefugnis** aufweisen. Keine **Antragsbefugnis** weisen hingegen die einzelnen Beschäftigten in der Dienststelle auf (vgl. VG Potsdam 03.05.2006 – 21 L 227/06.PVL –).

§ 47 (Durchführung)

Personalversammlungen finden während der Arbeitszeit statt, soweit nicht die dienstlichen Verhältnisse eine andere Regelung erfordern. Die Teilnahme an der Personalversammlung hat keine Minderung der Bezüge oder des Arbeitsentgelts zur Folge. Soweit in den Fällen des Satzes 1 Personalversammlungen aus dienstlichen Gründen außerhalb der Arbeitszeit stattfinden müssen, ist den Teilnehmerinnen und Teilnehmern Dienstbefreiung in entsprechendem Umfang zu gewähren. Fahrtkosten, die den Beschäftigten durch die Teilnahme an einer Personalversammlung nach Satz 1 entstehen, sind von der Dienststelle in entsprechender Anwendung des Landesreisekostengesetzes zu erstatten.

Gliederung

I. Einleitende Bemerkungen

Die Vorschrift bestimmt, dass Personalversammlungen während der Arbeitszeit stattzufinden haben, dass die Teilnehmer an der Personalversammlung einen **Freistellungs- und Fahrtkostenerstattungsanspruch** aufweisen und dass für sie das sog. „Lohnausfallprinzip" gilt. Durch die **Novelle 2011** sind die Gesetzesänderungen aus dem Jahr 2007 aufgehoben worden, sodass neben den ordentlichen nunmehr auch die außerordentlichen, d.h. zusätzlichen Personalversammlungen nach § 46 Abs. 2 während der Arbeitszeit stattfinden. Ansonsten hat die Vorschrift eine geschlechtergerechte Sprachanpassung erhalten (vgl. LT-Drucks. 15/1644, S. 79). **Zur Durchführungsform von Personalversammlungen** vgl. § 45 Rz. 20 a ff. 1

II. Zeitpunkt der Personalversammlung

Satz 1: Nach Satz 1 gilt der Grundsatz, dass **Personalversammlungen während der Arbeitszeit stattfinden**, sodass möglichst alle bzw. zumindest viele Beschäftigte die Möglichkeit einer Teilnahme erhalten. Mit „**Arbeitszeit**" ist die generelle dienststellenübliche Arbeitszeit gemeint. Zur Zusammensetzung der Arbeitszeit von Lehrkräften (vgl. BVerwG 25.06.1984 – 6 P 2.83 – und OVG NRW 14.12.1982 – CL 56/82 –). **Personalversammlungen außerhalb der Arbeitszeit** stellen eine Ausnahme dar und sind nur zulässig, soweit die dienstlichen Verhältnisse eine andere Regelung erfordern. Um dem Grundsatz-Ausnahmeprinzip gerecht zu werden, ist eine enge Auslegung vorzunehmen. Eine Abweichung ist nur dann möglich, wenn durch die Versammlung die Aufrechterhaltung der notwendigen Verwaltungs- bzw. Betriebsabläufe nicht mehr gewährleistet wird, z. B. in Dienststellen mit Schichtbetrieb. Vor dem Abweichen der Terminsetzung in die arbeitsfreie Zeit ist als mildere Möglichkeit zunächst noch die Durchführung von Teilversammlungen zu prüfen. Aus den zuvor dargestellten Gründen sollten **Personalversammlungen für Lehrkräfte** in größeren Ganztagsschulen in der Form von Teilversammlungen (vormittags- und nachmittags) und in den sonstigen Schulen möglichst in der unterrichtsfreien Arbeitszeit stattfinden. 2

3 Die **Festlegung des Zeitpunktes innerhalb der Arbeitszeit** obliegt dem Personalrat. Dabei muss er den Grundsatz der vertrauensvollen Zusammenarbeit nach § 2 Abs. 1 Halbsatz 1 und insoweit die speziellen Aufgaben und Belange der Dienststelle sowie der dortigen Beschäftigten beachten (vgl. BVerwG 25.06.1984 – 6 P 2.83 –). Die vorliegende Vorschrift stellt für eine praktikable Handhabung allerdings nicht auf jedwede individuelle Arbeitszeit, sondern allgemein auf die nach der Arbeitszeitverordnung vorgeschriebene oder sonst übliche Arbeitszeit vollbeschäftigter Bediensteter in einer Dienststelle ab. Auf Belange einzelner Beschäftigter oder Beschäftigtengruppen kann also allenfalls bei der Terminierung innerhalb dieses Rahmens Rücksicht genommen werden (vgl. entsprechend VGH Baden-Württemberg 30.10.2001 – PL 15 S 526/01 – zu § 51 Abs. 1 Satz 1 LPVG BW). Dementsprechend bedingt ein hoher Anteil von Teilzeitbeschäftigten z.B. noch nicht unbedingt eine Versammlungsdurchführung am Vormittag (vgl. VGH Baden-Württemberg 30.10.2001 a.a.O.).

Bevor der Personalrat einen Beschluss über die Terminierung der Personalversammlung fasst, sollte er sich unbedingt vorab mit der Dienststelle ins Benehmen setzen. Wenn hierbei keine Einigung erzielt werden kann, steht ihm das **Letztentscheidungsrecht über den Zeitpunkt** zu (vgl. BVerwG 12.12.2005 – 6 P 7.05 – und OVG NRW 04.09.1989 – CL 36/89 –). Zur Rechtsschutzmöglichkeit der Dienststelle (vgl. Rz. 12f.).

4 Die **Dauer der Personalversammlung** ist gesetzlich nicht geregelt. Der Personalrat hat die vermeintliche Dauer, also nach pflichtgemäßem Ermessen festzulegen und dabei die Besonderheiten der Dienststelle für den Umfang der auf der Tagesordnung stehenden Themen und deren voraussichtliche Zeitdauer entsprechend zu berücksichtigen. Wenn sich im tatsächlichen dann geringfügige Zeitüberschreitungen ergeben, ist dies grundsätzlich unschädlich. Grundsätzlich gilt jedenfalls, dass der Personalrat auf eine sachgerechte Zeitbegrenzung der Versammlung zu achten hat. Wenn das Versammlungsende allerdings im tatsächlichen nicht absehbar ist und erhebliche Teile der Tagesordnungspunkt innerhalb der eigentlichen Arbeitszeit noch nicht behandelt worden sind, ist eine **Unterbrechung und Versammlungsfortsetzung am nächsten Arbeitstag** vertretbar (str.: ebenso Cecior u.a. § 47 Rn. 8; a.A. Laber/Pagenkopf § 47 Rn. 4). Einer neuen Tagesordnung bedarf es in diesem Fall nicht, da den Versammlungsteilnehmer die zu behandelnden Themen bereits bekannt sind. Sie müssen sich also auf keine neuen Themen einstellen. Durch eine Fortsetzung am nächsten Tag sind sie insbesondere besonders zeitnah mit den Themen befasst.

5 **Satz 2:** Nach Satz 2 gilt für die Teilnahme an der Personalversammlung das **Lohnausfallprinzip**, d.h., die Teilnehmer müssen im Hinblick auf

ihre Besoldung bzw. ihr Arbeitsentgelt so gestellt werden, als wenn sie tatsächlich gearbeitet hätten (vgl. auch § 42 Rz. 10 und 42).

Wichtig! 6

Wenn eine Personalversammlung während der Arbeitszeit begonnen hat und über die dienststellenübliche Arbeitszeit hinaus abgehalten wird, weisen die Beschäftigten für die darüber hinausgehende Zeit keinen Vergütungsanspruch auf (str.: ebenso Cecior u.a. § 47 Rn. 21; a.A. Laber/Pagenkopf § 47 Rn. 14). Denn in einem solchen Fall besteht kein dienstliches Erfordernis i.S.d. Lohnausfallprinzips. Das gilt auch für Beschäftigte, die zwar nicht während der Arbeitszeit an der Personalversammlung teilnehmen, aber dennoch einfach ihren Arbeitsplatz verlassen. Wird eine Personalversammlung hingegen unterbrochen und an einem anderen Tag fortgesetzt (vgl. Rz. 4), so besteht nach einhelliger Meinung ein Vergütungsanspruch!

Zum Vergütungsfortzahlungsanspruch gehören auch die **Wegezeiten**, für 7 die Strecke vom Arbeitsplatz zum Ort der Personalversammlung. Zum Umfang und zur Berechnung des Vergütungsanspruchs (vgl. § 40 Rz. 25). **Keine Lohnausfallgarantie**, d.h. kein Vergütungsanspruch besteht, wenn die Personalversammlung außerhalb der Arbeitszeit stattfindet. In diesem Fall besteht aber, wie im Weiteren noch näher dargestellt, ein Anspruch auf Freizeitausgleich. Eine **Versammlungsteilnahme währen des Urlaubs** lässt die Urlaubsvergütung nicht entfallen.

Satz 3: Nach Satz 3 besteht für die Teilnehmer eine außerhalb der Arbeitszeit 8 stattfindende Personalversammlung ein **Dienstbefreiungsanspruch**. Das setzt voraus, dass die Versammlung auch vollständig außerhalb der Arbeitszeit stattgefunden hat, d.h., dass sie auch bereits nach der dienststellenüblichen Arbeitszeit angesetzt worden ist. Nicht erfasst sind also Personalversammlungen, die während der Arbeitszeit angesetzt und begonnen, aber letztendlich darüber hinausgegangen sind (vgl. Rz. 6). Da auf die dienststellenübliche, d.h. die generelle Arbeitszeit in der Dienststelle abzustellen ist, haben **Teilzeitbeschäftigte**, die außerhalb ihrer individuellen Arbeitszeit an Versammlungen teilnehmen, keinen Anspruch auf Dienstbefreiung.

Wichtig! 9

Der Anspruch auf Dienstbefreiung nach Satz 3 umfasst nicht die Wegezeiten, die die Beschäftigten von ihrem Arbeitsplatz zur Personalversammlung hin zurücklegen (vgl. BVerwG 28.10.1982 – 2 P 1.80 – und OVG NRW 25.10.1979 – I A 31/78 –)!

Satz 4: Nach Satz 4 wird klargestellt, dass die Beschäftigten, die an einer 10 Personalversammlung teilnehmen, auch einen **Anspruch auf Fahrtkosten** aufweisen. Die Erstattung erfolgt in entsprechender **Anwendung des LRKG**.

Die gesetzlichen Vorgaben sind zwingend, sodass der Personalrat und die Dienststelle keine bindende Fahrtkostenpauschale vereinbaren können.

11 Für die Teilnehmer an Personalversammlungen besteht ein **gesetzlicher Unfallschutz**. Für **Beamte** gelten die beamtenrechtlichen Unfallfürsorgevorschriften (§§ 30 ff. BeamtVG). Für **Arbeitnehmer** greift die sozialversicherungsrechtliche Unfallfürsorge (§ 2 Abs. 1 Nr. 1 und § 8 Abs. 1 i. V. m. §§ 26 ff. SGB VII).

III. Rechtliche Auseinandersetzungen

12 Streitigkeiten über den Zeitpunkt und die Dauer der Personalversammlung sind im personalvertretungsrechtlichen Beschlussverfahren gem. § 79 Abs. 1 Nr. 3 vor dem Verwaltungsgericht zu klären.

13 Wenn der Personalrat von seinem **Letztentscheidungsrecht** im Hinblick auf die zeitliche Lage der Personalversammlung während der Arbeitszeit Gebrauch gemacht hat und die Dienststelle der Auffassung ist, dass dringende dienstliche Belange dem entgegenstehen, kann sie dem im Wege des einstweiligen Verfügungsverfahrens vor der Fachkammer des Verwaltungsgerichts entgegentreten (vgl. BVerwG 12.12.2005 – 6 P 7.05 –).

14 Streitigkeiten, die die **Dienst- bzw. Arbeitsbefreiung**, die Fortzahlung von Bezügen bzw. des Arbeitsentgeltes, die Fahrtkostenerstattung, die Unfallfürsorge betreffen, richten sich nach dem jeweiligen Status des betroffenen Beschäftigten. Für **Beamte** sind sie außerhalb des personalvertretungsrechtlichen Beschlussverfahrens vor dem Verwaltungsgericht (vgl. §§ 54 BeamtStG i. V. m. §§ 103 ff. LBG NRW) und von **Arbeitnehmern** im Urteilsverfahren vor dem Arbeitsgericht (§ 2 Abs. 1 Nr. 3a ArbGG) zu klären, da kein personalvertretungsrechtliches Rechtsverhältnis betroffen ist (vgl. BAG 10.10.1974 – 1 AZR 394/73 – und LAG Niedersachsen 25.10.2000 – 4 Sa 229/0 –).

§ 48 (Rechte)

Die Personalversammlung kann dem Personalrat Anträge unterbreiten und zu seinen Beschlüssen Stellung nehmen. Sie darf alle Angelegenheiten behandeln, die die Dienststelle oder ihre Beschäftigten unmittelbar betreffen, insbesondere Tarif-, Besoldungs- und Sozialangelegenheiten, Fragen der Förderung der Gleichstellung von Frauen und Männern und der Vereinbarkeit von Familie und Beruf. § 2 Abs. 2 und § 3 Abs. 1 gelten für die Personalversammlung entsprechend.

Gliederung

I. Recht auf Antragsstellung und Stellungnahme

Satz 1: Nach Satz 1 hat die Personalversammlung die Befugnis, dem Personal Anträge vorzuschlagen und zu seinen Beschlüssen Stellung zu nehmen. Das gilt sowohl für ordentliche (§ 46 Abs. 1) als auch für außerordentliche (§ 46 Abs. 2) Personalversammlungen. Das **Antragsvorschlagerecht** setzt voraus, dass der Antragsgegenstand auf der Tagesordnung der Personalversammlung enthalten ist. Wenn er dort bei Versammlungseinberufung noch nicht enthalten gewesen ist, kann auch während der Versammlung eine Ergänzung der Tagesordnung vorgenommen werden (vgl. hierzu auch § 46 Rz. 10). Jeder Versammlungsteilnehmer kann beantragen, dass einzelne Punkte der Tagesordnung entsprechend erörtert und eine Abstimmung über einen entsprechenden Antragsvorschlag an den Personalrat vorgenommen wird. 1

Handelt es sich um **bloße Vorschläge** in der Personalversammlung, haben diese keine bindende Wirkung gegenüber dem Personalrat. Der Personalrat ist jedoch gehalten, die von der Personalversammlung unterbreiteten Vorschläge in seiner nächsten Sitzung zu beraten und darüber abzustimmen, ob diesen gefolgt werden soll. Das Ergebnis seiner Beratung und der Schlussfassung hat er im Rahmen des Tätigkeitsberichtes dann in der nächsten ordentlichen Personalversammlung bekannt zu geben. 2

Da die Personalversammlung dem Personalrat letztendlich nur Anträge unterbreiten darf, entspricht es dem Normzweck, dass die einzelnen schon bekannten Antragsgegenstände auf der bei der Versammlungseinberufung bekannt gegebenen **Tagesordnung** verzeichnet sind. Dadurch können sich die Versammlungsteilnehmer adäquat auf die Personalversammlung vorbereiten und unter dem Tagesordnungspunkt „Verschiedenes" entsprechende Antragsvorschläge zur Erörterung und Abstimmung vorbringen (so auch Cecior u.a., § 48 Rn. 4). 3

Antragsberechtigt in der Personalversammlung sind nur die Beschäftigten der Dienststelle nach § 45 Satz 1, wobei sie nicht unbedingt eine Wahlberechtigung nach § 10 aufweisen müssen. **Keine Antragsberechtigung** weisen anwesende Beauftragte der in der Dienststelle vertretenen Gewerkschaften und beauftragte Personen der Arbeitgebervereinigung, 4 der die Dienststelle angehört auf, da sie nach § 49 Satz 1 nur ein Teilnahmerecht an der Personalversammlung mit beratender Stimme haben. Der **Dienststellenleiter bzw. seine Vertreter** i. S. d. § 8 haben ein **eingeschränktes Stimmrecht** (vgl. § 49 Rz. 3)!

5 Die **Antragsformulierung** erfolgt durch eine **Beschlussfassung der Personalversammlung**. Vorgaben hierzu enthält das LPVG NRW nicht. Dem Normzweck wird jedenfalls Genüge getan, wenn die Mehrheit der anwesenden antragsberechtigten Versammlungsteilnehmer entscheidet. Auch wenn dies nicht ausdrücklich vorgeschrieben ist, sollte die Beschlussfassung und das dabei erzielte Ergebnis vom Personalrat – soweit er nicht schon ohnehin die Sitzung protokolliert – schriftlich festgehalten werden.

6 Als **Antragsgegenstände** kommen alle Angelegenheiten in Betracht, die zum gesetzlichen Aufgabenkreis des Personalrates gehören (vgl. insbesondere die §§ 64 ff. und 72 ff. sowie die nachfolgende Rz. 9). Die Versammlungsteilnehmer sollen so im direkten Umgang miteinander und dabei auch mit dem Personalrat in großer Runde Belange und Informationen austauschen und durch eine Antragstellung initiieren können.

7 Als **Antragsadressat** fungiert stets nur der Personalrat, der in der Versammlung durch die Vorsitzende Person, die die Versammlungsleitung wahrnimmt, agiert soweit kein anderweitiger Vertretungsfall oder Regelungen in einer bestehenden Geschäftsordnung des Personalrates besteht. **Kein Antragsadressat** stellt die Dienststelle, d. h. die Dienststellenleitung bzw. die anderweitigen zur Vertretung berechtigten Personen i. S. d. § 8 Abs. 1 Satz 2 und 3 dar.

8 Die Möglichkeiten der Beschäftigten, zu den Beschlüssen des Personalrates Stellung zu nehmen und Anträge herbeiführen zu können, bezweckt den Charakter der Personalversammlung als „dienststelleninternes Ausspracheforum". Dementsprechend hat die Vorsitzende Person **Erörterungswünsche und Anregungen der Versammlungsteilnehmer** entgegenzunehmen und ihnen entsprechend das Wort zu erteilen. Dabei haben sowohl die Vorsitzende Person als auch die Versammlungsteilnehmer die Friedenspflicht nach § 2 Abs. 2 und das Gebot der parteipolitischen Neutralität nach § 3 Abs. 1 zu beachten (vgl. 48 Satz 3). **Verhandlungen über einen Streik** (vgl. OVG NRW WissR 1980, 174 und VG Gelsenkirchen 24.02.1978 – PVL 7/77 –) und die **Verhandlung allgemeiner politischer Themen** (vgl. OVG NRW 04.09.1989 – CL 36/89 –) dürfen somit nicht in der Versammlung behandelt werden. Verboten ist auch **gewerkschaftliche Werbung** (vgl. hierzu § 3 Rz. 10). Zum **Maßregel- und Hausrecht der Vorsitzenden Person** in der Personalversammlung (vgl. § 45 Rz. 14).

9 **Satz 2:** Ausgenommen der zuvor dargestellten Themen darf die Personalversammlung nach Satz 2 alle **Angelegenheiten** behandeln, **die die Dienst-**

stelle oder ihre Beschäftigten unmittelbar betreffen. Dazu gehören insbesondere Tarif-, Besoldungs- und Sozialangelegenheiten, Fragen der Förderung der Gleichstellung von Frauen und Männern und der Vereinbarkeit von Familie und Beruf. Der Personalrat hat hierbei darauf zu achten, dass er die **Verschwiegenheitspflicht nach § 9** beachtet!

Wichtig! 10

Die Erörterung von Tarif-, Besoldungs- und Sozialangelegenheiten muss allerdings maßgeblich auf Anwendungsprobleme gerichtet sein und darf keine reine Diskussion über die Tarifpolitik der Gewerkschaften und der Arbeitgeberverbände sein (vgl. Rz. 11a)!

Eine **unmittelbare Betroffenheit der Dienststelle** ist in erster Linie dann gegeben, wenn deren Aufgabenstellung oder Organisation betroffen ist (vgl. Altvater u.a., § 61 Rn. 4). Eine **unmittelbare Betroffenheit der Beschäftigten** der Dienststelle ist insbesondere dann anzunehmen, wenn es sich um Themen handelt, die ihren dienst- oder arbeitsrechtlichen Status zur Dienststelle oder den Rechtsstatus als Beschäftigter im öffentlichen Dienst zum Inhalt haben. Das können Maßnahmen der eigenen Dienststelle (z.B. Umstrukturierungen), gesetzgeberische Maßnahmen (z.B. bevorstehende oder erfolgte Gesetzesänderungen) oder Maßnahmen der Tarifvertragsparteien (z.B. Tarifvertragsänderungen) sein. Die **Themenauflistung in Satz 2 ist nicht abschließend**, sodass hierzu auch andere Themen wie z.B. Belange der schwerbehinderten Beschäftigten und regionale sowie überregionale Auswirkungen für die Dienststelle und die dortigen Beschäftigten behandelt werden dürfen. 11

Satz 3: Für die vorbenannte Themenbehandlung gilt ausdrücklich die **Friedenspflicht nach § 2 Abs. 2** (vgl. auch BVerwG 19.09.1984 – 1 D 38.84 – zur Beleidigung des Dienststellenleiters und OVG NRW 19.03.1979 – CL 21/78 – zu einem Missbilligungsantrag dessen Person betreffend). Weiterhin ist das **Gebot der parteipolitischen Neutralität nach § 3 Abs. 1** (§ 48 Satz 3) in hohem Maße zu berücksichtigen. Damit verbietet sich z.B. die Einladung eines Politikers zu dem Zweck, dass dieser parteipolitische Standpunkte erläutert (vgl. VG Berlin 24.05.2002 – 62 A 14.02 –). Weiterhin verbietet sich z.B. auch eine reine Diskussion über die Tarifpolitik der Gewerkschaften und der Arbeitgeberverbände (vgl. OVG NRW 19.03.1979 – CL 20/78 – und VGH Hessen 14.03.1984 – HPV TL 35/83 – zur Diskussion eines Referentenentwurfs). Da vor diesem Hintergrund gerade die in der Belegschaft gerne vorgenommene Diskussion einer aktuellen Tarifrunde äußerst stark eingeschränkt ist, sollte sie in Vermeidung von Verstößen gegen das Neutralitätsgebot in der Praxis vollständig unterbleiben! Die 11a zwingenden **Vorgaben des Satz 3 gelten für die Mitglieder der Personalversammlung** (§ 45 Abs. 1 Satz 1) **und die in § 49 benannten Teilnehmer.**

II. Rechtliche Auseinandersetzungen

12 Streitigkeiten über die Antragsbefugnisse der Personalversammlung und dort erfolgte Beschlussfassungen etc. können im personalvertretungsrechtlichen Beschlussverfahren gem. § 79 Abs. 1 Nr. 3 der Klärung durch die Fachkammer des Verwaltungsgerichts unterzogen werden.

13 Bei **schwerwiegenden Verstößen gegen die Friedenspflicht** (§ 2 Abs. 2) und das Gebot der parteipolitischen Neutralität (§ 3 Abs. 1) kann die Dienststelle gegebenenfalls disziplinar- oder arbeitsrechtliche Maßnahmen treffen. Hiergegen können **Beamte** im ordentlichen Verfahren vor dem Verwaltungsgericht (§§ 54 BeamtStG i.V.m. §§ 103ff. LBG NRW) und **Arbeitnehmer** im Urteilsverfahren vor dem Arbeitsgericht (§ 2 Abs. 1 Nr. 3a ArbGG) vorgehen.

§ 49 (Teilnahmeberechtigte)

Die Dienststelle, Beauftragte aller in der Dienststelle vertretenen Gewerkschaften, eine beauftragte Person der Arbeitgebervereinigung, der die Dienststelle angehört, je ein beauftragtes Mitglied der Stufenvertretungen oder des Gesamtpersonalrats sowie je eine beauftragte Person der Dienststellen, bei denen die Stufenvertretungen bestehen, sind berechtigt, mit beratender Stimme an der Personalversammlung teilzunehmen. Der Personalrat hat die Einberufung der Personalversammlung der Dienststelle und den in Satz 1 genannten Gewerkschaften mitzuteilen. An Versammlungen, die auf Antrag der Dienststelle einberufen sind oder zu denen sie ausdrücklich eingeladen ist, hat sie teilzunehmen. Der Personalrat kann sachkundigen Personen die Teilnahme an der Personalversammlung gestatten.

Gliederung

I. Einleitende Bemerkungen

Die Vorschrift regelt, wer neben den Beschäftigten der Dienststelle noch ein Teilnahmerecht an der Personalversammlung hat. Mit der **Novelle 2011** hat die Vorschrift lediglich eine geschlechtergerechte Sprachanpassung erhalten, ohne dass inhaltliche Änderungen erfolgt sind (vgl. LT-Drucks. 15/1644, S. 76 ff.). 1

II. Teilnahmeberechtigte mit beratender Stimme

Satz 1: Die Vorschrift stellt eine **Ausnahme vom Grundsatz der Nichtöffentlichkeit** der Personalversammlung dar (§ 45 Abs. 1 Satz 2) und eröffnet neben den Beschäftigten der Dienststelle (§ 45 Abs. 2 Satz 1) noch weiteren Personen den Zugang zur Personalversammlung (vgl. i.Ü. zur Wahrung der Nichtöffentlichkeit bei digitalen oder hybriden Versammlungen § 45 Rz. 20 a ff.). Diese dürfen allerdings **nur mit beratender Stimme** daran teilnehmen. Nach Satz 1 sind das 2

- die Dienststelle,
- Beauftragte aller in der Dienststelle vertretenden Gewerkschaften,
- eine beauftragte Person der Arbeitgebervereinigung, der der Dienststelle angehört,
- je ein beauftragtes Mitglied der Stufenvertretung oder des Gesamtpersonalrats sowie
- je eine beauftragte Person der Dienststelle, bei denen die Stufenvertretungen besteht.

Die „**Dienststelle**“ kann als reiner Beobachter, aber auch als aktiver Redner, soweit ihr wie allen anderen Versammlungsteilnehmern entsprechend das Wort erteilt worden ist, an der Personalversammlung teilnehmen. Die Vorschrift eröffnet ihr die Teilnahme. Es besteht aber keine Teilnahmepflicht. Etwas anderes gilt nur dann, wenn es sich um eine Versammlung handelt, die auf Antrag der Dienststelle einberufen wurde oder zu der sie ausdrücklich eingeladen wurde (§ 49 Satz 3)! Die Dienststelle kann durch die in § 8 genannten Personen handeln. Nach § 8 Abs. 1 Satz 1 handelt für sie der **Dienststellenleiter**. Unter Beachtung des Grundsatzes der vertrauensvollen Zusammenarbeit nach § 2 Abs. 1 sollte dieser auch persönlich an der Personalversammlung teilnehmen und sich nur dann nach § 8 Satz 2 vertreten lassen, wenn tatsächlich auch ein Hinderungsgrund gegeben ist. Wenn der Dienststellenleiter Beschäftigter der Dienststelle ist – wovon in der Regel wohl auszugehen ist –, gehört er auch zu dem teilnahmeberechtigten Personenkreis nach § 45 Abs. 1 Satz 1. Damit kommen ihm dieselben Rechte wie 3 den anderen teilnehmenden Beschäftigten der Dienststelle zu, sodass er auch ein Stimmrecht in der Versammlung haben muss. Im Hinblick auf seine herausgehobene Position als Dienststellenleiter und der damit bestehenden Interessenkollision ist sein **Abstimmungsrecht** nur auf solche Angelegenheiten beschränkt, die ihn in persona, wie jeden anderen Beschäftigten auch betreffen und somit losgelöst von seiner herausgehobenen Position als Dienststellenleiter zu sehen sind (ebenso Cecior u.a., § 45 Rn. 15). Entsprechendes gilt für anwesende Vertreter i.S.d. § 8 Satz 2, wenn sie sich in dieser Funktion in der Personalversammlung aufhalten. Zum **Teilnahmerecht der Dienststelle bei Personalversammlungen zur Wahl des Wahlvorstands** vgl. § 17 Rz. 16.

4 „**Beauftragte aller in der Dienststelle vertretenen Gewerkschaften**" (vgl. hierzu § 2 Rz. 13) weisen zwar einen gesetzlichen Teilnahmeanspruch an der Personalversammlung auf, müssen ihre Teilnahme allerdings vorab, wie sich aus § 3 Abs. 4 ergibt, der Dienststelle ankündigen (vgl. § 3 Rz. 15f.).

5 **Wichtig!**

Soweit dem Zugangsanspruch der von der Gewerkschaft beauftragten Person unumgängliche Notwendigkeiten des Dienstablaufs, zwingende Sicherheitsvorschriften oder der Schutz von Dienstgeheimnissen entgegenstehen (§ 3 Abs. 4), kann die Dienststelle von ihrem Hausrecht Gebrauch machen und den Zutritt zur Versammlung verwehren. Vor dem Ausspruch eines Hausverbotes sollte sie allerdings zunächst die Rücksprache mit dem Personalrat und der betreffenden Gewerkschaft suchen, damit ggf. eine andere Person mit der Teilnahme von dort aus beauftragt wird. Wenn dabei keine Klärung erfolgt, sollte sie diese in rechtlicher Hinsicht möglichst noch vor der Versammlungsdurchführung gerichtlich klären lassen (vgl. Rz. 23)!

6 Im Gegensatz zu beauftragten Personen von Arbeitgebervereinigungen (vgl. Rz. 9) dürfen an der Personalversammlung **mehrere Gewerkschaftsbeauftragte** teilnehmen. Wenn Letzteres der Fall ist, hat die Vorsitzende Person bei der Leitung der Versammlung aber darauf zu achten, dass diese sich angemessen zu Wort melden und nicht z.B. jeder von ihnen zu den gleichen Tagesordnungspunkten oder sonstigen Erörterungsthemen einzeln das Rederecht ausübt. Sie haben lediglich eine beratende Funktion und weisen insbesondere kein Kontrollrecht gegenüber der Versammlungsleitung auf (so zutreffend OVG NRW 31.05.1988 – CL 16/86 –). Zur gebotenen **Einschränkung der Teilnehmerzahl bei Personalversammlungen zur Wahl des Wahlvorstands** vgl. § 17 Rz. 16.

Wichtig! 7

Da es sich bei der Personalversammlung vornehmlich um ein Ausspracheforum dienststelleninterner Art handelt, sollten die Gewerkschaften mit der Entsendung eines oder sogar mehrerer Beauftragter äußerst restriktiv umgehen! Insbesondere sollte sie darauf achten, dass die Versammlung keine Bühne für eine gewerkschaftliche Selbstdarstellung darstellt und bieten darf!

Zur **Unterrichtungspflicht des Personalrates** gegenüber den Gewerkschaften vgl. Rz. 4. 8

Als Gegenstück zu den Gewerkschaften darf auch **„eine beauftragte Person der Arbeitgebervereinigung**", der die Dienststelle angehört" (vgl. § 2 Rz. 12), an der Personalversammlung mit beratender Stimme teilnehmen. Im Gegensatz zu den Gewerkschaften räumt das LPVG NRW den Arbeitgebervereinigungen nur die Entsendung, d. h. die **Teilnahme eines Beauftragten** ein. In dieser gesetzlichen Bestimmung ist also eine eindeutige Bevorteilung der Gewerkschaften zu sehen; es sei denn, der Gesetzgeber hat darauf abgestellt, dass die Kompetenz und das Erscheinen eines einzelnen Beauftragten einer Arbeitgebervereinigung bei der Versammlung bereits ausreichend ist, eine Waffengleichheit mit anwesenden Gewerkschaftsvertretern herbeizuführen. Die **Auswahl der Beauftragten Person** ist jedenfalls alleinige Sache der betreffenden Arbeitgebervereinigung. 9

Gleichsam den Gewerkschaften sollten auch die Arbeitgebervereinigungen die Entsendung einer beauftragten Person zur Personalversammlung äußerst restriktiv handhaben, da es sich bei der Personalversammlung um ein Ausspracheforum dienststelleninterner Art handelt! 10

Jeweils **„ein beauftragtes Mitglied der Stufenvertretungen oder des Gesamtpersonalrates**" können gleichsam an der Personalversammlung teilnehmen. Zur Stufenvertretung vgl. die Kommentierung zu den §§ 50f. und zum Gesamtpersonalrat die zu den §§ 52f. Das hat zur Folge, dass bei einem dreistufigen Verwaltungsaufbau sowohl der Bezirks- als auch der Hauptpersonalrat ein Mitglied zur Teilnahme an der Personalversammlung der örtlichen Dienststelle entsenden kann. Wenn ein Gesamtpersonalrat vorhanden ist und dieser einen Vertreter der Personalversammlung entsendet hat, schließt dies nicht die Teilnahme eines Mitglieds der Stufenvertretung aus (vgl. BVerwG 30.07.2010 – 6 P 11.09 – und dem vorangegangen OVG NRW 10.06.1994 – 1 A 941/91 –). 11

Die Beauftragung eines Mitgliedes der Stufenvertretung oder des Gesamtpersonalrates setzt einen **Beschluss des jeweiligen Plenums** voraus (vgl. 12

zur Geeignetheit des auszuwählenden Mitgliedes auch BVerwG 18.03.1981 – 6 P 85.78 –).

13 Zur entsprechenden Berücksichtigung der vorhandenen Interessen in mehrstufigen Verwaltungen und aus Gründen der Waffengleichheit dürfen auch die „**Dienststellen, bei denen die Stufenvertretungen bestehen**" eine beauftragte Person zur Versammlung entsenden. Das Auswahlermessen kommt dabei der vorgesetzten Behörde zu, die auf jeden bei ihr Beschäftigten zurückgreifen kann. Die Beauftragung von dienststellenexternen Personen ist aber nicht zulässig. Die vorgesetzten Behörden können sowohl vom Personalrat als auch von dem Dienststellenleiter, in dessen Dienststelle die Personalversammlung einberufen wird, entsprechend benachrichtigt werden.

14 Das Teilnahmerecht **„mit beratender Stimme"** beschränkt sich auf die Anwesenheit in der Personalversammlung und ein dortiges Rederecht. Zum **eingeschränkten Stimmrecht des Dienststellenleiters** und seiner Vertreter vgl. aber Rz. 3. Formale Anträge nach § 48 Satz 1 sind davon nicht umfasst; wohl aber Anregungen und Vorschläge, z. B. dass dem Personalrat ein bestimmter Antrag unterbreitet werden soll. Das (passive) Anwesenheitsrecht gilt auch während der Vornahme von Abstimmungen in der Personalversammlung, umfasst allerdings keine Beteiligung daran.

15 **Wichtig!**

Die in § 49 benannten teilnahmeberechtigten Personen haben wie alle anderen Versammlungsteilnehmer auch nach § 48 Satz 3 die Friedenspflicht (§ 2 Abs. 1) und das Gebot der parteipolitischen Neutralität (§ 3 Abs. 1) so wie die Pflicht zur Verschwiegenheit (§ 9) zu beachten!

III. Mitteilungspflicht des Personalrats

16 Satz 2: Es besteht eine **Mitteilungspflicht des Personalrats** im Hinblick auf die Einberufung der Personalversammlung **gegenüber der Dienststelle** und den in Satz 1 genannten **Gewerkschaften** damit diese Gelegenheit erhalten, beratend teilnehmen zu können bzw. Beauftragte zu entsenden.

IV. Verpflichtende Teilnahme der Dienststelle

17 Satz 3: Es besteht eine **Teilnahmepflicht der Dienststelle** bei Versammlungen, die auf ihren Antrag hin einberufen wurde oder zu denen sie ausdrücklich vom Personalrat eingeladen worden ist. Zum **Antrag der Dienststelle** vgl. § 46 Rz. 8.

Die **ausdrückliche Einladung des Personalrats** setzt einen vorangegangenen Beschluss nach § 34 Abs. 1 Satz 1 voraus. Die **Einladung** unterliegt keinen gesetzlichen Formvorgaben. Aus Gründen der Dokumentation und des Nachweises bietet sich grundsätzlich die Schriftform an. Ungeachtet dessen sollte die Vorsitzende Person die Einladung möglichst auch persönlich gegenüber dem Dienststellenleiter aussprechen. Eine **Einladungsfrist** ist gesetzlich ebenfalls nicht geregelt. Die Vorsitzende Person muss allerdings sicherstellen, dass dem Dienststellenleiter mit Zugang der Einladung ausreichend Zeit zur Verfügung gestellt wird, um sich auf die Versammlung vorzubereiten. 18

Wichtig! 19

Wenn der Personalrat, bevor er einen Beschluss über die Einberufung der Personalversammlung fasst, den Dienststellenleiter zur Abstimmung kontaktiert (vgl. § 46 Rz. 3) und dabei zunächst nur die Absicht mitteilt, diesen gegebenenfalls einzuladen, stellt dies noch keine „ausdrückliche Einladung" nach § 49 Satz 3 dar!

V. Hinzuziehung sachkundiger Personen

Satz 4: Der Personalrat kann sachkundigen Personen die Teilnahme an der Personalversammlung gestatten. „**Sachkundige Personen**" sind solche, die im Hinblick auf die in der Personalversammlung zu behandelnden Tagesordnungspunkte ein spezielles Tatsachen- oder Fachwissen aufweisen (vgl. OVG NRW 04.09.1989 – CL 36/89 –). 20

Das **Teilnahmerecht der sachkundigen Personen** beschränkt sich nur auf die Anwesenheit in der Personalversammlung, da der Gesetzgeber anders als in § 49 Satz 1 ausdrücklich kein „Teilnahmerecht mit beratender Stimme" formuliert hat. Auch der Normzweck lässt nichts anderes zu. Im Tatsächlichen bedeutet das also, dass sich die sachkundigen Personen in der Versammlung nicht einfach zu Wort melden dürfen, sondern zunächst der Worterteilung durch die Vorsitzende Person bedürfen. Das Rederecht ist dabei auf die Tagesordnungspunkte beschränkt, zu denen der Personalrat vorab die Teilnahme der sachkundigen Personen beschlossen hat. Der **Beschluss des Personalrates** muss neben der namentlichen Benennung der sachkundigen Person auch den (jeweiligen) Tagesordnungspunkt festlegen, zu welchem die Hinzuziehung der sachkundigen Person erfolgen soll! Des Weiteren muss der Beschluss erkennen lassen, dass die hinzugezogene Person eine dem Inhalt und der Thematik des Tagesordnungspunktes entsprechende Sachkunde aufweist. Bei der Beschlussfassung hat der Personalrat den Grundsatz der Ver- 21 hältnismäßigkeit und das Gebot der sparsamen Verwendung öffentlicher Mittel zu beachten (vgl. hierzu auch § 40 Rz. 7 und § 42 Rz. 26).

22 Der **Zugang sachkundiger Personen zur Dienststelle** ist zu gewährleisten. Von ihrem Hausrecht kann die Dienststelle nur Gebrauch machen, soweit dem Zugang unumgängliche Notwendigkeiten des Dienstablaufs, zwingende Sicherheitsvorschriften oder der Schutz von Dienstgeheimnissen in entsprechender Anwendung des § 3 Abs. 4 entgegenstehen (vgl. hierzu auch Rz. 4).

VI. Rechtliche Auseinandersetzungen

23 Streitigkeiten über den **Kreis der zur Teilnahme an der Personalversammlung berechtigten Personen** und andere damit im Zusammenhang stehende Fragen stehen im Kontext der Durchführung einer Personalversammlung und betreffen somit die Geschäftsführung des Personalrates nach § 79 Abs. 1 Nr. 3. Dementsprechend hat ihre Klärung im personalvertretungsrechtlichen Beschlussverfahren vor dem Verwaltungsgericht zu erfolgen.

Bei rechtlichen Kontroversen über das **Zugangsrecht der Gewerkschaften und Arbeitgebervereinigungen** erscheint der gleiche Rechtsweg, bei analoger Anwendung des § 79 Abs. 1 Nr. 3 geboten (vgl. hierzu auch § 3 Rz. 23).

24 Dienststellenexterne Institutionen können im vorbenannten Beschlussverfahren auch die Verletzung der **Pflichten der Versammlungsleitung** beanstanden, wenn sie davon direkt betroffen sind (vgl. OVG NRW 31.05.1988 – CL 16/86 –).

Fünftes Kapitel
Stufenvertretungen

§ 50 (Bildung, Wahl)

(1) In der Landesverwaltung werden für den Geschäftsbereich mehrstufiger Verwaltungen bei den Mittelbehörden Bezirkspersonalräte und bei den obersten Landesbehörden Hauptpersonalräte gebildet.

(2) Die Mitglieder des Bezirkspersonalrats werden von den zum Geschäftsbereich der Mittelbehörde, die Mitglieder des Hauptpersonalrats von den zum Geschäftsbereich der obersten Landesbehörde gehörenden Beschäftigten gewählt. Soweit bei Mittelbehörden die Personalangelegenheiten der Beschäftigten zum Geschäftsbereich verschiedener oberster Landesbehörden gehören, sind diese Beschäftigten für den Hauptpersonalrat bei der jeweils zuständigen obersten Landesbehörde wahlberechtigt.

(3) Die §§ 10 bis 12, 13 Abs. 3, 14 Abs. 1, 2, 5 und 6, §§ 15 bis 18 und 20 bis 22 gelten entsprechend. Die in § 10 Abs. 4 genannten Beschäftigten sind nicht wählbar. § 11 Abs. 2 Buchstabe b gilt nur für die Beschäftigten der Dienststelle, bei der die Stufenvertretung zu errichten ist. Die Stufenvertretung hat höchstens fünfzehn Mitglieder. Eine Personalversammlung zur Bestellung des Bezirks- oder Hauptwahlvorstands findet nicht statt. An ihrer Stelle übt die Dienststelle, bei der die Stufenvertretung zu errichten ist, die Befugnis zur Bestellung des Wahlvorstands nach § 17 Abs. 2, §§ 18 und 20 Abs. 1 aus.

(4) Werden in einer Verwaltung die Personalräte und die Stufenvertretungen gleichzeitig gewählt, so führen die bei den Dienststellen bestehenden Wahlvorstände die Wahlen der Stufenvertretungen im Auftrag des Bezirks- oder Hauptwahlvorstands durch; andernfalls bestellen auf sein Ersuchen die Personalräte oder, wenn solche nicht bestehen, die Dienststellen die örtlichen Wahlvorstände für die Wahl der Stufenvertretungen.

(5) In den Stufenvertretungen erhält jede Gruppe mindestens ein Mitglied.

Gliederung

I. Einleitende Bemerkungen

Die Vorschrift trägt dem mehrstufigen Verwaltungsaufbau in den Landesverwaltungen Rechnung. Sie entspricht dem Grunde nach § 88 BPersVG („Bildung von Bezirks- und Hauptpersonalräten"). Die **Novelle 2011** hat lediglich eine geschlechtergerechte Sprachanpassung, ohne inhaltliche Änderungen mit sich gebracht (vgl. LT-Drucks. 15/1644, S. 76). Zur Bildung der Stufenvertretungen siehe auch die **gesonderte Kommentierung von Bülow zur WO-LPVG NRW** (§§ 29 WO-LPVG NRW ff.) 1

II. Bildung von Stufenvertretungen

Abs. 1: Die Bildung von Stufenvertretungen ist im Geltungsbereich des LPVG NRW **nur in der Landesverwaltung möglich**, weil es anders als z. B. bei den Gebietskörperschaften (Städte, Gemeinde und Kreise, Anstalten, 2

Stiftungen und sonstige öffentlich-rechtliche Körperschaften) nur dort hierarchisch gegliederte Verwaltungen mehrerer Behörden gibt, die in einem Über- und Unterordnungsverhältnis stehen. Letztere können allerdings in den Anwendungsbereich der Vorschrift gelangen, wenn sie auf gesetzlicher Grundlage Aufgaben der Landesverwaltung wahrnehmen (vgl. §§ 15 ff. LOG NRW) und auch einen mehrstufigen Verwaltungsaufbau aufweisen. Die Bildung von Stufenvertretungen trägt dem Über- und Unterordnungsverhältnis, d.h. der bestehenden Weisungsgebundenheit nachgeordneter Dienststellen entsprechend Rechnung und soll eine lückenlose Interessenvertretung der Beschäftigten in personalvertretungsrechtlicher Hinsicht gewährleisten (so Altvater u.a., § 93 Rn. 1 ff.).

3 Die Stufenvertretungen werden jeweils für den Geschäftsbereich mehrstufiger Verwaltungen gebildet. Der **Geschäftsbereich einer obersten Landesbehörde** (Landesregierung, Ministerpräsident und Landesministerien) schließt sowohl deren gesamten eigenen Aufgaben- und Tätigkeitsbereich als auch denjenigen der ihr nachgeordneten Behörden ein. Die Personalverantwortung besteht dabei für alle in dieser Behördenhierarchie Beschäftigten. Der **Geschäftsbereich einer Mittelbehörde** (Bezirksregierungen und Oberfinanzdirektionen) beinhaltet den gesamten Aufgaben- und Tätigkeitsbereich der Behörde, sodass auch die Tätigkeit innerhalb der eigenen Dienststelle umfasst ist (vgl. BVerwG 18.10.1978 – 6 P 7.78 –). In personeller Hinsicht zählen zu ihrem Geschäftsbereich die dortigen und auch die in der nachgeordneten Behörde Beschäftigten, z.B. bei Schulämtern oder Kreispolizeien. Soweit ein **dreistufiger Verwaltungsaufbau**, was in der Regel der Fall ist, besteht, werden bei den obersten Landesbehörden „**Hauptpersonalräte**“ und bei den Mittelbehörden „**Bezirkspersonalräte**“ gebildet. Bei einem **zweistufigen Verwaltungsaufbau** wird nur bei der obersten Landesbehörde ein Hauptpersonalrat gebildet (vgl. BVerwG 19.01.2009 – 6 P 1.08 –). **Vier- bzw. mehrfachstufige Verwaltungsaufbauten** (z.B. in der ordentlichen Gerichtsbarkeit) werden von § 50 Abs. 1 nicht umfasst, sodass in den dortigen Zwischenstufen keine Stufenvertretungen gebildet werden müssen.

4 **Kein mehrstufiger Verwaltungsaufbau** besteht bei einer Verselbstständigung von Nebenstellen oder Dienststellenteilen nach § 1 Abs. 3, da hierdurch die Entscheidungsbefugnis der Dienststellenleitung nicht entfällt und keine Weisungsgebundenheit gegenüber einer übergeordneten Dienststelle besteht (vgl. BVerwG 03.07.1990 – 6 P 10.87 –).

Wichtig! 5

Wenn die Voraussetzungen nach § 50 Abs. 1 vorliegen, besteht keine Errichtungspflicht. Denn nach dem Gesetzeswortlaut („werden ... gebildet") besteht nur die Pflicht zur Schaffung der Wahlvoraussetzungen nach Abs. 3 (vgl. hierzu auch Bülow, § 28 WO-LPVG NRW, Rz. 1 f.)!

III. Wahlberechtigung zum Bezirks- und Hauptpersonalrat

Abs. 2: Die Wahl zum Bezirks- und Hauptpersonalrat richtet sich nach den jeweiligen Geschäftsbereichen der Behörden. Nach **Abs. 2 Satz 1** werden die Mitglieder des Bezirkspersonalrats von den Beschäftigten im Geschäftsbereich der Mittelbehörde und die Mitglieder des Hauptpersonalrats von den Beschäftigten des Geschäftsbereichs der obersten Landesbehörde gewählt. Eine **Ausnahme** hiervon besteht nach **Abs. 2 Satz 2**, wenn bei Mittelbehörden die Personalangelegenheiten der Beschäftigten zum Geschäftsbereich verschiedener oberster Landesbehörden gehören. Dies ist z. B. bei den fünf Bezirksregierungen in NRW der Fall, da die Personalangelegenheiten der dortigen Beschäftigten dem Geschäftsbereich unterschiedlicher Landesministerien zugehörig sind. In diesem Fall sind diese Beschäftigten für den Hauptpersonalrat bei der jeweiligen zuständigen obersten Landesbehörde wahlberechtigt. 6

IV. Wahl der Bezirks- und Hauptpersonalräte

Abs. 3: Die Vorschrift bestimmt die auf die Wahl der Bezirks- und Hauptpersonalräte entsprechend anzuwendenden Vorschriften, die für die Wahl der Personalräte gelten (vgl. auch §§ 28, 36 WO-LPVG NRW). Keine Wahlberechtigung besteht nach **Abs. 3 Satz 1** für die in § 10 Abs. 3 lit. a) bis e) genannten Beschäftigten sowie nach **Abs. 3 Satz 2** für die in § 10 Abs. 4 aufgeführten Beschäftigten. Siehe im Einzelnen auch die **Kommentierung von Bülow zu den §§ 28 ff. WO-LPVG NRW.** 7

Nach **Abs. 3 Satz 3** gilt § 11 Abs. 2 lit. b) („keine Wählbarkeit für Beschäftigte, die zu selbstständigen Entscheidungen in Personalangelegenheiten der Dienststelle befugt sind etc.") nur für die Beschäftigten der Dienststelle, bei der die Stufenvertretung zu errichten ist. 8

Nach **Abs. 3 Satz 4** ist die Mitgliederzahl der Stufenvertretungen zwingend auf höchstens 15 Mitglieder festgesetzt. 9

10 Nach **Abs. 3 Satz 5** wird bestimmt, dass eine Personalversammlung zur Bestellung des Bezirks- oder Haupt-Wahlvorstandes nicht stattfindet.

11 Nach **Abs. 3 Satz 6** übt die Dienststelle, bei der die Stufenvertretung zu errichten ist, die Befugnis zur Bestellung des Bezirks- oder Haupt-Wahlvorstands aus, wenn zwei Monate vor Ablauf der Amtszeit der Stufenvertretung noch kein entsprechender Wahlvorstand besteht (§ 17 Abs. 2). Aufgrund der Ausnahmeregelung in Abs. 3 Satz 5 wurde die eigentlich vorgesehene Einberufung einer Personalversammlung zur Wahl des Wahlvorstandes ausgeschlossen.

V. Wahl der Personalräte und Stufenvertretungen zur gleichen Zeit

12 Abs. 4: Bei gesondert durchgeführten Wahlen entsteht für den Wahlvorstand eine erhöhte Arbeits- und für die Dienststelle eine erhöhte Kostenbelastung. Die Vorschrift soll daher eine **Reduzierung der Doppelbelastung** bewirken, indem nach **Abs. 4 Halbsatz 1** bei gleichzeitigen Wahlen, die bei den Dienststellen bestehenden Wahlvorstände die Wahlen der Stufenvertretungen im Auftrag des Bezirks- oder Haupt-Wahlvorstandes durchführen. Sollten **keine gleichzeitigen Wahlen** stattfinden, regelt **Abs. 4 Halbsatz 2**, dass auf Ersuchen des Bezirks- oder Haupt-Wahlvorstandes die Personalräte oder, wenn solche nicht bestehen, die Dienststellen die örtlichen Wahlvorstände für die Wahl der Stufenvertretungen bestellen.

VI. Gruppenvertretung

13 Abs. 5: Die Bestimmung trägt dem **Gruppenprinzip** des LPVG NRW (§ 6) entsprechend Rechnung und bestimmt, dass in den Stufenvertretungen jede Gruppe mindestens ein Mitglied erhält. Damit wird zugleich gesetzlich festgelegt, dass eine Stufenvertretung mindestens aus zwei Personen bestehen muss. Wenn **keine Ingebrauchnahme des Vertretungsrechts** seitens einer Gruppe erfolgt, verliert diese in den Stufenvertretungen ihren Vertretungsanspruch (§ 50 Abs. 3 Satz 1 i. V. m. § 14 Abs. 1 Satz 3).

VII. Rechtliche Auseinandersetzungen

14 Streitigkeiten aus dieser Vorschrift sind nach § 79 Abs. 1 Nr. 1 und 2 im personalvertretungsrechtlichen Beschlussverfahren vor dem Verwaltungsgericht zu klären.

Wenn eine **Behinderung bzw. Beeinflussung etc. der Wahl der Stufenvertretungen** nach § 50 Abs. 3 Satz 1 i. V. m. § 21 stattgefunden, und dienst- bzw. arbeitsrechtliche Folgen (Umsetzung, Kündigung etc.) nach sich gezogen hat, erfolgt bei **Beamten** eine Klärung im ordentlichen Verfahren (VwGO, VwVfG NRW) vor dem Verwaltungsgericht und bei **Arbeitnehmern** im Urteilsverfahren (§§ 2, 46 ff. ArbGG) vor dem Arbeitsgericht. 15

Das Wahlergebnis kann im Wege der **Wahlanfechtung** nach § 50 Abs. 3 Satz 1 i. V. m. § 22 im personalvertretungsrechtlichen Beschlussverfahren (§ 79 Abs. 1 i. V. m. §§ 50 Abs. 3 Satz 1, 22) angegriffen werden (vgl. die Kommentierung zu § 22). 16

§ 51 (Anwendbare sonstige Vorschriften)

Für die Amtszeit und die Geschäftsführung der Stufenvertretungen sowie für die Rechtsstellung ihrer Mitglieder gelten §§ 23, 24 Abs. 1 Satz 1 Buchstaben b bis e und Satz 2, Abs. 2 und 3, §§ 25 bis 38, 40, 41, 42 Absatz 1 bis 3, 5 und 6 und § 43 entsprechend. § 42 Abs. 3 Satz 1 findet mit der Maßgabe Anwendung, dass höchstens fünf Mitglieder freigestellt werden dürfen. In begründeten Fällen kann im Einvernehmen zwischen Dienststelle und Stufenvertretung von Satz 2 abgewichen werden, um die ordnungsgemäße Wahrnehmung der Aufgaben durch die Stufenvertretung zu gewährleisten. § 30 Abs. 1 gilt mit der Maßgabe, dass die Mitglieder der Stufenvertretung spätestens zwei Wochen nach dem Wahltag einzuberufen sind.

Gliederung

I. Einleitende Bemerkungen

Für die Amtszeit, die Geschäftsführung und die Rechtsstellung der Stufenvertretungen gelten, mit einigen Ausnahmen, die Vorschriften des 2. bis 4. Abschnittes, d. h. die Regelungen für Personalräte entsprechend. Die **Novelle 2011** hat den Rahmen der entsprechend anzuwendenden Vorschriften auf § 42 Abs. 6 („Unfallfürsorge für Beamte") ausgedehnt. Des Weiteren können durch den neu eingeführten Satz 3 im Einvernehmen zwischen der Dienststelle und der Stufenvertretung abweichend von § 51 1

Satz 2 auch mehr als fünf Mitglieder der Stufenvertretung freigestellt werden.

II. Amtszeit, Geschäftsführung und Rechtsstellung ihrer Mitglieder

2 Satz 1: Für die **Amtszeit der Stufenvertretungen** finden dieselben Grundsätze wie für die Amtsperiode der Personalräte nach §§ 23 bis 28 Anwendung (vgl. hierzu die dortige Kommentierung).

3 Der **Dienststellenwechsel eines Mitgliedes der Stufenvertretung**, für den die Dienststelle gebildet ist, stellt keinen Erlöschenstatbestand nach § 26 Abs. 1 lit. e) („Ausscheiden aus der Dienststelle") und auch nicht nach Abs. 2 („Abwesenheit über sechs Monate hinaus") dar (vgl. BAG 11.07.1990 – 7 ABR 52/89 –). Für die **Geschäftsführung der Stufenvertretungen** gelten dieselben Grundsätze, wie sie für Personalräte nach §§ 29 bis 38 gelten (vgl. hierzu die dortige Kommentierung und insbesondere zur Möglichkeit von Video- oder Telefonkonferenzen § 31 Rz. 14 a ff. und § 33 Rz. 13b). **Keine Anwendung findet § 39**, sodass Stufenvertretungen **keine Sprechstunden** während der Arbeitszeit einrichten dürfen.

4 Eine **Reisekostenerstattung der Mitglieder von Stufenvertretungen** erfolgt entsprechend nach § 40 Abs. 1 Satz 2 und 3. Zu den Anreisekosten eines Stufenvertretungsmitgliedes von außerhalb vgl. OVG NRW 11.01.1979 – CB 7/78 – und 04.10.2001 – 1 A 531/00.PVB –.

5 Zur Kostentragungspflicht der Dienststelle von **Steuern und Sozialabgaben** für bewilligtes **Trennungsübernachtungsgeld** für Mitglieder eines Hauptpersonalrates vgl. BVerwG 27.01.2004 – 6 P 9.03 –.

6 Für die Rechtsstellung der Mitglieder der Stufenvertretungen gelten die §§ 42 f. entsprechend. Da in der vorliegenden Vorschrift nicht auf **§ 42 Abs. 4** verwiesen wird findet **keine Anwendung der dortigen (Regel-)Freistellungsstaffel** statt. Wenn ein Mitglied des örtlichen Personalrats in den Bezirkspersonalrat gewählt und für diese Tätigkeit von seiner Arbeitspflicht weitgehend freigestellt wird, wird es durch die Wahrnehmung seiner Aufgaben als Bezirkspersonalrat im Übrigen nicht Bediensteter der Mittelbehörde, bei der diese Stufenvertretung gebildet ist (vgl. BAG 13.12.2011 – 1 AZR 433/10 – zur Frage des Geltungsbereiches einer bei der Mittelbehörde bestehenden Dienstvereinbarung über flexible Arbeitszeit). Zum besonderen Arbeitsplatz- und Kündigungsschutz vgl. die Ausführungen zu **§ 43**.

__Satz 2:__ § 42 Abs. 3 Satz 1 findet mit der Maßgabe Anwendung, dass grundsätzlich (vgl. Rz. 8 zur Ausnahme) **höchstens fünf Mitglieder freigestellt werden dürfen** (→ maximale Pflichtzahl). Dabei können auch Teilfreistellungen in Betracht kommen. Es gilt an dieser Stelle aber zu beachten, dass sowohl die Anzahl der Freistellungen als auch die ggf. erfolgende Aufteilung in Teilfreistellungen sowohl dem Grunde als auch der Höhe nach einer **Kontrolle durch die Dienststellenleitung auf Vereinbarkeit mit den dienstlichen Belangen** unterliegt. Diese Kontrollbefugnis ergibt sich aus Satz 1 der vorliegenden Vorschrift, der aufgrund des fehlenden Verweises auf § 42 Abs. 4 gerade keine Regelfreistellungen kennt (vgl. auch zuvor Rz. 6), sondern lediglich eine Höchstgrenze, aus § 42 Abs. 3 einerseits, der die Freistellungen nur erlaubt, wenn sie für die Personalratsarbeit erforderlich sind, sowie aus § 2 Abs. 1 andererseits, der sowohl der Dienststelle als auch der Personalvertretung die Beachtung der dienstlichen Aufgabenerfüllung zur ersten Pflicht macht (so zutreffend VG Düsseldorf 17.11.2008 – 34 L 1707/08.PVL –). 7

__Satz 3:__ Um die ordnungsgemäße Wahrnehmung der Aufgaben durch die Stufenvertretung zu gewährleisten, **kann nach Satz 3 in begründeten Fällen im Einvernehmen zwischen der Dienststelle und der Stufenvertretung von der Pflichtzahl von fünf Freistellungen abgewichen** werden. Wann ein begründeter Fall vorliegt, definiert das Gesetz nicht. Da Satz 3 allerdings eine Ausnahmeregelung darstellt, sind jedenfalls an das Vorliegen der Voraussetzungen entsprechend hohe Anforderungen zu stellen. 8

__Satz 4:__ Aufgrund dieser Bestimmung ist die Einberufungsfrist des **§ 30 Abs. 1** um eine Woche verlängert worden. Es besteht eine **2-Wochen-Frist für die Einberufung der konstituierenden Sitzung**. Diese endet zwei Wochen nach dem Wahltag bzw., bei mehrtägigen Wahlen, nach dem letzten Tag der Wahl (vgl. zur Fristberechnung und Fristgeltung auch § 30 Rz. 4 f.). 9

III. Rechtliche Auseinandersetzungen

Meinungsverschiedenheiten über die Amtszeit, die Geschäftsführung und die Rechtsstellung der Mitglieder der Stufenvertretungen sind nach § 79 Abs. 1 Nr. 2 bis 4 im personalvertretungsrechtlichen Beschlussverfahren vor dem Verwaltungsgericht zu klären. 10

Sechstes Kapitel
Gesamtpersonalrat

§ 52 (Grundsatz)

In den Fällen des § 1 Absatz 2 Halbsatz 2 und Absatz 3 ist neben den einzelnen Personalräten ein Gesamtpersonalrat zu errichten. Die Gesamtpersonalräte der Landschaftsverbände, des Landesbetriebs Straßenbau NRW und des Bau- und Liegenschaftsbetriebs NRW nehmen die Aufgaben des Hauptpersonalrates wahr.

Gliederung

I. Einleitende Bemerkungen

1 Die Vorschrift bestimmt in den dort aufgeführten Fällen die **Errichtung eines Gesamtpersonalrates** (vgl. auch § 93 BPersVG). Im Zuge der **Novelle 2011** wurde der Anwendungsbereich der Vorschrift durch die Ergänzung des § 1 und dessen Abs. 2 Halbsatz 2 erweitert. Des Weiteren wurde Satz 2 neu angefügt, wodurch die Gesamtpersonalräte bei den dort aufgeführten Dienststellen eine Regelung zur zusätzlichen Aufgabenwahrnehmung erhalten haben. Zur Wahl des Gesamtpersonalrats siehe § 53 und in diesem Zusammenhang auch die gesonderte Kommentierung von Bülow zur WO-LPVG NRW.

II. Errichtung des Gesamtpersonalrats

2 <u>Satz 1:</u> Die **Bildung von Gesamtpersonalräten** schreibt das LPVG NRW nur in den Fällen vor, in denen nach § 1 Abs. 2 Halbsatz 2 Verselbstständigungen in den dort genannten Verwaltungen, Eigenbetrieben oder Schulen stattfinden, so z. B. eine Aufgabenverlagerung von einer Gemeinde in einen Eigenbetrieb (nicht hingegen aber in eine rechtlich selbstständige AöR) und in den Fällen nach § 1 Abs. 3, in denen die Nebenstellen oder Teile einer Dienststelle von der obersten Dienstbehörde zu selbstständigen Dienststellen erklärt werden. Die Vorschrift ist zwingender Natur. Abweichende Regelungen in einem Tarifvertrag oder einer Dienstvereinbarung sind nicht zulässig.

Wichtig! 3

Es gilt zu beachten, dass für den Bereich der Schulen nach § 88 Abs. 3 die Anwendung des § 1 Abs. 3 ausgeschlossen wird, sodass dort bereits de jure keine Gesamtpersonalräte errichtet werden können!

Der Gesamtpersonalrat wird „neben" den einzelnen Personalräten errichtet und ist damit eine eigenständige Personalvertretung, die nicht vertikal wie bei einer Stufenvertretung im mehrstufigen Verwaltungsaufbau, sondern horizontal neben den Personalräten des verselbstständigten Dienststellenteils oder der Nebenstelle und dem der Stammdienststelle auf gleicher Verwaltungsebene steht (vgl. BVerwG 30.07.2010 – 6 P 11/09 – und OVG NRW 02.12.1993 – CL 31/90). 4

Die **Zuständigkeit des Gesamtpersonalrats** ist in allen Beteiligungsangelegenheiten gegeben, die über den Bereich der vorhandenen personalvertretungsrechtlich verselbstständigten Dienststellen hinausgeht. Wenn also eine Dienststelle, bei der der örtliche Personalrat gebildet ist, eine Maßnahme für ihren eigenen Bereich trifft wie beispielsweise die Umsetzung eines Beschäftigten vor Ort, so ist die Zuständigkeit des örtlichen Personalrates gegeben. Wenn sie hingegen der Leiter der Gesamtdienststelle verfügt, so ist nur die Beteiligungszuständigkeit des Gesamtpersonalrates gegeben, der allerdings den jeweiligen Personalräten der beiden an der Umsetzung betroffenen Teildienststellen die Möglichkeit zur Äußerung einräumen muss (vgl. OVG NRW 22.03.2000 – 1 A 2756/98.PVL –). Damit weist der Gesamtpersonalrat eine **Auffangzuständigkeit** auf (vgl. BVerwG 15.08.1983 – 6 P 18.81 –). Zum **Recht der Anrufung der Einigungsstelle durch den Teilpersonalrat** bei einer von ihm beantragten Maßnahme vgl. jedoch OVG NRW 27.06.2019 – 20 A 1710/17.PVL – und zu dessen Rechtsstellung im Übrigen vgl. BVerwG 01.09.2020 – 5 PB 22.19 –. Zur Zuständigkeit des Gesamtpersonalrats in einer **Dienststelle-Polizeipräsidium** vgl. OVG Berlin-Brandenburg 27.07.2022 – 61 PV 3.21 –. 5

Die **Zusammenarbeit zwischen den Personalräten** der verselbstständigten Dienststellen und des Gesamtpersonalrates bestimmt sich nach **§ 78 Abs. 4** (vgl. 78 Rz. 17). Nach § 78 Abs. 5 gelten für die Beteiligung des Gesamtpersonalrates die §§ 62 bis 66 und 68 bis 77 entsprechend (vgl. § 78 Rz. 18). 6

Satz 2: Nach dem durch die Novelle 2011 eingeführten neuen Satz 2 nehmen die **Gesamtpersonalräte der Landschaftsverbände, des Landesbetrieb Straßenbau NRW und des Bau- und Liegenschaftsbetriebs NRW** die Aufgaben des Hauptpersonalrates wahr. Die Aufnahme der, 7 den beiden Gesamtpersonalräten der genannten Landesbetriebe übertragene Aufgabenwahrnehmung ist nur zur Klarstellung erfolgt, da den Landesbetrieben bereits schon zuvor durch Zusatzgesetz die Aufgaben des Hauptpersonalrates übertragen waren (vgl. auch LT-Drucks. 15/2218 S. 57). Im Hinblick auf die genannten Landschaftsverbände (Rheinland und Westfalen-Lippe) wurde hingegen zum ersten Mal gesetzlich bestimmt, dass sie nebenher die Aufgaben von Personalräten wahrnehmen, damit die Aufgabenübertragung an dieser Stelle nicht wie bislang nur von einer Benehmensherstellung mit der Dienststelle abhängig ist (vgl. LT-Drucks. 15/2218 a. a. O.).

III. Rechtliche Auseinandersetzungen

8 Streitigkeiten aus dieser Vorschrift sind im personalvertretungsrechtlichen Beschlussverfahren nach § 79 Abs. 1 Nr. 1 und 2 vor dem Verwaltungsgericht zu klären.

9 Die **örtliche Zuständigkeit** ist für das Verwaltungsgericht gegeben, in dessen Gerichtsbezirk die Hauptdienststelle ihren Sitz hat (so auch Altvater u. a., § 93 Rn. 15).

10 Der Personalrat einer Stammdienststelle weist in diesem Verfahren die **Antragsbefugnis zur Feststellung der Einrichtung eines Gesamtpersonalrates** auf (vgl. BVerwG 20.06.1978 – 6 P 5.78 –). Die **Antragsbefugnis des Gesamtpersonalrats** ist hingegen nur für die Beteiligungsangelegenheiten gegeben, welche die Dienststellenleitung innerhalb ihres Zuständigkeitsbereiches verfügt bzw. zu verfügen hat und die sich damit auf die Gesamtdienststelle und deren Beschäftigte auswirken (vgl. BVerwG v. 27.02.1986 – 6 P 32.82). Wenn es darum geht, ob **ein in der Vergangenheit errichteter Gesamtpersonalrat** fortbesteht, ist neben dem örtlichen Personalrat auch der Gesamtpersonalrat antragsbefugt (vgl. BVerwG 23.04.2008 – 6 PB 7.08 –).

11 Die Einrichtung eines Gesamtpersonalrats kann im Späteren auch mit der **Wahlanfechtung nach § 22 LPVG NRW** rechtlich beanstandet werden. Anfechtungsbefugt sind die in der Gesamtdienststelle tätigen Beschäftigten (Haupt- und Stammdienststelle, verselbstständigte Dienststellenteile oder Nebenstellen). Dienststellenseitig steht die Befugnis für die Anfechtung einer Wahl nur dem Leiter der Gesamtdienststelle zu (vgl. auch VG Münster 24.08.1972 – PVL 1/72 –).

§ 53 (Anwendbare sonstige Vorschriften)

Für die Wahl, die Amtszeit und die Geschäftsführung des Gesamtpersonalrats sowie für die Rechtsstellung seiner Mitglieder gelten § 50 Abs. 2 bis 5 und § 51 entsprechend.

Gliederung

I. Wahl, Amtszeit, Geschäftsführung, Rechtsstellung der Mitglieder

1 Die Vorschrift bestimmt, über die Verweisung der §§ 50, 51, die Anwendung der für Personalräte entsprechenden Vorschriften im Hinblick auf die **Wahl**, die **Amtszeit** und die **Geschäftsführung des Gesamtpersonalrats** sowie für die **Rechtsstellung seiner Mitglieder**. Insoweit findet eine doppelte Verweisung statt, da zunächst auf die für die Stufenvertretung geltenden Vorschriften in § 50 Abs. 2 bis 5 und sodann auf § 51, der wiederum auf die Allgemeinen Vorschriften, welche für Personalräte gelten, verweist. Es wird auf die dortige Kommentierung verwiesen. Im Hinblick auf die Wahl des Gesamtpersonalrates sind allerdings folgende **Besonderheiten** zu beachten:

2 Das **aktive Wahlrecht** bemisst sich nach der Verweisung des § 53 LPVG NRW auf § 50 Abs. 3 Seite 1 LPVG NRW der seinerseits eine modifizierte Folgeverweisung auf § 10 LPVG enthält.

2a Das **passive Wahlrecht** bemisst sich im Hinblick auf die vorbenannten Verweisungen zwar nach den §§ 11, 12 („Wählbarkeit/Erleichterung der Wählbarkeit"), wobei allerdings die Einschränkungen nach § 50 Abs. 3 Satz 2 und 3 zu beachten sind. Das bedeutet, dass für die in § 10 Abs. 4 genannten Beschäftigten, die sich in der Berufsausbildung befinden (vgl. § 10 Rz. 28), **keine Wählbarkeit** zum Gesamtpersonalrat besteht. Das ist auch bei denjenigen, die Beschäftigte der Haupt- oder Stammdienststelle sind, bei welcher der Gesamtpersonalrat errichtet werden soll der Fall, wenn sie nach § 11 Abs. 2 lit. b) zu selbstständigen Entscheidungen in Personalangelegenheiten befugt sind. Insoweit gilt an dieser Stelle zu beachten, dass § 11 Abs. 2 lit. b) im Hinblick auf die Beschränkung des passiven Wahlrechts, anders als bei der Wahl der Stufenvertretungen, vollständig gilt, sodass die Beschränkung sich nicht nur auf die in Personalangelegenheiten entscheidungsbefugten Personen der Dienststelle beschränkt, bei welcher der Gesamtpersonalrat gebildet werden soll. Denn anders als bei dem den Stufenvertretungen zugrunde liegenden vertikalen Verwaltungsaufbau besteht im Fall der Verselbstständigung von Dienststellenteilen oder Nebenstellen nur eine horizontale Untergliederung, die nicht dazu führt, dass die Gesamtdienststelle keine Organisationseinheit mehr ist (str.: so im Ergebnis auch Cecior u.a., § 53 Rn. 16 mit Verweis auf BVerwG 22.06.1962 – VII P 9.61 –; a.A. VG Münster 24.08.1972 – PVL 1/72 –).

3 Da § 53 uneingeschränkt auf die Anwendung des § 51 verweist, gilt für die **Amtszeit** und die **Geschäftsführung des Gesamtpersonalrats** die **Mitglieder des Gesamtpersonalrats** an dieser Stelle das Gleiche wie für die Stufenvertretungen.

II. Rechtliche Auseinandersetzungen

4 Streitigkeiten aus der Vorschrift sind nach § 79 Abs. 1 Nr. 2 bis 4 im personalvertretungsrechtlichen Beschlussverfahren vor dem Verwaltungsgericht zu klären.

5 Wenn eine **Behinderung oder Beeinflussung der Wahl des Gesamtpersonalrates** nach §§ 53, 50 Abs. 3 Satz 1 i. V. m. § 21 stattgefunden und dienst- bzw. arbeitsrechtliche Folgen (Umsetzung, Kündigung etc.) nach sich gezogen hat, erfolgt bei **Beamten** eine Klärung im ordentlichen Verfahren vor dem Verwaltungsgericht (VwGO,VwVfG NRW) und bei **Arbeitnehmern** im Urteilsverfahren vor dem Arbeitsgericht (§§ 2, 46 ff. ArbGG).

6 Das Wahlergebnis kann im Wege der **Wahlanfechtung** nach den §§ 53, 50 Abs. 3 Satz 1 i. V. m. § 22 im personalvertretungsrechtlichen Beschlussverfahren (§ 79 Abs. 1 i. V. m. §§ 53, 50 Abs. 3 Satz 1, 22) angegriffen werden (vgl. Kommentierung zu § 22).

Siebtes Kapitel
Jugend- und Auszubildendenvertretung

§ 54 (Grundsatz)

In Dienststellen mit in der Regel mindestens fünf zur Jugend- und Auszubildendenvertretung wahlberechtigten Beschäftigten werden Jugend- und Auszubildendenvertretungen gebildet.

Gliederung

I. Bildung der Jugend- und Auszubildendenvertretung

1 Die Vorschrift regelt unter welchen Voraussetzungen, für Auszubildende in öffentlich-rechtlichen Ausbildungsverhältnissen, Beamte im Vorbereitungsdienst und Praktikanten (§ 55), Jugend- und Auszubildendenvertretungen zu bilden sind. Näheres zur Wahl ist in der gesonderten **Kommentierung von Bülow zur Wahlordnung des LPVG NRW** zu finden (vgl. dort insbesondere Bülow, §§ 41 f. WO-LPVG NRW)!

Die **personalvertretungsrechtliche Aufgabe der Jugend- und Auszubildendenvertretung** besteht darin, die besonderen Interessen der jugendlichen Beschäftigten gegenüber dem Personalrat zur Geltung zu bringen und dafür Sorge zu tragen, dass ihre Belange im Zusammenhang mit der Personalratsarbeit eine angemessene Berücksichtigung finden. Sie ist also **kein selbstständig wirkendes Organ neben dem Personalrat** (vgl. BVerwG 08.07.1977 – 7 P 22.75 –). Sie hat die Möglichkeit, wenn Angelegenheiten von jugendlichen Beschäftigten i. S. d. § 55 Abs. 1 zwischen der Dienststelle und dem Personalrat besprochen werden, an solchen Gesprächen teilzunehmen und dabei mit der Dienststelle in den direkten Kontakt zu treten. Ansonsten hat sie keine eigenständigen Beteiligungsrechte gegenüber der Dienststelle und kann ihr gegenüber auch nicht als Verhandlungspartner i. S. d. LPVG NRW auftreten. Hauptansprechpartner für die Dienststelle ist der Personalrat, da er letztendlich die Interessen aller Beschäftigten und damit auch der jugendlichen Beschäftigten vertritt. Dabei gilt der **Grundsatz des partnerschaftlichen Zusammenwirkens**, sodass der Personalrat der Jugend- und Auszubildendenvertretung lediglich Ratschläge, aber keine Weisungen erteilen kann. Das für die Bildung des Personalrats geltende **Gruppenprinzip findet keine Anwendung** (vgl. § 56 Rz. 6).

2 Die Bestimmung des § 54 ist zwingender Natur, sodass bei Vorliegen der dortigen Voraussetzungen eine **Pflicht zur Bildung von Jugend- und Auszubildendenvertretung** besteht. Diese richtet sich nicht gegen die Dienststelle, sondern gegen den Personalrat. Dieser muss sodann einen Wahlvorstand bestimmen (vgl. hierzu § 57 Rz. 2). Da **keine gesetzliche Wahlverpflichtung** besteht, kann die Durchführung der Wahl letztendlich aber ausbleiben, wenn die Wahlberechtigten (§ 55) kein Interesse daran haben,

dass eine Jugend- und Auszubildendenvertretung in der Dienststelle errichtet werden soll.

3 Da nur der Personalrat den Wahlvorstand und ihre Vorsitzende Person bestimmen kann (§ 57 Abs. 1 Satz 1), setzt die Bildung von Jugend- und Auszubildendenvertretungen das **Bestehen eines Personalrates in der Dienststelle** (als ungeschriebene Tatbestandsvoraussetzung) voraus. Die Bestellung des Wahlvorstandes, z. B. durch den Dienststellenleiter (§ 8), die Auszubildendenversammlung (§ 59) oder die Personalversammlung (§ 45) ist nicht zulässig.

4 **Kleindienststellen i. S. d. § 13 Abs. 2** (vgl. § 13 Rz. 8) können keine (eigene) Jugend- und Auszubildendenvertretung bilden. Die dortigen jugendlichen Beschäftigten haben aber die Möglichkeit sich an der Jugend- und Auszubildendenvertretungswahl in der Dienststelle, der sie zugeteilt worden sind, zu beteiligen.

5 **Verselbstständigte Dienststelle i. S. d. § 1 Abs. 1** besitzen hingegen eine Personalratsfähigkeit (vgl. § 1 Rz. 9) und können damit, wenn die Voraussetzungen nach § 54 gegeben sind, eine Jugend- und Auszubildendenvertretung bilden.

6 Weitere Voraussetzung zur Bildung einer Jugend- und Auszubildendenvertretung ist, dass die Dienststelle **in der Regel mindestens fünf jugendliche wahlberechtigte Beschäftigte** aufweist.

7 Zum Begriff der **„Beschäftigten“** vgl. die Ausführungen zu § 5. Soweit das Gesetz auf die „**in der Regel**“ Beschäftigten abstellt, hat der Gesetzgeber diese Begrifflichkeit nicht erläutert. Soweit er den Begriff aber auch an anderer Stelle im LPVG NRW, wie z. B. in § 13 Abs. 1 („Bildung von Personalräten“) verwendet hat, ist auf die dortigen Ausführungen (vgl. § 13 Rz. 2 ff.) zu verweisen. Allerdings kommt es auf diejenige Zahl der Auszubildenden, Beamtenanwärter und Praktikanten an, die voraussichtlich über die Dauer des überwiegenden Teils der Amtszeit der Jugend- und Auszubildendenvertretung mindestens erreicht oder überschritten wird.

8 **Wichtig!**

Wenn die Mindestzahl der fünf in der Regel wahlberechtigten Beschäftigten nach der Wahl der Jugend- und Auszubildendenvertretung vorübergehend oder auch dauerhaft absinkt, d. h. unterschritten wird, führt dies nicht zum Ende der Amtszeit bzw. zu Neuwahlen. Denn der Gesetzgeber hat einen solchen speziellen Fall nur für Personalräte in § 24 Abs. 1 lit. a) geregelt. (teilweise a. A. Altvater u. a., § 99 Rn. 9 m. w. N., der sich nur im Fall der dauerhaften Absenkung teilweise für ein Ende der Amtszeit ausspricht)!

II. Rechtliche Auseinandersetzungen

Rechtliche **Fragen über die Bildung einer Jugend- und Auszubildendenvertretung** und dabei speziell über die Ermittlung der maßgebenden Zahl der Wahlberechtigten, der Einhaltung der den Personalrat nach § 57 Abs. 1 Satz 1 zukommenden Pflicht den Wahlvorstand und ihre Vorsitzende Person zu bestimmen sind nach § 79 Abs. 1 Nr. 2 und 3 im personalvertretungsrechtlichen Beschlussverfahren vor dem Verwaltungsgericht zu klären. 9

Das gilt auch bei Meinungsverschiedenheiten über die Wahlberechtigung (§ 79 Abs. 1 Nr. 1), wobei hier zunächst Rechtsschutz durch einen **Einspruch gegen das Wählerverzeichnis nach § 3 Abs. 1 i.V.m. § 40 Abs. 1 Satz 1 WO-LPVG NRW in Anspruch zu nehmen ist. Einspruchsberechtigt** ist jeder Beschäftigte, der eine eigene Nichtaufnahme als Wahlberechtigter bzw. die Aufnahme eines anderen Beschäftigten, den er als nicht wahlberechtigt ansieht. Wird dem Anspruch nicht stattgegeben, wird in der Praxis, wenn die Wahl noch nicht durchgeführt wurde, einstweiliger Rechtsschutz in Anspruch zu nehmen sein. Nach der erfolgten Wahl ist ein **Wahlanfechtungsverfahren** nach § 22 durchzuführen (vgl. § 10 Rz. 30 und die Kommentierung zu § 22). 10

§ 55 (Wahlberechtigung, Wählbarkeit)

(1) Wahlberechtigt sind alle jugendlichen Beschäftigten, die das 18. Lebensjahr noch nicht vollendet haben, sowie Auszubildende, Beamtenanwärterinnen und Beamtenanwärter und Praktikantinnen und Praktikanten. § 10 Abs. 2 bis 4 gilt entsprechend.

(2) Wählbar sind Beschäftigte, die am Wahltag noch nicht das 27. Lebensjahr vollendet haben, sowie Auszubildende, Beamtenanwärterinnen und Beamtenanwärter und Praktikantinnen und Praktikanten. §§ 11 und 12 gelten entsprechend.

Gliederung

I. Einleitende Bemerkungen

1 Die Vorschrift behandelt die **Wahlberechtigung und die Wählbarkeit** im Hinblick auf die **Jugend- und Auszubildendenvertretung**. Sie ist zwingendes Recht und definiert die persönlichen Voraussetzungen dafür, in die Jugend- und Auszubildendenvertretung gewählt werden zu können, wobei sie entweder auf eine Altersgrenze oder den Status des Beschäftigten abstellt.

2 Die Vorschrift gilt entsprechend für die **Wahl der Jugend- und Auszubildendenstufenvertretungen** (§ 60 Abs. 1 Satz 2) sowie für die **Wahl der Gesamtjugend- und Auszubildendenvertretung** (§ 60 Abs. 2 Satz 2).

Näheres zur Wahl ist im Übrigen in der gesonderten **Kommentierung von Bülow zur Wahlordnung des LPVG NRW** zu finden (vgl. dort insbesondere Bülow, §§ 41 f. WO-LPVG NRW)!

3 Die **Novelle 2011** hat lediglich eine geschlechtergerechte Sprachanpassung mit sich gebracht, ohne dass inhaltliche Änderungen erfolgt sind (LT-Drucks. 15/1644 S. 18).

II. Voraussetzungen der Wahlberechtigung

4 **Abs. 1:** Die Vorschrift regelt die **Wahlberechtigung** (aktives Wahlrecht) und beinhaltet das Recht, bei der Wahl zur Jugend- und Auszubildendenvertretung an der Abstimmung teilzunehmen. Die Vorschrift stellt **zwingendes Recht** dar, sodass abweichende Regelungen durch Tarifvertrag oder Dienstvereinbarung unzulässig sind (vgl. BVerwG 23.06.1999 – 6 P 6.98 –).

5 Die materiellen Voraussetzungen der Wahlberechtigung sind in § 55 dem Grunde nach abschließend geregelt (vgl. auch BVerwG 28.03.1979 – 6 P 86.78 – zur Personalratswahl). Es besteht zwar **kein wirksamer Verzicht** auf das aktive Wahlrecht. Für den Wahlberechtigten gibt es jedoch keine Wahlpflicht, sodass er freiwillig darauf verzichten kann, sich an der Wahl zur Jugend- und Auszubildendenvertretung zu beteiligen (vgl. OVG Hamburg 07.08.1991 – BsPB 2/90 – zur Personalratswahl).

6 Nach **Abs. 1 Satz 1** sind **wahlberechtigt** alle jugendlichen Beschäftigten, die das 18. Lebensjahr noch nicht vollendet haben, sowie Auszubildende, Beamtenanwärter und Praktikanten. Siehe neben den folgenden Ausführungen auch Bülow, § 40 WO-LPVG NRW, Rz. 7 ff. zur Wahlvorbereitung und -durchführung.

7 **Jugendliche Beschäftigte** sind diejenigen, die am (letzten) Wahltag das **18. Lebensjahr noch nicht vollendet** haben. Die Wahlberechtigung entfällt

also zu Beginn des Tages, an dem der jugendliche Beschäftigte 18 Jahre alt wird (vgl. § 188 Abs. 2 BGB). Wer älter ist kann an der Wahl zum Personalrat teilnehmen (vgl. § 10 Abs. 1).

Im Hinblick auf die **Beschäftigteneigenschaft** gelten die zu § 5 getroffenen Ausführungen, sodass auch die jugendlichen Beschäftigten die **Dienststellenzugehörigkeit** aufweisen müssen (vgl. OVG NRW 31.01.2014 – 20 A 2155/12. PVL –). Auf die Kommentierung zu § 5 wird entsprechend verwiesen. Eine **befristete Beschäftigung** schließt das aktive Wahlrecht nicht aus (vgl. entsprechend § 10 Rz. 8a). 8

Handelt es sich bei jugendlichen Beschäftigten um Auszubildende, Beamtenanwärter oder Praktikanten, die das 18. Lebensjahr vollendet haben, bleibt eine Wahlberechtigung bestehen. Wenn also mit einem 19-Jährigen ein Ausbildungsverhältnis begründet wird, ist die Altersüberschreitung unschädlich. Er weist in diesem Fall ein **Doppelwahlrecht** auf, d.h. sowohl zur Jugend- und Auszubildendenvertretung als auch zum Personalrat. Ergibt sich daraus im späteren eine Doppelmitgliedschaft, so gilt es zu beachten, dass er bei der Behandlung von Beschlussgegenständen nach § 36 Abs. 2 nur eine Stimme abgeben darf! 9

„**Auszubildende**" sind Beschäftigte, die in einem Berufsausbildungsverhältnis nach dem BBiG, dem KrPflG oder dem HebG stehen (vgl. Legaldefinition in § 56 Abs. 1 BPersVG). 10

„**Beamtenanwärter**" sind Personen, die in einem statusrechtlichen Verhältnis eines Beamten auf Widerruf stehen und sich innerhalb einer sonstigen Ausbildung bzw. Beamtenlaufbahn befinden (§ 4 Abs. 4 BeamtStG und § 15 LVO NRW). Mit Ausnahme der Volljuristen („Referendar") lautet die Dienstbezeichnung in der Laufbahngruppe 2 „Anwärter". Beamte, die sich innerhalb ihrer Laufbahn in einer Zusatzausbildung befinden weisen keine Wählbarkeit auf, diejenigen, die für eine andere Laufbahn ausgebildet werden, hingegen schon (vgl. VG Gelsenkirchen 16.04.2021 – 12 c L 489/21 –). 11

„**Praktikanten**" weisen nur dann eine Wahlberechtigung auf, wenn der Gegenstand ihres Praktikums geeignet ist, sie auf eine Übernahme in den öffentlichen Dienst vorzubereiten. Ein Praktikum, das bei einer Behörde aus Anlass einer sonstigen Berufsausbildung oder aus sonstigen Gründen (sog. „Schnupperpraktikum") abgeleistet wird, führt also nicht zu einer Wahlberechtigung. Denn es bietet keine Grundlage für eine die Beschäftigteneigenschaft (vgl. Rz. 8) begründende Eingliederung. 12

Auszubildende, Beamtenanwärter und Praktikanten sind nur dann wahlberechtigt, wenn ihre jeweilige Stelle am (letzten) Wahltag noch besteht. Wenn also z.B. die im Ausbildungsvertrag vereinbarte Ausbildungszeit 13 eines Auszubildenden vorab endet oder dieser z. B. vorab die Abschlussprüfung besteht, weist er keine Wahlberechtigung auf. Die vorbenannten Wahlberechtigten können das aktive Wahlrecht nur ausüben, wenn sie in das **Wählerverzeichnis** eingetragen sind (vgl. § 40 Abs. 1 Satz 1 i. V. m. §§ 2 Abs. 2 Satz 1 und 14 Abs. 1 Satz 1 WO-LPVG NRW).

14 Der **Wahlvorstand muss bei der Eintragsvornahme die „Dienststellenzugehörigkeit" im o.g. Sinne feststellen**. Durch eine Nichteintragung verlieren die Beschäftigten allerdings ihr Wahlrecht genauso wenig, wie ein fälschlicherweise in das Wählerverzeichnis Eingetragener es hierdurch erlangt (vgl. BVerwG 21.10.1958 – VII P 3/58 –)!

15 Nach **Abs. 1 Satz 2** gilt § 10 Abs. 2 bis 4 entsprechend. Zum **Wahlrecht bei Abordnung, Zuweisung oder Gestellung** (vgl. § 10 Rz. 14–20), zu den **von der Wahlberechtigung ausgeschlossenen Personen** (vgl. § 10 Rz. 21–27) und zur einschränkenden Wahlberechtigung der **Beschäftigten in der Berufsausbildung** (vgl. § 10 Rz. 28) wird auf die Ausführungen zur dortigen Kommentierung verwiesen.

III. Voraussetzungen der Wählbarkeit

16 **Abs. 2:** Die Vorschrift regelt die **Wählbarkeit zur Jugend- und Auszubildendenvertretung** (passives Wahlrecht). Sie ist zwingendes Recht und definiert die persönlichen Voraussetzungen dafür in die Jugend- und Auszubildendenvertretung gewählt werden zu können.

17 Wählbar sind nach **Abs. 2 Satz 1** zunächst „**Beschäftigte, die am Wahltag noch nicht das 27. Lebensjahr vollendet haben**". Das bedeutet, dass sie am (letzten) Wahltag noch nicht das 28. Lebensjahr aufweisen dürfen. Da § 55 Abs. 2 im Gegensatz zu § 11 Abs. 1 („Wählbarkeit zum Personalrat") nicht zur Voraussetzung für die Wählbarkeit der Jugend- und Auszubildendenvertretung macht, können zu ihr auch Beschäftigte gewählt werden, die jünger als 27 Jahre alt sind und ihre Berufsausbildung schon beendet haben.

18 **Wichtig!**

Die Überschreitung des 27. Lebensjahres während der Amtszeit führt nicht zum Erlöschen der Mitgliedschaft in der Jugend- und Auszubildendenvertretung (§ 57 Abs. 2 Satz 4)!

19 Ungeachtet der zuvor dargestellten Altersgrenzen sind des Weiteren Auszubildende (vgl. Rz. 10), Beamtenanwärter (vgl. Rz. 11) und Praktikanten (vgl. Rz. 12) wahlberechtigt.

Da nach **Abs. 2 Satz 2** die §§ 11 und 12 entsprechend gelten, ist neben dem jeweiligen vorbenannten Status weitere Voraussetzung grundsätzlich, dass diese Beschäftigten am (letzten) Wahltag **seit sechs Monaten derselben Körperschaft, Anstalt oder Stiftung angehören** (vgl. § 11 Rz. 5). Daneben dürfen keine Ausschlussgründe i.S.d. § 11 Abs. 2 lit. a) bis d) und Abs. 3 vorliegen (vgl. § 11 Rz. 7 ff.). Besteht die vorgenannte „Einrichtung" weniger als sechs Monate, gilt die zuvor angesprochene Angehörigkeitsfrist nach § 12 ausnahmsweise nicht. Zur **Wählbarkeit befristet Beschäftigter** vgl. entsprechend die Ausführungen zu § 11 Rz. 6b. 20

Zum **Verlust der Wählbarkeit**, z.B. im Fall des Abschlusses der Ausbildung (vgl. § 57 Rz. 11). 21

Eine **Doppelmitgliedschaft**, sowohl im Personalrat als auch in der Jugend- und Auszubildendenvertretung ist zulässig, da anders als z.B. im LPVG (vgl. § 61 Abs. 2 Satz 2 BetrVG) der Gesetzgeber im BetrVG NRW keine einschränkende Regelung getroffen hat. 22

IV. Rechtliche Auseinandersetzungen

Meinungsverschiedenheiten über die Wahlberechtigung können zunächst gegenüber dem Wahlvorstand durch einen **Einspruch gegen das Wählerverzeichnis** geltend gemacht werden (§§ 3, 40 Abs. 1 Satz 1 WO-LPVG NRW). Ist der **Einspruch erfolglos** und wird zurückgewiesen, so ist der Weg vor das zuständige Verwaltungsgericht im **personalvertretungsrechtlichen Beschlussverfahren** zu nehmen. Aufgrund der gerichtlichen Bearbeitungsdauer wird dieses Verfahren aber wohl zumeist bis nach der Wahl andauern und ist deshalb dann als **Wahlanfechtungsverfahren** fortzuführen (vgl. hierzu auch § 10 Rz. 30 und § 11 Rz. 16). 23

§ 56 (Mitgliederzahl)

(1) Die Jugend- und Auszubildendenvertretung besteht in Dienststellen mit in der Regel

5 bis 20 wahlberechtigten Beschäftigten aus einer Person,

21 bis 50 wahlberechtigten Beschäftigten aus drei Mitgliedern,

51 bis 200 wahlberechtigten Beschäftigten aus fünf Mitgliedern,

201 bis 300 wahlberechtigten Beschäftigten aus sieben Mitgliedern,

301 bis 500 wahlberechtigten Beschäftigten aus elf Mitgliedern,

501 bis 1000 wahlberechtigten Beschäftigten aus dreizehn Mitgliedern, mehr als 1000 wahlberechtigten Beschäftigten aus fünfzehn Mitgliedern.

(2) § 14 Abs. 5 und 6 gelten entsprechend.

Gliederung

I. Einleitende Bemerkungen

1 Die Vorschrift konkretisiert die in § 54 vorgegebene Bildung von Jugend- und Auszubildendenvertretungen und legt deren Mitgliederzahl bzw. Mindestgröße fest.

Sie ist durch die **Novelle 2011** in Abs. 1 insoweit geändert worden, als dass die Mitgliederanzahl der in der Regel 301 bis 1000 wahlberechtigten Beschäftigten durch das Einfügen einer weiteren Stufe differenziert wurde (vgl. Rz. 5). Zur **Vorbereitung und Durchführung der Wahl** siehe auch Bülow, § 40 WO-LPVG NRW, Rz. 7 ff.

II. Gesetzliche Mitgliederzahl der Jugend- und Auszubildendenvertretung

2 Abs. 1: Der Gesetzgeber hat die letztendliche Personalstärke der Jugend- und Auszubildendenvertretung nach der Zahl der Beschäftigten in den Dienststellen (vgl. § 54 Rz. 7) gestaffelt und die **Höchstzahl der Mitglieder auf 15 begrenzt**. Das ansonsten für Personalratsmitglieder geltende Gruppenprinzip findet keine Beachtung (vgl. Rz. 6). Diese Vorgaben sind zwingend. Abweichende Regelungen durch Tarifverträge oder Dienstvereinbarungen können nicht getroffen werden (vgl. auch § 4). Zur Berechnung **der „in der Regel wahlberechtigten Beschäftigten“** vgl. entsprechend § 13 Rz. 3 und im Übrigen auch OVG Berlin Brandenburg 18.06.2015 – 62 PV 15.14 –.

3 **Wichtig!**

Wenn nicht genug Wahlbewerber zur Verfügung stehen, um die gesetzliche Staffelung zu erfüllen, wird eine Jugend- und Auszubildendenvertretung mit einer geringeren Mitgliederzahl gebildet. Die Voraussetzung einer Neuwahl nach § 57 Abs. 2 Satz 3 i.V.m. § 24 Abs. 1 lit. b) sind nicht gegeben, sodass eine solche Jugend- und Auszubildendenvertretung auch die volle Amtszeit innehat!

Die **Änderung der wahlberechtigten Beschäftigtenzahl** ist für die Stärke der Jugend- und Auszubildendenvertretung ohne Belang. Eine vergleichbare Regelung wie in § 24 Abs. 1 Satz 1 lit a) („Neuwahl des Personalrates bei Änderung der Beschäftigtenzahl") ist nicht geregelt. Zum gegebenenfalls eintretenden Ende der Amtszeit der Jugend- und Auszubildendenvertretung, wenn deren Zahl der Wahlberechtigten unter fünf absinkt (vgl. § 54 Rz. 8). 4

Durch die **Novelle 2011** ist die vormalige Staffelung (in der Regel 301 bis 1000 wahlberechtigte Beschäftigte) differenzierter und letztendlich erhöht worden. Bei in der Regel 301 bis 500 wahlberechtigte Beschäftigte besteht die Jugend- und Auszubildendenvertretung auch wie vormals aus elf Mitgliedern. Soweit allerdings 501 bis 1000 wahlberechtigte Beschäftigte in der Dienststelle vorhanden sind, ist durch die Novellierung eine Erhöhung der Mitgliederzahl auf dreizehn vorgenommen worden, um die ordnungsgemäße Arbeit der Jugend- und Auszubildendenvertretung in solchen Dienststellen zu gewährleisten (vgl. LT-Drucks. 15/1644, S. 80). 5

III. Zusammensetzung der Jugend- und Auszubildendenvertretung

Abs. 2: Aufgrund der gesetzlich angeordneten entsprechenden Geltung des § 14 Abs. 5 und 6 sollen bei der Zusammensetzung der Jugend- und Auszubildendenvertretung auch die Beschäftigungsarten und die Repräsentation der Geschlechter Berücksichtigung finden. Aus dem Umkehrschluss der Vorschrift ergibt sich, dass das ansonsten für Personalratsmitglieder geltende Gruppenprinzip keine Anwendung findet. 6

Von daher soll sie sich also zunächst aus **Mitgliedern der verschiedenen Beschäftigungsarten** zusammensetzen. Letztere sind aber nicht mit Gruppen im personalvertretungsrechtlichen Sinne zu verwechseln. Mit Blick auf die ausgewogene Repräsentanz und den dabei größtmöglich zu versammelnden Sachverstand in der Jugend- und Auszubildendenvertretung ist an dieser Stelle also auf die tatsächlich ausgeübte Funktion des einzelnen Beschäftigten abzustellen (z.B. Innen- und Außendienst, Verwaltungs- und Betriebsdienst etc.). Aus der Vorschrift erwächst allerdings **keine zwingende Einhaltung** („Soll"), sondern nur eine **Empfehlung an den Wahlvorstand**. 7

Frauen und Männer sollen ihren zahlenmäßigen Anteil in der Dienststelle entsprechend in der Jugend- und Auszubildendenvertretung vertreten 8 sein. Diese gleichfalls nur empfehlende (Soll-)Vorschrift trägt dem Gleichbehandlungsgrundsatz nach Art. 3 Abs. 2 GG Rechnung.

IV. Rechtliche Auseinandersetzungen

9 Meinungsverschiedenheiten über die Anzahl der zu wählenden Jugend- und Auszubildendenvertreter können, wenn nicht (schon) eine Berichtigung des Wahlergebnisses ausreicht, in einem personalvertretungsrechtlichen Beschlussverfahren vor dem Verwaltungsgericht nach § 79 Abs. 1 Nr. 2 geklärt werden. Bei erfolgter Wahl kann auf diesem Verfahrensweg auch eine **Wahlanfechtung** nach § 22 betrieben werden. Soweit vorab bereits ein vorbenanntes Beschlussverfahren eingeleitet worden ist, wird dieses dann als Wahlanfechtungsverfahren fortgesetzt.

10 **Die Verletzung der Berücksichtigung der Beschäftigungsarten und der Repräsentation der Geschlechter** stellt jeweils keinen Verstoß gegen wesentliche Vorschriften des Wahlverfahrens und somit **keinen Grund für eine Wahlanfechtung** nach § 22 dar!

§ 57 (Wahlvorstand, Amtszeit, Geschäftsführung)

(1) Der Personalrat bestimmt den Wahlvorstand und seine Vorsitzende Person. Für die Wahl der Jugend- und Auszubildendenvertretung gelten § 16 Abs. 1, 3, 4, 6 Satz 1, Abs. 7 und 8, § 20 Abs. 2, §§ 21 und 22 entsprechend.

(2) Die regelmäßige Amtszeit der Jugend- und Auszubildendenvertretung beginnt und endet mit der jeweiligen Wahlperiode. Sie beträgt zwei Jahre. Im Übrigen gelten für die Amtszeit der Jugend- und Auszubildendenvertretung § 23 Abs. 2 und 3, § 24 Abs. 1 Satz 1 Buchstaben b bis e und Abs. 2 und §§ 25, 26 Abs. 1 und 2 sowie §§ 27 und 28 Abs. 1, 2 und 4 entsprechend. Die Mitgliedschaft in der Jugend- und Auszubildendenvertretung erlischt nicht dadurch, dass ein Mitglied während der Amtszeit das 27. Lebensjahr vollendet.

(3) Besteht die Jugend- und Auszubildendenvertretung aus drei oder mehr Mitgliedern, so wählt sie aus ihrer Mitte eine Vorsitzende Person und deren Stellvertreterin oder Stellvertreter. Im Übrigen gelten für die Geschäftsführung die §§ 30 bis 33 und 37 bis 39, § 40 Abs. 1, 3 und 4 und § 41 entsprechend. An den Sitzungen der Jugend- und Auszubildendenvertretung kann ein vom Personalrat beauftragtes Mitglied des Personalrats teilnehmen.

Gliederung

I. Einleitende Bemerkungen

1 Die Vorschrift regelt die Bestimmung des Wahlvorstandes, die Wahl, die Amtszeit und die Geschäftsführung der Jugend- und Auszubildendenvertretung. Die **Novelle 2011** hat lediglich eine geschlechtergerechte Sprachanpassung mit sich gebracht, ohne dass inhaltliche Änderungen erfolgt sind (vgl. LT-Drucks. 15/1644, S. 80). **Zur Ergänzung der nachfolgenden Ausführungen und zur praktischen Durchführung der Wahl siehe auch** die gesonderte **Kommentierung von Bülow zur Wahlordnung** (vgl. dort insbesondere Bülow, § 40 WO-LPVG NRW, Rz. 7 ff.).

II. Wahlvorstand und Wahl in der Jugend- und Auszubildendenvertretung

2 Abs. 1: Nach **Abs. 1 Satz 1** erfolgen eine **Bestimmung des Wahlvorstandes und seiner Vorsitzenden Person durch den Personalrat** der Dienststelle, bei der die Jugend- und Auszubildendenvertretung gewählt werden soll. Wenn in der Dienststelle kein Personalrat besteht, kann somit auch keine Wahl zur Jugend- und Auszubildendenvertretung stattfinden. Dies ist auch der Fall, wenn zwar ein Personalrat vorhanden ist, dieser aber untätig bleibt und keinen Wahlvorstand bestimmt. Dieses **Unterlassen** stellt eine grobe Pflichtverletzung nach § 25 Abs. 1 Satz 1 dar, sodass die Möglichkeit besteht, den Personalrat auf Antrag durch das Verwaltungsgericht auflösen zu lassen. Ist der Personalrat aufgelöst, nimmt **ein vom Vorsitzenden der Fachkammer des Verwaltungsgerichts eingesetzter Wahlvorstand** nach § 25 Abs. 2 i. V. m. § 22 Abs. 2 Satz 1 die dem Personalrat nach dem LPVG NRW zustehenden Befugnisse und Pflichten wahr. Dieser kann dann den Beginn der Wahl zur Jugend- und Auszubildendenvertretung durch die Bestimmung eines Wahlvorstandes bewirken. Da dieses Prozedere allerdings in der Praxis einen erheblichen Zeitraum in Anspruch nimmt, sollten die jugendlichen Beschäftigten zunächst in Unter-

stützung durch die Dienststelle an den untätigen Personalrat herantreten und ein entsprechendes Aktivwerden einfordern!

3 Soweit § 17 Abs. 1 Satz 1 im Hinblick auf die Personalratswahl den Zeitpunkt bestimmt, bis zu dem der Wahlvorstand spätestens zu bestimmen ist, findet diese Vorschrift nach § 57 Abs. 1 ausdrücklich keine Anwendung. Das Gesetz macht **keine ausdrückliche Fristenvorgabe für die Bestimmung des Wahlvorstandes** zur Wahl der Jugend- und Auszubildendenvertretung. Gesetzlich ist also davon auszugehen, dass der Wahlvorstand derart rechtzeitig bestellt werden muss, dass die ordnungsgemäße Durchführung der Wahl auch gewährleistet ist. Da der Wahlvorstand spätestens sechs Wochen vor dem letzten Tag der Stimmabgabe ein Wahlausschreiben erlassen muss (§ 40 Abs. 1 Satz 1 i. V. m. § 6 Abs. 1 Satz 1 WO-LPVG NRW) scheint somit im Minimum eine **Frist von acht Wochen** geboten (ebenso Altvater u. a., § 102 Rn. 3). **Im Falle einer erstmaligen Bildung oder einer Neuwahl** der Jugend- und Auszubildendenvertretung ist in Vermeidung eines Vertretungsvakuums allerdings eine **„unverzügliche“** Bestimmung i. S. d. § 121 Abs. 1 Satz 1 BGB vorzunehmen.

4 Der Gesetzgeber hat die **Mitgliederzahl des Wahlvorstandes** im LPVG NRW nicht festgesetzt. Im Hinblick darauf, dass der Wahlvorstand eine Vorsitzende Person aufweisen und seine Beschlüsse nach § 40 Abs. 1 Satz 1 i. V. m. § 1 Abs. 4 WO-LPVG NRW mit einfacher Stimmenmehrheit seiner Mitglieder fassen muss, erscheint jedenfalls die Anzahl von **drei Mitgliedern angemessen** (vgl. auch Lorenzen u. a., § 102 Rn. 3). Die **Bestimmung von Ersatzmitgliedern** des Wahlvorstandes ist zwar ebenfalls nicht gesetzlich geregelt, ergibt sich allerdings aus dem Normzweck.

5 Die **Wählbarkeit zum Wahlvorstand** setzt die Beschäftigteneigenschaft (vgl. § 5) in der Dienststelle voraus, in der der Wahlvorstand gebildet werden soll. Dabei gilt es zu beachten, dass mindestens ein Mitglied des Wahlvorstandes die Wählbarkeit zum Personalrat (§ 11) aufweisen muss (§ 40 Abs. 1 Satz 2 WO-LPVG NRW).

6 Nach **Abs. 1 Satz 2** gelten für die Wahl der Jugend- und Auszubildendenvertretung die folgenden Vorschriften entsprechend:

- „Geheime und unmittelbare Wahl“ (§ 16 Abs. 1)
- „Anwendung der Grundsätze der Verhältniswahl“ (§ 16 Abs. 3)
- „Wahlvorschläge durch die in der Dienststelle vertretenen Gewerkschaften“ (§ 16 Abs. 4)
- „Unterschriftenforum bei einer gemeinsamen Wahl“ (§ 16 Abs. 6 Satz 1)
- „3-Wochen-Einreichungsfrist für die Wahlvorschläge“ (§ 16 Abs. 7)
- „Benennung der Beschäftigten nur auf einem Wahlvorschlag“ (§ 16 Abs. 8)
- „Sitzungsteilnahme von Gewerkschaftsbeauftragten“ (§ 20 Abs. 2)

- „Freiheit der Wahl und Wahlkosten“ (§ 21)
- „Wahlanfechtung“ (§ 22).

Der Wahlvorstand hat bei der **Vorbereitung und Durchführung der Wahl** nach Maßgabe des § 40 WO-LPVG NRW Folgendes zu beachten: 7

Siehe entsprechend die ausführliche Darstellung in § 20 Rz. 5 und Bülow, § 40 WO-LPVG NRW Rz. 7 ff. samt dem Wahlkalender im Anhang der dortigen Kommentierung. 8

Die gewählten Mitglieder sind **nach der Wahl** vom Wahlvorstand zur **konstituierenden Sitzung der Jugend- und Auszubildendenvertretung einzuberufen**, wobei ihm bis zur Wahl der Vorsitzenden Person und eines Stellvertreters die Wahlleitung obliegt (§ 57 Abs. 3 Satz 2 i.V.m. § 30 Abs. 1). 9

Die Betätigung im Wahlvorstand der Jugend- und Auszubildendenvertretung erfolgt als **unentgeltliches Ehrenamt**. 10

III. Amtszeit der Jugend- und Auszubildendenvertretung

Abs. 2: Ziel der Vorschrift ist eine einheitliche Amtszeit aller Jugend- und Auszubildendenvertretungen in NRW. Nach **Abs. 2 Satz 1** beginnt und endet sie mit der jeweiligen Wahlperiode. Nach **Abs. 2 Satz 2** beträgt sie „**zwei Jahre**“. Damit hat sich der Gesetzgeber bewusst für eine kürzere Wahlperiode entschieden, als sie für den Personalrat besteht (vgl. § 23 Abs. 1 Satz 2 „vier Jahre“), damit die jugendlichen Beschäftigten, die Auszubildenden, die Beamtenanwärter und die Praktikanten zumindest einmal vor der Vollendung des 18. Lebensjahres bzw. vor ihrem Ausbildungsabschluss (nach einer Ausbildungszeit i.d.R. von zwei bis drei Jahren) die Möglichkeit erhalten, an einer Wahl zur Jugend- und Auszubildendenvertretung teilnehmen zu können. 11

Nach § 108 begann die Wahlperiode der ersten Personalvertretungen am 1. Juli 1975. Seinerzeit betrug die Amtszeit drei Jahre. Dementsprechend endete die 1. Wahlperiode am 30. Juni 1978, die 2. Wahlperiode am 30. Juni 1981 usw. Seit der **Novelle 1994** beträgt die **Amtszeit vier Jahre** und vollzieht sich insoweit in der zuvor dargestellten Art und Weise bis zum heutigen Tage entsprechend weiter (vgl. i.Ü. § 23 Rz. 3). 12

Nach **Abs. 2 Satz 3** gelten für die Amtszeit der Jugend- und Auszubildendenvertretung entsprechende Regelungen der Personalräte wie folgt: 13

- „Wahl außerhalb der gesetzlichen Wahlperioden“ (§ 23 Abs. 2)
- „Weiterführung der Geschäfte nach Ablauf der Amtszeit“ (§ 23 Abs. 3)
- „Neuwahl bei Absinken der Mitgliedergesamtzahl“ (§ 24 Abs. 1 lit. b))
- „Neuwahl bei beschlossenem Mitgliederrücktritt“ (§ 24 Abs. 1 Satz 1 lit. c))

- „Neuwahl bei erfolgter Wahlanfechtung“ (§ 24 Abs. 1 Satz 1 lit. d))
- „Neuwahl bei gerichtlicher Auflösung“ (§ 24 Abs. 1 Satz 1 lit. e))
- „Weiterführung der Geschäfte in Fällen der Neuwahl“ (§ 24 Abs. 2)
- „Mitgliederausschluss oder Auflösung der Jugend- und Auszubildendenvertretung“ (§ 25)
- „Erlöschen der Mitgliedschaft“ (§ 26 Abs. 1 und 2)
- „Ruhen der Mitgliedschaft“ (§ 27)
- „Eintritt von Ersatzmitgliedern“ (§ 28 Abs. 1, 2 und 4).

14 Bei der entsprechenden Anwendung der vorbenannten Regelungen für Personalräte gilt insbesondere Folgendes zu beachten:

15 Die dort entsprechend für **Gruppen getroffenen Regelungen** finden für Jugend- und Auszubildendenvertretung keine Anwendung, da für sie das Gruppenprinzip nicht gilt (vgl. § 54 Rz. 1).

16 Der **Personalrat hat keine Antragsbefugnis** i. S. d. § 25 Abs. 1 Satz 1 und Satz 2. Die Ablehnung des Zuspruchs einer Antragsbefugnis trägt sich vor allem im Hinblick auf das vom Gesetzgeber nur partnerschaftlich ausgestaltete Verhältnis zur Jugend- und Auszubildendenvertretung. Das wäre aber im Fall eines Antragsrechts nicht mehr der Fall, denn dann käme dem Personalrat eine Art Kontrollmöglichkeit zu.

17 Ein **Ersatzmitglied** ist ein wählbarer Beschäftigter i. S. d. § 55 Abs. 2, der zwar nicht in die Jugend- und Auszubildendenvertretung gewählt worden ist, aber als Vertreter für ein zeitweilig verhindertes Mitglied tätig wird. Das Ersatzmitglied ist insoweit für die Dauer des Vertretungsfalls ein vollwertiges Mitglied der Jugend- und Auszubildendenvertretung. Es hat die gleichen Rechte und Pflichten wie ein ordentliches Mitglied und vertritt dieses nicht nur in einzelnen Amtsgeschäften, sondern bezogen auf die Gesamtfunktion (vgl. BVerwG 25.06.1986 – 6 P 27.84 – und 01.10.2013 – 6 P 6.13 –). Im Übrigen wird im Wesentlichen auf § 28 Abs. 1, 2 und 4 entsprechend verwiesen (vgl. die dortige Kommentierung).

IV. Vorsitzende Person und Stellvertreter

18 <u>**Abs. 3:**</u> Wenn die Jugend- und Auszubildendenvertretung aus drei oder mehr Mitgliedern besteht, so wählt sie nach **Abs. 3 Satz 1** aus ihrer Mitte eine „**Vorsitzende Person und deren Stellvertreter**“. Nach **Abs. 3 Satz 2** gelten für die „**Geschäftsführung**“ die folgenden für den Personalrat und dessen Vorsitzende Person etc. geltenden Vorschriften entsprechend:

- „Anberaumung der Sitzungen“ (§ 30)
- „Durchführung der Sitzungen“ (§ 31)

- „Sitzungsteilnahme von Gewerkschafts- und Stufenvertretungsbeauftragten“ (§ 32)
- „Beschlussfassung“ (§ 33)
- „Sitzungsniederschrift“ (§ 37)
- „Geschäftsordnung“ (§ 38)
- „Sprechstunden“ (§ 39)
- „Kosten und Geschäftsbedarf“ (§ 40 Abs. 1 und 3)
- „Bekanntmachungs- und Unterrichtungsrecht“ (§ 40 Abs. 4)
- „Verbot der Beitragserhebung und -annahme“ (§ 41).

Bei der entsprechenden Anwendung der vorbenannten Regelungen für Personalräte gilt insbesondere Folgendes zu beachten: 19

Die dort entsprechend für **Gruppen getroffenen Regelungen** finden für Jugend- und Auszubildendenvertretung keine Anwendung, da für sie das Gruppenprinzip nicht gilt (vgl. § 54 Rz. 1). 20

Nach **Abs. 3 Satz 1** erfolgt **keine entsprechende Anwendung des § 29**, sodass davon auszugehen ist, dass der Vorsitzende der Jugend- und Auszubildendenvertretung nicht die gleichen Aufgaben und Rechte wie die Vorsitzende Person des Personalrats aufweist. Dementsprechend besteht vor allem **keine Befugnis zur laufenden Geschäftsführung**; diese obliegt vielmehr allen Mitgliedern der Jugend- und Auszubildendenvertretung (vgl. OVG Brandenburg 16.12.2010 – 62 PV 2.10 –). 21

Nach **Abs. 3 Satz 3** besteht ein **Teilnahmerecht des Personalrats an den Sitzungen der Jugend- und Auszubildendenvertretung**. Die Teilnahme ist auf ein vom Personalrat beauftragtes Mitglied beschränkt. Es dient dem gegenseitigen Informations- und Beratungsaustausch. Der Personalrat ist nicht verpflichtet („kann“), von diesem Recht Gebrauch zu machen. Wenn er sich dazu allerdings entschließt, muss der jeweiligen Teilnahme vorab ein entsprechender Beschluss des Personalrates zugrunde liegen, in welchem das jeweils teilnehmende Personalratsmitglied benannt wird. Die Beauftragung eines Personalratsmitgliedes für einen längeren Zeitraum bzw. bezogen auf die Amtsperiode des Personalrates etc. ist insofern auch möglich. 22

V. Rechtliche Auseinandersetzungen

Streitigkeiten aus dieser Vorschrift sind nach § 79 Abs. 1 Nr. 1 und 2 im personalvertretungsrechtlichen Beschlussverfahren vor dem Verwaltungsgericht zu klären. 23

24 Soweit spezielle Kontroversen im Hinblick auf die Wahl zur Jugend- und Auszubildendenvertretung bestehen, kann auch entsprechend auf das **Wahlanfechtungsverfahren** nach § 22 zurückgegriffen werden (vgl. hierzu i. Ü. die dortige Kommentierung). Etwas anderes gilt für die **Wahl der Vorsitzenden Person**, da es sich hierbei um keine Wahl i. S. d. § 22, sondern vielmehr um einen Geschäftsführungsakt der Jugend- und Auszubildendenvertretung handelt (vgl. zur Wahl der Vorsitzenden Person des Personalrates BVerwG 13.06.1957 – II CO 3.56 – und § 29 Rz. 2 ff.).

25 Für einen **Mitgliederausschluss** oder die **Auflösung der Jugend- und Auszubildendenvertretung** ist auf das Verfahren nach § 25 zurückzugreifen. Nach § 57 Abs. 2 Satz 3 i. V. m. § 25 Abs. 1 Satz 1 ist hierfür die Zuständigkeit des Verwaltungsgerichts gegeben.

§ 58 (Rechtsstellung der Mitglieder)

Für die Rechtsstellung der Mitglieder der Jugend- und Auszubildendenvertretung gelten § 42 Abs. 1, 2, 3 Satz 1 und 4, Abs. 5 und 6 und § 43 entsprechend.

Gliederung

I. Einleitende Bemerkung

1 Die Mitglieder der Jugend- und Auszubildendenvertretung haben annähernd dieselbe Rechtsstellung wie die Mitglieder des Personalrats. Die Vorschrift regelt in Teilen eine entsprechende Anwendung der für sie geltenden Bestimmungen.

II. Unentgeltliches Ehrenamt

2 Nach § 58 i. V. m. § 42 Abs. 1 versehen die Mitglieder der Jugend- und Auszubildendenvertretung ein **Ehrenamt** und dürfen dafür **keine Leistungsvergütung** beanspruchen. Sie dürfen für ihr ehrenamtliches Mandat von der Dienststelle oder den dortigen Beschäftigten oder sonstigen Dritten **keine Zuwendung** entgegennehmen (vgl. für Personalratsmitglieder BAG

22.05.1986 – 6 AZR 557/85 – und die Kommentierung zu § 41 Rz. 7). Im Übrigen wird im Wesentlichen auf die Kommentierung zu § 42 verwiesen, die für Personalratsmitglieder gilt (vgl. § 42 Rz. 4 ff.).

III. Versäumnis von Arbeitszeit und Dienstbefreiung

Nach § 58 i. V. m. § 42 Abs. 2 haben die Mitglieder der Jugend- und Auszu- 3
bildendenvertretung in dem für die Wahrnehmung ihrer Aufgaben nach dem LPVG NRW erforderlichen Umfang einen **Anspruch auf Arbeits- oder Dienstbefreiung**. Insoweit ist nach § 58 i. V. m. § 42 Abs. 2 Satz 1 vorgesehen, dass ein Versäumnis derartiger Arbeitszeiten keine Minderung der Bezüge oder des Arbeitsentgelts zur Folge haben darf. Der vorbenannte Befreiungsanspruch bezieht sich auf Arbeitszeiten, die zur ordnungsgemäßen Durchführung der Aufgaben der Jugend- und Auszubildendenvertretung erforderlich ist. Das ist der Fall, wenn ein unmittelbarer Zusammenhang mit der ihnen nach dem LPVG NRW zukommenden Aufgaben (vgl. § 57 Abs. 3 und § 61) besteht.

Im Übrigen wird im Wesentlichen auf die für Personalratsmitglieder in 4
§ 42 Abs. 2 Satz 1 enthaltene Regelung verwiesen (vgl. § 42 Rz. 10).

Nach **§ 58 i. V. m. § 42 Abs. 2 Satz 2** ist Mitgliedern der Jugend- und Aus- 5
zubildendenvertretung **Freizeitausgleich** zu gewähren, wenn sie durch die Erfüllung ihrer Aufgaben über ihre individuelle Arbeitszeit hinaus beansprucht werden. Auch an dieser Stelle ist im Wesentlichen auf die für Personalratsmitglieder bestehende Regelung zu verweisen (vgl. § 42 Rz. 16 ff.).

Nach **§ 58 i. V. m. § 42 Abs. 3 Satz 1** können Mitglieder der Jugend- und Aus- 6
zubildendenvertretung gleichsam der Mitglieder des Personalrates vollständig oder auch nur teilweise, d. h. z. B. für Stunden oder Tage eine **Freistellung** erhalten. Das setzt zunächst voraus, dass die Freistellung nach Umfang und Art der Dienststelle zur ordnungsgemäßen Durchführung, der ihnen nach dem LPVG NRW übertragenen Aufgaben erforderlich ist. Des Weiteren bedarf es eines **Beschlusses** der Jugend- und Auszubildendenvertretung, in dem sie über die Art und das Ausmaß der (notwendigen) Freistellung zu entscheiden hat. Da sie nur einen sehr eingeschränkten Kontakt zum Dienststellenleiter hat (vgl. § 54 Rz. 1), ist sie gehalten, ihr Freistellungsbegehren an den Personalrat zu richten. Das bedeutet, dass die Jugend- und Auszubildendenvertretung nur ein **Vorschlagsrecht** aufweist, wobei die Entscheidung über den Vorschlag vom Personalrat getroffen wird. Die Mitglieder der Jugend- und Auszubildendenvertretung sind dabei nach § 61 Abs. 2 i. V. m.

§ 36 Abs. 2 stimmberechtigt. Wenn die gesetzlichen Voraussetzungen hierfür vorliegen, weisen die Mitglieder der Jugend- und Auszubildendenvertretung einen (Rechts-)Anspruch auf Freistellung auf. Es besteht allerdings ein **eingeschränktes Prüfungsrecht des Dienststellenleiters**, dass ihm eine **Ablehnung der Freistellungsausführung** ermöglicht, wenn die gesetzlichen Voraussetzungen nach § 58 i. V. m. § 42 Abs. 3 Satz 1 nicht gegeben sind oder die Freistellung mit dem Beeinträchtigungsverbot nach § 58 i. V. m. § 42 Abs. 3 Satz 4 kollidiert, weil z. B. durch eine gänzliche Freistellung die eigentliche Berufsausbildung nicht mehr ausreichend absolviert werden kann (vgl. auch Rz. 9).

7 **Wichtig!**

Da bei Auszubildenden, Beamtenanwärtern und Praktikanten im Gegensatz zu Beamten Versäumnisse in der Ausbildung nicht durch eine fiktive Nachzeichnung der Laufbahn- bzw. des Berufsweges kompensiert werden können, sollte sowohl die Dienststelle als auch die jeweils betroffenen Jugend- und Auszubildendenvertreter selbst, sehr achtsam mit umfänglichen Freistellungen umgehen!

8 Im Übrigen ist im Wesentlichen auf die für den Personalrat geltende Regelung zu verweisen (vgl. § 42 Rz. 25 ff.).

9 Nach **§ 58 i. V. m. § 42 Abs. 3 Satz 4** dürfen ganz oder teilweise freigestellte Mitglieder der Jugend- und Auszubildendenvertretung **keine Beeinträchtigung ihres beruflichen Werdeganges** erleiden. Sie sind also so zu stellen, dass ihnen die Ausbildungsentwicklung zukommt, die sie ohne Tätigkeit als Mitglieder der Jugend- und Auszubildendenvertretung genommen hätte. Ihre Entwicklung ist insoweit also fiktiv fortzuschreiben. Da bei Auszubildenden, Beamtenanwärtern und Praktikanten anders als bei Beamten oder Arbeitnehmern Versäumnisse in der Ausbildung nicht durch eine fiktive Laufbahnnachzeichnung ausgeglichen werden können, gilt es zu beachten, dass zu umfänglich ausgestaltete Freistellungen dem zuvor benannten Beeinträchtigungsverbot zuwiderlaufen können (zum achtsamen Umgang der Freistellungen vgl. auch Rz. 7). Ansonsten ist auch an dieser Stelle auf die für Personalratsmitglieder bestehende Regelung zu verweisen (vgl. § 42 Rz. 25 ff.).

10 Da § 58 **keinen Verweis auf § 42 Abs. 4** enthält gelangt die dort aufgeführte Freistellungsstaffel nicht zur Anwendung. Der Gesetzgeber hat also für die Jugend- und Auszubildendenvertretung **keine feste, von der Beschäftigtenzahl abhängige vollständige (Regel-)Freistellung vorgesehen**. Dieser Umstand begründet sich dadurch, dass die dortige Arbeit anders als die des Personalrats, in aller Regel einen geringeren Zeitaufwand mit sich

bringt, der ausreichend in Rahmen einer Teilfreistellung erledigt werden kann. Zur ausnahmsweise vollständigen Freistellung eines Jugend- und Auszubildendenvertreters bei bestehender „Erforderlichkeit" vgl. Rz. 6.

Nach **§ 58 i.V.m. § 42 Abs. 5 Satz 1** wird den einzelnen Mitgliedern der Jugend- und Auszubildendenvertretung auch ein **Anspruch auf Teilnahme an Schulungs- und Bildungsveranstaltungen** zugesprochen. Insoweit ist im Wesentlichen auf die für Personalratsmitglieder bestehende Regelung zu verweisen (vgl. § 42 Rz. 65 ff.), wobei es zu beachten gilt, dass diese umfänglichere Kenntnisse als die Mitglieder der Jugend- und Auszubildendenvertretung benötigen. Denn Letztere sind im Hinblick auf ihre Aufgabenwahrnehmung auf den Kreis der in § 55 Abs. 1 benannten Beschäftigten beschränkt. 11

Wichtig! 12

Nach § 57 Abs. 3 Satz 2 i.V.m. § 40 Abs. 1 können die Mitglieder der Jugend- und Auszubildendenvertretung für die Teilnahme an Schulungs- und Bildungsveranstaltungen auch Fahrt- und Übernachtungskosten etc. in Anspruch nehmen (vgl. auch § 57 Rz. 18)!

Nach **§ 58 i.V.m. § 42 Abs. 5 Satz 2** können sich die Dienststelle und die Jugend- und Auszubildendenvertretung im Rahmen eines Budgets über die voraussichtlich anfallenden notwendigen Kosten für die Teilnahme an Schulungs- und Bildungsveranstaltungen verständigen. Im Gegensatz zum Personalrat kommt der Jugend- und Auszubildendenvertretung im Rahmen eines solchen **Budgets** letztendlich keine **eigenverantwortliche Entscheidungskompetenz** zu. Denn auch an dieser Stelle gilt es zu beachten, dass die Jugend- und Auszubildendenvertretung nicht im unmittelbaren Kontakt zum Dienststellenleiter steht (vgl. § 54 Rz. 1). Dementsprechend muss sie etwaige Forderungen aus dem Budget zunächst an den Personalrat richten, der diese sodann an den Dienststellenleiter weiterleitet. Soweit Forderungen aus dem Budget im Personalrat behandelt werden, sind die Mitglieder der Jugend- und Auszubildendenvertretung nach § 61 Abs. 2 i.V.m. § 36 Abs. 2 stimmberechtigt. 13

Damit ein Beamter, der in Wahrnehmung von Rechten oder in Erfüllung von Pflichten als Mitglied der Jugend- und Auszubildendenvertretung einen Unfall erleidet, nicht schutzlos dasteht, ist in **§ 58 i.V.m. § 42 Abs. 6** geregelt, dass die **beamtenrechtlichen Unfallfürsorgevorschriften** entsprechend zur Anwendung gelangen (vgl. auch § 42 Rz. 82). Diese Regelung ist deshalb erforderlich, weil es sich bei dieser Tätigkeit um keine „Diensttätigkeit" i.S.d. Beamtenrechts handelt. 14

15 Nach **§ 58 i. V. m. § 43** genießen Mitglieder der Jugend- und Auszubildendenvertretung auch einen **besonderen Schutz des Arbeitsplatzes.**

16 Nach **§ 58 i. V. m. § 43 Abs. 1 Satz 1** kann eine **Versetzung, Abordnung, Umsetzung für die Dauer von mehr als drei Monaten, Zuweisung oder Gestellung** gegen den Willen eines Mitgliedes der Jugend- und Auszubildendenvertretung nur stattfinden, wenn dies unter Berücksichtigung der Mitgliedschaft in der Jugend- und Auszubildendenvertretung aus wichtigen dienstlichen Gründen unvermeidbar ist und der Personalrat, der jeweiligen Maßnahme zustimmt. Letzteres erfolgt durch eine Beschlussfassung des Personalrates, bei der die Mitglieder der Jugend- und Auszubildendenvertretung nach § 61 Abs. 2 i. V. m. § 36 Abs. 2 stimmberechtigt sind. Dabei ist das von der Zustimmungsmaßnahme betroffene Mitglied der Jugend- und Auszubildendenvertretung von der Mitwirkung bei der Beschlussfassung durch den Personalrat ausgeschlossen. Nach § 57 Abs. 2 Satz 2 i. V. m. § 28 Abs. 1 Satz 2 muss es sich von daher entsprechend von einem Ersatzmitglied vertreten lassen.

17 Im Übrigen wird im Wesentlichen auf die Regelung verwiesen, die für den Schutz des Arbeitsplatzes für Personalratsmitglieder gilt (vgl. § 43 Rz. 2 ff.).

18 Nach **§ 58 i. V. m. § 43 Abs. 3 Satz 1** bedarf die **außerordentliche Kündigung von Mitgliedern der Jugend- und Auszubildendenvertretung,** die Arbeitnehmer (vgl. § 1 Abs. 1 TVöD bzw. TV-L) sind, ebenfalls der Zustimmung des Personalrates. Damit greift die Vorschrift den besonders geregelten Kündigungsschutz für Mitglieder der Personalvertretung und der Jugend- und Auszubildendenvertretung nach § 15 Abs. 2 Satz 1 KSchG entsprechend auf.

19 Zum Begriff der außerordentlichen Kündigung und zu den Voraussetzungen des besonderen **Zustimmungs- und Zustimmungsersetzungsverfahrens** vgl. § 43 Rz. 19 ff.

IV. Rechtliche Auseinandersetzungen

20 Maßnahmen nach **§ 43 Abs. 1**, die nicht im Einverständnis mit den davon betroffenen Personen verfügt worden sind, können einer gerichtlichen Überprüfung unterzogen werden. Die gerichtliche Zuständigkeit und die jeweilige Verfahrensart sind dabei für die in § 55 Abs. 2 benannten Personen jedoch unterschiedlich. Weil es die Rechtsstellung von Mitgliedern der Jugend- und Auszubildendenvertretung betrifft, ist nach § 79 Abs. 1 Nr. 4 die Zuständigkeit des Verwaltungsgerichts gegeben, welches im personalvertretungsrechtlichen Beschlussverfahren entscheidet. Rechtliche Auseinandersetzungen

von **Beamtenanwärtern oder jugendlichen Beamten**, die ihre Grundlage im Dienstverhältnis haben, sind im Verfahren nach der VwGO unter Berücksichtigung des VwVfG NRW vor dem Verwaltungsgericht zu klären (z. B. Anfechtungsklage gegen eine Abordnung). Rechtliche Fragen, die sich aus dem **Ausbildungsverhältnis eines Arbeitnehmers** ergeben wie z. B. eine Klage auf Feststellung der Unwirksamkeit einer verfügten Umsetzung, sind im Urteilsverfahren im Arbeitsgericht zu klären.

Die in **§ 43 Abs. 2** aufgeführten Funktionsträger können die ihnen gegen- 21
über ausgesprochene **außerordentliche Kündigung** nur im arbeitsgerichtlichen Kündigungsschutzprozess angreifen.

Im Übrigen wird im Wesentlichen auf die **Ausführungen zu § 43** verwie- 22
sen (vgl. § 43 Rz. 67 ff.).

§ 59 (Jugend- und Auszubildendenversammlung)

Die Jugend- und Auszubildendenvertretung hat einmal in jedem Kalenderjahr eine Jugend- und Auszubildendenversammlung durchzuführen, die von der Vorsitzenden Person der Jugend- und Auszubildendenvertretung geleitet wird. Außer dieser kann eine weitere Jugend- und Auszubildendenversammlung während der Arbeitszeit stattfinden. Die Vorsitzende Person des Personalrats oder ein vom Personalrat beauftragtes anderes Mitglied soll an der Jugend- und Auszubildendenversammlung teilnehmen. Im Übrigen sind die Vorschriften des Vierten Kapitels auf die Jugend- und Auszubildendenversammlung entsprechend anzuwenden.

Gliederung

I. Einleitende Bemerkungen

Die Vorschrift regelt die Durchführung von ordentlichen und außerordent- 1
lichen Jugend- und Auszubildendenversammlungen. Die **Novelle 2011** hat lediglich eine geschlechtergerechte Sprachanpassung mit sich gebracht, ohne dass inhaltliche Änderungen erfolgt sind (vgl. LT-Drucks. 15/1644, S. 80). Durch den Verweis auf die Vorgaben des Vierten Kapitels des LPVG NRW gelten hier aktuell auch die neu eingeführten Möglichkeiten digitaler oder hybrider Durchführungsformen (vgl. Rz. 7).

II. Begriff und Zusammensetzung

2 <u>Satz 1:</u> Die Jugend- und Auszubildendenvertretung hat zwingend **einmal in jedem Kalenderjahr** eine **Jugend- und Auszubildendenversammlung** (ordentliche Versammlung) durchzuführen.

3 Die Versammlungsleitung obliegt der Vorsitzenden Person der Jugend- und Auszubildendenvertretung. Bei der Versammlung handelt es sich um ein Zusammentreffen der in § 55 Abs. 1 Satz 1 benannten Beschäftigten mit den Mitgliedern der Jugend- und Auszubildendenvertretung, bei dem die besonderen Angelegenheiten und Probleme der Jugendlichen und der Auszubildenden etc. in der Dienststelle besprochen werden. Die Versammlung stellt also ein Forum für die dienststelleninterne Aussprache der vorbenannten Klientel dar, wobei es sich aber um keine Personalversammlung im gesetzlichen Sinne handelt.

4 Das LPVG NRW differenziert zwischen folgenden Versammlungen:

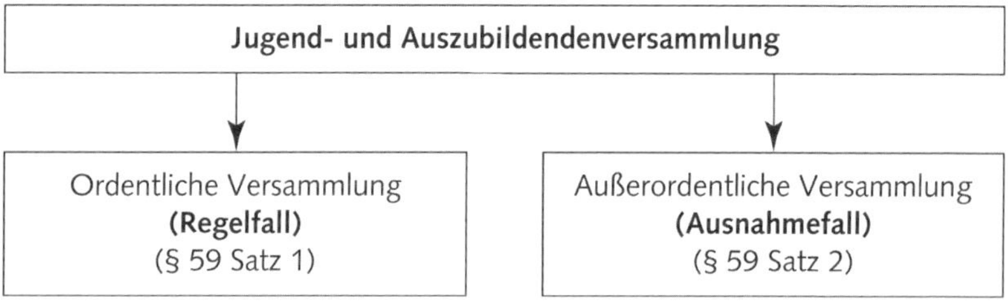

5 <u>Satz 2:</u> Neben der kalenderjährlichen ordentlichen Versammlung nach Satz 1 kann die Jugend- und Auszubildendenvertretung eine **weitere Jugend- und Auszubildendenversammlung** (außerordentliche Versammlung) einberufen, die während der Arbeitszeit stattfindet. Deren Einberufung erfolgt je nach Bedarf. Hierüber entscheidet die Jugend- und Auszubildendenvertretung im pflichtgemäßen Ermessen durch Beschluss. Dabei ist ihr ein weiter Ermessensspielraum zuzusprechen, wobei sie vor allem aber auch das Interesse der Dienststelle an einem reibungslosen Verwaltungsablauf und den Grundsatz der sparsamen Verwendung öffentlicher Mittel zu beachten hat. Dem Wortlaut („eine weitere …") und dem Normzweck nach ist die Durchführung darüber hinausgehender weiterer Jugend- und Auszubildendenversammlungen nicht zulässig (str.: so im Ergebnis auch Havers/Giesen, § 59 Rn. 2 mit Verweis auf Cecior u.a., § 59 Rn. 7; a.A. Lorenzen u.a., § 63 Rn. 6 – Stand LBS 11/2023, wonach weitere Versammlungen außerhalb der Arbeitszeit als statthaft angesehen werden).

6 <u>Satz 3:</u> Vor dem Hintergrund, dass die Jugend- und Auszubildendenvertretung hauptsächlich nur über den Personalrat gegenüber der Dienststelle

tätig werden kann, weist die **Vorsitzende Person des Personalrats oder ein vom Personalrat beauftragtes anderes Mitglied ein Teilnahmerecht** an der Jugend- oder Auszubildendenversammlung auf. Es handelt sich hierbei um eine Soll-Vorschrift, sodass die letztendliche Versammlungsdurchführung nicht davon abhängig ist, ob der Personalrat von diesem Recht auch Gebrauch macht (vgl. hierzu auch Lorenz u.a., § 63 Rn. 23).

Satz 4: Die **für die Personalversammlung geltenden Vorschriften der §§ 45 bis 49 sind auf die Jugend- und Auszubildendenversammlung entsprechend anzuwenden**. Insoweit besteht auch hier die Möglichkeit der Durchführung von digitalen oder hybriden Versammlungen (vgl. § 45 Rz. 20 a ff.). **Keine Anwendung** besteht indes aufgrund der Sondervorschrift des § 59 im Hinblick auf § 46 Abs. 2, d.h. die Durchführung zusätzlicher JAV-Versammlungen (vgl. dazu auch Rz. 5)! 7

Im Übrigen wird auf die Kommentierung der Vorschriften des Vierten Kapitels (§§ 45–49) verwiesen. 8

III. Rechtliche Auseinandersetzungen

Streitigkeiten über die **Einberufung einer Jugend- und Auszubildendenversammlung** sind nach § 79 Abs. 1 Nr. 3 im personalvertretungsrechtlichen Beschlussverfahren vor dem Verwaltungsgericht zu klären. 9

Einem **Verstoß gegen die Durchführungsverpflichtung** einer jährlichen Jugend- und Auszubildendenversammlung kann durch ein Ausschluss- bzw. Auflösungsverfahren nach § 57 Abs. 2 Satz 3 i.V.m. § 25 begegnet werden. 10

§ 60 (Stufenvertretungen)

(1) In der Landesverwaltung werden für den Geschäftsbereich mehrstufiger Verwaltungen, in denen Stufenvertretungen bestehen, bei den Mittelbehörden Bezirksjugend- und Auszubildendenvertretungen und bei den obersten Landesbehörden Hauptjugend- und Auszubildendenvertretungen gebildet. Für sie gelten § 50 Abs. 2 und 4, §§ 55, 56, 58 und 61 entsprechend, ferner § 57 mit der Maßgabe, dass die Einrichtung von Sprechstunden entfällt. Die Jugend- und Auszubildendenstufenvertretung hat höchstens fünf Mitglieder.

(2) Bestehen in Fällen des § 1 Abs. 3 mehrere Jugend- und Auszubildendenvertretungen, so ist neben diesen eine Gesamtjugend- und Auszubildendenvertretung zu errichten. Für sie gilt Absatz 1 Satz 2 und 3 entsprechend.

Gliederung

I. Einleitende Bemerkungen

1 Die Vorschrift trägt in § 60 Abs. 1 dem mehrstufigen Verwaltungsaufbau in den Landesverwaltungen durch die Bildung von Stufen- und Auszubildendenvertretungen entsprechend Rechnung. Des Weiteren bestimmt die Vorschrift nach § 60 Abs. 2 die Voraussetzungen für die Errichtung einer Gesamtjugend- und Auszubildendenvertretung. Zur **Vorbereitung und Durchführung der Wahl** siehe auch Bülow, § 41 WO-LPVG NRW, Rz. 1 ff.

II. Bildung von Jugend- und Auszubildendenstufenvertretungen

2 **Abs. 1:** Die Bildung von Jugend- und Auszubildendenstufenvertretungen ist nach **Abs. 1 Satz 1** im Geltungsbereich des LPVG NRW nur in der Landesverwaltung möglich. Ihre Bildung trägt dem Über- und Unterordnungsverhältnis, d. h. der bestehenden Weisungsgebundenheit der nachgeordneten Dienststellen Rechnung und soll im Ergebnis eine lückenlose Interessenvertretung der jugendlichen Beschäftigten, der Auszubildenden, der Beamtenanwärter und Praktikanten gewährleisten.

3 Wegen der weiteren Einzelheiten wird im Übrigen auf die Kommentierung zu § 50 verwiesen.

4 Nach **Abs. 1 Satz 2** gelten für die Jugend- und Auszubildendenstufenvertretung folgende Vorschriften entsprechend:

- „Wahlberechtigung zum Bezirks- und Hauptpersonalrat" (§ 50 Abs. 2)
- „Wahl der Personalräte und Stufenvertretungen zur gleichen Zeit" (§ 50 Abs. 4)
- „Wahlberechtigung und Wählbarkeit" (§ 55)
- „Mitgliederzahl" (§ 56)
- „Rechtsstellung der Mitglieder" (§ 58)
- „Aufgaben, Befugnisse und Zusammenarbeit mit dem Personalrat" (§ 61)
- „Wahlvorstand, Amtszeit und Geschäftsführung mit der Maßgabe, dass die Einrichtung von Sprechstunden nach § 39 entfällt" (§ 57)

Wichtig! 5

Da der Gesetzgeber in Abs. 1 Satz 2 nicht auf § 50 Abs. 3 verweist, wonach u. a. § 13 Abs. 3 entsprechend gilt, ist die Mitgliederzahl der Jugend- und Auszubildendenstufenvertretung auf höchstens fünf begrenzt. Diese Vorgabe ist zwingend, sodass hiervon weder durch Tarifvertrag noch durch die Regelung einer Dienstvereinbarung abgewichen werden kann!

Die **Aufgaben** der Jugend- und Auszubildendenstufenvertretung ergeben 6
sich nach § 60 Abs. 1 Satz 2 i. V. m. § 61 aus der letztgenannten Vorschrift und deren **Zusammenarbeit** bestimmt sich nach § 60 Abs. 1 Satz 2 i. V. m. § 61 Abs. 2.

III. Errichtung der Gesamtjugend- und Auszubildendenvertretung

Abs. 2: Wenn in den Fällen des § 1 Abs. 3 (vgl. hierzu auch § 1 Rz. 9) meh- 7
rere Jugend- und Auszubildendenvertretungen bestehen, so ist neben diesen gem. **Abs. 2 Satz 1** auch eine Gesamtjugend- und Auszubildendenvertretung zu errichten.

Nach **Abs. 2 Satz 2** gilt für diese Abs. 1 Satz 2 und 3 entsprechend. 8

Die **Mitgliederzahl** der Gesamtjugend- und Auszubildendenvertretung ist 9
gleichfalls auf höchstens fünf beschränkt.

Die Gesamtjugend- und Auszubildendenvertretung wird „neben" der Ju- 10
gend- und Auszubildendenvertretung der Nebenstellen etc. i. S. d. § 1 Abs. 3 errichtet. Soweit dort nicht die Mindestzahl der fünf i. d. R. wahlberechtigten Beschäftigten erreicht wird, ist es aber auch möglich, dass letztendlich nur die Gesamtjugend- und Auszubildendenvertretung errichtet wird, soweit in der Gesamtdienststelle die vorbenannte Mindestzahl erreicht wird (so auch Lorenzen u. a., § 64 Rn. 38 – Stand LBS 11/2023).

IV. Rechtliche Auseinandersetzungen

Streitigkeiten aus dieser Vorschrift sind nach § 79 Abs. 1 Nr. 1 und 2 im 11
personalvertretungsrechtlichen Beschlussverfahren vor dem Verwaltungsgericht zu klären.

§ 61 (Aufgaben, Befugnisse und Zusammenarbeit mit dem Personalrat)

(1) Die Jugend- und Auszubildendenvertretung hat folgende allgemeine Aufgaben:

1. Maßnahmen, die den Beschäftigten im Sinne von § 55 Abs. 1 dienen, insbesondere in Fragen der Berufsbildung und der Entscheidung über die Übernahme der Auszubildenden in ein Beschäftigungsverhältnis, beim Personalrat zu beantragen,
2. darüber zu wachen, dass die zugunsten der Beschäftigten im Sinne von § 55 Abs. 1 geltenden Gesetze, Verordnungen, Unfallverhütungsvorschriften, Tarifverträge, Dienstvereinbarungen und Verwaltungsanordnungen durchgeführt werden,
3. Anregungen und Beschwerden von Beschäftigten im Sinne von § 55 Abs. 1, insbesondere in Fragen der Berufsbildung, entgegenzunehmen und, falls sie berechtigt erscheinen, beim Personalrat auf eine Erledigung hinzuwirken; die Jugend- und Auszubildendenvertretung hat die betroffenen Beschäftigten im Sinne von § 55 Abs. 1 über den Stand und das Ergebnis der Verhandlungen zu informieren.

(2) Die Befugnisse der Jugend- und Auszubildendenvertretung gegenüber dem Personalrat bestimmen sich nach § 30 Abs. 3, § 35 Abs. 1 und 2 und § 36. Sie beziehen sich auf die in den §§ 72 bis 75 genannten beteiligungspflichtigen Angelegenheiten der Beschäftigten im Sinne von § 55 Abs. 1.

(3) Zur Durchführung ihrer Aufgaben ist die Jugend- und Auszubildendenvertretung durch den Personalrat rechtzeitig und umfassend zu unterrichten. Die Jugend- und Auszubildendenvertretung kann verlangen, dass ihr der Personalrat die zur Durchführung ihrer Aufgaben erforderlichen Unterlagen zur Verfügung stellt.

(4) Der Personalrat hat die Jugend- und Auszubildendenvertretung zu den Besprechungen zwischen Dienststelle und Personalrat nach § 63 beizuziehen, wenn Angelegenheiten behandelt werden, die besonders Beschäftigte im Sinne von § 55 Abs. 1 betreffen. Im Übrigen kann ein Mitglied der Jugend- und Auszubildendenvertretung, das von dieser benannt wird, an Besprechungen nach § 63 beratend teilnehmen.

(5) An der Auswahl der ausbildenden Personen, soweit eigene Ausbildungsbezirke in den Dienststellen existieren, und an der Auswahl der Ausbildungsleiterin oder des Ausbildungsleiters nimmt ein Mitglied der Jugend- und Auszubildendenvertretung teil. Hierzu ist die Jugend- und Auszubildendenvertretung frühzeitig und fortlaufend zu informieren.

Gliederung

I. Einleitende Bemerkungen

Die Vorschrift regelt die Aufgaben, Befugnisse und die Zusammenarbeit 1
der Jugend- und Auszubildendenvertretung mit dem Personalrat. Durch die **Novelle 2011** ist in Abs. 4 Satz 1 eine geschlechtergerechte Sprachanpassung vorgenommen worden. Des Weiteren wurde der Abs. 5 neu eingefügt und so der Jugend- und Auszubildendenvertretung ein Teilnahmerecht an der Auswahl der ausbildenden Personen und des Ausbildungsleiters und insoweit auch ein Recht auf frühzeitige und fortlaufende Informationen darüber eingeräumt.

II. Allgemeiner Aufgabenbereich

Abs. 1: Die **personalvertretungsrechtliche Aufgabe der Jugend- und Aus-** 2
zubildendenvertretung besteht darin, die besonderen Interessen der jugendlichen Beschäftigten gegenüber dem Personalrat zur Geltung zu bringen und dafür Sorge zu tragen, dass ihre Belange im Zusammenhang mit der Personalratsarbeit eine angemessene Berücksichtigung finden. Insoweit ist sie kein selbstständig wirkendes Organ neben dem Personalrat und verfügt auch nicht über eigenständige Befugnisse gegenüber der Dienststellenleitung (vgl. auch § 54 Rz. 1).

Der **Aufgabenkatalog nach Abs. 1** ist dementsprechend an die für den Per- 3
sonalrat geltende Aufstellung in § 64 angelehnt. Dabei sind diesem die nachfolgenden drei Befugnisse entnommen worden:

Nach **Abs. 1 Nr. 1** weist die Jugend- und Auszubildendenvertretung ein 4
Antragsrecht gegenüber dem Personalrat bei Maßnahmen auf, die den Beschäftigten i. S. v. § 55 Abs. 1 dienen. Es gilt insbesondere in Fragen der Berufsbildung und der Entscheidung über die Übernahme der Auszubildenden in ein Beschäftigungsverhältnis. Neben den im Gesetz aufgeführten Beispielen können dazu z. B. auch Maßnahmen im Hinblick auf die

Verwirklichung des JArbSchG oder die Einrichtung von neuen Ausbildungsplätzen etc. gehören.

5 Unter einer „**Maßnahme**" ist jedes Handeln und jede Entscheidung der Dienststelle zu verstehen, mit der diese in eigener Zuständigkeit eine eigene Angelegenheit regelt, sofern hierdurch der Rechtsstand der oder eines einzelnen Beschäftigten berührt wird (vgl. § 66 Rz. 6).

6 Ein **Antragsverfahren** hat der Gesetzgeber nicht bestimmt. Dem Normzweck entsprechend ist allerdings davon auszugehen, dass dem Initiativrecht der Jugend- und Auszubildendenvertretung zunächst eine entsprechende Beratung und Beschlussfassung vorauszugehen hat (1. Verfahrensschritt). Der gefasste Antrag ist dann im Weiteren dem Personalrat zuzuleiten (2. Verfahrensschritt). Dieser hat ihn entgegenzunehmen und sich mit ihm im Hinblick auf seine Sachdienlichkeit, seine Zweckmäßigkeit und die enthaltene Begründung auseinanderzusetzen (3. Verfahrensschritt). **Wenn der Personalrat dem Antrag folgt**, hat er im Weiteren den Dienststellenleiter darüber zu informieren und sich für die dortige Erledigung des Antrages einzusetzen (3.1 Verfahrensschritt). Dies kann entweder im Rahmen der allgemeinen Aufgabenerledigung (vgl. § 68), im Rahmen turnusmäßig erfolgender Besprechungen (z. B. Wochengespräche etc.) bzw. im Rahmen der Vierteljahresbesprechung (vgl. § 63) oder im Wege eines Initiativantragsverfahrens (vgl. § 66 Abs. 4) stattfinden. **Wenn der Personalrat dem Antrag nicht folgt**, hat er diese darüber zu unterrichten (3.2 Verfahrensschritt). Aus Gründen der Dokumentation und des Nachweises sollte dies schriftlich erfolgen. Soweit ein Mitglied der Jugend- und Auszubildendenvertretung in der Personalratssitzung, in welcher die Antragsablehnung beschlossen wurde, anwesend war, ist eine entsprechende Mitteilung gegenüber diesem Mitglied und eine Dokumentation im Sitzungsprotokoll als ausreichend anzusehen.

7 Nach **Abs. 1 Nr. 2** hat die Jugend- und Auszubildendenvertretung ein **Überwachungsrecht** im Hinblick darauf, dass die zugunsten der Beschäftigten i. S. v. § 55 Abs. 1 geltenden Gesetze, Verordnungen, Unfallverhütungsvorschriften, Tarifverträge, Dienstvereinbarungen und Verwaltungsanordnungen durchgeführt werden. Zur Ausübung hat der Personalrat der Jugend- und Auszubildendenvertretung entsprechende Gesetzesmaterialien, Kommentierungen, Tarifverträge und Dienstvereinbarungen etc. zur Verfügung zu stellen. Darüber hinaus hat er die Jugend- und Auszubildendenvertretung nach § 61 Abs. 2 (vgl. Rz. 12) rechtzeitig und umfassend zur Durchführung ihrer Aufgaben zu unterrichten. Letztere muss sich im Hinblick auf Informationen also grundsätzlich an den Personalrat halten und hat klarstellend keine direkten Unterrichtungsansprüche gegenüber der Dienststelle (vgl. auch Rz. 2). Zur Ausnahme vgl.

nachstehend Rz. 8. Des Weiteren kann die Jugend- und Auszubildendenvertretung, in Absprache mit dem Personalrat, die Arbeitsplätze der jugendlichen Beschäftigten, Auszubildenden, Beamtenanwärter und Praktikanten in Augenschein nehmen und sich von der Einhaltung der in Abs. 1 Nr. 2 genannten Schutznormen ein Bild machen.

Wichtig! 8

Um das Überwachungsrecht effektiv ausüben zu können, kann die Jugend- und Auszubildendenvertretung bei Untätigkeit des Personalrates oder in Eilfällen auch direkt mit dem Dienststellenleiter in Kontakt treten (so für Eilfälle auch Lorenzen u.a., § 61 Rn. 30 – Stand LBS 11/2023)!

Nach **Abs. 1 Nr. 3** hat die Jugend- und Auszubildendenvertretung die **Pflicht zur Entgegennahme von Anregungen und Beschwerden** von Beschäftigten i.S.d. § 55 Abs. 1, wozu insbesondere Fragen der Berufsausbildung gehören. Soweit diese Fragen berechtigt erscheinen, hat sie beim Personalrat auf eine Erledigung hinzuwirken. Gegenüber den betroffenen Beschäftigten i.S.v. § 55 Abs. 1 hat sie eine **Unterrichtungspflicht** im Hinblick auf den Stand und das Ergebnis der Verhandlungen mit dem Personalrat. 9

Nach dem Normzweck hat die Jugend- und Auszubildendenvertretung über den weiteren Umgang der ihr entgegengebrachten Anregungen oder Beschwerden nach § 57 Abs. 3 Satz 2 i.V.m. § 33 Abs. 1 eine entsprechende **Beschlussfassung** herbeizuführen. 10

Die vorbenannten Pflichten hat der Gesetzgeber verfahrensmäßig nicht geregelt. Aus Gründen der Dokumentation und des Nachweises ist der Jugend- und Auszubildendenvertretung jedenfalls zu empfehlen, **Anregungen und Beschwerden von Beschäftigten schriftlich aufzunehmen** und in dieser Form auch entsprechend an den Personalrat weiterzuleiten. 11

III. Befugnisse gegenüber dem Personalrat

Abs. 2: Da die Jugend- und Auszubildendenvertretung in Ermangelung einer eigenen personalvertretungsrechtlichen Organstellung (vgl. hierzu Rz. 2 und auch § 54 Rz. 1) darauf angewiesen ist, dass der Personalrat für sie tätig wird, sind nach **Abs. 2 Satz 1** ihre Befugnisse gegenüber dem Personalrat ausdrücklich bestimmt worden. 12

Nach Abs. 2 Satz 1 wird auf folgende Vorschriften verwiesen: 13

- „Antragsrecht auf Sitzungsanberaumung und Aufnahme in die Tagesordnung“ (§ 30 Abs. 3)

- „Antrag auf Aussetzung von Personalratsbeschlüssen" (§ 35 Abs. 1 und 2)
- „Teilnahme- und Stimmrecht an Personalratssitzung" (§ 36).

14 Die vorbenannten Vorschriften erlangen nach **Abs. 2 Satz 2** aber nur dann zwingende Geltung, wenn es sich um beteiligungspflichtige Angelegenheiten der §§ 72 bis 75 handelt.

IV. Unterrichtung durch den Personalrat

15 Abs. 3: In **Abs. 3 Satz 1** hat der Gesetzgeber einen **Unterrichtungsanspruch der Jugend- und Auszubildendenvertretung gegenüber dem Personalrat** aufgenommen. Der Personalrat hat sie zur Durchführung ihrer Aufgaben rechtzeitig und umfassend zu unterrichten. Die Erfüllung der Unterrichtungspflicht hat der Personalrat von sich aus vorzunehmen. Es bedarf dazu **keines vorherigen Unterrichtungsverlangens** der Jugend- und Auszubildendenvertretung.

16 Den Zeitpunkt und den Umfang des Unterrichtungsanspruchs hat der Gesetzgeber nicht definiert. Als „**rechtzeitig**" ist eine Unterrichtung aber dann anzunehmen, wenn die Jugend- und Auszubildendenvertretung, die ihr gesetzlich zukommenden Aufgaben auch noch wahrnehmen bzw. erledigen kann und nicht mit vollendeten Tatsachen konfrontiert wird. Sie muss also die Möglichkeit haben, die erforderlichen Informationen in einer Sitzung zu erörtern, über deren Behandlung zu sprechen und eine Beschlussfassung herbeiführen zu können.

18 Als „**umfassend**" ist eine Unterrichtung dann anzusehen, wenn sie alle rechtlichen und tatsächlichen Angaben enthält, die für eine sachgemäße und sinnvolle Erfüllung der Aufgaben der Jugend- und Auszubildendenvertretung erforderlich sind (vgl. zum Unterrichtungsrecht des Personalrates OVG NRW 08.11.1988 – CL 41/86 – und § 65 Rz. 4).

19 Eine gesetzliche **Form der Unterrichtung** besteht nicht. Aus Dokumentations- und Nachweisgründen ist hier allerdings die Schriftform zu empfehlen.

20 Nach **Abs. 3 Satz 2** hat die Jugend- und Auszubildendenvertretung (nur) gegenüber dem Personalrat einen **Anspruch auf Zurverfügungstellung der erforderlichen Unterlagen** zur Durchführung ihrer gesetzlichen Aufgaben.

21 Die Erfüllung des Vorlageanspruches durch den Personalrat setzt ein **vorheriges Verlangen der Jugend- und Auszubildendenvertretung** voraus. Auch wenn das Gesetz hierfür keine Formvorgaben macht, sollte aus Dokumentations- und Nachweisgründen auf die Schriftform zurückgegrif-

fen werden. Der Begriff **„Unterlagen“** ist weit auszulegen. Neben schriftlichen Unterlagen zählen hierzu auch Fotos und Zeichnungen (vgl. BAG 07.08.1986 – 6 ABR 77/83 –). Davon umfasst können auch Gegenstände sein wie z. B. spezielle Arbeitshilfen für die Verwirklichung von Ausbildungszielen im technischen Bereich etc.

„Zur Verfügung stellen“ umfasst dem Grunde nach alle Varianten, beginnend von der **Einsichtnahme der Unterlagen** bis hin zu deren **zeitweisen Überlassung.** Worauf die Dienststelle in der Praxis zurückgreift, ist von der jeweiligen Aufgabenstellung abhängig, wobei vor allem auch die Schutzinteressen von etwaigen betroffenen Beschäftigten zu berücksichtigen sind. Der Personalrat braucht seiner Verpflichtung Zurverfügungstellung insoweit nur dann nachkommen, wenn er die angeforderten Unterlagen selbst in Besitz hat oder sich diese nach Maßgabe des § 65 Abs. 1 Satz 1 von der Dienststelle besorgen kann. Im Hinblick auf das seitens des Personalrats nur eingeschränkt bestehende Einsichtnahmerecht (vgl. § 65 Abs. 3 Satz 1 und 2) zählen Personalakten und auch darin enthaltene dienstliche Beurteilungen von Beschäftigten nicht dazu; es sei denn, dass die jeweils Betroffenen gegenüber der Dienststelle ihre Zustimmung zur Einsichtnahme durch die Jugend- und Auszubildendenvertretung ausdrücklich erteilen (vgl. hierzu auch Lorenzen u. a., § 61 Rn. 57 – Stand LBS 11/2023). 22

V. Teilnahme an Besprechungen zwischen Dienststelle und Personalrat

Abs. 4: Nach **Abs. 4 Satz 1** hat die Jugend- und Auszubildendenvertretung einen **Anspruch auf Beiziehung zu den Besprechungen zwischen Dienststelle und Personalrat**, wenn Angelegenheiten behandelt werden, die besonders Beschäftigte i. S. v. § 55 Abs. 1 betreffen. Damit trägt auch diese Vorschrift dem Umstand Rechnung, dass die Jugend- und Auszubildendenvertretung zwar Organ des LPVG NRW ist, für ihre Interessenvertretung jedoch grundsätzlich der Personalrat zuständig ist (vgl. hierzu auch § 36 die dortige Kommentierung). Das Teilnahmerecht umfasst deshalb auch nur eine **beratende Teilnahme**. 23

Das **Teilnahmerecht an gemeinschaftlichen Besprechungen**, wozu auch die Quartalsgespräche nach § 63 gehören, beschränkt sich nur auf die Teilnahme an der Besprechung der Sachverhalte, die die vorbenannten Beschäftigten besonders, d. h. aber nicht unbedingt überwiegend betreffen (so zutreffend auch Havers/Giesen, § 61 Rn. 11). Zur personellen Beschränkung in den Fällen des § 63 vgl. Rz. 6 ff. 24

25 **Wichtig!**

Die Beiziehung der Jugend- und Auszubildendenvertretung obliegt allein dem Personalrat. Ungeachtet dessen sollte die Dienststelle trotzdem mit darauf achten, dass der Personalrat, soweit erforderlich, bei gemeinsamen Besprechungen und vor allem bei der Einberufung der Quartalsbesprechung nach § 63 seiner Beiziehungsverpflichtung nachkommt!

26 Nach **Abs. 4 Satz 2** ist das Teilnahmerecht der Jugend- und Auszubildendenvertretung an **Quartalsbesprechungen** nach § 63 personell dahingehend beschränkt, dass **nur ein Mitglied beratend** teilnehmen kann. Wer dies ist, entscheidet die Jugend- und Auszubildendenvertretung nach pflichtgemäßem Ermessen im Rahmen einer Sitzungsberatung, worüber auch ein entsprechender Beschluss von ihr zu fassen ist. Sie hat das von ihr beauftragte Mitglied rechtzeitig vor der Ladung zur Quartalsbesprechung dem Personalrat mitzuteilen.

VI. Teilnahme- und Informationsrecht bei der Ausbilderauswahl

27 Abs. 5: Durch die **Novelle 2011** (vgl. Rz. 1) hat die Jugend- und Auszubildendenvertretung nunmehr auch nach **Abs. 5 Satz 1** ein **Teilnahmerecht an der Auswahl der ausbildenden Personen**, soweit eigene Ausbildungsbezirke in den Dienststellen und an der **Auswahl der Ausbildungsleiter**.

28 Der Begriff der „**ausbildenden Personen**" ist im Zusammenhang mit dem BBiG zu sehen. Danach besteht das System einer dualen Berufsausbildung, die auf einem Zusammenwirken einer betrieblichen (Berufspraxis i. d. R. in den Ausbildungsstätten) und schulischen (i. d. R. in der Berufsschule) Ausbildung basiert. Dabei wird die Ausbildung der Berufspraxis im Wesentlichen durch die Ausbilder getragen. Als solche werden nach § 28 Abs. 2 BBiG diejenigen bezeichnet, die aufgrund einer ausdrücklichen Bestellung durch ihren Arbeitgeber damit betraut sind, den Auszubildenden die entsprechenden Ausbildungsinhalte unmittelbar, verantwortlich und vor allem im wesentlichen Umfang in der Ausbildungsstätte zu vermitteln sowie zudem persönlich (§ 29 BBiG) und fachlich (§ 30 BBiG i. V. m. AEVO) geeignet sind.

29 Hiervon abzugrenzen und von Abs. 5 Satz 1 sind **nicht umfasst sog. Ausbildungsbeauftragte**. Das sind Personen, die zur praktischen Umsetzung der Ausbildung in der Verwaltungs- bzw. Unternehmenspraxis die (hauptamtlichen) Ausbilder unterstützen. Sie müssen nicht Ausbilder i. S. d. BBiG bzw. der AEVO sein.

Des Weiteren wird in Abs. 5 Satz 1 neben dem Ausbilder auch der Begriff „**Ausbildungsleiter**“ benannt. Das sind Personen, die nach den Vorgaben des BBiG und der AEVO Ausbilder sind und in der Verwaltung bzw. einem Unternehmen für die Planung, Durchführung und Kontrolle verantwortlich sind. 30

Das Teilnahmerecht umfasst die „**Auswahl**“ der vorbenannten Person. Dazu gehören Vorstellungs- und Eignungsgespräche (zur Begrifflichkeit und Unterscheidung vgl. BVerwG 02.06.1993 – 6 P 23.91 –). 31

Anders als bei der Teilnahme an Besprechungen nach Abs. 4 erschöpft sich das Teilnahmerecht nach Abs. 5 in einem bloßen **Anwesenheitsrecht**. Ein Beratungs- oder Erörterungsrecht besteht für das anwesende Mitglied der Jugend- und Auszubildendenvertretung nicht. 32

Der Entsendung des letztendlich teilnehmenden Mitgliedes der Jugend- und Auszubildendenvertretung hat eine Beschlussfassung nach § 57 Abs. 3 Satz 2 i. V. m. § 33 Abs. 1 vorauszugehen. 33

Nach **Abs. 5 Satz 2** ist die Jugend- und Auszubildendenvertretung im Hinblick auf die Teilnahme nach Abs. 5 Satz 1 „**frühzeitig und fortlaufend zu informieren**“. Dabei ist zu beachten, dass die Jugend- und Auszubildendenvertretung nicht nur Kenntnis darüber haben muss, ob und wann ein Vorstellungs- oder Eignungsgespräch geführt werden soll, sondern auch noch die Auswahl des zu entsendenden Mitgliedes und einen entsprechenden Beschluss darüber fassen muss. Des Weiteren muss die Information „**fortlaufend**“ erfolgen, d. h., die Jugend- und Auszubildendenvertretung muss von der ersten Terminierung bis zur tatsächlichen Durchführung hin stetig über den jeweils aktuellen Willensbildungs- und Planungsstand informiert werden. Eine **gesetzliche Formvorgabe** besteht nicht. Aus Dokumentations- und Nachweisgründen ist hier dennoch die Schriftform zu empfehlen. 34

Da der Informationsanspruch der Jugend- und Auszubildendenvertretung in § 61 Abs. 5 Satz 2 im Gegensatz zu § 65 Abs. 1 Satz 1 („Umfassende Unterrichtung des Personalrates“) oder zu § 65 Abs. 1 Satz 2 („Vorlage der erforderlichen Unterlagen an den Personalrat“) keine Konkretisierung aufweist, besteht **kein Anspruch auf Zurverfügungstellung der Bewerbungsunterlagen**. 35

VII. Rechtliche Auseinandersetzungen

Streitigkeiten aus der Vorschrift sind nach § 79 Abs. 1 Nr. 3 im personalvertretungsrechtlichen Beschlussverfahren vor dem Verwaltungsgericht zu klären. 36

37 Wenn der Personalrat eine Beiziehung der Jugend- und Auszubildendenvertretung zu Besprechungen nach Abs. 4 oder eine Information nach Abs. 5 wiederholt unterlässt, kann auf das Ausschluss- bzw. Auflösungsverfahren nach § 25 zurückgegriffen werden (so auch Lorenzen u. a., § 61 Rn. 63 – Stand LBS 11/2023).

Achtes Kapitel
Beteiligung der Personalvertretung

Erster Abschnitt
Allgemeines

§ 62 (Gebot der Gleichbehandlung)

Dienststelle und Personalvertretung haben darüber zu wachen, dass alle Angehörigen der Dienststelle nach Recht und Billigkeit behandelt werden, insbesondere, dass jede Benachteiligung von Personen aus Gründen ihrer Rasse oder wegen ihrer ethnischen Herkunft, ihrer Abstammung oder sonstigen Herkunft, ihrer Nationalität, ihrer Religion oder Weltanschauung, ihrer Behinderung, ihres Alters, ihrer politischen oder gewerkschaftlichen Betätigung oder Einstellung oder wegen ihres Geschlechts oder ihrer sexuellen Identität unterbleibt.

Gliederung

I. Einleitende Bemerkungen

1 Die Vorschrift ist im Zuge der Novelle 2007 neu gefasst worden, hat damit dem zuvor im Jahr 2006 eingeführten AGG entsprechend Rechnung getragen und geht darüber hinaus.

II. Überwachungspflicht der Dienststelle und der Personalvertretung

2 Die Vorschrift erlegt der Dienststelle und der Personalvertretung eine **Überwachungspflicht** auf. Beide haben darüber zu wachen, dass alle Angehörigen der Dienststelle nach Recht und Billigkeit behandelt werden und ins-

besondere die in Anlehnung an § 1 AGG beispielhaft aufgezählten Benachteiligungen unterbleiben.

Wichtig! 2a

Um seiner Überwachungspflicht gem. § 62 entsprechen zu können, kann der Personalrat von der Dienststelle verlangen, über eingegangene Beschwerden gem. § 13 AGG unterrichtet zu werden!

Der Begriff der „**Angehörigen der Dienststelle**" ist weit auszulegen und umfasst nicht nur die in § 5 benannten Beschäftigten, sondern vielmehr alle Personen, die in der Dienststelle für diese tätig sind. Dabei kommt es auf ihren jeweiligen Rechtsstatus nicht an. Die Überwachungspflicht hat zur Folge, dass sowohl die Dienststelle als auch die Personalvertretung bei bekannt gewordenen Verstößen gegen die in der Vorschrift benannten Grundsätze die jeweils erforderlichen Maßnahmen ergreifen müssen, damit eine gerechte Behandlung stattfindet bzw. Benachteiligungen unterbleiben. Die Überwachungspflicht der Personalvertretung besteht insoweit nicht nur bei Maßnahmen der Dienststelle, an denen er förmlich beteiligt wird, sondern auch an Maßnahmen personeller oder auch sozialer Art, die seitens der Dienststelle ohne seine Beteiligung vorgenommen werden. Soweit in diesem Fall Angehörige der Dienststelle i. S. d. Vorschrift bevorzugt oder benachteiligt werden, hat er die Verpflichtung hiergegen Einwendungen gegenüber der Dienststelle zu erheben. Soweit diese keine Abhilfe schafft, ist er dazu verpflichtet, die Angelegenheit der vorgesetzten Dienststelle vorzutragen. 3

Nach „**Recht und Billigkeit**" zu verfahren, verlangt von der Dienststelle und der Personalvertretung neben einer stetig strengen rechtmäßigen Vorgehensweise vor allem auch ein im Grunde nach wohlwollendes Verhalten gegenüber allen Angehörigen der Dienststelle. Dabei gilt es insbesondere die Fürsorgepflicht gegenüber den Beamten nach § 45 BeamtStG und gegenüber den Arbeitnehmern im Rahmen des Grundsatzes von Treu und Glauben nach § 242 Abs. 1 BGB. 4

Das in der Vorschrift enthaltene **Verbot der unterschiedlichen Behandlung** ist nicht nur auf die dort aufgezählten Merkmale begrenzt. Dabei handelt es sich nur um eine beispielhafte Aufzählung („insbesondere"). Die dort benannten und auch ansonsten in Betracht kommenden Gleichbehandlungsmerkmale dürfen für eine unterschiedliche Behandlung nicht als Anknüpfungspunkt herangezogen werden. Dabei kommt es nicht darauf an, ob das Verhalten der Dienststelle oder der Personalvertretung vorsätzlich auf eine verbotene Ungleichbehandlung angelegt ist (vgl. BVerfG 08.04.1987 – 1 BvL 8/84 –). 5

6 Zu den in der Vorschrift aufgezählten Benachteiligungsmerkmalen (siehe übrigens auch § 9 BeamtStG) ist im Einzelnen auf Folgendes hinzuweisen:

7 Die Merkmale „**Rasse**" und „**Ethnische Herkunft**" sollen nach Möglichkeit einen lückenlosen Schutz vor ethnisch begründeten Benachteiligungen gewährleisten und ist somit umfassend zu verstehen (vgl. BT-Drucks. 16/1780, S. 31 zu § 1 AGG).

8 **Beispiel:**

Wenn z.B. nur von türkischen Arbeitnehmern der Dienststelle ein Auszug aus dem Strafregister verlangt wird, kann dadurch ein Anknüpfungspunkt für eine unterschiedliche Behandlung i.S.d. vorbenannten Merkmale bestehen.

9 Das Merkmal „**Abstammung**" ist im Kontext der vorbenannten Merkmale als ethnosoziologische Abstammung, d.h. die Ableitung von Nachkommen und deren Vorfahren mit einer entsprechenden Gruppenzugehörigkeit zu verstehen.

10 Das Merkmal „**Sonstige Herkunft**" dient als Auffangmerkmal und stellt z.B. auf die Herkunft einer bestimmten sozialen Schicht (z.B. „Arbeiterklasse") oder auf die Abstammung aus einer bestimmten Region oder einem bestimmten Gebiet (z.B. „Rheinländer", „Münsterländer" oder „Ost- und Westdeutscher") ab. Es ist damit also weitergehender als das AGG.

11 Das Merkmal „**Nationalität**" stellt auf die Zugehörigkeit einer Person, zu einer bestimmten Nation oder zu einem bestimmten Volk ab (z.B. Deutscher, Niederländer etc.).

12 Das Merkmal „**Religion**" stellt auf die Zugehörigkeit zu einer religiösen Gemeinschaft ab, wobei das Recht geschützt wird, dass der Einzelne seine Glaubensüberzeugungen und die jeweiligen Anforderungen seiner Religion entsprechend praktizieren kann wie etwa durch die Teilnahme an Gottesdiensten oder anderen religiösen Veranstaltungen (vgl. auch Art. 9 EMRK).

13 Das Merkmal „**Weltanschauung**" stellt hingegen auf innerweltliche Bezüge ab, d.h. eine nicht religiöse Sinndeutung der Welt. Allgemeine politische Gesinnungen gehören grundsätzlich nicht hierzu (so BAG 20.06.2013 – 8 AZR 482/12 –), wobei das Arbeitsgericht Berlin allerdings in seinem Urteil vom 30.07.2009 – 33 Ca 5772/09 – die Überzeugung des „Marxismus-Leninismus" als Weltanschauung i.S.d. § 1 AGG gewertet hat.

14 Im Hinblick auf das Merkmal „**Behinderung**" kann auf die Bestimmung in § 2 Abs. 1 SGB IX zurückgegriffen werden (so für das AGG das BAG 16.02.2012 – 8 AZR 697/10 –). Geschützt sind also nicht nur schwerbehinderte Personen (vgl. §§ 69, 81 Abs. 2 SGB IX), sondern alle tatsächlich be-

hinderten Angehörigen der Dienststelle (vgl. zum AGG: BAG 03.04.2007 – 9 AZR 823/06 –).

Das Merkmal „**Alter**" stellt auf das jeweilige Lebensalter ab, d.h., es umfasst alle Altersstufen und somit nicht nur ein besonders niedriges bzw. hohes Alter (vgl. zum AGG: BAG 19.08.2010 – 8 AZR 530/09 –). 15

Die Merkmale der „**Politischen oder gewerkschaftlichen Betätigung oder Einstellung**" dürfen ebenfalls nicht als Anknüpfungspunkt für eine unterschiedliche Behandlung herangezogen werden. Damit dienen diese Merkmale zum einen dem Schutz der Angehörigen der Dienststelle, zur Wahrung des Friedens in der Dienststelle (Betriebsfriedens in der Dienststelle) und tragen zugleich den in § 3 enthaltenen Verhaltensregeln Rechnung. Auf die dortige Kommentierung wird entsprechend verwiesen; vgl. des Weiteren auch BVerfG 28.04.1976 – 1 BvR 71/73 –). 16

Das Merkmal des „**Geschlechts**" stellt auf die biologische Zuordnung zu einer Geschlechtergruppe, d.h. männlich, weiblich oder zwischengeschlechtlich ab. 17

Das Merkmal der „**sexuellen Identität**" knüpft hingegen an die sexuelle Ausrichtung an, d.h. z.B. Homo-, Hetero- oder Bisexualität. Unter Umständen auch Transsexualität. 18

Keine verbotene Ungleichbehandlung besteht, wenn ein oder mehrere der vorbenannten Merkmale zwar als Anknüpfungspunkt für eine unterschiedliche Behandlung herangezogen werden, letztere allerdings der Sache nach geboten ist, d.h., wenn damit ein legitimer Zweck verfolgt wird, der nach dem Gesetz darin liegt, bestehende Nachteile in der Dienststelle zu verhindern oder zu beseitigen. So kann z.B. eine Arbeitnehmerin mit einer bestimmten Eigenschaft bevorzugt vor einem Arbeitnehmer eingestellt werden, wenn Frauen in der Dienststelle bisher unterrepräsentiert sind (vgl. auch §§ 8ff. LGG NRW). 19

Die in der Vorschrift aufgeführte **Liste der Benachteiligungsmerkmale ist nicht abschließend**. So gilt es vor allem auch das allgemeine Persönlichkeitsrecht des Art. 2 Abs. 1 GG und den allgemeinen Gleichheitssatz des § 3 Abs. 1 Satz 1 GG beachten. Letzterer erfasst z.B. auch das Benachteiligungsverbot wegen der Sprache. Hier gilt es zu beachten, dass die Amtssprache Deutsch ist. Beschäftigte, die dieser Sprache nicht ausreichend mächtig sind, haben also grundsätzlich keinen Anspruch auf Formulierungen in Ihrer Muttersprache. Die deutsche Amtssprache darf dem Grunde nach im Übrigen auch gar nicht durch eine andere Sprache ersetzt werden, da ansonsten diejenigen, die dieser Sprache nicht mächtig sind benachteiligt werden. 20

III. Rechtliche Auseinandersetzungen

20 Streitigkeiten aus dieser Vorschrift sind nach § 79 Abs. 1 Nr. 3 im personalvertretungsrechtlichen Beschlussverfahren vor dem Verwaltungsgericht zu klären. Grobe bzw. mehrfache Verstöße gegen die Vorgaben des § 62 können einen **Ausschluss bzw. eine Auflösung nach § 25** nach sich ziehen (vgl. BVerwG 22.08.1991 – 6 P 10./90 –).

§ 63 (Gemeinschaftliche Besprechungen und Unterrichtungen)

Die Dienststelle und der Personalrat müssen mindestens einmal im Vierteljahr zu gemeinschaftlichen Besprechungen zusammentreten. In ihnen soll auch die Gestaltung des Dienstbetriebs behandelt werden, insbesondere alle Vorgänge, die die Beschäftigten wesentlich berühren. Sie haben über strittige Fragen mit dem ernsten Willen zur Einigung zu verhandeln und Vorschläge für die Beilegung von Meinungsverschiedenheiten zu machen. Im Rahmen der Besprechungen unterrichtet die Dienststelle den Personalrat zweimal im Jahr über die Haushaltsplanung und die wirtschaftliche Entwicklung, sofern kein Wirtschaftsausschuss nach § 65a besteht. Die Dienststelle ist berechtigt, zu der Besprechung für Personal- und Organisationsangelegenheiten zuständige Beschäftigte hinzuzuziehen.

Gliederung

I. Einleitende Bemerkungen

1 Die Vorschrift stellt eine Ausprägung des Grundsatzes der vertrauensvollen Zusammenarbeit nach § 2 Abs. 1 Halbsatz 1 dar und dient dem Ziel der Kontakt- und Kommunikationsfestigung zwischen der Dienststelle und dem Personalrat. Siehe im Kontext auch Steiner, Das Monatsgespräch, PersV 2020, S. 444 zum BPersVG. Zum Miteinander in der Dienstelle siehe im Übrigen **Bülow, Der praktische Fall – Die Interaktion zwischen den verschiedenen Interessenvertretungen**, DöD 2023, S. 182. Durch die **Novelle 2011** wurde die Vorschrift verschiedentlich geändert. Die Sätze 1 und 5 haben eine geschlechtergerechte Sprachanpassung erhalten, ohne

dass dabei inhaltliche Änderungen vorgenommen wurden. Des Weiteren wurde ein neuer Satz 4 eingefügt, der die Dienststelle dazu verpflichtet, den Personalrat im Rahmen der Besprechungen zweimal im Jahr auch über die Haushaltsplanung und die wirtschaftliche Entwicklung zu unterrichten, soweit kein Wirtschaftsausschuss nach § 65a besteht.

II. Gemeinschaftliche Besprechungen

Die Vorschrift stellt eine Ausprägung des Grundsatzes der vertrauensvollen Zusammenarbeit nach § 2 Abs. 1 Halbsatz 1 dar und dient dem Ziel der Kontakt- und Kommunikationsfestigung zwischen der Dienststelle und dem Personalrat. Siehe im Kontext auch Steiner, Das Monatsgespräch, PersV 2020, S. 444 zum BPersVG. Zum Miteinander in der Dienstelle siehe im Übrigen **Bülow, Der praktische Fall – Die Interaktion zwischen den verschiedenen Interessenvertretungen**, DöD 2023, S. 182. Durch die **Novelle 2011** wurde die Vorschrift verschiedentlich geändert. Die Sätze 1 und 5 haben eine geschlechtergerechte Sprachanpassung erhalten, ohne dass dabei inhaltliche Änderungen vorgenommen wurden. Des Weiteren wurde ein neuer Satz 4 eingefügt, der die Dienststelle dazu verpflichtet, den Personalrat im Rahmen der Besprechungen zweimal im Jahr auch über die Haushaltsplanung und die wirtschaftliche Entwicklung zu unterrichten, soweit kein Wirtschaftsausschuss nach § 65a besteht. 2

Siehe auch **Checkliste:** Gemeinschaftliche Besprechung 2a

Der Begriff **„zusammentreten“** stellt darauf ab, dass sich die beiden personalvertretungsrechtlichen Lager versammeln. Damit ist grundsätzlich ein persönliches Zusammenfinden gemeint. Soweit für die Beschlussfassung des Personalrats in § 33 Abs. 3 und für die Personalversammlung in § 45 Abs. 3 zuletzt digitale Formen als Alternative für eine Präsenzteilnahme vorgesehen sind (Video- oder Telefonkonferenz etc.), trifft dies nach dem klaren Wortlaut und den Besprechungssinn und Zweck für die gemeinsame Besprechung nach § 63 nicht zu! 2b

Das LPVG NRW enthält keine Form- und Verfahrensvorschriften für die Einladung sowie Durchführung der Quartalsbesprechungen. Das „Wie“, d. h. der **Zeitpunkt und Ort der Besprechung** können also von dem Dienststellenleiter und der Vorsitzenden Person des Personalrates im Einzelfall dem Grunde nach **formlos vereinbart werden**. Das „Ob“ hingegen bedarf seitens des Personalrats eines Gremiumsbeschlusses, da es nicht zu den laufenden Geschäften der Vorsitzenden Person gehört, darüber zu bestimmen, ob Besprechungen stattfinden. Wenn **gemeinsame Besprechungen** 3

abweichend von der gesetzlichen Regelungstypik grundsätzlich nicht quartalsmäßig stattfinden sollen, bedarf dies einer Vereinbarung zwischen den Besprechungsparteien, d.h. der Dienststellenleitung und dem Personalrat, die mit dem Zweck des § 63, ein regelmäßiges Gesprächsforum zu eröffnen, im Einklang steht und aufseiten des Personalrats nicht zu einer Aushöhlung von Mitgliedschaftsrechten seiner Mitglieder führt (so BVerwG 24.02.2022 – 5 A 5/20 – zum BPersVG). Einer solchen Vereinbarung hat gleichsam ein entsprechender Gremiumsbeschluss auf der Seite des Personalrats vorauszugehen. Aus Gründen der Planungssicherheit empfiehlt sich für beide Seiten ein fester Terminturnus, z.B. am jeweiligen Quartalsanfang oder -ende. Aus Dokumentations- und Nachweisgründen sollte die Einladung schriftlich erfolgen. Die Beifügung einer Tagesordnung ist gesetzlich nicht vorgesehen und darf vor allem auch nicht einseitig vom Personalrat festgesetzt werden (vgl. OVG NRW 04.10.1990 – CL 42/88 –). Damit beide Seiten in der Lage sind sich so vorzubereiten, dass sie zur Erfüllung der dienstlichen Aufgaben und zum Wohle der Beschäftigten der Dienststelle positive Besprechungsergebnisse erzielen können (vgl. § 2 Abs. 1 Halbsatz 1), empfiehlt sich in der Praxis aber dennoch die **gegenseitige schriftliche Mitteilung von wichtigen bevorstehenden Themen und Fragen!**

4 **Praxistipp!**

Vor der Ausfertigung einer Einladung gilt es zu beachten, dass weder der Dienststellenleiter noch der Personalratsvorsitzende einseitig das Quartalsgespräch anberaumen können, weil sie hierbei als gleichberechtigte Partner anzusehen sind (vgl. OVG NRW 04.10.1990 – CL 42/88 –). Von daher sollten vorab und in Vermeidung von Verwaltungsablaufstörungen und in Berücksichtigung der beiderseitigen Terminvakanzen durchaus eine erste formlose Terminabfrage bzw. Planung stattfinden!

5 In Ermangelung gesetzlicher Vorgaben besteht grundsätzlich **keine Pflicht zur Anfertigung einer Besprechungsniederschrift.** Denn die gemeinschaftliche Besprechung stellt keinen alleinigen Geschäftsführungsakt des Personalrats und damit vor allem keine Personalratssitzung i.S.d. §§ 30ff. dar (so im Ergebnis auch OVG NRW 04.10.1990 – CL 42/88). Es liegt also kein Fall der Niederschriftverpflichtung nach § 37 Abs. 1 vor (so aber Havers/Giesen, § 63 Rn. 7, allerdings ohne nähere Begründung). Denn der in dieser Vorschrift verwendete Verhandlungsbegriff steht im dritten Abschnitt des Gesetzes und geht dabei sowohl systematisch als auch von seinem Sinne und Zweck her von einer alleinigen Verhandlung des Personalratsgremiums, d.h. also der Personalratsmitglieder untereinander im Rahmen einer Perso-

nalratssitzung aus (vgl. hierzu auch entsprechend BAG 30.09.2014 – 1 ABR 32/13 – zum BetrVG). Ungeachtet dessen dürften aber nach dem Dafürhalten des Kommentators in der Praxis beide Seiten ein Interesse daran haben, den Inhalt und die Ergebnisse ihrer Kommunikation zu dokumentieren. Deshalb sollten sie dennoch **freiwillig** von sich aus stets eine **wechselseitige Protokollierung und Zurverfügungstellung** betreiben! Eine derart gemeinsam gehandhabte Vorgehensweise entspricht vor allem dem Grundsatz der vertrauensvollen Zusammenarbeit (§ 2 Abs. 1 Halbsatz 1). Sie hilft, spätere Missverständnisse und Streitigkeiten über Besprechungsinhalte zu vermeiden (vgl. hierzu auch Rz. 17)!

Muster 20: Protokoll einer Besprechung oder Erörterung 6

Teilnahmeberechtigte sind die Dienststelle einerseits und der Personalrat (vgl. Rz. 8) andererseits. Der Personalrat hat grundsätzlich **keinen Anspruch darauf, dass der Dienststellenleiter zu jeder Zeit persönlich an den Quartalsgesprächen teilnimmt** (vgl. VG Dresden 13.07.2001 – 9 K 997/01 –). Er kann sich vielmehr nach § 8 Abs. 1 durch eine von ihm beauftragte Person vertreten lassen. Das ist auch dann möglich, wenn er nicht direkt verhindert ist (vgl. VGH Baden-Württemberg 07.05.2013 – PL 15 S 2845/11 –). Ungeachtet dessen sollte der Dienststellenleiter aber im Hinblick auf die unerlässliche Kontaktpflege mit dem Personalrat stets um eine persönliche Gesprächsteilnahme bemüht sein! 7

Auf der Seite des Personalrates ist jedes Mitglied, d.h. das gesamte Gremium der ordentlichen Mitglieder berechtigt, an der Quartalsbesprechung teilzunehmen. Im Plenum kann aber auch beschlossen werden, dass nur die Vorsitzende Person und weitere benannte Mitglieder des Personalrats teilnehmen. Ein solcher Beschluss lässt indes nicht das grundsätzliche Teilnahmerecht des ordentlichen Einzelmitgliedes entfallen. So kann insbesondere Mitgliedern einer im Personalrat vertretenen Minderheitsgruppe nicht durch Mehrheitsbeschluss die Teilnahme am Quartalsgespräch verwehrt werden. Ein Teilnahmerecht für **Ersatzmitglieder** außerhalb eines vertretenden Einsatzes besteht nicht. Das LPVG NRW fordert die gemeinschaftliche Besprechung nur für den örtlichen Personalrat, d.h. also nicht für den Gesamtpersonalrat. Nach § 61 Abs. 4 Satz 1 hat der Personalrat die **Jugend- und Auszubildendenvertretung** zu den Quartalsgesprächen beizuziehen, wenn Angelegenheiten behandelt werden, die besonders Beschäftigte i.S.v. § 55 Abs. 1 treffen. Im Übrigen kann ein Mitglied der Jugend- und Auszubildendenvertretung, das von dieser benannt wird, in den Quartalsbesprechungen **beratend teilnehmen**. 8

9 Nach § 18 Abs. 4 Satz 2 und 3 LGG NRW besteht eine **Teilnahmeberechtigung der Gleichstellungsbeauftragten** an allen Besprechungen ihrer Dienststelle, die Angelegenheiten ihres Aufgabenbereichs betreffen, was auch für die Quartalsbesprechungen nach § 63 LPVG NRW gilt. Siehe ausführlich hierzu Bülow, § 18 LGG NRW Rn. 108 ff.

10 Ein **Teilnahmerecht der Schwerbehindertenvertretung** ist nach aktueller Rechtslage zu verneinen. Nach § 178 Abs. 5 SGV IX wird die Schwerbehindertenvertretung zwar zu Besprechungen zwischen dem Arbeitgeber und dem Personalrat nach § 65 BPersVG sowie den entsprechenden Vorschriften des sonstigen Personalvertretungsrechtes zwischen dem Arbeitgeber und den in § 178 Abs. 4 SGB IX genannten Vertretungen hinzugezogen. Das LPVG NRW enthält bislang aber keine solche Regelung.

11 Nach dem, mit der Novelle 2011 neu eingeführten Satz 5 besteht nunmehr auch eine Teilnahmeberechtigung für **hinzugezogene Beschäftigte, die für Personal- und Organisationsangelegenheiten zuständig sind** (vgl. auch Rz. 15). Die Hinzuziehung weiterer Personen wie z. B. Beauftragte von Gewerkschaften oder von Arbeitgebervereinigungen von Mitgliedern des Gesamtpersonalrates oder der Stufenvertretung hat der Gesetzgeber also ausdrücklich nicht mit ins Gesetz aufgenommen. Im Hinblick auf den klaren Wortlaut des § 63 und den Normzweck ist deren Hinzuziehung auch im gegenseitigen Einverständnis zwischen der Dienststelle und dem Personalrat zu verneinen. Primäres Ziel und Kern der Quartalsbesprechung ist nämlich die Konkretisierung der vertrauensvollen Zusammenarbeit nach § 2 Abs. 1 Halbsatz 1 (vgl. BVerwG 05.08.1983 – 6 P 11.81 –) und dabei vor allem die direkte und persönliche Auseinandersetzung beider Lager, wovon Gewerkschaftsbeauftragte und auch Vertreter von Arbeitgebervereinigungen aber nicht direkt umfasst werden (a. A. Fischer u. a. § 66 Rn. 8). Die Rechtsprechung hat die zuvor erörterte Frage jedenfalls bis jetzt noch nicht entschieden (vgl. BVerwG 25.10.1983 – 6 P 22.82 – ohne abschließende Bemerkung).

11a Die **Anwesenheit** des dem Personalrat zur Verfügung gestellten **Büropersonals** ist (nur) im gegenseitigen Einvernehmen möglich.

12 Satz 2: Der Gesetzgeber beschränkt den **Besprechungsgegenstand** nicht nur auf die Mitbestimmungs- bzw. Mitwirkungsangelegenheiten nach den §§ 72 ff. Nach Satz 2 sollen in der Quartalsbesprechung vielmehr auch die Gestaltung des Dienstbetriebes und insbesondere alle Vorgänge, die die Beschäftigten wesentlich berühren, behandelt werden. Das bedeutet, dass in der Besprechung sämtliche Belange der Dienststelle und des Personalrates umfassend behandelt werden können. Somit stellen Angelegenheiten, die außerhalb der Zuständigkeit der Dienststelle liegen, wie z. B. Entscheidungen auf der nächsthöheren politischen Ebene oder Sach-

verhalte in anderen Dienststellen, keinen zulässigen Gesprächsgegenstand dar (vgl. BVerwG 13.12.1974 – VII P 4.73 –).

Wichtig! 12a

Der Personalrat ist dazu berechtigt, die Beschäftigten der Dienststelle neutral, d. h. wertungsfrei darüber zu informieren (vgl. auch § 40 Rz. 49 f.), welche sie berührenden Vorgänge im Quartalsgespräch behandelt werden und welche diesbezüglichen Entscheidungen getroffen worden sind (vgl. OVG Berlin 12.05.1098 – OVG 60 PV 1/96 –)! Was Letzteres betrifft, so besteht im Rahmen der vertrauensvollen Zusammenarbeit nach § 2 Abs. 1 Halbsatz 1 auch die Möglichkeit einer gemeinsamen Bekanntmachung mit der Dienststelle zusammen!

Muster 21: Gemeinsame Mitteilung zu „Besprechungsergebnissen" 12b

Satz 3: Der Gesetzgeber möchte, dass die Quartalsbesprechung nicht nur 13
eine reine Präsentationsplattform für die Standpunkte beider Lager darstellt. Deshalb bestimmt er ausdrücklich, dass die Dienststelle und der Personalrat über strittige Fragen mit dem ernsten Willen zur Einigung verhandeln und Vorschläge für die Beilegung von Meinungsverschiedenheiten zu machen haben. Damit konkretisiert der Gesetzgeber einmal mehr den Grundsatz der vertrauensvollen Zusammenarbeit nach § 2 Abs. 1 Halbsatz 1. Von daher haben sowohl die Dienststelle als auch der Personalrat zu beachten, dass die Quartalsbesprechung dem Ziel der Einigung und der Beilegung von Meinungsverschiedenheiten primär **zur Erfüllung der dienstlichen Aufgaben und zum Wohle der Beschäftigten** zu erfolgen hat (vgl. BVerwG 05.02.1971 – VII P 17.70 –).

Siehe auch **Checkliste:** Konflikte mit dem Personalrat 13a

Satz 4: Nach dieser Vorschrift wird als weiterer Gesprächsgegenstand be- 14
stimmt, dass die Dienststelle den Personalrat mindestens zweimal im Jahr über die Haushaltsplanung und die wirtschaftliche Entwicklung zu unterrichten hat. Die „**Haushaltsplanung**" knüpft dabei an den Umstand an, dass der Haushaltsplan die Grundlage für die Haushalts- und Wirtschaftsführung darstellt und bei seiner Aufstellung und Ausführung den Erfordernissen des gesamtwirtschaftlichen Gleichgewichts Rechnung getragen werden muss (§ 2 Satz 2 und 3 LHO NRW). Die „**wirtschaftliche Entwicklung**" trägt als benanntes Merkmal somit dem Umstand Rechnung, dass der Personalrat auf die Willensbildung der Dienststelle unter Berücksichtigung der bestehenden wirtschaftlich-finanziellen Lage die Möglichkeit erhalten soll, einen Beitrag durch eine sachgemäße Beratung und die Erarbeitung von konstruktiven Vorschlägen erhalten soll. Dabei ist § 63 Satz 4 im Verhältnis zu § 65a zu sehen. Denn wenn es in der Dienst-

stelle einen Wirtschaftsausschuss nach der letztbenannten Vorschrift gibt, so ist dieser vorrangig nach Maßgabe des § 65a Abs. 2 zu unterrichten. In diesem Fall besteht keine Unterrichtungspflicht der Dienststelle gegenüber dem Personalrat nach § 63 Satz 4.

15 Satz 5: Durch den im Zuge der **Novelle 2011** neu eingeführten Satz 5 ist die Dienststelle nunmehr auch berechtigt, zu der Besprechung für Personal- und Organisationsangelegenheiten zuständige Beschäftigte hinzuzuziehen (vgl. hierzu auch Rz. 11).

16 Das Herzstück der Personalratsarbeit ist die Personalratssitzung, in der Beschlüsse des Plenums getroffen werden (vgl. hierzu auch § 30 Rz. 11), sodass man daran denken könnte, **Quartalsbesprechungen und Personalratssitzungen** zusammenzulegen (so Reinartz, § 63 Anm. 3). Das ist allerdings zu verneinen, da ansonsten verkannt werden würde, dass die Quartalsbesprechung nach § 63 eine besondere gemeinschaftliche Besprechung zwischen der Dienststelle und dem Personalrat darstellt, die nicht dem einseitigen Sitzungsanberaumungs- und Leitungsrecht der Vorsitzenden Person des Personalrates unterliegt und deswegen auch systematisch gesondert nicht im dritten Abschnitt des LPVG NRW aufgeführt wird.

17 Anders als in § 31 Abs. 2 Satz 1 für die Personalratssitzung geregelt, enthält § 63 ausdrücklich **keine Bestimmung der Nichtöffentlichkeit**. Soweit man allerdings beachtet, dass der Teilnehmerkreis an dieser Besprechung begrenzt ist (vgl. Rz. 7 ff.) und auch der Datenschutz bestimmter Angelegenheiten gewahrt werden muss, ist de facto dennoch von einem grundsätzlichen Ausschluss der Öffentlichkeit auszugehen. Soweit ausdrücklich ebenfalls **keine Bestimmung einer Schweigeverpflichtung über die Besprechungsinhalte** besteht, gilt es zu beachten, dass der Personalrat dazu befugt ist, die Beschäftigten darüber zu informieren, welche die Beschäftigten berührenden Vorgänge zwischen dem Dienststellenleiter und ihm behandelt und welche Entscheidungen dabei getroffen worden sind. Dabei darf er allerdings nicht als Vollzugsorgan der Entscheidungen auftreten (vgl. OVG Berlin 25.10.1995 – PV Bln 15/94 –).

III. Rechtliche Auseinandersetzungen

18 Streitigkeiten aus der Vorschrift sind nach § 79 Abs. 1 Nr. 3 im personalvertretungsrechtlichen Beschlussverfahren vor dem Verwaltungsgericht zu klären.

19 Im Fall der **Teilnahmeverweigerung** am Quartalsgespräch kann der Personalrat die gerichtliche Feststellung betreiben, dass die Dienststelle zur

Teilnahme verpflichtet ist. Des Weiteren kann das Verhalten des Dienststellenleiters auch für eine Dienstaufsichtsbeschwerde gegen seine Person herangezogen werden. Eine Weigerung aufseiten des Personalrates kann im wiederholten Fall eine grobe Pflichtverletzung darstellen und damit die Möglichkeit für einen Ausschluss bzw. Auflösungsverfahren nach § 25 eröffnen.

§ 64 (Allgemeine Aufgaben des Personalrats)

Der Personalrat hat folgende allgemeine Aufgaben:

1. **Maßnahmen, die der Dienststelle, ihren Angehörigen oder im Rahmen der Aufgabenerledigung der Dienststelle der Förderung des Gemeinwohls dienen, zu beantragen,**
2. **darüber zu wachen, dass die zugunsten der Beschäftigten geltenden Gesetze, Verordnungen, Tarifverträge, Dienstvereinbarungen und Verwaltungsanordnungen durchgeführt werden,**
3. **sich für die Wahrung der Vereinigungsfreiheit der Beschäftigten einzusetzen,**
4. **auf die Verhütung von Unfall- und Gesundheitsgefahren zu achten, die für den Arbeitsschutz zuständigen Stellen durch Anregung, Beratung und Auskunft zu unterstützen und sich für die Durchführung gesundheitsfördernder Maßnahmen und des Arbeitsschutzes einzusetzen,**
5. **Anregungen und Beschwerden von Beschäftigten entgegenzunehmen und, falls sie berechtigt erscheinen, durch Verhandlung mit der Dienststelle auf ihre Erledigung hinzuwirken,**
6. **die Eingliederung und berufliche Entwicklung schwerbehinderter Beschäftigter und sonstiger schutzbedürftiger, insbesondere älterer Personen, zu fördern,**
7. **Maßnahmen zur beruflichen Förderung schwerbehinderter Beschäftigter zu beantragen,**
8. **an der Entwicklung der interkulturellen Öffnung der Verwaltung mitzuwirken und die Eingliederung von Beschäftigten mit Migrationshintergrund in die Dienststelle sowie das Verständnis zwischen Beschäftigten unterschiedlicher Herkunft zu fördern,**
9. **mit der Jugend- und Auszubildendenvertretung zur Förderung der Belange der von ihr vertretenen Beschäftigten eng zusammenzuarbeiten,**
10. **die Verwirklichung des Grundrechts der Gleichberechtigung von Frauen und Männern zu fördern,**
11. **Maßnahmen, die dem Umweltschutz in der Dienststelle dienen, anzuregen.**

Gliederung

I. Einleitende Bemerkungen

1 Die **Vorschrift konkretisiert den Grundsatz der vertrauensvollen Zusammenarbeit** von Dienststelle und Personalrat (vgl. § 2 Rz. 2 ff.) und benennt ausdrücklich allgemeine Aufgaben des Personalrates, die autark und unabhängig von den speziell gesetzlich geregelten Mitbestimmungs- und Mitwirkungsangelegenheiten nach den §§ 72 ff. zu sehen sind. Dabei ist sicherlich der richtungsweisende Beschluss des BVerfG vom 24.05.1995 – 2 BvF 1/92 – zu beachten, womit dieses sehr deutlich gemacht hat, dass der Personalrat sich auf seine Aufgaben beschränken muss und im Ergebnis nicht in der Dienststelle mitregieren darf. Insoweit eröffnet § 64 vor allem neben dem Anwesenheitsrecht bei Personalgesprächen **kein über § 65 Abs. 3 Satz 3 hinausgehendes Teilnahmerecht an sonstigen Gesprächen** (vgl. hierzu OVG NRW 24.02.2010 – 16 A 566/08.PVL –). Durch die **Novelle 2011** wurden die Nr. 1 und 8 inhaltlich geändert. Die Nr. 5 hat eine geschlechtergerechte Sprachanpassung erhalten und die Nr. 11 wurde neu in die Vorschrift aufgenommen.

II. Allgemeines Initiativrecht

2 Nr. 1: Von dem **allgemeinen Initiativrecht** (= reines „Anregungsrecht“) sind nur innerdienstliche, soziale oder persönliche Belange der Beschäftigten der Dienststelle erfasst, nicht aber allgemeine Fragen die gesetzlich geregelt sind, wie z.B. die Beamtenbesoldung oder allgemeine Urlaubsbestimmungen (vgl. BVerwG 11.05.2011 – 6 P 4.10 – und 07.02.1012 – 6 P 26.10 –). Vor

der Novelle 2011 hat sich das allgemeine Initiativrecht des Personalrats nur auf Maßnahmen beschränkt, die der Dienststelle oder ihren Angehörigen dienen. Nunmehr wurde zur Klarstellung auch die Alternative „**Förderung des Gemeinwohls**" aufgenommen (vgl. LT-Drucks. 15/1644, S. 34 f. und 80).

Zusammenfassend gesagt, beschränkt sich das formlose allgemeine Initiativrecht somit dem Grunde nach auf die Angelegenheiten, in denen der Dienststellenleiter die Entscheidungsbefugnis aufweist (vgl. BVerwG 13.12.1974 – VII P 4/73 –). Es handelt sich also de facto eigentlich nur um ein „Anregungsrecht", da der Personalrat seinen Antrag im Fall der Ablehnung durch die Dienststelle nicht weiterverfolgen bzw. durchsetzen kann. **Hiervon abzugrenzen ist das Initiativantragsrecht nach § 66 Abs. 4**, das dem Personalrat für die Beantragung einer Maßnahme nach § 72 zur Verfügung steht (vgl. § 66 Rz. 67 ff.). Soweit die vom Personalrat in der Praxis an die Dienststelle gerichteten Schreiben oftmals nicht ganz erkennen lassen, von welchem dieser beiden „Initiativrechte" er Gebrauch machen möchte, gilt folgendes: **Ein auslegungsbedürftiger Antrag des Personalrats** ist im Zweifel so auszulegen, dass er sich auf eine, der Mitbestimmung unterliegende Maßnahme bezieht (vgl. OVG Bremen 30.06.2021 – 6 LP 48/20 –). Insoweit hat die Dienststelle dann auch die Zwei-Wochen-Frist nach § 66 Abs. 4 Satz 3 zu beachten (vgl. § 66 Rz. 73)! 3

Eine **Antragsberechtigung** weist ausschließlich der Personalrat auf. Er hat über die Antragsstellung somit vorab einen entsprechenden **Beschluss** zu fassen. Ein besonderes Verfahren sieht das Gesetz hierfür nicht vor. Die Verfahrensvorschriften der §§ 66 ff. finden keine Anwendung (vgl. BVerwG 20.01.1993 – 6 P 21/90 –). Der **Antrag ist formfrei**, wobei aus Dokumentations- und Nachweisgründen dennoch stets die Schriftform zu empfehlen ist. Die **Antragsstellung unterliegt keinen zeitlichen Vorgaben.** Sie kann also zu jeder Zeit, z.B. auch im Rahmen der Quartalsbesprechung nach § 63, gestellt werden. 4

Ausschließlicher **Antragsadressat** ist die Dienststelle. Diese trifft eine **Entscheidung über den Antrag** nach pflichtgemäßem Ermessen, wobei sie insbesondere den Grundsatz der vertrauensvollen Zusammenarbeit nach § 2 Abs. 1 und die Friedenspflicht nach § 2 Abs. 2 zu beachten hat. Wenn der Personalrat an die Dienststelle eine Maßnahme heranträgt, für die sie nicht zuständig ist, besteht für sie zwar eigentlich keine weitere gesetzliche Handlungspflicht. Im Hinblick auf eine vertrauensvolle Zusammenarbeit nach § 2 Abs. 1 empfiehlt es sich aber dennoch, dass sie den Personalrat darüber informiert und gegebenenfalls auch eine Weiterleitung an die jeweils zuständige Stelle für ihn vornimmt. 5

6 Es besteht **keine Frist zur Beantwortung des Antrags**. Im Rahmen der vertrauensvollen Zusammenarbeit sollte der Dienststellenleiter allerdings möglichst zeitnah auf den Antrag reagieren. Sowohl bei einer Antragsstattgabe als auch -ablehnung sollte zum Nachweis und zur Dokumentation **stets eine schriftliche Antwort unter Angaben von Gründen** vorgenommen werden.

7 Wenn der **Dienststellenleiter den Antrag ablehnt**, so ist das Recht des Personalrates nach § 63 Nr. 1 ausgeschöpft. Eine Durchsetzung des Antragsbegehrens im gerichtlichen Verfahren ist nicht möglich (vgl. BVerwG 20.01.1993 – 6 P 21/90 –). Der Personalrat kann im Weiteren dann nur gegebenenfalls einen neuen modifizierten Antrag stellen oder anderweitig versuchen eine Einigung herbeizuführen. Bei beharrlicher **Untätigkeit des Dienststellenleiters** hat er die Möglichkeit eine Handlung ggf. vor dem Verwaltungsgericht erwirken zu können (vgl. Rz. 58). Ferner kann eine Dienstaufsichtsbeschwerde erhoben werden.

III. Überwachungsrecht und -pflicht

8 Nr. 2: Der Personalrat hat die Aufgabe, darüber zu wachen, dass die zugunsten der Beschäftigten geltenden Gesetze, Verordnungen, Tarifverträge, Dienstvereinbarungen und Verwaltungsanordnungen durchgeführt werden. Damit legt diese Vorschrift sowohl ein **Überwachungsrecht** als auch eine **Überwachungspflicht** des Personalrates fest und ergänzt somit § 62. Soweit sich der Personalrat darauf beruft ergibt sich daraus aber nicht schon ein genereller Unterrichtungsanspruch oder gar ein Anspruch auf Vorlage von Unterlagen (vgl. OVG NRW 30.08.2018 – 20 A 2500/16.PVB –).

9 Die Ausübung des Überwachungsrechts steht dem Personalrat grundsätzlich zu jeder Zeit zu und ist unabhängig davon, ob aktuell beteiligungspflichtige Angelegenheiten bestehen (vgl. auch BVerwG 15.11.1995 – 6 P 53.93 –). Damit der Personalrat dieses Recht wahrnehmen kann, hat die Dienststelle möglichst für einen umfassenden Kenntnisstand des Personalrates Sorge zu tragen. Insoweit ist insbesondere auch auf die Unterrichtungspflicht der Dienststelle nach § 65 Abs. 1 zu verweisen (vgl. § 65 Rz. 5).

10 Den **Gegenstand des Überwachungsrechts** stellen alle Vorschriften dar, die die Dienststelle im Hinblick auf die bei ihr, Beschäftigten zu beachten hat. Nicht umfasst sind Vorschriften, die für **außenstehende Bewerber** (vgl. BVerwG 11.02.1981 – 6 P 44.79 –) oder für Beschäftigte gelten, die aus der Dienststelle bereits ausgeschieden sind (vgl. BVerwG 07.07.1993 – 6 P 8.91 –).

11 Vom Überwachungsrecht umfasst sind **alle einschlägigen Gesetze und Verordnungen**, die allgemeinverbindlich sind, z. B. über die Arbeitszeit, den

Arbeitsschutz, den Jugend- und Schwerbehindertenschutz sowie **entsprechende verwaltungsinterne Anordnungen, Tarifverträge und Dienstvereinbarungen** (vgl. § 70 Rz. 66).

Besondere Überwachungs- und Informationsrechte ergeben sich für den Personalrat insbesondere aus dem **TzBfG** (Informationsrecht § 20 TzBfG, Diskriminierungsverbot § 4 Abs. 2 TzBfG, Benachteiligungsverbot § 5 TzBfG, Informationspflicht § 18 TzBfG und Förderung der beruflichen Entwicklung § 19 TzBfG) und aus dem **AGG** (Benachteiligungsverbot § 7 AGG, Arbeitsplatzausschreibung § 11 AGG, Schutzmaßnahmen vor Benachteiligung § 12 AGG und Wahrnehmung der sozialen Verantwortung § 17 AGG). 12

Das Überwachungsrecht nach § 64 Nr. 2 gibt dem Personalrat **keine allgemeine Aufsichtsbefugnis** (vgl. BVerwG 22.12.1993 – 6 P 15.92 –). Dem Personalrat obliegt also nicht die Aufgabe, wie oftmals von seinen Mitgliedern fälschlicher Weise in der Praxis angenommen, die Aufgabenerfüllung und den internen Betrieb der Dienststelle allgemein, als Kontrollorgan, neben der bestehenden Rechts- und Fachaufsicht mit zu überwachen. Er steht vielmehr „**partnerschaftlich**" auf gleicher Ebene neben der Dienststellenleitung (vgl. BVerwG 11.02.1981 – 6 P 3.79 –). Des Weiteren hat der Personalrat zu beachten, dass in bestimmten Bereichen der Dienststelle bereits eine präventive Überwachung besteht, die primär schon von anderen Personen wie z.B. dem Arbeitsschutzbeauftragten oder dem Datenschutzbeauftragten etc. wahrgenommen werden. Dementsprechend setzt die Wahrnehmung des Überwachungsauftrages durch den Personalrat regelmäßig voraus, dass auch **konkrete Anhaltspunkte für Verstöße** gegen die vorbenannten Vorschriften vorliegen und diese nicht bereits anderweitig, z.B. durch die vorbenannten Sicherheitsbeauftragten, behandelt werden. 13

Das **Verfahren und die Form der Wahrnehmungs- und des Überwachungsrechts** sind gesetzlich nicht geregelt. Soweit der Personalrat hier allerdings tätig wird und entsprechende Mitteilung an die Dienststelle macht, ist aus Dokumentations- und Nachweisgründen die Schriftform zu empfehlen. 14

Das Überwachungsrecht und die Überwachungspflicht geben dem Personalrat **kein Recht auf Unterrichtung oder Vorlage bestimmter Unterlagen** ein (vgl. Rz. 8). Die Vorschrift räumt ihm ebenso **kein Recht auf Rechtsverfolgung** ein. Der Personalrat kann also ungeklärte Meinungsverschiedenheiten über die Auslegung und Durchführung der zugunsten der Beschäftigten geltenden Normen nicht selbst im personalvertretungsrechtlichen Beschlussverfahren vor dem Verwaltungsgericht klären lassen (vgl. OVG NRW 29.01.1999 – 1 A 2762/97.PVL –). Als Faustformel gilt also, dass die Rechte des Personalrates dort enden, wo die individuellen Rechte der Beschäftigten betroffen sind. 15

IV. Wahrung der Vereinigungsfreiheit der Beschäftigten

16 __Nr. 3:__ Diese Vorschrift ist im Kontext der für die Dienststelle und dem Personalrat bestehenden Überwachungspflicht nach § 62 zu sehen. Die „**Vereinigungsfreiheit**“ wird in Art. 9 GG garantiert. Die Bestimmung des § 64 Nr. 3 stellt insoweit auf die in Art. 9 Abs. 3 geregelte Koalitionsfreiheit ab, welche das Recht beinhaltet, Vereinigungen zur Wahrung und Förderung der Arbeits- und Wirtschaftsbedingungen bilden zu dürfen. Dieses Recht wird für jedermann und für alle Berufe gewährleistet. Abreden, die dieses Recht einschränken oder zu behandeln suchen, sind nichtig. Hierauf gerichtete Maßnahmen sind rechtswidrig. Dem Personalrat obliegt also die Aufgabe, sich für die Einhaltung der Koalitionsfreiheit bzgl. der Beschäftigten in der Dienststelle einzusetzen. Davon umfasst sind somit auch die im Personalrat vorhandenen Beschäftigten, d. h. also die Mitglieder des Personalrates selbst. Von daher darf der Personalrat nicht gezielt die Teilnahme von bestimmten Gewerkschaften (zum Begriff vgl. § 2 Rz. 11) an Personalratssitzungen (§ 32 Abs. 1) ausschließen (vgl. BVerwG 16.06.1982 – 6 P 63.78 –).

17 Zur **gewerkschaftlichen Betätigung von Personalratsmitgliedern** und insbesondere zur Problematik der Gewerkschaftswerbung in der Dienststelle vgl. die Ausführung zu § 3.

V. Einsatz für den Unfall-, Gesundheits- und Arbeitsschutz

18 __Nr. 4:__ Die Vorschrift verpflichtet den Personalrat zum einen, auf die „**Verhütung von Unfall- und Gesundheitsgefahren**“ zu achten, und darüber hinaus die für den Arbeitsschutz zuständigen Stellen durch Anregung, Beratung und Auskunft zu unterstützen sowie sich für die Durchführung gesundheitsfördernder Maßnahmen und des Arbeitsschutzes einzusetzen.

19

Beachtung		Unterstützung		Engagement
„Verhütung von Unfall- und Gesundheits-gefahren“	+	„Zuständige Stellen für Arbeitsschutz“	+	„Durchführung gesundheitsfördernder Maßnahmen/ Arbeitsschutz“

20 Der Personalrat hat im Hinblick auf die vorbenannten drei allgemeinen Aufgaben vornehmlich die Pflicht, von sich aus tätig zu werden.

21 Der Begriff „**Verhütung von Unfall- und Gesundheitsgefahren**“ stellt auf die Verhütung von Dienst- und Arbeitsunfällen sowie sonstige Gesundheits-

schädigungen ab (vgl. § 72 Abs. 4 Satz 1 Nr. 7). Ein **Dienstunfall von Beamten** ist in § 31 LBeamtVG NRW und ein **Arbeitsunfall für Arbeitnehmer** in § 8 SGB VII definiert. Zu einem auf äußere Einwirkung beruhenden Dienstunfall vgl. BVerwG 11.10.2018 – 2 B 3.18 –, das in diesem Zusammenhang auch zu den Auswirkungen eines aggressiven Anbrüllens Ausführungen macht.

Zur allgemeinen Aufgabe des Personalrates gehört es auch darauf zu achten, die **in der Dienststelle vorhandenen Gefahrenfälle** der Dienststelle zu melden und darauf hinzuwirken, dass diese sie auch beseitigt. Zu der Verhütung von Gesundheitsgefahren gehört vor allem auch der präventive Schutz vor schwerwiegenden ansteckenden Krankheiten. Der Personalrat ist über Arbeitsunfälle (auch von Fremdpersonal) zu unterrichten (vgl. entsprechend BAG 12.03.2019 – 1 ABR 48/17 – zum BetrVG). Zur **Weitergabe von Gesundheitsdaten der Beschäftigten an den Personalrat** vgl. BVerwG 05.11.2010 – 6 P 18.09 –. 22

Zum Begriff **„Arbeitsschutz“** vgl. die Ausführungen zu § 77 Abs. 1 Halbsatz 1 (vgl. § 77 Rz. 9). 23

Bei seiner Aufgabenwahrnehmung hat der Personalrat insbesondere das ArbZG, das ArbSchG, das JArbSchG, das MuSchG, das ASiG und die Bestimmungen des SGB IX zu beachten. Des Weiteren hat er vor allem auch den gesetzlichen und tarifvertraglichen Vorschriften über den technischen Arbeitsschutz Beachtung zu schenken (z.B. UVV, StrlSchV). Zur **Unterstützung der für den Arbeitsschutz zuständigen Stellen** vgl. die Ausführungen zu § 77 Abs. 1 Halbsatz 1 (vgl. § 77 Rz. 7). 24

Die Aufgabe **„sich für die Durchführung gesundheitsfördernder Maßnahmen und des Arbeitsschutzes einzusetzen“** verpflichtet den Personalrat selbst aktiv zu werden. So muss der Personalrat z.B. ausdrücklich auf die Beachtung der existierenden Arbeitsschutzvorschrift gegenüber der Dienststelle, aber durchaus auch gegenüber externen Stellen, d.h. z.B. gegenüber den für den Arbeitsschutz zuständigen Behörden und dem Träger der gesetzlichen Unfallversicherung hinwirken. Speziell im technischen Arbeitsbereich muss er sich auch dafür einsetzen, dass die nach der jeweiligen UVV erforderliche Arbeitsschutzvorrichtung vorhanden ist und zum Einsatz gelangt. 25

Für die Wahrnehmung der drei vorbenannten allgemeinen Aufgaben gibt es **keine gesetzlichen Verfahrens- und Formvorgaben**. Eilige Mitteilungen, insbesondere wenn Gefahr in Verzug besteht, können somit mündlich erfolgen, wobei aus Dokumentations- und Nachweisgründen auf die Schriftform zurückgegriffen werden sollte. 26

Der Personalrat kann zwar durch Beschluss entsprechende Personalratsmitglieder zur Wahrnehmung der Aufgaben nach § 64 Nr. 4 beauftragen, 27 dennoch ist jedes einzelne Personalratsmitglied gehalten, etwaige in der Dienststelle ausgemachte Unfall- und Gesundheitsgefahrenquellen der Dienststelle unverzüglich mitzuteilen. Hierfür bedarf es keines vorangehenden Personalratsbeschlusses. Wenn es speziell um den aktiven Einsatz des Personalrates im Hinblick auf die Durchführung gesundheitsfördernder Maßnahmen geht, wird man aber wohl i. d. R. eine entsprechende Beschlussfassung voraussetzen müssen, weil Derartiges vorab im Plenum auch intern diskutiert werden muss.

VI. Befassung mit Anregungen und Beschwerden von Beschäftigten

28 Nr. 5: Zu den Aufgaben des Personalrates gehört es auch, **Anregungen und Beschwerden von Beschäftigten** entgegenzunehmen und, falls sie berechtigt erscheinen, durch Verhandlung mit der Dienststelle auf ihre Erledigung hinzuwirken. § 64 Nr. 5 ist somit im Kontext der Förderung des Gemeinwohls in der Dienststelle nach § 64 Nr. 1 zu sehen.

29 Unter „**Anregungen**" sind alle Vorschläge zu verstehen, die letztendlich darauf abzielen, die innerdienstlichen Verhältnisse oder die Situation der Angehörigen der Dienststelle zu verbessern. Der **Anregungsgegenstand** muss einen **dienstlichen Bezug** aufweisen. Anregungen, die sich ausnahmslos auf die private Lebensgestaltung der Beschäftigten oder auf die Erfüllung ihrer dienstlichen Aufgaben beziehen, unterliegen nicht dem Anwendungsbereich des § 64 Nr. 5.

30 Der Begriff „**Beschwerde**" stellt auf negative Äußerungen der Angehörigen der Dienststelle im Hinblick auf innerdienstliche Umstände (z. B. soziale oder organisatorische Angelegenheiten) oder auf die persönliche Situation eines oder mehrerer Angehöriger der Dienststelle ab. Die Beschwerde muss sich dabei auf konkrete Umstände beziehen; eine bloße allgemeine Unwohläußerung ist nicht ausreichend (vgl. BVerwG 21.02.1980 – 6 P 77.78 –). Der **Beschwerdegegenstand** muss einen dienstlichen Bezug aufweisen. Private Meinungsverschiedenheiten oder Streitigkeiten, die außerhalb der Dienststelle angesiedelt sind, werden somit von § 64 Nr. 5 nicht erfasst. Da sich solche Probleme aber naturgemäß auch auf das Arbeitsumfeld und dabei speziell den Verwaltungs- bzw. Betriebsfrieden auswirken können, sollte der Personalrat zumindest gegenüber den hiervon Betroffenen ein offenes Ohr haben und gegebenenfalls seine beratende Hilfe anbieten.

Wichtig! 31

Neben der im LPVG NRW geregelten Beschwerde kann der Personalrat auch andere Beanstandungen, z. B. nach § 17 Abs. 2 Satz 4 TVöD/TV-L, geltend machen. Das gilt auch für Beschwerden nach § 13 Abs. 1 AGG (vgl. zur Unterrichtung § 62 Rz. 2a). Bei der personellen Besetzung der dort genannten „zuständigen Stelle" besteht i. Ü. kein Mitbestimmungsrecht des Personalrats (vgl. VGH Hessen 20.03.2008 – 22 TL 2257/07 – und BAG 21.07.2009 – 1 ABR 42/08 – zum BetrVG), wohl aber bei der Einführung und Ausgestaltung des Beschwerdeverfahrens als solches (vgl. § 72 Rz. 937b)!

Das Gesetz macht **keine Verfahrens- oder Formvorgaben** für die Behandlung von Anregungen und Beschwerden. Es besteht eine **Entgegennahmeverpflichtung** für jedes einzelne Personalratsmitglied. Da der Personalrat die Berechtigung des entgegengenommenen Vorbringens zu prüfen und darüber einen Beschluss zu fassen hat, bevor er eine (konkrete und substanziierte) Weiterleitung an die Dienststelle vornimmt, ist aus Dokumentations- und Nachweisgründen an dieser Stelle stets die **Schriftform** zu empfehlen. Soweit der Personalrat in der Praxis zumeist Anregungen und Beschwerden im Rahmen seiner Sprechstunde nach § 39 nur mündlich mitgeteilt bekommt, sollte er dieses protokollieren und sich auch von dem jeweiligen Beschäftigten unterzeichnen lassen, sodass ein späterer Streit über den konkreten Inhalt des Vorbringens vermieden wird. 32

Bei der **Überprüfung der Berechtigung der Anregung und/oder Beschwerde** hat der Personalrat die Kollektivinteressen in der Dienststelle, d. h. also, die Interessen aller dortigen Beschäftigten zu beachten. Die letztendliche **Entscheidung über Anregungen und Beschwerden** obliegt sodann dem Dienststellenleiter. An dieser Stelle weist der Personalrat **kein Recht zur Schlichtung** und **kein Recht zur Letztentscheidung** auf. 33

Wichtig! 34

Wenn Beschäftigte Vorbehalte gegen die Rechtmäßigkeit einer ihnen gegenüber ausgesprochenen dienstlichen Weisung haben, ist der Personalrat hierfür nicht nach § 64 Nr. 5 zuständig (vgl. für Beamte, § 36 Abs. 2 BeamtStG sowie für Arbeitnehmer die Vorgaben des TVöD/TV-L)!

In den **von einzelnen Beschäftigten selbstständig betriebenen gerichtlichen Beschwerdeangelegenheiten** weist der Personalrat auch keine Prozessvertretungsbefugnis auf (vgl. BVerwG 13.02.1976 – VII P 9.74 –). Der Personalrat kann Beschäftigte im Hinblick auf ihre Beschwerdeangelegenheiten beraten. Dabei gilt es aber zu beachten, dass er eine **Rechtsberatung** nur zur sachge- 35 rechten Ausübung der ihm nach dem LPVG NRW übertragenen Handlungsbefugnisse, die in erster Linie in mitbestimmungspflichtigen Angelegenheiten bestehen, vornehmen darf (vgl. BVerwG 18.08.2003 – 6 P 6/03 – und auch § 2 Abs. 3 Nr. 3 RDG)!

VII. Berufliche Eingliederung, Entwicklung schwerbehinderter Beschäftigter und sonstiger schutzbedürftiger Personen

36 Nr. 6: Des Weiteren gehört zu den allgemeinen Aufgaben des Personalrates die **berufliche Eingliederung und Entwicklung schwerbehinderter Beschäftigter** und **sonstiger schutzbedürftiger, insbesondere älterer Personen**. Diese betrifft alle Beschäftigten der Dienststelle und dabei klarstellend auch, diejenigen in leitenden Positionen sowie im Übrigen diejenigen, die vom Mitbestimmungsausschluss i.S.d. § 72 Abs. 1 Satz 2 Halbsatz 2 erfasst werden (vgl. entsprechend BAG 09.05.2023 – 1 ABR 14/22 – zum BetrVG).

Der **Personalrat kann von der Dienststelle eine vollständige Liste der schwerbehinderten – und diesen juristisch gleichgestellten – Beschäftigten verlangen** (vgl. entsprechend BAG 09.05.2023 – 1 AZR 14/22 – zum BetrVG).

37 Mit **schwerbehinderten Beschäftigten** sind solche i.S.d. SGB IX gemeint. Nach § 2 Abs. 2 SGB IX sind das Menschen, bei denen ein Grad der Behinderung von wenigstens 50 vorliegt und die ihren Wohnsitz, ihren gewöhnlichen Aufenthalt oder ihre Beschäftigung auf einem Arbeitsplatz i.S.d. § 156 SGB IX rechtmäßig im Geltungsbereich des vorbenannten Gesetzes haben. Nach § 2 Abs. 3 sind schwerbehinderten Menschen gleichgestellt solche behinderten Menschen mit einem Grad der Behinderung von weniger als 50, aber wenigstens 30, bei denen die übrigen Voraussetzungen des § 2 Abs. 2 vorliegen, wenn sie infolge ihrer Behinderung ohne die Gleichstellung einen geeigneten Arbeitsplatz i.S.d. § 156 SGB IX nicht erlangen oder nicht behalten können (sog. gleichgestellte behinderte Menschen). Auf die Dienstfunktion kommt es nicht an (vgl. hierzu auch Rz. 36).

38 Das Merkmal **„sonstige schutzbedürftige Personen"** dient als Auffangmerkmal der Gesetzgeber. Dabei hat er **„ältere Personen"** lediglich akzentuiert („insbesondere"). Wer zu Letzteren zählt, hat der Gesetzgeber nicht ausdrücklich definiert. Im Kontext erscheint es daher vertretbar, die Altersvorgaben nach dem SGB IX (50. Lebensjahr, vgl. § 155 Abs. 1 Nr. 2 SGB IX) und des AltTZG (55. Lebensjahr, vgl. § 2 Abs. 1 Nr. 1 AltTZG) berücksichtigend heranzuziehen. Schutzbedürftige Personen i.S.d. § 64 Nr. 6 sind des Weiteren z.B. chronisch kranke Beschäftigte, Beschäftigte mit einem Alkohol-

oder Suchtproblem, Beschäftigte, die aus einem längeren Krankenstand zurückkehren, Beschäftigte, die aus dem Mutterschutz und/oder Elternzeit zurückkehren etc. (vgl. hierzu auch Lorenzen u. a., § 62 Rn. 46 m. w. N.).

Wichtig! 39

Wenn die Anwendung der besonderen Regelungen zur Teilhabe schwerbehinderter Menschen bei einem gleichgestellten Beschäftigten i. S. d. § 2 Abs. 3 SGB IX nach § 196 SGB IX beendet ist, kann diese Person trotzdem noch als sonstige schutzbedürftige Person anzusehen sein (vgl. insbesondere die Vollendung des 50. Lebensjahres)!

Zu den Aufgaben des Personalrates gehört die Eingliederung und berufliche 40
Entwicklung der vorbenannten Klientel. Der Begriff **„Eingliederung"** stellt dabei auf die Integration (z. B. eine Person, die längerfristig arbeitslos gewesen ist bzw. die Rückgliederung, d. h. z. B. eine Person, die aufgrund langer Krankheit abwesend gewesen ist) in die Dienststelle ab. Hier ist bereits der spezielle **Anspruch des Personalrats auf Vorlage eingehender Bewerbungen schwerbehinderter Personen** zu beachten (vgl. § 65 Rz. 35a). Weiterhin gilt für **Schwerbehinderte im Rahmen von Auswahlverfahren** nach der rechtskräftigen Entscheidung des VG Sigmaringen vom 10.02.2023 – 7 K 4878/20 –: *„Aus § 165 Satz 3 SGB IX folgt, dass schwerbehinderte Bewerber auf eine von einem öffentlichen Dienstherrn ausgeschriebene Stelle Anspruch darauf haben, dass sie solange im Auswahlverfahren verbleiben, bis die letztverbindlich behördenintern über die Auswahl entscheidende Stelle einen eigenen Eindruck von der Eignung des schwerbehinderten Bewerbers gewinnen kann. Diese Anforderung ist nicht erfüllt, wenn der schwerbehinderte Bewerber schon in einem Vorauswahlverfahren, das das Ziel hat, der zur Letztentscheidung berufenen Stelle (hier: der Gemeinderat) die geeignetsten Bewerber vorzuschlagen, aus dem weiteren Auswahlverfahren ausgeschlossen wird."*

Die **berufliche Entwicklung** geht in zeitlicher Hinsicht über die Eingliede- 41
rung hinaus. Man stellt darauf ab, dass der Personalrat auch in der Folge und dabei im gesamten beruflichen Fortgang, d.h. z.B. bei beruflichen Aufstiegen, bei der Inanspruchnahme beruflicher Fortbildungen oder bei der Reduzierung von Leistungsdefiziten behilflich ist. Das gilt auch für das **Präventionsverfahren nach § 167 Abs. 1 SGB IX** (vgl. Rz. 42), das i. Ü. innerhalb der Wartezeit nach § 1 Abs. 1 KSchG nicht verpflichtend von der Dienststelle durchgeführt werden muss (vgl. BAG 21.04.2016 – 8 AZR 402/14 –). Will die Arbeitgeberseite aber im Rahmen einer späteren krankheitsbedingten Kündigung in den Genuss einer Darlegungs- und Beweislastumkehr im Hinblick auf das Vorliegen eines leidensgerechten Arbeits-

platzes gelangen, so sollte sie so oder so vorab jedenfalls stets zunächst dieses Verfahren durchlaufen (vgl. hierzu BAG 18.10.2017 – 10 AZR 47/17 –).

42 Aus dem SGB IX ergeben sich im Hinblick auf die vorbenannte Eingliederungs- und Entwicklungspflicht **insbesondere folgende Rechte und Pflichten des Personalrates**:

- Anspruch auf Übermittlung einer Abschrift der an die zuständige Agentur für Arbeit erfolgenden jährlichen Anzeige und des dabei anliegenden Verzeichnisses der schwerbehinderten und deren gleichgestellten Beschäftigten der Dienststelle (§ 163 Abs. 2 Satz 3 SGB IX)
- Wahrnehmung der Beteiligungsrechte beim Abschluss von Integrationsvereinbarungen (§ 166 Abs. 1 SGB IX)
- Anspruch auf Beteiligung bei Präventionsmaßnahmen und beim betrieblichen Eingliederungsmanagement (§ 167 Abs. 1 und 2 SGB IX – **siehe hierzu auch Bülow, Das „BEM" in der Praxis, DöD 2023, S. 149**)
- Förderungspflicht bzgl. der Eingliederung schwerbehinderter Menschen und Überwachung des Arbeitgebers, dass dieser die ihm nach den §§ 154, 155 und 164 bis 167 SGB IX obliegenden Pflichten erfüllt (§ 176 SGB IX). Siehe zu einem diesbezüglichen Unterrichtungsanspruch auch entsprechend BAG 09.05.2022 – 1 ABR 14/22 – zum BetrVG).
- Anspruch auf Beteiligung bei Präventionsmaßnahmen und beim betrieblichen Eingliederungsmanagement (§ 167 Abs. 1 und 2 SGB IX)
- Förderungspflicht bzgl. der Eingliederung schwerbehinderter Menschen und Überwachung des Arbeitgebers, dass dieser die ihm nach den §§ 154, 155 und 164 bis 167 SGB IX obliegenden Pflichten erfüllt (§ 176 SGB IX)
- Verpflichtung zur engen Zusammenarbeit und gegenseitige Unterstützung mit der Dienststelle, wenn es um die Teilhabe schwerbehinderter Menschen am Arbeitsleben geht (§ 182 SGB IX).

VIII. Berufliche Förderung schwerbehinderter Beschäftigter

43 Nr. 7: Soweit der Gesetzgeber definiert, dass der Personalrat die allgemeine Aufgabe hat, „**Maßnahmen zur beruflichen Förderung schwerbehinderter Beschäftigter", zu beantragen,** ist davon auszugehen, dass er damit die bereits in der Aufgabenverpflichtung nach § 64 Nr. 6 enthalte Verpflichtung nochmals hervorheben wollte. In der Praxis gilt zu beachten, dass der Personalrat die in § 64 Nr. 7 betonten Maßnahmen je nach Sachlage sowohl generell als auch individuell für einzelne schwerbehinderte Beschäftigte zu treffen hat.

IX. Mitwirkung an der Entwicklung der interkulturellen Öffnung der Verwaltung und Eingliederung von Beschäftigten mit Migrationshintergrund

Nr. 8: Durch die **Novelle 2011** wurde diese Vorschrift neu gefasst und der allgemeine Aufgabenkreis des Personalrates erweitert. Die alte Fassung der Vorschrift hatte die Förderung der Eingliederung ausländischer Beschäftigter in der Dienststelle und des Verständnisses zwischen ihnen und den deutschen Beschäftigten vorgegeben. Daran hat der Gesetzgeber auch nach der Novelle 2011 weiter festgehalten, allerdings eine Anpassung im Hinblick auf die Sprachregelungen, die in der Integrationspolitik Verwendung finden, vorgenommen. Die Vorschrift sieht nunmehr des Weiteren vor, dass der Personalrat auch an der „**Entwicklung der interkulturellen Öffnung der Verwaltung**" mitzuwirken hat. 44

Welche Mitwirkungspflicht für den Personalrat durch die erweiterte Neufassung der Vorschrift besteht, hat der Gesetzgeber nicht definiert. Im Hinblick auf das TIntG NRW vom 14.02.2012 (GV. NRW, S. 97) erscheint es vertretbar, auf die dort für die interkulturelle Öffnung der Landesverwaltung definierten Maßnahmen in § 6 Abs. 1 und 2 entsprechend abzustellen. 45

§ 6 TIntG NRW lautet wie folgt: 46

Die Landesverwaltung wird zur Stärkung ihrer Handlungsfähigkeit im Umgang mit der Vielfalt in der Gesellschaft interkulturell weiter geöffnet. Das erfolgt durch Maßnahmen zur Erhöhung des Anteils der Menschen mit Migrationshintergrund im öffentlichen Dienst und gezielten Förderung der interkulturellen Kompetenz der Bediensteten der Landesverwaltung. Die Landesregierung hat eine fachübergreifende Abstimmung zu Fragen der Teilhabe und Integration von Menschen mit Migrationshintergrund sicherzustellen. Die von der Bezirksregierung bestellten Integrationsbeauftragten unterstützen die Dienststelle dabei integrationsfördernde Aspekte im Rahmen der Aufgabenwahrnehmung zu berücksichtigen und wirken bei der Umsetzung der Maßnahmen zur Integration sowie solchen, die Auswirkungen auf Menschen mit Migrationshintergrund haben oder haben können, mit.

„**Beschäftigte mit Migrationshintergrund**" sind in Anlehnung an die Begriffsbestimmung des § 4 TIntG NRW Personen, die nicht Deutsche i.S.d. Art. 116 Abs. 1 GG sind oder außerhalb des heutigen Gebietes der Bundesrepublik Deutschland geboren und seit dem 1. Januar 1950 nach Deutschland zugewanderte Personen oder Personen, bei denen mindestens ein Elternteil die zuletzt genannten Kriterien erfüllt (vgl. auch LT-Drucks. 15/2944, S. 45). 47

48 Der Begriff „**Eingliederung**" ist wie der in § 64 Nr. 6 zu verstehen (vgl. Rz. 36).

49 Die **Förderungspflicht** des Personalrates ist darauf ausgerichtet, dass Schwierigkeiten in der sprachlichen Verständigung und auch Probleme, die sich aus der unterschiedlichen nationalen und auch kulturellen Herkunft ergeben, überwunden werden.

X. Zusammenarbeit mit der Jugend- und Auszubildendenvertretung

50 Nr. 9: Zu den allgemeinen Aufgaben **gehört auch die Verpflichtung zur engen Zusammenarbeit mit der Jugend- und Auszubildendenvertretung zur Förderung der Belange der von ihr vertretenen Beschäftigten**. Dabei hat der Personalrat vor allem zu beachten, dass die Jugend- und Auszubildendenvertretung kein selbstständiges Organ ist, sondern grundsätzlich über den Personalrat in Kontakt mit der Dienststelle tritt.

51 Der Personalrat hat insbesondere folgende Rechte der Jugend- und Auszubildendenvertretung zu beachten:

- Ladung der in § 36 genannten Person unter Mitteilung der Tagesordnung (§ 30 Abs. 2 Satz 3 i. V. m. § 36 Abs. 1 Satz 1)
- Personalratssitzung (§ 30 Abs. 3)
- Beachtung des Antragsrechts der Jugend- und Auszubildendenvertretung (§ 35 Abs. 1 und 2)
- Beratendes Teilnahmerecht der Jugend- und Auszubildendenvertretung bei Personalratssitzungen (§ 36 Abs. 1 Satz 1)
- Entgegennahme von Anregungen und Beschwerden (§ 61 Abs. 1 Nr. 3)
- Unterrichtung der Jugend- und Auszubildendenvertretung (§ 61 Abs. 3 Satz 1)
- Zurverfügungstellung von Unterlagen an die Jugend- und Auszubildendenvertretung (§ 61 Abs. 3 Satz 2)
- Beiziehung der Jugend- und Auszubildendenvertretung zu Quartalsbesprechungen (§ 61 Abs. 4)
- Teilnahmerecht eines Mitgliedes der Jugend- und Auszubildendenvertretung an der Auswahl von Ausbildern (§ 61 Abs. 5)
- Teilnahmerecht eines Mitgliedes der Jugend- und Auszubildendenvertretung bei Vorstellungsgesprächen zur Bewerberauswahl (§ 65 Abs. 2 Satz 3)
- Teilnahme eines Mitgliedes der Jugend- und Auszubildendenvertretung an Personalgesprächen (§ 65 Abs. 3 Satz 4).

XI. Förderung der Gleichberechtigung von Frauen und Männern

Nr. 10: Die Vorschrift stellt eine Konkretisierung der in § 64 Nr. 1 enthaltenen Gemeindewohlförderung dar. Sie berechtigt und verpflichtet den Personalrat, die Verwirklichungen des Grundrechts der **Gleichberechtigung von Frauen und Männern**, die in Art. 3 Abs. 2 GG grundlegend geregelt ist, zu fördern. Damit stellt diese personalvertretungsrechtliche Vorschrift einen Anknüpfungspunkt an das LGG NRW und auch an die dort enthaltene Maßnahme zur Frauenförderung dar. Sowohl der Personalrat als auch die Gleichstellungsbeauftragte nehmen die ihnen jeweils gesetzlich übertragenen Aufgaben zwar eigenständig und nebeneinanderstehend wahr. Dennoch empfiehlt sich in der Praxis eine enge und vertrauensvolle Zusammenarbeit beider Seiten im Hinblick auf die Verwirklichung gemeinsamer Ziele. Dabei gilt in der Praxis besonders zu beachten, dass die Rechte der Gleichstellungsbeauftragten zwar durch die Neufassung des LGG NRW vom 15.12.2016 gestärkt wurden, letztendlich aber vom Umfang her immer noch schwächer ausgeprägt sind als die des Personalrates nach dem LPVG NRW. Siehe ausführlich auch die **gesonderte Kommentierung von Bülow zum LGG NRW**! 52

Förderungsmaßnahmen nach § 64 Nr. 10 knüpfen in der Praxis zumeist an den **Gleichstellungsplan** (vgl. § 5a Abs. 1 LGG NRW) an. Die Maßnahmen des Personalrates können auf die Zulassung von Frauen zu Fortbildungsveranstaltungen, die Ausgestaltung von Fortbildungsveranstaltungen im Hinblick auf die besonderen Bedürfnisse von Frauen, aber auch auf die Vermeidung und Unterbindung von sexuellen Belästigungen am Arbeitsplatz etc. ausgerichtet sein. 53

Zur **Mitbestimmung** bei Maßnahmen, die der Durchsetzung der tatsächlichen Gleichberechtigung von Frauen und Männern dienen, vgl. § 72 Abs. 4 Satz 1 und dort Rz. 1105. 54

XII. Anregen von Maßnahmen des Umweltschutzes in der Dienststelle

Nr. 11: Im Zuge der **Novelle 2011** gehören zu den allgemeinen Aufgaben des Personalrates nunmehr auch „**Maßnahmen, die dem Umweltschutz in der Dienststelle dienen, anzuregen**". Der „**Umweltschutz in der Dienststelle**" umfasst alle personellen und organisatorischen Maßnahmen in der Dienststelle sowie alle Maßnahmen, die sich auf die baulichen und technischen Anlagen, den Räumlichkeiten, den Dienst- und Arbeitsab- 55 läufen und die Arbeitsplätze erstrecken, die auch dem Umweltschutz dienen. Dass dem Personalrat im Zuge der Novellierung neu zugesprochene allgemeine Initiativrecht besteht insoweit nur dann, wenn ein Bezug zum Dienst- bzw. Arbeitsverhältnis besteht bzw. wenn einzelne oder mehrere in der Dienststelle Beschäftigte unmittelbar betroffen sind. Der Umweltschutz als eigentliche verwaltungsrechtliche Aufgabe obliegt der Dienststelle und nicht dem Personalrat. Bei den dem Umweltschutz in der Dienststelle dienenden Maßnahmen i. S. d. § 64 Nr. 11 geht es also stets um die **Einflussnahme des Personalrates** auf umweltschützende Maßnahmen der Dienststelle mit Auswirkungen auf die dort Beschäftigten.

56 **Dem Umweltschutz dienliche Maßnahmen**, sind solche, die wenigstens auch durch umweltschutzbezogene Überlegungen der Dienststelle mitbestimmt wurden.

57 **Beispiel:**

Eine Kommune möchte ein Verfahren der Abfallentsorgung so verändern, dass die aus dem bisherigen Verfahren erwachsenen Lärmbelästigungen für die Beschäftigten ausbleiben. Diese Maßnahme dient zwar auch dem allgemeinen Umweltschutz als solchen, da die Lärmbelastung grundsätzlich auch für Dritte, wie Nachbarn oder vorbeigehende Spaziergänger entfallen, zugleich sind aber vor allem auch die Beschäftigten der Dienststelle zukünftig dem Lärm nicht mehr ausgesetzt.

XIII. Rechtliche Auseinandersetzungen

58 Meinungsverschiedenheiten zwischen der Dienststelle und dem Personalrat über den Inhalt und dem Umfang der in § 64 enthaltenen Rechte und Pflichten des Personalrates können grundsätzlich im personalvertretungsrechtlichen Beschlussverfahren geklärt werden. Dabei gilt es jedoch zu beachten, dass teilweise nur eine begrenzte gerichtliche Kontrolle einsetzen kann (vgl. auch zur Verhandlung und Einigung nach § 64 Nr. 5 Rz. 28 f.). Zur **Erwirkung einer Handlungsvornahme des Dienststellenleiters**, z. B. der Beantwortung einer Initiativanfrage nach § 64 Nr. 1 vgl. § 79 Rz. 32 ff.

59 **Wichtig!**

Der Aufgabenkatalog des § 64 stellt auf den Handlungsrahmen des Personalrates ab. Die Vorschrift stellt von daher keine Anspruchsgrundlage für einzelne Beschäftigte dar. Soweit diese ihre Rechte also gerichtlich durchsetzen oder abklären lassen möchten, müssen sie dies eigenständig außerhalb des personalvertretungsrechtlichen Beschlussverfahrens und auf der Basis individueller Anspruchsgrundlagen vornehmen!

Wenn der Personalrat seinen Pflichten nach § 64 nicht ausreichend nachkommt, kann gegebenenfalls der Weg für ein **Auflösungs- bzw. Ausschlussverfahren nach § 25** eröffnet sein. 60

§ 65 (Unterrichtungs-, Informations-, Teilnahme-, Einsichtsrecht und Datenschutz)

(1) Der Personalrat ist zur Durchführung seiner Aufgaben rechtzeitig und umfassend zu unterrichten. Ihm sind die dafür erforderlichen Unterlagen vorzulegen. Vor Organisationsentscheidungen der Dienststelle, die beteiligungspflichtige Maßnahmen zur Folge haben, ist der Personalrat frühzeitig und fortlaufend zu informieren. An Arbeitsgruppen, die der Vorbereitung derartiger Entscheidungen dienen, kann der Personalrat beratend teilnehmen.

(2) Bei Einstellungen sind ihm auf Verlangen die Unterlagen aller Bewerberinnen und Bewerber vorzulegen. An Gesprächen, die im Rahmen geregelter oder auf Übung beruhender Vorstellungsverfahren zur Auswahl unter mehreren dienststelleninternen oder dienststellenexternen Bewerberinnen und Bewerbern von der Dienststelle geführt werden, kann ein Mitglied des Personalrats teilnehmen; dies gilt nicht in den Fällen des § 72 Abs. 1 Satz 2. Ein Mitglied der Jugend- und Auszubildendenvertretung kann zusätzlich teilnehmen, wenn zu den Gesprächen Beschäftigte im Sinne des § 55 Absatz 1 eingeladen sind.

(3) Personalakten oder Sammlungen von Personaldaten dürfen nur mit Zustimmung der oder des Beschäftigten und nur von den von ihr oder ihm bestimmten Mitgliedern des Personalrats eingesehen werden; dies gilt nicht für listenmäßig aufgeführte Personaldaten, die regelmäßig Entscheidungsgrundlage in beteiligungspflichtigen Angelegenheiten sind. Dienstliche Beurteilungen sind auf Verlangen der oder des Beschäftigten dem Personalrat zur Kenntnis zu bringen. Ein Mitglied des Personalrats kann auf Wunsch der oder des Beschäftigten an Besprechungen mit entscheidungsbefugten Personen der Dienststelle teilnehmen, soweit dabei beteiligungspflichtige Angelegenheiten berührt werden. Das Gleiche gilt für ein Mitglied der Jugend- und Auszubildendenvertretung, soweit es um beteiligungspflichtige Angelegenheiten der von ihr vertretenen Beschäftigten geht.

(4) Die Einhaltung des Datenschutzes obliegt dem Personalrat. Der Dienststelle sind die getroffenen Maßnahmen mitzuteilen.

Gliederung

I. Einleitende Bemerkungen

1 Die Vorschrift enthält in Abs. 1 Satz 1 eine Grundregelung, wonach die Dienststelle zur umfassenden Unterrichtung des Personalrates verpflichtet ist. Die Regelungen in Abs. 1 Satz 2 und 3 sowie in den folgenden Absätzen konkretisieren sodann die Informations- und Teilnahmerechte des Personalrates.

1a Siehe auch **Tabelle:** Lexikon der wichtigsten Personalrechte

2 Im Zuge der **Novelle 2011** wurden die Rechte des Personalrates erheblich erweitert. So wurde ihm in Abs. 1 Satz 3 eine sog. prozessbegleitende Mitbestimmung eingeräumt. Nach dem dort ebenfalls neu eingefügten Satz 4 hat der Personalrat nun ein beratendes Teilnahmerecht an Arbeitsgruppen, die der Vorbereitung von Entscheidungen i. S. d. Satzes 3 dienen. Durch die Satzanfügung in Abs. 2 Satz 3 sind die Rechte der Jugend- und Auszubildendenvertretung insoweit gestärkt worden, als diese bei Vorstellungsgesprächen zur Bewerberauswahl nunmehr auch ein beratendes Teilnahmerecht haben. Durch die Satzanfügung in Abs. 3 Satz 4 kann jetzt auch ein Mitglied der Jugend- und Auszubildendenvertretung bei Besprechungen i. S. d. Satz 3 teilnehmen. Des Weiteren hat die Vorschrift eine geschlechtergerechte Sprachanpassung erhalten.

II. Grundlegende Unterrichtung und Teilnahme an Arbeitsgruppen

3 Abs. 1: Nach **Abs. 1 Satz 1** ist die Dienststelle verpflichtet den Personalrat, „**zur Durchführung seiner Aufgaben rechtzeitig und umfassend zu unterrichten**“. Für diese grundlegende Unterrichtungspflicht bedarf es keiner besonderen Aufforderungen durch den Personalrat. Dem Personalrat steht allerdings **im Zusammenhang mit Personalentscheidungen nach § 72 Abs. 1 Satz 2 Halbsatz 2** (vgl. § 72 Rz. 364 ff.) **kein Unterrichtsanspruch** zu (vgl. entsprechend OVG NRW 30.08.2018 – 20 A 2500/16.PVB – zum BPersVG).

4 Der Unterrichtungsanspruch ist weitläufig gefasst, was durch das Merkmal „**umfassend**“ (vgl. hierzu Rz. 15) zum Ausdruck kommt. Er besteht

allerdings nicht uneingeschränkt, sondern nur insoweit, als der Personalrat Auskünfte von der Dienststelle benötigt, um seine Aufgaben und damit auch seine Befugnisse, vollständig, rechtzeitig und sachgerecht wahrnehmen zu können (vgl. BVerwG 26.01.1994 – 6 P 21/92 – und OVG NRW 22.05.1996 – 1 A 1864/93.PVL –). Der Unterrichtungsanspruch bezieht sich dabei auf alle Aufgaben, welche die Dienststelle und deren Beschäftigten unmittelbar betreffen. Er ist also nicht nur auf die im LPVG NRW geregelten förmlichen Beteiligungsverfahren bezogen. Da der Personalrat kein Kontrollorgan ist, welches das Recht und die Verpflichtung besitzt, die Aufgabenerfüllung und den innerbetrieblichen Bereich der Dienststelle allgemein zu überwachen, weist er **keinen allumfassenden Unterrichtungsanspruch auf**. Der Unterrichtungsanspruch des Personalrats ist vielmehr nach der vorliegenden Vorschrift streng aufgabenakzessorisch ausgestaltet (vgl. Rz. 10). Als Maßstab für den Umfang und auch die Grenzen seines Unterrichtungsrechts ist dabei auf den Grundsatz der vertrauensvollen Zusammenarbeit nach § 2 Abs. 1 (vgl. OVG NRW 22.01.1986 – CL 28/83 –) unter Beachtung der Grundrechte betroffener Beschäftigter im Übrigen abzustellen (vgl. OVG NRW 01.06.2017 – 20 A 696/16.PVL). In diesem Zusammenhang hat das BVerwG zuletzt jedenfalls zugunsten des Personalrats entschieden, dass aber auch dann, wenn kein Mitbestimmungsrecht einschlägig sein sollte, dennoch ein **Unterrichtungsanspruch aufgrund seiner allgemeinen Überwachungsaufgabe** bestehen kann (vgl. BVerwG 19.12.2018 – 5 P 6.17 –). Der auf Letzterem basierende Unterrichtungsanspruch besteht indes nicht uneingeschränkt und insbesondere überhaupt nicht, wenn die Mitbestimmung nach § 72 Abs. 1 Satz 2 Halbsatz 2 Nr. 2 (vgl. § 72 Rz. 370 ff.) ausgeschlossen ist (vgl. entsprechend BVerwG 29.09.2020 – 5 P 11/19 – zum BPersVG und Anm. Bülow, ZTR 2021, S. 241 f.). Generell kann jedenfalls gesagt werden: Damit der Personalrat aktuelle und bevorstehende Entscheidungsprozesse in der Dienststelle ausreichend nachvollziehen kann, ist ihm der gleiche Informationsstand, wie ihn die Dienststelle hat, zuzusprechen. Für den **Bereich einer gemeinsamen Einrichtung** (Jobcenter) vgl. OVG NRW 07.11.2013 – 20 A 218/13 –, und zur personalvertretungsrechtlichen Stellung des Geschäftsführers eines Jobcenters vgl. BVerwG 16.07.2020 – 5 P 8/19 – und Anm. Bülow, ZTR 2021, 241 f.).

Bei individuellen Auskunftsansprüchen der Beschäftigten nach dem **Entgelttransparenzgesetz** (EntgTranspG) ist der Personalrat eng einzubinden. Insoweit besteht neben dem allgemeinen Unterrichtsanspruch des § 65 Abs. 1 Satz 1 auch ein spezialgesetzlicher Unterrichtungsanspruch nach § 13 Abs. 2 EntgTranspG, der dem Personalrat grundsätzlich ein Einsichtsrecht in die 5

Listen über die Bruttolöhne und -gehälter eröffnet, wenn die dortigen Voraussetzungen gegeben sind (vgl. § 16 EntgTranspG zum Geltungsbereich für den öffentlichen Dienst). Diese Listen müssen nach derzeitiger Rechtsprechung nicht anonymisiert werden (so entsprechend BAG 07.09.2019 – 1 ABR 53/17 – zum BetrVG). Wenn die Dienststelle von der ihr nach § 14 Abs. 2 EntgTranspG eingeräumten Möglichkeit der Selbstvornahme der Information Gebrauch gemacht (vgl. im Kontext BAG 25.06.2020 – 8 AZR 145/19 –), indem sie den Personalrat bereits über geltend gemachten Auskunftsverlangen der Beschäftigten informiert und diesem Einblick in spezifische von ihr aufbereitete Bruttoentgeltlisten gewährt hat, besteht daneben kein Anspruch des Personalrats, ihm auch noch Listen in elektronischer Form zu überlassen (vgl. entsprechend BAG 28.07.2020 – 1 ABR 6/19 – zum BetrVG).

5a Siehe auch **Checkliste:** Unterrichtung

6 Der Unterrichtungsanspruch des Personalrates besteht nur, wenn eine Erforderlichkeit „**zur Durchführung seiner Aufgaben**" besteht. Daher kann er z.B. in den Angelegenheiten, bei denen für ihn keine Mitbestimmung besteht, keinen allgemeinen Unterrichtungsanspruch geltend machen (vgl. OVG NRW 22.05.1996 – 1 A 1864/93.PVL –). Wenn eine Mitbestimmung besteht, ist Gegenteiliges der Fall, wobei der Umfang und die Grenzen des Unterrichtungsanspruchs dann auch aus dem Mitbestimmungsrecht selbst entsprechend resultieren (vgl. VGH Baden-Württemberg 23.02.1996 – PL 15 S 1715/94 –). Damit der Personalrat die Interessen der Beschäftigten im Mitbestimmungsverfahren vollständig vertreten kann, hat er einen **Anspruch auf Kenntnis der Stellungnahme der Gleichstellungsbeauftragten** (vgl. OVG NRW 11.04.2019 – 20 A 1890/18 – m.w.N. und zum Beteiligungsverfahren des LGG NRW die **gesonderte Kommentierung von Bülow zu den §§ 17 und 18 LGG NRW**). Soweit i.S.d. § 66 Abs. 2 Satz 1 relevant, gilt das auch für **amtsärztliche Gutachten und Stellungnahmen** (vgl. OVG Berlin-Brandenburg 19.01.2017 – 60 PV 6.16 –).

7 **Wichtig!**

Der Unterrichtungsanspruch des Personalrates ist auf die Angelegenheiten der Dienststelle, bei der er gebildet ist, beschränkt, sodass all diejenigen Entscheidungsangelegenheiten, die in den Zuständigkeitsbereich einer übergeordneten Dienststelle fallen, ausgenommen sind!

8 Ob der Personalrat einen Unterrichtungsanspruch nach § 65 Abs. 1 Satz 1 aufweist, ist im Rahmen einer **2-Stufen-Prüfung** zu klären (vgl. entsprechend BAG 21.10.2003 – 1 ABR 39/02 – zum BetrVG):

9

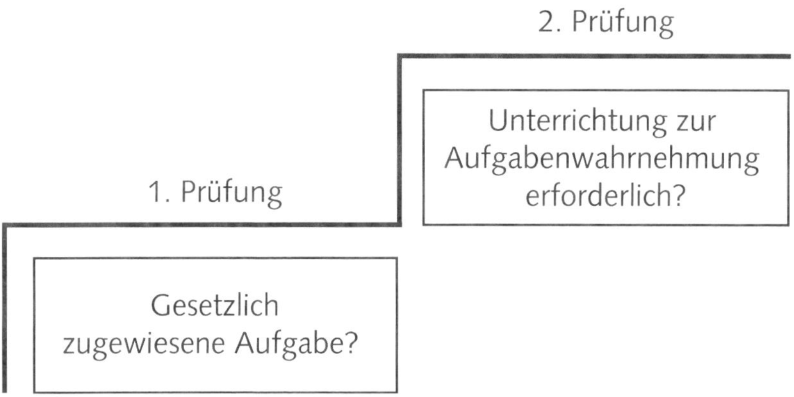

Ob im Hinblick auf die vom Personalrat begehrte Unterrichtung zur Wahrnehmung seiner gesetzlichen Aufgaben eine **Erforderlichkeit** besteht, beurteilt sich nach einem **objektiven Maßstab**. Dabei ist zunächst davon auszugehen, dass der Personalrat dafür Sorge zu tragen hat, dass sowohl die kollektiven rechtlichen und sozialen Belange der Beschäftigten als auch die der einzelnen Beschäftigten untereinander in der Dienststelle nach Recht und Billigkeit gewahrt werden (vgl. BVerwG 22.12.1993 – 6 P 16.93 –). Es ist an die Angelegenheiten anzuknüpfen, bei denen objektiv davon ausgegangen werden kann, dass dem Personalrat Verstöße gegen die vorbenannten Rechtsinteressen der Beschäftigten erkennbar sind, wobei auch der Grundsatz der Verhältnismäßigkeit Anwendung findet (vgl. zu Letzterem BVerwG 08.11.1989 – 6 P 7/87 –). Insoweit muss ein **konkretes Unterrichtungsbedürfnis des Personalrates** nach dem vorbenannten Anlass bestehen und im Zusammenhang mit seinem Unterrichtungsbegehren der Dienststelle auf deren Verlangen auch mitgeteilt werden (vgl. BVerwG 29.08.1990 – 6 P 30.87 –). Im Regelfall sind in diesem Punkt an die Erforderlichkeit keine besonderen Anforderungen zu stellen (vgl. BVerwG 22.12.1993 a.a.O.). Der Personalrat kann einen Unterrichtungsanspruch insoweit auch darauf stützen, dass die Unterrichtung zur Durchführung der allgemeinen Aufgaben erforderlich sei, darüber zu wachen, dass die zugunsten der Beschäftigten geltenden Gesetze durchgeführt werden (vgl. BVerwG 19.12.2018 – 5 P 6.17 –). Unter Beachtung des Grundsatzes der Verhältnismäßigkeit ist dann aber ein **strengerer Maßstab anzulegen, wenn das Unterrichtungsbegehren des Personalrates nur unter Aufwendung eines erheblichen Aufwandes erfüllt werden kann** oder, wenn der Persönlichkeitsschutz dies nach der Intensität der Betroffenheit des oder der jeweiligen Beschäftigten erfordert (vgl. BVerwG 22.12.1993 a.a.O.). Letzteres ist z.B. der Fall, wenn der Personalrat eine generelle Unterrichtung über die Schwangerschaft 10 aller in der Dienststelle Beschäftigten begehrt (vgl. hierzu auch BVerwG 29.08.1990 – 6 P 30.87 –, 04.09.2012 – 6 P 5/11 – und OVG NRW 01.06.2017 – 20 A 696/16.PVL –). Es besteht **grundsätzlich kein Unterrichtungsrecht für Maßnahmen, die nicht der Beteiligung des Personalrats unterliegen**, denn der Unterrichtungsanspruch des Personalrats ist streng aufgabenakzessorisch ausgestaltet (vgl. BVerwG 28.06.2013 – 6 PB 8/13 – und Rz. 3). Die Dienststelle darf solche Maßnahme also vornehmen, ohne vorab den Personalrat darüber zu unterrichten. Dem Personalrat steht im Übrigen nach der vorliegenden Vorschrift auch im Nachhinein kein Recht auf umfassende Offenlegung der zugrunde liegenden Tatsachen dieser Entscheidung zu (vgl. BVerwG 07.06.2017 – 5 PB 14.16 –). Soweit möglich und vor allem vertretbar, sollte die Dienststelle sich aber trotzdem auch in diesen Fällen im Rahmen einer vertrauensvollen Zusammenarbeit möglichst mit dem Personalrat austauschen! Dafür spricht zudem, dass die Frage, ob Beteiligungstatbestände erfüllt sind, nicht immer auf Anhieb eindeutig zu beantworten ist (vgl. BVerwG 28.06.2013 a.a.O.). Von daher bejaht die höchstrichterliche Rechtsprechung für den Fall, dass die Dienststelle das Bestehen eines Rechts im Ergebnis verneint nämlich, **ausnahmsweise doch einen Unterrichtungsanspruch, wenn eine „gewisse Wahrscheinlichkeit" für das Bestehen eines Beteiligungsrechts besteht** (vgl. BVerwG 28.06.2013 a.a.O. m.w.N.). Das Überschreiten der Wahrscheinlichkeitsschwelle erfolgt allerdings nicht bereits schon dann, wenn der Bezug lediglich nicht ausgeschlossen werden kann, sondern bedarf vielmehr konkreter Anhaltspunkte (BVerwG 25.05.2016 – 5 PB 21.15 –).

10a Zur **Übersendung nicht-anonymisierter Arbeitszeitkontostände** hat z. B. das OVG Bremen unter dem 22.3.2023 – 6 LP 259/22 – zuletzt zutreffend erkannt: Soweit die betroffenen Beschäftigten einer Nennung ihres Namens nicht zugestimmt haben, dürfen solche Kontostände dem Personalrat nur auf anlassbezogene Nachfrage und nach einer einzelfallbezogenen Erforderlichkeitsprüfung übermittelt werden. Ein Anspruch auf regelmäßige namentliche Übermittlung der Salden aller Arbeitszeitkonten, die den nach einer Dienstvereinbarung zulässigen Rahmen nicht einhalten, besteht nicht.

11 Ein **Unterrichtungsanspruch** des Personalrates besteht nach der Rechtsprechung, ohne dass es der Darlegung eines besonderen Anlasses dafür bedarf, insbesondere in folgenden Fällen:

- Einsicht in die Bruttolohn- bzw. Gehaltslisten (vgl. BVerwG 22.04.1998 – 6 P 4.97 –)
- Unterrichtung über Beginn und Ende sowie Umfang der wöchentlichen Arbeitszeit der in der Dienststelle Beschäftigten (vgl. BAG 06.05.2003 – 1 ABR 13/02 –)

- Einsichtnahmerecht in die Personalbedarfsberechnung und die Stellenpläne der Dienststelle (vgl. OVG NRW 24.01.2001 – 1 A 1538/99.PVB –)

Kein Unterrichtungsanspruch besteht insbesondere in den folgenden Fällen:

- Unterrichtung über Abmahnungen von Beschäftigten (vgl. entsprechend BAG 17.09.2013 – 1 ABR 26/12 – zum BetrVG und OVG Rheinland-Pfalz 15.07.2013 – 5 B 10.700/13 – zum Ausnahmefall der Unterrichtung über Streikteilnehmer, wenn diese disziplinarisch belangt werden)
- Unterrichtung über Schwangerschaften von Beschäftigten, die hierzu nicht ihre Einwilligung erteilt haben (vgl. BVerwG 29.08.1990 – 6 P 30.85 – und OVG NRW 01.06.2017 – 20 A 696/16.PVL –)
- Erhalt der privaten Telefonnummer und E-Mail-Adresse (vgl. OVG NRW 03.04.2017 – 20 A 628/16.PVL –).

Für die Unterrichtung bestehen keine **gesetzlichen Formvorgaben**. Aus Dokumentations- und Nachweisgründen und insbesondere zur Vermeidung von Streitigkeiten über den Inhalt der erfolgten Unterrichtung ist grundsätzlich die Schriftform zu empfehlen. 12

Die **Vornahme der Unterrichtung** kann **durch den Dienststellenleiter** oder die in § 8 Abs. 1 Satz 2f. und Abs. 2 bis 4 aufgeführten Personen erfolgen (vgl. hierzu § 8 Rz. 6ff.). 13

Muster 22: Unterrichtung des Personalrates 13a

Die Unterrichtung muss „**rechtzeitig**" erfolgen. Dass ist dann der Fall, wenn der Personalrat noch **ausreichend Zeit** hat, sich mit dem Unterrichtungsgegenstand zu befassen, sich eine eigene Meinung darüber zu bilden, und die im LPVG NRW für seine letztendliche Entscheidung vorgeschriebenen Fristen wahren kann (vgl. BVerwG 28.04.1967 – 7 P 12.65 –). Der Personalrat darf also nicht vor vollendete Tatsachen gestellt werden, sodass für eine echte Entscheidung seinerseits gar kein Raum mehr besteht (vgl. VGH Baden-Württemberg 23.02.1996 – PL 15 S 1715/94 –). Das bedeutet in der Praxis allerdings nicht, dass die Dienststelle den Personalrat bereits darüber unterrichten muss, wenn sie zunächst noch erste (Vor-)Überlegungen über eine gegebenenfalls zu ergreifende Maßnahme anstellt. Die Rechte des Personalrates im Rahmen des Mitbestimmungs- und Mitwirkungsverfahrens setzten erst beim Vorliegen einer „**beabsichtigten Maßnahme**" ein (vgl. im Übrigen § 66 Rz. 12). 14

Des Weiteren muss die Unterrichtung „**umfassend**" sein. Sie muss alle Informationen aufweisen, die für eine sachgemäße und angemessene Erfüllung der Aufgaben des Personalrates erforderlich sind. Dabei ist jeweils auf die Umstände des Einzelfalles abzustellen, wobei sich der Umfang und die Grenzen der Unterrichtung prinzipiell am Grundsatz der 15 vertrauensvollen Zusammenarbeit nach § 2 Abs. 1 orientieren (vgl. OVG NRW 22.01.1986 – CL 28/83 – und auch BVerwG 19.03.2014 – 6 P 1.13 –).

16 **Praxistipp!**

Wenn der Personalrat seine Zustimmung zu einer von der Dienststelle beabsichtigten Maßnahme wegen einer seiner Meinung nach nicht umfassend genügenden Unterrichtung verweigert, muss er hierzu konkrete fallbezogene Ausführungen machen, da sein Einwand ansonsten unbeachtlich ist (vgl. BVerwG 29.06.1996 – 6 P 38/93 –)!

17 Nach **Abs. 1 Satz 2** hat die Dienststelle dem Personalrat die zu seiner Unterrichtung „**erforderlichen Unterlagen vorzulegen**“. Die **Vorlagepflicht besteht gegenüber der Vorsitzenden Person** (so auch BayVGH 19.04.1974 – 1 IX 74 –). Die Bezeichnung „**Unterlagen**“ bezieht sich auf Schriftstücke wie z. B. Listen, schriftliche Aufzeichnungen, aber auch Grafiken, Fotos und elektronisch gespeicherte Daten (vgl. BAG 17.03.1983 – 6 ABR 33/80 –). Im Rahmen eines Bewerbungsverfahrens gehören hierzu neben den Bewerbungsunterlagen auch die von der Dienststelle aus Anlass der Bewerbung über einzelne Mitbewerber erstellte Aufzeichnungen (vgl. BAG 13.12.2004 – 1 ABR 55/03 –).

18 Welche Unterlagen der Vorlagepflicht unterliegen, ist im Einzelfall zu entscheiden, wobei Anknüpfungspunkt stets die konkrete Aufgabendurchführung des Personalrates ist (vgl. hierzu OVG NRW 22.05.1996 – 1 A 1864/93.PVL –).

19 Die **Vorlageverpflichtung** der Dienststelle umfasst im Grunde nach alle Varianten, angefangen von der **Einsichtnahme der Unterlagen** bis hin zu deren **zeitweisen oder dauerhaften Überlassung**. Worauf die Dienststelle in der Praxis zurückgreift, ist von der jeweiligen Aufgabenstellung abhängig, wobei vor allem auch die Schutzinteressen von gegebenenfalls betroffenen Beschäftigten zu berücksichtigen sind. Soweit der Personalrat zur Wahrnehmung seiner gesetzlichen Aufgaben Unterlagen wiederkehrend benötigt, hat die Dienststelle ihm entsprechende Kopien auch dauerhaft zu überlassen. Das betrifft z. B. Personalbedarfsberechnungen und Stellenpläne (vgl. BVerwG 23.01.2002 – 6 P 5/01 –). Die Dienststelle kann übrigens ihrer Unterrichtungspflicht auch durch die **Einräumung einer Leseberechtigung** genügen (vgl. BVerwG 19.03.2014 – 6 P1 1.13 – und entsprechend BAG 16.08.2011 – 1 ABR 22710 –).

20 Die Dienststelle braucht ihrer Vorlageverpflichtung nur dann nachzukommen, wenn sie selbst die **Unterlagen im Besitz** hat. Nur, wenn es ohne größeren Verwaltungsaufwand der Dienststelle möglich und zumutbar ist, kann der Personalrat auch die **Erstellung von einfachen Unterlagen**

wie z.B. nummerierte oder alphabetische Namenslisten verlangen (vgl. OVG NRW 08.11.1988 – CL 41/86 –).

Wichtig! 21

Wenn der Personalrat im Hinblick auf eine von der Dienststelle beabsichtigte Maßnahme kein Beteiligungsrecht hat (vgl. z.B. die in § 72 Abs. 1 Satz 2 Halbsatz 2 genannten Fälle), besteht keine Vorlagepflicht! Gleiches gilt, wenn das Beteiligungsrecht des Personalrates von dem Antrag eines in § 72 Abs. 1 Satz 2 Halbsatz 1 benannten Beschäftigten abhängig ist und dieser keinen Antrag auf Beteiligung des Personalrates gestellt hat (vgl. BVerwG 20.03.2002 – 6 P 6.01 –)!

Die Dienststelle hat die erforderlichen **Unterlagen unaufgefordert** dem Personalrat **vorzulegen** (vgl. RdErl. MBl. NRW v. 11.04.2013, Nr. 13.1). 22

Die Dienststelle hat **insbesondere die nachfolgenden Unterlagen** vorzulegen: 23

- Berechnung der Personalbedarfs und Stellenpläne (vgl. BVerwG 23.01.2002 – 6 P 5.01 –).
- Überlassung eines Soll-Ist-Stellenplans (vgl. entsprechend VG Mainz 06.12.2016 – 5 K 613/16.MZ –)
- Liste der schwerbehinderten – Beschäftigten (vgl. entsprechend BAG 09.05.2023 – 1 AZR 14/22 – zum BetrVG)
- Namen der Beschäftigten, denen ein BEM angeboten wurde (vgl. BVerwG 04.09.2012 – 6 P 5.11 –)
- Abschrift der Stellenmitteilung an die Bundesagentur für Arbeit nach § 165 Abs. 2 Satz 3 SGB IX
- Berechnung von Vollkräften (vgl. VG Freiburg 03.06.2004 – P 11 K 2859/03 –)
- Personalbewirtschaftungslisten (vgl. BVerwG 26.02.1960 – VII P 4.59 –)
- Bruttolohn- und Gehaltslisten (vgl. BVerwG 27.02.1985 – 6 P 9.84 –, 22.04.1998 – 6 P 4.97 –, BAG 17.03.1983 – 6 ABR 33/80 – und zum Inhalt der Listen vgl. BAG 20.02.1987 – 1 ABR 43/84 –)
- Listen über Leistungszulagen und Leistungsprämien (vgl. BVerwG 22.12.1993 – 6 P 15.92 – und OVG NRW 20.09.2002 – 1 A 1061/01.PVB –)
- Beförderungslisten (vgl. BVerwG 13.05.1960 – VII P 5.59 – und OVG NRW 28.01.1963 – CL 6/62 –).
- Vereinbarungen leistungsbezogener Entgelte unter bestimmten Umständen (VG Minden 11.04.2019 – 14 K 112/17.PVL –).

Kein Vorlageanspruch des Personalrates besteht insbesondere bezüglich folgender Unterlagen: 24

- Listen über werdende oder stillende Mütter mit deren namentlicher Angabe (vgl. BVerwG 22.02.1993 – 6 P 15.92 –)

- Antwortschreiben auf die Einladung zu einem betrieblichen Eingliederungsmanagement, ohne Zustimmung des Beschäftigten (vgl. BVerwG 22.06.2010 – 6 P 8.09 –)
- Anlass unabhängige Ausbildungspläne/-nachweise (vgl. OVG NRW 30.09.1980 – CL 7/79 –).
- Zeitnachweisbögen zur Arbeitszeiterfassung (vgl. BVerwG 27.02.1985 – 6 P 9/84 –).

24a Der Personalrat kann nicht verlangen, dass ihm die **in der elektronischen Arbeitszeiterfassung gespeicherten Daten** unter Namensnennung der Beschäftigten zur Verfügung gestellt werden. Er kann aber anonymisierte Arbeitszeitlisten verlangen, um so im ausreichenden Maße seine Überwachungsaufgabe wahrnehmen zu können (vgl. BVerwG 19.03.2014 – 6 P 1/13 –). Zum Anspruch des Personalrats vom Dienststellenleiter über alle von der Schulleitung in Ihrem Zuständigkeitsbereich abgeschlossenen **Honorarverträge** unterrichtet zu werden vgl. OVG Berlin Brandenburg 13.03.2014 – OVG 60 PV 19/12 –.

25 Nach **Abs. 1 Satz 3 und Satz 4** weist der Personalrat einen neuartigen Unterrichtungsanspruch auf. Diese Bestimmung ist im Zuge der **Novelle 2011** neu geschaffen worden und hat das Unterrichtungsrecht des Personalrates erweitert. Dadurch ist der Personalrat zu Organisationsentscheidungen der Dienststelle, die beteiligungspflichtige Maßnahmen zur Folge haben, nun frühzeitig und fortlaufend zu informieren.

26 Der neu eingeführte Unterrichtungsanspruch besteht also bereits **vor der eigentlichen Organisationsentscheidung** der Dienststelle und soll nach dem Willen des Gesetzgebers dem Personalrat die Möglichkeit geben, die kollektiven Interessen der Beschäftigten effektiverweise sicherzustellen (vgl. hierzu auch LT-Drucks. 15/1644, S. 81).

27 Der Begriff „**Organisationsentscheidungen**“ stellt auf alle Entschließungen, die auf die Arbeitserledigung der Dienststelle tatsächlich Einfluss haben oder haben können. Dazu gehört beispielsweise die Bildung, Umstrukturierung oder Auflösung von Dienststellen Dezernatsneubildungen, Privatisierung i. S. d. § 72 Abs. 4 Nr. 22 (vgl. RdErl. MBl. NRW v. 11.04.2013, Nr. 13.2) etc. Hier ist der Personalrat bereits in der Willensbildungsphase der Dienststelle informativ zu beteiligen. Zur Beteiligung im Hinblick auf die **Auflösung von Förderschulen** vgl. VG Arnsberg 06.05.2014 – 20 L 330/14.PVL –. Zum Umfang und zu den Grenzen des **Direktionsrecht der Dienststelle** vgl. LAG Hamm 29.11.2018 –11 Sa 665/18 –.

28 Die Dienststelle muss den Personalrat „**frühzeitig**“ unterrichten, d.h. also noch vor Abschluss ihres Willensbildungsprozesses. Der Personalrat soll den gesamten Planungsprozess der jeweiligen Organisationsentscheidung von Anfang an begleiten können, bevor erste Planungsschritte abgeschlossen sind. Das bedeutet, dass der Unterrichtungszeitpunkt noch vor der Zuleitung etwaiger Rats- oder Vorstandsbeschlussvorlagen bzw. der dortigen Beschlussfassung liegt (vgl. OVG NRW 20.08.2013 – 20 B 585/13.PVL –).

Damit der Personalrat auf geplante Maßnahmen der Dienststelle auch effektiv Einfluss nehmen kann, ist er darüber hinaus „**fortlaufend**“ zu unterrichten. Die Dienststelle muss den Personalrat also entsprechend kontinuierlich über neue Entwicklungen, eruierte Alternativszenarien und alle sonstigen angedachten Änderungen im Hinblick auf die letztendliche Entscheidungsumsetzung unterrichten. 29

Praxistipp! 30

Der neuartige Unterrichtungsanspruch nach Abs. 1 Satz 3 sollte sich in der Praxis nicht nur in einer fortlaufenden Bringschuld der Dienststelle erschöpfen. Die Dienststelle sollte vielmehr den Sachverstand des Personalrates bei ihren Maßnahmeplanungen ebenfalls nutzen und stets entsprechend einfordern!

Nach **Abs. 1 Satz 4** hat der Personalrat durch die Novelle 2011 auch einen **Anspruch auf beratende Teilnahme an Arbeitsgruppen** erhalten, die der Vorbereitung von Entscheidungen i.S.d. Abs. 1 Satz 3 dienen. Eine „**Arbeitsgruppe**“ stellt die Zusammenkunft einer Mehrzahl von Personen dar, die auf einem von der Dienststelle ausgehenden Auftrag beruht und gemeinsam, arbeitsteilig ein Arbeitsergebnis erarbeitet, dass der Vorbereitung von Organisationsentscheidungen i.S.d. Abs. 1 Satz 3 dient. 31

Die Vorschrift eröffnet dem Personalrat ein Teilnahmerecht, bewirkt allerdings **keine Teilnahmepflicht**. Soweit der Wortlaut der Vorschrift zwar auf eine Teilnahme des Personalrates abstellt, gilt es in der Praxis zu beachten, dass durch die Teilnahme des Personalrates an einer Arbeitsgruppe und der damit verbundenen Gruppenarbeit die Verwaltungs- bzw. Betriebsabläufe in der Dienststelle keinen Schaden nehmen dürfen. Des Weiteren ist vom Personalrat bei einer Teilnahme auch der Grundsatz der sparsamen Verwendung öffentlicher Haushaltsmittel (vgl. § 40 Rz. 7; § 42 Rz. 26) zu beachten, sodass letztendlich nur die **Teilnahme von einem oder höchstens zwei Personalratsmitgliedern** geboten sein wird. In diesem Fall hat der Personalrat vor der Entsendung des oder der betreffenden Mitglieder einen entsprechenden Beschluss zu fassen. Aufgrund der auch bei der Teilnahme an Arbeitsgruppen weiterhin bestehenden Dienst- bzw. Arbeitspflicht sowie der Pflicht zur vertrauensvollen Zusammenarbeit bedingt die Teilnahme an der Arbeitsgruppe eine **Ab- und Rückmeldung gegenüber dem Dienststellenleiter**! 32

33 Die **Dienststelle hat den Personalrat über die Einrichtung von Arbeitsgruppen zu unterrichten**, damit dieser von seinem beratenden Teilnahmerecht auch entsprechend Gebrauch machen kann.

34 Der Personalrat hat **keinen Anspruch auf Bildung von Arbeitsgruppen**. Er kann diese allenfalls im Rahmen seines allgemeinen Initiativrechts nach § 64 Nr. 1 oder im Rahmen eines Initiativrechts nach § 66 Abs. 4 i. V. m. § 72 gegenüber der Dienststelle anregen.

III. Unterrichtung bei Einstellungen

35 Abs. 2: Nach **Abs. 2 Satz 1** sind dem **Personalrat bei der Einstellung von Bewerbern auf Verlangen die Unterlagen aller Bewerber, d. h. auch derjenigen, die von der Dienststelle nicht für die Einstellung vorgesehen sind, vorzulegen.** Dabei kommt es nicht darauf an, ob die Bewerber (bereits) Beschäftigte i. S. d. § 5 sind (vgl. näher zum Ganzen Rz. 39).

35a **Wichtig!**

Über den Eingang von Bewerbungen schwerbehinderter Personen i. S. d. § 2 SGB IX ist der Personalrat und die Schwerbehindertenvertretung nach § 164 Abs. 1 Satz 4 unmittelbar nach ihrem Eingang zu unterrichten. Die Unterrichtungspflicht besteht, sobald die Dienststelle erkennen kann, dass es sich um die Bewerbung einer Person im vorbenannten Sinne handelt (vgl. BAG 25.11.2021 – 8 AZR 313/20 –). Die Sammlung und gebündelte spätere Weitergabe von Bewerbungen ist also nicht mehr „unmittelbar". Mit Unterrichtung i. S. d. vorbenannten Vorschrift ist eine gezielte Information unter Hinweis auf die Schwerbehinderung anzunehmen. Diese geht also über ein reines Einräumen des Zugangs gegenüber dem Personalrat und der Schwerbehindertenvertretung, zu den Bewerbungsunterlagen hinaus (vgl. BAG 25.11.2021 a. a. O.)!

36 Zu den **Bewerbungsunterlagen** zählen insbesondere:

- Bewerbung, d. h. Bewerbungsanschreiben, Lebenslauf und alle Zeugnis- bzw. Nachweisanlagen (vgl. OVG NRW 16.11.1978 – CL 10/78 –)
- Zusammenstellungen von Bewerberdaten und Aufzeichnungen zu den Vorstellungsgesprächen, wenn sie bei der Auswahl Berücksichtigung finden (vgl. OVG Niedersachsen 19.07.1989 – 18 OVG L 20/87 – und zum BetrVG: BAG 14.04.2015 – 1 ABR 58/13 –)
- Eignungsgutachten (vgl. OVG NRW 08.11.1988 – CL 41/86 –)
- Gewonnene Erkenntnisse aus der Personalakte, die bei der Bewerberauswahl berücksichtigt werden (vgl. BVerwG 26.11.1994 – 6 P 21.92 –).

Nicht zu den Bewerbungsunterlagen gehören insbesondere: 37

- Herausgabe des Computerprogramms und der Programmierungsanweisung bei computergesteuerten Einstellungsverfahren (vgl. OVG NRW 31.05.1988 – CL 20/86 –)
- Arbeitsvertrag (vgl. zum BetrVG: BAG 18.10.1988 – 1 ABR 33/87 –).

Zum Begriff „**vorzulegen**" vgl. grundsätzlich Rz. 19. Die Aufbereitung der 38 Unterlagen hat so zu erfolgen, dass der Personalrat nachvollziehen kann, ob die geltenden Vorschriften und dabei vor allem die im öffentlichen Dienst geltenden Grundsätze nach Art. 33 Abs. 2 GG eingehalten worden sind (vgl. OVG NRW 08.11.1988 a. a. O.). Die Dienststelle muss dem Personalrat die Bewerbungsunterlagen für eine angemessene Zeit zur Bearbeitung überlassen (so OVG NRW 08.11.1988 a. a. O., 20.10.1996 – 1 A 3555/92. PVL – und zum BetrVG mit einer Befristung für längstens eine Woche BAG 03.12.1985 – 1 ABR 72/83 –).

Die **Vorlagepflicht nach Abs. 2 Satz 1 besteht nur bei einem Verlangen** 39 (1. Voraussetzung) des Personalrats und **erst zu dem Zeitpunkt, in dem die Dienststelle eine Auswahl getroffen** hat und eine Mitteilung gegenüber dem Personalrat erfolgt, welche Personen eingestellt werden sollen (2. Voraussetzung). Zur besonderen Unterrichtungspflicht nach § 164 Abs. 1 Satz 4 SGB IX bei Eingang von Schwerbehinderten-Bewerbungen vgl. zuvor Rz. 35a. Eine **Überlassungsverpflichtung besteht längstens bis zur Beschlussfassung über den Antrag auf Zustimmung.** Eine zeitliche Begrenzung für längstens eine Woche, wie es das BAG für den Betriebsrat vorsieht (vgl. BAG 03.12.1985 – 1 ABR 72/83 –) ist im Hinblick auf die grundsätzlich längere Zustimmungsfrist im LPVG NRW (§ 66 Abs. 2 Satz 3 Halbsatz 1) und insgesamt gegebene Möglichkeit der längeren Verfahrensdauer (§ 66 Abs. 3 Satz 1) abzulehnen. **Keine Vorlagepflicht** besteht nach der Rechtsprechung (vgl. BVerwG 20.03.2002 – 6 P 6.01 – und OVG NRW 30.08.2018 – 20 A 2500/16.PVB) bei mangelnder Zustimmungsbedürftigkeit, wie bspw. im Fall des Fehlens eines, die Mitbestimmung auslösenden Antrags nach § 72 Abs. 1 Satz 2 Halbsatz 2 (vgl. § 72 Rz. 352 ff.) oder dem Ausschluss der Mitbestimmung nach § 72 Abs. 1 Satz 2 Halbsatz 1 (vgl. § 72 Rz. 364 ff.). Für den Personalrat besteht **im Auswahlverfahren**, d. h. also vor einer beabsichtigten Einstellung **kein Anspruch auf Vorlage der Dokumentation der Antworten der Bewerber** (vgl. OVG NRW 17.10.2017 – 20 A 1739/16.PVG).

Nach **Abs. 2 Satz 2 Halbsatz 1** hat der Personalrat einen **Anspruch auf** 40 **Teilnahme an Vorstellungsgesprächen**. Dabei kann nicht der gesamte Personalrat, sondern nur ein von ihm vorab durch Beschluss (§ 34) entsprechend beauftragtes Mitglied teilnehmen.

Es besteht auch dann, wenn der Personalrat an der Personalmaßnahme, welche die Dienststelle im Anschluss an diese Gespräche treffen kann, zu beteiligen ist. Zur besonderen **Einladungspflicht der Dienststelle von schwerbehinderter Bewerbern** siehe im Kontext BAG 23.11.2023 – 8 AZR 164/22 – m. w. N.

Das Teilnahmerecht beinhaltet grds. **kein Stimmrecht** (vgl. entsprechend OVG Rheinland-Pfalz 27.06.1995 – 5 A 12266/94 –) und beschränkt sich nur auf Gespräche, die von der Dienststelle zur Auswahl unter mehreren dienststelleninternen oder dienststellenexternen Bewerbern geführt werden, damit sich die Dienststelle einen persönlichen Eindruck von den Bewerbern verschaffen kann (vgl. hierzu auch OVG NRW 13.12.1989 – CL 46/87 –). Vorstellungsgespräche müssen „**im Rahmen geregelter oder auf Übung beruhender Vorstellungsverfahren**" durchgeführt werden. Begrifflich ist insoweit auf das Verwaltungsverfahren i. S. d. § 9 VwVfG NRW zurückzugreifen (vgl. BVerwG 02.03.1993 – 6 P 23.91 –). Dementsprechend sind von § 65 Abs. 2 Satz 2 Halbsatz 1 all diejenigen Bewerbergespräche und Anhörungen umfasst, die auf eine Entscheidungsvorbereitung der Dienststelle, d. h. z. B. eine Einstellung, eine Umsetzung, eine Höhergruppierung oder eine Übertragung einer höherwertigen Tätigkeit angelegt sind (vgl. hierzu auch BVerwG 02.06.1993 a. a. O.). Wenn die Dienststelle **Auswahlverfahren und Gespräche auf Dritte übertragen** hat (sog. externes Auswahlmanagement), so besteht allerdings kein Teilnahmerecht. Die vorliegende Vorschrift eröffnet weiterhin, anders als im Fall der Gleichstellungsbeauftragten, die Angehörige der Verwaltung ist (vgl. näher hierzu Bülow, § 16 LGG NRW Rn. 6 ff.) auch **keine Teilnahme von Personalratsmitgliedern als Mitglied in einer Auswahlkommission**. Die gestattete stimmberechtigte Mitwirkung von Personalratsmitgliedern in einer solchen Kommission ist unzulässig (vgl. OVG NRW 27.06.1994 – 12 B 1084/94 –, 22.03.2000 1 A 4382/98.PVL – und VG Gelsenkirchen 04.06.2018 – 12 L 3601/17 –). Sie ist der Dienststelle also nicht zu empfehlen, da sie letztendlich Auswirkungen auf die Rechtmäßigkeit der Auswahlentscheidung als solches hat (vgl. OVG Niedersachsen 13.10.2006 – 5 ME 115/06 –). Zur **Einladungspflicht des Arbeitgebers von schwerbehinderten Bewerbern** vgl. BAG 19.01.2023 – 8 AZR 437/21 – m. w. N. zur Thematik).

41 **Kein Teilnahmerecht des Personalrates** besteht im Übrigen in den folgenden Fällen:

- Gespräche, die eine nicht-beteiligungspflichtige Maßnahme wie z. B. nach § 72 Abs. 1 Satz 2 vorbereitet (vgl. BVerwG 27.09.2018 – 5 P 1.17 –)
- Gespräche, die nur im Zusammenhang mit einem vorstehenden oder laufenden Vorstellungsverfahren ohne Beteiligung eines Bewerbers durchgeführt werden

- Gespräche, die auf Initiative eines potenziellen Bewerbers mit der Dienststelle geführt werden, weil dieser sich z. B. über eine ausgeschriebene Stelle näher informieren möchte
- Gespräche im Zusammenhang von Beurteilungsverfahren (vgl. z.B. Richtlinien für die dienstliche Beurteilung von Lehrkräften etc., geregelt im Runderlass des Ministeriums für Schule, Jugend und Kinder vom 02.01.2003)
- Informationsveranstaltungen zur Personalgewinnung.

Zum **Teilnahmerecht eines Personalratsmitgliedes bei einem ausgesprochenen Hausverbot** siehe BayVGH 19.04.2016 – 5 CS 16.488 – und zur Rechtmäßigkeit eines solchen Hausverbotes OVG NRW 05.04.2023 – 33 B 287/23.PVB m. w. N.

Nach **Abs. 2 Satz 2 Halbsatz 2** hat der Personalrat **kein Teilnahmerecht bei Auswahlgesprächen in den Fällen des § 72 Abs. 1 Satz 2.** In § 72 Abs. 1 Satz 2 Halbsatz 1 hat der Gesetzgeber eine antragsabhängige Mitbestimmung geregelt, d. h., dass der Personalrat für die dort benannten Beschäftigten ein Mitbestimmungsrecht nur dann ausüben kann, wenn diese es beantragen. Nach § 72 Abs. 1 Satz 2 Halbsatz 2 besteht ein vollständiger Ausschluss der Mitbestimmung für die dort unter den Nr. 1 bis 5 bezeichneten Beschäftigten. 42

Beispiel: 43

Wenn sich Beschäftigte z. B. um die Stelle eines Abteilungsleiters für das Personalwesen (§ 8 Abs. 1 Satz 2) bewerben, weist der Personalrat kein Teilnahmerecht an den Vorstellungsgesprächen mit diesem Personenkreis auf.

Nach **Abs. 2 Satz 3** besteht nach der Novelle 2011 nunmehr auch ein **Teilnahmerecht eines Mitgliedes der Jugend- und Auszubildendenvertretung**, wenn zu den Vorstellungsgesprächen Beschäftigte i. S. d. § 55 Abs. 1 (vgl. § 55 Rz. 7) eingeladen sind. Die Teilnahme beschränkt sich also auf Vorstellungsgespräche mit dem vorbenannten Personenkreis, d. h., es besteht **kein Teilnahmerecht** bei Vorstellungsgesprächen, die nicht mit Beschäftigten i. S. d. § 55 Abs. 1 geführt werden. 44

IV. Spezielle Einsichts-, Bekanntgabe- und Teilnahmerechte

Abs. 3: Die Vorschrift eröffnet dem Personalrat spezielle Kenntnisnahmerechte im Hinblick auf den Inhalt von Personalakten und von Sammlungen von Personaldaten, die im Kontext der bestehenden Unterrichtungsansprüche nach Abs. 1 zu sehen sind. 45

46 Nach **Abs. 3 Satz 1 Halbsatz 1** besteht ein **Einsichtsrecht in Personalakten oder Sammlungen von Personaldaten**. Da diese Sammlungen insbesondere bei einer längeren Zugehörigkeit zum öffentlichen Dienst neben den Daten des dienstlichen- bzw. beruflichen Werdegangs vor allem vielzählige Informationen über persönliche oder familiäre Verhältnisse enthalten, die dem Persönlichkeitsrecht der betroffenen Beschäftigten unterliegen, hängt das Einsichtsrecht von ihrer Zustimmung ab.

46a **Wichtig!**

Ausgehend von der Regelung des Abs. 3 Satz 1 Halbsatz 1 kann zwar auf ein Akteneinsichtsrecht des Beschäftigten in die über ihn geführten Personalakten unter Hinzuziehung von ihm bestimmter Mitglieder des Personalrats geschlossen werden. Davon erfasst wird aber kein Anspruch auf Einsichtnahme unter Hinzuziehung eines Rechtsanwalts, wenn die Dienststelle dem Beschäftigten die Möglichkeit der Anfertigung von Aktenkopien gewährt (vgl. BAG 12.07.2016 – 9 AZR 791/14 –)!

47 Bei der Bestimmung des Begriffs „**Personalakten**" ist grundsätzlich auf die beamtenrechtliche Definition in § 50 Satz 2 BeamtStG NRW zurückzugreifen. Danach gehören zur Personalakte alle Unterlagen, welche die Beamten betreffen, soweit sie mit dem Dienstverhältnis in einem unmittelbaren inneren Zusammenhang stehen (Personalaktendaten). Maßgebend ist insoweit der materielle Personalaktenbegriff, d.h., es kommt auf den Inhalt des jeweiligen Vorganges und nicht auf die Art der Registrierung und Aufbewahrung an (vgl. BVerwG 02.04.1981 – 2 C 34.79 –). Zur nicht physischen Aktenführung siehe Hitzelberger-Kijima, Die elektronische Personalakte, öAT 2016, S. 87. **Keine Personalakten bzw. -aktendaten oder bzw. Personal(akten)daten** sind insbesondere Akten zum **Betrieblichen Eingliederungsmanagement** (BEM) und spezielle dem dortigen Verfahren unterliegende Unterlagen (z.B. Zielvereinbarungen, ärztliche Gutachten) und Rechts- bzw. Prozessakten. Siehe zum Thema BEM auch **Bülow, Das „BEM" in der Praxis**, DöD 2023, S. 149.

48 Den Personalakten sind gleichgestellt „**Sammlungen von Personaldaten**". Davon umfasst sind alle personenbezogenen zusammengestellte Zusammenfassungen von Personaldaten wie z.B. die Zusammenstellung von Arbeitszeitkarten einzelner Beschäftigter (vgl. OVG NRW 13.12.1990 – CL 61/88 –) oder gegebenenfalls schulbezogene Stellenübersichten (vgl. OVG NRW 01.07.2014 – 20 B 400/14.PVL –). Zur dauerhaften Überlassung eines „Soll-Ist-Stellenplans vgl. Rz. 23 und zu anonymisierten Arbeitszeitlisten vgl. Rz. 24a. Davon abzugrenzen sind Sammlungen von Personaldaten, die lediglich unter Sachgesichtspunkten erfolgt sind (vgl. OVG NRW 25.03.1992 – CL 83/88 –). „**Keine**

Sammlung von Personaldaten" stellen daher individuell-sachbezogen zusammengefasste **Bruttolohn-, Gehaltslisten** (vgl. OVG NRW 25.03.1992 a.a.O.) **und Gagenlisten von Bühnenbeschäftigten** (vgl. BVerwG 22.04.1998 – 6 P 4.97 –) dar. Ebenso „**Namenslisten der Beschäftigten**", **denen ein Betriebliches Eingliederungsmanagement nach § 167 Abs. 2 SGB IX (BEM) anzubieten ist** (vgl. hierzu auch OVG NRW 26.04.2011 – 16 A 2006/09 – und BayVGH 15.03.2016 – 17 P 14.2689 – in Anlehnung an BVerwG 04.09.2012 – 6 P 5.11 – zur regelmäßigen Unterrichtungspflicht im Hinblick auf die Namen der Beschäftigten, denen ein BEM anzubieten ist). Zum Thema „BEM" siehe im Übrigen auch **Bülow, Das „BEM" in der Praxis**, DöD 2023, S. 149.

Für die Einsichtnahme besteht ein Zustimmungserfordernis, d.h., sie darf 49
nur mit „**Zustimmung der Beschäftigten**" geschehen (vgl. auch BVerwG 11.02.1981 – 6 P 44.79 – zur Einsicht in Personalakten). Die Zustimmung ist gegenüber der Dienststelle zu erklären. Eine gesetzliche Formvorgabe hierfür besteht nicht. Aus Dokumentations- und Nachweisgründen sollte jedoch stets auf die **Schriftform** zurückgegriffen werden. Der Beschäftigte kann grundsätzlich frei entscheiden, ob und welchen Mitgliedern des Personalrates er die Einsicht in seine Personalakte oder Sammlung von Personaldaten gewähren möchte. Er kann seine Zustimmung mit Ausnahme von dienstlichen Beurteilungen (vgl. Abs. 3 Satz 2) nicht nur auf einzelne Teile der Personalakte oder der Sammlung seiner Personaldaten beschränken. Ferner gilt zu beachten, dass die Zustimmung bedingungsfeindlich ist. Der Beschäftigte kann bis zur Vornahme der Einsicht seine **Zustimmung widerrufen**. Die Widerrufserklärung sollte zweckmäßigerweise ebenfalls schriftlich erfolgen.

Nach **Abs. 3 Satz 1 Halbsatz 2** besteht eine **Ausnahmeregelung für „Lis-** 50
tenmäßig aufgeführte Personaldaten, die regelmäßig Entscheidungsgrundlage in beteiligungspflichtigen Angelegenheiten sind". Diese Daten dürfen vom Personalrat auch ohne die Zustimmung der Beschäftigten eingesehen werden. Hierzu gehören nach dem Dafürhalten des Gesetzgebers (vgl. LT-Drucks. 11/5258, S. 38) folgende Daten: Name, Vorname, Geburtsjahr, Hinweis auf Ausbildung (z.B. Diplom-Verwaltungswirt, Diplom-Volkswirt), Eintritt in den Vorbereitungsdienst, Daten der Ernennung, Daten der Abteilungs- und Dezernatszugehörigkeit, Daten der Beurlaubung und Ermäßigung der Arbeitszeit (von – bis); zusätzlich bei Arbeitnehmern: das Datum der letzten Eingruppierung, die Vergütungs- bzw. Lohngruppe und Fallgruppe, Entgeltgruppe und -stufe sowie feste Zulagen. **Keine listenmäßig aufgeführten Personaldaten** stellen die Beurteilungsdaten dar (vgl. auch RdErl. MBl NRW Ziff. 16.4).

Erfasst werden nur listenmäßig aufgeführte Personaldaten, die regelmä- 51
ßig, d.h. dauerhaft Entscheidungsgrundlage in beteiligungspflichtigen

Angelegenheiten (vgl. §§ 72 ff.) sind. Damit stellt sowohl der Gesetzeswortlaut als auch der Normzweck ausschließlich auf derartige **bereits vorhandene Datenlisten** ab!

52 Nach **Abs. 3 Satz 2** besteht eine **Bekanntgabepflicht für dienstliche Beurteilungen**, wenn die Beschäftigten dies verlangen. In diesem Fall hat die Dienststelle den Personalrat entsprechend in Kenntnis zu bringen. Die Begrifflichkeit der „**dienstlichen Beurteilungen**" ist dem Beamtenrecht zu entnehmen. Gemeint sind damit die dienstlichen Beurteilungen im Hinblick auf die Eignung, Befähigung und fachliche Leistung der Beamten in der Probezeit (§ 92 Abs. 1 Satz 1 LBG NRW) und deren Beurteilung anlässlich einer Versetzung (§ 92 Abs. 1 Satz 2 Halbsatz 1 LBG NRW), die mit einem Gesamturteil und einem Vorschlag für die weitere dienstliche Verwendung abzuschließen und zu den Personalakten der Beamten zu nehmen sind (§ 92 Abs. 1 Satz 3 und 4 LBG NRW). Dementsprechend soll die Bekanntgabepflicht nach Abs. 3 Satz 2 gewährleisten, dass Beamte bei der Erstellung einer von ihnen angefertigten und in die Personalakte aufzunehmende Gegenäußerung (§ 92 Abs. 1 Satz 6 LBG NRW) sich des Beistandes des Personalrates effektiv bedienen können.

53 **Keine Bekanntgabepflicht** besteht bei bloßen Beurteilungsentwürfen, die bei oder im Nachgang zu Beurteilungsgesprächen gefertigt werden (vgl. hierzu sowie zum Nichtbestehen eines Teilnahmerechtes bei Beurteilungsgesprächen BVerwG 11.03.1983 – 6 P 23.80 –).

54 Nach **Abs. 3 Satz 3** besteht eine **Teilnahmemöglichkeit für Personalratsmitglieder an bestimmten Personalgesprächen mit Beschäftigten** (vgl. Rz. 58 zur Anzahl). Sie können neben dem Beschäftigten teilnehmen, nicht aber dessen persönliche und aktive Gesprächsteilnahme ersetzen (vgl. auch LAG Mecklenburg-Vorpommern 14.09.2011 – 3 Sa 43/11 – zur nebenvertraglichen Teilnahmepflicht). Die Teilnahme eines Personalratsmitgliedes – auch, wenn es sich um die Vorsitzende Person handelt – ersetzt nicht die vollständige Unterrichtung und Vorlage erforderlicher Unterlagen gegenüber dem Gesamtgremium, dass über etwaige sich dem Gespräch anschließende beteiligungspflichtige (Folge-)Maßnahme (z.B. Umsetzung, Abmahnung) beschlussfassend zu entscheiden hat. Ein Teilnahmeanspruch setzt zunächst ein entsprechendes **Verlangen des Beschäftigten** voraus (1. Voraussetzung). Weiterhin muss es sich um eine **Besprechung mit entscheidungsbefugten Personen der Dienststelle** handeln (2. Voraussetzung). Das sind grundsätzlich nach § 8 Abs. 1 Satz 1 die Dienststellenleitung und die in § 8 Abs. 1 Satz 2 weiter aufgeführten Personen wie z.B. Leitung für Personalangelegenheiten. Ferner zählen hierzu auch Dienstvorgesetzte, die im Hinblick auf den Besprechungsgegenstand entscheidungsbefugt sind. Nicht erfasst sind

Besprechungen mit sonstigen Beauftragten i. S. d. § 8 Abs. 1 Satz 3. Des Weiteren setzt das Teilnahmerecht des Personalrates voraus, dass bei der Besprechung **beteiligungspflichtige Angelegenheiten i. S. d. §§ 72ff.** berührt werden (3. Voraussetzung). Ein genereller Anspruch des Beschäftigten, bei jedem, mit dem Dienstherr bzw. Arbeitgeber geführten Gespräch ein Personalratsmitglied hinzuzuziehen, besteht also nicht. Dennoch kann es im Einzelfall durchaus sinnvoll sein auch bei Nichtvorlage der zuvor dargestellten Voraussetzungen auf die Teilnahme eines Personalratsmitgliedes hinzuwirken bzw. diese zu gestatten. Das gilt entsprechend für die Teilnahme der **Schwerbehindertenvertretung und/oder Gleichstellungsbeauftragten**. Zum besonders ausgeprägten Teilnahmerecht Letzterer siehe ausführlich Bülow, § 18 LGG NRW Rn. 108ff.

Wichtig! 55

Während der Dauer einer krankheitsbedingten Arbeitsunfähigkeit besteht übrigens dem Grunde nach keine Verpflichtung des erkrankten Arbeitnehmers, an einem Personalgespräch teilnehmen zu müssen! Eine Ausnahme besteht nur, wenn ein dringender betrieblicher Anlass besteht ein kurzes Personalgespräch führen zu müssen (vgl. BAG 02.11.2016 – 10 AZR 596/15 – mit Ausführungen zu weiteren Ausnahmetatbeständen)! Der Arbeitnehmer muss ungeachtet dessen allerdings in Kauf nehmen, dass der Arbeitgeber ihn im Fall einer Teilnahmeverweigerung schriftlich kontaktiert, d.h. z.B. um ihn vor dem Ausspruch einer Verdachtskündigung anzuhören (vgl. § 74 Rz. 31).

In der Praxis taucht immer wieder die Frage auf, ob arbeitnehmerseitig 56
auch ein **Teilnahmerecht eines Rechtsanwaltes** besteht. Dazu ist Folgendes zu sagen:

Ein Beschäftigter kann **grundsätzlich nicht gegen den Willen des Dienstherrn bzw. Arbeitgebers** verlangen, dass ein Rechtsanwalt an einem Personalgespräch und im Übrigen auch am Betrieblichen Eingliederungsmanagement (vgl. LAG Hamm 13.11.2014 –15 Sa 979/14 – und LAG Rheinland-Pfalz 18.12.2014 – 5 Sa 518/14 –) teilnimmt. Ein Anspruch auf anwaltliche Hinzuziehung kann aber **ausnahmsweise aus Gründen der „Waffengleichheit"** dennoch im Einzelfall bestehen, wenn der Dienstherr bzw. Arbeitgeber nämlich seinerseits dienststellenfremde Personen (z. B. Rechtsanwalt oder Vertreter des KAV NW) zu einem Personalgespräch hinzuzieht (vgl. zur Thematik: BAG 13.03.2008 – 2 AZR 961/06 – m. w. N. und LAG Hamm 23.5.2001, 14 Sa 497/01). Entsprechendes ist zu befürworten, wenn die Gesprächsthemen einen in Bezug zu einem laufenden Rechtsstreit und/oder Strafverfahren stehen. Darüber hinaus ist dem Beschäftigten vor allem **im Rahmen der Anhörung zu einer beabsichtigten Verdachtskündigung** (vgl.

§ 74 Rz. 28 ff.) auf seinen Wunsch hin die Hinzuziehung eines Rechtsanwaltes zu gestatten, der dann an dem Anhörungsgespräch teilnehmen oder sich schriftlich für den Beschäftigten äußern kann (vgl. BAG 13.03.2008 – 2 AZR 961/06 –)! Der hinzugezogene Rechtsanwalt ist gemäß § 43 a Abs. 2 BRAO und § 2 Abs. 1 BORA zur Verschwiegenheit über die zur Kenntnis genommenen Gesprächsinhalte verpflichtet. In allen zuvor dargestellten Ausnahmefällen besteht **keine Hinweispflicht des Dienstherrn bzw. Arbeitgebers** über die Hinzuziehungsmöglichkeit.

57 **Wichtig!**

Damit Beschäftigte ein Personalratsmitglied auch tatsächlich zu einem Personalgespräch hinzuziehen können, hat die Dienststelle die Einladung rechtzeitig unter Benennung des Besprechungsthemas vorzunehmen. Dies sollte aus Dokumentations- und Nachweisgründen schriftlich erfolgen. Das schließt grundsätzlich kurzfristige dienstliche Besprechungen nicht aus. In diesem Fall sollte die Dienststelle aber bereits von sich aus schon ein Personalratsmitglied hinzuziehen, das sodann auf Wunsch des Beschäftigten bei der Besprechung anwesend bleibt bzw. im gegenteiligen Fall diese wieder verlässt. Beide Reaktionen sollten stets schriftlich dokumentiert werden!

58 Nach dem Gesetzeswortlaut besteht die **Beschränkung des Teilnahmerechts auf ein Personalratsmitglied**. Weitere Mitglieder können aber auf Wunsch der Beschäftigten und mit Zustimmung der Dienststelle ggf. teilnehmen. Die **Umsetzung des Teilnahmerechts** kann sich grundsätzlich an den von der Rechtsprechung entwickelten Grundsätzen zur Teilnahme an verwaltungseigenen Prüfungen nach § 76 orientieren (vgl. § 76 Rz. 2 ff.). Das Personalratsmitglied darf für sich schriftliche Gesprächsnotizen anfertigen. Die heimliche Gesprächsaufzeichnung (z. B. durch Tonband oder Handy) ist hingegen unzulässig und stellt einen außerordentlichen Kündigungsgrund dar (vgl. LAG Rheinland-Pfalz 30.04.2012 – 5 Sa 687/11 –). Ein **Mitbestimmungsrecht des Personalrats** an der Personalmaßnahme, welche die Dienststelle im Anschluss an die Besprechung treffen kann, **schließt das Teilnahmerecht an Letzterer nicht aus** (vgl. entsprechend BVerwG 27.09.2018 – 5 P 1.17 –).

59 Nach **Abs. 3 Satz 4** besteht ebenfalls ein **Teilnahmerecht der Jugend- und Auszubildendenvertretung an dienstlichen Besprechungen**. Die Vorschrift wurde im Zuge der Novelle 2011 neu in das Gesetz eingeführt (vgl. LT-Drucks. 15/2218, S. 53). Durch den Verweis auf Abs. 3 Satz 3 („das Gleiche gilt …") gilt hier das Gleiche wie beim Besprechungsteilnahmerecht für ein Personalratsmitglied (vgl. Rz. 54), wobei auf beteiligungspflichtige Angelegenheiten eines Beschäftigten i. S. d. § 65 Abs. 1 (vgl. § 65 Rz. 51) abzustellen ist.

V. Einhaltung des Datenschutzes

Abs. 4: Nach **Abs. 4 Satz 1** besteht eine **Verpflichtung des Personalrates zur Einhaltung des Datenschutzes** (vgl. hierzu auch die Darstellung in Arnold/Günther, Kapitel 6 Datenschutzrecht). Das gilt insbesondere für die ihm zugegangenen Informationen (vgl. LT-Drucks. 11/5258, S. 38). Denn der Personalrat erhält nach den Regelungen in Abs. 1 Satz 1 bis 3 zumeist auch besonders schutzbedürftige personenbezogene Daten (zur Begriffsbestimmung vgl. Art. 4 Nr. 1 DSGVO). Hier wird man dem Personalrat z.B. auch den **Vorhalt von Grundstammdaten der Beschäftigten**, wie etwa Name, Alter, Familienstand, Arbeitsplatz usw. zumindest in Dienststellen mit mehr als 100 Beschäftigten zugestehen müssen, da er diese Daten zur Wahrnehmung seiner Beteiligungsrechte immer wieder benötigt. Bei allen Daten gilt es zu beachten, dass der Personalrat zwar kein „Verantwortlicher" i. S. d. Art. 4 Nr. 7 DSGVO ist (vgl. Rz. 61), aber gleichsam der Dienststelle die Schutzvorgaben der DSGVO, das Grundrecht auf informationelle Selbstbestimmung der Beschäftigten nach Art. 2 Abs. 1 i. V. m. Art. 1 GG (vgl. BVerfG 17.12.1983 – 1 BvR 209/83 –), die besonderen gesetzlichen Vorgaben zum Personalaktenrecht (vgl. §§ 83 ff. LBG NRW) sowie die datenschutzspezifische Rechtsprechung aber zu beachten hat (vgl. BayVGH 21.05.2019 – 17 P 18.2581 – zur Übermittlung nicht anonymisierter Informationen). Von daher **hat der Personalrat sehr sorgsam mit den ihm zur Verfügung gestellten Daten umzugehen** (vgl. BVerwG 04.09.2012 – 6 P 5.11 – und im Übrigen auch Kiesche, Personalräte als Datenschutzmanager, PersR 2019, S. 15 ff.). Denn die Dienststelle, der der Personalrat zugeordnet ist, kann diesen im Einzelfall nicht oder nur eingeschränkt kontrollieren. Dementsprechend kommt dem Personalrat eine innerorganisatorische Eigenverantwortung zu. Zur Wahrung der Interessen der von der Datenverarbeitung betroffenen Beschäftigten hat der Personalrat vor allem **angemessene organisatorische und technische Schutzmaßnahmen** zu treffen (vgl. entsprechend BAG 09.04.2019 – 1 ABR 51/17 – zum BetrVG und Rz. 62). Soweit der Personalrat zumeist die Hard- und Software nutzt, die auch ansonsten in der Dienststelle zum Einsatz kommt, ist dem Grunde nach anzunehmen, dass diese die notwendigen technischen und organisatorischen Maßnahmen zum Schutz der von ihm vorzunehmenden Datenverarbeitung gewährleistet. Darauf darf der Personalrat aber nicht pauschal vertrauen, sondern muss eigens Überprüfungen und Überwachungen vornehmen. Speziell im Personalratsbüro muss er sich der Verpflichtung zum technischen und organisatorischen Schutz der Daten bewusst sein. Wenn personenbezogene **Daten vom Personalrat an andere Interessenvertretungen** wie z.B. die JAV, die 60

Stufenvertretungen oder auch an die Schwerbehindertenvertretung oder die Gleichstellungsbeauftragte, die zwar Angehörige der Verwaltung ist, aber dennoch spezielle Aufgaben nach dem LGG NRW wahrnimmt (siehe hierzu insbesondere Bülow, § 16 LGG NRW Rn. 6ff.) zur Weitergabe gelangen, so ist eine Datenübermittlung i.S.d. Art. 4 Nr. 2 DSGVO anzunehmen. Da diese nicht zu den originären Aufgaben des Personalrats gehört, bedarf es an dieser Stelle zur Gewährleistung einer rechtmäßigen Datenweitergabe einer Einwilligung der betroffenen Person oder einer Rechtsgrundlage wie etwa eines ausdrücklichen Beteiligungsrecht nach dem LPVG NRW. Das gilt auch bei der **Datenweitergabe an sonstige Dritte** (vgl. Art. 4 Nr. 10 DSGVO). Zur Speicherung von Daten durch den Personalrat vgl. im Folgenden Rz. 60a. Der Beschäftigtendatenschutz gilt ohne Pandemievorbehalt (vgl. EuGH 30.03.2023 – C – 34/21 –).

60a **Personenbezogene Daten dürfen dem Grunde nach so lange verarbeitet, d.h. gespeichert werden, wie für den Zweck, für den eine Datenerhebung vorgenommen wurde, eine Erforderlichkeit besteht** (vgl. Art. 17 Abs. 1 lit. a) DSGVO). Ausnahmen von diesem Grundsatz enthält Art. 17 Abs. 3 DSGVO, wonach Daten etwa auch noch gespeichert werden dürfen, soweit dies zur Erfüllung einer rechtlichen Verpflichtung erforderlich ist (Art. 17 Abs. 3 lit. b) DSGVO). Eine solche Erforderlichkeit ergibt sich oftmals z.B. aus Dokumentationszwecken. Sollte der Personalrat also z.B. im Zuge der mitbestimmenden Beteiligung der Beförderung eines Beschäftigten (vgl. § 72 Rz. 77ff.) erforderliche personenbezogenen Daten des zur Beförderung angedachten Beschäftigten und auch in Frage kommender Konkurrenten erhalten, so sind diese zunächst bis zu seiner Beschlussfassung im Rahmen der Beteiligung (§ 33) als erforderlich anzusehen, d.h., sie können von ihm gespeichert werden. Sobald das Gremium jedoch einen Beschluss gefasst und diesen der Dienststelle gegenüber zur Mitteilung gebracht hat, ist dessen ordnungsgemäße Beteiligung ausreichend dokumentiert, sodass eine weitere Aufbewahrung der Daten, d.h. der ihm übermittelten Unterlagen dem Grunde nach nicht mehr erforderlich sein dürfte. Der Personalrat müsste sich in diesem Fall sodann also um eine entsprechende Datenlöschung kümmern!

61 Klarstellende Vorschriften zur datenschutzrechtlichen Verantwortlichkeit, wie in § 69 Satz 2 BPersVG, § 80 Abs. 1 Satz 2 ThürPersVG oder § 79a Satz 2 BetrVG enthalten gibt es (noch) nicht im LPVG NRW. Von daher gilt es hier die aktuellen Landesregelungen auszulegen. Danach ist der **Personalrat nach aktuellem Dafürhalten des Verfassers nicht selbst „Verantwortlicher" i.S.d. DSGVO** – wie zuvor schon in Rz. 60 erwähnt – sondern datenschutzrechtlich gesehen vielmehr („nur") unselbständiger Teil der Dienststelle, dem er zuge-

ordnet ist. Die Dienststelle nimmt also die datenschutzrechtliche Verantwortlichkeit i.S.d. Art. 4 Nr. 7 Halbsatz 1 DSGVO war (so im Ergebnis auch BAG 11.11.1997 – 1 ABR 21/97 – zum alten Datenschutzrecht und BetrVG a.F.). Die gegenteilige noch in der Vorauflage vertretene Auffassung wird aufgegeben. Der Personalrat ist weder juristische Person, Behörde, noch Einrichtung, noch andere Stelle i.S.d. vorstehenden Vorschrift. Denn die hier alternativ aufgezählten Organisationsformen sprechend dafür, dass auch der europäische Gesetzgeber diese grundsätzlich durchweg als Verantwortliche auffasst. Da der Personalrat aber keine eigene, nach außen hin verselbstständigte Stelle, sondern als dienststelleninternes Organ lediglich unselbstständiger Teil der jeweiligen Behörde etc. ist, wenn er im Rahmen seiner gesetzlichen Aufgabenwahrnehmung tätig wird, kann er auch nicht vollständig datenschutzrechtlich nach Art. 4 Nr. 7 DSGVO verantwortlich sein. Nimmt er also Aufgaben nach dem LPVG NRW wahr, so unterliegt er der **Kontrolle des behördlichen Datenschutzbeauftragten**, d.h. dem der Dienststelle. Diesem kommen Beratungs- und Überwachungsaufgaben gegenüber der verantwortlichen Stelle und deren Beschäftigten zu (vgl. Art. 39 Abs. 1 lit. a) und b) DSGVO) und dabei dann auch gegenüber dem Personalrat als Teil der vorgenannten Stelle. Der Datenschutzbeauftragte der Dienststelle handelt gegenüber dem Personalrat weisungsfrei (Art. 38 Abs. 3 Satz 1 DSGVO). Mit Blick auf die Schweigepflicht des Personalrats nach § 9 LPVG NRW sollte dieser seine Fragen in der Praxis möglichst in abstrakter Form an den Datenschutzbeauftragten herantragen und letzter sollte umgekehrt die Datenschutzeinhaltung möglichst ebenso, d.h. also ohne Kenntnisnahme personenbezogener Daten von Beschäftigten überprüfen. Im Übrigen ist auch auf die Zuständigkeit des Landesdatenschutzbeauftragten als Aufsichtsbehörde hinzuweisen (§§ 25 ff. DSG NRW). **Der Wahrnehmung des Amtes der Vorsitzenden Person des Personalrats steht die des Datenschutzbeauftragten im Übrigen entgegen; personell geht beides also nicht zusammen** (vgl. entsprechend BAG 23.06.2023 – 10 AZB 18/22 – zum BetrVG)!

Nach **Abs. 4 Satz 2** besteht eine **Mitteilungspflicht gegenüber der Dienststelle über die getroffenen Datenschutzmaßnahmen**. Diese im LPVG NRW enthaltene Regelung knüpft an die nach § 7 i.V.m. § 10 Abs. 1 DSG NRW a.F. vor dem Inkrafttreten der DSGVO bestehende Verpflichtung an, wonach die Dienststellen jeweils für ihren Bereich die Ausführungen des DSG NRW sowie andere Rechtsvorschriften über den Datenschutz durch technische und organisatorische Maßnahmen sicherzustellen hatte. Im Hinblick auf das Richtigkeitsprinzip nach Art. 5 Abs. 1 lit. D) DSGVO und die Rechenschaftspflicht nach Art. 5 Abs. 2 DSGVO ist die Dienststelle, wenn sie die vom Personalrat getroffenen und ihr mitgeteilten Datenschutzmaßnahmen nicht für ausreichend hält verpflichtet, auf eine datenschutz- 62 konforme Verfahrensweise hinzuwirken. Aus Dokumentations- und Nachweisgründen sollte sie, soweit notwendig, den Personalrat auch ausdrücklich über die nach ihrem Dafürhalten bestehenden datenschutzrechtlichen Defizite informieren und gegebenenfalls zur Veranlassung geeigneter Maßnahmen auffordern. Hierbei steht ihr, wie auch dem Personalrat der Datenschutzbeauftragte der Dienststelle zur Verfügung (vgl. auch zuvor Rz. 61).

VI. Rechtliche Auseinandersetzungen

63 **Streitigkeiten im Hinblick auf das Bestehen und/oder den Umfang der in § 65 geregelten Informations-, Teilnahme- und Einsichtsrechte** sind im personalvertretungsrechtlichen Beschlussverfahren vor dem Verwaltungsgericht zu klären. Der Streitgegenstand kann sich dabei auch auf die Frage der Speicherungszulässigkeit bestimmter personenbezogener Daten durch den Personalrat beziehen (vgl. hierzu BVerwG 04.09.1990 – 6 P. 28.87 –). Zur **Bestimmung eines der Höhe nach in das Ermessen des Gerichts gestellten Schadenersatzanspruchs** gem. Art. 82 Abs. 1 DSGVO vgl. BAG 05.05.2022 – 2 AZR 363/21 –.

§ 65a (Wirtschaftsausschuss)

(1) In Dienststellen mit in der Regel mehr als einhundert ständig Beschäftigten soll auf Antrag des Personalrats ein Wirtschaftsausschuss gebildet werden. Der Wirtschaftsausschuss hat die Aufgabe, wirtschaftliche Angelegenheiten der Dienststelle im Sinne des Absatzes 3 zu beraten und den Personalrat zu unterrichten.

(2) Die Dienststelle hat den Wirtschaftsausschuss rechtzeitig und umfassend über die wirtschaftlichen Angelegenheiten unter Vorlage der erforderlichen Unterlagen zu unterrichten – soweit dadurch nicht die Betriebs- und Geschäftsgeheimnisse oder Dienstgeheimnisse gefährdet werden – sowie die sich daraus ergebenden Auswirkungen auf die Personalplanung darzustellen.

(3) Zu den wirtschaftlichen Angelegenheiten im Sinne des Absatzes 1 Satz 2 gehören insbesondere

1. **die wirtschaftliche und finanzielle Lage der Dienststelle,**
2. **Veränderungen der Produktpläne,**
3. **beabsichtigte Investitionen,**
4. **beabsichtigte Partnerschaften mit Privaten,**
5. **Stellung der Dienststelle in der Gesamtdienststelle,**
6. **Rationalisierungsvorhaben,**

7. Einführung neuer Arbeits- und Managementmethoden,
8. Fragen des betrieblichen Umweltschutzes,
9. Verlegung von Dienststellen oder Dienststellenteilen,
10. Neugründung, Zusammenlegung oder Teilung der Dienststelle oder von Dienststellenteilen,
11. Kooperation mit anderen Dienststellen im Rahmen interadministrativer Zusammenarbeit,
12. sonstige Vorgänge und Vorhaben, welche die Interessen der Beschäftigten der Dienststelle wesentlich berühren können.

(4) Der Wirtschaftsausschuss besteht aus mindestens drei und höchstens sieben Mitgliedern, die der Dienststelle angehören müssen, darunter mindestens einem Personalratsmitglied. Die Mitglieder sollen die zur Erfüllung ihrer Aufgaben erforderliche fachliche und persönliche Eignung besitzen. Sie werden vom Personalrat für die Dauer seiner Amtszeit bestimmt.

(5) Der Wirtschaftsausschuss soll vierteljährlich einmal zusammentreten. Er hat über jede Sitzung dem Personalrat unverzüglich und vollständig zu berichten.

(6) An den Sitzungen des Wirtschaftsausschusses hat die Dienststelle teilzunehmen. Sie kann weitere sachkundige Beschäftigte hinzuziehen.

Gliederung

I. Einleitende Bemerkungen

1 Die **Vorschrift ist dem Wirtschaftsausschuss, wie er im BetrVG bereits seit vielen Jahren besteht, nachgebildet** und dabei in enger Anlehnung an den Wortlaut der §§ 106–109 BetrVG formuliert worden. Im Zuge der **Novelle 2011** ist sie erstmals in das LPVG NRW eingeführt worden. Der Gesetzgeber hat dabei darauf abgestellt, dass in Teilen der öffentlichen Verwaltung eine zunehmende wirtschaftliche Betätigung zu verzeichnen ist (vgl. LT-Drucks. 15/1644, S. 81). Der Wirtschaftsausschuss soll dementsprechend als **Institution eigener Art** mit einem Beratungs- und Informationsauftrag an der Schnittstelle zwischen der Dienststelle und dem Personalrat fungieren. De facto stellt er freilich ein **Hilfsorgan des Personal-**

rats dar. Siehe neben der folgenden Kommentierung zum Ganzen auch **Bülow, Der praktische Fall – Die „Arbeitswirtschaft" mit dem Wirtschaftsausschuss**, DöD 2022, 163.

II. Bildung und Aufgaben des Wirtschaftsausschusses

2 Abs. 1: Nach **Abs. 1 Satz 1** soll auf Antrag des Personalrates in Dienststellen mit in der Regel mehr als 100 ständig Beschäftigten ein Wirtschaftsausschuss gebildet werden. Zum **Dienststellenbegriff** vgl. die Kommentierung zu § 1 und zum **Beschäftigtenbegriff** vgl. die Kommentierung zu § 5.

2a **Wichtig!**

Das Zustandekommen, d.h. also die wirksame Bildung eines Wirtschaftsausschusses, kann vom Personalrat nicht einfach nur durch einen formalen Bildungsbeschluss (vgl. Rz. 7) und die Bestimmung von Mitgliedern (vgl. Rz. 42) bewirkt werden. Erforderlich ist daneben vielmehr, dass auch die materiellen Voraussetzungen aus Abs. 1 Satz 1 erfüllt sind (so OVG NRW 11.07.2014 – 20 B 236/14 –)!

3 Bei der **Bestimmung der Dienststellengröße** ist der ausdrücklichen Formulierung in Abs. 1 Satz 1 und damit dem Begriff der sog. „in der Regel ständig Beschäftigten" Rechnung zu tragen. Dabei ist zunächst vom Beschäftigtenbegriff nach § 5 auszugehen. Dabei kann nicht ohne Weiteres auf die von der Rechtsprechung und der Literatur entwickelte Auslegung des den Kreis der Beschäftigten einschränkenden Merkmals der „in der Regel Beschäftigten", wie es sich z.B. in § 13 Abs. 1 und 3 Satz 1, in § 14 Abs. 4 Satz 1 und in § 42 Abs. 4 Satz 1 wiederfindet, zurückgegriffen werden, da dort der in der vorliegenden Vorschrift darüber hinaus auch noch einschränkende Begriffszusatz „ständig" fehlt (vgl. OVG NRW 11.07.2014 – 20 B 236/14.PVL –). Zum Merkmal der „in der Regel Beschäftigten" i. S. d. Abs. 1 Satz 1 kann also nur auf die Kommentierung zu § 13 Rz. 3 unter der wiederum einschränkenden Maßgabe verwiesen werden, dass einzig diejenigen Beschäftigten mitzuzählen sind, die **„ständig Beschäftigte"** sind. Das sind in entsprechender Anlehnung an die Rechtsprechung zu § 106 Abs. 1 Satz 1 BetrVG, der als Vorbild für die vorliegende Vorschrift gedient hat, die Beschäftigten, die Arbeitsaufgaben auf einem auf Dauer für sie in der Dienststelle eingerichteten Arbeitsplatz erfüllen (str.: so zutreffend Cecior u.a., § 65a Rn. 33f. mit Verweis auf BAG 05.10.2000 – 1 ABR 14/00 –, LAG Berlin 06.12.1989 – 2 TaBV 6/89 – und m.w.N. aus der betriebsverfassungsrechtlichen Literatur). Der teilweise vertretene Ansatz bei der Bestimmung der „ständig Beschäftigten" in zeitlicher Hinsicht auf die Ausgestaltung der

einzelnen Arbeitsverhältnisse, d.h. also auf das Bestehen einer Dauereinstellung abzustellen, ist nicht zu folgen (so Laber/Pagenkopf, § 65a Rn. 11 und Schäfer, Personalvertretungsrechtliche Wirtschaftsausschüsse in der BRD, PersV 2016, 290 [293] und zum BetrVG: Stege u.a., §§ 106–109 Rn. 3a sowie Hess u.a. § 106 Rn. 14). Denn eine solche Auslegung berücksichtigt nicht in Gänze die unterschiedlichen Bedeutungsinhalte der einschränkenden Begriffe „in der Regel ..." und „ständig ..." und dabei die dem letztgenannten Einschränkungsbegriff zukommende weitergehende Eingrenzfunktion. Als **nicht ständig beschäftigt** können also in aller Regel diejenigen angesehen werden, die nur saisonal, zur Aushilfe oder nur vorübergehend beschäftigt werden. Es gilt allerdings zu beachten, dass **auch befristet Beschäftigte** dann ständig beschäftigt sein können, wenn sie auf einem ständig vorhandenen Arbeitsplatz tätig sind (so LAG Berlin 06.12.1989 – 2 TaBV 6/89 – zu § 106 BetrVG). Letzteres gilt für **Leiharbeitnehmer** entsprechend. Soweit vertreten wird, dass Leiharbeitnehmer aus definitorischen Gründen nicht ständig beschäftigt werden können, da § 1 Abs. 1 Satz 2 AÜG nur eine „vorübergehende Überlassung" zulässt, wird verkannt, dass es an dieser Stelle nicht auf die rechtliche Grundlage des Tätigkeitseinsatzes, sondern darauf ankommt, dass die bei einem Tätigwerden auf einem bestimmten Arbeitsplatz charakterisierende Arbeitsaufgabe dauerhaft vorhanden ist (a.A. Haas/Hoppe, Neue Spielregeln zur Berücksichtigung von Leiharbeitnehmern bei der Berechnung der Schwellenwerte im BetrVG?, NZA 2013, 294 [299]). Zu den ständig Beschäftigten können sowohl **Vollzeit- als auch Teilzeitkräfte** zählen.
Formel zur Feststellung der „in der Regel ständig Beschäftigten":
I. d. R. ständig Beschäftigte = Aktuelle Beschäftigtenzahl – (Nicht i. d. R. Beschäftigte + Nicht ständig Beschäftigte)

Zu den Folgen bei einem **Absinken der Beschäftigtenzahl in der Amtszeit des Wirtschaftsausschusses** vgl. entsprechend Rz. 11. 4

Die Bildung des Wirtschaftsausschusses soll auf „**Antrag des Personalrates**" stattfinden. Sie stellt also den vom Gesetzgeber angenommenen Regelfall („soll") dar, wenn der Personalrat dies entsprechend beantragt. Es besteht also, anders als im BetrVG (§ 106 Abs. 1 Satz 1 BetrVG = „ist zu bilden ...") **keine Bildungsverpflichtung für den Personalrat**! Vielmehr steht es in seinem Ermessen, ob er bei Vorliegen der in Abs. 1 Satz 1 benannten Dienststellengröße (vgl. Rz. 3) einen Wirtschaftsausschuss bilden möchte oder nicht. Das schließt allerdings nicht aus, dass auch in kleineren Dienststellen ein Wirtschaftsausschuss gebildet werden kann. Das Ermessen darüber steht in diesem Fall allerdings der Dienststelle zu. 5

6 **Praxistipp!**

In der Praxis sollten beide Seiten stets beachten, dass die von einem Wirtschaftsausschuss zu behandelnden Themen auch in den turnusmäßigen Gemeinschaftsbesprechungen zwischen der Dienststelle und dem Personalrat (vgl. § 63 Satz 4) ausreichend behandelt werden können. Es muss also nicht immer unbedingt ein Wirtschaftsausschuss eingerichtet werden!

7 Wenn der Personalrat einen Wirtschaftsausschuss einrichten möchte, so muss er dessen Bildung beschließen (**Bildungsbeschluss**) und einen entsprechenden **Antrag an die Dienststelle** richten.

8 Auch wenn Abs. 1 Satz 1 nicht ausdrücklich ein **förmliches Zustimmungsrecht der Dienststelle** benennt, befürwortet das OVG NRW in seiner Entscheidung vom 11.07.2014 a. a. O. ein solches richterweise im Hinblick auf das in der Vorschrift vom Gesetzgeber klar formulierte Antragserfordernis (im Ergebnis ebenso VG Sigmaringen 02.08.2017 – 11 K 590/16 –). In diesem Zusammenhang weist es zu Recht darauf hin, dass bei einem sachgerechten Verständnis der Vorschrift Letzteres nur dann einen Sinn ergibt, wenn auf den gesetzlich geforderten Antrag hin auch eine von der Dienststelle zu treffende Entscheidung über den Antrag zu erfolgen hat. Als Gegenstand einer solchen Entscheidung erwägt das OVG NRW folgerichtig, dass die Dienststelle die Feststellung darüber, ob die materiellen Voraussetzungen für die Bildung eines Wirtschaftsausschuss erfüllt sind, zu treffen hat. Zur unzulässigen Zustimmungsverweigerung mit dem Argument, dass ein Wirtschaftsausschuss in einem Universitätsklinikum das Grundrecht der Wissenschaftsfreiheit des Art. 5 Abs. 3 GG verletzen würde vgl. VG Sigmaringen 02.08.2017 a. a. O.

9 Die **Bildung eines Wirtschaftsausschusses innerhalb des gesamten Verwaltungsaufbaus** ist möglich. Er kann sowohl neben den örtlichen Personalräten als auch neben bestehenden Stufenvertretungen und Gesamtpersonalräten eingerichtet werden (vgl. § 78 Abs. 5 i. V. m. § 65a LPVG NRW). Sollten dadurch dann mehrere Wirtschaftsausschüsse in der Dienststelle vorhanden sein, ist deren Zuständigkeit auf diejenige Verwaltungsebene zu beschränken, auf der sie gebildet worden sind.

10 Zur **Bildung eines Wirtschaftsausschusses für den Hochschulbereich** vgl. die Sonderregelung des § 105b LPVG NRW.

11 Das Amt des Wirtschaftsausschusses beginnt mit dessen Errichtung. Ein **dauerhaftes Sinken der Beschäftigtenzahl** unter die Mindeststärke nach Abs. 1 Satz 1 bewirkt das **Ende der Amtszeit des Wirtschaftsausschusses** (vgl. entsprechend BAG 07.04.2004 –7 ABR 41/03 – zu § 106 BetrVG).

Siehe auch **Checkliste:** Bildung eines Wirtschaftsausschusses (§ 65a) 11a

In **Abs. 1 Satz 2** erfolgt eine **allgemeine Aufgabenumschreibung** des Wirtschaftsausschusses. Der Wirtschaftsausschuss hat die Aufgabe, wirtschaftliche Angelegenheiten der Dienststelle i.S.d. Abs. 3 zu beraten und den Personalrat zu unterrichten. Er ist also ein **Beratungs- und Informationsgremium**, auf das sowohl die Dienststelle als auch die Personalvertretung zurückgreifen kann. Zur konkreten Aufgabenbenennung vgl. die Ausführungen zu Abs. 3 Rz. 26 ff. 12

III. Unterrichtungspflicht der Dienststelle

Abs. 2: Die Dienststelle ist verpflichtet den Wirtschaftsausschuss rechtzeitig und umfassend über die wirtschaftlichen Angelegenheiten in der Dienststelle unter Vorlage der erforderlichen Unterlagen über die wirtschaftlichen Angelegenheiten (1. Pflicht) zu unterrichten sowie die sich daraus ergebenden Auswirkungen auf die Personalplanung (2. Pflicht) darzustellen. Für diese **grundlegende Unterrichtungspflicht** bedarf es keiner besonderen Aufforderung durch den Wirtschaftsausschuss. 13

Die Unterrichtung muss „**rechtzeitig**“ erfolgen. Der Wirtschaftsausschuss muss noch ausreichend Zeit haben, sich mit dem Unterrichtungsgegenstand zu befassen, sich eine eigene Meinung darüber zu bilden und geplante Maßnahmen müssen in der Dienststelle noch gestaltungsfähig sein. Die Unterrichtung durch die Dienststelle muss grundsätzlich noch bevor diese eine Entscheidung getroffen hat, stattfinden. Eine Unterrichtungspflicht der Dienststelle besteht also bereits zu dem Zeitpunkt, wenn sie etwaige Maßnahmen angedacht hat oder diese bereits in Planung sind. Da der Wirtschaftsausschuss den Personalrat in die Lage versetzen soll, die ihm nach dem LPVG NRW zustehenden Rechte effektiv ausüben zu können, besteht die Unterrichtungspflicht der Dienststelle nicht nur für beteiligungspflichtige Maßnahmen nach dem §§ 72 ff., sondern auch für all diejenigen Aktionen, die im Weiteren beteiligungspflichtige Maßnahmen zur Folge haben. Die Dienststelle muss der ihr obliegenden Unterrichtungspflicht von sich aus nachkommen. Eine Aufforderung durch den Wirtschaftsausschuss und/oder Personalrat ist nicht vorgesehen. 14

Der Unterrichtungsanspruch ist weitläufig gefasst zu verstehen, was durch das Merkmal **„umfassend“** zum Ausdruck kommt. Das ist erfüllt, wenn der Wirtschaftsausschuss alle Informationen über die wirtschaftlichen Angelegenheiten in der Dienststelle hat, die für eine sachgemäße und angemessene Erfüllung seiner Aufgaben erforderlich sind. Das bedeutet also, dass 15 die Mitglieder des Wirtschaftsausschusses grundsätzlich über die gleichen Informationen, wie die Dienststelle verfügen müssen. Damit der Wirtschaftsausschuss anhand der mitgeteilten Informationen dazu in der Lage ist, eine sachgemäße Beratung durchzuführen und bestenfalls auch sachgemäße Vorschläge dem Personalrat und auch der Dienststelle unterbreiten zu können, müssen ihm die mitgeteilten Informationen auch in einer dementsprechenden überschaubaren Form aufbereitet werden (vgl. entsprechend zum BetrVG: BAG 17.03.1987 – 1 ABR 59/85 –).

16 Bei der Aufbereitung hat die Dienststelle vor allem dem Wirtschaftsausschuss auch die „**Auswirkungen auf die Personalplanung**“ darzustellen. Damit sind Letztere also ebenfalls Gegenstand des Unterrichtungsanspruchs (vgl. auch Rn. 13). Unter **Personalplanung** sind alle Überlegungen der Dienststelle zu verstehen, die sich auf den gegenwärtigen und auch zukünftigen Personalbedarf der Dienststelle (Personaleinsatz-, Personalbeschaffungs- und Personalabbauplanung) sowohl in quantitativer als auch in qualitativer Hinsicht beziehen (vgl. hierzu auch entsprechend BAG 06.11.1990 – 1 ABR 60/89 –). Der Begriff der „Darstellung“ erfasst nicht nur eine reine Präsentation der, die Personalplanung betreffenden Fakten, sondern vor allem auch die Bewertung ihres Einflusses auf die zukünftige Personalplanung. Das beinhaltet, dass die Dienststelle dem Wirtschaftsausschuss daneben auch die Personalplanung als solches zur Darstellung zu bringen hat.

17 Die Unterrichtung hat unter „**Vorlage der erforderlichen Unterlagen**“ zu erfolgen. Die Bezeichnung „**Unterlagen**“ bezieht sich sowohl auf Schriftstücke wie z. B. Listen und schriftliche Aufzeichnungen als auch auf Grafiken, Fotos sowie elektronisch gespeicherte Daten (vgl. auch § 65 Rz. 17).

18 Die Vorlageverpflichtung der Dienststelle umfasst sowohl die **Einsichtnahme der Unterlagen** als auch deren **zeitweisen Überlassung**. Der Wirtschaftsausschuss muss aber, wenn ihm Unterlagen überlassen worden sind, diese nach der Durchführung seiner Sitzung an die Dienststelle wieder zurückgeben. Er darf hiervon **eigenmächtig keine Abschriften (Ablichtungen) anfertigen**. Diese dürfen nur im Einvernehmen mit der Dienststelle erstellt werden (vgl. entsprechend zum BetrVG: BAG 20.11.1984 –1 ABR 64/82 –).

19 Es bestehen zwar **keine Formvorgaben für die Unterrichtung.** Aus Dokumentations- und Nachweisgründen ist aber die Schriftform und dabei vor allem die Anfertigung von **Unterrichtungs- bzw. Übersendungsschreiben** etc., in denen die zur Vorlage gebrachten Unterlagen auch vollständig benannt werden, zu empfehlen.

20 **Muster 23**: Unterrichtung des Wirtschaftsausschusses

Praxistipp! 21

Da der Wirtschaftsausschuss eine Institution eigener Art darstellt (vgl. Rz. 1), hat seine Unterrichtung nicht zugleich auch die Erfüllung der Unterrichtungspflicht gegenüber dem Personalrat nach § 65 Abs. 1 zur Folge! Von daher sollte die Dienststelle bei der Information über wirtschaftliche Themen stets den Wirtschaftsausschuss und den Personalrat am besten parallel informieren!

Vorzulegende erforderliche Unterlagen können insbesondere sein der Entwurf des Jahresabschlusses (vgl. § 242 HGB), der Wirtschaftsprüfungsbericht (vgl. § 321 HGB), Gutachten und Berichte eines Beratungsunternehmens, Bewertungen durch sog. „Ratingagenturen“ sowie Rationalisierungs- und Personalabbaupläne. Zur Beurteilung der wirtschaftlichen Lage der Dienststelle können aber auch sonstige Unterlagen gehören wie z. B. ein Dienststellenverzeichnis (Benennung der Dienststelle, ihrer Aufgaben und deren Einordnung in die kommunale- bzw. Landesorganisation), ein Organigramm der Dienststelle, eine Personalbestands- und Personalkostendarstellung sowie eine Erhebung zu Kunden und/oder Wettbewerbsstrukturen (soweit vorhanden!). 22

Eine **Beschränkung der Unterrichtungspflicht** besteht dann, wenn durch die Bekanntmachung der Informationen eine **Gefährdung von Betriebs-, Geschäfts- oder Dienstgeheimnissen** besteht. Als Betriebs- und Geschäftsgeheimnisse können alle auf ein Unternehmen bezogenen Tatsachen, Umstände und Vorgänge verstanden werden, die nicht offenkundig, sondern nur einem begrenzten Personenkreis zugänglich sind und an deren Nichtverbreitung der Rechtsträger ein berechtigtes Interesse hat. Dabei umfassen Betriebsgeheimnisse im Wesentlichen technisches Wissen, wobei Geschäftsgeheimnisse vornehmlich kaufmännisches Wissen betreffen. Für beide gilt, dass neben dem Mangel an Offenkundigkeit der zugrunde liegenden Informationen ein berechtigtes Interesse der Dienststelle an deren Nichtverbreitung besteht. Das ist dann der Fall, wenn die Offenlegung der Information geeignet ist, exklusives technisches bzw. kaufmännisches Wissen den Konkurrenten zugänglich zu machen und so die Wettbewerbsposition der Dienststelle nachteilig zu beeinflussen (so Cecior u. a., § 65a Rn. 96 mit Verweis auf die Definition des BVerwG vom 28.05.2009 – 7 C 18.08 –). Der Begriff Dienstgeheimnisse erfasst bestimmte Informationen, die aufgrund gesetzlicher oder dienstlicher Anordnung als geheim anzusehen sind und nicht weitergegeben werden dürfen. Ein Verstoß gegen das Dienstgeheimnis ist nach § 353b StGB strafbar. **Die Dienststelle weist in den vorbenannten Gefährdungsfällen ein Auskunftsverweigerungsrecht auf**. Eine solche Gefährdung kann **objektiv** in Bezug auf die Bedeutsamkeit und die Geheimhaltung einer bestimmten Tatsache begründet sein (z. B. bestimmte Herstellungsverfah- 23 ren). Sie kann auch **subjektiv** in der Person eines einzelnen oder mehrerer Mitglieder eines Wirtschaftsausschusses bestehen (vgl. entsprechend zum BetrVG: BAG 11.07.2000 – 1 ABR 43/99 –). An die Annahme einer Gefährdung sind strenge Anforderungen zu stellen. Sie kommt dem Grunde nach im öffentlichen Dienst nur in Ausnahmefällen in Betracht, wie etwa, wenn ein Vorgang eine besondere Bedeutung für den Bestand oder die Entwicklung der Dienststelle aufweist (vgl. BAG 11.07.2000 a.a.O.). Die Darlegungs- und Beweislast hierfür liegt bei der Dienststelle.

24 **Wichtig!**

Eine Beschränkung der Unterrichtungspflicht besteht nicht nur für die o.g. Geheimnisse selbst, sondern auch für alle Tatsachen und Sachverhalte, die einen Rückschluss auf die Geheimnisse zulassen, wie z.B. Aufwendungs- und Ertragsangaben bezüglich einzelner Produkte in der Gewinn- und Verlustrechnung, soweit damit eine wettbewerbsunerlässliche Vertraulichkeit der hausinternen Preiskalkulation gefährdet werden könnte!

IV. Wirtschaftliche Angelegenheiten

25 Abs. 3: Der Begriff „**wirtschaftliche Angelegenheiten**“ wird im Gesetz nicht definiert. Der Katalog dieser Vorschrift stellt eine beispielhafte und nicht abschließende Aufzählung der wichtigsten wirtschaftlichen Angelegenheiten dar. Zu den wirtschaftlichen Angelegenheiten gehören vor allem:

26 „**Die wirtschaftliche und finanzielle Lage der Dienststelle**“ nach **Abs. 3 Nr. 1**. Hierzu gehören dem Grunde nach, sämtliche Begebenheiten, die sich wirtschaftlich und finanziell auf die Dienststelle auswirken und für die dortige (Personal-)Planung von Bedeutung sind. Davon umfasst sind insbesondere der Status und die Veränderung der Haushalts- und Haushaltsentwicklungspläne, der finanziellen Situation von einzelnen Dienststellenteilen sowie das Vorliegen von sog. „Haushaltslöchern“.

27 Die „**Veränderung der Produktpläne**“ nach **Abs. 3 Nr. 2** bezieht sich vorrangig im öffentlichen Dienst auf die Leistungen (Produkte) und Leistungsgruppen (Produktgruppen) in den einzelnen Dienststellen wie z.B. 01-Innere Verwaltung, 02-Sicherheit und Ordnung, 03-Schulträgeraufgaben bis hin zu 011-Ver- und Entsorgung etc. Erfasst sind insoweit alle Änderungen der Leistungs- bzw. Aufgabenerledigung der Dienststelle, wie bspw. das Setzen von anderen Erledigungsschwerpunkten im Leistungsbereich, d.h. z.B. im Bereich 011-Ver- und Entsorgung einer Kommune im Hinblick auf Energieangebote oder die Einführung und Gestaltung der Inklusion im Bereich der Schulen.

Unter „**beabsichtigte Investitionen**“ nach **Abs. 3 Nr. 3** sind sämtliche zielgerichteten Verwendungsvorhaben der Dienststelle zu verstehen, mit der eine langfristige Bindung finanzieller Mittel in materiellen oder in immateriellen Vermögensgegenständen herbeigeführt werden sollen. Der Art nach können das **sachliche Investitionen** (z.B. Kraftfahrzeuge, Maschinen, Literatur), aber auch **immaterielle Investitionen** (z.B. Software, Forschungslizenzen, Beteiligungen) sein, die entweder einen Objekts-, Wirkungs- oder sonstigen Bezug aufweisen können. Das Gegenstück stellt sog. **Desinvestitionen** dar, d.h. die Freisetzung von Kapital das auf längere Zeit in Vermögensgegenständen gebunden ist wie z.B. der Verkauf betrieblich nicht mehr benötigter Anlagen oder Maschinen etc. Wenn solche Kapitalfreisetzungen der Innenfinanzierung dienen, sind sie unter die „finanzielle Lage der Dienststelle nach Abs. 3 Nr. 1 (vgl. Rz. 26) zu subsumieren. 28

Die „**beabsichtigte Partnerschaften mit Privaten**“ nach **Abs. 3 Nr. 4** knüpft an die Mitbestimmungsvorgaben des § 72 Abs. 4 Nr. 22 (vgl. § 72 Rz. 1175 ff.) an und umfasst alle Kooperationsvorhaben zwischen der Dienststelle und einem privaten Unternehmen (Stichwort: Öffentliche-Private-Partnerschaften bzw. Public-private-Partnership) wie z.B. der Bau einer kommunalen Stadthalle, eines Kulturzentrums oder Parkhaus etc. (siehe hierzu auch Müller/Brauser-Jung, Öffentliche-Private-Partnerschaften etc., NVwZ 2007, S. 884 ff.). 29

Mit der „**Stellung der Dienststelle in der Gesamtdienststelle**“ nach **Abs. 3 Nr. 5** soll den Begebenheiten in mehrstufigen Verwaltungen in denen Stufenvertretungen (§ 50) bestehen sowie den Dienststellengefügen, die einen Gesamtpersonalrat (§ 52) aufweisen, entsprechend Rechnung getragen werden. Der Wirtschaftsausschuss soll insoweit über die Finanzplanung innerhalb dieser Dienststellen, d.h. speziell über die ihnen zur Verfügung stehenden Haushaltsmittel entsprechend informiert werden, da diese jeweils Auswirkungen auf die (gesamte) Personalplanung haben kann. 30

Unter „**Rationalisierungsvorhaben**“ i.S.d. **Abs. 3 Nr. 6** sind alle Vorhaben der Dienststelle zu verstehen, die auf die zweckmäßigere Gestaltung der Arbeitsvorgänge abzielen, um die Wirtschaftlichkeit der Dienststelle zu erhöhen. Das sind insbesondere Maßnahmen, die die Dienststelle leistungsfähiger machen sollen. Dazu gehören z.B. Änderungen der Arbeitsmethoden und -abläufe (vgl. Rz. 32 und auch § 72 Rz. 562), Änderungen der Arbeitsorganisation (vgl. auch § 72 Rz. 593) und Personalabbaumaßnahmen wie Kündigungen (vgl. auch § 74 Rz. 7 ff.) sowie Outsourcings (vgl. § 72 Rz. 1175 ff.), die der Mitbestimmung des Personalrats unterliegen. 31

Die „**Einführung neuer Arbeits- und Managementmethoden**“ nach **Abs. 3 Nr. 7** knüpft an die Arbeitsablauf- und Organisationsplanungen der Dienststelle an. „**Arbeitsmethoden**“ umfassen alle Maßnahmen der Dienststelle, 32 die die Ausführung des menschlichen Arbeitsablaufes in einem bestimmten Arbeitsverfahren betreffen (vgl. BVerwG 15.12.1978 – 6 P 13.78 – und § 72 Rz. 562 ff. m.w.N.). „**Managementmethoden**" sind alle Maßnahmen der Dienststelle, die darauf abzielen, durch die Vorgabe bestimmter Führungsverhalten die Führung zu systematisieren. Das kann durch das Delegieren von Entscheidungsbefugnissen auf einzelne Beschäftigte, die Festlegung, wer im Regel- und wer im Ausnahmefall Entscheidungen trifft, durch den Abschluss kontrollierbarer Zielvereinbarungen, durch die Vorgabe erwarteter Ergebnisse (Leistungs-Soll), aber auch die Überprüfung der erreichten Ergebnisse (Leistungs-Ist) stattfinden.

33 Die „**Fragen des betrieblichen Umweltschutzes**" nach **Abs. 3 Nr. 8** sind in Anlehnung an § 89 Abs. 3 BetrVG in das LPVG NRW aufgenommen worden. Zur Begrifflichkeit und zu Praxisbeispielen vgl. § 64 Rz. 55 ff.

34 Die „**Verlegung von Dienststellen oder Dienststellenteilen**" nach **Abs. 3 Nr. 9** erfasst dem Grunde nach, jegliche Änderung der örtlichen Lage der Dienststellen. Die Begrifflichkeit der „**Dienststelle**" ergibt sich aus § 1 Abs. 2 (vgl. die dortige Kommentierung). Zum Begriff „**Verlegung**" vgl. § 73 Rz. 55.

35 Die „**Neugründung, Zusammenlegung oder Teilung von Dienststellen oder Dienststellenteilen**" nach **Abs. 3 Nr. 10** sind von der Dienststelle dem Wirtschaftsausschuss gleichfalls mitzuteilen. Die **Neugründung einer Dienststelle** findet dann statt, wenn durch eine Selbstständigkeitserklärung nach § 1 Abs. 3 eine neue Dienststelle entsteht. Dadurch wird auch eine **Teilung der Dienststelle** bewirkt (vgl. zu alledem auch § 1 Rz. 9). Eine „**Zusammenlegung**" ist dann anzunehmen, wenn eine Dienststelle in eine andere eingegliedert wird und dadurch ihre Selbstständigkeit verliert (vgl. hierzu auch § 73 Rz. 57).

36 Die „**Kooperation mit anderen Dienststellen im Rahmen interadministrativer Zusammenarbeit**" nach **Abs. 3 Nr. 11** stellt auf alle Arten der Zusammenarbeit von Dienststellen ab wie z. B. die interkommunale Zusammenarbeit, die Bildung einer gemeinsamen Einrichtung nach § 44b SGB II oder der Einsatz ehemaliger Postbeamten. Der Wirtschaftsausschuss soll darüber beraten können, inwieweit sich dadurch neue strukturelle Aufgabenverteilungen ergeben können und welche Auswirkungen diese auf die Personalplanung mit sich bringen können. Insoweit können auch wirtschaftliche Angelegenheiten i.S.d. Abs. 3 Nr. 4 (vgl. Rz. 29) und Nr. 6 (vgl. Rz. 31) vorliegen.

37 Die „**sonstigen Vorgänge und Vorhaben, welche die Interessen der Beschäftigten der Dienststelle wesentlich berühren können**" nach **Abs. 3 Nr. 12** fungieren als **Auffangtatbestand**. Davon umfasst sind alle Angelegenheiten, die das wirtschaftliche Leben in der Dienststelle betreffen und die nicht bereits von Abs. 3 Nr. 1 – 11 erfasst sind. Voraussetzung ist, dass die Interessen der Beschäftigten der Dienststelle wesentlich berührt werden. Dazu zählen

grundsätzlich alle beteiligungspflichtigen Maßnahmen nach den §§ 72ff. Des Weiteren zählen hierzu auch die allgemeine wirtschaftliche Lage in der Bundesrepublik Deutschland sowie allgemeine staatliche Maßnahmen, die Auswirkungen auf die Erledigung der Arbeiten in der Dienststelle haben. Ferner zählen hierzu auch die Inanspruchnahme von Fördermitteln, Betriebsübergänge und -erwerbe nach § 613a BGB sowie alle Rechtsstreitigkeiten, die für die Dienststelle von grundlegender Wichtigkeit sind.

V. Zusammensetzung des Wirtschaftsausschusses

38 Abs. 4: Nach **Abs. 4 Satz 1** besteht der Wirtschaftsausschuss aus **mindestens drei und höchstens sieben Mitgliedern**. Es kann also eine Anzahl zwischen dieser Ober- und Untergrenze gewählt werden. Dabei ist in angemessener Weise auf die Größe der Dienststelle und auf den Umfang der von dem Wirtschaftsausschuss und ihr zu bewältigenden Aufgaben abzustellen. Mitglieder des Wirtschaftsausschusses müssen der Dienststelle angehören, d.h. also **Beschäftigte i.S.d. § 5** sein. Unter den Mitgliedern des Wirtschaftsausschusses muss sich **zwingend mindestens ein Personalratsmitglied** befinden. Es ist im Übrigen möglich, dass der Wirtschaftsausschuss auch insgesamt überwiegend bzw. nur aus Personalratsmitgliedern besteht. Auch, wenn nicht ausdrücklich im Gesetz erwähnt, bedarf es einer **vorsitzenden Person**. Um die inhaltliche Anbindung an den Personalratz zu gewährleisten, ist dabei ein Rückgriff auf ein Personalratsmitglied zu empfehlen.

39 Nach **Abs. 4 Satz 2** sollen die Mitglieder des Wirtschaftsausschusses die zur Erfüllung ihrer Aufgaben erforderliche fachliche und persönliche Eignung besitzen. Die **„fachliche Eignung“** besitzt ein Mitglied dann, wenn es die Kenntnisse aufweist, die erforderlich sind, um die von der Dienststelle mitgeteilten Informationen (vgl. Abs. 2) in ihrem wirtschaftlichen Zusammenhang verstehen, beraten und den Personalrat darüber unterrichten zu können. Für diese Feststellung ist abstrakt auf den Angelegenheitskatalog des Abs. 3 und konkret auf die jeweiligen Verhältnisse in der Dienststelle abzustellen. Insgesamt geht es darum, dass das Mitglied sinnvoll im Wirtschaftsausschuss mitarbeiten kann, sodass es auch grundsätzliche betriebs- und haushaltswirtschaftliche Kenntnisse aufweisen sollte. Die **„persönliche Eignung“** besitzt ein Mitglied, wenn es über die zu seiner Aufgabenerledigung notwendige Zuverlässigkeit, Redlichkeit und vor allem Verschwiegenheit verfügt.

40 Da die Mitglieder des Wirtschaftsausschusses ein ausreichendes betriebswirtschaftliches Grundlagenwissen aufweisen müssen, um die von der

Dienststelle in den vorgelegten Wirtschaftsunterlagen enthaltenen Zahlen, Daten und Fakten analysieren und die daraus gewonnenen Informationen gegenüber dem Personalrat darlegen zu können (vgl. zum BetrVG: ArbG Würzburg 04.02.1999 – 8 BV 19/98 W –), haben sie einen (Teilnahme-)**Anspruch auf Grundlagenschulungen**. Für die im Wirtschaftsausschuss tätigen Personalratsmitglieder ergibt sich dieser direkt aus § 42 Abs. 5 Satz 1 (vgl. § 42 Rz. 68 f.). Für alle anderen Mitglieder des Wirtschaftsausschusses ist eine analoge Anwendung der letztgenannten Vorschrift zu befürworten (str.: ebenso Cecior u. a., § 65a Rn. 189; a. A. Laber/Pagenkopf, § 65a Rn. 48). Das BAG bejaht für diese Mitglieder des Wirtschaftsausschusses i. S. d. BetrVG im Übrigen nur dann einen Schulungsanspruch, wenn der Betriebsrat keine Arbeitnehmer finden konnte, die bereits die erforderliche Fachkompetenz für die Arbeit im Wirtschaftsausschuss besitzen (vgl. BAG 11.11.1998 – 7 AZR 491/97 –). Dieser einschränkenden Betrachtung ist jedoch nicht zu folgen, da ansonsten übersehen werden würde, dass dem Wirtschaftsausschuss auf der Arbeitgeberseite bzw. aufseiten der Dienststelle zumeist hoch qualifizierte Fachkräfte gegenüberstehen, die ihrerseits ihre Fachkenntnisse in den zu behandelnden wirtschaftlichen Angelegenheiten in einem Studium und/oder einer langjährigen Berufspraxis erworben haben, sodass zumindest Grundlagenschulungen für die Mitglieder des Wirtschaftsausschusses vonnöten sind, damit diese annähernd „auf Augenhöhe mit der Dienststelle" mitreden und entsprechend den Vorgaben des LPVG NRW handeln können (so tendenziell auch ArbG Berlin 15.01.2003 – 79 BV 19775/02 –). Selbst wenn die Mitglieder des Wirtschaftsausschusses Vorkenntnisse aufgrund einer Berufsausbildung aufweisen, schließt dies einen Schulungsanspruch nicht unbedingt aus, soweit in einem speziellen Seminar ein darüber hinausgehendes betriebswirtschaftliches Fachwissen vermittelt wird (so zum BetrVG: LAG Hamm 10.06.2005 – 10 Ta BV 1/05 –). Auch eine wiederholte Amtsperiode im Wirtschaftsausschuss stellt kein hinreichendes Merkmal für die Annahme einer fehlenden Erforderlichkeit einer Schulungsmaßnahme dar (so zum BetrVG: LAG Hamm v. 05.12.2008 – 10 Ta BV 25/07 –). Alles in allem ist bei der Feststellung eines Schulungsbedarfs auf die Umstände des Einzelfalles und dabei speziell auch auf das Schulungsbedürfnis des jeweiligen Mitgliedes des Wirtschaftsausschusses abzustellen (vgl. entsprechend § 42 Rz. 74 ff.).

41 **Praxistipp!**

Es ist zu empfehlen, dass der Wirtschaftsausschuss vor der Inanspruchnahme von kostenverursachenden Schulungen Rücksprache mit der Dienststelle hält, sodass unnötige Streitigkeiten vermieden und vor allem für beide Seiten tragbare Lösungen vereinbart werden können!

Die **Mitgliederbestimmung** erfolgt nach **Abs. 4 Satz 3** durch den Personalrat für die Dauer seiner Amtszeit (§ 23), wobei nach deren Ablauf neue Mitglieder bestimmt werden müssen. Der Gesetzgeber hat ihm damit ein Ermessen im Hinblick auf die konkrete Anzahl der Mitglieder des Wirtschaftsausschusses eingeräumt (vgl. Rz. 38). Im Rahmen dessen hat er ebenfalls zu entscheiden, ob die von ihm bestimmten Mitglieder die für ihre Aufgabenerfüllung erforderliche fachliche und persönliche Eignung nach Abs. 4 Satz 2 (vgl. Rz. 39) besitzen. Die Mitgliederbestimmung erfolgt durch einen einfachen Mehrheitsbeschluss des Personalrates (§ 33 Abs. 1). Die Dienststelle ist grundsätzlich an diese Entscheidung gebunden. Der Dienststellenleiter darf nur das Vorliegen der in Abs. 4 Satz 1 benannten formellen Voraussetzungen (vgl. Rz. 38) überprüfen (so auch Cecior u.a., § 65a Rn. 179). Sollte er allerdings eklatante Bedenken im Hinblick auf die fachliche und persönliche Eignung einzelner vom Personalrat bestimmter Mitglieder aufweisen, so ist es ihm nicht verwehrt diese im Rahmen der vertrauensvollen Zusammenarbeit nach § 2 Abs. 1 Halbsatz 1 mit dem Personalrat zu besprechen und zum Wohle der Beschäftigten in der Dienststelle entsprechende Lösungen anzuregen! 42

Die **Rechtsstellung der Mitglieder des Wirtschaftsausschusses** ist nicht ausdrücklich gesetzlich geregelt worden. 42a

Zur Geltung gelangende Vorschriften:

Als Personen, die Aufgaben und Befugnisse nach dem LPVG NRW wahrnehmen unterliegen sie jedenfalls dem Behinderungs-, Benachteiligungs- und Begünstigungsverbot nach **§ 7 Abs. 1** und der Verschwiegenheitspflicht nach **§ 9 Abs. 1.** Ferner nehmen sie in analoger Anwendung des **§ 42 Abs. 1** ein unentgeltliches Ehrenamt wahr, unterliegen in analoger Anwendung des **§ 42 Abs. 2 Satz 1** dem sog. „Lohnausfallprinzip“ und weisen in analoger Anwendung des **§ 42 Abs. 2 Satz 2** einen Anspruch auf Arbeits- oder Dienstbefreiung (so auch Cecior u.a., § 65a Rn. 186 m.w.N. und Laber/Pagenkopf, § 65a Rn. 48) sowie in analoger Anwendung des § 42 Abs. 5 Satz 1 auf Teilnahme an einer Grundschulung auf (str.: vgl. Rz. 40 m.w.N.).

Nicht zur Geltung gelangende Vorschriften:

Da der geschützte Personenkreis des besonderen Arbeitsplatzschutz nach **§ 43 Abs. 1** (vgl. § 43 Rz. 3 und 15) und des besonderen Kündigungsschutz nach **§ 43 Abs. 2** (vgl. § 43 Rz. 31) abschließend gesetzlich geregelt ist, scheidet eine analoge Anwendung dieser Vorschriften für die Mitgliedes des Wirtschaftsausschusses, die zugleich keine Personalratsmitglieder sind aus (so im Ergebnis auch Cecior u.a., § 65a Rn. 191 m.w.N.). Im Hinblick auf das für sie geltende Benachteiligungsverbot des § 7 Abs. 1 genießen sie aber immerhin einen eingeschränkten Kündigungsschutz und dürfen zumindest nicht „wegen ihrer Aufgabenwahrnehmung im Wirtschaftsausschuss" gekündigt werden.

43 Die **Beendigung der Mitgliedschaft im Wirtschaftsausschuss** tritt in folgenden Fällen ein:

- Durch **Abberufung**, die als umkehrende Handlung der Mitgliederbestimmung dem Personalrat zusteht und über die er mit einfacher Mehrheit (§ 33), ohne Angabe eines besonderen Grundes bestimmen darf,
- durch **Amtsniederlegung** des jeweiligen Mitgliedes,
- durch **Wegfall der Dienststellenangehörigkeit des Mitgliedes** (z. B. Beendigung des Beschäftigungsverhältnisses) oder
- durch Ausscheiden aus dem Personalrat, wenn es sich um das einzige Personalratsmitglied i. S. d. Abs. 4 Satz 1 handelt (str.: so zum BetrVG: Fitting u. a., § 107 Rn. 9; a. A. zum LPVG NRW: Cecior u. a., § 65a Rn. 200).

44 **Wichtig!**

Wenn durch die Beendigung der Mitgliedschaft im Wirtschaftsausschuss die Mindestanzahl der Mitglieder von drei unterschritten wird oder dadurch bedingt kein Personalratsmitglied mehr im Wirtschaftsausschuss vorhanden ist, muss der Personalrat ein neues Mitglied bestimmen. In den sonstigen Fällen des Ausscheidens ohne Unterschreitung der Anzahl steht es in seinem Ermessen, ob er nachträglich ein neues Mitglied bestimmt!

VI. Sitzungen des Wirtschaftsausschusses

45 **Abs. 5:** Nach **Abs. 5 Satz 1** hat der Gesetzgeber für den Regelfall („soll") angeordnet, dass der Wirtschaftsausschuss mindestens **vierteljährlich** einmal zusammentritt. Dabei ist der Gesetzgeber davon ausgegangen, dass dem Grunde nach eine Quartalssitzung ausreichend ist (vgl. LT-Drucks. 5/1644, S. 81). Wenn keine Beratungsthemen bzw. kein Beratungsbedarf vorliegen, können und sollten Sitzungen entsprechend ausfallen. Wenn die Verhältnisse und Anforderungen der Dienststelle es zulassen, kann und sollte der Wirtschaftsausschuss im Übrigen auch in längeren Zeitabständen tagen. Soweit dringende wirtschaftliche Entscheidungen in der Dienststelle jedoch anstehen, gilt Umgekehrtes entsprechend, sodass auch zwischenzeitliche bzw. im Ausnahmefall sogar außerordentliche Sitzungen stattfinden können. Die Sitzungen haben in Präsenz zu erfolgen („zusammentreten"). Eine digitale Form, wie im Ausnahmefall für Personalräte vorgesehen (§ 33) besteht nicht. Den **Anlass, die Vorbereitung, die Durchführung und die zeitliche Lage der Sitzung hat der Gesetzgeber nicht geregelt**. Da der Wirtschaftsausschuss ein Hilfsorgan des Personalrates ist (vgl. Rz. 1), sind im Grunde die im LPVG

NRW enthaltenen Regelungen über die Geschäftsführung des Personalrates (vgl. §§ 29ff.) analog anzuwenden (so auch zum BetrVG: ErfK/Kania, § 108 BetrVG Rn. 2). Von daher empfiehlt es sich auch, dass der Wirtschaftsausschuss eine **konstitutive Sitzung** (§ 30 Abs. 1 analog) durchführt, in der er eine **Vorsitzende Person und Stellvertretung** (§ 29 Abs. 1 Satz 1 analog) wählt, die dann im Weiteren die Führung der Wirtschaftsausschusssitzungen, die Vertretung des Wirtschaftsausschusses nach außen, die Annahme von Anträgen und Erklärungen sowie die Unterrichtung des Personalrates entsprechend wahrnimmt. Diese Vorgehensweise erscheint sachdienlich, da im Ergebnis der Dienststelle eine entsprechende Ansprechperson im Hinblick auf den Wirtschaftsausschuss zur Verfügung steht. Gleichsam dem Personalrat steht es ihm frei, sich eine **Geschäftsordnung** (§ 38 analog) zu geben. In analoger Anwendung des § 30 Abs. 2 Satz 2 obliegt die **Sitzungsleitung** der Vorsitzenden Person des Wirtschaftsausschusses. In analoger Anwendung des § 37 und mit Blick auf die Unterrichtungspflicht nach Abs. 5 Satz 2 (vgl. Rz. 48) sollte für jede Sitzung ein **Sitzungsprotokoll** angefertigt und der Dienststelle eine Abschrift hiervon zuzuleiten. Die **Sitzungen des Wirtschaftsausschusses haben in der Regel während der Arbeitszeit stattzufinden** (vgl. hierzu und zu Ausnahmen entsprechend § 31 Rz. 2–8). Hierfür hat die Dienststelle dem Wirtschaftsausschuss in analoger Anwendung des § 40 Abs. 3 eine entsprechende **Sitzungsräumlichkeit** und den zur Sitzungsdurchführung **erforderlichen Geschäftsbedarf** zur Verfügung zu stellen (vgl. § 40 Rz. 39f.). Bei Anfall eines außergewöhnlich hohen tatsächlichen administrativen Arbeitsaufwands ist er anlassbezogen von ihr ggf. auch zeitweise durch eine **Bürokraft** zu unterstützen (vgl. § 40 Rz. 44).

Die **Kosten der Sitzungen** und ebenso die **sonstigen Kosten des Wirtschaftsausschusses** trägt die Dienststelle in analoger Anwendung des § 40 Abs. 1 (vgl. § 40 Rz. 2ff.). Dementsprechend hat der Wirtschaftsausschuss bei der Verursachung von Kosten das **Gebot der sparsamen Verwendung öffentlicher Haushaltsmittel** entsprechend zu beachten (vgl. § 40 Rz. 7)! Soweit dies zur ordnungsgemäßen Durchführung ihrer Aufgaben erforderlich ist, weisen die Mitglieder des Wirtschaftsausschusses einen **Anspruch auf bezahlte Freistellung** in analoger Anwendung des § 42 Abs. 2 (vgl. § 42 Rz. 9ff.) auf. Zur Aufrechterhaltung des ordnungsgemäßen Dienst- bzw. Verwaltungsbetriebes besteht für sie dabei, gleichsam, wie auch für Personalratsmitglieder, die Pflicht, die beabsichtigte Wahrnehmung von Aufgaben des Wirtschaftsausschusses rechtzeitig beim Dienststellenleiter bzw. der zuständigen Führungskraft anzuzeigen. Sie haben also unter Angabe der voraussichtlichen Abwesenheitsdauer eine entsprechende **Ab- und Rückmeldung** vorzunehmen (vgl. § 42 Rz. 15)! Das gilt vor allem auch für die Teilnahme an etwaigen die eigentlichen Sitzungen vorbereitenden Besprechungsterminen (vgl. Rz. 48). 46

47 **Praxistipp!**

Es ist zu empfehlen, dass der Wirtschaftsausschuss vor der Verursachung von Kosten und vor der Inanspruchnahme einer bezahlten Arbeitsbefreiung Rücksprache mit der Dienststelle hält, sodass unnötige Streitigkeiten vermieden und vor allem für beide Seiten tragbare Lösungen vereinbart werden können!

47a Die Mitglieder des Wirtschaftsausschusses können neben den eigentlichen Sitzungen auch sog. **vorbereitende Besprechungen** vornehmen. Solche Zusammentreffen sind zwar nicht ausdrücklich in der vorliegenden Vorschrift geregelt, ergeben sich allerdings aus ihrem Normzweck. Denn sie sind notwendig, damit die Dienststelle rechtzeitig vor der gemeinsamen Sitzung über die Fragen informiert werden kann, deren Erörterung der Wirtschaftsausschuss wünscht, und damit dieser sich seinerseits ebenfalls entsprechend vorbereiten kann (vgl. entsprechend BAG 16.03.1982 – 1 AZR 406/80 – zu § 108 BetrVG). Ob und wenn, in welcher Häufigkeit und Länge solche Besprechungen durchgeführt werden, obliegt grundsätzlich dem Wirtschaftsausschuss. Er hat hierbei allerdings billiges Ermessen walten zu lassen und das Gebot der sparsamen Verwendung öffentlicher Haushaltsmittel (vgl. Rz. 46) zu beachten. Im Hinblick auf die mit solchen Besprechungen einhergehenden Freistellungen muss zudem eine entsprechende Erforderlichkeit i. S. d. § 42 Abs. 2 bestehen (vgl. Rz. 46). Da es sich nicht um Sitzungen i.S.d. Abs. 6 handelt (vgl. Rz. 49), besteht weder eine Teilnahmepflicht noch ein Teilnahmerecht der Dienststelle (so im Ergebnis auch BAG 16.03.1982 a. a. O.).

48 Nach **Abs. 5 Satz 2** besteht eine **Unterrichtungspflicht** gegenüber dem Personalrat über jede Sitzung. Aus dem Wortbezug („Er …") zu Satz 1 („Der Wirtschaftsausschuss …") ist **Verpflichteter grundsätzlich der Wirtschaftsausschuss** und dabei dieser in der Gesamtheit seiner Mitglieder. Soweit durch die Unterrichtung gewährleistet werden soll, dass der Personalrat über die aktuelle wirtschaftliche Lage in der Dienststelle informiert werden soll, ist sie Ausfluss der dem Wirtschaftsausschuss zukommenden Funktion als Beratungs- und Hilfsorgan (vgl. Rz. 1). Deshalb kann diese Verpflichtung weder von der Dienststelle oder außenstehenden Dritten wahrgenommen noch auf diese übertragen werden. Dem Normzweck nicht zuwiderlaufend und der zuvor aufgezeigten Funktion genügend ist neben einer Unterrichtung durch die Gesamtheit aller Mitglieder des Wirtschaftsausschuss allerdings die alleinige Vornahme der Unterrichtung durch die Vorsitzende Person oder einzelner hierzu bestimmter Mitglieder des Wirtschaftsausschuss (z. B. das Personalratsmitglied i. S. d. § Abs. 4 Satz 1). Die Entscheidung darüber obliegt dem Perso-

nalrat und ist durch eine entsprechende Beschlussfassung umzusetzen. Das kann zwar schon im Rahmen des Bildungsbeschlusses (vgl. Rz. 7) vorgenommen werden, sollte im Hinblick auf die weitere Zusammenarbeit aber bestenfalls mit dem Wirtschaftsausschuss abgestimmt werden. Das Ergebnis kann dann auch entsprechenden Eingang in eine Geschäftsordnung des Wirtschaftsausschusses (vgl. Rz. 45) finden (im Ergebnis so auch Cecior u. a., § 65a Rn. 221 und Fitting, § 108 Rn. 27 m. w. N. zu differenzierenden Literaturstimmen zum BetrVG). In zeitlicher Hinsicht ist dem Personalrat „**unverzüglich**", d. h. ohne schuldhaftes Zögern (vgl. § 121 Abs. 1 BGB) Bericht zu erstatten. Dies hat in tatsächlicher Hinsicht „**vollständig**" zu erfolgen, d. h. durch Bekanntgabe des gesamten Sitzungsinhaltes. Gesetzliche Formvorgaben hierfür bestehen nicht. Aus Dokumentations- und Nachweisgründen empfehlen sich allerdings die Schriftform und dabei vor allem auch die Anfertigung von Sitzungsprotokollen (vgl. auch Rz. 45)!

VII. Teilnahme an den Sitzungen des Wirtschaftsausschusses

Abs. 6: Nach **Abs. 6 Satz 1** besteht eine **Teilnahmepflicht der Dienststelle** 49
an den Sitzungen des Wirtschaftsausschusses. Damit erwächst dieser zugleich auch ein entsprechendes **Teilnahmerecht**. Die Teilnahme hat durch den Dienststellenleiter oder die anderweitig in § 8 Abs. 1 genannten Personen zu erfolgen. Die Erfüllung der Teilnahmepflicht bzw. Wahrnehmung des Teilnahmerechts durch anderweitige Personen ist nicht statthaft. Die Dienststelle ist vom Wirtschaftsausschuss unter Angabe der Tagesordnung so rechtzeitig zu dessen Sitzungen zu laden, dass sie sich auch ausreichend darauf vorbereiten kann. Deswegen sollten Sitzungstermine bestmöglich mit der Dienststelle im Vorfeld abgestimmt werden. Da die vorliegende Vorschrift auf Sitzungen i.S.d. Abs. 1 abstellt, besteht weder eine Teilnahmepflicht noch im Übrigen ein Teilnahmerecht der Dienststelle an **vorbereitenden Besprechungen**, d.h. sog. Vorbereitungssitzungen des Wirtschaftsausschusses (vgl. Rz. 47a). Dem Wirtschaftsausschuss steht es allerdings frei, den Dienststellenleiter und/oder den anderweitigen in § 8 Abs. 1 benannten Personenkreis hierzu einzuladen.

Nach **Abs. 6 Satz 2** kann die Dienststelle „**weitere sachkundige Beschäftigte hinzuziehen**". Das Hinzuziehungsrecht erfasst nur **Beschäftigte nach § 5** 50
und damit keine „außenstehenden Dritten" wie z. B. Vertreter des Arbeitgeberverbandes, Gewerkschaftsvertreter oder Rechtsanwälte. Das Merkmal der **Sachkunde** ist gesetzlich nicht näher definiert. Grundsätzlich ist auf Personen abzustellen, die entsprechende Kenntnisse und gegebenenfalls

auch Fachkompetenzen in einem bestimmten Themenbereich aufweisen, das in der Sitzung erörtert wird. Die **Auswahl und Festlegung der Anzahl der Beschäftigten stehen im Ermessen der Dienststelle**. Die Vorschrift eröffnet kein Hinzuziehungsrecht für den Wirtschaftsausschuss.

51 **Der in Abs. 6 benannte Teilnehmerkreis ist abschließend** geregelt, sodass der Personalrat, der Wirtschaftsausschuss und auch die Dienststelle ihn weder jeweils einseitig noch im gegenseitigen Einvernehmen erweitern und/oder einschränken können. Die Teilnahme von weiteren in der Vorschrift nicht benannten Personen ist also ausgeschlossen. Vor diesem Hintergrund besteht vor allem auch **kein gesondertes Hinzuziehungsrecht für Gewerkschaftsvertreter durch den Personalrat** aufgrund einer analogen Anwendung des § 32 Abs. 1, wie es das BAG in seiner Entscheidung vom 18.11.1980 – 1 ABR 31/78 – jedenfalls im Hinblick auf die vergleichbare Vorschrift des § 31 BetrVG bejaht hat. Denn der Gesetzgeber hat den Kreis der Teilnehmer an Sitzungen des Wirtschaftsausschusses abschließend geregelt und dabei nur auf Beschäftigte der Dienststelle beschränkt (vgl. auch Rz. 49), sodass es bereits an einer für eine Analogie erforderlichen Regelungslücke ermangelt. Soweit der Wirtschaftsausschuss lediglich als Hilfsorgan fungiert, kann der Personalrat die durch ihn gewonnenen Erkenntnisse im Rahmen einer eigenen Sitzung erörtern und sich dabei der in § 32 Abs. 1 vorgesehenen Beratungsfunktion der Gewerkschaften ausreichend bedienen, sodass für eine etwaige Analogie im Übrigen auch keine Regelungsbedürftigkeit besteht (str.: so im Ergebnis auch Cecior u. a., § 65a Rn. 240 m. w. N. zum Streitstand). Aufgrund der Vorgabe des § 178 Abs. 4 Satz 1 Halbsatz 1 SGB IX besteht ansonsten lediglich noch ein **Teilnahmerecht der Schwerbehindertenvertretung** (a. A. Cecior u. a., § 65a Rn. 237 unter Hinweis auf den mangelnden Ausschusscharakter des Wirtschaftsausschusses). Es besteht **kein Teilnahmerecht der Gleichstellungsbeauftragten** (arg. e contr. § 18 Abs. 4 LGG NRW), wenn sie nicht als sachkundige Beschäftigte i. S. d. Abs. 6 Satz 2 hinzugezogen wird. Zum **Teilnahmerecht der Gleichstellungsbeauftragten an sonstigen Besprechungen in der Dienststelle** siehe ausführlich Bülow, § 18 LGG NRW Rn. 108 ff.

52 Die **Sitzungen des Wirtschaftsausschusses sind nicht öffentlich**. Die Mitglieder des Wirtschaftsausschusses, der Dienststellenleiter bzw. die in § 8 Abs. 1 benannten und für ihn teilnehmenden Personen und auch ansonsten hinzugezogene sachkundige Beschäftigte unterliegen somit der **Verschwiegenheitspflicht nach § 9** (vgl. die dortige Kommentierung), da sie allesamt Personen sind, die Aufgaben oder Befugnisse nach dem LPVG NRW wahrnehmen. Zur Schweigepflicht der Schwerbehindertenvertretung vgl. § 9 Rz. 4 ff und zu der, der Gleichstellungsbeauftragten vgl. Bülow, § 16 LGG NRW Rn. 65 ff.!

VIII. Rechtliche Auseinandersetzungen

Die Frage der **Bildung eines Wirtschaftsausschusses** und im Übrigen auch seiner **Zuständigkeit** bei Streit über das Vorliegen einer wirtschaftlichen Angelegenheit nach Abs. 3 kann im personalvertretungsrechtlichen Beschlussverfahren vor dem Verwaltungsgericht geklärt werden (vgl. auch OVG NRW 11.07.2014 – 20 B 236/14.PVL –). Die Antragsbefugnis hierfür steht dem Personalrat zu. Soweit bereits ein Wirtschaftsausschuss gebildet worden ist, weist dieser weder ein Antrags- noch ein Beteiligungsrecht auf (vgl. zum BetrVG auch BAG 22.01.1991 – AP Nr. 9 zu § 106 BetrVG 1972). Zur **Klärung des dreigliedrigen Tatbestandsbegriffs „in der Regel ständig Beschäftigte“** im Wege des einstweiligen Rechtsschutzes vgl. OVG NRW 11.07.2014 – a. a. O.). 53

Wichtig! 54

Wenn der Wirtschaftsausschuss ihm gesetzlich zugesprochene Rechte durch die Dienststelle verletzt sieht, so gilt es zu beachten, dass er diese nicht selbst gerichtlich durchsetzen kann („fehlende Aktivlegitimation“). Das kann nur der Personalrat, wenn er dadurch seine Informations- und Unterrichtungsrechte in kausaler Weise beeinträchtigt sieht!

Zweiter Abschnitt
Formen und Verfahren

§ 66 (Mitbestimmungsverfahren)

(1) Soweit eine Maßnahme der Mitbestimmung des Personalrats unterliegt, kann sie nur mit seiner Zustimmung getroffen werden. Eine Maßnahme im Sinne des Satzes 1 liegt bereits dann vor, wenn durch eine Handlung eine mitbestimmungspflichtige Maßnahme vorweggenommen oder festgelegt wird.

(2) Die Dienststelle unterrichtet den Personalrat von der beabsichtigten Maßnahme und beantragt seine Zustimmung. Der Personalrat kann verlangen, dass die Dienststelle die beabsichtigte Maßnahme begründet; der Personalrat kann außer in Personalangelegenheiten auch eine schriftliche Begründung verlangen. Der Beschluss des Personalrats über die beantragte Zustimmung ist der Dienststelle innerhalb von zwei Wochen mitzuteilen; in dringenden Fällen kann die Dienststelle diese Frist auf eine Woche verkürzen. In den Fällen des § 35 verlängert sich die Frist um eine Woche. Die Maßnahme gilt als gebilligt, wenn nicht der Personalrat innerhalb der genannten Frist die Zustimmung unter Angabe der Gründe schriftlich verweigert.

(3) Sofern der Personalrat beabsichtigt, der Maßnahme nicht zuzustimmen, hat er dies nach Zugang des Antrags innerhalb der Fristen des Absatzes 2

Satz 3 oder Satz 4 der Dienststelle mitzuteilen; in diesen Fällen ist die Maßnahme mit dem Ziel einer Verständigung zwischen der Dienststelle und dem Personalrat innerhalb von zwei Wochen zu erörtern; die Frist kann im Einvernehmen zwischen der Dienststelle und dem Personalrat verlängert werden. In dringenden Fällen kann die Dienststelle verlangen, dass die Erörterung innerhalb einer Frist von einer Woche durchzuführen ist. In den Fällen einer Erörterung beginnt die Frist des Absatzes 2 Satz 3 und 4 mit dem Tag der Erörterung. Absatz 2 Satz 5 gilt entsprechend. Die Dienststelle ist berechtigt, zu der Erörterung für Personal-und Organisationsangelegenheiten zuständige Beschäftigte hinzuzuziehen. Soweit Beschwerden oder Behauptungen tatsächlicher Art vorgetragen werden, die für eine Beschäftigte oder einen Beschäftigten ungünstig sind oder ihr oder ihm nachteilig werden können, ist der oder dem Beschäftigten Gelegenheit zur Äußerung zu geben; die Äußerung ist aktenkundig zu machen. Soweit anstelle der Dienststelle das verfassungsmäßig zuständige oberste Organ oder ein von diesem bestimmter Ausschuss über eine beabsichtigte Maßnahme zu entscheiden hat, ist der Personalrat so rechtzeitig zu unterrichten, dass seine Stellungnahme bei der Entscheidung von dem zuständigen Organ oder Ausschuss berücksichtigt werden kann. Die Vorsitzende Person der zuständigen Personalvertretung und ein Mitglied der betreffenden Gruppe sind berechtigt, an den Sitzungen des verfassungsmäßig zuständigen obersten Organs oder des von ihm bestimmten Ausschusses mit Ausnahme der Beschlussfassung teilzunehmen und die Auffassung der Personalvertretung darzulegen, sofern personelle oder soziale Angelegenheiten der Angehörigen der Dienststelle behandelt werden. Termin und Tagesordnung sind der Personalvertretung rechtzeitig bekannt zu geben.

(4) Im Rahmen seiner Aufgaben nach § 72 kann der Personalrat in allen personellen, sozialen, organisatorischen und sonstigen innerdienstlichen Angelegenheiten Maßnahmen bei der Dienststelle beantragen, die die Beschäftigten der Dienststelle insgesamt, Gruppen von ihnen oder einzelne Beschäftigte betreffen oder sich auf sie auswirken. Der Personalrat hat die Maßnahme schriftlich vorzuschlagen und zu begründen. Die Entscheidung über seinen Vorschlag ist dem Personalrat innerhalb von zwei Wochen nach Zugang des Vorschlags bei der Dienststelle mitzuteilen. Sofern beabsichtigt ist, dem Vorschlag nicht zu entsprechen, hat die Dienststelle dies innerhalb der Frist des Satzes 3 nach Zugang des Vorschlags dem Personalrat mitzuteilen; in diesen Fällen gelten Absatz 3 Satz 1 Halbsatz 2 und 3 und Satz 2 und 3 entsprechend. Bei einer Ablehnung des Vorschlags sind die Gründe anzugeben.

(5) Kommt eine Einigung über eine von der Dienststelle beabsichtigte Maßnahme nicht zustande, so kann sie innerhalb von zwei Wochen die Angelegenheit der im Verwaltungsaufbau übergeordneten Stelle, bei der eine Stufenvertretung besteht,

vorlegen. Für das Stufenverfahren gelten die Absätze 2 und 3 entsprechend. Kommt eine Einigung über eine vom Personalrat beantragte Maßnahme nicht zustande oder trifft die Dienststelle innerhalb der in Absatz 4 Satz 3 genannten Frist keine Entscheidung, so kann der Personalrat innerhalb von zwei Wochen nach Ablauf der in Absatz 3 genannten Frist die Angelegenheit der Stufenvertretung, die bei der im Verwaltungsaufbau übergeordneten Stelle besteht, vorlegen. Für das Stufenverfahren gilt Absatz 4 entsprechend. Die Dienststelle und der Personalrat unterrichten sich gegenseitig, wenn sie die Angelegenheit der übergeordneten Stelle oder der bei ihr bestehenden Stufenvertretung vorlegen.

(6) Bei Anträgen des Personalrats nach Absatz 4, die Maßnahmen nach § 72 Abs. 1 zum Gegenstand haben, entscheidet in der Landesverwaltung die oberste Landesbehörde und bei den Gemeinden, den Gemeindeverbänden und den sonstigen der Aufsicht des Landes unterstehenden Körperschaften, Anstalten und Stiftungen des öffentlichen Rechts die Dienststelle (§ 1 Abs. 2 Halbsatz 2) endgültig.

(7) Ergibt sich bei Maßnahmen, die von der Dienststelle beabsichtigt sind, und bei den vom Personalrat beantragten Maßnahmen, die nach § 72 Abs. 2 bis 4 seiner Mitbestimmung unterliegen,

a) in der Landesverwaltung zwischen der obersten Landesbehörde,
b) bei den Gemeinden, den Gemeindeverbänden und den sonstigen der Aufsicht des Landes unterstehenden Körperschaften, Anstalten und Stiftungen des öffentlichen Rechts zwischen der Dienststelle (§ 1 Abs. 2 Halbsatz 2 und Abs. 3)

und der dort bestehenden zuständigen Personalvertretung keine Einigung, so entscheidet auf Antrag der Dienststelle (§ 1 Abs. 2 Halbsatz 2) oder der Personalvertretung die Einigungsstelle (§ 67). Die Personalvertretung kann die Entscheidung der Einigungsstelle auch dann beantragen, wenn die Dienststelle über einen Antrag nach Absatz 4 nicht innerhalb der in Absatz 4 Satz 3 vorgesehenen Frist entscheidet. In den Fällen des § 72 Absatz 1, 3 und 4 Satz 1 Nummer 2, 6, 11, 12, 14 bis 17, 19 bis 22 und des § 74 Absatz 1 beschließt die Einigungsstelle eine Empfehlung an die in diesen Fällen endgültig entscheidende Stelle (§ 68). Wurde über eine Maßnahme nach Satz 1, die wegen ihrer Auswirkungen auf das Gemeinwohl wesentlicher Bestandteil der Regierungsgewalt sein kann, durch bindenden Beschluss der Einigungsstelle entschieden, können die beteiligten Dienststellen innerhalb eines Monats nach Zustellung des Beschlusses auf dem Dienstweg die nach § 68 zuständige Stelle anrufen. Den beteiligten Personalräten ist von dieser Stelle Gelegenheit zur Stellungnahme zu geben; hierfür kann eine Frist gesetzt werden. Die nach § 68 zuständige Stelle stellt fest, ob der Beschluss der Einigungsstelle wegen der Maßnahme, die aufgrund ihrer Auswirkungen auf das Gemeinwohl wesentlicher Bestandteil der Regierungsgewalt ist, nur empfehlenden Charakter hat und

entscheidet über die Maßnahme abschließend. Die Entscheidung ist zu begründen. Liegen diese Voraussetzungen nicht vor, verbleibt es beim Beschluss der Einigungsstelle. Die Vorsitzende Person der Einigungsstelle sowie die am Einigungsverfahren beteiligten Dienststellen und Personalvertretungen sind unverzüglich über die Entscheidung und deren Gründe schriftlich zu informieren.

(8) Die Dienststelle kann bei Maßnahmen, die der Natur der Sache nach keinen Aufschub dulden, bis zur endgültigen Entscheidung vorläufige Regelungen treffen. Sie hat dem Personalrat die vorläufige Regelung mitzuteilen und zu begründen und unverzüglich das Verfahren nach den Absätzen 2, 3, 5 und 7 einzuleiten oder fortzusetzen.

Gliederung

I. Einleitende Bemerkungen

1 Die Vorschrift beruhte zunächst auf den Rahmenvorgaben in § 104 BPersVG a. F. und wurde mit der Gesetzesnovelle 2007 den dortigen gesetzlichen Regelungen angepasst (vgl. §§ 69, 70 BPersVG a. F.). Mit der **Novelle 2011** wurde dies allerdings zum größten Teil wieder rückgängig gemacht. Ferner wurde speziell eine sog. prozessbegleitende Mitbestimmung eingeführt, die sowohl in § 66 Abs. 1 Satz 2 selbst als auch begleitend in den §§ 65 Abs. 1 Satz 3–4; 65a entsprechenden Ausdruck findet (vgl. LT-Drucks. 15/2218, S. 53) und das Mitbestimmungsrecht im Ergebnis erweitert hat.

2 Die gesetzlichen Form- und Verfahrensvorgaben gestalten sich in ihrer Darstellung und ihrer praktischen Umsetzung nicht einfach. Vergleichbare Normenvorgaben im BetrVG existieren nicht!

3 Die Vorschrift ist wie folgt aufgebaut:

Abs. 1: Grundregelung

Abs. 2: Verfahrensregelungen bei Anträgen der Dienststelle

Abs. 3: Regelungen zum Einigungsverfahren

Abs. 4: Verfahrensregelungen bei Initiativanträgen des Personalrats

Abs. 5: Regelungen zum Stufenverfahren

Abs. 6: Sonderregelung zu Initiativmaßnahmen nach Abs. 4

Abs. 7: Regelungen zum Einigungsstellenverfahren

Abs. 8: Sondervorschrift zu vorläufigen Regelungen

Die **Durchführung des Mitbestimmungsverfahrens setzt voraus, dass in der Dienststelle ein Personalrat vorhanden ist**. Ist dies nicht der Fall, weil z. B. durch eine Amtsniederlegung ein „Personalratsvakuum" entstanden ist (vgl. § 26 Rz. 5) und/oder eine (spätere) Wahl mangels Kandidaten o. Ä. gescheitert ist (vgl. § 13 Rz. 2 m. w. N.), können nach § 72 beteiligungspflichtige Maßnahmen ohne die Vornahme des vorliegend vorgesehenen Verfahrens von der Dienststelle durchgeführt werden. Umgekehrt bedeutet dies speziell, dass die Dienststelle nicht – was jedoch in der Praxis oft zu beobachten ist – zum Unterlassen angehalten ist und abwarten muss, bis ein Personalrat („wieder") vorhanden ist (vgl. zu alledem OVG Berlin-Brandenburg 06.10.2022 – 4 S 30.22 –). **Soweit ein Personalrat besteht, gilt ausgehend von § 66 Folgendes:** Eine mitbestimmungspflichtige Maßnahme (vgl. §§ 72, 74 Abs. 1) der Dienststelle kann grundsätzlich nur dann „getroffen", d. h. durchgeführt werden, wenn zuvor die Zustimmung des Personalrats beantragt wurde und dieser nach ordnungsgemäßem Verfahrensabschluss i. S. d. vorliegenden Vorschrift zugestimmt bzw. im Fall der **uneingeschränkten Mitbestimmung** (vgl. Rz. 90) die Einigungsstelle seine Zustimmung ersetzt hat oder wenn im Fall der **eingeschränkten Mitbestimmung** (vgl. Rz. 90) eine Entscheidung der nach § 68 endgültig entscheidenden Stelle stattgefunden hat. Zur Möglichkeit der Regelung durch **Vergleich vor der Einigungsstelle** vgl. § 67 Rz. 59 und zur Möglichkeit des **Abschlusses einer Dienstvereinbarung** vgl. § 70 und die dortige Kommentierung. 4

II. Grundregelung

Abs. 1: Die Vorschrift regelt das **Verfahren in mitbestimmungspflichtigen Angelegenheiten**. Nach **Abs. 1 Satz 1** bedarf eine beabsichtigte Maßnahme der Dienststelle, die den Vorgaben nach § 72 unterfällt, der ausdrücklichen und vorherigen **Zustimmung des Personalrates** (Ausnahme: Sonderfall nach § 66 Abs. 8, vgl. Rz. 100 ff.). In den anschließenden Absätzen werden Verfahrensregelungen zur Zustimmungsbeantragung getroffen und aufgezeigt, in welchem Fall und in welcher Form sie erteilt bzw. verweigert wer- 5 den darf. Weiter sind dort Möglichkeiten einer Konfliktlösung geregelt, wenn keine Einigung zwischen der Dienststelle und dem Personalrat zustande kommt. Zur **Rückgängigmachung einer ohne Zustimmung vorgenommenen Maßnahme** vgl. OVG NRW 03.07.2013 – 20 A 893/12.PVB –.

6 Unter einer **„Maßnahme"** ist jedes Handeln und jede Entscheidung der Dienststelle zu verstehen, mit der diese in eigener Zuständigkeit eine eigene Angelegenheit regelt, sofern hierdurch der Rechtsstand der oder eines einzelnen Beschäftigten berührt wird (vgl. BVerwG 10.01.1983 – 6 P 11.80 – und OVG NRW 25.09.2017 – 20 A 1562/16.PVL –). Daher muss die Maßnahme die Veränderung des bestehenden Zustandes anstreben und nach ihrer Durchführung das Beschäftigungsverhältnis oder die Arbeitsbedingungen eine Änderung erfahren haben (vgl. BVerwG 31.01.2017 – 5 P 10.15 – und OVG NRW 01.09.2015 – 20 A 1265/14.PVB –). Dabei ist es ohne Belang, ob die entscheidende Dienststelle laut der Behördenorganisation auch tatsächlich zuständig ist (vgl. OVG NRW 02.04.2008 – 1 A 3615/06.PVL –). Egal ist auch, für welchen Zeitraum die Maßnahme angedacht ist und welche Auswirkungen sie haben soll (vgl. BVerwG 10.07.1995 – 6 P 14.93 –). Vor diesem Hintergrund ist z.B. eine **ministerielle Entscheidung**, die an den nachgeordneten Bereich gerichtet ist, dann keine Maßnahme im personalvertretungsrechtlichen Sinn, wenn sie Rechte und Pflichten für die Beschäftigten des Geschäftsbereichs nicht begründet, sondern sich nur darin erschöpft, den nachgeordneten Dienststellen Instruktionen zu erteilen, und ihnen auf dieser Grundlage deren Durchführung überlässt (vgl. VG Düsseldorf 6.2.2020 – 40 K 4082/18 – m.w.N.). Zur **Maßnahme einer Dienststellenleitung eines Jobcenters** vgl. BVerwG 26.7.2021 – 5 PB 11.20 – und Anm. Bülow, ZTR 2022, S. 276.

7 Wenn die Dienststelle rechtlich oder tatsächlich nur in **Sachzusammenhänge** einbezogen ist, es also an einem selbsthandelnden Eingriff mangelt, liegt keine Maßnahme im o.g. Sinne vor (vgl. OVG NRW 29.07.1994 – 1 A 581/91 PVL –). Das gilt auch für **bloße informatorische Hinweise** z.B. im Hinblick auf die Erfüllung allgemein gültiger Arbeitspflichten und Handlungsanforderungen (vgl. OVG NRW 03.07.1986 – CL 23/85 –) sowie verwaltungstechnische Verfügungen wie z.B. die Aufhebung einer bereits vollzogenen Entlassungsverfügung (vgl. OVG NRW 22.01.2015 – 6 B 1022/14 –).

8 Eine **Untätigkeit oder ein Unterlassen** der Dienststelle fällt so gesehen ebenfalls nicht unter den o.g. Maßnahmebegriff (vgl. BVerwG 01.08.1983 – 6 P 8.81 – und OVG NRW 25.10.2022 – 34 A 981/21.PVL –).

Praxistipp! 9

In der Praxis sollte gut überlegt werden, ob in einer Passivität der Dienststelle nicht doch nach den Umständen des Einzelfalls eine Entscheidung gesehen werden könnte (vgl. OVG NRW 30.03.2009 – 16 A 2327/07.PVL –)! Denn nach den Vorgaben des LPVG NRW kann eine Untätigkeit oder ein Unterlassen auch dann der Mitbestimmung unterfallen, wenn die Versagung, Untersagung oder Ablehnung einer Maßnahme ausdrücklich für mitbestimmungspflichtig erklärt wird wie z. B. in den Mitbestimmungsfällen des § 72 Abs. 1 Satz 1 Nr. 12 („Versagung einer Nebentätigkeit etc."), 13 („Ablehnung eines Teilzeit- und Urlaubsantrages etc.") und 14 („Ablehnung eines Antrages auf einen externen Arbeitsplatz")!

Die Dienststelle sollte also bedenken, dass der Personalrat u. U. in Ausübung seines Initiativrechts (vgl. § 66 Abs. 4) für den Fall, dass sie eine mitbestimmungspflichtige Maßnahme unterlässt, dennoch auf die Vornahme der Maßnahme hinwirken kann! 10

Das Gesetz gibt vor, dass nur eine **„beabsichtigte"** Maßnahme mitbestimmungspflichtig ist. Das ist der Fall, wenn die Dienststelle diese auch tatsächlich durchführen will. Bei der Beurteilung der Frage, welche Maßnahme die Dienststelle beabsichtigt, ist darauf abzustellen, welche Absicht nach dem objektiven Empfängerhorizont für den Personalrat in Anbetracht der jeweiligen Umstände des Einzelfalls erkennbar ist (vgl. BVerwG 01.04.2015 – 5 P 8.14 – und OVG NRW 09.04.2003 – 1 A 423/01. PVL –). Eine beabsichtigte Maßnahme liegt z. B. dann vor, wenn durch sie ein Beschäftigter betroffen ist, der zum Zeitpunkt der Ausführung, nicht der Dienststelle zugehörig und nicht in sie eingegliedert ist, wenn durch diese Maßnahme die Interessen der Beschäftigten der Dienststelle (z. B. wegen der Aufnahme eines versetzten Beschäftigten aus einer anderen Dienststelle) berührt werden (vgl. BVerwG 03.07.1990 – 6 P 22/87 –). Eine beabsichtigte Maßnahme liegt aber nicht vor, wenn die Dienststelle aufgrund eines rechtskräftigen Urteils oder eines gerichtlichen Vergleichs zu handeln verpflichtet ist, z. B. einen gekündigten Beschäftigten weiterzubeschäftigen (vgl. BVerwG 25.08.1988 – 6 P 36.85 –). 11

Mit der **Novelle 2011** wurde im Zusammenhang mit dem Begriff der Maßnahme in **Abs. 1 Satz 2** eine Legaldefinition in das Gesetz aufgenommen. Danach liegt eine Maßnahme i. S. d. Absatzes 1 Satz 1 schon dann vor, **„wenn durch eine Handlung eine mitbestimmungspflichtige Maßnahme vorweggenommen oder festgelegt wird"**. Der Gesetzesbegründung kann hierzu entnommen werden, dass durch diese Einführung eine sog. „prozessbegleitende Mitbestimmung" herbeigeführt werden soll, die an anderer Stelle im Gesetz durch das Informationsrecht des Personalrats bei Organisationsentscheidungen 12 (vgl. § 65 Abs. 1 Satz 3) ergänzt wird (vgl. LT-Drucks. 15/2218, S. 53). Ausgehend von dem Gedanken, dem Personalrat eine wirkungsvolle Ausübung seiner Rechte zu ermöglichen, hat die Rechtsprechung schon vor der letzten Novelle zum Ausdruck gebracht, dass die an sich zur Vorbereitung einer Maßnahme dienende Handlung der Dienststelle auch dann eine Anknüpfung für ein Mitbestimmungsrecht darstellt, wenn sie eine beabsichtigte Maßnahme vorwegnimmt oder unmittelbar festlegt (vgl. BVerwG 14.10.2002 – 6 P 7/01 –). Eine isolierte Festlegung und Umsetzung einer Organisationsmaßnahme, an die bereits feststehend mitbestimmungspflichtige Folgemaßnahmen anknüpfen, verbietet sich somit für die Dienststelle. Wenn die Dienststelle also **Organisationsentscheidungen**, wie z.B. eine Privatisierung i.S.d. § 72 Abs. 4 Satz 1 Nr. 22 oder eine Dienststellenauflösung, -einschränkung, -verlegung oder -zusammenlegung i.S.d. § 73 Nr. 3 beabsichtigt, darf sie diese erst dann realisieren, wenn der Personalrat vorab an den daraus folgenden Einzelmaßnahmen (z.B. Umsetzungen und/oder Kündigungen etc.) ebenfalls beteiligt worden ist (vgl. auch § 65 Rz. 14). Reine **vorbereitende Maßnahmen** bleiben nach der Gesetzesbegründung (vgl. LT-Drucks. 15/2218, 53) weiterhin von der Mitbestimmung ausgeschlossen (vgl. BVerwG 30.11.1982 – 6 P 10.80 – zu einer Mitarbeiterbefragen nach Nebenbeschäftigungen).

13 **Praxistipp!**

Nach der Novelle 2011 muss der Personalrat fortan vermehrt in die Entscheidungsprozesse der Dienststelle einbezogen werden. Im Gegenzug sollte die Dienststelle von ihm gleichermaßen stets ebenfalls eine gebührende aktive Beteiligung einfordern!

III. Verfahrensregelungen bei Anträgen der Dienststelle

14 Abs. 2: Mit dieser Vorschrift gibt der Gesetzgeber **Verfahrensregelungen für beabsichtigte Maßnahmen der Dienststelle** vor, d.h. also für Maßnahmen, die grundlegend aus der Verfahrenseinleitung durch die Dienststelle und der darauf folgenden Entschließung des Personalrats resultieren sollen.

15 Nach **Abs. 2 Satz 1** (i.V.m. § 65 Abs. 1 Satz 1) erfolgt die wirksame **Verfahrenseinleitung** dadurch, dass die Dienststelle den Personalrat von einer beabsichtigten Maßnahme unterrichtet (1. Voraussetzung) und die Zustimmung hierzu beantragt (2. Voraussetzung). Beides muss kumulativ vorliegen (vgl. Rz. 19)! Die **Unterrichtung** und der **Zustimmungsantrag** müssen während der üblichen Dienstzeiten dem Personalrat zugehen und zu ihrer Wirksamkeit dabei gegenüber einer berechtigten Person nach § 29 Abs. 1 erfolgen (vgl. BVerwG 25.01.1995 – 6 P 19.93 –). Mit Blick auf

den Nachweis des Zeitpunktes bzw. des Zugangs als solchen empfiehlt es sich, dass die Dienststelle organisatorische Vorkehrungen wie z.B. verschlossene Aktenfächer/Briefkästen o.Ä. schafft und entsprechende Zugangsvereinbarungen mit dem Personalrat trifft. Eine **unzureichende Unterrichtung des Personalrats führt dazu, dass das Mitbestimmungsverfahren nicht wirksam eingeleitet worden ist** (vgl. Rn. 38)!

Der Begriff „**Unterrichtung**" bedeutet, dass die Dienststelle dem Personalrat alle erforderlichen Informationen und Unterlagen unaufgefordert erteilt, sodass er seinen Beschluss über die beantragte Zustimmung (vgl. Abs. 2 Satz 3) sachgerecht fassen kann (vgl. OVG NRW 31.05.2001 – 1 A 2277/99.PVL –). Der Personalrat hat allerdings **keinen Anspruch** darauf, dass ihm anlässlich einer konkreten Mitbestimmungsvorlage die **privaten Telefonnummern** und die **privaten E-Mail-Adressen der betroffenen Beschäftigten** mitgeteilt werden (vgl. OVG NRW 03.04.2017 – 20 A 628/16 –). Der Personalrat ist zwar nicht verpflichtet sich Informationen selbst zu beschaffen (vgl. OVG NRW 22.03.2000 – 1 A 2009/98.PVL –), was ihn wiederum aber nicht daran hindert, auch eigene Informationen, z.B. durch das Aufsuchen von Beschäftigten am Arbeitsplatz, einholen zu können (vgl. BVerwG 08.11.1987 – 6 P 7.87 –). Wenn er bei seiner Beschlussfassung derart erlangte Informationen berücksichtigt, hat er die Dienststelle nach Möglichkeit darüber zu informieren und ihr Gelegenheit zur Stellungnahme zu geben (vgl. OVG NRW 04.03.1993 – CL 25/93 –). Was den **Umfang der Unterrichtung** betriff, so darf sich die Dienststelle nicht nur auf die Mitbestimmungstatbestände beschränken, die ihrer Meinung nach einschlägig sind, sondern muss alle relevanten tatsächlichen Umstände angeben, da der Personalrat die Möglichkeit hat eigenverantwortlich zu prüfen in welchem Ausmaß er zu beteiligen ist (vgl. OVG NRW 11.10.1988 – CL 23/86 –). Die Dienststelle sollte von daher vor der Unterrichtung umfassend prüfen, welche Mitbestimmungstatbestände eingreifen. Wenn Sie zu dem Ergebnis gelangen sollte, dass dies mehrere sind, muss sie den Personalrat auch über alle entsprechend informieren und ihm die dafür erforderlichen Unterlagen zur Vorlage bringen. **Unterrichtungsadressat** ist der Personalrat, d.h. **das Gremium**, dass über den Zustimmungsantrag entscheidet (§ 33) und nicht etwa, wie in der Praxis oft fälsch angenommen, die Vorsitzende Person, die eine Beteiligungsvorlage oder auch sonstige Unterlagen für den Personalrat („nur") entgegennimmt (vgl. § 29 Rz. 15 m.w.N.)! Eine **unzureichende Unterrichtung kann einen Zustimmungsverweigerungsgrund darstellen** (vgl. Rz. 40)! 16

Da der Begriff der „**Unterlagen**" in Abs. 2 nicht näher geregelt ist, kann ergänzend auf die Rechtsprechung zu § 65 Abs. 1 zurückgegriffen werden 17 (vgl. § 65 Rz. 17 ff.). Zum Anspruch auf Kenntnis der **Stellungnahme der Gleichstellungsbeauftragten** (vgl. § 65 Rz. 6). Zum Beteiligungsrecht der Gleichstellungsbeauftragten und deren Stellungnahme siehe im Übrigen ausführlich die **gesonderte Kommentierung von Bülow zum LGG NRW**!

18 Die Unterrichtung ist formfrei (vgl. BAG 06.02.1997 – 2 AZR 265/96 –). Aus Gründen der beiderseitigen Dokumentation und Beweissicherung sollte aber dennoch stets von der **Schriftform** Gebrauch gemacht werden! Die Unterrichtung sollte so **rechtzeitig** erfolgen, dass gegebenenfalls eintretende Verzögerungen noch berücksichtigt werden und auch noch eine ergebnisoffene Erörterung stattfinden kann (vgl. BVerwG 18.03.2008 – 6 PB 19.07 –).

19 Das **Mitbestimmungsverfahren ist nur dann vollständig und wirksam eingeleitet, wenn die Dienststelle dem Personalrat den Zweck der Unterrichtung durch den „Antrag auf Zustimmung" zu der beabsichtigten Maßnahme mitteilt.** Die Dienststelle muss also einen konkreten Antrag auf Zustimmung formulieren; bloße Formularvorlagen für den Personalrat, die leider immer wieder in Praxis anzutreffen sind und die nur mit „Beteiligung" oder „Mitbestimmung" o. Ä. überschrieben sind und ansonsten keine Antragsformulierungen aufweisen, sind also ausdrücklich formal ungenügend (= „Schulnote 6")! Der Antrag muss durch eine Befugte Person i. S. v. § 8 gestellt werden. Er ist zwar formfrei, sollte aber aus Gründen der Dokumentation und des Nachweises in der **Praxis stets schriftlich** vorgenommen werden. Der Antrag ist die Grundlage für die Beschlussfassung des Personalrats und muss sich deshalb inhaltlich auf eine bestimmte Handlung oder Entscheidung der Dienststelle beziehen, d. h. also konkret auf die Maßnahme/n, die die Dienststelle durchzuführen beabsichtigt. Eine inhaltliche Antragsbeschränkung auf einen oder mehrere Mitbestimmungstatbestände seitens der Dienststelle hat keine konstitutive Wirkung und ist damit für den Personalrat nicht bindend (vgl. OVG NRW 11.10.1988 – CL 23/86 –). Das bedeutet also, dass der Personalrat in der Praxis auch über die Benennung der Dienststelle hinaus abklären kann, ob gegebenenfalls weitere einschlägige Mitbestimmungstatbestände in Betracht zu ziehen sind. Gegenstand des Verfahrens sind damit letztendlich alle Mitbestimmungstatbestände des LPVG NRW, deren Voraussetzungen gegeben sind. Daher muss die Dienststelle im Antrag dem Grunde nach auch **keine konkrete Normenbenennung** (z. B. beabsichtigte Einstellung nach § 72 Abs. 1 Satz 1 Nr. 1 Fall) vornehmen, wenn der Antrag und die Unterrichtungs- bzw. Antragsschrift ausreichend im vorbenannten Sinne ausgestaltet sind!

20 Zum Aufbau und zur Formulierungsmöglichkeit einer Unterrichtungs-/Antragsschrift vgl. Rz. 23.

Wichtig! 20a

Der Verstoß gegen die aus § 66 Abs. 2 Satz 1 (i. V. m. § 65 Abs. 1 Satz 1) resultierende Unterrichtungspflicht der Dienststelle stellt einen Verfahrensfehler dar. Um den Eintritt der Fiktionswirkung des § 66 Abs. 2 Satz 5 (vgl. Rz. 37 ff.) zu verhindern, muss der Personalrat diesen innerhalb der Fristen nach § 66 Abs. 2 Satz 3 u. 4, Abs. 3 Satz 1 bis 3 geltend machen (vgl. OVG NRW 29.06.2016 – 6 A 2067/14 –)!

Nach **Abs. 2 Satz 2 Halbsatz 1** kann der Personalrat von der Dienststelle verlangen, dass die beabsichtigte Maßnahme „**begründet**" wird. Auf ein solches Verlange hin muss die Begründung nach **Abs. 2 Satz 2 Halbsatz 2** – außer in Personalangelegenheiten (!) – **in schriftlicher** (1. Alt) oder **in elektronischer Form** (2. Alt) erfolgen. Die letztgenannte Form ist auf das Gesetz zur Stärkung der medienbruchfreien Digitalisierung vom 01.02.2022 zurückzuführen. Die diesbezügliche Gesetzesbegründung führt dazu, wie folgt aus: *„Eine Form, die aus elektronischen Informationen (z.B. Text-, Tabellen-, Bilddateien) besteht, die in verkörperter Form (z.B. durch Ausdruck) wiedergegeben werden können. Die Übermittlung kann auf jede technisch mögliche Weise erfolgen. Eine Signatur, ein bestimmter sicherer Übermittlungsweg oder ein sonstiges Schriftformäquivalent sind nicht erforderlich."* (vgl. LT-Drucks. 17/15478, S. 281). Soweit das vorgenannte Gesetz darauf abzielt, die elektronische Verfahrensweise neben der schriftlichen zu ermöglichen (vgl. LT-Drucks. 17/15478, a. a. O.), ist davon auszugehen, dass **der Dienststelle ein Wahlrecht im Hinblick auf die Begründungsform zusteht**. Wenn sie sich insoweit für den Einsatz elektronischer Verfahren entscheidet, setzt das natürlich eine entsprechende Zugangseröffnung aufseiten des Personalrats voraus. 21

Praxistipp! 22

Zur Gewährleistung einer vollständigen Unterrichtung und aus Dokumentationsgründen sollte die Dienststelle in der Praxis Ihre Anträge auf Zustimmung immer schriftlich bzw. elektronisch begründen und so beweissichernd dokumentieren. Das gilt im Übrigen auch für sämtliche ergänzende Mitteilungen zu einer Personalratsvorlage!

Muster 24: Personalratsvorlage im Mitbestimmungsverfahren 23

Muster 25: Ergänzende Mitteilung zu einer Personalratsvorlage 23a

24 Der Personalrat kann wie folgt auf den Antrag der Dienststelle reagieren:

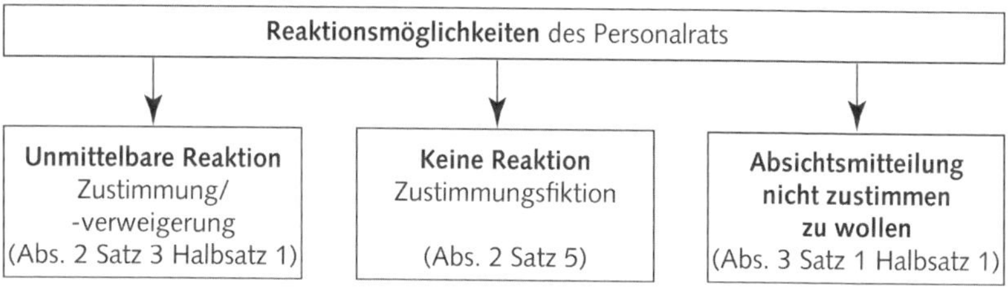

25 Bei einer **unmittelbaren Reaktion des Personalrates**, hat dieser nach **Abs. 2 Satz 3 Halbsatz 1** seine Entscheidung der Dienststelle **innerhalb von zwei Wochen** mitzuteilen (sog. Erklärungsfrist). Die Fristenregelung wurde mit der Novelle 2011 eingeführt und hat die vormalige Fristenbemessung nach (zehn) Arbeitstagen ersetzt, sodass der Personalrat mehr Zeit eingeräumt bekommen hat. Die Frist beginnt grundsätzlich mit Zugang des Antrages der Dienststelle beim Personalrat zu laufen (zur Fristenberechnung vgl. §§ 186 – 193 BGB). Zum Schutz des Informationsanspruchs des Personalrats wird der Fristenlauf aber eigentlich erst dann ausgelöst, wenn die Dienststelle die zur ordnungsgemäßen Wahrnehmung der Mitbestimmungsrechte erforderlichen Informationen und Unterlagen dem Personalrat i.S.d. Abs. 2 Satz 1 vollständig übermittelt hat (vgl. hierzu BVerwG 07.04.2010 – 6 P 6.09). Letztgenanntes kommt jedoch nur zum Tragen, wenn der Personalrat sich gegenüber der Dienststelle innerhalb der Erklärungsfrist darauf beruft, dass er die Unterrichtung nicht für ausreichend hält (vgl. Rz. 20a m. w. N.). Zur Problematik, wenn in einer Dienststelle die Praxis besteht, den Fristenablauf abweichend von den gesetzlichen Bestimmungen zu berechnen vgl. BVerwG 09.12.1992 – 6 P 16.91 –.

26 **In dringenden Fällen** kann die Dienststelle nach **Abs. 2 Satz 3 Halbsatz 2** die **Frist auf eine Woche verkürzen**. Das ist dann der Fall, wenn ihr die Einhaltung der 2-Wochen-Frist schlechterdings unzumutbar ist oder zu einer erheblichen Beeinträchtigung öffentlicher Belange führt (vgl. BVerwG 15.11.1995 – 6 P 4.94 –). In der Praxis gilt zu beachten, dass die Dienststelle gemessen an den Umständen des Einzelfalles für eine solche Fristverkürzung entsprechende Gründe von erheblichem Gewicht darlegen können muss!

27 Abgesehen von den o.g. Ausnahmen ist dem Grunde nach die 2-Wochen-Frist als **Ausschlussfrist** anzusehen (vgl. BVerwG 26.08.1987 – 6 P 11.86 –). Es besteht also **keine Möglichkeit der einvernehmlichen Fristenverlängerung** (vgl. OVG NRW 10.05.1988 – CB 1/86 –)! Die **Ankündigung einer be-**

absichtigten Personalratsvorlage durch die Dienststelle und die Verabredung mit dem Personalrat, dass der formelle Zustimmungsantrag zur nächsten Sitzung des Personalrates hin gestellt wird, ist allerdings unschädlich (so Cecior u.a., § 66 Rn. 140). Ist ein Zugang bereits beim Personalrat bewirkt worden, so können sich die beiden Lager klarstellend nicht mehr darauf verständigen, dass die Frist erst später zu laufen beginnt (vgl. BVerwG 09.12.1992 – 6 P 16.91 – und OVG NRW 10.05.1988 a.a.O.)!

Bei einer **Fristversäumung durch den Personalrat**, gilt die Maßnahme aufgrund der **Zustimmungsfiktion** nach Abs. 2 Satz 5 als gebilligt (vgl. Rz. 37 f.). 28

Zur **Fristenwahrung** muss die Entscheidung des Personalrates der Dienststelle zugegangen sein. Dazu kann z.B. die persönliche Übergabe eines entsprechenden Schreibens an den Leiter der Personalabteilung am letzten Tag der Frist noch nach dem Ende der regulären Arbeitszeit in der Dienststelle ausreichend sein (vgl. OVG NRW 10.02.1999 – 1 A 800/97.PVL –). 29

Weiter wurde mit der Novelle 2011 die Regelung in **Abs. 2 Satz 4** eingeführt, wonach sich die **Frist in den Fällen des § 35** („Aussetzungsbeschlüsse der Jugend- und Auszubildendenvertretung) **um eine Woche verlängert**. Hierbei gilt es zu beachten, dass diese Fristenverlängerung nach der Gesetzesbegründung bei den Berechnungen der Fristen des Abs. 2 und 3 zu berücksichtigen ist (LT-Drucks. 15/1644, S. 81)! 30

Praxistipp! 31

Für den Fall, dass der Personalrat seine Zustimmung verweigert hat und die Frist nach Abs. 2 Satz 3 bzw. Satz 4 noch nicht ausgeschöpft ist, empfiehlt es sich für die Dienststelle dennoch, die Erörterung mit ihm zu suchen, da der Personalrat die Zustimmung theoretisch doch noch fristwahrend erteilen kann (vgl. OVG Niedersachsen 29.02.1984 – 18 OVG L 15/82 –)!

Die umgekehrte Möglichkeit, d.h. dass der Personalrat eine einmal erteilte Zustimmung widerrufen kann, besteht grundsätzlich nicht; eine Ausnahme ergibt sich nur dann, wenn bei der Antragstellung eine arglistige Täuschung durch die Dienststelle vorgelegen hat (vgl. OVG NRW 22.10.1984 – 6 A 2239/82 –)!

Bei einer **bereits vor dem Fristablauf erteilten Zustimmung** darf die Dienststelle die Maßnahme auch schon umsetzen und muss nicht erst (formell) darauf warten bis die Frist nach Abs. 2 Satz 3 bzw. Satz 4 auch tatsächlich abgelaufen ist. Danach gilt allerdings zu beachten, dass die Zustimmung des Personalrats die Dienststelle zwar dazu berechtigt, aber nicht verpflichtet die Maßnahme tatsächlich umsetzen zu müssen (vgl. BVerwG 15.11.1995 – 6 P 2.94 –). Wenn die Dienststelle also in der Zwischenzeit Beweggründe aufweisen sollte, die dazu führen, dass sie die eigentlich be- 32 absichtigte Maßnahme nun doch nicht (mehr) umsetzen möchte, so ist sie daran aufgrund der bereits erteilten Zustimmung nicht gehindert. In diesem Fall muss die Dienststelle jedoch den Personalrat nach Maßgabe des § 71 Abs. 2 davon unterrichten und ihre Entscheidung schriftlich begründen (vgl. § 71 Rz. 8 ff.).

33 Die **Zustimmung des Personalrats ist nicht teilbar**. Eine eingeschränkte Zustimmung ist nur dann möglich, wenn die beantragte Maßnahme – d. h. also nicht einschlägige Mitbestimmungstatbestände (!) – nach ihrem Charakter teilbar ist und sich die Zustimmung auf einen solchen Maßnahmeteil, d. h. also nicht auf einen Teil der Mitbestimmungstatbestände die einschlägig sind, bezieht. Zur Auslegung in Zweifelsfällen vgl. BVerwG 06.10.1992 – 6 P 22.90 –.

34 **Beispiele:**

1. Die Dienststelle beantragt nach § 72 Abs. 4 Satz 1 Nr. 2 die Anordnung von Mehrarbeit an zwei Tagen. Der Personalrat erteilt seine Zustimmung nur für einen Tag. Eine solche Zustimmung ist zulässig, da der Charakter der beantragten Maßnahme nicht verändert wird.
2. Die Dienststelle beantragt die Einstellung einer Beschäftigten zum 1. Januar mit der Eingruppierung in der EG 10 TVöD. Der Personalrat stimmt der Einstellung zu, verweigert aber die Zustimmung zur beabsichtigten Eingruppierung. Auch dies ist zulässig. Denn die Einstellung und die Eingruppierung fallen zwar regelmäßig in einem Akt zusammen, dennoch sind hier die Mitbestimmung zur Einstellung (§ 72 Abs. 1 Satz 1 Nr. 1 Fall 1) und die Mitbestimmung zur Eingruppierung (§ 72 Abs. 1 Satz 1 Nr. 4 Fall 1) voneinander losgelöst zu betrachten (vgl. BVerwG 22.10.2007 – 6 P 1.07 –)!

35 Der Personalrat kann seine **Zustimmungserteilung in zeitlicher Hinsicht einschränken** (vgl. OVG NRW 19.02.1986 – CL 28/84).

36 **Beispiel:**

Wenn die Dienststelle z. B. nach § 72 Abs. 1 Satz 1 Nr. 5 Fall 2 eine Umsetzung für zwölf Monate beantragt, kann der Personalrat seine Zustimmung auch für einen kürzeren Zeitraum, z. B. nur für sechs Monate erteilen.

36a **Bedingte Personalratsbeschlüsse** sind nach der Rechtsprechung grundsätzlich nicht unzulässig, wenn sich der Personalrat dabei im Rahmen seiner Befugnisse (1. Voraussetzung) und des Antrags der Dienststelle (2. Voraussetzung) hält (vgl. BVerwG 19.07.1994 – 6 P 1292 – und OVG NRW 10.02.1992 – CB 260/88 –; a. A. Havers/Giesen, § 66 Rn. 72, in Verkennung des Umstandes, dass der Zustimmungserklärung des Personalrats im weitesten Sinne kein bedingungsfeindliches einseitiges Rechtsgeschäft zugrunde liegt). Wenn die Dienststelle die Bedingung für unzulässig hält bzw. nicht akzeptieren möchte, sollte sie den Personalrat darauf hinweisen. Wenn dieser seine bedingte Zustimmung übrigens nicht schriftlich unter Angaben von Gründen innerhalb der Frist nach Abs. 2 Satz 2 erteilt hat (vgl. Rz. 25 ff.), kann sie sich letztendlich auf die nachfolgend noch näher dargestellte Zustimmungsfiktion des Abs. 2 Satz 5 berufen!

In **Abs. 2 Satz 5** ist geregelt, **wann** die beabsichtigte Maßnahme als gebil- 37
ligt und die **Zustimmung als erteilt gilt** (sog. „Zustimmungsfiktion"). Dabei kommt es auf Folgendes an:

Der Personalrat muss seine **Zustimmungsverweigerung** zwingend inner- 38
halb der **Frist** nach Abs. 2 Satz 3 (1. Voraussetzung) unter **Angaben von Gründen** (2. Voraussetzung), aus denen die Dienststelle erkennen kann, welche Einwendungen er gegen die konkret beabsichtigte Maßnahme erhebt und auf welchen Überlegungen diese beruhen erklären. An die Formulierung der Begründung im Einzelnen sind nach der Rechtsprechung keine zu hohen Anforderungen zu stellen (vgl. OVG NRW 11.04.2019 – 20 A 1890/18 m. w. N.). Ein „Nachschieben" von zusätzlichen Gründen innerhalb des Fristenlaufs ist noch zulässig, danach aber nicht mehr (vgl. hierzu OVG NRW 03.04.2017 – 20 A 2696/15 – und 21.12.2015 – 20 A 643/14.PVB –). Für die Frage der Beachtlichkeit der Zustimmungsverweigerung (vgl. Rz. 39) ist nur auf diejenigen Gründe abzustellen, die in dem Zustimmungsverweigerungsschreiben des Personalrats fristgerecht ihren Niederschlag gefunden haben. Gesichtspunkte, die für die Zustimmungsverweigerung tatsächlich auch von Bedeutung gewesen, in dem Schreiben aber nicht erwähnt worden sind, müssen außer Betracht bleiben (so OVG NRW 29.01.1999 – 1 A 6324/96 –). Die Erklärung des Personalrats, auf eine Stellungnahme zu verzichten, ist keine Zustimmung und führt i. Ü. auch nicht zum vorzeitigen Eintritt der Zustimmungsfiktion nach Abs. 2 Satz 5 (vgl. BAG 21.03.2018 – 7 AZR 408/16 –). Der Personalrat muss seine fristgerechte und begründete Zustimmungsverweigerung **schriftlich** (3. Voraussetzung) gegenüber den Vertretungsberechtigten i. S. d. § 8 Abs. 1 u. 2 erklären (vgl. BVerwG 15.12.2016 – 5 P 9/15 –, wonach eine E-Mail mit einer entsprechenden PDF-Datei und 15.05.2020 – 5 P 9/19 – samt Anm. v. Bülow, ZTR 2021, S. 237 f., wonach ebenfalls eine namentlich gekennzeichnete E-Mail, die der Dienststelle die Verweigerungstatsache mitteilt (1. Voraussetzung) und die Gründe in einer angehängten Word-Datei enthält (2. Voraussetzung), ausreichen, sowie VG Köln 25.09.2015 – 33 K 5950/14.PVB zur wirksamen Übermittlung per Telefax). Zum Zugang einer solchen Erklärung und dabei insbesondere einer E-Mail, wenn diese in den Rechtskreis des Empfängers gelangt ist, vgl. LAG Saarland 19.01.2022 –

1 Sa 71/21 – m.w.N. Zur Unterzeichnung einer Verweigerung durch ein nicht bevollmächtigtes Personalratsmitglied vgl. VG Berlin 15.06.2018 – 72 K 2.18 PVB –. Genügt der Personalrat nur einer dieser drei vorbenannten zwingenden kumulativen Anforderungen nicht, greift die **Zustimmungsfiktion** nach Abs. 2 Satz 5 ein und die **Maßnahme gilt als gebilligt.** Eine in der Praxis des Öfteren vorkommende „Mitteilung des Personalrates, dass er auf eine Stellungnahme verzichtet“ reicht hierfür ausdrücklich nicht aus. Die Dienststelle muss in diesem Fall zunächst den Ablauf der Frist nach Abs. 2 Satz 3 abwarten (vgl. LAG Düsseldorf 30.05.2016 – 7 Sa 759/15 –)! Der Eintritt der Zustimmungsfiktion setzt im Übrigen voraus, dass die Dienststelle das **Mitbestimmungsverfahren überhaupt ordnungsgemäß eingeleitet** und dabei den Personalrat über die beabsichtigte Maßnahme ordnungsgemäß unterrichtet hat (vgl. Rz. 16 ff.). Daraus folgt, dass der Lauf der Äußerungsfrist nach Abs. 2 Satz 3 für den Personalrat mit der von ihr erfassten Zustimmungsfiktion für den Fall, dass eine Äußerung überhaupt nicht oder nicht den gesetzlichen Anforderungen entsprechend abgegeben wird, auch **erst mit der vollständigen Unterrichtung des Personalrats** in Gang gesetzt wird (vgl. BVerwG 18.04.2023 – 5 P 15.21 – und vormals schon OVG NRW 17.10.2017 – 20 A 1739/16.PVB – sowie entsprechend BAG 01.06.2022 – 7 AZR 232/21 für das BetrVG)! **Im Gegenzug gilt die sog. Sphärentheorie:** Sollte dem Personalrat ein Fehler bei der Beschlussfassung im Rahmen des Mitbestimmungsverfahrens unterlaufen, der ausschließlich in seine Sphäre fällt, führt allein dieser nicht dazu, dass der Dienststelle im Weiteren eine nicht ordnungsgemäße Personalratsbeteiligung entgegengehalten werden kann (vgl. OVG NRW 11.01.2021 – 6 B 1515/20 –)!

39 Mit Verweis auf das ausdrücklich geltende Willkürverbot wurde durch die **Novelle 2011** die erst im Jahr 2007 ins Gesetz gebrachte Auflistung von Zustimmungsverweigerungsgründen in § 66 Abs. 3 a. F., die im Übrigen nur für Personalangelegenheiten i.S.v. § 72 Abs. 1 galten, wieder gestrichen (vgl. LT-Drucks. 15/1644, S. 82). Zur Beantwortung der Frage, ob eine fristgerecht angebrachte Zustimmungsverweigerung beachtlich ist, hat sich die Dienststelle aktuell also schwerpunktmäßig an den von der Rechtsprechung bislang hierzu entwickelten Grundsätzen zu orientieren (vgl. allgemein hierzu OVG NRW 29.01.1999 – 1 A 6324/96.PVL –). Sie braucht dabei nur auf die Verweigerungsgründe abzustellen, die in dem Zustimmungsverweigerungsschreiben des Personalrats auch ihren Niederschlag gefunden haben (vgl. Rz. 38). Eine **Unbeachtlichkeit der Zustimmungsverweigerung** ist insoweit anzunehmen, wenn es der Begründung des Personalrats offensichtlich an einem **Bezug zu der beabsichtigten Maßnahme fehlt**

(1. Alternative). Das ist z.B. der Fall, wenn der Personalrat der Dienststelle eine gänzlich andere Maßnahme als die eigentlich Beantragte vorschlägt, ohne dabei auf Letztere einzugehen. Eine Unbeachtlichkeit ist auch anzunehmen, wenn der **Bezug zu dem maßgeblichen Mitbestimmungstatbestand fehlt** (2. Alternative), d.h. also, wenn sich die Begründung dem Inhalt der Mitbestimmung sowie insbesondere dem Sinn und Zweck des gesetzlichen Mitbestimmungserfordernisses nicht mehr zuordnen lassen (vgl. OVG NRW 03.04.2017 – 20 A 2696/15 – und VG Düsseldorf 03.07.2017 – 34 K 2994/16.PVL –). Eine Unbeachtlichkeit kann insoweit aber nur dann angenommen werden, **wenn das Vorbringen des Personalrats eine solche Zuordnung offensichtlich nicht als (objektiv) möglich erscheinen lässt** (vgl. entsprechend BVerwG 27.04.2022 – 5 P 8/20 –, 30.04.2001 – 6 P 9.00 – und OVG Sachsen 17.05.2018 – 8 A 527/17.PB zur Verweigerung wegen fehlender Auswahlkriterien m.w.N.). Mit anderen Worten: Die Zustimmungsverweigerung des Personalrats ist beachtlich, wenn es aus der Sicht eines sachkundigen Dritten zumindest **„möglich"** erscheint, dass die Verweigerungsgründe einen Bezug zum maßgeblichen Mitbestimmungsrecht aufweisen (vgl. entsprechend OVG NRW 25.08.2011 – 16 A 783/10.PVB – und 17.10.2017 – 20 A 1738/16. PVB zu § 77 Abs. 2 BPersVG). Diese objektive Möglichkeit muss **„offensichtlich"** sein (vgl. BVerwG 20.05.2020 – 5 PB 28/19 – u. Anm. Bülow ZTR 2020, 236f. sowie OVG NRW 11.04.2019 – 20 A 1890/18 –). Wenn eine offensichtliche Möglichkeit nicht gegeben ist, fehlt es der abgegebenen Begründung an ihrer Beachtlichkeit mit der Folge, dass sie wie eine nicht abgegebene Begründung zur Fiktion der Zustimmung nach § 66 Abs. 3 Satz 4 führt (vgl. OVG NRW 25.02.2004 – 1 A 225/02 – m.w.N.). Denn das Merkmal der Offensichtlichkeit soll sicherstellen, dass sich der Abbruch des Mitbestimmungsverfahrens durch den Dienststellenleiter trotz rechtzeitiger formgerechter Zustimmungsverweigerung des Personalrats nur auf diejenigen Fälle beschränkt, in denen der Personalrat seine durch den jeweiligen Mitbestimmungstatbestand begrenzten Kompetenzen eindeutig überschreitet (vgl. OVG NRW 25.02.2004 a.a.O.). Wenn der Personalrat sich z.B. darauf beruft, dass die Ausschreibung von Ausbildungsstellen wegen Verstoßes gegen das AGG rechtswidrig sei und dies auf die mitbestimmungspflichtige Maßnahme der Einstellung durchschlage, so ist dies nicht offensichtlich verfehlt, wenn diese Streitfrage weder in der Literatur noch in der Rechtsprechung geklärt ist BVerwG 17.9.2019 – 5 P 6/1 –). Soweit sich Personalräte in der Praxis oftmals bei ihrer Zustimmungsverweigerung pauschal auf die Wahrnehmung ihres allgemeinen Überwachungsrechts nach § 64 Nr. 2 berufen (vgl. § 64 Rz. 8ff.), gilt es zu beachten, dass damit noch keine offensicht-

liche Möglichkeit im zuvor dargestellten Sinn zu sehen ist. Aus der Wahrnehmung des Überwachungsrechts kann im Übrigen auch nur dann eine Begründung für die Zustimmungsverweigerung folgen, wenn die in Rede stehenden Gesetze, Verordnungen, Tarifverträge, Dienstvereinbarungen und Verwaltungsanordnungen ihrerseits überhaupt solchen Belangen zu dienen bestimmt sind, die von dem Schutzzweck des in Rede stehenden Mitbestimmungstatbestandes erfasst werden (vgl. OVG NRW 25.2.2004 – 1 A 225/02 – m. w. N.). Ein in der Erörterung nach § 66 Abs. 3 (vgl. Rz. 43 ff.) vorgebrachter Einwand des Personalrats, der nicht offensichtlich außerhalb des ihm eingeräumten Mitbestimmungsrechts liegt, verliert übrigens seine Beachtlichkeit im Rahmen der Zustimmungsverweigerung nicht schon deshalb, weil sich die Dienststelle in der Erörterung damit auseinandergesetzt und erläutert hat, warum sie den Einwand als unschlüssig erachtet. Denn die Erörterung erhöht die Anforderungen an eine beachtliche Begründung einer Zustimmungsverweigerung nicht (vgl. OVG NRW 21.06.2001 – 1 A 5600/99PVL –). Eine Unbeachtlichkeit der Zustimmung ist auch bei einer **Rechtsmissbräuchlichkeit aus sonstigen (subjektiven) Gründen** anzunehmen. Das ist z. B. der Fall, wenn sich der Personalrat von vornherein besserer Erkenntnis verschließt oder aber seinen Standpunkt nur zum Schein gegenüber der Dienststelle einnimmt (vgl. BVerwG 15.11.2006 – 6 P 1/06 –).

39a Wenn der Personalrat seine Zustimmung verweigert hat, greift ein **Prüfungsrecht des Dienststellenleiters**, das sich an den zuvor dargestellten Grundsätzen zu orientieren hat. Ob die Einwendungen des Personalrats darüber hinaus im Konkreten schlüssig sind, insbesondere gegenüber den Erwiderungen des Dienststellenleiters letztlich zu überzeugen vermögen, und ob dieser die Einwendungen für begründet hält mit der Folge, dass er von der Maßnahme in der beabsichtigten Form Abstand nimmt, ist dabei unerheblich (vgl. OVG NRW 21.06.2001 a. a. O.). Das Prüfungsrecht hat zur Folge, dass **bei Annahme einer Unbeachtlichkeit ein Maßnahmenvollzug ohne das Durchlaufen eines vorheriges Stufen- bzw. Einigungsstellenverfahrens** vorgenommen werden kann (vgl. auch BVerwG 02.11.1994 – 6 P 28.92 –), da im Ergebnis, wie auch im Fall einer nicht fristgemäßen Angabe von Gründen (vgl. Rz. 38) eine Zustimmungsfiktion nach § 66 Abs. 2 Satz 5 eingetreten ist (vgl. OVG NRW 03.04.2017 a. a. O.). Trotz dieser Perspektive sollte der Dienststellenleiter **in der Praxis aber nicht übereilt handeln**! Denn der Personalrat kann darauf unangenehm reagieren. Er kann zwar nicht die Rückgängigmachung der ohne seine Zustimmung vollzogenen Maßnahme verlangen (vgl. OVG Sachsen-Anhalt 21.04.2016 – 6 L 7/14), er kann aber gerichtlich feststellen lassen, dass seine Zustimmungsverweigerung beachtlich war und die Dienststelle aus diesen Gründen das

Mitbestimmungsverfahren zu einem Abschluss hätte bringen müssen (vgl. OVG NRW 17.02.2003 – 1 B 2544/02.PVL – und VG Ansbach 14.02.2017 – 7 PE 17.00152 – m. w. N.). Wenn er dabei obsiegt hat dies zur Folge, dass die Dienststelle neben dem bis dahin bereits entstandenen Arbeits- und Kostenmehraufwand sich weiterhin der Fortsetzung bzw. Neueinleitung des Mitbestimmungsverfahrens ausgesetzt sieht. Daneben riskiert sie bei Personalmaßnahmen ggf. auch eine gerichtliche Auseinandersetzung mit dem jeweils betroffenen Beschäftigten, der sich zu seinem Vorteil auf die personalvertretungsrechtliche Unwirksamkeit des ohne die Zustimmung vorgenommenen Maßnahmevollzugs beruft. So könnte z. B. ein nur befristet zur Einstellung gelangter Arbeitnehmer vor dem Arbeitsgericht eine Dauerbeschäftigung einklagen. Dem Dienststellenleiter ist also aus Gründen der Rechtssicherheit und der Verfahrensökonomie zu empfehlen in der Praxis auch bei einer von ihm angenommenen Unbeachtlichkeit der Zustimmungsverweigerung grundsätzlich doch den Weg über das Stufenverfahren (vgl. Rz. 76) bzw. die Einigungsstelle (vgl. Rz. 42 und 85) zu nehmen. Er kann sich dann im dortigen Verfahren entsprechend darauf berufen!

Vor Gericht gilt im Späteren: Weil sich auch **im personalvertretungsrechtlichen Beschlussverfahren** der maßgebliche Zeitpunkt zur Beurteilung der Sach- und Rechtslage grundsätzlich nach dem materiellen Recht bestimmt, ist z. B. bei der Prüfung der Begründetheit eines auf die Verletzung eines Mitbestimmungsrechts bezogenen konkreten Feststellungsantrags, bei dem der Eintritt der Zustimmungsfiktion im Streit steht, auf die bis zum Ende der Zustimmungsfrist geltende Rechtslage abzustellen (vgl. BVerwG 03.05.2022 – 5 P 1.22 –). 39b

Wichtig! 40

Beruft sich der Personalrat zur Begründung der Verweigerung seiner Zustimmung zu einer ihm zur Mitbestimmung vorgelegten Maßnahme allein auf eine fehlende oder unzureichende Unterrichtung, liegt darin keine beachtliche Zustimmungsverweigerung. Der Informationsanspruch des Personalrats ist in einem solchen Fall ausreichend dadurch gesichert, dass der Lauf der Äußerungsfrist (vgl. Rz. 38) erst mit der vollständigen Unterrichtung des Personalrats in Gang gesetzt wird (vgl. BAG 01.06.2022 – 7 AZR 232/21 und vormals schon OVG NRW 17.10.2017 – 20 A 1739/16.PVB –). In Vermeidung diesbezüglicher Streitigkeiten, die letztendlich einer Auslegung im Einzelfall unterliegen, stollte die Dienststelle dem Personalrat stets umfangreiche (vgl. auch Rz. 16 ff.) Informationen zukommen lassen und die Herantragung sowie Abfragen nach einem ggf. weitergehend bestehenden Informationsbedarf immer schriftlich dokumentieren!

41 Zur Beachtlichkeit einer **Zustimmungsverweigerung bei einer beabsichtigten Einstellung im Bereich des Jobcenters**, ohne dass vorab die Zustimmung zum Absehen von einer Ausschreibung eingeholt wurde, vgl. BVerwG 29.12.2015 – 5 PB 2.15 – und zur Zustimmungsverweigerung zur **Übertragung einer funktionsrelevanten Tätigkeit, die ohne Durchführung eines Auswahlverfahrens in einer gemeinsamen Einrichtung erfolgt ist,** vgl. OVG NRW 17.10.2017 – 20 A 1738/16 –. Zur zulässigen Verweigerung der Zustimmung bei beabsichtigter Einstellung einer studentischen Hilfskraft wegen **Unterlassen der Ausschreibung nach § 8 LGG NRW** vgl. entsprechend OVG Berlin-Brandenburg 28.01.2016 – OVG 60 PV 6.15 –. Zu den Anforderungen einer Zustimmungsverweigerung bei einem beabsichtigten **Laufbahnwechsel von polizeidienstunfähigen Polizeibeamten** vgl. OVG Berlin-Brandenburg 30.10.2015 – OVG 62 PV 7.15 –. Zur **Unbeachtlichkeit einer Zustimmungsverweigerung bei einer Einstellung** vgl. OVG Lüneburg 18.05.2022 – 5 ME 134/21 – und zur **Beachtlichkeit einer Zustimmungsverweigerung bei einer Eingruppierung** vgl. BVerwG 12.08.2021 – 5 P 1.21 –.

41a **Wichtig!**

Im Verfahren der Mitbestimmung kann der Personalrat die Verweigerung seiner Zustimmung nicht darauf stützen, dass die Zustimmung der Gleichstellungsbeauftragten und/oder Schwerbehindertenvertretung auf eine unzureichenden Informationen durch die Dienststelle beruht (vgl. BVerwG 20.10.2022 – 2 C 10.21 – zur Mitbestimmung bei der vorzeitigen Versetzung in den Ruhestand)!

Übersicht: Verfahren bei Anträgen der Dienststelle (§ 66 Abs. 1, 2, 3, 5, 7 und 8) 42

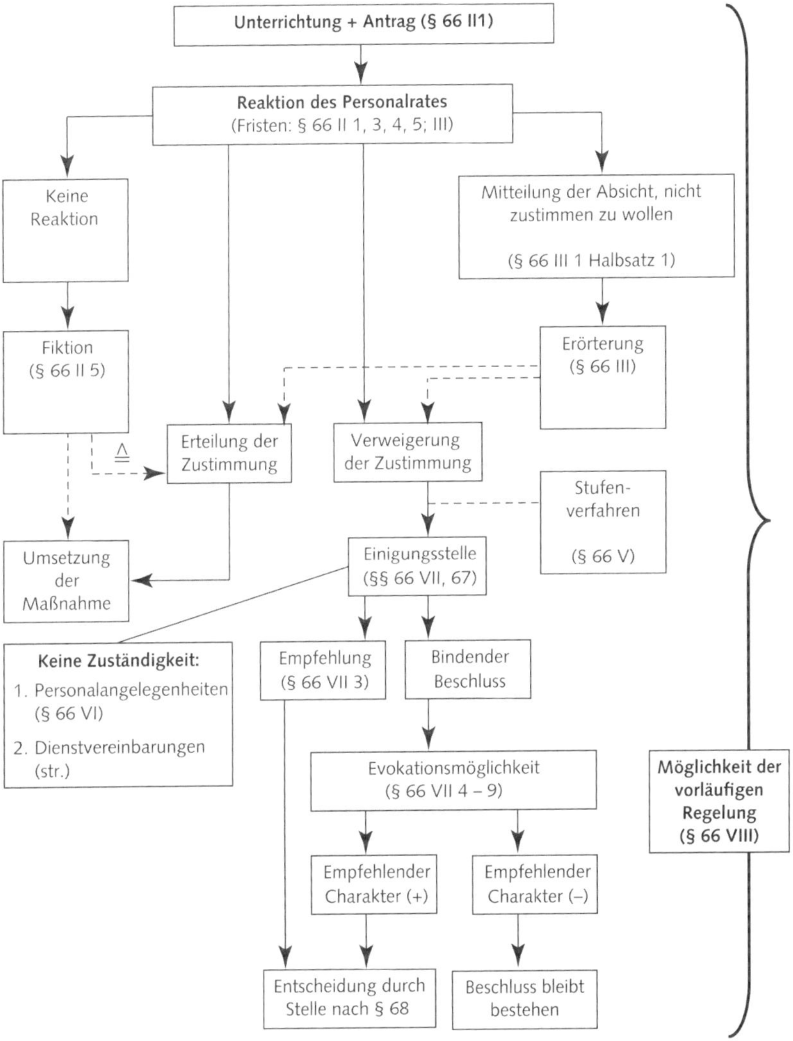

IV. Regelungen zum Einigungsverfahren

43 Abs. 3: In dieser Vorschrift sind Einzelregelungen zum Einigungsverfahren getroffen worden. Zu dem sich im ggf. anschließenden Einigungsstellenverfahren siehe Rz. 85 ff. und § 67. Nach **Abs. 3 Satz 1** kann der Personalrat innerhalb der Frist nach Abs. 2 Satz 3 oder 4 die Mitteilung machen, dass er **beabsichtigt der beantragten Maßnahme nicht zuzustimmen**, sodass die Dienststelle innerhalb von zwei Wochen (vgl. Rz. 50) die Gelegenheit der Erörterung erhält. Eine solche Absicht muss objektiv erkennbar sein. Die bloße Mitteilung erörtern zu wollen reicht nicht aus (vgl. VG Düsseldorf 21.11.2023 – 40 K 5949/22.PVL –). Aus Gründen der beiderseitigen Dokumentation und Beweissicherung empfiehlt sich in der Praxis die Schriftform. Der Personalrat hat damit vom Gesetzgeber die Möglichkeit erhalten das Mitbestimmungsverfahren ggf. aus taktischen Gründen bis zu zwei Wochen in die Länge zu ziehen. Die Dienststelle kann allenfalls nach Maßgabe des Abs. 3 Satz 2 (Rz. 27) eine Verkürzung auf eine Woche geltend machen. Die **Nichtvornahme der Erörterung lässt die vorbenannten zwingenden Fristen nicht entfallen** (vgl. hierzu auch Rz. 51)!

44 **Praxistipp!**

Es gilt zu beachten, dass die gesetzlich gewollte Erörterung auf die Initiative der Dienststelle zustande kommt. Das bedeutet also, dass diese auch den Zeitpunkt und den Ort der Erörterung festlegen muss (vgl. OVG NRW 05.04.2000 – 1 A 1407/98.PVL –)!

45 **Muster 26**: Einladung zur Erörterung

46 Die **Erörterung** ist **mit dem Ziel einer Verständigung** in Form einer **mündlichen** Verhandlung der Angelegenheit zwischen den Parteien durchzuführen. Eine „schriftliche Erörterung" ist dem LPVG NRW fremd und im Rahmen der vertrauensvollen Zusammenarbeit (vgl. § 2 Rz. 2 ff.) auch kaum sachdienlich. Aus Dokumentations- und Nachweisgründen sollte über die **mündliche Erörterungsverhandlung** stets ein **Protokoll** geführt werden.

47 Ein **Teilnahmerecht an der Erörterung** besteht dem Grunde nach nur für die Dienststelle und den Personalrat. Für die Dienststelle nimmt die Dienststellenleitung bzw. die in § 8 Abs. 1 benannten Vertreter teil. Für den Personalrat sind grundsätzlich alle Mitglieder teilnahmeberechtigt. Die Schwerbehindertenvertretung hat auch ein Teilnahmerecht, soweit der Maßnahme- bzw. Erörterungsgegenstand die Belange schwerbehinderter Beschäftigter betrifft (vgl. hierzu auch OVG NRW 02.10.1998 – 1 A 905/97.PVL –).

48 **Kein Teilnahmerecht** besteht grundsätzlich für das dem Personalrat nach § 40 Abs. 3 zur Verfügung gestellte Büropersonal, da das Erörterungsge-

spräch keine Personalratssitzung darstellt (vgl. hierzu § 31 Rz. 9ff.). Von der Teilnahme ausgeschlossen ist auch die Gleichstellungsbeauftragte (vgl. OVG NRW 02.10.1998 a.a.O.). Zu den ansonsten **bestehenden besonderen Teilnahmerechten der Gleichstellungsbeauftragten** siehe ausführlich Bülow, § 18 LGG NRW Rn. 108ff. Kein Teilnahmerecht an den Sitzungen haben zudem die Jugend- und Auszubildendenvertretung, da sie keine eigenen Beteiligungsrechte besitzt (vgl. § 54 Rz. 1). Soweit es sachdienlich erscheint, ist dem vorbenannten Personenkreis und auch sonstigen Dritten aber durchaus die **Teilnahme im gegenseitigen Einvernehmen** möglich. In diesem Fall muss der Personalrat zunächst einen entsprechenden Beschluss über die zuzulassenden weiteren Teilnehmer fassen (1. Schritt). Das getroffene Einvernehmen zwischen der Dienststelle und dem Personalrat (2. Schritt) über die weiteren Teilnehmer sollte sodann im beiderseitigen Dokumentations- und Nachweisinteresse schriftlich im Protokoll des Erörterungsgespräches festgehalten werden (3. Schritt).

Im Übrigen gilt es das **Hinzuziehungsrecht** der Dienststelle **von zuständigen Beschäftigten zu der Erörterung von Personal- und Organisationsangelegenheiten** nach Abs. 3 Satz 5 zu beachten (vgl. Rz. 58)! 49

Nach **Abs. 3 Satz 1 Halbsatz 2** ist die Erörterung mit dem Ziel einer Verständigung binnen zwei Wochen durchzuführen. Diese bislang zwingende **2-Wochen-Frist** wurde durch die Novelle 2011 flexibler gestaltet. Nach **Abs. 3 Satz 1 Halbsatz 3** besteht nämlich nunmehr die **Möglichkeit einer einvernehmlichen Fristverlängerung** darüber hinaus. Nach **Abs. 3 Satz 2** kann auf Verlangen der Dienststelle in dringenden Fällen auch eine **Fristverkürzung auf eine Woche** vorgenommen werden (vgl. Rz. 26). 50

Wichtig! 51

Wenn es innerhalb des vom Gesetzgeber eröffneten Zeitfensters kein Einvernehmen über eine Fristenregelung gibt und letztendlich auch kein Erörterungsgespräch stattfindet, sollte die Dienststelle darauf achten, ob der Personalrat letztendlich fristgerecht seine abschließende Entscheidung zur Mitteilung gebracht hat, da ansonsten zu ihren Gunsten die Zustimmungsfiktion nach Abs. 3 Satz 4 i.V.m. Abs. 2 Satz 5 greift!

Muster 26: Einladung zur Erörterung 52

Muster 27: Einvernehmliche Verlängerung der Erörterungsfrist 53

54 **Muster 28**: Einladung Verkürzung der Erörterungsfrist

55 **Praxistipp!**

Die Erörterung sollte möglichst innerhalb eines einzigen Zusammentreffens der Parteien abgeschlossen werden. Erörterungsgespräche können soweit notwendig somit aber auch im gegenseitigen Einvernehmen unterbrochen und später fortgesetzt werden, soweit die bzw. das folgende Zusammentreffen noch innerhalb der Fristenvorgabe bzw. -vereinbarung nach Abs. 3 Satz 1 stattfindet und die Erörterung dadurch vollzogen werden kann (vgl. hierzu OVG NRW 18.10.2000 – 1 A 4691/98.PVL –)!

Aus Dokumentations- und Nachweisgründen sollte eine Unterbrechung und auch eine Fortsetzung sowohl ihrem Grunde als auch ihrem Inhalt nach gemessen an dem jeweiligen Erörterungstand stets schriftlich protokolliert werden!

56 Wenn eine Erörterung stattfindet, so ist **Fristbeginn für eine abschließende Entscheidung des Personalrats** (i.S.d. Abs. 2 Satz 3 und 4) nach **Abs. 3 Satz 3** der Tag der Erörterung. Wenn mehrere Erörterungsgespräche stattgefunden haben (vgl. Rz. 55), beginnt die Frist mit der letzten Erörterung bzw. nach einer Unterbrechung mit dem Abschluss der Erörterung (vgl. OVG NRW 10.10.2000 – 1 A 4961/98.PVL).

57 **Beispiele:**

Wenn an einem Montag eine (abschließende) Erörterung stattfindet, so beginnt die Frist auch an diesem Tage, d.h. also am Montag.

Wenn die Erörterung hingegen einvernehmlich am Mittwoch fortgesetzt und erst dann abgeschlossen wird, beginnt die Frist erst mit dem Mittwoch.

Wenn sich die Dienststelle und der Personalrat während der Unterbrechung, d.h. am Dienstag darüber einig sind, dass die Erörterung schon abgeschlossen ist und nicht am Mittwoch fortgesetzt werden soll, so beginnt die Frist bereits mit dem Dienstag.

58 Nach **Abs. 3 Satz 5** hat die Dienststelle seit der Novelle 2011 wieder das Recht, **die für Personal- und Organisationsangelegenheiten zuständigen Beschäftigten zu der Erörterung hinzuzuziehen**. Damit hat der Gesetzgeber die nach der Novelle 2007 ergangene Rechtsprechung berücksichtigt, wonach deren Hinzuziehung bejaht worden ist (vgl. OVG NRW 21.12.2009 – 16 A 1340/08.PVL – und BVerwG 23.11.2010 – 6 P 2.10 –).

Übersicht: Einigungsverfahren aus der Sicht der Dienststelle (§ 66 Abs. 3 Satz 1–5) 59

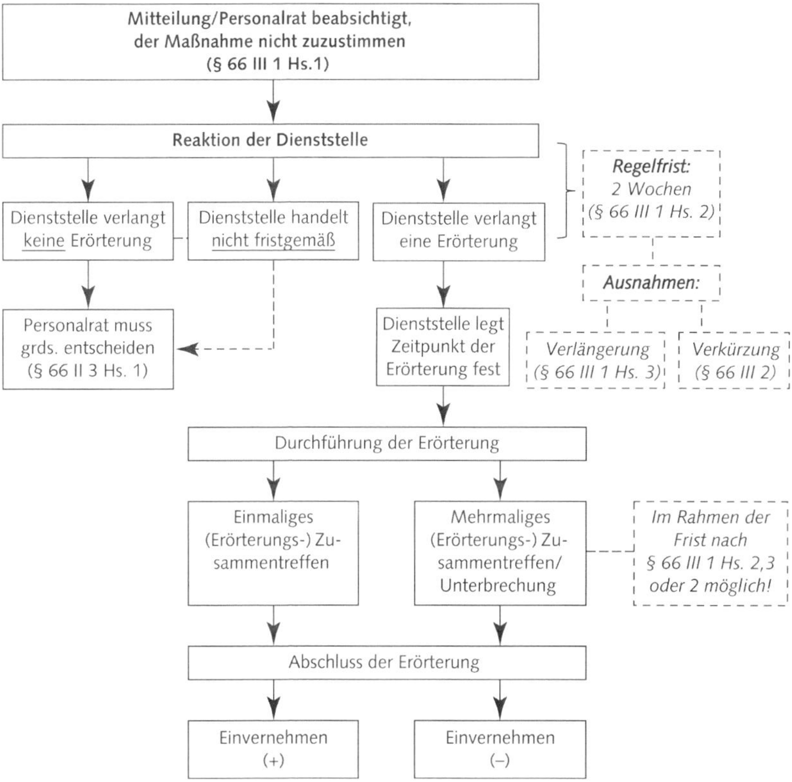

60 Die Regelung in **Abs. 3 Satz 6** zum **Schutz von Beschäftigten**, die nicht am Mitbestimmungsverfahren beteiligt sind, ist durch die **Novelle 2011** nicht verändert worden. Der Personalrat muss, wenn er in seiner Zustimmungsverweigerung Beschwerden oder Behauptungen tatsächlicher Art vortragen möchte, die für Beschäftigte ungünstig sind oder für sie nachteilig werden können, letzteren **Gelegenheit zur Äußerung** geben. Ein Unterlassen fällt alleinig in seinen Verantwortungsbereich und geht somit nicht zulasten der Dienststelle (vgl. BAG 03.02.1982 – 7 AZR 907/79 –). Die Äußerung des Beschäftigten ist aktenkundig zu machen, d.h. letztendlich der schriftlichen, mit Gründen versehenen Zustimmungsverweigerung beizufügen. Da der Personalrat derartige Äußerungen gegenüber der Dienststelle nur mit Zustimmung des Beschäftigten verwenden darf, soll-

te die Dienststelle auch darauf achten, dass ein entsprechender Nachweis hierfür vorliegt.

61 **Wichtig!**

Der angehörte Beschäftigte hat keinen Anspruch auf Einsicht in die Niederschrift des Personalrats bzw. der Dienststelle und auch keinen Anspruch auf Aushändigung eines Auszuges daraus (vgl. OVG NRW 04.01.1980 – CL 24/79 –)!

62 Nach **Abs. 3 Satz 7** findet **keine Erörterung** statt, **wenn in einer mitbestimmungspflichtigen Angelegenheit nicht der Dienststellenleiter, sondern das verfassungsmäßig zuständige oberste Organ oder ein, von diesem bestimmter, Ausschuss zu entscheiden hat**.

Die Vorschrift modifiziert die eigentlich vorgesehene Erörterung. Statt des nach Abs. 3 Satz 1 eigentlich vorgesehenen Erörterungsgesprächs zwischen der Dienststellenleitung und dem Personalrat (vgl. Rz. 43 ff.) hat dieser hier die Möglichkeit einer Stellungnahme gegenüber dem vorbenannten Organ bzw. Ausschuss. Davon sind die Fälle erfasst, in denen Letztere entweder alleine oder auch zumindest mit zu entscheiden haben wie z. B. für den Fall, dass die Hauptsatzung einer Gemeinde bestimmt, dass für Bedienstete in Führungsfunktionen Entscheidungen, die das beamtenrechtliche Grundverhältnis oder das Arbeitsverhältnis eines Bediensteten zur Gemeinde verändern, durch den Rat oder den Hauptausschuss nur im Einvernehmen mit dem Bürgermeister zu treffen sind (vgl. § 73 Abs. 3 Satz 3 GO NRW). Die Ausnahmevorschrift des Abs. 3 Satz 7 trägt damit dem Umstand Rechnung, dass die Dienststelle in Ermangelung einer vollständigen bzw. alleinigen Entscheidungsbefugnis keine Erörterung mit dem Ziel einer abschließenden Verständigung führen kann. Es gilt jedoch zu beachten, dass in diesen Fällen nur die Erörterung entfällt. Das hat aber nicht zur Folge, dass damit auch das gesamte Mitbestimmungsverfahren hinfällig wird (vgl. OVG NRW 09.11.2001 – 1 B 1146/01 –)!

63 In Anlehnung an den Beschluss des OVG NRW vom 30.10.2002 – 1 A 1149/00.PVL – findet ein solches **modifiziertes Mitbestimmungsverfahren** wie folgt statt:

1. Schritt: Die Dienststelle beantragt in Vorbereitung der Entscheidung des verfassungsmäßig zuständigen obersten Organs oder dem Ausschuss beim Personalrat zunächst die Zustimmung.

2. Schritt: Wenn der Personalrat mitteilt, dass er beabsichtigt, nicht zuzustimmen, hat die Dienststelle dem ihm in Ersetzung der Erörterung, Gelegenheit zu einer Stellungnahme gegenüber dem Organ bzw. Ausschuss zu geben.

3. Schritt: Die Dienststelle hat die Stellungnahme sodann gegenüber dem Entscheidungsgremium zur Vorlage zu bringen.

Wichtig!

In der Praxis gilt es zu beachten, dass bei diesem Verfahrensgang sichergestellt sein muss, dass dem Personalrat genügend Zeit für die Erarbeitung der Stellungnahme verbleibt, seine Stellungnahme dem vorbenannten Entscheidungsgremium in angemessener Zeit auch noch vor der Beschlussfassung vorlegen zu können (so OVG NRW 31.05.1988 – CL 33/86 –)!

4. Schritt: Wenn das Entscheidungsgremium einen Beschluss gefasst hat, ist der Personalrat darüber zu unterrichten und muss seinerseits fristgerecht nach Abs. 2 Satz 3 und 4 über die Zustimmungserteilung entscheiden. Fristbeginn für den Personalrat ist hierbei die Unterrichtung durch die Dienststelle.

Weiterhin: Falls der Personalrat seine Zustimmung mit beachtlichen Gründen verweigert, ist die Möglichkeit einer Entscheidung durch die Einigungsstelle eröffnet.

Nach **Abs. 3 Satz 8** ist die Beteiligung des Personalrats seit der Novelle 2011 nicht mehr alleine auf die zuvor erörterte Stellungnahme beschränkt. Er weist nunmehr zusätzlich auch ein **Teilnahmerecht an den Sitzungen des Entscheidungsgremiums** auf und hat dort zudem auch ein **Vortragsrecht** inne, um seine Auffassung darlegen zu können, sofern personelle oder soziale Angelegenheiten der Angehörigen der Dienststelle behandelt werden (vgl. LT-Drucks. 15/1644, S. 82). Die vorbenannten Rechte sind entsprechend dem Wortlaut der Vorschrift weitgehend zu verstehen, sodass sie grundlegend für alle Sitzungen, ausgenommen der Beschlussfassung, gelten. Insgesamt weist der Personalrat im Übrigen auch nur ein Teilnahme- und Vortragsrecht für diejenigen Tagesordnungspunkte auf, in denen **personelle oder soziale Angelegenheiten der Angehörigen der Dienststelle** behandelt werden. Erfasst werden alle Fälle i. S. d. § 72 Abs. 1, 2 und 4 Nr. 6, 11 bis 20. 64

Wichtig! 65

Das Teilnahme- und Vortragsrecht kommt nur der Vorsitzenden Person bzw. deren Stellvertreter zu. In Gruppenangelegenheiten kann ausnahmsweise auch ein Mitglied der betreffenden Gruppe teilnehmen. Die Teilnahme des gesamten Gremiums ist gesetzlich aber nicht vorgesehen!

66 Nach **Abs. 3 Satz 9** hat die Dienststelle dem Personalrat die **Termine und die Tagesordnung** für die Sitzungen des Entscheidungsgremiums **rechtzeitig bekannt zu geben**. Damit soll gewährleistet sein, dass der Personalrat sein Teilnahme- und Vortragsrecht auch effektiv wahrnehmen kann. Zum Begriff **„rechtzeitig"** vgl. die Ausführungen zu § 30 Rz. 16.

V. Verfahrensregelungen bei Initiativanträgen des Personalrats

67 Abs. 4: Nach dieser Regelung steht dem Personalrat ein **förmliches Initiativrecht** grundsätzlich in allen mitbestimmungspflichtigen Angelegenheiten des § 72 zu (Ausnahmen: vgl. Rz. 68 und 70). Erweitert wird diese Regelung durch § 74 Abs. 8, in Bezug auf ordentliche Kündigungen durch den Arbeitgeber, wovon der Personalrat in der Praxis jedoch so gut, wie nie, Gebrauch macht. Davon zu unterscheiden ist das sog. „allgemeine Initiativrecht" (= „Anregungsrecht") nach § 64 Nr. 1, das verfahrensmäßig nicht näher ausgestaltet und im Tatsächlichen vom Personalrat auch nicht durchgesetzt werden kann (vgl. § 64 Rz. 2 ff.). Das Initiativverfahren (vgl. Rz. 72 ff.) läuft spiegelbildlich zu dem von der Dienststelle nach Abs. 2 Satz 1 eingeleiteten Mitbestimmungsverfahren ab (vgl. hierzu Rz. 14 ff. und die Übersicht Rz. 42). **Antragsteller** ist der zuständige Personalrat (vgl. hierzu BVerwG 22.02.1991 – 6 PB 10.90 –). **Antragsadressat** ist die Dienststelle, bei der dieser Personalrat gebildet ist (1. Voraussetzung) und die für die von ihm begehrte Angelegenheit eine Regelungszuständigkeit (2. Voraussetzung) aufweist (vgl. hierzu BVerwG 22.02.1991 – 6 PB 10.90 – und OVG NRW 11.12.1995 – 1 A 2608/93.PVL – zur Entscheidungsbefugnis beim Landesversorgungsamt).

68 In **Abs. 4 Satz 1** wird der **Gegenstand des Initiativantragsrechts** aufgezeigt, der sich auf die Beantragung einer „Maßnahme bei der Dienststelle", im Rahmen der Aufgaben des Personalrats nach § 72 in allen personellen, sozialen, organisatorischen und sonstigen innerdienstlichen Angelegenheiten beschränkt, die die Beschäftigten der Dienststelle insgesamt, Gruppen von ihnen oder einzelne Beschäftigte betreffen oder sich auf sie auswirken (vgl. auch BVerwG 24.10.2001 – 6 P 13.00 – zur Einstellung von Lehrern in NRW und OVG Bremen 13.10.2009 – P A 63/07 – zur Höhergruppierung einzelner Beschäftigter). Zu den vorbenannten Angelegenheiten treten aufgrund der Verweisung in § 74 Abs. 8 auch ordentliche Arbeitgeberkündigungen nach § 74 Abs. 1 hinzu, nicht aber die in § 74 Abs. 2 enthaltenen Personalmaßnahmen (vgl. § 74 Rz. 163). Der Antrag muss sich also auf eine dementsprechende **mitbestimmungspflichtige Angelegenheit** beziehen. Er kann sein Initiativantragsrecht aber nur in dem Umfang ausüben, in dem

sein Antragsgegenstand dem Inhalt sowie dem Sinn und dem Zweck des jeweiligen Mitbestimmungsrechts, dem er zugeordnet ist, auch entspricht (vgl. BVerwG 06.10.1992 – 6 P 25.90 – und OVG Niedersachsen 24.01.2020 – 17 LP 1/19 – m.w.N.). Hält der Personalrat also z.B. eine Abmahnung (= Anhörungstatbestand) oder eine Stellenausschreibung (= Mitwirkungstatbestand) für geboten, so kann er nur auf sein allgemeines Anregungsrecht nach § 64 Nr. 1 zurückgreifen (vgl. auch Rz. 67). Zu den „Beschäftigten“ zählen die § 5 unterfallenden Personen. Der Personalrat ist insbesondere berechtigt, personelle Maßnahmen zugunsten einzelner, namentlich von ihm benannter Beschäftigter zu beantragen (vgl. BVerwG 24.10.2001 – 6 P 13.00 – zur Initiative Lehrer unbefristet einzustellen). Da der Maßnahmebegriff nach Abs. 1 und 2 Satz 1 (vgl. Rz. 6) entsprechend gilt, weist der Personalrat **kein Antragsrecht für das Unterlassen einer Maßnahme** auf (vgl. auch VGH Hessen 01.09.1982 – BPV TK 15/81 –)!

Die Handhabung des Initiativrechts im Hinblick auf Dienstvereinbarungen 69
ist umstritten. Nach der Rechtsprechung des BVerwG erfasst es grundsätzlich auch den **Abschluss einer neuen oder die Änderung einer bestehenden Dienstvereinbarung.** Soweit man allerdings der unteren Instanzenrechtsprechung und dabei vor allem der des OVG NRW folgt, wonach zutreffend letztendlich gar keine Möglichkeit der Erzwingbarkeit von Dienstvereinbarungen besteht, kann Derartiges im Fall der endgültigen Antragsablehnung durch die Dienststelle nach Abs. 4 Satz 5 (vgl. Rz. 74) konsequenterweise nicht im Stufen- bzw. Einigungsstellenverfahren vom Personalrat durchgesetzt werden. Ein diesbezügliches Initiativverfahren ist also mit der Ablehnung beendet (vgl. § 70 Rz. 44 mit näheren Ausführungen zum Streitstand).

Der Personalrat hat **kein Initiativrecht, wenn die begehrte Maßnahme im** 70
zeitlichen Zusammenhang mit einer bereits getroffenen Entscheidung der Dienststelle steht (vgl. BVerwG 22.02.1991 – 6 PB 10.90 –) oder **mit dem Ziel verfolgt wird, einer erkennbar bevorstehenden Entscheidung der Dienststelle zuvorzukommen** (vgl. BVerwG 20.01.1993 – 6 P 21.90 –). Denn ansonsten würde die Handhabung des Initiativrechts gegebenenfalls zu einem „Wettstreit über mitbestimmungspflichtige Maßnahmen“ in der Dienststelle führen, was allerdings dem Gedanken der vertrauensvollen Zusammenarbeit nach § 2 Abs. 1 zuwiderläuft. **Wenn die Dienststelle eine Angelegenheit bereits aufgegriffen hat** und dabei aber zu dem Ergebnis gekommen ist, von der Durchführung einer Maßnahme abzusehen, besteht ein Initiativrecht, da die Angelegenheit infolge einer Untätigkeit der Dienststelle ungeregelt ist (vgl. BVerwG 24.11.2021 – 5 P 5/20 –). **Ein Initiativrecht ist auch nicht deshalb ausgeschlossen, weil die Angelegenheit schon seit Längerem zwischen**

Dienststelle und Personalrat erörtert wird (vgl. OVG Bremen 30.06.2021 – 6 LP 48/20 –). Dass die **Dienststelle eine beantragte Maßnahme nur mit Zustimmung einer höheren Behörde umsetzen kann**, schließt das Initiativrecht nicht aus, solange es sich aus Sicht des Personalrats und der Beschäftigten um eine Maßnahme der Dienststellenleitung handelt (vgl. OVG Bremen 30.06.2021 a. a. O.).

Beispiel:

Wenn die Dienststelle z. B. bereits ein Beteiligungsverfahren zur Verwaltung einer Cafeteria vor Ort (vgl. § 72 Abs. 2 Nr. 4 Fall 2) mit dem Antrag eingeleitet hat selbst die Verwaltung zu übernehmen, so kann der Personalrat nicht in diesem laufenden Mitbestimmungsverfahren zugleich einen gegenläufigen Initiativantrag stellen, mit dem er beispielsweise selbst die Übernahme der Cafeteria-Verwaltung begehrt.

Entsprechendes gilt, wenn die Dienststelle bereits den zuvor benannten Antrag angekündigt hat und der Personalrat im unmittelbaren Nachgang hierzu einen gegenläufigen Initiativantrag stellt. Anders verhält es sich, wenn die Dienststelle etwa bereits in Gänze dem Thema ein Absage erteilt hat und keine Maßnahme durchführen möchte.

72 Nach **Abs. 4 Satz 2** wird das (Initiativ-)**Antragsverfahren** durch einen **schriftlichen und begründeten Antrag** (= Vorschlag) des Personalrats gegenüber der Dienststelle eingeleitet. Das setzt eine wirksame vorangegangene entsprechende Beschlussfassung i. S. d. §§ 33 ff. voraus. Zu den inhaltlichen Anforderungen an den Antrag und die Antragsschrift kann auf die Ausführungen zur Antragstellung durch die Dienststelle entsprechend verwiesen werden (vgl. Rz. 19). Erhält die Dienststelle einen Antrag ohne Begründung, so hat sie zu prüfen, ob es sich ggf. nur um eine Anregung i. S. d. § 64 Nr. 1 handelt (vgl. Rz. 67). Zur Sicherheit sollte sie in einem solchen Fall Rücksprache mit dem Personalrat halten und dies auch schriftlich dokumentieren. Die Zulässigkeit des Initiativantrages ist nicht davon abhängig, dass bereits im Zeitpunkt der Antragstellung die **haushaltsrechtlichen Voraussetzungen**, d. h. also eine Kostendeckung für die vom Personalrat angestrebte Maßnahme, positiv festgestellt werden (vgl. BVerwG 24.10.2001 – 6 P 13.00 –). Die Befugnis initiativ für Beschäftigte tätig werden zu können scheitert auch nicht daran, dass diese ihre Rechte jeweils selbst im Wege des gerichtlichen Individualrechtsschutzes wahrnehmen können (vgl. BVerwG 15.07.2019 – 5 P 1.18 – m. w. N.).

73 Nach **Abs. 4 Satz 3** hat die Dienststelle in der durch die Novelle 2011 modifizierten **Frist von zwei Wochen** dem Personalrat mitzuteilen, ob seinem Vorschlag entsprochen werden soll oder nicht. Wenn sie zunächst

(nur) mitteilt, dass sie **beabsichtigt dem Vorschlag nicht zu entsprechend** (1. Alt), hat sie ihm dies nach **Abs. 4 Satz 4** innerhalb der vorbenannten Frist nach Zugang seines Vorschlages mitzuteilen und mit ihm in Anpassung der 2011 novellierten Abs. 2 und 3 zu **erörtern**. Bei einer direkten Ablehnung (2. Alt) ist eine Erörterung nicht zwingend notwendig. Für das Erörterungsverfahren gelten die Regelungen aus Abs. 3 Satz 1 Halbsatz 2 u. 3 entsprechend (vgl. Rz. 50ff.). Es gilt den **Beschluss des BVerwG vom 24.11.2021 – 5 P 5.20** – zu beachten: *„Die Dienststellenleitung entspricht einem Initiativantrag des Personalrats nicht, wenn sie über einen bloßen Sachstandshinweis hinaus ausdrücklich oder konkludent abschließend kundtut, dem Antrag nicht nachkommen zu wollen. Hat die Dienststellenleitung einmal über den Initiativantrag entschieden, kann sie nicht durch ein nachfolgendes Überdenken und eine sich anschließende Prüfung das Verfahren gewissermaßen in den vorigen Stand zurückversetzen und wieder an sich ziehen.“*

Muster 30: Beabsichtigte Ablehnung gem. § 66 Abs. 4 Satz 4 73a

Wenn die Dienststelle den **Vorschlag endgültig ablehnt**, hat sie nach **Abs. 4 Satz 5** dem Personalrat die Gründe dafür mitzuteilen. Das kann zwar formfrei geschehen, sollte aber zur Dokumentations- und Nachweissicherung trotzdem immer schriftlich erfolgen. Eine vorangehende Erörterung im direkten Ablehnungsfall ist nicht vorgesehen (vgl. zur Rn. 72). Bei Maßnahmen, die nach § 72 Abs. 2 bis 4 der Mitbestimmung unterliegen kann der Personalrat im Weiteren nun den Weg über das **Stufen-** (vgl. Rz. 82) bzw. **Einigungsstellenverfahren** (vgl. Rz. 86) nehmen. Bei Maßnahmen nach § 72 Abs. 1 und dabei auch der Arbeitgeberkündigung nach § 74 Abs. 1 ist ihm dies verwehrt. Hierfür hat der Gesetzgeber die **Entscheidung des obersten Organs** nach Abs. 6 vorgesehen (vgl. Rz. 84). Wenn die Maßnahme die Änderung oder den Abschluss einer neuen Dienstvereinbarung zum Gegenstand hat endet das Initiativverfahren an dieser Stelle (str.: vgl. Rz. 69). 74

Muster 31: Ablehnung gem. § 66 Abs. 4 Satz 5 74a

75 **Übersicht: Verfahren bei Initiativanträgen des Personalrats (§ 66 Abs. 4 und 6)**

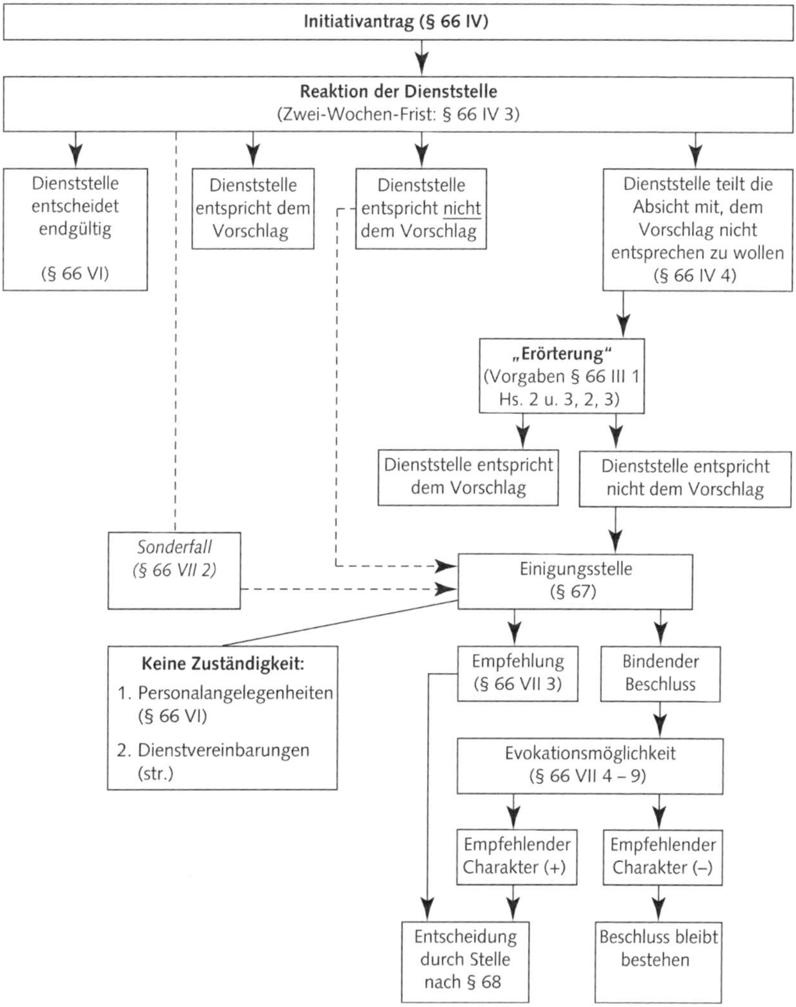

VI. Regelungen zum Stufenverfahren

76 <u>**Abs. 5:**</u> Mit dieser Vorschrift hat der Gesetzgeber die **Durchführung des Stufenverfahrens** geregelt, wenn auf der örtlichen Ebene keine Einigung zwischen Dienststelle und Personalrat erreicht wurde. Die **Novelle 2011**

hat eine geschlechtergerechte Sprachanpassung mit sich gebracht und in den Sätzen 1, 3 und 5 den „Leiter der Dienststelle" durch den Begriff „Dienststelle" ersetzt. Weiter wurden die Fristen für die Anrufung der übergeordneten Stellen geändert.

Die Durchführung des Stufenverfahrens setzt voraus, dass eine mehrstufige Verwaltung besteht, bei der nach § 50 Abs. 1 eine Stufenvertretung (vgl. dort Rz. 2) gebildet worden ist oder ersatzweise gem. § 78 Abs. 3 Satz 2 eintritt. **77**

In **Abs. 5 Satz 1** ist die **Vorlage an die übergeordnete Stelle** geregelt. In einer mehrstufigen Verwaltung kann bei abgelehnter Zustimmung durch den Personalrat die Dienststelle die Angelegenheit fristgebunden, wie im Weiteren noch näher dargestellt, der im Verwaltungsaufbau übergeordneten Stelle (d. h. in schriftlicher Form) vorlegen. Als **Adressat** ist nicht auf die Stufenvertretung, sondern auf die Zuweisung nach dem Landesorganisationsrecht abzustellen. Eine Vorlagepflicht weist die Dienststelle grundsätzlich nicht auf! Wenn sie bei abgelehnter Zustimmung von vornherein nicht mehr an der Maßnahme festhalten möchte, sollte der Weg des Stufenverfahrens also nicht beschritten werden. **78**

Die **schriftliche Vorlage** an die übergeordnete Stelle ist innerhalb einer **Zwei-Wochen-Frist** (Vor der Novelle 2011: sechs Arbeitstage) vorzunehmen. Fristbeginn ist der Ablauf der sich aus Abs. 2 ergebenen Frist für die Entscheidung des Personalrats über den Zustimmungsantrag. Die Frist ist gewahrt, wenn ein Zugang bei der übergeordneten Stelle stattgefunden hat. Dafür ist die bloße Vorgangsversendung innerhalb der vorbenannten Frist noch nicht ausreichend (anders: § 71 Abs. 3 Satz 1 BPersVG)! Der Vorgang muss also tatsächlich in den Rechtskreis der übergeordneten Stelle Eingang gefunden haben. Wenn die Dienststelle die Frist versäumt, ist das eingeleitete Mitbestimmungsverfahren beendet. Die Zustimmung ist dann nicht erteilt worden. Der Dienststelle steht es dann allerdings frei, ggf. ein neues Mitbestimmungsverfahren einzuleiten (vgl. zur möglichen Rechtsmissbräuchlichkeit dieser Vorgehensweise BVerwG 12.09.2011 – 6 PB 13.11 –). **79**

In einstufigen Verwaltungen ist im Weiteren dann direkt nach Abs. 7 der Weg in bzw. über die Einigungsstelle zu gehen. **80**

Nach **Abs. 5 Satz 2** erfolgt der **Beginn des Stufenverfahrens** durch den Verweis auf die Abs. 2 und 3 entsprechend, wenn die übergeordnete Dienststelle die Stufenvertretung über die beabsichtigte und streitige Maßnahme unterrichtet und die Zustimmung beantragt hat (vgl. hierzu Rz. 15). Die Dienststelle kann dabei die beabsichtigte Maßnahme auch verändern (vgl. OVG Hamburg 01.04.1992 – Bs PB 5/90 –) oder sich mit dem Personalrat auf eine einvernehmliche Modifikation einigen (vgl. Cecior u. a., § 66 Rz. 357 m. w. N.). **81**

82 In **Abs. 5 Satz 3 und 4** ist das Stufenverfahren zur Stufenvertretung, bei der im Verwaltungsaufbau übergeordneten Stelle im Fall von **Initiativanträgen des Personalrats** geregelt, wo Entsprechendes i. S. d. vorstehenden Ausführungen zu Anträgen der Dienststelle gilt. Dem Personalrat steht im Übrigen das Vorlagerecht zur Stufenvertretung nicht nur im Falle einer Ablehnung durch die Dienststelle zu, sondern auch dann, wenn diese innerhalb der Frist nach Abs. 4 Satz 3 keine Entscheidung über einen Initiativantrag trifft. **Kein Stufenverfahren** ist für Initiativanträge eröffnet, die auf die Änderung oder den Abschluss von neuen Dienstvereinbarungen gerichtet sind (str.: vgl. Rz. 69).

83 In **Abs. 5 Satz 5** ist geregelt, dass sich **Dienststelle und Personalrat** jeweils **gegenseitig zu unterrichten** haben, wenn einer von ihnen die Angelegenheit der übergeordneten Stelle bzw. der dort angesiedelten Stufenvertretung vorlegt. Die Unterrichtung sollte aus Dokumentations- und Nachweisgründen stets schriftlich vorgenommen werden. Eine fehlende Unterrichtung stellt einen Verstoß gegen den Grundsatz der vertrauensvollen Zusammenarbeit i. S. v. § 2 Abs. 1 Halbsatz 1 dar.

VII. Sonderregelung zu Initiativmaßnahmen nach Abs. 4

84 Abs. 6: Die Vorschrift regelt die **endgültige Entscheidung der obersten Dienstbehörde** bzw. Dienststelle (vgl. § 1 Abs. 2 Halbsatz 2) **bei Initiativanträgen in Personalangelegenheiten**, d. h. also bei Maßnahmen i. S. d. § 72 Abs. 1 und dabei auch der ordentlichen Arbeitgeberkündigung nach § 74 Abs. 1 (vgl. Rz. 67), wodurch ein weiterer Weg über die Einigungsstelle ausgeschlossen wird. Die **Novelle 2011** hat lediglich eine geschlechtergerechte Sprachanpassung zur Begrifflichkeit der „Dienststelle" mit sich gebracht. Zur Anrufung der Einigungsstelle bei verselbstständigten Teildienststellen vgl. OVG NRW 26.11.2021 – 20 A 1710/17.PVL n.rk.).

VIII. Regelungen zum Einigungsstellenverfahren

85 Abs. 7: Die Vorschrift regelt das **Verfahren vor der Einigungsstelle**. Auch hier hat die **Novelle 2011** nur eine geschlechtergerechte Anpassung mit sich gebracht. Die **Bildung und Zusammensetzung der Einigungsstelle** ist gesondert in § 67 geregelt.

86 Nach **Abs. 7 Satz 1** wird das Einigungsstellenverfahren durch die **Beantragung einer Entscheidung durch die Einigungsstelle** eingeleitet. Das setzt voraus, dass zwischen dem Leiter der obersten Landesbehörde und dem dort gebildeten (Haupt-)Personalrat bzw. auf kommunaler Ebene zwischen dem Leiter

der Dienststelle (vgl. § 1 Abs. 2 Halbsatz 2 und 3) und dem Gesamtpersonalrat oder Personalrat bislang in dem stattgefundenen Mitbestimmungsverfahren keine Einigung zustande gekommen ist. Das Einigungsstellenverfahren führt dieses Verfahren also fort. Es ist also Verfahrensbestandteil des Mitbestimmungsverfahrens und beendet dieses letztendlich. Eine **Antragsberechtigung** besteht dementsprechend **nur für diejenige Partei, die das Mitbestimmungsverfahren zur Einleitung gebracht hat**. Wenn das also z. B. wie in den meisten Fällen durch einen Antrag der Dienststelle nach § 66 Abs. 2 Satz 1 (vgl. Rz. 15 ff.) geschehen ist, besteht die Antragsberechtigung nur für diese. Im Falle eines Initiativantrags des Personalrats nach § 66 Abs. 4 Satz 1 (vgl. Rz. 67 ff.) weist hingegen grundsätzlich nur dieser eine Berechtigung auf (vgl. aber auch Rz. 87 zu Ausnahmen). Zur **Antragsberechtigung des Teilpersonalrats in den Fällen des § 1 Abs. 3** „Erklärung zu selbstständigen Dienststellen", vgl. OVG NRW 26.11.2021 a. a. O.

Seit der Novelle 2007 besteht **keine Frist für die Anrufung der Einigungsstelle** mehr. Seither kann der Personalrat vor allem nach **Abs. 7 Satz 2** die Entscheidung der Einigungsstelle auch dann beantragen, wenn die Dienststelle über seinen Initiativantrag nicht innerhalb der Frist nach Abs. 4 Satz 3 entscheidet. Der **Weg über die Einigungsstelle verbietet sich** allerdings bei Initiativanträgen, die auf die Änderung oder den Abschluss einer neuen Dienstvereinbarung (str.: vgl. Rz. 69) oder auf Personalmaßnahmen i. S. d. § 66 Abs. 6 ausgerichtet sind (vgl. Rz. 84)! 87

Muster 29: Antrag auf Entscheidung durch die Einigungsstelle 88

In **Abs. 7 Satz 3** ist die **Entscheidungsform** und die damit einhergehende Kompetenz der Einigungsstelle geregelt, wonach sie entweder eine **endgültige Entscheidung** oder nur eine **Empfehlung an die endgültig entscheidende Stelle** nach § 68 beschließt. Eine solche Empfehlung ist für die zuletzt genannte Stelle nicht bindend. In der Praxis sollte dennoch gut abgewogen werden, ob hiervon mit Blick auf die weitere Zusammenarbeit mit dem Personalrat abgewichen werden soll. 89

Der Gesetzgeber hat das endgültige Entscheidungsrecht der Einigungsstelle in Abs. 7 Satz 3 eingeschränkt. Die Einigungsstelle hat **in den Fällen des § 72 Abs. 1, 3 und 4 Satz 1 Nr. 2, 6, 11, 12, 14 bis 17, 19 bis 22 und des § 74 Abs. 1 (sog. eingeschränkte Mitbestimmungsrechte) nur ein Empfehlungsrecht**! Im Zuge der Novelle 2011 wurde der Katalog an die Erweiterungen in § 72 Abs. 4 entsprechend angepasst. Da der Personalrat durch die letzte Novelle nun auch bei ordentlichen Kündigungen ein Mitbestimmungsrecht erhalten hat, wurde zudem § 74 Abs. 1 in die Aufzählung mit aufgenommen. **Kein Entscheidungsrecht** der Einigungsstelle besteht für den Fall, dass sich die Dienststelle und der Personalrat nicht auf 90 den **Abschluss bzw. Inhalt einer Dienstvereinbarung** verständigen können (str.: vgl. hierzu § 70 Rz. 44).

91 **Sowohl bei einer Entscheidung als auch bei einer Empfehlung endet mit der Beschlussfassung der Einigungsstelle das Mitbestimmungsverfahren.** Das weitere Verfahren und die Entscheidung der Stelle nach § 68 ist davon also nicht mehr umfasst (vgl. BVerwG 17.03.1987 – 6 P 15.85 –). Da zu einem ordnungsgemäß durchgeführten Mitbestimmungsverfahren aber vor allem auch eine vollumfängliche Unterrichtung des Personalrats gehört, gilt es zu beachten, dass die Stelle nach § 68 bei Kenntnis eines Mangels die Maßnahme nicht sofort in Ausübung ihrer Organisations- und Personalhoheit durchführen darf, sondern zunächst die erforderliche Unterrichtung im fortgeführten Einigungsstellenverfahren nachholen muss. Zu Streitpunkten an dieser Stelle (vgl. BVerwG 10.02.2009 – 6 PB 25.08 –).

92 In **Abs. 7 Satz 4 bis 9** sind **Regelungen zur Sicherstellung des Letztenscheidungsrechts der demokratisch legitimierten Entscheidungsträger** enthalten. Durch die **Novelle 2011** ist dieses „Evokationsrecht“ in Anlehnung an die aktuelle Rechtsprechung neu geregelt worden (vgl. LT-Drucks. 15/1644, S. 82/83, wohl auch mit Blick auf BVerwG 04.06.2010 – 6 PB 4.10 –). Danach besteht nunmehr die Möglichkeit, dass ein verbindlicher Beschluss der Einigungsstelle auf Antrag der beteiligten Dienststelle (innerhalb eines Monats) von der nach § 68 zuständigen Stelle zu einer bloßen Empfehlung herabgestuft werden kann und diese letztendlich die abschließende Entscheidung trifft.

93 Das **Verfahren** gestaltet sich wie folgt:

Nach **Abs. 7 Satz 4** besteht die Möglichkeit, dass die beteiligten Dienststellen, die nach § 68 zuständige Stelle anrufen, wenn über eine Maßnahme, die wegen ihrer Auswirkungen auf das Gemeinwohl wesentlicher Bestandteil der Regierungsgewalt sein kann, durch bindenden Beschluss der Einigungsstelle entschieden wurde (vgl. BVerfG 24.05.1995 – 2 BvF 1/92 –).

94 Nach **Abs. 7 Satz 5** ist vorgesehen, dass den beteiligten Personalräten von dort aus Gelegenheit zur Stellungnahme gegeben wird.

96 Nach **Abs. 7 Satz 6** trifft dann die nach § 68 zuständige Stelle die Entscheidung, ob der Beschluss der Einigungsstelle nur einen empfehlenden Charakter aufgrund der in Abs. 7 Satz 4 dargestellten Auswirkungen hat. In diesem Fall entscheidet sie über die Maßnahme abschließend und hat nach **Abs. 7 Satz 7** ihre Entscheidung zu begründen. Wenn sie das Vorliegen der vorbenannten Voraussetzungen für eine Behandlung des Beschlusses der Einigungsstelle als bloße Empfehlung verneint, besteht nach **Abs. 7 Satz 8** der Beschluss fort.

97 Über die getroffene Entscheidung, gleich welchen Ergebnisses, sind letztendlich nach **Abs. 7 Satz 9** die Vorsitzende Person der Einigungsstelle so-

wie die am dortigen Verfahren beteiligten Dienststellen und Personalvertretungen **unverzüglich**, d.h. ohne schuldhaftes Zögern (§ 121 BGB) und **schriftlich zu informieren.**

Wichtig! 98

Damit erfolglose Rechtsstreitigkeiten von vornherein vermieden werden, ist es für die Dienststelle und für den Personalrat wichtig zu wissen, dass Entscheidungen der zuständigen Stelle nach § 68 nicht im personalvertretungsrechtlichen Beschlussverfahren gerichtlich überprüft werden können (vgl. § 68 Rz. 10)!

Übersicht: Letztentscheidungsverfahren der zuständigen Stelle nach § 68 (§ 66 Abs. 7 Satz 4 – 9) 99

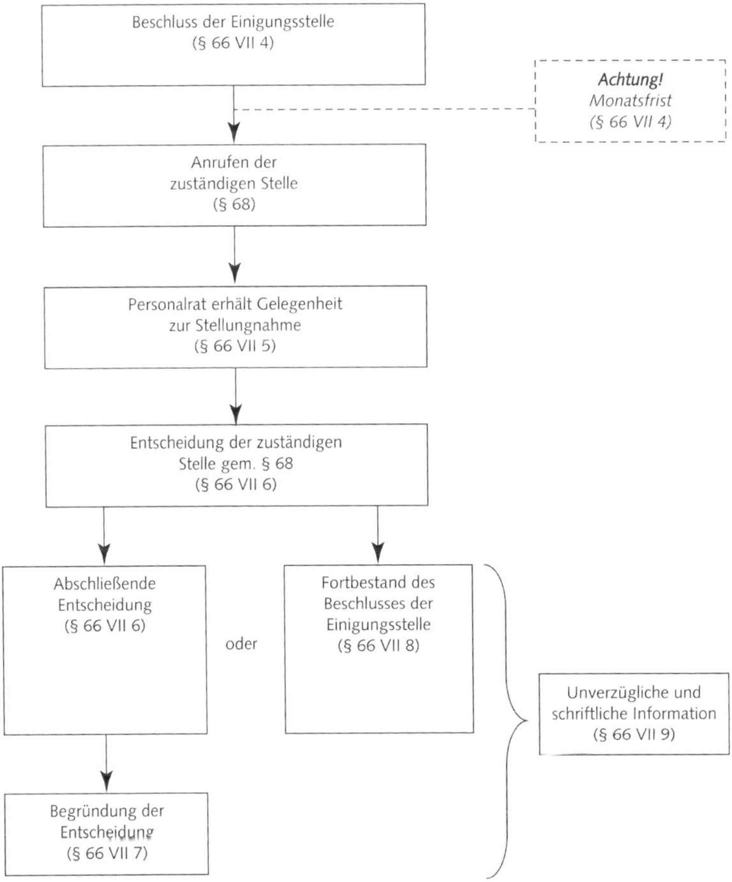

IX. Sondervorschrift zu vorläufigen Regelungen

100 Abs. 8: Die Vorschrift eröffnet der Dienststelle die Möglichkeit, **vorläufige Regelungen**, bei von ihr beabsichtigten Maßnahmen, die keinen Aufschub dulden, treffen zu können. Die **Novelle 2011** hat keine inhaltliche Änderungen, sondern nur geschlechtergerechte Sprachanpassungen mit sich gebracht.

101 Nach **Abs. 8 Satz 1** kann die Dienststelle bei **„Maßnahmen, die der Natur der Sache nach, keinen Aufschub dulden"**, bis zur endgültigen Entscheidung vorläufige Regelungen treffen. Als **„Maßnahmen"** (zum Begriff vgl. Rz. 11) kommen nur mitbestimmungspflichtige Maßnahmen in Betracht (vgl. OVG NRW 22.05.1986 – CL 4/85 –). Damit wird der Grundsatz aus § 66 Abs. 1, wonach eine der Mitbestimmung des Personalrats unterliegende Maßnahme nur mit dessen Zustimmung getroffen werden kann (vgl. Rz. 5 ff.) durchbrochen (vgl. OVG NRW 14.01.2003 – 1 B 1907/02.PVL – m. w. N.). Die Steigerung, die diese bewusst vom Gesetzgeber herbeigeführte **Einschränkung des Mitbestimmungsrechts** durch eine mögliche materielle Fehlerhaftigkeit einer vorläufig von der Dienststelle vorgenommenen Regelung erfährt, ist aber in der Regel nicht von einem derartigen Gewicht, dass daraus ein Verfügungsanspruch erwächst, der dem Personalrat den Weg für ein erfolgreiches einstweiliges Verfügungsverfahren eröffnet. Etwas anderes kann jedoch gelten, wenn der Personalrat durch ein Handeln der Dienststelle schwerwiegend an der Erfüllung seiner Aufgaben gehindert wäre (vgl. VG Düsseldorf 20.12.2016 – 34 L 4222/16 –).

102 **Praxistipp!**

Die Dienststelle sollte zu diesem Zeitpunkt genau prüfen, ob seitens des Personalrates nicht gegebenenfalls schon eine Zustimmung bzw. eine Zustimmungsfiktion (vgl. Rz. 37) vorliegt, da sie in diesen Fällen die Sonderregelung nach Abs. 8 nicht in Anspruch nehmen darf (vgl. BVerwG 20.07.1984 – 6 P 16.83 –)!

103 **„Unaufschiebbar"** ist eine Maßnahme im o. g. Sinne dann, wenn sie ihrem Gegenstand und ihrer Reichweite nach unabdingbar erforderlich ist, um einem vorrangigen und unaufschiebbarem Allgemeininteresse Rechnung zu tragen (vgl. BVerwG 19.04.1988 – 6 P 33.85 –). Damit greift das Abstellen auf eine bloße „Eilbedürftigkeit" also zu kurz (so OVG NRW 06.05.1982 – CL 3/81 – und 06.09.1989 – CL 34/87 –). Eine Unaufschiebbarkeit hat die Rechtsprechung z. B. im Fall einer vorläufigen Versetzung auf einen Arbeitsplatz ohne berufliche Außenkontakte nach einer strafbewehrten Verurteilung angenommen (vgl. OVG NRW 25.08.2005 – 1 A 4779/03.PVL).

Insgesamt ist eine **Abwägung** zwischen der Aufgabenerfüllung der Dienststelle einerseits und der Interessenwahrung der Beschäftigten durch den Personalrat andererseits vorzunehmen (vgl. OVG NRW 24.05.1988 – CL 28/86 –). Dabei ist nach der Entscheidung des OVG NRW vom 23.09.1993 – 1 A 557/91.PVL – nicht von den Erfordernissen an einem Einzelarbeitsplatz oder in einer Abteilung, sondern auf den Bereich der gesamten Dienststelle abzustellen. Zur Bejahung von Abwägungsgründen zugunsten der Dienststelle OVG NRW 15.03.1988 – CL 44/87 – und 23.09.1993 – 1 A 557/91 –. 104

Praxistipp! 105

Als Faustformel sollte sich die Dienststelle stets die Frage stellen, ob die Vornahme einer vorläufigen Regelung wirklich die „letzte Möglichkeit" darstellt. Wenn sie das unter Beachtung der objektiven Gegebenheiten nicht zweifelsfrei bejahen kann, sollte sie zunächst auf die Möglichkeiten nach § 66 Abs. 2 Satz 3 Halbsatz 2 („Verkürzung der Mitteilungsfrist" vgl. Rz. 26) zurückgreifen (so tendenziell auch OVG NRW 15.03.1988 – CL 44/87 –)!

Sollte der Personalrat den **Einwand der selbstverschuldeten Dringlichkeit** gegenüber der Dienststelle erheben, so steht dieser der Einleitung einer Maßnahme nach Abs. 8 nicht entgegen (vgl. OVG NRW 27.10.1999 – 1 A 3216/97.PVL –). 106

Nach **Abs. 8 Satz 2 Halbsatz 1** hat der Gesetzgeber der Dienststelle die (Neben-)**Pflicht** zugewiesen, dem Personalrat die **vorläufige Regelung spätestens mit ihrer Vornahme mitzuteilen und zu begründen.** Sollte sie eine dieser Pflichten verletzen, führt dies allerdings nicht unbedingt zur Unrechtmäßigkeit der vorläufigen Regelung (so VGH Baden-Württemberg 26.11.1991 – 15 S 2471/91 –). Die Dienststelle sollte dennoch beachten, dass Gegenteiliges doch der Fall sein kann, wenn es ihr z. B. überhaupt an einer erforderlichen Begründung ermangelt oder nur eine unkonkrete formelhafte Begründung vorgenommen wurde, der jeder Bezug zu der konkreten Maßnahme fehlt (vgl. auch Cecior u. a., § 66 Rz. 512 m. w. N.). Dementsprechend hat die Dienststelle darauf zu achten, dass die Mitteilung an den Personalrat eine **konkrete Begründung** der ihrer Auffassung nach gegebenen Unaufschiebbarkeit der vorläufigen Maßnahme in sachlicher und auch zeitlicher Hinsicht beinhaltet (vgl. auch VGH Hessen 15.03.2016 – 22 A 373/14.PV – und OVG Sachsen-Anhalt 02.04.2004 – 5 L 11/03 –). 107

Muster 32: Mitteilung gem. § 66 Abs. 8 Satz 2 Halbsatz 1 107a

Nach **Abs. 8 Satz 2 Halbsatz 2** hat die Dienststelle im Hinblick auf die endgültig beabsichtigte Maßnahme **„unverzüglich"**, d. h. ohne schuldhaftes Zögern (§ 121 BGB) das jeweilige **Verfahren nach den Abs. 2, 3, 5 und 7** 108

einzuleiten (Alternative 1) bzw., wenn das bereits geschehen ist dieses **fortzusetzen** (Alternative 2).

108a **Muster 33**: Verfahrenseinleitung gem. § 66 Abs. 8 Satz 2 Halbsatz 2 Alt. 1

108b **Muster 34**: Verfahrensfortsetzung gem. § 66 Abs. 8 Satz 2 Halbsatz 2 Alt. 2

108c **Wichtig!**

Wenn die Dienststelle nach Abbruch des Mitbestimmungsverfahrens (z. B. weil sie die Zustimmungsverweigerung des Personalrates als unbeachtlich ansieht) die beabsichtigte Maßnahme endgültig vollzogen hat und das Mitbestimmungsverfahren danach doch wieder fortsetzt, führt dies nicht dazu, dass sich die schon vollzogene Maßnahme in eine vorläufige Regelung i. S. d. § 66 Abs. 8 umwandelt (vgl. OVG Sachsen-Anhalt 21.04.2016 – 6 L 7/14 –)!

X. Rechtliche Auseinandersetzungen

109 Streitigkeiten über die **Einhaltung der Verfahrensregelungen** des § 66 sind im personalvertretungsrechtlichen Beschlussverfahren vor dem Verwaltungsgericht zu klären. Das kann z. B. der Fall sein, wenn der Personalrat von der Möglichkeit Gebrauch macht, die **Rechtmäßigkeit einer vorläufigen Regelung** nach Abs. 8 gerichtlich überprüfen zu lassen (vgl. hierzu OVG NRW 14.01.2003 – 1 B 1907/02 PVL –). Hierbei ist es wichtig für die Dienststelle, zu wissen, dass das Rechtsschutzbedürfnis des Personalrates für eine solche Überprüfung spätestens mit Abschluss des Mitbestimmungsverfahrens entfällt (vgl. OVG NRW 06.03.1997 – 1 A 3910/93.PVL –). Zu den Voraussetzungen einer **abstrakten Feststellung** vgl. OVG NRW 14.10.1994 – 1 A 622/91.PVL – und zu den Voraussetzungen der **Einleitung eines Eilverfahrens** vgl. OVG NRW 14.01.2003 – 1 B 1907/02.PVL –, 24.06.1992 – CL 21/89 – und VG Düsseldorf 20.12.2016 – 34 L 4222/16.PVL –). In einem letztgenannten Verfahren kann im Übrigen nicht geklärt werden, ob das LPVG NRW dem Personalrat einen Anspruch auf Unterlassung bzw. Rückgängigmachung einer Maßnahme verleiht, der er nicht zugestimmt hat (so zuletzt VG Düsseldorf 11.05.2017 – 40 L 1742/17 – und tendenziell VG Köln 17.11.2017 – 34 L 2903/17.PVL – beide n.rk.). Zu den Anforderungen an den Verfügungsgrund für den Erlass einer einstweiligen Verfügung, die darauf gerichtet sein soll, solche **Maßnahmen rückgängig zu machen und für die Zukunft zu verhindern, die zur Umsetzung einer vorläufigen Regelung im Sinne von § 66 Abs. 8 Satz 1 ergangen sind** (vgl. OVG NRW 25.06.2018 – 20 B 261/18 –).

110 Ein Beamter kann sich in einem Gerichtsverfahren grundsätzlich nicht auf solche **Verfahrensfehler bei Einleitung des Mitbestimmungsverfah-**

rens berufen, die der Personalrat selbst nicht innerhalb der für die Erklärung seiner Zustimmung maßgeblichen Frist gerügt hat (vgl. entsprechend VGH Hessen 10.05.2016 – 1 A 301/15 –).

§ 67 (Einigungsstelle)

(1) Bei jeder obersten Dienstbehörde wird für die Dauer der Wahlperiode der Personalvertretung eine Einigungsstelle gebildet. Sie besteht aus einer unparteiischen Vorsitzenden Person, ihrer Stellvertreterin oder ihrem Stellvertreter und Beisitzerinnen und Beisitzern. Auf die Vorsitzende Person und deren Stellvertreterin oder Stellvertreter haben sich die oberste Dienstbehörde und die bei ihr bestehende Personalvertretung innerhalb von zwei Monaten nach Beginn der Wahlperiode zu einigen. Kommt eine Einigung nicht zustande, so entscheidet auf Antrag der obersten Dienstbehörde oder der Personalvertretung die Präsidentin oder der Präsident des Oberverwaltungsgerichts. Die Beisitzerinnen und Beisitzer werden für das jeweilige Einigungsstellenverfahren benannt; sie müssen Beschäftigte im Geltungsbereich eines Personalvertretungsgesetzes sein.

(2) Die Mitglieder der Einigungsstelle sind unabhängig und üben ihre Tätigkeit als Ehrenamt in eigener Verantwortung aus. Für sie gilt § 40 Abs. 1 Sätze 1 bis 4 und Abs. 3 und, soweit sie Beschäftigte im Geltungsbereich dieses Gesetzes sind, § 42 Abs. 2 entsprechend. Der Vorsitzenden Person kann eine Entschädigung für Zeitaufwand gewährt werden. Die Mitglieder scheiden aus der Einigungsstelle außer durch Zeitablauf (Absatz 1 Satz 1) oder Niederlegung des Amtes nur unter den in § 50 Abs. 1 Nr. 1 und 2 des Landesdisziplinargesetzes bezeichneten Voraussetzungen aus, die Beisitzerinnen und Beisitzer ferner bei Beendigung des Dienst- oder Arbeitsverhältnisses im Geltungsbereich eines Personalvertretungsgesetzes.

(3) Die Einigungsstelle wird tätig in der Besetzung mit der Vorsitzenden Person oder, falls sie verhindert ist, der Stellvertreterin oder dem Stellvertreter und sechs Beisitzerinnen und Beisitzern, die auf Vorschlag der obersten Dienstbehörde und der Personalvertretung je zur Hälfte benannt werden.

(4) Die Sitzungen der Einigungsstelle sind nicht öffentlich. Den Beteiligten ist die Anwesenheit nur bei der Verhandlung zu gestatten; sachverständigen Personen kann die Teilnahme gestattet werden. Den Beteiligten ist Gelegenheit zur mündlichen Äußerung zu geben, die mit ihrem Einverständnis auch schriftlich erfolgen kann.

(5) Die Einigungsstelle entscheidet durch Beschluss über die Anträge der Beteiligten, sie kann den Anträgen auch teilweise entsprechen. Die Einigungsstelle soll

binnen zwei Monaten nach der Erklärung einer oder eines Beteiligten, die Entscheidung der Einigungsstelle herbeiführen zu wollen, entscheiden. Der Beschluss muss sich im Rahmen der geltenden Rechtsvorschriften, insbesondere des Haushaltsgesetzes, halten. Der Beschluss wird mit Stimmenmehrheit gefasst.

(6) Der Beschluss der Einigungsstelle ist zu begründen und den Beteiligten zuzustellen. Er bindet diese, soweit er eine Entscheidung im Sinne des Absatzes 5 enthält; § 66 Abs. 7 Satz 4 bleibt unberührt. Eine Bindung besteht nicht in den Fällen des § 66 Abs. 7 Satz 3.

(7) Für die Geschäftsführung der Einigungsstelle gilt § 40 Abs. 1 Sätze 1 bis 4 und Abs. 3 entsprechend.

(8) Besteht bei einer obersten Dienstbehörde ein Hauptpersonalrat oder ein Gesamtpersonalrat, so nimmt dieser die Befugnisse der Personalvertretung nach Absatz 1 Satz 3 und 4 und Absatz 3 wahr.

(9) In den Fällen des § 84, des § 89 Absatz 1 Satz 2 Nummer 2, § 94 Absatz 1 Nummer 3 und des § 94b Absatz 1 ist die Einigung nach Absatz 1 Satz 3 zwischen der obersten Dienstbehörde und allen Hauptpersonalräten des Geschäftsbereichs herbeizuführen. Bei der Verhandlung von Angelegenheiten aus dem Zuständigkeitsbereich der Hauptpersonalräte nach § 84, § 89 Absatz 1 Satz 2 Nummer 2, § 94 Absatz 1 Nummer 3 und § 94b Absatz 1 üben diese Hauptpersonalräte das Vorschlagsrecht nach Absatz 3 aus.

Gliederung

I. Einleitende Bemerkungen

1 Die Vorschrift regelt die Bildung, die Zusammensetzung, das Verfahren und die Verbindlichkeit betroffener Beschlüsse der Einigungsstelle sowie die Rechtsstellung ihrer Mitglieder. Durch die **Novelle 2011** wurde neben einer Anpassung an die geschlechtergerechte Sprache vor allem die anlassbezogene Benennung der Beisitzer neu eingeführt und die Teilnahmemöglichkeit sachverständiger Personen an der Verhandlung der Einigungsstelle eröffnet (vgl. LT-Drucks. 15/1644 S. 42 ff. und 83).

II. Bildung der Einigungsstelle

Abs. 1: Nach **Abs. 1 Satz 1** wird bei jeder obersten Dienstbehörde für die 2
Dauer der Wahlperiode der Personalvertretung eine Einigungsstelle gebildet. Sie wird also nicht nur im Bedarfsfall, sondern mit Blick auf eine schnellstmögliche Inanspruchnahme im Bedarfsfall für die gesamte vorgenannte Dauer eingerichtet (vgl. hierzu auch LT-Drucks. 7/4343 S. 9). Der Begriff „**oberste Dienstbehörde**" ist im LPVG NRW nicht definiert. Insoweit kann aber auf die beamtenrechtliche Regelung und Begriffsbestimmung in § 2 Abs. 1 Satz 1 LBG NRW zurückgegriffen werden (vgl. auch § 1 Rz. 10). Dementsprechend kann einer obersten Dienstbehörde z. B. im Bereich der Landesverwaltung ein Hauptpersonalrat (§ 50 Abs. 1), im Bereich der Gemeinden und der Gemeindeverbände, der sonstigen der Aufsicht des Landes unterstehenden Körperschaften, Anstalten und Stiftungen des öffentlichen Rechts ein Gesamt- (§ 52 Satz 1) oder örtlicher Personalrat gegenüberstehen. Zu einem als selbstständige Dienststelle eingerichteten kommunalen Eigenbetrieb vgl. BVerwG 20.09.2013 – 6 P 3.13 –. Im Hinblick auf die Vorgaben nach § 52 Satz 1 und die dort vorgegebene Errichtung von Gesamtpersonalräten kann für Gemeinden und die von ihnen konstituierten Anstalten, Körperschaften oder Stiftungen des öffentlichen Rechts auch eine **gemeinsame Einigungsstelle** gebildet werden. Da bei jeder obersten Dienstbehörde grundsätzlich eine eigene Einigungsstelle gebildet werden muss, darf **keine gemeinsame Einigungsstelle für mehrere oberste Dienstbehörden** gebildet werden!

Die **Mitglieder der Einigungsstelle** sind in **Abs. 1 Satz 2** benannt. Sie be- 3
steht aus einer unparteiischen Vorsitzenden Person, ihrer Stellvertretung und aus Beisitzern. Die Vorsitzende Person und deren Stellvertretung müssen **unparteiisch** sein. Dies ist grundsätzlich nicht anzunehmen bei Personen, die ihren Dienst im Geschäftsbereich der obersten Dienstbehörde versehen oder einer dortigen Personalvertretung zugehörig sind. Zur Möglichkeit der **Ablehnung wegen Befangenheit bei Feststellung der Unparteilichkeit** vgl. Rz. 11.

Die **Amtszeit der Mitglieder** ist in der Regel an die Amtszeit des Personal- 4
rates gekoppelt (vgl. Abs. 1 Satz 1). Wenn Letztere endet und ein Einigungsstellenverfahren zu diesem Zeitpunkt noch nicht abgeschlossen ist, sollte dieses allerdings in unveränderter Besetzung zum Abschluss gebracht werden. In einem solchen Fall ist also aus sachlichen und verfahrensökonomischen Gründen ein **Übergangsmandat der Vorsitzenden Person und ihrer Stellvertretung** vertretbar. Das Mandat der Beisitzer besteht bereits nach dem Wortlaut des Gesetzes (vgl. § 67 Abs. 1 Satz 5 Halbsatz 1/„für das jewei-

lige Einigungsstellenverfahren") für das gesamte Einigungsstellenverfahrens und damit bis zu dessen Abschluss (vgl. auch Rz. 29).

5 Nach dem Wortlaut des **Abs. 1 Satz 3** haben die oberste Dienstbehörde und die bei ihr bestehende Personalvertretung **innerhalb von zwei Monaten nach Beginn der Wahlperiode eine Einigung auf die Vorsitzende Person und deren Stellvertretung** herbeiführen. Der Landesgesetzgeber wollte damit zeitliche Verzögerungen bei der letztendlichen Bildung der Einigungsstelle vermeiden (vgl. hierzu auch LT-Drucks. 7/4343 S. 10). Von daher ist es vertretbar entgegen dem eigentlichen Wortlaut („haben") beiden Seiten auch nach Ablauf der formulierten Frist die Möglichkeit einzuräumen auf der Dienststellenebene eine einvernehmliche Einigung bewirken zu können, z. B. wenn sie beiderseits vergessen haben eine Vorsitzende Person auszumachen. Da hierzu aber noch keine höchstrichterliche Rechtsprechung vorliegt ist ihnen in der Praxis jedenfalls der Sicherheit halber zu empfehlen im Fall einer verspäteten Einigung trotzdem eine präsidiale Entscheidung nach Abs. 1 Satz 4 einzuholen (vgl. hierzu auch Rz. 10)! Zur Wahlperiode vgl. die Ausführungen zu § 23. Bei der Kandidatenauswahl sollten beide Seiten darauf achten, dass neben einer ausgeprägten Kommunikations- und Verhandlungsfähigkeit vor allem auch aktuelle personalvertretungsrechtliche, beamtenrechtliche- bzw. arbeits- und tarifrechtliche Kenntnisse vorhanden sind. Da keine gesetzliche Verpflichtung besteht, das Amt des Einigungsstellenvorsitzes und dessen Stellvertretung anzunehmen, ist beiden Seiten zu empfehlen, ihre Wunschkandidaten vorab auf ihre Übernahmebereitschaft hin zu befragen!

6 **Praxistipp!**

Da keine gesetzliche Verpflichtung besteht, das Amt des Einigungsstellenvorsitzes und dessen Stellvertretung anzunehmen, ist beiden Seiten zu empfehlen, ihre Wunschkandidaten vorab auf ihre Übernahmebereitschaft hin zu befragen!

7 Die Kandidatenvorschläge der Personalvertretung müssen, bevor sie an die oberste Dienststelle herangetragen werden, zunächst beschlossen werden **(Beschlussverpflichtung)**. Wenn bei einer Dienstbehörde ein Hauptpersonalrat oder ein Gesamtpersonalrat besteht, gilt es zu beachten, dass dieser nach Abs. 8 die Befugnisse der Personalvertretung nach Abs. 1 Satz 3 und 4 wahrnimmt (vgl. Rz. 76).

8 Soweit bei einer obersten Dienstbehörde **mehrere Hauptpersonalräte** existieren, gilt es zu beachten, dass nach **Abs. 9 Satz 1** im Hinblick auf die vorbenannten Amtsträger eine **Einigung mit allen Hauptpersonalräten** des Geschäftsbereiches herbeizuführen ist (vgl. Rz. 78).

Praxistipp! 9

Aus Dokumentations- und Nachweisgründen sollten **sämtliche Einigungsbemühungen**, d. h. Kandidatenvorschläge und Verhandlungen darüber sowie das letztendliche Bestehen oder Nichtbestehen einer Einigung **stets schriftlich** festgehalten werden!

Wenn **keine Einigung** zustande kommt, erfolgt nach **Abs. 1 Satz 4** eine **Entscheidung durch den Präsidenten des OVG NRW**. Hierfür ist ein **Antrag** erforderlich, der von der obersten Dienstbehörde oder der Personalvertretung gestellt werden kann. Der Antrag ist schriftlich an den Präsidenten des OVG NRW zu richten (so auch Lorenzen u. a. § 71 Rn. 20). Da dieser nachzuprüfen hat, ob Einigungsbemühungen um die Vorsitzende Person und deren Stellvertretung tatsächlich ernsthaft vorgenommen wurden und letztendlich gescheitert sind („Kommt eine Einigung nicht zustande …"), muss der Antrag entsprechende **substanziierte Darlegungen** aufweisen. Daneben besteht die Möglichkeit, auch **personelle Vorschläge** zu machen. Weiterhin können auch **persönliche Vorbehalte** gegen Kandidaten der Gegenseite vorgebracht werden (vgl. zum BetrVG: LAG Frankfurt a.M. 23.06.1988 – 12 Ta BV 66/88 –). Dabei können vor allem auch Zweifel an der Unparteilichkeit geäußert werden. Diese können, müssen aber nicht unbedingt Berücksichtigung finden. Der Präsident des OVG NRW entscheidet letztlich nach eigenem freiem Ermessen. Seine Entscheidung ist unanfechtbar. Der Gesetzgeber hat für die Antragstellung **keine Fristenvorgabe** formuliert. Eine **verspätete Einigung**, d. h. nach den in Abs. 1 Satz 3 vorgesehenen zwei Monaten (vgl. Rz. 5), kann letztendliche Berücksichtigung finden, wenn beide Seiten in jeweils eigenen Anträgen darauf hinweisen und denselben personellen Vorschlags unterbreiten (vgl. hierzu auch Rz. 5). Die **präsidiale Entscheidung stellt eine unanfechtbare Verwaltungsmaßnahme dar** (so auch Cecior u. a., § 67 Rn. 30 f. mit Verweis auf gleichlautende Literaturstimmen). 10

Muster 35: Antrag auf Entscheidung durch den Präsidenten des OVG NRW 10a

Wenn nachträglich Umstände vorliegen, die **berechtigte Zweifel an der Unparteilichkeit der Vorsitzenden Person oder deren Stellvertretung** zulassen, können beide Seiten, d. h. die oberste Dienstbehörde und auch die Personalvertretung eine **Ablehnung wegen der Besorgnis der Befangenheit geltend machen** (so auch Lorenzen u. a., § 73 Rn. 20). Der hierfür erforderliche Antrag und das Verfahren richtet sich in analoger Anwendung nach den §§ 1036, 1037 ZPO unter Berücksichtigung der vorrangig greifenden Vorschriften des LPVG NRW (vgl. entsprechend auch BAG 11.09.2001 – 1 ABR 5/01 –). Zur Verneinung der Befangenheit eines Richters, der bei der Tätigkeit gelegent- 11 lich Kontakte mit Vertretern der Dienststelle und Mitgliedern der Einigungsstelle hat siehe im Kontext auch OVG Sachsen 18.03.2021 – 9 A 176/18.PL –.

12 **Wichtig!**

Wenn die Vorsitzende Person ihr Amt aufgrund eines Befangenheitsantrages nicht von sich aus niederlegt, entscheidet über den Antrag – unter Ausschluss ihrer Person – die Einigungsstelle durch Beschluss (vgl. BAG 17.11.2010 – 7 ABR 100/09 –). Zur Möglichkeit einer gerichtlichen Überprüfung bzw. Entscheidung vgl. Rz. 84.

13 **Muster 36**: Befangenheitsantrag

13a Nach **Abs. 1 Satz 5 Halbsatz 1** werden die Beisitzer durch die Änderung der Novelle 2011 nunmehr anlassbezogen, d.h. für das jeweilige Einigungsstellenverfahren benannt. Die **Benennung von jeweils drei Beisitzern** erfolgt nach Abs. 3 auf Vorschlag der obersten Dienstbehörde und der Personalvertretung, nach dem ein Einigungsstellenverfahren eingeleitet worden ist. Durch die Novelle 2011 haben somit beide Seiten die Möglichkeit erhalten, die Auswahl der Beisitzer anhand des jeweiligen Streitgegenstandes in dem diesbezüglichen Einigungsstellenverfahren vorzunehmen. Bei der Benennung der Beisitzer hat die oberste Dienstbehörde die **geschlechtsparitätische Besetzungsvorgabe nach § 12 Abs. 1 LGG NRW NRW** zu beachten, was hingegen für die Personalvertretung grds. nicht gilt (vgl. Bülow, § 12 LGG NRW Rn. 10). Mit Blick des Aufgabenzuspruchs des § 64 Nr. 10 sollte diese sich jedoch gleichwohl um eine möglichst differenzierte Geschlechterbesetzung bemühen. Die Benennung der Beisitzer durch die Personalvertretung erfolgt durch eine Beschlussfassung (vgl. BVerwG 09.10.1991 – 6 P 1.90 –).

14 Nach **Abs. 1 Satz 5 Halbsatz 2** können als Beisitzer nur diejenigen Personen benannt werden, die **Beschäftigte im Geltungsbereich eines Personalvertretungsgesetzes** sind. Ob diese Voraussetzungen erfüllt sind, ist in zwei Schritten zu prüfen. In einem 1. Schritt ist festzustellen, ob die jeweilige Person dem Anwendungsbereich eines Personalvertretungsgesetzes unterliegt. Wenn das der Fall ist, ist in einem 2. Schritt zu prüfen, ob sie die Beschäftigteneigenschaft nach den dortigen Gesetzesvorgaben aufweist.

15 **Beispiele:**

Wenn eine Person z.B. bei der Stadt Bielefeld tätig ist, sind die Voraussetzungen nach § 5 LPVG NRW zu prüfen. Wenn sie ihren Dienst hingegen bei der Stadt Osnabrück versieht, ist entsprechend auf § 4 NPersVG zurückzugreifen.

16 **Sonstige Anforderungen an die Beisitzer** stellt das Gesetz nicht. Da die Einigungsstelle den von ihr zu regelnden Streit möglichst langfristig beilegen

und die zukünftige Zusammenarbeit für die Beteiligten sicherstellen soll, muss ihr Entscheidungsspruch oder ein von ihr vorgeschlagener Vergleich für diese nachvollziehbar sein und sich ausschließlich an Sachargumenten orientieren. Dementsprechend sollten die Beisitzer – auch wenn keine Unparteilichkeit wie bei der Vorsitzenden Person gesetzlich angeordnet ist – zumindest eine gewisse **Unabhängigkeit** im Hinblick auf ihre Mitwirkung bei der Konfliktlösung aufweisen (vgl. zum BetrVG: BAG 18.01.1994 – 1 ABR 43/93 – und 27.06.1995 – 1 ABR 3/95 –).

Wichtig! 17

Ein Personalratsmitglied kann auch dann als Einigungsstellenbeisitzer tätig werden, wenn es an einem Personalratsbeschluss mitgewirkt hat, der der Entscheidung der Einigungsstelle vorangegangen ist (vgl. BVerwG 21.06.1982 – 6 P 13.79 –)!

III. Rechtsstellung der Mitglieder

Nach **Abs. 2 Satz 1** sind alle Mitglieder der Einigungsstelle unabhängig 18
und üben ihre Tätigkeit als Ehrenamt in eigener Verantwortung aus. Diese Regelung greift in dem Moment, in dem die Mitgliedschaft in der Einigungsstelle begründet wird, d.h. mit der Benennung als Vorsitzende Person bzw. deren Stellvertretung bzw. als Beisitzer (vgl. OVG NRW 20.01.1995 – 1 A 3620/91.PVL –).

Die **Unabhängigkeit und Eigenverantwortlichkeit** der Mitglieder der Ei- 19
nigungsstelle hat zur Folge, dass diese sowohl gegenüber der obersten Dienststelle als auch gegenüber der Personalvertretung keine Weisungsgebundenheit aufweisen. Sie können jederzeit ihr Amt selber niederlegen (vgl. Rz. 29). Sie können aber nicht von demjenigen, der sie bestellt hat, wieder abberufen werden (vgl. Rz. 29). Zur Möglichkeit der Ablehnung wegen Besorgnis der Befangenheit vgl. Rz. 11.

Da die Mitglieder aber ein Mandat besitzen, mit dem sie auch auftragsge- 20
mäß umgehen sollen (so auch Lorenzen u.a., § 73 Rn. 32 mit Verweis auf ein besonderes Pflichtenverhältnis), besteht für sie die **Verpflichtung zur Teilnahme an der Einigungsstellensitzung und der dortigen Beschlussfassung** (vgl. auch OVG BB 01.04.2004 – 6 A 329/02.PVL –).

Der Begriff „**Ehrenamt**" ist im entsprechenden Sinne, wie er auch für Per- 21
sonalratsmitglieder nach § 42 Abs. 1 Geltung erlangt, zu verstehen. Der Gesetzgeber hat damit zum Ausdruck bringen wollen, dass die Mitglieder der Einigungsstelle eine **unentgeltliche Amtsausübung** betreiben. Dieser Grundsatz wird allerdings durch die Regelung in Abs. 2 Satz 3, wonach

der Vorsitzenden Person eine Entschädigung für Zeitaufwand gewährt werden kann, durchbrochen (vgl. Rz. 28).

22 **Wichtig!**

Da die Mitglieder der Einigungsstelle zu dem Personenkreis gehören, der Aufgaben und Befugnisse nach dem LPVG NRW wahrnimmt, gilt für sie das Verbot der Behinderung, Benachteiligung oder Begünstigung nach § 7 Abs. 1, die Schweigepflicht nach § 9 und die Unfallfürsorge nach § 42 Abs. 6!

23 Nach **Abs. 2 Satz 2** hat der Gesetzgeber für die Mitglieder der Einigungsstelle die für Personalratsmitglieder geltenden Regelungen über die Kostentragungspflicht der Dienststelle (§ 40 Abs. 1 Satz 1 bis 4), die administrative Ausstattung (§ 40 Abs. 3) und die Arbeits- oder Dienstbefreiung ohne Minderung der Besoldung oder des Arbeitsentgeltes zur entsprechenden Anwendung gebracht.

24 Nach **Abs. 2 Satz 2 i.V.m. § 40 Abs. 1 Satz 1** besteht eine **Kostentragungspflicht der Dienststelle** mit der Maßgabe, dass diese die durch die Tätigkeit der Einigungsstelle als Plenum oder von einzelnen Mitgliedern verursachten Kosten zu tragen hat. Voraussetzung dafür ist, dass die Kosten durch eine Tätigkeit, die zum Aufgabenkreis der Einigungsstelle nach dem LPVG NRW gehört, entstanden und notwendig gewesen sind. Zu den Voraussetzungen eines **Aufwendungsersatzes für einen Rechtsanwalt als dienststellenfremden Beisitzer** einer Einigungsstelle vgl. BVerwG 24.02.2016 – 5 P 2.15 –.

Zu den Einzelheiten der Kostentragungspflicht **vgl. im Übrigen die ausführliche Kommentierung zu § 40 Rz. 2ff.**

25 Nach **Abs. 2 Satz 2 i.V.m. § 40 Abs. 1 Satz 2 bis 4** erhalten Einigungsstellenmitglieder für **notwendige Reisen** Reisekosten nach dem LRKG NRW. Auch hierbei gilt, dass Reisen nur dann der Kostentragungspflicht der Dienststelle unterliegen, wenn sie innerhalb des gesetzlichen Aufgabenbereichs der Einigungsstelle stattgefunden haben. Zu den Einzelheiten vgl. die Kommentierung zu § 40 Rz. 25.

26 Nach **Abs. 2 Satz 2 i.V.m. § 40 Abs. 3** hat die Dienststelle auch für die **administrative Ausstattung der Einigungsstelle** Sorge zu tragen. Sie hat für die Vorbesprechungen, Sitzungen und die laufende Geschäftsführung im erforderlichen Umfang Räume und für den Geschäftsbedarf gegebenenfalls Büropersonal zur Verfügung zu stellen. Der „**Geschäftsbedarf**" umfasst dabei all das, was die Einigungsstelle unter einer verständigen Betrachtung zur ordnungsgemäßen Erledigung ihrer Aufgaben innehaben muss. Bei der Frage, was hierfür „**erforderlich**" ist, findet das Gebot der sparsamen Verwendung öffentlicher Mittel Beachtung! Zu den näheren

Einzelheiten vgl. im Übrigen die Kommentierung zu § 40 Rz. 7 und § 42 Rz. 26. Zur Ausstattung der Einigungsstelle als Organ vgl. Abs. 7 Rz. 75.

Nach **Abs. 2 Satz 2 i.V.m. § 42 Abs. 2** haben die Mitglieder der Einigungsstelle einen **Anspruch auf Arbeits- bzw. Dienstbefreiung ohne Minderung der Bezüge oder des Arbeitsentgeltes**. Das gilt aber nur für die Mitglieder, die vom Geltungsbereich des LPVG NRW erfasst werden und Beschäftigte i.S.d. § 5 sind. **Keinen Anspruch** weisen daher nach § 5 Abs. 1 Satz 3 Richter und die im Katalog des § 5 Abs. 4 benannten Personen auf. Zu den weiteren Einzelheiten vgl. i.Ü. die Kommentierung zu § 42 Rz. 9ff. 27

Nach **Abs. 2 Satz 3** kann eine **Zeitaufwandsentschädigung für die Vorsitzende Person** gewährt werden. Damit wird der in Abs. 2 Satz 1 geregelte Grundsatz der Unentgeltlichkeit durchbrochen. Der Gesetzgeber hat damit den Arbeitsmehraufwand, den die Vorsitzende Person i.d.R. innehat, berücksichtigen wollen (vgl. auch LT-Drucks. 9/3091 S. 38). Eine **Entschädigungshöhe** wird gesetzlich nicht vorgegeben. Nach der Mitteilung des Ministeriums für Inneres und Kommunales soll sich die Entschädigung nach dem Stundensatz der Richtwerte für die Berücksichtigung des Verwaltungsaufwandes bei der Festlegung der nach dem Gebührensatz für das Land NRW zu behebenden Verwaltungsgebühren richten. Diese werden jährlich im MBl. NRW durch Erlass bekannt gegeben (vgl. RdErl. MBl NRW 14.03.2013, Ziff. 17). Ungeachtet dessen kann in der Praxis aber auch grundsätzlich an die Vorgaben des JVEG angeknüpft werden. Durchaus üblich sind vor allem auch **Honorarvereinbarungen**, die in einem vernünftigen Rahmen abgeschlossen werden (vgl. VGH Baden-Württemberg 15.05.1984 – 15 S 1780/83 –). 28

In **Abs. 2 Satz 4** sind die **Tatbestände des Ausscheidens aus der Einigungsstelle** abschließend geregelt. Wenn die Dauer der Wahlperiode des Personalrates endet (vgl. Abs. 1 Satz 1), scheiden die Vorsitzende Person und deren Stellvertretung in der Regel durch **Zeitablauf** aus (vgl. aber Rz. 4 zum Ausnahmefall eines sog. Übergangsmandates), wobei das Mandat der Beisitzer hingegen an die gesamte Durchführung des Einigungsstellenverfahrens gekoppelt ist (vgl. Rz. 4 und 34ff.). Die Mitglieder der Einigungsstelle können auch jederzeit durch eine **Amtsniederlegung** ausscheiden. Aus Dokumentations-, Nachweis- und Verfahrensgründen sollte diese entsprechend schriftlich vorgenommen bzw. protokolliert werden. Ein Mitglied kann aus seinem Amt auch dann ausscheiden, wenn die **Voraussetzungen nach § 50 Abs. 1 Nr. 1 und 2 LDG NRW** erfüllt sind. Das ist dann der Fall, wenn das Mitglied in einem Strafverfahren rechtskräftig zu einer Freiheitsstrafe verurteilt worden ist oder wenn gegen das Mitglied im Rahmen eines Disziplinarverfahrens eine unanfechtbare Disziplinarmaßnahme mit Ausnahme eines Verweises ausgesprochen worden ist. 29

30 **Wichtig!**

Für Beisitzer gilt im Hinblick auf die Regelung in Abs. 1 Satz 5 Halbsatz 2 die Besonderheit, dass sie (auch) durch die Beendigung ihres Dienst- oder Arbeitsverhältnisses im Geltungsbereich eines Personalvertretungsgesetzes aus der Einigungsstelle ausscheiden!

IV. Besetzung der Einigungsstelle

31 Abs. 3: Die Vorschrift bestimmt, dass die Einigungsstelle immer in der **Besetzung** mit der **Vorsitzenden Person und sechs Beisitzern**, die je zur Hälfte von der obersten Dienstbehörde und der Personalvertretung benannt werden, tätig wird. Die **Vorgaben sind zwingend**. Die Anzahl der Beisitzer kann also auch nicht im gegenseitigen Einvernehmen verändert werden.

32

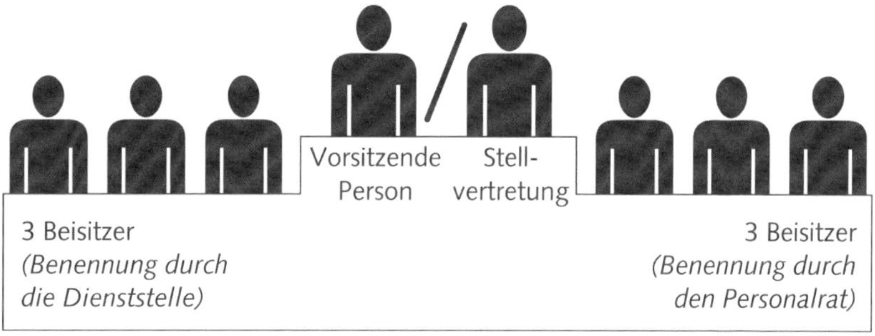

33 Zur **Benennung der Beisitzer** vgl. Rz. 13a und zur **Nichtbenennung** oder dem **Fernbleiben der Beisitzer** vgl. Rz. 66.

V. Verfahren und Beschlussfassung der Einigungsstelle

34 Abs. 4 bis 6: Der Gesetzgeber hat **keine vollständigen Verfahrensvorgaben** für die Durchführung des Einigungsstellenverfahrens getroffen. In den Abs. 4 bis 6 hat er nur wenige grundsätzliche Regelungen, d.h. also Verfahrenseckpunkte vorgegeben, sodass die **Verfahrensfestlegung nach eigenem Ermessen der Einigungsstelle** erfolgen kann (vgl. OVG NRW 20.12.1989 – CL 28/87 –). In diesem Sinne kann sie sich selbst eine **Verfahrensordnung** geben, in dem sie den Verhandlungsablauf näher festlegt. Hierbei kann sie auf Regelwerke wie z.B. die ZPO oder das ArbGG zurückgreifen. Eine derartige Verfahrensordnung hat nur eine interne Bindungswirkung für die Einigungsstelle, die sie erlassen hat.

Das Einigungsstellenverfahren gestaltet sich grundsätzlich wie folgt: 35

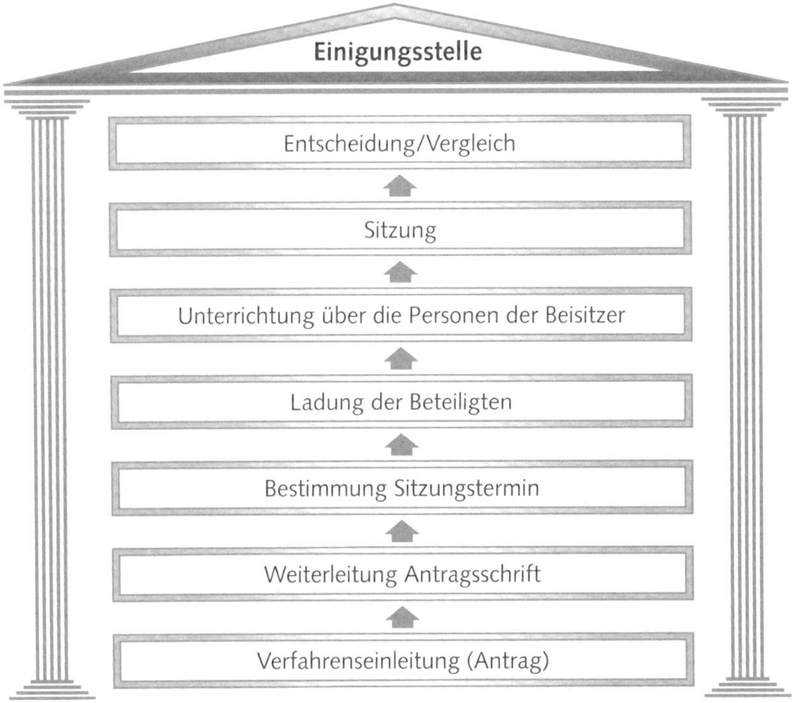

Es findet zunächst die **Verfahrenseinleitung durch einen (schriftlichen) Antrag** der obersten Dienstbehörde oder der dort angesiedelten Personalvertretung nach Maßgabe des § 66 Abs. 7 Satz 1 (vgl. auch § 66 Rz. 86) statt. **Antragsadressat** ist die Vorsitzende Person der Einigungsstelle. 36

Muster 29: Antrag auf Entscheidung durch die Einigungsstelle 37

Es gilt zu beachten, dass die Einigungsstelle nur dann angerufen werden kann, wenn Einigkeit darüber besteht, dass es sich bei dem **Antragsgegenstand** um eine mitbestimmungspflichtige Angelegenheit handelt, über die keine Einigkeit besteht. Wenn die Vorsitzende Person meint, dass dies nicht der Fall ist, hat sie den Beteiligten einen Hinweis auf das Nichtvorliegen der Entscheidungszuständigkeit der Einigungsstelle zu geben. Wenn der Antrag daraufhin nicht zurückgenommen wird, hat im Weiteren die Einigungsstelle als solches darüber durch Beschluss zu entscheiden, ob sie die Sache zur Entscheidung annimmt. Eine letztendlich verbindliche Entscheidung darüber, ob und unter welchen rechtlichen Aspekten eine Maßnahme der Mit- 38 bestimmung der Personalvertretung unterliegt, kann im Übrigen nur durch die Verwaltungsgerichte getroffen werden (vgl. hierzu Rz. 82).

39 Nach Antragszugang veranlasst die Vorsitzende Person die **Weiterleitung der Antragsabschrift** an die Gegenseite.

40 Im Weiteren nimmt sie eine **Bestimmung des Sitzungstermins** für die Einigungsstelle vor. Praktischerweise setzt sie sich vorab mit der obersten Dienstbehörde und der entsprechenden Personalvertretung für eine Terminabsprache und Bestimmung der Sitzungsräumlichkeit (vgl. Abs. 7 i.V.m. § 40 Abs. 3) in Verbindung.

41 Sodann erfolgt eine **Ladung der Beteiligten** zur Einigungsstellenverhandlung. Diese sollte einen Hinweis auf die Äußerungsmöglichkeit nach Abs. 4 Satz 3 (vgl. Rz. 54) und eine Aufforderung zur jeweiligen Benennung der Beisitzer (vgl. Abs. 1 Satz 5 und Abs. 3) enthalten.

42 **Wichtig!**

Wenn von der schriftlichen Äußerungsmöglichkeit nach Abs. 4 Satz 3 Gebrauch gemacht wird, hat die Vorsitzende Person den Beteiligten und den sonstigen Mitgliedern der Einigungsstelle noch vor der Sitzung eine Abschrift der Äußerungsschriften zukommen zu lassen (vgl. auch Rz. 55)!

43 Nach der Benennung der Beisitzer erfolgt eine **Unterrichtung der Beteiligten über die teilnehmenden Beisitzer**. Praktischerweise übersendet die Vorsitzende Person mit dieser Mitteilung auch die Abschrift der jeweiligen schriftlichen Benennungsmitteilung. Gleichzeitig nimmt die Vorsitzende Person die **Ladung der Beisitzer** vor. Diese muss so rechtzeitig erfolgen, dass diese an bereits festgesetzten Sitzungsterminen noch teilnehmen und sich darauf vorbereiten können.

44 **Wichtig!**

Die ordnungsgemäße Ladung der Beisitzer stellt eine (formelle) Wirksamkeitsvoraussetzung für eine spätere Entscheidung der Einigungsstelle dar (vgl. zum BetrVG: BAG 27.06.1995 – 1 ABR 3/95 –)!

45 Vor der eigentlichen Sitzung der Einigungsstelle können deren Mitglieder, wenn es ihnen im Hinblick auf den auch in diesem Verfahren geltenden Grundsatz der sparsamen Verwendung öffentlicher Mittel nicht möglich oder zumutbar ist, eine Regelung auf dem schriftlichen Wege herbeizuführen, zunächst eine **vorbereitende Mitgliedersitzung** durchführen, in der Verfahrensregelungen, gegebenenfalls eine Verfahrensordnung und soweit dies nicht die Vorsitzende Person selbst wahrnimmt, auch die **Protokollführung**

festgelegt wird. Damit keine zusätzlichen Personal- und Raumkosten entstehen, sollte eine solche Sitzung möglichst am gleichen Tag, bestenfalls im direkten Vorgang zur eigentlichen Sitzung der Einigungsstelle, stattfinden.

Die eigentliche **Sitzung der Einigungsstelle** beginnt sodann mit deren **Eröffnung durch die Vorsitzende Person**. Dabei nimmt diese eine **Einführung in den Sach- und Streitstand** des Einigungsstellenverfahrens vor. 46

Wichtig! 47

Sollte ein Beteiligter oder beide Beteiligten kurzfristig vor der Sitzung, im Zuge der Sitzungseröffnung oder in der laufenden Sitzung die Besorgnis der Befangenheit der Vorsitzenden Person oder deren Stellvertretung aufweisen, sollte sie unverzüglich einen Ablehnungsantrag (vgl. Rz. 11–13) stellen und sich, bis darüber entschieden worden ist, nicht auf eine Verhandlung einlassen!

Nach **Abs. 4 Satz 1** gilt der **Grundsatz der Nichtöffentlichkeit** für die Sitzung der Einigungsstelle, d. h. für die Verhandlung, die Beratung und die Beschlussfassung. Diese Vorgabe ist verpflichtend, sodass die Einigungsstelle hiervon weder durch abweichende Regelungen in einer eigenen Verfahrensordnung noch durch sonstige Beschlüsse abweichen kann. Damit soll gewährleistet werden, dass der Prozess der Willensbildung in der Einigungsstelle vertraulich und unabhängig von externen Einflüssen stattfindet. Dieser Grundsatz erfährt durch das **Teilnahmerecht der Beteiligten und sachverständigen Personen** nach Abs. 4 Satz 2 Halbsatz 2 (vgl. Rz. 53) Einschränkungen, die hiermit aber im Einklang steht. Das gilt auch für die **Anwesenheit einer Protokollführungskraft bei der Verhandlung** (vgl. OVG NRW 20.05.2010 – 16 A 296/09.PVL –). 48

Nach **Abs. 4 Satz 2 Halbsatz 1** besteht ein **Anwesenheitsrecht der Beteiligten** an der Verhandlung. **Kein Anwesenheitsrecht** besteht hingegen bei der Beratung und Beschlussfassung der Einigungsstelle. „**Beteiligte**" i. S. d. Vorschrift sind grundsätzlich nur die Dienststelle und die bei ihr vorhandene Personalvertretung. 49

Eine **Teilnahme von Vertretern für die Beteiligten** an der Verhandlung ist möglich. So kann die oberste Dienstbehörde, z. B. die mit der Personalleitung betraute Person und die Personalvertretung anstatt deren Vorsitzende Person, nach entsprechender Beschlussfassung ein mit der Verhandlung beauftragtes Gremiumsmitglied zur Verhandlung entsenden. 50

Dem Grunde nach besteht **kein Vertretungsrecht durch Rechtsanwälte, Gewerkschafts-, Berufs- oder Arbeitgeberverbandsbeauftragte. Eine Ausnahme ist nur dann anzunehmen, wenn im Einigungsstellenverfahren schwierige Rechtsfragen zu prüfen und zu entscheiden sind, die spezielle** 51

juristische Kenntnisse erfordern (vgl. auch BVerwG 25.10.2016 – 5 P 7.15 –). Die vorstehenden Voraussetzungen sind dementsprechend hoch! Es ist also grundsätzlich davon auszugehen, dass jede Partei ausreichend in der Lage ist, ihre Position im Einigungsstellenverfahren selbst zu vertreten (vgl. § 40 Rz. 17 m. w. N.)! Da das Einigungsstellenverfahren nicht nur darauf abzielt, den zugrunde liegenden Konflikt der Beteiligten langfristig beizulegen, sondern vor allem auch deren gedeihliche Zusammenarbeit für die Zukunft sicherzustellen, sollte in der Praxis also äußerst restriktiv mit der Vertretungsbeiziehung des oben genannten Personenkreises umgegangen werden. Die Einigungsstelle sollte auf keinen Fall den Charakter eines streitigen Gerichtsverfahrens erhalten, in dem die Beteiligten oftmals nur in klassische Gegenspielerpositionen verfallen und bei der Darstellung ihrer (Rechts-)Positionen in unnötiger Weise rhetorische und prozesstaktische Gesichtspunkte in den Vordergrund stellen.

52 **Wichtig!**

Es gilt vor allem auch zu beachten, dass die Kosten einer anwaltlichen Vertretung vor der Einigungsstelle nur ausnahmsweise und unter ganz besonderen Voraussetzungen von der Dienststelle zu tragen sind (vgl. § 40 Rz. 17)!

53 Nach **Abs. 4 Satz 2 Halbsatz 2** kann die **Teilnahme sachverständiger Personen** an der Verhandlung gestattet werden. Zum Begriff der „**sachverständigen Personen**" vgl. die Ausführungen zu § 31 Rz. 12 entsprechend. Die **Entscheidung über die Teilnahme** trifft die Einigungsstelle durch Mehrheitsbeschluss ihrer Mitglieder (vgl. auch LT-Drucks. 15/1644, S. 83).

54 Nach **Abs. 4 Satz 3** ist den Beteiligten **Gelegenheit zur mündlichen Äußerung** zu geben. Soweit die Einigungsstelle nach Abs. 5 Satz 1 über die Anträge der Beteiligten entscheidet, ist davon auszugehen, dass das Äußerungsrecht nach Abs. 4 Satz 3 auch die **Gelegenheit zur Antragsstellung und Begründung** enthält. Das Gewähren einer Äußerungsmöglichkeit stellt eine (formelle) Wirksamkeitsvoraussetzung für einen späteren Beschluss der Einigungsstelle dar. In der Praxis erteilt die Vorsitzende Person deshalb auch nach der Einführung in den Sach- und Streitstand des Einigungsstellenverfahrens den Beteiligten entsprechend das Wort. Üblicherweise kann sich dabei zunächst die Seite, die den Antrag nach § 66 Abs. 7 Satz 1 gestellt hat, als Erstes äußern.

55 Da die Beteiligten grundsätzlich nicht an der Sitzung teilnehmen müssen, weisen sie (theoretisch, was in der Praxis aber nicht zu empfehlen ist) auch eine reine **schriftliche Äußerungsmöglichkeit** auf. Das setzt aber voraus, dass der jeweilige Beteiligte dazu sein Einverständnis erteilt. Wenn das der

Fall sein sollte, hat die Vorsitzende Person bereits vor der Sitzung (vgl. Rz. 42) sowohl den Beteiligten als auch den sonstigen Mitgliedern der Einigungsstelle derartige Äußerungsschriften abschriftlich zukommen zu lassen.

Nach der Antragsstellung und deren Begründung kann die Vorsitzende Per- **56** son unter Beteiligung der Beisitzer mit den Beteiligten in die eigentliche **Einigungsverhandlung**, d.h. die Erörterung des Sach- und Streitstandes eintreten.

Soweit **Sachverhaltsaufklärungen** notwendig sein sollten, können auch **57** diese betrieben werden. Dabei gilt es zu beachten, dass die bestehende Informations- und Unterrichtungspflicht der (obersten) Dienstbehörde gegenüber dem Personalrat nach § 65 gleichermaßen auch gegenüber der Einigungsstelle gilt (so auch Lorenzen u.a., § 71 Rn. 49). Wegen der Einzelheiten wird auf die Kommentierung zu § 65 verwiesen!

Ungeachtet der somit bereits bestehenden (unaufgeforderten) Informations- **58** pflicht besteht aber auch die Möglichkeit der eigenständigen **Informationsbeschaffung durch die Einigungsstelle.** So kann diese z.B. von Sachverständigen (vgl. auch Rz. 53), von Beschäftigten, deren Personalangelegenheiten Gegenstand der Einigungsstellenverhandlung sind, und auch von den Beteiligten selbst sachdienliche Auskünfte einholen. Dabei gilt es zu beachten, dass die Einigungsstelle nicht nur auf die Informationen beschränkt ist, die dem Personalrat in dem Verfahren nach § 66 Abs. 2 bzw. der Dienststelle in dem Verfahren nach § 66 Abs. 4 vorgelegen haben (vgl. OVG Niedersachsen 05.04.1987 – 19 OVG L 10/85 –), sondern vielmehr die für eine Beschlussfassung erforderlichen Feststellungen eigenständig vornehmen muss (vgl. OVG Sachsen-Anhalt 29.07.2005 – 5 L 6/04 –).

Im Zuge der Verhandlungsbetreibung sollte die Einigungsstelle grundsätz- **59** lich auf eine **einvernehmliche Einigung** hinwirken, sodass das Einigungsstellenverfahren mit Blick auf eine befriedete Zukunft bestenfalls durch den **Abschluss eines Vergleichs** beendet wird. Zu den Anforderungen an die Bestimmtheit eines Verfahrensvergleiches, die hierbei entsprechend berücksichtigt werden sollten, vgl. OVG Thüringen. 17.12.2008 – 1 KO 750/07 –.

Wenn in der Verhandlung kein Einigungsergebnis erzielt werden konnte, **60** findet nach **Abs. 5 Satz 1 Halbsatz 1** eine **Entscheidung der Einigungsstelle durch Beschluss** über die Anträge der Beteiligten statt. In den in § 66 Abs. 7 Satz 3 aufgeführten Fällen der §§ 72 und 74 beschließt die Einigungsstelle (nur) eine Empfehlung an das verfassungsmäßig zuständige oberste Organ i.S.d. § 68, das dann endgültig entscheidet. In allen sonstigen mitbestimmungspflichtigen Angelegenheiten ergeht ein bindender und verfahrensbeendender Beschluss der Einigungsstelle (vgl. auch Grafik, § 66 Rz. 42).

61 Es besteht eine **Bindung an die gestellten Anträge.** Nach **Abs. 5 Satz 1 Halbsatz 2** kann die Einigungsstelle auch nur eine **teilweise Antragsentsprechung** vornehmen. Dabei muss sich ihre Entscheidung jedoch noch im Rahmen des Antrags der Beteiligten bewegen und darf nicht darüber hinausgehen (vgl. OVG NRW 12.03.2007 – 1 A 4523/05.PVL –).

62 Bei der Entscheidung sollte auf die **Verfahrensvorgaben in § 76 Abs. 3 Satz 2 bis 4 BetrVG** entsprechend zurückgegriffen werden. Das bedeutet, dass sich die Mitglieder der Einigungsstelle unter zwingender Beachtung des Grundsatzes der Nichtöffentlichkeit zu einer **mündlichen Beratung** (vgl. BAG 18.01.1994 – 1 ABR 43/93 –) zurückziehen haben bzw. die Beteiligten entsprechend des Raumes zu verweisen sind. Im Ergebnis hat sodann eine **Beschlussfassung mit Stimmenmehrheit** stattzufinden. Dabei erfolgt **zunächst eine Stimmenthaltung der Vorsitzenden Person** (vgl. entsprechend § 73 Abs. 3 Satz 3 Halbsatz 1 BetrVG). Wenn eine Stimmenmehrheit nicht zustande kommen sollte, nimmt sie aber nach einer weiteren Beratung an einer erneuten Beschlussfassung teil (vgl. entsprechend § 73 Abs. 3 Satz 3 Halbsatz 2 BetrVG). **Ansonsten darf sich die Vorsitzende Person nicht der Stimme enthalten** (str.: so dem Grunde nach wohl auch Cecior u.a., § 67 Rn. 162 i. V. m. Rn. 184; a.A. Havers, § 67 Erl. 7.1). **Kein Stimmenthaltungsrecht** besteht nach herrschender Meinung für die Beisitzer (ebenso Cecior u.a., § 67 Rn. 184, u.a. mit Verweis auf die Aufgabe der Einigungsstelle als „Einigungs- und Schlichtungsgremium“).

63 Seit der Novelle 2007 weist das LPVG NRW **keine Regelung mehr über die Beschlussfähigkeit der Einigungsstelle** auf (vgl. zur damaligen Rechtslage OVG NRW 02.09.1994 – 1 A 1889/91.PVL –). **Wenn also eine Seite keine Beisitzer benennt oder die von ihr benannten Beisitzer trotz ordnungsgemäßer Ladung der Sitzung fernbleiben oder sich weigern, an der Abstimmung teilzunehmen, kann die Einigungsstelle trotzdem einen wirksamen Beschluss fassen.** Andernfalls hätte die Seite, die zwar am Einigungsstellenverfahren beteiligt ist, dieses aber nicht eingeleitet hat, d.h. also in der Praxis zumeist der Personalrat (vgl. § 66 Rz. 86), es in nicht zu billigender Weise in der Hand, das Einigungsstellenverfahren taktisch in die Länge zu ziehen oder schlimmstenfalls sogar eine Entscheidung zu verhindern (str.: so auch Cecior u.a., § 67 Rn. 158; a.A. BVerwG 19.02.2016 – 17 LP 2/15 – zu § 71 BPersVG a.F.)!

64 Nach **Abs. 5 Satz 2** besteht eine **2-Monats-Entscheidungsfrist** der Einigungsstelle. Fristbeginn ist der Einleitungsantrag nach § 66 Abs. 7 Satz 1 und 2. Die Einigungsstelle ist an diese Fristenvorgabe („soll“) nicht gebunden. Die Nichteinhaltung der Frist hat also (noch) nicht die Beendigung des Mitbestimmungsverfahrens zur Folge!

Praxistipp! 65

Im Falle einer Fristversäumung sollten die Beteiligten die Vorsitzende Person, wenn sie in dieser Zeit noch keine Sitzung terminiert hat, zu einer unverzüglichen Sitzungsanberaumung bzw. wenn ein Beschluss noch aussteht, zu einer unverzüglichen Entscheidung der Einigungsstelle schriftlich auffordern!

Nach **Abs. 5 Satz 3** muss sich der **Beschluss der Einigungsstelle im Rahmen** 66
der geltenden Rechtsvorschriften und insbesondere des Haushaltsgesetzes halten. Das gilt für sämtliche Beschlüsse der Einigungsstelle, d.h. sowohl im Hinblick auf Verfahrensentscheidungen (Beschlüsse bzgl. der Mitbestimmung und der Verfahrensnichtannahme, -aussetzung oder -erledigung) als auch für eine evtl. Verfahrensordnung, die sich die Einigungsstelle gegeben hat. Dazu gehören grundsätzlich alle gesetzlichen Regelungen und vor allem auch die **Verfahrensvorschriften**, die der Entscheidung der Einigungsstelle zugrunde liegen (vgl. OVG NRW 20.05.2010 – 16 A 296/09.PVL –). **Keine Rechtsvorschriften** stellen bloße Verwaltungsvorschriften, Richtlinien oder Rundschreiben dar, die lediglich auf das Innenrecht der Verwaltung beschränkt sind. Die **Beachtung der Haushaltsgesetze** soll verhindern, dass die Einigungsstelle keine Maßnahmen beschließen kann, für die im Haushalt keine Mittel zur Ausgabe vorgesehen sind bzw. für die keine Mittel bereitgestellt werden dürfen. Von daher ist eine haushaltswirksame Beschlussfassung der Einigungsstelle nur dann möglich, wenn diese sich zuvor vergewissert hat, dass eine entsprechende Deckung im Haushalt garantiert ist (vgl. VGH Hess. 18.03.1993 – HPV TL 3730/89 –). Soweit Unsicherheit darüber besteht, kann die Einigungsstelle auch eine Beschlussfassung unter dem Vorbehalt der haushaltsrechtlichen Finanzierbarkeit fassen und dabei der Dienststelle die Verpflichtung auferlegen, sich um die dafür entsprechende Deckung und Realisierung zu bemühen (ebenfalls Altvater u.a., § 74 Rn. 11).

Nach **Abs. 5 Satz 4** ist festgelegt, dass der Beschluss der Einigungsstelle 67
mit **Stimmenmehrheit** gefasst wird. Dieses Mehrheitserfordernis gilt für sämtliche Beschlüsse der Einigungsstelle (vgl. hierzu auch Rz. 53). Zur Möglichkeit der Stimmenthaltung vgl. Rz. 62.

Nach **Abs. 6 Satz 1** besteht eine **Begründungspflicht für Beschlüsse der** 68
Einigungsstelle. Damit soll die Entscheidung der Einigungsstelle für die Beteiligten nachvollziehbar sein und letztendlich eine dauerhafte Konfliktbeilegung bewirken (vgl. BVerwG 20.12.1988 – 6 P 34.85 –). Der Beschluss muss also die für die Entscheidung der Einigungsstelle maßgeblichen Gründe zum Inhalt haben und sich nicht nur auf die Formulierung eines bloßen Beschlusstenors beschränken. Der Einigungsstellenbeschluss unterliegt dem **Erfordernis der Schriftform** (vgl. Rz. 70).

69 Nach **Abs. 6 Satz 1** besteht auch eine **Pflicht zur Zustellung des Beschlusses**, damit die Beteiligten von dessen Inhalt im ausreichenden Maße Kenntnis erhalten. Soweit der Beschluss, wie zuvor dargestellt, begründet werden muss (vgl. Rz. 68), wird mit der **Zustellung, des begründeten Beschlusses die Beendigung des Verfahrens vor der Einigungsstelle bewirkt** (vgl. BVerwG 17.03.1987 – 6 P 15.85 –). Zum Umgang mit nicht begründeten Beschlüssen vgl. Rz. 71.

70 Aus dem zuvor dargestellten Zustellungserfordernis ergibt sich ein **zwingendes Schriftformerfordernis** für den Beschluss, auch wenn dies keine ausdrückliche gesetzliche Erwähnung findet (so auch BVerwG 09.07.1980 – 6 P 73.78 –). Aufgrund der mit der Zustellung verfolgten gesetzlichen Intention besteht ein **Unterschriftserfordernis.** Dazu bedarf es einer handschriftlichen Unterschrift (vgl. BAG 05.10.2010 – 1 ABR 31/09 –). Der Beschluss muss von allen Mitgliedern der Einigungsstelle unterschrieben werden (vgl. BVerwG 20.12.1988 – 6 P 34.85 –). Dem Erfordernis wird genügt, wenn alle an der jeweiligen Abstimmung teilnehmenden Einigungsstellenmitglieder, d.h. also („nur") die erschienenen Mitglieder (vgl. Rz. 63) allesamt unterzeichnet haben (vgl. entsprechend BayVGH 03.12.2019 –17 P 18.1852 – zu Art. 71 BayPVG). Wenn ein Beschluss der Einigungsstelle keine vollständigen oder ausreichenden Unterschriften aufweist, stellt dies also einen Verfahrensfehler dar. Nach zutreffender Auffassung des OVG NRW vom 20.12.1989 – CL 27/87 – und des OVG Hamburg vom 21.01.1997 – Bs PH 1/95 – besteht allerdings eine **Nachholungsmöglichkeit für fehlende Unterschriften**, sodass eine Heilung des Verfahrensfehlers vorgenommen werden kann (a.A. zum BetrVG: BAG 05.10.2010 – 1 ABR 31/09 –).

71 Wenn der **Einigungsstellenbeschluss noch nicht begründet bzw. nicht mit Begründung zugestellt worden** ist, wäre das Einigungsstellenverfahren, nach vorstehender Darstellung, eigentlich noch nicht rechtlich beendet. Damit stellte sich die rechtliche und vor allem für die Praxis relevante tatsächliche Frage, ob angesichts des Verfahrensablaufes ein „Wiederaufnahmegrund" gegeben, also die Fortsetzung des Einigungsstellenverfahrens geboten wäre (1. Möglichkeit) oder ob das Verfahren erst im Weiteren durch die Zustellung der begründeten Beschlüsse (2. Möglichkeit) beendet werden kann. Mit Blick auf die zwingende Zustellungs- und Begründungsvorgabe des Gesetzgebers wird man hier wohl Letzteres bejahen müssen. Dieses Ergebnis untermauert auch die vorgenannte Rechtsprechung, wonach Heilungsmöglichkeiten für fehlende Unterschriften eingeräumt werden (vgl. Rz. 70).

72 Nach **Abs. 6 Satz 2 Halbsatz 1** besteht eine **Bindungswirkung des Beschlusses der Einigungsstelle für die Beteiligten**, d.h. die oberste Dienst-

behörde und die Personalvertretung, soweit er eine Entscheidung i.S.d. Abs. 5 enthält. Daraus ergibt sich, dass der Beschluss der Einigungsstelle auch nur den Verfahrensbeteiligten Handlungspflichten aufgeben darf (vgl. BVerwG 13.02.1976 – VII P 9.74 – und 17.03.1987 – 6 P 15.85 –).

Mit dem im Zuge der Novelle 2007 eingeführten **Abs. 6 Satz 2 Halbsatz 2** 73
hat der Gesetzgeber verdeutlicht, dass **keine Bindungswirkung bei Maßnahmen, die wegen ihrer Auswirkungen auf das Gemeinwohl wesentlicher Bestandteil der Regierungsgewalt sein können**, besteht. Zu dem Verfahren, das die Sicherstellung des Letztentscheidungsrechts der demokratisch legitimierten Entscheidungsträger gewährleisten soll, vgl. § 66 Abs. 7 Satz 4 bis 9 und die dortige Kommentierung.

Mit dem ebenfalls durch die Novelle 2007 eingeführten **Abs. 6 Satz 3** hat der 74
Gesetzgeber verdeutlicht, dass **keine Bindungswirkung bei Beschlüssen mit Empfehlungscharakter i.S.d. § 66 Abs. 7 Satz 3** besteht (vgl. § 66 Rz. 89).

VI. Geschäftsführung der Einigungsstelle als Organ

Abs. 7: Die Vorschrift betrifft die Einigungsstelle als personalvertretungs- 75
rechtliches Organ. Sie ist im Kontext der im Abs. 2 Satz 2 für die Mitglieder der Einigungsstelle getroffenen Regelung zu sehen (vgl. Rz. 23 ff.).

VII. Sonderregelung bei vorhandenem Haupt- oder Gesamtpersonalrat

Abs. 8: Wenn bei der obersten Dienstbehörde ein Haupt- oder ein Gesamt- 76
personalrat besteht, so nimmt nach dieser Sonderregelung dieser die Befugnisse der Personalvertretung nach Abs. 1 Satz 3 („Verständigung über die Vorsitzende Person"), nach Abs. 1 Satz 4 („Antragsrecht auf Entscheidung durch den Präsidenten des OVG NRW") und nach Abs. 3 („Benennung der Beisitzer") wahr.

VIII. Sonderregelungen bei Vorhandensein mehrerer Hauptpersonalräte

Abs. 9: Die Vorschrift enthält Sonderregelungen für oberste Dienstbehör- 77
den, in deren Geschäftsbereich mehrere Hauptpersonalräte gebildet worden sind. Dabei wird auf die Geschäftsbereiche des Innenministeriums (§ 84/

„Hauptpersonalrat der Polizei"), des Schulministeriums (§ 89 Abs. 1 Satz 2 Nr. 2/„Hauptpersonalrat der Lehrkräfte") und des Justizministeriums (§ 94 Abs. 1 Nr. 3/„Hauptpersonalrat für die Staatsanwaltschaft" und § 94b Abs. 1/ „Hauptpersonalrat für Beschäftigte im Justizvollzug") abgestellt.

78 Nach der Sonderregelung des **Abs. 9 Satz 1** ist eine **Einigung durch die Vorsitzende Person und deren Stellvertreter zwischen der obersten Dienstbehörde und allen Hauptpersonalräten des Geschäftsbereiches** herbeizuführen. Das hat zur Folge, dass im Ergebnis nur eine Einigungsstelle für den gesamten Geschäftsbereich zuständig ist.

79 Nach **Abs. 9 Satz 2** werden die Zuständigkeitsbereiche der bestehenden Hauptpersonalräte entsprechend dadurch berücksichtigt, dass das Vorschlagsrecht zur Benennung der Beisitzer nach Abs. 3 stets dem Hauptpersonalrat zusteht, dessen Zuständigkeitsbereich auf die von der Einigungsstelle zu verhandelnde Mitbestimmungsangelegenheit fällt. Wenn es sich um eine Angelegenheit aus dem Bereich der allgemeinen Verwaltung handelt, steht das Vorschlagsrecht dem dort gebildeten Hauptpersonalrat zu.

IX. Rechtliche Auseinandersetzungen

80 Streitigkeiten aus § 67 sind nach § 79 Abs. 1 Nr. 6 im personalvertretungsrechtlichen Beschlussverfahren vor dem Verwaltungsgericht zu klären. Die **Einigungsstelle ist Beteiligte** in einem solchen Gerichtsverfahren und wird durch ihre Vorsitzende Person vertreten (vgl. OVG NRW 25.04.1979 – ZBR 1980, S. 130). Im dortigen Gerichtsverfahren können **Beschlüsse der Einigungsstelle** auf ihre Rechtmäßigkeit, nicht allerdings im Hinblick auf ihre Zweckmäßigkeit hin überprüft werden (vgl. OVG NRW 02.10.1984 – CL 10/83 –). Zur gerichtlichen Beschränkung auf die Überprüfung der Einhaltung bestehender Ermessensgrenzen bei einer dem Beschluss zugrunde liegenden Ermessensentscheidung der Einigungsstelle vgl. OVG NRW 04.11.1991 – CL 77/88 –. Ferner kann auch der **Umfang der Bindungswirkung von Beschlüssen der Einigungsstelle** gerichtlich geklärt werden (vgl. BVerwG 13.02.1976 – VII P 9.74 –). Zur gerichtlichen **Aufhebung einer Entscheidung der Einigungsstelle**, die nach § 67 Abs. 5 Satz 3 nicht im Rahmen des geltenden Rechts ergangen ist, vgl. OVG NRW 31.05.1988 – CL 11/86 –.

81 **Wichtig!**

Das Verwaltungsgericht kann bei der Überprüfung von Einigungsstellenbeschlüssen zwar feststellen, ob das Verfahren vor der Einigungsstelle ordnungsgemäß durchgeführt worden ist, es kann letztendlich aber nicht die fehlende Zustimmung zu einer Maßnahme ersetzen (vgl. OVG NRW 04.05.1987 – CL 25/85 –)!

Zweifel über das Bestehen eines Mitbestimmungsrechtes i. S. d. § 66 Abs. 7 Satz 1 sind nicht vor der Einigungsstelle, sondern vor dem Verwaltungsgericht zu klären (vgl. BVerwG 02.02.1990 – 6 PB 13.89 –). 82

Bei **Beeinträchtigungen von Beschäftigten durch den Beschluss der Einigungsstelle** müssen diese ihre Rechte eigenständig vor dem Verwaltungs- bzw. Arbeitsgericht, d. h. individualrechtlich geltend machen (vgl. BVerwG 13.02.1976 a. a. O. und 30.09.1983 – 6 P 11.83 –). 83

Die **Ablehnung eines Befangenheitsantrages gegen die Vorsitzende Person und/oder deren Stellvertretung** durch die Einigungsstelle kann unter Beachtung der Frist nach § 1037 Abs. 3 Satz 1 ZPO vor dem Verwaltungsgericht geklärt werden (vgl. BAG 17.11.2010 – 7 ABR 100/09 –). 84

§ 68 (Endgültige Entscheidung)

In den in § 66 Abs. 7 Satz 3 bezeichneten Fällen entscheidet

1. **bei Beschäftigten des Landes die Landesregierung,**
2. **bei Beschäftigten der Gemeinden, der Gemeindeverbände und der sonstigen der Aufsicht des Landes unterstehenden Körperschaften, Anstalten und Stiftungen des öffentlichen Rechts deren verfassungsmäßig zuständiges oberstes Organ oder der von ihm bestimmte Ausschuss**

endgültig. Bei Maßnahmen im Bereich der Verwaltung des Landtags tritt an die Stelle der Landesregierung die Präsidentin oder der Präsident des Landtags im Benehmen mit dem Präsidium, im Geschäftsbereich des Landesrechnungshofs die Präsidentin oder der Präsident des Landesrechnungshofs und im Bereich des Landesbeauftragten für Datenschutz und Informationsfreiheit die oder der Landesbeauftragte für Datenschutz und Informationsfreiheit.

Gliederung

I. Einleitende Bemerkungen

Die Vorschrift regelt, wer in den Fällen, in denen die Einigungsstelle nur eine Empfehlung beschließt (§ 66 Abs. 7 Satz 3), eine endgültige Entscheidungskompetenz aufweist. Durch die **Novelle 2011** wurde der Rechtszustand, wie er vor der Novelle 2007 bestanden hat, wiederhergestellt, da 1 durch die Neufassung des Satzes 1 Nr. 1 Beschäftigten des Landes nunmehr wieder die Landesregierung das endgültige Entscheidungsrecht aufweist, und nicht mehr, wie zwischenzeitlich geregelt die oberste Dienstbehörde (vgl. hierzu auch LT-Drucks. 15/1644, S. 83). Des Weiteren wurde der Satz 2 in den zuvor dargestellten Zustand entsprechend angepasst, wobei dort auch neu eine Regelung zum endgültigen Entscheidungsrecht im Geschäftsbereich des Landesrechnungshofes aufgenommen wurde. Danach steht dieses Recht nunmehr dem dortigen Präsidenten zu. Entsprechendes gilt auch für die Neuaufnahme im Satz 2 im Hinblick auf den Bereich des Landesbeauftragten für Datenschutz und Informationsfreiheit. Ansonsten wurde die Vorschrift noch einer geschlechtergerechten Sprachanpassung unterzogen.

II. Anwendungsbereich der Rechtsnorm

2 Der **Anwendungsbereich** der Vorschrift ist für die in § 66 Abs. 7 Satz 3 bezeichneten Entscheidungsfälle der Einigungsstelle (vgl. § 66 Rz. 89) eröffnet. Dabei handelt es sich sämtlichst um Empfehlungen der Einigungsstelle. In der dortigen Norm wird die endgültig entscheidende Stelle nicht benannt, sondern auf die vorliegende Vorschrift verwiesen.

3 Die zuständige Stelle nach der vorliegenden Vorschrift weist eine endgültige Entscheidungskompetenz für die in § 66 Abs. 7 Satz 4 benannte Beschlussfassung der Einigungsstelle auf, bei der über eine Maßnahme nach § 66 Abs. 7 Satz 1, die wegen ihrer Auswirkungen auf das Gemeinwohl wesentlicher Bestandteil der Regierungsgewalt sein kann, entschieden wurde (vgl. auch § 66 Rz. 92).

III. Inhalt der Rechtsnorm

4 Satz 1: Nach **Satz 1 Nr. 1** obliegt die endgültige Entscheidung bei **Beschäftigten des Landes** der **Landesregierung**. Damit wird also auf das Kabinett des Landes NRW (Regierungschef und Minister) abgestellt. Die Vorschrift stellt eine **Grundsatzregelung** dar, die für bestimmte Bereiche der Landesverwaltung in Satz 2 Ausnahmen erfährt (vgl. Rz. 6 ff.).

5 Nach **Satz 1 Nr. 2** obliegt ein endgültiges Entscheidungsrecht **bei Beschäftigten der Gemeinden, der Gemeindeverbände** und der sonstigen **der Aufsicht des Landes unterstehenden Körperschaften, Anstalten und Stiftungen des öffentlichen Rechts** dem dortigen verfassungsmäßig zuständigen obersten Organ oder dem von ihm bestimmten Ausschuss. Die Vorschrift

selbst bestimmt nicht das **verfassungsmäßig zuständige oberste Organ**. Bei dessen Bestimmung ist vielmehr auf die sich aus dem jeweiligen Gesetzes- oder Satzungsrecht ergebenen Zuständigkeitsregelungen zurückzugreifen (vgl. OVG NRW 25.08.2006 – 1 A 1724/05.PVL –). Für Beschäftigte der Gemeinden ist dies der **Bürgermeister** (vgl. BVerwG 17.03.1987 – 6 P 15.85 –; OVG NRW 10.06.1992 – CL 69/89 – und 02.12.1993 – 1 A 2714/92.PVL – sowie VG Arnsberg 11.12.2008 – 20 K 2063/07 –). Bei einer Kreisverwaltung ist dies der **Landrat** (vgl. OVG NRW 12.07.2010 – 16 A 109/09.PVL –). Im Bereich des Landschaftsverbandes ist dies der **Direktor des Landschaftsverbandes** (vgl. OVG NRW 11.01.2013 – 20 A 298/12.PVL –). Anstelle des verfassungsmäßig zuständigen obersten Organes kann auch der von ihm bestimmte **Ausschuss** eine endgültige Entscheidung treffen. Voraussetzung dazu ist eine tatsächliche Übertragung der Entscheidungsaufgabe auf den Ausschuss.

Satz 2: Nach **Satz 2 Alt. 1** obliegt die endgültige Entscheidung im **Bereich der Landtagsverwaltung** dem Präsidenten des Landtags im Benehmen mit dem Präsidium. Damit wird eine Ausnahme von dem in Satz 1 Nr. 1 aufgestellten Grundsatz getroffen, wonach bei Beschäftigten des Landes grundsätzlich die Landesregierung zuständig ist. Der verwendete Begriff „**im Benehmen**" stellt auf eine Mitwirkung des Präsidiums ab. Dessen Beteiligung ist dann als erfüllt anzusehen, wenn ihm durch den Landtagspräsidenten die Gelegenheit zur Stellungnahme gegeben worden ist. Damit führt die Benehmensherstellung im Ergebnis aber nicht zu einer Entscheidungsbindung des Landtagspräsidenten an die Stellungnahme des Präsidiums. 6

Nach **Satz 2 Alt. 2** obliegt die endgültige Entscheidung im **Geschäftsbereich des Landesrechnungshofs**, abweichend von dem in Satz 1 Nr. 1 aufgestellten Grundsatz, ebenfalls nicht der Landesregierung, da durch die Novelle 2011 der Präsident des Landesrechnungshofs an die Stelle der Landesregierung tritt. Dadurch wurde eine weitestgehende Beeinflussung durch die Landesregierung ausgeschlossen und die Autonomie des Landesrechnungshofes speziell in Personalangelegenheiten gestärkt. 7

Nach **Satz 2 Alt. 3** obliegt nach der **Novelle 2011** die endgültige Entscheidung im **Bereich des Landesbeauftragten für Datenschutz und Informationsfreiheit**, gleichfalls in Ausnahme von dem in Satz 1 Nr. 1 enthaltenen Grundsatz, dem dortigen Landesbeauftragten. Hierbei hat sich der Gesetzgeber an den Vorgaben des einschlägigen Europarechts orientiert (vgl. LT-Drucks. 15/2218, S. 53). 8

Damit wurde letztendlich auch in diesem Bereich dort auch in Personalangelegenheiten Beeinflussung durch die Landesregierung ausgeschlossen. 9

IV. Rechtliche Auseinandersetzungen

10 Streitigkeiten im Hinblick darauf, **wer im Mitbestimmungsverfahren die richtige, endgültig entscheidungsbefugte Stelle i.S.d. § 68 ist**, können dem Grunde nach nicht im personalvertretungsrechtlichen Beschlussverfahren vor dem Verwaltungsgericht geklärt werden (vgl. BVerwG 17.03.1987 – 6 P 15.85 – und 31.08.2009 – 6PB 21.09 – sowie OVG NRW 29.07.1994 – 1 A 581/91.PVL –). Das dortige Verfahren kann allerdings zur Klärung dieser Frage doch eröffnet sein, wenn dort über die Zuständigkeit der Personalvertretung gestritten wird, wozu z.B. auch die Prüfung der Frage gehört, bei wem eine Entscheidung nach § 69 Abs. 6 Satz 1 beantragt werden kann (vgl. VG Arnsberg 11.12.2008 – 20 K 2063/07.PVL –). Die sich an die Empfehlung der Einigungsstelle anschließende **letztendliche Entscheidung des Dienstherrn bzw. Verwaltungsträgers** stellt in rechtlicher Hinsicht die Ausübung seiner Organisations- bzw. Personalhoheit dar und kann damit in dem einleitend benannten Verfahren durchweg nicht vom Personalrat angegriffen bzw. geklärt werden (vgl. OVG NRW 29.07.1994 a.a.O.). Die Frage, **wem im Rahmen eines Mitwirkungsverfahrens nach § 69 Abs 6 LPVG NW das Letztentscheidungsrecht zusteht**, kann im personalvertretungsrechtlichen Beschlußverfahren geklärt werden (vgl. OVG NRW 10.06.1992 – CL 69/89 –).

§ 69 (Mitwirkungsverfahren)

(1) Soweit der Personalrat an Entscheidungen mitwirkt, ist die beabsichtigte Maßnahme vor der Durchführung mit dem Ziel einer Verständigung rechtzeitig und eingehend mit ihm zu erörtern. § 66 Absatz 3 Satz 7 bis 9 gilt entsprechend.

(2) Äußert sich der Personalrat nicht innerhalb von zwei Wochen oder hält er bei Erörterung seine Einwendungen oder Vorschläge nicht aufrecht, so gilt die beabsichtigte Maßnahme als gebilligt. Erhebt der Personalrat Einwendungen, so hat er der Dienststelle die Gründe mitzuteilen. § 66 Absatz 3 Satz 6 gilt entsprechend. Entspricht die Dienststelle den Einwendungen des Personalrats nicht oder nicht in vollem Umfang, so teilt sie dem Personalrat ihre Entscheidung unter Angabe der Gründe schriftlich mit.

(3) Der Personalrat einer nachgeordneten Behörde kann innerhalb von zwei Wochen nach Zugang der Mitteilung (Absatz 2 Satz 4) die Entscheidung der im Verwaltungsaufbau übergeordneten Stelle, bei der eine Stufenvertretung besteht, beantragen. Diese entscheidet nach Verhandlung mit der bei ihr bestehenden Stufenvertretung. Eine Abschrift des Antrags leitet der Personalrat seiner Dienststelle zu.

(4) Ist ein Antrag nach Absatz 3 Satz 1 gestellt, so ist eine beabsichtigte Maßnahme bis zur Entscheidung der angerufenen Stelle auszusetzen.

(5) § 66 Abs. 8 gilt entsprechend.

(6) In den Fällen des Absatzes 2 Satz 4 kann der Personalrat einer Gemeinde, eines Gemeindeverbandes oder einer sonstigen der Aufsicht des Landes unterstehenden Körperschaft, Anstalt oder Stiftung des öffentlichen Rechts die Entscheidung des verfassungsmäßig zuständigen obersten Organs oder des von ihm bestimmten Ausschusses beantragen. Die Absätze 3 bis 5 gelten entsprechend.

Gliederung

I. Einleitende Bemerkungen

Die **Vorschrift regelt die Durchführung des Mitwirkungsverfahrens und nimmt im Einzelnen Bezug auf die Verfahrensregelungen des § 66 für das Mitbestimmungsverfahren**. 1

Eine mitwirkungspflichtige Maßnahme (vgl. § 73) der Dienststelle kann dem Grunde nach nur dann durchgeführt werden, wenn sie vor ihrer Durchführung unter Beachtung der Verfahrensvorgaben des § 69 Abs. 1 bis 5 erörtert worden ist oder auf einen Antrag nach § 69 Abs. 6 hin eine Entscheidung der nach § 68 endgültig entscheidenden Stelle stattgefunden hat. 2

> **Wichtig!** 3
>
> Da der Gesetzgeber in § 69 ausdrücklich keine Regelung, wie sie in § 66 Abs. 4 enthalten ist, aufgenommen und auch nicht darauf verwiesen hat, weist der Personalrat bei denen der Mitwirkung unterliegenden Angelegenheiten kein förmliches Initiativrecht zur Einleitung eines Mitwirkungsverfahrens auf. Er kann also nur von seinem allgemeinen Initiativrecht nach § 64 Nr. 1 Gebrauch machen und entsprechende Vorschläge an die Dienststelle herantragen (vgl. § 64 Rz. 2 ff.)!

Im Zuge der **Novelle 2011** hat die Vorschrift im Hinblick auf die vorgenommenen Änderungen des § 66 entsprechende Folgeänderungen sowie eine geschlechtergerechte Sprachanpassung erhalten. 4

5 Die gesetzlichen Form- und Verfahrensvorgaben gestalten sich in ihrer Darstellung und ihrer letztendlichen praktischen Umsetzung nicht einfach. Vergleichbare Normenvorgaben im BetrVG existieren nicht.

6 Die Vorschrift ist wie folgt aufgebaut:

Abs. 1: Grundregelung

Abs. 2: Verfahrensregelungen auf örtlicher Ebene

Abs. 3: Regelungen zum Stufenverfahren

Abs. 4: Sonderregelungen zum Stufenverfahren

Abs. 5: Sondervorschrift zu vorläufigen Regelungen

Abs. 6: Sonderregelung für einstufige Verwaltungen

II. Grundregelung

7 **Abs. 1:** Die Vorschrift regelt das Verfahren in mitwirkungspflichtigen Angelegenheiten. Nach **Abs. 1 Satz 1** bedarf eine beabsichtigte Maßnahme der Dienststelle, die den Vorgaben nach § 73 unterfällt, vor der Durchführung einer rechtzeitigen und eingehenden **Erörterung mit dem Personalrat**, die auf eine Verständigung abzielt. Eine Ausnahme von diesem Grundsatz stellt der Sonderfall nach § 69 Abs. 5 dar (vgl. Rz. 52 f.).

8 **Wichtig!**

Der Personalrat kann auf die Erörterung verzichten, wenn er bereits im unmittelbaren Nachgang der Unterrichtung abschließend keine Bedenken gegen die beabsichtigte Maßnahme aufweist (so auch Ilbertz u. a., § 81 Rn. 4a). Entsprechendes gilt auch dann, wenn sowohl der Personalrat als auch die Dienststelle aus besonderen Gründen auf eine Erörterung verzichten, z. B. weil aufgrund vergangener negativer Erörterungsergebnisse im Hinblick auf eine gleich gelagerte Maßnahme davon auszugehen ist, dass sich aktuell kein anderes Ergebnis abzeichnet (vgl. BVerwG 27.01.1995 – 6 P 22.92 –)!

9 Zur Begrifflichkeit „**beabsichtigte Maßnahme**“ vgl. § 66 Rz. 11 ff.

10 Im Gegensatz zum Mitbestimmungsverfahren (vgl. § 66 Abs. 2 Satz 1) hat der Gesetzgeber die **Verfahrenseinleitung** für das Mitwirkungsverfahren nicht näher beschrieben, sondern lediglich die Verpflichtung zur Erörterung vorgegeben. Nach dem Normzweck und unter Beachtung des Unterrichtungsgrundsatzes des § 65 Abs. 1 Satz 1 ist jedenfalls davon auszugehen, dass die **Verfahrenseinleitung durch eine Unterrichtung des Personalrats** vorzunehmen ist (vgl. auch BVerwG 06.04.1989 – 2 C 26.88 –). Nach

Maßgabe der letztgenannten Vorschrift muss dabei eine **umfassende** (vgl. § 65 Rz. 4) und **rechtzeitige Unterrichtung** (vgl. § 65 Rz. 14) durch die Dienststelle erfolgen. Aus Gründen der Dokumentation und des Nachweises sollte in der Praxis stets von der **Schriftform** Gebrauch gemacht und dabei vor allem die Maßnahmeabsicht auch begründet werden. Der Personalrat hat aber keinen Anspruch auf die Verwendung bestimmter Formularvorlagen (vgl. OVG Sachsen 23.10.2013 – 2 A 756/11 –). Die Unterrichtung als solches und die Unterzeichnung der Unterrichtungsschrift hat der Dienststellenleiter oder eine nach § 8 Abs. 1 Satz 2 befugte oder nach § 8 Abs. 1 Satz 3 sonstig beauftragte Person vorzunehmen. Eine **unzureichende Unterrichtung führt dazu, dass das Mitwirkungsverfahren nicht wirksam eingeleitet worden ist** (vgl. entsprechend § 66 Rz. 38 m. w. N.). Der Personalrat hat über die ihm durch die Unterrichtung zur Kenntnis gelangten Angelegenheiten und Tatsachen **Verschwiegenheit nach § 9** zu bewahren.

Muster 37: Personalratsvorlage im Mitwirkungsverfahren 11

Muster 25: Ergänzende Mitteilung zur Personalratsvorlage 11a

Nach der Unterrichtung hat „**mit dem Ziel einer Verständigung**" eine **eingehende Erörterung** stattzufinden. Das ist nur gegeben, wenn beide Seiten 12 auch tatsächlich eine Erörterung mit der Absicht vornehmen, ein positives Ergebnis dabei zu erwirken. Das verlangt vor allem auch, dass sich beide Seiten ernsthaft mit der Position des jeweils anderen Lagers auseinandersetzen und nicht nur formal eine Besprechung unter der Überschrift der Erörterung führen (vgl. hierzu BVerwG 27.01.1995 – 6 P 22.92 – und 19.08.2004 – 2 B 54.04 –). Der in Abs. 1 Satz 1 verwendete Begriff „**eingehend**" unterstützt das Verständigungsansinnen des Gesetzgebers und stellt darauf ab, dass beide Seiten das gesamte „**Für und Wider**" der beabsichtigten Maßnahme auch tatsächlich miteinander besprechen und nicht nur die Positionen der anderen Seite inaktiv zur Kenntnis nehmen (vgl. hierzu auch BVerwG 02.11.1957 – VII P 2.57 –).

Eine schriftliche Erörterung ist dem LPVG NRW fremd und auch kaum 13 sachdienlich, sodass die Erörterung in der Praxis also letztendlich mit dem Ziel einer Einigung **in Form einer mündlichen Verhandlung** der Angelegenheit durchzuführen ist (vgl. OVG NRW 18.10.2000 – 1 A 4961/98. PVL – und BAG 15.08.2006 – 9 AZR 571/05 –). Aus Dokumentations- und Nachweisgründen sollte aber über die **mündliche Erörterungsverhandlung** stets ein **Protokoll** geführt werden. Von der mündlichen Verhandlung abzugrenzen ist die zulässige Möglichkeit der **schriftsätzlichen Vorbereitung der Erörterung**.

14 **Praxistipp!**

Die Erörterung sollte möglichst innerhalb eines einzigen Zusammentreffens der Parteien abgeschlossen werden. Erörterungsgespräche können aber soweit notwendig auch im gegenseitigen Einvernehmen unterbrochen und später fortgesetzt werden (vgl. auch OVG NRW 18.10.2000 a. a. O.)!

Aus Dokumentations- und Nachweisgründen sollten eine Unterbrechung und auch eine Fortsetzung sowohl ihrem Grunde als auch ihrem Inhalt nach gemessen an dem jeweiligen Erörterungstand stets schriftlich protokolliert werden!

15 Anders als im Mitbestimmungsverfahren (vgl. § 66 Abs. 3 Satz 1) besteht **für die Erörterung im Mitwirkungsverfahren keine Fristenvorgabe**.

16 Ein **Teilnahmerecht an der Erörterung** besteht dem Grunde nach nur für die Dienststelle und den Personalrat. Für die Dienststelle nimmt die Dienststellenleitung bzw. die in § 8 Abs. 1 benannten Vertreter teil. Auf der Seite des Personalrats weisen grundsätzlich alle Mitglieder eine Teilnahmeberechtigung auf (vgl. hierzu auch BVerwG 11.10.1972 – VII P 2.72 –). Die Schwerbehindertenvertretung weist auch ein Teilnahmerecht auf, soweit der Maßnahme- bzw. Erörterungsgegenstand die Belange schwerbehinderter Beschäftigter betrifft (vgl. entsprechend OVG NRW 02.10.1998 – 1 A 905/97.PVL – zum Mitbestimmungsverfahren).

17 **Kein Teilnahmerecht besteht für die Gleichstellungsbeauftragte** (vgl. OVG NRW 02.10.1989 a. a. O.). Zu den ansonsten bestehenden besonderen Teilnahmerechten der Gleichstellungsbeauftragten siehe ausführlich Bülow, § 18 LGG NRW NRW Rn. 108 ff. Ferner weist auch die Jugend- und Auszubildendenvertretung kein Teilnahmerecht auf, da sie keine eigenen Beteiligungsrechte besitzt (vgl. § 54, Rz. 1). Soweit es sachdienlich erscheint ist ihnen und auch Dritten aber durchaus die **Teilnahme im gegenseitigen Einvernehmen** möglich. In diesem Fall muss der Personalrat einen entsprechenden Beschluss über die zuzulassenden weiteren Teilnehmer fassen. Das getroffene Einvernehmen zwischen der Dienststelle und dem Personalrat über die weiteren Teilnehmer sollte sodann im beiderseitigen Dokumentations- und Nachweisinteresse schriftlich festgehalten werden.

18 Die Erörterung muss „**rechtzeitig**" durchgeführt werden, d. h. also noch zu einem Zeitpunkt, in dem die Dienststelle keine abschließende Durchführungsentscheidung einer Maßnahme getroffen hat, sodass auch noch Raum für die Berücksichtigung etwaiger Gegenargumente des Personalrates besteht (vgl. auch BVerwG 11.10.1972 – VII P 2.72 –).

19 Die **Terminierung der Erörterung** obliegt der Dienststelle. Sie legt den Zeitpunkt und den Ort der Erörterung fest. Dabei muss sie berücksichtigen,

dass der Personalrat nach der Unterrichtung genügend Zeit erhält, um sich auf die Erörterung adäquat vorzubereiten. Bei mehrstufigen Verwaltungen muss sie in zeitlicher Hinsicht auch die Durchführung eines Stufenverfahrens berücksichtigen. Die Dienststelle ist nicht gehalten, die Erörterung innerhalb der Äußerungsfrist nach Abs. 2 Satz 1 (vgl. Rz. 23) durchzuführen (vgl. BVerwG 27.01.1995 – 6 P 22.92 – und zum Fall, dass der Personalrat eine Erörterung verlangt, vgl. Rz. 27). Insoweit ist sie auch nicht gehalten, zunächst erst eine Stellungnahme des Personalrates abzuwarten. Wichtig ist letztendlich nur, dass die Erörterung noch vor Durchführung der beabsichtigten Maßnahme stattfindet und auch abgeschlossen wird!

Eine bestimmte **Form für die Erörterung** sieht das Gesetz nicht vor. Aus Dokumentations- und Nachweisgründen sollte die Dienststelle trotzdem immer auf die Schriftform zurückgreifen (vgl. auch § 66 Rz. 19).

Muster 38: Einladung zur Erörterung im Mitwirkungsverfahren **20**

Nach **Abs. 1 Satz 2** i. V. m. § 66 Abs. 3 Satz 7 bis 9 hat der Gesetzgeber die Besonderheiten einer Entscheidungszuständigkeit des verfassungsmäßig zuständigen obersten Organes oder eines von diesen bestimmten Ausschusses berücksichtigt (§ 68 Satz 1 Nr. 2). Damit wird dem Umstand Rechnung getragen, dass die Dienststelle in Ermangelung einer Entscheidungsbefugnis keine Erörterung mit dem Ziel einer abschließenden Verständigung führen kann. In diesem Fall verbleibt dem Personalrat nur die Möglichkeit der **Abgabe einer Stellungnahme an das zuständige Entscheidungsgremium** (vgl. OVG NRW 30.11.2002 – 1 A 1149/00.PVL – zum Mitbestimmungsverfahren). Zum näheren Verfahrensablauf vgl. § 66 Rz. 14 ff. **21**

Zur Durchführung der Erörterung vgl. im Einzelnen auch die Ausführungen zu § 66 Rz. 44 ff. **22**

III. Verfahrensregelungen auf örtlicher Ebene

Abs. 2: Nach **Abs. 2 Satz 1** unterliegt der Personalrat bei einem wirksam eingeleiteten Mitwirkungsverfahren einer zwingenden **Zwei-Wochen-Äußerungsfrist**. Zu den Möglichkeiten des „**Sichäußerns**“ vgl. Rz. 27 ff. Die Frist beginnt mit der vollständigen Unterrichtung des Personalrats, d. h. also mit dem Zugang der vollständigen Unterrichtungsschrift (vgl. BVerwG 27.01.1995 – 6 P 22.92 –). Zur Fristenberechnung vgl. die §§ 186 ff. BGB. Zur Problematik, wenn in einer Dienststelle die Praxis besteht, den Fristenablauf abweichend von den gesetzlichen Bestimmungen zu berechnen vgl. BVerwG 09.12.1992 – 6 P 16.91 –. **23**

24 Eine **unzureichende Unterrichtung** und damit das Ausbleiben eines Fristenlaufs kann der Personalrat nur innerhalb der Frist des Abs. 2 Satz 1 geltend machen!

25 **Wichtig!**

1. Anders als im Mitbestimmungsverfahren nach § 66 Abs. 2 Satz 3 Halbsatz 2 und Satz 4 besteht im Mitwirkungsverfahren keine Verkürzungs- oder Verlängerungsmöglichkeit der Frist durch die Dienststellenleitung!
2. Anders als im Mitbestimmungsverfahren (vgl. § 66 Abs. 3 Satz 3) beginnt die Frist für eine abschließende Entscheidung des Personalrates nicht mit dem Tag der Erörterung. Die Durchführung der Erörterung ist also für den Fristenlauf nach § 69 Abs. 2 Satz 1 unerheblich (vgl. auch BVerwG 27.01.1995 – 6 P 22.92 –)!

26 Nach der Unterrichtung bestehen folgende **Handlungsmöglichkeiten des Personalrates**:

27 1. Möglichkeit: Der Personalrat kann sich **nicht äußern** und damit die Gesetzesfiktion nach Abs. 2 Satz 1 eintreten lassen, sodass die Maßnahme als gebilligt gilt. Das ist vor allem dann der Fall, wenn der Personalrat sich mit der beabsichtigten Maßnahme nicht sachlich auseinandersetzt und nur das Verlangen nach einer Erörterung äußert. Eine vorbenannte Billigung tritt auch dann ein, wenn der Personalrat zwar (pauschale) Einwendungen erhebt, hierzu aber keine Angabe von Gründen macht.

28 2. Möglichkeit: Der Personalrat kann auch **nach einer Erörterung verlangen**. In diesem Fall ist die Dienststelle gehalten, eine solche – soweit ihr möglich und zumutbar – noch innerhalb der Äußerungsfrist nach Abs. 2 Satz 1 zu terminieren und durchzuführen. Wenn sich die Reaktion des Personalrates auf ein reines Verlangen nach einer Erörterung beschränkt, ohne dass innerhalb der vorbenannten Äußerungsfrist Einwendungen erhoben werden, wird der Eintritt der Gesetzesfiktion nach Abs. 2 Satz 1 nicht verhindert!

29 3. Möglichkeit: Des Weiteren kann der Personalrat auch eine **direkte Billigung** („Zustimmung") durch eine entsprechende Beschlussfassung herbeiführen und der Dienststelle mitteilen (vgl. hierzu auch ArbG Berlin 28.03.2007 – 86 Ca 23256/06 –). Hierbei gelten die gleichen Grundsätze, wie für eine Zustimmung im Mitbestimmungsverfahren, sodass auf die dortigen Ausführungen im Einzelnen verwiesen wird (vgl. § 66 Rz. 4 ff.).

30 4. Möglichkeit: Der Personalrat kann auch **Einwendungen** erheben oder **(Gegen-)Vorschläge** zu der beabsichtigten Maßnahme machen. Nach **Abs. 2 Satz 2** obliegt dem Personalrat in diesem Fall eine **Begründungspflicht**, d. h., er muss der Dienststelle konkret und einzelfallbezogen (vgl. BVerwG 29.01.1996 – 6 P 38.93 –) die Gründe für seine Einwendungen und

(Gegen-)Vorschläge mitteilen (vgl. hierzu auch BAG 29.09.1983 – 2 AZR 179/82 –). Eine solche Reaktion muss noch innerhalb der Äußerungsfrist nach Abs. 2 Satz 1 stattfinden, da die Maßnahme ansonsten als gebilligt gilt (vgl. OVG NRW 27.01.1995 – 1 A 766/93.PVL –). Die Mitteilung der Gründe unterliegt den gleichen Anforderungen wie auch die Begründung der Zustimmungsverweigerung im Mitbestimmungsverfahren (so OVG NRW 24.02.1995 a.a.O.). Im Einzelnen vgl. hierzu § 66 Rz. 38 ff.

5. Möglichkeit: Letztendlich kann der Personalrat getätigte **Einwendungen** oder Vorschläge **nicht weiter aufrechterhalten**, sodass die beabsichtigte Maßnahme nach Abs. 2 Satz 1 als gebilligt gilt. Darüber muss er vorab einen Beschluss gefasst haben. Aus Dokumentations- und Nachweisgründen sollte das Nichtaufrechterhalten von Einwendungen oder Vorschlägen von der Dienststelle stets schriftlich festgehalten werden. 31

Praxistipp! 32

Auch wenn der Nichtaufrechterhaltungsentschluss des Personalrates erst nach Eintritt der Gesetzesfiktion nach Abs. 2 Satz 1 getroffen wird, sollte die Dienststelle den Personalrat auch in diesem Fall dazu anhalten, dass hierüber ein entsprechender Personalratsbeschluss gefasst wird. Denn dadurch kann der ansonsten immer noch für die Dienststelle bestehende Arbeitsaufwand einer schriftlichen Mitteilung nach Abs. 2 Satz 4 (vgl. Rz. 37) vermieden werden!

Durch die Regelung in **Abs. 2 Satz 3**, die auf § 66 Abs. 3 Satz 6 verweist, wird auch im Mitwirkungsverfahren dadurch, dass der Personalrat den betroffenen Beschäftigten eine **Äußerungsmöglichkeit** einzuräumen hat, deren Schutz gewährleistet. Im Einzelnen ist hier auf die Ausführungen zu § 66 Rz. 60 ff. hinzuweisen. 33

Auf die zuvor dargestellten Handlungen des Personalrates hin bestehen folgende **Reaktionsmöglichkeiten für die Dienststelle**: 34

1. Möglichkeit: Wenn die **Gesetzesfiktion nach Abs. 2 Satz 1** eingetreten ist, kann die Dienststelle die Maßnahme durchführen. Eine unbedingte Durchführungspflicht besteht allerdings nicht (vgl. auch § 66 Rz. 32 entsprechend). 35

2. Möglichkeit: Wenn seitens des Personalrates eine **Maßnahmenbilligung** („Zustimmung“) erfolgt ist, kann die Dienststelle die Maßnahme ebenfalls, ohne dass dazu eine Pflicht besteht, durchführen (vgl. Rz. 32). 36

3. Möglichkeit: Wenn der **Personalrat Einwendungen erhoben** hat, kann die Dienststelle wie folgt reagieren: 37

1. Reaktion: Die Dienststelle kann den Einwendungen gänzlich folgen und somit an der beabsichtigten Maßnahme nicht weiter festhalten.

2. Reaktion: Die Dienststelle kann den Einwendungen nicht oder nicht in vollem Umfang entsprechen. In diesem Fall besteht für sie nach **Abs. 2 Satz 4** eine **Mitteilungspflicht**, wonach sie dem Personalrat ihre Entscheidung „**unter Angabe der Gründe schriftlich (1. Alt) oder elektronisch (2. Alt)**" darzulegen hat. Durch diese Pflicht soll zum einen gewährleistet werden, dass sich die Dienststelle mit den Einwendungen des Personalrates inhaltlich (sachlich) ausreichend auseinandersetzt (vgl. Rz. 12). Zum anderen soll der Personalrat eine fundierte Grundlage in der Hand halten, um im Plenum erörtern zu können, ob ein Antrag gem. Abs. 6 nach Entscheidung durch die dort genannten Stellen gestellt werden soll. Die **Dienststelle hat ein Wahlrecht in welcher Form sie die Begründung vornimmt.** Siehe näher hierzu und auch zur entsprechenden Ausgestaltung der elektronischen Form § 66 Rz. 21. Auf eine **Mitteilungsfrist** hat der Gesetzgeber verzichtet. Im Hinblick auf die tatsächliche Durchführung der beabsichtigten Maßnahme, sollte die Dienststelle dennoch im eigenen Interesse entsprechend schnell handeln.

IV. Regelungen zum Stufenverfahren

38 Abs. 3: Soweit der Personalrat eine Mitteilung der Dienststelle nach Abs. 2 Satz 4 erhalten hat, kann er nach **Abs. 3 Satz 1** bei Bestehen eines mehrstufigen Verwaltungsaufbaus die **Entscheidung der übergeordneten Stelle,** bei der eine Stufenvertretung besteht, beantragen.

39 Die **Antragstellung** setzt einen entsprechenden Personalratsbeschluss voraus (vgl. hierzu auch BVerwG 26.10.1973 – VII P 6.72 –). Im Falle einer Gruppenangelegenheit ist die Vorschrift des § 34 Abs. 2 zu beachten (vgl. § 34 Rz. 3 ff.).

40 Als **Antragsadressat** ist nicht auf die Stufenvertretung, sondern auf die Zuweisung nach dem Landesorganisationsrecht abzustellen.

41 Aufgrund der in Abs. 3 Satz 3 enthaltenen Zuleitungsverpflichtung einer Antragsabschrift an die Dienststelle ist davon auszugehen, dass der **Antrag schriftlich** zu stellen ist.

42 Das Gesetz trifft keine ausdrückliche Regelung zum **Antragsinhalt**. Nach dem Normzweck muss jedenfalls der gesamte Sach- und Streitstand des bislang stattgefundenen Verfahrens dargelegt werden. Eine ausdrückliche Antragsformulierung auf Entscheidung durch die höhere Stelle ist in der Praxis zu empfehlen, aber nicht unbedingt formal zwingend (ebenso Altvater u. a., § 82 Rn. 1).

43 Der Antrag ist innerhalb einer **2-Wochen-Frist** zu stellen. Fristbeginn ist der Zugang der Mitteilung der Dienststelle nach Abs. 2 Satz 4. Die Frist ist gewahrt, wenn ein Zugang bei der übergeordneten Stelle erfolgt ist. Die

alleinige Antragsversendung innerhalb der vorgenannten Frist ist nicht ausreichend. Wenn der Personalrat die Frist versäumt, hat dies zur Folge, dass das eingeleitete Mitwirkungsverfahren beendet worden ist und die Dienststelle, die Maßnahme durchführen darf.

Nach **Abs. 3 Satz 2** entscheidet die in Abs. 3 Satz 1 benannte Stelle nach **44**
Verhandlung mit der bei ihr bestehenden Stufenvertretung über den Antrag. Durch die hier vom Gesetzgeber verwendete Formulierung ist darauf zu schließen, dass das Stufenverfahren in gleicher Weise abläuft wie für das Mitwirkungsverfahren auf der örtlichen Ebene (so auch Havers, § 69 Erl. 17). Die Angelegenheit ist also im Stufenverfahren von Neuem i. S. d. Vorgaben des § 69 Abs. 1 mit dem Ziel auf eine Verständigung rechtzeitig und eingehend zu erörtern, wobei sich die Dienststelle und die Stufenvertretung auch auf eine abgeänderte Maßnahme einigen können (vgl. hierzu entsprechend die Ausführungen zu § 66 Rz. 81).

Im Einzelnen wird auf die Ausführungen zum Mitbestimmungsverfahren **45**
verwiesen (vgl. § 66 Rz. 14).

Eine **Beendigung des Mitwirkungsverfahrens** kann in folgender Weise **46**
herbeigeführt werden:

1. Möglichkeit: Bei einer **Einigung** der übergeordneten Dienststelle und **47**
der Stufenvertretung kann die örtliche Dienststelle nach Erhalt dieser Information die Maßnahme durchführen.

2. Möglichkeit: Wenn **keine Einigung** der übergeordneten Stelle und der Stu- **48**
fenvertretung herbeigeführt wird, erfolgt eine endgültige Entscheidung der übergeordneten Dienststelle. Wenn eine weitere, ihr übergeordnete Dienststelle, die ebenfalls eine Stufenvertretung aufweist, vorhanden ist, hat Letztere die Möglichkeit, auch dort einen Antrag auf Entscheidungsherbeiführung in einem dortigen Stufenverfahren zu initiieren. Zur Annahme einer solchen dreistufigen Verfahrensbeschreitung spricht sich zu Recht auch Havers, § 69 Erl. 17 aus.

V. Sonderregelung zum Stufenverfahren

Abs. 4: Wenn ein Entscheidungsantrag nach Abs. 3 Satz 1 gestellt worden **49**
ist, so unterliegt die beabsichtigte Maßnahme bis zur Entscheidung der angerufenen Stelle der **Aussetzung**, damit die Maßnahmedurchführung auch erst dann stattfinden kann, wenn das Beteiligungsverfahren abgeschlossen ist und nicht vorab bereits vollendete Tatsachen geschaffen werden (vgl. auch Lorenz u. a., § 72 Rn. 35). Der Begriff „**Aussetzung**" gesteht der Dienststelle zu, dass sie die beabsichtigte Maßnahme schon treffen, deren Vollziehung aber noch nicht vornehmen darf.

50 **Beginn der Aussetzungspflicht** ist die Antragstellung nach Abs. 3 Satz 1.

51 Soweit eine **dreistufige Verfahrensbeschreitung** möglich ist, besteht die Aussetzungspflicht bis zum Abschluss des gesamten Verfahrenszuges.

VI. Sondervorschrift zu vorläufigen Regelungen

52 **Abs. 5:** Diese Vorschrift eröffnet der Dienststelle durch den Verweis auf § 66 Abs. 8 die Möglichkeit, **vorläufige Regelungen** treffen zu können. Voraussetzung dafür ist, dass die von ihr beabsichtigten Maßnahmen keinen Aufschub dulden. Im Einzelnen wird auf die Ausführungen zu § 66 Rz. 100ff. verwiesen.

VII. Sonderregelung für einstufige Verwaltungen

53 **Abs. 6:** Die Vorschrift trägt dem Umstand Rechnung, dass in einstufigen Verwaltungen in Abs. 3 geregelte Stufenverfahren keine Anwendung finden kann und schafft dadurch einen Ausgleich, dass in den hier genannten Fällen eine **Entscheidung durch das verfassungsmäßig zuständige oberste Organ oder eines von ihm bestimmten Ausschusses** beantragt werden kann (vgl. die Kommentierung zu § 68). Dazu muss ein Nichtentsprechungsfall nach Abs. 2 Satz 4 vorliegen. Nach **Abs. 6 Satz 2** richtet sich das weitere Verfahren sodann entsprechend nach den Vorgaben des Abs. 3 bis 5.

VIII. Rechtliche Auseinandersetzungen

54 Streitigkeiten über Rechte und Pflichten aus der Vorschrift können im personalvertretungsrechtlichen Beschlussverfahren vor dem Verwaltungsgericht geklärt werden (vgl. hierzu auch § 66 Rz. 109f.).

§ 70 (Dienstvereinbarung)

(1) Dienstvereinbarungen sind zulässig, soweit nicht gesetzliche oder tarifliche Regelungen entgegenstehen. Sie sind unzulässig, soweit sie Arbeitsentgelte oder sonstige Arbeitsbedingungen betreffen, die durch Tarifvertrag geregelt sind oder üblicherweise geregelt werden; dies gilt nicht, wenn ein Tarifvertrag ergänzend Dienstvereinbarungen zulässt.

(2) Dienstvereinbarungen, die für einen größeren Bereich gelten, gehen den Dienstvereinbarungen für einen kleineren Bereich vor.

(3) Dienstvereinbarungen bedürfen der Schriftform, sie sind von beiden Seiten zu unterzeichnen und von der Dienststelle in geeigneter Weise bekanntzumachen.

(4) Dienstvereinbarungen können, soweit nichts anderes vereinbart ist, mit einer Frist von drei Monaten gekündigt werden. Nach Kündigung oder Ablauf einer Dienstvereinbarung gelten ihre Regelungen in Angelegenheiten, in denen der Spruch der Einigungsstelle die Einigung zwischen Dienststelle und Personalrat ersetzen kann, weiter, bis sie durch eine neue Dienstvereinbarung ersetzt wird. Die Nachwirkung kann ausgeschlossen werden.

Gliederung

I. Einleitende Bemerkungen

Die Vorschrift regelt die Zulässigkeit, das Zustandekommen und die Kündigung von Dienstvereinbarungen. Durch die **Novelle 2011** wurden in Abs. 4 die Sätze 4 und 5 gestrichen und damit das zuletzt erst durch die Novelle 2007 eingeführte Evokationsrecht der Dienststellenleitung (vgl. § 66 Rz. 92) wieder entfernt (vgl. LT-Drucks. 15/2218, S. 53 f.). 1

II. Zulässigkeit von Dienstvereinbarungen

Abs. 1: Der Gesetzgeber hat in dieser Vorschrift nur geregelt, wann der Abschluss von Dienstvereinbarungen zulässig ist. Er hat allerdings darauf verzichtet, zu definieren, was überhaupt eine Dienstvereinbarung ist und damit deren Begrifflichkeit als bekannt vorausgesetzt. 2

Eine „**Dienstvereinbarung**" ist eine Vereinbarung zwischen der Dienststelle und dem Personalrat, mit der sowohl die Ordnung in der Dienststelle als auch die individuellen Rechtsbeziehungen zwischen den dortigen Beschäftigten ausgestaltet werden können. Sie stellt damit also im Bereich des öffentlichen Dienstes das Gegenstück zur Betriebsvereinbarung i. S. d. § 77 BetrVG dar (vgl. BVerwG 03.12.2001 – 6 P 12.00 –). 3

4 Der **Rechtscharakter der Dienstvereinbarung** und im Übrigen auch der der Betriebsvereinbarung ist umstritten (vgl. zum Streitstand Lorenzen u.a., § 63 Rn. 5 m.w.N.). Nach zutreffender Ansicht handelt es sich bei ihnen jedenfalls ähnlich wie bei Rechtsvorschriften und auch Tarifverträgen um einen Akt der dienststelleninternen Rechtsetzung (vgl. BVerwG 01.09.2004 – 6 P 3.04 –), die den Charakter eines öffentlich-rechtlichen Vertrages aufweist (vgl. OVG NRW 08.05.2009 – 16 A 3375/07 –) und im Ergebnis eine innerdienstliche Rechtsnorm darstellt, die eine unmittelbare **normative Wirkung** auf die Ordnung in der Dienststelle entfaltet (vgl. BVerwG 27.06.2019 – 5 P 2.18 – und OVG NRW 17.12.2003 – 1 A 1088/01.PVL –). Das trifft auch für die dortigen Beschäftigungsverhältnisse zu (vgl. LAG Hamm 19.03.2015 – 8 Sa 1411/14 –). Speziell Letzteres hat zur Folge, dass von den Regelungen in einer Dienstvereinbarung nicht zum Vorteil einzelner Beschäftigter abgewichen werden darf (vgl. OVG NRW 14.03.2008 – 1 B 1740/07 –). Im Hinblick auf den vorbenannten Wirkungskreis einer Dienstvereinbarung bedarf es auch der **Regelungskompetenz des bei ihrem Abschluss beteiligten Personalrats** (vgl. BAG 13.12.2017 – 4 AZR 202/15 –, welches diese für eine Dienstvereinbarung „Personalüberleitungsvertrag" mit Bindungwirkung nach dem Personalübergang verneint hat). **Durch eine Dienstvereinbarung ist die Dienststelle zur Durchführung einer Entscheidung entsprechend verpflichtet** (vgl. BVerwG 27.06.2019 – 5 P 2.18 – und OVG Sachsen-Anhalt 25.05.2021 – 6 L 3/20 –)! Zur **Auswirkung einzelner unwirksamer Bestimmungen in einer Dienstvereinbarung** vgl. Rz. 8.

5 **Beispiel:**

Wenn z.B. in einer „Dienstvereinbarung zum Nichtraucherschutz" geregelt ist, dass Beschäftigte, die auch während des Arbeitstages das Bedürfnis haben, zeitweise zu rauchen, dazu den Arbeitsplatz zu verlassen haben, so trifft diese Verpflichtung alle Beschäftigten („Grundsatz der Gleichbehandlung"), sodass Ausnahmen im Einzelfall, z.B. für bestimmte Führungskräfte oder freigestellte Personalratsmitglieder nicht gemacht werden dürfen (vgl. BVerwG 25.06.2003 – 6 P 3.04 –)!

6 Aufgrund des zuvor dargestellten Rechtscharakters erfolgt die **Auslegung von Dienstvereinbarungen** in der gleichen Weise wie die Auslegung von Rechtsnormen (vgl. OVG NRW 17.12.2003 – 1 A 1088/01.OVL – und OVG Sachsen-Anhalt 03.05.2016 – 5 L 3/14 – sowie entsprechend BAG 25.01.2022 – 3 AZR 345/21):

- Grammatische Auslegung (Orientierung am strengen Wortlaut)
- Historische Auslegung (Geschichtliche Hintergründe der Regelung)
- Systematische Auslegung (Bedeutung/Verhältnis einzelner Regelungen zueinander)
- Teleologische Auslegung (Sinn und Zweck der Regelung)

Die **Vorschriften der §§ 305 ff. BGB finden nach § 310 Abs. 4 Satz 1 BGB keine Anwendung bei Dienstvereinbarungen**. Etwas anderes gilt jedoch für einzelvertragliche Regelungen z.B. im Hinblick auf eine Fortbildungsvereinbarung mit Rückzahlungsklauseln, die sich wiederum mit Bestimmungen einer Dienstvereinbarung decken (vgl. hierzu LAG Mecklenburg-Vorpommern 03.05.2022 – 5 Sa 210/21 –).

Der **Sinn und Zweck** der gesetzlich eingeräumten Möglichkeit, Dienstver- 7
einbarungen abzuschließen, liegt darin, dass dadurch eine Vielzahl von aufwendigen Beteiligungsverfahren von Einzelfällen mit gleichem sachlichem Gegenstand vermieden werden können (vgl. BVerwG 09.12.1992 – 6 P 16.91 –). Der Vereinbarungsabschluss ist somit als eine **vorweggenommene Mitbestimmung** zu betrachten (vgl. BVerwG 30.03.2009 – 6 PB 29.08 – und OVG Sachsen-Anhalt 22.05.2021 – 6 L 3720 –). Als **Vereinbarungsgegenstand** kommen dementsprechend auch nur **generelle Regelungen mit Dauerwirkung** in Betracht (vgl. OVG NRW 09.12.1982 – CL 7/82 –). **Keinen zulässigen Gegenstand** einer Dienstvereinbarung stellen somit Einzelmaßnahmen wie z. B. Einstellungen, Versetzungen oder Umsetzungen dar. Wenn Details den Umfang der Dienstvereinbarung sprengen sollten oder die Entwicklungen in der Zukunft es nicht zulassen, zum Zeitpunkt des Abschlusses der Dienstvereinbarung bereits alle Möglichkeiten zu berücksichtigen, d. h. abschließend zu regeln, können ggf. bestimmte **Inhalte in einer Anlage** aufgenommen werden wie z. B. Software-Auflistungen, Artikel, Muster etc. Diese können dann im Zweifel angepasst werden, wobei darauf zu achten ist, dass die Dienstvereinbarung und die Anlagen am Ende auch weiter zusammenpassen (vgl. auch Rz. 31 und 60a). Anpassungen unterliegen der Schriftform (vgl. Rz. 45). Damit die Anlagen Bestandteil der Dienstvereinbarung sind, muss ein entsprechender Passus oder Unterpunkt dort aufgenommen werden (vgl. Rz. 31). Der **Personalrat hat bei Abschluss einer Dienstvereinbarung auf die Einhaltung der Vorgaben des § 4 LGG NRW zu achten** (vgl. Bülow, § 4 LGG NRW Rn. 22)!

Wichtig! 7a

Soweit der Personalrat in der Praxis oftmals von der Dienststelle weitergehende Informationen mit dem Argument verlangt, dass er vorgeblich im Hinblick auf den Abschluss von Dienstvereinbarungen einen „uneingeschränkten Informationsanspruch" aufweisen würde, so ist dem nicht zu folgen. Denn es gilt zu beachten, dass die sich aus § 70 ergebene Befugnis zum Abschluss von Dienstvereinbarungen dem Personalrat keine zusätzlichen Aufgaben zuweist, sondern ihm nur ein Mittel zur Aufgabenwahrnehmung an die Hand gibt (vgl. OVG Sachsen-Anhalt 15.04.2009 – 5 L 3/08 –). Die Dienststelle sollte also über eine Informationsgabe stets anlass- und einzelfallbezogen entscheiden!

23 **Übersicht für den TVöD**

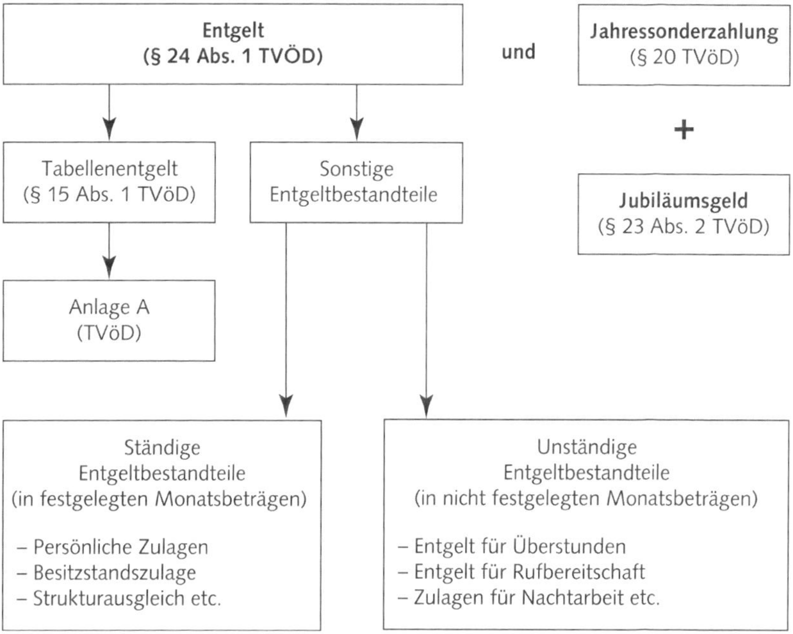

24 „**Sonstige Arbeitsbedingungen**“ sind alle Bestimmungen, die i. S. d. §§ 1 Abs. 1 und 4 Abs. 1 TVG zu den inhaltlichen Rechtsnormen eines Tarifvertrages zählen können, wie z. B. die Art und der Umfang der Arbeitsleistung sowie das Arbeitsentgelt etc. (vgl. auch OVG NRW 16.09.1993 – VL 117/90 –).

25 Eine **Regelung der Arbeitsbedingungen durch Tarifvertrag** liegt dann vor, wenn die Dienststelle und die dortigen Arbeitnehmer dem Geltungsbereich eines bestehenden Tarifvertrages unterfallen, wobei es nicht darauf ankommt, ob sie auch tarifgebunden sind.

26 Eine **üblicherweise Regelung sonstiger Arbeitsbedingungen durch Tarifvertrag** ist zu vermuten, wenn sich die Regelung eines einschlägigen Tarifvertrages eingebürgert hat. Das ist insbesondere dann der Fall, wenn diese Arbeitsbedingungen schon in mehreren nacheinander abgeschlossenen Tarifverträgen geregelt waren (vgl. auch BAG 21.02.1967 – 1 ABR 9/66 – und zur Annahme einer Tarifüblichkeit bei einer gewährten Betriebszugehörigkeitszulage BVerwG 21.10.1983 – 6 P 24.81 –).

27 Nach **Abs. 1 Satz 2 Halbsatz 2** greifen die vorbenannten Ausschlusstatbestände nicht, wenn ein Tarifvertrag ergänzend Dienstvereinbarungen

ausdrücklich zulässt, d.h. also, wenn dort eine entsprechende Öffnungsklausel (vgl. Rz. 19ff.) enthalten ist.

Unter Beachtung des in Abs. 1 enthaltenen Gesetzes- und Tarifvorbehaltes **28**
sowie der weiteren dort aufgeführten Ausschlusstatbestände stellt sich der **Anwendungsbereich für Dienstvereinbarungen** im Ergebnis trotzdem als sehr groß dar. Denn § 70 enthält anders als § 63 BPersVG ausdrücklich keine Beschränkung der Abschlussmöglichkeit auf nur bestimmte Mitbestimmungstatbestände. Damit eröffnet das LPVG NRW also die erweiterte Abschlussmöglichkeit von Dienstvereinbarungen in allen beteiligungspflichtigen Angelegenheiten (vgl. OVG NRW 16.09.1993 – CL 117/90 –).

Wenn ein von der Wirksamkeit der Dienstvereinbarung unabhängiger Ver- **28a**
pflichtungswille auf Seiten der Dienststelle bestanden hat, ist es vertretbar, nach § 140 BGB ausnahmsweise die **Umdeutung einer unwirksamen Dienstvereinbarung in eine sog. Gesamtzusage** (vgl. zur Definition: BAG 18.03.2003 – 3 AZR 101/02 –) vorzunehmen (so das BAG 23.02.2016 – 3 AZR 960/13 – für Betriebsvereinbarungen). Denn, wenn ein nichtiges Rechtsgeschäft den Erfordernissen eines anderen entspricht, so gilt das Letztere, wenn anzunehmen ist, dass dessen Geltung bei Kenntnis der Nichtigkeit gewollt sein würde. Dieser in § 140 BGB enthaltene Grundsatz ist auf öffentlich-rechtliche Verträge wie bei der Dienstvereinbarung der Fall (vgl. Rz. 2) entsprechend anwendbar (vgl. OVG NRW 28.08.1980 – 12 A 1489/78 –).

Beispiele für Anwendungsbereiche **29**

einer Dienstvereinbarung sind insbesondere:

Regelungen für alle Beschäftigten:

- Sozialeinrichtungen in der Dienststelle
  - Einrichtung und Verwaltung einer Personalkantine
  - Konfliktbewältigung in der Dienststelle
  - Partnerschaftlicher Umgang am Arbeitsplatz
- Gesundheitsprävention in der Dienststelle
  - Umgang mit Alkohol- und Suchterkrankungen
  - Regelung der Eingliederungsmodalitäten von langzeiterkrankten Beschäftigten
  - BEM
- Arbeitszeit
  - Gleitende Arbeitszeit
  - Arbeitszeiten in bestimmten Dienststellenteilen
- Aus- und Fortbildung
  - Teilnehmerkreis
  - Kosten
- Technische Einrichtungen
  - Nutzung von Internet, Intranet und E-Mail

  - Telekommunikationsanlagen
  - Aufzeichnungsgeräte in Dienstfahrzeugen
- Beurteilung und Entgelt
  - Beurteilungsrichtlinien
  - Höhergruppierungsrichtlinien
  - LOB-Richtlinien

Zu Eckpunkten einer Dienstvereinbarung zur Dienstplangestaltung von Rettungskräften siehe die Arbeitshilfen in PR 2022, S. 31.

Regelungen für den Bereich des Personalrates:
- Regelung der vertrauensvollen Zusammenarbeit (§ 2 Abs. 1 Satz 1)
- Regelung der Budgetierung (§ 40 Abs. 1 Satz 5)
- Regelung zur Teilnahme an Schulungs- und Bildungsveranstaltungen (§ 42 Abs. 5 Satz 2)
- Inhaltliche Regelung der gemeinschaftlichen Besprechungen nach (§ 63)

30 Der **Aufbau einer Dienstvereinbarung** kann in der Praxis frei gestaltet werden. Dabei sollten aber die nachfolgenden Eckpunkte auf jeden Fall Berücksichtigung finden:

31
- Präambel (Ziel, Zweck und Motivation der Dienstvereinbarung)
- Allgemeines
  - Geltungsbereich
  - Gegenstand
- Eigentliche Regelungen
- Schlussbestimmungen
  - Salvatorische Klausel
  - Inkrafttreten
  - Laufzeit
  - Beendigung
  - Nachwirkung
- (GGf.) Anlagen (vgl. Rz. 7)

32 **Muster 39**: Dienstvereinbarung

III. Dienstvereinbarungen für einen größeren Bereich

33 Abs. 2: Die Vorschrift bestimmt, dass Dienstvereinbarungen, die für einen größeren Bereich gelten, den Dienstvereinbarungen für einen kleinen Bereich vorgehen **(„Vorrang von Dienstvereinbarungen“)**. Damit wird also eine Regelung zur Geltung von Dienstvereinbarungen im Bereich der mehrstufigen Verwaltungen getroffen, d.h. also für Dienststellen, bei denen eine Stufenvertretung (§ 50f.) oder ein Gesamtpersonalrat (§ 54f.) gebildet ist.

Der **Sinn und Zweck** dieser Vorschrift besteht darin, Streitigkeiten in 34
mehrstufigen Verwaltungen zu vermeiden, soweit dort auf verschiedenen Verwaltungsebenen Dienstvereinbarungsregelungen getroffen worden sind. Der Vorrang der Dienstvereinbarungen, die für einen größeren Bereich abgeschlossen worden sind, hat zur Folge, dass die für den kleineren Bereich abgeschlossenen Dienstvereinbarungen ganz oder teilweise nach Maßgabe des Abs. 2 unwirksam werden.

Praxistipp! 35

Es gilt zu beachten, dass in einer nachgeordneten Dienststelle keine Regelungen in einer Dienstvereinbarung getroffen werden können, die von den Regelungen in einer Dienstvereinbarung des größeren Bereichs abweichen. Dort können also allenfalls ergänzende Dienstvereinbarungen geschlossen werden, die Bestimmungen enthalten, die in der Dienstvereinbarung des größeren Bereichs nicht geregelt sind!

Voraussetzung für den Vorrang ist zunächst eine sachliche Regelungs- 36
zuständigkeit der übergeordneten Dienststelle. Das meint, dass in der dortigen Dienstvereinbarung auch der gleiche Regelungsgegenstand behandelt wird wie in der Dienstvereinbarung für die nachgeordnete Dienststelle und dass es sich dabei um eine positive Regelung, d. h. also nicht nur um eine bloße Aufhebungsregelung handelt (vgl. hierzu auch Fischer u. a., § 73 Rn. 17).

Wenn eine Dienstvereinbarung für einen größeren Bereich abgeschlossen 37
wird, bedarf es keiner weiteren Mitbestimmung der Personalvertretung der nachgeordneten Dienststelle (vgl. VGH Nds. 17.05.1988 – 15 S 1889/87 –).

IV. Zustandekommen von Dienstvereinbarungen

Abs. 3: Der Gesetzgeber hat mit dieser Vorschrift lediglich zwei **Formvorga-** 38
ben (vgl. Rz. 45 zur Schriftform und Rz. 46 zur beiderseitigen Unterzeichnung) und eine **Verfahrensvorgabe** (vgl. Rz. 46 zur Bekanntmachung) im Hinblick auf das Zustandekommen von Dienstvereinbarungen getroffen und ansonsten der Dienststelle und dem Personalrat freie Hand gelassen. Über den Abschluss und dabei den Inhalt hat der Personalrat nach Maßgabe der §§ 30 ff. zu tagen und zu beschließen. Soweit § 33 Abs. 3 ausnahmsweise digitale Sitzungsformen zulässt, solle aufgrund der besonderen Bedeutung der Inhalte einer Dienstvereinbarung in der Praxis soweit möglich stets eine Präsenzsitzung vorgenommen werden.

Da der Abschluss einer Dienstvereinbarung dem Grunde nach eine besonde- 39
re Durchführungsform der im LPVG NRW enthaltenen Beteiligungsrechte

des Personalrates und dabei auch der Mitbestimmung darstellt (vgl. Rz. 7), weisen eine **Abschlussinitiative** sowohl die Dienststelle, als auch der Personalrat auf.

40 Wenn der **Abschluss einer Dienstvereinbarung auf Initiative der Dienststelle** erfolgen soll, hat sie ihr Ansinnen dem Personalrat unter Benennung der angedachten Regelungen und unter Angabe der zugrunde liegenden Abschlussmotivation mitzuteilen.

41 Aus dem Grundsatz der vertrauensvollen Zusammenarbeit nach § 2 Abs. 1 Satz 1 folgt, dass sie dem Personalrat dabei bereits einen **ersten Vereinbarungsentwurf mit zuzuleiten** hat. Aus dem letztgenannten Grundsatz folgt wiederum, dass der Personalrat das Ansinnen der Dienststelle dann ausführlich zu prüfen und zu beraten hat. Wenn nicht schon vorab erfolgt bzw. von der Dienststelle selbst angeboten, kann der Personalrat auch um eine Erörterung bitten. Diese und vor allem auch das jeweilige Erörterungsergebnis sollte aus Dokumentations- und Nachweisgründen stets schriftlich festgehalten werden. Im Rahmen der Erörterung kann der ursprüngliche Vorschlag der Dienststelle von beiden Seiten dann auch gegebenenfalls modifiziert werden. Nach Beendigung der Beratung, hat der Personalrat über den von der Dienststelle an ihn herangetragenen Vorschlag bzw. den in einer Erörterung gemeinsam erarbeiteten Vorschlag, einen Beschluss nach Maßgabe der §§ 33 ff. zu treffen. Das Ergebnis der Beschlussfassung hat er sodann der Dienststellenleitung mitzuteilen.

42 **Wichtig!**

Da das vorbenannte Vorgehen eine Sonderform der Mitbestimmungsdurchführung darstellt, ist die entsprechende Anwendung der Mitteilungsfrist nach § 66 Abs. 2 Satz 3 zu befürworten. Ein Zustandekommen der Dienstvereinbarung aufgrund entsprechender Anwendung der Fiktionsvorgabe nach § 66 Abs. 2 Satz 5 verbietet sich allerdings aufgrund der in § 70 Abs. 3 Halbsatz 2 enthaltenen Unterzeichnungspflicht für beide Seiten (vgl. Rz. 46)!

43 Wenn der **Abschluss einer Dienstvereinbarung auf Initiative des Personalrates** erfolgen soll (vgl. auch Rz. 44 und § 66 Rz. 69), finden die zuvor dargestellten Verfahrensgrundsätze (vgl. Rz. 38 ff.) bei veränderter Rollenverteilung entsprechende Anwendung. Hierbei gilt zu beachten, dass der Personalrat zunächst nach Maßgabe der §§ 33 ff. einen Beschluss darüber zu fassen hat, dass er der Dienststelle einen Antrag mit der Absicht stellen möchte, den Abschluss einer Dienstvereinbarung herbeizuführen. Inhalt dieser Beschlussfassung muss der Inhalt der beabsichtigten Dienstvereinbarung, d. h. also insbesondere die dort angedachten Regelungsgegenstän-

de sein. Wenn der Personalrat sich im Zuge einer Erörterung mit der Dienststelle auf einen Dienstvereinbarungsabschluss geeinigt hat, muss er über den Abschluss der darauf dann letztendlich beruhenden Dienstvereinbarung erneut einen Beschluss nach Maßgabe der o.g. Vorschriften fassen und diesen dann der Dienststellenleitung mitteilen.

Wenn sich beide Seiten nicht auf den Abschluss einer Dienstvereinbarung 44
einigen können, besteht **keine Möglichkeit der Erzwingbarkeit** von Dienstvereinbarungen wie z.B. durch die Einleitung des Stufenverfahrens oder die Anrufung der Einigungsstelle. Denn die Möglichkeit, einen Abschluss zu erzwingen, ist bereits durch den klaren Wortlaut des § 70 („Vereinbarung"), der ausdrücklich auf eine **Übereinkunft beider Seiten** abstellt, ausgeschlossen (str.: so zutreffend OVG NRW 24.02.1983 – CL 55/81 –, 02.10.1985 – CL 10/84 –, 16.09.1993 – CL 117/90 –; BayVGH 25.04.1990 – 18 P 90.00802 –; VG Hamburg 12.01.1990 – 1 FB 15/89 –; OVG Niedersachsen 04.02.2004 – 18 LP 9/02 –; a.A. BVerwG 01.11.1983 – 6 P 28.82, 20.01.1993 – 6 P 21.90 17.12.2003 – 6 P 7.03 – und BAG 22.03.2016 – 1 ABR 14/14 zum BetrVG). Gegen eine Erzwingbarkeit spricht vor allem auch der Normzweck, wonach der Abschluss einer Dienstvereinbarung lediglich eine Sonderform der Durchführung der Mitbestimmung darstellt (vgl. OVG NRW 16.09.1993 a.a.O.). Das hat letztendlich auch der Gesetzgeber erkennbar berücksichtigt. Denn er hat bislang und dabei auch im Rahmen der letzten Novelle 2011 ausdrücklich darauf verzichtet, das Stufen- und Einigungsstellenverfahren im Zusammenhang mit der Dienstvereinbarung in § 66 Abs. 5 bzw. 7 und § 70 zuzulassen. Aus den zuvor dargestellten Gründen kann der Personalrat z.B. nicht einseitig, eine nach dem Dafürhalten des Kommentators ohnehin in der Praxis nicht erforderliche Dienstvereinbarung zum Betrieblichen Eingliederungsmanagement i.S.d. § 167 Abs. 2 SGB IX (BEM) auf den Weg bringen (a.A. aber BAG 22.03.2016 a.a.O. zum BetrVG). Es wird im Übrigen an dieser Stelle auch auf die Kommentierung zu § 72, Rn. 901 verwiesen.

Zum **Abschluss einer Dienstvereinbarung unter Beteiligung der Stufen-** 44a
vertretung oder des Gesamtpersonalrats und dem dabei ggf. bestehenden Erfordernis, den örtlichen Personalvertretungen Gelegenheit zur Stellungnahme zu geben vgl. OVG NRW 06.07.2020 – 20 A 4056/18.PVG –.

Nach **Abs. 3 Halbsatz 1** unterliegt die Niederlegung der Dienstvereinbarung 45
zwingend der „**Schriftform**", damit Zweifel über die vereinbarten Regelungen ausgeschlossen werden. Nach § 126 Abs. 1 Satz 1 BGB muss die Urkunde, wenn durch Gesetz die schriftliche Form vorgeschrieben ist, vom Aussteller eigenhändig durch Namensunterschrift oder mittels notariell beglaubigten Handzeichens unterzeichnet werden (vgl. auch Rz. 46). Bei einem Vertrag muss die Unterzeichnung der Parteien auf derselben Urkunde vorgenommen

werden, die das gesamte formbedürftige Rechtsgeschäft enthalten muss. Dieses Schriftformerfordernis ist auch gewahrt, wenn die Dienststelle und Personalrat in einer Dienstvereinbarung auf eine bereits abgeschlossene Vereinbarung verweisen und diese bei Abschluss der Dienstvereinbarung in schriftlicher Form vorliegt und eindeutig bezeichnet wird (vgl. entsprechend BAG 18.03.2014 –.1 AZR 807/12 – zu Art. 73 Abs. 2 Satz 2 BayPVG und im Kontext LAG München, 19.08.2014 – 6 Sa 345/14 – zur Zugänglichkeit in Bezug genommener Vereinbarungen). Das Schriftformerfordernis nach Abs. 3 Halbsatz 1 gilt auch für **Änderungen und Ergänzungen einer Dienstvereinbarung** (vgl. entsprechend ArbG Düsseldorf 05.02.2013 – 2 Ca 5607/12 – zu § 73 BpersVG a. F. und Rz. 60a) und deren ggf. vorhandenen **Anlagen** (vgl. Rz. 7).

46 Nach **Abs. 3 Halbsatz 2** ist die Dienstvereinbarung nach Maßgabe des § 126 BGB **„von beiden Seiten zu unterzeichnen“** und **„von der Dienststelle in geeigneter Weise bekannt zu machen“.** Dabei kommt dem Erfordernis der Bekanntmachung nur eine Ordnungsfunktion zu und führt bei der Nichtvornahme nicht zu einer Unwirksamkeit der Dienstvereinbarung (vgl. BVerwG 09.03.2012 – 6 P 27.10 –). Zur Wahrung des Betriebs- bzw. Verwaltungsfriedens und in Beachtung des Grundsatzes der vertrauensvollen Zusammenarbeit nach § 2 Abs. 1 sollte die Dienststelle der gesetzlich normierten Ordnungspflicht nachkommen. Ein Pflichtenverstoß kann ansonsten auch zu einer Abmahnung durch den Personalrat führen. In der Praxis kann die Bekanntmachung über das Zustandekommen einer Dienstvereinbarung üblicherweise durch die Veröffentlichung am „Schwarzen Brett“, im Intranet oder durch Rundschreiben vorgenommen werden.

46a **Wichtig!**

Die bloße Zustimmung des Personalrats bzw. der Dienststelle zu einem Vereinbarungsentwurf des jeweils anderen genügt nicht der gebotenen Form einer Dienstvereinbarung, da es insoweit der Unterschriften beider Seiten ermangelt (vgl. OVG Berlin-Brandenburg 31.07.2014 – OVG 62 PV 3.13 –)!

46b Siehe im Übrigen auch **Checkliste:** Einführung einer Dienstvereinbarung

V. Kündigung von Dienstvereinbarungen und Nachwirkung

47 **Abs. 4:** Nach **Abs. 4 Satz 1** können Dienstvereinbarungen mit einer Frist von drei Monaten ordentlich gekündigt werden, soweit nichts anderes vereinbart ist. Unter einer **Kündigung** i. S. d. vorliegenden Vorschrift ist eine einseitige empfangsbedürftige Willenserklärung der Dienststelle oder des Personalrates zu verstehen, durch welche die Beendigung der Dienstvereinbarung zu

einem bestimmten oder bestimmbaren zukünftigen Zeitpunkt herbeigeführt werden soll. Zur **Beendigung einer Dienstvereinbarung** vgl. i.Ü. Rz. 9ff.

Durch die Formulierung „soweit nichts anderes vereinbart ist" wird klar- 48
gestellt, dass die jederzeitige **ordentliche Kündigungsmöglichkeit** mit einer **Frist von drei Monaten** für eine Dienstvereinbarung besteht (vgl. OVG NRW 09.12.1982 – CL 7/82 –). Die **Berechnung der Kündigungsfrist** richtet sich nach den §§ 187ff. BGB. Danach ist der Tag, an dem die Kündigung zugeht, nicht in die Berechnung der Frist mit einzubeziehen (§§ 187 Abs. 1 und 188 Abs. 2 Alt. 1 BGB).

Beispiel: 49

Wenn z.B. geregelt ist „die Dienstvereinbarung kann von beiden Seiten mit einer Frist von einem Monat gekündigt werden", so tritt die Dienstvereinbarung, wenn der Personalrat z.B. am 31.03.2015 die Kündigung erhält, (bereits) am 30.04.2015 um 24:00 Uhr außer Kraft. Entsprechendes ergibt sich auch dann, wenn z.B. eine Befristungsvereinbarung besteht, wonach die Dienstvereinbarung an diesem Tage außer Kraft treten soll.

Soweit in der Dienstvereinbarung nichts anderes vereinbart ist, muss für 50
eine wirksame ordentliche Kündigung **kein sachlicher Grund** vorliegen (vgl. BAG 10.03.1992 – 3 AZR 153/91 – zur Betriebsvereinbarung). Die Grundsätze des Vertrauensschutzes und der Verhältnismäßigkeit begrenzen allerdings die Kündigungswirkungen (vgl. BAG 17.08.1999 – 3 ABR 55/98 – zur Betriebsvereinbarung). Auch wenn dies für die Wirksamkeit der Kündigung letztendlich nicht maßgeblich ist, ergibt sich jedoch aus dem Grundsatz der vertrauensvollen Zusammenarbeit nach Abs. 2 Satz 1 die **Verpflichtung zur Mitteilung des Kündigungsgrundes** gegenüber dem Vereinbarungspartner. Da ein **Pflichtenverstoß** eine Abmahnung und auch eine zukünftige Verweigerungshaltung im Hinblick auf den Neuabschluss von Dienstvereinbarungen nach sich ziehen kann, sollten beide Seiten dennoch stets ein Interesse daran haben, dem Vereinbarungspartner die Beweggründe für ihre Kündigung mitzuteilen. Die **Kündigung einer Dienstvereinbarung durch den Geschäftsführer eines Jobcenters** hängt in ihrer Wirksamkeit nicht von der Zustimmung durch die Trägerversammlung ab (vgl. OVG Berlin-Brandenburg 05.02.2019 – OVG 62 PV 8.18 –). Zum Kündigungsgrund und der Notwendigkeit einer Begründung bei einer außerordentlichen Kündigung vgl. Rz. 53ff.

Anders als z.B. bei Arbeitsverträgen (vgl. § 623 BGB) bestehen keine Form- 51
vorgaben für die Kündigung. Aus Dokumentations- und Nachweisgründen sollte in der Praxis dennoch stets von der **Schriftform der Kündigung** Gebrauch gemacht werden.

52 **Muster 40**: Ordentliche Kündigung einer Dienstvereinbarung

53 Neben dem ordentlichen Kündigungsrecht weisen beide Seiten auch ein **außerordentliches Kündigungsrecht** auf. Danach kann die Dienstvereinbarung ohne Einhaltung einer Kündigungsfrist gekündigt werden, wenn Tatsachen vorliegen, aufgrund derer dem Vereinbarungspartner unter Berücksichtigung aller Umstände des Einzelfalles und unter Abwägung der beiderseitigen Interessen ein Festhalten an der Dienstvereinbarung bis zum Ablauf der vereinbarten oder nach Abs. 4 Satz 1 ansonsten geltenden Frist nicht zugemutet werden kann. Dem Grunde nach kann an dieser Stelle auf die Ausführungen zu § 74 Rz. 111 ff. entsprechend verwiesen werden.

54 **Wichtig!**

Das Recht auf eine außerordentliche Kündigung einer Dienstvereinbarung kann nicht ausgeschlossen werden (vgl. BAG 17.01.1995 – 1 ABR 29/94 – zu Betriebsvereinbarungen)!

55 Aus dem Grundsatz der vertrauensvollen Zusammenarbeit (vgl. § 2 Rz. 2 ff.) ergibt sich gegenüber dem Vereinbarungspartner die **Pflicht zur Begründung der Kündigung**. Wenn dennoch keine Begründung der Kündigung vorgenommen wird, hat dies allerdings nicht die Unwirksamkeit der Kündigung zur Folge (so auch Fitting u. a., § 77 Rn. 151 zum BetrVG m. w. N.). Da ein **Pflichtenverstoß** aber eine Abmahnung, im wiederholten Fall u. U. sogar einen Ausschluss oder eine Auflösung nach § 25 und faktisch eine zukünftige Verweigerungshaltung im Hinblick auf den Neuabschluss von Dienstvereinbarungen nach sich ziehen kann, sollten **beide Seiten** stets ein Interesse an der Vornahme einer Begründung aufweisen!

56 Anders als z. B. bei Arbeitsverträgen (vgl. § 623 BGB) bestehen keine Formvorgaben für die Kündigung. Aus Dokumentations- und Nachweisgründen sollte in der Praxis dennoch stets eine **schriftliche Kündigung** vorgenommen werden.

57 **Muster 41**: Außerordentliche Kündigung einer Dienstvereinbarung

58 **Praxistipp!**

Damit eine von der Dienststelle initiierte Dienstvereinbarung nicht im kurzen Nachgang zu ihrem erfolgreichen Abschluss wieder gekündigt wird, sollte im Einzelfall überlegt werden, ob in der Dienstvereinbarung ein Datum festgeschrieben wird, zu dem eine erstmalige Kündigungsmöglichkeit besteht. Hier könnte z. B. formuliert werden: „Die Dienstvereinbarung ist erstmals zum 31.12.20XY kündbar!“

Eine **Teilkündigung**, d.h. eine Kündigung von bestimmten Regelungsabschnitten bzw. Regelungsbereichen, ist grundsätzlich unzulässig. Eine Ausnahme besteht nur dann, wenn eine solche Möglichkeit in der Dienstvereinbarung ausdrücklich vereinbart wurde und die dabei zugrunde liegenden einzelnen kündbaren Teile der Dienstvereinbarung auch klar abgrenzbare Regelungsbereiche aufweisen (vgl. BAG 06.11.2007 – 1 AZR 826/06 – zu Betriebsvereinbarungen). 59

Beispiel: 60

In Vermeidung eines unnötigen Verwaltungsaufwandes kann z.B. in einer Dienstvereinbarung über die Errichtung und Verwaltung einer Cafeteria in der Dienststelle sowohl eine Regelung über ein Ausschankverbot alkoholischer Getränke als auch ein generelles Alkoholverbot in der Dienststelle vereinbart werden. Wenn die Cafeteria im Weiteren dann Veränderungen unterliegt oder sogar in Gänze wieder geschlossen werden muss, kann die Beendigung der Dienstvereinbarung auf den in ihr enthaltenen Teil beschränkt werden, der die Verwaltung der Cafeteria regelt. Die Kündigung der Regelung, die das generelle Alkoholverbot in der Dienststelle enthält, ist nicht notwendig, da sie einen klar abgrenzbaren Regelungsbereich darstellt.

Neben einer vollständigen oder teilweisen Kündigung besteht auch die Möglichkeit, **einvernehmliche Änderungen einzelner Inhalte der Dienstvereinbarung** und/oder ggf. vorhandener **Anlagen** (vgl. Rz. 7) vorzunehmen. Diese sind aus Nachweis- und Dokumentationsgründen schriftlich an die jeweils andere Seite heranzutragen und aufgrund der Vorgabe des Abs. 3 in gleicher Form (vgl. BAG 02.08.2018 – 6 AZR 28/17 –) umzusetzen. 60a

Muster 42: Anfrage zur Änderung einer Dienstvereinbarung 60b

Muster 43: Änderung einer Dienstvereinbarung 60c

Nach der Kündigung (vgl. Rz. 47) oder dem Ablauf einer Dienstvereinbarung (vgl. Rz. 11) besteht nach **Abs. 4 Satz 2** grundsätzlich eine **Nachwirkung ihrer Regelungen in den mitbestimmungspflichtigen Angelegenheiten des § 72 Abs. 2; 4 Satz 1 Nr. 1, 3, 4, 5, 7, 8, 9, 10, 13, 18 und Abs. 5**, bis diese durch eine neue Dienstvereinbarung ersetzt werden. Zur Ausnahme bei der Zusammenlegung von Dienststellen vgl. Rz. 64a. Soweit die Vorschrift auf die vorbenannten Regelungen, in denen der Spruch der Einigungsstelle die Einigung zwischen der Dienststelle und dem Personalrat ersetzt verweist, ist klarzustellen, dass im Streitfall daraus nicht die Notwendigkeit bzw. Möglichkeit folgt, ein Verfahren vor der Einigungsstelle (§ 67) durchzuführen (vgl. im Übrigen zur Nichterzwingbarkeit einer Dienstvereinbarung Rz. 44). 61

Der **Sinn und Zweck** einer solchen Nachwirkung liegt in der kontinuierlichen Wahrung der Mitbestimmungsrechte (vgl. BAG 09.12.2008 – 3 AZR 384/07 – zu Betriebsvereinbarungen). 62

62a Bei einem **Betriebsübergang i.S.d. § 613a BGB** richtet sich die Nachwirkung von Dienstvereinbarungen nach § 613a Abs. 1 Satz 2 bis 4 BGB analog. Dienstvereinbarungen sind zwar in § 613a Abs. 1 Satz 2 BGB nicht ausdrücklich benannt, werden aufgrund der vergleichbaren Interessenlage jedoch entsprechend erfasst. Das hat zur Folge, dass die Regelungen einer Dienstvereinbarung zum Inhalt des neuen Arbeitsverhältnisses, d.h. zwischen dem neuen Arbeitgeber und den übergegangenen Arbeitnehmern, werden. Vorgenanntes gilt auch für den Fall der **Privatisierung von öffentlichen Arbeitgebern**, wie z.B. der Umwandlung einer AöR in eine GmbH. In einem solchen Fall ist zudem die Betriebsübergangsrichtlinie 2001/23/EG einschlägig, deren Umsetzung der Vorschrift des § 613a BGB dient (vgl. dort Art. 1 Abs. 1 lit. c) der für öffentliche und private Unternehmen gleichsam Geltung erlangt).

63 Die gesetzlich geregelte Nachwirkung kann allerdings dadurch beendet werden, dass die Parteien der Dienstvereinbarung in einem **Aufhebungsvertrag** übereinstimmend erklären, dass sie keine Absicht zum Abschluss einer (weiteren) neuen Dienstvereinbarung aufweisen (vgl. auch Cecior u.a., § 70 Rn. 112).

64 **Keine Nachwirkung** besteht für Dienstvereinbarungen bzw. Regelungen, die außerhalb der vorbenannten Angelegenheiten des § 72 abgeschlossen worden sind, wie z.B. für eine Dienstvereinbarung über das formelle Prozedere der Anordnung von Überstunden oder Mehrarbeit (vgl. § 72 Abs. 4 Satz 1 Nr. 2 Fall 1). Eine **Ausnahme** und damit eine **rechtliche Bindungswirkung für beide Seiten** kann sich aber dann ergeben, wenn die Regelungen einer Dienstvereinbarung, obwohl diese außer Kraft getreten sind, trotzdem von einer Dienststellenleitung zur weiteren Anwendung gebracht werden (vgl. hierzu OVG NRW 01.04.1992 – CL 22/89 –). Eine Ausnahme besteht auch dann, wenn die Dienstvereinbarung eine **Nachwirkungsvereinbarung** für alle oder nur einen Teil ihrer Regelungen enthält (vgl. entsprechend BAG 05.05.1988 – 6 AZR 521/85 – zu Betriebsvereinbarungen). Aufgrund der Sondervorschrift des § 111 besteht keine Nachwirkung für **Dienstvereinbarungen, die vor Inkrafttreten des LPVG NRW geschlossen worden sind**.

VI. Rechtliche Auseinandersetzungen

65 Die Frage des **Bestehens oder Nichtbestehens einer Dienstvereinbarung** ist im personalvertretungsrechtlichen Beschlussverfahren nach § 79 Abs. 1 Nr. 5 vor dem Verwaltungsgericht zu klären. Dort sind ebenfalls Streitig-

keiten über die **Dauer der Nachwirkung** einer Dienstvereinbarung zu entscheiden (vgl. OVG NRW 08.05.1995 – 1 A 295/93.PVL –). Zur **Wirksamkeit der Kündigung** einer Dienstvereinbarung vgl. OVG Berlin-Brandenburg 05.02.2019 – OVG 62 PB 8.18 –. In dem Verfahren nach § 79 Abs. 1 Nr. 3 können im Einzelfall Streitfälle über die **Auslegung und Durchführung von Dienstvereinbarungen** geklärt werden (vgl. hierzu OVG NRW 17.12.2003 – 1 A 1088/01.PVL – und 23.03.2010 – 16 A 2423/08.PVL – und OVG Sachsen 09.11.2017 – 9 A 91/17.PVL –). **Verfahrensbeteiligte sind nur die Parteien der Dienstvereinbarung**, d.h. die Dienststelle und der Personalrat. Tarifvertragsparteien und dabei insbesondere Gewerkschaften gehören nicht hierzu (ebenso zum BPersVG: Lorenzen u.a. § 63, Rn. 55; a.A. hierzu Altvater u.a. § 63, Rn. 50 mit Verweis u.a. auf BAG 13.03.2001 – 1 AZB 19/00 – zum BetrVG).

Der **Personalrat kann die Durchführung einer mit der Dienststelle geschlossenen Dienstvereinbarung verlangen.** Diesen Rechtsanspruch kann 66
er gerichtlich durchsetzen (vgl. BVerwG 27.06.2019 – 5 P 2.18 –). Mit Blick auf eine vertrauensvolle Zusammenarbeit (§ 2 Abs. 1 Satz 1 Halbsatz 1) sollte er allerdings stets zunächst außergerichtlich an die Dienststelle herantreten (vgl. hierzu auch entsprechend OVG NRW 17.12.2003 – 1 A 1088/01.PVL – zur Überwachungspflicht des Personalrats). Ansonsten können Fragen über die korrekte Anwendbarkeit und den Inhalt einer Dienstvereinbarung auch von den jeweils betroffenen Beschäftigten auf dem jeweils für sie zuständigen Rechtsweg, d.h. bei Beamten vor dem Verwaltungsgericht im Verfahren der VwGO und des VwVfG NRW und bei Arbeitnehmern vor dem Arbeitsgericht im Urteilsverfahren geklärt werden (vgl. OVG Hamburg 28.02.2000 – 8 Bf 334/99.PVL –, OVG Sachsen-Anhalt 03.05.2016 – 5 L 3/14 und VG Münster 22.06.2017 – 22 K 5772/16.PVL –). Das Bestehen oder Nichtbestehen und auch die Auslegung von Dienstvereinbarungen kann im Rahmen eines solchen vorbenannten Verfahrens als Vorfrage (mit) geklärt werden (vgl. im Kontext auch OVG NRW 06.10.2004 – 1 A 650/02 –).

§ 71 (Durchführung von Entscheidungen)

(1) Entscheidungen, an denen der Personalrat beteiligt war, führt die Dienststelle durch, es sei denn, dass im Einzelfall etwas anderes vereinbart ist.

(2) Wird eine Maßnahme, der der Personalrat zugestimmt hat, von der Dienststelle nicht unverzüglich durchgeführt, so hat diese den Personalrat unter Angabe von Gründen zu unterrichten.

Gliederung

I. Einleitende Bemerkungen

1 Die Vorschrift knüpft an den Umstand an, dass die Dienststelle von einer Dienststellenleitung (§ 8) geführt wird, die dort auch das Direktionsrecht innehat. Die dient der Kompetenzabgrenzung (vgl. entsprechend BVerwG 27.06.2019 – 5 P 2.18). Vor diesem Hintergrund schreibt die Vorschrift zwingend vor, dass Entscheidungen, an denen der Personalrat beteiligt war von der Dienststelle durchzuführen sind. Im Zuge der **Novelle 2011** hat die Vorschrift außer einer geschlechtergerechten Sprachanpassung keine Änderungen erfahren (vgl. LT-Drucks. 15/1644, S. 84).

II. Entscheidungsvollzug

2 Abs. 1: Die Vorschrift stellt klar, dass trotz der nach dem LPVG NRW bestehenden Beteiligungsrechte des Personalrates der letztendliche Entscheidungsvollzug der Dienststellenleitung obliegt. Damit wird zugleich auch klargestellt, dass der Personalrat lediglich ein dienststelleninternes Organ ist, dem selbst kein Direktionsrecht zusteht.

3 Die dem Vollzug der Dienststelle unterliegenden **„Entscheidungen, an denen der Personalrat beteiligt gewesen ist“**, erfassen **alle beteiligungspflichtigen Angelegenheiten** nach dem LPVG NRW. Das sind somit alle Angelegenheiten der Mitbestimmung (§§ 72, 74 Abs. 1), unabhängig davon, ob sie von der Dienststelle beabsichtigt worden sind (§ 66 Abs. 1) oder auf Initiative des Personalrates (§ 66 Abs. 4) behandelt worden sind. Des Weiteren gehören hierzu auch die Angelegenheiten der Mitwirkung (§ 73), der Anhörung (§§ 74 Abs. 2, 75) und der Beratung (§§ 76, 77 Abs. 1).

4 **„Entscheidungen“** als solche bestehen erst dann, wenn das jeweilige Beteiligungsverfahren sein Ende gefunden hat. Dieses kann z.B. durch eine abschließende Willensbildung des Personalrates, d.h. durch eine Zustimmung oder Nichtzustimmung geschehen. Weiterhin kann dies aber auch durch den Eintritt der gesetzlichen Zustimmungsfiktion oder durch einen Einigungsstellenspruch herbeigeführt werden (vgl. hierzu die Darstellung in § 66 Rz. 42).

Soweit die Vorschrift von der **Durchführung** der Entscheidungen spricht, so hat der Gesetzgeber damit auf den jeweils weiteren Maßnahmevollzug abgestellt. Dabei gilt es zu beachten, dass die Dienststelle letztendlich auch nur den tatsächlichen Entscheidungsinhalt vollziehen und keine darüber hinausgehenden Modifikationen vornehmen darf. Es besteht aber dem Grunde nach **keine Vollzugsverpflichtung** für die Dienststelle, wenn der Personalrat z.B. die Zustimmung zu einer Maßnahme erteilt hat oder die gesetzliche Zustimmungsfiktion nach § 66 Abs. 2 Satz 5 eingetreten ist oder eine Zustimmungs- bzw. Antragsentsprechung der Einigungsstelle nach § 67 Abs. 5 Satz 1 stattgefunden hat (vgl. BVerwG 15.11.1995 – 6 P 2.94 und 27.06.2019 – 5 P 2.18 –). Zu einer **Vollzugsverpflichtung aufgrund bestehender Dienstvereinbarung** vgl. § 66 Rz. 69 und § 70 Rz. 4. Zur **Vollzugsverpflichtung bei erteilter Zustimmung auf einen Initiativantrag** des Personalrates (§ 66 Abs. 4 Satz 1) hin vgl. § 66 Rz. 68. 5

Die Durchführung von beteiligten Entscheidungen stellt den Regelfall dar. Bei der **Nichtvornahme des Maßnahmevollzugs** (= Ausnahmefall) muss die Dienststelle nach Abs. 2 den Personalrat davon unterrichten (vgl. Rz. 8). 6

Der Gesetzgeber hält allerdings nicht starr an dem zuvor dargestellten Grundsatz fest, sondern hat in der Vorschrift auch die **Ausnahmemöglichkeit einer Einzelfallregelung** zugelassen. Die Entscheidungsdurchführung kann also durchaus auch auf den Personalrat übertragen werden. Das setzt eine **Vereinbarung** zwischen der Dienststelle und dem Personalrat „im Einzelfall" voraus. Derartige Vereinbarungen haben nach dem Willen des Gesetzgebers einen Ausnahmecharakter, sodass durch sie **keine generelle Übertragung von Durchführungsbefugnissen auf den Personalrat** herbeigeführt werden darf! Welcher **Regelungsgegenstand** derartigen Vereinbarungen zugrunde liegen kann, hat der Gesetzgeber offengelassen. **Keine zulässigen Regelungsgegenstände** sind jedenfalls diejenigen, die im gesetzlichen Verantwortungsbereich der Dienststellenleitung liegen. Das gilt insbesondere für sämtliche Personalmaßnahmen in der Dienststelle. Anders verhält es sich hingegen z.B. bei der Verwaltung von Sozialeinrichtungen in der Dienststelle, d.h. bspw. von Kantinen, Lebensmittel- und Getränkeautomaten (vgl. § 72 Abs. 2 Nr. 4), sowie z.B. bei der Durchführung von Veranstaltungen zur Förderung des Gemeinwohls, d.h. bspw. die Verwaltung von Unterstützungskassen, die mit freiwilligen Beträgen der Beschäftigten der finanziellen Unterstützung (z.B. Hochzeits-, Jubiläums-, Krankheits- oder Todesfälle) dienen (vgl. § 64 Nr. 1). 7

III. Nichtvornahme des Entscheidungsvollzuges

Abs. 2: Die Vorschrift begründet eine **Unterrichtungspflicht der Dienststelle**, wenn diese eine Maßnahme (vgl. zum Begriff § 66 Rz. 6), der der Perso- 8 nalrat zugestimmt hat, nicht unverzüglich durchführt. In diesem Fall hat sie dem Personalrat unter Angabe von Gründen darüber zu informieren.

9 Der **Schutzzweck der Vorschrift** ist, dass der Personalrat und auch die von der jeweiligen Maßnahme betroffenen Beschäftigten durch die Information besser nachvollziehen und verstehen können, warum die Dienststelle trotz der erteilten Zustimmung doch keinen Vollzug der Maßnahme im Weiteren betreibt. Das wird durch den Umstand, dass die Unterrichtung unter Angabe von Gründen (vgl. Rz. 12) zu erfolgen hat, noch einmal besonders unterstrichen!

10 In zeitlicher Hinsicht erfasst die Vorschrift nur den Fall, dass eine Maßnahme nach erteilter Zustimmung nicht „**unverzüglich**", d.h. nicht ohne schuldhaftes Zögern (vgl. § 121 Abs. 1 Satz 1 BGB) durchgeführt wird.

11 In tatsächlicher Hinsicht beschränkt sich der **Unterrichtungsgegenstand** dem Grunde nach nur auf die Fälle einer ausdrücklichen Zustimmung des Personalrates. Die Entscheidungsbindung an Beschlüsse der Einigungsstelle bleibt damit also unberührt. Das gilt dogmatisch auch für eine gesetzlich fingierte Zustimmung nach § 66 Abs. 2 Satz 3. Soweit der Personalrat im letztgenannten Fall eine Auskunft einfordert, wird man ihm aber wohl im Rahmen des Gebotes der vertrauensvollen Zusammenarbeit nach Abs. 2 Satz 1 ein entsprechendes Auskunftsrecht darüber, warum die Dienststelle die Maßnahme nicht ausführen möchte, zubilligen müssen.

12 Die Unterrichtung ist „**unter Angabe von Gründen**" vorzunehmen. Die Dienststelle muss also mitteilen, warum sie die ursprünglich beantragte Maßnahme, deren Zustimmung der Personalrat erteilt hat, nun auf einmal doch nicht unverzüglich durchführt. Gesetzliche Formvorgaben hierfür bestehen nicht. Aus Dokumentations- und Nachweisgründen sollte dennoch stets von der **Schriftform** Gebrauch gemacht werden.

13 **Muster 44**: Unterrichtung gem. § 71 Abs. 2

IV. Rechtliche Auseinandersetzungen

14 Streitigkeiten über die Zuständigkeit der Entscheidungsdurchführung nach **Abs. 1** und das Bestehen sowie den Umfang der Unterrichtungspflicht nach **Abs. 2** sind im personalvertretungsrechtlichen Beschlussverfahren nach § 79 Abs. 1 Nr. 3 vor dem Verwaltungsgericht zu klären. Zur Verpflichtung der Durchführung von Dienstvereinbarungen siehe speziell BVerwG 27.06.2019 – 5 P 2.18 –, OVG Sachsen-Anhalt 25.05.2021 – 6 L 3/20 – und OVG NRW 17.12.2003 – 1 A 1088/01.PVL!

Dritter Abschnitt
Beteiligungspflichtige Angelegenheiten

§ 72 (Mitbestimmungspflichtige Angelegenheiten)

(1) Der Personalrat hat mitzubestimmen in Personalangelegenheiten bei

1. Einstellung, Nebenabreden zum Arbeitsvertrag, erneuter Zuweisung eines Arbeitsplatzes gemäß Arbeitsplatzsicherungsvorschriften sowie nach Beendigung eines Urlaubs ohne Dienstbezüge nach § 64 und § 70 des Landesbeamtengesetzes vom 14. Juni 2016 (GV. NRW. S. 310, ber. S. 642) in der jeweils geltenden Fassung und nach Beendigung einer Teilzeitbeschäftigung im Blockmodell nach § 65 des Landesbeamtengesetzes oder den entsprechenden Regelungen für Arbeitnehmerinnen und Arbeitnehmer und nach einer Rückkehr aus der Elternzeit ohne gleichzeitige Teilzeit oder aus der Pflegezeit nach § 67 des Landesbeamtengesetzes, Verlängerung der Probezeit, Befristung von Arbeitsverträgen,
2. Beförderung, Zulassung zum Aufstieg, Übertragung eines anderen Amtes mit niedrigerem Endgrundgehalt,
3. Laufbahnwechsel,
4. Eingruppierung, Höhergruppierung, Herabgruppierung, Übertragung einer höher oder niedriger zu bewertenden Tätigkeit, Stufenzuordnung und Verkürzung und Verlängerung der Stufenlaufzeit gemäß Entgeltgrundsätzen, Bestimmung der Fallgruppen innerhalb einer Entgeltgruppe, wesentliche Änderung von Arbeitsverträgen,
5. Versetzung zu einer anderen Dienststelle, Umsetzung innerhalb der Dienststelle für eine Dauer von mehr als drei Monaten, Umsetzung innerhalb der Dienststelle, die mit einem Wechsel des Dienstortes verbunden ist, wobei das Einzugsgebiet im Sinne des Umzugskostenrechts zum Dienstort gehört,
6. Abordnung, Zuweisung von Beamtinnen und Beamten gemäß § 20 des Beamtenstatusgesetzes, Zuweisung von Arbeitnehmerinnen und Arbeitnehmern gemäß tarifrechtlicher Vorschriften, für eine Dauer von mehr als drei Monaten und ihrer Aufhebung,
7. Kürzung der Anwärterbezüge oder der Unterhaltsbeihilfe,
8. Entlassung von Beamtinnen und Beamten auf Lebenszeit, auf Probe oder Widerruf oder Entlassung aus einem öffentlich-rechtlichen Ausbildungsverhältnis, wenn die Entlassung nicht selbst beantragt wurde,
9. vorzeitiger Versetzung in den Ruhestand, Feststellung der begrenzten Dienstfähigkeit und der Polizeidienstunfähigkeit, wenn die Maßnahme nicht selbst beantragt wurde,
10. Weiterbeschäftigung von Beamtinnen und Beamten und Arbeitnehmerinnen und Arbeitnehmern über die Altersgrenze hinaus,

11. Anordnungen, welche die Freiheit in der Wahl der Wohnung beschränken,
12. Versagung, Untersagung oder Widerruf der Genehmigung einer Nebentätigkeit,
13. Ablehnung eines Antrags auf Teilzeitbeschäftigung, Freistellung oder Urlaub gemäß §§ 63 bis 67, § 70 und § 74 des Landesbeamtengesetzes sowie Ablehnung einer entsprechenden Arbeitsvertragsänderung bei Arbeitnehmerinnen und Arbeitnehmern,
14. Ablehnung eines Antrags auf Einrichtung eines Arbeitsplatzes außerhalb der Dienststelle.

Satz 1 gilt für die in § 8 Absatz 1 bis 3 und § 11 Absatz 2 Buchstabe b bezeichneten Beschäftigten und für Dozentinnen und Dozenten gemäß § 20 Fachhochschulgesetz öffentlicher Dienst nur, wenn sie es beantragen; er gilt nicht

1. für die in § 37 des Landesbeamtengesetzes bezeichneten Beamtinnen und Beamten,
2. für Beamtenstellen von der Besoldungsgruppe B 3 an aufwärts sowie für Arbeitnehmerinnen und Arbeitnehmer, die ein der Besoldungsgruppe B 3 an aufwärts vergleichbares Entgelt erhalten,
3. für überwiegend und unmittelbar künstlerisch tätige Beschäftigte an Theatern, die unter den Geltungsbereich des Normalvertrages (NV) Bühne fallen,
4. für kommunale Wahlbeamtinnen und Wahlbeamte,
5. für Leiterinnen und Leiter von öffentlichen Betrieben in den Gemeinden, den Gemeindeverbänden und den sonstigen der Aufsicht des Landes unterstehenden Körperschaften, Anstalten und Stiftungen des öffentlichen Rechts.

Satz 1 Nr. 5 gilt nicht für Beschäftigte in der Berufsausbildung.

(2) Der Personalrat hat mitzubestimmen in sozialen Angelegenheiten bei

1. Gewährung und Versagung von Unterstützungen, Vorschüssen, Darlehen und entsprechenden Zuwendungen,
2. Zuweisung und Kündigung von Wohnungen, über die die Beschäftigungsdienststelle verfügt, und Ausübung eines Vorschlagsrechts sowie der allgemeinen Festsetzung der Nutzungsbedingungen,
3. Zuweisung von Dienst- und Pachtland und Ausübung eines Vorschlagsrechts sowie Festsetzung der Nutzungsbedingungen,
4. Errichtung, Verwaltung und Auflösung von Sozialeinrichtungen ohne Rücksicht auf ihre Rechtsform,
5. Aufstellung von Sozialplänen einschließlich Plänen für Umschulungen zum Ausgleich von Härtefällen sowie Milderung wirtschaftlicher Nachteile infolge von Rationalisierungsmaßnahmen.

(3) Der Personalrat hat, soweit eine gesetzliche oder tarifliche Regelung nicht besteht, mitzubestimmen in Rationalisierungs-, Technologie- und Organisationsangelegenheiten bei

1. Einführung, Anwendung, wesentlicher Änderung oder wesentlicher Erweiterung von automatisierter Verarbeitung personenbezogener Daten der Beschäftigten außerhalb von Besoldungs-, Gehalts-, Lohn-, Versorgungs- und Beihilfeleistungen sowie Jubiläumszuwendungen,
2. Einführung, Anwendung und Erweiterung technischer Einrichtungen, es sei denn, dass deren Eignung zur Überwachung des Verhaltens oder der Leistung der Beschäftigten ausgeschlossen ist,
3. Einführung grundlegend neuer, wesentlicher Änderung und wesentlicher Ausweitung von Arbeitsmethoden,
4. Maßnahmen, die die Hebung der Arbeitsleistung oder Erleichterungen des Arbeitsablaufs zur Folge haben sowie Maßnahmen der Änderung der Arbeitsorganisation,
5. Einführung, wesentlicher Änderung oder wesentlicher Ausweitung betrieblicher Informations- und Kommunikationsnetze,
6. Einrichtung von Arbeitsplätzen außerhalb der Dienststelle.

(4) Der Personalrat hat, soweit eine gesetzliche oder tarifliche Regelung nicht besteht, mitzubestimmen über

1. Beginn und Ende der täglichen Arbeitszeit und der Pausen sowie Verteilung der Arbeitszeit auf die einzelnen Wochentage, Einführung, Ausgestaltung und Aufhebung der gleitenden Arbeitszeit,
2. Anordnung von Überstunden oder Mehrarbeit, soweit sie vorauszusehen oder nicht durch Erfordernisse des Betriebsablaufs oder der öffentlichen Sicherheit und Ordnung bedingt sind, sowie allgemeine Regelung des Ausgleichs von Mehrarbeit,
3. Zeit, Ort und Art der Auszahlung der Dienstbezüge und Arbeitsentgelte,
4. Aufstellung des Urlaubsplans, Festsetzung der zeitlichen Lage des Erholungsurlaubs für einzelne Beschäftigte, wenn zwischen der Dienststelle und der oder dem beteiligten Beschäftigten kein Einverständnis erzielt wird,
5. Fragen der Gestaltung des Entgelts innerhalb der Dienststelle, insbesondere die Aufstellung von Entgeltgrundsätzen, die Einführung und Anwendung von neuen Entgeltmethoden und deren Änderung sowie die Festsetzung der Akkord- und Prämiensätze und vergleichbarer leistungsbezogener Entgelte, einschließlich der Geldfaktoren, sowie entsprechende Regelungen für Beamtinnen und Beamte,
6. Bestellung und Abberufung von Vertrauens- und Betriebsärztinnen und Vertrauens- und Betriebsärzten sowie Sicherheitsfachkräften und Bestellung der oder des Datenschutzbeauftragten,

7. Maßnahmen zur Verhütung von Dienst- und Arbeitsunfällen und sonstigen Gesundheitsschädigungen einschließlich Maßnahmen vorbereitender und präventiver Art,
8. Grundsätze über die Prämierung von anerkannten Vorschlägen im Rahmen des behördlichen und betrieblichen Vorschlagswesens,
9. Regelung der Ordnung in der Dienststelle und des Verhaltens der Beschäftigten,
10. Gestaltung der Arbeitsplätze,
11. Geltendmachung von Ersatzansprüchen gegen eine oder einen Beschäftigten,
12. Maßnahmen nach § 1 Abs. 3,
13. Grundsätze über die Durchführung der Berufsausbildung der Beschäftigten,
14. Richtlinien für die personelle Auswahl bei Einstellungen, bei Versetzungen, bei Höhergruppierungen und bei Kündigungen,
15. Beurteilungsrichtlinien,
16. allgemeine Fragen der Fortbildung der Beschäftigten, Auswahl der Teilnehmerinnen und Teilnehmer an Fortbildungsveranstaltungen,
17. Inhalt von Personalfragebogen,
18. Maßnahmen, die der Durchsetzung der tatsächlichen Gleichberechtigung von Frauen und Männern, insbesondere bei der Einstellung, Beschäftigung, Aus-, Fort- und Weiterbildung und dem beruflichen Aufstieg dienen,
19. Grundsätze der Arbeitsplatz- und Dienstpostenbewertung in der Dienststelle,
20. Abschluss von Arbeitnehmerüberlassungs- oder Gestellungsverträgen,
21. Aufstellung von Grundsätzen zu Arbeitszeitmodellen und erstmalige Einführung grundlegend neuer Formen der Arbeitsorganisation,
22. Übertragung von Arbeiten der Dienststelle, die üblicherweise von ihren Beschäftigten vorgenommen werden, auf Dauer an Privatpersonen oder auf Dritte in jeglicher Rechtsform (Privatisierung).

In den Fällen des Satzes 1 Nr. 11 bestimmt der Personalrat nur auf Antrag der oder des Beschäftigten mit; diese oder dieser ist von der beabsichtigten Maßnahme rechtzeitig vorher in Kenntnis zu setzen. Satz 1 Nr. 17 gilt nicht für den Inhalt von Personalfragebogen, die der Finanzkontrolle durch den Landesrechnungshof dienen.

(5) Der Personalrat hat in den Fällen der Absätze 3 und 4 auch mitzubestimmen, wenn eine Maßnahme probeweise oder befristet durchgeführt werden soll.

Gliederung

A. Einleitende Bemerkungen

Die Vorschrift weist die **stärksten Beteiligungsrechte** des Personalrats auf. Sie regelt neben § 74 Abs. 1 („Ordentliche Kündigungen durch den Arbeitgeber"), in welchen Angelegenheiten der Personalrat ein Mitbestimmungsrecht hat. Das **Mitbestimmungsverfahren** ist in § 66 i. V. m. den §§ 67, 68 geregelt. Für die **Zuständigkeit des Personalrats** ist allein maßgeblich, ob der Leiter der Dienststelle, bei der er gebildet worden ist, eine der Mitbestimmung des Personalrats unterliegende Maßnahme zu treffen beabsichtigt (vgl. BVerwG 31.01.2017 – 5 P 10.15 – zu einem bei der Agentur für Arbeit gebildeten Personalrat und BayVGH 21.05.2019 – 17 P 17.1115 – zu einem Personalrat einer Stiftung). 1

Wichtig! 2

Wenn bei der beabsichtigten Maßnahme der Dienststelle (§ 66 Abs. 1 und 2 Satz 1) mehrere Mitbestimmungsangelegenheiten gleichzeitig betroffen sind, besteht für die Dienststelle die Verpflichtung, den Personalrat in allen diesen Fällen zu beteiligen. Dabei besteht keine Rangfolge der einzelnen Mitbestimmungstatbestände (vgl. OVG NRW 11.11.1982 – CL 54/81 –, 13.02.1984 – CL 45/82 – und 21.09.1987 – CL 4/86 –)!

Muster 24: Personalratsvorlage im Mitbestimmungsverfahren 2a

Muster 25: Ergänzende Mitteilung zur Personalratsvorlage 2b

Im **Unterschied zur Mitwirkung und zur Anhörung**, die dem Personalrat lediglich als formale Instrumente eine Äußerungsmöglichkeit geben, eröffnet die Mitbestimmung dem Personalrat durch den dabei bestehenden Zustimmungsvorbehalt eine rechtlich festgelegte Einflussnahme auf die von der Dienststelle beabsichtigten Maßnahmen. 3

4

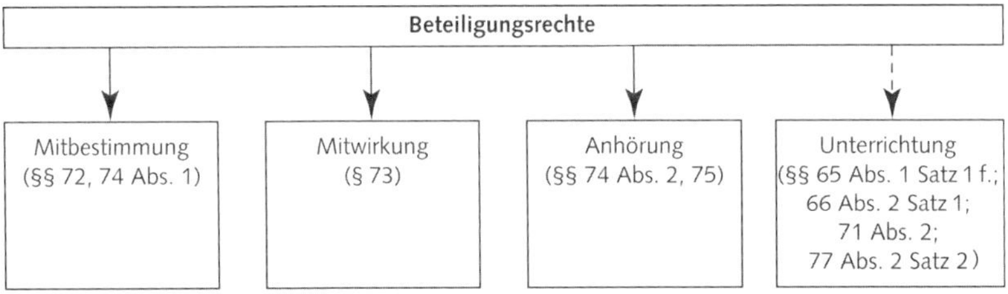

5 Im Zuge der **Novelle 2011** ist eine Vielzahl von Mitbestimmungsrechten, die durch die Novelle 2007 entfallen sind, wieder in das Gesetz zurückgeführt und zusätzlich neue mitbestimmungspflichtige Angelegenheiten aufgenommen worden. Insgesamt ist das Mitbestimmungsniveau damit wieder auf das Niveau vor der vorherigen Novelle zurückgesetzt, und vereinzelt sogar erweitert worden.

6 Die nach dem LPVG NRW **mitbestimmungspflichtigen Angelegenheiten** sind in § 72 und in § 74 Abs. 1 zwingend und abschließend geregelt, was zur Folge hat, dass sie grundsätzlich **nicht auslegungs- oder erweiterungsfähig** sind (vgl. OVG NRW 05.02.1997 – 1 A 3104/93.PVL – und 17.06.2013 – 6 A 2586/12 –). Sie können auch **nicht durch eine Dienstvereinbarung (§ 70) erweitert werden** (vgl. VGH Bayern 05.04.2022 – 18 P 21.1067 –). Die Frage, ob die Mitbestimmung beachtet wurde, ist anhand der Sach- und Rechtslage zum Zeitpunkt des Vollzugs der für mitbestimmungspflichtig erachteten Maßnahme zu beantworten (vgl. OVG Niedersachsen 28.03.2019 – 18 LP 5/17 –).

Soweit in den jeweiligen Mitbestimmungstatbeständen teilweise nur bewilligende oder ablehnende Maßnahmen aufgeführt sind wie z. B. die Übertragung einer höher zu bewertenden Tätigkeit (§ 72 Abs. 1 Satz 1 Nr. 4 Fall 4) oder die Versagung der Genehmigung einer Nebentätigkeit (§ 72 Abs. 1 Satz 1 Nr. 12 Fall 1), zeigt dies, dass das LPVG NRW jedenfalls keine „Automatik“ kennt oder stillschweigend voraussetzt, die dahin geht, dass der **actus contrarius einer mitbestimmungspflichtigen Maßnahme** im Zweifel ebenso mitbestimmungspflichtig ist. Ob Letzteres der Fall ist, kann vielmehr (in der Regel) nur aufgrund positiver Anhaltspunkte im Rahmen der Auslegung des jeweils thematisch einschlägigen Mitbestimmungstatbestandes entschieden werden (so OVG NRW 25.08.2006 – 1 A 5003/04.PVL – zur Mitbestimmungsfrage der „Aufhebung“ von Auswahlrichtlinien). **Keine Mitbestimmung besteht, wenn es der Dienststellenleitung unmöglich ist (vgl. § 275 Abs. 1 BGB), den Personalrat zu beteiligen** (vgl. VG Berlin 11.01.2019 – 62 K 6/18 – zu den diesbezüglichen Voraussetzungen).

7 Die Vorschrift ist wie folgt aufgebaut:

Abs. 1: Mitbestimmung in Personalangelegenheiten

Abs. 2: Mitbestimmung in sozialen Angelegenheiten

Abs. 3: Mitbestimmung in Rationalisierungs-, Technologie- und Organisationsangelegenheiten

Abs. 4: Mitbestimmung in anderen, hauptsächlich organisatorischen Angelegenheiten

Abs. 5: Mitbestimmung bei probeweise oder befristet durchgeführten Maßnahmen

Siehe auch **Tabelle:** Lexikon der wichtigsten Personalratsrechte 7a

B. Mitbestimmung in Personalangelegenheiten nach Abs. 1

Abs. 1: Dieser Absatz regelt, welche Personalangelegenheiten der Mitbestimmung des Personalrates unterliegen. Dabei handelt es sich bei allen in diesem Absatz benannten Angelegenheiten (Nr. 1 bis 14) nach § 66 Abs. 7 Satz 3 um **Fälle der eingeschränkten Mitbestimmung** mit der Folge, dass die Einigungsstelle nur eine Empfehlung aussprechen kann (vgl. § 66 Rz. 90). 8

Dieser Absatz ist wie folgt aufgebaut: 9

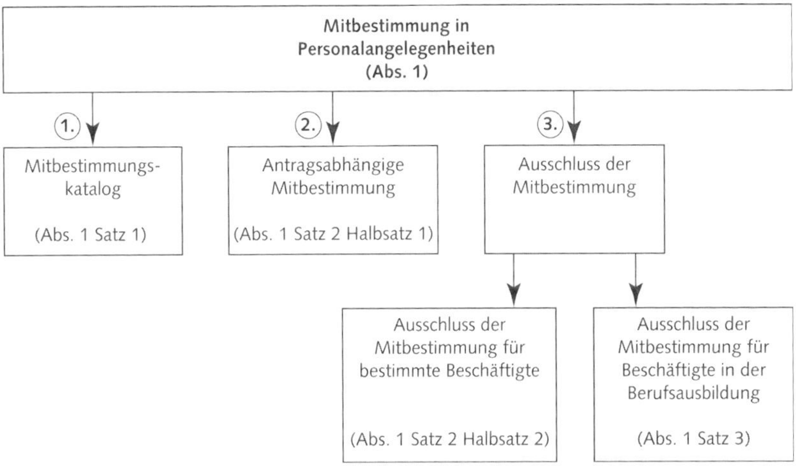

C. Mitbestimmungskatalog der Personalangelegenheiten

I. Personalangelegenheiten nach Abs. 1 Satz 1

Der in **Abs. 1 Satz 1** enthaltene Begriff „**Personalangelegenheiten**" ist gesetzlich nicht definiert (vgl. zur Auslegung BVerwG 11.03.1982 – 6 P 8.80 –). Das ist im Hinblick auf den in Abs. 1 enthaltenen abschließenden Mitbestimmungskatalog auch gar nicht notwendig. Denn dort sind die wichtigsten, von der Dienststelle zu initiierenden Personalmaßnahmen aufgeführt. Dabei hat der Gesetzgeber auch die unterschiedlichen Rechtsstellungen und Funktionen der Beschäftigten entsprechend berücksichtigt. Er hat in den in Abs. 1 Satz 2 Halbsatz 1 aufgeführten Fällen die Mit- 10 bestimmung bei einer Personalangelegenheit von einem Antrag der betroffenen Beschäftigten abhängig gemacht. Weiter hat er nach Abs. 1 Satz 2 Halbsatz 2 die personelle Mitbestimmung für die dort aufgeführten Beschäftigten gänzlich ausgeschlossen. Nach Abs. 1 Satz 3 besteht zudem eine Sonderregelung für Beschäftigte in der Berufsausbildung, wonach der Mitbestimmungstatbestand nach Abs. 1 Nr. 5 (vgl. Rz. 187 ff.) für diese nicht gilt.

1. Abs. 1 Satz 1 Nr. 1: Einstellung, Nebenabreden zum Arbeitsvertrag, erneute Zuweisung eines Arbeitsplatzes in bestimmten Fällen, Verlängerung der Probezeit und Befristung von Arbeitsverträgen

a) Abs. 1 Satz 1 Nr. 1 Fall 1: Einstellung

11 Nach Abs. 1 Satz 1 Nr. 1 Fall 1 ist die Einstellung eines Beamten und auch die eines Arbeitnehmers mitbestimmungspflichtig. Dabei handelt es sich nach § 66 Abs. 7 Satz 3 um einen **Fall der eingeschränkten Mitbestimmung**, sodass die Einigungsstelle nur eine Empfehlung aussprechen kann (vgl. § 66 Rz. 90). Neben der folgenden Kommentierung siehe auch **Bülow, Der praktische Fall – Die personalvertretungsrechtliche Einstellung**, DöD 2022, 120.

12 Der **Schutzzweck der Mitbestimmung** besteht darin, dass durch die Beteiligung des Personalrates sowohl die schutzwürdigen Interessen der zur Einstellung beabsichtigten Beschäftigten als auch die der bereits in der Dienststelle vorhanden Beschäftigten gewahrt werden.

13 Die Mitbestimmung des Personalrates setzt erst dann ein, wenn auch eine **Einstellungsabsicht der Dienststelle** i. S. d. § 66 Abs. 2 Satz 1 besteht. **Keine Mitbestimmung** besteht bei **der Einstellungsvorbereitung**, d. h. z. B. bei der vorausgehenden Stellenausschreibung (vgl. BVerwG 08.06.2023 – 5 P 3.22 –). Zu beachten ist hier aber das Anhörungsrecht nach § 73 Nr. 2 und die Rechte des Personalrats im Rahmen der Durchführung des Auswahlverfahrens (vgl. § 65 Abs. 2 Rz. 41 ff.). Die **beabsichtigte Nichteinstellung** ist nach der vorliegenden Vorschrift ebenfalls mitbestimmungsfrei (vgl. VG Düsseldorf 13.07.2020 – 26 L 1086/20 –). Zur **Aufnahme von Abrufarbeitskräften in eine Abrufliste** vgl. Rz. 34.

14 Bei der **Einstellung von Beamten** gilt es zunächst zu beachten, dass das Beamtenverhältnis durch Ernennung begründet wird. Das erfolgt durch die Aushändigung einer Ernennungsurkunde (§ 8 Abs. 1 und 2 BeamtStG).

15 Ein Mitbestimmungsrecht des Personalrates besteht bei der Entscheidung der Dienststelle bzw. des Dienstherrn, einen bestimmten Bewerber (Laufbahnbewerber und auch die anderweitigen Bewerber i. S. d. § 3 Abs. 1 und § 12 LBG NRW) zur Einstellung zu bringen.

Keine Anwendung des § 72 Abs. 1 Satz 1 Nr. 1 besteht bei **Kommissaranwärtern** (vgl. § 83 Abs. 2 Rz. 7) und bei der **Aufnahme in den juristischen Vorbereitungsdienst** (vgl. § 102 Abs. 1 Satz 2 Rz. 3). 16

Eine Mitbestimmungspflicht besteht nicht nur bei der erstmaligen, sondern auch bei der **Wiederbegründung eines Beamtenverhältnisses**, d.h. also, wenn ein ehemaliger Beamter erneut in das Beamtenverhältnis berufen wird. Mitbestimmungspflichtig ist auch der Fall, dass bei einem Beamten ein weiteres Beamtenverhältnis unter dem Fortbestand des bisherigen Beamtenverhältnisses begründet wird (§ 22 Abs. 2 und Abs. 3 BeamtStG). **Keine Mitbestimmungspflicht** besteht hingegen, wenn eine **Umwandlung des Beamtenverhältnisses** i.S.d. § 8 Abs. 1 Nr. 2 BeamtStG stattfindet. 17

Der Mitbestimmungstatbestand erfasst **alle Arten des Beamtenverhältnisses**, d.h. auf Lebenszeit, auf Zeit, auf Probe, auf Widerruf oder als Ehrenbeamter (vgl. hierzu § 4 BeamtStG). Die bei Beamten auf Probe oder auf Lebenszeit vorzunehmende **Erstfestsetzung von Erfahrungsstufen** ist allerdings nicht erfasst (vgl. BVerwG 24.11.2015 – 5 P 13.14 – und OVG NRW 27.09.2019 – 20 A 803/18.PVG –). 18

Ein Mitbestimmungsrecht ist auch bei einem **Dienstherrenwechsel** (§§ 16ff. BeamtStG) anzunehmen, d.h. also bei der Umbildung von juristischen Personen des öffentlichen Rechts mit einer Dienstherrenfähigkeit, wenn die Übernahme der Beamten durch eine Übernahmeverfügung (§ 17 Abs. 3 BeamtStG) stattfindet, der wiederum eine Übernahmeentscheidung der Dienststelle zugrunde liegt. 19

Keine Mitbestimmung besteht bei einem **gesetzlichen Übertritt der Beamten** (§ 16 Abs. 1 BeamtStG). Auch die **Rückkehr aus einer Beurlaubung ohne Dienstbezüge** stellt keine Einstellung dar, unterliegt jedoch der Mitbestimmung nach Abs. 1 Satz 1 Nr. 1 Fall 3 (vgl. Rz. 56ff.). 20

Wichtig! 21

Die fehlende Zustimmung des Personalrates bei der Einstellung eines Beamten führt nicht zur Unwirksamkeit der Maßnahme, sondern nur zur Anfechtbarkeit des Verwaltungsaktes der Ernennung. Diesbezüglich weist nur der betroffene Beamte eine Anfechtungsbefugnis auf, nicht hingegen der Personalrat (arg. e contr. §§ 11ff. BeamtStG)!

Zum **Umfang der Mitbestimmung** bei der Einstellung von Beamten vgl. Rz. 24. 22

Der **Einstellung von Arbeitnehmern** liegt die **Begründung eines Arbeitsverhältnisses** zugrunde. Für das Eingreifen der Mitbestimmung ist es egal, 23 ob es sich um ein Vollzeit- oder Teilzeitarbeitsvertragsverhältnis handelt. Soweit es sich um letzteres handelt, gilt es im Übrigen zu beachten, dass Teilzeitbeschäftigte nicht schlechter behandelt werden dürfen, wenn es darum geht, eine erhöhte Vergütung wegen Überschreitung einer bestimmten Zahl an Arbeitsstunden zu erhalten EuGH 19.10.2023 - Rs. C-660/20 –. Für das Vorliegen einer mitbestimmungspflichtigen Einstellung kommt es originär auch nicht auf den wirksamen Abschluss und die inhaltliche Ausgestaltung eines Arbeitsvertrages an (vgl. BVerwG 04.09.1995 – 6 P 32/93 –), sondern darauf, ob eine **Eingliederung** (vgl. BVerwG 26.05.2015 – 5 P 9/14 – und entsprechend BAG 14.06.2022 – 1 ABR 13/21 – zum BetrVG) der einzustellenden Person in die Dienststelle stattfindet (vgl. BVerwG 12.09.1983 – 6 P 1.82 –). Dementsprechend ist auch die **Vertragsbezeichnung,** z. B. als „Honorarvertrag" oder als „freier Mitarbeiter", letztendlich für das Eingreifen der Mitbestimmung nicht entscheidend. Es ist vielmehr die Frage zu klären, ob die Dienststelle allein ein Entscheidungsrecht im Hinblick auf den Inhalt, die Durchführung, die Zeit, die Dauer und den Ort der vertraglich geschuldeten Tätigkeit aufweist (vgl. BVerwG 12.04.2006 – 6 PB 1.06 –). Dementsprechend kann z. B. auch der Einsatz von Musikschullehrern, die vertraglich als Honorarkräfte bezeichnet werden, eine mitbestimmungspflichtige Einstellung ausmachen (vgl. BVerwG 12.04.2006 – 6 PB 1.06 – und im Kontext auch OVG NRW 05.04.1990 – CL 54/87 – sowie 01.12.2005 – 1 A 5002/04.PVL –). Zur Annahme einer Einstellung im **sog. faktischen Arbeitsverhältnis** vgl. BVerwG 06.09.1995 – 6 P 9.93 –.

23a Aus den zuvor dargestellten Gründen und im Hinblick auf den Schutzzweck der vorliegenden Norm (vgl. Rn. 12) ist eine **Wiedereinstellungszusage** (z. B. in einem Aufhebungsvertrag oder im Zusammenhang mit einer Kündigung) mitbestimmungspflichtig und sollte arbeitgeberseitig immer erst nach der Zustimmungserteilung des Personalrats abgegeben werden (vgl. entsprechend BAG 05.04.2001 – 2 AZR 580/99 – zum BetrVG und im Übrigen die Ausführungen zu § 74 Rz. 87). Das gilt auch für die **Prozessbeschäftigung eines Arbeitnehmers zur Abwendung der Zwangsvollstreckung** (sog. Prozessrechtsarbeitsverhältnis), die zwar kein Arbeitsverhältnis darstellt (vgl. BAG 20.05.2021 – 2 AZR 457/20 – und 27.05.2020 – 5 AZR 247/19 –), aber personalvertretungsrechtlich als Einstellung zu werten ist.

24 Der **Umfang der Mitbestimmung** des Personalrates beschränkt sich allein darauf, dass er darauf einwirken kann, ob und wie ein bestimmter Bewerber in der Dienststelle eingegliedert wird und welche Tätigkeiten diesem zu übertragen sind. Die Art des zu begründenden Beschäftigungsverhältnisses (Beamten- oder Arbeitsverhältnis) und auch dessen Inhalt, der sich gewöhnlich unmittelbar aus tarifvertraglichen Regelungen bzw. aus Rechtsvorschriften ergibt, sind davon nicht umfasst (vgl. BVerwG 14.06.2006 – 6 P 13.05 –). Zu beachten gilt allerdings, dass **Nebenabreden zum Arbeitsvertrag,** die eine entscheidende Bedeutung für das Arbeitsverhältnis aufweisen, der Mitbestimmung nach § 72 Abs. 1 Satz 1 Nr. 1 Fall 1 unterliegen (vgl. Rz. 11). Auf eine **Zustimmungsverweigerung wegen drohender Benachteiligung anderer Beschäftigter** kann sich der Personalrat nur dann berufen, wenn er den Verlust eines Rechts, einer Anwartschaft innerhalb eines Dienst- oder Arbeitsverhältnisses oder anderer rechtlich erheblicher Positionen der vorhandenen Beschäftigten geltend macht (vgl. OVG NRW 17.10.2017 – 20 A 1739/16 –). Die Mitbestimmung bei der Einstellung erstreckt sich **nicht auf die Befristung des Arbeitsverhältnisses** (vgl. BVerwG 08.08.2018 – 5 PB 1.18 – und hierzu Anm. von Bülow, ZTR 2019, S. 251 ff. sowie im Kontext Rz. 27). Eine Zustimmungsverweigerung des Personalrats (vgl. § 66 Rz. 40 ff.) zur Einstellung, die an die (fehlende) Befristung anknüpft, ist also unbeachtlich (vgl. BVerwG 08.08.2018 a. a. O.). Die Befristung stellt nach § 72 Abs. 1 Satz 1 Nr. 1 Fall 5 allerdings einen eigenständigen Mitbestimmungstatbestand dar (vgl. Rz. 69 ff.)!

Die **Auswahlentscheidung der Dienststelle**, d. h. die Entscheidung, wen sie einstellen und wen sie nicht einstellen möchte, **unterliegt nur der eingeschränkten Überwachung des Personalrates** (vgl. hierzu auch OVG Saarland 02.09.2005 – 5 P 2/04 –). Keine Auswahlentscheidung zu treffen, d. h. also der **Abbruch des Stellenbesetzungsverfahren** ist sogar gänzlich mitbestimmungsfrei (vgl. hierzu OVG NRW 10.03.2021 – 1 B 179/21 – und 08.04.2021 – 6 B 166/21 –). Zur **gleichwohl bestehenden Anhörungspflicht der Gleichstellungsbeauftragten in NRW** vgl. VG Gelsenkirchen 22.11.2022 – 12 L 683/22 – und zum Beteiligungsverfahren im Übrigen die ausführliche Kommentierung von Bülow zum LGG NRW NRW (§§ 17 und 18 LGG NRW NRW)! Die Auswahlentscheidung obliegt, wie zuvor ausgeführt, der Dienststelle. Es gehört nicht zu den Aufgaben des Personalrats bei einer Einstellung sein eigenes Werturteil über Eignung, Befähigung und fachliche Leistung an die Stelle der Beurteilung durch die Dienststelle zu setzen (vgl. OVG Niedersachsen 28.03.2019 – 17 LP 4/17 – und 18.05.2022 – 5 ME 134/21 –). Er darf seine Zustimmung also nicht mit der Begründung verweigern, dass ein anderer Bewerber besser geeignet sei oder ein alleiniger Bewerber keine Geeignetheit aufweist (vgl. OVG NRW 22.03.2000 – 1 A 956/98.PVL –). Er darf vielmehr nur geltend machen, dass die Dienststelle bei der Eignungsbeurteilung den anzuwendenden Begriff oder den gesetzlichen Rahmen, in dem sie sich frei bewegen kann, verkannt hat oder von einem unrichtigen Sachverhalt ausgegangen ist oder allgemein gültige Maßstäbe nicht beachtet oder sachfremde Erwägungen angestellt hat (vgl. BVerwG 27.03.1990 – 6 P 34.87 –). In Vermei- 25 dung derartiger Einwände sollte die Dienststelle nicht dazu übergehen **dem Personalrat eine stimmberechtigte Teilnahme in einer Auswahlkommission zuzugestehen**. Derartiges ist nämlich **unzulässig** und hat die Fehlerhaftigkeit der Auswahl zur Folge (vgl. § 65 Rz. 40)!

25a **Wichtig!**

Wenn ein Personalratsmitglied sich selbst auf eine Stelle beworben hat, aber nicht ausgewählt wurde, so ist es von der Entscheidungsmitwirkung über die Besetzung der Stelle ausgeschlossen (vgl. BVerwG 19.10.2015 – 5 P 11.14 –)!

26 Eine Einstellung ist auch bei der **Übernahme ehemaliger Beamter** anzunehmen, d.h., wenn frühere oder gegenwärtige Beamte oder auch Richter des Dienstherrn nach einer rechtlichen und auch tatsächlichen Beendigung des Beschäftigungsverhältnisses nunmehr als Arbeitnehmer in die Dienststelle übernommen werden sollen. Zur Bejahung einer Einstellung bei einem Arbeitnehmer, der nach dem Antritt seines Erziehungsurlaubes aushilfsweise auf seinen bisherigen Arbeitsplatz eine befristete Beschäftigung in Teilzeit ausüben soll vgl. BAG 28.04.1998 – 1 ABR 63/97 –.

27 Da der Personalrat bei der Einstellung eines neuen Arbeitnehmers vor allem auch die Interessen der bereits in der Dienststelle vorhandenen Beschäftigten wahren soll, gilt als mitbestimmungspflichtige Einstellung bereits schon die dauerhafte und nicht geringfügige **Arbeitszeiterhöhung einer Teilzeitbeschäftigung** (vgl. BVerwG 23.03.1999 – 6 P 10.97 –). Ein freies Arbeitszeitvolumen, dass der Arbeitgeber zur Erhöhung der Arbeitszeit bereits beschäftigter Teilzeitarbeitnehmer zur Verfügung stellt, ist allerdings kein freier Arbeitsplatz i. S. d. § 9 TzBfG (vgl. BAG 17.10.2017 – 9 AZR 192/17 –). Mitbestimmungspflichtig i. S. d. einer Einstellung ist weiterhin auch die **Umwandlung eines befristeten in ein unbefristetes Arbeitsverhältnis** (vgl. BVerwG 08.08.2018 – 5 PB 1.18 – und entsprechend BAG 05.05.2004 – 7 AZR 629/03 – zum ThürPersVG). Zur Ausnahme bei befristeten Probearbeitsverhältnisses vgl. Rz. 33. Auch ein **Hinausschieben des Renteneintritts nach § 41 Satz 3 SGB IV** stellt eine mitbestimmungspflichtige Einstellung dar (vgl. entsprechend BAG 22.09.2021 – 7 ABR 22/20 – für das BetrVG).

28 **Keine Einstellung** stellt hingegen die **Umwandlung** eines **Vollzeitarbeitsverhältnisses in** ein **Teilzeitarbeitsverhältnis** dar (vgl. BVerwG 12.06.2001 – 6 P 11.00 –).

29 Eine **Mitbestimmungspflicht** besteht für **befristete und unbefristete Einstellungen. Keine mitbestimmungspflichtige Einstellung** stellen allerdings **Befristungen für längstens zwei Monate** dar (vgl. BVerwG 27.11.1991 – 6 P 15.90 –). Ungeachtet dessen gilt es jedoch zu beachten, dass die Befristung

von Arbeitsverträgen bereits als solches einen Mitbestimmungstatbestand darstellt (vgl. Rz. 69ff.).

Wichtig! 30

Die Verlängerung eines befristeten Arbeitsverhältnisses gilt nach der Rechtsprechung als Neueinstellung (vgl. BVerwG 13.02.1979 – 6 P 48.78 –). Das gilt auch für die Verlängerung eines Beschäftigungsverhältnisses über die Regelaltersgrenze hinaus (vgl. entsprechend BAG 22.09.2021 – 7 ABR 22/20 – zum BetrVG)!

Eine Einstellung stellt auch die **Übernahme von Leiharbeitnehmern** i.S.d. 31
AÜG dar; ungeachtet der Dauer ihres Einsatzes (vgl. BVerwG 20.05.1992 – 6 P 4.90 – und 07.04.2010 – 6 P 6.09 –). Leiharbeitnehmer kennzeichnen sich dadurch, dass sie in den Entleihbetrieb voll eingegliedert sind und ihre Aufgaben ausschließlich nach den Anweisungen des Entleihers ausführen (vgl. BVerwG 07.04.2010 a.a.O.). Zum Umfang der Unterrichtung des Personalrats und insbesondere der Verpflichtung der Dienststelle diesem die Namen der Leiharbeitnehmer mitzuteilen vgl. entsprechend BAG 09.03.2011 – 7 ABR 137/09 – zum BetrVG. Eine Einstellung kann auch die **Tätigkeitsaufnahme aufgrund einer tarifvertraglichen Gestellung (§§ 4 Abs. 3 TV-L/TVöD) oder einer Gestellungsvereinbarung** sein (vgl. OVG NRW 21.06.2001 – 1 A 280/99. PVL –). Das Mitbestimmungsrecht knüpft dabei an die tatsächliche der gestellten Person in die Dienststelle des Gestellungsnehmers an. Die personalvertretungsrechtliche Zuständigkeit kann nicht aufgrund einer etwaigen Unwirksamkeit des Gestellungsvertrags oder der der Gestellung zugrunde liegenden Tarifregelung entfallen (vgl. entsprechend BAG 19.07.2017 – 1 ABR 15/16 – zum BetrVG). Zur Abgrenzung von **Unternehmensarbeitnehmern** vgl. entsprechend BAG 13.05.2014 – 1 ABR 50/12 – zum BetrVG und zur Mitbestimmungsfreiheit bei ihrem Tätigwerden vgl. BVerwG 04.09.1995 – 6 P 32.93 –. **Keine Mitbestimmung** in den vorbenannten Fällen besteht allerdings, wenn die Übernahme bzw. Tätigkeitsaufnahme von vorneherein auf die Dauer von nicht mehr als zwei Monaten befristet ist (vgl. Rz. 29)!

Die Beschäftigung im Rahmen eines **1-Euro-Jobs** (vgl. BVerwG 21.03.2007 32
– 6 P 4.06 –) und auch als **sog. ABM-Teilnehmer i.S.d. SGB III** (vgl. OVG NRW 29.07.1980 – CL 10/80 –) stellt jeweils eine mitbestimmungspflichtige Einstellung dar. Der **Einsatz erwerbsfähiger Leistungsberechtigter (sog. „MAE-Kräfte“)** in Arbeitsgelegenheiten gemäß § 16d SGB I und VII in einer Dienststelle unterliegt auch dann der Mitbestimmung, wenn die Dienststelle im sozialrechtlichen Sinn nicht selbst Maßnahmenträger ist, sondern die MAE-Kräfte von einem privaten Dritten vermittelt und angeleitet werden, der seinerseits durch die Agentur für Arbeit als Maßnahmenträger einge-

schaltet worden ist und Förderleistungen für die Bereitstellung von Arbeitsgelegenheiten in Anspruch nimmt (so BVerwG 02.05.2014 – 6 PB 11.14 –).

32a Ob der Einsatz von **Bundes- oder Jugendfreiwilligendienstleistenden** der Mitbestimmung unterliegt, ist zwar höchstrichterlich noch nicht entschieden, wohl aber im Hinblick auf deren mangelnde personalvertretungsrechtliche Beschäftigteneigenschaft zu verneinen (vgl. § 5 Rz. 18).

33 Eine mitbestimmungspflichtige Einstellung stellt auch die **Eingehung von Praktikumsverhältnissen** dar, soweit hierbei eine selbstständige Arbeitserledigung erfolgt (vgl. BayVGH 23.11.2008 – 17 P 08.1174 –). Eine Mitbestimmung nach der vorliegenden Vorschrift besteht ebenfalls für die **befristete Übernahme von Auszubildenden nach § 16a Satz 1 TVAöD**. Der dabei vorzunehmende Abschluss eines befristeten Arbeitsvertrages unterliegt zudem der Mitbestimmung nach § 72 Abs. 1 Satz 1 Nr. 1 Fall 5 (vgl. Rz. 69 ff.). Die sich bei Bewährung anschließende **unbefristete Übernahme von Auszubildenden nach § 16a Satz 2 TVAöD** ist gleichermaßen mitbestimmungspflichtig nach der vorliegenden Vorschrift. Soweit die Auffassung vertreten wird, dass die Rechtsprechung zum BetrVG (vgl. BAG 07.08.1990 – 1 ABR 68/89 –), wonach es im Rahmen eines Probearbeitsverhältnisses, wenn dieses nach Ablauf der Probezeit in ein unbefristetes Arbeitsverhältnis umgewandelt wird und dem Betriebsrat vor der Einstellung zur Probe mitgeteilt worden ist, dass der Arbeitnehmer bei Bewährung auf unbestimmte Zeit weiterbeschäftigt werden soll, mit der Fallkonstellation der Übernahme nach § 16a Satz 2 TVAöD vergleichbar sei, sodass bei entsprechend vorangegangener Mitteilung der Dienststelle auch keine Mitbestimmung im personalvertretungsrechtlichen Sinne bestehe (vgl. Breier u. a. § 16a Rn. 43 f.), so ist dem nicht zu folgen. Denn anders, als in dem vom BAG zu entscheidenden Fall, wo nach § 11 Abs. 1 MTV vom 15.05.1979 das Probearbeitsverhältnis in ein Arbeitsverhältnis von unbestimmter Dauer „übergeht", wenn die Weiterbeschäftigung nicht mindestens 14 Tage vor Ablauf der Probezeit eine arbeitgeberseitige Erklärung abgegeben wird, spricht § 16a Satz 2 TVAöD hingegen davon, dass die Beschäftigten „übernommen" werden. Danach findet also kein direkter Übergang, sondern zunächst noch ein Übernahmevorgang statt, der eine neue mitbestimmungspflichtige Eingliederung darstellt. Diese vollzieht sich empfohlenermaßen in der Praxis durch den Abschluss eines neuen unbefristeten Arbeitsvertrages.

34 Mitbestimmungspflichtig ist ebenso die **Einstellung von Abrufarbeitskräften** (vgl. OVG NRW 28.02.2001 – 1 A 1802/99.PVL –) und insoweit bereits die Aufnahme von Abrufarbeitskräften in eine Abrufliste, auch wenn der Zeitpunkt der Dienstaufnahme und die voraussichtliche Dauer der Beschäftigung noch nicht abschließend feststehen (vgl. BVerwG 03.02.1993 –

6 P 28/91 –). Näheres zur Vereinbarung von **Arbeit auf Abruf (§ 12 TzBfG)** ist im Übrigen der Entscheidung BAG 18.10.2023 – 5 AZR 22/23 – m. w. N. zu entnehmen.

Eine mitbestimmungspflichtige Einstellung kann auch aufgrund eines **gerichtlichen Vergleichsabschluss** vorliegen (vgl. BVerwG 01.02.1989 – 6 P 2.86 –). 35

Keine mitbestimmungspflichtigen Einstellungen sind hingegen: 36

- Umwandlung eines Vollzeitarbeitsverhältnisses in ein (Alters-)Teilzeitarbeitsverhältnis (vgl. BVerwG 12.06.2001 – 6 P 11.00 –)
- Fortsetzung des Arbeitsverhältnisses nach Ausspruch einer Kündigung, aufgrund der Weiterbeschäftigung über den Kündigungszeitpunkt hinaus oder aufgrund einer Kündigungsrücknahme oder aufgrund eines Vergleichsabschlusses über die Fortsetzung des Arbeitsverhältnisses oder aufgrund eines der Kündigungsschutzklage stattgebenden Urteils (vgl. hierzu auch BVerwG 25.08.1988 – 6 P 36.85 –)
- Mitarbeitereintritt durch eine Dienststellenzusammenlegung oder -teilung oder aufgrund eines Betriebsüberganges i. S. d. § 613a BGB
- Die Weiterbeschäftigung eines Jugend- und Auszubildendenvertreters (vgl. BVerwG 26.05.2015 – 5 P 9/14 –)
- Die Arbeitsaufnahme von Strafgefangenen, die von der (Justizvollzugs-)Anstaltsleitung zugewiesene Arbeiten verrichten (vgl. BVerwG 14.08.2013 – 6 P 8.12 –)
- Eine vorübergehende und geringfügige Beschäftigung (vgl. BVerwG 01.03.2018 – 5 PB 7.17 –)

Die **Dienststelle muss die Zustimmung des Personalrates vor der Einstellung einholen**. Ein Arbeitsvertragsabschluss ohne die Zustimmung des Personalrates ist kollektivrechtlich unwirksam. Individualarbeitsvertraglich jedoch bereits wirksam. Die Dienststelle, d. h. der Arbeitgeber steht nun vor dem Problem, dass der betroffene Arbeitnehmer tatsächlich erst zur Beschäftigung gelangen darf, wenn die Zustimmung des Personalrates vorliegt! Bis dahin hat der Arbeitnehmer jedoch schon einen Anspruch auf das vertraglich geschuldete Entgelt (vgl. BAG 02.07.1980 – 5 AZR 1241/79 –). Die bloße Unterrichtung des Personalrats im Nachhinein führt nicht zur („heilenden") Wirksamkeit der bereits vollzogenen Einstellung (vgl. entsprechend BAG 21.11.2018 – 7 ABR 16/17 – zum BetrVG). Die Dienstelle ist vielmehr gehalten eine bereits erfolgte Beschäftigung umgehend auszusetzen und das Mitbestimmungsverfahren einzuleiten (vgl. entsprechend BAG 11.10.2022 – 1 ABR 18/21 – zum BetrVG). Das sollte umgehend bei Kenntnis der fehlenden Beteiligung erfolgen, denn der Personalrat kann beim Verwaltungsgericht ansonsten einen zur Arbeits- und Kostenlast der Dienststelle wirkenden Antrag auf Feststellung der Verlet- 37 zung seines Mitbestimmungsrechts im Fall derart vollzogener Einstellungen stellen (vgl. hierzu auch VG Ansbach 19.06.2018 – 7 P 18.148 –). Zudem kommt auch ein Unterlassungsantrag unter Androhung von Ordnungsgeld nach § 79 Abs. 3 in Betracht (vgl. § 79 Rz. 32 ff.)!

38 Wenn die Dienststelle zeitgleich die **Einstellung und Eingruppierung** eines Beschäftigten beantragt und der Personalrat nur der Einstellung, nicht aber der beabsichtigten Eingruppierung zustimmt, so ist dies zulässig. Denn die Einstellung und die Eingruppierung fallen zwar regelmäßig in einem Akt zusammen, dennoch sind hier die Mitbestimmung zur Einstellung nach § 72 Abs. 1 Satz 1 Nr. 1 Fall 1 und die Mitbestimmung zur Eingruppierung nach § 72 Abs. 1 Satz 1 Nr. 4 Fall 1 voneinander losgelöst zu betrachten (vgl. BVerwG 22.10.2007 – 6 P 1.07 –). Damit die Dienststelle im Hinblick auf ein individualarbeitsvertraglich zustande kommendes Arbeitsverhältnis und die dabei vereinbarte Eingruppierung keine negativen Fakten schafft, sollte sie den Beschäftigten also trotz der Einstellungszustimmung tatsächlich so lange noch nicht zum Arbeitseinsatz bringen, bis auch die Zustimmung zur Eingruppierung vorliegt! Zur Beachtlichkeit einer Zustimmungsverweigerung bei einer Eingruppierung vgl. i.Ü. BVerwG 12.08.2021 – 5 P 1.21 –.

38a Eine **unzutreffende Unterrichtung des Personalrats über die vorgesehene Beschäftigung eines Stellenbewerbers** hat nicht zur Folge, dass mit der Einstellung zugleich eine Versetzung (vgl. Rz. 187 ff.) einhergeht, weil die zugewiesene Tätigkeit von der mitgeteilten abweicht. Sie kann allenfalls dazu führen, dass die erforderliche Zustimmung des Personalrats zur Einstellung fehlt (vgl. entsprechend BAG 08.11.2016 – 1 ABR 56/14 – zum BetrVG).

38b Die **Verweigerung der Zustimmung des Personalrats** kann nach der Rechtsprechung (nur) im Einzelfall ggf. mit einer „Mehrbelastung des Stammpersonals“ begründet werden (vgl. arg. contr. BVerwG 13.02.2020 – 5 PB 10.19 –). So kann z.B. die Verweigerung zu fortlaufend wiederholten, jeweils auf ein halbes Jahr befristeten Einstellungen wechselnder Arbeitnehmer vom Personalrat im Einzelfall damit begründet werden, dass die Einarbeitung einer Vielzahl von Arbeitskräften mit derart kurzer Beschäftigungsdauer zu einer unzumutbaren Belastung der ständig beschäftigten Arbeitnehmer führt (so BVerwG 06.09.1995 – 6 P 41.93 – zum HPVG). Der gegen die Einstellung einer studentischen Hilfskraft gerichtete **Einwand der Mehrbelastung des dauerhaft beschäftigten Personals wegen der Notwendigkeit zur wiederholten und wiederkehrenden Einarbeitung immer neuer Hilfskräfte kann beachtlich sein,** wenn er nicht pauschal erhoben wird (1. Voraussetzung) und bei der konkreten Einstellung keine Anhaltspunkte (2. Voraussetzung) für einen geringeren oder entfallenden Einarbeitungsaufwand bestehen (vgl. OVG Hamburg 21.06.2019 – 14 Bf 98/19.PVL –).

Zur **Beachtlichkeit der Zustimmungsverweigerung wegen Unterlassen der Ausschreibung nach § 8 LGG NRW** vgl. entsprechend OVG Berlin-Brandenburg 28.01.2016 – OVG 60 PV 6.15 –. Zur **Unbeachtlichkeit der Zustimmungsverweigerung eines bei einer Agentur für Arbeit gebildeten Personalrats** zu einer Einstellung und Zuweisung von Tätigkeiten bei einer gemeinsamen Einrichtung an neu eingestellte Beschäftigte vgl. OVG NRW 03.02.2015 – 20 A 1231/14 –.

b) Abs. 1 Satz 1 Nr. 1 Fall 2: Nebenabreden zum Arbeitsvertrag

Nach Abs. 1 Satz 1 Nr. 1 Fall 2 sind Nebenabreden zum Arbeitsvertrag mitbestimmungspflichtig. Dabei handelt es sich nach § 66 Abs. 7 Satz 3 um einen **Fall der eingeschränkten Mitbestimmung**, sodass die Einigungsstelle nur eine Empfehlung aussprechen kann (vgl. § 66 Rz. 90). 39

Der Mitbestimmungstatbestand gilt nur für arbeitsvertragsbezogene Nebenabreden und findet somit **keine Anwendung auf Beamte**. 40

Der **Schutzzweck der Mitbestimmung** besteht darin, dass durch die Beteiligung des Personalrates der Betriebsfrieden und der Gleichbehandlungsgrundsatz in der Dienststelle gewahrt werden (vgl. LT-Drucks. 9/3091, S. 38). 41

Gegenstand der Mitbestimmung ist nur der beabsichtigte **Abschluss** und die **Änderung von Nebenabreden**, nicht dagegen die **Kündigung einer Nebenabrede** (vgl. LAG Köln 19.08.2016 – 9 Sa 415/15 –). 42

„Nebenabreden" sind schriftliche einzelvertragliche Vereinbarungen, die entweder tarifvertraglich vorgesehen oder zulässig sind (§ 2 Abs. 3 TV-L/TVöD) wie z. B. der Verzicht auf die Probezeit bzw. die Abkürzung der Probezeit (§ 2 Abs. 4 TV-L/TVöD) oder die Pauschalierung von Zeit- oder Erschwerniszuschlägen (§ 24 Abs. 6 TV-L/TVöD). 43

Nebenabreden zum Arbeitsvertrag sind nur wirksam, wenn sie **schriftlich** i. S. d. § 126 BGB festgehalten werden (vgl. BAG 09.02.1972 – 4 AZR 149/71 –). Im Ausnahmefall können sich Nebenabreden aber auch aus einer **betrieblichen Übung** (vgl. BAG 29.08.2012 – 10 AZR 571/11 –) ergeben (vgl. BAG 18.09.2002 – AZR 477/07 –)! 44

Nebenabreden sind von den im Arbeitsvertrag getroffenen **Hauptabreden** abzugrenzen. Letztere betreffen die Arbeitsleistung des Arbeitnehmers und die Gegenleistung des Arbeitgebers (vgl. BAG 09.12.1981 – 4 AZR 312/79 – und 07.05.1986 – 4 AZR 556/83 –). Das bedeutet also, dass z. B. der Umfang der Arbeitspflicht und die Vergütungshöhe nicht im Rahmen einer Nebenabrede vereinbart werden können. Derartige Vereinbarungen stellen vielmehr eine wesentliche Änderung des Arbeitsvertrages dar, die nach § 72 Abs. 1 Satz 1 Nr. 4 Fall 7 mitbestimmungspflichtig ist (vgl. Rz. 178 ff.). 45

46 **Wichtig!**

Im Rahmen der Unterrichtung des Personalrates nach § 66 Abs. 2 Satz 1 hat die Dienststelle diesem auch die beabsichtigte Formulierung der Nebenabrede mitzuteilen!

47 **Beispiele für Nebenabreden** sind:

- Vereinbarung eines Verpflegungszuschusses (vgl. BAG 15.01.1987 – 6 AZR 720/85 –)
- Vereinbarung eines Fahrtkostenersatzes (vgl. BAG 19.02.1972 – 4 AZR 149/71 –)
- Vereinbarung einer Fliegerzulage (vgl. BAG 18.05.1977 – 4 AZR 47/76 –)
- Vereinbarung einer Trennungsentschädigung (vgl. BAG 28.01.1981 – 4 AZR 869/78 –)
- Übernahmezusage in ein Beamtenverhältnis (vgl. VG Düsseldorf 05.03.1991 – PVL 96/89 –)
- Rückzahlungsvereinbarung über Ausbildungskosten (vgl. BAG 15.05.1985 – 5 AZR 161/84 –)

48 **Keine Nebenabreden** sind:

- Vereinbarung der Rufbereitschaft (vgl. OVG NRW 29.01.1996 – 1 A 3027/92. PVL –)
- Vereinbarung der Übertragung von zusätzlichen Reinigungsarbeiten auf Schulhausmeister (vgl. BAG 12.07.1983 – 3 AZR 129/81 –)
- Vereinbarung einer übertariflichen Vergütung (vgl. BAG 06.09.1972 – 4 AZR 422/71 –)
- Befristungsvereinbarung des Arbeitsverhältnisses (vgl. BAG 15.03.1989 – 7 AZR 264/88 –)
- Bestellung und Widerruf des Vorarbeiters (arg. contr. § 4 Abs. 2 BMT-G)

49 **Wichtig!**

Die Rechtsprechung zur Wirksamkeit eines abgeschlossenen Arbeitsvertrages, ohne dass hierzu die zuvor erteilte Zustimmung des Personalrates zur Einstellung vorgelegen hat (vgl. Rz. 37), ist entsprechend auf den Fall des Abschlusses einer Nebenabrede anzuwenden. Das hat zur Folge, dass z. B. ohne Zustimmung ein vereinbarter Verpflegungszuschuss nicht an den Arbeitnehmer ausgezahlt werden darf, dieser aber, wenn er darauf vertraut hat, beim Arbeitgeber entsprechenden Schadensersatz geltend machen kann!

c) <u>Abs. 1 Satz 1 Nr. 1 Fall 3</u>: Zuweisung eines Arbeitsplatzes gemäß Arbeitsplatzsicherungsvorschriften sowie nach Beendigung eines Urlaubs ohne Dienstbezüge nach § 64 und § 70 des LBG NRW vom 14. Juni 2016 (GV. NRW. S. 310, ber. S. 642) in der jeweils geltenden Fassung und nach Beendigung einer Teilzeitbeschäftigung im Blockmodell nach § 65 des LBG NRW oder den entsprechenden Regelungen

für Arbeitnehmer und nach einer Rückkehr aus der Elternzeit ohne gleichzeitige Teilzeit oder aus der Pflegezeit nach § 67 des LBG NRW

Nach Abs. 1 Satz 1 Nr. 1 Fall 3 ist die erneute Zuweisung eines Arbeitsplatzes in den hier aufgeführten Fällen mitbestimmungspflichtig. Dabei handelt es sich nach § 66 Abs. 7 Satz 3 um **Fälle der eingeschränkten Mitbestimmung**, sodass die Einigungsstelle nur eine Empfehlung aussprechen kann (vgl. § 66 Rz. 90). 50

Durch die **Novelle 2011** wurden die weitgehend durch die Novelle 2007 herausgenommenen Rückkehrtatbestände wieder in das Gesetz aufgenommen und im Hinblick auf die Elternzeitregelung sogar erweitert. 51

Der **Schutzzweck der Mitbestimmung** ist die Wahrung der berechtigten Interessen der aktiv in die Dienststelle zurückkehrenden und auch dort tätigen Beschäftigten.

Die Mitbestimmung des Personalrates setzt voraus, dass ein Beschäftigter zum Zeitpunkt der erneuten Zuweisung eines Arbeitsplatzes seinen früheren Arbeitsplatz nicht mehr innehat. Damit grenzt sich der Mitbestimmungstatbestand von den Fällen der Umsetzung nach § 72 Abs. 1 Satz 1 Nr. 5 Fall 2 und 3 ab. Dort wird erst aufgrund der Zuweisung des neuen Arbeitsplatzes der bisherige Arbeitsplatz entzogen. 52

Die Dienststelle hat zwar bei der Vorbereitung und Planung der erneuten Zuweisung eines Arbeitsplatzes in zeitlicher Hinsicht das vorab durchzuführende Mitbestimmungsverfahren zu beachten. Dennoch kann sie **nach Maßgabe des § 66 Abs. 8 Satz 1 vorläufige Regelungen** treffen (vgl. OVG NRW 27.10.1999 – 1 A 3216/97.PVL –). 53

Die Mitbestimmung des Personalrates besteht nur in den gesetzlich aufgeführten Fällen. Die erneute Zuweisung des Arbeitsplatzes, z.B. nach der Beendigung des Erholungs- oder Sonderurlaubs, ist also nicht mitbestimmungspflichtig. 54

Der Mitbestimmungstatbestand „**erneute Zuweisung eines Arbeitsplatzes gem. Arbeitsplatzsicherungsvorschriften**“ stellt zwar in erster Linie auf die Vorschriften des ArbPlSchG ab, erfasst darüber hinaus aber auch alle anderen entsprechenden Schutzvorschriften wie z.B. § 24 AbgG NRW etc. 55

Der Mitbestimmungstatbestand „**erneute Zuweisung eines Arbeitsplatzes nach Beendigung eines Urlaubs ohne Dienstbezüge nach § 64 und 70 LBG NRW**“ knüpft an die für Beamte aus arbeitsmarktpolitischen und familiären Gründen besonders geregelte Urlaubsgewährung an. Durch das Änderungsgesetz vom 26.02.2019 (GV. NRW. S. 134) wurden die Verweisungen auf das LBG NRW im Nachgang zu dessen Neufassung im Jahr 2016 angepasst. Eine Ausweitung der Mitbestimmungsrechte ist damit nicht verbunden gewesen (vgl. LT-Drucks. 1743/50, S. 7). 56

57 Der Mitbestimmungstatbestand **„erneute Zuweisung nach Beendigung einer Teilzeitbeschäftigung im Blockmodell nach § 65 LBG NRW oder den entsprechenden Regelungen für Arbeitnehmer“** knüpft an die entsprechend vorgesehene Freistellung zur Erhaltung der Leistungsfähigkeit an. Es gilt im Hinblick auf den Zweck der Mitbestimmung, dass zuvor schon zur „Urlaubsbeendigung“ Ausgeführte.

58 Der Mitbestimmungstatbestand **„erneute Zuweisung eines Arbeitsplatzes nach der Rückkehr aus der Elternzeit ohne gleichzeitige Teilzeit nach § 67 LBG NRW“** knüpft an die Freistellung von der Arbeit nach den Vorgaben des § 15 BEEG („Anspruch auf Elternzeit“) an. Die Rückkehr aus der Elternzeit ist dabei nur dann mitbestimmungspflichtig, wenn der Beschäftigte während der Elternzeit nicht aufgrund einer Verringerung der Arbeitszeit gem. § 15 Abs. 5 BEEG in Teilzeit gearbeitet hat.

59 Wenn dem Beschäftigten bei seiner Rückkehr in die Vollzeitarbeit Aufgaben eines anderen Arbeitsplatzes innerhalb der gleichen Dienststelle zugewiesen werden, kann im Übrigen auch der Mitbestimmungstatbestand der Umsetzung nach § 72 Abs. 1 Nr. 5 Fall 2 oder 3 erfüllt sein (vgl. Rz. 199ff.).

d) Abs. 1 Satz 1 Nr. 1 Fall 4: Verlängerung der Probezeit

60 Nach Abs. 1 Satz 1 Nr. 1 Fall 4 ist die Verlängerung der Probezeit mitbestimmungspflichtig. Auch hier wurde durch die **Novelle 2011** das ehemals durch die Novelle 2007 beseitigte Mitbestimmungsrecht des Personalrates wieder ins Leben gerufen.

61 Bei dem Mitbestimmungstatbestand handelt es sich nach § 66 Abs. 7 Satz 3 um einen **Fall der eingeschränkten Mitbestimmung**, sodass die Einigungsstelle nur eine Empfehlung aussprechen kann (vgl. § 66 Rz. 90).

62 Die „**Probezeit**“ stellt einen gesetzlich angeordneten oder vereinbarten Zeitraum dar, in dem das Dienst- bzw. Arbeitsverhältnis unter erleichterten Bedingungen beendet werden kann, bevor es zu einer endgültigen Einstellung kommt. Siehe im Kontext hierzu auch **Bülow, Der praktische Fall – Die „Probezeit“ für Führungskräfte**, DöD 2023, 95.

63 Der **Schutzzweck der Mitbestimmung** ist, dass die Mitbestimmung des Personalrates eine, an den Umständen des Einzelfalles ausgerichtete angemessene Ausdehnung des Probezeitraumes gewährleisten soll.

64 Die **Probezeit bei Beamten** dauert nach § 13 Abs. 1 Satz 2 LBG NRW i. V. m. § 5 Abs. 1 Satz 3 LVO NRW regelmäßig drei Jahre, in der eine Bewährung erfolgen soll. Kann die Bewährung bis zum Ablauf der Probezeit noch nicht festgestellt werden, so kann die Probezeit nach § 13 Abs. 4 LBG NRW i. V. m. § 5 Abs. 8 LVO NRW um verlängert werden, wobei insgesamt fünf Jahre nicht überschritten werden dürfen. Die tatsächliche Probezeitverlängerung

tritt nicht automatisch ein, sondern bedarf einer ausdrücklichen Willenserklärung der Ernennungsbehörde, die einem Verwaltungsakt gleichzusetzen ist. Genau an dieser Stelle knüpft die Mitbestimmung des Personalrates an. Denn die Dienststelle muss ihm im Rahmen der Unterrichtung nach § 66 Abs. 2 Satz 1 die konkreten Gründe für die beabsichtigte Verlängerung der Probezeit mitteilen. Dabei muss sie so rechtzeitig handeln, dass das Mitbestimmungsverfahren noch ordnungsgemäß durchgeführt werden kann.

Keine Mitbestimmung besteht bei der **Berücksichtigung von Beurlaubungs- und Krankheitszeiten i.S.d. § 5 Abs. 6 LVO NRW**, da sich dadurch die Probezeit kraft Gesetzes verlängert. Das ist auch der Fall bei der Berechnung der Dienstzeiten im öffentlichen Dienst für Abgeordnete nach der Beendigung ihrer Mitgliedschaft im Landtag nach § 25 Abs. 4 AbgG NRW. 65

Die **Probezeit von Auszubildenden** stellt nach § 20 Satz 1 BBiG den Beginn des Berufsausbildungsverhältnisses dar. Sie muss nach dem dortigen Satz 2 mindestens einen Monat und darf nach den gesetzlichen Vorgaben höchstens vier Monate betragen. Nach § 3 Abs. 1 TVAöD beträgt die Probezeit für die in den dortigen Geltungsbereich fallenden Auszubildenden drei Monate. Für den Fall einer Unterbrechung der Ausbildung während der Probezeit um mehr als ein Drittel der Probezeit kann der Ausbilder, wenn er unbedingt an dem Auszubildenden weiter festhalten möchte allerdings nach höchstrichterliche Rechtsprechung mit diesem vereinbaren, dass sich die Probezeit um den Zeitraum der Unterbrechung verlängert. Eine solche Regelung ist weder nach § 25 BBiG nichtig noch handelt es sich um eine unangemessene Benachteiligung i.S.d. § 307 Abs. 1 Satz 1, Abs. 2 BGB (so BAG 09.06.2016 – 6 AZR 396/15 –). Sowohl eine Verlängerung der Probezeit innerhalb des Höchstrahmens nach § 20 Satz 2 BBiG als auch eine darüber hinausgehende Verlängerung unter den zuvor dargestellten Voraussetzungen unterliegt der Mitbestimmung des Personalrats. 66

Die **Probezeit von Arbeitnehmern** ist in § 2 Abs. 4 Satz 1 TV-L/TVöD geregelt. Danach gelten, soweit nicht eine kürzere Zeit vereinbart ist, die ersten sechs Monate der Beschäftigung als Probezeit. Die Rechtsprechung sieht in dieser tarifvertraglichen Vorgabe eine **sog. vorgeschaltete Probezeit** (vgl. hierzu BAG 07.03.2002 – 2 AZR 93/01 –). Insoweit ist zu berücksichtigen, dass der **Abschluss eines befristeten Probearbeitsverhältnisses** durchaus zulässig ist, dessen Verlängerung aber keine mitbestimmungspflichtige Verlängerung der Probezeit darstellt! Hier greift vielmehr die Mitbestimmung nach § 72 Abs. 1 Satz 1 Nr. 1 Fall 1 („Einstellung“) ein (vgl. Rz. 11 ff.). 67

Zur **Kündigung in der Probezeit** vgl. § 74 Rz. 81 ff. und zur Möglichkeit einer **faktischen Verlängerung durch eine Kündigung oder einen Aufhebungsvertrag verbunden mit einer Wiedereinstellungszusage** vgl. § 74 Rz. 87. 68

e) Abs. 1 Satz 1 Nr. 1 Fall 5: Befristung von Arbeitsverträgen

69 Nach Abs. 1 Satz 1 Nr. 1 Fall 5 ist die Befristung von Arbeitsverträgen mitbestimmungspflichtig. Dabei handelt es sich nach § 66 Abs. 7 Satz 3 um einen **Fall der eingeschränkten Mitbestimmung**, sodass die Einigungsstelle nur eine Empfehlung aussprechen kann (vgl. § 66 Rz. 81 ff.).

70 Der **Schutzzweck der Mitbestimmung** besteht darin, dass der Personalrat zum Schutz der Beschäftigten überprüfen kann, ob die von der Dienststelle beabsichtigte Befristung die Anforderungen des jeweiligen Befristungsgesetzes (z. B. TzBfG, WissZeitVG, ÄArbVtrG) i. V. m. den tarifvertraglichen Vorgaben und den von der Arbeitsgerichtsbarkeit entwickelten Grundsätzen der Befristungskontrolle ausreichend entspricht. Er soll insbesondere auch darauf hinwirken können, dass Arbeitnehmer gegebenenfalls eine längere als die von der Dienststelle beabsichtigte Befristungslaufzeit (vgl. BAG 09.06.1999 – 7 AZR 170/98 –) oder sogar einen unbefristeten Arbeitsvertrag (vgl. BAG 13.04.1994 – 7 AZR 651/93 –) erhalten. **Der Personalrat ist dazu berufen, über die Befristungsvereinbarung als solche mitzubestimmen und nicht (nur) über die damit verbundene Einstellung als „Realakt“** (vgl. BAG 01.06.2022 – 7 AZR 232/21 –).

71 **Gegenstand der Mitbestimmung** ist nur die **Befristung von Arbeitsverträgen**, nicht aber die Befristung einzelner Arbeitsvertragsbedingungen (zu deren Inhaltskontrolle vgl. i.Ü. BAG 23.03.2016 – 7 AZR 828/13 – m. w. N.) wie z. B. bei einer befristeten Erhöhung oder Reduzierung der Arbeitszeit (vgl. ArbG Bochum 05.01.2006 –3 Ca 2743/05 –). Hierbei greift aber gegebenenfalls die Mitbestimmung nach § 72 Abs. 1 Satz 1 Nr. 4 Fall 7 („Wesentliche Änderung von Arbeitsverträgen“) ein (vgl. Rz. 178 ff.). Zur mitbestimmungspflichtigen Vereinbarung von Führungspositionen als befristete Arbeitsverhältnisse (§§ 31 und 32 TVöD/TV-L) siehe **Bülow, Der praktische Fall – Die „Probezeit“ für Führungskräfte**, DöD 2023, 95.

71a Wenn ein Arbeitsvertrag eine **auflösende Bedingung** enthalten soll (§ 21 TzBfG), ist der diesbezüglich beabsichtigte Vertragsabschluss mitbestimmungspflichtig, der spätere Eintritt der auflösenden Bedingung und die damit verbundene Eintritts- bzw. Beendigungsmitteilung an den Arbeitnehmer, indes nicht mehr!

71b **Wenn das Arbeitsverhältnis des Mitarbeiters rechtswirksam befristet ist, hat eine etwaige Mitgliedschaft im Personalrat keinen Einfluss auf das Befristungsende.** Der Sonderschutz des § 15 KSchG wird nicht umgangen, wenn ein Arbeitnehmer während der Laufzeit eines befristeten Arbeitsvertrages in den Personalrat gewählt wird. Etwas anderes gilt jedoch für Arbeitnehmer, die zwar während der Laufzeit des befristeten Arbeitsvertrages in den Personalrat gewählt worden sind, aber während ihrer Amtszeit im Anschluss an die

Erstbefristung erneut nur befristet weiterbeschäftigt werden. Wegen der möglichen Umgehung des § 15 KSchG sind bei der zweiten Befristung an den sachlichen Grund besonders strenge Anforderungen zu stellen.

Im Rahmen der **Unterrichtung des Personalrates** ist diesem zur Ausübung seines Mitbestimmungsrechts Mitteilung über die **Dauer der konkreten Befristung** und über den **Befristungsgrund**, d.h. ob eine Sachgrundbefristung nach § 14 Abs. 1 Satz 2 TzBfG bzw. mit einem darüber hinausgehenden von der Rechtsprechung anerkannten Befristungsgrund oder eine sachgrundlose Befristung nach § 14 Abs. 2 TzBfG beabsichtigt ist, zu machen (vgl. BAG 27.09.2000 – 7 AZR 412/99 – und ArbG Aachen 13.09.2018 – 6 Ca 695/18 m.w.N.). Der Schutzzweck des Mitbestimmungsrechts erfordert nach der Rechtsprechung des BAG keine weitergehende Begründung des Sachgrunds (vgl. BAG 18.07.2012 – 7 AZR 443/09 – und LAG Hamm 16.11.2017 – 17 Sa 418/17 –). Einer Erläuterung im Einzelnen bedarf es danach also nur bei einem ausdrücklichen Verlangen des Personalrates nach § 66 Abs. 2 Satz 2. Da der Personalrat einer solchen Befristung allerdings die Zustimmung wirksam mit dem Argument, dass sie rein tatsächlich unzweckmäßig sei, verwehren kann (so VGH Baden-Württemberg 24.01.2017 – 15 S 153/15 –), ist der Dienststelle dennoch zu empfehlen, über die ihrerseits bejahte Zweckmäßigkeit der Maßnahme den Personalrat direkt schon bei der Einleitung des Mitbestimmungsverfahrens zu unterrichten. Bei einer **Befristung nach § 2 Abs. 1 WissZeitVG** ist dem Personalrat der von den beabsichtigte Qualifizierungszweck mitzuteilen (vgl. BAG 21.08.2019 – 7 AZR 563/17 –). 72

Wichtig! 73

Die Dienststelle ist an die gegenüber dem Personalrat mitgeteilte Bezeichnung des Sachgrundes in der Personalratsvorlage gebunden, sodass sie den Sachgrund im Rahmen einer arbeitsgerichtlichen Auseinandersetzung (z.B. Entfristungsklage) später nicht mehr austauschen bzw. sich auf eine sachgrundlose Befristung nach § 14 Abs. 2 TzBfG berufen kann (vgl. BAG 27.09.2000 – 7 AZR 412/99 und 29.06.2023 – 2 AZR 296/22 –)!

Eine entsprechende Bindung gilt auch für die dem Personalrat **mitgeteilte Befristungsdauer**. Eine abweichende Regelung im Arbeitsvertrag hat zur Folge, dass die Befristung personalvertretungsrechtlich unwirksam vorgenommen und somit individualrechtlich ein Arbeitsverhältnis auf Dauer zustande gekommen ist (vgl. BAG 08.07.1998 – 7 AZR 308/97 –)! 74

Nach § 20 TzBfG besteht ein **Informationsrecht des Personalrates** über die **Anzahl der befristet beschäftigten Arbeitnehmer** und ihren **Anteil an der Gesamtbelegschaft** der Dienststelle (vgl. auch § 65 Rz. 50)! 75

75a Wichtige höchstrichterliche Rechtsprechung zum Befristungsrecht:

Sachgrundlose Befristung (§ 14 Abs. 2 TzBfG)

- Befristung bei „Zuvor-Beschäftigung" nach Ablauf von 22 Jahren in der Regel möglich (vgl. BAG 21.08.2019 – 7 AZR 452/17 –)
- Befristung bei „Zuvor-Beschäftigung" nach Ablauf von drei Jahren grundsätzlich nicht mehr möglich (vgl. BAG 23.01.2019 – 7 AZR 733/16 –)
- Keine „Zuvor-Beschäftigung" bei vorangegangenem Heimarbeitsverhältnis (vgl. BAG 24.08.2016 – 7 AZR 342/14 –)
- Keine „Zuvor-Beschäftigung" bei vorangegangenem Beamtenverhältnis (vgl. BAG 24.02.2016 – 7 AZR 712/13 –)
- Keine „Zuvor-Beschäftigung" bei „ganz anders gearteter Tätigkeit" (vgl. BAG 16.09.2020 – 7 AZR 552/19 –)
- Keine „Zuvor-Beschäftigung" bei „kurzer Dauer der Vorbeschäftigung" (vgl. BAG 15.12.2021 – 7 AZR 530/20 –)

Sachgrund Befristung (§ 14 Abs. 1 Satz 2 TzBfG):

- Grds. keine Verpflichtung zur Mitteilung des Sachgrundes gegenüber dem Arbeitnehmer (vgl. BAG 21.12.2005 – 7 AZR 541/04 –)
- Prognoseverpflichtung bei der Befristung wegen „vorübergehendem Bedarf an der Arbeitsleistung" (vgl. BAG 15.10.2014 – 7 AZR 893/12 – m. w. N.)
- Voraussetzungen eines „vorübergehenden projektbedingten Mehrbedarfs" als Sachgrund (vgl. BAG 24.09.2014 – 7 AZR 987/12 – und 27.07.2016 – 545/14 –)
- Anforderungen an Rückkehrprognose bei einer „Abordnungsvertretung" (vgl. BAG 12.04.2017 – 7 AZR 436/15 –)
- Zu weiteren in § 14 Abs. 1 Satz 2 Nr. 1 – 8 TzBfG nicht genannten Sachgründen (vgl. BAG 18.03.2015 – 7 AZR 115/13 – und LAG Köln 13.12.2017 – 5 Sa 206/17 –)
- Zur Sachgrundbefristung aufgrund einer leitenden Position (vgl. BAG 01.06.2022 – 7 AZR 151/21 –)
- Zur Sachgrundbefristung wegen Weisungsfreiheit (vgl. BAG 01.06.2022 a. a. O.)
- Unzulässige Sachgrundbefristung bei Kenntnis der Arbeitsunfähigkeit während der gesamten Vertragsdauer (vgl. LAG Niedersachsen 11.05.2023 – 5 Sa 27/23 –)

Sonstiges:

- Wirksamkeit von Mehrfachbefristungen (sog. Kettenbefristungen) (vgl. BAG 24.09.2014 a. a. O. und 29.04.2015 – 7 AZR 310/13 –).
- Letzter Arbeitsvertrag bildet Rechtsgrundlage für Arbeitsverhältnis bei Mehrfachbefristungen (vgl. BAG 24.02.2016 – 7 AZR 182/14 – m. w. N.)

- Wirksamkeit der Befristung unter Berufung auf eine Altersgrenze (vgl. BAG 09.12.2015 – 7 AZR 68/14 –)
- Institutioneller Rechtsmissbrauch von Befristungen (vgl. BAG 26.10.2016 – 7 AZR 135/15 –)
- Befristung wegen mittelbarer Vertretung (vgl. BAG 21.02.2018 – 7 AZR 696/16 –)
- Befristete Erprobung einer Führungsfunktion (vgl. BAG 19.11.2019 – 7 AZR 311/18 –)
- Befristung eines Bademeisters auf die Badesaison (vgl. BAG 19.11.2019 – 7 AZR 582/17 –)
- Kein unbedingtes Dauerarbeitsverhältnis bei Leistungsgewährung nach Befristungsende (vgl. BAG 09.02.2023 – 7 AZR 266/22 –)
- Zur Schriftform einer kalendermäßigen Befristung (vgl. BAG 16.08.2023 – 7 AZR 300/22 –)

Die **Zustimmung des Personalrates muss zum Zeitpunkt des Abschlusses der Befristungsabrede vorliegen** (vgl. BAG 20.02.2002 – 7 AZR 707/00 –). Wenn das nicht der Fall ist, so ist die **Befristung wegen der Verletzung der Mitbestimmung unwirksam**, sodass individualrechtlich ein Arbeitsverhältnis auf Dauer zustande gekommen ist (vgl. BAG 20.02.2002 a. a. O. und 01.06.2022 – 7 AZR 232/21)! Die gleiche Rechtsfolge stellt sich auch dann ein, wenn eine **nicht ausreichende Unterrichtung des Personalrates** stattgefunden hat (vgl. BAG 27.09.2000 – 7 AZR 412/99 –). Ungeachtet dessen, dass die Dienststelle stets darum bemüht sein sollte, dass der Personalrat vollständig und unter Verwendung richtiger Angaben unterrichtet wird, gilt es zu beachten, dass die **Mitteilung eines falschen Eintrittsdatums** für das wirksame Zustandekommen des befristeten Arbeitsvertrages unschädlich ist (vgl. LAG Düsseldorf 01.02.2002 – 10 Sa 1628/01 –). Die **Erklärung des Personalrats, auf eine Stellungnahme im Mitbestimmungsverfahren zu verzichten, ist (noch) keine Zustimmung** und führt insbesondere nicht zum vorzeitigen Eintritt der Zustimmungsfiktion nach § 66 Abs. 2 Satz 5 (vgl. BAG 21.03.2018 – 7 AZR 408/16 –). Die Befristungsabrede kann in diesem Fall also erst nach Ablauf der gesetzlichen Äußerungsfrist personalvertretungsrechtlich wirksam vorgenommen werden. 76

Wenn ein **Schulleiter**, dem nicht die Zuständigkeit gemäß § 1 Abs. 6 der Verordnung über beamtenrechtliche und disziplinarrechtliche Zuständigkeiten im Geschäftsbereich des für den Schulbereich zuständigen Ministeriums übertragen worden ist, gemäß § 57 Abs. 5 Satz 3 SchulG **für seine Schule einen befristeten Arbeitsvertrag zur Beschäftigung einer Vertretungslehrkraft im Tarifbeschäftigungsverhältnis abschließt** und die Vertretungslehrkraft die vertraglich vorgesehene Tätigkeit aufnimmt, besteht 76a

fiktive Laufbahnnachzeichnung bei freigestellten Personalratsmitgliedern vornehmen (vgl. hierzu § 7 Rz. 18).

87 **Wichtig!**

Bei der fiktiven Laufbahnnachzeichnung sind außergewöhnliche Leistungssteigerungen von anderen Beamten unbeachtlich (vgl. OVG NRW 14.12.2007 – 6 B 1155/07 –)! Was die Eignungsfeststellung für den Beförderungsdienstposten und dabei eine Erprobung betrifft, so hat die Dienststelle unter Berücksichtigung des bisherigen dienstlichen Werdeganges des Personalratsmitgliedes eine entsprechende Prognose vorzunehmen (vgl. OVG NRW 30.10.2009 – 6 B 1496/09 –)!

b) Abs. 1 Satz 1 Nr. 2 Fall 2: Zulassung zum Aufstieg

88 Nach Abs. 1 Satz 1 Nr. 2 Fall 2 ist die Zulassung zum Aufstieg eines Beamten mitbestimmungspflichtig. Dabei handelt es sich nach § 66 Abs. 7 Satz 3 ebenfalls um einen **Fall der eingeschränkten Mitbestimmung**, sodass die Einigungsstelle nur eine Empfehlung aussprechen kann (vgl. § 66 Rz. 90).

Dieser ehemals im Jahr 2007 gestrichene Mitbestimmungstatbestand wurde durch die **Novelle 2011** zur Ausweitung der Mitbestimmung wieder in das Gesetz zurückgeführt.

89 Neben der Beförderung besteht auch die Möglichkeit, dass Beamte unter bestimmten Voraussetzungen aufsteigen, d.h. also, dass Beamte des einfachen Dienstes in den mittleren Dienst, Beamte des mittleren Dienstes in den gehobenen Dienst und Beamte des gehobenen Dienstes wiederum in den höheren Dienst eintreten können. Unter „**Aufstieg**" ist somit der Übertritt von einer Laufbahn in die nächsthöhere Laufbahn derselben Fachrichtung zu verstehen. Dabei setzt der Aufstieg in die nächsthöhere Laufbahn i.d.R. zunächst die erfolgreiche Teilnahme an einem Auswahlverfahren voraus. Bei einem Aufstieg handelt es sich insoweit also um eine Ernennung nach § 8 Abs. 1 Nr. 4 BeamtStG (§ 23 Abs. 2 LBG NRW). Näheres ist in der LVO NRW geregelt (§ 23 Abs. 3 LBG NRW). Im Zusammenhang mit den vorstehenden Ausführungen gilt es zu beachten, dass die **Zulassung zum Auswahlverfahren** als solches noch nicht der Mitbestimmung unterliegt. Die Mitbestimmung des Personalrates setzt vielmehr erst dann ein, wenn unter Berücksichtigung des Ergebnisses des Auswahlverfahrens die Entscheidung zu treffen ist, dass ein bestimmter Bewerber zur Einführung zugelassen wird. Hier hat der Personalrat die Möglichkeit die Einhaltung des Leistungs- und Gleichbehandlungsgrundsatzes sowie die Einhaltung der einschlägigen Rechtsvorschriften zu überprüfen.

90 Einen Mitbestimmungstatbestand **„Ablehnung" oder „Versagung der Zulassung zum Aufstieg"** sieht weder das LPVG NRW 2017 noch das LPVG NRW in der aktuell geltenden Fassung vor (vgl. OVG NRW 22.05.2023 – 6 A 3129/20 –).

c) Abs. 1 Satz 1 Nr. 2 Fall 3: Übertragung eines anderen Amtes mit niedrigem Endgrundgehalt

Nach Abs. 1 Satz 1 Nr. 2 Fall 3 ist die Übertragung eines anderen Amtes mit niedrigerem Endgrundgehalt auf einen Beamten mitbestimmungspflichtig. Dabei handelt es sich nach § 66 Abs. 7 Satz 3 um einen **Fall der eingeschränkten Mitbestimmung**, sodass die Einigungsstelle lediglich eine Empfehlung aussprechen kann (vgl. § 66 Rz. 90). 91

Der Mitbestimmungstatbestand ist nach seiner Streichung im Jahre 2007 durch die Novelle 2011 wieder in das Gesetz eingeführt worden und betrifft die Rangherabsetzung **eines Beamten durch Ernennung** (vgl. § 8 Abs. 1 Nr. 3 BeamtStG), d.h. also durch eine Maßnahme der Dienststellenleitung. Derartige Maßnahmen bedürfen im Allgemeinen der Zustimmung des Beamten. 92

Keine Mitbestimmung besteht bei einer **disziplinarrechtlichen Rangherabsetzung** („Zurückstufung"), die durch Gerichtsurteil ausgesprochen wird und somit nicht durch eine Maßnahme der Dienststellenleitung vorgenommen wird. 93

Die Mitbestimmung des Personalrates ist darauf gerichtet, die Einhaltung des Leistungs- und Gleichbehandlungsgrundsatzes zu überwachen. Dabei kann er die Entscheidung der Dienststellenleitung auf das Zugrunde liegen sachlicher Erwägungen hin überprüfen. 94

3. Abs. 1 Satz 1 Nr. 3: Laufbahnwechsel

Nach Abs. 1 Satz 1 Nr. 3 ist der Laufbahnwechsel eines Beamten mitbestimmungspflichtig. Auch hierbei handelt es sich nach § 66 Abs. 7 Satz 3 um einen **Fall der eingeschränkten Mitbestimmung**, sodass die Einigungsstelle nur eine Empfehlung aussprechen kann (vgl. § 66 Rz. 90). 95

Der **Schutzzweck der Mitbestimmung** besteht darin, dass der Personalrat die für einen Laufbahnwechsel maßgeblichen Vorschriften der LVO NRW überprüfen und über deren Beachtung wachen kann. 96

Das Beamtenrecht ist durch das **Laufbahnprinzip** geprägt. Das Laufbahnrecht unterscheidet dabei zwischen sog. Laufbahngruppen und Laufbahnen. Die Laufbahngruppen legen abstrakt fest, welcher Bildungsgrad zu vergleichbaren laufbahn- und besoldungsrechtlichen Einstufungen führt. Die Laufbahnen hingegen legen das Berufsbild der Beamten in Bezug auf ihre Tätigkeit und die dazu erforderliche Ausbildung fest (wie z.B. die Laufbahn im gehobenen allgemeinen Verwaltungsdienst). Ein **„Laufbahnwechsel"** findet damit immer dann statt, wenn der Beamte die Fachrichtung (horizontaler Laufbahnwechsel) oder die Laufbahngruppe (vertikaler Laufbahnwechsel) wechselt. In historischer und auch systemati- 97 scher Hinsicht hat der Gesetzgeber den **vertikalen Laufbahnwechsel** als Unterfall der Beförderung erfasst (vgl. § 4 Satz 1 Nr. 4 LVO NRW). Damit unterliegt dieser der Mitbestimmung nach Abs. 1 Satz 1 Nr. 2 Fall 1 (vgl. Rz. 77). Von der Mitbestimmung nach Abs. 1 Satz 1 Nr. 3 ist also nur der **horizontale Laufbahnwechsel** erfasst. So hat die Rechtsprechung z. B. bei der Versetzung eines Regierungsschuldirektors von dem Landesinstitut für Schule und Weiterbildung von einer Gesamtschule einen entsprechend mitbestimmungspflichtigen Laufbahnwechsel angenommen (vgl. OVG NRW 06.12.1988 – CL 22/86 –). Das gilt gleichsam für einen Laufbahnwechsel durch die Versetzung eines Beamten aus dem mittleren Polizeivollzugsdienst in den mittleren allgemeinen Verwaltungsdienst (vgl. OVG NRW 11.04.2012 – 6 B 196/12 –).

98 Besonderheiten weist der **Laufbahnwechsel von Polizeivollzugsbeamten bei einer Polizeidienstunfähigkeit** auf. In diesem Fall soll der Beamte nach § 115 Abs. 3 LBG NRW – falls nicht zwingende dienstliche Gründe entgegenstehen – in ein Amt einer anderen Laufbahn bei einem der in § 1 LBG NRW bezeichneten Dienstherrn versetzt werden, wenn die sonstigen Voraussetzungen des § 25 LBG NRW erfüllt sind. Wenn der Beamte für die neue Laufbahn die Befähigung nicht besitzen sollte, so hat er die ihm gebotene Gelegenheit wahrzunehmen, die ergänzenden Kenntnisse und Fähigkeiten im Rahmen einer entsprechenden Unterweisungszeit zu erwerben (vgl. hierzu und auch zur Feststellung der Verwendbarkeit im polizeilichen Dienst OVG NRW 01.08.2003 – 6 A 1579/02 – und 27.04.2016 – 6 A 1235/14 –). Zu den **Anforderungen an eine Zustimmungsverweigerung** bei dem hier thematisierten Laufbahnwechsel vgl. OVG Berlin-Brandenburg 30.10.2015 – OVG 62 PV 7.15 –.

99 **Keine Mitbestimmung** besteht bei der **vorangehenden Zulassung zum Aufstieg in die nächsthöhere Laufbahngruppe**, da dieser (noch) keinen Laufbahnwechsel ausmacht. Hier greift aber das Mitbestimmungsrecht nach Abs. 1 Satz 1 Nr. 2 Fall 2 („Zulassung zum Aufstieg").

4. Abs. 1 Satz 1 Nr. 4: Eingruppierung, Höhergruppierung, Herabgruppierung, Übertragung einer höher oder niedriger zu bewertenden Tätigkeit, Stufenzuordnung und Verkürzung und Verlängerung der Stufenlaufzeit gem. Entgeltgrundsätzen, Bestimmung der Fallgruppen innerhalb einer Entgeltgruppe, wesentliche Änderungen von Arbeitsverträgen

100 Die Vorschrift enthält **mehrere Fälle der Mitbestimmung**, die größtenteils einen Bezug zum **Entgelt der Arbeitnehmer** in der Dienststelle haben (Fall 1–6) und im Hinblick auf die „Wesentliche Änderung von Arbeitsverträgen" (Fall 7) **grundlegende vertragliche Entscheidungen von Arbeit-**

nehmern betreffen. Von der „Übertragung einer höher oder niedriger zu bewertenden Tätigkeit“ (Fall 4) können auch **Beamte** betroffen sein.

Bei den hier benannten Mitbestimmungstatbeständen handelt es sich nach § 66 Abs. 7 Satz 3 stets um **Fälle der eingeschränkten Mitbestimmung**, sodass im Nichteinigungsfall die Einigungsstelle nur eine Empfehlung aussprechen kann (vgl. § 66 Rz. 90). 101

Im Zuge der **Novelle 2011** wurde der vormals 2007 gestrichene Mitbestimmungstatbestand der „Wesentlichen Änderung von Arbeitsverträgen“ (Fall 7) wieder in das Gesetz aufgenommen. Weiterhin wurde die Vorschrift zusätzlich um zwei neue Mitbestimmungstatbestände, die „Stufenzuordnung ...“ und die „Bestimmung der Fallgruppe ...“ erweitert (vgl. hierzu LT- Drucks. 15/1644, S. 84). 102

Der **Schutzzweck der Mitbestimmung** besteht darin, die besonderen Interessen der Beschäftigten im Hinblick auf eine gesetzes- und tarifkonforme Entgeltzuwendung im engeren Sinne und die Entgeltgerechtigkeit in der Dienststelle im weitergehenden Sinne durch die Beteiligung des Personalrates zu schützen. 103

a) Abs. 1 Satz 1 Nr. 4 Fall 1: Eingruppierung

Nach Abs. 1 Satz 1 Nr. 4 Fall 1 ist die Eingruppierung mitbestimmungspflichtig. Dabei handelt es sich nach § 66 Abs. 7 Satz 3 um einen **Fall der eingeschränkten Mitbestimmung** (vgl. Rz. 66 Rz. 90). 104

Der **Schutzzweck der Mitbestimmung** ist darauf gerichtet, dass dem Personalrat ermöglicht wird, darüber zu wachen, dass die Dienststelle die tariflichen Vorgaben und vor allem auch die Tarifautomatik bei der Eingruppierung richtig anwendet (vgl. BVerwG 25.06.2008 – 6 P 15.08 –). Dementsprechend gilt es zu beachten, dass die **Mitbestimmung bei der Eingruppierung in den Fällen der Tarifautomatik** nach der höchstrichterlichen Rechtsprechung nicht ausgeschlossen ist (so BVerwG 13.10.2009 – 6 P 15/08 –; a. A. VGH Baden-Württemberg 07.09.1993 – PL 15 S 2710/92 – und VG Mainz 05.04.2006 – 5 K 592/05 MZ –). Die Frage, **welcher Tarifvertrag zur Anwendung gelangt,** hat allerdings nichts mit der einleitend dargestellten Einreihung des Beschäftigten in ein tarifvertraglich vereinbartes Entgeltschema zu tun und ist somit von der Mitbestimmung nicht umfasst (vgl. BVerwG 15.11.1995 – 6 P 53.93 –). 105

Der Begriff „**Eingruppierung**“ bezieht sich auf die Einreihung des Beschäftigten in eine bestimmte Vergütungsgruppe, die in einem tariflich vereinbarten Entgeltschema geregelt ist (vgl. BVerwG 15.05.2012 – 6 P 9.11 – und OVG NRW 05.07.2001 – 1 A 4182/99.PVB –). Die richtige Einreihung des Beschäftigten ergibt sich durch die Subsumtion der auszuübenden Tätigkeit, 106 der Qualifikation und der beruflichen Erfahrung unter die dortigen Merkmale. Nach dem Wortlaut des BVerwG wird der Beschäftigte also nicht eingruppiert, sondern „ist" eingruppiert (vgl. BVerwG 15.05.2012 a.a.O.). Die diesbezügliche Entscheidung des Dienststellenleiters ist seines Erachtens also nicht konstitutiver, sondern deklaratorischer Natur (vgl. BVerwG 20.03.2017 – 5 PB 1.16 – und auch BAG 18.10.2018 – 6 AZR 246/17 – zur Angabe der Entgeltgruppe im Arbeitsvertrag). Diese systematischen Erwägungen sind zwar nicht unumstritten, müssen in der Praxis jedoch zunächst so hingenommen werden (vgl. Goeres, Eingruppierungsfragen von Arbeitnehmern und Mitbestimmung der Personalvertretungen nach § 75 Abs. 1 Nr. 2 BPersVG a.F., PersR 2004, 9. – der die Überlegungen des BVerwG als „systematische Fehlüberlegungen" tituliert). Zur Behandlung der Ablehnung eines Höhergruppierungsantrages als neue Eingruppierung vgl. Rz. 130.

107 Im Anwendungsbereich des TV-L haben sich die Tarifvertragsparteien im Rahmen der Tarifeinigung vom 10.03.2011 auf eine **neue Entgeltordnung** verständigt. Für den des TVöD (VKA) ist dies unter dem 29.04.2016 mit **Inkrafttreten zum 01.01.2017** geschehen. Dadurch sind die §§ 12, 13 TV-L/TVöD letztendlich mit Inhalt gefüllt worden. Zuvor fand noch über die Überleitungstarifverträge das alte Eingruppierungsrecht Anwendung. Der damalige § 17 TVÜ verwies auf die Eingruppierungsvorschriften des BAT/BAT-O und die entsprechenden Arbeitertarifverträge. Damit waren für den Bereich der Angestellten zunächst vor allem die §§ 22, 23 BAT maßgeblich. Soweit die §§ 12, 13 TV-L/TVöD aber letztendlich nahezu den Wortlaut des § 22 BAT aufweisen gilt es auch weiterhin die **bisherigen Grundsätze des Eingruppierungsrechts** und insbesondere **die hierzu ergangene Rechtsprechung zu beachten**.

108 Nach § 15 Abs. 1 TVöD/TV-L erhalten Beschäftigte ein **monatliches Tabellenentgelt**, dessen Höhe sich nach der **Entgeltgruppe**, in der sie eingruppiert sind und nach der für sie geltenden **Stufe**, bestimmt. Nach § 15 Abs. 2 TVöD ist die Höhe der Tabellenentgelte in der dortigen Anlage A und nach § 15 Abs. 2 TV-L in den dortigen Anlagen B und C festgelegt. Die Entgeltgruppen des TVöD/TV-L sind mit 1 bis 15 durchnummeriert. Die Bezeichnungen ähneln den **beamtenrechtlichen Besoldungsgruppen** A 1 bis A 15 der Beamten.

109 Mitbestimmungspflichtig ist die **Zuordnung zu einer Entgeltgruppe**, und auch die dortige **Stufenzuordnung** (vgl. BVerwG 13.10.2009 – 6 P 15/08 – und 07.03.2011 – 6 P 15/10), damit der Personalrat überwachen kann, dass die von der Dienststelle beabsichtigte Eingruppierung auch mit dem tarifvertraglichen Entgeltsystem im Einklang steht und somit im weitesten Sinne auch der Gleichheitsgrundsatz innerhalb der Dienststelle eingehalten wird (vgl.

BVerwG 27.08.2008 – 6 P 11.07 –). Nach § 12 TV-L/TVöD (vgl. Rz. 106) sind für die Eingruppierung nur die auf Dauer übertragenen Tätigkeiten maßgeblich. Bei einem **Personalratsmitglied, dass vollständig von seiner arbeitsvertraglich geschuldeten Arbeitsleistung freigestellt ist** (vgl. § 42 Rz. 24 ff.), stellt die Ausübung seines Personalratsmandats nicht die übertragene Tätigkeit im Sinne der vorbenannten Tarifvorschrift dar (vgl. entsprechend LAG Niedersachsen 26.09.2017 – 11 Sa 437/17 E – zu einer Gleichstellungsbeauftragten nach dem BGleiG). Die **Bestellung zum Vorarbeiter** kann mitbestimmungspflichtig sein, wenn damit nicht nur eine bloße Erweiterung des Tätigkeitsbereiches, sondern eine wesentliche Veränderung des Aufgabenkreises, d.h. also eine neue Prägung des Arbeitsplatzes für den bestellten Beschäftigten verbunden ist (vgl. OVG Sachsen-Anhalt 03.11.2015 – 5 L 1/14 –). Der Personalrat einer **gemeinsamen Einrichtung** im Sinne des § 44b Abs. 1 Satz 1 SGB II ist in seinem Mitbestimmungsrecht bei der Eingruppierung verletzt, wenn der Dienststellenleiter der gemeinsamen Einrichtung ihr **erstmalig zugewiesene Arbeitnehmer** ohne Beteiligung des Personalrats in konkrete Tätigkeiten ein- und ihnen damit verbundene Aufgaben zuweist (vgl. BVerwG 19.02.2019 – 5 P 7.17 –). Eine **Zulagengewährung stellt nur ausnahmsweise eine mitbestimmungspflichte Eingruppierung dar** (vgl. zu den Voraussetzungen BVerwG 12.08.2021 – 5 P 1.21 – und Anm. Bülow, ZTR 2022, S. 274)!

Bei der **Stufenvorweggewährung oder der Zahlung einer erhöhten End- 109a**
stufe i.S.d. § 20 V 1 und 2 TV-Ärzte/VKA handelt es sich nicht um eine Mitbestimmungsmaßnahme nach § 72 Abs. 1 Satz 1 Nr. 4 (vgl. entsprechend BAG 12.06.2019 – 1 ABR 30/18 – zum BetrVG).

Aufgrund der einleitend dargestellten systematischen Erwägungen des **110**
BVerwG (vgl. Rz. 106) unterliegt auch die **Neuzuweisung eines Arbeitsplatzes unter Beibehaltung der bisherigen Eingruppierung** der Mitbestimmung des Personalrates. Dies gilt auch dann, wenn der neue Arbeitsplatz schon einmal unter Beteiligung des Personalrates bewertet worden ist (vgl. BVerwG 08.11.2011 – 6 P 23/10 – und OVG Hamburg 23.10.2019 – 8 Bf 198/17.PVL –). Weiterhin sieht das BVerwG selbst dann die **Überprüfung der Eingruppierung eines Beschäftigten**, die auf dessen Antrag hin oder von Amts wegen erfolgt, als mitbestimmungspflichtig an, **wenn sich nach dem Überprüfungsergebnis keine Änderung ergeben soll** (vgl. BVerwG 20.03.2017 – 5 PB 1.16 – und im Kontext BayVGH 03.12.2019 - 17 P 18.2017 –). Die Frage, ob der Mitbestimmung auch diejenigen Fallgestaltungen unterliegen, bei denen der Dienststellenleiter beabsichtigt, die Eingruppierung eines Arbeitnehmers zu bestätigen, ohne dass wesentliche Veränderungen gegenüber dem der Eingruppierung zugrunde liegenden Sachverhalt eingetreten sind hat das BVerwG bislang noch nicht beantwortet (vgl. BVerwG 20.03.2017 a.a.O.). So-

weit das BAG dies für das Betriebsverfassungsrecht jedenfalls schon zutreffend verneint hat (vgl. BAG 01.07.2009 – 4 ABR 18/08 –) gilt für das Personalvertretungsrecht nichts anderes. Auch wenn sich Letzteres vom Betriebsverfassungsrecht zwar wesentlich dadurch unterscheidet, dass es als Teil des Rechts des öffentlichen Dienstes den kollektiv-rechtlichen Schutz derjenigen regelt, die in den öffentlichen Dienst eingegliedert sind und die – anders als Beschäftigte in der Privatwirtschaft – an der Erfüllung öffentlicher Aufgaben mitwirken (vgl. BVerwG 19.10.2015 – 5 P 11.14 –), ist jedenfalls nicht zu sehen, dass es bei dem unveränderten Fortbestand eines Arbeitsverhältnisses im öffentlichen Dienst eines Mitbestimmungsschutzes bedarf (vgl. auch Bülow zur Rechtsprechung des BVerwG 2017, ZTR 2018, S. 241 f.). **Der Eingruppierung vorgelagerte Organisationsuntersuchungen oder lediglich abstrakt gehaltene Stellenbeschreibungen** sind für den Arbeitgeber bzw. die Dienststelle weder bindend noch mitbestimmungsauslösend nach der vorliegenden Vorschrift (vgl. hierzu BayVGH 12.10.2021 – 17 P 19.861 –).

110a **Kleines „Eingruppierungslexikon" (A–Z):**

A

Alltagsbegleiter, vgl. LAG Düsseldorf 20.01.2021 – 12 TaBV 38/20 –

Altentherapeut, vgl. LAG Düsseldorf 28.04.2020 – 3 Sa 440/19 –

Amtspfleger, vgl. LAG Hamm 11.02.2014 – 12 Sa 1429/13 –

Auszuübende Tätigkeit, vgl. BAG 26.3.1997 – 4 AZR 489/95 –

Arbeitsplatzbewertung und Mitbestimmung, vgl. BAG 17.11.2010 – 7 ABR 123/09 –

Arbeitsvermittler Jobcenter, vgl. LAG Hamm 27.08.2013 – 12 Sa 562/13 –

Arbeitsvorgang, vgl. LAG Mecklenburg-Vorpommern 27.06.2018 – 3 Sa 206/17 –

Aufbaufallgruppen, BAG 09.12.2015 – 4 AZR 11/13 –

Außertariflich Beschäftigte, vgl. AG Köln 07.01.2014 – 16 Ca 4127/13 –

B

Bautechniker als Baukontrolleur, vgl. LAG Köln 19.02.2020 – 5 Sa 302/19 –

D

Darlegungs- und Beweislast, vgl. BAG 12.06.1996 – 4 AZR 1025/94 –

Direktionsrecht, vgl. BAG 23.11.2004 – 2 AZR 38/04 –

E

Ergotherapeut, vgl. LAG München 22.07.2019 – 3 TaBV 37/49 –

Erzieherin OGS, vgl. LAG Düsseldorf 12.02.2019 – 3 Sa 467/18 –

F

Fachkraft für Arbeitssicherheit, vgl. BAG 25.01.2017 – 4 AZR 379/15 –

G

Gärtner, vgl. BAG 16.08.2023 – 4 AZR 283/22 –

Gleichstellungsbeauftragte, vgl. LAG Niedersachsen 26.09.2017 – 11 Sa 437/17 E –

Gruppenleiter SuE, vgl. LAG Köln, 15.01.2021 – 9 TaBV 39/20 –

I

Ingenieur mit Projektleitung, vgl. AG Herne 11.12.2019 – 5 Ca 1078/19 –

Ingenieure mit langjähriger praktischer Erfahrung, vgl. LAG Berlin-Brandenburg, 16.11.2017 –18 Sa 290/17 –

Ingenieur (Gartenbau), vgl. LAG Mecklenburg-Vorpommern 28.04.2020 – 5 Sa 119/19 –

K

Kraftwagenfahrer (TVöD-NRW), vgl. LAG Düsseldorf 21.01.2020 – 14 Sa 524/19 –

Kundenberater Sparkassen, vgl. AG Herne 20.11.2019 – 1 Ca 192/19 –

L

Lebensmittelkontrolleur, vgl. LAG Düsseldorf 19.08.2020 – 4 Sa 124/20 –

Leiter einer Pflegeschule, vgl. LAG Düsseldorf 07.08.2019 – 4 Sa 1084/18 –

Leiter eines Frei- und Hallenbades, vgl. LAG Hamm 10.10.2019 – 17 Sa 176/19 –

Leiter Jugendamt, vgl. LAG Hamm, 10.12.2013 – 12 Sa 799/13 –

Leiter Kindertagesstätte, vgl. BAG 16.04.2014 – 4 AZR 745/13 –

Leiter Öffentliche Sicherheit und Ordnung, vgl. LAG Hamm 15.01.2013 – 12 Sa 1002/12 –

M

Medizinisch-technische Assistent, vgl. LAG Nürnberg 24.09.2019 – 6 Sa 93/19 –

Medizinisch-technische Laborationsassistent, vgl. BAG 16.12.2020 – 4 AZR 97/20 –

Meister Abwasser, vgl. AG Düsseldorf 06.06.2019 – 7 Ca 1260/19 –

Meister EG 9a, vgl. LAG Nürnberg 09.10.2019 – 2 Sa 190/19 –

Meister EG 9c, vgl. LAG München 16.01.2020 – 3 Sa 343/19 –

Meister für Bäderbetriebe, vgl. AG Essen 07.06.2018 – 5 Ca 512/18 –

O

Ordnungsamt Außendienst und Politesse, vgl. LAG Sachsen-Anhalt 16.04.2019 – 6 Sa 56/17 –

Ordnungsamt Streifendienst, vgl. BAG 05.07.2017 – 4 AZR 866/15 –

P

Personalsachbearbeitung, vgl. LAG Mecklenburg-Vorpommern 19.01.2022 – 5 TaBV 4/21 –

Politessen, vgl. BAG 16.10.2019 – 4 AZR 284/18 –

Praxisanleitung, vgl. BAG 17.03.2021 – 4 AZR 218/20 –

Psychologischer Psychotherapeut, vgl. LAG Berlin-Brandenburg 01.08.2019 – 5 Sa 2462/18 –

S

Sachbearbeiter/Fallmanager Jobcenter, BAG vgl. 22.06.2022 – 4 AZR 495/21 –

Sachbearbeiterin SBV-Angelgenheiten, vgl. LAG Hamm 09.02.2022 – 3 Sa 875/21 –

Sachbearbeiter Stabstelle Umweltschutz, vgl. ArbG Minden 20.11.2020 – 3 Ca 628/20 –

Sachbearbeiter Unterhalt Jobcenter, vgl. LAG Schleswig-Holstein 15.08.2019 – 5 Sa 40öD/19 – Schulhausmeister, BAG, 04.12.2023 – 2 AZR 55/23 –

Schulsekretärin, vgl. LAG Hamm 10.08.2022 – 3 Sa 1592/21 –

Sonstige Beschäftigte (Erzieher), vgl. LAG Hamm 09.02.2022 – 3 Sa 1022/21 –

Sonstige Beschäftigte (Ingenieur), vgl. LAG Köln 01.02.2022 – 4 Sa 333/21 –

Sozialarbeiter, vgl. BAG 22.06.2022 – 4 AZR 440/21 –

Sozialarbeiter mit Zusatzausbildung Suchttherapie, vgl. LAG Berlin-Brandenburg 07.03.2011 – 10 Sa 2291/10 –

Stadtplaner, vgl. LAG Düsseldorf 27.06.2019 –11 Sa 903/18 –

Ständige Vertreter von Leitern von Kindertagesstätten vgl. AG Wuppertal, 03.04.2019 – 7 Ca 1797/18 –

Standesbeamter, vgl. LAG Schleswig-Holstein 23.03.2021 – 2 Sa 257öd/20 –

Stationsleitung im Pflegebereich, vgl. LAG Düsseldorf 03.09.2019 – 5 Sa 145/19 –

Systemadministrator, vgl. LAG Mecklenburg-Vorpommern 04.09.2019 – 3 Sa 21/19 –

T

Teamleiter „Leistungsgewährung SGB II“, vgl. LAG Rheinland-Pfalz 27.11.2020 – 1 Sa 55/20 –

Technischer Prüfer im Rechnungsprüfungsamt, vgl. AG Minden 01.02.2019 – 3 Ca 870/18 – Tierpfleger, vgl. BAG 16.08.2023 – 4 AZR 301/22 –

U

Umweltbeauftragter, vgl. LAG Hamm 05.06.2012 – 12 Sa 65/12 –

V

Volljurist Kreisverwaltung, vgl. LAG Düsseldorf 18.9.2018 – 3 Sa 131/18 –

Vollstreckungsaußendienst, vgl. LAG Niedersachsen 04.11.2019 – 1 Sa 394/19 –

Vollstreckungsinnendienst, vgl. LAG Berlin-Brandenburg 10.03.2020 – 19 Sa 1349/19 –

W

Widerspruchsachbearbeiter, vgl. LAG Sachsen-Anhalt 28.04.2021 – 5 Sa 95/19 E –

Wissenschaftliche Hochschulbildung, LAG Düsseldorf 13.12.2019 – 6 Sa 384/19 –

Z

Zusammenhangstätigkeit, vgl. BAG 12.08.1981 – 4 AZR 15/79 –

Von der Mitbestimmung erfasst sind auch **Eingruppierungen aufgrund von einseitig erlassenen Vergütungsrichtlinien** (vgl. BVerwG 15.03.1988 – 6 P 23.87 –) und **tarifvertragliche Eingruppierungen aufgrund einer betrieblichen Übung** (vgl. BVerwG 13.02.1976 – VII P 9.74 –). Der Personalrat kann gegen die Eingruppierung eines Beschäftigten in ein betriebliches Entgeltsystem, das selbst als Frage der Entgeltgestaltung mitbestimmungspflichtig ist (vgl. Rz. 817 ff.), die Nichtbeachtung dieses Mitbestimmungsrechts als Gesetzesverstoß geltend machen (vgl. BVerwG 12.08.2021 – 5 P 1.21 –). 111

Keine Mitbestimmung besteht bei einer bloßen **Datenkorrektur im PV-System** (vgl. VGH Baden-Württemberg 14.11.2018 – PL 15 S 2219/18 –) und bei der **Gestaltung des Entgelts in der Dienststelle**. Letzteres unterfällt aber der Mitbestimmung nach § 72 Abs. 4 Satz 1 Nr. 5 Fall 1 (vgl. Rz. 832 ff.)! 112

Keine Mitbestimmung besteht auch für eine **außertarifliche Zulagengewährung** (vgl. BVerwG 15.05.2012 – 6 P 9.11 –); insbesondere nicht für eine Gewährung nach der IT-Fachkräfterichtlinie VKA (vgl. entsprechend. Entsprechendes gilt für die **Streichung einer außertariflichen Zulage**. Selbst, wenn mehreren Beschäftigten eine über einen längeren Zeitraum hinweg gezahlte Zulage gestrichen wird, stellt dies vor allem auch keine mitbestimmungspflichtige „Aufstellung von Entgeltgrundsätzen“ i. S. d. Abs. 4 Satz 1 Nr. 5 Fall 1 (Regel-Bsp. 1) dar (vgl. Rz. 832). Zur Eingruppierungsänderung wegen Vertragsnichtigkeit vgl. OVG Berlin-Brandenburg 22.11.2018 – 60 PV 12.17 –. 113

Mitbestimmungsfrei sind auch **Stellenbeschreibungen**. Diese stellen zwar die Bewertungsgrundlage für eine richtige Eingruppierung dar, befassen sich aber nur mit der Stelle und nicht bzw. direkt mit den Beschäftigten selbst. Dementsprechend binden sie die Arbeitgeberseite in einem Eingruppierungsrechtsstreit nicht, und zwar auch dann nicht, wenn sie zur Personalakte genommen worden sind (vgl. hierzu LAG Hessen 09.09.1997 –7 Sa 2372/96 –). 114

Mitbestimmungsfrei sind auch **Stellenbewertungen** (vgl. BVerwG 05.10.2011 – 115
6 P 19.10 – und entsprechend BAG 31.01.1984 – 1 ABR 63/81 – zum BetrVG). Die Dienststelle muss beide allerdings zur Begründung der beabsichtigten Eingruppierung, wenn sie vorhanden sind dem Personalrat zur Vorlage brin-

gen, damit dieser im Hinblick auf den Schutzzweck der Mitbestimmung bei der Eingruppierung (vgl. Rz. 105 a) erkennen kann, aufgrund welcher Tatsachen die Dienststelle zu der von ihr beabsichtigten Eingruppierung gelangt (vgl. VG Frankfurt a.M. 04.10.2011 – 23 K 1924/11.F –). Die Dienststelle muss dem Personalrat ergänzend hierzu allerdings weder die Gesichtspunkte für die Eingruppierung des vormaligen Stelleninhabers noch die Stellenbewertungen bzw. Stellenbeschreibungen aller Arbeitsplätze der Dienststelle übermitteln (vgl. entsprechend VGH Baden-Württemberg 05.12.2016 – 15 S 2156/15 – zur beabsichtigten Höhergruppierung).

116 **Praxistipp!**

In der Praxis hat sich die Anfertigung von Stellenbeschreibungen und teilweise auch die Stellenbewertung durch eine sog. Stellenbewertungskommission bewährt. Der Einsatz und die Arbeit mit einer solchen Kommission ersetzt zwar nicht das Mitbestimmungsverfahren im Hinblick auf die letztendliche Eingruppierung der Beschäftigten, bietet aber die Möglichkeit, den Personalrat schon aktiv im Vorfeld zu beteiligen, sodass er für die Kommissionsergebnisse auch eine Mitverantwortung übernehmen kann!

117 Wenn die Dienststelle zeitgleich die **Einstellung und Eingruppierung** eines Beschäftigten beantragt und der Personalrat nur der Einstellung, nicht aber der beabsichtigten Eingruppierung zustimmt, so ist dies zulässig (→ „Teilweise Zustimmung"). Denn die Einstellung und die Eingruppierung fallen zwar regelmäßig in einem Akt zusammen, dennoch sind hier die Mitbestimmung zur Einstellung nach § 72 Abs. 1 Satz 1 Nr. 1 Fall 1 und die Mitbestimmung zur Eingruppierung nach § 72 Abs. 1 Satz 1 Nr. 4 Fall 1 von einander losgelöst zu betrachten (vgl. BVerwG 22.10.2007 – 6 P 1.07 –). Damit die Dienststelle im Hinblick auf ein individualarbeitsvertraglich zustande gekommenes Arbeitsverhältnis und die dabei vereinbarte Eingruppierung keine negativen Fakten schafft, sollte sie den Beschäftigten trotz der Einstellungszustimmung tatsächlich so lange noch nicht zum Arbeitseinsatz bringen, bis auch die Zustimmung zur Eingruppierung vorliegt!

b) Abs. 1 Satz 1 Nr. 4 Fall 2: Höhergruppierung

118 Nach Abs. 1 Satz 1 Nr. 4 Fall 2 ist die Höhergruppierung mitbestimmungspflichtig. Dabei handelt es sich nach § 66 Abs. 7 Satz 3 um einen **Fall der eingeschränkten Mitbestimmung** (vgl. § 66 Rz. 90). Sie korrespondiert mit der Mitbestimmung nach § 72 Abs. 1 Satz 1 Nr. 4 Fall 4/„Übertragung einer höher zu bewertenden Tätigkeit" (vgl. Rz. 139ff.). Sie kann mit ihr also zusammenfallen oder z.B. bei einer nur vertretungsweisen Übertragung einer höher zu bewertenden Tätigkeit (vgl. Rz. 144f.) sich ausschließ-

lich nach der letztgenannten Vorschrift richten (vgl. hierzu auch BAG 16.04.2015 – 6 AZR 242/14 –).

Der Begriff „**Höhergruppierung**" bezeichnet die dauerhafte Eingruppierung in eine höhere Entgeltgruppe (vgl. hierzu auch BAG 26.07.2012 – 6 AZR 701/10 –). Auf eine letztendliche Entgeltsteigerung kommt es dabei nicht an (vgl. BAG 21.05.2015 – 6 AZR 254/14 – und im Kontext auch29.06.2022 – 6 AZR 475/21 wonach u.U. auch vorherige Tätigkeiten in einer niedrigeren Entgeltgruppe einschlägige Berufserfahrung für die Einstufung in einer höheren Entgeltgruppe („Aufbaufallgruppe") vermitteln können). 119

Beispiel: 120

Der Beschäftigte A ist als Verwaltungsmitarbeiter tätig und erhält ein Entgelt nach der EG 10 TVöD. Wenn ihm zum Datum XY neue Aufgaben, die den Tätigkeitsmerkmalen der EG 11 TVöD entsprechen auf Dauer übertragen werden sollen, so ist dies mitbestimmungspflichtig.

Die Dienststelle hat den Personalrat im Rahmen ihrer **Unterrichtungspflicht nach § 66 Abs. 2 Satz 1** (vgl. § 66 Rz. 15 ff.) die Tätigkeits- und sonstigen Eingruppierungsmerkmale für die von ihr beabsichtigte höhere Eingruppierung darzulegen (siehe auch Muster 24). Sie muss allerdings dem Grunde nach nicht ergänzend zur konkreten Arbeitsplatzbeschreibung und -bewertung die Gesichtspunkte für die frühere Eingruppierung des von der Maßnahme betroffenen Beschäftigten und im Übrigen auch nicht die Stellenbewertungen bzw. Stellenbeschreibungen aller in der Dienststelle vorhandenen Arbeitsplätze übermitteln, wie viele Personalräte in der Praxis oftmals fordern (vgl. VGH Baden-Württemberg 05.12.2016 – 15 S 2156/15 –)! 121

Abgesehen vom Überleitungsrecht zur Neuen Entgeltordnung erfolgt eine Höhergruppierung nach aktuellem Tarifrecht nur noch bei der **Neuübertragung einer Tätigkeit**, die den Tätigkeitsmerkmalen einer höheren Entgeltgruppe zugeordnet ist. Die ehemals noch im BAT ermöglichten **Zeit- oder Bewährungsaufstiege**, d.h. also eine „Höhergruppierung ohne Veränderung der Tätigkeit", sind mit der Einführung des TVöD zum 01.05.2010 und der Einführung des TV-L zum 01.11.2006 längstens entfallen! 122

Des Weiteren gilt es zu beachten, dass **(individual-)arbeitsrechtlich** die Höhergruppierung zu einer Veränderung des Arbeitsvertrages führt, die nicht vom arbeitgeberseitigen Direktionsrecht (vgl. § 106 GewO) abgedeckt ist. Von daher kann sie (individual-)arbeitsrechtlich wirksam nur durch eine **einvernehmliche Änderung des Arbeitsvertrages** – was in der Praxis zumeist der Fall ist – oder durch den Ausspruch einer **Änderungskündigung** (vgl. hierzu näher § 74 Rz. 20 ff.) herbeigeführt werden (vgl. auch entsprechend BAG 15.03.1991 – 2 AZR 582/90 – und BVerwG 01.02.1989 – 6 P 2.86 –). 123

124 **Wichtig!**

Im Fall einer einvernehmlichen Arbeitsvertragsänderung ist ebenfalls die Mitbestimmung nach § 72 Abs. 1 Satz 1 Nr. 4 Fall 7 („Wesentliche Änderung von Arbeitsverträgen") zu beachten (vgl. Rz. 178 ff.)!

125 Bei einer **Änderungskündigung** sind zudem die Mitbestimmungstatbestände des § 72 Abs. 1 Satz 1 Nr. 4 Fall 4 („Übertragung einer niedriger zu bewertenden Tätigkeit"), des § 74 Abs. 1 Satz 1 („Ordentliche Kündigung") bzw. § 74 Abs. 2 Fall 3 („Außerordentliche Kündigung") einschlägig!

126 Abzugrenzen von den beiden zuvor dargestellten Handlungsmöglichkeiten ist die **sog. korrigierende Höhergruppierung** (vgl. hierzu ausführlich BAG 16.08.2023 – 4 AZR 339/22 m. w. N.). D. h., der Arbeitgeber hat bei der Ermittlung der zutreffenden Entgeltgruppe fälschlicherweise eine niedrigere für zutreffend gehalten als diejenige, die nach der auszuübenden Tätigkeit maßgebend ist und möchte diese deshalb nach oben hin ändern, um den seines Erachtens tarifgemäßen höheren Zustand herzustellen (vgl. entsprechend BAG 26.01.2011 – 4 AZR 167/09 – zur sog. „korrigierenden Rückgruppierung und auch Rz. 137). Hierbei besteht ebenfalls eine **Mitbestimmung des Personalrates** (vgl. entsprechend BVerwG 10.07.1995 – 6 P 14.93 – und BAG 27.07.1993 – 1 ABR 11/93 – zur Mitbestimmung bei der sog. „korrigierenden Rückgruppierung").

127 Eine Mitbestimmung besteht weiterhin im Fall der **Höhergruppierung aufgrund Tarifautomatik** (vgl. OVG NRW 10.02.1993 – CL 11/90 –). So z. B. im Fall der Leitung einer Kindertageseinrichtung, wenn sich die Anzahl der Kinder in der Einrichtung erhöhen.

128 **Keine Mitbestimmung** und auch **keine Höhergruppierung** stellt der bloße **Erhalt eines höheren Entgeltes aufgrund einer Tätigkeitsveränderung** dar (vgl. auch BVerwG 14.12.1962 – VII P 3.62 –).

129 **Beispiel:**

Wenn der Beschäftigte A zum Vorarbeiter bestellt wird und im Zuge dessen eine sog. Vorarbeiterzulage erhält, ist damit kein Wechsel der Entgeltgruppe verbunden, sodass keine mitbestimmungspflichtige Höhergruppierung vorliegt.

130 Die **Ablehnung eines Höhergruppierungsantrages** eines Beschäftigten durch die Dienststelle unterliegt nach der Rechtsprechung des OVG NRW vom 21.11.1960 – CL 12/60 – zutreffender Weise grundsätzlich nicht der Mitbestimmung. Das gilt nach neuer Rechtsprechung des BVerwG vom 19.10.2021 – 5 P 3.20 - aber nicht für die Ablehnung eines Höhergruppierungsantrags nach § 29b Abs. 1 TVÜ-VKA. Das BVerwG meint insoweit, dass der zur Ablehnung kommende Antrag einen Rechtsanwendungsakt der Dienststellenleitung aus-

lösen würde, der als mitbestimmungspflichtige neue Eingruppierung zu werten sei. Dem ist in der Praxis zwar nunmehr Folge zu leisten. Rechtsdogmatisch hat das BVerwG jedoch verkannt, dass die Ablehnung der Höhergruppierung keine Eingruppierungsänderung, d.h. keine Rechtsänderung und damit eigentlich keine Maßnahme im allgemeinen personalvertretungsrechtlichen Verständnissinne darstellt (ebenso Cecior u.a. § 72 Rn. 219b)!

Dem Personalrat steht nach § 66 Abs. 4 ein **Initiativrecht im Hinblick auf Höhergruppierungen** von Beschäftigtengruppen und auch einzelnen Beschäftigten zu (vgl. OVG Bremen 13.10.2009 – P A 63/07 – mit Verweis auf BVerwG 24.10.2001 – 6 P 13.00 – sowie OVG Sachsen 14.10.2022 – 9 A 334/21.PL –). 130a

Eine **Höhergruppierung ohne Zustimmung des Personalrates** ist unwirksam. Trotz der fehlenden Personalratszustimmung steht dem hiervon betroffenen Beschäftigten (individualarbeitsvertraglich) das Entgelt nach der höheren Entgeltgruppe zu (vgl. BAG 16.01.1991 – 4 AZR 301/90 –). 131

c) Abs. 1 Satz 1 Nr. 4 Fall 3: Herabgruppierung

Nach Abs. 1 Satz 1 Nr. 4 Fall 3 ist die Herabgruppierung mitbestimmungspflichtig. Dabei handelt es sich nach § 66 Abs. 7 Satz 3 um einen **Fall der eingeschränkten Mitbestimmung** (vgl. § 66 Rz. 90). 132

Eine „**Herabgruppierung**" (früher auch „Rückgruppierung" genannt) ist eine Änderung der Einreihung in eine niedrigere Entgeltgruppe aufgrund der Übertragung einer geringer bewerteten Tätigkeit oder einer Veränderung der Wertigkeit der bislang schon ausgeübten Tätigkeit (vgl. BAG 17.12.2015 – 6 AZR 432/14 – und 01.06.2017 – 6 AZR 741/15 –). Dabei ist es unerheblich, ob es angesichts der Zuordnung des Beschäftigten zu einer niedrigen Entgeltgruppe auch tatsächlich zu einer Verringerung der zu zahlenden Entgeltbeträge kommt (vgl. BVerwG 30.04.2001 – 6 P 9.00 –). Zur Stufenlaufzeit bei einer Herabgruppierung vgl. im Übrigen BAG 01.06.2017 – 6 AZR 741/15 –. 133

Beispiel: 134

Ein Beschäftigter ist in der Verwaltung tätig und erhält ein Entgelt nach der EG 11 TVöD. Wenn ihm zum Datum XY neue Aufgaben, die aber nur den Tätigkeitsmerkmalen der EG 10 TVöD entsprechen auf Dauer übertragen werden sollen, so ist dies mitbestimmungspflichtig.

Die Herabgruppierung kann in der Praxis entweder durch eine **einvernehmliche Änderung des Arbeitsvertrages** („Einvernehmliche Rückgruppierung") oder durch eine **Änderungskündigung** (vgl. § 74 Rz. 20ff.) erfolgen, so z.B. bei der Verringerung der Kinderzahl in einer Kindertageseinrichtung mit Auswirkungen auf die Eingruppierung der dortigen Einrichtungsleitung (vgl. BAG 15.03.1991 – 2 AZR 582/90 –). In beiden Fällen besteht ein Mitbe- 135 stimmungsrecht des Personalrates (vgl. BVerwG 01.02.1989 – 6 P 2.86 – und 01.10.2014 – 6 P 13.3 –).

136 **Wichtig!**

Zu den bei einer einvernehmlichen Änderung des Arbeitsvertrages bzw. einer Änderungskündigung weiterhin zu beachtenden Mitbestimmungstatbeständen vgl. entsprechend Rz. 123 f.!

137 Abzugrenzen von den beiden zuvor dargestellten Handlungsmöglichkeiten ist die **korrigierende Rückgruppierung.** D. h., der Arbeitgeber hat bei der Ermittlung der zutreffenden Entgeltgruppe fälschlicherweise eine höhere für zutreffend gehalten als diejenige, die nach der auszuübenden Tätigkeit maßgebend ist und möchte diese insoweit ändern, um den seines Erachtens tarifgemäßen Zustand herzustellen (vgl. BAG13.12.2017 – 4 AZR 576/16 – und 26.01.2011 – 4 AZR 167/09 – und im Übrigen auch § 17 Abs. 4 Satz 2 TVÜ-VKA für den Bereich des TVöD). Die Grundsätze der korrigierenden Rückgruppierung, nach denen der Arbeitgeber die Darlegungs- und Beweislast für die objektive Fehlerhaftigkeit der bisher angenommenen Bewertung der Tätigkeit trägt, sind nur anzuwenden, wenn sich aus der bislang vorgenommenen Zuordnung zu einer Entgeltgruppe oder einem Tätigkeitsmerkmal zwingend die durch den Beschäftigten im Klagefall begehrte Eingruppierung ergibt. Sie gelten ihrem Sinn und Zweck nach nicht, wenn der Beschäftigte sein Vertrauen nur auf ein Element der bisherigen tariflichen Bewertung durch den Arbeitgeber stützt, aber weitere rechtliche Folgeüberlegungen erforderlich sind, die erst zur beanspruchten Entgeltgruppe führen (vgl. hierzu BAG 16.08.2023 –4 AZR 339/22 –). Bei einer solchen Rückgruppierung besteht ebenfalls ein Mitbestimmungsrecht des Personalrates (vgl. BVerwG 10.07.1995 – 6 P 14.93 – und BAG 27.07.1993 – 1 ABR 11/93 –). Wenn der Arbeitgeber bei der korrigierenden Rückgruppierung das Mitbestimmungsrecht des Personalrats verletzt hat, so resultiert hieraus allerdings noch nicht ohne Weiteres, dass er das bisher gezahlte Entgelt auch weiterhin an den betroffenen Arbeitnehmer zahlen muss. Vielmehr hat letzterer nur dann einen Anspruch darauf hat, wenn das höhere Entgelt arbeitsvertraglich vereinbart ist oder eine tarifliche Rechtsgrundlage vorhanden ist (vgl. BAG 26.08.1992 – 4 AZR 210/92 –).

138 **Wichtig!**

Bei einer „korrigierenden Rückgruppierung" orientiert sich der Unterrichtungsumfang des Personalrates (vgl. § 66 Abs. 2 Satz 1) an der Darlegungs- und Beweislast des Arbeitgebers in einem Arbeitsrechtsstreit. Dort muss der Arbeitgeber, wenn sich der Arbeitnehmer auf die ihm zunächst (fälschlich) mitgeteilte Entgeltgruppe berufen möchte, deren objektive Fehlerhaftigkeit prozessual darlegen und beweisen (vgl. BAG 16.02.2000 – 4 AZR 62/99 – und 11.06.1997 – 10 AZR 724/95 –)!

Dem Personalrat steht nach § 66 Abs. 4 ein **Initiativrecht im Hinblick auf Herabgruppierungen** von Beschäftigtengruppen und auch einzelnen Beschäftigten zu (vgl. BVerwG 24.10.2001 – 6 P 13.00 – und entsprechend OVG Bremen 13.10.2009 – P A 63/07 – zum Vorschlagsrecht einer Höhergruppierung). 138a

d) Abs. 1 Satz 1 Nr. 4 Fall 4: Übertragung einer höher oder niedriger zu bewertenden Tätigkeit

Nach Abs. 1 Satz 1 Nr. 4 Fall 4 ist die Übertragung einer höher oder niedriger zu bewertenden Tätigkeit mitbestimmungspflichtig. Dabei handelt es sich nach § 66 Abs. 7 Satz 3 um einen **Fall der eingeschränkten Mitbestimmung** (vgl. § 66 Rz. 90). 139

Der Mitbestimmungstatbestand enthält **zwei Übertragungsalternativen**. Das ist zum einen die Übertragung einer **„höher" (Alt. 1)** und zum anderen die Übertragung einer **„niedriger" (Alt. 2)** zu bewertenden Tätigkeit. Dadurch soll der Personalrat bereits bei der Weichenstellung im Vorfeld einer späteren Höher- bzw. Herabgruppierung mitbestimmen können (vgl. OVG Berlin-Brandenburg 21.09.2017 – OVG 61 PV 6.16 –, das insbesondere auch klarstellt, dass die Mitbestimmung an dieser Stelle nicht schon die bloße Veränderung der Dienstpostenbewertung als solches erfasst). Zur **Übertragung einer höherwertigen Tätigkeit in den Fällen der Topfwirtschaft** vgl. BVerwG 28.6.2021 – 5 PB 10.20 – und Anm. Bülow, ZTR 2022, S. 276). 140

aa) Abs. 1 Satz 1 Nr. 4 Fall 4 Alt. 1: Übertragung einer höher zu bewertenden Tätigkeit

Die Übertragung einer „**höher zu bewertende Tätigkeit**" für tarifbeschäftigte **Arbeitnehmer** liegt seit dem Inkrafttreten des TVöD am 01.10.2005 und des TV-L am 01.11.2006 vor, wenn die neue Tätigkeit des Beschäftigten nach dem anzuwendenden kollektiven Entgeltschema einer höheren Entgeltgruppe zugeordnet ist als die bisherige (vgl. BVerwG 28.08.2008 – 6 P 12.07 –). Damit kommt dem Personalrat also bereits eine Einflussnahme vor einer Beförderung (Beamte) bzw. Höhergruppierung (Arbeitnehmer) zu. Folgt auf die ohne Mitbestimmung vorgenommene Übertragung einer höher zu bewertenden Tätigkeit eine Umsetzung auf einen ebenso bewerteten Arbeitsplatz, so hat sich das Mitbestimmungsrecht des Personalrats nicht erledigt, da die Dienststelle es ansonsten durch ein solches Vorgehen umgehen könnte (vgl. OVG Berlin-Brandenburg 05.09.2019 – OVG 62 PV 15.18 –) 141

142 **Wichtig!**

Die Frage, ob die Übertragung einer bestimmten Tätigkeit auf einen Tarifbeschäftigten des TVöD-VKA nach dem 01.10.2005 mit einer Höhergruppierung verbunden ist und aus diesem Grund zur Mitbestimmung bei der Übertragung einer höher zu bewertenden Tätigkeit führt, ist anhand der Anlage 3 TVÜ-VKA zu beantworten (vgl. BVerwG 16.05.2012 – 6 PB 4.12 –)!

143 Bei **Arbeitnehmern** ist unter der **„Übertragung"** einer höher zu bewertenden Tätigkeit die Anordnung der entsprechenden Aufgabenwahrnehmung durch den Arbeitgeber zu verstehen.

144 Eine **Mitbestimmungspflicht** besteht sowohl **für vorübergehende** als auch **für dauerhafte Übertragungen** von höher zu bewertenden Tätigkeiten (vgl. BVerwG 24.06.2021 – 5 P 1/20 – zur vertretungsweisen Übertragung und hierzu Anm. Bülow, ZTR 2022, S. 275 sowie 27.01.2016 – 4 AZR 468/14 – zur vorübergehenden Aufgabenwahrnehmung in der ARGE). Eine **Mitbestimmung im Fall der vertretungsweisen Übertragung (z. B. eine Abwesenheitsvertretung)** setzt jedoch voraus, dass die zu vertretende Person einer höheren Entgeltgruppe zugeordnet ist (1. Voraussetzung), die Übertragung nicht bereits durch den Geschäftsverteilungs- und/oder Vertretungsplan vorweggenommen wurde (2. Voraussetzung) und in dem Fall, in dem der Vertretungsaufwand in zeitlicher Hinsicht nur geringfügig ist, die Wahrnehmung der Vertretung auf eine Wiederholung angelegt (3. Alt-Voraussetzung) ist (vgl. BVerwG 24.06.2021 a. a. O.). Der **Regelfall stellt eine dauerhafte Übertragung dar, wobei der Arbeitgeber die Darlegungs- und Beweislast für den Fall hat, dass er nur vorübergehend eine Aufgabenübertragung vorgenommen hat** (vgl. LAG Sachsen 14.04.2023 – 4 Sa 65/21).

145 **Beispiele:**

1. Wenn dem Beschäftigten A, der in der EG 8 (Vc BAT) eingruppiert ist, eine dauerhafte Aufgabenwahrnehmung auf einer Stelle, die nach der EG 11 (IVa BAT) bewertet ist, angeordnet werden soll, so unterliegt dies der Mitbestimmung.
2. Wenn in dem vorstehenden Beispiel eine Eingruppierung in der EG 9 (Vb BAT) besteht und die besagte Stelle nach EG 9 (IVb BAT) bewertet ist, so liegt zwar nach altem BAT-Recht eine „höherwertige Tätigkeit" vor, nicht jedoch i. S. d. TVöD/TV-L, sodass in diesem Fall keine Mitbestimmung besteht.
3. Wenn im erstgenannten Beispiel eine vertretungsweise Aufgabenwahrnehmung angeordnet werden soll, unterliegt dies der Mitbestimmung nur, wenn die zuvor dargestellte 1. und 2. bzw. im Alternativfall, auch die 3. Voraussetzung erfüllt sind (vgl. Rz. 144).

146 Die Übertragung einer höher zu bewertenden Tätigkeit kann in der Praxis entweder durch eine **einvernehmliche Änderung des Arbeitsvertrages**

oder durch eine **Änderungskündigung** (vgl. § 74 Rz. 20) vorgenommen werden (vgl. hierzu auch BAG 15.03.1991 – 2 AZR 582/90 –). In beiden Fällen besteht ein Mitbestimmungsrecht des Personalrates (vgl. BVerwG 01.02.1989 – 6 P 2.86 –).

Wichtig! **147**

Zu den bei einer einvernehmlichen Änderung des Arbeitsvertrages bzw. einer Änderungskündigung weiterhin zu beachtenden Mitbestimmungstatbeständen vgl. entsprechend Rz. 123 f.!

Die **Auswahlentscheidung der Dienststelle**, d.h. die Entscheidung, wem sie eine höher zu bewertende Tätigkeit übertragen möchte, **unterliegt nur der eingeschränkten Überwachung des Personalrates** (vgl. entsprechend § 66 Rz. 90). **148**

Keine Mitbestimmung besteht nach der vorliegenden Vorschrift bei der **Bestellung zum Vorarbeiter**, da hierdurch keine Zuordnung in eine höhere Entgeltgruppe erfolgt. Es kann aber ggf. die Mitbestimmung nach § 72 Abs. 1 Satz 1 Nr. 4 Fall 1 greifen (vgl. 109). Auch die **Ablehnung einer Bewerbung auf Übertragung einer höherwertigen Tätigkeit** (vgl. VGH Baden-Württemberg 10.07.1984 – 15 S 774/84 –) und die **Bestellung zur Frauenbeauftragten** sind ebenfalls nicht mitbestimmungspflichtig (vgl. BAG 21.02.2001 – 4 AZR 700/99 –). **149**

Im Rahmen der Mitbestimmung bei Arbeitnehmern hat der Personalrat zu überprüfen, ob ein **sachlicher Grund für die Tätigkeitsübertragung** vorliegt (vgl. BAG 16.01.1991 – 4 AZR 301/90 –). **150**

Wichtig! **151**

Da der Mitbestimmungstatbestand der Übertragung einer höher zu bewertenden Tätigkeit eigenständiger Natur ist, wird das Beteiligungsrecht des Personalrates im Hinblick auf eine nachträgliche Höher- oder Rückgruppierung (vgl. Rz. 139 ff.) nicht aufgebraucht!

Der Mitbestimmungstatbestand wirkt auch in Bezug auf **Beamte**. Im Gegensatz zu Arbeitnehmern, bei denen ein enger Zusammenhang zwischen der ausgeübten Tätigkeit und dem gezahlten Entgelt besteht, ist für die Besoldung von Beamten nicht der übertragene Dienstposten (funktionelles Amt), sondern das ihnen verliehene Amt (statusrechtliches Amt) maßgeblich (vgl. BVerwG 26.11.1979 – 6 P 6.79 –). Die Wertigkeit der einem Beamten übertragenen Tätigkeit ergibt sich somit aus der Stellenbewertung im Stellenplan, wobei auf die Besoldungsgruppe abzustellen ist (vgl. OVG NRW 08.06.1977 – CB 6/77 – und 06.06.1983 – CL 61.83 –). Reine interne Dienstpostenbewertungen sind hierbei unbeachtlich (vgl. OVG NRW 22.08.1983 – CB 19/82 –). **152**

153 Eine Mitbestimmung des Personalrates bei Beamten besteht bei einer **erneuten Dienstpostenzuweisung nach einer anderen Bewertung im Stellenplan** (vgl. BVerwG 26.11.1979 – 6 P 6.79 –).

154 Bei Beamten ist unter der **„Übertragung"** einer höher zu bewertenden Tätigkeit die Dienstpostenzuweisung zu verstehen, die einen ausdrücklichen **Übertragungsakt** erfordert (vgl. OVG NRW 03.07.1986 – CL 36/84 –).

155 Das zuvor dargestellte Mitbestimmungsrecht für Beamte gilt auch dort, wo keine feste Verknüpfung zwischen Dienstposten und Planstelle **(sog. „Topfwirtschaft")** besteht (vgl. hierzu BVerwG 28.06.2021 – 5 PB 10.20 – m. w. N.), wonach auf eine Bewertung der Gesamtumstände abzustellen ist). Zur Verfassungsmäßigkeit der Topfwirtschaft vgl. im Übrigen BVerfG 16.12.2015 – 2 BvR 1958/13 –). Zu einer mitbestimmungspflichtigen Übertragung höherwertiger Tätigkeiten für den Fall, dass eine **Vertretung von Vorgesetzten einer Teamleitung erfolgt, deren Aufgaben einer höheren Entgeltgruppe zugewiesen sind** vgl. BVerwG 24.06.2021 – 5 P 1.20 –.

156 Mitbestimmungspflichtig ist ebenfalls die **mit einer Amtszulage verbundene Tätigkeitsübertragung** (so OVG Saarland 26.03.1986 – 3 R 324/83 –).

157 **Keine Mitbestimmung** besteht bei einer **Umbewertung eines Beamtendienstpostens** (vgl. BVerwG 30.10.1979 – 6 P 61.78 –) und bei einem **Stellenwert-Verlagerungsverfahren** (vgl. OVG NRW 05.02.1997 – 1 A 3104/93 –).

bb) Abs. 1 Satz 1 Nr. 4 Fall 4 Alt. 2: Übertragung einer niedriger zu bewertenden Tätigkeit

158 Die **eingeschränkte Mitbestimmung** des Personalrats (vgl. Rz. 139) bei der Übertragung einer **„niedriger zu bewertenden Tätigkeit"** setzt bei **Arbeitnehmern** voraus, dass die neue Tätigkeit nach dem anzuwendenden kollektiven Entgeltschema einer niedrigeren Entgeltgruppe zugeordnet ist als die bisherige Tätigkeit (vgl. im Gegensatz dazu, die „höher zu bewertende Tätigkeit", Rz. 141).

159 Unter der **„Übertragung"** einer niedriger zu bewertenden Tätigkeit bei Arbeitnehmern ist die Anordnung der Aufgabenwahrnehmung durch den Arbeitgeber zu verstehen.

160 **Beispiele:**

Wenn ein Beschäftigter in der EG 11 TVöD eingruppiert ist und er aus leidensgerechten Gesichtspunkten Aufgaben auf einer Stelle, die mit EG 10 TVöD bewertet ist, wahrnehmen soll, so besteht eine Mitbestimmung des Personalrats.

Wenn hingegen kein Stellenwechsel, sondern nur eine geringfügige leidensgerechte Arbeitsplatzanpassung durch das Entfallenlassen bestimmter Tätigkeiten und im Austausch dazu, die Übertragung niedriger zu bewertender Tätigkeiten tritt, ohne dass sich die Entgeltgruppe nach unten hin ändert, so besteht keine

Mitbestimmungspflicht. In diesem Fall greift aber gegebenenfalls die Mitbestimmung nach § 72 Abs. 1 Satz 1 Nr. 4 Fall 7 („Wesentliche Änderung von Arbeitsverträgen")!

Die Übertragung einer niedriger zu bewertenden Tätigkeit kann in der Praxis entweder durch eine **einvernehmliche Änderung des Arbeitsvertrages** oder durch eine **Änderungskündigung** (vgl. § 74 Rz. 20ff.) vorgenommen werden (vgl. hierzu auch BAG 15.03.1991 – 2 AZR 582/90 –). In beiden Fällen besteht ein Mitbestimmungsrecht des Personalrates (vgl. BVerwG 01.02.1989 – 6 P 2.86 –). Der **Regelfall stellt eine dauerhafte Übertragung dar, wobei der Arbeitgeber die Darlegungs- und Beweislast für den Fall hat, dass er nur vorübergehend eine Aufgabenübertragung vorgenommen hat** (vgl. LAG Sachsen 14.04.2023 – 4 Sa 65/21). Siehe im Kontext auch entsprechend Rn. 144 m.w.N. 161

Wichtig! 162

Zu den bei einer einvernehmlichen Änderung des Arbeitsvertrages bzw. einer Änderungskündigung weiterhin zu beachtenden Mitbestimmungstatbeständen vgl. entsprechend Rz. 161!

Die **Auswahlentscheidung der Dienststelle**, d.h. die Entscheidung, wem sie eine niedriger zu bewertende Tätigkeit übertragen möchte, **unterliegt nur der eingeschränkten Überwachung des Personalrates** (vgl. entsprechend Rz. 25). 163

Wenn Arbeitnehmern, die in einer **gemeinsamen Einrichtung (Jobcenter)** tätig sind, eine niedriger bewertete Tätigkeit übertragen werden soll, liegt das Mitbestimmungsrecht nicht beim Personalrat des Einstellungsträgers (Bundesagentur für Arbeit), sondern es besteht die **Zuständigkeit des Personalrates des Jobcenters** (vgl. BVerwG 01.10.2014 – 6 P 13/13 – und 25.10.2013 – 6 PB 21.13 –). 164

Der Mitbestimmungstatbestand gilt auch für **Beamte**. Unter der **„Übertragung"** einer niedriger zu bewertenden Tätigkeit ist bei ihnen die Dienstpostenzuweisung zu verstehen, die einen ausdrücklichen **Übertragungsakt** erfordert (vgl. OVG NRW 03.07.1986 – CL 36/84 –). 165

Bei Beamten besteht z.B. eine Mitbestimmungspflicht bei der **Versetzung auf ein Amt mit einem geringeren Endgrundgehalt** zur Vermeidung einer Ruhestandsversetzung, bei der **Übertragung eines unterwertigen Dienstpostens** (vgl. BVerwG 02.12.2009 – 6 PB 33/09 –) und bei einer **Inkaufnahme einer unterwertigen Beschäftigung** durch den Beamten (so Richardi u.a., § 76 Rn. 34). 166

Die **Übertragung von amtsanwaltlichen Aufgaben an einen Staatsanwalt** ist nach der vorliegenden Vorschrift nicht mitbestimmungspflichtig (vgl. OVG NRW 24.03.2015 – 20 A 97/14.PVL –).

e) Abs. 1 Satz 1 Nr. 4 Fall 5: Stufenzuordnung und Verkürzung und Verlängerung der Stufenlaufzeit gem. Entgeltgrundsätzen

167 Nach Abs. 1 Satz 1 Nr. 4 Fall 5 besteht bei der Stufenzuordnung und Verkürzung und Verlängerung der Stufenlaufzeit gemäß Entgeltgrundsätzen nunmehr auch ein Mitbestimmungsrecht des Personalrates. Der Gesetzgeber hat mit der Einführung dieses neuen Mitbestimmungstatbestandes im Zuge der Novelle 2011 die Rechtsprechung des Bundesverwaltungsgerichts vom 13.10.2009 – 6 P 15.08 – berücksichtigt, wonach die Mitbestimmung bei der Eingruppierung auch die Stufenzuordnung erfasst (vgl. auch Rz. 108).

168 Auch bei diesem Mitbestimmungsrecht handelt es sich nach § 66 Abs. 7 Satz 3 um einen **Fall der eingeschränkten Mitbestimmung**, sodass die Einigungsstelle nur eine Empfehlung aussprechend kann (vgl. § 66 Rz. 90).

169 Unter der „**Stufenzuordnung**" ist die Einordnung in eine bestimmte Stufe innerhalb der jeweiligen tariflichen Entgeltgruppen gemeint (vgl. § 16 TVöD/TV-L, „Stufen der Entgelttabelle"). Von der Mitbestimmung erfasst sind insoweit nur personelle Einzelmaßnahmen erfasst (vgl. OVG Niedersachsen 12.01.2022 – 18 LP 1/21 –).

170 **Bei Einstellungen** gilt zunächst der Grundsatz, dass die Beschäftigten der Stufe 1 zugeordnet werden, sofern keine einschlägigen Berufserfahrungen vorliegen (§ 16 Abs. 2 Satz 1 TVöD/TV-L). Im Folgenden der vorbenannten Vorschrift ist dann geregelt, welche Berufserfahrungen die Zuordnung zu einer höheren Stufe rechtfertigen (§ 16 Abs. 2 Satz 2 TVöD/§ 16 Abs. 2 Satz 2 und 3 TV-L). In allen diesen Fällen besteht eine Mitbestimmung des Personalrats, um die dienststellenseitig vorgenommene Subsumtion unter die vorgegebenen Maßstäbe auf ihre Richtigkeit hin beurteilen zu können (vgl. BVerwG 07.03.2011 – 6 P 15/10 – und 22.09.2011 – 6 PB 15.11 –). Die **Erstfestsetzung von Erfahrungsstufen** stellt sich nicht als eine Mitbestimmungsform i. S. d. vorliegenden Vorschrift dar (OVG NRW 27.09.2019 – 20 A 803/18.PVG –).

171 Neben der grundsätzlichen Regel- und Erfahrungszuordnung besteht aber auch die Möglichkeit bei **Neueinstellungen zur Deckung des Personalbedarfs** Zeiten einer vorherigen beruflichen Tätigkeit ganz oder teilweise für die Stufenzuordnung zu berücksichtigen, wenn diese Tätigkeit für die vorgesehene Tätigkeit förderlich ist (§ 16 Abs. 2 Satz 3 TVöD/§ 16 Abs. 2 Satz 4 TV-L). Die Entscheidung hierüber liegt im freien Ermessen der Dienststelle, sodass hierbei keine Mitbestimmung besteht (so BVerwG 13.10.2009 – 6 P 15/08 zu § 16

Abs. 2 Satz 4 TV-L). Des Weiteren können bei **Einstellungen im unmittelbaren Anschluss an ein Arbeitsverhältnis im öffentlichen Dienst etc.** die dort erworbene Stufe berücksichtigt werden (§ 16 Abs. 2a TVöD/TV-L). Auch hierbei handelt es sich um einen Ermessenstatbestand auf den, die vorbenannte Rechtsprechung zur Anerkennung förderlicher Zeiten übertragbar ist, sodass hierbei ebenfalls kein Raum für eine Mitbestimmung vorhanden ist (so BVerwG 07.03.2011 – 6 P 15.10 –).

Wichtig! 172

1. Wenn die Dienststelle jedoch Grundsätze zur Stufenzuordnung in den Fällen des § 16 Abs. 2 Satz 3 u. Abs. 2a TVöD/§ 16 Abs. 2 Satz 4 u. Abs. 2a TV-L erlassen möchte, so besteht im Hinblick auf die Entgeltgestaltung gem. § 72 Abs. 4 Satz 1 Nr. 5 (vgl. Rz. 832 ff.) ein Mitbestimmungsrecht (vgl. BVerwG 07.03.2011 – a. a. O. und 22.09.2011 – 6 PB 15.11 –)!

2. In diesem Zusammenhang gilt es auch zu beachten, dass der Personalrat über die Ausübung seines Initiativrechts gem. § 66 Abs. 4 LPVG NRW versuchen kann die Aufstellung entsprechender Verteilungsgrundsätze gegenüber der Dienststelle durchzusetzen. Die Entscheidung darüber, ob tatsächlich übertarifliche Leistungen gewährt werden sollen, obliegt allerdings der Dienststellenleitung (vgl. BVerwG 09.12.1998 – 6 P 6.97 –). Soweit letzte also die Entscheidung trifft von der vorbenannten tariflichen Ermessensvorschrift keinen Gebrauch zu machen, ist grundsätzlich kein weiterer Raum mehr für Einflussnahmen des Personalrates gegeben!

Nach der Einstellung unterfallen Stufenzuordnungen nur dann der Mitbe- 173
stimmung, wenn die tariflich vorgesehene erforderliche Stufenlaufzeit leistungsbedingt nach Maßgabe des **§ 16 Abs. 3 und 4 i. V. m. § 17 Abs. 2 TVöD/TV-L** verkürzt oder verlängert wird. Voraussetzung dafür ist das Vorhandensein allgemeiner Grundsätze i. S. v. abstrakt genereller Regelungen zur Ausfüllung der tariflichen Ermächtigung (vgl. entsprechend OVG NRW 14.05.2013 – 20 A 83/12.PVB – u. a. mit Verweis auf BAG 06.04.2022 – 7 ABR 136/09 –)!

Keine Mitbestimmung besteht beim **Erreichen der nächsten Stufe nach** 174
dem Ende der regulären Stufenlaufzeit nach § 16 Abs. 3 TVöD/TV-L (vgl. BVerwG 13.10.2009 – 6 P 15/08 –). Entsprechendes gilt auch für die **übertarifliche Vorweggewährung von Stufen** (vgl. BVerwG 13.10.2009 a. a. O.).

f) Abs. 1 Satz 1 Nr. 4 Fall 6: Bestimmung der Fallgruppen innerhalb einer Entgeltgruppe

Nach Abs. 1 Satz 1 Nr. 4 Fall 4 ist die Bestimmung der Fallgruppen inner- 175
halb einer Entgeltgruppe mitbestimmungspflichtig. Auch dieser Mitbestimmungstatbestand wurde im Zuge der **Novelle 2011** neu in das Gesetz eingefügt. Auch hierbei wird sehr deutlich, dass der Gesetzgeber vor-

nehmlich eine Ausweitung der Mitbestimmung angestrebt hat, ohne diese jedoch wie auch im vorliegenden Fall schlüssig begründen zu können (vgl. LT-Drucks. 15/2218, S. 28, 50). In der Praxis ist aber letztendlich zu beachten, dass es sich bei dem vorliegenden Mitbestimmungstatbestand nach § 66 Abs. 7 Satz 3 lediglich um einen **Fall der eingeschränkten Mitbestimmung** handelt, sodass die Einigungsstelle nur eine Empfehlung aussprechen kann (vgl. § 66 Rz. 90).

176 Von „**Fallgruppen**“ (z.T. auch „Berufsgruppen“ genannt) spricht man dann, wenn einer tariflichen Entgelt- bzw. Vergütungsgruppe mehrere (detailliert) Tätigkeitsmerkmale zugeordnet sind. Derartige Unterscheidungsmerkmale hatte schon der BAT aufgewiesen. Im Anwendungsbereich des TV-L haben sich die Tarifvertragsparteien im Rahmen der Tarifeinigung vom 10.03.2011 auf eine **neue Entgeltordnung** verständigt. Für den des TVöD (VKA) ist dies unter dem 29.04.2016 mit Inkrafttreten zum 01.01.2017 geschehen. Die dortigen Entgeltgruppen sind häufig nochmals nach Fallgruppen unterteilt. So sind z.B. im „Teil B Abschn. XIII (Beschäftigte im Kassendienst) in der Entgeltgruppe 5“ noch verschiedene Ziffern aufgeführt, d.h. 1. Beschäftigte in Kassen, die verantwortlich Personen- oder Sachkonten führen oder verwalten (= EG 5 Fg. 1 TVöD-VKA) und 2. Kassiererinnen und Kassierer in kleineren Kassen (= EG 5 Fg. 2 TVöD-VKA) etc. Durch die Ziffern (= Fallgruppen) können die einzelnen Tätigkeitsmerkmale letztendlich besser zitiert werden. Da sich die tarifliche Mindestvergütung nach den jeweils in Betracht kommenden Entgeltgruppen und nicht nach etwaig vorhandenen Fallgruppen bestimmt, ist die Angabe der Fallgruppe im Arbeitsvertrag nicht erforderlich. Es besteht also kein einklagbarer Anspruch des Beschäftigten auf Mitteilung der Fallgruppe in seinem Arbeitsvertrag. Damit kann der Personalrat derartiges auch nicht einfordern.

177 **Wichtig!**

Damit die Dienststelle im Hinblick auf die letztgenannten Beschäftigten ihr Direktionsrecht ordnungsgemäß ausüben und mitbestimmungspflichtige Fallgruppenänderungen vorhersehen bzw. berücksichtigen kann, ist auch hier das Vorhandensein einer tarifkonformen Stellenbeschreibung notwendig!

g) Abs. 1 Satz 1 Nr. 4 Fall 7: Wesentliche Änderung von Arbeitsverträgen

178 Nach Abs. 1 Satz 1 Nr. 4 Fall 7 sind wesentliche Änderungen von Arbeitsverträgen mitbestimmungspflichtig. Da der Mitbestimmungstatbestand ausschließlich an Arbeitsverträge anknüpft, gilt er **nur für Arbeitnehmer** und nicht für Beamte. Nach § 66 Abs. 7 Satz 3 handelt es sich hierbei um einen **Fall der eingeschränkten Mitbestimmung**, sodass die Einigungsstelle nur eine Empfehlung aussprechen kann (vgl. § 66 Rz. 90).

Der Mitbestimmungstatbestand erfasst dem Grunde nach nur **vertragliche Änderungsvereinbarungen,** soweit das Gesetz nicht ein anderes vorschreibt (vgl. OVG NRW 11.11.1992 – CL 48/90 –). Mitbestimmungspflichtig sind nur „**wesentliche Änderungen des Arbeitsvertrages**“.

Insoweit ist speziell der Begriff „wesentlich“ auslegungsbedürftig und stets im Rahmen einer Einzelfallbetrachtung zu klären. Im Allgemeinen kann gesagt werden, dass eine, die Mitbestimmung auslösende „Wesentlichkeit“ vorliegt, wenn die Vertragsänderung für den Arbeitnehmer eine in das Gewicht fallende tatsächliche und/oder rechtliche Auswirkung hat. Zur Feststellung ist eine objektive Betrachtung anzustellen. Auf rein subjektive Empfindungen der betroffenen Arbeitnehmer kommt es nicht an (vgl. entsprechend BVerwG 30.08.1985 – 6 P 20.83 – zu einer wesentlichen Änderung des Arbeitsplatzes). Anknüpfungspunkt sind dem Grunde nach die Vertragshauptpflichten wie Arbeitstätigkeit, Arbeitsort, Arbeitszeit und Arbeitsvergütung. Dementsprechend kann nach der vorliegenden Vorschrift neben dem Abschluss eines Personalgestellungsvertrags (vgl. Rz. 1137 ff.) auch die einzelne **Personalmaßnahme der Gestellung i. S. d. § 4 Abs. 3 TVöD/TV-L** mitbestimmungspflichtig sein, wenn damit Änderungen im vorbenannten Sinne einhergehen wie z. B. die vertragsabweichende Änderung des Arbeitsortes. In Anlehnung an die zuvor dargestellte Annahme einer „Wesentlichkeit“, führen also nicht unbedingt jegliche Veränderungen von vertraglichen (Hauptleistungs-)Pflichten zur einer Mitbestimmungspflichtigkeit (vgl. hierzu insbesondere auch Rz. 181)!

Eine wesentliche Änderung des Arbeitsvertrages kann auch die **befristete Änderung einzelner Inhaltsbedingungen des Arbeitsvertrages** darstellen. In der Praxis ist besonders auf die befristete Erhöhung oder Reduzierung der Arbeitszeit hinzuweisen (vgl. hierzu OVG NRW 09.12.1994 – 1 A 2005/92.PVL – und ArbG Bochum 05.01.2006 – 3 Ca 2743/05 – sowie BAG 23.03.2016 – 7 AZR 828/13 – zu den Anforderungen der arbeitsrechtlichen Wirksamkeit derartiger Befristungen). Ferner ist z. B. auch auf die befristete Übertragung von Führungsaufgaben (§§ 31 und 31 TVöD/TV-L) hinzuweisen (vgl. hierzu **Bülow, Der praktische Fall – Die „Probezeit“ für Führungskräfte**, DöD 2023, 95). Der Mitbestimmung unterliegen entsprechend auch **Verlängerungen der befristeten Änderungen** im vorbenannten Sinne (vgl. hierzu auch § 9 und 9a TzBfG). 180

Beispiele: 181

Wenn ein (Vollzeit-)Arbeitnehmer seine Arbeitszeit z. B. um die Hälfte, für die Zeit vom 01. Januar bis zum 30. Juni reduzieren möchte („Abschluss eines Änderungsvertrages“), so unterliegt dies wohl der Mitbestimmung nach der vorliegenden Vorschrift. Entsprechendes gilt auch, wenn diese Arbeitszeitreduzierung im Weiteren noch bis zum 30. September verlängert werden soll („Abschluss eines Verlängerungsvertrages“).

Die zwar einvernehmliche vollständige Veränderung einer Arbeitstätigkeit, aber unter Beibehaltung der vormaligen Vergütung stellt stets im personalvertretungsrechtlichen Sinne der vorliegenden Vorschrift eine mitbestimmungspflichte wesentliche Änderung dar. Das gilt etwa auch im Hinblick auf personelle „Problemlösungen", die wiederum z. B. „problematische Führungskräfte" betreffen, denen ihre vormalige Führungsposition/-tätigkeit entzogen wird und deren Tätigkeit sich sodann nur noch auf einer extra für diese eingerichten „Stabsstelle" o. Ä. vollzieht, da sie keine Führungsverantwortung mehr wahrnehmen sollen.

182 Eine wesentliche Änderung stellt auch die erhebliche **Änderung einer Funktionszulage** (vgl. OVG NRW 11.11.1992 – CL 79/90), der **Ausspruch einer fristlosen Änderungskündigung** (vgl. BAG 29.05.1988 – 7 AZR 459/87 –) oder die **einvernehmliche Fortsetzung des Arbeitsverhältnisses** mit einem neuen Arbeitsvertrag, zu geänderten Arbeitsvertragsbedingungen dar, z. B. nach einem vorangegangenen Aufhebungsvertrag (vgl. auch LAG Hamm 05.10.1989 – 17 Sa 839/89).

183 **Wichtig!**

Einige wesentliche Arbeitsvertragsänderungen unterliegen im LPVG NRW bereits der gesonderten Mitbestimmung, so z. B. „Nebenabreden zum Arbeitsvertrag" nach § 72 Abs. 1 Satz 1 Nr. 1 Fall 2, die „Verlängerung der Probezeit" nach § 72 Abs. 1 Satz 1 Nr. 1 Fall 4 und „Befristungsänderungen im Nachgang zum Arbeitsvertragsabschluss" nach § 72 Abs. 1 Satz 1 Nr. 1 Fall 5!

184 **Keine wesentlichen Änderungen des Arbeitsvertrages** stellen Änderungen dar, die für den betroffenen Arbeitnehmer nicht von großem Gewicht sind, wie z. B. eine **unerhebliche Arbeitszeitreduzierung** von einer ½ bis 1 Stunde bei einem Vollzeitbeschäftigten. Mitbestimmungsfrei sind auch **Änderungen der Fürsorgepflichten** (Nebenleistungspflichten) wie z. B. die Vereinbarung über den Verzicht auf ein Zwischenzeugnis, die Vereinbarung zur Durchführung einer Alkohol-Entziehungskur, wenn damit nicht zugleich auch Veränderungen der Hauptleistungspflichten verbunden sind. Von der Mitbestimmung ausgenommen sind ebenfalls bloße **Vertragsanpassungsregelungen** (vgl. hierzu OVG NRW 18.11.1993 – CL 49/90 – zu einer Änderung aufgrund des Wegfalls der Geschäftsgrundlage), **Arbeitsvertragsänderungen aufgrund gesetzlicher oder tariflicher Vorgaben** (vgl. LAG Hamm 18.06.1990 – 17 Sa 407/90 – und OVG NRW 05.02.1985 – CL 38/83 –) oder bloße **redaktionelle Vertragstextänderungen**. Mitbestimmungsfrei ist auch die **Bestellung und der Widerruf des Vorarbeiters** (vgl. OVG NRW 11.11.1992 – CL 48/90 – und BAG 10.11.1992 – 1 AZR 185/92 –).

Praxistipp! 185

Eine Vertragsvereinbarung mit einem Arbeitnehmer, wodurch das Ruhen des Arbeitsverhältnisses aufgrund der Gewährung von Sonderurlaub (§ 28 TVöD/TV-L) vereinbart wird, stellt eine mitbestimmungspflichtige Vertragsänderung dar. Im Hinblick auf die aktuelle Rechtsprechung zur Entstehung von betriebswirtschaftlich negativen Urlaubstagen zulasten der Arbeitgeberseite (vgl. BAG 19.03.2019 – 9 AZR 315/17 –) sollte dabei stets auf eine vertragliche Aussetzung der Arbeitspflicht im gesamten Kalenderjahr geachtet werden!

Wenn wesentliche Änderungen von Arbeitsverträgen **ohne die Zustimmung des Personalrates** vorgenommen werden, sind sie dem Grunde nach unwirksam! Zur Annahme einer nur relativen Unwirksamkeit vgl. aber ArbG Bochum 05.01.2006 – 3 Ca 2743/05 – in Anlehnung an das Urteil des BAG 05.04.2001 – 2 AZR 580/99 – (zur Problematik einer unterbliebenen Zustimmung zur Einstellung nach § 99 BetrVG). 186

5. Abs. 1 Satz 1 Nr. 5: Versetzung zu einer anderen Dienststelle, Umsetzung innerhalb der Dienststelle für eine Dauer von mehr als drei Monaten, Umsetzung innerhalb der Dienststelle, die mit einem Wechsel des Dienstortes verbunden ist, wobei das Einzugsgebiet i.S.d. Umzugskostenrechts zum Dienstort gehört

a) Abs. 1 Satz 1 Nr. 5 Fall 1: Versetzung zu einer anderen Dienststelle

Die **vorgenannten Maßnahmen dürfen nur mit Zustimmung des Personalrats verfügt werden**. Wird eine Verfügung der Dienststelle, die einer der vorbenannten Maßnahmen betrifft aus formellen Gründen aufgehoben und im späteren durch eine neue, der Sache nach aber gleichartige Verfügung ersetzt, bedarf es bei gleichbleibendem Sachverhalt nach der Rechtsprechung keiner erneuten Personalratszustimmung (vgl. OVG NRW 11.01.2021 – 6 B 1515/20 –)! 186a

Nach Abs. 1 Satz 1 Nr. 5 Fall 1 ist die Versetzung zu einer anderen Dienststelle mitbestimmungspflichtig. Dabei handelt es sich nach § 66 Abs. 7 Satz 3 um einen **Fall der eingeschränkten Mitbestimmung**, sodass die Einigungsstelle nur eine Empfehlung aussprechen kann (vgl. § 66 Rz. 90). Zur Abgrenzung zwischen einer „Einstellung" und einer „Versetzung" vgl. Rz. 38a. Die **Versetzung von Beschäftigten in der Berufsausbildung** („Ausbildungsstättenwechsel") ist nach § 72 Abs. 1 Satz 3 von der Mitbestimmung ausgenommen (vgl. Rz. 388 ff.). Zu ärztlichen Tätigkeiten anderen Orts im Rahmen der entsprechenden Weiterbildungsordnung vgl. Rz. 392. 187

188 Bei der **Versetzung von Mitgliedern der Personal-/Jugend- und Auszubildendenvertretung** ist der Sonderschutz nach § 43 Abs. 1 bzw. § 58 i. V. m. § 43 Abs. 1 zu beachten!

189 Für die **Versetzung von Lehrern** ist die Sondervorschrift des § 91 zu beachten!). Die Überweisung von Lehramtsanwärtern stellt im Übrigen keine mitbestimmungspflichtige Versetzung dar (vgl. OVG NRW 26.11.2003 – 1 A 1094/01.PVL –).

190 Die **Versetzung eines Beamten** (vgl. zum beamtenrechtlichen Versetzungsbegriff § 25 LBG NRW) ist die auf Dauer gerichtete Übertragung eines gleichwertigen Amtes – im Rahmen des Beamtenverhältnisses – bei einer anderen Dienstbehörde des gleichen oder eines anderen Dienstherrn (vgl. BVerwG 20.04.1977 – VI C 154/73 –). Die Versetzung wird nach der Anhörung des Beamten von dem abgebenden im Einvernehmen mit dem aufnehmenden Dienstherrn verfügt, wobei das Einverständnis schriftlich zu erklären ist (§ 25 Abs. 5 Satz 2 LBG NRW). Beides ist für das Zustandekommen der Versetzung gleich wichtig.

191 **Wichtig!**

Ein Mitbestimmungsrecht bei der Versetzung kommt also im Hinblick auf die Versetzungsverfügung sowohl dem Personalrat der abgebenden Dienststelle als auch im Hinblick auf das Einverständnis der Aufnahme dem Personalrat der aufnehmenden Dienststelle zu (vgl. BVerwG 18.06.1999 – 6 P 7.98 – und OVG NRW 29.01.1997 – 1 A 2617/97.PVL –). Zum Unterrichtungsumfang vgl. BVerwG 18.04.2023 – 5 P 4.22 –!

192 Mitbestimmungspflichtig ist auch die sog. **statusberührende Versetzung**, d. h. die statusrechtliche Übertragung eines anderen Amtes, ohne dass sich die Behördenzuständigkeit ändert (vgl. BVerwG 28.12.1992 – 2 B 201.92 –).

193 **Keine Versetzung** eines Beamten stellen folgende Maßnahmen dar:

- die bloße **Vorbereitung der Versetzung** (vgl. OVG NRW 05.07.1990 – CL 43/88 – und im Kontext auch OVG NRW 27.03.1998 – 1 A 1/96 –),
- die **Abstellung an eine juristische Person des Privatrechts** (vgl. BVerwG 07.06.1984 – 2 C 84.81 –),
- die **örtliche Verlagerung der Behörde** (vgl. LAG Köln 30.01.1995 – 3 Sa 1200/94 –)

Das gilt auch für einen Behördenwechsel, der durch eine **Umstrukturierung der Dezernate in der Dienststelle** vorgenommen wird (vgl. OVG NRW 13.12.2000 – 1 A 475/99.PVB –). In dem letztgenannten Fall kann aber das Mitbestimmungsrecht nach § 72 Abs. 3 Nr. 4 Fall 2 („Änderung der Arbeitsorganisation") greifen.

Zur **Versetzung auf ein dienstpostenähnliches Konstrukt** vgl. BVerwG 26.03.2015 – 1 WB 40.14 – und zur **Beachtlichkeit einer Zustimmungsverweigerung** bei unterbliebener Beteiligung bei einem der Versetzung vorausgehenden Absehen der Dienststelle von einer Stellenausschreibung vgl. BVerwG 29.12.2015 – 5 PB 2.15 –. 193a

Zur Begriffsbestimmung der **Versetzung eines Arbeitnehmers** kann auf die Definition in der Protokollerklärung Nr. 2 zu § 4 Abs. 1 TVöD/TV-L zurückgegriffen werden. Eine Versetzung ist danach die Zuweisung einer auf Dauer bestimmten Beschäftigung bei einer anderen Dienststelle oder einem anderen Betrieb desselben Arbeitgebers unter Fortsetzung des bestehenden Arbeitsverhältnisses. Die Versetzungsbefugnis folgt dabei aus dem Direktionsrecht des Arbeitgebers i. S. d. § 106 GewO (vgl. auch Darstellung bei Lenders/Richter S. 205). Sie darf nur vorgenommen werden, wenn hierfür **dienstliche Gründe** vorliegen (§ 4 Abs. 1 Satz 1 TVöD TVöD/TV-L). Wenn der Arbeitnehmer an eine Dienststelle außerhalb des bisherigen Arbeitsortes versetzt werden soll, so hat eine **vorherige Durchführung der Anhörung des betroffenen Arbeitnehmers** zu erfolgen (§ 4 Abs. 1 Satz 2 TVöD/TV-L). Zu den Anforderungen einer wirksamen Versetzung vgl. im Übrigen auch LAG Berlin-Brandenburg 23.04.2015 – 14 Sa 2300/14 –. Zum Versetzungsbegriff i. S. d. BetrVG vgl. BAG 11.10.2022 – 1 ABR 18/21 –. 194

Der Entscheidung des BVerwG vom 03.05.2022 – 5 P 1.22 – sind u. a. folgende wichtige Aussagen zu entnehmen: „***Im Fall einer Versetzungsmaßnahme bezieht sich die Verpflichtung der Dienststellenleitung, den Personalrat zu unterrichten, auf alle Fakten und Unterlagen, die für die Versetzungsentscheidung maßgebend waren****. Ist der Versetzungsentscheidung ein Auswahlverfahren vorausgegangen, können die vollständigen Auswahlunterlagen darüber und über weitere Bewerberinnen und Bewerber nur maßgebend im vorgenannten Sinne sein, wenn der Leiter der Dienststelle, welcher der Personalrat zugeordnet ist, die der personellen Maßnahme zugrundeliegende materielle Auswahlentscheidung selbst getroffen oder sich die von anderen getroffene Auswahlentscheidung zu eigen gemacht hat.*“ Im Rahmen seiner Beteiligung hat der Personalrat sowohl die schutzwürdigen Interessen des von der Versetzungsmaßnahme betroffenen Arbeitnehmers als auch die der sonstigen Belegschaft zu berücksichtigen. So kann der Personalrat z. B. die Zustimmung zu einer beabsichtigten Versetzung damit verweigern, dass es sich ausnahmslos um eine disziplinarisch veranlasste sog. **Strafversetzung** handelt, für die keine dienstlichen Gründe vorliegen und damit einen Verstoß gegen die tarifvertraglichen Vorgaben geltend machen. Um einem solchen Einwand von vornherein auszuräumen, sollte der Arbeitgeber bzw. die Dienststelle 195 vor beabsichtigten verhaltens- oder leistungsveranlassten Versetzungen bzw. zumindest parallel dazu auch den **Ausspruch einer Abmahnung** (vgl. § 74 Rz. 72) prüfen und den Personalrat entsprechend darüber und auch über das Prüfungsergebnis in der Unterrichtung informieren. **Ist der Versetzung eine personelle Auswahlentscheidung vorangegangen**, muss die Dienste ihm diese nachvollziehbar darüber unterrichten, ansonsten kann er die Zustimmung beachtlich verweigern (vgl. VG Berlin 03.07.2019 – VG 71 K 9.18 PVB –).

196 **Praxistipp!**

Wenn zwischen den Arbeitsvertragsparteien Einvernehmen über die Versetzung besteht, sollte dieses aus Dokumentations- und Nachweisgründen unbedingt protokolliert und mit den Unterschriften beider Vertragspartner versehen werden. Denn eine aufgrund des mitgeteilten Einvernehmens erfolgte Zustimmungserteilung des Personalrates ist unwirksam, wenn das Einvernehmen tatsächlich nicht vorgelegen hat (vgl. OVG NRW 22.03.1996 – 1 B 353/96 –)!

197 Wenn in der Versetzungsverfügung ein datumsmäßiges Ende bestimmt worden ist, so unterliegt auch eine **Verlängerung der Versetzung** der Mitbestimmung (vgl. OVG NRW 05.02.1996 – 1 A 5528/94.PVB –).

198 **Keine Versetzung** stellt die **Verlegung der Dienststelle** (vgl. LAG Köln 30.01.1995 – 3 Sa 1200/94 –) oder die sich als Umsetzung (vgl. Rz. 199) darstellende **Zuweisung eines anderen Arbeitsplatzes in einer Verwaltung mit nur einer Dienststelle**, dar (vgl. OVG Niedersachsen 29.01.1982 – P OVG L 2/80 –).

198a Zur Fragestellung, ob der örtliche **Personalrat einer Agentur für Arbeit** bzw. der **Bezirkspersonalrat** der übergeordneten Regionaldirektion die Zustimmung zu einer Versetzung oder Zuweisung beachtlich mit der Begründung verweigern darf, dass durch Tatsachen begründete Besorgnis bestehen, dass durch die Maßnahme andere Beschäftigte benachteiligt werden, wenn diesen eine Tätigkeit in einem Jobcenter zugewiesen sind und sie dort tätig sind vgl. BVerwG 10.08.2015 – 5 PB 9.15 –. Zur **Mitbestimmung der Stufenvertretung bei der Versetzung des Geschäftsführers eines Jobcenters** vgl. BVerwG 16.07.2020 – 5 P 8.19 – u. Anm. Bülow ZTR 2020, S. 241f.

b) Abs. 1 Satz 1 Nr. 5 Fall 2: Umsetzung innerhalb der Dienststelle für eine Dauer von mehr als drei Monaten

199 Nach Abs. 1 Satz 1 Nr. 5 Fall 2 ist die Umsetzung innerhalb der Dienststelle für eine Dauer von mehr als drei Monaten mitbestimmungspflichtig. Im Zuge der Novelle 2011 wurde die Mitbestimmung durch das letztgenannte zeitliche Moment eingeschränkt, sodass kurzfristige Umsetzungen auch ohne eine

aufwendige Beteiligung des Personalrates durchgeführt werden können. Bei dem Mitbestimmungstatbestand handelt es sich nach § 66 Abs. 7 Satz 3 um einen **Fall der eingeschränkten Mitbestimmung**, sodass die Einigungsstelle nur eine Empfehlung aussprechen kann (vgl. § 66 Rz. 90). Nach § 72 Abs. 1 Satz 3 ist die **Umsetzung von Beschäftigten in der Berufsausbildung** („Ausbildungsstättenwechsel") vom Mitbestimmungsrecht des Personalrates ausgenommen (vgl. auch OVG NRW 26.11.2003 – 1 A 1094/01.PVL – zur Unterrichtungsverwendung von Lehramtsanwärtern). Zu ärztlichen Tätigkeiten im Rahmen der entsprechenden Weiterbildungsordnung (vgl. Rz. 392). Eine **Umsetzungsverfügung der Dienststelle ohne die erforderliche Zustimmung ist unwirksam** (vgl. LAG Düsseldorf 19.11.2021 – 10 Sa 266/21 – m. w. N.)!

Siehe neben der vorliegenden Kommentierung auch **Bülow, Der praktische Fall – Die „Umsetzung" der arbeitsrechtlichen Umsetzung**, DöD 2022, 273

Eine Umsetzung unterliegt nur dann der Mitbestimmung, wenn sie **„für die Dauer von mehr als drei Monaten"** verfügt worden ist. Keine Mitbestimmung besteht also für eine Umsetzung von nur drei oder weniger Monaten. Der Personalrat sollte in über solche Personalmaßnahmen gleichwohl unterrichtet werden. Wenn eine Umsetzung in Wirklichkeit aber länger andauern soll, d. h., wenn die Dienststelle von Anfang an eine den vorbenannten Zeitraum übersteigende Umsetzung beabsichtigt, so besteht nach dem Normzweck selbstverständlich eine Mitbestimmung. Wenn die Dienststelle hingegen eine Umsetzung zunächst nur probeweise für drei oder weniger Monate beabsichtigt, ist dies noch mitbestimmungsfrei. In Vermeidung einer Streitigkeit über das Eingreifen der Mitbestimmung sollte sie den Personalrat in diesem Fall besonders ausführlich die Gründe für eine Bewährung und deren Voraussetzungen für eine letztendlich längere bzw. dauerhafte Umsetzung darstellen. Weiterhin darf die Dienststelle die gesetzlich vorgegebene Zeitdauer nicht dadurch umgehen, dass sie die Umsetzung als „vorläufige Maßnahme" i. S. d. § 68 Abs. 8 tituliert, obwohl in Wirklichkeit die Voraussetzungen hierfür nicht gegeben sind (vgl. entsprechend VG Gelsenkirchen 20.11.2008 – 1 L 923/08 – zur Frist des § 91 Abs. 3 bei der Abordnung von Lehrkräften)! 199a

Praxistipp! 200

Wenn die Dienststelle eine Umsetzung zunächst nur für eine kürzere Dauer als drei Monate vorsieht, sollte sie sich eine entsprechende Wiedervorlage der Personalmaßnahme vermerken, da bei einer Überschreitung des Zeitrahmens von drei Monaten die Mitbestimmung des Personalrates eingreift!

Bei der **Umsetzung von Mitgliedern der Personal-/Jugend- und Auszubildendenvertretung** ist der Sonderschutz nach § 43 Abs. 1 bzw. § 58 i. V. m. § 43 Abs. 1 zu beachten! 201

202 Die **Umsetzung eines Beamten** stellt die Zuweisung eines anderen Dienstpostens, d.h. eines anderen Amtes im konkret-funktionellem Sinne innerhalb derselben Behörde dar (vgl. BVerwG 16.09.2019 – 5 P 5.18 – m.w.N.). Damit grenzt sich die Umsetzung, von der Versetzung (vgl. Rz. 187 ff.) entsprechend ab, denn sie lässt das statusrechtliche und das funktionelle Amt im abstrakten Sinne unberührt. Die Umsetzung stellt sich als eine **innerorganisatorische Maßnahme dar**, die keine Verwaltungsaktqualität aufweist (vgl. BVerwG 28.11.1991 – 2 C 41.89 –).

203 Als **zulässiges Rechtsmittel** gegen eine Umsetzung kommt die allgemeine Leistungsklage im allgemeinen verwaltungsgerichtlichen Verfahren in Betracht. Die **Klagebefugnis** hierfür weist nur der betroffene Beamte und nicht der Personalrat auf.

204 Die Umsetzung eines Beamten erfordert eine **Umsetzungsverfügung**, d.h. eine förmliche Aufgabenzuweisung durch den Dienstherren. Davor ist zwingend eine **Anhörung des Beamten** vorzunehmen (vgl. OVG NRW 07.02.1986 – 1 A 2777/83 –).

205 Im Zuge der Umsetzung eines Beamten kann auch eine Beförderung (vgl. § 72 Abs. 1 Satz 1 Nr. 2 Fall 1) oder eine Übertragung einer höher zu bewertenden Tätigkeit (vgl. § 72 Abs. 1 Satz 1 Nr. 4 Fall 4) erfolgen, sodass die Dienststelle in diesem Fall auch die vorbenannten Mitbestimmungsrechte zu beachten hat (vgl. hierzu auch OVG NRW 16.12.1991 – CL 1/89 –).

206 Der Mitbestimmung unterliegt auch die sog. **Teilumsetzung**, d.h. der Teilentzug von Zuständigkeiten oder z.B. eine Veränderung der zeitlichen Anteile von Innen- und Außendiensttätigkeiten, wenn dadurch der neue Aufgabenbereich des Beamten eine neue andere Prägung erhält (vgl. OVG NRW 15.01.2019 – 20 A 797/17.PVL und 24.11.1999 – 1 A 4663/97.PVL –).

207 **Keine Mitbestimmung** besteht bei einer nur **vorübergehenden Aufgabenübertragung**, d.h. z.B. bei einer bloßen vertretungsweisen Maßnahme (vgl. BVerwG 10.10.1991 – 6 P 23.90 – und OVG NRW 20.12.1988 – CB 20/86 –). Mitbestimmungsfrei sind auch **Dienstpostenverlagerungen aus organisatorischen Gründen**, die als Reflex zu einer Änderung der Funktionen von Beschäftigten führen und bei der eine Umsetzung im Tatsächlichen erst durch weitere Entscheidungen der Dienststelle eintritt (vgl. BVerwG 18.12.1996 – 6 P 8.95 – zu einer Verlagerung von Beschäftigten in einen anderen Fachbereich im Zuge der Änderung der Fachbereiche einer Universität und OVG NRW 15.01.2019 – 20 A 797/17 – zur bloßen Änderungen in dem Bestand der von den Hausmeistern zu betreuenden Objekte etc.).

Wichtig! 208

Wenn eine Behörde nach Maßgabe des LPVG NRW in mehrere Dienststellen aufgeteilt ist, weist bei einer Umsetzung sowohl der Personalrat der abgebenden als auch derjenige der aufnehmenden Dienststelle ein Mitbestimmungsrecht auf (vgl. BVerwG 16.03.2000 – 6 P 6.99 –)!

Die **Umsetzung eines Arbeitnehmers** stellt für diesen den Entzug seines bisherigen Arbeitsbereiches bei gleichzeitiger Zuweisung eines neuen gleichwertigen Arbeitsbereiches innerhalb derselben Dienststelle dar (vgl. OVG NRW 25.03.1999 – 1 A 4470/98.PVL –). Grundlegend ist hierbei auf das Direktionsrecht (§ 106 GewO) und die im Arbeitsvertrag konkretisierte Tätigkeit des Arbeitnehmers abzustellen. Wenn Letzteres nicht erfolgt ist, so besteht das Recht des Arbeitgebers dem Arbeitnehmer eine Tätigkeit, die der vereinbarten Entgeltgruppe entspricht, im Rahmen billigen Ermessens (§ 315 BGB) zuzuweisen. Das kann auch nur in Teilen und damit letztendlich als **Teilumsetzung** geschehen (vgl. OVG NRW 18.12.2002 – 1 A 3843/00.PVL –). Allerdings stellt nicht jeder Arbeitsplatzwechsel, der die zeitlichen und räumlichen Anforderungen des Mitbestimmungstatbestandes erfüllt, eine mitbestimmungspflichtige Umsetzung dar. Ausschlaggebend ist, ob die Maßnahme zu einem solchen Wechsel des Arbeitsplatzes des Betroffenen führt, der ihn zwingt, unter veränderten personellen Bedingungen andere Aufgaben zu erfüllen (vgl. OVG NRW 17.02.2000 – 1 A 498/98.PVL – mit Verweis auf BVerwG 03.04.1984 – 6 P 3.83 –). Mithin löst **der reine Wechsel des Vorgesetzten** (vgl. OVG NRW 17.02.2000 – a. a. O.) oder z. B. die Zuweisung einer Schreibkraft zu einem anderen Sachbearbeiter (vgl. entsprechend BAG 10.04.1984 – 1 ABR 67/82 – zum BetrVG) sowie die Zuordnung von Hausmeistern zu einem anderen Bereich (vgl. OVG NRW 15.01.2019 – 20 A 797/17.PVL –) noch keine mitbestimmungspflichtige Umsetzung aus. Mitbestimmungsfrei ist auch die **Bestellung und der Widerruf des Vorarbeiters** (vgl. BAG 10.11.1992 –1 AZR 185/92 –). Anders verhält es sich aber, wenn ein Arbeitnehmer in einem **Personalpool** „geparkt" wird (vgl. entsprechend BAG 09.04.2019 – 1 ABR 30/17 – zum BetrVG). 209

Im Gegensatz zu Beamten, kann die Umsetzung von Arbeitnehmern auch ohne eine förmliche Aufgabenzuweisung vorgenommen werden, d. h. also durch eine bloße mündliche Anweisung des Arbeitgebers (vgl. OVG NRW 12.02.2007 – 1 A 2358/05.PVL –). Aus Dokumentations- und Nachweisgründen sollte in der Praxis aber dennoch stets eine **schriftliche Umsetzungsanordnung** erfolgen. 210

Vor der Umsetzung eines Arbeitnehmers besteht – anders als bei Beamten, vgl. Rz. 204 – **keine Anhörungspflicht**. Mit Blick auf eine weitere gedeih- 211 liche Zusammenarbeit nach Anordnung der Umsetzung, sollte der Arbeitgeber im Einzelfall dennoch stets eine **persönliche Rücksprache vor der Anordnung** erwägen.

212 Als **zulässiges Rechtsmittel** gegen eine Umsetzung kommt die Leistungsklage im Verfahren vor dem Arbeitsgericht in Betracht. Die **Klagebefugnis** weist nur der betroffene Arbeitnehmer und nicht der Personalrat auf. Die Klage kann sich sowohl gegen eine vermeintlich rechtswidrig angeordnete Umsetzung als auch gegen eine von der Dienststelle abgelehnte Umsetzung richten.

c) Abs. 1 Satz 1 Nr. 5 Fall 3: Umsetzung innerhalb der Dienststelle und Wechsel des Dienstortes

213 Nach Abs. 1 Satz 1 Nr. 5 Fall 3 ist die Umsetzung innerhalb der Dienststelle, die mit einem Wechsel des Dienstortes verbunden ist mitbestimmungspflichtig. Dabei handelt es sich nach § 66 Abs. 7 Satz 3 um einen **Fall der eingeschränkten Mitbestimmung**, sodass die Einigungsstelle nur eine Empfehlung aussprechen kann (§ 66 Rz. 90). Nach § 72 Abs. 1 Satz 3 ist die **Umsetzung von Beschäftigten in der Berufsausbildung** („Ausbildungsstättenwechsel") vom Mitbestimmungsrecht des Personalrates ausgenommen (vgl. auch OVG NRW 26.11.2003 – 1 A 1094/01.PVL – zur Unterrichtungsverwendung von Lehramtsanwärtern). Mitbestimmunsfrei ist auch der **reine Wechsel des Vorgesetzten** (vgl. Rz. 209). Zu ärztlichen Tätigkeiten im Rahmen der entsprechenden Weiterbildungsordnung (vgl. Rz. 392). Eine **Umsetzungsverfügung der Dienststelle ohne die erforderliche Zustimmung ist unwirksam** (vgl. LAG Düsseldorf 19.11.2021 – 10 Sa 266/21 – m. w. N.)!

214 Bei der **Umsetzung von Mitgliedern der Person-/Jugend- und Auszubildendenvertretung** ist der Sonderschutz nach § 43 Abs. 1 bzw. § 58 i. V. m. § 43 Abs. 1 zu beachten!

215 Wenn die Umsetzung mit dem **„Wechsel des Dienstortes"** verbunden ist, so kann die Maßnahme nur mit der Zustimmung des Personalrates durchgeführt werden. Hier ist die Mitbestimmung also von dem mit der Umsetzung verbundenen Ortswechsel abhängig. Anders als bei der Mitbestimmung nach § 72 Abs. 1 Satz 1 Nr. 5 Fall 2 kommt es nicht auf die Dauer der Umsetzung („mehr als drei Monate") an (vgl. Rz. 199). Zum **Direktionsrecht des Arbeitgebers einen Schulhausmeister an einer anderen Schule einzusetzen** vgl. im Kontext BAG 24.05.2018 – 6 AZR 116/17 –).

216 Zum Begriff der „**Umsetzung**" vgl. Rz. 202 (Beamte) und Rz. 209 (Arbeitnehmer). Siehe insoweit auch **Bülow, Der praktische Fall – Die „Umsetzung" der arbeitsrechtlichen Umsetzung**, DöD 2022, S. 273.

Mit „**Dienstort**“ ist die politische Gemeinde gemeint, in deren Gebiet sich der Dienststellenteil befindet, dem der Dienstposten des Beamten bzw. der Arbeitsplatz des Beschäftigten organisatorisch zugeordnet ist. Damit kommt eine Anwendung dieses speziellen Mitbestimmungstatbestandes nicht in Betracht, wenn die Umsetzung noch innerhalb des Gemeindegebietes erfolgt. Hierbei gilt es zu beachten, dass nach der Vorschrift auch das **Einzugsgebiet i.S.d. Umzugskostenrechts** zum Dienstort gehört. Dementsprechend ist das Gebiet, das auf einer üblicherweise gefahrenen Strecke nicht mehr als 30 km vom Dienstort entfernt ist, entsprechend zu berücksichtigen (vgl. § 1 Abs. 1 LUKG NRW in Verbindung § 3 Abs. 1 lit. c BUKG, anders hingegen z.B. in § 4 Nr. 4d Schutz-TV, der einen Radius von 60 km vorgibt). Damit stellt das Gesetz vordringlich auf die räumliche Beziehung der Wohnung des Beschäftigten zum neuen Dienstort hin ab, hingegen nicht auf die räumliche Beziehung der Dienstorte zueinander (vgl. hierzu und zur Wegstreckenlänge auch OVG NRW 29.01.1985 – CL 44/83 – und im Kontext auch OVG Sachsen 25.06.2015 – 9A 344/14.PL –). 217

Beispiel: 218

Wenn ein Beschäftigter auf einen Dienstposten bzw. Arbeitsplatz umgesetzt wird, den er von seiner Wohnung aus zu der Gemeindegrenze seines neues Dienstortes hin nur auf einer üblicherweise zu befahrenen Strecke unter Zurücklegung von mehr als 30 km erreichen kann (z.B. 30,05 km), ist eine solche Umsetzung mitbestimmungspflichtig.

Zum **Rechtsmittel der Klageerhebung** gegen eine Umsetzung und die hierfür notwendige **Klagebefugnis** vgl. entsprechend Rz. 203 für Beamte und 212 für Arbeitnehmer. 219

6. Abs. 1 Satz 1 Nr. 6: Abordnung, Zuweisung von Beamten gem. § 20 BeamtStG, Zuweisung von Arbeitnehmern gem. tariflicher Vorschriften, für eine Dauer von mehr als drei Monaten und ihrer Aufhebung.

a) Abs. 1 Satz 1 Nr. 6 Fall 1: Abordnung

Nach Abs. 1 Satz 1 Nr. 6 Fall 1 ist die Abordnung eines Beamten oder Arbeitnehmers mitbestimmungspflichtig. Dabei handelt es sich nach § 66 Satz 3 um einen **Fall der eingeschränkten Mitbestimmung**, sodass die Einigungsstelle nur eine Empfehlung aussprechen kann (§ 66 Rz. 90). 220

Bei der **Abordnung von Mitgliedern der Personal-/Jugend- und Auszubildendenvertretung** ist der Sonderschutz nach § 43 Abs. 1 bzw. § 58 i.V.m. § 43 Abs. 1 zu beachten! 221

Unter einer „**Abordnung**“ ist die Zuweisung einer vorübergehenden Beschäftigung bei einer anderen Dienststelle (bei Arbeitnehmern) bzw. Behörde (bei 222

Beamten) oder einem anderen Betrieb (bei Arbeitnehmern) desselben oder eines anderen Arbeitgebers bzw. Dienstherrn, unter Fortsetzung des bestehenden Arbeits- bzw. Dienstverhältnisses zu verstehen (vgl. für **Arbeitnehmer** Nr. 1 der Protokollerklärung zu § 4 Abs. 1 TVöD/TV-L und für **Beamte** § 24 Abs. 1 LBG NRW und § 14 BeamtStG). Das bedeutet also, dass bei einer solchen Zuweisung die Zugehörigkeit zur bisherigen Stammdienststelle aufrechterhalten bleibt (vgl. BVerwG 20.04.1977 – VI C 154.73 –). Zur Ablehnung eines Verlängerungsantrags einer Beamten, die Personalrätin ist siehe im Kontext BayVGH 22.02.2022 – 6 CE 21.2766 –). Bezogen auf **Auszubildende** liegt somit eine Abordnung vor, wenn diesen aus einzelfallbezogenen Gründen abweichend vom eigentlich Vorgesehenen ein anderer Ausbildungsbereich (z. B. eine andere Sparkassen-Filiale) zugewiesen wird. Zum Letzterem gehören die Bedingungen, unter denen ein Auszubildender ausgebildet wird; d. h., maßgebend sind der Ausbildungsort und Gegenstand sowie die organisatorische Einordnung in den Dienststellenablauf. Die ausbildungsbedingte turnusmäßig stattfindende Zuweisung einer anderen Ausbildungsstätte unterliegt nicht der Mitbestimmung nach der vorliegenden Vorschrift. Bei der Ausgestaltung eines solchen Wechsels ist aber das Mitbestimmungsrecht nach § 72 Abs. 4 Satz 1 Nr. 13 zu beachten. Der zuvor dargestellte **Begriff der Abordnung ist mit dem im personalvertretungsrechtlichen Sinne nicht ohne Weiteres gleichzusetzen** (vgl. BVerwG 02.09.1983 – 6 P 29/82)! Die Zugehörigkeit des einzelnen Beschäftigten zu einer Dienststelle, ist für den Bereich des Personalvertretungsrecht nicht nach rechtlichen Kriterien, sondern vielmehr nach den tatsächlichen Gegebenheiten zu bestimmen (vgl. BVerwG a. a. O.). Dementsprechend muss für eine mitbestimmungspflichtige Abordnung einerseits eine Ausgliederung aus der bisherigen Dienststelle (1. Voraussetzung) und andererseits eine Eingliederung in die neue Dienststelle (2. Voraussetzung) stattfinden. Dementsprechend besteht sowohl eine **Beteiligungspflicht des zuständigen Personalrates** der abgebenden Dienststelle bzw. Behörde als auch des der aufnehmenden Dienststelle bzw. Behörde (vgl. OVG NRW 20.05.1998 – 1 A 3642/96.PVL –).

223 Die **Dienstfreistellung von Mitgliedern einer Stufenvertretung** (vgl. §§ 50, 51 Satz 1 i. V. m. § 42 Abs. 3), stellt nach § 14 Abs. 2 Satz 2 BPersVG keine Abordnung dar. In Ermangelung einer solchen Regelung im LPVG NRW ist es vertretbar, in dessen Anwendungsbereich entsprechend auf den personalvertretungsrechtlichen Begriff abzustellen (vgl. Rz. 222).

223a Mitbestimmungspflichtig ist auch eine **Teilabordnung** (vgl. BVerwG 02.08.1993 – 6 P 20.92 – und OVG NRW 14.03.2001 – 1 A 1539/99.PVL –).

224 Der Mitbestimmung unterliegt zunächst die **Abordnungsverfügung**. Die Abordnung kann sowohl unbefristet als auch befristet verfügt werden (vgl.

hierzu auch LAG Hamm 16.11.2017 – 3 Ca 239/15 – zu einer auf 5 Jahre befristeten Abordnung). In beiden Fällen ist ein Beamter vor der Abordnung anzuhören (§ 24 Abs. 5 LBG NRW). Ein tariflicher Arbeitnehmer ist nur dann anzuhören, wenn er voraussichtlich länger als drei Monate abgeordnet werden soll (vgl. § 4 Abs. 1 Satz 2 Alt. 2 TVöD/TV-L). Die Anhörung kann auch nach Zustellung der Abordnungsverfügung erfolgen (vgl. LAG Hamm 16.11.2017 a. a. O.). Wenn die Dienststelle der jeweiligen **Anhörungsverpflichtung** nicht nachgekommen ist, kann der Personalrat seine Zustimmung zur beabsichtigten Abordnung verweigern!

Der Mitbestimmung unterliegt auch die **Aufhebung der Abordnung**, d. h. 225
die Zurückbeorderung zur Stammdienststelle (Aufhebungsverfügung). Das kann entweder bei der Beendigung einer unbefristeten, aber auch bei einer befristeten Abordnung der Fall sein, wenn diese vorzeitig ihr Ende finden soll. Hierbei besteht eine Beteiligungspflicht des zuständigen Personalrates der Dienststelle bzw. Behörde, die die Aufhebungsverfügung vornimmt.

Eine Abordnung unterliegt nur dann der Mitbestimmung, wenn sie „**für** 226
die Dauer von mehr als drei Monaten" verfügt worden ist. **Keine Mitbestimmung** besteht somit für Abordnungen von nur drei oder weniger Monaten (vgl. entsprechend Rz. 199a).

Wenn die Dienststelle die Zeitdauer von drei Monaten nicht überschrei- 227
tet, d. h. also nur **eine auf höchstens drei Monate befristete Abordnung** verfügen möchte, sollte sie in der Praxis darauf achten, dass hierfür auch im Tatsächlichen für diese kurzzeitige Abordnung selbst, entsprechende sachlich nachvollziehbare Gründe bestehen. Denn, wenn eine Abordnung z. B. nur eine **Versetzung vorbereiten** soll und damit faktisch auf einen, die drei Monate überschreitenden Zeitraum angelegt ist, so besteht nach der Rechtsprechung dennoch eine Mitbestimmung (vgl. BVerwG 18.09.1984 – P 19.83 – und OVG NRW 15.03.1988 – CL 44/87 –)!

> **Wichtig!** 228
>
> Die Dienststelle kann eine Abordnung als vorläufige Maßnahme einer aus dienstlichen Gründen beabsichtigten Versetzung verfügen, sofern eine solche Maßnahme i. S. d. § 66 Abs. 8 Satz 1 der Natur der Sache nach keinen Aufschub duldet (vgl. hierzu BVerwG 02.08.1993 – 6 P 20.92 –)!

Eine Mitbestimmungspflicht besteht auch, wenn die Abordnungsverfügung 229
gar **keine bzw. keine ausreichende Zeitangabe** enthält, wie es z. B. bei den folgenden – in der Praxis nicht zu empfehlenden (!) – Formulierungen der Fall ist: „vorübergehend" oder „probeweise" oder „… auf unbestimmte Zeit"

oder „… bis auf Weiteres“. Zur Klarstellung sollte die Dienststelle also besser klar formulieren, wie z. B. „Die Abordnung dauert bis zum …“.

230 Wenn die Dienststelle zunächst eine mitbestimmungsfreie befristete Abordnung verfügt hat, so muss sie bei der **Verlängerung der Abordnung** den Gesamtzeitraum im Auge behalten, da bei einer Überschreitung der Dauer von mehr als drei Monaten die Mitbestimmungspflicht einsetzt!

231 Zur Problematik von **sog. Kettenabordnungen** vgl. OVG Mecklenburg-Vorpommern 21.11.2007 – 8 L 71/07 –, das aufgrund der engen zeitlichen und rechtlichen Nähe zu Recht eine mitbestimmungspflichtige einheitliche Abordnung annimmt. Zur **Unbeachtlichkeit von kurzzeitigen Unterbrechungen bei aufeinanderfolgenden Abordnungen**, z. B. aufgrund verlängerter Wochenenden oder infolge von Feiertagen vgl. VGH Baden-Württemberg 07.12.1993 – PB 15 S 203/93 –.

232 Bei der **Abordnung von Lehrkräften** ist die Sondervorschriften des § 91 und dabei vor allem der Umstand zu beachten, dass nach § 91 Abs. 3 **Abordnungen nur dann mitbestimmungspflichtig** sind, wenn sie auch länger als bis zum Ende des laufenden Schulhalbjahres andauern (vgl. hierzu und zu der von der Rechtsprechung angenommenen Ausnahme § 91 Rz. 8). Zur Teilabordnung eines Lehrers zu einer anderen Schule bzw. Schulform, die sich im gleichen Gebäude befindet (vgl. OVG NRW 03.07.1986 – CL 46/84 –). Zur Feststellung, wann bei Lehrkräften unter Berücksichtigung ihrer Unterrichtserteilung eine Zuordnung zu einer Schule vorliegt vgl. OVG NRW 11.03.1994 – 1 A 3793/93.PVL –. **Keine mitbestimmungspflichtige Abordnung von Lehrkräften** liegt bei ihrer Bestellung bzw. Hinzuziehung als Fachberater der Schulaufsicht vor (so OVG NRW 24.05.1988 – CL 64/86 –).

233 Zum **Rechtsmittel der Klageerhebung** gegen eine Umsetzung und die hierfür notwendige **Klagebefugnis** vgl. entsprechend Rz. 203 für Beamte und Rz. 212 für Arbeitnehmer.

b) <u>Abs. 1 Satz 1 Nr. 6 Fall 2</u>: Zuweisung von Beamten gem. § 20 BeamtStG

234 Nach Abs. 1 Satz 1 Nr. 6 Fall 2 ist die Zuweisung von Beamten gem. § 20 BeamtStG mitbestimmungspflichtig. Hierbei handelt es sich nach § 66 Abs. 7 Satz 3 um einen **Fall der eingeschränkten Mitbestimmung**, sodass die Einigungsstelle nur eine Empfehlung aussprechen kann (§ 66 Rz. 90).

235 Die „**Zuweisung von Beamten**“ stellt eine Unterform der Abordnung dar und kann deshalb als **abordnungsähnliche Beurlaubung** des Beamten angesehen werden. Für die Zuweisung ist kennzeichnend, dass die Übertragung eines dem Amt des Beamten entsprechenden Tätigkeit bei einer öffentlichen Einrichtung außerhalb des Anwendungsbereiches des Beamtenrechts, z. B. bei einer öffentlichen Einrichtung ohne Dienstherreneigenschaft oder bei

einer öffentlich-rechtlichen Religionsgemeinschaft (§ 20 Abs. 1 Nr. 1 BeamtStG) erfolgt. Dabei behält der Beamte die dienstrechtliche Beziehung zu seinem Dienstherrn trotzdem weiter (vgl. BVerwG 11.02.1999 – 2 C 28.98 –).

Diese Aufgabenübertragung bedarf der **Zustimmung des betroffenen Beamten** und ist nur dann zulässig, wenn auch ein **dienstliches oder öffentliches Interesse** besteht. Wenn ein öffentliches Interesse besteht, so ist die Zuweisung auch zu einer anderen Einrichtung möglich (§ 20 Abs. 1 Nr. 2 BeamtStG), d.h. z.B. zu einem Unternehmen der öffentlichen Hand, das in einer privaten Rechtsform geführt wird. In der Praxis erfolgen Zuweisungen von Beamten deshalb auch sehr häufig im Rahmen der **Privatisierung von Dienststellen**. 236

Eine Zuweisung unterliegt nur dann der Mitbestimmung, wenn sie „**für die Dauer von mehr als drei Monaten**" verfügt worden ist. **Keine Mitbestimmung** besteht somit für Zuweisungen von nur drei oder weniger Monaten! Zur Mitbestimmungszuständigkeit der abgebenden Dienststelle (→ „Zuweisung") und auch aufnehmenden Dienststelle (→ „Einstellung") Dienststelle vgl. entsprechend BayVGH 23.03.2017 – 6 B 16.1627 –. 237

Zum **Rechtsmittel der Klageerhebung** gegen eine Zuweisung und die hierfür notwendige **Klagebefugnis** vgl. entsprechend Rz. 233. 238

c) Abs. 1 Satz 1 Nr. 6 Fall 3: Zuweisung von Arbeitnehmern gem. tariflicher Vorschriften

Nach Abs. 1 Satz 1 Nr. 6 Fall 3 ist die Zuweisung von Arbeitnehmern gem. tariflicher Vorschriften mitbestimmungspflichtig. Dabei handelt es sich nach § 66 Abs. 7 Satz 3 um einen **Fall der eingeschränkten Mitbestimmung**, sodass die Einigungsstelle nur eine Empfehlung aussprechen kann (§ 66 Rz. 90). 239

Bei der Zuweisung von Mitgliedern der **Personal-/Jugend- und Auszubildendenvertretung** ist der Sonderschutz nach § 43 Abs. 1 bzw. § 58 i. V. m. § 43 Abs. 1 zu beachten! 240

Unter der „**Zuweisung eines Arbeitnehmers**" ist die vorübergehende Beschäftigung bei einem Dritten – im In- und Ausland –, bei dem der allgemeine Teil des TVöD nicht zur Anwendung kommt, unter Fortsetzung des bestehenden Arbeitsverhältnisses, zu verstehen (vgl. Protokollerklärung zu § 4 Abs. 2 TVöD und entsprechend TV-L). Durch diese tarifliche Regelung wird bei den sonst gegebenen Voraussetzungen vor allem die vorübergehende Beschäftigung von Arbeitnehmern, die beim Bund oder im Kommunalbereich beschäftigt sind, bei öffentlichen und auch nichtöffentlichen Einrichtungen im In- und Ausland in den Fällen bewirkt, in denen dies im Wege der Abordnung nicht möglich ist. „Dritter" i. S. d. vorbenannten Protokollerklä- 241

254 Die **Kürzung der Anwärterbezüge und der Unterhaltsbeihilfe** dient dem Leistungsanreiz und stellt **keine Disziplinarmaßnahme** dar (vgl. OVG NRW 29.05.1992 – 12 A 292/90 –).

255 Die **Überprüfung durch den Personalrat** beschränkt sich bei der Kürzung der Anwärterbezüge und auch der Unterhaltsbeihilfe auf die jeweilige Ermessensentscheidung und dabei vor allem auf das Vorliegen von Gründen, die einer Kürzung entgegenstehen können. Es besteht die **Zuständigkeit des Personalrates** der zuständigen Stelle, die die jeweilige Kürzung herbeiführen möchte.

8. Abs. 1 Satz 1 Nr. 8: Entlassung von Beamten auf Lebenszeit, auf Probe oder Widerruf oder Entlassung aus einem öffentlich-rechtlichen Ausbildungsverhältnis, wenn die Entlassung nicht selbst beantragt wurde

a) Abs. 1 Satz 1 Nr. 8 Fall 1: Entlassung von Beamten auf Lebenszeit, auf Probe oder Widerruf

256 Nach Abs. 1 Satz 1 Nr. 8 Fall 1 ist die Entlassung der hier benannten Beamten mitbestimmungspflichtig. Dabei handelt es sich nach § 66 Abs. 7 Satz 3 um **Fälle der eingeschränkten Mitbestimmung**, sodass die Einigungsstelle nur eine Empfehlung aussprechen kann (vgl. § 66 Rz. 90).

257 Der **Schutzzweck der Mitbestimmung** besteht darin, die schutzwürdigen Interessen der in der Vorschrift benannten Beamten durch die Beteiligung des Personalrates zu gewährleisten, sofern diese nicht selbst eine Entlassung beantragt haben.

258 Das **Beamtenverhältnis auf Lebenszeit** ist ein Status, der einem Beamten auf Probe nach dem Ende seiner Probezeit von seinem Dienstherrn verliehen wird. Dies soll der dauernden Wahrnehmung von Aufgaben nach § 3 Abs. 2 BeamtStG dienen und stellt die Regel dar (vgl. § 4 Abs. 1 BeamtStG).

259 **Wichtig!**

Mitbestimmungspflichtig ist nur die Entlassung von Beamten auf Lebenszeit, nicht aber von Beamten auf Zeit i. S. d. § 4 Abs. 2 BeamtStG!

260 Das **Beamtenverhältnis auf Probe** dient entweder der Ableistung einer Probezeit zur späteren Verwendung auf Lebenszeit oder zur Übertragung eines Amtes mit leitender Funktion (§ 4 Abs. 3 BeamtStG). Der Zweck der Probezeit besteht darin, dass der Dienstherr die Eignung, Befähigung und vor allem auch die fachliche Leistung des Beamten für die spätere Übernahme in das Beamtenverhältnis auf Lebenszeit erproben und feststellen kann. Wenn sich der Beamte (bereits) in der Probezeit nicht bewährt, so weist der Dienstherr die Möglichkeit auf, sich bereits hier von ihm durch

eine Entlassung trennen zu können (§ 23 Abs. 3 Nr. 2 BeamtStG). Sie können aber auch entlassen werden, wenn sie eine Handlung begehen, die im Beamtenverhältnis auf Lebenszeit mindestens eine Kürzung der Dienstbezüge zur Folge hätte (§ 23 Abs. 3 Nr. 1). Eine Entlassung kann aber auch aufgrund behördlicher Veränderungen, die letztendlich eine Verwendung ihrer Person ausschließt, vorgenommen werden (§ 23 Abs. 3 Nr. 3 BeamtStG). Keine Entlassung (vgl. Rz. 263 f.) und damit keine Mitbestimmung besteht für die **Rücknahme der Ernennung eines Beamten auf Probe** (vgl. VG Düsseldorf 14.07.2016 – 2 L 497/16 – zum Täuschungsversuchs bei der Bachelorarbeit eines Polizisten).

Praxistipp! 261

Der Dienstherr sollte sich für die Feststellungen in der Probezeit mehrere Wiedervorlagen notieren, damit er sowohl in zeitlicher als auch in tatsächlicher Hinsicht erforderliche Feststellungen und Maßnahmen einschließlich der notwendigen Beteiligungen des Personalrates treffen kann!

Das statusrechtliche **Beamtenverhältnis auf Widerruf** dient nach § 4 Abs. 4 BeamtStG entweder der Ableistung eines Vorbereitungsdienstes oder der nur vorübergehenden Wahrnehmung von Aufgaben nach § 3 Abs. 2 BeamtStG. Beamtenrechtlich sind diese Personen sog. Anwärter (vgl. hierzu und auch zu den Anwärterbezügen sowie der Mitbestimmung des Personalrates bei deren Kürzung, Rz. 244 ff.). Zur Kündigung eines Widerrufsbeamten siehe VG Koblenz 12.09.2023 – 2 K 354/23.KO –. 262

Die „**Entlassung**" (vgl. § 21 Nr. 1 BeamtStG) ist einer der in den §§ 21 ff. BeamtStG aufgeführten Beendigungsgründe. Anders als Arbeitnehmer können Beamte in Ermangelung eines dem Dienstverhältnis zugrunde liegenden vertraglichen Arbeitsverhältnisses weder gekündigt werden noch selber kündigen. Es kann jedoch zu jeder Zeit eine Entlassung durch die Beamten selbst zumindest beantragt und ansonsten nur durch den Dienstherrn erfolgen. Zur **Entfernung einer Beamtin aus dem Dienst und zur Bindungswirkung einer strafrechtlichen Verurteilung** vgl. BVerwG, 20.04.2023 – 2 A 18.21 –. 263

Mitbestimmungsgegenstand ist nicht die letztendliche Entlassungsverfügung des Dienstherrn, sondern der Entlassungsvorgang und der ihm zugrunde liegende Sachverhalt (vgl. BVerwG 10.06.1988 – 2 B 84.88 –). 264

Dem Mitbestimmungsrecht des Personalrates unterliegen sowohl **fristlose** als auch **fristgebundene Entlassungen**. Die **Ablehnung der Übernahme in ein Beamtenverhältnis auf Probe** unterliegt nicht der Mitbestimmung des Personalrats (vgl. OVG NRW 01.06.2023 – 6 A 383/20 – n.rkr.). 265

266 Ein Mitbestimmungsrecht des Personalrates besteht bei einer **Entlassung durch Verwaltungsakt** („Entlassungsverfügung") und damit insbesondere in den in § 23 BeamtStG aufgeführten Fällen. Zur **Entlassung aus dem Polizeidienst** wegen einer Trunkenheitsfahrt und weiterer Alkoholauffälligkeit vgl. VG Düsseldorf 11.10.2016 – 2 K 6771/16 –).

267 Des Weiteren besteht auch ein Mitbestimmungsrecht bei einer **Entlassung kraft Gesetzes** (vgl. § 22 BeamtStG). Bei einer solchen Entlassung weist der Dienstherr zwar kein eigenes Ermessen auf, sodass seine Entlassungsfeststellung lediglich eine deklaratorische Bedeutung zukommt (so zutreffend Altvater u. a., § 84 Rn. 59), dennoch darf nicht übersehen werden, dass nach § 64 Nr. 2 Alt. 1 zu den allgemeinen Aufgaben des Personalrates auch gehört, darüber zu wachen, dass die zugunsten der Beschäftigten geltenden Gesetze durchgeführt werden. Dementsprechend ist anzunehmen, dass der Normzweck des Mitbestimmungstatbestandes sowohl für die zuletzt erörterte **Entlassung nach § 22 BeamtStG** als auch für **alle sonstigen gesetzlich zwingend vorgeschriebenen Entlassungsgründe** wie z. B. nach § 17 Abs. 3 Satz 4 BeamtStG („nicht Folgeleistung einer Übernahmeverfügung") oder nach § 27 Abs. 1 LBG NRW („keine fristgerechte Mandatsniederlegung") gilt (vgl. hierzu auch OVG NRW 18.11.1998 – 12 A 368/96 –).

267a **Muster 45**: Entlassungsverfügung Beamter

268 **Keine Mitbestimmung** besteht im Fall der **selbst beantragten Entlassung**.

269 **Der Beteiligungszeitpunkt** des Personalrates hat noch **vor dem Ausspruch der Entlassung** zu liegen (vgl. auch § 66 Abs. 2 Satz 1). Bislang hat die Rechtsprechung abweichend hiervon die Durchführung des Mitbestimmungsverfahrens während der Durchführung des Widerspruchsverfahrens zugelassen, wenn der betroffene Beamte Widerspruch gegen die Entlassungsverfügung eingelegt hatte (vgl. OVG NRW 29.07.1998 – 12 A 4823/96 –). Soweit mit Wirkung zum 01.01.2015 in § 110 Abs. 1 Satz 1 und Satz 2 JustizG NRW nunmehr aber bestimmt wurde, dass bei Verwaltungsakten gegen die Anfechtungs- oder Verpflichtungsklagen erhoben werden können, kein Widerspruchsverfahren mehr stattfindet, bestehen aktuell keine zeitlichen Ausnahmen mehr.

270 Zur Wahrnehmung seiner Rechte hat die Dienststelle eine **ordnungsgemäße Unterrichtung** des Personalrates vorzunehmen und diesem neben dem Namen und den vollständigen Sozialdaten des betroffenen Beamten auch die Maßnahmeart, den Zeitpunkt, zu welchem die Entlassung wirksam werden soll und vor allem auch die Entlassungsgründe sowie den der Entlassung zugrunde liegenden Sachverhalt mitzuteilen (vgl. BVerwG 27.01.1995 – 6 P 22.92 –). Zu den Voraussetzungen einer ausnahmsweise **Unbeachtlichkeit der versehentlichen Angabe falscher bzw. unvollständi-**

ger Sozialdaten siehe im Kontext aber auch entsprechend BAG 28.02.2023 – 2 AZR 194/22 – zum BetrVG!

Eine **ohne Zustimmung verfügte Entlassung** ist fehlerhaft und kann mit dem Rechtsmittel der Anfechtungsklage angegriffen werden. Eine Klagebefugnis weist nur der betroffene Beamte auf, nicht aber der Personalrat. 271

b) Abs. 1 Satz 1 Nr. 8 Fall 2: Entlassung aus einem öffentlich-rechtlichen Ausbildungsverhältnis

Nach Abs. 1 Satz 1 Nr. 8 Fall 2 ist die Entlassung aus einem öffentlich-rechtlichen Ausbildungsverhältnis mitbestimmungspflichtig. Dabei handelt es sich nach § 66 Abs. 7 Satz 3 um einen **Fall der eingeschränkten Mitbestimmung**, sodass die Einigungsstelle nur eine Empfehlung aussprechen kann (vgl. § 66 Rz. 90). 272

Nach **§ 5 Abs. 2 Satz 2** gelten Beschäftigte in einem öffentlich-rechtlichen Ausbildungsverhältnis als Beamte. Dementsprechend sind sie auch in dem Mitbestimmungsschutz des § 72 Abs. 1 Satz 1 Nr. 8 einbezogen. 273

Zur Ableistung eines Vorbereitungsdienstes in der Ausgestaltung eines öffentlich-rechtlichen Ausbildungsverhältnisses vgl. z.B. die Verordnung über ein öffentlich-rechtliches Ausbildungsverhältnis für den Zugang zur **Ausbildung zum Brandmeister** vom 03.05.2005 (GV NRW, Satz 498). 274

Im Übrigen kann auf die Ausführungen zur Entlassung von Beamten nach § 72 Abs. 1 Satz 1 Nr. 8 Fall 1 verwiesen werden (vgl. Rz. 276 ff.). 275

9. Abs. 1 Satz 1 Nr. 9: Vorzeitige Versetzung in den Ruhestand, Feststellung der begrenzten Dienstfähigkeit und der Polizeidienstunfähigkeit, wenn die Maßnahme nicht selbst beantragt wurde

a) Abs. 1 Satz 1 Nr. 9 Fall 1: Vorzeitige Versetzung in den Ruhestand

Nach Abs. 1 Satz 1 Nr. 9 Fall 1 ist die vorzeitige Versetzung eines Beamten in den Ruhestand, wenn er die Entlassung nicht selbst beantragt hat, mitbestimmungspflichtig. Dabei handelt es sich nach § 66 Abs. 7 Satz 3 um einen **Fall der eingeschränkten Mitbestimmung**, sodass die Einigungsstelle nur eine Empfehlung aussprechen kann (vgl. § 66 Rz. 90). 276

Die **Beamten auf Lebenszeit** (§ 4 Abs. 1 BeamtStG) und die **Beamten auf Zeit** (§ 4 Abs. 2 BeamtStG) treten mit dem Ende des Monats in den Ruhestand, in dem sie die für sie jeweils geltende Altersgrenze erreichen (§ 25 BeamtStG). Eine **„vorzeitige Versetzung in den Ruhestand“** kann demnach nur vor dem Erreichen der vorbenannten Altersgrenze stattfinden. Für **Polizeibeamte** sind die besonderen Regelungen in den §§ 114 f. LBG NRW zu beachten. 277

278 **Wichtig!**

Bei der vorzeitigen Versetzung eines schwerbehinderten Beamten in den Ruhestand ist zwar die vorherige Anhörung der Schwerbehindertenvertretung nach § 178 Abs. 2 Satz 1 Halbsatz 1 SGB IX zu beachten. Die unterbliebene Anhörung führt aber nicht zur verwaltungsrechtlichen Rechtswidrigkeit (vgl. OVG Saarland 01.07.2015 – 1 B 54/15 –)! Sie bewirkt auch keine personalvertretungsrechtliche Unwirksamkeit!

279 Einen **Hauptanwendungsfall der Mitbestimmung** stellt die **Versetzung in den Ruhestand wegen Dienstunfähigkeit nach § 34 LBG NRW** auf Veranlassung des Dienstvorgesetzten dar (sog. „Zwangspensionierung"). Wenn Zweifel an der Dienstfähigkeit des Beamten bestehen, so ist er nach der vorbenannten Vorschrift weisungsgebunden verpflichtet, sich amtsärztlich untersuchen zu lassen. Zu den Anforderungen an eine solche Untersuchung vgl. BVerwG 19.03.2015 – 2 C 37.13 – und zu den Anforderungen an ein amtsärztliches Gutachten zur Feststellung der Dienstfähigkeit siehe VG Düsseldorf 13.05.2022 – 26 K 54/21 –. Die Anordnung einer solchen Untersuchung ist zwar nicht mitbestimmungspflichtig, es gilt aber zu beachten, dass sie dem **Mitwirkungsrecht des Personalrates nach § 75 Abs. 1 Nr. 4** unterliegt. Wenn die Dienststelle nach dem ihr vorliegenden amtsärztlichen Gutachten von einer Dienstunfähigkeit des Beamten ausgeht, so hat sie ihn hierüber unter Angabe der Gründe und dass seine Versetzung in den Ruhestand beabsichtigt ist, Mitteilung zu machen (§ 34 Abs. 1 Satz 1 LBG NRW). Der Beamte oder sein Vertreter kann dann innerhalb eines Monats gegen diese beabsichtigte Maßnahme Einwendungen erheben (§ 34 Abs. 1 Satz 2 LBG NRW). Wenn von dem Beamten keine Einwände erhoben werden, so ist die Maßnahme nach dem Ablauf der vorbenannten Monatsfrist mitbestimmungspflichtig. Wenn Einwendungen erhoben werden, so hat die Dienststelle den Personalrat bereits ab diesem Augenblick zu beteiligen und damit zeitlich noch vor dem Entschluss der Dienstvorgesetzten Stelle über die Einstellung bzw. die Fortführung des Zwangspensionierungsverfahrens zu informieren (vgl. BVerwG 19.11.1965 – VII P 15.64 –). Zu einem erfolglosen Zulassungsantrag eines Stadtoberinspektors, der sich gegen seine Zurruhesetzung wegen Dienstunfähigkeit wendet siehe OVG NRW 06.03.2023 – 6 A 1652/20. Zur vorzeitigen Zurruhesetzung vgl. OVG NRW 26.09.2023 – 6 A 2643/20 –).

279a Die **Dienststelle ist nicht verpflichtet, einen Beamten im Vorfeld der von ihr beabsichtigten Versetzung in den vorzeitigen Ruhestand über die vorherige Beteiligung des Personalrats zu unterrichten** (vgl. OVG NRW 01.01.2022 – 1 A 4644/19 –). Dies gilt nach vorgenannter Rechtsprechung im Übrigen auch im Hinblick auf die Beteiligung der Gleichstellungsbeauftragte (vgl. Bülow, §§ 17, 18 LGG NRW). Die **Auswahl des bei der Überprüfung der Dienstfähig-**

keit von der Behörde als sachverständiger Helfer heranzuziehenden Arztes liegt grundsätzlich im Ermessen des Dienstherrn (vgl. OVG NRW 16.01.2023 – 6 B 1320/22). Zu **Art und Umfang der Unterrichtung des Personalrats über die amtsärztlichen Gutachten und Stellungnahmen im beamtenrechtlichen Verfahren** der vorzeitigen Zurruhesetzung wegen Dienstunfähigkeit ohne eigenen Antrag vgl. OVG Berlin-Brandenburg 19.01.2017 – OVG 60 PV 6.16 – zu § 88 Nr. 10 PersVG Berlin). Zur **Beteiligung der Schwerbehindertenvertretung** nach § 95 Abs. 2 Satz 1 SGB IX im Hinblick auf einen schwerbehinderten Beamten vgl. VG Freiburg 21.03.2017 – 3 K 1354/15 –.

Keine Mitbestimmung besteht für **vorzeitige Ruhestandsversetzungen auf** 280 **eigenen Antrag** des Beamten und **für die Versetzung in den einstweiligen Ruhestand** (vgl. § 72 Abs. 1 Satz 2 Halbsatz 2 Nr. 1, Rz. 369).

Wenn an die Stelle der vorzeitigen Versetzung in den Ruhestand eine **Ent-** 281 **lassung des Beamten** durch Verwaltungsakt tritt (§ 22 Abs. 1 Nr. 2 und 3 BeamtStG), so greift die Mitbestimmung nach § 72 Abs. 1 Satz 1 Nr. 8!

b) Abs. 1 Satz 1 Nr. 9 Fall 2: Feststellung der begrenzten Dienstfähigkeit

Nach Abs. 1 Satz 1 Nr. 9 Fall 2 unterliegt auch die Feststellung der begrenz- 282 ten Dienstfähigkeit eines Beamten der Mitbestimmung, wenn dieser die Maßnahme nicht selbst beantragt hat. Dabei handelt es sich nach § 66 Abs. 7 Satz 3 um einen **Fall der eingeschränkten Mitbestimmung**, sodass die Einigungsstelle nur eine Empfehlung aussprechen kann (vgl. § 66 Rz. 90).

Der Begriff „**begrenzte Dienstfähigkeit**" ist in § 27 Abs. 1 BeamtStG legal de- 283 finiert. Dort ist bestimmt, dass von der Versetzung eines Beamten in den Ruhestand wegen Dienstunfähigkeit abgesehen werden soll, wenn der Beamte unter Beibehaltung des übertragenen Amtes die Dienstpflichten noch während mindestens der Hälfte der regelmäßigen Arbeitszeit erfüllen kann. Zu den Anforderungen an ein amtsärztliches Gutachten zur Feststellung der Dienstfähigkeit siehe VG Düsseldorf 13.05.2022 – 26 K 54/21 –. Zur Feuerwehrdienstunfähigkeit siehe OVG NRW 05.07.2023 – 6 A 610/21 –.

Die **Feststellung der begrenzten Dienstunfähigkeit** erfolgt nach dem glei- 284 chen Verfahren wie auch die Feststellung der vollständigen Dienstunfähigkeit bei der Versetzung in den Ruhestand, sodass auf die Ausführungen zu § 72 Abs. 1 Satz 1 Nr. 9 Fall 1 entsprechend zu verweisen ist (vgl. Rz. 276 ff.).

Keine Mitbestimmung besteht, wenn der betroffene Beamte die **Feststel-** 285 **lung der Dienstunfähigkeit selbst beantragt** hat.

c) Abs. 1 Satz 1 Nr. 9 Fall 3: Feststellung der Polizeidienstunfähigkeit

Nach Abs. 1 Satz 1 Nr. 9 Fall 3 ist die Feststellung der Polizeidienstunfä- 286 higkeit mitbestimmungspflichtig, wenn der Polizeibeamte die Maßnahme nicht selbst beantragt hat. Dabei handelt es sich nach § 66 Abs. 7 Satz 3 um einen **Fall der eingeschränkten Mitbestimmung**, sodass die Einigungsstelle nur eine Empfehlung aussprechen kann (vgl. § 66 Rz. 90).

287 Eine **„Polizeidienstunfähigkeit"** liegt nach § 115 Abs. 1 Halbsatz 1 LBG NRW vor, wenn der Polizeivollzugsbeamte den besonderen gesundheitlichen Anforderungen für den Polizeivollzugsdienst nicht mehr genügt und nicht zu erwarten ist, dass er seine volle Verwendungsmöglichkeit innerhalb von zwei Jahren wiedererlangt (vgl. hierzu auch OVG NRW 27.04.2016 – 6 A 1235/14 –). Eine **Ausnahme** besteht nach § 115 Abs. 1 Halbsatz 2 LBG NRW nur dann, wenn die auszuübende Funktion bei dem Beamten auf Lebenszeit diese besonderen gesundheitlichen Anforderungen auf Dauer nicht mehr uneingeschränkt erfordert. Wenn Letzteres der Fall ist, so wird der Dienstherr dadurch ermächtigt, den für den Polizeidienst unfähig gewordenen Polizeivollzugsbeamten dennoch weiter dienstlich zu verwenden (vgl. hierzu OVG NRW 11.04.2012 – 6 P 196/12 –). Vor der Zurruhesetzung des Beamten wegen Polizeidienstunfähigkeit ist zunächst ein amtsärztliches Gutachten der unteren Gesundheitsbehörde oder ein Gutachten eines beamteten Polizeiarztes einzuholen (§ 115 Abs. 2 LBG NRW). Soweit hierbei die Polizeidienstunfähigkeit festgestellt wird, hat der Dienstherr zu überprüfen, ob hier noch ein entsprechender Verwendungsdienstposten für den Beamten zur Verfügung steht. Die Auswahl des bei der Überprüfung der Dienstfähigkeit von der Behörde als sachverständiger Helfer heranzuziehenden Arztes liegt grundsätzlich im Ermessen des Dienstherrn (vgl. OVG NRW 16.01.2023 – 6 B 1320/22).

287a Zum erfolglosen **Antrag eines betroffenen Polizeibeamten auf Erlass einer einstweiligen Anordnung**, der darauf gerichtet ist, bis zum Abschluss des Hauptsacheverfahrens der Anordnung einer polizeiärztlichen Untersuchung nicht Folge leisten zu müssen vgl. OVG NRW 28.01.2016 – 6 B 1397/15 –.

288 Im Übrigen wird auf die Ausführungen zur Zwangspensionierung von Beamten nach § 34 LBG NRW entsprechend verwiesen (vgl. Rz. 279).

10. Abs. 1 Satz 1 Nr. 10: Weiterbeschäftigung von Beamten und Arbeitnehmern über die Altersgrenze hinaus

a) Abs. 1 Satz 1 Nr. 10 Fall 1: Weiterbeschäftigung von Beamten über die Altersgrenze hinaus

289 Nach Abs. 1 Satz 1 Nr. 10 Fall 1 ist die Weiterbeschäftigung von Beamten über die Altersgrenze hinaus mitbestimmungspflichtig. Dabei handelt es sich nach § 66 Abs. 7 Satz 3 nur um einen **Fall der eingeschränkten Mitbestimmung**, sodass die Einigungsstelle lediglich eine Empfehlung aussprechen kann (vgl. § 66 Rz. 90).

Der **Eintritt in den Ruhestand wegen Erreichens der Altersgrenze** ist in § 31 LBG NRW geregelt. Wenn die Dienststelle beabsichtigt, die Altersgrenze hinauszuschieben (§ 32 LBG NRW) und somit darüber hinaus weiterzubeschäftigen, so ist diese Maßnahme mitbestimmungspflichtig. Der Personalrat muss so rechtzeitig von der Dienststelle über die beabsichtigte Weiterbeschäftigung informiert und auch beteiligt werden, dass er eine Entscheidung noch vor Eintritt der regulären Altersgrenze treffen kann. Eine Weiterbeschäftigung ohne Zustimmung des Personalrates kann nicht wirksam erfolgen. Soweit die Dienststelle eine solche dennoch vornimmt und dabei gegebenenfalls einen Vertrauenstatbestand für den betroffenen Beamten setzt, können hieraus gegebenenfalls Schadensersatzansprüche erwachsen. Bei der **Ablehnung eines Antrags auf Hinausschieben des Eintritts in den Ruhestand ist der Personalrat nicht beteiligen** (vgl. OVG Rheinland-Pfalz 17.07.2017 – 2 B 11273/17 – und OVG NRW 27.06.2019 – 1 B 1314/19 –). Das Hinausschieben des Ruhestandseintritts eines freigestellten Personalratsmitglieds unterliegt ebenfalls nicht der Mitbestimmung (vgl. OVG Bremen 25.01.2023 – 2 B 6/23 –). 290

b) Abs. 1 Satz 1 Nr. 10 Fall 2: Weiterbeschäftigung von Arbeitnehmern über die Altersgrenze hinaus

Nach Abs. 1 Satz 1 Nr. 10 Fall 2 ist die Weiterbeschäftigung von Arbeitnehmern über die Altersgrenze hinaus ebenfalls mitbestimmungspflichtig. Dabei handelt es sich nach § 66 Abs. 7 Satz 3 um einen **Fall der eingeschränkten Mitbestimmung**, sodass die Einigungsstelle im Ergebnis nur eine Empfehlung aussprechen kann (vgl. § 66 Rz. 90). 291

Anders als bei Beamten ist eine **Altersgrenze für Arbeitnehmer** gesetzlich nicht festgelegt. Es gilt jedoch zunächst, die **Vorgaben der einschlägigen Tarifverträge** zu beachten. Nach § 33 Abs. 1 lit. a (TVöD/TV-L) endet das Arbeitsverhältnis, ohne dass es einer Kündigung bedarf, mit dem Ablauf des Monats, in dem der Beschäftigte das gesetzlich festgelegte Alter zum Erreichen der Regelaltersrente vollendet hat. Wenn darüber hinaus eine Weiterbeschäftigung erfolgen soll, ist mit dem Beschäftigten ein neuer schriftlicher Arbeitsvertrag abzuschließen (§ 33 Abs. 5 Satz 1 TVöD/TV-L), wobei das Arbeitsverhältnis jederzeit mit einer Frist von vier Wochen zum Monatsende gekündigt werden kann, wenn in einem solchen Arbeitsvertrag nichts anderes vereinbart ist (§ 33 Abs. 5 Satz 2 TVöD/TV-L). Weiterhin kann eine Verlängerung des Arbeitsverhältnisses auch durch eine **Vereinbarung nach § 41 Satz 3 SGB VI** (sog. Altersbefristung) ergeben (vgl. hierzu BAG 19.12.2018 – 7 AZR 70/17 – wonach eine solche Vereinbarung keinen Sachgrund i. S. d. § 14 Abs. 1 TzBfG erfordert). 292

293 **Wichtig!**

Ein neuer Arbeitsvertragsabschluss i. S. d. § 33 Abs. 5 Satz 1 TVöD/TV-L unterliegt als Akt der Weiterbeschäftigung der Mitbestimmung nach § 72 Abs. 1 Satz 1 Nr. 10 Fall 2!

Davon zu unterscheiden ist der Fall einer späteren Arbeitsheranziehung, d. h. also der Abschluss eines neuen Arbeitsvertrages, der nicht im unmittelbaren Anschluss an das Erreichen der Altersgrenze erfolgt. Dabei handelt es sich um eine Einstellung, die der Mitbestimmung nach § 72 Abs. 1 Satz 1 Nr. 1 Fall 1 unterliegt (vgl. VGH Baden-Württemberg 25.02.1986 – 15 S 3363/85 –)!

11. Abs. 1 Satz 1 Nr. 11: Anordnungen, welche die Freiheit in der Wahl der Wohnung beschränken

294 Nach Abs. 1 Satz 1 Nr. 11 sind Anordnungen, die die Freiheit der Beschäftigten in der Wahl ihrer Wohnung beschränken, mitbestimmungspflichtig. Dabei handelt es sich nach § 66 Abs. 7 Satz 3 um einen **Fall der eingeschränkten Mitbestimmung**, sodass die Einigungsstelle nur eine Empfehlung aussprechen kann (vgl. § 66 Rz. 90).

295 Der **Schutzzweck der Mitbestimmung** erfasst sowohl **Beamte** als auch **Arbeitnehmer** und ist darauf gerichtet, sie durch die Beteiligung des Personalrates vor rechtswidrigen bzw. unverhältnismäßigen Einschränkungen in ihrer Wohnungswahlfreiheit zu schützen.

296 Soweit der Personalrat in sozialen Angelegenheiten nach § 72 Abs. 2 Nr. 2 im Hinblick auf die **Zuweisung von Wohnungen**, über die die Beschäftigungsstelle verfügt, mitzubestimmen hat, setzt der vorliegende Mitbestimmungstatbestand bei der der Zuweisung vorausgehenden **Anordnung der Dienststelle** an, dass ein Beschäftigter eine bestimmte Dienstwohnung zu beziehen hat.

297 **Keine Mitbestimmung** besteht bei einem bloßen **Wohnungsangebot**, weil darin keine Anordnung zu sehen ist. Gleiches gilt für eine **Anmietungsvereinbarung im Zuge der Einstellung**, wonach der Beschäftigte aus dienstlichen bzw. betrieblichen Gründen in eine bestimmte (Dienst-)Wohnung (z. B. Hausmeisterwohnung) zieht, da auch darin keine Anordnung, d. h. keine einseitige zwangsweise Zuweisungsmaßnahme der Dienststelle darstellt.

298 Bei **Beamten** sind Anordnungen, wonach eine Dienstwohnung zu beziehen ist, mitbestimmungspflichtig.

299 **Keine Mitbestimmung** besteht bei einer **Aufenthaltsanordnung nach § 44 LBG NRW**, wonach sich der Beamte, wenn besondere dienstliche Verhältnisse es dringend erfordern, sich während der dienstfreien Zeit erreich-

bar in der Nähe seines Dienstortes aufzuhalten hat. Denn diese Vorschrift stellt erkennbar nach dem Wortlaut nicht auf die bestimmte Örtlichkeit der Wohnung als solche ab. Ferner gilt es zu beachten, dass die vorbenannte Vorschrift als Rechtsgrundlage für die Anordnung der Rufbereitschaft dient (vgl. OVG NRW 21.12.1982 – 12 A 1476/81 –), die jedenfalls nicht dem vorliegenden Mitbestimmungstatbestand unterliegt (vgl. OVG NRW 24.02.1983 – CL 68/81 –). Zur Mitbestimmung bei der Anordnung der Rufbereitschaft nach § 72 Abs. 4 Nr. 1 Fall 1 („Beginn und Ende der täglichen Arbeitszeit") vgl. Rz. 691 ff.

Für **Polizeivollzugsbeamte** ist die **Sondervorschrift** des § 111 LBG NRW zu beachten. Danach sind die Beamten auf Anordnung verpflichtet, in einer Gemeinschaftsunterkunft zu wohnen, wobei diese Verpflichtung den Beamten auf Lebenszeit, wenn sie verheiratet sind oder in einer Lebenspartnerschaft leben, nur für besondere Einsätze oder Lehrgänge oder ihre Aus- und Weiterbildung in der Bereitschaftspolizei auferlegt werden kann. Eine solche Anordnung ist mitbestimmungspflichtig. 300

Für **Arbeitnehmer** sind weder gesetzlich noch tarifvertraglich im TVöD oder TV-L (anders zuvor in § 65 BAT und § 69 MTArb) Anordnungen, die die Freiheit in der Wahl der Wohnungsnahme beschränken, enthalten. Gleichwohl ist dem Arbeitgeber die Befugnis zuzusprechen, bei dem Vorliegen eines dienstlichen Erfordernisses, den Arbeitnehmer zum Bezug einer Wohnung an einem bestimmten Ort anzuhalten (vgl. BAG 17.05.1968 – 3 AZR 183/67 –). 301

Wichtig! 302

Die Mitbestimmung entfällt nicht durch die Einwilligung des betroffenen Beschäftigten zu einer dienstlichen Anordnung, da die Befolgung der Anordnung nicht deren Charakter als einseitige Zwangsmaßnahme aufhebt (so zutreffend Altvater u.a., § 78 Rn. 222)!

Keine Mitbestimmung besteht bei einer **vertraglichen Vereinbarung** zwischen dem Arbeitgeber und dem Beschäftigten, da es hierbei an einer zwangsweisen Zuweisungsmaßnahme mangelt. 303

12. Abs. 1 Satz 1 Nr. 12: Versagung, Untersagung oder Widerruf der Genehmigung einer Nebentätigkeit

Nach Abs. 1 Satz 1 Nr. 12 sind die hier benannten Maßnahmen im Zusammenhang mit der Genehmigung einer Nebentätigkeit mitbestimmungspflichtig. Dabei handelt es sich nach § 66 Abs. 7 Satz 3 um **Fälle der eingeschränkten Mitbestimmung**, sodass die Einigungsstelle nur eine Empfehlung aussprechen kann (vgl. § 66 Rz. 90). 304

305 **Schutzzweck der Mitbestimmung** ist der Beschäftigtenschutz im Hinblick auf die Ausübung einer Nebentätigkeit.

306 Die **Nebentätigkeit eines Beamten** ist die Wahrnehmung eines Nebenamtes oder einer Nebenbeschäftigung (vgl. § 48 Satz 1 LBG NRW und § 2 Abs. 1 NtV NRW). Ein **Nebenamt** ist ein nicht zu einem Hauptamt gehörender Kreis von Aufgaben, der aufgrund eines öffentlich-rechtlichen Dienst- oder Amtsverhältnisses von dem Beamten wahrgenommen wird (§ 2 Abs. 2 NtV NRW). Eine **Nebenbeschäftigung** ist jede nicht zu einem Hauptamt oder einem Nebenamt gehörende Nebentätigkeit, die der Beamte innerhalb oder außerhalb des öffentlichen Dienstes ausübt (§ 2 Abs. 3 NtV NRW). **Falsche Angaben bei der Beantragung einer Nebentätigkeit** können zur Entlassung des Beamten führen (vgl. VG Trier 29.05.2020 – 3 K 479/20.TR –).

307 **Keine Nebentätigkeit** stellen die in dem Katalog des § 2 Abs. 4 Nr. 1 bis 8 aufgeführten Tätigkeiten dar wie z.B. die Tätigkeit als ehrenamtlicher Richter (§ 2 Abs. 4 Nr. 4 NtV NRW).

308 Nach § 48 LBG NRW besteht eine **Übernahmeverpflichtung von Nebentätigkeiten**. Danach ist ein Beamter verpflichtet, auf Verlangen seiner Dienstvorgesetzten Stelle eine Nebentätigkeit im öffentlichen Dienst zu übernehmen und fortzuführen, sofern diese Tätigkeit seiner Vorbildung oder Berufsausbildung entspricht und ihn nicht über Gebühr in Anspruch nimmt; wobei durch eine solche Nebentätigkeit keine dienstlichen Interessen beeinträchtigt werden dürfen.

309 In § 49 Abs. 1 LBG NRW sind **genehmigungspflichtige Nebentätigkeiten** aufgeführt. Hierzu bedarf der Beamte, soweit er nicht nach § 48 bereits zu ihrer Übernahme verpflichtet ist, der vorherigen Genehmigung. Diese ist für jede einzelne Nebentätigkeit zu erteilen und zu befristen, wobei die Frist längstens fünf Jahre betragen darf (§ 6 Abs. 1 Satz 1 NtV NRW). Eine Genehmigungspflicht besteht z.B. für den Fall, dass ein Beamter in den Vorstand, Aufsichts- oder Verwaltungsrat einer Gesellschaft, die einen wirtschaftlichen Zweck verfolgt, eintreten möchte (vgl. § 49 Abs. 1 Nr. 4 LBG NRW).

310 Wenn eine der vorbenannten Nebentätigkeiten dienstliche Interessen beeinträchtigen kann, so hat, ohne dass ein Ermessen besteht, eine „**Versagung**" der Genehmigung zu erfolgen (§ 49 Abs. 2 Satz 1 LBG NRW und § 6 Abs. 2 NtV NRW). Ein solcher Versagungsgrund im Hinblick auf die Nebentätigkeit liegt insbesondere vor, wenn die in § 49 Abs. 2 Satz 2 LBG NRW beispielhaft („insbesondere") genannten Versagungsgründe vorliegen. Hierbei handelt es sich um unbestimmte Rechtsbegriffe, die der verwaltungsgerichtlichen Überprüfung unterliegen (vgl. BVerwG 30.06.1976 – VI C 46.74 –). Eine solche Beeinträchtigung dienstlicher Interessen liegt

auch dann vor, wenn anzunehmen ist, dass der Beamte die Nebentätigkeit teilweise auch während des Dienstes erledigen muss bzw. wird (vgl. hierzu OVG Rheinland-Pfalz 19.03.2002 – A 10067/02 –). Zur Genehmigungsversagung für das Gewerbe „Waffenhandel" im Hinblick auf einen Justizvollzugsbeamten vgl. VG Minden 21.02.2013 – 4 K 1627/12 –).

Wenn durch die Ausübung einer nicht genehmigungspflichtigen Neben- **311**
tätigkeit dienstliche Interessen beeinträchtigt werden, so hat der Dienstherr ganz oder teilweise eine „**Untersagung**" der Nebentätigkeit herbeizuführen. Auch hierbei weist er kein Ermessen („ist zu untersagen") auf (vgl. § 51 Abs. 2 LBG NRW).

Wenn sich nach der Erteilung der Genehmigung einer genehmigungs- **312**
pflichtigen Nebentätigkeit eine Beeinträchtigung dienstlicher Interessen ergibt, so hat der Dienstherr einen „**Widerruf der Genehmigung**" herbeizuführen. Auch hierbei weist er kein Ermessen („ist zu untersagen") auf (vgl. § 49 Abs. 4 LBG NRW).

Die **Nebentätigkeit eines Arbeitnehmers** ist nicht wie bei den Beamten **313**
gesetzlich geregelt. Die von der Rechtsprechung für Beamte entwickelten Grundsätze sind seit dem Inkrafttreten des TV-L am 01.11.2006 nicht mehr ohne Weiteres auf den Bereich der Arbeitnehmer übertragbar (vgl. BAG 10.04.2019 – 5 PB 21.18 –). Grundsätzlich kann gesagt werden, dass tarifbeschäftigte Arbeitnehmer des öffentlichen Dienstes eine Berechtigung zur Ausübung einer Nebentätigkeit aufweisen (vgl. zu einem generellen Ausübungsverbot von Nebentätigkeiten bereits BAG 03.12.1970 – 2 AZR 110/70 –). Dabei haben sie jedoch Nachstehendes zu beachten:

Nach **§ 3 Abs. 3 Satz 1 TVöD bzw. nach § 3 Abs. 4 Satz 1 TV-L** besteht für **314**
tarifbeschäftigte Arbeitnehmer im Hinblick auf Nebentätigkeiten gegen Entgelt eine schriftliche Anzeigepflicht. Einen Genehmigungsvorbehalt, wie er im früheren Tarifrecht durch eine Verweisung auf das beamtenrechtliche Genehmigungserfordernis vorhanden gewesen ist (vgl. z.B. § 11 BAT/–O bzw. § 13 MTArbG/–O und § 11 BMT-G/–O), existiert im aktuellen Tarifrecht nicht mehr. Hier hat der Arbeitgeber nur noch die Möglichkeit der „Untersagung" der Nebentätigkeit oder die Belegung der Nebentätigkeit mit einer „Auflage" (vgl. § 3 Abs. 3 Satz 2 TVöD bzw. § 3 Abs. 4 Satz 2 TV-L). Letzteres unterliegt nicht der Mitbestimmung nach § 72 Abs. 1 Satz 1 Nr. 12. Aufgrund dieser reduzierten tarifvertraglichen Umgangsmöglichkeiten des Arbeitgebers mit Nebentätigkeiten haben die **Mitbestimmungsfälle der Versagung und des Widerrufs** der Genehmigung einer Nebentätigkeit **aktuell an Bedeutung verloren.**

Für eine **„Untersagung"** ist es ausreichend, dass die Nebentätigkeit geeignet **315**
ist, **Beeinträchtigungen der arbeitsvertraglichen Pflichten** des Arbeitneh-

mers hervorzurufen. Auf eine tatsächliche Beeinträchtigung der Pflichten kommt es nicht an.

316 **Beispiel:**

Ein im Bauordnungsamt der Stadt A mit der Bauaufsicht betrauter Arbeitnehmer übt zugleich eine Nebentätigkeit als betreuender Architekt bei dem der kommunalen Bauaufsicht der Stadt A unterstehenden Bauvorhaben aus.

317 Ein **Untersagungsgrund** besteht auch dann, wenn die **Nebentätigkeit geeignet ist, berechtigte Interessen des Arbeitgebers zu beeinträchtigen** (vgl. BAG 28.02.2002 – 6 AZR 357/01 – zur Nebentätigkeit eines Krankenpflegers als Leichenbestatter).

13. Abs. 1 Satz 1 Nr. 13: Ablehnung eines Antrags auf Teilzeitbeschäftigung, Freistellung oder Urlaub gem. §§ 63 bis 67, 70 und 74 LBG NRW sowie Ablehnung einer entsprechenden Arbeitsvertragsänderung bei Arbeitnehmern

a) Abs. 1 Satz 1 Nr. 13 Fall 1: Ablehnung eines Antrags auf Teilzeitbeschäftigung gem. §§ 63 bis 67 und 74 LBG NRW

318 Nach dem Wortlaut des Abs. 1 Satz 1 Nr. 13 Fall 1 ist die Ablehnung eines Antrags eines Beamten auf Teilzeitbeschäftigung gem. der §§ 63 bis 67 LBG NRW mitbestimmungspflichtig. Soweit der Gesetzgeber zunächst auf das Dienstrechtsmodernisierungsgesetz vom 14.06.2016 hin den Gesetzestext im LPVG NRW nicht angepasst hatte, wurde dies mit dem Änderungsgesetz vom 26.02.2019 (GV. NRW. S. 134) nachgeholt. Bei der vorliegenden Mitbestimmung handelt es sich nach § 66 Abs. 7 Satz 3 im Übrigen um einen **Fall der eingeschränkten Mitbestimmung**, sodass die Einigungsstelle letztendlich nur eine Empfehlung aussprechen kann (vgl. § 66 Rz. 90).

319 Das Beamtenrecht geht gem. Art. 33 Abs. 5 GG von den hergebrachten Grundsätzen der Hauptberuflichkeit und der Dienstleistung auf Lebenszeit einerseits sowie der entsprechenden Vollalimentation andererseits als Strukturprinzipien des Berufsbeamtentums aus. Von daher stellt die Teilzeitbeschäftigung eines Beamten eine Ausnahme dar. Dennoch hat der Gesetzgeber Wert daraufgelegt, dass im öffentlichen Dienst die Wünsche der Beschäftigten im Hinblick auf den Ausbau von Teilzeitbeschäftigungen so weit wie möglich zu beachten sind (vgl. LT-Drucks. 10/4734 S. 10).

320 Eine Teilzeitbeschäftigung wird in folgenden Fällen zugelassen:

- Auf **Antrag des Beamten** und nach einer Ermessensentscheidung des Dienstherrn, soweit dienstliche Belange nicht entgegenstehen (§ 63 Abs. 1 LBG NRW)

- Bei der **Genehmigung von genehmigungspflichtigen Nebentätigkeiten** (§ 63 Abs. 2 LBG NRW)
- Als **Altersteilzeit** (§ 66 LBG NRW), wenn die oberste Dienstbehörde hiervon nicht ganz abgesehen oder sie auf bestimmte Verwaltungsbereiche oder Beamtengruppen beschränkt hat (§ 65 Abs. 3 Satz 1 LBG NRW)
- Als **Familienpflegezeit** (§ 67 LBG NRW)
- Aus **familiären Gründen** (§ 64 Abs. 1 Alt. 1 LBG NRW)
- Auf Antrag des Beamten **während der Elternzeit** (§ 74 LBG NRW und § 10 FrUrlV NRW)

Eine **Mitbestimmung besteht nur** bei der **Ablehnung eines Antrags auf Teilzeitbeschäftigung**! 321

Keine Mitbestimmung besteht also für den Fall, dass der Dienstherr dem Antragsbegehren entspricht. Das gilt auch für die Fälle, in denen Teilzeit gewährt, allerdings nachträglich die Dauer der Teilzeitbeschäftigung beschränkt oder der Umfang der zu leistenden Arbeitszeit erhöht wird, soweit zwingende dienstliche Belange dies erfordern (§ 63 Abs. 3 Satz 1 LBG NRW). Nach zutreffender Auffassung des OVG Rheinland-Pfalz sind **alternierende Telearbeit und Teilzeitbeschäftigung** nach Art und Bedeutung übrigens nicht vergleichbar (vgl. dessen Beschluss vom 04.04.2018 – 5 A 10062/18.OVG –). 322

Ferner unterliegen die **Ablehnung von Anträgen auf vorzeitige Aufhebung einer Teilzeitbeschäftigung,** die **Ablehnung von Anträgen auf Aufstockung einer Teilzeitbeschäftigung** (vgl. OVG NRW 04.11.1991 – CL 63/88 –) und im Übrigen die Ablehnung eines jeden Teilzeitantrages, der nicht die in der vorliegenden Vorschrift zitierten Fälle betrifft (vgl. im Kontext OVG Sachsen-Anhalt 26.01.2021 – 5 L 1/20 –), nicht der Mitbestimmung. 323

Auch der **Widerruf der Teilzeitbeschäftigungsbewilligung** ist nicht mitbestimmungspflichtig (vgl. VG Minden 22.08.1994 – 4 L 1311/94 –). 324

Wichtig! 325

Wenn die oberste Dienststelle eine Selbstbindung der Verwaltung aufgrund von speziellen Teilzeitbeschäftigungserlassen eingegangen ist – wie im Bereich einiger Landesministerien der Fall –, so sind die dortigen besonderen Bestimmungen, z. B. zum Antrags- und Bewilligungsverfahren, im personalvertretungsrechtlichen Mitbestimmungsverfahren zu beachten!

Bei einer beabsichtigten Ablehnung eines Antrags auf Teilzeitbeschäftigung ist der Personalrat vor der Ablehnungsverfügung zu beteiligen. Die **Unterrichtung** hat unter **Angabe der Ablehnungsgründe** zu erfolgen. 326

327 Eine **Ablehnung ohne Zustimmung des Personalrates** ist rechtswidrig und kann gegebenenfalls zu Schadensersatzansprüchen des betroffenen Beamten gegenüber dem Dienstherrn führen.

b) Abs. 1 Satz 1 Nr. 13 Fall 2 und 3: Ablehnung eines Antrags auf Freistellung oder Urlaub gem. der §§ 70 und 74 LBG NRW

328 Die Vorschrift wurde durch das Änderungsgesetz vom 26.02.2019 (GV. NRW. S. 134) an die aktuelle Gesetzeslage angepasst. Im Zuge dessen wurde das Wort „Freistellung" mit aufgenommen. Damit wurde nach Abs. 1 Satz 1 Nr. 13 Fall 2 nun auch wörtlich die gesetzlich garantierte **Elternzeitnahme (§ 74 LBG NRW)** erfasst. Eine Ausweitung der Mitbestimmungsrechte ist damit letztendlich aber nicht verbunden gewesen (vgl. LT-Drucks. 1743/50, S. 7). Nach Abs. 1 Satz 1 Nr. 13 Fall 3 ist sodann auch die Ablehnung eines Antrages eines Beamten auf Urlaub gem. der **§§ 70 und 64 LBG NRW** mitbestimmungspflichtig. Dabei handelt es sich nach § 66 Abs. 7 Satz 3 um einen **Fall der eingeschränkten Mitbestimmung**, sodass die Einigungsstelle nur eine Empfehlung aussprechen kann (vgl. § 66 Rz. 90). Entsprechendes gilt für die vorbenannte Freistellung.

329 Beamte erhalten wie auch Arbeitnehmer jährlich **Erholungsurlaub** unter Fortgewährung der Leistungen des Dienstherrn (§ 71 LBG NRW). Einzelheiten hierzu und auch zur Gewährung von Sonderurlaub sind in der „Freistellungs- und Urlaubsverordnung NRW vom 10.01.2012/GNRW, S. 2 (FrUrlV NRW)" geregelt. Die Ablehnung diesbezüglicher Urlaubsanträge unterliegt nicht der Mitbestimmung!

330 Nach der vorliegenden Vorschrift besteht eine **Mitbestimmung nur für die Ablehnung** von Anträgen für den besonderen **Urlaub aus arbeitsmarktpolitischen Gründen** (§ 70 LBG NRW) und den **Urlaub aus familiären Gründen** (§ 64 Abs. 1 Alt. 2 LBG NRW)!

331 **Keine Mitbestimmung** besteht für den Fall, dass der Dienstherr dem Antragsbegehren entspricht. Das gilt auch für die Fälle, in denen der vorbenannte Urlaub gewährt, allerdings nachträglich die Dauer des Urlaubes beschränkt oder erhöht wird (vgl. entsprechend Rz. 322).

332 Ferner unterliegen auch die **Ablehnung von Anträgen auf vorzeitige Aufhebung des Urlaubs** und die **Ablehnung von Anträgen auf Urlaubsaufstockung** gleichfalls nicht der Mitbestimmung (vgl. entsprechend Rz. 323).

333 Auch der **Widerruf der Urlaubsbewilligung** ist nicht mitbestimmungspflichtig (vgl. entsprechend Rz. 324).

334 Bei einer beabsichtigten Ablehnung eines Urlaubsantrages ist der Personalrat vor der Ablehnungsverfügung zu beteiligen. Die **Unterrichtung** hat unter **Angabe der Ablehnungsgründe** zu erfolgen.

Eine **Urlaubsablehnung ohne Zustimmung des Personalrates** ist rechtswidrig und kann gegebenenfalls zu Schadensersatzansprüchen des betroffenen Beamten gegenüber dem Dienstherrn führen. 335

c) Abs. 1 Satz 1 Nr. 13 Fall 4: Ablehnung einer entsprechenden Arbeitsvertragsänderung bei Arbeitnehmern

Nach Abs. 1 Satz 1 Nr. 13 Fall 4 ist die Ablehnung einer entsprechenden Arbeitsvertragsänderung bei Arbeitnehmern mitbestimmungspflichtig. Auch hierbei handelt es sich nach § 66 Abs. 7 Satz 3 um einen **Fall der eingeschränkten Mitbestimmung**, sodass die Einigungsstelle nur eine Empfehlung aussprechen kann (vgl. § 66 Rz. 90). 336

Der **Schutzzweck der Mitbestimmung** besteht in der **Gleichbehandlung von Beamten und Arbeitnehmern**. Die Regelung bezog sich tarifvertragsbedingt in der Vergangenheit auf Angestellte und Arbeiter. Da es diese Unterscheidung tarifvertraglich nicht mehr gibt, ist im Zuge der **Novelle 2011** eine entsprechende Sprachanpassung vorgenommen worden. Nach dem Gesetzesentwurf der Landesregierung sollte begrifflich eigentlich auf „Tarifbeschäftigte“ abgestellt werden (vgl. LT-Drucks. 15/1644, S. 49 und 84). Im Verlauf des Lesungsverfahrens wurde dann allerdings auf Empfehlung des Innenausschusses ohne nähere Begründung auf den Begriff des „Arbeitnehmers“ abgestellt (vgl. LT-Drucks. 15/2218, S. 30, 50 u. 54). 337

Mit dem Tatbestandsmerkmal **„entsprechende Arbeitsvertragsänderungen“** knüpft der Gesetzgeber an die beamtenrechtlichen Regelungsgegenstände des Abs. 1 Satz 1 Nr. 13 Fall 1 (vgl. Rz. 318 ff.) und Fall 2 und 3 (vgl. Rz. 328) an. Wenn ein Arbeitnehmer also im Hinblick auf die Ausübung einer dementsprechenden Teilzeitbeschäftigung oder eine dementsprechenden Sonderbeurlaubung hin eine Arbeitsvertragsänderung herbeiführen möchte und der Arbeitgeber dieses Ansinnen ablehnt, besteht eine Mitbestimmung des Personalrates. Zur rechtlichen Einstufung der arbeitgeberseitigen Ablehnung als empfangsbedürftige Willenserklärung, die im Wege der Auslegung zu ermitteln ist, vgl. im Übrigen BAG 20.01.2015 – 9 AZR 860/13 –. 338

Beispiele zu einer Teilzeitbeschäftigung: 339

1. Ein Arbeitnehmer beantragt eine Verringerung der Arbeitszeit (§ 8 TzBfG). Wenn der Arbeitgeber nach der Erörterung mit dem Arbeitnehmer (§ 8 Abs. 3 TzBfG) unter Berufung auf entgegenstehende betriebliche Gründe dem Antrag nicht zustimmen möchte (§ 8 Abs. 4 Satz 1 TzBfG), ist die Antragsablehnung mitbestimmungspflichtig.
2. Wenn der Arbeitnehmer im umgekehrten Fall eine Erhöhung der Arbeitszeit beantragt, so ist die beabsichtigte Ablehnung nicht mitbestimmungspflichtig.

340 **Beispiele zu einer Sonderbeurlaubung:**

1. Wenn ein Arbeitnehmer 1 Jahr Sonderurlaub (§ 28 TVöD/TV-L) beantragt, um ein Kind unter 18 Jahren tatsächlich betreuen zu können, so ist dies mitbestimmungspflichtig.
2. Wenn ein Arbeitnehmer seinem Hobby als Taucher vermehrt nachgehen möchte und 1 Jahr Sonderurlaub (§ 28 TVöD/TV-L) beantragt, um auf den Malediven tauchen gehen zu können und der Arbeitgeber beabsichtigt den Antrag abzulehnen, so ist dies nicht mitbestimmungspflichtig.

341 **Keine Mitbestimmung** nach der dortigen Vorschrift besteht bei der **Gewährung** entsprechender Arbeitsvertragsänderungen i. S. d. § 72 Abs. 1 Satz 1 Nr. 13 Fall 4. Hierbei handelt es sich aber um **wesentliche Vertragsänderungen**, sodass eine Mitbestimmung des Personalrates nach § 72 Abs. 1 Satz 1 Nr. 4 Fall 7 besteht!

342 Mitbestimmungsfrei ist auch die **Ablehnung von Erholungsurlaub** (§ 26 TVöD/TV-L), die **Ablehnung von Zusatzurlaub** (§ 27 TVöD/TV-L) und die **Ablehnung einer Arbeitsbefreiung** (§ 29 TVöD/TV-L).

343 **Praxistipp!**

In Anbetracht der Rechtsprechung des BAG vom 07.05.2014 – 9 AZR 678/12 – zum Erhalt des Erholungsurlaubes während der Sonderbeurlaubung ist der Dienststelle anzuraten, die langzeitige Gewährung von Sonderurlaub (§ 28 TVöD/TV-L) durch den Abschluss eines Aufhebungsvertrages, der eine Wiedereinstellungszusicherung enthält, zu regeln. Ein solcher Vertragsschluss unterliegt nur dem Anhörungsrecht des Personalrates nach § 74 Abs. 2 Fall 4. Die spätere (Wieder-)Einstellung ist sodann nach § 72 Abs. 1 Satz 1 Nr. 1 Fall 1 wieder mitbestimmungspflichtig! Entsprechendes gilt für die freiwillige Gewährung eines Sabbatjahres (vgl. hierzu auch ArbG Berlin 06.12.2018 –21 Ca 9870/16 –!

14. Abs. 1 Satz 1 Nr. 14: Ablehnung eines Antrags auf Einrichtung eines Arbeitsplatzes außerhalb der Dienststelle

344 Nach Abs. 1 Satz 1 Nr. 14 ist die Ablehnung eines Antrags auf Einrichtung eines Arbeitsplatzes außerhalb der Dienststelle mitbestimmungspflichtig. Dabei handelt es sich nach § 66 Abs. 7 um einen **Fall der eingeschränkten Mitbestimmung**, sodass die Einigungsstelle nur eine Empfehlung aussprechen kann (§ 66 Rz. 90).

345 Dieser Mitbestimmungstatbestand ist ebenso wie der des § 72 Abs. 3 Nr. 6 („Einrichtung von Arbeitsplätzen außerhalb der Dienststelle“) im Zuge der **Novelle 2011** neu in das Gesetz aufgenommen worden. Er knüpft im weitesten Sinne an den mit der Novelle 1984 eingeführten und 2007 wie-

der gestrichenen Mitbestimmungstatbestand des § 72 Abs. 3 Nr. 6 a.F. LPVG NRW („Auslagerung von Arbeitsplätzen zwecks Heimarbeit an technischen Geräten") an. Die damalige Mitbestimmung beschränkte sich auf die Maßnahme der Auslagerung und die Heimarbeit an technischen Geräten. Das mit der Novelle 2011 neu eingeführte Mitbestimmungsrecht knüpft hingegen an die Antragsablehnung als solches an und ist durch die Einbeziehung sämtlicher Arbeitsplätze außerhalb der Dienststelle weiter gefasst.

Unter einem **„Arbeitsplatz"** ist der räumliche Tätigkeitsbereich und dessen unmittelbare Umgebung zu verstehen, in dem die Beschäftigten ihre Arbeit verrichten (vgl. BVerwG 19.05.2003 – 6 P 16.02 –). Dazu gehören alle Bereiche in der Dienststelle, in denen von einem (oder mehreren) Beschäftigten zusammen oder nacheinander einzelne Arbeitsschritte oder Arbeitsvorgänge, die ineinandergreifend ausgeführt werden (vgl. BVerwG 30.08.1985 – 6 P 20.83 –). Dem Arbeitsplatz sind auch die zur Arbeitsausführung notwendigen Arbeitsmittel (z. B. Personalcomputer, Werkbank) und Einrichtungsgegenstände (z. B. Schreibtisch, Werkzeugschrank) zugehörig (vgl. BVerwG 30.08.1985 a. a. O.). 346

Zu der Begriffsbestimmung der **„Einrichtung"** eines Arbeitsplatzes **„außerhalb der Dienststelle"** wird auf die Ausführungen zu § 72 Abs. 3 Nr. 6 verwiesen (vgl. Rz. 659 ff.). 347

Eine Mitbestimmungspflicht besteht nur für einen **„Antrag"** auf Einrichtung eines Arbeitsplatzes außerhalb der Dienststelle. In der Praxis ist dies zumeist der **Antrag auf einen Telearbeitsplatz** (vgl. hierzu auch § 72 Rz. 655). Als **Antragsgegenstand** kommt nur ein Arbeitsplatz in Betracht auf dem ein Beschäftigter i. S. d. § 5 tätig werden soll (= ungeschriebene Voraussetzung) und der nach dem Sinn und Zweck der Mitbestimmung, in Räumlichkeiten verlagert werden soll, die sich nicht im Eigentum der Dienststelle befinden und von dieser auch nicht angemietet sind. 348

Eine **Beteiligungspflicht der Dienststelle** besteht **vor der Antragsablehnung.** Hierbei hat sie den Personalrat unter Angabe der Ablehnungsgründe zu unterrichten. Erfasst wird eine vollständige (1. Alt) oder auch nur teilweise (2. Alt) Ablehnung. 349

Keine Mitbestimmung besteht für den Fall einer **Antragsentsprechung** durch die Dienststelle. In diesem Fall ist allerdings durch die Änderung des arbeitsvertraglichen Leistungsortes aber von einer Mitbestimmung nach § 72 Abs. 1 Satz 1 Nr. 4 Fall 7 („wesentliche Änderungen von Arbeitsverträgen") auszugehen. Mitbestimmungsfrei ist auch der **örtliche Wechsel von Arbeitsplätzen innerhalb der Dienststelle**. Hierbei besteht aber ein Anhörungsrecht des Personalrates nach § 75 Abs. 1 Nr. 5 Fall 2 („Verlagerung 350 von Arbeitsplätzen“). Der Mitbestimmung unterliegt auch nicht die **Ablehnung eines Antrags als Heimarbeiter** i. S. d. § 2 Abs. 1 Satz 1 HAG, da der auf einem solchen, außerhalb der Dienststelle eingerichteten Arbeitsplatz tätige Arbeitnehmer nicht mehr als Beschäftigter der Dienststelle anzusehen ist. Zum Beschäftigtenbegriff vgl. die Kommentierung zu § 5.

351 **Wichtig!**

Sofern die Absicht der Dienststelle besteht, von sich aus Arbeitsplätze außerhalb der Dienststelle einzurichten, so hat sie die Mitbestimmung nach § 72 Abs. 3 Nr. 6 und Abs. 4 Nr. 21 („erstmalige Einführung grundlegend neuer Form der Arbeitsorganisation“) zu beachten. Dies gilt gegebenenfalls auch für die Mitbestimmung nach § 72 Abs. 3 Nr. 4 Fall 3 („Maßnahmen der Änderung der Arbeitsorganisation“)!

II. Antragsabhängige Mitbestimmung

352 In **Abs. 1 Satz 2** sind **Sonderregelungen zur Mitbestimmung** in Personalangelegenheiten getroffen worden.

353 In **Abs. 1 Satz 2 Halbsatz 1** sind abschließend diejenigen Beschäftigten aufgeführt, bei denen der Personalrat im Hinblick auf die Mitbestimmungstatbestände des Abs. 1 Satz 1 nur mitbestimmt, wenn diese es auch beantragen (**Antragserfordernis**). Dabei ist der Gesetzgeber bei den hier benannten Beschäftigten bzw. Personengruppen von dem Grundsatz abgewichen, dass der Personalrat in den vorbenannten Personalangelegenheiten aus eigener Befugnis heraus tätig wird (vgl. auch OVG NRW 24.06.1982 – CL 45/81 –). Fehlt es an einem Antrag des betroffenen Beschäftigten, so steht dem Personalrat im Zusammenhang mit diesbezüglichen Personalentscheidungen grundsätzlich **kein Anspruch auf Unterrichtung durch die Dienststelle** zu (vgl. entsprechend OVG NRW 30.08.2018 – 20 A 2500/16.PVB – zum BPersVG m. w. N.).

354 Der **Schutzzweck des Antragserfordernisses** ist, den in der Vorschrift benannten Beschäftigten die Möglichkeit zu geben, darüber entscheiden zu können, ob ihre persönlichen Verhältnisse und Verhaltensmotive einem größeren Personenkreis durch die Beteiligung des Personalrates bekannt werden.

355 **Antragsgegenstand** stellen nur die in Abs. 1 Satz 1 aufgeführten und keine sonstigen Mitbestimmungstatbestände dar. Anknüpfungspunkt hierfür ist stets eine von der Dienststelle zu treffende Maßnahme.

356 Das Antragserfordernis stellt eine **zwingende Sachentscheidungsvoraussetzung** dar. Ohne einen Antrag der betroffenen Beschäftigten darf und

kann kein Mitbestimmungsverfahren eingeleitet werden (vgl. auch BVerwG 26.01.1968 – VII P 8.67 –).

Für die Dienststelle und den Personalrat besteht **keine Möglichkeit von abweichenden Vereinbarungen** wie z. B., dass für bestimmte in der Vorschrift aufgeführte Personen oder für bestimmte Mitbestimmungstatbestände ausnahmsweise kein Antrag erforderlich ist.

Es besteht auch **keine Möglichkeit der vorweggenommenen Antragsstellung**, d. h., dass ein in der Vorschrift bezeichneter Beschäftigter z. B. schon im Voraus für alle oder nur für bestimmte in Abs. 1 Satz 1 benannten Personalmaßnahmen eine Antragsstellung vornimmt. 357

Zum geschützten Personenkreis des Abs. 1 Satz 1 Halbsatz 1 gehören: 358

- Beschäftigte i. S. d. §§ 8 Abs. 1 bis 3 und 11 Abs. 2 lit. b)
- Dozenten i. S. d. § 20 FHGöd (vgl. auch OVG NRW 30.07.2003 – 1 A 1038/01.PVL –).

Wenn einem Beschäftigten eine der in Abs. 1 Satz 2 Halbsatz 1 aufgeführte Funktion bzw. Tätigkeit übertragen werden soll oder dieser sich auf eine solche bewirbt, unterliegt er gleichfalls dem vorbenannten geschützten Personenkreis (so bereits OVG NRW 27.06.1960 – CL 16/59 – und im Weiteren auch OVG NRW 06.11.1985 – CL 17/84 – sowie BVerwG 20.03.2002 – 6 P 6.01 –). Wenn im umgekehrten Fall ein Beschäftigter durch eine beabsichtigte Versetzung oder Abordnung nicht mehr dem vorbenannten geschützten Personenkreis angehört, so unterliegt die Mitbestimmung des Personalrates der abgebenden Stelle dem Antragserfordernis dieses Beschäftigten. Die Mitbestimmung der aufnehmenden Dienststelle ist hingegen im Hinblick auf die dortige Eingliederung („§ 72 Abs. 1 Satz 1 Nr. 1 Fall 1) nicht von seinem Antrag abhängig (vgl. BVerwG 21.10.1993 – 6 P 18.91 –). 359

Eine **Antragsbefugnis** weisen nur die in Abs. 1 Satz 2 Halbsatz 1 benannten Beschäftigten auf, gegenüber denen die Dienststelle beabsichtigt, eine Maßnahme zu treffen. Wenn also von einer personellen Maßnahme i.S.d. Abs. 1 Satz 1, z.B. bei einer Beförderung oder Versetzung **mehrere Beschäftigte** betroffen sind, die dem Antragsschutz nach Abs. 1 Satz 2 Halbsatz 1 unterliegen, so können letztendlich nur die von der Dienststelle im Rahmen des ihr zukommenden Ermessens ausgewählten Personen einen Antrag stellen, nicht hingegen die dabei unberücksichtigt gebliebenen konkurrierenden Mitbewerber (str.: so zutreffend Cecior u. a., § 72 Rn. 441; a. A. VGH Hessen 25.04.1997 – 21 TK 4849/96 –). Eine andere Betrachtung würde die Entscheidungsfreiheit der konkret von der beabsichtigten Maßnahme betroffenen Beschäftigten im Hinblick auf die letztendliche Beteiligung des Personalrates verletzen und ihr personalvertretungsrechtli- 360 ches Antragsrecht in einer dem Normzweck widersprechenden Art und Weise umgehen bzw. aushebeln.

361 Damit die von einer beabsichtigten Personalmaßnahme betroffenen Beschäftigten von ihrer Antragsbefugnis im ausreichenden Maße Gebrauch machen können, müssen sie **rechtzeitig von der Dienststelle** darüber **unterrichtet werden.** Den Unterrichtungsgegenstand stellt die von der Dienststelle beabsichtigte Durchführung einer Personalmaßnahme nach § 72 Abs. 1 Satz 1 dar. Es besteht keine Verpflichtung, der Dienststelle einen ausdrücklichen Hinweis auf das bestehende Antragsrecht zu erteilen (vgl. BVerwG 23.02.1989 – 2 C 76.86 –). Aus Gründen der Klarstellung und damit der betroffene Beschäftigte unmissverständlich erkennen kann, dass es in seiner Entscheidungsfreiheit steht, ob hier eine personalvertretungsrechtliche Beteiligung stattfindet oder nicht, sollte die Dienststelle dennoch eine ausdrückliche Belehrung über das Antragsrecht vornehmen. Dabei sollte dem betroffenen Beschäftigten eine angemessene Überlegungsfrist für seine Entscheidung eingeräumt werden.

362 **Muster 46**: Unterrichtung eines Beschäftigten gem. § 72 Abs. 1 Satz 2 Halbsatz 1

363 Eine **unterlassene Unterrichtung** des betroffenen Beschäftigten, die dazu geführt hat, dass eine von der Dienststelle getroffene Maßnahme ohne die Beteiligung des Personalrates stattgefunden hat, führt zur Rechtswidrigkeit der Maßnahme! Zur Anfechtbarkeit einer als Verwaltungsakt vorgenommenen Maßnahme (vgl. BVerwG 01.12.1982 – 2 C 59.81 –). Zur **Heilungsmöglichkeit der nicht vorgenommenen Personalratsbeteiligung,** wenn davon auszugehen ist, dass bei einer ordnungsgemäßen Beteiligung keine Einwände des Personalrates vorgelegen hätten, vgl. BVerwG 09.12.1999 – 2 C 4.99 –.

III. Ausschluss der Mitbestimmung für bestimmte Beschäftigte

364 Nach **Abs. 1 Satz 2 Halbsatz 2** hat der Gesetzgeber bei bestimmten Beschäftigten einen **vollständigen Mitbestimmungsausschluss** für die in Abs. 1 Satz 1 aufgeführten Mitbestimmungstatbestände in personellen Angelegenheiten geregelt. Angesichts dessen steht dem Personalrat im Zusammenhang mit diesbezüglichen Personalentscheidungen **kein Anspruch auf Unterrichtung durch die Dienststelle** zu (vgl. entsprechend OVG NRW 30.08.2018 – 20 A 2500/16.PVB – zum BPersVG).

365 Im Zuge der **Novelle 2011** sind die hier aufgeführten Ausschlusstatbestände neu gefasst worden. Die Nrn. 1, 4 und 5 haben dabei eine geschlechtergerechte Sprachanpassung erhalten und die Nr. 2 hat wie schon vor der

Novelle 2007 für die Beamtenstellen bis zur Besoldungsgruppe A 16 und B 2 die Mitbestimmung eröffnet. Auch die Nr. 3 hat inhaltliche Änderungen erhalten. Hier wurde der Ausschlusstatbestand auf die „überwiegend und unmittelbar künstlerisch tätigen Beschäftigten" an Theatern, die unter den Geltungsbereich des NV-Bühnen fallen, eingeschränkt.

Die Vorschrift stellt **zwingendes Recht** dar. Eine Mitbestimmung des Personalrates kann also weder durch eine Vereinbarung mit der Dienststelle noch durch einen Antrag der in Abs. 1 Satz 2 Halbsatz 2 benannten Personen selbst herbeigeführt werden. 366

Der **Mitbestimmungsausschluss** erstreckt sich nur auf **die in Abs. 1 Satz 1 aufgeführten personellen Mitbestimmungstatbestände**. Wenn z.B. dem Leiter einer kommunalen AöR ein finanzielles Darlehen gewährt werden soll, so hat der Personalrat hierbei nach § 72 Abs. 2 Nr. 1 Fall 3 („Gewährung von Darlehen") mitzubestimmen. 367

Zum **geschützten Personenkreis** zählen sowohl die in der Vorschrift benannten Personen als auch diejenigen, die durch eine in Abs. 1 Satz 1 aufgeführte mitbestimmungspflichtige Personalmaßnahme zu Beschäftigten i.S.d. Ausschlusskataloges des Abs. 1 Satz 2 Halbsatz 2 werden, z.B. wenn ein Beamter auf eine Stelle nach der Besoldungsgruppe B 3 befördert werden soll (vgl. OVG NRW 27.06.1960 – CL 16/59 –). 368

1. Abs. 1 Satz 2 Halbsatz 2 Nr. 1: Beamte gem. § 37 LBG NRW

Nach Abs. 1 Satz 2 Halbsatz 2 Nr. 1 sind von der Mitbestimmung in den Angelegenheiten des Abs. 1 Satz 1 diejenigen (politischen) Beamten ausgenommen, die von der Landesregierung nach § 37 LBG NRW in den einstweiligen Ruhestand versetzt worden sind bzw. versetzt werden sollen. 369

2. Abs. 1 Satz 2 Halbsatz. 2 Nr. 2: Beamte und Arbeitnehmer in führender Position

In den Angelegenheiten des Abs. 1 Satz 1 besteht ein Mitbestimmungsausschluss für Beamtenstellen von der Besoldungsgruppe B 3 an aufwärts und für Arbeitnehmer, die ein der Besoldungsgruppe B 3 an aufwärts vergleichbares Entgelt erhalten. Der Personalrat weist insoweit insbesondere auch keinen Unterrichtungsanspruch nach § 66 Abs. 2 Satz 1 auf (vgl. OVG NRW 30.08.2018 – 20 A 2500/16.PVB und entsprechend BVerwG 29.09.2020 – 5 P 11/19 – zum BPersVG sowie hierzu Anm. Bülow, ZTR 2021, S. 241 f.). 370

Bei der Bewertung der vom Ausschluss erfassten „**Beamtenstellen**" kommt es nicht auf die verwaltungsinterne Bewertung des Dienstpostens an, son- 371 dern auf die besoldungsrechtliche Einstufung der jeweiligen Beamtenstelle (vgl. OVG NRW 22.08.1983 – CB 19/82 –).

372 Dem Ausschlusstatbestand unterliegt auch ein Beamter, der **haushaltsmäßig nach der Besoldungsgruppe B 3 bewertet** worden ist (vgl. OVG NRW 27.06.1960 – CL 16/59 –). Der Mitbestimmungsausschluss greift auch in den Fällen, in denen keine feste Verknüpfung zwischen dem Dienstposten und der Planstelle besteht, d.h. bei der sog. „**Topfwirtschaft**" (str.: so BVerwG 07.07.2008 – 6 P 13.07 –; a.A. OVG NRW 30.04.2008 – 1 A 1055/06.PVB –).

373 Ausgenommen von der Mitbestimmung in den Angelegenheiten des Abs. 1 Satz 1 sind auch „**Arbeitnehmer, die ein der Besoldungsgruppe B 3 an aufwärts vergleichbares Entgelt erhalten**". Die Vorschrift bezieht sich nicht direkt auf die Person des Arbeitnehmers, sondern auf Personen, die keine Beamte sind und ein vorbenanntes Vergleichsentgelt erhalten (vgl. Rz. 371 f.). Mit Blick auf den Wortlaut und auch Sinn und Zweck der Vorschrift ist also auf Personen abzustellen, die in Abgrenzung zu sog. freien Mitarbeitern (vgl. § 5 Rz. 11) eine „**Arbeitnehmereigenschaft**" (vgl. hierzu LAG Köln 27.10.2021 – 3 Sa 257721 – m.w.N.) aufweisen. **Auf eine Tarifbindung dieser Personen kommt es nicht an** (vgl. auch entsprechend BVerwG 12.01.2006 – 6 P 6/05 – zu § 77 BPersVG a.F.). Für die mit der Novelle 2011 in angepasster Form „zurück" in das LPVG NRW geholte Vorschrift gilt im Übrigen nichts anderes, als für die Vorgängerregelung die schon vor der Novelle 2007 im Gesetz enthalten gewesen ist. Deren Zweck hat bereits darauf abgestellt, sowohl die Unabhängigkeit von Beschäftigten als solches in leitenden Positionen zu wahren als auch diese Beschäftigten wegen der Bedeutung der von ihnen wahrgenommenen Ämter generell dem Mitspracherecht des Personalrats zu entziehen (vgl. OVG NRW 24.06.1982 – CL 45/81 – zu § 72 Abs 1 Satz 1 Nr. 2 a.F. 1974). Das **„vergleichbare Entgelt"** kann sich aus einem Tarifvertrag oder einer zwischen den Arbeitsvertragsparteien individuellen Vereinbarung ergeben (vgl. entsprechend VGH Baden-Württemberg 11.07.2017 – PL 15 S 86/16 –). Nach dem Wortlaut der Vorschrift ist für die Bestimmung des Vergleichsentgelts nur auf den Sold der vorbenannten Besoldungsgruppe abzustellen, d.h. also hier auf das Grundgehalt des Arbeitnehmers (vgl. auch OVG NRW 25.05.1977 – CL 23/76 –, das auf das „Endgrundgehalt der höchsten VG des BAT hinausgehenden Grundgehalt" abstellt). Damit hat der Gesetzgeber auf einen Grundgehaltssatz von derzeit über 7798.60 Euro brutto abgestellt (vgl. BesO B).

3. Abs. 1 Satz 2 Halbsatz 2 Nr. 3: Künstlerisch tätige Beschäftigte

374 Dem Mitbestimmungsausschluss unterliegen nach Abs. 1 Satz 2 Halbsatz 2 Nr. 3 auch die überwiegend und unmittelbar künstlerisch tätigen Beschäftigten an Theatern, die unter dem Geltungsbereich des NV-Bühne fallen.

Für **Bühnenkünstler** sind arbeitsrechtliche Regelungen besonders im Tarifvertrag NV Bühne (Normalvertrag Bühne) geregelt. Dieser Tarifvertrag gilt für Solomitglieder, Bühnentechniker, aber auch für Mitglieder eines Opernchors und einer Tanzgruppe an Bühnen innerhalb Deutschlands oder innerhalb Bühnen, die von einem Land, einer oder mehrerer Gemeinden, einem oder mehrerer Gemeindeverbände ganz oder überwiegend entweder rechtlich oder wirtschaftlich getragen werden. Zur Feststellung des Ausschluss der Mitbestimmung ist also zunächst darauf abzustellen, ob der betreffende Beschäftigte nach seiner arbeitsvertraglich festgelegten (beruflichen) Funktion unter den persönlichen Geltungsbereich dieses Tarifvertrages fällt. Dabei kommt es nicht auf die Tarifgebundenheit des Arbeitgebers und des Beschäftigten an (vgl. BVerwG 07.10.2003 – 6 P 4.03 – und OVG NRW 09.06.2004 – 1 A 2774/02.PVL –). Der Normzweck der Vorschrift stellt darauf ab, dem für die künstlerische Leitung des Theaters Verantwortlichen bei der Personenauswahl derjenigen, die für den künstlerischen Prozess an dem Theater von besonderer Bedeutung sind – so wie bei allen sonstigen in diesem Zusammenhang zu treffenden personellen Entscheidungen – einen von der personalvertretungsrechtlichen Mitbestimmung unbeeinflussten Spielraum zur Verfügung zu stellen (vgl. BVerwG 07.10.2003 a. a. O.). 375

Der Begriff „**Bühne**" stellt vom Wortlaut her auf den Ort ab, auf den Bühnenwerke aufgeführt werden. Im Textzusammenhang der Vorschrift des § 1 Abs. 1 NV Bühne sind darunter alle die Bühnenunternehmen zu verstehen, die Bühnenwerke aufführen. Der Tarifvertrag verwendet die Begriffe „Bühne" und „Theater" bedeutungsgleich. Nach der Satzung des Deutschen Bühnenvereins werden Theater als selbstständig betriebene Bühnen definiert, die überwiegend mit von ihnen angestellten Künstlern dramatische, musikalische oder choreografische Bühnenwerke aufführen und eine eigene Spielstätte unterhalten (vgl. BVerwG 07.10.2003, a. a. O.). Dementsprechend zählt das **Orchester einer Stadt**, das regelmäßig den Dienst für die Oper derselben Stadt versieht, zu den Bühnen dieser Stadt (vgl. BVerwG 07.10.2003, a. a. O.). 376

Durch die **Novelle 2011** ist der Ausschlusstatbestand dahingehend eingeschränkt worden, dass nur „**überwiegend und unmittelbar künstlerisch tätige Beschäftigte**" an Theatern, die unter den Geltungsbereich des zuvor erörterten Tarifvertrages fallen, erfasst sind (vgl. hierzu auch LT-Drucks. 15/2218, S. 51). Damit wurde ein Tatbestandsmerkmal eingeführt, dass sich inhaltlich auf die auszuübende Tätigkeit des Beschäftigten bezieht. 377

Vom Adjektiv „**künstlerisch**" werden alle schöpferischen Leistungen und Gestaltungen erfasst (vgl. OVG NRW 18.12.2002 – 1 A 603/98.PVL –). Zum **Kunstbegriff** vgl. BVerwG 18.03.1981 – 6 P 26.79 –. 378

379 Von einer „**überwiegend oder unmittelbar**" künstlerischen Tätigkeit ist auszugehen, wenn das Schwergewicht der Aufgabenverrichtung in einem künstlerischen Gebiet liegt (vgl. BVerwG 18.03.1981 – 6 P 26.79 –). Soweit daneben von dem Beschäftigten in geringem Umfang auch andere Aufgaben, wie z. B. verwaltungsmäßiger oder organisatorischer Art wahrgenommen werden, so ist dies unschädlich (vgl. OVG NRW 18.12.2002 – 1 A 603/98.PVL –). Der alleinige Umstand, dass ein Beschäftigter eine künstlerische Vorbildung aufweist, ist nicht ausreichend (vgl. auch BVerwG 07.10.1988 – 6 P 30.85 –). Vor diesem Hintergrund sind des Weiteren auch die Beschäftigten, die lediglich eine **Öffentlichkeitsarbeit für eine Bühne oder ein Theater** verrichten, nicht vom Ausschluss der Mitbestimmung erfasst (vgl. BVerwG 07.10.2003 – 6 P 4.03 – und OVG Niedersachsen 04.02.2004 – 18 LP 18/02 –).

380 Ob eine künstlerische Tätigkeit im zuvor dargestellten Sinne gegeben ist oder nur eine **kunstbezogene Tätigkeit** besteht, orientiert sich in der Praxis an den jeweiligen Gegebenheiten des Einzelfalls (vgl. OVG NRW 18.12.2002 – 1 A 603/98.PVL – bejahend für Maskenbildner, OVG NRW 27.10.2006 – 1 A 464/05.PVL – bejahend für Gewandmeister, Zuschneider sowie auch den technischen Direktor und BVerwG 07.12.1994 – 6 P 29.92 – bejahend für Bühneninspektoren).

4. Abs. 1 Satz 2 Halbsatz 2 Nr. 4: Kommunale Wahlbeamte

381 Von der Mitbestimmung in den Angelegenheiten des Abs. 1 Satz 1 sind auch kommunale Wahlbeamte ausgenommen. Im Zuge der **Novelle 2011** hat die Vorschrift eine geschlechtergerechte Sprachanpassung erhalten, ohne dass damit inhaltliche Änderungen einhergegangen sind.

382 „**Kommunale Wahlbeamte**" sind leitende Beamte einer Gemeinde, einer Stadt oder eines Landkreises. Zu ihnen zählen Landräte (§ 44 Abs. 3 Satz 1 KrO NRW), Oberbürgermeister und Bürgermeister (§ 62 Abs. 1 Satz 1 GO NRW), Beigeordnete (§ 71 Abs. 1 Satz 2 GO NRW) sowie deren gewählte Vertreter. Landräte und auch (Ober-)Bürgermeister nehmen die Leitung der gesamten Verwaltung ihrer jeweiligen Gebietskörperschaft wahr, wohingegen die jeweiligen Dezernenten die einzelnen Dezernate dieser Verwaltungen leiten. Von daher ist die praktische Funktion der kommunalen Wahlbeamten innerhalb der kommunalen Selbstverwaltungsangelegenheiten darin zu sehen, dass sie eine Schnittstelle zwischen der Arbeit der Verwaltung einerseits und den Entscheidungen der Kommunalpolitik, sei es Kreistag oder Gemeinderat, bilden. Vor dem Hintergrund dieser herausgehobenen kommunalverfassungsrechtlichen Stellung unterliegen ihre Personalangelegenheiten somit dem Ausschluss der Mitbestimmung.

5. Abs. 1 Satz 2 Halbsatz 2 Nr. 5: Leiter von öffentlichen Betrieben

Nach Abs. 1 Satz 2 Halbsatz 2 Nr. 5 sind Leiter von öffentlichen Betrieben in den Gemeinden, den Gemeindeverbänden und den sonstigen der Aufsicht des Landes unterstehenden Körperschaften, Anstalten und Stiftungen des öffentlichen Rechts von der Mitbestimmung in den Angelegenheiten des Abs. 1 Satz 1 ausgenommen. 383

Unter „**öffentlichen Betrieben**“ (auch „Wirtschaftsbetriebe der öffentlichen Hand“ genannt) sind Unternehmen zu verstehen, die nach kaufmännischen Grundsätzen geführt werden und eine vom jeweiligen Verwaltungsträger organisatorisch abgesetzten Entscheidungs- und Handlungsspielraum aufweisen. 384

Der Begriff „**öffentlich**“ stellt auf die jeweilige Trägerschaft (Körperschaft, Anstalt oder Stiftung des öffentlichen Rechts) ab, d.h. also auf die jeweiligen Eigentumsverhältnisse. Dementsprechend stellen öffentliche Betriebe eine Eigentumsinstrumentalisierung des jeweiligen Trägers dar. Das ist vor allem der Fall bei kommunalen Pflegeheimen und Krankenhäusern (vgl. § 1 Abs. 3 KHG NRW), bei kommunalen Entsorgungs- und Nahverkehrsbetrieben und bei Stadtwerken (vgl. auch § 1 EiGVO NRW) sowie gegebenenfalls bei strukturpolitischen Wirtschaftsförderungsgesellschaften. 385

Die Frage, wer „**Leiter**“ solcher öffentlicher Betriebe ist, beantwortet die jeweilige Satzung bzw. der jeweilige Gesellschaftsvertrag der Einrichtung. 386

Wichtig! 387

Wenn der Leiter eines öffentlichen Betriebes eine Besoldung von der Besoldungsgruppe B 3 an aufwärts bzw. ein dieser Besoldungsgruppe an aufwärts vergleichbares Entgelt erhält, kommt auch der Ausschlusstatbestand nach Abs. 1 Satz 2 Halbsatz 2 Nr. 2 zum Zuge!

IV. Ausschluss der Mitbestimmung für Beschäftigte in der Berufsausbildung

In **Abs. 1 Satz 3** hat der Gesetzgeber die besonderen Umstände der Beschäftigung im Rahmen einer Berufsausbildung berücksichtigt. Deshalb ist die in Abs. 1 Satz 1 Nr. 5 aufgeführte **Versetzung und Umsetzung von Beschäftigten in der Berufsausbildung** (vgl. hierzu auch § 74 Rz. 146) vom Mitbestimmungsrecht des Personalrates ausgenommen. Siehe für alle sonstigen Beschäftigten Rz. 213 ff. und zudem **Bülow, Der praktische Fall – Die „Umsetzung“ der arbeitsrechtlichen Umsetzung**, DöD 2022, S. 273. 388

389 Wer „**Beschäftigter**" i. S. d. LPVG NRW ist, wird in § 5 geregelt. Dort hat der Gesetzgeber ausgeführt, dass auch die zu ihrer Berufsausbildung beschäftigten Beamten (§ 5 Abs. 2 Satz 2) und auch Arbeitnehmer (§ 5 Abs. 3) als Beschäftigte i. S. d. LPVG NRW anzusehen sind.

390 Die Vorschrift erfasst Beschäftigte, die in der „**Berufsausbildung**" stehen, d. h. die eine Ausbildung absolvieren, die der Vermittlung neuer Kenntnisse dienen soll, die für den Eintritt in eine Laufbahn (Beamte) bzw. für die Ausübung eines (Ausbildungs-)Berufes (Arbeitnehmer) erforderlich ist. Dementsprechend grenzt sich die Berufsausbildung von beruflichen Fort- oder Weiterbildungsmaßnahmen ab. Denn diese stellen auf die Erhaltung und die Vertiefung der bereits durch die Ausbildung vermittelten Kenntnisse ab (vgl. hierzu BVerwG 19.10.1983 – 6 P 16.81 – und OVG NRW 26.11.2003 – 1 A 1094/01.PVL – zur Unterrichtsverwendung von Lehramtsanwärtern).

391 Nach dem Normzweck des Abs. 1 Satz 3 stellt bei **Beamten** somit nur die **Ableistung des Vorbereitungsdienstes** eine Berufsausbildung dar. Die Vermittlung von Kenntnissen und Fähigkeiten nach dem Eintritt in die Laufbahn stellt allenfalls eine Fort- oder Weiterbildung dar (vgl. BVerwG 10.02.1969 – VII P 6.66 –).

392 Bei **Arbeitnehmern** erfolgt die Berufsausbildung zu einem anerkannten Ausbildungsberuf nach Maßgabe der in der jeweiligen **Ausbildungsordnung** festgelegten Ausbildung (vgl. § 4 Abs. 2 i. V. m. § 5 BBiG und § 1 Abs. 1 lit. a) TVAöD-BBiG). Die auszubildenden Arbeitnehmer können in einem Berufsausbildungsverhältnis nach dem BBiG, dem KrPflG oder dem HebG stehen (vgl. i. Ü. auch die Legaldefinition für „Auszubildende" in § 56 Abs. 1 BPersVG). **Ärztliche Tätigkeiten im Rahmen der entsprechenden Weiterbildungsordnung** (Ärztekammer Nordrhein bzw. Westfalen-Lippe) zählen hierzu aber nicht (vgl. BVerwG 15.05.1991 – 6 P 10.89 –).

D. Mitbestimmung in sozialen Angelegenheiten

I. Allgemeines

393 **Abs. 2**: die Vorschrift regelt, welche sozialen Angelegenheiten der Mitbestimmung des Personalrates unterliegen. Dabei handelt sich insgesamt nach § 66 Abs. 7 Satz 1 um **Fälle der uneingeschränkten Mitbestimmung** des Personalrats, sodass in den Nichteinigungsfällen die Letztentscheidung bei der Einigungsstelle liegt (vgl. § 66 Rz. 90).

394 Der **Schutzzweck der Mitbestimmung** besteht darin, dass der Personalrat durch den bestehenden Zustimmungsvorbehalt die schutzwürdigen Interes-

sen der betroffenen Beschäftigten, die der übrigen Beschäftigten und vor allem auch die Einhaltung der Gleichbehandlung in der Dienststelle wahren kann.

Der Begriff „**soziale Angelegenheiten**" ist gesetzlich nicht definiert. Nach dem vorbenannten Schutzzweck stellt er auf all diejenigen Maßnahmen der Dienststelle ab, womit diese einem einzelnen oder mehreren Beschäftigten entweder eine soziale Wohltat zukommen lassen (z.B. Gewährung eines Arbeitgeberdarlehens) oder verwehren (z.B. Auflösung einer Betriebskantine) möchte. 395

II. Uneingeschränkte Mitbestimmung nach Abs. 2

1. Abs. 2 Nr. 1: Gewährung und Versagung von Unterstützungen, Vorschüssen, Darlehen und entsprechenden Zuwendungen

Nach Abs. 2 Nr. 1 ist die Gewährung und Versagung der dort aufgeführten finanziellen Leistungen mitbestimmungspflichtig. Dabei handelt es sich nach § 66 Abs. 7 Satz 3 um **Fälle der uneingeschränkten Mitbestimmung**, sodass im Nichteinigungsfall stets die Letztentscheidung bei der Einigungsstelle liegt (vgl. § 66 Rz. 90). 396

Gegenstand des Mitbestimmungstatbestand sind nur finanzielle Leistungen des Dienstherrn bzw. des Arbeitgebers, die einzig und allein aus sozialen Gründen („**soziale Bindung der Leistungen**") dem Beschäftigten zugesprochen werden, damit dieser eine Situation der Mittellosigkeit überbrücken bzw. ausräumen kann (vgl. hierzu BVerwG 21.03.1980 – 6 P 79.78 – und OVG NRW 17.04.1986 – CB 8/84 –). Dementsprechend ist z. B. eine Darlehensgewährung die ausschließlich zum Zweck einer Luxusanschaffung (privates Cabrio, neue Angelausrüstung etc.) dem Grunde nach nicht mitbestimmungspflichtig. In diesem Zusammenhang gilt es aber zu beachten, dass zu der allgemeinen Aufgabe des Personalrates nach § 64 Nr. 2 Alt. 1 („Überwachung der Einhaltung der geltenden Gesetze") im weitesten Sinne auch gehört, dass in der Dienststelle keine eklatanten Ungleichbehandlungen vorgenommen werden. Dementsprechend kann sich der Personalrat zumindest entsprechend positionieren, auf die Dienststelle einwirken und auch den Abschluss einer entsprechenden Dienstvereinbarung im Hinblick auf anderweitige finanzielle Leistungen initiieren. Aufgrund der zu beachtenden sparsamen Verwendung von öffentlichen Haushaltsmitteln, die ohnehin bereits einer sozialen Zweckbindung unterliegen, dürfte dies in Praxis aber wohl kaum möglich sein. 397

Nach dem Normzweck erfasst der Mitbestimmungstatbestand des Weiteren auch nur solche Zuwendungen, auf die **kein Rechtsanspruch des Beschäftigten** besteht (vgl. OVG NRW 27.01.1981 – CB 3/80 –). 398

399 **Keine mitbestimmungspflichtige Zuwendungen** stellen z. B. Jubiläums- oder Reisekostenzuwendungen, Fahrtkostenzuschüsse sowie die Jahressonderzahlung (§ 20 TVöD/TV-L) oder die leistungsorientierte Bezahlung (§ 18 TVöD/TV-L) dar. Auch Essenszuschüsse sind mitbestimmungsfrei (vgl. OVG NRW 27.01.1981 a. a. O.).

400 **Wichtig!**

Der Mitbestimmung nach § 71 Abs. 2 Nr. 1 unterliegen nur Einzelmaßnahmen (vgl. OVG NRW 27.01.1981, a. a. O.)! Wenn die Dienststelle im Hinblick auf die Gewährung oder Versagung finanzieller Leistungen Verwaltungsanordnungen für eine Vielzahl von Beschäftigten trifft, so besteht hierfür keine Mitbestimmung. In diesem Fall ist aber die Mitwirkung nach § 73 Nr. 1 zu beachten!

401 Der Mitbestimmung unterliegt die „**Gewährung**" der dort benannten finanziellen Leistungen, d. h. die vom ausdrücklichen Willen der Dienststelle getragene Bewilligung der Leistung an den Beschäftigten.

402 Des Weiteren unterliegt der Mitbestimmungspflicht auch die „**Versagung**" der vorbenannten finanziellen Zuwendungen. Damit hat der Gesetzgeber an die Voraussetzung angeknüpft, dass der Mitbestimmungstatbestand keine Leistung erfasst, auf die ein Rechtsanspruch des Beschäftigten besteht (vgl. Rz. 398). Der Beschäftigte muss also, wenn er in den Genuss einer sozialen Zuwendung gelangen möchte, hierfür zunächst von sich aus, sein Begehren bei der Dienststelle beantragen. Dementsprechend stellt die Versagung auf die Zurückweisung eines solchen Antrages ab.

403 Die Mitbestimmung des Personalrates setzt erst dann ein, wenn eine **Gewährungs- oder Versagungsabsicht der Dienststelle** i. S. d. § 66 Abs. 2 Satz 1 besteht. **Kein Mitbestimmungsrecht** besteht deshalb bei bloßen **Abklärungsgesprächen mit dem Beschäftigten**, in denen Rückfragen zur beantragten Gewährung von sozialen Leistungen erörtert werden sollen. Hierbei gilt es aber die vom Beschäftigten gewünschte Besprechungsteilnahme eines Personalratsmitgliedes (§ 65 Abs. 3 Satz 3) zu beachten!

404 Die **Gewährung und Versagung** von der in § 72 Abs. 2 Nr. 1 benannten finanziellen Mittel **ohne Zustimmung des Personalrates** ist fehlerhaft, lässt aber z. B. den individualrechtlichen Abschluss eines Darlehensvertrages nicht unwirksam werden.

a) Abs. 2 Nr. 1 Fall 1: Gewährung und Versagung von Unterstützungen

405 Zum **Schutzzweck** dieses Falles der **uneingeschränkten Mitbestimmung** (vgl. § 66 Rz. 90) und zu den Begriffen der **„Gewährung"** und der **„Versa-**

gung“ wird zunächst auf die allgemeinen Ausführungen zu § 72 Abs. 2 Nr. 1 verwiesen (vgl. Rz. 396 ff.).

Eine „**Unterstützung**“ ist eine vom Dienstherrn oder Arbeitgeber gewährte Leistung zur Erleichterung einer individuellen Notlage, ohne dass dazu eine rechtliche Verpflichtung besteht (vgl. BVerwG 21.03.1980 – 6 P 79/78 –). **406**

In NRW sind im Einvernehmen mit dem Innenminister durch den RdErl. des Finanzministeriums vom 05.05.1972 (MBL. NW 1972, S. 964) – SMBl. NRW 203204 – i. d. F. vom 24.09.2003 für den Geschäftsbereich der Justiz entsprechende **Unterstützungsgrundsätze** (UGr) erlassen worden. Nach den dortigen Grundsätzen ist eine einmalige Unterstützung für Beamte, Angestellte und auch Arbeiter des Landes vorgesehen (Nr. 2 Abs. 1 UGr). Den Gemeinden, den Gemeindeverbänden und auch sonstigen der Aufsicht des Landes unterstehenden Körperschaften, Anstalten und Stiftungen des öffentlichen Rechts wird empfohlen, nach diesen Vorschriften zu verfahren (Nr. 6 Abs. 3 UGr). Die **Gewährung von einmaliger oder laufender Unterstützung** setzt voraus, dass der Antragsteller unverschuldet in eine außerordentliche wirtschaftliche Notlage geraten ist, aus der er sich aus eigener Kraft nicht mehr befreien vermag (Nr. 1 Abs. 1 UGr). Nach diesem Sinn und Zweck der Unterstützungsgrundsätze scheiden damit alle Zuwendungen aus, auf die ein Rechtsanspruch besteht (vgl. hierzu auch BVerwG 21.03.1980, a. a. O.). **407**

Keine Unterstützung stellen Leistungen dar, die unter gleichen Voraussetzungen allen oder mehreren Beschäftigten der Dienststelle ohne Rücksicht auf eine bestehende Bedürftigkeit gewährt werden, da es sich insoweit nicht ausschließlich um eine soziale Zuwendung handelt. Das ist z. B. der Fall bei sog. **Lohn- und Gehaltsvorschüssen** oder bei der **Gewährung von Sachschadensersatz** (vgl. zu Letzterem BVerwG 30.03.1989 – 6 P 6/86 –). **408**

Zur **Notwendigkeit einer Antragsstellung** für die Gewährung und zu den weiteren Gewährungsvoraussetzungen sowie dem Gewährungsprozedere wird im Einzelnen auf die vorbenannten Unterstützungsgrundsätze (vgl. Rz. 397 ff.) verweisen. **409**

b) Abs. 2 Nr. 1 Fall 2: Gewährung und Versagung von Vorschüssen

Zum **Schutzzweck** dieses Falles der **uneingeschränkten Mitbestimmung** (vgl. § 66 Rz. 90) und zu den Begriffen der **„Gewährung“** und der **„Versagung“** etc. wird zunächst auf die allgemeinen Ausführungen zu § 72 Abs. 2 Nr. 1 verwiesen (vgl. Rz. 396 ff.). **410**

Die **Gewährung von Vorschüssen** ist durch RdErl. des **Finanzministers** vom 02.06.1976, MBL. NW S. 1235 zuletzt geändert durch RdErl. 24.08.2001, MBL. NW S. 1075 (**Vorschussrichtlinien**–VR) geregelt. Danach kann Beam- **411** ten, Richtern, Angestellten und Arbeitern des Landes, die durch besondere Umstände zu unabwendbaren Ausgaben genötigt werden, die sie aus eigenen Mitteln, aus Mitteln des in häuslicher Gemeinschaft lebenden Ehegatten sowie aus Leistungen, Zuwendungen und unverzinslichen Darlehen von dritter Seite nicht bestreiten können, auf Antrag ein unverzinslicher „**Vorschuss**" gewährt werden (Nr. 1 Abs. 1 VR).

412 **Besondere Gewährungsumstände** sind z.B. ein Wohnungswechsel aus zwingendem Anlass (Nr. 1 Abs. 3 lit. a VR m.w.N.).

413 **Keine besonderen Gewährungsumstände** sind z.B. Aufwendungen der Bediensteten/Beschäftigten für die Anschaffung von Möbeln und Hausrat (vgl. Nr. 1 Abs. 3 lit. a VR).

414 Zur **Vorschusssicherung** setzt die Gewährung von Vorschüssen voraus, dass dadurch keine untragbare Verschuldung des Bediensteten/Beschäftigten herbeigeführt wird.

415 **Vorschussnehmer** müssen sich zudem in einem ungekündigten Arbeitsverhältnis auf unbestimmte Zeit oder in einem auf länger als ein Jahr befristeten ungekündigten Arbeitsverhältnis befinden und die Probezeit beendet haben. Bei verheirateten Bediensteten darf der Vorschuss auch erst bewilligt werden, wenn sich auch der in häuslicher Gemeinschaft des Bediensteten lebende Ehegatte schriftlich zur Rückzahlung des Vorschusses verpflichtet hat. Darüber hinaus kann von dem Bediensteten/Beschäftigten auch der Nachweis einer zweckentsprechenden Verwendung des Vorschusses vom Dienstherrn bzw. Arbeitgeber verlangt werden. Der Vorschussnehmer hat die Verpflichtung, nicht zweckentsprechend verwendete Beträge unverzüglich an den Dienstherrn bzw. Arbeitgeber zurückzuzahlen (vgl. zu alledem Nr. 2 VR).

c) Abs. 2 Nr. 1 Fall 3: Gewährung und Versagung von Darlehen

416 Zum **Schutzzweck** dieses Falles der **uneingeschränkten Mitbestimmung** (vgl. § 66 Rz. 90) und zu den Begriffen der **„Gewährung"** und der **„Versagung"** etc. wird zunächst auf die allgemeinen Ausführungen zu § 72 Abs. 2 Nr. 1 verwiesen (vgl. Rz. 396ff.).

417 Bei einem „**Darlehen**" handelt es sich in rechtlicher Hinsicht um einen schuldrechtlichen Vertrag, bei dem der Darlehensgeber dem Darlehensnehmer entweder Geld (Münzen, Banknoten, Buchgeld) oder vertretbare Sachen (sog. Sachdarlehen) zur vorübergehenden Nutzung überlässt (vgl. §§ 488ff. BGB). Darlehen i.S.d. Mitbestimmungstatbestandes sind (nur) finanzielle Leistungen, die dem Beschäftigten von dem Dienstherrn bzw. Arbeitgeber auf der Grundlage eines vorbenannten Darlehensvertrages im Zusammenhang mit dem bestehenden Dienst- bzw. Arbeitsverhältnis ge-

währt werden. Umgangssprachlich wird hierbei auch von sog. Arbeitgeberdarlehen gesprochen.

Von der Mitbestimmung erfasst sind nur **Darlehen aus sozialen Gründen** (vgl. entsprechende Rz. 397). 418

Keine mitbestimmungspflichtigen Darlehen stellen **„Luxusdarlehen"** (vgl. entsprechend Rz. 418) oder **Darlehen zum Erwerb und zur Errichtung von Familieneigenheimen sowie Eigentumswohnungen** dar (vgl. BVerwG 21.03.1980 – 6 P 79.78 –). 419

Die **Unterrichtung des Personalrates** muss zur Ausübung des Mitbestimmungsrechtes bei der beabsichtigten Gewährung eines Darlehens neben den angenommenen **Gewährungsgründen** auch Angaben über den beabsichtigten **Inhalt des Darlehensvertrages** enthalten. Hier empfiehlt sich, dass die Dienststelle der schriftlichen Personalratsvorlage (vgl. **Muster 15**) bereits einen entsprechenden Vertragsentwurf beifügt. Soweit die Versagung eines beantragten Darlehens beabsichtigt ist, hat die Dienststelle den Personalrat entsprechend über die ihrerseits vorliegenden **Versagungsgründe** entsprechend zu unterrichten. 420

d) Abs. 2 Nr. 1 Fall 4: Gewährung und Versagung von entsprechenden Zuwendungen

Zum **Schutzzweck** dieses Falles der **uneingeschränkten Mitbestimmung** (vgl. § 66 Rz. 90) und zu den Begriffen der **„Gewährung"** und der **„Versagung"** etc. wird zunächst auf die allgemeinen Ausführungen zu § 72 Abs. 2 Nr. 1 verwiesen (vgl. Rz. 396 ff.). 421

Dieser Mitbestimmungstatbestand fungiert als **Auffangtatbestand**. Durch die Wortwahl „**entsprechende Zuwendungen**" hat der Gesetzgeber die tatbestandlich vorangestellten Leistungen in Form von Unterstützungen, Vorschüssen und Darlehen in Bezug genommen und zum Ausdruck gebracht, dass dieser (4.) Mitbestimmungstatbestand alle ausschließlich **aus sozialen Gründen ansonsten vergleichbar gewährten Leistungen** des Dienstherrn bzw. Arbeitgebers erfassen soll. So z. B. die Finanzierungsbeihilfe bei ärztlichen Maßnahmen. 422

Keine entsprechende Zuwendung stellen **Billigkeitszuwendungen** dar. Für **Beamte** sind die „Richtlinien für Billigkeitszuwendungen bei Sachschäden, die im Dienst entstanden sind" vom 02.01.1982 (VMBL. I S. 39, ber. S. 259) VR II 1 Az 23–01 – zuletzt geändert durch ÄndErl. vom 15.10.2009 (VMBL. S. 149) und für **Arbeitnehmer** die Rechtsprechung zum Grundsatz von „Treu und Glauben" gem. der §§ 157, 242 BGB sowie zur Bestimmung einer vertraglichen Leistung nach billigem Ermessen gem. § 315 BGB zu beachten. Solche Zuwendungen erfolgen nicht ausschließlich aus sozialen 423

Gründen, sondern vornehmlich zur Schadensrisikoabdeckung der mit dem Dienst bzw. der Arbeit befassten Beschäftigten (vgl. hierzu auch OVG NRW 17.04.1986 – CB 8/84 –).

2. Abs. 2 Nr. 2: Zuweisung und Kündigung von Wohnungen, über die die Beschäftigungsdienststelle verfügt, und Ausübung eines Vorschlagsrechts sowie der allgemeinen Festsetzung der Nutzungsbedingungen

a) Abs. 2 Nr. 2 Fall 1: Zuweisung von Wohnungen, über die die Beschäftigungsdienststelle verfügt

424 Nach Abs. 2 Nr. 2 Fall 1 ist die Zuweisung von Wohnungen, über die die Beschäftigungsdienststelle verfügt, mitbestimmungspflichtig. Dabei handelt es sich nach § 66 Abs. 7 Satz 1 um einen **Fall der uneingeschränkten Mitbestimmung**, sodass die Einigungsstelle einen bindenden Beschluss fassen kann (vgl. § 66 Rz. 90).

425 Der **Schutzzweck der Mitbestimmung** ist darauf gerichtet, dass dem Personalrat ermöglicht wird, darauf hinzuwirken, dass der zukünftige Inhaber der Wohnung aus dem Kreis der in Betracht kommenden Interessierten bzw. von der Dienststelle zur Einweisung vorgesehenen Beschäftigten unter Beachtung der sozialen Belange der Dienststelle und des Gleichbehandlungsgrundsatzes zur Auswahl gelangt (vgl. BVerwG 24.04.1992 – 6 P 33.90 –).

426 Da der Personalrat insbesondere nach § 64 Nr. 2 darüber zu wachen hat, dass zugunsten der Beschäftigten die geltenden Verordnungen, Dienstvereinbarungen und Verwaltungsanordnungen eingehalten und Gesetze durchgeführt werden, weist er auch dann eine Mitbestimmung auf, wenn in Ermangelung mehrerer vorhandener Beschäftigter („nur ein Kandidat") eine **Zuweisung ohne eine Auswahlentscheidung** beabsichtigt ist (vgl. OVG NRW 09.06.2006 – 1 A 1030/05.PVL –).

427 **Keine Mitbestimmung** besteht für die **Wohnungszuweisung an außenstehende Personen**, wenn sich keine Beschäftigten der zuweisenden Dienststelle um die Wohnung beworben haben (vgl. OVG NRW 16.01.1984 – CL 42/82 –). Mitbestimmungsfrei ist auch die **Umwandlung von Wohnräumen in Diensträumlichkeiten** (vgl. OVG NRW 01.04.1992 – CL 7/89 –) und die **Veräußerung einer Wohnung** (vgl. OVG NRW 23.10.1986 – CL 27/86 –).

428 Der Begriff „**Wohnung**" stellt auf nach außen abgeschlossene einzelne oder zusammenhängende Räume in Wohn- und auch sonstigen Gebäuden ab, die zum ständigen Aufenthalt von Menschen und zu Wohnzwecken bestimmt sind und die Führung eines eigenen Haushaltes ermöglichen (vgl. hierzu auch OVG NRW 16.01.1984 – CL 42/82 –). Dabei ist es ausreichend, wenn im Rahmen zusammenliegender Räume z.B. eine Küche,

eine Kochnische oder eine Toilette direkt im Wohnkernbereich vorhanden ist, sodass auch Gemeinschafts- und Wohnheimplätze personalvertretungsrechtlich dem Wohnungsbegriff unterfallen (vgl. OVG NRW 06.03.1997 – 1 A 1094/94.PVL –).

Keine Wohnung stellt eine Räumlichkeit dar, die dem Zweck nach ausschließlich auf die Verrichtung von Arbeitstätigkeiten ausgerichtet ist, wie z. B. ein Büroraum, ein Werkstattraum oder eine Pförtner- bzw. Hausmeisterloge. Entsprechendes gilt auch für Räume, die nur in zeitlich beschränkter Hinsicht dem Aufenthalt von Menschen dienen wie etwa soziale Ruheräume, Gästezimmer oder Bereitschaftszimmer von Ärzten im Nachtdienst. 429

Unter die Mitbestimmung fallen nur diejenigen Wohnungen, über die die Dienststelle auch eine **Verfügungsbefugnis** hat, d. h. also eine Befugnis, den Wohnberechtigten entweder verbindlich selbst auszuwählen oder ein entsprechendes Vorschlagsrecht gegenüber einem Dritten auszuüben (vgl. BVerwG 25.09.1984 – 6 P 25.83 –). 430

Unter „**Zuweisung**" einer Wohnung ist die Verschaffung des Nutzungsrechts an den die Wohnung bildenden Räume zu verstehen (vgl. BVerwG 16.11.1987 – 6 P 5.86 –). Eine solche Verschaffung erfasst sowohl die **Vermietung** einer Wohnung als auch die durch den Dienstherrn bzw. Arbeitgeber verfügte **Einweisung in eine Dienstwohnung** (vgl. BVerwG 16.11.1987 a. a. O.). 431

Zur Mitbestimmung in Fällen, wo die Dienststelle als bloße **Wohnungsfürsorgestelle** fungiert (vgl. BVerwG 25.09.1984 – 6 P 25.83 –). 432

Keine Mitbestimmung besteht bei der **Zuweisung von Dienstwohnungen und Werkdienstwohnungen** (zur Definition vgl. § 1 Abs. 1 DWVO NRW), da es sich hier nicht um eine soziale Angelegenheit i. S. d. § 72 Abs. 2, sondern um einen Vorgang handelt, der sich auf eine dienstliche Notwendigkeit gründet, z. B. weil die Nähe zum Dienst- bzw. Arbeitseinsatzort besonders wünschenswert oder notwendig zur Dienst- bzw. Arbeitserledigung ist (vgl. BVerwG 21.03.1985 – 6 P 18.82 –). Zur Zuweisung einer Dienstwohnung an einen Hausmeister (vgl. OVG NRW 20.01.2000 – 1 A 207/98.PVL –, das eine Mitbestimmung verneint, soweit die Zuweisungsentscheidung der Dienststelle ausschließlich auf einer dienstlichen Notwendigkeit beruht). Eine **Ausnahme** von der zuvor dargestellten Mitbestimmungsfreiheit ergibt sich aber dann, wenn die Dienststelle bei der Zuweisung der vorbenannten Wohnungen eine **Auswahl unter mehreren infrage kommenden Beschäftigten der Dienststelle oder unter mehreren vorhandenen Dienstwohnungen** zu treffen hat. Denn in diesem Fall sind von der Dienststelle auch entsprechende soziale Belange zu beachten, die eine Mitbestimmung des Personalrates notwendig werden lassen (vgl. BVerwG 16.11.1987 – 6 P 5.86 –). 433

sowie die „**Festsetzung der Nutzungsbedingungen**“ (Abs. 2 Nr. 3 Fall 3) ist jeweils mitbestimmungspflichtig. Dabei handelt es sich insgesamt um **Fälle der uneingeschränkten Mitbestimmung**, sodass die Einigungsstelle nach § 66 Abs. 7 Satz 1 durch einen abschließenden Beschluss entscheidet.

446 Das Mitbestimmungsrecht in den Fällen der vorliegenden Vorschrift besteht im gleichen Umfang wie bei Wohnungen i. S. d. § 72 Abs. 2 Nr. 2, sodass auf die dortigen Ausführungen grundlegend verwiesen wird (vgl. Rz. 424 ff.).

447 Unter einer „**Pacht**“ ist im zivilrechtlichen Sinne die auf Zeit bestimmte Gebrauchsüberlassung eines Gegenstandes gegen Entgelt mit der Möglichkeit der Fruchtziehung zu verstehen (§ 581 BGB). Daran knüpft die vorliegende Vorschrift an. Der Gesetzgeber hat allerdings **keine konkrete Nutzungsart** für das zu überlassene Land festgelegt.

448 In der Praxis wird „**Dienst- und Pachtland**“ zumeist für land- bzw. forstwirtschaftliche oder auch gärtnerische Nutzungen zugewiesen. Die Zuweisung kann aber auch eine bauliche Nutzung, z. B. die Einräumung eines Erbbaurechts enthalten bzw. darstellen.

449 Der Begriff „**Zuweisung**“ stellt auf die Verschaffung des Nutzungsrechts an dem Dienst- oder Pachtland ab (vgl. entsprechend BVerwG 16.11.1987 – 6 P 5.86 – zur Zuweisung von Wohnungen).

450 Des Weiteren besteht auch ein Mitbestimmungsrecht bei der „**Festsetzung der Nutzungsbedingungen**“ (Abs. 2 Nr. 3 Fall 3). Anders als bei der Mitbestimmung nach § 72 Abs. 2 Nr. 2 Fall 4 hat der Gesetzgeber in dieser Vorschrift wörtlich nicht auf „allgemeine“ Festsetzungen und Nutzungsbedingungen abgestellt. Das bedeutet, dass sowohl die allgemeine als auch die konkrete einzelne Ausgestaltung, z. B. die Festsetzung des Pachtzinses (so zutreffend Rainertz u. a., § 72 Anm. 44), der Mitbestimmung unterliegt.

451 **Keine Mitbestimmung** besteht bei der **Kündigung von Pachtverträgen**.

4. Abs. 2 Nr. 4: Errichtung, Verwaltung und Auflösung von Sozialeinrichtungen ohne Rücksicht auf ihre Rechtsform

452 Vom Grundsatz her gilt, dass der Personalrat angefangen von der Errichtung bis hin zur Auflösung einer Sozialeinrichtung für jede Einzelne dabei anfallende Verwaltungsmaßnahme ein Mitbestimmungsrecht aufweist (vgl. OVG Niedersachsen 09.09.1994 – 17 L 133/94 –). Demzufolge kann es sich speziell bei der **Änderung einer Sozialeinrichtung** je nach ihrer Bedeutung tatbestandsmäßig im Ergebnis durchaus um eine Errichtung einer Sozialeinrichtung oder eine verwaltungsändernde Maßnahme handeln, die der Mitbestimmung unterliegt (vgl. OVG NRW 17.02.1983 – CB 4/82 –).

Vor diesem Hintergrund bietet sich für die Dienststelle der **Abschluss einer Dienstvereinbarung** an, in der konkretisierte Regelungen und letztendlich auch die Verwaltung einer Sozialeinrichtung im Einzelnen festgelegt werden können (vgl. BVerwG 08.07.1983 – 6 P 1.81 – und OVG NRW 20.11.1997 – 1 A 3125/95.PVL – wonach durch den Abschluss einer Dienstvereinbarung die Mitbestimmung im Einzelfall abgedeckt bzw. entsprechend verbraucht ist)! 453

Praxistipp! 454

In der Praxis kann es für die Dienststelle zur Verwaltungs- und Arbeitsentlastung durchaus angezeigt sein, eine Sozialeinrichtung zusammen mit dem Personalrat zu betreiben oder den Einrichtungsbetrieb und deren Verwaltung durch Dienstvereinbarung gänzlich dem Personalrat zu überlassen (z. B. Organisation und Betreuung eines betrieblichen Sozialraumes). Dabei sollte dann die Freistellung von Personalratsmitgliedern und vor allem auch ein eigenverantwortliches Budget i. S. d. § 40 Abs. 1 Satz 5 geregelt werden!

a) Abs. 2 Nr. 4 Fall 1: Errichtung von Sozialeinrichtungen

Nach Abs. 2 Nr. 4 Fall 1 ist die Errichtung von Sozialeinrichtungen mitbestimmungspflichtig. Dabei handelt es sich nach § 66 Abs. 7 Satz 1 um einen **Fall der uneingeschränkten Mitbestimmung**, sodass die Einigungsstelle einen bindenden Beschluss fassen kann (vgl. § 66 Rz. 90). 455

„**Sozialeinrichtungen**" sind von der Dienststelle geschaffene und auf Dauer berechnete Einrichtungen, die dazu dienen, den Beschäftigten soziale Vorteile zukommen zu lassen (vgl. BVerwG 24.04.1992 – 6 P 33.90 –). Dabei ist auf die objektive Zweckerreichung und nicht auf die subjektiv von der Dienststelle verfolgten Ziele abzustellen (vgl. BVerwG 24.04.1992 a. a. O.). Es muss sich um eine „**Einrichtung**" handeln, d. h. einen abgesonderten Teil konkreter Mittel der Dienststelle mit einer eigenen Organisation, die auch eine eigene Verwaltung aufweist (vgl. OVG NRW 26.06.1984 – CL 9/83 –). Nicht erforderlich ist dabei, dass die (Sozial-)Einrichtung einen eigenen Haushalt innerhalb oder neben der Dienststelle aufweist (so BayVGH 10.02.1993 – 17 P 92.3742 –). Weiterhin ist auch nicht erforderlich, dass die konkreten Einrichtungsmittel dauerhaft und ausnahmslos zur Verfügung stehen, sodass z. B. das Betreiben von einem Mitarbeitercafé in den Morgenstunden oder im Nachmittagsbereich mit dem in der Dienststelle sowieso vorhandenen Bewirtungsmitteln (Besteck-, Geschirr- und Verteilungshandwagen), die eigentlich zum Zweck einer Kantine für die Mittagszeit genutzt werden, auch eine Sozialeinrichtung darstellt (vgl. entsprechend OVG NRW 17.02.1983 – CB 12/81 – zur Betreibung einer 456

Werksverkehrslinie mit den in einem ÖPNV-Unternehmen ohnehin vorhandenen Bussen).

457 Die „**Rechtsform**" der Sozialeinrichtung ist nicht entscheidend. Dementsprechend kann es sich z. B. um einen unselbstständigen Teil oder einen verselbstständigten Teil der Dienststelle (§ 1 Abs. 2 und 3), aber auch um eine juristische Person, wie z. B. eine BGB-Gesellschaft, einen Verein, eine Anstalt oder Stiftung handeln.

458 Wenn **Sozialeinrichtungen** in der Dienststelle **durch private Betreiber** geführt werden, d. h. also von einem Dritten, der außerhalb der Verwaltung steht (z. B. eine verpachtete Mensa oder angemietete Getränke- bzw. Verpflegungsautomaten), ist dem Personalrat bei dem Abschluss und auch der Kündigung der hierbei zugrunde liegenden Verträge (z. B. Pacht- oder Mietvertrag) ein entsprechendes Mitbestimmungsrecht zuzusprechen. Da das LPVG NRW hinsichtlich des Betriebes derart geführter Einrichtungen keine unmittelbare Geltung erlangt, ist es vertretbar, dass der Personalrat geltend machen kann, dass in dem zwischen der Dienststelle und dem privaten Betreiber abgeschlossenen Vertrag seine Beteiligungsrechte im Hinblick auf die Verwaltung der Einrichtung vorbehalten werden (z. B. eine Mitbestimmungspflicht bei Preiserhöhungen in einer verpachteten Mensa). Dabei gilt es jedoch zu beachten, dass Mitbestimmungsrechte nach dem LPVG NRW nicht gegen den Willen von Privatpersonen erzwungen werden können. Von daher sollten Dienststelle und Personalrat bereits frühzeitig bei einem derart beabsichtigten Einrichtungsbetrieb durch private Personen zusammenarbeiten. Dabei ist insbesondere auf die frühzeitige Unterrichtungspflicht der Dienststelle nach § 65 Abs. 1 Satz 3 hinzuweisen!

459 Für die Bewertung als mitbestimmungspflichtige Sozialeinrichtung ist nicht entscheidend, ob die **Inanspruchnahme der Sozialeinrichtung** durch die Beschäftigten **kostenfrei** oder unter Abführung eines **Kostenbeitrages** gewährt wird (vgl. BAG 11.07.2000 – 1 AZR 551/99 –).

460 **Sozialeinrichtungen** sind beispielsweise:

- Kantinen (vgl. OVG NRW 27.03.1998 – 1 A 58.06 –)
- Cafeterien
- Mensen und Küchen (vgl. VG Stuttgart 27.10.1993 – PL 22 K 11/93 –)
- Getränke- und Lebensmittelautomaten (vgl. VG Stuttgart 26.07.1999 – PL 21 K 11/99 –)
- Aufenthalts- und Umkleideräume (vgl. BVerwG 17.02.1986 – 6 P 21.84 –)
- Büchereien
- Kindergärten
- Sport- und Fitnessräume

- Sportanlagen
- Jugend- bzw. Erholungsheime
- Personalwohnhäuser und -wohnheime (vgl. BVerwG 24.04.1992 – 6 P 33.90 – und OVG NRW 06.02.2002 – 1 A 144/00.PVL –)
- Parkplätze, die nur von den Beschäftigten der Dienststelle benutzt werden dürfen (vgl. VGH Hessen 25.09.2003 – 22 TL 2300/02 –).
- Der Bundeswehr Sozialwerk e. V. (vgl. OVG NRW 17.02.1983 – CB 4/82 –)

Da der personalvertretungsrechtliche Charakter der Sozialeinrichtung auf eine objektive Zweckerreichung abstellt, unterliegen der Mitbestimmung auch die **von der Dienststelle mitbenutzten Sozialeinrichtungen** (vgl. OVG NRW 25.05.1977 – CL 1/77 – und BVerwG 09.11.1998 – 6 P 1.98 – bejahend für die Mitbenutzung der Mensa eines Studentenwerkes durch die dortigen Beschäftigten). 461

Keine Sozialeinrichtungen sind beispielsweise: 462

- Selbsthilfeeinrichtungen, die von Beschäftigten errichtet und auch geführt werden (z. B. Aussprache- und Mediationsgruppen)
- Feiern und Ausflüge in der Dienststelle (vgl. BAG 27.01.1998 – 1 ABR 35/97 – zum BetrVG)
- Essenszuschüsse (vgl. OVG NRW 27.01.1981 – CB 3/80 – und 26.06.1984 – CL 9/83 –)
- Fahrtkostenzuschüsse (vgl. OVG NRW 06.11.1985 – CL 21/84 –)
- Erholungsaufenthaltszuschüsse (vgl. OVG Rheinland-Pfalz 15.05.1961 – 4 A 2/61 –)
- Widerrufliche Beförderungsdienste für schwerbehinderte Beschäftigte der Dienststelle (vgl. OVG NRW 18.09.1984 – CB 31/82 –)
- Für die Allgemeinheit bestimmte und von ihr benutzte Parkplätze – auch wenn die Beschäftigten der Dienststelle eine verbilligte Parkberechtigung erwerben können (vgl. VGH Baden-Württemberg 25.02.1997 – PL 15 S 2464/95 –)
- Gewährung einer kostenlosen Parkplatzbenutzung (vgl. OVG NRW 17.04.1997 – 1 A 1854/94.PVL –)

Da die **kostenlose Parkplatzbenutzung** eines für die Allgemeinheit zugänglichen Parkplatzes keine Sozialeinrichtung darstellt (vgl. OVG NRW 17.04.1997 a. a. O.), besteht auch **keine Mitbestimmung für die Einführung von Parkgebühren für Beschäftigte der Dienststelle** auf einem solchen Parkplatz (vgl. OVG NRW 17.04.1997 – 1 A 1854/94.PVL –). Entsprechendes gilt für die Einführung von Parkgebühren für einen behördeneigenen Parkplatz, der vormals kostenfrei von den Beschäftigten der Dienststelle genutzt werden konnte (vgl. OVG Sachsen-Anhalt 05.10.2005 – 5 L 19/04 –). 463

464 In Angelegenheiten, die Sozialeinrichtungen in der Dienststelle betreffen, ist stets die Dienststellenleitung **Ansprechpartner für den Personalrat** und nicht ein gegebenenfalls vorhandenes satzungsgebendes autonomes Organ der Sozialeinrichtung (vgl. BVerwG 24.11.1983 – 6 P 21.81 –). Etwas anderes gilt nur dann, wenn sich die Dienststelle im Rahmen einer Dienstvereinbarung im Hinblick auf die Organbesetzung der Sozialeinrichtung freiwillig der Mitbestimmung des Personalrates unterworfen hat (vgl. BVerwG 16.09.1977 – VII P 10.75 –).

465 Die Mitbestimmung des Personalrates bei der „**Errichtung**" bezieht sich darauf, ob eine Sozialeinrichtung geschaffen werden soll, zu welchem Zweck sie eingerichtet und welche Form (organisatorisch und rechtlich) sie haben soll. Dazu gehört auch die nähere Ausgestaltung der Sozialeinrichtung, z. B. die Aufstellung einer Geschäftsordnung, einer Satzung oder von Nutzungsbedingungen (z. B. Warenangebot, Warenpreise, Öffnungszeiten, Benutzerkreis).

466 Zur Mitbestimmung bei der **Änderung einer Sozialeinrichtung** und zum Vorteil einer **Dienstvereinbarung** bei der Errichtung und Verwaltung von Sozialeinrichtungen vgl. Rz. 454.

b) Abs. 2 Nr. 4 Fall 2: Verwaltung von Sozialeinrichtungen

467 Nach Abs. 2 Nr. 4 Fall 2 ist die Verwaltung von Sozialeinrichtungen mitbestimmungspflichtig. Dabei handelt es sich nach § 66 Abs. 7 Satz 1 um einen **Fall der uneingeschränkten Mitbestimmung**, sodass die Einigungsstelle einen bindenden Beschluss fassen kann (vgl. § 66 Rz. 90).

468 Zum Begriff „**Sozialeinrichtungen**" vgl. Rz. 456.

469 Die Mitbestimmung bei der „**Verwaltung**" einer Sozialeinrichtung erstreckt sich auf alle Maßnahmen, die die innere Organisation, d. h. also den laufenden Betrieb und die Unterhaltung der Einrichtung zum Gegenstand haben (vgl. BVerwG 24.04.1992 – 6 P 33.90 –).

470 Eine **Mitbestimmung** besteht vor allem in den folgenden Fällen:

- Änderung der Öffnungszeiten einer Kantine (vgl. OVG Niedersachsen 09.09.1994 – 17 L 133/94 –)
- Pandemiebedingte Einschränkungen des Leistungsangebotes einer Kantine und Umstellung der Essensausgabe auf Take-away-Betrieb (vgl. VG Sigmaringen 15.02.2021 – PL 11 K 2615/20 –)
- Die Anschaffung und Veräußerung von Einrichtungsgegenständen (vgl. OVG Hamburg. 11.06.2001 – 8 Bf 424/000.PVL –)
- Festlegung des Warensortiments und der -preise (vgl. OVG NRW 25.05.1977 – CL 1/77 –)
- Streichung eines Kantinen-Essenszuschusses (vgl. OVG Berlin-Brandenburg 22.01.2015 – 60 PV 12.13 –)

- Verbot von Jubiläumsfeiern in der Betriebskantine (vgl. BAG 15.09.1987 – 1 ABR 31/86 – zum BetrVG)
- Wegfall von einzelnen Personalwohnungen aus dem Gesamtkontingent der vorhandenen Personalunterkünfte (vgl. OVG NRW 06.02.2002 – 1 A 144/00.PVL –)

Zur Mitbestimmung bei der **Änderung einer Sozialeinrichtung** und zum Vorteil einer **Dienstvereinbarung** bei der Errichtung und Verwaltung von Sozialeinrichtungen vgl. Rz. 452 f. **471**

Zur **Mitbestimmung** bei der **privaten Betreibung von Sozialeinrichtungen** in der Dienststelle vgl. Rz. 469. **472**

c) Abs. 2 Nr. 4 Fall 3: Auflösung von Sozialeinrichtungen

Nach Abs. 2 Nr. 4 Fall 3 ist die Auflösung von Sozialeinrichtungen mitbestimmungspflichtig. Dabei handelt es sich nach § 66 Abs. 7 Satz 1 um einen **Fall der uneingeschränkten Mitbestimmung**, sodass die Einigungsstelle einen bindenden Beschluss fassen kann (vgl. § 66 Rz. 5 ff.). **473**

Zum Begriff „**Sozialeinrichtungen**" vgl. Rz. 456. **474**

Das Tatbestandsmerkmal der „**Auflösung**" einer Sozialeinrichtung stellt auf die Aufgabe einer bestehenden, d.h. bereits errichteten Einrichtung ab. Eine Mitbestimmung des Personalrates besteht sowohl bei einer **Gesamtauflösung** (z.B. die gesamtheitliche Aufgabe einer Betriebsküche) als auch bei einer **Teilauflösung** (z.B. Aufgabe des Fitnessraumes unter Fortführung der sonstigen noch vorhandenen Sportanlage). Dogmatisch wird Letzteres wohl vom Tatbestandsmerkmal der „Verwaltung" einer Sozialeinrichtung (Abs. 2 Nr. 4 Fall 2) erfasst werden, soweit sich lediglich das Leistungs- bzw. Warenangebot der Einrichtung verändert (vgl. zur Bedeutung der Änderung als Errichtung oder als Verwaltungsmaßnahme OVG NRW 17.02.1983 – CB 4/82 –). **475**

Zur Mitbestimmung bei der **Änderung einer Sozialeinrichtung** und zum Vorteil einer **Dienstvereinbarung** bei der Errichtung und Verwaltung von Sozialeinrichtungen vgl. Rz. 454. **476**

Zur **Mitbestimmung** bei der **privaten Betreibung von Sozialeinrichtungen** in der Dienststelle vgl. Rz. 457. **477**

5. Abs. 2 Nr. 5: Aufstellung von Sozialplänen einschließlich Plänen für Umschulungen zum Ausgleich von Härtefällen sowie Milderung wirtschaftlicher Nachteile infolge von Rationalisierungsmaßnahmen

Nach Abs. 2 Nr. 5 ist die Aufstellung von Sozialplänen einschließlich der weiteren in dieser Vorschrift benannten Pläne mitbestimmungspflichtig. **478**

Dabei handelt es sich um eine **uneingeschränkte Mitbestimmung**, sodass die Einigungsstelle nach § 66 Abs. 7 Satz 1 durch bindenden Beschluss entscheiden kann (§ 66 Rz. 90).

479 **Schutzzweck der Mitbestimmung** ist, dass der Personalrat durch seine Beteiligung den individualrechtlichen Schutz der Beschäftigten kollektivrechtlich ergänzen und auch erweitern kann (vgl. BVerwG 26.03.1986 – 6 P 38.82 –).

480 Der Begriff „**Sozialpläne**" ist im LPVG NRW nicht definiert. Eine Legaldefinition findet sich aber in § 112 Abs. 1 Satz 2 BetrVG. Daran hat sich das BVerwG in seiner Entscheidung vom 28.11.2012 – 6 P 11.11 – zu § 75 Abs. 3 Nr. 13 BPersVG a. F. orientiert. Danach stellt ein Sozialplan die Gesamtheit der Regelungen dar, die dem Ausgleich oder der Milderung von wirtschaftlichen Nachteilen der Beschäftigten infolge von Rationalisierungsmaßnahmen dienen sollen. Diese Definition kann auch für das Begriffsverständnis des LPVG NRW herangezogen werden.

481 Bei der Begriffsbestimmung „**Rationalisierungsmaßnahmen**" kann zunächst auf die Bestimmung in § 1 RatSchTV Ang zurückgegriffen werden. Danach kommen als Rationalisierungsmaßnahmen z. B. in Betracht:

- Stilllegung oder Auflösung einer Verwaltung/eines Betriebes bzw. eines Verwaltungs-/Betriebsteils (vgl. § 1 Abs. 1 lit. a) RatSchTV Ang)
- Verlegung oder Ausgliederung einer Verwaltung/eines Betriebes bzw. eines Verwaltungs-/Betriebsteils (vgl. § 1 Abs. 1 lit. b) RatSchTV Ang)
- Zusammenlegung von Verwaltungen/Betrieben bzw. von Verwaltungs-/Betriebsteilen (vgl. § 1 Abs. 1 lit. c) RatSchTV Ang)
- Verlagerung von Aufgaben zwischen Verwaltungen/Betrieben (vgl. § 1 Abs. 1 lit. d) RatSchTV Ang)
- Einführung anderer Arbeitsmethoden und Fertigungsverfahren, auch wenn sie durch die Nutzung technischer Veränderungen/Neuerungen bedingt sind (vgl. § 1 Abs. 1 lit. e) RatSchTV Ang)

482 Es gilt aber zu beachten, dass die in § 1 RatSchTV Ang enthaltene Definition für die Auslegung der Begriffsbestimmung i. S. d. LPVG NRW nur Anhaltspunkte geben kann, aber letztendlich nicht alleine maßgeblich ist (vgl. OVG NRW 09.08.1989 – CB 16/86 –). **Ausschlaggebend für die Annahme einer Rationalisierungsmaßnahme** ist letztendlich vielmehr, dass durch sie die Leistungen der Dienststelle aufgrund einer zweckmäßigeren Gestaltung von Arbeitsabläufen verbessert werden sollen, indem der menschliche Aufwand an Arbeit oder auch an Zeit, Energie, Material und Kapital herabgesetzt wird (vgl. BVerwG 28.11.2012 a. a. O.). Diese Voraussetzungen können auch erfüllt sein, wenn durch organisatorische Maßnahmen ganze Aufgabenbereiche und Organisationseinheiten in der Bearbeitung erleichtert oder gar „wegra-

tionalisiert“ werden (vgl. BVerwG 28.11.2012 a. a. O.). Die Rationalisierungsmaßnahme ist demnach auf eine Effektivitäts- und Leistungssteigerung angelegt (vgl. BVerwG 17.06.1992 – 6 P 17.91 –).

Dem Tatbestandsmerkmal der „**Pläne für Umschulungen**“ kommt keine eigenständige Bedeutung zu. Da solche Pläne auch in einem Gleichstellungsplan (§ 5 LGG NRW) oder einem sonstigen Instrument i. S. d. § 6a LGG NRW (vgl. Bülow, § 6a LGG NRW Rn. 15 ff.) oder Sozialplan enthalten sein können, handelt es sich hierbei vielmehr um eine bloße Hervorhebung des Gesetzgebers. 483

Das **Zustandekommen eines Sozialplanes** erfolgt i. d. R. durch den **Abschluss einer Dienstvereinbarung** (vgl. hierzu BVerwG 26.03.1986 – 6 P 38.82 –). Hierbei hat der Personalrat vor allem dem geltenden Haushaltsplan zu beachten (vgl. hierzu BVerwG 26.09.2017 – 5 P 1.16 –). 484

Wenn **keine Einigkeit über die Ausgestaltung eines Sozialplans** besteht und der Personalrat seine Zustimmung nicht erteilt, so entscheidet auf Antrag nach § 66 Abs. 7 Satz 1 die Einigungsstelle. 485

Nach § 66 Abs. 4 i. V. m. § 72 Abs. 2 Nr. 5 besteht ein **Initiativrecht des Personalrates zur Aufstellung von Sozialplänen**. Wenn der Personalrat hiervon Gebrauch machen sollte, ist er gehalten, der Dienststelle den vollständigen Text des von ihm vorzuschlagenden Sozialplans zur Zustimmung vorzulegen. Zur Beachtung des geltenden Haushaltsplan vgl. BVerwG 26.09.2017 – 5 P 1.16 –. 486

Als **Inhalt eines Sozialplans** kommen alle Regelungen in Betracht, die auf den „**Ausgleich von Härtefällen**“ und die „**Milderung wirtschaftlicher Nachteile**“, die infolge von Rationalisierungsmaßnahmen entstehen, ausgerichtet sind. 487

Als **Härtefälle** kommen nur solche in Betracht, die auch wirtschaftlicher Natur sind (vgl. BAG 27.10.1987 – 1 ABR 9/86 – zum BetrVG). Das kann z. B. der Fall sein, wenn aufgrund einer Versetzung infolge der Verlegung eines Verwaltungsteils für den Beschäftigten ein derart verlängerter Anfahrtsweg entsteht, sodass dieser erhebliche Anfahrtsmehrkosten aufwenden muss oder sogar einen Zweitwohnsitz einrichten muss, sodass er Kosten für eine doppelte Haushaltsführung hat. In Betracht kommt aber auch z. B. der Verlust einer höher zu bewertenden Tätigkeit und die damit zusammenhängenden monetären Einbußen aufgrund einer Änderungskündigung, weil z. B. Verwaltungsteile zusammengelegt und im Zuge dessen auch neue Stellen geschaffen worden sind. 488

Als **wirtschaftliche Nachteile** sind vor allem Vergütungseinbußen und der letztendliche Verlust des Arbeitsplatzes anzusehen. Von daher können in 489 einem Sozialplan insbesondere Regelungen zur Vergütungssicherung (vgl. auch § 6 RatSchTV Ang), die Zahlung von Abfindungen (vgl. auch § 7 RatSchTV Ang), Umschulungen (vgl. auch § 4 RatSchTV Ang), Reisekostenerstattungen und Wegezeitanrechnungen auf die Arbeitszeit getroffen werden.

490 **Wichtig!**

Die in einem Sozialplan vereinbarte Zahlung von Abfindungen ist dann unwirksam, wenn sie von dem Verzicht auf die Erhebung einer Kündigungsschutzklage abhängig gemacht wird (vgl. BAG 20.12.1983 –1 AZR 442/82 –)!

491 Im Rahmen von Rationalisierungsmaßnahmen sind neben der mitbestimmungspflichtigen Aufstellung von Sozialplänen vor allem auch noch **weitere Beteiligungsrechte des Personalrates** zu beachten:

Unterrichtung:
- Unterrichtungs- und Teilnahmerecht (§ 65 Abs. 1 Satz 1 und 3)

Anhörung:
- Ausspruch einer Kündigung in der Probezeit (§ 74 Abs. 2 Fall 2)
- Ausspruch einer außerordentlichen Änderungskündigung oder Beendigungskündigung (§ 74 Abs. 2 Fall 3)
- Abschluss von Aufhebungs- oder Beendigungsverträgen (§ 74 Abs. 2 Fall 4)
- Wesentliche Änderung oder Verlagerung von Arbeitsplätzen (§ 75 Abs. 1 Nr. 5)

Mitwirkung:
- Errichtung, Auflösung, Einschränkung, Verlegung oder Zusammenlegung von Dienststellen oder wesentlichen Teilen von ihnen (§ 73 Nr. 3)

Mitbestimmung:
- Herabgruppierung und Übertragung einer niedriger zu bewertenden Tätigkeit (§ 72 Abs. 1 Nr. 4 Fall 3 und 4)
- Kündigung von Wohnungen (§ 72 Abs. 2 Nr. 2 Fall 2)
- Auflösung von Sozialeinrichtungen (§ 72 Abs. 2 Nr. 4 Fall 3)
- Maßnahmen, die die Hebung der Arbeitsleistung oder Erleichterungen des Arbeitsablaufs zur Folge haben, sowie Maßnahmen der Änderung der Arbeitsorganisation (§ 72 Abs. 3 Nr. 4)
- Gestaltungen der Arbeitsplätze (§ 72 Abs. 4 Nr. 10)
- Übertragung von Arbeiten der Dienststelle, die üblicherweise von ihren Beschäftigten vorgenommen werden, auf Dauer an Privatpersonen oder an Dritte (§ 72 Abs. 4 Nr. 22)

- Ausspruch einer ordentlichen Änderungs- bzw. Beendigungskündigung (§ 74 Abs. 1)

Keine Mitbestimmung besteht bei Maßnahmen, die dem (anschließenden) **Vollzug eines Sozialplans** dienen (vgl. BVerwG 26.03.1986 – 6 P 38.82 –). 492

E. Mitbestimmung in Rationalisierungs-, Technologie- und Organisationsangelegenheiten nach Abs. 3

I. Allgemeines

Abs. 3: Die Vorschrift wurde erstmals im Jahr 1984 in das Gesetz aufgenommen. Mit der Novelle 2007 wurde die Mitbestimmung des Personalrates in erheblichem Maße eingeschränkt. Im Zuge der **Novelle 2011** wurde der alte Rechtsstand wiederhergestellt und sogar noch erweitert. 493

Bei den Mitbestimmungstatbeständen des § 66 Abs. 7 Satz 3 handelt es sich um **Fälle der eingeschränkten Mitbestimmung**, sodass die Einigungsstelle nur eine Empfehlung aussprechen kann (vgl. § 66 Rz. 90). 494

Der Personalrat hat in Rationalisierungs-, Technologie- und Organisationsangelegenheiten **nur dann mitzubestimmen**, wenn eine gesetzliche oder tarifliche Regelung nicht besteht **(„Gesetzes- und Tarifvorrang")**. 495

Von dem Begriff „**gesetzliche Regelung**" sind sowohl formelle als auch materielle Gesetze zu verstehen. Dementsprechend gehören auch **Rechtsverordnungen** und von einer öffentlich-rechtlichen Körperschaft erlassene **Satzungen**, z. B. Gemeindesatzungen, dazu (vgl. BVerwG 16.09.1977 – VII P 10.75 –). 496

Keine gesetzliche Regelungen i. S. d. vorliegenden Vorschrift stellen bloße Verwaltungsanordnungen und Richtlinien sowie interne Verwaltungsweisungen etc. dar. 497

Unter „**tariflichen Regelungen**" sind sämtliche in einem Tarifvertrag geregelten Angelegenheiten zu verstehen. Ein **Tarifvertrag** ist ein schriftlicher Vertrag zwischen einem Arbeitgeberverband oder Arbeitgebern und einer Gewerkschaft zur Regelung von Rechten und Pflichten zwischen diesen Vertragsparteien. Gesetzliche Regelungen hierzu sind im TVG zu finden. 498

Wichtig! 499

Wenn in einem abgelaufenen Tarifvertrag eine abschließende Regelung enthalten ist, die ein Mitbestimmungsrecht aus Abs. 3 ausschließt, wirkt die Sperrwirkung des Tarifvorrangs so lange weiter, bis sie durch eine andere Abmachung ersetzt wird (vgl. § 4 Abs. 5 TVG)!

500 Über den in Abs. 3 ausdrücklich geregelten Gesetzes- und Tarifvertragsvorrang hinaus besteht aber auch eine **Formalbeschränkung der Mitbestimmungsrechte** im Hinblick auf den **Abschluss von Dienstvereinbarungen** aufgrund der Regelungssperre nach § 70 Abs. 1 Satz 2 (vgl. § 70 Rz. 21)!

501 **Wichtig!**

Wenn ein Gesetz oder ein Tarifvertrag keine ausschöpfende Einzelfallregelung aufweist, sondern z. B. nur Teilbereiche der in Abs. 3 aufgeführten Mitbestimmungstatbestände erfasst, so weist der Personalrat für diese Freiräume eine Mitbestimmung auf (vgl. BVerwG 13.02.1976 – VII P 4.75 –)!

502 Nach **Abs. 5** besteht für alle im Abs. 3 aufgezählten Angelegenheiten auch eine Mitbestimmung des Personalrates, wenn eine Maßnahme **probeweise oder befristetet** durchgeführt werden soll (vgl. Rz. 1197 ff.).

II. Mitbestimmungskatalog des Abs. 3

1. Abs. 3 Nr. 1: Einführung, Anwendung, wesentliche Änderung oder wesentliche Erweiterung von automatisierter Verarbeitung personenbezogener Daten der Beschäftigten außerhalb von Besoldungs-, Gehalts-, Lohn-, Versorgungs- und Beihilfeleistungen sowie Jubiläumszuwendungen

a) Abs. 3 Nr. 1 Fall 1: Einführung von automatisierter Verarbeitung personenbezogener Daten

503 Nach Abs. 3 Nr. 1 Fall 1 ist die Einführung von einer automatisierten Verarbeitung personenbezogener Daten der Beschäftigten außerhalb von Besoldungs-, Gehalts-, Lohn-, Versorgungs- und Beihilfeleistungen sowie Jubiläumszuwendungen mitbestimmungspflichtig. Dabei handelt es sich nach § 66 Abs. 7 Satz 3 um einen **Fall der eingeschränkten Mitbestimmung**, sodass die Einigungsstelle nur eine Empfehlung aussprechen kann (vgl. § 66 Rz. 90).

504 Zum **Ausschluss der Mitbestimmung** des Personalrates nach Abs. 4 Satz 1, **wenn eine gesetzliche oder tarifliche Regelung** besteht, vgl. Rz. 495 ff.

505 Nach **Abs. 5** besteht eine Mitbestimmung des Personalrates auch, wenn eine **Maßnahme probeweise oder befristetet** durchgeführt werden soll (vgl. Rz. 1197).

506 Die Mitbestimmung des Personalrates setzt erst dann ein, wenn auch eine **Einführungsabsicht der Dienststelle** i. S. d. § 66 Abs. 2 Satz 1 besteht. Keine Mitbestimmung besteht daher bei **Maßnahmen der Einführungsvor-**

bereitung, d.h. also z.B. bei vorausgehenden Datenverarbeitungstestläufen oder eingerichteten Arbeitsgruppen. Hierbei gilt es aber das Unterrichtungsrecht des Personalrates nach § 65 Abs. 1 Satz 1 bis 3 und das gegebenenfalls bestehende Teilnahmerecht an Arbeitsgruppen nach § 65 Abs. 1 Satz 4 zu beachten.

Unter „**personenbezogenen Daten**“ sind nach Art. 4 Nr. 1 DSGVO alle Informationen zu verstehen, die sich auf eine identifizierte oder identifizierbare natürliche Person beziehen; als identifizierbar wird eine natürliche Person angesehen, die direkt oder indirekt, insbesondere mittels Zuordnung zu einer Kennung wie einem Namen, zu einer Kennnummer, zu Standortdaten, zu einer Onlinekennung oder zu einem oder mehreren besonderen Merkmalen identifiziert werden kann, die Ausdruck der physischen, physiologischen, genetischen, psychischen, wirtschaftlichen, kulturellen oder sozialen Identität dieser natürlichen Person sind. 507

Solche **Einzelangaben** sind insbesondere: 508

Name, Alter, Geschlecht, Familienstand, Geburtsdatum

Religionszugehörigkeit, Steuerklasse und Sozialversicherungsnummer

Anschrift, Telefonnummer, Telefaxnummer, E-Mail-Adresse

Bankkontodaten, Kreditkartendaten etc.

Zum „**Beschäftigtenbegriff**“ vgl. die Ausführungen zu § 5. 509

Kein Mitbestimmungsschutz besteht für **personenbezogene Daten von dienststelleninternen Bewerbern** (vgl. OVG NRW 27.05.1998 – 1 B 963/98.PVL –). 510

Eine **Datenverarbeitung** stellt nach Art. 4 Nr. 2 DSGVO jeden mit oder ohne Hilfe automatisierter Verfahren ausgeführten Vorgang oder jede solche Vorgangsreihe im Zusammenhang mit personenbezogenen Daten wie das Erheben, das Erfassen, die Organisation, das Ordnen, die Speicherung, die Anpassung oder Veränderung, das Auslesen, das Abfragen, die Verwendung, die Offenlegung durch Übermittlung, Verbreitung oder eine andere Form der Bereitstellung, den Abgleich oder die Verknüpfung, die Einschränkung, das Löschen oder die Vernichtung dar. 511

„**Automatisiert**“ ist eine Datenverarbeitung dann, wenn die vorbenannten Vorgänge mittels automatisierter Verfahren stattfinden. Speziell zur Datenübermittlung vgl. OVG NRW 17.06.1992 – CL 35/90 –. Zur erstmaligen Datennutzung vgl. OVG NRW 25.11.1992 – CL 40/90 – und zu einer Datenübersendung an Dritte vgl. OVG NRW 06.12.1990 – CL 21/88 –. 512

Unter der „**Einführung**“ einer automatisierten personenbezogenen Datenverarbeitung ist deren erstmalige Aufnahme zu verstehen (vgl. OVG NRW 20.01.2000 – 1 A 128/98.PVL –). Damit ist die erstmalige Installation und 513 auch der erstmalige Einsatz einer Datenverarbeitungsanlage nicht Gegenstand der Mitbestimmung, sondern die automatisierte personenbezogene Datenverarbeitung als solche (vgl. OVG NRW 20.01.2000 a.a.O.).

514 **Von der Mitbestimmung ausgenommen** sind personenbezogene Daten der Beschäftigten außerhalb von Besoldungs-, Gehalts-, Lohn-, Versorgungs- und Beihilfeleistungen sowie Jubiläumszuwendungen. Durch diese Ausnahmen von der Mitbestimmung hat der Gesetzgeber das Recht auf informationelle Selbstbestimmung (vgl. hierzu BVerfG 15.12.1983 – 1 BvR 209/83 –), mit der sich daraus ergebenden Befugnis des Einzelnen, dem Grunde nach selbst über die Preisgabe und auch Verwendung seiner persönlichen Daten bestimmen zu können, Genüge getan (vgl. auch LT-Drucks. 11/5258, S. 44).

b) Abs. 3 Nr. 1 Fall 2: Anwendung der automatisierten Verarbeitung personenbezogener Daten

515 Nach Abs. 3 Nr. 1 Fall 2 ist die Anwendung der automatisierten Verarbeitung personenbezogener Daten mitbestimmungspflichtig. Dabei handelt es sich nach § 66 Abs. 7 Satz 3 um einen **Fall der eingeschränkten Mitbestimmung**, sodass die Einigungsstelle nur eine Empfehlung aussprechen kann (vgl. § 66 Rz. 90).

516 Zum **Ausschluss der Mitbestimmung** des Personalrates, **wenn eine gesetzliche oder tarifliche Regelung** besteht vgl. Rz. 495 ff.

517 Nach **Abs. 5** besteht eine Mitbestimmung des Personalrates auch, wenn eine **Maßnahme probeweise oder befristetet** durchgeführt werden soll (vgl. Rz. 1197 ff.).

518 Zur Begrifflichkeit der **„automatisierten Verarbeitung personenbezogener Daten“** vgl. Rz. 511 ff.

519 Soweit das OVG NRW in der Vergangenheit unter den Begriff „Einführung“ die erstmalige Nutzung einer programmgesteuerten Datenverarbeitungsanlage verstanden hat und unter dem Begriff **„Anwendung“** den erstmaligen Einsatz einer derartigen Datenverarbeitungsanlage (vgl. OVG NRW 25.11.1992 – CL 40/90 –), hat es im Späteren unter Berücksichtigung der zwischenzeitlichen technologischen Entwicklungen an dieser Auffassung nicht mehr festgehalten. Mit Beschluss vom 20.01.2000 – 1 A 128/98.PVL – hat es vielmehr ausgeführt, dass die „Einführung“ und die „Anwendung“ einer automatisierten Verarbeitung personenbezogener Daten häufig zusammenfallen würden. Von daher hat es auf eine konkrete Abgrenzung der beiden vorbenannten Begriffe verzichtet und weniger rechtlich, als mehr tatsächlich damit argumentiert, dass letztendlich zumindest einer der beiden vorbenannten Mitbestimmungsfälle in Betracht kommen muss, um eine Mitbestimmung des Personalrates auszulösen. Aufgrund dieser höchstrichterlichen

Ausführungen wird auch in der vorliegenden Kommentierung auf eine nähere Abgrenzung der vorbenannten Begriffe verzichtet.

c) Abs. 3 Nr. 1 Fall 3: Wesentliche Änderung von automatisierter Verarbeitung personenbezogener Daten

Nach Abs. 3 Nr. 1 Fall 3 ist die wesentliche Änderung von automatisierter Verarbeitung personenbezogener Daten mitbestimmungspflichtig. Dabei handelt es sich nach § 66 Abs. 7 Satz 3 um einen **Fall der eingeschränkten Mitbestimmung**, sodass die Einigungsstelle nur eine Empfehlung aussprechen kann (vgl. § 66 Rz. 90). **520**

Zum **Ausschluss der Mitbestimmung** des Personalrates, **wenn eine gesetzliche oder tarifliche Regelung** besteht vgl. Rz. 495 ff. **521**

Nach **Abs. 5** besteht eine Mitbestimmung des Personalrates auch, wenn eine **Maßnahme probeweise oder befristetet** durchgeführt werden soll (vgl. Rz. 1197). **522**

Zur Begrifflichkeit der „**automatisierten Verarbeitung personenbezogener Daten**“ vgl. Rz. 511 ff. **523**

Unter einer „**wesentlichen Änderung**“ von automatisierter Verarbeitung personenbezogener Daten fallen alle Veränderungen, durch die sich neue Anwendungs- und Auswertungsmöglichkeiten von substanzieller Bedeutung eröffnen. Für die Wesentlichkeit der Änderung ist dabei maßgebend, ob diese den Persönlichkeitsschutz der Beschäftigten in ähnlicher Weise zu gefährden geeignet ist, wie dies bei der Einführung und auch bei der Anwendung von automatisierter Verarbeitung personenbezogener Daten der Fall ist (vgl. OVG NRW 25.11.1992 – CL 40/90 –). Dies bedeutet, dass eine Änderung dann wesentlich ist, wenn die beabsichtigte geänderte automatisierte Datenverarbeitung unter Berücksichtigung des Schutzzwecks der vorliegenden Vorschrift nicht mehr durch die bislang erfolgte Zustimmungserteilung des Personalrats als gedeckt angesehen werden kann, sodass sich die Frage einer etwaigen Zustimmungsverweigerung neu und gegebenenfalls unter anderen Gesichtspunkten stellt (vgl. OVG NRW 25.11.1992 a. a. O.). **524**

Eine wesentliche Änderung im vorbenannten Sinne stellt somit in erster Linie jede **Verfahrensänderung** im Hinblick auf die Verarbeitung, die Kommunikation und die Übermittlung von Daten betreffend sowie jede **Erweiterung oder Beschränkung des Anwenderadressatenkreises** dar. Die Mitbestimmung des Personalrates greift deshalb auch bei einer Änderung der Personalstammdaten durch die zusätzliche Erfassung und die elektronische Verarbeitung der privaten E-Mail-Adresse und auch Telefaxnummer der Beschäftigten (vgl. OVG NRW 30.10.2002 – 1 A 1483/00.PVL –). **525**

d) Abs. 3 Nr. 1 Fall 4: Wesentliche Erweiterung von automatisierter Verarbeitung personenbezogener Daten

526 Nach Abs. 3 Nr. 1 Fall 4 ist die wesentliche Erweiterung von automatisierter Verarbeitung personenbezogener Daten mitbestimmungspflichtig. Dabei handelt es sich nach § 66 Abs. 7 Satz 3 um einen **Fall der eingeschränkten Mitbestimmung**, sodass die Einigungsstelle nur eine Empfehlung aussprechen kann (vgl. § 66 Rz. 90).

527 Zum **Ausschluss der Mitbestimmung** des Personalrates, **wenn eine gesetzliche oder tarifliche Regelung** besteht, vgl. Rz. 495 ff.

528 Nach **Abs. 5** besteht eine Mitbestimmung des Personalrates auch, wenn eine **Maßnahme probeweise oder befristetet** durchgeführt werden soll (vgl. Rz. 1197).

529 Zur Begrifflichkeit der „**automatisierten Verarbeitung personenbezogener Daten**" vgl. Rz. 512.

530 Die „**wesentliche Erweiterung**" von automatisierter Verarbeitung personenbezogener Daten bezieht sich auf den Umfang der verarbeitenden Daten (vgl. OVG NRW 20.01.2000 – 1 A 128/98.PVL –). Sie ist dann anzunehmen, wenn z.B. Zusatzprogramme oder Teilprogramme zu einem bereits bestehenden Datenverarbeitungsprogramm aufgenommen werden, sodass dadurch neue Auswertungs- oder Anwendungsmöglichkeiten von substanzieller Bedeutung möglich sind (vgl. OVG NRW 25.11.1992 a.a.O.). Mitbestimmungspflichtig sind also insbesondere Programme, die z.B. Verknüpfungen zwischen bereits vorhandenen Programmen herstellen oder derart nutzen können, dass die Dienststelle dadurch (neue) Statistiken erstellen kann.

2. Abs. 3 Nr. 2: Einführung, Anwendung und Erweiterung technischer Einrichtungen, es sei denn, dass deren Eignung zur Überwachung des Verhaltens oder der Leistung der Beschäftigten ausgeschlossen ist

a) Abs. 3 Nr. 2 Fall 1: Einführung technischer Überwachungseinrichtungen

531 Nach Abs. 3 Nr. 2 Fall 1 ist die Einführung technischer Überwachungseinrichtungen mitbestimmungspflichtig. Dabei handelt es sich nach § 66 Abs. 7 Satz 3 um einen **Fall der eingeschränkten Mitbestimmung**, sodass die Einigungsstelle nur eine Empfehlung aussprechen kann (vgl. § 66 Rz. 90).

532 Zum **Ausschluss der Mitbestimmung** des Personalrates, **wenn eine gesetzliche oder tarifliche Regelung** besteht, vgl. Rz. 495 ff.

533 Nach **Abs. 5** besteht eine Mitbestimmung des Personalrates auch, wenn eine **Maßnahme probeweise oder befristetet** durchgeführt werden soll (vgl. Rz. 1197 ff.).

Schutzzweck der Mitbestimmung ist der **Persönlichkeitsschutz der Beschäftigten** (vgl. OVG NRW 01.03.2000 – 1 A 307/98.PVL – und 17.02.2000 – 1 A 199/98.PVL –). Denn Beschäftigte, die befürchten müssen, während der Arbeit durch technische oder elektronische Kontrolleinrichtungen zu jeder Zeit beobachtet oder in einer anderen Weise durchweg kontrolliert zu werden, können unter einen Überwachungsdruck geraten, der sie in der freien Entfaltung ihrer Persönlichkeit behindert (vgl. BVerwG 27.11.1991 – 6 P 7.90 – m. w. N.). 534

Anknüpfungspunkt der Mitbestimmung sind **technische Überwachungseinrichtungen**. Vor der **Novelle 2011** hat der Gesetzgeber in der vorliegenden Vorschrift wie folgt formuliert: „Einführung und Anwendung technischer Einrichtungen, die dazu bestimmt sind, das Verhalten oder die Leistung der Beschäftigten zu überwachen." Aufgrund dieser Formulierung musste sich vormals zunächst der Personalrat und im Streitfall das zuständige Verwaltungsgericht um eine Aufklärung bemühen, ob die technische Einrichtung die vorbenannte Bestimmung aufweist. Im Zuge der **Novelle 2011** hat der Gesetzgeber den Wortlaut der Vorschrift wie folgt geändert: „... es sei denn, dass deren Eignung zur Überwachung des Verhaltens oder der Leistung der Beschäftigten ausgeschlossen ist". Das hat zur Folge, dass nunmehr im Ergebnis die Dienststelle sowohl im Rahmen des Mitbestimmungsverfahrens als letztendlich auch im Rahmen eines streitigen Verfahrens vor dem Verwaltungsgericht die Feststellungslast (objektive Beweislast) dafür trägt, dass die von ihr beabsichtigte Maßnahme bzw. bereits durchgeführte Maßnahme im Falle eines Initiativantrages des Personalrates auf eine technische Einrichtung abstellt, die keine Überwachungseignung i. S. d. vorliegenden Mitbestimmungstatbestandes aufweist. Von daher sollte der Dienststelle nachhaltig daran gelegen sein, dem Personalrat bereits ausführlich im Rahmen der **prozessbegleitenden Unterrichtung i. S. d. § 65 Abs. 1 Satz 3** das Fehlen der Überwachungseignung der jeweiligen technischen Einrichtung konkret und überzeugend unter Angabe von Nachweisen darzulegen. Dadurch kann eine unnötige Zustimmungsverweigerung in einem sich später anschließenden Mitbestimmungsverfahren vermieden werden. 535

Der Begriff „**technische Einrichtungen**" erfasst alle Anlagen oder Geräte, die unter Verwendung nicht mehr menschlicher, sondern anderweitig erzeugte Energie mit den Mitteln der Technik und dabei vor allem der Elektronik, eine selbstständige Leistung erbringen (vgl. BVerwG 31.08.1988 – 6 P 35.85 –). 536

Die Beantwortung der Frage, ob eine technische Einrichtung nicht dazu bestimmt ist, das **Verhalten oder die Leistung der Beschäftigten zu überwachen**, ist anhand einer objektiven Betrachtungsweise zu beurteilen (vgl. BVerwG 14.06.2011 – 6 P 10.10 –). Dementsprechend erstreckt sich die Mitbestimmung des Personalrates auf all diejenigen technischen Einrichtungen, 537 die eine **objektive Geeignetheit** im Hinblick auf eine Überwachung aufweisen, ohne dass es darauf ankommt, dass die Dienststelle bei ihrer Einführung und Anwendung die Absicht aufweist, sie auch zu diesem Zweck einzusetzen (vgl. BVerwG 14.06.2011 a.a.O. und VG Berlin 27.06.2019 – VG 61 K 1.19 PVL zur Nutzung von erstellten Monatsberichten). Zur möglichen **Überwachungsfunktion eines Personalcomputers** (vgl. BVerwG 23.09.1992 – 6 P 26.90 –).

538 Der Begriff „**Überwachung**" erfasst nach allgemeinem Sprachgebrauch den Vorgang der Informationssammlung und die Verarbeitung bzw. Auswertung der gesammelten Informationen (vgl. BVerwG 29.08.2001 – 6 P 10.00 –). Im vorliegenden Mitbestimmungstatbestand hat der Gesetzgeber aber sprachlich ausdrücklich auf eine „**Überwachung des Verhaltens oder der Leistung der Beschäftigten**" abgestellt. Dementsprechend sind von der Mitbestimmung all diejenigen technischen Einrichtungen erfasst, die **objektiv geeignet** sind, die vorbenannten Informationen über die Beschäftigten zu erheben (vgl. hierzu auch OVG Sachsen 27.04.2016 – 9 B 368/15.PL – und 17.01.2018 – 8 A 677/18, u.a. zur Verwendung einer Excel-Tabelle, mit der vergangene Arbeitsabläufe bewertet werden können sowie die weiteren Beispiele in der Rz. 541).

539 **Keine Mitbestimmung** besteht insofern für eine **anonyme elektronische Zugangskontrolle** (vgl. BAG 10.04.1984 – 1 ABR 69/82 – zum BetrVG), die **Einführung eines Chat-Programms zur internen Kommunikation in der Dienststelle**, soweit dadurch keine Rückschlüsse auf den Aufenthalt der Beschäftigten an ihrem Arbeitsplatz gezogen werden können (vgl. OVG NRW 30.01.2009 – 16 A 2412/07.PVL –) und für die **Verwendung von Datensichtgeräten** wie z.B. einem Display oder Bildschirm (vgl. BAG 06.12.1983 – 1 ABR 43/81 –).

540 **Wichtig!**

Für das Eingreifen der Mitbestimmung des Personalrates ist es gleichgültig, ob die Überwachungstätigkeit durch die Dienststelle selbst oder durch Dritte (z.B. Sicherheitsunternehmen) vorgenommen wird (vgl. BAG 27.01.2004 – 1 ABR 7/03 – zum BetrVG)!

541 **Beispiele für mitbestimmungspflichtige technische Überwachungseinrichtungen sind:**

- Überwachungs- und Videokameras (vgl. BVerwG 31.08.1988 – 6 P 35.85 – und OVG NRW 22.05.1996 – 1 A 1078/93.PVL –)
- Videoüberwachungsanlagen (vgl. BAG 27.03.2003 – 2 AZR 51/02 – zum BetrVG)
- Stempeluhren/Stechuhren (vgl. OVG NRW 26.02.1987 – CL 19/85 –)
- Automatische Erfassungsanlagen von Gesprächsdaten (vgl. OVG NRW 17.12.2003 – 1 A 1088/01.PVL –)

- Fahrtenschreiber (vgl. BAG 10.07.1979 – 1 ABR 50/78 – zum BetrVG)
- Elektronische Schließ- und Zutrittskontrollanlagen (vgl. OVG NRW 17.02.2000 – 1 A 199/98.PVL – und BAG 27.01.2004 – 1 ABR 7/03 –, zu biometrischen Kontrollanlagen)
- Datenverarbeitungsanlagen/-systeme (vgl. BVerwG 23.09.1992 – 6 P 26.90 – und OVG NRW 01.03.2000 – 1 A 370/98.PVL –)
- Elektronische Parkerlaubnisverwaltung (vgl. BVerwG 09.12.1992 – 6 P 16.91 –)
- Anlagen zur „Handy-Ortung" (vgl. ErfK/Kania, § 87 BetrVG Rn. 62 m. w. N.)
- Anlagen zur „GPS-Ortung"
- Elektronische An- und Abmeldezeitenspeicherung (vgl. OVG NRW 28.02.2001 – 1 A 2155/99.PVL –)
- Fotokopiergeräte mit einer Benutzercodierung (vgl. OVG NRW 11.03.1992 – CL 43/88 –)
- Regelmäßige elektronische Datenerhebung von Schulprüfungsergebnissen (vgl. VGH Baden-Württemberg 18.06.2020 – 15 S 2247/19 –)
- Softwarepaket Microsoft Office 365 (vgl. BAG 08.03.2022 – 1 ABR 20/21 –)
- Outlook-Gruppenkalender (vgl. LAG Nürnberg 21.02.2017 – 7 Sa 441/16 –)
- Facebook Auftritt mit Möglichkeit des Postings (vgl. BAG 13.12.2016 – 1 ABR 7/15 – zum BetrVG)
- Twitter-Account mit nicht zu deaktivierenden Kommentarfunktionen (vgl. LAG Hamburg 13.09.2018 – 2 TaBV 5/18 – a. A. OVG Berlin-Brandenburg 04.08.2021 – 62 PV 5/20 –)
- Instagram (vgl. entsprechend LAG Hamburg 13.09.2018 a. a. O. und a. A. OVG Berlin-Brandenburg 04.08.2021 a. a. O.)
- Verwendung sozialer Medien mit Kommentarfunktion wie z. B. Facebook, Instagram, Twitter (BVerwG 04.05.2023 –5 P 16.21 –)

In einem Kündigungsschutzprozess besteht grundsätzlich kein Verwertungsverbot in Bezug auf solche Aufzeichnungen aus einer offenen Videoüberwachung, die vorsätzlich vertragswidriges Verhalten des Arbeitnehmers belegen sollen. Das gilt auch dann, wenn die Überwachungsmaßnahme des AG nicht vollständig im Einklang mit den Vorgaben des Datenschutzrechts steht (vgl. BAG 29.06.2023 – 2 AZR 296/22 –). Die Speicherung von solchen Bildsequenzen ist grundsätzlich zulässig (vgl. BAG 23.08.2018 – 2 AZR 133/18 –). Zu den Voraussetzungen einer **Beweisverwertung von heimlichen** und ohne Zustimmung des Personalrats vorgenommenen **Videoaufzeichnungen** vgl. § 74 Rz. 30 und BAG 27.3.2003 – 2 AZR 51/02 – sowie BAG 22.09.2016 – 2 AZR 848/15 –). 541a

Keine technischen Überwachungseinrichtungen sind insbesondere: 542

- Schreibwerkzeuge zur Informationsfixierung (vgl. OVG NRW 10.04.1984 – CL 36/83 –)
- Spiegel (vgl. BVerwG 31.08.1988 – 6 P 35.85 –)

- Türspione (vgl. BVerwG 31.08.1988 a. a. O.)
- Erhebungsbögen für Arbeitsplatzbeschreibungen (vgl. OVG NRW 10.01.1977 – CL 21/76 –)
- An- und Abwesenheitslisten (vgl. OVG NRW 19.12.1983 – CL 32/82 –)
- Video-Dolmetscher-Systems beim BAMF (vgl. VG Ansbach 30.08.2017 – 7 P 17.1180 –)
- Einsatz von Google Maps (vgl. entsprechend BAG 10.12.2013 – 1 ABR 43/12 – zum BetrVG)
- Corona-Warn-App (vgl. Köllmann, Die Corona-Warn-App, NZA 2020, S. 836.)

542a **Wichtig!**

Der Dienstherr/Arbeitgeber darf die E-Mails der Beschäftigten bei Verbot der Privatnutzung grundsätzlich überwachen und kontrollieren (vgl. auch EGMR 12.01.2016 – 61496/08 –)!

543 Bei **EDV-Anlagen** besteht eine Mitbestimmung des Personalrates nicht nur, wenn die Dienststelle im Besitz eines zur Überwachung der Beschäftigten geeigneten Programms der Anlage ist, sondern auch bereits dann, wenn die Anlage ohne Weiteres, d. h. ohne unüberwindliche Hindernisse, mit einem derartigen Programm ausgestattet werden kann (vgl. BVerwG 27.11.1991 – 6 P 7.90 –). Zum **Facebook-Auftritt der Dienststelle** mit der Möglichkeit Besucherbeiträge platzieren zu können vgl. Rz. 541. Soweit im Zuge der Digitalisierung auch **sog. Ticketmanagement-Systeme** zurückgegriffen wird, gilt es auch hierbei die jeweiligen Beteiligungsrechte des Personalrats beachten. Durch die Erstellung und Zuteilung von Aufgaben an die passenden Arbeitnehmer soll bei einem solchen Management von Anfang bis Ende sichergestellt werden, dass die richtigen Personen, an den richtigen Dingen arbeitet. Einsatzmöglichkeiten ergeben sich in vielzähligen Bereichen; insbesondere beim Service am Bürger/Kunden, der Erfassung und Bearbeitung von Bürger-/Kundenanfragen, aber auch beim Marketing oder der Organisation und Personalentwicklung etc. Solche Systeme sind also zumeist ein Teil, oder besser gesagt, sogar die Basis eines entsprechenden Projektmanagementsystems in der Dienststelle. Da Ticketsysteme technische Einrichtungen darstellen, die geeignet sind, das Verhalten oder die Leistung der Arbeitnehmer zu überwachen, unterliegen sie der Mitbestimmung nach der vorliegenden Vorschrift (vgl. im Kontext auch BVerwG 23.09.1992 – 6 P 26.90 – und OVG NRW 01.03.2000 – 1 A 370/98.PVL –). Wenn durch das Ticketsystem eine Verknüpfung zwischen der Vorgangsabfrage und der Datenverarbeitung besteht, liegt eine wesentliche Erweiterung der automatisierten Verarbeitung personenbezogener Daten vor, sodass der Personalrat zudem nach § 72 Abs. 3 Nr. 1

Fall 4 LPVG NRW mitzubestimmen hat. Geht mit ihm eine Steigerung der Arbeitsgüte und der Arbeitsmenge („Hebung der Arbeitsleistung") einher, gilt es (auch), die Mitbestimmung nach § 72 Abs. 3 Nr. 4 LPVG NRW zu beachten. Wenn Ticketsysteme eingeführt werden sollen, muss der Personalrat schon im Stadium der Planung in den Prozess eingebunden und unterrichtet werden (§ 65 Abs. 1 Satz 3). Hier können ggf. Arbeitsgruppen eingerichtet werden, die auch eine angemessene Anzahl von Personalratsmitgliedern aufweisen (vgl. § 65 Rz. 31 ff.)! Aufgrund der bestehenden Unterrichtungs- und Beteiligungsrechte des Personalrats sollte in der Praxis überlegt werden, die entsprechenden Fragen rund um ein Ticketsystem in einer Dienstvereinbarung (§ 70 LPVG NRW) zu regeln. Zur **Schulung von Personalratsmitgliedern zur Digitalisierung** siehe § 42 Rn. 69.

Keine Mitbestimmung besteht, wenn die **technische Einrichtung aufgrund ihrer Konstruktion nicht zur Überwachung geeignet** ist oder wenn **zur Überwachung zunächst eine technische Änderung der Anlage** vorgenommen werden muss (vgl. BVerwG 02.02.1990 – 6 PB 11.89 –). Entsprechendes ist auch dann anzunehmen, wenn zur Inanspruchnahme der technischen Einrichtung zu Überwachungs- und Kontrollzwecken zunächst eine besondere Einweisung der Beschäftigten, die sie bedienen sollen und somit letztendlich deren Mitwirkung an deren eigenen Überwachung erforderlich ist (vgl. BVerwG 27.11.1991 a. a. O. und OVG NRW 11.03.1992 – CL 38/89 –). In den vorgenannten Fällen ist der Personalrat mitbestimmungspflichtig erst zu dem Zeitpunkt zu beteiligen, an dem die Dienststelle Maßnahmen ergreift, die eine Verhaltens- oder Leistungskontrolle der Beschäftigten konkret ermöglichen sollen (vgl. BVerwG 27.11.1991 a. a. O.). 544

Unter die „**Einführung**" technischer Einrichtungen fallen alle Maßnahmen der Dienststelle zur Vorbereitung der geplanten Anwendung, d. h. insbesondere die Entscheidung, welche Einrichtung eingeführt werden soll (z. B. Auswahl der Videoüberwachungsanlage oder des jeweiligen Programms bei EDV-Anlagen) sowie den Einrichtungsort, die Einrichtungszweckbestimmung und auch die Wirkungsweise der Überwachung (so auch Altvater u. a., § 80 Rn. 198 m. w. N.). Entsprechendes gilt auch bei der **probeweisen Einführung** (vgl. OVG NRW 30.10.1996 – 1 A 2348/93.PVL –). Die Verwendung der als Fachprogramm zur Verfügung stehenden Excel-Tabelle der Bundesagentur für Arbeit durch ein **Jobcenter** begründet letztendlich keine dort vorliegende Maßnahmeabsicht (vgl. hierzu OVG Sachsen 17.01.2019 – 8 A 677/18 – n. rk.). Die **Empfehlung zur Einführung eines bestimmten IT-Systems an eine nachgeordnete Dienststelle** ist grundsätzlich keine mitbestimmungspflichtige Maßnahme, wenn das IT-System vom nachgeordneten Bereich tatsächlich erst noch einzuführen ist (vgl. VG Düsseldorf 06.02.2020 – 40 K 545

4082/18.PVL –). Wenn der nachgeordneten Dienststelle jedoch keinerlei Spielraum mehr zukommt, und zwar auch nicht bei der Umsetzung der Vorgabe, kann der Entscheidung der obersten Dienstbehörde jedoch der Charakter einer mitbestimmungspflichtigen Maßnahme zukommen (vgl. VG Düsseldorf 06.02.2020 a. a. O.).

546 **Praxistipp!**

Um eine für beide Seiten praxisgerechte Lösung bei der Einführung einer technischen Einrichtung, die objektiv eine Überwachungseignung aufweist, herbeizuführen, kann es sinnvoll sein, Einzelheiten und dabei gegebenenfalls auch eine Zusicherung der Dienststelle, dass sie von den gegebenen Überwachungsmöglichkeiten keinen Gebrauch macht, im Rahmen einer entsprechenden Dienstvereinbarung (§ 70) mit dem Personalrat zu regeln!

In einer solchen Dienstvereinbarung könnte vor allem auch einvernehmlich geregelt werden, dass die Auswertung bestimmter erhobener Daten unter Beteiligung eines vom Personalrat beauftragten Mitgliedes vorgenommen werden kann (vgl. hierzu OVG NRW 17.12.2003 – 1 A 1088/01.PVL –)!

Klare Absprachen in einer (Rahmen-)Dienstvereinbarung sollten zudem im Hinblick auf den Umgang mit Updates von IT-Systemen erfolgen. Dadurch können Unklarheiten dahingehend, ob nur Fehlerbeseitigungen oder gar neue Programmierfunktionen und damit ggf. eine neue Einrichtungseinführung oder gar eine neue Anwendung (vgl. Rn. 547 ff.) oder Erweiterung (vgl. Rn. 554 ff.) beseitigt werden!

Wesentliche Inhalte einer solchen (Rahmen-)Dienstvereinbarung sollten z. B. sein:

- Geltungsbereich
- Benennung des IT-Systems
- Beschreibung des IT-Systems
- Zweckbestimmung
- Vorgesehener Einsatz von Hard- und Software
- Schnittstellen zu anderen IT-Systemen
- Auswertung von Beschäftigtendaten
- Ansprechpartner
- Laufzeit

(Siehe i. Ü. auch das **Muster 39 – Dienstvereinbarung – Mustersammlung**)

b) Abs. 3 Nr. 2 Fall 2: Anwendung technischer Überwachungseinrichtungen

547 Nach Abs. 3 Nr. 2 Fall 2 ist die Anwendung technischer Überwachungseinrichtungen mitbestimmungspflichtig. Dabei handelt es sich nach § 66 Abs. 7 Satz 3 um einen **Fall der eingeschränkten Mitbestimmung**, sodass die Einigungsstelle nur eine Empfehlung aussprechen kann (vgl. § 66 Rz. 90).

548 Zum **Ausschluss der Mitbestimmung** des Personalrates, wenn eine **gesetzliche oder tarifliche Regelung** besteht vgl. Rz. 495 ff.

Nach **Abs. 5** besteht eine Mitbestimmung des Personalrates auch, wenn eine **Maßnahme probeweise oder befristetet** durchgeführt werden soll (vgl. Rz. 1197 ff.). 549

Zur Begrifflichkeit **technischer Überwachungseinrichtungen** vgl. Rz. 535 ff. 550

Die „**Anwendung**" technischer Überwachungseinrichtungen erfasst die allgemeine Handhabung der bereits eingeführten Überwachungseinrichtung, d. h. also die Art und die Weise der Einrichtungsverwendung, wozu neben der Erhebung auch die Auswertung der durch die technische Einrichtung gewonnenen Verhaltens- und Leistungsauswertungen gehört (vgl. OVG NRW 17.12.2003 – 1 A 1088/01.PVL –). Mitbestimmungspflichtig somit etwa die Anweisung an Beschäftigte, bei planbaren Abwesenheiten (Urlaub, Dienstreisen) ihr E-Mail-Programm so einzurichten, dass sämtliche per E-Mail eingehende Post automatisch an den jeweiligen Vertreter weitergeleitet wird (vgl. VG Dresden 31.08.2007 – PB 8 K 863/07 –) oder die Anweisung den Gruppenkalender in Outlook zu benutzen (vgl. VG Sigmaringen 28.07.2020 – PL 11 K 4795/18 – und entsprechend LAG Nürnberg 21.02.2017 – 7 Sa 441/16 – zum BetrVG). Nach dem Schutzzweck der Mitbestimmung ist es dabei gleichgültig, ob die technische Überwachungsanlage zuvor mit oder ohne die Zustimmung des Personalrates eingeführt worden ist (vgl. hierzu auch BAG 18.02.1986 – 1 ABR 21/84 – zum BetrVG). Im Übrigen gilt es zu beachten, dass der Austausch und/oder die Veränderung bereits vorhandener überwachungstauglicher Programme einen neuen Fall der „Anwendung" darstellt und somit ein Mitbestimmungsrecht des Personalrats auslöst (vgl. BVerwG 14.06.2011 – 6 P 10/10 –). 551

Praxistipp! 552

Bei der Anwendung einer EDV-Anlage sollte von der Dienststelle zur allgemeinen Handhabung in erster Linie festgelegt werden, welche Daten, von wem wie verarbeitet werden sollen, wer einen Datenzugriff erhält, wie die Daten geschützt und auch wieder gelöscht werden!

Zur **Regelungsmöglichkeit** der Anwendung technischer Überwachungseinrichtungen im Rahmen einer **Dienstvereinbarung** vgl. Rz. 546. 553

c) Abs. 3 Nr. 2 Fall 3: Erweiterung technischer Überwachungseinrichtungen

Nach Abs. 3 Nr. 2 Fall 3 ist die Erweiterung technischer Überwachungseinrichtungen mitbestimmungspflichtig. Dabei handelt es sich nach § 66 Abs. 7 Satz 3 um einen **Fall der eingeschränkten Mitbestimmung**, sodass die Einigungsstelle nur eine Empfehlung aussprechen kann (vgl. § 66 Rz. 90). 554

555 Zum **Ausschluss der Mitbestimmung** des Personalrates, wenn eine **gesetzliche oder tarifliche Regelung** besteht vgl. Rz. 495 ff.

556 Nach **Abs. 5** besteht eine Mitbestimmung des Personalrates auch, wenn eine **Maßnahme probeweise oder befristet** durchgeführt werden soll (vgl. Rz. 1197 ff.).

557 Zum **Schutzzweck der Mitbestimmung** vgl. Rz. 534.

558 Zur Begrifflichkeit **technischer Überwachungseinrichtungen** vgl. Rz. 535 ff.

559 Aufgrund der **Novelle 2011** ist nunmehr auch (jede) „**Erweiterung**" technischer Überwachungseinrichtungen mitbestimmungspflichtig. Eine wörtliche Beschränkung auf „wesentliche Erweiterungen" wie noch vor der Novelle 2007 im Gesetz enthalten, besteht nicht mehr. Auch der Mitbestimmungsfall, dass wesentliche Änderungen der technischen Überwachungsanlagen mitbestimmungspflichtig sind, ist vom Gesetzgeber nicht mehr erneut im Gesetz genannt worden. Daraus könnte man auf den ersten Blick schließen, dass nunmehr nur noch alle Erweiterungen dem Mitbestimmungstatbestand unterfallen. Dabei darf allerdings neben dem neuen Wortlaut der Vorschrift nicht übersehen werden, dass der Gesetzgeber die Formulierung des neuen Mitbestimmungsbegriffs mit der Wiederherstellung des Rechtszustandes vor 2007 begründet hat (vgl. LT-Drucks. 15/2218, S. 56 f., 81). Dementsprechend ist vielmehr davon auszugehen, dass seit der Novelle 2011 von dem Begriff der „Erweiterung" auch solche „Änderungen technischer Einrichtungen" erfasst werden sollen, die auch eine Erweiterung ausmachen. Im Hinblick auf die gesetzgeberische Anknüpfung an den Rechtszustandes vor 2007 stellt sich der Begriff „**wesentliche**" konsequenterweise als **ungeschriebene Tatbestandsvoraussetzung** dar. Ob die Rechtsprechung diese Auslegung letztendlich folgt, bleibt allerdings zunächst noch abzuwarten.

560 Für die Begriffsbestimmung der **Wesentlichkeit einer Änderung oder Erweiterung** ist nach der Rechtsprechung bislang darauf abzustellen, ob die beabsichtigte Maßnahme der Dienststelle den Persönlichkeitsschutz der Beschäftigten derart in Gefahr bringt, wie es erstmals bei der Einführung (vgl. Rz. 513) und bei der Anwendung (vgl. Rz. 515) der technischen Überwachungseinrichtung zutraf (vgl. hierzu auch OVG NRW 7.02.2000 – 1 A 199/98.PVL –).

561 Zur **Regelungsmöglichkeit** der Erweiterung technischer Überwachungseinrichtungen im Rahmen einer **Dienstvereinbarung** vgl. Rz. 546.

3. Abs. 3 Nr. 3: Einführung grundlegend neuer, wesentlicher Änderung und wesentlicher Ausweitung von Arbeitsmethoden

a) Abs. 3 Nr. 3 Fall 1: Einführung grundlegend neuer Arbeitsmethoden

Nach Abs. 3 Nr. 3 Fall 1 ist die Einführung grundlegend neuer Arbeitsmethoden mitbestimmungspflichtig. Dabei handelt es sich nach § 66 Abs. 7 Satz 3 um einen Fall der **eingeschränkten Mitbestimmung**, sodass die Einigungsstelle nur eine Empfehlung aussprechen kann (vgl. § 66 Rz. 90). **562**

Zum **Ausschluss der Mitbestimmung** des Personalrates, **wenn eine gesetzliche oder tarifliche Regelung** besteht vgl. Rz. 495 ff. **563**

Nach **Abs. 5** besteht eine Mitbestimmung des Personalrates auch, wenn eine **Maßnahme probeweise oder befristetet** durchgeführt werden soll (vgl. Rz. 1197 ff.). **564**

Der **Schutzzweck der Mitbestimmung** ist auf den Schutz der Beschäftigten in der Dienststelle vor Überbeanspruchung durch die Einführung neuer Arbeitsmethoden gerichtet. **565**

Der Mitbestimmungstatbestand korrespondiert mit dem **Unterrichtungsrecht nach § 65 Abs. 1 Satz 3** („prozessbegleitende Unterrichtung“) und dem **Anhörungsrecht nach § 75 Abs. 1 Nr. 2** („grundlegende Änderung von Arbeitsverfahren und Arbeitsabläufen“). **566**

Unter dem Begriff „**Arbeitsmethoden**“ ist die Konzeption zu verstehen, die hinter dem im Allgemeinen in mehrere, einzelne, unselbstständige Arbeitsvorgänge gegliederten Arbeitsablauf steht, d. h. also die Festlegung, auf welchem Bearbeitungsweg mit welchen Arbeitsmitteln durch welche Beschäftigten die der jeweiligen Dienststelle von Gesetzes wegen oder auch auf andere Weise gestellten Aufgaben erfüllt werden sollen (vgl. BVerwG 30.08.1985 – 6 P 20.83 –). Damit stellt sich die Arbeitsmethode als das, auf der Grundlage der personellen, räumlichen, technischen und sonstigen bedeutsamen Gegebenheiten sowie Möglichkeiten der Dienststelle, entwickelte Modell des Ablaufs derjenigen Arbeit dar, die zur Erfüllung der gestellten Aufgabe geleistet werden muss (vgl. BVerwG 30.08.1985 a. a. O.). Die Arbeitsmethode bildet somit das Leitbild für die Organisation und auch die technische Ausgestaltung des Arbeitsablaufs in der Dienststelle, in dem sie einen methodisch geordneten Bezug zwischen der zu erfüllenden Aufgabe einerseits und den zur ihrer Erfüllung bereitstehenden oder benötigten Personen, Geräten und Sachmitteln andererseits herstellt, die sodann in konkret personenbezogene Arbeitsaufträge und sachbezogene Arbeitsvorgänge umzusetzen ist (vgl. BVerwG 30.08.1985 a. a. O.). Arbeitsmethoden umfassen also kurz gesagt alle Maßnahmen und Regeln der Dienststelle, die die Ausführung des Arbeitsablaufs durch den Menschen bei einem bestimmten Arbeitsverfahren betreffen und **567** beinhalten, in welcher Art und Weise der Mensch an dem Arbeitsablauf beteiligt sein soll bzw. beteiligt ist (vgl. BVerwG 15.12.1978 – 6 P 13.78 – und OVG NRW 30.01.2009 – 16 A 2412/07.PVL –). Bei dem insoweit von der Rechtsprechung zu verstehenden Begriff stellt die von und in der Dienststelle **zu erfüllende Aufgabe** aber kein Element der Arbeitsmethode dar, sondern vielmehr nur eine **Zielvorgabe**, auf die hin die Arbeitsmethode zu entwickeln ist (vgl. BVerwG 30.08.1985 a.a.O.).

569 **Keinen Gegenstand der Mitbestimmung** stellt somit aus den vorgenannten Gründen die **Aufgabenstellung der Dienststelle** dar. Mitbestimmungsfrei ist z.B. die Auswahl und die Formulierung der von der Dienststelle zu erfüllenden Aufgabe wie etwa die Bestimmung des mathematisch-methodischen Weges zur Ermittlung bestimmter elektronischer Rechenergebnisse bzw. Daten (vgl. hierzu BVerwG 30.08.1985 a.a.O.) oder die Einführung eines Onlineverfahrens im Hinblick auf die Nutzungsberechtigten eines kommunalen Rechenzentrums (vgl. hierzu BVerwG 24.09.1991 – 6 P 6.90 –).

570 Um eine **„neue“** Arbeitsmethode handelt es sich dann, wenn sie von den Beschäftigten der Dienststelle in einem bestimmten Abschnitt des dortigen Arbeitsablaufs bislang noch nicht angewandt worden ist (so Altvater u.a., § 80 Rn. 184, m.w.N.). Dies ist aus der Sicht der Beschäftigten zu beurteilen, die die Arbeitsmethode zur Anwendung bringen müssen (vgl. BVerwG 27.11.1991 – 6 P 7.90 –).

571 Um eine **„grundlegend“** neue Arbeitsmethode handelt es sich, wenn sich für die Beschäftigten die Arbeitsweise und der Arbeitsablauf in wesentlichen Punkten spürbar ändert. Dass ist dann der Fall, wenn eine neue Arbeitsmethode für die Beschäftigten, die die Arbeitsmethode anzuwenden haben, **ins Gewicht fallende körperliche oder geistige Auswirkungen** hat (vgl. BVerwG 27.11.1991 – 6 P 7.90 –).

572 **Keine grundlegend neue Arbeitsmethode** liegt also dann vor, wenn lediglich Veränderungen stattfinden, die gar nicht von den Beschäftigten bemerkt werden, oder nur bei Gelegenheit oder nur kurzzeitig zu einer Betroffenheit der Beschäftigten führt, sodass die Auswirkungen auf die Arbeit der Beschäftigten auf sie selbst im Verhältnis zu dem übrigen, unverändert gebliebenen methodischen Ablauf ihre Arbeit letztendlich nicht ins Gewicht fallen (vgl. BVerwG 30.08.1985, a.a.O.).

573 Eine „**Einführung**“ grundlegend neuer Arbeitsmethoden findet statt, wenn diese in der Dienststelle erstmals zur Anwendung kommen (vgl. BVerwG 14.06.2011 – 6 P 10.10 –). Mithin löst bereits die **probeweise bzw. befristete Einführung** einer grundlegend neuen Arbeitsmethode die Mitbestimmung des Personalrates aus (vgl. BVerwG 15.12.1978 – 6 P 13.78 – und § 72 Abs. 5 Rz. 1197).

Keine Mitbestimmung besteht für die bloße **Simulation** einer neuen Arbeitsmethode (z. B. eines neuen Betriebskonzepts zur Flugsicherung), bei der die Praxis in der Dienststelle nicht geändert wird, sondern lediglich der mögliche Inhalt einer letztendlich erst einzuführenden neuen Arbeitsmethode ermittelt werden soll (vgl. OVG NRW 19.04.1989 – CB 1/87 – und 12.03.2007 – 1 A 5279/05.PVL –). 574

Beispiele für mitbestimmungspflichtige Einführungen: 575

- Umstellung von der manuellen auf die automatisierte Datenverarbeitung (vgl. OVG NRW 11.11.1981 – CL 34/80 –, beachte aber auch BVerwG 14.03.1986 – 6 P 10.83 –)
- Umstellung von der elektrischen Schreibmaschine auf einen Personalcomputer (vgl. BVerwG 27.11.1991 – 6 P 7.90 –)
- Die Umstellung von der Briefversendung zur Telefaxübersendung (vgl. OVG NRW 10.02.1993 – CL 47/89 –)
- Erstbeschaffung eines technischen Gerätes mit der Folge einer teilweisen Freisetzung eines Beschäftigten (vgl. VG Düsseldorf 09.08.1990 – PVL 10/89 –)
- Systemwechsel einer EDV-Einrichtung mit der Folge, dass diese weitergehende Einsatzmöglichkeiten erhält (vgl. VG Hessen 24.08.1988 – HPV TL 23/81 –)
- Die Einführung von vernetzten Personal Computern (vgl. VG Köln 22.08.1990 – PVL 7/90 –)
- Die Anordnung von Distanzunterricht, d. h. „Homeschooling" (vgl. OVG Bremen 22.02.2023 – 6 LP 128/22 –)

Beispiele für nicht mitbestimmungspflichtige Einführungen: 576

- Einführung der EDV in einem Schulsekretariat (vgl. BVerwG 14.03.1986 a. a. O.)
- Einführung einer Druck-Datenbank (vgl. OVG NRW 13.12.1989 – CL 76/88 –)
- Anschaffung von Anrufbeantwortern (vgl. OVG LSA 08.12.1999 – A 5 S 1/98 –)
- Geräteaustausch mit Rahmen einer bereits vorhandenen EDV-Anlage (vgl. OVG NRW 19.04.1989 – CB 13/87 –)
- Einführung von Schulgirokonten mit der Folge einer Umstellung der Zahlungsbelegbearbeitung (vgl. OVG NRW 10.02.1999 – 1 A 411/97 –)
- Verwendung neuer Aktenzeichen in einer Geschäftsstelle (vgl. OVG NRW 06.02.2002 – 1 A 3297/00.PVL –)
- Vergabe von Reinigungsarbeiten an außenstehende Dritte (vgl. OVG NRW 22.06.1978 – CL 16/77 –)
- Die Einführung eines Online-Verfahrens für die Nutzungsberechtigten eines kommunalen Rechenzentrums (vgl. BVerwG 24.09.1991 – 6 P 6.90 –)
- Die Änderung des Fahrdienstes einer Dienststelle (vgl. OVG NRW 12.03.2003 – 1 A 1798/00.PVL –)

b) Abs. 3 Nr. 3 Fall 2: Wesentliche Änderung von Arbeitsmethoden

Nach Abs. 3 Nr. 3 Fall 2 ist die wesentliche Änderung von Arbeitsmethoden mitbestimmungspflichtig. Dabei handelt es sich nach § 66 Abs. 7 Satz 3 um 577 einen Fall der **eingeschränkten Mitbestimmung**, sodass die Einigungsstelle nur eine Empfehlung aussprechen kann (vgl. § 66 Rz. 90).

578 Zum **Ausschluss der Mitbestimmung** des Personalrates, **wenn eine gesetzliche oder tarifliche Regelung** besteht vgl. Rz. 495 ff.

579 Nach **Abs. 5** besteht eine Mitbestimmung des Personalrates auch, wenn eine **Maßnahme probeweise oder befristetet** durchgeführt werden soll (vgl. Rz. 1197 ff.).

580 Zum **Schutzzweck der Mitbestimmung** vgl. Rz. 565.

581 Zu **korrespondierenden Beteiligungsrechten** des Personalrates vgl. Rz. 566.

582 Zum Begriff „**Arbeitsmethoden**" vgl. Rz. 567.

583 Unter einer „**Änderung**" einer Arbeitsmethode ist ein dienststelleninterner organisatorischer Vorgang zu verstehen, mit dem der methodische Weg zur praktischen Erfüllung der Aufgabe neu bestimmt wird (vgl. BVerwG 24.09.1991 – 6 P 6.90 –).

584 **Beispiel:**

In einer in der Dienststelle bereits eingeführten und vorhandenen EDV-Anlage sollen das Betriebssystem oder einzelne Programme ausgetauscht werden.

585 Von der Mitbestimmung erfasst sind nur „**wesentliche**" Änderungen. Zur Begriffsbestimmung dieser Tatbestandsvoraussetzung ist die Intention des Gesetzgebers im Hinblick auf die modifizierte und erweiterte Rückführung des vorliegenden Mitbestimmungstatbestandes im Wege der **Novelle 2011** zu beachten, wonach dieser angenommen hat, dass eine wesentliche Änderung der bislang angewendeten Arbeitsmethoden genauso belastend und überfordernd ist, wie die Einführung einer neuen Arbeitsmethode sein kann (vgl. LT-Drucks. 15/1644, Satz 85). Von daher ist es vertretbar, zur **Feststellung der Wesentlichkeit einer Änderung** von Arbeitsmethoden entsprechend auf die von der Rechtsprechung entwickelten Maßstäbe zur Beantwortung der Frage, ob eine Arbeitsmethode grundlegend neu ist, zurückzugreifen (vgl. BVerwG 14.06.2011 – 6 P 10.10 –). Dementsprechend ist maßgeblich, ob die Änderung der Arbeitsmethode für diejenigen Beschäftigten, die sie bislang angewandt haben, eine **in das Gewicht fallende körperliche oder geistige Auswirkung** hat (vgl. Rz. 571). Das ist bei dem vorbenannten Austauschbeispiel eines Betriebssystems oder von einzelnen Programmen (Rz. 584) nach der Rechtsprechung der Fall (vgl. BVerwG 14.06.2011 a. a. O.).

c) Abs. 3 Nr. 3 Fall 3: Wesentliche Ausweitung von Arbeitsmethoden

586 Nach Abs. 3 Nr. 3 Fall 3 ist die wesentliche Änderung von Arbeitsmethoden mitbestimmungspflichtig. Dabei handelt es sich nach § 66 Abs. 7 Satz 3 um einen Fall der **eingeschränkten Mitbestimmung**, sodass die Einigungsstelle nur eine Empfehlung aussprechen kann (vgl. § 66 Rz. 90).

Zum **Ausschluss der Mitbestimmung** des Personalrates, **wenn eine gesetzliche oder tarifliche Regelung** besteht, vgl. Rz. 495 ff. **587**

Nach **Abs. 5** besteht eine Mitbestimmung des Personalrates auch, wenn eine **Maßnahme probeweise oder befristet** durchgeführt werden soll (vgl. Rz. 1197 ff.). **588**

Zum **Schutzzweck der Mitbestimmung** vgl. Rz. 565. **589**

Zu **korrespondierenden Beteiligungsrechten** des Personalrates vgl. Rz. 566. **590**

Zum Begriff „**Arbeitsmethoden**" vgl. Rz. 567. **599**

Unter der „**Ausweitung**" einer Arbeitsmethode fallen alle Maßnahmen oder Regelungen der Dienststelle, durch die die dort bereits angewandte Arbeitsmethode in ihrer Ausführung und in der Verfahrensbeteiligung der betroffenen Beschäftigten ausgedehnt werden, ohne dass dadurch eine „wesentliche Änderung" (vgl. zum Begriff Rz. 585) der Arbeitsmethode herbeigeführt wird. Dass ist z.B. anzunehmen, wenn in der Dienststelle bereits Übergänge von der elektrischen Schreibmaschine zum Personal Computer hin stattgefunden haben und nunmehr bestimmte Formulare wie etwa ein Mahnbescheid computerisiert und nicht mehr händisch erstellt werden. Zur **Anwendungserweiterung eines Onlineverfahrens** um eine zusätzliche **„Druckdatenbank"** vgl. OVG NRW 13.12.1989 – CL 52/87 –. **591**

Zum Begriff „**wesentliche Ausweitung**" vgl. BVerwG 14.06.2011 – 6 P 10.10 – und auch die Ausführungen unter Rz. 585. **592**

4. Abs. 3 Nr. 4: Maßnahmen, die die Hebung der Arbeitsleistung oder Erleichterungen des Arbeitsablaufs zur Folge haben, sowie Maßnahmen der Änderung der Arbeitsorganisation

Nach Abs. 3 Nr. 4 unterliegen die dort aufgeführten Veränderungsmaßnahmen der Dienststelle im Hinblick auf die Arbeitsleistung, den Arbeitsablauf und die Arbeitsorganisation der Mitbestimmung. Dabei handelt es sich nach § 66 Abs. 7 Satz 3 um **Fälle der eingeschränkten Mitbestimmung**, sodass die Einigungsstelle nur eine Empfehlung aussprechen kann (vgl. § 66 Rz. 90). **593**

Im Zuge der **Novelle 2011** wurden die Mitbestimmungsrechte der Nr. 4 neu gefasst. Was den Mitbestimmungstatbestand der Hebung der Arbeitsleistung und der Erleichterung des Arbeitsablaufes betrifft, so ist der damalige Gesetzeswortlaut („Maßnahme zur ...") aufgrund der zwischenzeitlich sich weiterentwickelten Rechtsprechung durch die Formulierung **594**

„... zur Folge haben" wörtlich verändert worden, ohne dass sich dabei allerdings eine Veränderung der Rechtslage ergeben hat (vgl. auch LT-Drucks. 15/1644, S 85). Der Mitbestimmungstatbestand zur Änderung der Arbeitsorganisation war vormals nur als Auffangtatbestand im Gesetz enthalten (vgl. LT-Drucks. 9/3845, Satz 24). Dies hat sich durch die Novelle 2011 geändert. Die Anwendbarkeit dieses Mitbestimmungstatbestandes richtet sich nunmehr auch nach den allgemeinen Konkurrenzregeln. Das hat zur Folge, dass speziellere Mitbestimmungstatbestände diesem Tatbestand vorgehen wie z.B. die Mitbestimmung nach § 72 Abs. 3 Nr. 3 („Wesentliche Ausweitung von Arbeitsmethoden"). Anders kann es sich hingegen darstellen, wenn mit der Maßnahme der Dienststelle nur die von der Mitbestimmung des § 72 Abs. 3 Nr. 4 erfassten Umstände verbunden sind.

595 Nach **Abs. 5** besteht eine Mitbestimmung des Personalrates auch, wenn eine **Maßnahme probeweise oder befristet** durchgeführt werden soll (vgl. Rz. 1197).

a) Abs. 3 Nr. 4 Fall 1: Maßnahmen, die die Hebung der Arbeitsleistung zur Folge haben

596 Nach Abs. 3 Nr. 4 Fall 1 sind Maßnahmen, die die Hebung der Arbeitsleistung zur Folge haben, mitbestimmungspflichtig. Dabei handelt es sich nach § 66 Abs. 7 Satz 3 um einen Fall der **eingeschränkten Mitbestimmung**, sodass die Einigungsstelle nur eine Empfehlung aussprechen kann (vgl. § 66 Rz. 90).

597 Zum **Ausschluss der Mitbestimmung** des Personalrates, **wenn eine gesetzliche oder tarifliche Regelung** besteht vgl. Rz. 495 ff.

598 Nach **Abs. 5** besteht eine Mitbestimmung des Personalrates auch, wenn eine **Maßnahme probeweise oder befristet** durchgeführt werden soll (vgl. Rz. 1197 ff.).

599 Der **Schutzzweck der Mitbestimmung** ist auf den Schutz der Beschäftigten vor Überbeanspruchung durch die von der Dienststelle beabsichtigten Maßnahmen gerichtet.

600 Der Begriff „**Arbeitsleistung**" stellt auf die von den Beschäftigten zu erledigende Arbeitsmenge und das Arbeitspensum ab, das von den Beschäftigten im Laufe eines bestimmten Zeitraumes oder einer bestimmten Zeiteinheit zu erledigen ist.

601 Der Begriff **„Hebung"** der Arbeitsleistung stellt nicht auf die tatsächlich zu erbringende Arbeitsleistung der Beschäftigten, sondern auf die **Anhebung der zeitlichen Erledigungsvorgaben** ab („Erbringung von mehr Arbeit in der gleichen Zeit oder Erbringung der gleichen Arbeit in weniger

Zeit"), mit dem Ergebnis einer Steigerung der Arbeitsgüte und der Arbeitsmenge (vgl. OVG NRW 24.08.1988 – CL 40/86 und vormals schon BVerwG 30.08.1985 – 6 P 20.83 –). Dabei ist als Hebung der Arbeitsleistung letztendlich die **erhöhte Inanspruchnahme der betroffenen Beschäftigten** anzusehen, die im Hinblick auf den Schutzzweck der Mitbestimmung (vgl. Rz. 599) in gesteigerten körperlichen Anforderungen oder in einer vermehrten geistig-psychischen Belastung bestehen kann (vgl. BVerwG 14.06.2011 – 6 P 10/10 –). Für das Eingreifen der Mitbestimmung kommt es in der Regel auf die **Zielgerichtetheit der Maßnahme** an, z. B. aufgrund einer eindeutigen Erklärung oder einem sinngemäßen zum Ausdruck bringen der Dienststelle. Es reicht aber auch aus, wenn ungeachtet sonstiger Absichten der Dienststelle, die Hebung gezwungener Maßen und für die Betroffenen unausweichlich (mittelbar) damit verbunden ist, das Arbeitsergebnis zu erhöhen, z. B. wenn Tätigkeiten in größerer Zahl bei unverminderter Güte in gleichbleibender exakt festgelegter Zeit verrichtet werden müssen (vgl. BVerwG 14.06.2011, a. a. O.).

Keine Hebung der Arbeitsleistung liegt vor, wenn die betroffenen Beschäf- 602
tigten einen zeitlichen Gestaltungsspielraum aufweisen und somit der durch die Maßnahme bewirkten Mehrbelastung ausweichen bzw. diese ausgleichen können, z. B. durch entsprechende Freistunden etc. (vgl. hierzu BVerwG 13.06.1997 – 6 P 1.95 –). Zur **Einsparung von Vertretungskräften** mit der Folge der Arbeitsübernahme durch das vorhandene Personal unter dem Zugeständnis von Entlastungsmöglichkeiten vgl. OVG NRW 18.06.1982 – CB 2/82 –. Mitbestimmungsfrei sind auch **Organisationsmaßnahmen zur Verwirklichung haushaltsrechtlicher Vorgaben**, da hierbei das weniger weitgehende Beteiligungsrecht der Anhörung nach § 75 Abs. 1 Nr. 1 als speziellere Regelung greift (vgl. zur Konkurrenz der personalvertretungsrechtlichen Beteiligungsrechte auch BVerwG 07.02.1980 – 6 P 35.78 –).

Beispiele für mitbestimmungspflichtige Hebungen der Arbeitsleistung: 603

- Änderung des Verfahrens zur Lohndatenerfassung mit der Folge, dass die zu erledigende Arbeitsmenge gesteigert wird (vgl. OVG NRW 31.10.1983 – CL 23/82 –)
- Einführung verlängerter Öffnungszeiten in einem Amt der Gemeindeverwaltung (vgl. OVG NRW 20.11.1997 – 1 A 3125/95 – und BVerwG 01.09.2004 – 6 P 3.04 –)
- Erhöhung der Pflichtstunden für Lehrer (vgl. BVerwG 28.12.1998 – 6 P 1.97 –, OVG NRW 04.12.1985 – CL 41/84 – und OVG Hamburg 24.04.2001 – 1 Bs 113/01 –)
- Wegfall einer zweiten Lehrkraft (vgl. OVG Berlin 31.03.1992 – OVG PV BLN.18.89 –)
- Einführung der Intervallreinigung (vgl. OVG NRW 12.12.1983 – CL 46/82 – damals zwar verneinend, nach der aktuellen Gesetzeslage aber wohl als bejahend anzusehen)

- Neuregelung der Pendelbusverbindungen bei der Bundeswehr mit der Folge der Erhöhung der zu leistenden Arbeit (vgl. OVG Rheinland-Pfalz 16.04.1985 – A 2/84 –)
- Erhöhung der zugewiesenen Auszubildendenzahl an einen Ausbilder (vgl. BVerwG 02.10.1990 – 6 P 29.87 –)
- Zielvereinbarungen mit der Folge einer erhöhten Inanspruchnahme Beschäftigten (vgl. VG Mainz 07.10.2010 – 2 L 815/10 –)
- Einführung eines zentralen Schreibdienstes mit der Folge einer Arbeitsertragssteigerung (vgl. OVG NRW 25.10.1989 – CL 1/87 –)
- Reduzierung der Beschäftigtenzahl im Nachtdienst (vgl. OVG NRW 13.12.1989 – CL 18/87 –)
- Zusätzliche Serviceleistungsstunden für Wahlleistungspatienten (vgl. VG Minden 11.04.2019 – 14 K 1120/17.PVL –)
- Anordnung der jährlichen Vollerhebung zur Unterrichtsversorgung an den öffentlichen Schulen (vgl. VGH Baden-Württemberg 18.06.2020 – PL 15 S 2246/19 –)

604 **Beispiele für nicht mitbestimmungspflichtige Hebungen der Arbeitsleistung:**

- Anordnung von Mehrarbeit (vgl. BVerwG 23.01.1996 – 6 P 54.93 –)
- Stellenwegfall aufgrund der Änderung des Organisations- und Dienstverteilungsplans (vgl. OVG NRW 20.01.1993 – CL 42/89 –)
- Anpassungen an die gesetzliche oder tarifliche Arbeitszeit (vgl. OVG NRW 25.10.1989 – CL 1/87 –)
- Festsetzung des Arbeitspensums zur Anpassung an die normale Arbeitsleistung (vgl. OVG NRW 04.11.1991 – CL 89/88 –)
- Organisationsmaßnahmen, die lediglich eine Umverteilung der Tätigkeitsanteile ohne erhöhende Auswirkungen auf die Beschäftigten haben (vgl. OVG NRW 15.07.1982 – CB 14/81 –)
- Befristete Arbeitsverteilung in der Dienststelle ohne Erledigungsvorgaben in zeitlicher und auch quantitativer Hinsicht (vgl. OVG NRW 26.02.1998 – 1 A 5807/95.PVB –)
- Übertragung von amtsanwaltlichen Aufgaben an einen Staatsanwalt (vgl. OVG NRW 24.03.2015 – 20 A 97/14.PVL –).
- Einrichtung von Vertretungszugriffen auf dienstliche E-Mail-Postfächer (vgl. entsprechend OVG Berlin-Brandenburg 29.09.2016 – OVG 60 PV 10.15 – zu § 85 Abs. 2 Nr. 2 PersVG Berlin)
- Einführung eines Video-Dolmetscher-Systems beim BAMF (vgl. VG Ansbach 30.08.2017 – 7 P 17.1180 –)
- Integrationserlass über den Unterricht für neu zugewanderte Schülerinnen und Schüler (vgl. VG Düsseldorf 28.09.2016 – 34 L 2461/16 –)
- Beschränkung der Deputatenerhöhung bei zukünftig einzustellenden Lehrkräften (vgl. BVerwG 16.09.2020 – 5 PB 22.19 –)

b) Abs. 3 Nr. 4 Fall 2: Maßnahmen, die die Erleichterungen des Arbeitsablaufs zur Folge haben

Nach Abs. 3 Nr. 4 Fall 2 sind Maßnahmen, die die Erleichterungen des Arbeitsablaufs zur Folge haben, mitbestimmungspflichtig. Dabei handelt es sich nach § 66 Abs. 7 Satz 3 um einen Fall der **eingeschränkten Mitbestimmung**, sodass die Einigungsstelle nur eine Empfehlung aussprechen kann (vgl. § 66 Rz. 90). 605

Zum **Ausschluss der Mitbestimmung** des Personalrates, **wenn eine gesetzliche oder tarifliche Regelung** besteht vgl. Rz. 495 ff. 606

Nach **Abs. 5** besteht eine Mitbestimmung des Personalrates auch, wenn eine **Maßnahme probeweise oder befristetet** durchgeführt werden soll (vgl. Rz. 1197 ff.). 607

Zum **Schutzzweck der Mitbestimmung** vgl. entsprechend Rz. 599. 608

Der Begriff „**Arbeitsablauf**" stellt auf die zeitliche („Wann") und räumliche („Wo") Aufeinanderfolge („Wie") von Arbeitsgängen zur Erzielung eines bestimmten Arbeitsergebnisses ab (vgl. OVG NRW 30.01.2009 – 16 A 2412/07.PVL – und OVG NRW 06.02.2002 – 1 A 3279/00.PVL zur Reihenfolge der Erledigung). Dabei ist von einer dienststellenseitigen Maßnahme ausgehend darauf abzustellen, ob sich dadurch der Ablauf hinsichtlich der konkret zu erledigenden Arbeit für die Beschäftigten verändert.

Unter „**Erleichterung**" des Arbeitsablaufes ist somit dessen Vereinfachung, rationalisierung, d.h. positive Veränderung zu verstehen, z.B. wenn der Arbeitsablauf insgesamt einfacher gestaltet wird (z.B. Einführung der hausinternen Röhrenpost) oder einzelne Arbeitsvorgänge in Teilen eingespart werden (z.B. Wegfall der Anfertigung von Kopien oder Datensicherungen). 609

Eine **Mitbestimmungspflicht** besteht bei allen Maßnahmen der Dienststelle, die eine Erleichterung des Arbeitsablaufes objektiv „**zur Folge haben**" (vgl. auch Rz. 605), ohne dass es auf eine subjektive Zweckrichtung der Dienststelle ankommt. Nach der Rechtsprechung des OVG NRW unterliegt allerdings nicht jede Maßnahme zur Erleichterung des Arbeitsablaufs der Mitbestimmung, die aus dem Gesetzeszweck folgt. In der Entscheidung vom 16.01.1984 – CL 36/82 – führt das OVG NRW vielmehr aus, dass eine Erleichterung des Arbeitsablaufs eine Mitbestimmungspflicht nur dann auslöst, wenn der fraglichen Maßnahme unter Berücksichtigung des Gesetzeszwecks, mehr als lediglich untergeordnete Bedeutung zukomme. Verneint hat das OVG NRW dies im vorstehenden Fall, bei der Einführung von Datensichtgeräten. 610

611 **Beispiele für mitbestimmungspflichtige Erleichterungen des Arbeitsablaufs:**

- Aufstellung von Geldausgabeautomaten (vgl. OVG NRW 24.02.1983 – CL 68/81 –, nach der aktuellen Gesetzeslage ohne Berücksichtigung der Maßnahmeabsicht der Dienststelle wohl zu bejahen)
- Aufstellung von Bildschirmgeräten (vgl. OVG NRW 16.01.1984 – CL 36/82 –)

612 **Beispiele für nicht mitbestimmungspflichtige Erleichterungen des Arbeitsablaufs:**

- Wegfall eines Arbeitsweges ohne bedeutende Zeiteinsparung (vgl. im Kontext OVG NRW 28.12.1977 – CL 15/77 –)
- Kurzzeitiger (1–2-maliger) Einsatz einer EDV-Anlage (vgl. BVerwG 14.03.1986 – 6 P 10.83 –)
- Übertragung von amtsanwaltlichen Aufgaben an einen Staatsanwalt (vgl. OVG NRW 24.03.2015 – 20 A 97/14.PVL –).

c) Abs. 3 Nr. 4 Fall 3: **Maßnahmen der Änderung der Arbeitsorganisation**

613 Nach Abs. 3 Nr. 4 Fall 3 sind Maßnahmen der Änderung der Arbeitsorganisation mitbestimmungspflichtig. Dabei handelt es sich nach § 66 Abs. 7 Satz 3 um einen Fall der **eingeschränkten Mitbestimmung**, sodass die Einigungsstelle nur eine Empfehlung aussprechen kann (vgl. § 66 Rz. 90).

614 Zum **Ausschluss der Mitbestimmung** des Personalrates, **wenn eine gesetzliche oder tarifliche Regelung** besteht vgl. Rz. 495 ff.

615 Nach **Abs. 5** besteht eine Mitbestimmung des Personalrates auch, wenn eine **Maßnahme probeweise oder befristetet** durchgeführt werden soll (vgl. Rz. 1197 ff.).

616 Im Zuge der **Novelle 2011** wurde bei diesem Mitbestimmungstatbestand auf die Aufnahme eines Vorrangs der Mitbestimmung in den Fällen der Veränderung der Arbeitsmethoden (vgl. aktuell § 72 Abs. 3 Nr. 3) und bei der Auslagerung von Arbeitsplätzen zwecks Heimarbeit (vgl. aktuell in ähnlicher Form § 72 Abs. 3 Nr. 6) verzichtet.

617 Folglich stellt sich der vorliegende Mitbestimmungstatbestand als **Auffangtatbestand** für alle Maßnahmen der Dienststelle dar, die nicht bereits der Mitbestimmung nach § 72 Abs. 3 Nr. 3 oder 4 Fall 1 bis 2 unterliegen.

618 Der **Schutzzweck der Mitbestimmung** ist darauf gerichtet, dass die Personalvertretung bei Änderungen der Arbeitsorganisation die Möglichkeit erhält, die kollektiven Interessen der Beschäftigten wahrzunehmen (vgl. OVG NRW 25.10.1989 – CL 49/86 –).

619 Unter „**Arbeitsorganisation**" ist die planmäßige Regelung der Arbeitsabläufe der Erfüllung der Aufgaben der Dienststelle durch die dortigen Beschäftigten zu verstehen. Insoweit muss sich die Maßnahme der Dienststelle **un-**

mittelbar auf die Arbeitsausführungen, d.h. auf die bislang von den einzelnen Beschäftigten konkret vorzunehmenden Arbeitsgänge, auswirken (vgl. OVG NRW 06.02.2002 – 1 A 3279/00.PVL – und 30.01.2003 – 1 A 5763/00.PVL m.w.N.). Insoweit ist die vorliegende Vorschrift von der Mitbestimmung nach § 72 Abs. 4 Satz 1 Nr. 21 Fall 2 („Einführung grundlegend neuer Formen der Arbeitsorganisation") abzugrenzen, da diese auf abstrakte Regelungen abstellt (vgl. Rz. 1170).

Eine „**Änderung**" der Arbeitsorganisation stellt jede Modifikation und Umwandlung der planmäßigen Arbeitsauflaufregelung zur Erfüllung der Aufgaben der Dienststelle durch deren Beschäftigte dar. Das ist z.B. nicht der Fall, wenn nur die Art und Weise der Dokumentation durch die Einführung und Neugestaltung von Dokumentationsbögen in einem Klinikum geändert wird, die auszuübende Tätigkeit, d.h. Pflege und anschließende Dokumentation durch das Pflegepersonal aber gleich bleibt (vgl. VG Minden 04.04.2016 – 14 K 2869/15.PVL –). Bejaht hat die Rechtsprechung dies hingegen bei der Zusammenfassung von Sachgebieten und der Eingliederung der Abteilung eines aufgelösten Amtes (vgl. VG Saarlouis 11.09.2013 – 9 K 670/13 –). 620

Soweit die Dienststelle **Änderungen der Arbeitsorganisation in technischer Hinsicht** beabsichtigt, hat sie auch die Mitbestimmung nach § 72 Abs. 3 Nr. 5 („Einführung, wesentliche Änderung oder Ausweitung betrieblicher Informations- und Kommunikationsnetze") zu beachten. 621

Keine Mitbestimmung besteht **bei mittelbaren Folgewirkungen für die Arbeitsablauforganisation**, die durch die Umsetzung einer veränderten Aufgabenstellung (z.B. Änderung der Geschäftsverteilung) verursacht werden (vgl. OVG NRW 31.01.2003 – 1 A 5763/00.PVL –). Nicht mitbestimmungspflichtig sind auch **Maßnahmen der Behördenorganisation,** wozu z.B. vor allem Maßnahmen der Neuorganisation von Ämtern, der Änderung der Organisationsstruktur von Behörden durch Umgliederung von Ämtern, Abteilungen, Referaten, Dezernaten etc. und der Schaffung neuer Organisationseinheiten sowie der damit einhergehenden Aufgabenverteilungen gehören. Denn hierbei sind keine Regelung der Arbeitsausführung betroffen, sondern nur der organisatorische Rahmen, in dem die Aufgaben der Behörde bewältigt werden (vgl. OVG NRW 15.01.2019 – 20 A 797/17.PVL – zur Zuordnung von Hausmeistern zu einem anderen Bereich und 21.06.1989 – CL 3/88 – und 30.01.2003 – 1 A 5763/00.PVL – zur Änderung der Organisation des Beschaffungswesens). Keine Änderung der Arbeitsorganisation stellt nach der Rechtsprechung ebenfalls die **Einführung der Intervallreinigung,** d.h. die Veränderung der Reinigungshäufigkeit in Gebäuden dar (vgl. OVG NRW 24.05.1988 – CL 40/86 –), die **Einführung von Schulgirokonton** (vgl. OVG NRW 10.02.1999 – 1 A 411/97. 622

PVL –) und die **Vertretungsweise Übertragung von Dezernatsaufgaben** (vgl. OVG NRW 24.03.2015 – 20 A 97/14.PVL – und beachte Rz. 626). Keine mitbestimmungspflichtige Maßnahme stellt auch eine Neuaufteilung der Arbeit auf die Mitarbeiter dar, d.h. die bloße **Änderungen der Aufgabenzuordnung** (z.B. im Rahmen von Maßnahmen der Geschäftsverteilung), soweit dadurch die in der Dienststelle anfallenden Arbeiten einer einzelnen oder auch mehrerer Abteilungen nach ihrer Art und ihrem Umfang unverändert bleiben (vgl. OVG NRW 30.01.2003 a.a.O.).

623 **Wichtig!**

Maßnahmen zur Änderung der Arbeitsorganisation stellen also im Hinblick auf die zuvor dargestellten Anforderungen der Rechtsprechung und im Hinblick auf die dem vorliegenden Mitbestimmungstatbestand zukommenden Auffangfunktion (vgl. Rz. 617) also nur solche Maßnahmen der Dienststelle dar, bei denen die Maßnahme zwar nicht unmittelbar auf eine „Hebung der Arbeitsleistung" oder auf eine „Erleichterung des Arbeitsablaufs" abzielt, allerdings objektiv geeignet ist, die Arbeitsleistung zu heben. Das sind also Maßnahmen, die quasi eine Vorstufe für Maßnahmen zur Hebung der Arbeitsleistung darstellen und (zunächst) in erster Linie auf eine Verbesserung der Arbeitsqualität ausgerichtet sind, wobei als mittelbare Folgewirkung dennoch die Gefahr einer Überbeanspruchung oder Überbelastung der Beschäftigten besteht, sodass sie der Mitbestimmung des Personalrates unterliegen!

5. Abs. 3 Nr. 5: Einführung wesentlicher Änderung oder wesentlicher Ausweitung betrieblicher Informations- und Kommunikationsnetze

a) Abs. 3 Nr. 5 Fall 1: Einführung betrieblicher Informations- und Kommunikationsnetze

624 Nach Abs. 3 Nr. 5 Fall 1 ist die Einführung betrieblicher Informations- und Kommunikationsnetze mitbestimmungspflichtig. Dabei handelt es sich nach § 66 Abs. 7 Satz 3 um einen Fall der **eingeschränkten Mitbestimmung**, sodass die Einigungsstelle nur eine Empfehlung aussprechen kann (vgl. § 66 Rz. 90).

625 Zum **Ausschluss der Mitbestimmung** des Personalrates, **wenn eine gesetzliche oder tarifliche Regelung** besteht vgl. Rz. 495 ff.

626 Nach **Abs. 5** besteht eine Mitbestimmung des Personalrates auch, wenn eine **Maßnahme probeweise oder befristet** durchgeführt werden soll (vgl. Rz. 1197 ff.).

627 Im Zuge der Novelle 2011 wurde der im Jahr 2007 gestrichene gleichlautende Mitbestimmungstatbestand wieder in das Gesetz aufgenommen, sodass der Rechtsstand vor der Novelle 2007 wiederhergestellt worden ist (vgl. LT-Drucks. 15/2218, S. 57).

Der **Schutzzweck der Mitbestimmung** ist darauf gerichtet, dass durch die Beteiligung des Personalrates zum Schutz der Beschäftigten gewährleistet wird, dass im Rahmen der Technologiefolgenabschätzung etwaige negative Auswirkungen erkannt und berücksichtigt werden, die der technische Fortschritt für die Beschäftigten auf diesem Sektor nach sich ziehen kann (vgl. OVG NRW 01.03.2000 – 1 A 307/98.PVL –). 628

Wichtig! 629

Die Mitbestimmung nach Abs. 3 Nr. 5 kann in der Praxis auch mit den nachfolgend benannten Mitbestimmungstatbeständen korrespondieren:

- § 72 Abs. 3 Nr. 1 Fall 1 („Einführung etc. von automatisierter Verarbeitung personenbezogener Daten …")
- § 72 Abs. 3 Nr. 2 Fall 1 („Einführung etc. technischer Einrichtungen …")
- § 72 Abs. 3 Nr. 6 („Einrichtung von Arbeitsplätzen außerhalb der Dienststelle")

Unter einem „**Informations- und Kommunikationsnetz**" i.S.d. vorliegenden Mitbestimmungstatbestandes ist ein technisches System zu verstehen, das im Prinzip aus mehreren Endgeräten (Personalcomputern) besteht, die medial miteinander verbunden sind (z.B. Kabelverbindung oder drahtlose Verbindung) und dazu dient, Informationen von einem Ort zum anderen zu übermitteln (vgl. OVG NRW 13.05.1991 – CL 85/88 –). Damit ein „**Netz**" im vorbenannten Sinne besteht, muss das technische System unbedingt aus mehreren Endgeräten bestehen (vgl. OVG NRW 01.03.2000 a.a.O.). Der einleitend benannte Begriff bezeichnet also das Verknüpfungssystem und nicht etwa z.B. die Auslegung oder Auslastung der Endgeräte (vgl. OVG Brandenburg 31.08.2010 – OVG 60 PV 6.08 –). Den klassischen Fall stellt eine **Großrechenanlage** dar, in die mehrere Personal Computer im Hinblick auf den Nutzsignaltransport eingebunden sind. Entsprechendes gilt auch für sog. **Prozessleitsysteme**, die zum Führen einer verfahrenstechnischen Anlage (z.B. Müllverwertungsanlage) verwendet werden, soweit damit eine wechselseitige Einsichtsmöglichkeit in die Bildschirm- und Speicherinhalte der über ein Netz verbundenen Rechner besteht (vgl. hierzu OVG NRW 01.03.2000 a.a.O.). Weiterhin ist hierzu wohl auch das sog. **WLAN-NETZ (= drahtlos lokales Netzwerk)** zu zählen. 630

Keine Mitbestimmung besteht demnach für ein **Informations- und Kommunikationssystem** wie z.B. im Falle der Verbindung zweier einzelner Personal Computer bzw. der Einzelanschlussverbindung eines Personal Computers mit einer Großrechenanlage sowie im Hinblick auf eine **Fernsprechanlage** (vgl. hierzu auch OVG NRW 22.05.1996 – 1 A 536/93.PVL –). 631

Mitbestimmungspflichtig sind nur „**betriebliche**" Informations- und Kommunikationsnetze, d.h. also solche, die sich auf den Bereich der Dienststelle 632 beziehen (vgl. OVG NRW 01.03.2000 a.a.O.). Nach dem Normzweck ist allerdings davon auszugehen, dass auch **außerbetriebliche Netze** von der Mitbestimmung erfasst werden, wenn sie die Möglichkeit eines Datenaustausches im Hinblick auf eine in der Dienststelle vorhandene Großrechenanlage oder dortige Endgeräte ermöglichen (so auch Cecior u.a., § 72 Rn. 735, Havers, § 72 Erl. 54; a.A. tendenziell OVG NRW 01.03.2000 a.a.O.).

633 **Beispiele für ein betriebliches Netzsystem:**

- PC-Mehrfachverbindung über ein Koaxialkabel (vgl. OVG NRW 13.05.1991 a.a.O.)
- Vernetzung eines Datenverarbeitungssystems aus dem Fakultätsbereich mit dem Hochschulkommunikationsnetz (vgl. OVG NRW 24.11.1999 – 1 A 5595/97.PVL –)
- Verwendung eines Prozessleitsystems (vgl. OVG NRW 01.03.2000 a.a.O.)
- Verwendung eines Management-Informationssystems zur Datenauswertung (vgl. OVG NRW 28.02.2001 – 1 A 2155/99.PVL –)
- Einführung eines Datenverarbeitungsprogramms in der Landesverwaltung (vgl. OVG LSA 26.05.1999 – A 5 S 5/99 –)

634 **Keine Mitbestimmung** besteht für den **Anschluss an das öffentliche Kommunikationsnetz** als solches und nach dem Normzweck auch selbst dann nicht, wenn darüber eine Verbindung zu einer außerbetrieblichen Rechenanlage geschaffen wird (so auch in der Vergangenheit OVG NRW 13.05.1991 a.a.O.).

635 Die „**Einführung**" eines betrieblichen Informations- und Kommunikationssystems liegt vor, wenn die Dienststelle an ein betriebliches Netz (vgl. Rz. 633) angeschlossen wird. Dafür ist nicht unbedingt eine Netzeinrichtung in der Dienststelle selbst erforderlich, sondern es reicht bereits aus, wenn die Möglichkeit eines Datenaustausches zwischen den Endgeräten auch in mittelbarer Form über eine Großrechneranlage oder unter Zwischenschaltung der öffentlichen Kommunikationsnetze geschaffen wird (vgl. hierzu auch OVG NRW 13.05.1991 a.a.O.).

636 Eine **Netzeinführung ohne Zustimmung des Personalrates** ist unwirksam.

637 Eine **Zustimmungsverweigerung des Personalrates** kommt nur in Betracht, wenn er sich dabei auf Gründe stützt, die auch innerhalb der ihm gesetzlich eingeräumten Mitbestimmung liegen (vgl. hierzu auch BVerwG 27.09.1993 – 6 P 4.93 – und 30.11.1994 – 6 P 11.93 – sowie generell auch § 66 Rz. 39). Die vom Personalrat geltend gemachten Zustimmungsverweigerungsgründe müssen also einen inhaltlichen Bezug zu dem von der Maßnahme der Dienststelle berührten gesetzlichen Mitbestimmungstatbestand haben. So kann sich der Personalrat z.B. bei der Einführung eines betrieblichen Informations- und Kommunikationsnetzes nicht darauf berufen, dass er für seine Aufgabenerfüllung der Mitbestimmung noch eine

qualifizierte fachliche Beratung benötigen würde, die ihm bislang noch nicht gewährt worden sei, sodass er nicht innerhalb der ihm gesetzlich eingeräumten Zustimmungsfrist nach § 66 Abs. 2 Satz 3 abschließend entscheiden könne (vgl. OVG NRW 24.11.1999 – 1 A 5595/97.PVL –, das in dem dort zu entscheidenden Fall konsequenterweise auch den Eintritt der Zustimmungsfiktion nach § 66 Abs. 3 Satz 4 bejaht hat). Entsprechendes gilt hinsichtlich einer Entscheidungskompetenz des Personalrats über die Anschaffung eines neuen Datenverarbeitungssystems, dass in das betriebliche Netz eingefügt werden soll (vgl. OVG NRW 24.11.1999 a. a. O.).

b) Abs. 3 Nr. 5 Fall 2: Wesentliche Änderung betrieblicher Informations- und Kommunikationsnetze

Nach Abs. 3 Nr. 5 Fall 2 ist die wesentliche Änderung betrieblicher Informations- und Kommunikationsnetze mitbestimmungspflichtig. Dabei handelt es sich nach § 66 Abs. 7 Satz 3 um einen Fall der **eingeschränkten Mitbestimmung**, sodass die Einigungsstelle nur eine Empfehlung aussprechen kann (vgl. § 66 Rz. 90). 638

Zum **Ausschluss der Mitbestimmung** des Personalrates, **wenn eine gesetzliche oder tarifliche Regelung** besteht, vgl. Rz. 495 ff. 639

Nach **Abs. 5** besteht eine Mitbestimmung des Personalrates auch, wenn eine **Maßnahme probeweise oder befristet** durchgeführt werden soll (vgl. Rz. 1197 ff.). 640

Zum **Schutzzweck der Mitbestimmung** vgl. entsprechend Rz. 628. 641

Zur Begrifflichkeit „**betriebliche Informations- und Kommunikationsnetze**“ vgl. Rz. 630. 642

Unter einer „**Änderung**“ betrieblicher Informations- und Kommunikationsnetze sind sämtliche technische Veränderungen zu verstehen, durch die zusätzliche Verbindungsstellen geschaffen werden oder die zur Folge haben, dass auch zusätzliche Arbeitsplätze in das Netz einbezogen werden (vgl. BVerwG 14.06.2011 – 6 P 10.10 –). 643

Mitbestimmungspflichtig sind nur „**wesentliche**“ Änderungen im vorbenannten Sinne. Zur Beantwortung der Frage, wann dies der Fall ist, muss auf den Schutzzweck des Mitbestimmungstatbestandes (vgl. Rz. 632) abgestellt werden. Der Mitbestimmung unterliegen damit nur solche Änderungen, die die Interessen der Beschäftigten in vergleichbarer Weise berühren, wie dies bei der Neueinführung von Informations- und Kommunikationsnetzen für gewöhnlich der Fall ist. Das ist z. B. aufgrund der damit verbundenen Steigerung der Kommunikationsleistung bei einer Netzumstellung von der Kupferkabel- zur Glasfasertechnik hin anzunehmen (so zutreffend Cecior u. a., § 72 Rn. 738). 644

645 **Keine mitbestimmungspflichtige Änderung** stellt die bloße **Erhöhung der Speicherkapazität** und die bloße **Erhöhung des Umfangs der zu speichernden Daten** dar (vgl. BVerwG 14.06.2011 a.a.O.).

646 Zur **Zustimmungsverweigerung des Personalrates** vgl. Rz. 637 f.

c) Abs. 3 Nr. 5 Fall 3: Ausweitung betrieblicher Informations- und Kommunikationsnetze

647 Nach Abs. 3 Nr. 5 Fall 3 ist die Ausweitung betrieblicher Informations- und Kommunikationsnetze mitbestimmungspflichtig. Dabei handelt es sich nach § 66 Abs. 7 Satz 3 um einen Fall der **eingeschränkten Mitbestimmung**, sodass die Einigungsstelle nur eine Empfehlung aussprechen kann (vgl. § 66 Rz. 90).

648 Zum **Ausschluss der Mitbestimmung** des Personalrates, **wenn eine gesetzliche oder tarifliche Regelung** besteht vgl. Rz. 495 ff.

649 Nach **Abs. 5** besteht eine Mitbestimmung des Personalrates auch, wenn eine **Maßnahme probeweise oder befristet** durchgeführt werden soll (vgl. Rz. 1197 ff.).

650 Zum **Schutzzweck der Mitbestimmung** vgl. entsprechend Rz. 628.

651 Zur Bestimmung des Begriffs der „**Ausweitung**" betrieblicher Informations- und Kommunikationsnetze vgl. BVerwG 14.06.2011 – 6 P 10.10 –. und die Rz. 643 ff. zu § 72 Abs. 3 Nr. 5 Fall 2 und den dortigen Begriff der „Änderung".

652 Eine mitbestimmungspflichtige Ausweitung im vorbenannten Sinne ist nach aktueller Rechtslage bei dem **Einsatz eines Chat-Programms** im Rahmen eines bereits bestehenden Kommunikationsnetzes anzunehmen, soweit hierdurch entsprechend weitere Arbeitsplätze in das vorhandene Netz einbezogen werden (a.A. OVG NRW 30.01.2009 – 16 A 2412/07.PVL –, da zum damaligen Entscheidungszeitpunkt die Mitbestimmung nach Abs. 3 Nr. 5 aufgrund der Novelle 2007 weggefallen ist).

653 Zur **Zustimmungsverweigerung des Personalrates** vgl. Rz. 637.

6. Abs. 3 Nr. 6: Einrichtung von Arbeitsplätzen außerhalb der Dienststelle

654 Nach Abs. 3 Nr. 6 ist die Einrichtung von Arbeitsplätzen außerhalb der Dienststelle mitbestimmungspflichtig. Dabei handelt es sich nach § 66 Abs. 7 Satz 3 um einen Fall der **eingeschränkten Mitbestimmung**, sodass die Einigungsstelle nur eine Empfehlung aussprechen kann (vgl. § 66 Rz. 90).

655 Dieser Mitbestimmungstatbestand wurde im Zuge der **Novelle 2011** zum ersten Mal in das LPVG NRW aufgenommen. Dabei hat der Gesetzgeber speziell die Einrichtung von **sog. Telearbeitsplätzen** (vgl. hierzu auch Rz. 348) der Mitbestimmung unterwerfen wollen (vgl. LT-Drucks. 15/1644, S. 85). Der

neue Mitbestimmungstatbestand knüpft im weitesten Sinne an den mit der Novelle 1984 eingeführten und 2007 wieder gestrichenen Mitbestimmungstatbestand des § 72 Abs. 3 Nr. 4 a. f. LPVG NRW („Auslagerung von Arbeitsplätzen zwecks Heimarbeit an technischen Geräten") an. Die damalige Mitbestimmung beschränkte sich auf die Maßnahme der Auslagerung und die Heimarbeit an technischen Geräten. **Das mit der Novelle 2011 neu eingeführte Mitbestimmungsrecht bezieht hingegen nunmehr sämtliche Arbeitsplätze außerhalb der Dienststelle** ein und ist damit weiter gefasst. Der Personalrat hat nach § 64 Nr. 4 und § 77 Abs. 2 f. bei Bestehen einer entsprechenden Notwendigkeit im Hinblick auf ihr Überwachungsrecht, neben dem Arbeitgeber auch ein **Zutrittsrecht zum Telearbeitsplatz**. Soll ein **Antrag auf Telearbeit abgelehnt** werden, so greift die Mitbestimmung nach § 72 Abs. 1 Satz 1 Nr. 14. Soll Telearbeit erfolgen, so greift die Mitbestimmung nach § 72 Abs. 1 Satz 1 Nr. 4 Fall 7, da durch die Änderung des Arbeitsortes und der Arbeitszeit eine wesentliche Arbeitsvertragsänderung vorliegt. Weiterhin gilt es im Hinblick auf **arbeitgeberveranlasste Umsetzungen auf einen Telearbeitsplatz** § 72 Abs. 1 Satz 1 Nr. 5 und 6 (vgl. Rz. 213 ff.) sowie die Regelungen zur Arbeitszeit in der Dienststelle nach § 72 Abs. 4 Satz 1 Nr. 1 (vgl. Rz. 674 ff.) jeweils zu beachten. Siehe im Kontext zudem **Bülow, Der praktische Fall – Die „Umsetzung" der arbeitsrechtlichen Umsetzung**, DöD 2022, S. 273. **Wenn Telearbeit eingeführt werden soll, muss der Personalrat i. Ü. schon im Stadion der Planung frühzeitig und fortlaufend nach § 65 Abs. 1 Satz 3 unterrichtet und eingebunden werden!** Wenn der Arbeitnehmereinsatz auf einen Telearbeitsplatz weder vom Direktionsrecht noch von einzelvertraglichen Bestimmungen gedeckt ist, so bedarf es **des Ausspruchs einer Änderungskündigung**. Hier ist der Personalrat entweder nach § 74 Abs. 1 i. V. m. § 72 im Wege der Mitbestimmung (= ordentliche Kündigung) oder nach § 74 Abs. 2 Fall 3 im Wege der Anhörung zu beteiligen.

Zum **Ausschluss der Mitbestimmung** des Personalrates, **wenn eine gesetzliche oder tarifliche Regelung** besteht, vgl. Rz. 495 ff. 656

Nach **Abs. 5** besteht eine Mitbestimmung des Personalrates auch, wenn eine **Maßnahme probeweise oder befristet** durchgeführt werden soll (vgl. Rz. 1197 ff.). 657

Der vorliegende Mitbestimmungstatbestand ist von dem **Anhörungstatbestand des § 75 Abs. 1 Nr. 5 Fall 2** („Verlagerung von Arbeitsplätzen") abzugrenzen. Das letztgenannte Anhörungsrecht des Personalrates erfasst nur den **örtlichen Arbeitsplatzwechsel innerhalb der Dienststelle** (z. B. Arbeitsplatzverlagerung von einem Hauptgebäude in einen Erweiterungsanbau). 658

659 Unter einem **„Arbeitsplatz“** ist der räumliche Tätigkeitsbereich und dessen unmittelbare Umgebung zu verstehen, in dem die Beschäftigten ihre Arbeit verrichten (vgl. BVerwG 19.05.2003 – 6 P 16.02 –). Dazu gehören alle Bereiche in der Dienststelle, in denen von einem (oder mehreren) Beschäftigten zusammen oder nacheinander einzelne Arbeitsschritte oder Arbeitsvorgänge, die ineinandergreifend ausgeführt werden (vgl. BVerwG 30.08.1985 – 6 P 20.83 –). Dem Arbeitsplatz sind auch die zur Arbeitsausführung notwendigen Arbeitsmittel (z. B. Personalcomputer, Werkbank) und Einrichtungsgegenstände (z. B. Schreibtisch, Werkzeugschrank) zugehörig (vgl. BVerwG 30.08.1985 a. a. O.).

660 Von der Mitbestimmung erfasst werden **alle Arten des Arbeitsplatzes**. Auf eine Einschränkung, wie sie früher vom Gesetzgeber verwendet wurde (vgl. § 72 Abs. 3 Nr. 6 LPVG NRW/„Arbeitsplatz an technischen Geräten“), hat der Gesetzgeber aktuell ausdrücklich verzichtet.

661 Mitbestimmungspflichtig ist die „**Einrichtung**“ von Arbeitsplätzen außerhalb der Dienststelle und dabei nur die grundsätzliche Entscheidung des Dienststellenleiters („Ob“), nicht aber die tatsächliche Ausgestaltung („Wie“) solcher Arbeitsplätze (vgl. LT-Drucks. 15/1644, S. 85). Letzteres kann aber von der Mitbestimmung nach § 72 Abs. 4 Satz 1 Nr. 10 erfasst sein (vgl. Rz. 938 ff.). Vom Wortlaut her stellt der vorbenannte Begriff auf alle Maßnahmen der Dienststelle ab, durch welche ein Arbeitsplatz außerhalb der Dienststelle installiert bzw. organisiert wird. Gesetzeshistorisch kann im weitesten Sinne auch auf den Begriff der **„Auslagerung“** (vgl. Rz. 655) abgestellt werden. Soweit in der Vergangenheit im Hinblick auf die letztgenannte Begrifflichkeit zweifelhaft gewesen ist, ob nur die Auslagerung von bereits vorhandenen Arbeitsplätzen oder auch die Schaffung von zusätzlichen Arbeitsplätzen, die nicht mit einem unmittelbaren Wegfall eines Arbeitsplatzes in der Dienststelle verbunden ist, von der Mitbestimmung erfasst wird, stellt sich diese Frage aufgrund des aktuell vom Gesetzgeber verwendeten Begriffs der „Einrichtung“ von Arbeitsplätzen nicht mehr. Neben den zuvor dargestellten Erwägungen zur Begriffsbestimmung gilt es aber auch, die Intention des Gesetzgebers bei der Neueinführung des vorliegenden Mitbestimmungstatbestandes zu berücksichtigen. Denn der Begründung des Gesetzesentwurfs der Landesregierung ist zu entnehmen, dass durch den neuen Mitbestimmungstatbestand die **grundsätzliche Entscheidung über die Einrichtung** von Arbeitsplätzen außerhalb der Dienststelle und dabei speziell der sog. Telearbeitsplätze der Mitbestimmung unterworfen werden sollen (vgl. Rz. 655). Dementsprechend eröffnet bereits die Entscheidung der Dienststelle, dass sie einen Arbeitsplatz außerhalb einrichten möchte, für sich genommen die Mitbestimmung des Personalrates. In der Praxis hat die

Dienststelle somit zu beachten, dass sie neben der prozessbegleitenden Informationsbeteiligung nach § 65 Abs. 1 Satz 3 bereits vor einem die Einrichtung bestimmenden Rats- oder Vorstandsbeschluss etc. die Zustimmung des Personalrates einzuholen hat!

Mitbestimmungspflichtig ist nach der vorliegenden Vorschrift nur die Ein- 662
richtung von Arbeitsplätzen **„außerhalb der Dienststelle"**. Zum Begriff der **„Dienststelle"** vgl. § 1 Rz. 5. Erfasst werden somit nur Arbeitsplätze, die sich in einem externen räumlichen **Tätigkeitsbereich** (z. B. Wohnung des Beschäftigten) befinden.

Ein Mitbestimmungsrecht des Personalrates besteht jedoch nur, wenn die 663
auf einem außerhalb der Dienststelle liegenden Arbeitsplatz tätige Person als **Beschäftigter i. S. d. § 5** anzusehen ist. Hierbei handelt es sich um eine **ungeschriebene Tatbestandsvoraussetzung**, da es sich nach dem Normzweck um einen Arbeitsplatz der Dienststelle handeln muss.

Keine Mitbestimmung besteht somit für die **Einrichtung eines Heim-** 664
arbeiterarbeitsplatzes i. S. d. Heimarbeitsgesetzes (HAG) vom 14.03.1951, zuletzt geändert durch Art. 225 V. 31.10.2006 (BGBl. I S. 2407).

Nach § 2 Abs. 1 Satz 1 HAG heißt es: 665

Heimarbeiter i. S. d. Gesetzes ist, wer in selbst gewählter Arbeitsstätte (eigener Wohnung oder selbst gewählter Betriebsstätte) allein oder mit seinen Familienangehörigen (Abs. 5) im Auftrag von Gewerbebetreibenden oder Zwischenmeistern erwerbsmäßig arbeitet, jedoch die Verwertung der Arbeitsergebnisse dem unmittelbar oder mittelbar Auftrag gebenden Gewerbetreibenden überlässt. Beschafft der Heimarbeiter die Roh- und Hilfsstoffe selbst, so wird hierdurch seine Eigenschaft als Heimarbeiter nicht beeinträchtigt.

Keine Mitbestimmung besteht nach der vorliegenden Vorschrift ebenfalls 666
bei einer **dauerhaften Auslagerung eines Arbeitsplatzes** an außenstehende Privatpersonen oder auf Dritte, da ein solcher Arbeitsplatz nicht mehr der Verfügungsgewalt der Dienststelle unterliegt. In diesem Fall greift aber die Mitbestimmung nach § 72 Abs. 4 Satz 1 Nr. 22 („Privatisierung")!

Von der Mitbestimmung ist in der Praxis hauptsächlich die Einrichtung 667
von sog. **Telearbeitsplätzen** (Teleworking-Places) erfasst. Diese Arbeitsplätze zeichnen sich dadurch aus, dass die Beschäftigten der Dienststelle unter Verwendung externer aber gegebenenfalls auch betrieblicher Informations- und Kommunikationsmittel (z. B. Personal Computer, Telefon) ihre Arbeitstätigkeiten auf einem außerhalb der Dienststelle liegenden Arbeitsplatz, der zumeist zu Hause angesiedelt ist („Homeoffice"), verrichten.

668 Es werden die folgenden **Formen der Telearbeit** unterschieden:

- **Teleheimarbeit** (gesamte Arbeitsverrichtung zu Hause, ohne dass ein Arbeitsplatz in der Dienststelle besteht)
- **Alternierende Telearbeit** (Verrichtung der Arbeit abwechselnd auf einem Arbeitsplatz in der Dienststelle und auf einem Arbeitsplatz zu Hause – Stichwort auch: „Jobsharing")
- **Mobile Telearbeit** (Arbeitsverrichtung an wechselnden Arbeitsorten außerhalb der Dienststelle und außerhalb des eigenen Zuhauses, z.B. Kundenwohnungen oder -betriebe)

669 Eine **Arbeitsplatzeinrichtung ohne Zustimmung des Personalrates** ist rechtsunwirksam. Individualarbeitsrechtliche Telearbeitsplatzvereinbarungen mit betroffenen Beschäftigten sollte die Dienststelle von daher erst nach der erteilten Zustimmung treffen. Zur Kündigung einer Telearbeitsplatzvereinbarung vgl. i.Ü. VG Düsseldorf 27.01.2015 – 2 K 6977/13 –.

F. Mitbestimmung in anderen, hauptsächlich organisatorischen Angelegenheiten nach Abs. 4

I. Allgemeines

670 <u>Abs. 4</u> Im Gegensatz zum Abs. 1 bis 3 hat der Gesetzgeber in dieser Vorschrift den Mitbestimmungskatalog nicht unter einem bestimmten Oberbegriff („... hat mitzubestimmen in ... Angelegenheiten") gefasst. Die Vorschrift erfasst zwar zumeist organisatorische Angelegenheiten, stellt aber letztendlich eine Aufzählung von weiteren Mitbestimmungstatbeständen dar, die thematisch nicht direkt den vorbenannten Absätzen unterliegen. Dementsprechend enthält sie sowohl **Fälle der eingeschränkten** als auch der **uneingeschränkten Mitbestimmung** des Personalrates.

671 Im Zuge der **Novelle 2011** hat auch diese Vorschrift weitgehende Veränderungen erfahren. Ausführungen hierzu erfolgen im Rahmen der nachfolgend kommentierten einzelnen hiervon betroffenen Mitbestimmungstatbeständen.

672 Nach **Abs. 4 Satz 1** besteht gleichsam wie bei den Mitbestimmungstatbeständen des Abs. 3 ein **Gesetzes- und Tarifvorrang**. Eine Mitbestimmung des Personalrates besteht nur, **„soweit eine gesetzliche oder tarifliche Regelung nicht besteht"** (vgl. Rz. 495 ff.).

673 Nach **Abs. 5** besteht eine Mitbestimmung des Personalrates für alle Angelegenheiten des Abs. 4, wenn eine **Maßnahme probeweise oder befristet** durchgeführt werden soll (vgl. Rz. 1197 ff.). Eine Ausnahme gilt für Privatisierungen nach Abs. 4 Satz 1 Nr. 22 (vgl. Rz. 947).

II. Mitbestimmungskatalog des Abs. 4 Satz 1

1. Abs. 4 Satz 1 Nr. 1: Beginn und Ende der täglichen Arbeitszeit und der Pausen sowie Verteilung der Arbeitszeit auf die einzelnen Wochentage, Einführung, Ausgestaltung und Aufhebung der gleitenden Arbeitszeit

a) Abs. 4 Satz 1 Nr. 1 Fall 1: Beginn und Ende der täglichen Arbeitszeit und der Pausen sowie Verteilung der Arbeitszeit auf die einzelnen Wochentage

Nach Abs. 4 Satz 1 Nr. 1 Fall 1 ist der Beginn und das Ende der täglichen Arbeitszeit mitbestimmungspflichtig. Dabei handelt es sich nach § 66 Abs. 7 Satz 3 um einen **Fall der uneingeschränkten Mitbestimmung**, sodass im Nichteinigungsfall die Letztentscheidung bei der Einigungsstelle liegt (vgl. § 66 Rz. 85 f.). 674

Der **Schutzzweck der Mitbestimmung** ist darauf ausgerichtet, dass dem Personalrat vor allem ermöglicht werden soll, darauf hinzuwirken, dass berechtigte Wünsche einzelner Beschäftigter hinsichtlich der zeitlichen Lage ihrer Arbeitszeit in Einklang mit den dienstlichen Erfordernissen gebracht werden, d.h. also im Rahmen des Möglichen eine Berücksichtigung erfahren (vgl. BVerwG 30.06.2005 – 6 P 9.04 –). Der Hintergrund dafür ist darin zu sehen, dass durch die Lage der Arbeitszeit die Freizeit der Beschäftigten zeitlich fixiert und damit letztendlich festgelegt wird, welche Zeiten ihnen überhaupt noch für die Gestaltung ihres Privatlebens zur Verfügung stehen (vgl. entsprechend BAG 21.12.1982 – 1 ABR 14/81 – zum BetrVG). 675

Im Hinblick auf die zum größten Teil bestehende Regelung der Arbeitszeit durch Gesetz oder Tarifvertrag ist in der Praxis stets zu prüfen, ob der in **Abs. 4 Satz 1** enthaltene **Gesetzes- und Tarifvorbehalt** zum Ausschluss der Mitbestimmung führt. 676

Für **alle Beschäftigten** ist insoweit zunächst die **Richtlinie 203/88/EG (sog. Arbeitszeitrichtlinie)** zu beachten, da sie im Fall einer unzureichenden Umsetzung des Europäischen Gemeinschaftsrechts im nationalen Recht eine unmittelbare Wirkung für sie entfaltet. Zur Anwendung der Richtlinie auf Rettungsassistenten vgl. EuGH 05.10.2004 – Rs. C-397/01 bis 403/01 – und auf Einsatzkräfte der Feuerwehr vgl. EuGH 14.07.2005 – Rs. C-52/04 –. Soweit der Arbeitgeber nach der EuGH-Rechtsprechung zur **Einrichtung eines Systems zur Erfassung der täglichen effektiven Arbeitszeit** verpflichtet ist (vgl. EuGH 14.05.2019 – Rs. C-55/18 – und im Anschluss BAG 13.09.2022 – 1 ABR 22/21 –), besteht im Hinblick auf den zuvor dargestellten Schutzzweck (vgl. Rz. 675) keine Mitbestimmung nach der vorliegenden Vorschrift. Gleichwohl kann sich diese aber bei einem digitalen System aus § 72 Abs. 3 Nr. 2 („Einführung, Anwendung oder Erweiterung von 677

Überwachungseinrichtungen“) und bei der Eigenerfassung durch die Beschäftigten (z.B. durch das Ausfüllen eines digitalen oder analogen (Papier-)Formulars) aus § 72 Abs. 4 Satz 1 Nr. 9 („Regelung der Ordnung und des Verhaltens der Beschäftigten“) ergeben.

678 Für **Beamte** sind vor allem auch folgende **gesetzliche Vorschriften** zu beachten:

- Arbeitszeit der Beamten (§ 60f. LBG NRW)
- Verordnung über die Arbeitszeit der Beamtinnen und Beamten im Lande Nordrhein-Westfalen (Arbeitszeitverordnung – AZVO) vom 04.07.2006, zuletzt geändert durch Art. 2 (Erster Teil) des Gesetzes vom 03.05.2005 (GV. NRW. S. 498)
- Verordnung über die Arbeitszeit der Polizeivollzugsbeamten des Landes Nordrhein-Westfalen (Arbeitszeitverordnung Polizei – AZVOPol) vom 15.08.1975 (GV. NRW. S. 532), zuletzt geändert durch Verordnung vom 20.09.2013 (GV. NRW. S. 557)
- Verordnung über die Arbeitszeit der Beamtinnen und Beamten des feuerwehrtechnischen Dienstes im Lande Nordrhein-Westfalen (Arbeitszeitverordnung Feuerwehr – AZVOFeu) vom 01.09.2006 (GVBl. Nr. 27 vom 18.10.2006, S. 442)
- Verordnung über die Freistellung wegen Mutterschutz für Beamtinnen und Richterinnen, Eltern- und Pflegezeit, Erholungs- und Sonderurlaub der Beamtinnen und Beamten und Richterinnen und Richter im Lande Nordrhein-Westfalen (Freistellungs- und Urlaubsverordnung NRW – FrUrlV NRW) vom 10.01.2012, zuletzt geändert durch Gesetz vom 09.06.2009 (GV. NRW. S. 341)
- Verordnung zur Ausführung des § 93 Abs. 2 Schulgesetz (VO zu § 93 Abs. 2 SchulG) vom 18.03.2005 (GV. NRW. S. 102)
- ArbZG
- JArbSchG
- MuSchG

679 Für **Arbeitnehmer** sind vor allem auch folgende **gesetzliche und tarifvertragliche Vorschriften** zu beachten:

- ArbZG
- JArbSchG
- Regelmäßige Arbeitszeit (§ 6 TVöD/TV-L)
- Wechselschichtarbeit, Schichtarbeit, Bereitschaftsdienst, Rufbereitschaft, Nachtarbeit, Mehrarbeit, Überstunden (§ 7 TVöD/TV-L)
- Zeitzuschläge (§ 8 TVöD/TV-L)
- Bereitschaftszeiten (§ 9 TVöD/TV-L)
- Arbeitszeitkonto (§ 10 TVöD/TV-L i. V. m. § 70 LPVG NRW bzw. § 77 BetrVG)

Nach Abs. 5 besteht eine Mitbestimmung des Personalrates auch, wenn 680
eine **Maßnahme probeweise oder befristet** durchgeführt werden soll (vgl. Rz. 1197).

Gegenstand der Mitbestimmung ist der **„Beginn und das Ende der tägli-** 681
chen Arbeitszeit“. Die Verteilung der abzuleistenden Arbeitszeit auf die einzelnen Arbeitstage der Woche wird vom Mitbestimmungsfall des § 72 Abs. 4 Satz 1 Nr. 1 Fall 3 erfasst. Beide Fälle korrespondieren häufig in der Praxis, so z. B. bei der **Aufstellung eines Dienstplanes** (vgl. Rz. 713), in dem sowohl die Arbeitszeitverteilung an den einzelnen Arbeitstagen als auch die Wochenarbeitszeitverteilung als solches enthalten ist. Deren **Aufstellung und Änderung,** d. h. klarstellend also jegliche Änderung eines bereits aufgestellten Dienstplanes **ist mitbestimmungspflichtig!** Der Personalrat kann seine Zustimmungsverweigerung mit der **Beeinträchtigung des Schutzes der Gesundheit** ggf. beachtlich verweigern (vgl. OVG NRW 03.04.2017 – 20 A 2696/15 – zur Verlegung von Rüstzeiten in einer Polizeiwache). Zu **Dienstvereinbarungen über die Arbeitszeit** und deren Rechtsfolgen für das Mitbestimmungsverfahren vgl. im Übrigen OVG Sachsen-Anhalt 03.05.2016 – 5 L 3/14 –.

Wichtig! 681a

Ein Arbeitnehmer ist nicht verpflichtet, während seiner Freizeit eine Mitteilung des Arbeitgebers – etwa per Telefon – entgegenzunehmen oder eine dienstliche SMS aufzurufen. Nimmt er eine Information über eine Dienstplanänderung nicht zur Kenntnis, geht ihm diese erst bei Dienstbeginn zu (so BAG 31.01.2023 – 9 AZR 244/20 und 23.08.2023 – 5 AZR 349/22 –)!

Die **Leistung der versprochenen Dienste** (vgl. § 611 Abs. 1 BGB) als sol- 682
ches ist nicht mitbestimmungspflichtig, da die regelmäßige Arbeitszeit der Beschäftigten (vgl. § 60 Abs. 1 LBG NRW i. V. m. § 2 Abs. 1 AZVO NRW für Beamte und § 6 TVöD/TV-L für Arbeitnehmer) bereits gesetzlich bzw. tarifvertraglich geregelt ist (vgl. hierzu auch BAG 22.07.2003 – 1 ABR 28/02 –)!

Wichtig! 683

Eine Mitbestimmung besteht auch bei Regelungen im Einvernehmen mit den Beschäftigten (vgl. VGH Baden-Württemberg 03.04.1984 – 15 S 73/83 – und OVG NRW 30.10.1996 – 1 A 2348/93.PVL – zu einem von der Arbeitszeit freigestellten Beschäftigten zur Teilnahme an der Testphase für die Einführung eines neuen Arbeitszeitmodells)!

684 Der Begriff „**Arbeitszeit**" ist gesetzlich nicht definiert. Insoweit ist auf den dienstrechtlichen Arbeitszeitbegriff zurückzugreifen (vgl. hierzu BVerwG 26.04.1988 – 6 P 19.86 –). Dementsprechend ist unter einer (Voll-)Arbeitszeit nur die Zeit zu verstehen, in der der Beschäftigte nach Inhalt und Intensität der Beanspruchung vorgeschriebenen Dienst leistet (vgl. BVerwG 29.01.1987 – 2 C 14/85 –). Hierzu gehören **Rüstzeiten im Polizei-Wachdienst** (An- und Ablegen der Dienstkleidung) nicht (vgl. OVG NRW 31.01.2014 – 20 A 1198/13. PVL –). Der BAG-Beschluss vom 13.09.2022 – 1 ABR 22/21 – verpflichtet die Arbeitgeberseite, Beginn und Ende der täglichen Arbeitszeit der Beschäftigten zu erfassen. **Freigestellte Personalratsmitglieder können an der Arbeitszeiterfassung teilnehmen, unterliegen aber nicht der Erfassungspflicht, da sie zweckgebunden** (= für das Personalratsamt) **freigestellt sind**!

685 Als Arbeitszeit i.S.d. vorliegenden Mitbestimmungstatbestandes ist nicht nur die regelmäßige Arbeitszeit, sondern auch **jede aus irgendeinem Grunde verlängerte oder verkürzte tägliche Arbeitszeit** für die Beschäftigten der Dienststelle insgesamt oder auch nur einer Gruppe von ihnen anzusehen (vgl. OVG NRW 21.06.1989 – CL 55/87 – m.w.N.). Davon umfasst sind also auch die **Verlängerung der Arbeitszeit zur Ableistung von Überstunden** sowie der umgekehrte Fall, d.h. die **Verkürzung der Arbeitszeit durch Wegfall bisher geleisteter Überstunden** (vgl. OVG NRW 05.02.1998 – 1 A 4363/95.PVL –). So unterliegt auch pandemiebedingte **Verlängerung von Schichtzeiten** auf zwölf Stunden der Mitbestimmung (vgl. entsprechend VG Sigmaringen 23.11.2020 – PL 11 K 2474/20 – zum PersVG BW und zur seinerzeitigen Corona-Pandemie).

686 **Wichtig!**

Der vorliegende Mitbestimmungstatbestand erfasst nur die Festlegung des Zeitpunkts, zu dem die von der Dienststelle angeordneten Überstunden oder Mehrarbeit von dem Beschäftigten zu leisten sind. Die Anordnung von Überstunden und Mehrarbeit als solches, unterliegt hingegen nach den Voraussetzungen des § 72 Abs. 4 Satz 1 Nr. 2 der Mitbestimmung! Das ist auch dann der Fall, wenn eine derart kurzfristige Überstundenanordnung vorgenommen wird, sodass überhaupt keine zeitlichen Dispositionsmöglichkeiten mehr bestehen und sich die Anordnung als von genereller Natur darstellt, d.h. auf alle Beschäftigten oder eine Gruppe von Beschäftigten bezogen ist (vgl. BVerwG 09.10.1991 – 6 P 12/90 – zur Anordnung einer Überstunde am Rosenmontag und der weiteren kurzfristigen Überstundenanordnung für den Morgen des darauffolgenden Fastnachtsdienstag). Die Dienststelle kann hier aber unter Beachtung der Voraussetzungen des § 66 Abs. 8 zunächst eine vorläufige Regelung vornehmen!

Mitbestimmungspflichtig ist auch die **Einführung eines Dienstleistungsabends** (vgl. VG Oldenburg 20.10.1989 – 8 A 14/89 –). 687

Das Mitbestimmungsrecht erfasst auch die **teilweise Festlegung der zeitlichen Lage der täglichen Arbeitszeit**, z.B. die Festlegung des Beginns und des Endes der Probezeiten für Orchesterleiter und Orchestermitglieder, wobei diese ansonsten ihre Arbeitszeit frei einteilen können (vgl. hierzu OVG NRW 25.10.2001 – 1 A 599/98.PVL – und BVerwG 08.07.2003 – 6 P 5.03 – sowie vorgehend BVerwG 12.08.2002 – 6 P 17.01 – für Bühnenangestellte). 688

Was **Beamte** und auch **Arbeitnehmer** anbelangt, so unterscheiden sowohl die AZVO NRW als auch das ArbZG zwischen „Arbeitszeit" (vgl. § 2 Abs. 1 AZVO NRW und § 2 Abs. 1 ArbZG), „Arbeitsbereitschaft" (vgl. § 7 Abs. 2 AZVO NRW und § 15 Abs. 1 Nr. 3 Alt. 1 ArbZG) und „Ruhezeit" (vgl. § 12 Abs. 1 AZVO NRW und § 5 Abs. 1 ArbZG). Zwischen der Skala, die von der Vollarbeitszeit bis hin zur vollständigen Arbeitsfreiheit reicht, besteht des Weiteren noch die Möglichkeit der Inanspruchnahme durch „Bereitschaftsdienst" (vgl. § 7 AZVO NRW und § 7 Abs. 1 Nr. 1 lit. a) ArbZG exemplarisch) und durch „Rufbereitschaft" (vgl. § 6 AZVO NRW und § 5 Abs. 3 ArbZG exemplarisch). 689

Hierzu ist im Einzelnen auf Folgendes hinzuweisen:

Die **Anordnung von Arbeitsbereitschaft („Bereitschaftsdienst")** ist nach der vorliegenden Vorschrift mitbestimmungspflichtig, wenn es sich um eine kollektivrechtliche Maßnahme, d.h. also um keine Einzelvereinbarung mit einem Arbeitnehmer handelt (vgl. hierzu OVG NRW 21.07.2004 – 1 A 3554/02.PVL –). Unter „Arbeitsbereitschaft" (vgl. § 7 AZVO NRW und §§ 7 Abs. 1 Nr. 1 lit. a), 15 Abs. 1 Nr. 3 ArbZG sowie § 9 TVöD/TV-L) sind „Zeiten wacher Achtsamkeit der Beschäftigten im Zustand der Entspannung" zu verstehen (vgl. BVerwG 19.01.1988 – 1 C 11.85 –). Der Beschäftigte muss sich in dem vorbenannten Zustand an einer von der Dienststelle bestimmten Stelle zur sofortigen Arbeitsaufnahme zur Verfügung halten (vgl. BVerwG 01.12.2020 – 2 B 38.20 – und 22.01.2009 – 2 C 90.07 –). Da es sich bei der vom Arbeitnehmer aufgewandten Bereitschaftszeit um Arbeitszeit handelt (vgl. BVerwG 28.03.2001 – 6 P 4.00 –), besteht auch eine Mitbestimmung nach § 72 Abs. 4 Satz 1 Nr. 4 Fall 1 („Beginn und Ende der Arbeitszeit"). Siehe hierzu Rz. 674 ff. 690

Die **Anordnung von Rufbereitschaft** ist nach der Rechtsprechung des BVerwG grundsätzlich auch mitbestimmungspflichtig (vgl. BVerwG 04.09.2012 – 6 P 10.11 – zum Beginn und Ende der Arbeitszeit nach dem inhaltsgleichen § 74 Abs. 1 Nr. 9 HePersVG). Eine Mitbestimmungsfreiheit besteht aber ausnahmsweise, wenn die Dienststelle die Erfordernisse für eine solche Anordnung 691 nicht voraussehen kann (vgl. BVerwG 04.09.2012 a.a.O.). Unter „Rufbereitschaft“ ist die Verpflichtung des Beschäftigten zu sehen, sich an dem dem Dienstherrn bzw. Arbeitgeber gegenüber anzuzeigenden Ort, den der Beschäftigte frei wählen und auch wechseln darf, aufzuhalten, um auf Abruf die Arbeit alsbald aufnehmen zu können (vgl. neben den §§ 7 Abs. 1 Nr. 1 lit. a), 15 Abs. 1 Nr. 3 ArbZG sowie § 7 Abs. 4 TVöD/TV-L – auch BAG 19.11.2014 – 5 AZR 1101/12 –). Das ist z.B. der Fall, wenn der Arbeitnehmer sich zu Hause aufhält, dies anzeigt und auch telefonisch entsprechend erreichbar ist. Zur **Verwendung eines Mobiltelefons der Dienststelle** (vgl. die tarifliche Regelung in § 7 Abs. 4 Satz 2 TVöD/TV-L und hierzu BAG 09.06.2000 – 6 AZR 900/98 –). Abzugrenzen von der Rufbereitschaft ist der „Bereitschaftsdienst“, bei dem der Beschäftigte bei der Wahl seines Aufenthaltsortes eingeschränkt ist (vgl. Rz. 690).

692 **Wichtig!**

Im Hinblick auf die Rechtsprechung des BAG 31.01.2002 – 6 AZR 214/00 – ist davon auszugehen, dass eine Zeitvorgabe von 30 Minuten an aufwärts durch den Dienstvorgesetzten bzw. Arbeitgeber (immer noch) eine freie Wahl des Aufenthaltsorts durch den Beschäftigten darstellt und deshalb als Rufbereitschaft zu werten ist!

693 Unter Berücksichtigung der **Richtlinie 203/88/EG** (Arbeitszeitrichtlinie) ist davon auszugehen, dass die Rufbereitschaft als solche keine Arbeitszeit im arbeitszeitschutzrechtlichen Sinne darstellt (vgl. EuGH 03.10.2000 – C 303/98 –). Aufgrund der in § 7 Abs. 2 Nr. 1 ArbZG enthaltenen Regelung ist allerdings davon auszugehen, dass die **Inanspruchnahme während des Rufbereitschaftsdienstes als Arbeitszeit** zu bewerten ist. Vor diesem Hintergrund haben speziell die Tarifvertragsparteien des TVöD die in § 7 Abs. 1 ArbZG enthaltene Öffnungsklausel in Anspruch genommen und vereinbart, dass bei der Anordnung von Rufbereitschaft nach § 45 Abs. 8 Satz 2 TVöD BT-K die tägliche Arbeitszeit von zehn Stunden durch die Inanspruchnahme durch die Beschäftigten während des Rufbereitschaftsdienstes überschritten werden kann. Das BVerwG hat zuletzt im Gegensatz zu seiner vormaligen Rechtsbetrachtung (vgl. BVerwG 01.06.1987 – 6 P 8.85 –) maßgeblich darauf abgestellt, dass die Festlegung der Zeiten von Rufbereitschaft die Interessen der Beschäftigten in vergleichbarer Weise berührt, wie dies bei der Festlegung der Arbeitszeiten innerhalb der Dienststelle der Fall sei, und hat dadurch zum Schutz der Beschäftigten die Anordnung von Rufbereitschaft der Mitbestimmung unterzogen (vgl. BVerwG 04.09.2012 – 6 P 10.11 –).

Die Anordnung von Bereitschaftsdienst ist auch mitbestimmungspflichtig. Unter „Bereitschaftsdienst" ist die Verpflichtung des Beschäftigten zu verstehen, sich an einem von dem Dienstvorgesetzten bzw. Arbeitgeber bestimmten Ort aufhalten zu müssen, um im Bedarfsfall alsbald von dort aus die Arbeit aufnehmen zu können (vgl. BVerwG 22.01.2009 – 2 C 90.07 – und BAG 24.10.2000 – 9 AZR 634/99 –). Der Bereitschaftsdienst grenzt sich von der „Rufbereitschaft" (vgl. Rz. 691) dadurch ab, dass der Beschäftigte in der Wahl seines Aufenthaltsortes beschränkt ist. 694

Aufgrund dieser Aufenthaltsbeschränkung, die mit der Verpflichtung verbunden ist, bei Bedarf unverzüglich die Arbeit aufzunehmen, unterscheidet sich der Bereitschaftsdienst auch insoweit von der Rufbereitschaft, als dass von den Beschäftigten keine ständige Aufmerksamkeit i. S. d. „Arbeitsbereitschaft" (vgl. Rz. 690) zu verlangen ist (vgl. BAG 28.01.2004 – 5 AZR 530/02 –). Gleichwohl wertet die Rechtsprechung insgesamt die **Zeit des Bereitschaftsdienstes als Arbeitszeit** (vgl. BVerwG 29.04.2021 – 2 C 18.20 – und 13.10.2022 – 2 C 7.21 –m. w. N.). Der vom Arbeitgeber bestimmte Aufenthaltsort während der Bereitschaft ist als Arbeitsplatz anzusehen (vgl. EuGH 09.03.2021 – C-344/19 –). **Ruhepausen stellen grundsätzlich keine Arbeitszeit dar**. Ausnahme: Wenn Arbeitnehmer sich jedoch während der Pause einsatzbereit halten müssen, so ist der Pausenzeitraum unionsrechtlich und nach der vorliegenden Vorschrift als als „Arbeitszeit" anzusehen (vgl. EuGH 09.09.2021 – C-107/19 – und BVerwG 13.10.2022 – 2 C 7.21 –)! 695

Wichtig! 696

Die Anordnung von Bereitschaftsdienst ist sowohl nach der vorliegenden Vorschrift als auch nach § 72 Abs. 4 Satz 1 Nr. 2 Fall 1 („Anordnung von Überstunden oder Mehrarbeit") mitbestimmungspflichtig (vgl. BVerwG 28.03.2001 – 6 P 4.00 – sowie OVG NRW 16.12.1992 – 1 A 2670/91.PVB –).

Nach dem Schutzzweck des vorliegenden Mitbestimmungstatbestandes (vgl. Rz. 675) besteht ein **Mitbestimmungsrecht nur für generelle Regelungen**. Es muss sich also um **Regelungen für alle Beschäftigten** oder aber um **Regelungen für eine bestimmte abgrenzbare Gruppe** in der Dienststelle (vgl. OVG NRW 01.12.2004 – 1 A 1294/03.PVL – und OVG Berlin-Brandenburg 09.06.2016 – OVG 61 PV 4.15 –), die nach individuellen Merkmalen abgrenzbar ist (vgl. OVG NRW 22.05.1985 – CL 14/83 –) handeln (vgl. BVerwG 23.12.1982 – 6 P 36.79 – und OVG NRW 09.08.1989 – CB 29/87 – und 05.02.1998 – 1 A 651/97 – zur Arbeitsänderung eines einzelnen Beschäftigten). Dabei ist die Anzahl der von der Regelung betroffenen Beschäftigten unerheblich (vgl. BVerwG 12.08.2002 – 6 P 17.01 – und OVG Berlin-Brandenburg 09.06.2016 – OVG 61 PV 9.15 –). 697

der Pause für unerheblich hält). **Werden einem Arbeitnehmer zwar während seiner täglichen Arbeitszeit Ruhepausen gewährt, in denen er aber ggf. innerhalb von zwei Minuten einsatzbereit sein muss** (= „Bereithalten während der Pause"), so sind diese unionsrechtlich und i. S. d. § 74 Abs. 4 Satz 1 Nr. 1 Fall 1 als „Arbeitszeit" anzusehen (vgl. zuvor Rz. 695)!

707 Eine **Mitbestimmungspflicht** besteht **nur bei generellen Regelungen** (vgl. Rz. 697).

708 Mitbestimmungspflichtig sind z. B. Entscheidungen der Dienststelle im Hinblick auf die allgemeine **Festsetzung der Pausenzeiträume** und die generelle **Aufstellung von Pausenplänen** (vgl. OVG Hamburg 22.05.2000 – 8 Bf 50/99.PVL –).

709 **Keine Mitbestimmung** besteht speziell in den folgenden Fällen:

- Individuelle Arbeitszeitregelungen mit einzelnen Beschäftigten (vgl. OVG NRW 29.09.2004 – 1 A 4194/02.PVB –)
- Regelungen über bezahlte Kurzpausen während der Bildschirmarbeit (vgl. BVerwG 08.01.2001 – 6 P 6.00 –)
- Individuelle Dienstzeitregelungen in einem Rahmendienstplatz kraft Organisationshoheit (vgl. BVerwG 15.02.1988 – 6 P 29.85 –)
- Einführung von Kurzarbeit (vgl. BAG 10.10.2006 – 1 AZR 811/05 –)
- Festsetzung von Zeitwerten für den Vorbereitungsdienst (vgl. BVerwG 14.06.1968 – VII P 9.66 –)
- Regelung der Dienstantrittszeiten, des Überganges von Früh- auf Spätdienst sowie Wochenendregelungen (vgl. BVerwG 21.07.1982 – 6 P 24.79 –)
- Anrechnung der Mittagspause auf die Arbeitszeit (vgl. BVerwG 27.07.1979 – 6 P 92/78 –)
- Dienstplan, der bislang angerechnete Wegezeiten nicht mehr als Arbeitszeit berücksichtigt (vgl. BVerwG 12.11.1993 – 6 P 8.92 –)
- Ermöglichung von Raucherpausen unter dem Vorbehalt des „Ausstempelns" (vgl. zum BetrVG: LAG Schleswig-Holstein 21.06.2007 – 4 TaBV 12/07 –)
- Einführung von Raucherpausen während der Kernarbeitszeit (vgl. OVG NRW 29.03.2010 – 1 A 812/08 –)
- Pausenaufsichtsplan einer Schule für Lehrer (vgl. VGH Hessen 23.05.2018 – 22 A 428/17.PV –)

c) Abs. 4 Satz 1 Nr. 1 Fall 3: **Verteilung der Arbeitszeit auf die einzelnen Wochentage**

710 Nach Abs. 4 Satz 1 Nr. 1 Fall 3 ist auch die Verteilung der Arbeitszeit auf die einzelnen Wochentage mitbestimmungspflichtig. Dabei handelt es sich nach § 66 Abs. 7 Satz 3 um einen **Fall der uneingeschränkten Mit-**

bestimmung, sodass im Nichteinigungsfall die Letztentscheidung bei der Einigungsstelle liegt (vgl. § 66 Rz. 90).

Zum **Ausschluss der Mitbestimmung** des Personalrates, wenn eine **gesetzliche oder tarifliche Regelung** besteht (vgl. Rz. 495 ff.). 711

Nach **Abs. 5** besteht eine Mitbestimmung des Personalrates auch, wenn eine **Maßnahme probeweise oder befristetet** durchgeführt werden soll (vgl. Rz. 1197 ff.). 712

Gegenstand der Mitbestimmung ist die **„Verteilung der abzuleistenden Arbeitszeit auf die Arbeitstage der Woche"**. Dazu gehört jede Maßnahme der Dienststelle, die eine allgemeine und unmittelbar verbindliche Verteilung der abzuleistenden Arbeitszeit auf die Arbeitstage der Woche vornimmt (vgl. BVerwG 09.10.1991 – 6 P 12.90 –), so z. B. u. a. auch die Anordnung von Samstagsarbeit (vgl. OVG NRW 09.11.2018 – 20 A 526/17. PVL). Den klassischen Fall stellen insoweit **die von der Dienststelle erstellten (generellen) Dienstpläne** dar. Deren **Aufstellung und Änderung**, d. h. klarstellend jegliche Änderung eines bereits aufgestellten Dienstplanes **ist mitbestimmungspflichtig**. Der „Beginn und das Ende" der täglichen Arbeitszeit wird vom Mitbestimmungsfall nach § 72 Abs. 4 Satz 1 Nr. 1 Fall 1 (vgl. Rz. 674 ff.) und der der Pausen vom Fall des § 72 Abs. 4 Satz 1 Nr. 1 Fall 2 (vgl. Rz. 703 ff.) erfasst. In der Praxis können insoweit alle drei Mitbestimmungsfälle betroffen sein, z. B. bei einem Wochendienstplan, der auch Angaben zur Arbeitszeit- und Pausenzeitverteilung an den einzelnen Tagen enthält. 713

Wichtig! 713a

Ein Arbeitnehmer ist nicht verpflichtet, während seiner Freizeit eine Mitteilung des Arbeitgebers – etwa per Telefon – entgegenzunehmen oder eine dienstliche SMS aufzurufen. Nimmt er eine Information über eine Dienstplanänderung nicht zur Kenntnis, geht ihm diese erst bei Dienstbeginn zu (so BAG 31.01.2023 – 9 AZR 244/20 –)!

Zum Begriff der **„Arbeitszeit"** vgl. Rz. 684. 714

Eine **Mitbestimmungspflicht** besteht **nur bei generellen Regelungen** (vgl. Rz. 697). 715

Für **Beispiele der Mitbestimmung** und insbesondere auch die zu beachtende Mitbestimmung bei der **Arbeitszeitverteilung von Lehrpersonal** wird im Übrigen auf die Ausführungen zu § 72 Abs. 4 Satz 1 Nr. 1 Fall 1 verwiesen (vgl. Rz. 702). 716

d) Abs. 4 Satz 1 Nr. 1 Fall 4 bis 6: Einführung, Ausgestaltung und Aufhebung der gleitenden Arbeitszeit

717 Nach Abs. 4 Satz 1 Nr. 1 Fall 4 bis 6 sind auch die **Einführung (Fall 4)**, die **Ausgestaltung (Fall 5)** und die **Aufhebung (Fall 6)** der gleitenden Arbeitszeit mitbestimmungspflichtig. Der Sinn und Zweck der Mitbestimmung erfasst **nur kollektive Tatbestände**, d.h. generelle Regelungen gerichtet. Dementsprechend sind individuelle Einzelmaßnahmen wie z.B. die Ausnahme einzelner Beschäftigter von der Gleitzeit (vgl. Rn. 734) nicht mitbestimmungspflichtig.

718 Vormals wurde im Jahr 2007 ein bereits bestehender gleichlautender Mitbestimmungstatbestand gestrichen. Im Zuge der **Novelle 2011** erfolgte eine Wiedereinführung der Mitbestimmungsfälle, die bereits vormals im Gesetz enthalten, aber mit der Novelle 2007 gestrichen worden sind. Damit wurde der alte Rechtsstand und letztendlich eine erweiterte Mitbestimmung des Personalrates wiederhergestellt (vgl. LT-Drucks. 15/2218, S. 54).

719 Bei den vorliegenden Mitbestimmungsfällen handelt es sich nach § 66 Abs. 7 Satz 3 stets um eine **uneingeschränkte Mitbestimmung**, sodass bei einer Nichteinigung die Letztentscheidung bei der Einigungsstelle liegt (vgl. § 66 Rz. 90).

719a Zu einem **System zur Erfassung der täglichen effektiven Arbeitszeit** vgl. Rz. 677.

720 Zum **Ausschluss der Mitbestimmung** des Personalrates, wenn eine **gesetzliche oder tarifliche Regelung** besteht vgl. Rz. 495 ff.

721 Nach Abs. 5 besteht eine Mitbestimmung des Personalrates auch, wenn eine **Maßnahme probeweise oder befristetet** durchgeführt werden soll (vgl. Rz. 1197 ff.).

722 Die „**gleitende Arbeitszeit**“ stellt ein Arbeitszeitmodell dar, das eine Flexibilisierung und auch Individualisierung der Arbeitszeit für die Beschäftigten zulässt, um dadurch vor allem auch die Wettbewerbsfähigkeit der öffentlichen Verwaltungen und Betriebe zu steigern (vgl. hierzu auch Breier u.a. § 6 TVöD, Rn. 1.1). Bei einem solchen Modell wird die Arbeitszeit nicht auf einen bestimmten Anfangs- und Endtermin festgelegt (z.B. von 08:00 bis 16:30 Uhr), sondern eröffnet den Beschäftigten die Möglichkeit, innerhalb eines bestimmten (Zeit-)Rahmens den Zeitpunkt seines persönlichen Arbeitsbeginns und auch -endes selbst bestimmen zu können. Dabei besteht für die Beschäftigten zumeist eine sog. „Kernarbeitszeit“, in der eine Anwesenheitspflicht am Arbeitsplatz besteht. Die Dauer dieser Kernarbeitszeit ist dabei kürzer bemessen als die vereinbarte tägliche Arbeitszeit der Beschäftigten.

Beispiel: 723

Der Beschäftigte kann z.B. im nachfolgenden Rahmen den Beginn und das Ende der Arbeitszeit selbst bestimmen:

Arbeitsbeginn: 07:00 Uhr bis 09:00 Uhr

Arbeitsende: 16:00 Uhr bis 18:30 Uhr

In der Kernarbeitszeit von 09:00 Uhr bis 16:00 Uhr (Geschäfts- und Öffnungszeit) besteht eine Anwesenheitspflicht.

Die **regelmäßige Arbeitszeit von Beschäftigten** ist in § 6 TVöD/TV-L geregelt. 724
Sie beträgt dem Grunde nach ausschließlich der Pausen für die Beschäftigten z.B. für kommunale Beschäftigte im Tarifgebiet West durchschnittlich 39 Stunden wöchentlich (§ 6 Abs. 1 lit. b) TVöD-V) und für Beschäftigte, die in einem Arbeitsverhältnis zu einem Arbeitgeber stehen, der Mitglied der TdL oder eines Mitgliedverbandes der TdL ist im Tarifgebiet West 38,5 Stunden als regelmäßige wöchentliche Arbeitszeit (§ 6 Abs. 1 lit. b) TV-L).

Durch **Dienstvereinbarung** (vgl. § 70) kann ein **wöchentlicher Arbeits-** 725
zeitkorridor von bis zu 45 Stunden eingerichtet werden (§ 6 Abs. 6 Satz 1 TVöD/TV-L). Damit wird also der Rahmen für die zulässige Wochenarbeitszeit festgelegt, innerhalb derer dem Grunde nach keine Überstunden anfallen. Denn nur die über 45 Stunden oder auch eine andere vereinbarte Obergrenze hinausgehend geleisteten Stunden pro Woche sind als Überstunden zu bewerten (§ 7 Abs. 8 lit. a) TVöD/TV-L). Die tägliche dienstliche Arbeitszeit der Beschäftigten wird auf max. zehn Stunden aufgrund der gesetzlichen Regelung des § 3 ArbZG begrenzt. Wenn also ein Beschäftigter mehr oder weniger als 38,5 bzw. 40 Stunden arbeitet, so sind diese so auszugleichen, dass im Jahresdurchschnitt (§ 6 Abs. 2 Satz 1 TVöD/TV-L) die regelmäßige Arbeitszeit des Beschäftigten erreicht wird (§ 6 Abs. 2 Satz 1 TVöD/TV-L). Bei der **Einführung eines Arbeitszeitkorridors** hat die Dienststelle ein **Arbeitszeitkonto** einzurichten (§ 10 TVöD).

Alternativ kann durch **Dienstvereinbarung** (vgl. auch § 70) in der Zeit von 726
06:00 bis 20:00 Uhr auch eine **tägliche Rahmenzeit von bis zu zwölf Stunden** eingeführt werden (§ 6 Abs. 7 Satz 1 TVöD/TV-L). Die innerhalb dieser Zeit geleisteten zusätzlichen Arbeitsstunden werden dann im Rahmen des nach § 6 Abs. 2 Satz 1 TVöD/TV-L festgelegten Zeitraums ausgeglichen (§ 6 Abs. 7 Satz 2 TVöD/TV-L). Im Gegensatz zum vorbenannten Arbeitszeitkorridor, der auf die Woche abstellt, wird also bei der Rahmenzeit ein täglicher Rahmen für die Arbeitszeit festgelegt, in dem die individuelle Arbeitszeit der Beschäftigten flexibel geregelt werden kann, ohne dass dabei Überstunden entstehen (§ 7 Abs. 8 lit. b) TVöD/TV-L). Auch hier gilt es, die gesetzlichen Vorgaben nach § 3 ArbZG und damit die täg-

liche Höchstarbeitszeit von zehn Stunden und die höchstmögliche Wochenarbeitszeit von max. 60 Stunden zu beachten.

727 Soweit die maximal zulässige tarifvertragliche Rahmenarbeitszeit zwischen 06:30 und 18:30 Uhr gelegt wird, kann sowohl die **Ausschöpfung des vollständig festgelegten Zeitrahmens** als auch eine **bereichsbezogene Servicezeit**, in der eine Mindestbesetzungsstärke von Beschäftigten vorhanden sein muss, vereinbart werden.

728 Beispiel für eine Nutzung der Rahmenzeit in einem Bürgerbüro:

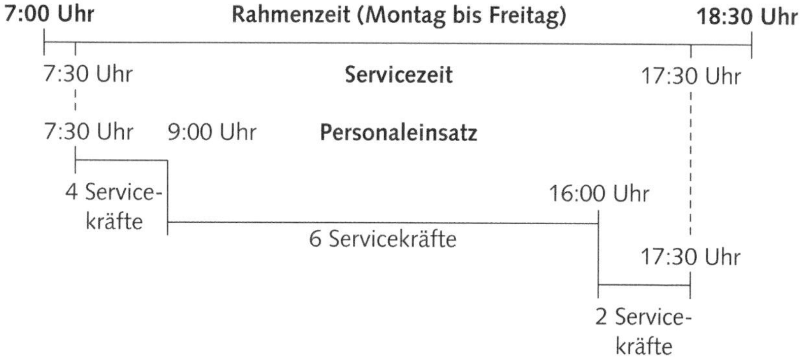

729 **Wichtig!**

Der Abschluss einer Dienstvereinbarung ist für beide Seiten nur nach Maßgabe der zuvor aufgezeigten Möglichkeiten erzwingbar. Wenn keine Einigung (Parteien oder Einigungsstelle) erzielt werden kann, verbleibt dem Personalrat hauptsächlich nur noch sein Mitbestimmungsrecht im Einzelfall – nach Maßgabe des vorliegenden Mitbestimmungstatbestandes!

730 Unter „**Einführung**“ der gleitenden Arbeitszeit i.S.d. § 72 Abs. 4 Satz 1 Nr. 1 Fall 4 ist die erstmalige Verwendung der gleitenden Arbeitszeit in der Dienststelle zu verstehen, so z.B. bei der beabsichtigten Nutzung der Rahmenzeit bei der Gestaltung von bürgerfreundlichen Servicezeiten bei einem Einwohnermeldeamt und der damit verbundenen zeitlichen Personaleinsatzplanung. **Keine Einführung** und im Übrigen auch ansonsten nach Fall 5 und 6 der vorliegenden Vorschrift mitbestimmungsfrei, ist die **Anordnung der Dienststelle, dass Raucherpausen während der Kernarbeitszeit unzulässig** sind (vgl. OVG NRW 29.03.2010 – 1 A 812/08 –).

731 Der Begriff „**Ausgestaltung**“ i.S.d. § 72 Abs. 4 Satz 1 Nr. 1 Fall 5 stellt mit Blick auf die Vorgaben der AZVO (vgl. auch § 14 Abs. 1 Satz 1 AZVO) zunächst auf die Festlegung der Kern- und Servicezeiten sowie der Gleitzeit-

spanne ab (vgl. auch BVerwG 09.10.1991 – 6 P 21.89 –). Darüber hinaus werden auch sämtliche anderweitigen Maßnahmen der Dienststelle erfasst, die zur Regelung und Handhabung der gleitenden Arbeitszeit bestimmt sind, wie z.B. die Aufstellung von Geräten zur Arbeitszeiterfassung, Arbeitszeitaufzeichnungen durch die Beschäftigten, die Behandlung von Zeitüberhängen und Ausgleichszeiträumen sowie Regelungen über die Anrechnung von Mehrarbeit und Überstunden (vgl. Havers, § 72 Erl. 56.5). Zum **Verbot von Raucherpausen in der Kernarbeitszeit** vgl. Rz. 730.

Wichtig! 732

Einen Anspruch auf Vorlage der Zeitnachweise, die der Zeiterfassung im Rahmen einer bestehenden gleitenden Arbeitszeit dienen, hat der Personalrat nur, wenn dies in einer Dienstvereinbarung festgelegt ist (vgl. BVerwG 27.07.1983 – 6 P 42.80 –)!

Keine Ausgestaltung der gleitenden Arbeitszeit hat die Rechtsprechung im Hinblick auf die Anwendung der Regelungen in einer Dienstvereinbarung zur Gleitzeit in der Verwaltung angenommen, soweit diese festlegen, dass für den Fall der erforderlichen Anwesenheit von einer bestimmten Anzahl von (Service-)Beschäftigten entsprechende amtsinterne Weisungen getroffen werden können (vgl. OVG NRW 20.11.1997 –1 A 3125/95 PVL). 733

Unter „**Aufhebung**“ der gleitenden Arbeitszeit i. S. d. § 72 Abs. 4 Satz 1 Nr. 1 Fall 6 ist die Beendigung der Nutzung eines eingeführten bzw. bislang verwendeten Gleitzeitarbeitsmodelles zu verstehen. Die Herausnahme eines einzelnen Beschäftigten aus der Gleitzeit unterliegt als Individualmaßnahme nicht der Mitbestimmung (vgl. hierzu auch Rn. 717). Zur **Kündigung und Nachwirkung von (Gleitzeit-)Dienstvereinbarungen** vgl. auch § 70 Rz. 61. Zum Verbot von Rauerpausen in der Kernarbeitszeit vgl. Rz. 730. 734

2. Abs. 4 Satz 1 Nr. 2: Anordnung von Überstunden oder Mehrarbeit, soweit sie vorauszusehen oder nicht durch Erfordernisse des Betriebsablaufs oder der öffentlichen Sicherheit und Ordnung bedingt sind, sowie allgemeine Regelungen des Ausgleichs von Mehrarbeit

a) Abs. 4 Satz 1 Nr. 2 Fall 1: Anordnung von Überstunden oder Mehrarbeit

Nach Abs. 4 Satz 1 Nr. 2 ist die Anordnung von Überstunden oder Mehrarbeit unter den tatbestandlich benannten Voraussetzungen mitbestimmungspflichtig. Dabei handelt es sich nach § 66 Abs. 7 Satz 3 um einen Fall der **eingeschränkten Mitbestimmung**, sodass die Einigungsstelle nur eine Empfehlung aussprechen kann (vgl. § 66 Rz. 90). 735

Der **Schutzzweck der Mitbestimmung** besteht darin, durch die Beteiligung des Personalrates die Gesundheit der Beschäftigten aufgrund von vermehrt zu erbringender Arbeit und der damit verbundenen Einschränkung ihrer 736

Freizeit zu schützen (vgl. hierzu auch BVerwG 12.09.2005 – 6 P 1.05 –). Die Mitbestimmung des Personalrats ist nicht **aus arbeitskampfrechtlichen Gründen suspendiert**, wenn der Arbeitgeber Mehrarbeit gegenüber allen dienstplanmäßig eingeteilten Arbeitnehmern zur Aufarbeitung streikbedingter Arbeitsrückstände nach Beendigung der Arbeitsniederlegung anordnet. Gleiches gilt, wenn mit der Mehrarbeitsanordnung in einer von Warnstreiks begleiteten Verhandlungsphase der Tarifvertragsparteien dem Streikdruck vorgebeugt werden soll und der Arbeitgeber nicht deutlich macht, dass er die Maßnahme auf arbeitswillige, einem gewerkschaftlichen Streikaufruf nicht Folge leistende Arbeitnehmer beschränkt (vgl. entsprechend BAG 20.3.2018 – 1 ABR 70/16 – zum BetrVG).

737 Demzufolge kommt dem vorliegenden Mitbestimmungstatbestand reineweg eine Abwehrfunktion zu, sodass **kein Initiativrecht des Personalrates** zur Herbeiführung der Anordnung von Überstunden oder Mehrarbeit besteht (vgl. BVerwG 06.10.1992 – 6 P 25.90 – und OVG NRW 05.08.1991 – CL 24/89 –)!

738 Zum **Ausschluss der Mitbestimmung** des Personalrates, wenn eine **gesetzliche oder tarifliche Regelung** besteht, vgl. Rz. 495 ff.

739 Nach **Abs. 5** besteht eine Mitbestimmung des Personalrates auch, wenn eine **Maßnahme probeweise oder befristet** durchgeführt werden soll (vgl. Rz. 1197 ff.).

740 Der Gesetzgeber hat auf eine Definition der Begriffe „**Überstunden**" und „**Mehrarbeit**" verzichtet, sodass die Begriffsbestimmung in Anlehnung an die gesetzlichen Vorgaben für Beamte und die arbeitsrechtlichen sowie tarifrechtlichen Vorgaben für Arbeitnehmer entsprechend vorzunehmen ist (vgl. BVerwG 12.09.2005 a. a. O.).

741 Für **Beamte** ist die regelmäßige Arbeitszeit gesetzlich geregelt (vgl. § 60 Abs. 1 Satz 1, Abs. 2 und Abs. 3 sowie § 61 Abs. 1 Satz 1, Abs. 2 und Abs. 3 Satz 1 i. V. m. den §§ 2 ff. AZVO NRW). Eine zeitliche Beanspruchung darüber hinaus stellt im beamtenrechtlichen Sinne eine „**Mehrarbeit**" dar (vgl. § 61 Abs. 1 Satz 1 LBG NRW i. V. m. § 10 Abs. 1 AZVO NRW). Den Begriff „**Überstunden**" kennt das nordrhein-westfälische Beamtenrecht nicht. Deshalb ist z. B. der von einem Lehrer zusätzlich erteilte Unterricht (ausgenommen außerunterrichtliche Tätigkeiten wie Schulfeste etc.), die Vertretung mit Freizeitausgleich aber auch die Erhöhung der Wochenstunden beamten- und auch personalvertretungsrechtlich als „**Mehrarbeit**" anzusehen.

742 Für **Arbeitnehmer** stellen „**Überstunden**" die Überschreitung der von dem einzelnen Arbeitnehmer geschuldeten, arbeitsvertraglich oder tariflich festgelegten Arbeitszeit dar. Für tariflich gebundene Arbeitnehmer

des TVöD/TV-L sind Überstunden die auf Anordnung des Arbeitgebers geleisteten Überstunden, die über die im Rahmen der regelmäßigen Arbeitszeit von Vollbeschäftigten (§ 6 Abs. 1 Satz 1 TVöD/§ 6 Abs. 1 TV-L) für die Woche dienstplanmäßig bzw. betriebsüblich festgesetzten Arbeitsstunden hinausgehen und nicht bis zum Ende der folgenden Kalenderwoche ausgeglichen werden (vgl. § 7 Abs. 7 TVöD/TV-L und Abs. 8 im Falle eines bestehenden Arbeitszeitkorridors, einer Rahmenzeit und von Wechselschicht- oder Schichtarbeit). Zur **Darlegungs- und Beweislast** in einem späteren **Überstundenprozess** vor dem Arbeitsgericht vgl. BAG 04.05.2022 – 5 AZR 359/21 –).

Beispiel: 743

Wenn die regelmäßige Arbeitszeit eines Arbeitnehmers z. B. auf fünf Tage, d. h. von Montag bis Freitag, verteilt ist, so stellt die zeitliche Erledigung von Sonderaufgaben für den Arbeitgeber an einem Samstag Überstunden dar.

Unter „**Mehrarbeit**“ ist im arbeitsrechtlichen Sinne die Zeit zu verstehen, 744
die über die gesetzlich zulässige Arbeitszeit (vgl. § 3 ArbZG) hinausgeht. Diese Begrifflichkeit wird zunehmend mit der der Überstunden vermischt. In den meisten Tarifverträgen finden sich jedoch Begriffsdefinitionen. Dementsprechend wird die Mehrarbeit z. B. im TVöD/TV-L als die Arbeitsstunden definiert, die ein Teilzeitbeschäftigter über die vereinbarte regelmäßige Arbeitszeit hinaus bis zur regelmäßigen wöchentlichen Arbeitszeit von Vollbeschäftigten (§ 6 Abs. 1 Satz 1 TVöD/TV-L) leistet (vgl. § 7 Abs. 6 TVöD/TV-L). Keine Mehrarbeit stellt die mit einer Dienstanweisung ausgesprochene **Verpflichtung für Lehrer, Klausuren in den eigenen Kursen selbst auszuteilen und für Rückfragen im dort genannten zeitlichen Rahmen zur Verfügung zu stehen** dar (vgl. VG Minden 01.09.2016 – 4 K 1279/15 –).

Beispiel: 745

Ein Teilzeitbeschäftigter leistet mehr Arbeitsstunden, als individuell geschuldet sind, z. B. aufgrund der zusätzlichen Arbeitserledigung für einen erkrankten Kollegen, anstatt 20 Stunden in der Woche, fünf Stunden mehr.

Gegenstand der Mitbestimmung ist die „**Anordnung**“ von Überstunden 746
oder Mehrarbeit, d. h. deren Anweisung zur Ableistung durch den Dienstherrn bzw. Arbeitgeber. Abzustellen ist dabei auf die Entscheidung der Dienststelle, sodass es unerheblich ist, ob die hiervon betroffenen Beschäftigten Überstunden oder Mehrarbeit nur gezwungenermaßen oder freiwillig ableisten (vgl. hierzu auch BVerwG 30.01.1996 – 6 P 50.93 –).

Wichtig! 747

Eine Mitbestimmung besteht auch dann, wenn Überstunden oder Mehrarbeit ohne eine ausdrückliche Anordnung von Beschäftigten abgeleistet werden und der Dienstherr bzw. Arbeitgeber diesen Umstand unbeanstandet duldet (vgl. hierzu OVG NRW 05.04.1990 – CL 58/87 – und LAG Schleswig-Holstein 14.11.1986 – 6 Ta BV 12/86 – zur Genehmigung von Mehrarbeit)!

748 Die **Anordnung von Mehrarbeit bei Beamten** erfordert das „Vorliegen zwingender dienstlicher Verhältnisse" (§ 61 Abs. 1 Satz 1 LBG NRW). Hier kann eine Anordnung also nur dann erfolgen, wenn diese zur Erledigung wichtiger, unaufschiebbarer Aufgaben unvermeidbar notwendig ist und wenn die Umstände, die die Mehrarbeit erfordern, vorübergehender Natur sind und eine Ausnahme gegenüber den sonst üblichen Verhältnissen darstellen (vgl. OVG NRW 17.01.1997 – 6 A 7153/95 –). Wenn hingegen die Mehrarbeit gemessen an den Verhältnissen in der Dienststelle die Regel darstellt, so liegt darin eine unzulässige Verlängerung der regelmäßigen Arbeitszeit (vgl. OVG NRW 17.01.1997 a.a.O.). Eine **Anordnung des Leiters einer Staatsanwaltschaft, durch die die vertretungsweise Bearbeitung von 20 % der Verfahren aus einem nicht besetzten amtsanwaltlichen Dezernat unbefristet einem Staatsanwalt zugewiesen wird**, stellt keine mitbestimmungspflichte Mehrarbeitsanordnung dar (so OVG NRW 24.03.2015 – 20 A 97/14 –). Das gilt ebenso für die („nachträgliche") **Genehmigung von Mehrarbeit** nach§ 61 Abs. 1 Satz 2 Alt. 2 LBG NRW (vgl. entsprechend LAG Schleswig-Holstein 14.11.1986 – 6 Ta BV 12/86 –).

749 Für die **Anordnung** von Überstunden oder Mehrarbeit **bei Arbeitnehmern** müssen „dringende betriebliche bzw. dienstliche Gründe" bestehen (vgl. die Tariföffnungsklausel des § 6 Abs. 5 TVöD/TV-L). Zur Bestimmung dieses Tatbestandsmerkmals kann dem Grunde nach auf die in **§ 14 Abs. 1 und 2 ArbZG** definierten „außergewöhnlichen Fälle" zurückgegriffen werden. Dabei gilt es aber zu beachten, dass die vorbenannte Tariföffnungsklausel nicht darauf beschränkt ist, sodass auch an weitergehende Fälle zu denken ist!

750 **§ 14 (Außergewöhnliche Fälle)**

Von den §§ 3 bis 5, 6 Abs. 2, §§ 7, 9 bis 11 darf abgewichen werden bei vorübergehenden Arbeiten in Notfällen und in außergewöhnlichen Fällen, die unabhängig vom Willen der Betroffenen eintreten und deren Folgen nicht auf andere Weise zu beseitigen sind, besonders wenn Rohstoffe oder Lebensmittel zu verderben oder Arbeitsergebnisse zu misslingen drohen.

Von den §§ 3 bis 5, 6 Abs. 2, §§ 7, 11 Abs. 1 bis 3 und § 12 darf ferner abgewichen werden,

1. wenn eine verhältnismäßig geringe Zahl von Arbeitnehmern vorübergehend mit Arbeiten beschäftigt wird, deren Nichterledigung das Er-

gebnis der Arbeiten gefährden oder einen unverhältnismäßigen Schaden zur Folge haben würden,

2. bei Forschung und Lehre, bei unaufschiebbaren Vor- und Abschlussarbeiten sowie bei unaufschiebbaren Arbeiten zur Behandlung, Pflege und Betreuung von Personen oder zur Behandlung und Pflege von Tieren an einzelnen Tagen, wenn dem Arbeitgeber andere Vorkehrungen nicht zugemutet werden können.

Mitbestimmungspflichtig ist auch die **Bestimmung der Beschäftigten**, d.h. 751
also die Entscheidung der Dienststelle, von wem in welchem Umfang Überstunden oder Mehrarbeit geleistet werden soll (str.: so bejahend BAG 22.02.1983 – 1 ABR 27/81 – zum BetrVG; a.A. VGH Hessen 27.11.1985 – HPV TL 1500/85 – zu § 61 Abs. 1 Nr. 9 HPVG i.d.F. von 1984). Eine Mitbestimmung besteht auch dann, wenn von einem Teil der Beschäftigten einer Abteilung der **dienstlich veranlasste Mehraufwand einer anderen Abteilung auf freiwilliger Basis an Samstagen abgearbeitet wird** (so OVG Berlin Brandenburg 06.03.2018 – OVG 62 PV 4.17 –).

Keine Mitbestimmung besteht für die **Festlegung des Zeitpunktes**, zu dem 752
die angewiesenen Überstunden oder die Mehrarbeit abzuleisten ist. Insoweit besteht allerdings ein Mitbestimmungsrecht nach § 72 Abs. 4 Satz 1 Nr. 1 Fall 1 („Beginn und Ende der täglichen Arbeitszeit …"). Von der Anordnung ist auch der **Abbau von Überstunden und Mehrarbeit** abzugrenzen, der ebenfalls nicht nach der vorliegenden Vorschrift mitbestimmungspflichtig ist (vgl. OVG NRW 05.02.1998 – 1 A 4363/95.PVL –) und die **Genehmigung von eigens abgeleisteten Zeiten** (vgl. entsprechend Rz. 748). Entsprechendes gilt für die **Anordnung von Rufbereitschaft**. Hier gilt es jedoch die Mitbestimmung nach § 72 Abs. 4 Satz 1 Nr. 1 Fall 1 („Beginn und Ende der täglichen Arbeitszeit …") zu beachten (vgl. Rz. 691)! Mitbestimmungsfrei sind auch **Verwaltungsanordnungen, die das Führen von Bereitschaftsdienst oder Überstundenbücher regeln** (vgl. hierzu OVG NRW 07.03.1983 – CL 20/82 –). Mangels einer entsprechenden Regelung im LPVG NRW ist auch die **Anordnung von Kurzarbeit** mitbestimmungsfrei.

Keine Mitbestimmung besteht auch bei einer **fehlenden Voraussehbarkeit** 753
der Anordnung von Überstunden oder Mehrarbeit. Derartiges ist grundsätzlich dann anzunehmen, wenn zwischen der Erkenntnis der Dienststelle, dass Überstunden und Mehrarbeit notwendig werden, und ihrer (tatsächlichen) Anordnung so wenig Zeit verbleibt, dass das Mitbestimmungsverfahren letztendlich nicht mehr durchgeführt werden kann (vgl. BVerwG 12.09.2005 – 6 P 1.05 –). So z.B. in Fällen der plötzlich eintretenden Notwendigkeit der vertretungsweisen Arbeitserledigung (Vertretung einer Servicekraft in der Folgeschicht, Vertretungsunterricht an Schulen)

oder unerwartete Rettungs- oder Schutzeinsätze im Feuerwehr-, Rettungs- oder Polizeidienst. Dementsprechend schließt i.d.R. ein bloßer übermäßiger Arbeitsanfall oder entsprechende Arbeitsrückstände bzw. Personalausfall nicht die Mitbestimmung des Personalrates aus (vgl. OVG NRW 29.01.1996 – 1 A 3920/92.PVL –). Auch eine **dienststellenseitige Duldung eigenmächtiger Überstunden oder Mehrarbeit** kann zu einer Mitbestimmung nach der vorliegenden Vorschrift führen (vgl. etwa OVG NRW 05.04.1990 – CL 58/87 –). Insoweit kommt es insbesondere darauf an, ob bei vorhandener Kenntnis gebotene Gegenmaßnahmen erfolgt sind (vgl. hierzu BAG 28.07.2020 – 1 ABR 18/19 –). In Vermeidung unnötiger Streitigkeiten mit dem Personalrat und betroffenen Beschäftigten, die ggf. im Nachhinein „Duldungs-Ansprüche" (vgl. BAG 10.04.2013 – 5 AZR 122/12 –) im Hinblick auf geleistete Überstunden oder Mehrarbeit geltend machen, sollte die Dienststellenleitung klare Verhaltens- und Prüfungsvorgaben für die Führungskräfte im Hause machen (Stichwort: „Vermeidung eines Organisationsverschuldens")!

754 **Wichtig!**

Keine fehlende Voraussehbarkeit liegt im Fall der schuldhaft verzögerten Einleitung des Mitbestimmungsverfahrens vor, etwa, wenn der Bedarf für eine Unterrichtsvertretung an eine Schule bereits zeitlich ausreichend bekannt gewesen ist, ohne dass allerdings eine Vertretungsregelung unter Beteiligung des Personalrates herbeigeführt wurde (vgl. OVG NRW 17.01.1997 – 6 A 7153/95 und auch OVG NRW 04.11.1980 – CL 17/79).

755 Auch **bestehende Erfordernisse des Betriebsablaufs**, die die Anordnung von Überstunden oder Mehrarbeit bedingen, führen dazu, dass ein Mitbestimmungsrecht nicht besteht. Durch dieses die Mitbestimmung ausschließende Tatbestandsmerkmal soll die Handlungs- und Funktionsfähigkeit der öffentlichen Verwaltung gewährleistet werden (vgl. LT-Drucks. 9/3845 S. 68). An das Vorliegen dieses Merkmals sind aber strenge Anforderungen zu stellen (vgl. OVG NRW 29.01.1996 – 1 A 3920/92 – m.w.N.). Insoweit müssen unausweichliche wirtschaftliche oder technische Zwänge vorliegen, die die Anordnung von Überstunden oder Mehrarbeit durch die Dienststelle als alternativlos erscheinen lassen (vgl. BVerwG 12.09.2005 – 6 P 1.05 –). Das ist z.B. nicht der Fall, wenn die Belastung des vorhandenen Personals (z.B. im Vorzimmer eines Oberbürgermeisters oder Vorstandes etc.) mit angeordneten Überstunden oder Mehrarbeitsstunden für die Dienststelle wirtschaftlicher erscheint als die zusätzliche Einstellung von Personal (vgl. BVerwG 12.09.2005 a.a.O.). Die Mitbestimmung ausschließende Erfordernisse des Betriebsablaufs können im letztgenannten Fall aber dann bestehen, wenn in

dem Zeitraum, in dem die Arbeit zu bewältigen ist, ein hinreichend qualifiziertes zusätzliches Personal der Dienststelle nicht zur Verfügung steht (vgl. BVerwG 12.09.2005 a.a.O.). Weiter können Erfordernisse des Betriebsablaufs z.B. auch die unerlässliche Anwesenheit von bestimmten Beschäftigten wie z.B. von Ärzten bei Operationen oder von Sachbeiständen bei lang andauernden Sitzungen darstellen (vgl. hierzu VGH Hessen 14.01.1993 – HPV TL 2064/91 –). Entsprechendes gilt auch für notwendigerweise nur bzw. noch am Wochenende durchzuführende Arbeiten (vgl. OVG NRW 04.11.1992 – CL 52/89 – zu Reinigungsarbeiten an einer Schule nach einer Wochenendveranstaltung).

Nach dem Schutzzweck des vorliegenden Mitbestimmungstatbestandes **756** (vgl. Rz. 736) erfasst dieser **nur kollektive Maßnahmen** (vgl. BVerwG 12.09.2005 – 6 P 1/05 –). Keine Mitbestimmung besteht deshalb bei **individuellen Anordnungen von Überstunden oder Mehrarbeit** (vgl. OVG NRW 23.03.1990 – CL 15/87 –). Die Rechtsprechung nimmt eine Kollektivmaßnahme erst dann an, wenn sich die Überstundenanordnung an mindestens zwei Beschäftigte richtet (vgl. BVerwG 12.09.2005 a.a.O.). Ist das der Fall, müssen darüber hinaus aber auch konkrete Belange anderer Beschäftigter betroffen sein (vgl. OVG Berlin-Brandenburg 18.01.2018 – 61 PV 10.16 –, dass eine Mitbestimmung bei einer Überstundenanordnung gegenüber zwei Beschäftigten einer EDV-Abteilung über die Zeit der Osterferien mangels Auswirkungen auf die übrige Belegschaft in der Dienststelle zu Recht verneint hat). Anders verhält es sich hingegen, wenn eine Anordnung dazu dient, den erhöhten Arbeitsanfall der Beschäftigten einer anderen Abteilung abzuarbeiten (vgl. OVG Berlin-Brandenburg 06.03.2018 – 62 PV 4.17 –).

Keine Mitbestimmung besteht auch, wenn die Anordnung von Überstun- **757** den oder Mehrarbeit durch **„Erfordernisse der öffentlichen Sicherheit und Ordnung bedingt“** sind.

Die Begriffskombination „**öffentliche Sicherheit und Ordnung**“ stellt Be- **758** zeichnungen aus dem Polizei- und Ordnungsrecht dar, die i.d.R. gemeinsam verwendet werden (vgl. § 1 PolG und § 14 OBG). Als Begriffseinheit stellen sie grundsätzlich auf die Summe sämtlicher geschriebener und auch ungeschriebener Regelungen ab, die als Grundlage für ein geordnetes Zusammenleben anzusehen sind; das ist z.B. die Unversehrtheit von Leben, die Gesundheit (vgl. hierzu auch OVG Sachsen-Anhalt 30.07.2013 – 4 B 380/13 –) oder auch der Schutz herrschender sozialer und ethnischer Anschauungen (vgl. z.B. § 118 OWiG im Hinblick auf einen nackten Spaziergänger in der Fußgängerzone). Dementsprechend hat das OVG NRW die Anordnung von Überstunden oder Mehrarbeit durch Erfordernisse der öffentlichen Sicherheit als bedingt angesehen, wenn sich in einer Justizvollzugsanstalt die durch das Erfordernis der Bewachung der Gefangenen vorgegebene Arbeitsmenge nicht dadurch bewältigen lässt, dass die der Anstalt zur Verfügung stehenden Bediensteten im Umfang ihrer regelmäßigen Arbeitszeit eingesetzt werden (vgl. OVG NRW 05.04.1990 – CL 2/88 –).

759 Mitbestimmungspflichtige **Anordnungen** von Überstunden oder Mehrarbeit **ohne die Zustimmung des Personalrates** sind unwirksam. Die hiervon betroffenen Beschäftigten können ungeachtet dessen allerdings gegenüber dem Dienstherrn bzw. dem Arbeitgeber individualrechtlich entsprechende Vergütungsansprüche aufweisen, wenn sie tatsächlich bereits Überstunden oder Mehrarbeit abgeleistet haben!

b) Abs. 4 Satz 1 Nr. 2 Fall 2: Allgemeine Regelungen des Ausgleichs von Mehrarbeit

760 Nach Abs. 4 Satz 1 Nr. 2 Fall 2 sind allgemeine Regelungen des Ausgleichs von Mehrarbeit mitbestimmungspflichtig. Dabei handelt es sich nach § 66 Abs. 7 Satz 3 um einen **Fall der eingeschränkten Mitbestimmung**, sodass die Einigungsstelle nur eine Empfehlung aussprechen kann (vgl. § 66 Rz. 90).

761 Zum **Ausschluss der Mitbestimmung** des Personalrates, soweit eine **gesetzliche oder tarifliche Regelung** besteht vgl. Rz. 495 ff.

762 Nach **Abs. 5** besteht eine Mitbestimmung des Personalrates auch, wenn eine **Maßnahme probeweise oder befristet** durchgeführt werden soll (vgl. Rz. 1197 ff.).

763 Eine „**allgemeine Regelung**" des Ausgleichs von Mehrarbeit liegt nur dann vor, wenn von der Maßnahme, hinsichtlich deren der Personalrat ein Mitbestimmungsrecht für sich in Anspruch nimmt, eine unmittelbare Rechtswirkung auf die Beschäftigten der Dienststelle ausgeht (vgl. OVG NRW 11.03.1991 – CL 34/88 –).

764 Bei **Beamten** stellen dies allgemeine Regelungen im Hinblick auf eine ausgleichende Dienstbefreiung (§ 61 Abs. 1 Satz 2 LBG NRW i. V. m. § 10 Abs. 3 Satz 3 AZVO NRW) oder auf eine Mehrarbeitsvergütung im Falle von Beamten in Besoldungsgruppen mit aufsteigenden Gehältern dar.

765 Entsprechendes gilt für tarifbeschäftigte **Arbeitnehmer** (§ 8 TVöD/TV-L), soweit für diese kein Arbeitszeitkonto (§ 10 TVöD/TV-L) eingerichtet ist. Im Hinblick auf sie kann vor allem auch geregelt werden, wann der Freizeitausgleich von der Dienststelle zu gewähren ist bzw. wann kein Freizeitausgleich genommen werden kann. Im Rahmen dessen können auch das Verfahren zur Bewilligung von Dienstbefreiung (z. B. Antrag des Beschäftigten), die zeitliche Lage der Dienstbefreiung (z. B. an welchen Ta-

gen eine Befreiung genommen bzw. nicht genommen werden darf) bestimmt werden (vgl. hierzu OVG NRW 06.09.1989 – CL 32/87 –).

Keine allgemeine Regelung liegt vor, wenn lediglich „**Weichenstellungen**" bzw. „**Rahmenbedingungen**" zum Ausgleich von Mehrarbeit getroffen werden (vgl. OVG NRW 11.03.1991 a.a.O. im Hinblick auf die Zuweisung von Finanzkontingenten für den finanziellen Ausgleich von Mehrarbeit). 766

3. Abs. 4 Satz 1 Nr. 3: Zeit, Ort und Art der Auszahlung der Dienstbezüge und Arbeitsentgelte

a) Abs. 4 Satz 1 Nr. 3 Fall 1: Zeit der Auszahlung der Dienstbezüge und Arbeitsentgelte

Nach Abs. 4 Satz 1 Nr. 3 Fall 1 ist die Zeit der Auszahlung der Dienstbezüge und Arbeitsentgelte mitbestimmungspflichtig. Dabei handelt es sich nach § 66 Abs. 7 Satz 1 um einen **Fall der uneingeschränkten Mitbestimmung** des Personalrates, sodass im Nichteinigungsfall die Letztentscheidung bei der Einigungsstelle liegt (vgl. § 66 Rz. 86 ff.). 767

Zum **Ausschluss der Mitbestimmung** des Personalrates, soweit eine **gesetzliche oder tarifliche Regelung** („Gesetzes- und Tarifvorrang") besteht, vgl. Rz. 495 ff. 768

Nach Abs. 5 besteht eine Mitbestimmung des Personalrates auch, wenn eine **Maßnahme probeweise oder befristet** durchgeführt werden soll (vgl. Rz. 1197 ff.). 769

Der **Schutzzweck der Mitbestimmung** ist, die Interessen und Bedürfnisse der Beschäftigten im Hinblick auf den zeitlichen Erhalt ihrer aus der Dienstverrichtung bzw. der Arbeit gezogenen Gelder, die gemeinhin zum Bestreiten des allgemeinen Lebensunterhaltes für sie von großer Bedeutung sind, zu schützen. 770

Der Begriff „**Dienstbezüge**" stellt auf die **Besoldung von Beamten** ab (vgl. auch das LBesG NRW). 771

Der Begriff „**Arbeitsentgelt**" orientiert sich an der historischen Unterscheidung der unterschiedlichen Entgeltbenennungen bei Angestellten (vgl. § 26 BAT/„Vergütung") und bei Arbeitern (vgl. § 20 BMT-G/„Lohn") und ist damit als Oberbegriff anzusehen (vgl. OVG NRW 25.03.1982 – CL 33/81 –). Seit der Einführung des TVöD im Jahr 2005 und dem TV-L 2006 wird nicht mehr zwischen Angestellten und Arbeitern unterschieden, sondern nur noch von Arbeitnehmern gesprochen, die ein „Entgelt" erhalten. 772

Personalvertretungsrechtlich sind die Begriffe „Dienstbezüge" und „Arbeitsentgelt" jedenfalls als Geld- und geldwerte Leistungen anzusehen, die als Gegenwert für die zu erbringende bzw. die erbrachte Dienst- bzw. Arbeitsleis- 773

Satz 1 (vgl. Rz. 495 ff.) besteht, ist das vorliegende **Mitbestimmungsrecht in der heutigen Praxis fast durchweg ausgeschlossen.**

788 Soweit nach der Rechtsprechung zur **Regelung über die bargeldlose Auszahlung** der Dienstbezüge bzw. des Arbeitsentgelts als notwendige Annex auch **Regelungen über die Zahlung von Kontoführungsgebühren** oder die **Einführung einer Kontostunde** gehören, sodass der Personalrat eine entsprechende „**Annexkompetenz**" für eine Mitbestimmung aufweist (so BAG 10.08.1993 – 1 ABR 21/93 – zum BetrVG m. w. N. und vormals bereits BVerwG 25.01.1985 – 6 P 7.84 – zur Kostenerstattung im Hinblick des von einem Beschäftigten unterhaltenen Gehaltskontos), ergibt sich aus diesem Umstand keine andere Betrachtung. Denn nach dieser Rechtsprechung wird das Mitbestimmungsrecht des Personalrates zwar in gewisser Weise erweitert, dennoch bestehen auch in dem zuvor dargestellten Bereich bereits gesetzliche bzw. tarifvertragliche Regelungen (vgl. für Beamte § 17a Satz 2 BBesG i. V. m. § 1 Abs. 2 LBesG NRW und für Arbeitnehmer § 24 Abs. 1 TVöD/TV-L).

4. Abs. 4 Satz 1 Nr. 4: Aufstellung des Urlaubsplans, Festsetzung der zeitlichen Lage des Erholungsurlaubs für einzelne Beschäftigte, wenn zwischen der Dienststelle und der oder dem beteiligten Beschäftigten kein Einverständnis erzielt wird

a) Abs. 4 Satz 1 Nr. 4 Fall 1: Aufstellung des Urlaubsplans

789 Nach Abs. 4 Satz 1 Nr. 4 Fall 1 ist die Aufstellung des Urlaubsplans, wenn zwischen der Dienststelle und der oder dem beteiligten Beschäftigten kein Einverständnis erzielt wird, mitbestimmungspflichtig. Dabei handelt es sich nach § 66 Abs. 7 Satz 3 um einen **Fall der uneingeschränkten Mitbestimmung**, sodass im Nichteinigungsfall die Letztentscheidung bei der Einigungsstelle liegt (vgl. § 66 Rz. 90).

790 Zum **Ausschluss der Mitbestimmung** des Personalrates, soweit eine gesetzliche oder tarifliche Regelung („Gesetzes- und Tarifvorrang") besteht, vgl. Rz. 495 ff.

791 Nach **Abs. 5** besteht eine Mitbestimmung des Personalrates auch, wenn eine **Maßnahme probeweise oder befristet** durchgeführt werden soll (vgl. Rz. 1197).

792 Der **Schutzzweck der Mitbestimmung** ist der Schutz der individuellen Urlaubswünsche der Beschäftigten unter Berücksichtigung der Belange der Dienststelle (vgl. entsprechend BAG 10.12.2002 – 1 ABR 27/01 – zum BetrVG).

793 **Gegenstand der Mitbestimmung** ist also die **Disposition der Urlaubszeit** der Beschäftigten durch die Dienststelle. **Keine Mitbestimmung** besteht somit für die **Urlaubsdauer**.

Unter „**Urlaub**“ ist gemeinhin die bezahlte Freistellung des Beschäftigten zur Wiederherstellung und zum Erhalt seiner Dienst- bzw. Arbeitskraft zu verstehen. **794**

Für **Beamte** finden sich entsprechende Regelungen in § 71 LBG NRW i.V.m. der Freistellungs- und Urlaubsverordnung (FrUrlV NRW) vom 10.01.2012 (GV NRW. S. 2/SG NRW. 20303) wieder. **795**

Für **Arbeitnehmer** ist der Urlaub gesetzlich im BUrlG geregelt. Dieses lässt tarifvertraglich abweichende Regelungen, die zugunsten der Arbeitnehmer gestaltet sind, zu (vgl. § 13 Abs. 1 BUrlG). Hiervon haben die Tarifvertragsparteien umfänglich Gebrauch gemacht und neben dem gesetzlich geregelten **Erholungsurlaub** (vgl. § 26 f. TVöD/TV-L) auch die Möglichkeit eines **Sonderurlaubs** zugelassen, sodass Arbeitnehmer bei Vorliegen eines wichtigen Grundes unter Verzicht auf die Fortzahlung ihres Entgeltes auch eine weitergehende Freistellung erhalten können (vgl. § 28 TVöD/TV-L). Zum **praxisgerechten Umgang mit Sonderurlaub** und der Beteiligung des Personalrates hierbei vgl. Rz. 343. **796**

Keinen Urlaub für Arbeitnehmer stellt die **Arbeitsbefreiung nach § 29 TVöD/TV-L** und im Übrigen auch das sog. Sabbatjahr dar. **797**

Der vorliegende Mitbestimmungstatbestand bezieht auch auf den **Zusatzurlaub schwerbehinderter Menschen** (vgl. § 125 Abs. 1 SGB IX). **798**

Das Mitbestimmungsrecht bezieht sich nicht auf den **sog. Bildungsurlaub**. Dabei ist auf das Gesetz zur Freistellung von Arbeitnehmern zum Zwecke der beruflichen und politischen Weiterbildung (Arbeitnehmerweiterbildungsgesetz/AWbG) vom 06.11.1984 (GV NRW. S. 678/SG NRW. 800) abzustellen, das ausdrücklich regelt, dass die Mitbestimmungsrechte des Personalrates unberührt bleiben (vgl. § 5 Abs. 2 Satz 2 AWbG). **799**

Unter einem „**Urlaubsplan**“ ist eine systematisch geordnete Übersicht zu verstehen, in der die Urlaubsnamen der einzelnen Beschäftigten der Dienststelle aufgeführt sind. Dazu gehört auch der **Vertretungsplan**, der sich im Urlaub befindlichen Beschäftigten. Abzugrenzen hiervon sind bloße **Urlaubslisten**, in denen die Beschäftigten zunächst nur ihre Urlaubswünsche eintragen. Die **Beschränkung des Kreises der möglichen Urlaubsvertreter auf die Angehörigen derselben Abteilung ist ebenfalls als mitbestimmungspflichtiger Urlaubsplan anzusehen** (vgl. BVerwG 21.09.2022 – 5 P 17.21 – und hierzu auch im Folgenden Rz. 803 f.). Dasselbe gilt für die Festlegung einer Mindestpräsenz als allgemeinen Grundsatz über die künftige Urlaubsgestaltung in der Dienststelle (vgl. BVerwG 21.09.2022 a.a.O.; anders zuvor noch OVG Sachsen-Anhalt 28.01.2020 – 6 L 2/18 –). **800**

801 Unter der „**Aufstellung**“ des Urlaubsplans ist die einstweilige Festlegung der zeitlichen Lage des Urlaubs der Beschäftigten in der Form eines Urlaubsplans zu verstehen (vgl. hierzu auch ausführlich OVG Sachsen 20.05.2014 – PL 9 A 358/12 –).

802 **Praxistipp!**

Zur Vermeidung von Streitigkeiten über die zeitliche Lage des Urlaubs in der Dienststelle empfiehlt es sich, neben der Aufstellung des Urlaubsplanes auch allgemeine Urlaubsgrundsätze aufzustellen. Damit kann z. B. den speziellen Urlaubswünschen von Beschäftigten mit schulpflichtigen Kindern entsprechend Genüge getan werden. Insoweit nimmt das BVerwG, wie nachstehend näher ausgeführt, seit 2022 eine Mitbestimmungspflicht an!

803 Die **Aufstellung allgemeiner Urlaubsgrundsätze ist nach Auffassung des BVerwG ebenfalls mitbestimmungspflichtig** (vgl. BVerwG 21.09.2022 – 5 P 17.21 – und Anm. Bülow ZTR 2023, S. 326)!

804 Das BVerwG hat in der vorgenannten Entscheidung aus dem Jahr 2022 unter die „Aufstellung von Urlaubsplänen“ nicht nur die Detailplanung zugerechnet, welche konkreten Beschäftigten zu welchen konkreten Zeiten Urlaub gewährt erhielten, sondern auch solche Entscheidungen, die der eigentlichen Urlaubsplanung vorgeschaltet seien. Konsequenterweise ist insoweit nunmehr auch z. B. bei der **Festlegung von Betriebsurlaub** (vgl. BVerwG 09.08.2022 – 5 P 14.21 –), **anlassbezogenen Urlaubssperren** (anders noch BVerwG 19.01.1993 – 6 P 19.90 – und OVG NRW 17.02.2000 – 1 A 697/98.PVL –), die **Anordnung von Ferienzeiten in einer Kindergrippe** (anders noch vgl. BayVGH 25.11.1992 – 17 P 92.3068 –) oder etwa eine **Dienstanweisung wonach Beschäftigte** (Schulverwaltungskräfte, Hausmeister, Reinigungskräfte), **ihren Urlaub grundsätzlich in die unterrichtsfreie Zeit zu legen haben** (so noch VGH Hessen 09.07.2020 – 22 B 347/20 –). Keine Mitbestimmung ist mit Blick auf die zuvor dargestellte Rechtsänderung des BVerwG aus dem Jahr 2022, wohl auch weiterhin für die Bereithaltungsverpflichtung von Lehrern in der letzten Woche vor Urlaubsbeginn des neuen Schuljahres anzunehmen (vgl. hierzu OVG NRW 24.04.1996 – 1 A 407/93. PVL – zu § 14 Abs. 2 Satz 2 ADO). Soweit ein Beschäftigter im Übrigen („taktisch“) trotz einer (unter Beteiligung erfolgten) Urlaubssperre Urlaub beantragen sollte, gilt es zu beachten, dass wohl weiterhin auch noch die nachfolgend näher dargestellte Mitbestimmung nach § 72 Abs. 4 Satz 1 Nr. 4 Fall 2 (vgl. hierzu VG Mainz 08.01.2014 – 5 K 1601/13.MZ –, wonach ein Mitbestimmungsrecht auch dann besteht, wenn bereits einer vorab erfolgten Aufstellung des Urlaubsplans zugestimmt wurde) greift.

Wichtig! 805

Soweit ein Urlaubsplan nach erteilter Zustimmung des Personalrates aufgestellt wurde, sind generell spätere Änderungen des Urlaubsplans erneut zustimmungspflichtig. Dabei gilt es zu beachten, dass im Hinblick auf den Gegenstand der Mitbestimmung (vgl. Rz. 793) der Widerruf des Urlaubs im Einzelfall sich nach urlaubsrechtlichen Grundsätzen richtet und hierbei deshalb keine Mitbestimmung des Personalrates besteht!

b) Abs. 4 Satz 1 Nr. 4 Fall 2: Streitige Festsetzung des Erholungsurlaubs durch die Dienststelle

Nach Abs. 4 Satz 1 Nr. 4 Fall 2 ist die Festsetzung der zeitlichen Lage des Erholungsurlaubs im Einzelfall, wenn zwischen der Dienststelle und dem beteiligten Beschäftigten kein Einverständnis erzielt wird, mitbestimmungspflichtig. Dabei handelt es sich nach § 66 Abs. 7 Satz 3 um einen **Fall der uneingeschränkten Mitbestimmung**, sodass im Nichteinigungsfall die Letztentscheidung bei der Einigungsstelle liegt (vgl. § 66 Rz. 90). 806

Zum **Ausschluss der Mitbestimmung** des Personalrates, soweit eine gesetzliche oder tarifliche Regelung („Gesetzes- und Tarifvorrang") besteht, vgl. Rz. 495 ff. 807

Nach **Abs. 5** besteht eine Mitbestimmung des Personalrates auch, wenn eine **Maßnahme probeweise oder befristetet** durchgeführt werden soll (vgl. Rz. 1197 ff.). 808

Zum **Schutzzweck der Mitbestimmung**, vgl. Rz. 792 und auch 813. Da die Mitbestimmung sich auf die individuelle zeitliche Lage des Urlaubs von einzelnen Beschäftigten bezieht, greift sie auch dann, wenn der Personalrat bereits bei einer vorherigen Aufstellung des Urlaubsplans beteiligt gewesen ist (vgl. VG Mainz 08.01.2014 – 5 K 1601/13.MZ –). 809

Zum Begriff „**Erholungsurlaub**" vgl. für Beamte (§ 71 LBG NRW i. V. m. den Regelungen der FrUrlV) und für Arbeitnehmer das BurlG. 810

Die Mitbestimmung erfasst den **gesetzlichen Urlaub** (BurlG), den **tariflichen Zusatzurlaub** (§ 27 TVöD/TV-L) und den **Zusatzurlaub für schwerbehinderte Menschen** (§ 208 SGB IX). 811

Keine Mitbestimmung besteht also bei der streitigen Festsetzung von **Sonderurlaub** (vgl. für Beamte die FrUrlV und Rz. 329 und für Arbeitnehmer § 28 TVöD/TV-L) und **Bildungsurlaub** (vgl. Rz. 799). 812

Gegenstand der Mitbestimmung ist nur die streitige „**Festsetzung der zeitlichen Lage des Erholungsurlaubs**". Erfasst werden also die Fälle, in denen zwischen der Dienststelle und dem einzelnen Beschäftigten kein Einver- 813 ständnis im Hinblick auf die zeitliche Lage des Erholungsurlaubes erzielt wurde und somit die Dienststelle einseitig die Urlaubszeit disponiert. Das kann sich in der Praxis z.B. oftmals ergeben, wenn mehrere Beschäftigte zeitlich gleich gelagerte Urlaubswünsche aufweisen und die Dienststelle zur Aufrechterhaltung des Dienstbetriebes nicht allen Urlaubswünschen entsprechen kann. Durch das vorliegende Mitbestimmungsrecht sollen die hiervon betroffenen Beschäftigten bei der Durchsetzung ihrer Urlaubswünsche unterstützt werden. Dabei hat der Personalrat aber auch die Interessen der anderen Beschäftigten in der Dienststelle zu berücksichtigen. Er hat nach § 64 Nr. 2 vor allem auch darüber zu wachen, dass die zugunsten der Beschäftigten geltenden Gesetze und damit der Gleichheitsgrundsatz nach Art. 3 Abs. 1 GG im weitesten Sinne eingehalten werden. Des Weiteren hat er bestehende Dienstvereinbarungen zu beachten, die geltende Urlaubsgrundsätze für die Dienststelle enthalten und dabei z.B. die vorrangige Berücksichtigung der Urlaubswünsche von bestimmten Beschäftigten vorsehen. Das **Mitbestimmungsrecht greift nur** bei einer **direkten Ablehnung eines Urlaubsantrages aus zeitlichen Gründen** (vgl. zu diesem engen Verständnis VG Frankfurt a.M. 10.01.2005 – 9 E 3338/04 (V) –). Erfasst werden dabei sowohl die vollständige als auch die teilweise Ablehnung des Urlaubsantrags (vgl. entsprechend OVG Rheinland-Pfalz 30.04.2014 – 5 A 10136/14 –, das aber auch eine Urlaubsgewährung unter gleichzeitiger Anordnung von Rufbereitschaft als mitbestimmungspflichtig angesehen hat). Im letztgenannten Fall erfasst das Mitbestimmungsrecht den gesamten Urlaubswunsch des Beschäftigten. Hat dieser z.B. vier Urlaubswochen beantragt und nur drei genehmigt bekommen, entscheidet der Personalrat trotzdem insgesamt über die Lage von vier Urlaubswochen. Für das Eingreifen der Mitbestimmung kommt es nicht darauf an, ob es um die Versagung des Urlaubswunschs für einen bestimmten Zeitpunkt geht oder die Dienststelle bestimmt, dass der Urlaub zu einem bestimmten Zeitpunkt zu nehmen ist (vgl. VG Mainz 08.01.2014 – 5 K 1601/13.MZ –).

814 **Wichtig!**

Da das Mitbestimmung des Personalrates erst beginnt, wenn sich die Dienststelle und der einzelne Beschäftigte über die zeitliche Lage des Erholungsurlaubs nicht geeinigt haben, besteht keine Mitbestimmung des Personalrates bei bloßen Besprechungen im Hinblick auf die Urlaubsgewährung! Hierbei besteht allenfalls das Teilnahmerecht eines Personalratsmitgliedes nach Maßgabe des § 65 Abs. 3 Satz 3!

815 Keine Mitbestimmung besteht, wenn der Beschäftigte freiwillig seinen **Urlaubsantrag zurückzieht**.

Eine streitige Festsetzung der zeitlichen Lage des Erholungsurlaubes **ohne Zustimmung des Personalrates** ist unwirksam. Wenn sich die Dienststelle und der Personalrat im Mitbestimmungsverfahren nicht einigen können und der Personalrat der beabsichtigen Festsetzungsmaßnahme nicht zustimmt, entscheidet letztendlich die Einigungsstelle. An dem dort getroffenen Beschluss ist die Dienststelle gebunden. Dabei gilt es jedoch zu beachten, dass den Beschäftigten im Zuge dessen nicht gegen seinen Willen die Urlaubsnahme an einem bestimmten Termin aufgezwungen werden kann. Soweit ein Beamter mit der gegen seinen Willen festgelegten Lage des Urlaubes nicht einverstanden ist, kann er hiergegen entsprechend vor dem Verwaltungsgericht und ein Arbeitsnehmer entsprechend vor dem Arbeitsgericht rechtlich vorgehen (vgl. hierzu auch BayVGH 17.03.1987 – Nr. 3 CE 87.00168 –). Für den Personalrat besteht insoweit aber keine Klagebefugnis. 816

5. Abs. 4 Satz 1 Nr. 5: Fragen der Gestaltung des Entgelts innerhalb der Dienststelle, insbesondere die Aufstellung von Entgeltgrundsätzen, die Einführung und Anwendung von neuen Entgeltmethoden und deren Änderung sowie die Festsetzung der Akkord- und Prämiensätze und vergleichbare leistungsbezogener Entgelte, einschließlich der Geldfaktoren, sowie entsprechende Regelungen für Beamte

a) Abs. 4 Satz 1 Nr. 5 Fall 1: Fragen der Gestaltung des Entgelts innerhalb der Dienststelle

Nach Abs. 4 Satz 1 Nr. 5 Fall 1 sind Fragen der Gestaltung des Entgelts innerhalb der Dienststelle mitbestimmungspflichtig. Dabei handelt es sich um einen **Oberbegriff**, der durch die weiteren Beispiele 1–5 (vgl. Rz. 832 ff.) ergänzt wird. Bei dem Fall 1 handelt es sich nach § 66 Abs. 7 Satz 1 um ein **uneingeschränktes Mitbestimmungsrecht** des Personalrats, sodass im Nichteinigungsfall die Letztentscheidung bei der Einigungsstelle liegt (vgl. § 66 Rz. 90). 817

Seit der **Novelle 2011** gilt die Mitbestimmung sowohl für Arbeitnehmer als auch für Beamte, wodurch der Gesetzgeber sichergestellt hat, dass Tarifbeschäftigte und Beamte auch gleichbehandelt werden (vgl. LT-Drucks. 15/1644 S. 85). 818

Zum **Ausschluss der Mitbestimmung** des Personalrates, wenn eine **gesetzliche oder tarifliche Regelung** („Gesetzes- und Tarifvorrang“) besteht, vgl. Rz. 495 ff. 819

Nach **Abs. 5** besteht eine Mitbestimmung des Personalrates auch, wenn eine **Maßnahme probeweise oder befristetet** durchgeführt werden soll (vgl. Rz. 1197). 820

821 Der **Schutzzweck der Mitbestimmung** ist die Gestaltung einer angemessenen und transparenten Entgeltgestaltung in der Dienststelle, die sich nicht nur an den Interessen der Dienststelle orientiert, sondern auch die Interessen der Beschäftigten berücksichtigt (vgl. BVerwG 06.02.1987 – 6 P 8.84 – und 20.11.2008 – 6 P 17.07 –). Es soll im Interesse der Entgeltgerechtigkeit vermieden werden, dass die berechtigten Interessen der Beschäftigten infolge einer einseitig an den Interessen der Dienststelle orientierten Entgeltgestaltung nicht hinreichend berücksichtigt werden (vgl. VG Gelsenkirchen 02.01.2023 – 12c K 4578/20.PVL –). Gegenstand des Mitbestimmungsrechts sind die Strukturformen des Entgelts einschließlich ihrer näheren Vollzugsformen, d.h. die abstrakt-generellen Grundsätze der Entgeltfindung (vgl. VG Gelsenkirchen 02.01.2023 a.a.O.).

822 Eine ähnliche Vorschrift liegt bereits mit § 87 Abs. 1 Nr. 10 BetrVG vor. Im Hinblick auf die bestehenden Unterschiede zwischen dem öffentlichen Dienst und der Privatwirtschaft ist der sachliche Umfang des Mitbestimmungsrechts im LPVG NRW aber enger gefasst (vgl. BVerwG 16.02.1988 – 6 P 24.86 –).

823 Mit der Formulierung „**Fragen der Gestaltung des Entgelts**“ hat der Gesetzgeber einen **Oberbegriff** verwendet und in der Vorschrift **weitere Regelbeispiele** aufgeführt, in denen eine Mitbestimmung besteht, so wie bei der Aufstellung von Entgeltgrundsätzen (Regel-Bsp. 1), bei der Einführung und Anwendung von neuen Entgeltmethoden (Regel-Bsp. 2) und deren Änderung (Regel-Bsp. 3). Der Wortlaut der Vorschrift („insbesondere“) spricht dem Personalrat sogar über die vorbenannten Regelbeispiele hinaus **auch in entsprechend gestalteten Fällen eine Mitbestimmung** zu.

824 **Gegenstand der Mitbestimmung** sind nur die Fragen der Entgeltgestaltung bzw. die der Dienststelle insoweit verbleibenden Entscheidungsspielräume, in denen kein Gesetzes- oder Tarifvorbehalt nach Abs. 4 Satz 1 (vgl. Rz. 738) besteht (vgl. BVerwG 21.03.2005 – PB 8.04 –).

825 **Kein Mitbestimmungsrecht** besteht von daher bei der **Gestaltung der Entgelthöhe**, da sie Gegenstand der Tarifpolitik ist (vgl. BVerwG 20.03.1980 – 6 P 72.78 – und im Kontext VG Berlin 10.06.2016 – VG 60 K 15.15 PVL –). So ist z.B. für tarifbeschäftigte Arbeitnehmer nach § 15 Abs. 1 TVöD/TV-L ein monatliches Tabellenentgelt enthalten, dessen Höhe sich nach der Entgeltgruppe, in der sie eingruppiert sind, und nach der für sie geltenden Stufe bestimmt. Nach § 15 Abs. 2 TVöD ist die Höhe der Tabellenentgelte in der dortigen Anlage A und nach § 15 Abs. 2 TV-L in den dortigen Anlagen B und C festgelegt. Die Entgeltgruppen des TVöD/TV-L sind von den Tarifvertragsparteien strukturiert und mit 1 bis 15 bzw. E 1 bis E 15 durchnummeriert.

Was die **Zuordnung zu einer Entgeltgruppe und auch die entsprechende Stufenzuordnung** betrifft, so kann der Personalrat diese im Rahmen des Mitbestimmungsrechts nach § 72 Abs. 1 Satz 1 Nr. 4 Fall 1 („Eingruppierung") im ausreichenden Maße überwachen. 826

Der Mitbestimmung unterliegen nur **generelle abstrakte Regelungen**, sodass nach der vorliegenden Vorschrift **keine Mitbestimmung bei der individuellen Entgeltgestaltung** besteht. Die Vorschrift erfasst also nur allgemeine Vorgaben der Dienststelle, aus denen sich die Vergütung ihrer Arbeitnehmer in abstrakter Weise ergibt (vgl. BVerwG 25.04.2014 – 6 P 17/13 –). Nicht mitbestimmungspflichtig ist von daher z. B. die **einmalige Gewährung einer Schreibprämie** für Sekretariatskräfte (vgl. entsprechend BVerwG 23.12.1982 – 6 P 19.80 –). Das gilt auch für **einzelvertragliche Zielvereinbarungen über die Auszahlung von leistungsbezogenen Sonderzahlungen/Prämien** (vgl. VG Karlsruhe 24.05.2013 – PL 12 K 3656/12 – und Rz. 850). Je nach Ausgestaltung und Entgelthöhe kann bei individuellen Fällen aber eine Mitbestimmung nach § 72 Abs. 1 Satz 1 Nr. 4 bestehen. 827

Unter „**Entgelt**" sind dem Grunde nach alle geldwerten Leistungen und damit letztendlich alle Vergütungsformen zu verstehen, die im Gegenseitigkeitsverhältnis stehen (vgl. auch BAG 09.07.1985 – 1 AZR 631/80 – zum BetrVG, wonach eine weite Begriffsauslegung vorzunehmen ist). Insoweit kann zwischen einem **unmittelbaren leistungsbezogenen Entgelt** (z. B. Tabellenentgelt, Urlaubsgeld u. Ä.) einerseits und einem **mittelbaren leistungsbezogenen Entgelt** (z. B. Gratifikationen, Jubiläumszuwendungen u. Ä.) andererseits unterschieden werden. Von der Mitbestimmung erfasst sind grundsätzlich alle **freiwilligen Leistungen** des Dienstherrn bzw. Arbeitgebers, d. h. die Leistungen, zu denen er nicht gegen seinen Willen aufgrund des dem Personalrat zustehenden Initiativrechts (vgl. § 66 Abs. 4) gezwungen werden kann (vgl. BAG 09.07.1985 – 1 AZR 631/80 – und zur Mitbestimmung bei der Streichung einer solchen Leistung Rz. 838). 828

Kein Entgelt stellt die **Gewährung eines pauschalierten Fahrtkostenersatzes** (vgl. OVG NRW 18.09.2008 – 16 A 780/07.PVL – und BAG 27.10.1998 – 1 ABR 3/98 –) oder die **Gewährung von Umzugskosten** (vgl. hierzu auch BAG 08.12.1981 – 1 ABR 55/79 – zum BetrVG im Grundsätzlichen) dar. 829

Der Begriff „**Gestaltung**" des Entgelts erfasst als Oberbegriff alle ausgestaltenden Maßnahmen der Dienststelle im Hinblick auf das Entgeltgefüge, wozu insbesondere die in der vorliegenden Vorschrift aufgeführten und im Weiteren noch näher kommentierten Regelbeispiele (z. B. Aufstellung von Entgeltgrundsätzen etc.) sowie die, über die in der Vorschrift aufgeführten Regelbeispiele hinausgehenden entsprechenden Maßnahmen der Dienststelle gehören (vgl. Rz. 832 ff.). 830

831 Soweit man dem reinen Wortlaut der Vorschrift folgt, könnte man denken, dass nur Fragen der Gestaltung des Entgeltes „**innerhalb der Dienststelle**" der Mitbestimmung unterliegen und dienststellenübergreifende Entgeltgestaltungen davon ausgenommen seien. Eine solche Auslegung würde aber den Schutzzweck der Mitbestimmung (vgl. Rz. 821) außer Acht lassen. Demnach ist vielmehr davon auszugehen, dass der Gesetzgeber bei der Formulierung des vorliegenden Tatbestandsmerkmals vorausgesetzt hat, dass die Ausübung des Mitbestimmungsrechts i.d.R. durch den örtlichen Personalrat erfolgt, die Mitbestimmung aber darüber hinaus auch dem **Gesamtpersonalrat** (§ 52f.) und den **Stufenvertretungen** (§ 50f.) entsprechend zusteht (vgl. BVerwG 20.11.2008 – 6 P 17.07 –).

aa) Abs. 4 Satz 1 Nr. 5 Fall 1 (Beispiel 1): **Aufstellung von Entgeltgrundsätzen**

832 Bei der „Aufstellung von Entgeltgrundsätzen" handelt es sich um ein **Regelbeispiel** des uneingeschränkten Mitbestimmungsfalles nach § 72 Abs. 4 Satz 1 Nr. 5 Fall 1.

833 Unter „**Entgeltgrundsätzen**" sind alle Regelungen zu verstehen, nach denen das Entgelt bestimmt werden soll (vgl. BVerwG 28.05.2009 – 6 PB 5.09 –). Dazu gehört vor allem auch das jeweilige **Entgeltbestimmungssystem**, z.B. ein **zeitbezogenes Entgeltsystem** (Stundenentgelt, Wochenentgelt etc.) oder z.B. ein **leistungsbezogenes Entgeltsystem** (Akkord, Provisionen etc.). Gegenstand des Mitbestimmungsrechts ist dabei aber nicht die konkrete, d.h. absolute Höhe des Arbeitsentgelts, sondern die **Strukturformen des Entgelts** einschließlich ihrer näheren Vollzugsformen, d.h. also die abstrakt-generellen Grundsätze der Entgeltfindung, nach denen sich die Entlohnung vollziehen soll (so VG Köln 21.01.2015 – 34 K 2136/14 –).

834 Der Begriff „**Aufstellung**" von Entgeltgrundsätzen ist im Lichte des Oberbegriffs der „Gestaltung des Entgelts" (vgl. Rz. 823) zu verstehen, sodass hierzu sowohl die **Einführung** als auch die **Änderung** eines Entgeltgrundsatzes im zuvor dargestellten Sinne erfasst wird. Mitbestimmungspflichtig ist also z.B. die beabsichtigte erstmalige Einrichtung eines leistungsbezogenen Provisionssystems in der Dienststelle und beispielsweise auch die beabsichtigte Veränderung von einem Monatsentgelt hin zu einem Stundenentgeltsystem. Für die Mitbestimmung bei einer Änderung eines Entgeltgrundsatzes ist unerheblich, welche Rechtsgrundlage (z.B. Tarifvertrag oder Vergütungsanordnung der Dienststelle oder einzelvertragliche Vereinbarung bzw. Dienstvereinbarung) dem bislang angewendeten Entgeltgrundsatz zugrunde gelegen hat (vgl. hierzu BAG 28.02.2006 – 1 ABR 4/05 – zum BetrVG). Zur bestehenden Mitbestimmung, soweit **Verteilungsgrundsätze** im Hinblick auf einzelne Entgeltbestandteile geändert werden, vgl. BVerwG 20.11.2008 – 6 P 17.07 – zu § 85 BlnPerVG Nr. 15 zu einem Rundschreiben des Innensenators von Berlin,

für neu eingestellte Lehrkräfte keine Jahreszuwendung und kein Urlaubsgeld mehr zu gewähren.

Mitbestimmungspflichtig ist aber auch der **Wechsel von einem zeitbezogenen zu einem leistungsbezogenen Entgeltsystem** hin wie z. B. der Wechsel von einem Stundenentgelt hin zu einem Akkordentgelt sowie auch der umgekehrte Fall (vgl. BVerwG 20.03.1980 – 6 P 72.78 –). 835

Mitbestimmungspflichtig ist auch die **Errichtung und Veränderung von Anerkennungsgrundsätzen zu Vordienstzeiten für die Stufenzuordnung** nach § 16 Abs. 2 Satz 4 TV-L (vgl. BVerwG 27.08.2008 – 6 P 11.07 –). 836

Wichtig! 837

Bei der Aufstellung von Entgeltgrundsätzen ist stets der Gesetzes- und Tarifvorrang nach § 72 Abs. 4 Satz 1 (vgl. Rz. 738.) zu beachten. Dementsprechend besteht kein Mitbestimmungsrecht des Personalrates, wenn eine tarifgebundene Dienststelle bislang erbrachte übertarifliche (und gegebenenfalls sogar tarifrechtswidrige) Leistungen (z. B. eine Ausgleichszulage für bestimmte Beschäftigtengruppen) nicht weiter gewähren möchte (vgl. hierzu entsprechend BVerwG 20.11.2008 – 6 P 17.07 – und 15.05.2012 – 6 P 9/11 –)!

Keine Mitbestimmung besteht bei der **Einführung eines neuen Durchführungsweges für die Entgeltumwandlung aufgrund der klaren Rechtsvorgaben in § 1a BetrAVG und im TV-EUmw/VKA**. Mitbestimmungsfrei nach Abs. 1 Satz 1 Nr. 4 Fall 1 ist ebenfalls die **Gewährung oder Streichung einer außertariflichen Zulage** (vgl. BVerwG 15.05.2012 a. a. O.). 838

bb) Abs. 4 Satz 1 Nr. 5 Fall 1 (Beispiele 2 bis 4): Einführung, Anwendung und Änderung von neuen Entgeltmethoden

Bei der „Einführung, Anwendung und bei der Änderung von neuen Entgeltmethoden“ handelt es sich um **Regelbeispiele** des uneingeschränkten Mitbestimmungsfalles nach § 72 Abs. 4 Satz 1 Nr. 5 Fall 1 (vgl. Rz. 832 ff.). 839

Unter „**Entgeltmethoden**“ fallen alle Methoden, die die Art und Weise der Entlohnungsdurchführung betreffen (vgl. BVerwG 20.03.1980 – 6 P 72.78 –). Sie stellen gegenüber dem ersten Regelbeispiel des § 72 Abs. 4 Satz 1 Fall 1 („Entgeltgrundsätze“) den engeren Begriff dar und beziehen sich damit konkret auf die Aus- und Durchführung der Entgeltgrundsätze (vgl. auch BAG 22.01.1980 a. a. O.). Zu Entgeltmethoden gehören sog. **Arbeitsbewertungsmethoden** (z. B. Punktesysteme, Leistungsgruppensysteme etc.), Methoden zur Bestimmung der Arbeitszeitvorgaben für Akkordlohnsysteme (Refa-Grundsätze, Bedaux-Systeme etc.) sowie Verfahren zur Leistungsbeurteilung, d. h. also ob z. B. Akkordsätze geschätzt werden oder nach einem 840 arbeitswissenschaftlichen System bestimmt werden sollen (vgl. OVG NRW 05.02.1985 – CL 38/83 –, das sich hier nicht genau festgelegt hat).

841 Unter der „**Einführung**" (Regel-Beispiel 2) von neuen Entgeltmethoden ist die erstmalige Anwendung einer Entlohnungsmethode zu verstehen, die bislang noch nicht in der Dienststelle vorhanden war (vgl. auch BVerwG 20.03.1980 – 6 P 72.78 –).

Dementsprechend unterscheidet sich die „**Anwendung**" (Regel-Beispiel 3) neuer Entlohnungsmethoden von deren „Einführung" dadurch, dass sie die ständige Fortentwicklung von Entlohnungsmethoden nach einer Überprüfung ihrer praktischen Verwendbarkeit und unter Verwendung zusätzlicher, speziell in der Dienststelle gewonnener Erkenntnisse und Erfahrungen betrifft. Die „Anwendung" liegt also zwischen der „Einführung" und einer letztendlichen Methodenänderung.

842 Unter einer „**Änderung**" (Regel-Beispiel 4) von neuen Entgeltmethoden sind Veränderungen zu verstehen, die über eine ständige Fortentwicklung hinausgehen und bewirken, dass die Methode letztendlich einen vollständig neuen Charakter erhält.

b) Abs. 4 Satz 1 Nr. 5 Fall 2: Festsetzung der Akkord- und Prämiensätze sowie vergleichbarer leistungsbezogener Entgelte, einschließlich der Geldfaktoren, sowie entsprechender Regelungen für Beamte

843 Nach Abs. 4 Satz 1 Nr. 5 Fall 2 ist auch die Festsetzung der Akkord- und Prämiensätze und vergleichbarer leistungsbezogener Entgelte, einschließlich der Geldfaktoren sowie entsprechender Regelungen für Beamte mitbestimmungspflichtig. Dabei handelt es sich nach § 66 Abs. 7 Satz 1 um einen Fall der **uneingeschränkten Mitbestimmung** des Personalrates, sodass im Nichteinigungsfall die Letztentscheidung bei der Einigungsstelle liegt (vgl. § 66 Rz. 90).

844 Seit der **Novelle 2011** findet die Mitbestimmung sowohl auf Angestellte als auch auf Beamte Anwendung.

845 **Zum Ausschluss der Mitbestimmung** des Personalrates, wenn eine **gesetzliche oder tarifliche Regelung** („Gesetzes- und Tarifvorrang") besteht, vgl. Rz. 495 ff.

846 Nach **Abs. 5** besteht eine Mitbestimmung des Personalrates auch, wenn eine **Maßnahme probeweise oder befristetet** durchgeführt werden soll (vgl. Rz. 1197).

847 **Schutzzweck der Mitbestimmung** ist auch in diesem Fall der Schutz der Interessen der Beschäftigten vor einer einseitigen, vornehmlich an den Interessen der Dienststelle orientierten Entgeltgestaltung (vgl. BVerwG 06.02.1987 –

6 P 8.84 –). Im Gegensatz zum ersten Mitbestimmungstatbestand des § 72 Abs. 4 Satz 1 Nr. 5 Fall 1 („Fragen der Entgeltgestaltung") ist der Schutzzweck dieses Mitbestimmungsfalles aber speziell auf die Maßnahmen der Dienststelle ausgerichtet, die letztendlich für die Höhe des Entgelts ausschlaggebend sind.

Unter einem „**Akkordsatz**" ist das Entgelt zu verstehen, das bei einer Normalleistung des im Akkord arbeitenden Beschäftigten gezahlt wird. Bei einem **Akkordentgelt** hingegen bestimmt die erbrachte (Arbeits-)Menge die Höhe des letztendlichen Arbeitsentgeltes. Es besteht also ein unmittelbarer Leistungsbezug. Zu unterscheiden ist hierbei zwischen dem **sog. Zeitakkord**, bei dem eine Vorgabezeit zugrunde liegt, in der eine bestimmte Arbeitsmenge erbracht werden muss (z. B. fünf Minuten pro herzustellendem oder zu bearbeitendem Stück). Diese Akkordform wird in der Praxis zumeist gebraucht. Eine andere Form stellt der **sog. Stückakkord** (umgangssprachlich auch „Geldakkord" genannt) dar. Hierbei wird ein bestimmter Geldbetrag pro Stück als Akkordsatz vorgegeben (z. B. Geldbetrag XY pro herzustellendem oder zu bearbeitendem Stück). **848**

Unter einem „**Prämiensatz**" i. S. d. vorliegenden Vorschrift ist die Höhe eines zusätzlich zu gewährenden Entgeltes (Prämie) zu verstehen. Im Gegensatz zum Akkordentgelt besteht das **Prämienentgelt** aus einem leistungsunabhängigen Teil (sog. Grundentgelt) und einem leistungsabhängigen Teil (sog. Prämie). Je nach Bezugsgröße sind verschiedene Prämienarten zu unterscheiden wie z. B. die Qualitätsprämie, die Mengenleistungsprämie oder auch die Terminprämie. Im Gegensatz zum Akkordentgelt bietet das Prämienentgelt dem Grunde nach einen geringeren Anreiz für eine Mehrleistung der Beschäftigten. Dennoch nimmt Letzteres in der Praxis stetig zu. Denn mit dem Prämienentgelt lassen sich vor allem auch andere Kriterien als nur die Menge als Mehrleistung berücksichtigen (z. B. Arbeitsqualität, Abfallersparnisse und Zeitersparnisse). **849**

Als „**vergleichbare leistungsbezogene Entgelte**" sind Vergütungen zu verstehen, bei der die Leistung des Beschäftigten, gleichgültig worin diese besteht, gemessen und mit einer Bezugsleistung verglichen wird und bei der sich das Entgelt in irgendeiner Weise nach dem Verhältnis der Leistung des Beschäftigten zur Bezugsleistung bestimmt (so BVerwG 26.07.1979 – 6 P 44.78 –). Nicht mitbestimmungspflichtig ist von daher z. B. die **einmalige Gewährung einer Schreibprämie** für Sekretariatskräfte oder die **einzelfallbezogene Vergabe von außertariflichen Zulagen** (vgl. Rz. 827). **850**

Keine Mitbestimmung besteht somit für einen **Leistungszuschlag,** der von einer Leistungsbeurteilung durch eine Prüfungskommission abhängig ist und bis zu seiner Neubeurteilung konstant bleibt, auch wenn die Leistung **851**

862 Der Begriff „**Vertrauensarzt**“ stellt eine früher verwendete sozialversicherungsrechtliche Bezeichnung dar (vgl. § 369b RVO). Heute werden die Aufgaben des früheren Vertrauensarztes durch Ärzte des Medizinischen Dienstes der Krankenversicherung wahrgenommen (vgl. § 275 ff. SGB V und § 18 SGB XI). Ausgehend von dem Schutzzweck des vorliegenden Mitbestimmungstatbestandes ist in personalvertretungsrechtlicher Hinsicht bei der Begriffsbestimmung aber nur auf die Ärzte abzustellen, die im Auftrag des Dienstherrn bzw. Arbeitgebers den Gesundheitszustand oder die Arbeitsfähigkeit der Beschäftigten untersuchen, damit dieser die Möglichkeit erhält, Entscheidungen treffen zu können, die vom Vorliegen medizinischer Tatbestände abhängig sind. Dazu gehört z. B. die Überprüfung von Krankmeldungen der Beschäftigten auf ihre medizinische Berechtigung hin. Im Gegensatz zu Betriebsärzten ist die Dienststelle zur Bestellung von Vertrauensärzten nicht verpflichtet. Da die Feststellung der Dienstfähigkeit der Beschäftigten und auch die Feststellung der Notwendigkeit von Heilbehandlungen notwendige Erkenntnisse für die Personalplanung und -betreuung darstellen, sollte die Dienststelle allerdings stets eine freiwillige Bestellung vornehmen!

862a **Praxistipp!**

In der Praxis gilt es zu beachten, dass die Überprüfung von Krankmeldungen der Beschäftigten auf ihre medizinische Berechtigung nach der ausdrücklichen Vorgabe des § 3 Abs. 3 ASiG nicht zu den Aufgaben des Betriebsarztes gehört. Diese gesetzliche Vorgabe untersagt es dem Betriebsarzt aber nicht, einen erkrankten Beschäftigten daraufhin zu untersuchen, ob seine gesundheitliche Eignung einer Weiterbeschäftigung auf den ihn betreffenden Arbeitsplatz entgegensteht und das Untersuchungsergebnis dann auch dem Arbeitgeber mitzuteilen. Damit in der Dienststelle Untersuchungen in einer Hand liegen, sollte diese also mit dem von ihr bestellten Betriebsarzt stets auch eine Untersuchungspflicht für den Fall der Überprüfung von Krankmeldungen vereinbaren!

863 Der Begriff „**Bestellung**“ stellt auf die von der Dienststelle vorzunehmende **Funktionsübertragung** als Vertrauens- oder Betriebsarzt ab.

864 **Keine Bestellung** im zuvor dargestellten Sinne stellt die nur zeitweise, immer wieder stattfindende Inanspruchnahme eines frei praktizierenden Arztes dar (so zutreffend Cecior u. a., § 72 Rn. 924). Ein frei praktizierender Arzt kann aber durchaus im Rahmen einer nebenberuflichen Tätigkeit zum Vertrauens- oder Betriebsarzt bestellt werden (vgl. hierzu auch OVG NRW 06.03.1996 – 1 A 3846/94.PVL –)!

Keine Mitbestimmung besteht für zugrunde liegende **Vertragsgestaltungen** mit dem Vertrauens- oder Betriebsarzt wie z. B. für den Abschluss und den Inhalt eines Dienstvertrages. Wenn einer der beiden vorbenannten Ärzte allerdings zeitgleich mit der Bestellung auch zur Einstellung in die Dienststelle gelangen sollte, so besteht ein Mitbestimmungsrecht nach § 72 Abs. 1 Satz 1 Nr. 1 Fall 1 („Einstellung")!

Der Begriff „**Abberufung**" von Vertrauens- oder Betriebsärzten stellt sich als gegenteilige Handlung zur „Bestellung" dar. Gemeint ist damit also der dauerhafte Entzug der Funktion eines Vertrauens- oder Betriebsarztes in der Dienststelle. Auch wenn § 2 Abs. 1 ASiG nur für die Bestellung eine Schriftformvorgabe macht, sollte gleichsam aus Dokumentations- und Nachweisgründen die Abberufung **schriftlich** erfolgen! 865

Keine Mitbestimmung besteht bei bloßen **Aufgabenänderungen** von Vertrauens- oder Betriebsärzten (anders im BetrVG, vgl. § 9 Abs. 3 Satz 2 ASiG). Ebenfalls der Mitbestimmung unterliegt nicht eine **freiwillige Amtsniederlegung** durch den bestellten Vertrauens- oder Betriebsarzt, da es dabei an einer Abberufungshandlung der Dienststelle ermangelt. 866

b) Abs. 4 Satz 1 Nr. 6 Fall 2: Bestellung und Abberufung von Sicherheitsfachkräften

Nach Abs. 4 Satz 1 Nr. 6 Fall 2 ist die Bestellung und Abberufung von Sicherheitsfachkräften mitbestimmungspflichtig. Dabei handelt es sich nach § 66 Abs. 7 Satz 3 um einen **Fall der eingeschränkten Mitbestimmung**, sodass die Einigungsstelle nur eine Empfehlung aussprechen kann (vgl. § 66 Rz. 90). 867

Zum **Ausschluss der Mitbestimmung** des Personalrates, wenn eine **gesetzliche oder tarifliche Regelung** („Gesetzes- und Tarifvorrang") besteht, vgl. Rz. 495 ff. 868

Nach **Abs. 5** besteht eine Mitbestimmung des Personalrates auch, wenn eine **Maßnahme probeweise oder befristetet** durchgeführt werden soll (vgl. Rz. 1197 ff.). 869

Zum **Schutzzweck der Mitbestimmung** vgl. entsprechend Rz. 856. 870

Nach **§ 5 Abs. 1 ASiG** hat der Dienstherr bzw. Arbeitgeber eine **„Fachkraft für Arbeitssicherheit"** (umgangssprachlich auch „Sicherheitsfachkraft" genannt) zu bestellen. Sie hat nach § 6 ASiG grundlegend die Aufgabe, den Dienstherr bzw. Arbeitgeber beim Arbeitsschutz und bei der Unfallverhütung in allen Fragen der Arbeitssicherheit einschließlich der menschengerechten Gestaltung der Arbeit zu unterstützen. Zu den **Anforderungen einer Sicherheitsfachkraft** im Einzelnen vgl. § 7 ASiG. 871

Die im vorliegenden Mitbestimmungsfall benannte „Sicherheitsfachkraft" ist nicht mit dem **sog. Sicherheitsbeauftragten** (vgl. § 77 Rz. 21) zu verwechseln. Hierbei handelt es sich vielmehr um zwei Akteure des Arbeits- 872 schutzes, die sich aber durchaus nur mit ähnlichen Themen in der Dienststelle befassen. Die Mitbestimmung nach der vorliegenden Vorschrift greift für Sicherheitsbeauftragte nicht. Im Hinblick auf sie ist aber das Mitbestimmungsrecht nach § 72 Abs. 4 Satz 1 Nr. 7 (vgl. Rz. 885) sowie ein bestehendes Mitwirkungsrecht (vgl. § 36 Abs. 1 Satzung Unfallkasse NRW 28.11.2007 – GV. NRW S. 621 und § 77 Rz. 22) zu beachten!

873 Keine Mitbestimmung besteht ebenfalls im Hinblick auf **sog. Sicherheitsverantwortliche**, d.h. Personen, denen Pflichten der Dienststelle im Hinblick auf die dortige Sicherheit übertragen worden sind.

874 Zur „**Bestellung**" und „**Abberufung**" von Sicherheitsfachkräften gilt das Gleiche wie auch für Vertrauens- oder Betriebsärzte, sodass auf die dortigen Ausführungen verwiesen wird (vgl. Rz. 863 ff.).

c) Abs. 4 Satz 1 Nr. 6 Fall 3: Bestellung von Datenschutzbeauftragten

875 Nach Abs. 4 Satz 1 Nr. 6 Fall 3 ist die Bestellung von Datenschutzbeauftragten mitbestimmungspflichtig. Dieser Mitbestimmungsfall wurde mit der **Novelle 2011** neu in das Gesetz aufgenommen. Dabei handelt es sich nach § 66 Abs. 7 Satz 3 um einen **Fall der eingeschränkten Mitbestimmung**, sodass die Einigungsstelle nur eine Empfehlung aussprechen kann (vgl. § 66 Rz. 90).

876 Zum **Ausschluss der Mitbestimmung** des Personalrates, wenn eine **gesetzliche oder tarifliche Regelung** („Gesetzes- und Tarifvorrang") besteht, vgl. Rz. 495 ff.

877 Nach **Abs. 5** besteht eine Mitbestimmung des Personalrates auch, wenn eine **Maßnahme probeweise oder befristetet** durchgeführt werden soll (vgl. Rz. 1197 ff.).

878 Der **Schutzzweck der Mitbestimmung** stellt einerseits auf die besonderen an einen Datenschutzbeauftragten zu stellenden Anforderungen (vgl. Rz. 879) ab und zum anderen auf den Umstand, dass dieser nach seiner Bestellung auch den Personalrat in Datenschutzangelegenheiten zu beraten hat. Hierbei soll der Personalrat entsprechend mitbestimmen können (vgl. in Ansätzen auch LT-Drucks. 15/1644, S. 85).

879 Nach **§ 32a Abs. 1 DSG NRW/Art. 37 DSGVO** haben öffentliche Stellen, die personenbezogene Daten verarbeiten, einen internen **„Datenschutzbeauftragten"** sowie einen Vertreter zu bestellen. Datenschutzbeauftragte müssen folgende Voraussetzungen erfüllen:
- Berufliche Qualifikation
- Fachwissen (Datenschutzrechts und Datenschutzpraxis)
- Fähigkeit zur Erfüllung der Aufgaben nach Artikel 39 DSGVO

Die „**Bestellung**" zum (behördlichen) Datenschutzbeauftragten ist im Wege einer Organisationsverfügung vorzunehmen, die allen Beschäftigten in der Dienststelle bekannt zu machen ist (vgl. hierzu den RdErl. d. Innenministeriums 12.12.2000 – I A 5 – 1.2.4 zur Bestellung von behördlichen Datenschutzbeauftragten gem. § 32a DSG NRW). Der Personalrat ist also zu beteiligen, wenn die Dienststelle die Bestellung einer bestimmten Person beabsichtigt, d. h. also noch vor dem Erlass der entsprechenden Organisationsverfügung. Die Mitbestimmunspflicht gilt ihrem Schutzzweck nach (vgl. Rz. 878) für die Bestellung **von internen und auch externen Personen** (vgl. zu Letzteren auch VG Sigmaringen 29.07.1997 – P 9 K 1/97 –)! Das gilt also auch für den Fall, dass auf ein externes Serviceunternehmen und einen dort beschäftigten Mitarbeiter dienststellenseitig nach der Möglichkeit des Art. 37 Abs. 6 DSGVO zurückgegriffen wird. Erfolgt Letzteres dauerhaft, so greift i. Ü. die Mitbestimmung nach § 72 Abs. 4 Nr. 22/"Outsourcing" (vgl. Rz. 1175 ff.). 880

Wichtig! 881

Im Zuge der Bestellung eines Arbeitnehmers zum Datenschutzbeauftragten ändert sich regelmäßig auch der Inhalt des Arbeitsvertrages (vgl. BAG 13.03.2007 – 9 AZR 612/05 – zum BDSG), sodass auch die Mitbestimmung nach § 72 Abs. 1 Satz 1 Nr. 4 Fall 7 („Wesentliche Änderung von Arbeitsverträgen") zu beachten ist!

Mitbestimmungspflichtig ist auch die **Bestellung eines Vertreters** für den Datenschutzbeauftragten. Dieser ist zwar wörtlich nicht in dem neu eingeführten Mitbestimmungstatbestand aufgenommen worden. Nach § 32a Abs. 1 Satz 1 DSG NRW besteht für öffentliche Stellen, die personenbezogene Daten verarbeiten, allerdings die Verpflichtung, einen solchen Vertreter zu bestellen. Dementsprechend muss dieser nach dem gegenüber dem Wortlaut gewichtiger zu beachtenden Normzweck ebenfalls vom vorliegenden Mitbestimmungstatbestand erfasst werden (a. A. VG Kassel 22.07.2014 – 22 A 2226/13.PV – das vorrangig auf den Wortlaut der hessischen Vorschrift abstellt, in der ebenfalls kein Rede von einem Vertreter ist). 882

Keine Mitbestimmung besteht sowohl nach dem Wortlaut als auch nach dem Normzweck für die **Abberufung** des Datenschutzbeauftragten und seines Vertreters. Zu den Voraussetzungen einer Abberufung siehe BAG 06.06.2023 – 9 AZR 621/19 – und zum besonderen Abberufungsschutz siehe EuGH 09.02.2023 – C – 453/21 –. Ist mit der Abberufung allerdings die vollständige Trennung von einem internen Arbeitnehmer (§ 37 Abs. 6 DSGVO) verbunden, so greift die Mitbestimmung nach § 74 Abs. 1/"Ordentliche Kündigung". Im Rahmen dessen gilt es Art. 38 Abs. 3 DSGVO zu beachten, wonach der Datenschutzbeauftragte jedenfalls von dem Verant- 883 wortlichen oder dem Auftragsverarbeiter wegen der Erfüllung seiner Aufgaben nicht abberufen oder benachteiligt werden darf.

884 **Wichtig!**

Wenn die Tätigkeit des Datenschutzbeauftragten zu dessen arbeitsvertraglichem Pflichtenkreis als Arbeitnehmer gehört, so kann dessen Abberufung nur bei gleichzeitiger Teilkündigung diese arbeitsvertraglich geschuldete Sonderaufgabe vorgenommen werden (vgl. BAG 13.03.2007 – 9 AZR 612/05 –). Somit hat die Dienststelle in diesem Fall das Mitbestimmungserfordernis nach § 74 Abs. 1 bzw. das Anhörungserfordernis nach § 74 Abs. 2 Fall 3 oder 4 zu beachten. Im Rahmen dessen hat der Personalrat insbesondere auch die Einhaltung des Art. 38 Abs. 3 DSGVO zu beachten, wonach der Datenschutzbeauftragte von dem Verantwortlichen oder dem Auftragsverarbeiter wegen der Erfüllung seiner Aufgaben nicht abberufen oder benachteiligt werden darf!

7. Abs. 4 Satz 1 Nr. 7: Maßnahmen zur Verhütung von Dienst- und Arbeitsunfällen und sonstigen Gesundheitsschädigungen einschließlich Maßnahmen vorbereitender und präventiver Art

885 Nach Abs. 4 Satz 1 Nr. 7 sind Maßnahmen zur Verhütung von Dienst- und Arbeitsunfällen und sonstigen Gesundheitsschädigungen einschließlich Maßnahmen vorbereitender und präventiver Art mitbestimmungspflichtig. Dabei handelt es sich nach § 66 Abs. 7 Satz 3 um einen **Fall der uneingeschränkten Mitbestimmung**, sodass im Nichteinigungsfall die Letztentscheidung bei der Einigungsstelle liegt (vgl. § 66 Rz. 90).

886 Zum **Ausschluss der Mitbestimmung** des Personalrates, wenn eine **gesetzliche oder tarifliche Regelung** („Gesetzes- und Tarifvorrang") besteht, vgl. Rz. 495 ff.

887 Nach **Abs. 5** besteht eine Mitbestimmung des Personalrates auch, wenn eine **Maßnahme probeweise oder befristet** durchgeführt werden soll (vgl. Rz. 1197 ff.).

888 Der **Schutzzweck der Mitbestimmung** ist die Beteiligung des Personalrates zum Wohle der in der Dienststelle Beschäftigten bei allen Maßnahmen die von ihrer Zielrichtung her auf die Unfallverhütung und auf den Gesundheitsschutz am Arbeitsplatz gerichtet sind (vgl. auch § 64 Nr. 4, „Verhütung von Unfall- und Gesundheitsgefahren"). Im Zuge der **Novelle 2011** wurde die Mitbestimmung des Personalrates auch um derartige Maßnahmen erweitert, die vorbereitender und präventiver Art sind. Damit hat der Gesetzgeber den Blick nicht nur auf die sich abzeichnenden gesundheitlichen und demografischen Entwicklungen, sondern auch auf den Maßnahmebegriff des § 66 Abs. 1 Satz 2 gerichtet (vgl. LT-Drucks. 15/1644, S. 86).

889 Zum Begriff der „**Maßnahme**" vgl. § 66 Rz. 6.

Von der Mitbestimmung der vorliegenden Vorschrift erfasst sind **nur innerdienstliche Maßnahmen** (vgl. BVerwG 19.05.2003 – 6 P 16.02 –). Das sind solche Maßnahmen, durch die die Beschäftigten in ihren besonderen Interessen als Beamte und als Arbeitnehmer im internen Bereich der Regierung und der Verwaltung berührt werden (vgl. BVerwG 19.05.2003 a. a. O.). 890

Praxistipp! 891

Die Abgrenzung, ob eine innerdienstliche Maßnahme und/oder eine Aufgabenerfüllung der Dienststelle nach außen hin gegeben ist, gestaltet sich im Einzelfall nicht immer einfach. Als Faustformel gilt hier dem Grunde nach, dass alle diejenigen Maßnahmen, die vorrangig nicht dem Gesundheitsschutz der Beschäftigten der Dienststelle dienen, nicht nach der vorliegenden Vorschrift mitbestimmungspflichtig sind (vgl. auch BVerwG 19.05.2003 – 6 P 16/02 – mit Erläuterungen zu mittelbaren Auswirkungen)!

Unter einem „**Dienstunfall**" ist ein auf äußere Einwirkung beruhendes, plötzliches, örtlich und zeitlich bestimmbares, einen Körperschaden verursachendes Ereignis zu verstehen, das in Ausübung oder infolge des Dienstes eines Beamten eingetreten ist (§ 31 Abs. 1 Satz 1 BeamtVG). Dabei gilt es zu beachten, dass zum vorbenannten Dienst des Beamten auch Dienstreisen, Dienstgänge und die dienstliche Tätigkeit am Bestimmungsort, die Teilnahme an dienstlichen Veranstaltungen und Nebentätigkeiten im öffentlichen Dienst oder in dem ihm gleichstehenden Dienst oder Tätigkeiten, deren Wahrnehmung von dem Beamten im Zusammenhang mit den Dienstgeschäften erwartet wird, sofern er hierbei nicht in der gesetzlichen Unfallversicherung versichert ist (§ 2 SGB VII) gehören (§ 31 Abs. 1 Satz 2 BeamtVG). Zur Anerkennung eines Dienstunfalles bei einem Wegeunfall vgl. BVerwG 28.04.2011 – 2 C 55/09 –. Zu einem Unfall im Toilettenraum vgl. BVerwG 17.11.2016 – 2 C 17.16 –). 892

Unter einem „**Arbeitsunfall**" ist der Personenschaden eines **Arbeitnehmers** zu verstehen, der im zeitlichen und auch sachlichen Zusammenhang mit seiner betrieblichen Tätigkeit steht und für ihn letztendlich einen Anspruch auf Leistungen der gesetzlichen Unfallversicherung begründet (§ 8 SGB VII). Aus sozialpolitischen Gründen sind dabei auch **Wegeunfälle** erfasst. Dabei wird auf den sog. Betriebsweg abgestellt. Das ist eine im unmittelbaren Betriebsinteresse vom Arbeitnehmer zurückgelegte Wegstrecke außerhalb seines normalen Arbeitsortes (vgl. hierzu auch BSG 18.06.2013 – B 2 U 7/12 R –). Zur Anerkennung eines Arbeitsunfalls und der Problematik einer vom Arbeitnehmer selbst geschaffenen Gefahr vgl. BSG 12.04.2005 – B 2 U 11/04 R –. 893

894 Der Begriff „**sonstige Gesundheitsschädigungen**" ist weit auszulegen. Es muss sich um Schädigungen der Gesundheit handeln, die auf einem Zusammenhang mit dem Arbeitsleben beruhen (vgl. BVerwG 14.02.2013 – 6 PB 1/13 –). Die der Mitbestimmung unterliegende zu verhindernde Gesundheitsschädigung muss dabei in ihrer Auswirkung nicht unbedingt einem Dienst- oder Arbeitsunfall vergleichbar sein (vgl. BVerwG 14.02.2013 a.a.O.). Erfasst sind dementsprechend z.B. auch psychische Gesundheitsschädigungen (vgl. § 4 Nr. 1 ArbSchG), die sich im Zusammenhang mit den Arbeitsbedingungen in der Dienststelle ergeben (vgl. hierzu auch BVerwG 31.01.1997 – 1 C 20.95 –). Mitbestimmungspflichtig ist z.B. die **Anordnung zum Tragen eines Mund-Nasen-Schutzes im Zusammenhang mit der Corona-Pandemie o.Ä.** (vgl. im Kontext für derartige Anordnungen dem Grunde nach VG Berlin 20.08.2020 – 61 L 10/20.PVL –, aber im speziellen auch verneinend OVG NRW 09.11.2020 – 20 B 1359/20.PVL – im Hinblick auf eine dienststellenseitige Maßnahme im Falle einer Anordnung aufgrund eines Runderlasses). Soweit der Gesundheitsschutz im Vordergrund steht, kann das auch für die pandemiebedingt Einschränkung des Leistungsangebotes einer Betriebskantine und die Umstellung der Essensausgabe auf Take-away-Betrieb gelten (vgl. VG Sigmaringen 15.02.2021 – PL 11 K 2615/20 –). Der letztgenannte Fall unterliegt ungeachtet dessen jedenfalls stets nach § 72 Abs. 2 Nr. 4 Fall 2 LPVG NRW der Mitbestimmung (vgl. § 72 Rz. 470).

895 Der Begriff „**zur Verhütung**" von Dienst- und Arbeitsunfällen und sonstigen Gesundheitsschädigungen einschließlich Maßnahmen vorbereitender und präventiver Art stellt als Voraussetzung für die Mitbestimmung nach der vorliegenden Vorschrift darauf ab, dass die beabsichtigte Maßnahme der Dienststelle präventiv im Hinblick auf die vorbenannten unerwünschten Ereignisse ergriffen werden soll. Das bedeutet, dass die Maßnahme darauf abzielt, das Risiko der vorbenannten Unfälle und von Gesundheitsschäden innerhalb der Dienststelle zu mindern (vgl. BVerwG 19.05.2003 – 6 P 16/02 – und BVerwG 13.09.2012 – 6 PB 10.12 –). Das ist z.B. der Fall bei dem **Erlass eines Rauchverbotes** zum Schutz der sog. Passivraucher in der Dienststelle (vgl. BAG 10.05.2016 – 9 AZR 347/15 –). In seiner Entscheidung vom 18.04.2023 – 34 A 2844/21.PVL – hat das OVG NRW festgestellt, dass die **Organisationsentscheidung, zur betriebsärztlichen und sicherheitstechnischen Betreuung der Beschäftigten einer Dienststelle einen überbetrieblichen Dienst zu verpflichten, als auch die Festlegung der Anforderungen an die Fachkunde, Ausstattung und Arbeitsweise des überbetrieblichen Dienstes in den Ausschreibungsunterlagen (Leistungsverzeichnis/ Leistungsbeschreibung) eines Vergabeverfahrens** mitbestimmungspflichtige Maßnahmen vorbereitender Art nach § 72 Abs. 4 Satz 1 Nr. 7 sind. § 72

Abs. 4 Satz 1 Nr. 6 LPVG NRW stellt seit der LPVG-Novelle 2011 insoweit nach dem Dafürhalten des OVG NRW keine Spezialvorschrift mehr dar.

Vor diesem Hintergrund ist im Zuge der Novelle 2011 die **Festlegung der Gegenstände der Gesamtbetreuung** i. S. d. Anlage 2 zu § 2 Abs. 3 DGUV (vgl. VG Düsseldorf 24.10.2014 – 34 K 5306/13.PVL –), die **Erstellung einer Gefährdungsbeurteilung** (siehe hierzu auch die Broschüre „Gefährdungsbeurteilung – So geht's" auf der Homepage der VBG) nach § 5 ArbSchG (so VG Düsseldorf 22.01.2016 – 34 K 1918/14.PVL – und einschränkend, d. h. nur für bestimmte Fälle BAG 13.08.2019 – 1 ABR 6/18 – für das BetrVG) und die **Abstimmung der Dienststelle mit einem überbetrieblichen Dienst i. S. d. § 19 ASiG über einen jährlich zu erstellenden Arbeitsplan hinsichtlich der durchzuführenden Maßnahmen der betriebsärztlichen und sicherheitstechnischen Betreuung** (vgl. OVG NRW 04.03.2016 –20 A 2364/14.PVL –) nunmehr als mitbestimmungspflichtig anzusehen. 895a

Mitbestimmungspflichtig ist auch die **Auswahl von Schutzkleidung für Beschäftigte in einem Krankenhaus** (vgl. VGH Mannheim 27.09.1994 – PL 15 S 2844/93 –). Keine Mitbestimmungspflicht besteht allerdings im Hinblick auf die farbliche Gestaltung der Kleidung (vgl. OVG NRW 12.03.2003 – 1 A 5764/00.PVL –). 896

Eine Mitbestimmung besteht auch bei Maßnahmen zur **Unterbrechung der Bildschirmarbeit** durch Kurzpausen im Hinblick auf § 5 BildschirmarbV (vgl. BVerwG 08.01.2001 – 6 P 6/00 –). Gleiches gilt auch im **Polizeidienstbereich** für die Einführung einer regelmäßigen **Überprüfung der Blutwerte** auf der Basis einer bei den einzelnen Beschäftigten vorgenommenen Blutentnahme im Rahmen der **Kraftfahrtauglichkeitsuntersuchung** (vgl. OVG NRW 24.03.2015 – 20 A 2838/13.PVL –). 897

Mitbestimmungspflichtig können auch **personelle Maßnahmen** sein wie z. B. die **Bestellung von Strahlenschutzbeauftragten** (vgl. OVG NRW 13.07.2006 – 1 A 990/05.PVL –), **von Sicherheitsbeauftragten** (§ 22 SGB VII), **Abfallbeauftragten** (§ 11a AbfG), von **Immissionsschutzbeauftragten** (§ 55 Abs. 1 BImSchG) oder **Brandschutzbeauftragten** (§ 10 Abs. 2 ArbSchG) etc. Der Mitbestimmung unterfällt insbesondere auch die Organisation des Arbeitsschutzes und die **Übertragung von Unternehmerpflichten nach § 13 Abs. 2 ArbSchG auf bestimmte Arbeitnehmer** (vgl. entsprechend BAG 18.03.2014 – 1 ABR 73/12 – zu § 87 Abs. 1 Nr. 7 BetrVG). 898

Der **Erlass eines absoluten Alkoholverbotes** für die Beschäftigten der Dienststelle stellt sich als mitbestimmungspflichtig dar, wenn er aus Gründen der Arbeitssicherheit ausgesprochen worden ist (vgl. OVG NRW 04.05.1987 – CL 20/95 –). Soweit der Ausspruch im Einzelfall nicht durch- 899 weg auf den Arbeitsschutz abstellt, kommt gegebenenfalls eine Mitbestimmung nach § 72 Abs. 4 Satz 1 Nr. 9 in Betracht (vgl. Rz. 934).

900 Der Mitbestimmung können weiterhin auch Maßnahmen im Rahmen des **betrieblichen Gesundheitsmanagement** unterliegen, so z. B. Informationen der Dienststelle zu einem bestehenden Gesundheitsmanagement (vgl. OVG Brandenburg 08.12.2012 – 62 PV 2.12 –, zur Verlängerung eines bestehenden Angebotskataloges und der Ankündigung von Kursen für die Stressbewältigung, für die Rückenschule und Raucherentwöhnung etc.).

901 **Keine Mitbestimmung** besteht für Maßnahmen, die dem b**etrieblichen Eingliederungsmanagement nach § 167 Abs. 2 SGB IX** (BEM) unterliegen, da die Beteiligungsrechte des Personalrates hierbei ausreichend und abschließend im SGB IX geregelt sind (vgl. OVG Brandenburg 20.11.2008 – 60 PV 9.07 – und BVerwG 23.06.2010 – 6 P 8.09 –). Dementsprechend sind z. B. Zielvereinbarungen, die im Rahmen des BEM getroffen werden, nicht mitbestimmungspflichtig nach der vorliegenden Vorschrift! Nach einem Beschluss des BAG vom 22.03.2016 – 1 ABR 14/14 – umfasst das Mitbestimmungsrecht des Betriebsrats bei Maßnahmen des Gesundheitsschutzes nach § 87 Abs. 1 Nr. 7 BetrVG allerdings aufgrund der Rahmenvorschrift des § 167 Abs. 2 SGB IX durchaus die **Aufstellung von Verfahrensgrundsätzen** zur Klärung der Möglichkeiten, wie die Arbeitsunfähigkeit eines Arbeitnehmers überwunden und mit welchen Leistungen oder Hilfen einer erneuten Arbeitsunfähigkeit vorgebeugt werden kann. Ungeachtet der Frage, ob diese Rechtsprechung für den Bereich des Personalvertretungsrechts zur Anwendung gelangt, gilt es jedenfalls zu beachten, dass bislang weder der Gesetzgeber noch das BAG selbst eine arbeitgeberseitige Verpflichtung zur Aufstellung einer Verfahrensordnung bzw. einzelner Verfahrensschritte vorsehen. Dementsprechend und nicht zuletzt auch aus Gründen der Flexibilität sollte der Arbeitgeber von Derartigem in der Praxis bestmöglich Abstand nehmen! Der Arbeitgeber hat lediglich die vom BAG in seinem Urteil vom 10.12.2009 – 2 AZR 198/09 – aufgestellten Mindestanforderungen für die ordnungsgemäße Durchführung eines BEM zu beachten und sollte dessen gesamten Ablauf mit Blick auf die Darlegungs- und Beweislast in einem späteren Kündigungsschutzverfahren nach Ausspruch einer krankheitsbedingten Kündigung (vgl. BAG 24.03.2011 – 2 AZR 170/10) stets schriftlich dokumentieren! Zur Unterrichtungspflicht der Dienststelle im Hinblick auf diejenigen, denen ein BEM anzubieten ist, vgl. § 65 Rz. 48. Zum **Ablauf und zur Gestaltung eines BEM** siehe **Bülow, Der Praktische Fall – Das BEM in der Praxis, DöD 2023, S. 149.**

902 Mitbestimmungsfrei sind auch die **Beschäftigungsverbote nach dem MuSchG** (vgl. BVerwG 19.05.1992 – 6 P 5/90 –). Diesbezüglich besteht kein Raum für ergänzende Regelungen durch eine Dienstvereinbarung (vgl. auch § 70 Rz. 29).

Die Festlegung und Organisation der Regelbeurteilungen in Schulen im Rahmen der arbeitsmedizinischen Betreuung gemäß DGUV Vorschrift 2 durch eine vom Ministerium für Schule und Weiterbildung NRW und einem überbetrieblichen Dienst i.S.v. § 19 ASiG gebildete Koordinierungsstelle unterliegt nicht der Mitbestimmung des auf der Ebene der Bezirksregierung gebildeten Lehrkräfte-Personalrats (vgl. OVG NRW 25.10.2022 – 34 A 981/21.PVL –).

Die **Anordnung von amts- und vertrauensärztlichen Untersuchungen** zur Feststellung der Arbeits- oder Dienstfähigkeit stellt ebenfalls keine Maßnahme i. S. d. vorliegenden Mitbestimmungstatbestandes dar (vgl. BVerwG 25.08.1986 – 6 P 16/84 –). Hier gilt es aber, das Anhörungsrecht des Personalrates nach § 75 Abs. 1 Nr. 4 zu beachten! **903**

Mitbestimmungsfrei sind auch **Verhaltensanordnungen bei Unfällen und Bränden** in der Dienststelle (vgl. OVG NRW 20.09.2002 – 1 A 2836/00. PVB – und 05.04.2001 – 1 A 3033/99.PVL –). Ob sich im Hinblick auf die Rechtsprechung des BVerwG 05.11.2010 – 6 P 18.09 – und im dortigen Verweis auf eine verfassungskonforme extensive Auslegung des Personalvertretungsrechts eine Änderung der Rechtsprechung ergeben wird, bleibt zunächst noch abzuwarten. **904**

Keine Mitbestimmung besteht ebenfalls für **Maßnahmen zur Asbestsanierung** von Unterrichtsräumen in Schulen und Universitäten (vgl. BVerwG 23.08.2000 – 6 P 12/99 –) und bei der **Auswahl und Inbetriebnahme von Rauchmeldern in einem angemieteten Objekt** (vgl. OVG NRW 26.06.2012 – 20 A 632/10.PVL –. **905**

Mitbestimmungsfrei ist auch die **Aufhebung einer Maßnahme** zur Verhütung von Dienst- und Arbeitsunfällen und sonstigen Gesundheitsschädigungen, soweit die Dienststelle von ihrer Seite aus nicht die Verhütung der vorbenannten negativen Ereignisse bezweckt hat (vgl. OVG NRW 03.02.2000 – 1 A 5029/98.PVL –). **906**

8. Abs. 4 Satz 1 Nr. 8: Grundsätze über die Prämierung von anerkannten Vorschlägen im Rahmen des behördlichen und betrieblichen Vorschlagswesens

Nach Abs. 4 Satz 1 Nr. 8 ist die Festlegung von Prämierungsgrundsätzen im Rahmen des behördlichen und betrieblichen Vorschlagswesens mitbestimmungspflichtig. Dabei handelt es sich um ein **uneingeschränktes Mitbestimmungsrecht** des Personalrates, sodass im Nichteinigungsfall die Letztentscheidung bei der Einigungsstelle liegt (vgl. § 66 Rz. 90). **907**

Zum **Ausschluss der Mitbestimmung** des Personalrates, wenn eine **gesetzliche oder tarifliche Regelung** („Gesetzes- und Tarifvorrang") besteht, vgl. Rz. 495 ff. **908**

909 Nach **Abs. 5** besteht eine Mitbestimmung des Personalrates auch, wenn eine **Maßnahme probeweise oder befristet** durchgeführt werden soll (vgl. Rz. 1197 ff.).

910 Der **Schutzzweck der Mitbestimmung** ist auf die gerechte Prämierung und die Wahrung des Gleichheitsgrundsatzes in der Dienststelle gerichtet.

911 Das „**behördliche und betriebliche Vorschlagswesen**" stellt ein System der organisatorischen Behandlung und auch Prämierung von Verbesserungen technischer und nicht technischer Art dar, die aus dem Kreis der Beschäftigten mit dem Ziel, die Leistungen der Behörde bzw. des Betriebes stetig zu verbessern, an die Dienststellen- bzw. Betriebsleitung herangetragen werden. Dabei steht letztendlich nicht nur die Leistungsverbesserung als solche, sondern vor allem auch die Motivation der Beschäftigten diese voran- bzw. herbeizuführen im Vordergrund, was durch eine Belohnung, die sich zumeist als Geldprämie darstellt, bewirkt wird. So führt die Richtlinie für das Ideenmanagement NRW RV d. JM vom 23.11.2001 (1283 – I C (5). 3) einleitend auch entsprechend aus, dass die Kreativität und das Ideenpotenzial der Mitarbeiter das tragende Element des ständigen Modernisierungsprozesses der Landesverwaltung NRW ist.

912 **Gegenstand der Mitbestimmung** ist die **Festlegung von Grundsätzen über die Prämierung** von anerkannten Vorschlägen im Rahmen eines zuvor dargestellten Vorschlagswesens („Wie"). Die Grundentscheidung zur Einführung eines Vorschlagswesens („Ob") unterliegt hingegen nicht der Mitbestimmung. Entsprechendes gilt auch für eine nachfolgende Grundentscheidung der Dienststelle zur Abschaffung eines zuvor eingeführten Vorschlagswesens (vgl. Rz. 917). Mitbestimmungspflichtig ist z. B. die **Aufstellung eines Prämienberechnungsplanes** oder einer **Prämienstaffelung**. Nach dem Normzweck unterliegt insoweit auch schon die **Festlegung von Verfahrensgrundsätzen**, die bestimmen, welche Vorschläge und Ideen der Beschäftigten überhaupt und wenn in welchem Umfang der Prämierung unterliegen der Mitbestimmung (vgl. auch BAG 28.04.1981 – 1 ABR 53/79 – zum BetrVG).

913 **Beispiel:**

Wenn z. B. festgelegt werden soll, dass sog. geeignete Vorschläge mit einer Prämie ab 1.300,– Euro und sog. herausragende Vorschläge mit einer Prämie ab 2.000,– Euro belohnt werden können, so unterliegt nicht nur der Staffelungsgrundsatz, sondern auch das Verfahren, wonach sich bestimmt, um welche Kategorie eines Vorschlages es sich handelt, der Mitbestimmung.

914 Der Mitbestimmung unterliegen **nur dauerhaft eingerichtete Vorschlagswesen** in der Behörde bzw. dem Betrieb. Keine Mitbestimmung besteht mit-

hin für **befristete Aufforderungen**, die den Charakter eines Preisausschreibens aufweisen (vgl. BVerwG 31.01.1980 – 2 C 3.78 –).

Der Mitbestimmung unterliegen sowohl die **erstmalige Festlegung von Grundsätzen** der Prämierung als auch alle **weiteren Änderungen**. 915

Wichtig! 916

Die Prämierung von Vorschlägen im Rahmen des behördlichen und betrieblichen Vorschlagswesens stellen eine freiwillige Leistung des Dienstherrn bzw. Arbeitgebers dar, sodass kein Initiativrecht des Personalrates für die Einführung eines solchen Vorschlagswesens und auch einer Prämierung besteht (vgl. BVerwG 31.01.1980 – 2 C 3.78 –)!

Keine Mitbestimmung besteht im Hinblick auf die Grundentscheidung der Dienststelle zur **Einführung und Abschaffung eines bestehenden Vorschlagswesens** (vgl. entsprechend BayVGH 04.07.2017 – 18 P 16.2000 – m. w. N. und zur Regelungswirkung einer Dienstvereinbarung zum betrieblichen Vorschlagswesen). 917

Der Mitbestimmung des Personalrates unterliegen auch nicht die **Erfindungen von Arbeitnehmern**, die patent- oder gebrauchsmusterfähig sind. Hier ist vielmehr auf das ArbNErfG abzustellen. 918

9. Abs. 4 Satz 1 Nr. 9: Regelung der Ordnung in der Dienststelle und des Verhaltens der Beschäftigten

Nach Abs. 4 Satz 1 Nr. 9 sind Regelungen der Ordnung in der Dienststelle und des Verhaltens der Beschäftigten mitbestimmungspflichtig. Dabei handelt es sich um einen einheitlichen Mitbestimmungstatbestand, der sich als **uneingeschränktes Mitbestimmungsrecht** des Personalrates darstellt, sodass im Nichteinigungsfall die Letztentscheidung bei der Einigungsstelle liegt (vgl. § 66 Rz. 90). 919

Zum **Ausschluss der Mitbestimmung** des Personalrates, wenn eine **gesetzliche oder tarifliche Regelung** („Gesetzes- und Tarifvorrang") besteht, vgl. Rz. 495 ff. 920

Nach **Abs. 5** besteht eine Mitbestimmung des Personalrates auch, wenn eine **Maßnahme probeweise oder befristetet** durchgeführt werden soll (vgl. Rz. 1197 ff.). 921

Der **Schutzzweck der Mitbestimmung** ist die Wahrung der berechtigten Interessen der Beschäftigten und des Gleichbehandlungsgrundsatzes in der Dienststelle. 922

923 Als **Gegenstand der Mitbestimmung** kommen nur **„Regelungen"** in Betracht, d.h. also Vorschriften, die generell für alle Beschäftigten der Dienststelle oder zumindest für eine bestimmte Gruppe von Beschäftigten der Dienststelle zu beachten sind, wie z.B. Dienstanweisungen oder Verwaltungsanordnungen. Das sind also Regelungen, die auf die **äußere Ordnung** und auf **allgemeine Verhaltensweisen** der Beschäftigten im internen Dienstbereich Bezug nehmen. Der Mitbestimmung unterliegen solche Regelungen aber nur dann, wenn sie auch **das Betriebsverhältnis der Beschäftigten**, also nur das Grundverhältnis als solches, d.h. also das Beamten- oder Arbeitsverhältnis selbst betreffen.

924 **Keine Regelungen** stellen **Einzelmaßnahmen** dar wie z.B. die Abmahnung eines Arbeitnehmers (vgl. OVG NRW 20.01.1982 – CL 30/80 –).

925 **Keine Mitbestimmung** besteht deshalb vor allem für die **einzelfallbezogene Anordnung der Feststellung einer Arbeitsunfähigkeit i.S.d. § 5 Abs. 1a Satz 2 EntgFG** n.F. (vormals „Anordnung der AU-Vorlage" § 5 Abs. 1 EntgFG a.F.) ab dem ersten AU-Tag (vgl. OVG NRW 30.04.1979 – CL 5/79 – und entsprechend BAG 15.11.2022 – 1 ABR 5/22 – zum BetrVG). Zur generellen Mitbestimmungsfreiheit einer solchen Anordnung siehe auch OVG Brandenburg 17.03.2011 – 60 PV 3.10 –, wonach auch kein Auskunftsanspruch des Personalrates auf Bekanntgabe derjenigen Beschäftigten besteht, denen eine solche Verpflichtung auferlegt worden ist. Zur Anordnungsmöglichkeit ohne einer Begründungspflicht gegenüber dem Arbeitnehmer vgl. entsprechend BAG 14.11.2012 – 5 AZR 886/11 – zum BetrVG.

926 Die Begriffe der **„Ordnung in der Dienststelle"** und des **„Verhaltens der Beschäftigten"** stellen auf alle Sachverhalte ab, die einen störungsfreien Lebensablauf in der Dienststelle betreffen (vgl. OVG NRW 27.10.1999 – 1 A 5223/97.PVL –). Gegenstand der Mitbestimmung sind also alle Vorschriften in der Dienststelle, die das **Miteinander der Beschäftigten** und den **Gebrauch der ihnen dienstlich überlassenen Gegenstände betreffen** (vgl. BVerwG 11.03.1983 – 6 P 25.80 –). Ausgenommen hiervon sind Sachverhalte, die bereits gesetzlich oder tarifvertraglich geregelt sind (vgl. Rz. 495ff. und auch OVG NRW 06.01.1983 – CB 6/82 –).

927 **Beispiele für mitbestimmungspflichtige Regelungen sind:**

- Allgemeine Vorschriften über Krank- und Abwesenheitsmeldungen (z.B. Anzeige gegenüber bestimmten Vorgesetzten)
- Anordnung zum Tragen eines „Mund-Nasen-Schutz" (vgl. VG Berlin 20.08.2020 – 61 I 10/20 –)
- Vorschriften über die Entgegennahme und Behandlung von Bestellungen und Postsendungen etc. in der Dienststelle

- Parkplatzordnung für einen behördeneigenen, allgemein nicht zugänglichen Parkplatz (vgl. VG Düsseldorf 15.12.1994 – 34 K 7822/94.PVL –)
- Einführung von Parkplatzgebühren für einen behördeneigenen Parkplatz, der allgemein nicht zugänglich ist (vgl. VG Düsseldorf 15.12.1994 a. a. O. und VGH Hessen 25.09.2003 – 22 TL 2300/02 –)
- Verbot, Radio während der Dienstzeit am Arbeitsplatz zu hören (vgl. BVerwG 30.12.1987 – 6 P 20/82 –)
- Beschränkung der Platzierung privater Gegenstände am Arbeitsplatz, Belegen der Oberseite von Schränken und Anordnung zur Pflege mitgebrachter privater Pflanzen (vgl. entsprechend LAG Nürnberg 14.12.2016 – 4 TaBV 38/16 – zum BetrVG)

Keine Mitbestimmung besteht für alle Maßnahmen und Regelungen der 928
Dienststelle, die die **Erfüllung der dienstlichen Aufgaben der Beschäftigten** zum Gegenstand haben, d.h. also mit ihrer Arbeitsleistung in einem unmittelbaren Zusammenhang stehen (z.B. die Vorgabe von Begrüßungen und Redewendungen für Telefonisten) oder Regelungen die diensttechnischer Art sind und damit den Dienstablauf gestalten (z.B. Bearbeitungsvorgaben für Verwaltungsanträge oder Vorgaben der Arbeitsabfolge bei Baumfällarbeiten). Denn die Beteiligung des Personalrates nach der vorliegenden Vorschrift kann nicht so weit gehen, dass dadurch die Erfüllung der Aufgaben der Dienststelle im Hinblick auf ihre Art und Weise von der Mitbestimmung abhängig ist (vgl. BVerwG 19.05.2003 – 6 P 16/02 – und VG Minden 04.04.2016 – 14 K 2869/15.PVL – zur Einführung und dem Gebrauch veränderter Dokumentationsbögen in einer Klinik, die der ordnungsgemäßen Aufgabenerfüllung aller Beschäftigten dienen, die mit der Patientenpflege betraut sind). Mitbestimmungsfrei ist so z.B. auch das **Verbot privater Nutzung dienstlicher E-Mail-Accounts**, auch wenn diese zuvor gestattet gewesen ist (vgl. entsprechend OVG Berlin-Brandenburg 29.09.2016 – OVG 60 PV 10.15 –). Das gilt auch für die Untersagung der privaten Nutzung von Handys (vgl. entsprechend BAG 17.10.2023 – 1 ABR 24/22 – zum BetrVG). Das gilt auch für die **Untersagung der privaten Nutzung von Handys** (vgl. entsprechend BAG 17.10.2023 – 1 ABR 24/22 – zum BetrVG). Ebenso sind die **Untersagung des Beklebens von Einrichtungsgegenständen der Dienststelle** sowie die Anordnungen, überwiegend dienstliche Kommunikation zu führen, den Arbeitsplatz aufzuräumen, technisches Equipment zu entsorgen und separate Abfallbehälter zu benutzen, mitbestimmungsfrei (vgl. entsprechend LAG Nürnberg 14.12.2016 – 4 TaBV 38/16 – zum BetrVG).

In der Praxis schwierig gestaltet sich die **Abgrenzung von Regelungen, die** 929
einen Mischcharakter aufweisen, d.h. die zum einen allgemeine Verhaltensvorgabe der Beschäftigten in der Dienststelle enthalten, aber auch die

bestimmungsrecht des Personalrates, sodass im Nichteinigungsfall die Letztentscheidung bei der Einigungsstelle liegt (vgl. § 66 Rz. 90).

939 Soweit die Gestaltung von Arbeitsplätzen im Zusammenhang mit Rationalisierungs-, Technologie- oder Organisationsangelegenheiten i.S.d. § 72 Abs. 3 erfolgt, korrespondiert die vorliegende Vorschrift mit den dortigen Mitbestimmungstatbeständen.

940 Der **Schutzzweck der Mitbestimmung** ist darauf gerichtet, das Wohlbefinden und auch die Leistungsfähigkeit der Beschäftigten bei der Gestaltung ihrer Arbeitsplätze durch innerdienstliche Maßnahmen durch die Beteiligung des Personalrates zu schützen (vgl. auch BVerwG 30.08.1985 – 6 P 20.83 –).

941 Ein **Mitbestimmungsrecht des Personalrates besteht nur dann**, soweit eine gesetzliche oder tarifliche Regelung **(„Gesetzes- und Tarifvorrang")** nicht besteht (vgl. Rz. 495 ff.).

942 Die Gestaltung von Arbeitsplätzen ist fast vollständig durch die ArbStättV geregelt. Damit ist nach der Rechtsprechung aber keine die Mitbestimmung des Personalrates ausschließende gesetzliche Regelung (vgl. Rz. 495) gegeben. Denn dem Dienststellenleiter wird trotzdem die Ausgestaltung von Einzelmaßnahmen überlassen, sodass dessen Entscheidung der **Richtigkeitskontrolle des Personalrates** im Wege der Mitbestimmung unterliegt (vgl. BVerwG 01.06.2007 – 6 PB 4.07 – unter Hinweis auf die Entscheidung vom 18.05.2004 – 6 P 13.03 – zur Thematik eines bestehenden Gesetzesvorrang).

Nach **Abs. 5** besteht eine Mitbestimmung des Personalrates auch, wenn eine **Maßnahme probeweise oder befristet** durchgeführt werden soll (vgl. Rz. 1197 ff.).

943 Als **Gegenstand der Mitbestimmung** kommen **nur innerdienstliche Maßnahmen** in Betracht (vgl. hierzu im Kontext BVerfG 24.05.1995 – 2 BvF 1/92 –).

944 Der Begriff „**Arbeitsplatz**" stellt nicht funktional auf einen bestimmten Dienstposten, sondern auf einen **räumlichen Bereich** ab. Davon sind räumlich umfasst der **Tätigkeitsbereich des Beschäftigten** und dessen **unmittelbare Umgebung**. Dazu zählt auch die **Anordnung der Arbeitsmittel**, mit denen die Beschäftigten ihre Arbeitsverrichtung vornehmen wie z.B. Möbel, Arbeitsgeräte und -maschinen etc., ungeachtet, ob sie der Nutzung von einzelnen oder von mehreren Beschäftigten unterliegen (vgl. BVerwG 15.12.1978 – 6 P 13.78 – und OVG NRW 27.11.1984 – CL 6/84 –). So z.B. bei der Gesamtnutzungsmöglichkeit eines Ablagetisches in einem Kopierraum (vgl. OVG NRW 07.06.1988 – CL 10/86 –) oder eines Kopier- bzw. Telefaxgerätes (vgl. OVG NRW 10.02.1993 – CL 47/89 –). Zur Veränderung der Regalhöhe in der Administratur, wodurch eine vermehrte Trittleiterbenutzung durch die

Beschäftigten erforderlich wird (vgl. OVG NRW 28.08.1995 – 1 A 474/91. PVL –). Erfasst werden auch **Arbeitsplätze außerhalb eines Gebäudes** oder **stationäre Arbeitsplätze** wie z.B. in Dienstfahrzeugen oder Einsatzfahrzeugen der Polizei bzw. Feuerwehr (vgl. BVerwG 19.05.2003 – 6 P 16/02 –). Zum sog. **Bildschirmarbeitsplatz** und zur Mitbestimmung bei der Einführung eines neuen Programms zur elektronischen Antragsbearbeitung vgl. OVG Berlin-Brandenburg 14.02.2013 – 62 PV 8.12 –). **Für Polizeivollzugsbeamte** gehört auch **die Beschaffung von Mitteldistanzwaffen sowie von Waffenzubehör** (Leuchtpunktvisiere, Zielbeleuchtungen, Handgriffe und Waffentragegurte) und auch von **Maschinenpistolen** zur Gestaltung des Arbeitsplatzes (vgl. BVerwG 25.11.2021 – 5 P 7.20 – und Anm. Bülow, ZTR 2022, S. 276).

Wichtig! 945

Wenn die Gestaltung der Arbeitsplätze in der Dienststelle durch äußere Einflüsse, z.B. die Belästigung durch Straßenlärm aufgrund der örtlichen Lage eines Verwaltungsgebäudes herbeigeführt wird, handelt es sich um keine mitbestimmungspflichtige Maßnahme. Wenn die Dienststelle aber derartigen Einflüssen entgegentritt, z.B. durch den beabsichtigten Einbau von Schallschutzfenstern, so besteht hierfür eine Mitbestimmungspflicht (vgl. VGH Hessen 02.04.1992 – HPV TL 1/88 –)!

Sollte die Dienststelle von sich aus im Übrigen nicht im vorbenannten Sinne tätig werden, so besteht ein entsprechendes Initiativrecht des Personalrates!

Keine Arbeitsplätze stellen Räumlichkeiten außerhalb der Dienststelle 946
dar, in denen die Beschäftigten keine Arbeitsleistung zu erbringen haben, und Räume innerhalb der Dienststelle wie z.B. Pausen- und Sanitätsräume, Treppenhäuser, einzelne Treppen und Flure, da auch hier keine Arbeitsleistung erbracht wird.

Damit die Arbeitsplätze dem in der Dienststelle üblichen Standard ent- 947
sprechen und das Wohlbefinden und auch die Leistungsfähigkeit der Beschäftigten durch sie nicht negativ beeinflusst werden, hat der Personalrat neben der Mitbestimmung nach § 72 Abs. 3 Nr. 6 bei der Einrichtung von **Telearbeitsplätzen** auch eine Mitbestimmung nach der vorliegenden Vorschrift im Hinblick auf deren Gestaltung (vgl. Cecior u.a., § 72 Rn. 1000 m.w.N.). Das gilt nur dann nicht, wenn die Telearbeit und auch im Übrigen sonstige Arbeitsplätze dauerhaft an Dritte, d.h. i.d.R. an Dienstleister aus der Privatwirtschaft vergeben wird, da hiermit kein räumlicher Bezug mehr zur Dienststelle besteht. In einem solchen Fall besteht aber eine Mitbestimmung nach § 72 Abs. 4 Satz 1 Nr. 22 („Privatisierung“).

Der Begriff der **„Gestaltung“** der Arbeitsplätze erfasst sämtliche **räumliche** 948
und auch technische Veränderungen der am Arbeitsplatz bestehenden Verhältnisse (vgl. OVG NRW 27.11.1984 – CL 6/84 –). Dementsprechend sind Maß-

nahmen der Dienststelle, durch die die Beleuchtung, die Belüftung und auch die Temperaturverhältnisse am Arbeitsplatz verändert werden, mitbestimmungspflichtig (vgl. BVerwG 25.08.1986 – 6 P 16.84 –). Das gilt auch für die Festlegung der Häufigkeit der Reinigung in den Diensträumen (vgl. BVerwG 25.08.1986 a. a. O.). Der Geschäftsführer einer gemeinsamen Einrichtung (Jobcenter) ist nicht verpflichtet, im Hinblick auf einen Initiativantrag des Personalrats, der darauf gerichtet ist, die **Arbeitsplätze zur Bearbeitung der eAkte mit 27-Zoll-Monitoren auszustatten**, ein Mitbestimmungsverfahren durchzuführen (vgl. OVG NRW 29.07.2021 – 20 A 4760/19.PVB –)!

949 Auch die **Schaffung von neuen Arbeitsplätzen** durch **Neu-, Um- und Erweiterungsbauten** ist i. d. R. als Veränderung der am Arbeitsplatz vorhandenen Verhältnisse anzusehen, sodass hier gleichfalls eine Mitbestimmung besteht (vgl. hierzu OVG NRW 22.06.1987 – CL 28/85 – und 31.05.2001 – 1 A 2277/99.PVL –). Die Mitbestimmung des Personalrates greift hierbei allerdings erst bei Maßnahmen, die tatsächlich die Einrichtung eines Arbeitsplatzes bzw. dessen Veränderung ergeben, wie z. B. die konkrete Durchführung baulicher Maßnahmen.

Keine Mitbestimmung besteht **im Stadium der Bauplanung**. Zu diesem Zeitpunkt greift zunächst aber das Anhörungsrecht des Personalrates nach § 75 Abs. 1 Nr. 3.

950 Mitbestimmungspflichtig kann auch die **Zusammenlegung von Räumlichkeiten** sein, wenn dadurch ein gemeinsamer Arbeitsplatz geschaffen wird und neben einer bloßen Ortsveränderung auch Veränderungen des neuen im Hinblick auf den alten Arbeitsplatz einstellen wie z. B. neue Beleuchtungsverhältnisse, Anordnungen von Arbeitsgeräten (vgl. OVG NRW 17.02.1982 – CL 13/80 –).

951 Keine Mitbestimmung nach dieser Vorschrift besteht bei der bloßen **Änderung der Arbeitsaufgaben**, z. B. durch die Versetzung oder Umsetzung etc. eines Beschäftigten auf einen anderen Arbeitsplatz (vgl. Rz. 213 ff. und Bülow, Der praktische Fall – Die „Umsetzung" der arbeitsrechtlichen Umsetzung, DöD 2022, S. 273). Der Arbeitsplatz i. S. d. vorliegenden Vorschrift ist nicht ein bestimmter Dienstposten (vgl. Rz. 944). Insoweit gilt es aber, die jeweilige Mitbestimmung nach § 72 Abs. 1 Satz 1 Nr. 5 oder 6 sowie gegebenenfalls nach Abs. 3 Nr. 6 zu beachten!

952 Keine Mitbestimmung des Personalrates besteht ebenfalls bei der **Überprüfung der Arbeitsplätze** durch die Dienststelle.

952a Eine Mitbestimmung des Personalrates besteht hingegen bei **der Ausstattung der Polizei mit Schusswaffen und entsprechendem Zubehör** (vgl. BVerwG 24.11.2021 – 5 P 7/20 –).

11. Abs. 4 Satz 1 Nr. 11: Geltendmachung von Ersatzansprüchen gegen einen Beschäftigten

Nach Abs. 4 Satz 1 Nr. 11 ist die Geltendmachung von Ersatzansprüchen gegen einen Beschäftigten mitbestimmungspflichtig. Hierbei handelt es sich nach § 66 Abs. 7 Satz 3 um einen Fall der **eingeschränkten Mitbestimmung**, sodass im Nichteinigungsfall die Einigungsstelle nur eine Empfehlung aussprechen kann (vgl. § 66 Rz. 90). 953

Durch die **Novelle 2011** wurde die Vorschrift inhaltlich nicht verändert, sondern hat lediglich eine geschlechtergerechte Sprachanpassung erhalten. 954

Zum **Ausschluss der Mitbestimmung** des Personalrates, soweit eine **gesetzliche oder tarifliche Regelung** besteht, vgl. Rz. 495 ff. 955

Nach **Abs. 5** besteht eine Mitbestimmung des Personalrates auch, wenn eine **Maßnahme probeweise oder befristet** durchgeführt werden soll (vgl. Rz. 1197 ff.). 956

Der **Schutzzweck der Mitbestimmung** besteht vor allem darin, die Gleichbehandlung im Hinblick auf die Geltendmachung von Ersatzansprüchen in der Dienststelle zu wahren (vgl. BVerwG 19.12.1990 – 6 P 24.88 –). Das führt dazu, dass der Personalrat darauf dringen kann, dass der Dienstherr/Arbeitgeber im Interesse der Gleichbehandlung auch andere Fälle in der Dienststelle berücksichtigt, in denen von der Geltendmachung von Ersatzansprüchen abgesehen wurde (so OVG NRW 11.02.2015 – 6 A 1832/12 – u.a. mit Verweis auf BVerwG 24.04.2002 – 6 P 4.01 –). 957

Beamte, die vorsätzlich oder grob fahrlässig die ihnen obliegenden Pflichten verletzen, haben dem Dienstherrn, dessen Aufgaben sie wahrgenommen haben, den daraus entstehenden Schaden zu ersetzen. Haben mehrere Beamte gemeinsam den Schaden verursacht, so haften sie als Gesamtschuldner (§ 48 BeamtStG). Aus Art. 34 Satz 1 GG i. V. m. § 839 BGB folgt, dass im Außenverhältnis gegenüber Dritten der Dienstherr dem Grunde nach für eine solche Pflichtverletzung gegenüber Dritten haftet, da die Ansprüche des Geschädigten auf diesen übergeleitet werden. Der Mitbestimmungstatbestand erfasst somit nur **Ansprüche des Dienstherrn gegen den Beschäftigten im Innenverhältnis**. Ein Ersatzanspruch des Dienstherrn besteht nur bei vorsätzlichem oder grob fahrlässigem Handeln (vgl. Rz. 961) des Beamten. Mitbestimmungspflichtig ist auch die Geltendmachung eines Schadensersatzanspruchs gegenüber einem **Ruhestandsbeamten**, wenn sich der Anspruch auf eine **Dienstpflichtverletzung vor der Versetzung in den Ruhestand** bezieht und der Beamte die Mitbestimmung des Personalrats nach § 72 Abs. 4 Satz 2 Halbsatz 1 (vgl. Rz. 966) beantragt (vgl. OVG NRW 11.02.2015 a. a. O.). 958

959 **Keine Mitbestimmung** besteht für die **Rückforderung zu viel gezahlter Dienstbezüge** (vgl. § 12 Abs. 2 LBesG), da dieser auf einer ungerechtfertigten Bereicherung gestützte Herausgabeanspruch keinen Ersatzanspruch i.S.d. vorliegenden Vorschrift darstellt (vgl. BVerwG 27.01.2006 – 6 P 5.05 – mit Verweis auf BayVGH 14.07.1993 – 18 P 93.1164 –). Etwas anderes gilt nur dann, wenn der Dienstherr derartige Rückforderungsansprüche ausdrücklich als Schadensersatz auf § 48 BeamtStG stützt (vgl. OVG NRW 18.11.1982 – 1 A 1211/80 –). Die Mitbestimmung kommt im Übrigen auch dann zum Tragen, wenn der Dienstherr zugleich einen Schadensersatzanspruch geltend macht (vgl. Rz. 963).

960 Ersatzansprüche gegen **Beamte** unterliegen der **Verjährungsfrist von drei Jahren** (§ 80 Abs. 1 Satz 1 LBG NRW) und sind vom Dienstherrn entsprechend fristgemäß durchzusetzen. Soweit eine Verjährung droht, besteht die Möglichkeit, einen Leistungsbescheid als vorläufige Regelung i. S. d. § 66 Abs. 8 zu erlassen, um eine Unterbrechung der Verjährung herbeizuführen (vgl. BVerwG 25.10.1979 – 6 P 53.78 –).

961 Ersatzansprüche gegen **Arbeitnehmer** unterliegen den **Verjährungsfristen gem. der §§ 195 ff. BGB**. Zudem gilt es die **tarifvertragliche Ausschlussfrist gem. § 37 TVöD** zu beachten, die im Übrigen auch Schadensersatzansprüche aus unerlaubter Handlung erfasst (vgl. BAG 27.04.1995 – 8 AZR 582/94 –).

962 Bei Arbeitnehmern besteht, soweit nichts anderes vereinbart ist, die **Geltung der von der Rechtsprechung entwickelten allgemeinen Grundsätze zur Schadenshaftung**. Nach § 3 Abs. 6 TVöD ist für Beschäftigte bei dienstlich oder betrieblich veranlassten Tätigkeiten die Schadenshaftung auf Vorsatz und grobe Fahrlässigkeit beschränkt. Nach § 3 Abs. 7 TV-L finden für die Schadenshaftung der Beschäftigten die Bestimmungen, die für die Beamten des jeweiligen Landes jeweils gelten, entsprechende Anwendungen. Unter **Vorsatz** ist die wissentliche und willentliche Herbeiführung oder Vereitelung eines Erfolges zu verstehen. **Fahrlässig** handelt, wer die im Verkehr erforderliche Sorgfalt außer Acht lässt (§ 276 Abs. 2 BGB). **Grob fahrlässig** handelt ein Arbeitnehmer insoweit dann, wenn er die im Verkehr erforderliche Sorgfalt in einem ungewöhnlich hohen Grad verletzt und dasjenige außer Acht lässt, dass jedem anderen in der konkreten Situation hätte einleuchten müssen (vgl. BAG 28.10.2010 – 8 AZR 647/09 –). Die **Geltendmachung von Ersatzansprüchen setzt voraus, dass diese Ansprüche im Rahmen des Arbeitsverhältnisses entstanden sind** (vgl. entsprechend OVG NRW 11.02.2015 – 6 A 1832/12 – zur Geltendmachung von Ersatzansprüchen bei Ruhestandsbeamten und BAG 14.11.1991 – 8 AZR 151/91 zum PersVG BE). Dementsprechend hat die Dienststelle („Arbeitgeber“) bei der **Geltendmachung von Ersatzansprüchen nach der**

Beendigung eines Arbeitsverhältnisses (z. B. Kündigung, Fristablauf etc.) zu prüfen, ob vorab anspruchsbegründende arbeitsvertragliche Pflichtverletzungen erfolgt sind. Soweit nach der Beendigung des Arbeitsverhältnisses z. B. **Schadensersatzansprüche nach § 281 BGB** für dienstlich überlassene Gegenstände (z. B. Laptop, Sicherheitsschlüssel etc.) geltend gemacht werden, weil der Arbeitnehmer eine zuvor geltend gemachte Herausgabe verweigert hat, wäre Vorstehendes zu bejahen. Denn der, dem Schadensersatzanspruch zugrunde liegende Herausgabeanspruch (§ 280 Abs. 3 BGB) und die diesbezügliche Pflichtverletzung des Arbeitnehmers resultieren aus dem Arbeitsverhältnis (vgl. BAG 14.12.2011 – BAG 10 AZR 283/10 –).

Keine Mitbestimmung besteht bei der **Rückforderung von zu viel gezahltem** 963
Arbeitsentgelt, da dieser auf einer ungerechtfertigten Bereicherung gestützte Herausgabeanspruch keinen Ersatzanspruch i. S. d. vorliegenden Vorschrift darstellt (vgl. BVerwG 27.01.2006 – 6 P 5.05 – mit Verweis auf BayVGH 14.07.1993 – 18 P 93.1164 –). Etwas anderes gilt nur dann, wenn der Arbeitgeber seinen Rückforderungsanspruch ausschließlich oder auch zugleich als Schadensersatzanspruch geltend macht, z. B. bei einer Überzahlung aufgrund falscher Angaben auf einem Stundenzettel oder der Annahme von sog. Schmiergeldern (vgl. LAG Niedersachsen 14.09.2005 – 15 Sa 1610/03 –)!

Die **Mitbestimmung des Personalrates greift bereits, wenn der Dienstherr** 964
bzw. Arbeitgeber beabsichtigt, dem Beschäftigten mitzuteilen, dass seiner Meinung nach ein bestimmter Ersatzanspruch gegen ihn besteht; auf eine konkrete Zahlungsaufforderung kommt es nicht an (vgl. BVerwG 24.04.2002 – 6 P 4.01 –)!

Wichtig! 964a

Verstößt die Dienststelle mit einer Zahlung an ein Personalratsmitglied gegen das Begünstigungsverbot, so steht einem Rückforderungsanspruch § 817 Satz 2 BGB entgegen (vgl. entsprechend LAG Düsseldorf 17.04.2019 – 7 Sa 1065/18 – zum BetrVG)!

Die Mitbestimmung setzt erst bei der **„Geltendmachung“** von Ersatzan- 965
sprüchen ein. Darunter ist grundsätzlich der Aussprache einer entsprechenden Forderung zu verstehen. Das kann sowohl außergerichtlich, z. B. durch einen Leistungsbescheid (Beamter) bzw. ein Forderungsschreiben (Arbeitnehmer), als auch durch die Erhebung einer Schadensersatzklage geschehen (vgl. hierzu auch BAG 14.11.1991 – 8 AZR 151/91 – zum LPVG Berlin). Das BVerwG nimmt eine Geltendmachung im Übrigen auch dann an, wenn die Dienststelle dem Beschäftigten gegenüber mitteilt, dass sie einen bestimmten Ersatzanspruch gegen ihn für gegeben hält (vgl. BVerwG 02.06.2010 – 6 PB 9/09 –). Keine Mitbestimmung besteht bei **Sachstands-**

und Schadensermittlungen, um zunächst festzustellen, ob überhaupt ein erstattungsfähiger Schaden entstanden ist, und wenn dies der Fall ist, von wem und in welchem Umfang dieser zu vertreten ist. Von der Mitbestimmung nicht ausgenommen ist die **Geltendmachung von Ersatzansprüchen gegenüber ausgeschiedenen Beschäftigten.** Das lässt sich zwar nicht direkt dem Wortlaut des § 72 Abs. 4 Satz 1 Nr. 11 und des Abs. 4 Satz 2 entnehmen, da dieser auf Beschäftigte abstellt ohne zwischen Aktiven und Ausgeschiedenen zu unterscheiden, ergibt sich aber aus dem Schutzzweck der vorliegenden Mitbestimmungsvorschrift (vgl. Rz. 957), der vor allem auf die Gleichbehandlung in der Dienststelle ausgerichtet ist (str.: so im Ergebnis auch OVG NRW 11.02.2015 – 6 A 1832/12 – zu Ruhestandsbeamten und BVerwG 10.01.2008 – 6 P 5/07 –; a. A. OVG Hamburg 09.10.1979 – Bs PH 4/79 – zu altersbedingt Ausgeschiedenen). Diese kann aber nicht gewahrt werden und deren Einhaltung kann auch nicht vom Personalrat überprüft werden, wenn ausgeschiedene und aktive Beschäftigte z. B. bei der Inanspruchnahme als Gesamtschuldner (Beamte: § 48 Satz 2 BeamtStG/Arbeitnehmer: §§ 421 ff. BGB) personalvertretungsrechtlich ungleich behandelt werden (vgl. auch OVG Thüringen 12.06.2014 – 2 ZKO 968/10 –).

966 Nach **Abs. 4 Satz 2 Halbsatz 1** greift die **Mitbestimmung des Personalrates nur auf Antrag des Beschäftigten**. Dadurch wird dem Beschäftigten die Möglichkeit eröffnet, selbst entscheiden zu können, ob er einen Regressfall ohne großes Aufsehen und ohne die Beteiligung Dritter klärt.

967 Wenn der Dienstherr bzw. Arbeitgeber beabsichtigt, einen Ersatzanspruch gegen einen Beschäftigten geltend zu machen, hat er diesen nach **Abs. 4 Satz 2 Halbsatz 2** hierüber **rechtzeitig vorher in Kenntnis zu setzen**. Die Information des Beschäftigten ist dann noch rechtzeitig, wenn genügend Zeit verbleibt, dass der Personalrat beteiligt werden kann (vgl. OVG NRW 18.11.1982 – 1 A 1211/80 –). In welcher Form und über welchen konkreten Inhalt der Beschäftigte in Kenntnis gesetzt werden muss, hat der Gesetzgeber nicht vorgegeben. Der Informationspflicht nach dieser Vorschrift genügt der Dienstherr bzw. Arbeitgeber nach der Rechtsprechung jedenfalls dann, wenn der Beschäftigte klar erkennen kann, dass er die ihm anheimgestellte Entscheidung über sein personalvertretungsrechtliches Antragsrecht zu treffen hat (vgl. BVerwG 09.12.1999 – 2 C 4/99 –). In der Praxis sollte aus Dokumentations- und Nachweisgründen also stets ein **schriftlicher ausdrücklicher Hinweis auf das bestehende Antragsrecht** vorgenommen werden!

968 **Muster 47**: Hinweis auf Antragsrecht gem. § 72 Abs. 4 Satz 2

969 Die **Verletzung der Hinweispflicht** kann die Unwirksamkeit der Personalmaßnahme (vgl. BVerwG 09.12.1999 a. a. O. und OVG NRW 04.04.2014 – 1 A 1707/11 –) bzw. die Abweisung einer sich anschließenden Schadens-

ersatzklage (vgl. OVG NRW 09.03.1993 – 6 A 2023/91 – und VG Kassel 16.12.2014 – 1 IK 1650/14.KS –) zur Folge haben.

Die **Zustimmung des Personalrates** bzw. deren Ersetzung im Stufenverfahren muss bereits vorliegen, bevor Ersatzansprüche gegenüber dem Beschäftigten geltend gemacht werden. 970

In der Praxis empfiehlt sich für die Dienststelle folgende **Vorgehensweise**: 971

1. Schritt:	Schriftlicher Hinweis auf Antragsrecht nach § 72 Abs. 4 Satz 2 gegenüber dem Beschäftigten.	**Verjährung & Ausschlussfrist beachten!**
entweder		
2. Schritt:	Bei nicht beantragter Beteiligung: direkte schriftliche Geltendmachung des Ersatzanspruchs gegenüber dem Beschäftigten.	
oder		
2./3. Schritt:	Bei beantragter Beteiligung: Durchführung des Mitbestimmungsverfahrens (2. Schritt) und im Anschluss schriftliche Geltendmachung des Ersatzanspruchs gegenüber dem Beschäftigten (3. Schritt).	

Ersatzansprüche gegenüber **Beamten** können sowohl im Wege der **Leistungsklage vor dem Verwaltungsgericht** als auch durch einen **Leistungsbescheid** (Verwaltungsakt) geltend gemacht werden. Bei **Arbeitnehmern** kann hingegen nur auf die **Leistungsklage vor dem Arbeitsgericht** zurückgegriffen werden. 972

Wichtig! 973

Bei einem Rückgriff auf die Leistungsklage muss die Zustimmung des Personalrates bereits vor der Klageerhebung vorliegen. Wenn der Ersatzanspruch durch einen Leistungsbescheid geltend gemacht wird, so kann das Mitbestimmungsverfahren hingegen noch bis zum Abschluss des Verwaltungsverfahrens durchgeführt werden (vgl. BVerwG 24.11.1983 – 2 C 9.82 –)!

12. Abs. 4 Satz 1 Nr. 12: Maßnahmen nach § 1 Abs. 3

Nach Abs. 4 Satz 1 Nr. 12 sind Maßnahmen nach § 1 Abs. 3 mitbestimmungspflichtig. Dabei handelt es sich nach § 66 Abs. 7 Satz 3 um einen **Fall der eingeschränkten Mitbestimmung,** sodass die Einigungsstelle nur eine Empfehlung aussprechen kann (vgl. § 66 Rz. 90). 974

975 Zum **Ausschluss der Mitbestimmung** des Personalrates, soweit eine **gesetzliche oder tarifliche Regelung** besteht, vgl. Rz. 495 ff.

976 Nach **§ 1 Abs. 3** können Nebenstellen oder Teile einer Dienststelle von der obersten Dienstbehörde zu selbstständigen Dienststellen im Sinne dieses Gesetzes erklärt werden, sofern der Nebenstelle oder dem Teil einer Dienststelle eine selbstständige Regelungskompetenz im personellen und sachlichen Bereich zusteht (vgl. § 1 Rz. 9 ff.).

977 Der **Schutzzweck der Mitbestimmung** ist die Wahrung der schutzwürdigen Interessen der von der Veränderungsmaßnahme nach § 1 Abs. 3 betroffenen Beschäftigten.

978 Soweit die oberste Dienstbehörde eine derartige Verselbstständigung beabsichtigt, kann diese nur vorgenommen werden, wenn der zuständige Personalrat seine Zustimmung zuvor erteilt hat.

979 Nach dem vorbenannten Schutzzweck besteht auch ein Mitbestimmungsrecht, wenn die oberste Dienstbehörde den **Widerruf der Verselbstständigungserklärung** beabsichtigt.

980 Der Personalrat kann auch im Wege seines **Initiativrechts** nach § 66 Abs. 4 Satz 1 den **Vorschlag einer Verselbstständigung** unterbreiten.

13. Abs. 4 Satz 1 Nr. 13: Grundsätze über die Durchführung der Berufsausbildung der Beschäftigten

981 Nach Abs. 4 Satz 1 Nr. 13 sind Grundsätze über die Durchführung der Berufsausbildung der Beschäftigten mitbestimmungspflichtig. Hierbei handelt es sich um ein **uneingeschränktes Mitbestimmungsrecht** des Personalrates, sodass im Nichteinigungsfall die Letztentscheidung bei der Einigungsstelle liegt (vgl. § 66 Rz. 90).

982 Mit der **Novelle 2011** wollte der Gesetzgeber eine Gleichbehandlung der tarifbeschäftigten Arbeitnehmer mit den Beamten sicherstellen, sodass der Mitbestimmungstatbestand auf Letztere ausgedehnt wurde (vgl. LT-Drucks. 15/1644, S. 85).

983 Zum **Ausschluss der Mitbestimmung** des Personalrates, soweit eine **gesetzliche oder tarifliche Regelung** besteht, vgl. Rz. 495 ff.

984 Nach **Abs. 5** besteht eine Mitbestimmung des Personalrates auch, wenn eine **Maßnahme probeweise oder befristet** durchgeführt werden soll (vgl. Rz. 1197 ff.).

985 Der **Schutzzweck der Mitbestimmung** besteht darin, sowohl die Interessen der zur Berufsausbildung Beschäftigten als auch diejenigen der Ausbilder und anderweitig betroffener Beschäftigter bei der Durchführung

der Berufsausbildung in der Dienststelle zu wahren. Damit steht die Vorschrift in enger Beziehung zu dem Mitbestimmungstatbestand des § 72 Abs. 4 Satz 1 Nr. 16, wonach der Personalrat über allgemeine Fragen der Fortbildung der Beschäftigten und die Auswahl der Teilnehmer an Fortbildungsveranstaltungen ein Mitbestimmungsrecht aufweist.

Da von der Durchführung der Berufsausbildung vornehmlich die Auszu- **986**
bildenden in der Dienststelle betroffen sind, hat der Personalrat bei den Maßnahmen, die der vorliegenden Mitbestimmung unterliegen, vor allem auch die **Rechte der Jugend- und Auszubildendenvertretung** nach diesem Gesetz und dabei vor allem gem. § 61 zu beachten.

Unter „**Berufsausbildung**" ist die Vermittlung der für die Ausübung einer **987**
qualifizierten beruflichen Tätigkeit notwendigen beruflichen Fertigkeiten, Kenntnisse und Fähigkeiten im Rahmen eines geordneten Ausbildungsganges zu verstehen. Dabei hat die Berufsausbildung den Erwerb der erforderlichen Berufserfahrung zu ermöglichen (§ 1 Abs. 3 BBiG).

Soweit die **Berufsausbildung in einem sog. dualen System** durchgeführt **988**
wird, wonach zum einen der Lernort des Betriebes bzw. der Verwaltung (Dienststelle) und zum anderen der Lernort der Berufsschule oder z.B. der Fachhochschule der öffentlichen Verwaltung NRW besteht, ist von der Mitbestimmung nur der **dienststellenbezogene Teil der Berufsausbildung** erfasst.

Die Berufsausbildung ist von der Berufsausbildungsvorbereitung, der beruf- **989**
lichen Fortbildung und der beruflichen Umschulung (§ 1 Abs. 1 BBiG) abzugrenzen. Die **Berufsausbildungsvorbereitung** dient dem Ziel, durch die Vermittlung von Grundlagen für den Erwerb beruflicher Handlungsfähigkeit an eine Berufsausbildung in einem anerkannten Ausbildungsberuf heranzuführen (§ 1 Abs. 2 BBiG). Die **berufliche Fortbildung** soll ermöglichen, die berufliche Handlungsfähigkeit zu erhalten, anzupassen oder zu erweitern und beruflich aufzusteigen (§ 1 Abs. 4 BBiG). Die **berufliche Umschulung** soll zu einer anderen beruflichen Tätigkeit befähigen (§ 1 Abs. 5 BBiG).

Praxistipp! **990**

Nach Abschluss der Grundausbildung stellt jede darüber hinausgehende weitere Vermittlung von Kenntnissen und beruflichen Handlungsfähigkeiten eine Fort- bzw. Weiterbildung dar (vgl. OVG NRW 25.03.1980 – CL 15/79 –). Dementsprechend hat die Dienststelle zu prüfen, ob im Hinblick auf die jeweilige Vermittlungsmaßnahme die Berufsausbildung auch schon tatsächlich abgeschlossen ist!

Die **berufliche Weiterbildung** baut ebenfalls auf der Berufsausbildung auf, **991**
dient allerdings vornehmlich dazu, eine vorhandene berufliche Fortbil-

1001 Um „**Richtlinien für die personelle Auswahl bei Einstellungen**" handelt es sich, wenn dort die Festlegung allgemeiner Grundsätze erfolgt, die bei der Auswahl zu beachten sind (fachliche, persönliche oder soziale Aspekte), und die Festlegung der Auswahlmethode bzw. einer Methodenkombination (Auswahlfilter, Assessment Center und Shortlisting). Zum Ausschluss der Mitbestimmung, bei bloßen „Gewichtungen" vgl. zuvor Rz. 1000. Sie können sowohl auf Beamte als auch auf Arbeitnehmer Bezug nehmen. Da die Auswahlrichtlinien sich auf die Einstellung beziehen, dürfen sie auch nur Auswahlaspekte beinhalten, die bei der Einstellung entsprechend zu berücksichtigen sind. Das sind in **persönlicher Hinsicht** z. B. die Zuverlässigkeit des Bewerbers und arbeitsmedizinische Anforderungen an seine Person. In **fachlicher Hinsicht** sind dies z. B. seine Schul- und Berufsbildung sowie sonstige erworbene Kenntnisse und Fähigkeiten. In **sozialer Hinsicht** sind dies z. B. der Familienstand und bestehende Unterhaltsverpflichtungen. Verfahrensregelungen die auf die spätere Auswahl im eigentlichen Sinne Auswirkungen haben können sind als Teil einer mitbestimmungspflichtigen Richtlinie anzusehen (vgl. OVG NRW 26.11.2021 – 20 A 2443/20. PVL –). Verfolgt eine Richtlinie z.B. die fiktive Nachzeichnung der beruflichen Werdegangs eines freigestellten Personalratsmitgliedes (vgl. § 42 Rn. 39 ff.), so ist dies hingegen nicht der Fall (vgl. OVG NRW 26.111.2021 a.a.O.).

1002 Zur mitbestimmungspflichtigen **Verwendung eines Assessment Centers** als Element mehrerer Auswahlkriterien vgl. BVerwG 29.01.2003 – 6 P 16.01 –.

1003 **Wichtig!**

Wenn mit der Festlegung eines Eignungstests oder Assessment Centers schon Zulassungsvoraussetzungen für die Teilnahme zu einem sich anschließenden mündlichen Vorstellungsgespräch getroffen werden (z. B. Mindestpunktzahl oder Bestehen bestimmter Verfahrensabschnitte im Assessment Center), bestehen bereits allgemeine Entscheidungselemente, sodass eine mitbestimmungspflichtige Auswahlrichtlinie i. S. d. vorliegenden Vorschrift gegeben ist (vgl. BVerwG 05.09.1990 – 6 P 27.87 –)!

1004 **Keine Auswahlrichtlinien für Einstellungen** stellt somit die bloße **Festlegung von Anforderungsprofilen im Hinblick auf Dienstpostenausschreibungen** dar (vgl. VGH Baden-Württemberg 15.05.1997 – PB 15 S 145/97 –). Näheres zur Festlegung und Dokumentation im Hinblick auf die praktische Durchführung und die Vermeidung späterer Konkurrentenrechtstreitigkeiten findet sich übrigens in der Entscheidung BVerwG 25.05.2023 – 1 WB 54.22 – m. w. N.

1005 **Nicht mitbestimmungspflichtig** sind z. B. auch die Festlegung der Vorlage eines handgeschriebenen Lebenslaufs, bestimmter Bewerbungsanlagen, eines Bewerbungsfotos und die Teilnahme an einem Eignungstest oder Assessment Center, da dies noch keine Entscheidungselemente für die letztendlich zu treffende Auswahl, sondern nur Vorgaben zur Erkenntnisgewinnung darstellen.

Nach der Rechtsprechung stellt ein Erlass, der im Rahmen des Verfahrens für die **Einstellung von Lehrern** an Sonderschulen die Nichtberücksichtigung der zweiten Fachrichtung bei der Festlegung der einstellungsrelevanten Fachrichtungen vorsieht, eine mitbestimmungspflichtige Auswahlrichtlinie dar, wenn in dem Erlass nicht alle in Betracht kommenden ersten Fachrichtungen als einstellungsrelevant aufgeführt sind (so OVG NRW 28.08.1995 – 1 A 3709/91.PVL –). 1006

b) Abs. 4 Satz 1 Nr. 14 Fall 2: Richtlinien über die personelle Auswahl bei Versetzungen

Nach Abs. 4 Satz 1 Nr. 14 Fall 2 sind Richtlinien für die personelle Auswahl bei Versetzungen mitbestimmungspflichtig. Dabei handelt es sich nach § 66 Abs. 7 Satz 3 um einen Fall der **eingeschränkten Mitbestimmung**, sodass die Einigungsstelle nur eine Empfehlung aussprechen kann (vgl. § 66 Rz. 90). 1007

Ein **Mitbestimmungsrecht des Personalrates besteht nur dann**, soweit eine gesetzliche oder tarifliche Regelung **(„Gesetzes- und Tarifvorrang“)** nicht besteht (vgl. Rz. 495 ff.). 1008

Nach **Abs. 5** besteht eine Mitbestimmung des Personalrates auch, wenn eine **Maßnahme probeweise oder befristet** durchgeführt werden soll (vgl. Rz. 1197 ff.). 1009

Aufgrund vorrangiger gesetzlicher Regelungen greift der **Mitbestimmungstatbestand nur für Arbeitnehmer** und nicht für Beamte. Dementsprechend ist der **Erlass von Beförderungsrichtlinien für Beamte** nicht mitbestimmungspflichtig (vgl. OVG NRW 04.12.1984 – CB 2/83 –). 1010

Zum **Schutzzweck der Mitbestimmung** vgl. Rz. 999. 1011

Zum Begriff „**Richtlinien für die personelle Auswahl**“ vgl. Rz. 1001. 1012

„**Richtlinien über die personelle Auswahl bei Versetzungen**“ sind solche, die Regeln für die Auswahl unter verschiedenen Betroffenen bzw. Bewerbern nach fachlichen, persönlichen und auch sozialen Gesichtspunkten beinhalten. Die Richtlinien müssen nicht sämtliche Auswahlgesichtspunkte regeln. Für das Eingreifen der Mitbestimmung reicht es aus, wenn sie einzelne wesentliche Auswahlgesichtspunkte regeln (vgl. OVG NRW 27.01.1983 – CL 24/82 –). Eine Mitbestimmung besteht auch dann, wenn Richtlinien sowohl auf Beamte als auch auf Arbeitnehmer Bezug nehmen. 1013

Bei Richtlinien, die sich auf **freiwillige Versetzungen** beziehen, werden besondere fachbezogene Auswahlkriterien im Vordergrund stehen (vgl. OVG NRW 27.01.1983 a.a.O.). Wenn es sich hingegen um Richtlinien handelt, die vom Dienstherrn bzw. Arbeitgeber **angeordnete Versetzungen** betreffen, so werden für die Auswahl vor allem soziale Gesichtspunkte eine Rolle spielen wie z.B. das Alter, die Betriebs- bzw. Dienststellenzugehörigkeit und bestehende Unterhaltsverpflichtungen.

1014 **Wichtig!**

Wenn Auswahlrichtlinien die Versetzung zu bestimmten Dienststellen regeln, so weist sowohl der Personalrat der abgebenden als auch der Personalrat der aufnehmenden Dienststelle ein Mitbestimmungsrecht auf (vgl. OVG NRW 27.01.1983 a.a.O.)!

1015 Der Gesetzgeber hat die Mitbestimmung des Personalrates im Hinblick auf die in der Vorschrift benannten Angelegenheiten von Auswahlrichtlinien abschließend geregelt, sodass keine Ausdehnung auf weitere Fälle der Mitbestimmung besteht. Demnach besteht **keine Mitbestimmung** für Richtlinien über die personelle Auswahl bei **Umsetzungen**. Zur Beteiligung bei Umsetzungsmaßnahmen im Übrigen vgl. Rz. 213 ff. und siehe hierzu auch **Bülow, Der praktische Fall – Die „Umsetzung" der arbeitsrechtlichen Umsetzung**, DöD 2022, S. 273.

c) Abs. 4 Satz 1 Nr. 14 Fall 3: **Richtlinien über die personelle Auswahl bei Höhergruppierungen**

1016 Nach Abs. 4 Satz 1 Nr. 14 Fall 3 sind Richtlinien für die personelle Auswahl bei Versetzungen mitbestimmungspflichtig. Dabei handelt es sich nach § 66 Abs. 7 Satz 3 um einen Fall der **eingeschränkten Mitbestimmung**, sodass die Einigungsstelle nur eine Empfehlung aussprechen kann (vgl. § 66 Rz. 90).

1017 Ein **Mitbestimmungsrecht des Personalrates besteht nur dann**, soweit eine gesetzliche oder tarifliche Regelung **(„Gesetzes- und Tarifvorrang")** nicht besteht (vgl. Rz. 495 ff.).

1018 Nach **Abs. 5** besteht eine Mitbestimmung des Personalrates auch, wenn eine **Maßnahme probeweise oder befristet** durchgeführt werden soll (vgl. Rz. 1197 ff.).

1019 Zum **Schutzzweck der Mitbestimmung** vgl. Rz. 999.

1020 Zur Beantwortung der Frage, ob „**Richtlinien über die personelle Auswahl bei Höhergruppierungen**" vorliegen, kann auf die Definition der „Auswahlrichtlinien bei Versetzungen" zurückgegriffen werden (vgl. Rz. 1013). Bei der **Festlegung der Dienstposten, die innerhalb einer Dienststelle als her-**

ausgehobene Funktionen für die Gewährung einer Amtszulage steht dem Personalrat übrigens kein Mitbestimmungsrecht nach der vorliegenden Vorschrift zu (vgl. OVG Rheinland-Pfalz 27.05.2020 – 5 A 10073/20 –).

Zum Begriff der „**Höhergruppierung**" vgl. § 72, Rz. 119. 1021

Der Gesetzgeber hat die Mitbestimmung des Personalrates im Hinblick 1022
auf die in der Vorschrift benannten Angelegenheiten von Auswahlrichtlinien abschließend geregelt, sodass keine Ausdehnung auf weitere Fälle der Mitbestimmung besteht. Demnach besteht **keine Mitbestimmung** für Richtlinien über die personelle Auswahl bei **Herabgruppierungen.**

d) Abs. 4 Satz 1 Nr. 14 Fall 4: Richtlinien über die personelle Auswahl bei Kündigungen

Nach Abs. 4 Satz 1 Nr. 14 Fall 4 sind Richtlinien für die personelle Auswahl 1023
bei Kündigungen mitbestimmungspflichtig. Dabei handelt es sich nach § 66 Abs. 7 Satz 3 um einen Fall der **eingeschränkten Mitbestimmung**, sodass die Einigungsstelle nur eine Empfehlung aussprechen kann (vgl. § 66 Rz. 90).

Ein **Mitbestimmungsrecht des Personalrates besteht nur dann**, soweit eine 1024
gesetzliche oder tarifliche Regelung **(„Gesetzes- und Tarifvorrang")** nicht besteht (vgl. Rz. 495 ff.).

Nach **Abs. 5** besteht eine Mitbestimmung des Personalrates auch, wenn 1025
eine **Maßnahme probeweise oder befristet** durchgeführt werden soll (vgl. Rz. 1197 ff.).

Zum **Schutzzweck der Mitbestimmung** vgl. Rz. 999. 1026

Zum Begriff „**Richtlinien für die personelle Auswahl**" vgl. Rz. 1001. 1027

„**Richtlinien über die personelle Auswahl bei Kündigungen**" kommen nur für 1028
Arbeitnehmer in Betracht, da das Beamtenrecht keine „**Kündigungen**" kennt. Derartige Richtlinien können für **alle Kündigungsarten**, d.h. also sowohl für betriebsbedingte, personenbedingte als auch verhaltensbedingte Kündigungen (vgl. § 74 Rz. 25) erlassen werden. Sie dienen vornehmlich dazu, die bereits gesetzlich nach § 1 KSchG zu berücksichtigenden Auswahlkriterien bei Kündigungen zu konkretisieren (so auch Fitting u.a., § 95 Rn. 23 ff. zum BetrVG m.w.N.). So werden für die Auswahl vor allem soziale Gesichtspunkte, wie das Alter, die Dauer der Dienststellenzugehörigkeit, der Familienstand und bestehende Unterhaltsverpflichtungen im Vordergrund stehen.

Soweit derartige Richtlinien (betriebsbedingte) **Kündigungen aufgrund** 1029
von Rationalisierungsmaßnahmen betreffen, korrespondiert die vorliegende Vorschrift in der Praxis zumeist mit § 72 Abs. 2 Nr. 5, da die vorbenannten Gesichtspunkte auch in einem Sozialplan geregelt werden (vgl. § 72 Rz. 480 ff.). Bei derartigen Auswahlrichtlinien ist insbesondere

darauf zu achten, dass eine **Ausgewogenheit der Sozialdatengewichtung** besteht (vgl. BAG 05.06.2008 – 2 AZR 907/06 – zur grob fehlerhaften Gewichtung von Sozialdaten).

1030 Die **Mitbestimmung des Personalrates bezieht sich** nicht nur auf die inhaltliche Gestaltung derartiger Richtlinien, sondern auch **auf den erstmaligen Erlass** und auch die **Änderung bereits bestehender Richtlinien**.

1031 Die beiden letztgenannten Gesichtspunkte kann der Personalrat im Rahmen seines **Initiativantragsrechts** nach § 66 Abs. 4 vorschlagen.

15. Abs. 4 Satz 1 Nr. 15: Beurteilungsrichtlinien

1032 Nach Abs. 4 Satz 1 Nr. 15 sind **Beurteilungsrichtlinien** mitbestimmungspflichtig. Dabei handelt es sich nach § 66 Abs. 7 Satz 3 um einen Fall der **eingeschränkten Mitbestimmung**, sodass die Einigungsstelle nur eine Empfehlung aussprechen kann (vgl. § 66 Rz. 90).

1033 Die Mitbestimmung nach dem LPVG NRW besteht bei Beurteilungsrichtlinien sowohl für **Beamte** als auch für **Arbeitnehmer** (siehe hierzu auch Ramm, ZfPR 2011, S. 17 ff.).

1034 Zum **Ausschluss der Mitbestimmung** des Personalrates, soweit eine **gesetzliche oder tarifliche Regelung** besteht vgl. Rz. 495 ff.

1035 Nach **Abs. 5** besteht eine Mitbestimmung des Personalrates auch, wenn eine **Maßnahme probeweise oder befristet** durchgeführt werden soll (vgl. Rz. 1197 ff.).

1036 Der **Schutzzweck der Mitbestimmung** soll die Verwendung einheitlicher Bewertungskriterien in der Dienststelle gewährleisten (vgl. hierzu auch BVerwG 15.02.1980 – 6 P 84.78 –).

1037 **Gegenstand der Mitbestimmung** sind nur die Beurteilungsrichtlinien als solches und damit die darin enthaltenen Bewertungskriterien (vgl. auch OVG Berlin-Brandenburg 28.06.2017 – OVG 62 PV 6.16 –). Dementsprechend sind die rahmenmäßig für Beamte in § 92 LBG gesetzlich niedergelegten Beurteilungsgrundsätze als solches nicht von der Mitbestimmung erfasst, wohl aber daran anknüpfende weitergehend von der Dienststelle in Form von Richtlinien geschaffene Beurteilungskriterien. Allein die unterbliebene Beteiligung

1038 Der Gesetzgeber hat den Begriff der „**Beurteilungsrichtlinien**" nicht definiert. Nach der Rechtsprechung sind davon solche Richtlinien erfasst, die bei der Abfassung von dienstlichen Beurteilungen allgemeine Bewertungskriterien vorschreiben (vgl. OVG NRW 05.07.1990 – CL 9/88 – und OVG Berlin-Brandenburg 28.06.2017 a. a. O.). Dabei legen sie maßgeblich die Anlässe der Beurteilung und das anzuwendende Beurteilungsverfahren fest (vgl. OVG NRW 10.12.1979 – CL 16/79 –). Sie dienen also der Objektivierung der Beurteilung, wobei sie zugleich den Gleichheitsgrundsatz gewähren (vgl. OVG Berlin-Brandenburg 27.11.2020 – OVG 60 PV 3/20 –). Beurteilungsrichtlinien legen also kurz gesagt allgemeine Bewertungskriterien fest (vgl. OVG NRW 26.11.2021 – 20 A 2443/20.PVL –).

Wichtig! 1039

Für die Mitbestimmung kommt es nicht auf eine wörtliche Benennung als Beurteilungsrichtlinie an, sondern darauf, ob in der Richtlinie Regelungen erlassen worden sind, die in der Praxis für die dienstliche Beurteilung letztendlich auch herangezogen werden (vgl. BVerwG 11.12.1991 – 6 P 20.89 –)!

Keine Mitbestimmung besteht für **dienstliche Beurteilungen** als solche (vgl. 1040
BVerwG 28.02.2023 – 5 P 2.21 m. w. N.). Die betroffenen Beschäftigten können aber verlangen, dass dienstliche Beurteilungen dem Personalrat zur Kenntnis gebracht werden (vgl. 65 Abs. 3 Satz 2). Des Weiteren weisen Beschäftigte das Recht der Hinzuziehung eines Personalratsmitgliedes bei Beurteilungsgesprächen auf (§ 65 Abs. 3 Satz 3). Eine **Richtlinie zur fiktiven Nachzeichnung der beruflichen Entwicklung freigestellter Personalratsmitglieder** (vgl. § 42 Rz. 36 ff.) unterliegt weder als Auswahl- noch als Beurteilungsrichtlinie der Mitbestimmung (vgl. OVG NRW 26.11.2021 – 20 A 2443/20.PVL –)!

Mitbestimmungsfrei sind auch **Arbeitsplatz- und Stellenbeschreibungen**. 1041

Die **Mitbestimmung des Personalrates** bezieht sich auf die **Aufstellung**, die 1042
Aufhebung, aber auch die **Änderung** und **Ergänzung von Beurteilungsrichtlinien**.

Der Personalrat kann der Dienststelle im Rahmen seines **Initiativantrags-** 1043
rechts nach § 66 Abs. 4 der Dienststelle entsprechende Vorschläge unterbreiten.

Die Mitbestimmung bezieht sich vor allem auf die Schaffung eines ein- 1044
heitlich zur Anwendung zu bringenden „**Bewertungssystems**" in der Dienststelle, auf die Art und Weise der Bewertungsmethode sowie insbesondere auch auf verfahrensrechtliche Regelungen. Dazu gehören besonders (vgl. auch Cecior u. a., § 72 Rn. 1065 m. w. N.):

- Die Festlegung der Beurteilungszeiträume für Regelbeurteilungen
- Die Regelung der Voraussetzungen, bei deren Vorliegen sog. Bedarfsbeurteilungen zu erstellen sind
- Die Regelung des Beurteilungsverfahrens, vor allem der Frage, welcher bzw. welche Dienstvorgesetzten bei den jeweiligen Beamten- oder Angestelltengruppen mitzuwirken haben, soweit dies nicht bereits gesetzlich geregelt ist

- Die Regelung der Art und Weise der Beurteilungsabfassung
- Die inhaltliche Gestaltung von dienstlichen Beurteilungen, vor allem der fachlichen und persönlichen Beurteilungsmerkmale wie etwa die Aufgabenerfüllung, die Leistungsbereitschaft, die Einsatzfreude und das Organisationsvermögen etc.
- Die Festlegung und die Definition der Notenbezeichnung für die Gesamtbeurteilung
- Die Bestimmung der Maßstäbe zur Notenvergabe
- Die Festlegung der Note des Gesamturteils, von der ab die Eignung für ein Beförderungsamt eingeschlossen ist

1045 **Beispiele für mitbestimmungspflichtige Angelegenheiten sind:**

- Ergänzende Anordnungen zu Orientierungsbeurteilungen von Beamten (vgl. BVerwG 15.02.1980 – 6 P 84.78 –)
- Festlegungen der Beurteilungsart und des Beurteilungsortes (vgl. OVG NRW 28.08.1995 – 1 A 1779/91.PVL –)
- Beurteilungsrichtlinien die eine Binnendifferenzierung eröffnen (vgl. OVG NRW 13.11.1995 – 1 A 49/94.PVL –)
- Weisungen an Schulaufsichtsbeamte, deren Unterrichtsbesuch nicht anzukündigen, soweit dieser auch zu einer Beurteilung der betroffenen Lehrer dient (vgl. BVerwG 11.12.1991 – 6 P 20.89 –)
- Programme zur Einarbeitung von neu eingestellten Beschäftigten (vgl. OVG NRW 20.11.1995 – 1 A 15/92 –)

1046 **Beispiele für nicht mitbestimmungspflichtige Angelegenheiten sind:**

- Einführung von Führungsrichtlinien mit Regelungen zur Kontrolle nachgeordneter Mitarbeiter (vgl. BAG 23.10.1984 – 1 ABR 2/83 – zum BetrVG)
- Bekanntgabe eines Beschlusses der Landesregierung, mit dem Gesamturteilsquoten für die Regelbeurteilung der Beamten festgelegt werden (etwa ein Fünftel „erheblich überdurchschnittlich", etwa die Hälfte „durchschnitt" oder darunter) durch den Regierungspräsidenten (vgl. OVG NRW 25.02.1980 – CL 25/79 –)
- Erläuterungen der Dienststellenleitung zu dem ihr durch Richtlinien übertragenen Beurteilungsermessen (vgl. OVG NRW 26.06.1984 – CL 5/83 –)

16. Abs. 4 Satz 1 Nr. 16: Allgemeine Fragen der Fortbildung der Beschäftigten, Auswahl der Teilnehmer an Fortbildungsveranstaltungen

a) Abs. 4 Satz 1 Nr. 16 Fall 1: Allgemeine Fragen der Fortbildung der Beschäftigten

1047 Nach Abs. 4 Satz 1 Nr. 16 Fall 1 sind **„allgemeine Fragen der Fortbildung der Beschäftigten"** mitbestimmungspflichtig. Dabei handelt es sich nach § 66 Abs. 7 Satz 3 um einen Fall der **eingeschränkten Mitbestimmung**, sodass die Einigungsstelle nur eine Empfehlung aussprechen kann (vgl. § 66 Rz. 90).

Zum **Ausschluss der Mitbestimmung** des Personalrates, soweit eine **gesetzliche oder tarifliche Regelung** besteht, vgl. Rz. 495 ff. 1048

Nach **Abs. 5** besteht eine Mitbestimmung des Personalrates auch, wenn eine **Maßnahme probeweise oder befristet** durchgeführt werden soll (vgl. Rz. 1197 ff.). 1049

Der Mitbestimmungstatbestand erfasst dem Wortlaut nach („Beschäftigte") sowohl **Beamte** als auch **Arbeitnehmer**. 1050

Der **Schutzzweck der Mitbestimmung** besteht darin, dem Personalrat die Möglichkeit zu eröffnen, für eine ausreichende Einräumung von Fortbildungschancen und eine gerechte Verteilung der Teilnehmer an Fortbildungsveranstaltungen in der Dienststelle Sorge zu tragen (vgl. OVG NRW 11.11.1982 – CL 11/81 –). 1051

Der Personalrat kann vor allem im Wege seines **Initiativrechts** nach § 66 Abs. 4 der Dienststelle allgemeine Regelungen zur Fortbildung der Beschäftigten der Dienststelle und auch Teilnehmer für bestimmte Fortbildungsveranstaltungen vorschlagen. 1052

Der Begriff „**Fortbildung**" stellt auch die Vermittlung von Kenntnissen und Fertigkeiten nach Abschluss der Berufsausbildung ab, wobei es auf die Bezeichnung der Maßnahmen nicht ankommt. Von der Mitbestimmung sind sowohl Maßnahmen, die begrifflich zur Weiterbildung, als auch Maßnahmen, die zur Fortbildung ausgeschrieben werden, erfasst (vgl. BVerwG 19.09.1988 – 6 P 28.85 –). 1053

Zur Abgrenzung der Begriffe „**Berufsausbildung**" und „**Fortbildung**" vgl. die Ausführungen zu § 7 Rz. 23 und § 72 Rz. 1068. 1054

Mitbestimmungspflichtig sind nur dienstliche bzw. berufliche Fortbildungen der Beschäftigten, Für das Eingreifen der Mitbestimmung ist es unerheblich, von wem die Fortbildungsmaßnahme durchgeführt wird, d.h. z.B. von der eigenen oder einer anderen Dienststelle bzw. durch außenstehende Dritte wie z. B. Studieninstitute, Arbeitgebervereinigungen oder Gewerkschaften (vgl. BVerwG 07.03.1995 – 6 P 7.93 –). 1055

Keine Mitbestimmung besteht bei **allgemeinen Fortbildungen** wie z. B. bei einem durch die Dienststelle organisierten Erste-Hilfe-Kurs oder einem Reinigungsseminar etc. ... 1056

Nicht mitbestimmungspflichtig sind auch **fachliche Unterrichtungen**, die für alle infrage kommenden Beschäftigten zur dienstlichen Anordnung gelangen und zur Aufrechterhaltung des Leistungsstandes dienen (vgl. OVG Bremen 18.09.1990 – OVG PV-B 2/90 – und VGH Baden-Württemberg 31.03.1992 – 15 S 551/91 – und OVG NRW 24.08.1977 – CL 3/77 –). 1057

1058 Nicht der Mitbestimmung unterliegen auch **Vorfragen**, d.h. z.B. im Hinblick auf die Entscheidung der Dienststelle, dass eine Teilnahme ihrer Beschäftigten an Fortbildungsveranstaltungen, die von Dritten durchgeführt werden, nicht in ihrem eigenen dienstlichen Interesse liegt (vgl. OVG NRW 11.11.1982 – CL 11/81 –).

1059 **Gegenstand der Mitbestimmung** sind dem Wortlaut nach nur **„allgemeine Fragen"** der Fortbildung. Dieser Begriff ist mit Blick auf den Normzweck (vgl. Rz. 985) weit auszulegen. Dementsprechend werden alle diejenigen Fragen von der Mitbestimmung erfasst, die im Allgemeinen im Rahmen der Fortbildung eine Rolle spielen. Dazu gehört jedoch nicht die letztendliche **Verwirklichung einer Fortbildungsmaßnahme im Einzelfall** (vgl. auch Ilbertz u.a., § 80 Rn. 90f.).

1060 **Wichtig!**

Die Mitbestimmung greift nicht nur dann ein, wenn die Dienststelle selbst allgemeine Fragen der Fortbildung regelt, sondern auch, wenn sie Regelungen von Dritten (z.B. Richtlinien eines kommunalen Arbeitgeberverbandes) zur Anwendung bringt (vgl. OVG NRW 03.07.1986 – CL 23/85 –).

1061 Eine **Mitbestimmung** besteht insbesondere in den folgenden Fällen:
- Die Planung des Angebots von Fortbildungen
- Die Grundsätze der Programmgestaltung
- Die Art, die Anzahl und auch die Dauer von Fortbildungsveranstaltungen
- Die Bestimmung der jeweiligen Fortbildungseinrichtungen
- Die Festlegung der Fortbildungsthemen und -schwerpunkte
- Die Festlegung des Teilnehmerkreises, der Teilnehmeranzahl und der Teilnahmebedingungen (vgl. OVG NRW 11.11.1982 – CL 11/81 –)
- Die Festlegung von Maßstäben für die Teilnehmerauswahl und auch für die Verteilung von Teilnehmerplätzen auf bestimmte Gruppen (vgl. OVG NRW 11.11.1982 a.a.O. und 24.02.1982 – CL 12/81 –)
- Die Festsetzung bereichs- bzw. abteilungsbezogener Fortbildungsbudgets (vgl. OVG NRW 29.06.2012 – 20 A 654/11.PVL –)

1062 **Keine Mitbestimmung** besteht für **allgemeine Fragen, die nur im mittelbaren Zusammenhang zu Fortbildungen** stehen. Das sind z.B.:
- Regelungen zur Zugangserleichterung zur Fortbildung für die Teilnehmer der Dienststelle (vgl. OVG NRW 07.04.2004 – 1 A 832/02.PVL –)
- Fragen der Kostenübernahme für Fortbildungsmaßnahmen (vgl. OVG NRW 27.10.1999 – 1 A 5100/97.PVL –)
- Die Entscheidung der Dienststelle über die Gewährung von Freizeitausgleich für erfolgte Fortbildungsteilnahmen (vgl. OVG NRW 27.10.1999 a.a.O.)

- Die konkrete Durchführung von Fortbildungsveranstaltungen im Einzelfall
- Der Abschluss von Verträgen mit Fortbildungsträgern sowie Dozenten

b) Abs. 4 Satz 1 Nr. 16 Fall 2: Auswahl der Teilnehmer an Fortbildungsveranstaltungen

Nach Abs. 4 Satz 1 Nr. 16 Fall 2 ist die Auswahl der Teilnehmer an Fort- 1063
bildungsveranstaltungen mitbestimmungspflichtig. Dabei handelt es sich nach § 66 Abs. 7 Satz 3 um einen Fall der **eingeschränkten Mitbestimmung**, sodass die Einigungsstelle nur eine Empfehlung aussprechen kann (vgl. § 66 Rz. 90).

Zum **Ausschluss der Mitbestimmung** des Personalrates, soweit eine **ge-** 1064
setzliche oder tarifliche Regelung besteht, vgl. Rz. 495 ff.

Nach **Abs. 5** besteht eine Mitbestimmung des Personalrates auch, wenn 1065
eine **Maßnahme probeweise oder befristet** durchgeführt werden soll (vgl. Rz. 1197 ff.).

Der Mitbestimmungstatbestand erfasst dem Wortlaut nach („Beschäftig- 1066
te") sowohl **Beamte** (vgl. BVerwG 22.06.2023 – 2 C 2/22 – zur Lehrgangsanweisung) als auch **Arbeitnehmer**.

Der **Schutzzweck der Mitbestimmung** besteht darin, dem Personalrat die 1067
Möglichkeit zu eröffnen, darüber zu wachen, dass bei der Teilnehmerauswahl möglichst gleiche Auswahlkriterien und auch der Gleichbehandlungsgrundsatz gewahrt wird (vgl. BVerwG 19.09.1988 – 6 P 28.95 –).

Der Begriff „**Fortbildungsveranstaltungen**" stellt auf alle Veranstaltungen 1068
ab, bei denen Kenntnisse und Fertigkeiten zur dienstlichen bzw. beruflichen Fortbildung vermittelt werden wie z.B. bei dem Angestelltenlehrgang I und II (vgl. OVG NRW 25.03.1980 – CL 15/79 –), bei ärztlichen Weiterbildungen (vgl. BVerwG 15.05.1991 – 6 P 10.89 –) oder bei Pflichtfortbildungen von Lehrern (vgl. VGH Baden-Württemberg 31.03.1992 – 15 S 551/91 –). Davon abzugrenzen sind **sog. Anpassungsfortbildungen**, die nur die für die ordnungsgemäße Wahrnehmung der Aufgaben erforderlichen Kenntnisse vermitteln (vgl. OVG Sachsen-Anhalt 12.06.2013 – 6 L 2/12 – zur Unterweisung von Führungskräften in neuartige Methoden oder Ausrichtungen der Unternehmensführung). Zur Feststellung des Eingreifens der Mitbestimmung muss anhand der Gesamtumstände des einzelnen Falles auf den Schwerpunkt der jeweiligen Veranstaltung abgestellt werden (vgl. BVerwG 17.10.2002 – 6P3/02 –). Eine aufgrund eines nach der **Geschäftsanweisung Personalentwicklung und Qualifizierung Jobcenter** erstellter individueller Entwicklungsplan in der Form einer Kumulation von „Beauftragung als Teamleiterin, Anmeldung zum Förder-

Center und einer Hospitation beim Internen Service“ unterliegt nicht der Mitbestimmung nach der vorliegenden Vorschrift (vgl. hierzu OVG NRW 11.04.2019 – 20 A 3550/18 –).

1069 **Gegenstand der Mitbestimmung** ist nur die **Auswahl der Teilnehmer** an Fortbildungsveranstaltungen. Bei Fragen, welche Fortbildungsveranstaltung für welche Teilnehmer etc. durchgeführt werden, greift die Mitbestimmung nach § 72 Abs. 4 Satz 1 Nr. 16 Fall 1 (vgl. Rz. 1047 ff.).

1070 Ausgehend von dem Begriff „**Auswahl**“ greift die Mitbestimmung nach der vorliegenden Vorschrift nicht, wenn der Dienststelle für eine Fortbildungsveranstaltung nicht **zumindest ein Teilnehmer** benannt worden ist. Nach oben hin besteht keine anzahlmäßige Begrenzung. Die Mitbestimmung greift also bereits, wenn sich nur ein einzelner Beschäftigter von sich aus bei der Dienststelle beworben und um die Teilnahme an einem z.B. von ihm selbst ausgesuchten Seminar gebeten hat (vgl. BVerwG 07.03.1995 – 6 P 7.93 – und OVG NRW 11.04.2019 – 20 A 3550/18.PVB – zu Ausnahmen). Eine Ausnahme von den vorbenannte Grundsätzen kann allerdings dann bestehen, wenn der Dienststelle durch eine Dienstvereinbarung (§ 70) ein anderweitiger Auswahlspielraum eingeräumt wird. Wenn der Dienststelle ein Teilnehmer benannt wurde und sie diesen bzw. im Fall von mehreren Bewerbern allen Personen die Teilnahme an einer Fortbildungsveranstaltung verweigert, so liegt keine mitbestimmungspflichtige „Auswahl“ vor (vgl. OVG NRW 29.01.1985 – CL 40/83 –). Wenn es sich bei den Teilnehmern um **Personen i.S.d. § 8** („Vertreter der Dienststelle“) handelt (z.B. Vorstandsschulungen etc.), so greift die Mitbestimmung an dieser Stelle aufgrund ihrer Beschäftigteneigenschaft (vgl. auch § 5 Rz. 6) ebenfalls!

1071 Die **Dienststelle sucht alleine die Teilnehmer aus** und teilt diese im Rahmen ihrer Maßnahmeabsicht i.S.d. § 66 Abs. 2 Satz 1 dem Personalrat mit. Teilnehmer werden also weder von der Dienststelle und dem Personalrat gemeinsam noch von Letzterem allein ausgewählt. Der Personalrat kann allenfalls im Rahmen seines Initiativrechts nach § 66 Abs. 4 der Dienststelle einen Vorschlag unterbreiten. Wenn die Dienststelle eine **Auswahlentscheidung durch einen außenstehenden Dritten** vornehmen lässt und diesem vorab Personen zur Auswahl mitteilt, so ist diese „Vorauswahl“ bereits im Hinblick auf den Schutzzweck der vorliegenden Norm (vgl. Rz. 1067) mitbestimmungspflichtig.

1072 Die **Mitbestimmung des Personalrates** beschränkt sich bei beabsichtigten Maßnahmen der Dienststelle darauf, zu überprüfen, ob die Auswahl der Teilnehmer nach gleichmäßigen Kriterien erfolgt ist bzw. ob die in der Dienststelle aufgestellten Auswahlkriterien als solche in richtigerweise zur Anwendung gelangt sind.

Keinen Zustimmungsverweigerungsgrund stellt der Umstand dar, dass die Dienststelle unter einzelnen Bewerbern eine Vorauswahl getroffen hat und dabei einzelne Teilnehmer aufgrund einer dienstlichen Unabkömmlichkeit nicht mit in das Auswahlverfahren einbezogen hat (vgl. OVG NRW 23.10.1986 – CL 51/84 –). Der Personalrat kann eine Verletzung des Mitbestimmungsrechts auch nicht damit begründen, dass ein dienstliches Interesse fehlt, Kosten für eine Fortbildungsveranstaltung aufwenden zu wollen (vgl. OVG NRW 04.10.1990 – CL 53/88 –). 1073

Praxistipp! 1074

Wenn die Dienststelle einen Antrag eines Beschäftigten auf eine Fortbildungsteilnahme ablehnt und uch keine anderen Beschäftigten zu dieser Fortbildungsveranstaltung entsendet, so hat der Personalrat keinen Unterrichtungsanspruch und auch keinen Anspruch auf Vorlage des Fortbildungsantrags (vgl. OVG NRW 29.01.1985 – CL 40/83 –)!

Die Dienststelle sollte dessen ungeachtet im Rahmen der vertrauensvollen Zusammenarbeit nach § 2 Abs. 1 Halbsatz 1 den Personalrat dennoch kurz darüber informieren!

17. Abs. 4 Satz 1 Nr. 17: Inhalt von Personalfragebogen

Nach Abs. 4 Satz 1 Nr. 17 ist der **Inhalt von Personalfragebogen** mitbestimmungspflichtig. Dabei handelt es sich nach § 66 Abs. 7 Satz 3 um einen Fall der **eingeschränkten Mitbestimmung**, sodass die Einigungsstelle nur eine Empfehlung aussprechen kann (vgl. § 66 Rz. 90). 1075

Zum **Ausschluss der Mitbestimmung** des Personalrates, soweit eine **gesetzliche oder tarifliche Regelung** besteht, vgl. Rz. 495 ff. 1076

Nach **Abs. 5** besteht eine Mitbestimmung des Personalrates auch, wenn eine **Maßnahme probeweise oder befristet** durchgeführt werden soll (vgl. Rz. 1197 ff.). 1077

Der **Schutzzweck der Mitbestimmung** besteht darin, dass der Personalrat überprüfen kann, ob die Fragegegenstände und der Frageumfang in Personalfragebogen nicht über ein berechtigtes Auskunftsbedürfnis des Dienstherrn bzw. des Arbeitgebers hinausgeht (vgl. BVerwG 26.03.1985 – 6 P 31.82 –), sodass die Beschäftigten in ihren Persönlichkeitsrechten verletzt werden. Von der Vorschrift erfasst sind sowohl Beamte als auch Arbeitnehmer. Das **Eingreifen der Mitbestimmung ist nicht davon abhängig, ob die Verwendung des Personalfragebogen den Beschäftigten freigestellt wird** (vgl. BVerwG 29.07.2021 – 5 P 2./20 – und Anm. Bülow, ZTR 2022, S. 275). 1078

Gegenstand der Mitbestimmung ist der Inhalt von einzuführenden bzw. die Änderung des Inhaltes von bereits in der Dienststelle verwendeten 1079

Personalfragebogen. Von der Mitbestimmung erfasst sind **Personalfragebogen**, die sich an **Bewerber zur Einstellung** in der Dienststelle, aber auch an **vorhandene Beschäftigte** der Dienststelle richten.

1080 Der Mitbestimmung unterliegen **von Bewerbern eigenhändig ausgefüllte Personalfragebogen** (vgl. hierzu VGH Hessen. 14.11.1990 – PBV TK 974/90 –), **von anderen Beschäftigten vorgenommene Eintragungen** (vgl. VG Köln 10.02.1988 – PVL 22/87 –) und die **vom Dienstherrn bzw. Arbeitgeber aufgrund einer Befragung ausgefüllten Personalfragebogen** (vgl. entsprechend BAG 21.09.1993 – 1 ABR 28/93 – zum BetrVG). Das gilt genauso für **Befragungen durch Dritte im Auftrag der Dienststelle**. Eine Ausnahme hiervon besteht nur dann, wenn die durch Dritte personenbezogenen Erkenntnisse weder zur Kenntnis noch in die Verfügungsgewalt der Dienststelle gelangen, der die Erhebung durchführende Dritte gewährleisten kann, dass die erhobenen Daten nur einer zweckentsprechenden Verwendung zugeführt werden und durch ihn nach seiner Auswertung auch vernichtet werden (vgl. OVG NRW 26.06.1998 – 1 A 3874/95.PVL –)!

1081 Auch die **Umfrage durch einen Betriebsarzt** ist mitbestimmungspflichtig, wenn die dabei erhobenen Daten der Dienststelle zur Verfügung gestellt werden und diese Rückschlüsse auf die Tätigkeitseignung der befragten Beschäftigten dienen kann (vgl. Altvater u. a., § 80 Rn. 139 m. w. N.). Der Mitbestimmung können auch **Erklärungen zur persönlichen Eignung i. S. v. § 72a SGB VIII und entsprechend eingeforderte Selbstverpflichtungserklärungen** unterliegen (vgl. hierzu VG Dresden 08.04.2016 – 9 K 1279/15 –).

1082 **Keine Mitbestimmung** des Personalrates besteht für die **Einführung und Abschaffung von Personalfragebogen** als solche (vgl. BVerwG 22.12.1993 – 6 P 11.92 –). Ebenfalls nicht mitbestimmungspflichtig ist die **Streichung von Fragen in einem bereits verwendeten Personalfragebogen** (vgl. Altvater u. a., § 80 Rn. 136 m. w. N.).

1083 „**Personalfragebogen**" sind formularmäßige Erhebungsbögen zu Fragen nach der Person, den persönlichen Verhältnissen, dem schulischen und beruflichen Werdegang, den fachlichen Kenntnissen und auch sonstigen Fähigkeiten eines Bewerbers oder Beschäftigten. Dabei dient der Personalfragebogen dem **Zweck**, dem Dienstherrn bzw. dem Arbeitgeber über die Person des Bewerbers bzw. Beschäftigten und seiner Eignung für die Verwendung auf einen bestimmten Dienstposten bzw. Arbeitsplatz entsprechend Auskunft zu geben (vgl. BVerwG 16.12.1987 – 6 P 32.84 –).

1084 **Kein Personalfragebogen** stellen **Erhebungsbogen für Arbeitsplatzbeschreibungen** dar, soweit sie ausschließlich sachbezogene Fragen im Hinblick auf die auf den jeweiligen Arbeitsplatz zu verrichtenden Tätigkeiten einholen (vgl. BVerwG 06.02.1979 – 6 P 20.78 – und 16.12.1987 – 6 P 32/84 –). Etwas anderes gilt dann, wenn in solchen Erhebungsbogen auch Fragen im Hinblick auf den Inhaber des Arbeitsplatzes erhoben werden. Ob dies der Fall ist, hängt nicht von der Bezeichnung des Fragebogens, sondern von dessen Inhalt ab (vgl. BVerwG 15.02.1980 – 6 P 80.78 –).

Obgleich der Personalfragebogen seiner Natur nach personenbezogen ist, 1085
unterfallen nicht jegliche Erhebungen von personenbezogenen Daten der Mitbestimmung. Keine Mitbestimmungspflicht besteht für **Erhebungsbogen zur Stammdatenerhebung für Personalinformationssysteme**, z.B. für die elektronische Personalakte (vgl. hierzu BVerwG 26.03.1985 – 6 P 31.82 –). Nicht mitbestimmungspflichtig sind ebenfalls **Tätigkeitskataloge im Rahmen von Neuorganisationen**, in denen der Name und eine Beschreibung des Arbeitsaufwandes sowie der Arbeitstätigkeit enthalten ist (vgl. OVG NRW 24.06.1982 – CL 40/81 –). Entsprechendes gilt für **Fragebögen zur Ausübung einer Nebenbeschäftigung**. Keine Mitbestimmungspflicht besteht auch für **Antragsformulare auf Versetzungen**, die von der Dienststelle eingeführt oder verändert werden (vgl. OVG NRW 22.05.1986 – CL 14/85 –).

Wichtig! 1086

Auch wenn der Personalrat bei den vorbenannten Erhebungen keine Mitbestimmung nach der vorliegenden Vorschrift aufweist, hat er dennoch nach § 64 Nr. 2 auf die Einhaltung der Datenschutzgesetze hinzuwirken und kann deshalb Bedenken gegenüber der Dienststelle äußern!

Der Mitbestimmungspflicht entzogen sind auch **Erhebungen über den Bearbei-** 1087
tungsstand dienstlicher Vorgänge (vgl. OVG NRW 02.10.1984 – CL 12/83 –).

Mitbestimmungsfrei ist auch die **Anordnung zur Führung von Bereitschafts-** 1088
dienstbüchern in einem Universitätsklinikum (vgl. OVG NRW 07.03.1983 – CL 20/82 –).

Nach **Abs. 4 Satz 3** besteht ein **Ausschluss der Mitbestimmung** für den 1089
Inhalt von Personalfragebogen, die der Finanzkontrolle durch den Landesrechnungshof dienen.

Zum **zulässigen Inhalt von Personalfragebogen** ist auf Folgendes hinzu- 1090
weisen:

Fragen nach der Schulbildung und **nach der beruflichen Ausbildung** und **auch sonstigen Berufserfahrungen**, sind als zulässig anzusehen.

Fragen nach der Zugehörigkeit zu einer Organisation mit verfassungs- 1091
feindlichen Zielen sind auch zulässig, da hier ein erforderlicher Sachzusammenhang mit dem Beschäftigungsverhältnis im öffentlichen Dienst besteht.

1107 Nach **Abs. 5** besteht eine Mitbestimmung des Personalrates auch, wenn eine **Maßnahme probeweise oder befristet** durchgeführt werden soll (vgl. Rz. 1197 ff.).

1108 Der **Schutzzweck der Mitbestimmung** besteht in der **Umsetzung der staatlichen Förderungspflicht zur tatsächlichen Durchsetzung der Gleichberechtigung von Frauen und Männern nach Art. 3 Abs. 2 Satz 2 GG**. Die Vorschrift ergänzt damit die in § 64 Nr. 2 und Nr. 10 gesetzlich festgelegte allgemeine Aufgabe des Personalrates (vgl. § 64 Rz. 8 und 52).

1109 Den **Gegenstand der Mitbestimmung** stellen **alle Maßnahmen, die der tatsächlichen Durchsetzung der Gleichberechtigung von Frauen und Männern dienen**, dar. Die in der Vorschrift benannten Maßnahmen bei der Einstellung, bei der Beschäftigung, bei der Aus-, Fort- und Weiterbildung sowie bei dem beruflichen Aufstieg stellen nur Regelbeispiele („insbesondere") dar und sind nicht als abschließend anzusehen.

1110 Zum Begriff der „**Einstellung**" vgl. auch die Ausführungen zu § 72 Abs. 1 Satz 1 Fall 1 (§ 72 Rz. 12 ff.) und zu den Begriffen der „**Aus-, Fort- und Weiterbildung**" die Kommentierung zu § 72 Abs. 4 Satz 1 Nr. 16 (Rz. 1054 ff. und 1068).

1111 Es besteht eine **Beschränkung der Mitbestimmung** auf Maßnahmen, die der Durchsetzung der tatsächlichen Gleichberechtigung von Frauen und Männern „**dienen**". Von der Mitbestimmung erfasst sind von daher nur entsprechend nutzbringende, nicht aber entgegenwirkende Maßnahmen. Soweit Letzteres von der Dienststelle beabsichtigt werden sollte, kann der Personalrat lediglich im Rahmen seiner allgemeinen Aufgabenwahrnehmung nach § 64 Nr. 2 („Überwachung der Durchführung der geltenden Gesetze") und nach § 64 Nr. 10 („Förderung der Verwirklichung des Grundrechts der Gleichberechtigung") an die Dienststelle herantreten.

1112 Von der Mitbestimmung erfasst sind überwiegend **Maßnahmen zur Umsetzung der Ziele des LGG NRW**. Dieses Gesetz stammt vom 09.11.1999 und hat damit das vormals geltende Frauenförderungsgesetz (FFG) vom 31.10.1989 ersetzt. Letzteres stellte die erste gesetzliche Grundlage für Maßnahmen zur Frauenförderung in NRW dar und wurde maßgeblich von der damaligen Landesregierung (vgl. LT-Drucks. 10/3849) im Hinblick auf die Entscheidung des OVG NRW vom 15.06.1989 – 6 B 131/89 – zur Zulässigkeit einer Quotenregelung im Rahmen des als Verwaltungsvorschrift erlassenen „Frauenförderungskonzepts" des Landes NRW initiiert. Siehe zum Ganzen auch die **gesonderte Kommentierung von Bülow zum LGG NRW**!

Mitbestimmungspflichtig sind vor allem: 1113

Maßnahmen zur Frauenförderung nach Abschn. II des LGG NRW:

- Erstellung, Überprüfung und Fortschreibung von Gleichstellungsplänen (§ 5 LGG NRW)
- Bericht über die Umsetzung des Gleichstellungsplans (§ 5a LGG NRW)
- Inhalte des Frauenförderungsplanes (§ 6 LGG NRW)
- Experimentierklausel (§ 6a LGG NRW)
- Vergabe von Ausbildungsplätzen, Einstellungen, Beförderungen, Übertragung höherwertiger Tätigkeiten (§ 7 LGG NRW)
- Stellenausschreibungen (§ 8 LGG NRW)
- Gestaltung und Durchführung von Vorstellungsgesprächen (§ 9 LGG NRW)
- Bestimmung von Auswahlkriterien (§ 10 LGG NRW)
- Vergabe von Plätzen für Fortbildungsmaßnahmen und deren Durchführung (§ 11 LGG NRW)
- Besetzung von Gremien (§ 12 LGG NRW)

Maßnahmen zur Vereinbarkeit von Beruf und Familie nach dem Abschnitt III des LGG NRW: 1114

- Gestaltung der Arbeitszeit und Gewährung von Teilzeit (§ 13 LGG NRW)
- Der Umgang und die Gestaltung von Beurlaubungen zur tatsächlichen Betreuung oder Pflege von Kindern (§ 14 LGG NRW)

Darüber hinaus hat der Personalrat die Möglichkeit, im Rahmen seines 1115
Initiativrechts nach § 66 Abs. 4 Maßnahmen vorzuschlagen.

Eine **Ausübung des Mitbestimmungsrechts** durch den Personalrat ist 1116
auch durch den **Abschluss einer Dienstvereinbarung** möglich (§ 70).

19. Abs. 4 Satz 1 Nr. 19: Grundsätze der Arbeitsplatz- und Dienstpostenbewertung in der Dienststelle

Nach Abs. 4 Satz 1 Nr. 19 sind Grundsätze der Arbeitsplatz- und Dienstpos- 1117
tenbewertung mitbestimmungspflichtig. Dabei handelt es sich nach § 66 Abs. 7 Satz 3 um einen Fall der **eingeschränkten Mitbestimmung**, sodass die Einigungsstelle nur eine Empfehlung aussprechen kann (vgl. § 66 Rz. 90).

Zum **Ausschluss der Mitbestimmung** des Personalrates, soweit eine **ge-** 1118
setzliche oder tarifliche Regelung besteht, vgl. Rz. 495 ff.

Nach **Abs. 5** besteht eine Mitbestimmung des Personalrates auch, wenn 1119
eine **Maßnahme probeweise oder befristet** durchgeführt werden soll (vgl. Rz. 1197 ff.).

Das LPVG NRW hat bereits vor der Novelle 2007 einen gleichlautenden Mit- 1120
bestimmungstatbestand aufgewiesen. Dieser wurde seinerzeit allerdings

gestrichen, um das Direktionsrecht des Arbeitgebers zu stärken. Im Zuge der Novelle 2011 wurde der vormalige Rechtsstand wieder herbeigeführt.

1121 Der **Schutzzweck der Mitbestimmung** besteht darin, dem Personalrat die Möglichkeit zu geben, über die Einhaltung des Gleichheitsgrundsatzes in der Dienststelle und die Anwendung verhältnismäßiger Grundsätze über die Arbeitsplatz- und Dienstpostenbewertung in der Dienststelle zu wachen, da Letztere einen erheblichen Einfluss auf die wirtschaftliche Situation der einzelnen Beschäftigten haben.

1122 **Die Mitbestimmung des Personalrates setzt ein**, sobald die Dienststelle Maßnahmen der Arbeitsplatz- und Dienstpostenbewertung beabsichtigt (vgl. auch § 66 Rz. 11 ff.)!

1123 Unter der „**Arbeitsplatz- und Dienstpostenbewertung**" ist die Zuordnung der auf einem Arbeitsplatz- bzw. Dienstposten wahrzunehmenden Tätigkeiten zu einzelnen Besoldungs- bzw. Entgeltgruppen zu verstehen. Dabei ist unabhängig von dem Inhaber des jeweiligen Arbeitsplatzes bzw. Dienstpostens eine **objektive Bewertung** vorzunehmen.

1124 Von der Arbeitsplatz- und Dienstpostenbewertung ist die **Eingruppierung** abzugrenzen. Sie stellt vielmehr die Zuordnung zu einer Entgelt- bzw. Vergütungsgruppe dar (vgl. § 72 Rz. 105 ff.).

1125 **Gegenstand der Mitbestimmung** sind nur „**Grundsätze**" der Arbeitsplatz- und Dienstpostenbewertung.

1126 **Keine Mitbestimmung** besteht somit für die **tatsächliche Dienstposten- und Arbeitsplatzbewertung** (vgl. BayVGH 30.06.1999 – 18 P 97.145 –), und für **einzelne konkrete Bewertungsmaßnahmen**, die die einzelnen Stellen betreffen (vgl. OVG NRW 04.10.1990 – CL 13/88 –). Bei der **Festlegung der Dienstposten, die innerhalb einer Dienststelle als herausgehobene Funktionen für die Gewährung einer Amtszulage** steht dem Personalrat ebenfalls kein Mitbestimmungsrecht nach der vorliegenden Vorschrift zu (vgl. OVG Rheinland-Pfalz 27.05.2020 – 5 A 10073/20 –).

1127 Mitbestimmungsfrei sind auch **Arbeitsplatz- bzw. Dienstpostenbeschreibungen**, mit der zunächst nur das Anforderungsprofil festgelegt wird (vgl. BVerwG 16.08.2001 – 2 A 3.00 –). Näheres zur Festlegung und Dokumentation im Hinblick auf die praktische Durchführung und die Vermeidung späterer Konkurrentenrechtstreitigkeiten findet sich übrigens in der Entscheidung BVerwG 25.05.2023 – 1 WB 54.22 – m. w. N.

1128 Im Anwendungsbereich des TV-L haben sich die Tarifvertragsparteien im Rahmen der Tarifeinigung vom 10.03.2011 auf eine **neue Entgeltordnung** verständigt. Für den des TVöD (VKA) ist dies unter dem 29.04.2016 mit Inkrafttreten zum 01.01.2017 geschehen. Dadurch sind die §§ 12, 13 TV-L/

TVöD letztendlich mit Inhalt gefüllt worden. Zuvor fand noch über die Überleitungstarifverträge das alte Eingruppierungsrecht Anwendung. Der damalige § 17 TVÜ verwies auf die Eingruppierungsvorschriften des BAT/BAT-O und die entsprechenden Arbeitertarifverträge. Damit waren für den Bereich der Angestellten zunächst vor allem die §§ 22, 23 BAT maßgeblich. Soweit die §§ 12, 13 TV-L/TVöD aber letztendlich nahezu den Wortlaut des § 22 BAT aufweisen gilt es auch weiterhin die bisherigen Grundsätze des Eingruppierungsrechts und insbesondere die hierzu ergangene Rechtsprechung zu beachten. Durch die neue Entgeltordnung dürfte die vorliegende Mitbestimmungsvorschrift in den tariflichen Sparten, in denen diese zur Anwendung gelangt kaum noch große Relevanz haben.

In der Praxis bewährt hat sich zumeist der Rückgriff auf die von der Kom- **1129**
munalen Gemeinschaftsstelle für Verwaltungsmanagement (KGSt) entwickelten Bewertungsmodelle und die von dort aus erstellten Gutachten **(KGSt-Gutachten).** Gleichfalls hat sich in der Praxis auch die Stellenbewertung durch eine sog. **Stellenbewertungskommission** in der Dienststelle, bei der die Möglichkeit besteht, den Personalrat aktiv schon im Vorfeld auf die letztendliche Eingruppierung der Beschäftigten zu beteiligen, bewährt.

Wichtig! **1130**

Der Personalrat weist keine Mitbestimmung bei der Besetzung oder Auflösung einer Stellenbewertungskommission auf (vgl. OVG NRW 20.11.1995 – 1 A 3532/94.PVL –)!

Die Dienstpostenbewertung von **Beamten** hat dem Grundsatz der funk- **1131**
tionsgerechten Besoldung nach § 18 BBesG zu folgen. Die Funktionen der Beamten sind danach vor allem nach den mit ihnen verbundenen Anforderungen sachgerecht zu bewerten und Ämtern zuzuordnen. Das Ermessen des Dienstherrn kann hierbei im Hinblick auf „Obergrenzen für Beförderungsämter" etc. durch etwaige auf der Grundlage des § 26 BBesG erlassene Rechtsverordnungen eingeschränkt werden (vgl. hierzu auch BVerwG 13.03.1985 – 2 B 28.84 –).

Wichtig! **1132**

Eine konstruktive Zusammenarbeit mit dem Personalrat setzt voraus, dass dieser auch das notwendige Wissen im Hinblick auf Arbeitsplatz- und Dienstpostenbewertungen aufweist. Hier besteht dem Grunde nach ein entsprechender Anspruch für eine Spezialschulung. Diese ist aber nicht sämtlichen Personalratsmitgliedern, sondern nur für einzelne hierfür im Gremium zuständige Mitglieder zuzusprechen (vgl. OVG Niedersachsen 18.03.1982 – 18 L 10/90 – zu einem Schulungsanspruch zum Thema Personalplanung und Arbeitsorganisation)!

1133 Durch die Wortwahl „**in der Dienststelle**" hat der Gesetzgeber zum Ausdruck gebracht, dass sämtliche Grundsätze der Arbeitsplatz- und Dienstpostenbewertung in der Dienststelle und damit nicht nur solche, die die gesamte Dienststelle betreffen, der Mitbestimmung unterliegen.

1134 **Beispiel:**

Wenn zunächst nur in einem Teilbereich der Dienststelle eine Arbeitsplatzbewertung mit einem bestimmten Bewertungsverfahren (z. B. summarisches oder analytisches Verfahren) durchgeführt werden soll, so ist dies (bereits) mitbestimmungspflichtig.

1135 **Beispiele für mitbestimmungspflichtige Maßnahmen sind:**

- Auswahl des Bewertungsverfahrens
- Auswahl der Bewertungsmerkmale
- Bestimmung der Bewertungsgrößen und ihrer Gewichtung
- Die Verwendung von Erhebungsbögen zur Bewertung (vgl. OVG NRW 04.10.1990 – CL 13/88 –)

1136 Der **Einsatz von Arbeitsmitteln zur Erstellung von Arbeitsplatz- und Dienstpostenbewertungen** in der Dienststelle ist regelmäßig auch mitbestimmungspflichtig und kann mit der Mitbestimmung nach § 72 Abs. 3 Nr. 2 korrespondieren!

20. Abs. 4 Satz 1 Nr. 20: Abschluss von Arbeitnehmerüberlassungs- oder Gestellungsverträgen

1137 Nach Abs. 4 Satz 1 Nr. 20 ist der „**Abschluss von Arbeitnehmerüberlassungs- oder Gestellungsverträgen**" mitbestimmungspflichtig. Dabei handelt es sich nach § 66 Abs. 7 Satz 3 um einen Fall der **eingeschränkten Mitbestimmung**, sodass die Einigungsstelle nur eine Empfehlung aussprechen kann (vgl. § 66 Rz. 90).

1138 Mit der Novelle 2007 wurde ein gleichlautender Mitbestimmungstatbestand gestrichen, der im Zuge der **Novelle 2011** wieder Einzug in das LPVG NRW gefunden hat.

1139 Zum **Ausschluss der Mitbestimmung** des Personalrates, soweit eine **gesetzliche oder tarifliche Regelung** besteht vgl. Rz. 495 ff.

1140 Nach **Abs. 5** besteht eine Mitbestimmung des Personalrates auch, wenn eine **Maßnahme probeweise oder befristet** durchgeführt werden soll (vgl. Rz. 1197 ff.).

1141 Der **Schutzzweck der Mitbestimmung** besteht darin, die Interessen der Dienststelle angehörenden Beschäftigten im Hinblick auf die Gefahr eines Verlustes ihres Arbeitsplatzes durch die Beschäftigung dienststellenfremder Kräfte zu wahren (vgl. OVG NRW 12.03.2007 – 1 A 2037/05.PVL –). Dadurch, dass der Personalrat bereits bei dem Abschluss von Arbeitnehmerüberlassungs- und Gestellungsverträgen und nicht erst bei der Einstellung dienststellenfremder Kräfte eine Mitbestimmung aufweist, wird der Zeitpunkt seiner Einflussmöglichkeit in zeitlicher Hinsicht nach vorne verlagert und in tatsächlicher Hinsicht wesentlich vergrößert.

Auch wenn die Überlassung von Dienstleistungen von Beamten möglich 1142
ist, erfasst die Mitbestimmung aufgrund der verwendeten arbeitsrechtlichen Begriffe „Arbeitnehmerüberlassung" und „Gestellungsvertrag" dem Grunde nach **nur Arbeitnehmer.**

Eine **Arbeitnehmerüberlassung** liegt vor, wenn der Arbeitgeber (Verleiher) 1143
einen seiner Arbeitnehmer (Leiharbeitnehmer) einem Dritten (Entleiher) gewerbsmäßig zur Arbeitsleistung überlässt (§ 1 Abs. 1 AÜG). Davon zu unterscheiden sind Arbeitnehmer, die nach Weisungen des Unternehmers zur Ausführung von Dienst- oder Werkverträgen als Erfüllungsgehilfe bei Dritten eingesetzt werden (vgl. BAG 05.07.2022 – 9 AZR 323/21 –). Ein **Vertrag über den Einsatz externer Physiotherapeuten**, die die medizinisch notwendige Physiotherapie an Sonn- und Feiertagen fortsetzen, die werktags von krankenhauseigenen Physiotherapeuten übernommen wird, stellt z. B. eine solche Überlassung dar (vgl. VG Düsseldorf 30.04.2020 – 40 K 2401/18.PVL –). Eine Überlassung zur Arbeitsleistung i. S. d. § 1 Abs. 1 Satz 2 AÜG liegt aber z. B. nicht vor, wenn der Arbeitnehmer in einem **Gemeinschaftsbetrieb** beschäftigt wird, zu dessen gemeinsamer Führung sich sein Arbeitgeber und ein Dritter rechtlich verbunden haben (vgl. BAG 24.05.2022 – 9 AZR 337/21 –). Zu den **Grenzen einer Arbeitnehmerüberlassung** siehe im Übrigen EuGH 17.03.2022 – C-232/20 und BAG 14.09.2022 – 4 AZR 83/21 –, jeweils m. w. N.)!

Dabei bestehen folgende (Rechts-)Verhältnisse: 1144

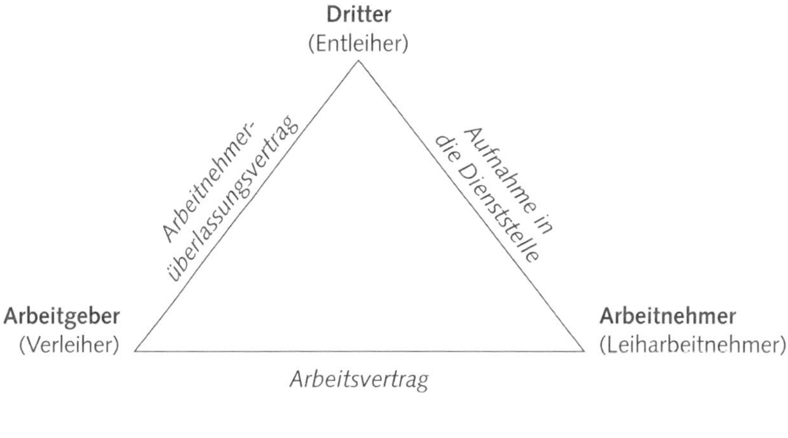

1145 Die **Mitbestimmung** des Personalrates bezieht sich nur auf die Herbeiführung der vertraglichen **Rechtsbeziehung zwischen dem Verleiher und dem Entleiher**, d.h. den Arbeitnehmerüberlassungsvertrag (siehe näher hierzu Rz. 1154 im Folgenden).

1146 **Einzelheiten zum Arbeitnehmerüberlassungsvertrag** sind im Gesetz zur Regelung der Arbeitnehmerüberlassung (Arbeitnehmerüberlassungsgesetz – AÜG) geregelt.

1147 **Kein Arbeitnehmerüberlassungsvertrag** stellt der **sog. Subunternehmervertrag** dar. Denn nach dem dortigen Vertragsinhalt erbringt ein Subunternehmen (auch Nachunternehmen genannt) aufgrund eines Werk- oder Dienstvertrages im Auftrag eines anderen Unternehmens (Hauptunternehmen) die gesamte oder einen Teil der von diesem gegenüber dessen Auftraggeber geschuldeten Leistung mit eigenen Arbeitskräften. Dabei ist das Subunternehmen rechtlich selbstständig und in der Art und Weise der Vertragserfüllung frei. Dagegen überlässt bei der Arbeitnehmerüberlassung der Verleiher dem Entleiher geeignete eigene Arbeitskräfte, die dieser dann nach seinen eigenen betrieblichen Erfordernissen wie eigene Arbeitnehmer bei sich einsetzt.

1148 Nicht der Mitbestimmung unterliegen auch **gemischte Verträge**, in denen sich die **Überlassung von Arbeitnehmern als bloße Nebenleistung** darstellt, z.B. die Überlassung von Bedienungs- oder Einweisungspersonal bei verkauften oder zur Miete überlassenen Computerprogrammen, Fahrzeugen oder sonstigen Maschinen. Denn der Sinn und Zweck solcher gemischter Verträge ist in erster Linie, den Dritten durch die Überlassung der Arbeitnehmer überhaupt den Einsatz der Programme bzw. Geräte etc. zu ermöglichen, die im Rahmen der vertraglichen Beziehung zum Gebrauch überlassen werden (vgl. BAG 17.02.1993 – 7 AZR 167/92 – und 03.08.2006 – 10 AZR 756/05 –).

1149 Nicht mitbestimmungspflichtig ist auch ein **Werkvertrag** (§ 631 ff. BGB), denn im Gegensatz zur Arbeitnehmerüberlassung wird hierbei ein Unternehmer (Werkunternehmer) für einen anderen tätig und organisiert die zur Überreichung des vereinbarten wirtschaftlichen Erfolges notwendige Handlung nach eigenen betrieblichen Voraussetzungen, die zur Ausführung der vertraglich geschuldeten Leistung zum Einsatz gelangenden Arbeitnehmern unterliegen dabei als Erfüllungsgehilfe (§ 278 BGB) des Werkunternehmers dessen Weisungsbefugnis. Zur Abgrenzung zur Arbeitnehmerüberlassung vgl. auch OVG NRW 12.03.2007 a.a.O.

1150 Von der Arbeitnehmerüberlassung abzugrenzen ist auch der **Dienstvertrag** (§§ 611 ff. BGB). Im Gegensatz zum Werkvertrag wird hierbei kein bestimmter Erfolg, sondern eine bestimmte Tätigkeit vertraglich geschuldet. Ein solcher Vertrag liegt also dann vor, wenn ein Unternehmer (Dienstleister) die geschuldeten Dienste entweder in eigener Person oder durch seine Erfüllungsgehilfen (§ 278 BGB) unter eigener Verantwortung und auch eigener Planung ausführt.

Weiterhin besteht eine Abgrenzung zum **Geschäftsbesorgungsvertrag**, 1151
dessen Vertragsgegenstand eine selbstständige Tätigkeit wirtschaftlicher Art darstellt und primär auf eine bloße Geschäftsbesorgung gerichtet ist wie z. B. die Beauftragung einer Werbefirma zur Durchführung einer Werbeaktion mit eigenen Personal- und Sachmitteln.

Wichtig! 1152

Die Abgrenzung der Arbeitnehmerüberlassung von den anderen vorbenannten Formen eines drittbezogenen Personaleinsatzes ist nicht nur zur Beantwortung der Frage, ob eine Mitbestimmung des Personalrates besteht von Bedeutung, sondern auch dafür, ob eine unwirksame Arbeitnehmerüberlassung (§ 9 AÜG) vorliegt, weil der Verleiher z. B. die nach § 1 AÜG erforderliche Erlaubnis nicht hat, sodass sich zu dessen Lasten Ansprüche der betroffenen Arbeitnehmer nach § 10 AÜG ergeben können!

Bei „**Gestellungsverträgen**" ist die Überlassung des Personals nicht vor- 1153
nehmlich auf Gewinn ausgerichtet, sondern erfolgt vornehmlich durch religiöse oder karitative Beweggründe, z. B. der Einsatz von Schwestern einer Schwesternschaft oder des Roten Kreuzes an einem Krankenhaus (vgl. BAG 04.07.1979 – 5 AZR 8/78 –). Personalgestellungen sind im öffentlichen Dienst zulässig (vgl. BAG 25.01.2024 – 6 AZR 390/20 –).

Gegenstand der Mitbestimmung ist das **„Ob"** des Abschlusses von Arbeit- 1154
nehmerüberlassungs- oder Gestellungsverträgen durch die Dienststelle. In welchen Fällen beabsichtigte Vertragsabschlüsse der Dienststelle einen nach der vorliegenden Vorschrift mitbestimmungspflichtigen Vertragsgegenstand aufweisen, ist aufgrund einer objektiven Betrachtung i. S. d. §§ 133, 157 BGB vorzunehmen (vgl. auch OVG NRW 12.03.2007 – 1 A 2037/05.PVL –). Der Personalrat hat hierbei zu überprüfen, ob der Abschluss von Arbeitnehmerüberlassungs- und Gestellungsverträgen erforderlich ist oder ob die Aufgaben der Dienststelle mit den bereits vorhandenen oder zu ihr zu versetzenden Beschäftigten zur Erledigung gebracht werden können. Weiter hat der Personalrat zu prüfen, ob die Vorgaben des AÜG und des Sozialversicherungsrechts mit dem beabsichtigten Vertragsabschluss gewahrt werden. Dementsprechend kann er seine Zustimmung vor allem verweigern, wenn die nach § 1 AÜG erforderliche Erlaubnis zur Arbeitnehmerüberlassung (vgl. Rz. 1143) nicht besteht. **Die zunächst erfolgende Beantragung einer AÜ-Erlaubnis als solches unterliegt nicht der Mitbestimmung!**

Keine Mitbestimmung besteht im Hinblick auf den **Vertragsinhalt** und die 1155
Bestimmung der zu überlassenen Arbeitnehmer. Wenn sich für Letztere

allerdings eine „wesentliche Änderung des Arbeitsvertrages" ergibt, so greift die Mitbestimmung nach § 72 Abs. 1 Satz 1 Nr. 4 Fall 7 (vgl. Rz. 179). In der aufnehmenden Dienststelle ist im Übrigen die Mitbestimmung des dortigen Personalrats zu beachten (vgl. Rz. 1156 und 31).

1156 Zur **Zuständigkeit des Personalrats bei Personalgestellung** gilt es Folgendes zu beachten: Wenn Arbeitnehmer einem Privaten nach § 4 Abs. 3 TVöD/TV-L zur Arbeitsleistung gestellt und ist diesem hierzu das arbeitgeberseitige Weisungsrecht übertragen, so ist der Personalrat der abgebenden Dienststelle bei Weisungen des Privaten im dortigen Betriebsverhältnis nicht zu beteiligen. Bei Maßnahmen, die das Grundverhältnis betreffen, bleibt er allerdings zuständig (vgl. OVG NRW 23.03.2010 – 16 A 2423/08.PVL – und VGH Baden-Württemberg 04.03.2016 – PL 15 S 408/15 –.). Zur **Mitbestimmung bei Einsätzen von Leiharbeitnehmern in der Dienststelle** gilt es zu beachten, dass diese sowohl bei **kurzer als auch längerer Dauer besteht** (vgl. Rz. 31).

1157 Der **Abschluss** von Arbeitnehmerüberlassungs- und Gestellungsverträgen **ohne Zustimmung des Personalrates** ist unwirksam. Von daher sollte die Dienststelle zunächst die entsprechende Zustimmungserteilung abwarten. In besonders eiligen Fällen kann sie entweder nach Maßgabe des § 66 Abs. 2 Satz 3 Halbsatz 2 die Frist zur Stellungnahme des Personalrates verkürzen. Sie kann auch eine vorläufige Regelung nach Maßgabe des § 66 Abs. 8 treffen, geht dabei allerdings ebenso wie bei einem Vertragsabschluss ohne erteilte Zustimmung die Gefahr ein, sich schuldrechtlichen Ansprüchen ihres Vertragspartners, d. h. des Entleihers auszusetzen, wenn keine „Eilbedürftigkeit" (§ 66 Rz. 103) für ein solches Handeln bestanden hat.

21. Abs. 4 Satz 1 Nr. 21: Aufstellung von Grundsätzen zu Arbeitszeitmodellen und erstmalige Einführung grundlegend neuer Formen der Arbeitsorganisation

a) Abs. 4 Satz 1 Nr. 21 Fall 1: Aufstellung von Grundsätzen zu Arbeitszeitmodellen

1158 Nach Abs. 4 Satz 1 Nr. 21 Fall 1 ist die Aufstellung von Grundsätzen zu Arbeitszeitmodellen mitbestimmungspflichtig. Dieser Mitbestimmungsfall wurde im Zuge der **Novelle 2011** neu in das Gesetz aufgenommen. Es handelt sich dabei nach § 66 Abs. 7 Satz 3 um einen **Fall der eingeschränkten Mitbestimmung**, sodass die Einigungsstelle nur eine Empfehlung aussprechen kann (vgl. § 66 Rz. 90).

1159 Zum **Ausschluss der Mitbestimmung** des Personalrates, soweit eine **gesetzliche oder tarifliche Regelung** besteht, vgl. Rz. 495 ff.

Nach **Abs. 5** besteht eine Mitbestimmung des Personalrates auch, wenn eine **Maßnahme probeweise oder befristet** durchgeführt werden soll (vgl. Rz. 1197 ff.). 1160

Der **Schutzzweck der Mitbestimmung** soll eine Verwaltungspraxis und dabei auch die Gleichbehandlung der Beschäftigten in der Dienststelle sicherstellen (vgl. LT-Drucks. 15/1644, S. 86). 1161

Gegenstand der Mitbestimmung sind alle **grundsätzlichen Regelungen**, mit denen Arbeitszeitmodelle in Teilen oder in der gesamten Dienststelle aufgestellt werden. Solche Regelungen dienen in erster Linie der besseren Nutzung der Betriebs- bzw. Verwaltungskapazität, können personalwirtschaftlich motivierend für die Beschäftigten der Dienststelle wirken und damit im Ergebnis z. B. auch zur Senkung von Fehlzeiten führen. 1162

Beispiele für Arbeitszeitmodelle sind insbesondere: 1163

- Jährliche Arbeitszeit
- Gleitende Arbeitszeit (täglich bzw. wöchentlich)
- Modulare Arbeitszeit
- Modelle der Teilzeitarbeit (z. B. Jobsharing)
- Lebensarbeitszeitkonten (gleitender Ruhestand durch stufenweise Arbeitszeitreduzierung)

Keine Mitbestimmung besteht nach dieser Vorschrift für **konkrete Einzelfallregelungen.** 1164

Mitbestimmungsfrei ist auch die **Einführung, Ausgestaltung und Aufhebung der gleitenden Arbeitszeit**. Hier greift aber die Mitbestimmung nach § 72 Abs. 4 Satz 1 Nr. 1 Fall 4 bis 6 (vgl. Rz. 717 ff.). 1165

b) Abs. 4 Satz 1 Nr. 21 Fall 2: Erstmalige Einführung grundlegend neuer Formen der Arbeitsorganisation

Nach Abs. 4 Satz 1 Nr. 21 Fall 2 ist die erstmalige Einführung grundlegend neuer Formen der Arbeitsorganisation mitbestimmungspflichtig. Auch dieser Mitbestimmungsfall wurde im Zuge der **Novelle 2011** neu in das Gesetz aufgenommen. Es handelt sich dabei nach § 66 Abs. 7 Satz 3 um einen **Fall der eingeschränkten Mitbestimmung**, sodass die Einigungsstelle nur eine Empfehlung aussprechen kann (vgl. § 66 Rz. 90). 1166

Zum **Ausschluss der Mitbestimmung** des Personalrates, soweit eine **gesetzliche oder tarifliche Regelung** besteht, vgl. Rz. 495 ff. 1167

Nach **Abs. 5** besteht eine Mitbestimmung des Personalrates auch, wenn eine **Maßnahme probeweise oder befristet** durchgeführt werden soll (vgl. Rz. 1197 ff.). 1168

1169 Der **Schutzzweck der Mitbestimmung** ist auf die Gleichbehandlung der Beschäftigten im Hinblick auf die Anwendung und die Auswirkung grundlegend neuer in der Dienststelle eingeführter Formen der Arbeitsorganisation gerichtet.

Soweit es bei der Mitbestimmung nach § 72 Abs. 3 Nr. 4 Fall 3 („Änderung der Arbeitsorganisation") um die Mitbestimmung des Personalrates im Hinblick auf konkrete Arbeitsabläufe und Arbeitstätigkeiten der Beschäftigten in der Dienststelle geht, erfasst die vorliegende Vorschrift hingegen nur die Einführung „**grundlegend**" neuer Formen der Arbeitsorganisation.

1170 Unter „**Arbeitsorganisation**" ist die planmäßige Regelung der Arbeitsabläufe zur Erfüllung der Aufgaben der Dienststelle durch die dortigen Beschäftigten zu verstehen. Damit erfasst die vorliegende Vorschrift **Maßnahmen auf einer abstrakten Ebene** (vgl. Cecior u.a., § 72 Rn. 1162), die für die Beschäftigten im Hinblick auf ihre Arbeitsausführung letztendlich in wesentlichen Punkten spürbare Veränderungen mit sich bringen (vgl. LT-Drucks. 15/1644, S. 86 und auch OVG NRW 24.03.2015 – 20 A 97/14.PVL –). Damit grenzt sich die vorliegende Vorschrift von der Mitbestimmung nach § 72 Abs. 3 Nr. 4 Fall 3 („Maßnahmen der Änderung der Arbeitsorganisation") ab, da diese an konkreten Arbeitsabläufen der Beschäftigten anknüpft (vgl. Rz. 619).

1172 **Beispiel:**

Die beabsichtigte Einführung von Personalpools ist mitbestimmungspflichtig, da hierbei die Arbeiten anders als bislang nicht mehr einzelnen Beschäftigten konkret zur Arbeitserledigung zugewiesen sind, sondern zur arbeitsteiligen Erledigung gelangen.

1173 Eine **Mitbestimmung** besteht nur für die „**erstmalige**" Einführung grundlegend neuer Formen der Arbeitsorganisation, d.h., die zur Einführung beabsichtigte Arbeitsorganisation darf es also bislang in dieser Form noch nicht in der Dienststelle gegeben haben. **Spätere Änderungen einer bereits bestehenden Arbeitsorganisation** in der Dienststelle sind nach der vorliegenden Vorschrift nicht mitbestimmungspflichtig. Hier greift aber die Mitbestimmung nach § 72 Abs. 3 Nr. 4 Fall 3 („Änderung der Arbeitsorganisation").

1174 Um eine **„grundlegend neue Form"** der Arbeitsorganisation handelt es sich, wenn diese bislang in der Dienststelle in der nunmehr beabsichtigten Form bislang noch nicht zur Anwendung gelangt ist.

22. Abs. 4 Satz 1 Nr. 22: Übertragung von Arbeiten der Dienststelle, die üblicherweise von ihren Beschäftigten vorgenommen werden, auf Dauer an Privatpersonen oder auf Dritte in jeglicher Rechtsform (Privatisierung)

Nach Abs. 4 Satz 1 Nr. 22 ist die hier benannte Privatisierung von Arbeiten, die üblicherweise von den Beschäftigten der Dienststelle wahrgenommen werden, mitbestimmungspflichtig. Dabei handelt es sich nach § 66 Abs. 7 Satz 3 um einen Fall der **eingeschränkten Mitbestimmung**, sodass die Einigungsstelle nur eine Empfehlung aussprechen kann (vgl. § 66 Rz. 90). 1175

Das LPVG NRW hat bereits in der Vergangenheit einen Mitbestimmungstatbestand aufgewiesen, wonach die Übertragung von Arbeiten der Dienststelle, die üblicherweise von ihren Beschäftigten vorgenommen werden, auf Dauer an Privatpersonen oder wirtschaftliche Unternehmen mitbestimmungspflichtig gewesen ist (§ 72 Abs. 3 Nr. 7 a.f.). Soweit diese Vorschrift durch die Novelle 2007 gestrichen wurde (vgl. LT-Drucks. 14/4239, S. 99), hat sie durch die **Novelle 2011** nunmehr wieder in modifizierter Form Einzug in das Gesetz gehalten. 1176

Der **Schutzzweck der Mitbestimmung** ist zum einen vornehmlich der Erhalt der Arbeitsplätze in der Dienststelle (Beschäftigungssicherungsschutz), zum anderen aber sind es auch die besonderen schutzwürdigen Interessen der von der Arbeitsübertragung nicht betroffenen, d. h. verbleibenden Beschäftigten in der Dienststelle. 1177

Zur **Verfassungsmäßigkeit der Vorschrift** vgl. OVG NRW 09.11.1987 – CL 27/85 –. 1178

Zum **Ausschluss der Mitbestimmung** des Personalrates, soweit eine **gesetzliche oder tarifliche Regelung** besteht vgl. Rz. 495 ff. 1179

Unter „**Arbeiten der Dienststelle**“ sind alle Tätigkeiten zu verstehen, die zum normalen Aufgabengebiet der dortigen Beschäftigten gehören. Dazu gehören sowohl Haupt- als auch Nebenaufgaben der Dienststelle. Dabei kommt es nicht darauf an, ob es sich um Haupt- oder um Nebenaufgaben der Dienststelle handelt. Das OVG NRW hat in seinem Beschluss vom 01.03.1991 – CL 38/88 – auch klargestellt, dass das Mitbestimmungsrecht sich sowohl auf hoheitliche als auch auf nicht hoheitliche Arbeiten der Dienststelle erstreckt. Unerheblich ist des Weiteren auch, ob es sich um Daueraufgaben der Dienststelle handelt oder um solche Arbeiten, die dort nur gelegentlich anfallen. Für die Frage einer mitbestimmungspflichtigen Privatisierung kommt es auch nicht darauf an, ob die auf eine Privatfirma übertragenen Arbeiten der Dienststelle im Verhältnis zu hiermit in Zusammenhang stehenden, schon bisher von einer Privatfirma vorgenommen Arbeiten nur untergeordnete Bedeutung haben (vgl. OVG NRW 16.12.1993 – CL 103/90 –). 1180

1181 **Beispiele für Arbeiten der Dienststelle sind:**

- Reinigungsarbeiten in Gebäuden der Dienststelle
- Reparaturarbeiten von Geräten und Maschinen der Dienststelle
- Unterhaltungsarbeiten von Anlagen der Dienststelle (z.B. Turnhallen, Sportplätze und Freibäder)
- Betreibung eines Personennahverkehrs in der Dienststelle
- Durchführung von Arbeiten der Straßenreinigung und der Müllabfuhr

1182 Es muss sich um Arbeiten der Dienststelle handeln, die **„üblicherweise von ihren Beschäftigten vorgenommen werden“**. Das ist dann der Fall, wenn die zur Übertragung vorgesehenen Arbeiten der Dienststelle bislang den dortigen eigenen Beschäftigten übertragen und von diesen wahrgenommen wurden (vgl. OVG NRW 16.12.1993 – CL 103/90 –), so z.B. die Durchführung von Reinigungsarbeiten im Rathaus mit städtischen Beschäftigten. Dabei ist es unschädlich, wenn Arbeiten bisweilen von (externen) Aushilfs- oder Vertretungskräften wahrgenommen wurden. Von der Mitbestimmung erfasst sind auch diejenigen Arbeiten, denen Arbeitsplätze zugrunde liegen, die zum Zeitpunkt der beabsichtigten Übertragung nicht besetzt sind (z.B. Krankheitsausfall), und auch Arbeiten, die bis zu diesem Zeitpunkt nur vorübergehend an Privatpersonen oder Dritte übertragen worden sind.

1183 Die **Vergabe von Aufträgen** zur Einmessung im Rahmen einer sich auf bestimmte Gebäude beziehenden „Einmessungsaktion“, die bisher ausschließlich von Messtrupps der Katasterbehörde abgewickelt wurden, **an öffentlich bestellte Vermessungsingenieure** ist mitbestimmungspflichtig, wenn die Messtrupps der Katasterbehörde – neben diesen – weiterhin zur „Einmessungsaktion“ gehörende Einmessungen durchführen werden (so OVG NRW 16.12.1993 – CL 107/90 –).

1184 Da der Schutzzweck der Mitbestimmung auf den Erhalt bereits vorhandener Arbeitsplätze gerichtet ist (vgl. Rz. 1177), besteht **keine Mitbestimmung** bei der **Übertragung von erstmalig anfallenden Arbeiten in der Dienststelle**, wie z.B. zusätzliche Betriebs- und Unterhaltsarbeiten durch die Errichtung einer neuen Sportanlage (vgl. auch OVG NRW 09.11.1987 – CL 27/85 – zur Übertragung weiterer behördlicher Reinigungsarbeiten an ein Privatunternehmen) oder die Scanerfassung von alten Bauakten aus dem Gemeindearchiv, um deren Inhalt erstmalig elektronisch zu erfassen (vgl. OVG NRW 18.02.2015 – 20 B 1208/14.PVL –).

1185 Zu einer durchgeführten **Funktionsänderung von Gebäudeteilflächen vor der Fremdvergabe von Reinigungsarbeiten** vgl. OVG NRW 20.01.1995 – 1 A 2340/91 –, wonach eine Mitbestimmung besteht, wenn u.a. die vorangegangene Nutzungsänderung nicht zur Erfüllung neuer Aufgaben der

Dienststelle dient und die übertragenen Reinigungsarbeiten sich qualitativ und quantitativ nicht erheblich von den früheren Reinigungsarbeiten unterscheiden.

Maßgeblicher Zeitpunkt zur Bestimmung der Üblichkeit der Aufgabenerfüllung, ist der beabsichtigte Übertragungszeitpunkt der Arbeiten. 1186

Das Mitbestimmungsrecht setzt einen **Übertragungsakt** (z. B. Übertragungsvertrag) der Dienststelle voraus. Das dauerhafte Entfallen- oder Auslaufenlassen von Arbeiten ist von daher mitbestimmungsfrei. Eine **beabsichtigte Übertragung** liegt erst zu dem Zeitpunkt vor, wenn für die Dienststelle ein gegenständlich fest umrissener Übertragungsakt (z. B. Vertragsentwurf) voraussehbar ist (a. A. OVG NRW 25.03.1999 – 1 A 4469/96.PVL). Soweit das OVG NRW mit seiner zuvor zitierten Rechtsprechung die Mitbestimmung schon dann greifen lässt, wenn dem Grunde nach die Entscheidung ansteht, eine bestimmte Art von Arbeiten zu privatisieren, lässt es außer Acht, dass zu diesem Zeitpunkt seitens der Dienststelle noch gar keine Maßnahmeabsicht i. S. d. § 66 Abs. 2 Satz 1 (vgl. § 66 Rz. 11) besteht (so auch Cecior § 72 Rz. 1178). 1186a

Die Übertragung der vorbenannten Arbeiten ist nur dann mitbestimmungspflichtig, wenn sie „**auf Dauer**" stattfindet. Das ist dann der Fall, wenn die **Übertragung auf unbestimmte Zeit** hin stattfindet. Maßgeblich ist hierbei die Grundentscheidung der Dienststelle und nicht die Ausgestaltung des konkreten (Übertragungs-)Vertrages oder darin enthaltener Kündigungsmöglichkeiten (vgl. OVG NRW 05.11.1992 – CL 31/89 –). 1187

Keine Mitbestimmung besteht für **probeweise oder befristete Übertragungsmaßnahmen**. Soweit nach § 72 Abs. 5 eine Mitbestimmung des Personalrates vom Gesetzgeber auch in den Fällen der Abs. 3 und 4 bei der probeweisen oder befristeten Durchführung von Maßnahmen formuliert worden ist, geht dem die vorliegende Vorschrift als speziellere Regelung (lex specialis) vor (so OVG NRW 04.11.1992 a. a. O.)! 1188

Mitbestimmungspflichtig ist die Übertragung der vorbenannten Arbeiten an „**Privatpersonen oder auf Dritte jeglicher Rechtsform (Privatisierung)**". Soweit der Gesetzgeber an dieser Stelle das Wort „Privatisierung" als Klammerzusatz in das Gesetz aufgenommen hat, was gemeinhin bei der Darstellung einer gesetzlichen Legaldefinition geschieht, so stellt sich dies im sprachlichen Bezug auf Dritte „jeglicher" Rechtsform nicht als sehr gelungen dar. Denn derartige Rechtsformen erfassen auch öffentliche Rechtsformen, für die das Wort „Privat" nicht zutrifft. Soweit mit der Novelle 2011 eine Formulierung gewählt wurde, die sich in der Wortwahl von der Vorgängerregelung des § 72 Abs. 3 Nr. 7 a.f. („Wirtschaftliche Unternehmen") ausdrücklich unterscheidet, kommt es auf eine Bestimmung bzw. Abgren- 1189 zung der Begriffe „Privatpersonen“ und „Dritte“ nicht an. Vielmehr ist nun jede Übertragung von Arbeiten an Dritte, d.h. also insbesondere auch an **Anstalten des öffentlichen Rechts** und an **kommunale Eigenbetriebe**, der Mitbestimmung unterworfen und stellt eine personalvertretungsrechtliche Privatisierung dar.

1190 **Keine Mitbestimmung** liegt für die bloße **Übertragung der Aufsicht bzw. der Verantwortung für eine kommunale Sportanlage auf private Sportvereine** vor, da hier keine Eigenarbeiten der Dienststelle übertragen werden (vgl. OVG NRW 07.10.1992 – CL 62/90 –). Das gilt auch für die **Vergabe physiotherapeutischer Leistungen einer Klinik an Sonn- und Feiertagen, an ein externes Unternehmen**, wenn in der Klinik zuvor an den besagten Tagen bereits seit mehreren Jahren keine eigenen Physiotherapeuten mehr für diese Aufgabenwahrnehmung zum Einsatz gelangt sind (vgl. VG Düsseldorf 30.04.2020 – 40 K 2401/18.PVL –).

1191 **Wichtig!**

Wenn im Zuge der Privatisierung auch die Auflösung von wesentlichen Teilen der Dienststelle herbeigeführt wird, so weist der Personalrat sowohl ein Mitbestimmungsrecht nach § 72 Abs. 4 Satz 1 Nr. 22 als auch ein Mitwirkungsrecht nach § 73 Nr. 3 auf (vgl. hierzu OVG NRW 24.09.1995 – 1 A 3005/93.PVL –)!

III. Sonderregelungen nach Abs. 4 Satz 2

1192 Nach **Abs. 4 Satz 2 Halbsatz 1** besteht eine **antragsabhängige Mitbestimmung des Personalrates bei der Geltendmachung von Ersatzansprüchen** nach Satz 1 Nr. 11 (vgl. Rz. 953 ff.).

1193 Der **Schutzzweck** dieses Antragserfordernisses ist der Schutz der Persönlichkeitssphäre der hier betroffenen Beschäftigten. Sie sollen selbst bestimmen dürfen, ob der Personalrat über das Bestehen bzw. die weitere Abwicklung von Ersatzansprüchen gegen ihre Person Kenntnis hat.

1194 Nach **Abs. 4 Satz 2 Halbsatz 2** hat die Dienststelle **die betroffenen Beschäftigten von der beabsichtigten Geltendmachung von Ersatzansprüchen vorher rechtzeitig in Kenntnis zu setzen**, damit diese von ihrem Antragsrecht nach Abs. 4 Satz 2 Halbsatz 2 entsprechend Gebrauch machen können. Siehe hierzu und zur Vorgehensweise der Dienststelle in der Praxis ausführlich Rz. 966 ff.

1194a **Muster 47**: Hinweis auf Antragsrecht gem. § 72 Abs. 4 Satz 2

1195 Nach **Abs. 4 Satz 3** besteht ein **Ausschluss der Mitbestimmung** für den **Inhalt von Personalfragebögen, die der Finanzkontrolle durch den Landesrechnungshof** dienen.

Im Übrigen ist auch auf die Ausführungen zu § 72 Abs. 4 Satz 1 Nr. 17, Rz. 1103 zu verweisen. 1196

G. Mitbestimmung bei probeweisen oder befristeten Maßnahmen nach Abs. 5

Abs. 5: Mit dieser Vorschrift hat der Gesetzgeber klargestellt, dass nur in den Angelegenheiten der Abs. 3 und 4 ein Mitbestimmungsrecht des Personalrates besteht, wenn eine **Maßnahme probeweise oder befristet** durchgeführt werden soll. 1197

Eine Ausnahme besteht für die Mitbestimmung bei einer Privatisierung i. S. d. § 72 Abs. 4 Satz 1 Nr. 22 aufgrund der dabei erforderlichen „Dauerhaftigkeit" (vgl. Rz. 1187)! 1198

H. Rechtliche Auseinandersetzungen

Streitigkeiten zwischen der Dienststelle und dem Personalrat über den **Inhalt** und das **Eingreifen der Mitbestimmung** nach § 72 sind im personalvertretungsrechtlichen Beschlussverfahren nach § 79 Abs. 1 Nr. 3 i. V. m. Abs. 2 vor dem Verwaltungsgericht zu klären. 1199

Die von den Maßnahmen der streitigen Mitbestimmungsrechte betroffenen Beschäftigten sind keine Beteiligten dieses Verfahrens. Soweit sich aufgrund der Nichtbeachtung für sie Ansprüche ergeben sollten, so sind diese von ihnen eigenständig, d. h. bei Beamten im Verfahren nach der VwGO und dem VwVfG NRW vor dem Verwaltungsgericht und bei Arbeitnehmern im Urteilsverfahren vor dem Arbeitsgericht geltend zu machen. Die ordnungsgemäße Beachtung der Mitbestimmungsrechte des Personalrates können in diesen Verfahren inzidenter mitgeprüft werden. 1200

§ 73 (Mitwirkungspflichtige Angelegenheiten)

Der Personalrat wirkt, soweit eine gesetzliche oder tarifliche Regelung nicht besteht, mit bei

1. **Verwaltungsanordnungen einer Dienststelle für die innerdienstlichen, sozialen oder persönlichen Angelegenheiten der Beschäftigten ihres Geschäftsbereichs,**

2. Stellenausschreibungen, soweit die Personalmaßnahme der Mitbestimmung unterliegen kann,
3. Errichtung, Auflösung, Einschränkung, Verlegung oder Zusammenlegung von Dienststellen oder wesentlichen Teilen von ihnen,
4. behördlichen oder betrieblichen Grundsätzen der Personalplanung,
5. Aufträgen zur Überprüfung der Organisation oder Wirtschaftlichkeit einer Dienststelle durch Dritte,
6. Erhebung der Disziplinarklage gegen eine Beamtin oder einen Beamten, wenn sie oder er die Beteiligung des Personalrats beantragt. Die Beamtin oder der Beamte ist von der Maßnahme rechtzeitig vorher in Kenntnis zu setzen.
7. Maßnahmen zur Beschäftigungsförderung,
8. grundlegenden Änderungen von Arbeitsabläufen bei Wirtschaftsbetrieben.

Gliederung

I. Einleitende Bemerkungen

1 Die Vorschrift stellt neben dem Mitbestimmungskatalog des § 72 eine weitere zentrale Vorschrift des LPVG NRW dar. Sie entspricht § 84 Abs. 1 und 2 BPersVG und regelt, in welchen Angelegenheiten der Personalrat ein **Mitwirkungsrecht** aufweist.

2 Das **Mitwirkungsverfahren** ist in § 69 i. V. m. § 66 geregelt.

2a **Muster 22**: Personalratsvorlage im Mitwirkungsverfahren

Muster 25: Ergänzende Mitteilung zur Personalratsvorlage

2b **Wichtig!**

Die Dienststelle darf bei Maßnahmen, die der Natur der Sache nach keinen Aufschub dulden, bereits vor der endgültigen Entscheidung des Personalrats gem. § 69 Abs. 5 i. V. m. § 66 Abs. 8 vorläufige Regelungen treffen (vgl. § 69, Rz. 52)!

3 Der **Unterschied zur Mitbestimmung**, die dem Personalrat durch den dabei bestehenden Zustimmungsvorbehalt eine rechtlich festgelegte Einflussnahme auf die von der Dienststelle beabsichtigten Maßnahmen gibt, eröffnet die Mitwirkung dem Personalrat nur eine **formelle Beteiligungsmöglichkeit** (→ Einwendungen und Vorschläge) und stellt sich damit gleichsam der Anhörung (§ 74 Abs. 2 und 75) als ein schwächeres Beteiligungsrecht dar.

Zu den einzelnen **Beteiligungsrechten nach dem LPVG NRW** vgl. auch die **Übersicht** in § 72 Rz. 4. Gleichsam, wie bei einigen Mitbestimmungstatbeständen des § 72 besteht für alle Mitwirkungsrechte ein **Gesetzes- und Tarifvorrang** (vgl. näher hierzu § 72 Rz. 495 ff.). 4

Siehe auch **Tabelle:** Lexikon der wichtigsten Personalratsrechte. 4a

Der in der Vorschrift enthaltene **Mitwirkungskatalog** ist abschließend und zwingend geregelt. 5

Durch die **Novelle 2011** sind neben geschlechtergerechten Sprachanpassungen, inhaltlichen Modifizierungen der Rückführung vormals gestrichener Tatbestände und letztendlich durch die Einführung neuer Beteiligungstatbestände die Rechte der Personalvertretung gestärkt worden. Insgesamt ist das Mitwirkungsniveau nunmehr höher als auf dem Stand vor der Novelle 2007 gestaltet worden. 6

II. Mitwirkungspflichtige Angelegenheiten

Die mitwirkungspflichtigen Angelegenheiten der Nr. 1 bis 8 stellen sich wie folgt dar: 7

1. Verwaltungsanordnungen einer Dienststelle für die innerdienstlichen, sozialen oder persönlichen Angelegenheiten der Beschäftigten ihres Geschäftsbereichs

Nr. 1: Nach **§ 73 Nr. 1** sind die hier benannten Verwaltungsanordnungen einer Dienststelle mitwirkungspflichtig. 8

Der **Schutzzweck der Mitwirkung** ist, dass bei dem Erlass von Verwaltungsanordnungen durch die Beteiligung des Personalrates die Belange der Beschäftigten in der Dienststelle berücksichtigt und der Gleichheitsgrundsatz eingehalten wird. 9

Unter „**Verwaltungsanordnungen**" i. S. d. § 73 sind alle allgemeinen Verwaltungsvorschriften, die die Dienststelle in Wahrnehmung ihrer Aufgaben und Rechte als Dienstherr oder als Arbeitgeber gegenüber allen ihren Beschäftigten, d. h. zumindest gegenüber einer unbestimmten Anzahl ihrer Beschäftigten (vgl. OVG NRW 25.03.1980 – CL 48/78 –) trifft, ohne dass es auf ihre Form ankommt (vgl. BVerwG 05.01.2016 – 5 P 23.15 –). Dabei müssen diese einen allgemein gültigen Charakter für den Geschäftsbereich der Dienststelle aufweisen (vgl. BVerwG 01.09.2004 – 6 P 3.04 –). Das können Verwaltungsvorschriften, Verwaltungserlasse, -verfügungen, -anweisungen oder auch -mitteilungen sein (vgl. BVerwG 22.03.1990 – 6 P 17.88 –). 10

11 Voraussetzung für das Eingreifen der Mitwirkung ist, dass die Verwaltungsanordnungen die innerdienstlichen, sozialen oder persönlichen Angelegenheiten der Beschäftigten ihres Geschäftsbereiches **unmittelbar regeln** oder in diesem Bereich von ihnen ein **Tun oder Unterlassen verlangen** oder ihnen **Befugnisse einräumen** (vgl. OVG Niedersachsen 05.08.1987 – 19 OVGL 4/85 – und OVG Sachsen 20.05.2014 – PL 9 A 358/12 –). Sie müssen also das **Innenverhältnis** zwischen der Dienststelle als Dienstherr oder Arbeitgeber und den Beschäftigten in den vorgenannten Bereichen regeln (vgl. OVG Niedersachsen 28.09.1992 – 17 L 8360/91 –). Mitwirkungspflichtige Verwaltungsanordnungen müssen insoweit eine **eigenständige Gestaltungswirkung** entfalten, d.h. eigenständige Regelungen treffen (vgl. BVerwG 27.02.2020 – 5 P 1.19 –), Verwaltungsvorschriften, die normative Bestimmungen lediglich wiedergeben oder interpretieren, sind in Ermangelung einer derartigen Regelung mithin keine Grundsatzregelungen (vgl. BVerwG 30.04.2020 – 1 WB 55.19 –).

12 **Keine Verwaltungsanordnungen** stellen **Rechtsverordnungen** dar, denn bei ihnen handelt es sich um verbindliche Anordnungen für jedermann, die von den durch das jeweilige Gesetz ermächtigten Exekutivorganen erlassen werden (z.B. Rechtsverordnung aufgrund von Bundesgesetzen, aufgrund von Landesgesetzen).

13 Eine Mitbestimmungsfreiheit besteht ebenfalls bei **Verwaltungsanordnungen**, die **einzelne Beschäftigte** oder **konkrete Einzelsachverhalte** betreffen (vgl. VGH Baden-Württemberg 06.09.1988 – 15 S 1357/87 –).

14 Nicht mitwirkungspflichtig sind ebenfalls bloße **Hinweise der Dienststelle** auf eine bestimmte Sach- oder Rechtslage oder entsprechende **Erläuterungen der Dienststelle** oder unverbindlich mitgeteilte **Rechtsansichten der Dienststelle** (vgl. OVG Niedersachsen 05.08.1987 a.a.O.).

15 Zur **Mitwirkungspflichtigkeit** von **Verwaltungsanordnungen aufgrund einer Entscheidung der Landesregierung** vgl. BVerwG 07.05.1981 – 6 P 35.79 –.

16 **Gegenstand der Mitwirkung** sind nur Verwaltungsanordnungen, die innerdienstliche, soziale oder persönliche Angelegenheiten der Beschäftigten betreffen. Diese Angelegenheiten hat der Gesetzgeber im LPVG NRW nicht festgelegt. Hier ist eine Begriffsbestimmung nach dem allgemeinen Sprachgebrauch vorzunehmen.

17 **Soziale Angelegenheiten** sind z.B. Verfahrensregelungen zur Anzeige und zum Nachweis bei Krankheit. Hierzu gehören aber vor allem auch alle Angelegenheiten, die sich im Katalog des § 72 Abs. 2 wiederfinden (vgl. hierzu auch BVerwG 01.04.2008 – 6 P 8.07 –).

Unter **persönliche Angelegenheiten** sind speziell Maßnahmen zu verstehen, die denen in § 72 Abs. 1 aufgeführten Angelegenheiten entsprechen (vgl. auch hierzu BVerwG 01.04.2008 a. a. O.). 18

Unter **innerdienstliche Angelegenheiten** fallen alle Angelegenheiten, die nicht bereits als soziale oder persönliche Angelegenheiten zu bewerten sind. Es handelt sich also um einen begrifflichen **Auffangtatbestand.** Nach der Entscheidung des BVerwG vom 19.05.2003 – 6 P 16.02 – stellen innerdienstliche Angelegenheiten vor allem durchgängige Entscheidungen im internen Regierungs- und Verwaltungsbereich dar, durch welche die Beschäftigten in ihren speziellen Interessen als Beamter bzw. Arbeitnehmer berührt werden. 19

Beispiele für mitwirkungspflichtige Verwaltungsanordnungen: 20

- Dienstanweisungen, die mehrere Regelungen zu den von dem Beschäftigten auszuübenden Tätigkeiten enthalten (vgl. OVG NRW 25.03.1994 – CL 75/90 –)
- Anordnung über die Nutzung von Dienstfahrzeugen (vgl. BVerwG 11.12.2012 – 6 P 2.12 –)
- Verwaltungsrichtlinien über die Gewährung von Fahrtkostenzuschüssen (vgl. OVG NRW 06.11.1985 – CL 21/84 –)
- Geschäftsordnungsmäßige Regelungen einer Dienststelle über Urlaub und Arbeitsbefreiung (vgl. VG Berlin 14.04.1986 – VG FK (Bund) A 2/85 –)
- Richtlinien, die eine Streichung der Altersermäßigung für die Lehrerstundenzumessung enthalten (vgl. BVerwG 01.09.2004 – 6 P 3.04 –)
- Runderlasse des Kultusministers, durch den die Zuständigkeit in Personalangelegenheiten der Lehrkräfte auf die Schulen übertragen wird (vgl. BVerwG 11.05.2011 – 6 P 4/10 –)
- Einführungserlasse zu Tarifverträgen (vgl. BVerwG 14.12.1962 – VII P 5/62 –)
- Anordnung eines Rauchverbotes am Arbeitsplatz → Beachte aber auch: § 72 Abs. 4 Satz 1 Nr. 7! (vgl. LAG Nürnberg 05.08.2015 – 2 Sa 132/15 – zur Möglichkeit der einseitigen Anordnung)

Keine mitwirkungspflichtigen Verwaltungsanordnungen sind: 21

- Ministerielle Anordnungen gegenüber Hochschulen zur Ausgestaltung von Dienstverträgen mit wissenschaftlichen Hilfskräften (vgl. VGH Baden-Württemberg 20.03.1984 – 15 S 157/83 –)
- Allgemeine Verwaltungsverfügung zum Einzug der Abgeltungskosten für die Benutzung dienstlicher Fernsprechapparate für Privatgespräche (vgl. OVG NRW 10.01.1977 – CL 15/76 –)
- Dienstanweisungen an personalverwaltende Dienststellen zum Verhalten gegenüber langzeiterkrankten Beschäftigten (vgl. VGH Baden-Württemberg 20.04.1993 – PB 15 S 879/92 –)

- Erläuterungen der Verwaltung zu bereits getroffenen Maßnahmen (vgl. VGH Baden-Württemberg 26.02.1985 – 15 S 873/84 –)
- Gleichlautende Antwortschreiben der Dienststelle auf eine Vielzahl von Anträgen der Beschäftigten mit gleichen Ausführungen, aber ohne Anordnungscharakter (vgl. VGH Baden-Württemberg 20.03.1984 – 15 S 2472/82 –)
- Verbesserungsmaßnahmen im Hinblick auf den Schienenpersonennahverkehr (vgl. BVerwG 23.07.1985 – 6 P 13.82 –)
- Organisatorische Anordnungen, die die Einrichtung und Eingliederung von Verwaltungsstellen behandeln (vgl. OVG NRW 18.06.1982 – CB 9/81 –)
- Dienstliche Einzelanweisungen (vgl. VGH Baden-Württemberg 06.09.1988 – 15 S 1357/87 –)
- Regelungen mit alleiniger mittelbarer Auswirkung (vgl. OVG Sachsen 20.05.2014 – PL 9 A 358/12 –).

Der Erlass von Verwaltungsanordnungen ohne Mitwirkung des Personalrates ist rechtsunwirksam.

2. Stellenausschreibungen, soweit die Personalmaßnahme der Mitbestimmung unterliegen kann

22 Nr. 2: Nach **§ 73 Nr. 2** sind Stellenausschreibungen, soweit die Personalmaßnahme der Mitbestimmung unterliegen kann (vgl. Rz. 23), als vorbereitende Handlung aber mitwirkungspflichtig. Externe Stellenausschreibungen sind nach der Rechtsprechung des BVerwG keine Maßnahmen (vgl. BVerwG 08.06.2023 – 5 P 3.22 –).

23 Der **Schutzzweck der Mitwirkung** besteht darin, dem Personalrat eine Möglichkeit zu eröffnen, bei Stellenausschreibungen die Rechte der in der Dienststelle bereits vorhandenen Beschäftigten zu wahren. Es soll sichergestellt werden, dass sich möglichst auch jeder interessierte Beschäftigte der Dienststelle auf vakante Stellen bewerben kann (vgl. hierzu auch BVerwG 08.03.1988 – 6 P 32.85 –, 14.01.2010 – 6 P 10.09 – und 04.05.2012 – 6 PB 1.12 –). Das **Mitwirkungsrecht des Personalrats greift nur, wenn die diesbezügliche Personalmaßnahme der Mitbestimmung (§ 72) unterliegen kann** (vgl. hierzu LT-Drucks. 15/1644 S. 86). Das ist etwa für Personalmaßnahmen i. S. d. § 72 Abs. 1 Satz 1, die Personen betreffen, für die nach § 72 Abs. 1 Satz 2 Halbsatz 2 ein gesetzlicher Ausschluss der Mitbestimmung besteht, der Fall. Dementsprechend wäre z. B. die Ausschreibung der Stelle für eine Person, die die Leitung in einem öffentlichen Betrieb in einer Gemeinde übernehmen soll (§ 72 Abs. 1 Satz 2 Halbsatz 2 Nr. 5) nicht mitwirkungspflichtig. Was hingegen die antragsabhängige Mitbestimmung nach § 72 Abs. 1 Satz 2 Halbsatz 1 betrifft, so ist festzuhalten,

dass diese nicht generell ausgeschlossen ist, sodass hier bei einem entsprechenden Antrag der betroffenen Person durchaus eine Mitbestimmung bestehen „kann". Mithin sind diesbezügliche Personalmaßnahmen nicht generell als mitbestimmungsfrei anzusehen!

Unter „**Stellenausschreibungen**" sind alle Mitteilungen der Dienststelle über eine zu besetzende Stelle in der Dienststelle zu verstehen, die eine allgemeine Aufforderung enthalten, sich hierauf bewerben zu können. Von der Mitwirkung erfasst sind sowohl dienststelleninterne als auch dienststellenexterne Stellenausschreibungen (vgl. BVerwG 09.01.2007 – 6 P 6.06 – und 14.01.2010 – 6 P 10.09 –). Damit gehen also Stellenausschreibungen i. d. R. einem späteren mitbestimmungspflichtigen Tatbestand des § 72 Abs. 1 (z. B. der Einstellung und der Eingruppierung) voraus und bereiten diesen entsprechend vor. Dementsprechend hat der Gesetzgeber bereits in der Vergangenheit das Mitwirkungsrecht darauf beschränkt, dass die Personalmaßnahme auch der Mitbestimmung unterlag. Im Zuge der **Novelle 2011** wurde nunmehr das Wort „**kann**" in das Gesetz aufgenommen, sodass rechtssicher geregelt wurde, dass es nunmehr für das Bestehen des Mitwirkungsrechts schon ausreichend ist, dass die Möglichkeit der späteren Mitbestimmung des Personalrates bei der Personalmaßnahme besteht. 24

Wichtig! 25

Keine Mitwirkung des Personalrates besteht bei Stellenausschreibungen, wenn die auszuschreibende Stelle ausschließlich nur von den in § 72 Abs. 1 Satz 2 Halbsatz 2 benannten Personen besetzt werden kann!

Es gilt zu beachten, dass im **öffentlichen Dienst** trotz der Zugangsregelung in Art. 33 Abs. 2 GG dem Grunde nach, **keine Pflicht zur Stellenausschreibung** besteht (vgl. BVerwG 13.10.1978 – 6 P 6.78 –), wenn dies nicht ausdrücklich gesetzlich vorgegeben ist (vgl. z. B. § 8 LGG NRW NRW) oder die Dienststelle entsprechendes mit dem Personalrat vereinbart hat! Von daher obliegt es grundsätzlich der Dienststelle kraft der ihr zustehenden Organisationsgewalt alleine, ob sie eine frei gewordene Stelle nachbesetzen möchte und wenn ja, wie sie die hierfür notwendige Personalbeschaffung vornimmt, ob durch eine persönliche Ansprache bestimmter Kandidaten, durch eine interne Stellenausschreibung oder durch eine externe Stellenausschreibung (vgl. BAG 17.10.2017 – 9 AZR 192/17 m. w. N.; BVerfG 28.11.2007 – 2 BvR 1431/07 und auch OVG NRW 14.10.1994 – 1 A 1917/91. PVL zum Absehen von einer internen Stellenausschreibung, wenn nach den objektiven Bedingungen der Dienststelle kein Bewerber unter den vorhandenen Beschäftigten vorhanden ist). Aus dieser Organisationsgewalt 26 resultiert ebenfalls, dass der öffentliche Arbeitgeber frei entscheiden kann, ob er in einem Auswahlverfahren um eine freie Stelle, den **Bewerberkreis einschränkt**, indem er z.B. **befristet beschäftigte Bewerber ausschließt** (vgl. BAG 23.01.2007 – 9 AZR 492/06 –, LAG Hamm 03.05.2007 – 11 Sa 2/07 – und LAG Berlin-Brandenburg 16.01.2013 -15 SaGa 1738/12 –).

26a **Wichtig!**

Ein öffentlicher Arbeitgeber ist nicht verpflichtet, eine ermessensfehlerfrei unbeschränkt ausgeschriebene Stelle außerhalb des nach Art. 33 Abs. 2 GG durchzuführenden Bewerbungs- und Auswahlverfahrens **vorab einem schwerbehinderten Arbeitnehmer** zuzuweisen, um dessen Anspruch auf Beschäftigung nach § 164 Abs. 4 1 Nr. 1 SGB IX zu gewährleisten (vgl. BAG 03.12.2019 – 9 AZR 78/19 –)!

27 **Beispiele für eine gesetzlich begründete Pflicht zur öffentlichen Stellenausschreibung:**

- Kommunale Beigeordnete (§ 71 Abs. 2 Satz 2 GO NRW; Ausnahme bei der Wiederwahl)
- Allgemeiner Vertreter des Landrats (§ 47 Abs. 2 KrO NRW i.V.m. § 71 Abs. 2 Satz 2 GO NRW; Ausnahme bei Wiederwahl)
- Direktor und Landesräte in den Landschaftsverbänden (§ 20 Abs. 2 Satz 2 LVerbO NRW)
- Regionaldirektor und Beigeordnete im Regionalverband Ruhr
- Hauptamtlicher Verbandsvorsteher in den Zweckverbänden (§ 17 Abs. 1 Satz 7 GkG NRW)
- Präsident und Vizepräsident der FHöD (§ 9 Abs. 5 Satz 4 FHGöD NRW)
- Abteilungsleiter der FHöD (§ 17 Abs. 2 Satz 1 FHGöD NRW)
- Kanzler als Präsidiumsmitglied an der FHöD (§ 17a Abs. 1 Satz 6 FHGöD NRW)
- Professoren der FHöD (§ 19 Abs. 1 Satz 1 FHGöD NRW)
- Dozenten der FHöD (§ 20 Abs. 6 FHGöD NRW); dies gilt nicht für Lehrbeauftragte (§ 21 FHGöD NRW)
- Präsident der DHPol (§ 10 Abs. 3 Satz 2 DHPolG)
- Professoren der DHPol (§ 20 Abs. 1 Satz 1 DHPolG)
- Lehrkräfte für besondere Aufgaben an der DHPol (§ 24 Abs. 5 DHPolG); dies gilt nicht für Lehrbeauftragte (vgl. § 28 DHPolG)
- Stellenbereiche, in denen Frauen unterrepräsentiert sind (§ 8 Abs. 1 LGG NRW NRW); siehe hierzu auch Bülow, § 8 LGG NRW NRW Rn. 7ff.
- Ausbildungsplätze im öffentlichen Dienst (§ 8 Abs. 3 LGG NRW)
- Gleichstellungsbeauftragte der Hochschulen und Kunsthochschulen NRW (§ 24 Abs. 1 Satz 6 HG NRW und § 22 Abs. 1 Satz 6 KunstHG NRW)

Wichtig! 28

Für die Dienststelle kann sich auch eine Ausschreibungspflicht aufgrund einer Verwaltungsvorschrift („Selbstbindung") oder aufgrund einer Ausschreibungsübung in der Dienststelle ergeben (vgl. BVerwG 13.10.1978 – 6 P 6.78 –, 09.01.2007 – 6 P 6.06 –, 14.01.2010 – 6 P 10.09 – und 01.04.2015 – 5 P 8.14 –)!

Die **inhaltlichen Anforderungen an eine Stellenausschreibung** sollten sich wie bei jeder Zeitungsannonce auch an der sog. **AIDA-Formel** orientieren: 29

→ Aufmerksamkeit erregen durch ansprechende Gestaltung **(A = Attention)**
  - Verwendung von Titeln und von Fettdruck
  - Unkonventionelles Design, z. B. weiße Schrift auf schwarzem Grund
  - Klare Definition des „Bewerberprofils"

→ Interesse bei potenziellen Bewerbern hervorrufen **(I = Interest)**
  - Einstellungszeitpunkt benennen, z. B. „sofort" oder „zum …"
  - Umfangreiche Information zur Tätigkeit geben
  - Entwicklungsmöglichkeiten und Zukunftsperspektiven aufzeigen

→ Hervorrufen eines Bewerbungswunsches **(D = Desire)**
  - Frage: „Warum soll sich der Bewerber ausgerechnet bei „Ihnen" bewerben?
  - Angebote der schnellen Kontaktaufnahme, z. B. per E-Mail oder via Homepage

→ Aufforderung zur Bewerbungshandlung **(A = Action)**
  - Angabe aller notwendigen Kontaktdaten
  - Setzen einer Bewerbungsfrist

Wichtig! 30

Aufgrund der Vorgaben des AGG ist eine Stellenausschreibung neutral zu gestalten, d. h. nicht nur geschlechtsneutral, sondern vor allem auch ohne konkrete Altersangaben oder sonstige Formulierungen, die ein Indiz für eine direkte Benachteiligung wegen der ethnischen Herkunft, der Religion oder Weltanschauung, der Behinderung oder der sexuellen Veranlagung (vgl. § 1 AGG) darstellen könnte. Es sollten auch Formulierungen vermieden werden, die Indizien für eine indirekte Benachteiligung darstellen können, wie z. B. die Formulierung „jung und dynamisch" oder „alter Hase" (vgl. auch BAG 11.08.2016 – 8 AZR 406/14 m. w. N.)!

Die **Auslegung des Inhalts eines in einer Stellenausschreibung enthaltenen Anforderungsprofils** ist durch eine am objektiven Empfängerhorizont potenzieller Bewerber orientierte Auslegung zu ermitteln, bei der 30a interne Verwaltungsvorgaben grundsätzlich keine Berücksichtigung finden (vgl. BVerwG 08.07.2014 – 2 B 7.14 –). Der Entscheidung des BVerwG vom 25.05.2023 – 1 WB 54.22 – m.w.N. ist für die Praxis Folgendes zu entnehmen: *„Die dem Dienstherrn zustehende Organisations- und Personalhoheit berechtigt ihn, bei der Besetzung eines freien Dienstpostens vor der Auswahlentscheidung nach einem im Wesentlichen personalwirtschaftlich bestimmten Ermessen festzulegen, ob der Dienstposten im Wege einer förderlichen Besetzung oder mittels einer Versetzung ohne derartige Förderung besetzt werden soll. Welches Modell der Dienstherr seiner Entscheidung über die Besetzung eines freien Dienstpostens zugrunde legt, hat er – gleichsam als Organisationsgrundentscheidung – vor der Auswahlentscheidung festzulegen. Die Pflicht zur Dokumentation der Organisationsgrundentscheidung dient dabei nicht nur dem Nachweis eines ordnungsgemäßen Personalauswahlverfahrens. Sie verfolgt auch den Zweck, die für die Personalauswahl zuständige Stelle zur Gewährleistung eines sachorientierten und fairen Auswahlverfahrens anzuhalten.“*

31 Wenn sich die Dienststelle für eine Ausschreibung entschlossen hat, so sieht die Rechtsprechung einen **Ausschreibungszeitraum von zwei Wochen** im Regelfall als angemessen an (vgl. BAG 06.10.2010 – 7 ABR 18/09 – zur Mindestdauer einer innerbetrieblichen Stellenausschreibung).

32 **Gegenstand der Mitwirkung** bei Stellenausschreibungen ist zunächst die **Entscheidung, ob eine erstmalige Stellenausschreibung** vorgenommen werden soll. Erfasst wird ggf. aber auch die **Entscheidung, ob erneute Ausschreibungen** stattfinden sollen (vgl. nachfolgend Rz. 33).

33 **Wichtig!**

Dabei gilt zu beachten, dass jede weitere Ausschreibung einer bereits schon einmal unter ordnungsgemäßer Beteiligung des Personalrats ausgeschriebenen Stelle, eine neue Maßnahme i.S.d. § 69 Abs. 1 Satz 1 darstellt, sodass hier auch stets ein erneutes Mitwirkungsrecht des Personalrates besteht (vgl. OVG NRW 18.09.1995 – 1 A 1471/92.PVL –)!

34 Mitwirkungspflichtig ist auch die **Entscheidung über das Absehen von einer Stellenausschreibung** oder über das **Aussetzen einer Stellenausschreibung** (so BVerwG 09.01.2007 – 6 P 6/06 – und 04.02.2014 – 6 PB 36/13 –; a.A. vormals OVG NRW 13.07.2006 – 1 A 1193/05.PVL –). Keine Mitwirkung besteht hingegen bei einem **Abbruch des Auswahlverfahrens** nach bereits erfolgter Stellenausschreibung (vgl. BAG 12.12.2017 – 9 AZR 152/17 – und VG Düsseldorf 05.9.2018 – 2 L 1627/18 –). Im Übrigen besteht in einem solchen Fall nach dem LPVG NRW auch keine Mitbestimmung (vgl. entsprechend OVG

NRW 10.03.2021 – 1 B 179/21 –). Entsprechendes gilt für die Fälle der **Änderungen des Anforderungsprofils im Rahmen eines laufenden Auswahlverfahrens**, was dem Abbruch des bereits eingeleiteten Auswahlverfahrens und der Einleitung eines neuen Auswahlverfahrens gleichkommt (vgl. hierzu BVerwG 06.06.2023 – 1 W-VR 30.22 –). Zur wichtigen **Dokumentationspflicht nach einem Verfahrensabbruch** bzw. der vorgenannten Änderung siehe i. Ü. BVerwG 25.05.2023 – 1 WB 54.22 – und BAG 20.03.2018 – 9 AZR 249/17 – und zur **Wartezeit von einem Monat bis zu einer Neubesetzung** siehe i. Ü. BAG 12.12.2017 – 9 AZR 152/17 –).

Ferner unterliegt der Mitwirkung auch die **inhaltliche Gestaltung der** 35
Stellenausschreibung. Dazu gehört speziell die Festlegung der sachlichen Bedingungen für die Bewerbung sowie etwaige Bewerbungsfristen bzw. Ausschlussfristen.

Von der Mitwirkung erfasst ist auch die **Entscheidung, ob eine interne und/** 36
oder externe Stellenausschreibung vorgenommen werden soll. In diesem Zusammenhang erstreckt sich die Mitwirkung auf die Entscheidung der Bekanntmachungsform, d.h. z.B. Bekanntmachung am Schwarzen Brett, im öffentlichen und/oder nicht öffentlichen Bereich der Homepage, im Intranet, durch verwaltungsinterne Rundschreiben und/oder die Veröffentlichung in Betriebs- bzw. Tageszeitungen, Fachzeitschriften oder im Amtsblatt (vgl. auch BAG 17.06.2008 – 1 ABR 20/07 – zur Üblichkeit einer Bekanntmachung).

Keine Mitwirkung besteht für die **Festlegung der von den Bewerbern zu er-** 37
füllenden Anforderungen (vgl. OVG NRW 18.10.2000 – 1 A 5334/98.PVL –). Der Mitwirkung des Personalrates entzogen ist auch die **Einflussnahme auf den Bewerberkreis**, soweit hierdurch nicht mehr gewährleistet ist, dass sich nach Möglichkeit jeder interessierte Beschäftigte der Dienststelle auf die Stellenausschreibung bewerben kann (vgl. OVG NRW 18.10.2000 – 1 A 5334/98. PVL –). Weiterhin erstreckt sich die Mitwirkung auch nicht auf die **Bewertung der zu besetzenden Stelle** (vgl. OVG NRW 20.11.1995 – 1 A 4692/94. PVL –). Mitwirkungsfrei ist auch der **Erlass von Ausschreibungsrichtlinien**.

3. Errichtung, Auflösung, Einschränkung, Verlegung oder Zusammenlegung von Dienststellen oder wesentlichen Teilen von ihnen

Nr. 3: Nach **§ 73 Nr. 3** sind die dort aufgeführten Entscheidungen und Ver- 38
änderungen der Dienststellen mitwirkungspflichtig.

Durch die Beschränkung der Mitwirkung auf die in der Vorschrift eng 39
umgrenzten Maßnahmen und dabei vor allem nur auf solche, die auch die

gesamte Dienststelle oder zumindest einen wesentlichen Teil von ihr erfassen, hat der Gesetzgeber zum Ausdruck gebracht, dass er **nur organisatorische Änderungen von einem besonderen Gewicht** der Mitwirkung unterwerfen wollte (vgl. BVerwG 30.09.1997 – 6 P 19.85 –).

40 Der **Schutzzweck der Mitwirkung** besteht darin, dass der Personalrat die rechtlichen und auch tatsächlichen Belange der von einer Umorganisation der Dienststelle betroffenen Beschäftigten bereits frühzeitig und damit noch vor der organisatorischen Umsetzung geltend machen kann (vgl. hierzu auch BVerwG 30.09.1987 – 6 P 19.85 –).

41 **Gegenstand der Mitwirkung** stellen ausschließlich die in der Vorschrift abschließend aufgezählten organisatorischen (Grund-)Entscheidungen bzw. Veränderungen der Dienststelle dar. Hierbei steht der Dienststelle ein Organisationsermessen zu, das durch die Mitwirkung des Personalrates dem Grunde nach nicht eingeschränkt wird (vgl. OVG NRW 29.09.1999 – 1 A 1083/98 –). Aufgrund seines bereits im Vorfeld bestehenden Informationsrechtes nach § 65 Abs. 1 Satz 3 und dem vorliegenden Mitwirkungsrecht hat der Gesetzgeber dem Personalrat aber die Möglichkeit eröffnet, Bedenken und weitergehende Vorschläge gegenüber der Dienststelle zu äußern, damit im Rahmen der vertrauensvollen Zusammenarbeit nach § 2 Abs. 1 letztendlich die schutzwürdigen Belange der Beschäftigten gewahrt werden.

42 Die **Mitwirkungsbefugnis des Personalrates** erstreckt sich nur auf die Entscheidung über die jeweilige organisatorische Maßnahme selbst. Dabei kann in der Praxis auch die Mitbestimmung nach § 72 Abs. 2 Nr. 5 („Aufstellung von Sozialplänen") betroffen sein. Die Durchführung der jeweiligen Maßnahme im Einzelnen obliegt dem Organisationsrecht der Dienststelle und damit nicht der Mitwirkung. Wenn dabei allerdings weitere Maßnahmen im Einzelnen erforderlich sind, so können durchaus andere Beteiligungsrechte des Personalrates eingreifen wie z. B. die Mitbestimmung nach § 72 Abs. 1 Satz 1 Nr. 5 Fall 1 bei einer Versetzung.

43 Zum Begriff der „**Dienststelle**" vgl. § 1 Rz. 5 ff.

44 Wenn die der Mitwirkung unterliegende **Organisationsmaßnahme von einer übergeordneten Dienststelle** getroffen wird, besteht ein Beteiligungsrecht der dort gebildeten Stufenvertretung (§ 78 Abs. 1 Satz 1) und nicht des Personalrats der betroffenen Dienststelle. Wenn die **Organisationsmaßnahmen von einem außerhalb der Behördenstruktur stehenden Verwaltungsträger** getroffen wird, so ermangelt es bereits an einer die Mitwirkung auslösenden Maßnahme i. S. d. § 69 Abs. 1 Satz 1 (vgl. OVG NRW 26.02.2016 – 20 A 2495/14. PVL – zur Auflösung einer gemeindlichen Schule und dem nicht bestehenden Mitwirkungsrecht des auf der Ebene der Bezirksregierung angesiedelten Lehrkräfte-Personalrat).

Unter „**wesentlichen Teilen von Dienststellen**“ sind Teileinheiten der Dienststelle zu verstehen, die entweder in organisatorischer oder in räumlicher Hinsicht eine gewisse Selbstständigkeit besitzen (vgl. BVerwG 13.03.1964 – VII P 15.62 –). Eine **organisatorische Verselbstständigung** ist z.B. dann anzunehmen, wenn eine personelle Einheit aufgrund eines Stellen- oder Organisationsplanes gebildet wurde und dieser zur Erledigung der ihr zugewiesenen Aufgaben eigene Sachmittel zur Hand gegeben werden. Dazu müssen feste organisatorische Strukturen geschaffen werden. Das ist nicht der Fall, bei bloßen Arbeitsgruppen, bei der kommunalen Ämterunterteilung (vgl. OVG NRW 26.08.1994 – 1 A 3919/92.PVL –) und für nachgeordnete Betriebshöfe in einem kommunalen Tiefbauamt (vgl. OVG NRW 20.11.1996 – 1 A 1915/94.PVL –). 45

Ein Teil der Dienststelle ist nur dann „**wesentlich**“, wenn er für das „**Wesen**“ der Dienststelle auch mitbestimmend ist (vgl. BVerwG 13.03.1964 – VII G 15.62 – und OVG NRW 23.03.2010 – 16 A 2209/08.PVL –). Das ist dann anzunehmen, wenn die Anordnung für die Dienststelle eine derart erhebliche Veränderung ihres Aufgabenbereiches mit sich bringt, dass durch sie personelle Maßnahmen ausgelöst werden, die die Beschäftigten in ihrer Gesamtheit berühren, d.h., die Anordnung muss sich also auf solche Bereiche der Dienststelle beziehen, die für sie eine prägende Bedeutung haben (vgl. BVerwG 17.07.1987 – 6 P 13.85 –). Diese Voraussetzungen hat das OVG NRW verneint bei der Schließung des Patientenmanagements als eigenständigem Geschäftsbereich mit rd. 170 Mitarbeitern, eines Klinikums, das insgesamt mehr als 4.500 Mitarbeiter umfasst (vgl. OVG NRW 23.03.2010 a.a.O.). 46

Unter „**Errichtung**“ ist die Neuschaffung einer Dienststelle oder eines wesentlichen Teils von ihr zu verstehen. Dieser Mitwirkungstatbestand ist im Zuge der **Novelle 2011** neu in das LPVG NRW aufgenommen worden. Nach der Begründung des Gesetzesentwurfs der Landesregierung wurde es als konsequent angesehen, wenn angesichts der Tatsache, dass bereits die Auflösung einer Dienststelle oder wesentlicher Teile von ihnen der Mitwirkung unterliegen, insoweit auch die Errichtung der Mitwirkung des Personalrates entsprechend zu unterwerfen ist (vgl. LT-Drucks. 15/1644, S. 86). Diese Überlegungen des Gesetzgebers sind nachvollziehbar, berücksichtigen allerdings nicht, dass bei Dienststellen, die vollständig neu, d.h. also nicht durch Zusammenlegung, durch Teilung oder durch Umwandlung i.S.d. § 44 Abs. 6 errichtet werden, noch gar kein Personalrat gebildet ist, der im Rahmen der Mitwirkung zu beteiligen ist. Dementsprechend läuft dieser neue Mitwirkungstatbestand in diesem Fall leer. 47

Ausgehend von dem Schutzzweck der Mitwirkung (vgl. Rz. 40) besteht **keine Mitwirkung** des Personalrates, wenn eine Dienststelle aufgrund gesetzlicher Vorgaben errichtet wird, da es hierbei an einer Organisationsmaßnahme des Verwaltungsträgers ermangelt. 48

49 Unter der „**Auflösung**" einer Dienststelle oder wesentlicher Teile von ihnen sind der komplette Aufgabenwegfall und damit auch die einhergehende Auflösung des Personalrates zu verstehen. Die Auflösung entspricht damit der Betriebsstilllegung i.S.d. § 111 Satz 3 Nr. 1 BetrVG. Eine Auflösung kann z.B. durch die komplette Aufgabenübertragung auf eine andere Dienststelle oder einen privaten Dritten erfolgen (vgl. OVG NRW 20.11.1986 – CL 3/85 –).

50 Die Auflösung muss **auf unbestimmte Zeit hin** erfolgen (so zutreffend auch Fitting u.a., § 111 Rn. 65 zum BetrVG). Die kurzfristige **Weiterbeschäftigung** von einigen Beschäftigten **zur Erledigung von Abwicklungsarbeiten** ist unschädlich (vgl. BAG 14.10.1982 – 2 AZR 568/80 – zum BetrVG).

51 Im Hinblick auf die Auflösung einer Dienststelle oder wesentlicher Teile von ihnen korrespondiert die vorliegende Mitwirkungsvorschrift mit dem Mitbestimmungstatbestand des § 72 Abs. 4 Satz 1 Nr. 22. Dabei bleiben beide Beteiligungsrechte des Personalrates nebeneinander bestehen (vgl. auch § 72 Rz. 1191)!

52 Im Gegensatz zur Auflösung entfällt bei der „**Einschränkung**" von Dienststellen oder wesentlichen Teilen von ihnen, deren Aufgabengebiet nicht komplett, sondern nur teilweise. Das Eingreifen der Mitwirkung erfordert, dass durch die einschränkende Veränderung auch das „**Wesen der Dienststelle**" betroffen ist (vgl. BVerwG 13.03.1964 – VII P 15.62 –). Das ist dann der Fall, wenn durch die Verkleinerung der Dienststelle, die Verringerung ihrer Aufgaben oder auch die Veränderung ihres räumlichen Wirkungskreises zur Folge hat, dass dadurch personelle Maßnahmen ausgelöst werden, welche die Beschäftigten in ihrer Gesamtheit berühren (vgl. BVerwG 13.03.1964 a.a.O.). Unter Berücksichtigung eines solchen Einschränkungsbegriffes besteht **keine Mitwirkung** des Personalrates, wenn ohne eine Veränderung der Aufgabenstellung als alleinige Folge einer zurückgehenden Geschäftsbelastung ein Personalabbau ausgelöst wird (str.: so zutreffend Cecior u.a., § 73 Rn. 77; a.A. Havers, § 78 Erl. 10, allerdings ohne nähere Begründung).

53 Die Einschränkung muss **auf unbestimmte Zeit hin** erfolgen (vgl. entsprechend Rz. 50).

54 **Wichtig!**

Die Erweiterung des Aufgabengebiets von Dienststellen oder wesentlichen Teilen von ihnen ist aufgrund der abschließenden Aufzählung in § 73 Nr. 3 nicht mitbestimmungspflichtig. Soweit hierbei zusätzliches Personal in die Dienststelle eingliedert werden soll, kann ein Mitbestimmungsrecht nach § 72 Abs. 1 Satz 1 Nr. 1 Fall 1 („Einstellung") bestehen!

Eine „**Verlegung**“ einer Dienststelle oder wesentlicher Teile von ihr liegt vor, wenn sie zwar als organisatorische Einheit erhalten bleibt, sich ihre örtliche Lage, d.h. ihr Sitz ändert. Für das Eingreifen der Mitwirkung ist dabei eine **erhebliche Ortsveränderung** erforderlich, d.h. eine Veränderung, die für die meisten Beschäftigten auch entsprechend einschneidende Änderungen mit sich bringt (vgl. BVerwG 27.07.1979 – 6 P 25.78 –). 55

Keine Mitwirkung besteht danach bei geringfügigen Standortveränderungen wie z.B. bei einem Umzug innerhalb desselben Dienstgebäudes oder auf die andere Straßenseite bzw. zur nächsten nicht weit entfernten Straßenecke hin. Zur Verneinung einer erheblichen Ortsveränderung, bei einem Standortwechsel von 4,3 km innerhalb einer Großstadt, in der der Rückgriff auf günstige Verkehrsverbindungen vorhanden ist (vgl. BAG 17.08.1982 – 1 ABR 40/80 – zum BetrVG). 56

Die „**Zusammenlegung**“ von Dienststellen oder wesentlichen Teilen von ihnen stellt die vollständige Eingliederung in eine andere Dienststelle oder die Neubildung einer Dienststelle aus mindestens zwei vorhandenen Dienststellen dar. Unter Berücksichtigung dieser Begriffsbestimmung besteht **keine Mitwirkung** bei der **organisatorischen Zusammenlegung** von Sachgebieten, Referaten, Dezernaten oder Abteilungen (vgl. BVerwG 30.09.1987 – 6 P 19.85 –). Zum rechtlichen **Schicksal von Dienstvereinbarungen bei der Zusammenlegung von Dienststellen** vgl. im Übrigen § 70 Rz. 64a. 57

4. Behördliche oder betriebliche Grundsätze der Personalplanung

Nr. 4: Nach **§ 73 Nr. 4** sind „behördliche oder betriebliche Grundsätze der Personalplanung“ mitwirkungspflichtig. 58

Der **Schutzzweck der Mitwirkung** besteht darin, dass der Personalrat im Hinblick auf die allgemeinen personellen Grundentscheidungen der Dienststelle eine Beteiligungsmöglichkeit erhält, damit bereits im Vorfeld von personellen Einzelmaßnahmen nach § 72 Abs. 1 Satz 1 (z.B. bei der Einstellung) die schutzwürdigen Interessen der Beschäftigten Berücksichtigung finden. 59

Das vorliegende Mitwirkungsrecht ist insbesondere im Kontext der nachfolgend benannten Beteiligungsrechte zu sehen: 60

Unterrichtung:
- Unterrichtung vor Organisationsentscheidungen (§ 65 Abs. 1 Satz 3)

Anhörung:
- Vorbereitung der Entwürfe von Stellenplänen (§ 75 Abs. 1 Nr. 1)

Mitwirkung:
- Stellenausschreibung, soweit die Personalmaßnahme der Mitbestimmung unterliegen kann (§ 73 Nr. 2)

Sicherung der strategischen Ziele der Behörde. Dabei darf vor allem nicht vergessen werden, dass der öffentliche Dienst nicht nur die Umsetzung der ihm gesetzlich zugewiesenen Aufgaben und Funktionen, sondern vor allem auch „**Service am Bürger**" auszuführen hat. Dementsprechend dient die Personalentwicklung nicht nur der Unterstützung der Beschäftigten in ihrer professionellen Leistungs- und auch persönlichen Entwicklung, sondern letztendlich auch der sich daraus ergebenden Servicedienstleistung!

68 Die wichtigsten **Ziele der Personalentwicklung** sind insbesondere:

Ziele aus Sicht der Beschäftigten:
- Aufrechterhaltung und Verbesserung der fachlichen und persönlichen Qualifikation
- Verbesserte Laufbahn- bzw. Aufstiegsmöglichkeiten
- Ermöglichung einer neigungsgerechten Zuweisung von Arbeitsaufgaben

Ziele aus Sicht der Dienststelle:
- Aufrechterhaltung und Verbesserung des fachlichen und auch persönlichen Leistungsvermögens der Dienststelle
- Aufrechterhaltung und Verbesserung des notwendigen Bestands von Fach- und Führungskräften
- Leistungsmotivation der Beschäftigten
- Sicherung der Wettbewerbsfähigkeit der Dienststelle
- Feststellung von Fehlbesetzungen

69 **Gegenstand der Mitwirkung** stellt nicht die Personalplanung als solche und dabei speziell die zuvor erörterten Teilbereiche dar, sondern nur die Festlegung von „**Grundsätzen der Personalplanung**". Demzufolge ist eine Mitwirkung des Personalrates bei Einzelfallregelungen, die inhaltlich in den Bereich der Personalplanung fallen, wie z. B. bei individuellen Personalentwicklungsmaßnahmen für einzelne Beschäftigte ausgeschlossen.

70 **Beispiel:**

Die Durchführung einer individuellen Personalentwicklungsmaßnahme, z. B. die Einzelschulung eines Beschäftigten, ist nicht mitwirkungspflichtig. Hierbei gilt es allerdings, die Mitbestimmung nach § 72 Abs. 4 Satz 1 Nr. 16 im Hinblick auf allgemeine Fragen der Fortbildung der Beschäftigten und auf die Auswahl der Teilnehmer an Fortbildungsveranstaltungen zu beachten!

71 Eine **Mitwirkungsbefugnis** des Personalrates besteht somit nur bei **einzelfallübergreifenden allgemeinen Regelungen**, sodass im Ergebnis die organisatorische und auch personalpolitische Entscheidungsfreiheit der Dienststellenleitung im Bereich der konkreten Personalplanung nicht angetastet wird (vgl. OVG NRW 29.01.2007 – 1 A 5031/05.PVL – mit Verweis auf OVG BB 14.11.1996 – 6 A 76/95 –).

Wichtig! 72

Ungeachtet des vorliegenden Mitwirkungsrechtes, besteht im Hinblick auf die Personalplanung in der Dienststelle auch ein Informationsanspruch des Personalrates im Rahmen der prozessbegleitenden Unterrichtung nach § 65 Abs. 1 Satz 3 und im Rahmen der Vierteljahresgespräche nach § 63!

5. Aufträge zur Überprüfung der Organisation oder Wirtschaftlichkeit einer Dienststelle durch Dritte

Nr. 5: Nach **§ 73 Nr. 5** sind „Aufträge zur Überprüfung der Organisation oder Wirtschaftlichkeit einer Dienststelle durch Dritte" mitwirkungspflichtig. 73

Der **Schutzzweck der Mitwirkung** besteht darin, dem Personalrat bereits im Vorfeld von Organisations- und/oder Personalmaßnahmen, die aufgrund eines Überprüfungsergebnisses der Organisation oder der Wirtschaftlichkeit einer Dienststelle durch Dritte vorgenommen werden, zu beteiligen und dabei die schutzwürdigen Interessen der Beschäftigten zu wahren (vgl. auch OVG NRW 10.03.1999 – 1 A 1190/97.PVL –). Dabei wird insbesondere dem Umstand Rechnung getragen, dass die Organisations- bzw. Wirtschaftlichkeitsüberprüfung der Dienststelle durch dienststellenfremde Personen vorgenommen wird (vgl. auch OVG NRW 29.01.1999 – 1 A 6323/96.PVL –). 74

Gegenstand der Mitwirkung ist nur die **Auftragsvergabe** zur Überprüfung der Organisation oder Wirtschaftlichkeit der Dienststelle durch Dritte. **Keine Mitwirkung** besteht sodann bei der **tatsächlichen Auftragsabwicklung**. 75

Wichtig! 76

Ein Mitwirkungsrecht des Personalrates bei der Erteilung eines Auftrages zur Überprüfung der Organisation oder Wirtschaftlichkeit einer Dienststelle durch Dritte besteht auch dann, wenn sich die Überprüfung nur auf einen Teil der Dienststelle bezieht (vgl. OVG NRW 10.03.1999 a. a. O.)!

Um eine **Organisationsuntersuchung** handelt es sich dann, wenn die Dienststelle durch planmäßige Erhebungen, die in nach außen hervortretender Weise den Rechtsstand ihrer Beschäftigten berühren, neue Erkenntnisse über die interne Aufbau- oder Ablauforganisation gewinnen will, nicht jedoch, wenn sie lediglich bereits vorhandene Erkenntnisse wertend verarbeitet (vgl. OVG Rheinland-Pfalz 05.12.1989 – 5 A 5/89 –). Das Ziel derartiger Aufträge ist regelmäßig darauf gerichtet, durch Arbeitsuntersuchungen und dabei insbesondere der Überprüfung der Arbeitsabläufe, Organisationsmuster zu entwickeln, die entweder der Verbesserung der Dienstgüte (Steige- 77 rung der Effektivität der Verwaltung) oder der Rationalisierung (Einsparung von Sachmittel und/oder Personal) dienen (vgl. OVG NRW 29.01.1999 – 1 A 6323/96.PVL –).

78 **Mitwirkungspflichtig sind nur Auftragsdurchführungen durch Dritte,** d.h. keinem dienststelleneigenen Personal (vgl. OVG NRW 29.01.1999 a.a.O.).

79 Als „**Dritte**" anzusehen sind insbesondere externe Unternehmen, die entsprechende Organisationsüberprüfungen als Dienstleistung anbieten, aber (theoretisch) auch übergeordnete Dienststellen, wenn diese den Auftrag zur Durchführung einer Organisations- oder Wirtschaftlichkeitsüberprüfung erhalten sollen.

80 Soweit in der Dienststelle ein **Wirtschaftsausschuss** gebildet worden ist (vgl. § 65 a) so besteht (noch) **keine Unterrichtungspflicht** über die zur weiteren Erkenntnisgewinnung durchzuführende Organisations- oder Wirtschaftlichkeitsüberprüfungen der Dienststelle, wenn zu diesem Zeitpunkt noch nicht konkret absehbar ist, dass auch tatsächlich Rationalisierungsvorhaben (vgl. § 65a Abs. 3 Nr. 6) beabsichtigt sind. Da die Dienststelle sich dabei aber nichts vergibt, sollte sie im Rahmen der vertrauensvollen Zusammenarbeit mit dem Wirtschaftsausschuss diesen dennoch informieren, da durchaus Maßnahmen folgen können, die dann wirtschaftliche Angelegenheiten i.S.d. Kataloges des § 65a Abs. 3 darstellen. Siehe im Kontext insoweit auch **Bülow, Der praktische Fall – Die „Arbeitswirtschaft" mit dem Wirtschaftsausschuss**, DöD 2022, 163.

6. Erhebung der Disziplinarklage gegen einen Beamten, wenn er die Beteiligung des Personalrates beantragt

81 **Nr. 6:** Nach **§ 73 Nr. 6** ist die „Erhebung der Disziplinarklage gegen einen Beamten, wenn dieser die Beteiligung des Personalrates beantragt", mitwirkungspflichtig.

82 Der **Schutzzweck der Mitwirkung** besteht in der Sicherstellung der schutzwürdigen Interessen des Beamten, gegen den die Dienststelle disziplinarisch vorgeht. Ferner soll durch die Beteiligung des Personalrates auch der Gleichheitsgrundsatz im Hinblick auf alle Beamten in der Dienststelle gewahrt werden, soweit es um die disziplinarrechtliche Ahndung von Dienstvergehen geht.

83 Den **Gegenstand der Mitwirkung** stellt die „**Erhebung der Disziplinarklage**" gegen einen Beamten dar. Die Mitwirkung des Personalrates greift also nur bei einer entsprechenden Klage des Dienstherrn gegen den Beamten. Diese ist Teil des im LDG NRW geregelten Disziplinarverfahrens das

grundlegend dem Strafverfahren nachempfunden ist. Das Verfahren gliedert sich in ein behördliches und ein gerichtliches Verfahren. Wenn zureichende tatsächliche Anhaltspunkte vorliegen, die den Verdacht eines Dienstvergehens rechtfertigen, so hat die dienstvorgesetzte Stelle zunächst ein **behördliches Disziplinarverfahren nach Maßgabe der §§ 17 ff. LDG NRW** einzuleiten. Im Rahmen dieses Verfahrens kann dann gegenüber dem Beamten ein Verweis, eine Geldbuße, eine Kürzung der Dienstbezüge oder eine Kürzung des Ruhegehaltes durch eine entsprechende Disziplinarverfügung ausgesprochen werden (§ 34 LDG NRW). Wenn gegen einen Beamten auf Zurückstufung oder auf Entfernung aus dem Beamtenverhältnis erkannt wird, so ist die Erhebung der Disziplinarklage und die Durchführung des **gerichtlichen Disziplinarverfahrens nach Maßgabe der §§ 45 ff. LDG NRW** zu beschreiten. Die Mitwirkung des Personalrates setzt erst bei der beabsichtigten Erhebung der Disziplinarklage ein, d.h. also bei dem Übergang vom behördlichen in das gerichtliche Disziplinarverfahren.

Als „**Beamte**" i.S.d. vorliegenden Vorschrift sind nur aktive Beamte zu verstehen, sodass **Ruhestandsbeamte** in Ermangelung einer Beschäftigteneigenschaft nach § 5 nicht erfasst werden (vgl. hierzu auch BVerwG 28.01.2015 – 2 B 15.14 –). Da gegenüber von **Beamten auf Probe und Widerruf** nur Disziplinarverfügungen im Rahmen des behördlichen Disziplinarverfahrens erfolgen können (vgl. § 5 Abs. 3 Satz 1 LDG NRW), sind sie gleichsam nicht erfasst. Eine Anwendung bzw. Ausdehnung des vorliegenden Mitwirkungsrechts auf **Arbeitnehmer** scheidet aufgrund des Normzwecks (vgl. Rz. 83) ebenfalls aus. 84

Da die personalvertretungsrechtliche Mitwirkung nach § 73 Nr. 6 i.V.m. § 69 im Vorfeld der Erhebung der Disziplinarklage einen Teil des behördlichen Disziplinarverfahrens darstellt, ist eine Klageerhebung beim Verwaltungsgericht auch im Fall der **Nichtdurchführung** oder **fehlerhaften Durchführung des Mitwirkungsverfahrens** möglich. Der dabei bestehende Verfahrensmangel kann allerdings nach Maßgabe des § 54 LDG NRW geheilt werden (vgl. OVG NRW 19.01.2005 – 22d A 1433/03.BDG –). Wann ein **wesentlicher Mangel i.S.d. § 54 LDG NRW** vorliegt, beurteilt sich nach Einzelfallkriterien (vgl. hierzu BVerwG 24.06.2010 – 2 C 15.09 –). Zur Zulässigkeit der Nachholung einer unterbliebenen Anhörung nach Erhebung der Disziplinarklage vgl. im Übrigen auch VG Münster 16.01.2017 – 13 K 2564/15 – und OVG NRW 17.02.2016 – 3d A 467/13.O – m.w.N.). 85

86 **Praxistipp!**

Ungeachtet der zuvor dargestellten Rechts- bzw. Verfahrenslage, sollte die Dienststelle stets im Rahmen der vertrauensvollen Zusammenarbeit nach § 2 Abs. 1 Halbsatz 1 (soweit möglich) das personalvertretungsrechtliche Mitwirkungsverfahren noch vor der Erhebung der Disziplinarklage durchführen!

86a **Den gesetzlichen Mitwirkungsanforderungen ist Genüge getan**, sofern die Dienststelle, die von ihr beabsichtigte Erhebung der Disziplinarklage mit dem Personalrat erörtert und die Klage anschließend auch wirksam erhoben wird (vgl. BVerwG 17.04.2020 –2 B 3.20 –).

7. Maßnahmen zur Beschäftigungsförderung

87 Nr. 7: Nach **§ 73 Nr. 7** sind „Maßnahmen zur Beschäftigungsförderung" mitwirkungspflichtig.

Das Mitwirkungsrecht steht im Kontext der **allgemeinen Aufgabe des Personalrates nach § 64 Nr. 6**, die Eingliederung und die berufliche Entwicklung schwerbehinderter Beschäftigter und sonstiger schutzbedürftiger, insbesondere älterer Personen, zu fördern.

88 Der **Schutzzweck der Mitwirkung** besteht in der Wahrung der schutzwürdigen Interessen der in der Dienststelle bereits schon vorhandenen Beschäftigten und in der Vorbereitung der im Zuge der Beschäftigungsförderung dort weiter aufzunehmenden Personen (vgl. OVG NRW 05.08.1991 – CL 52/88 –). So hat der Personalrat z. B. darauf zu achten, dass durch die Förderung einer Arbeitsbeschaffungsmaßnahme die Einrichtung und Wiederbesetzung von Dauerarbeitsplätzen nicht verhindert wird (vgl. OVG NRW 05.08.1991 a. a. O.). Zur Wahrung der Interessen der zur Aufnahme in der Dienststelle vorgesehenen Personen hat der Personalrat vor allem auch darauf hinzuwirken, dass bevorzugt diejenigen Arbeiten gefördert werden, die auch geeignet sind, eine Beschäftigung in Dauerarbeit zu ermöglichen (vgl. OVG NRW 05.08.1991 a. a. O.).

89 Bereits mit der **Novelle 1984** hatte der Personalrat eine Mitwirkung bei **„Maßnahmen der Arbeitsbeschaffung nach dem Arbeitsförderungsgesetz"** (vgl. § 73 Nr. 5 LPVG NRW a. F.). Mit dem Außerkrafttreten des Arbeitsförderungsgesetzes zum 31.12.1997 sind an diese Stelle entsprechend die Regelungen zur Arbeitsförderung i. S. d. SGB II und III getreten. In den Anwendungsbereich des aktuellen Mitwirkungsrechtes fallen die dort vorgesehenen Förderungsmaßnahmen, aber auch alle anderen Maßnahmen, die eine Beschäftigungsförderung bezwecken (vgl. hierzu auch LT-Drucks. 15/2218, S. 54).

Keine Mitwirkung besteht für **Maßnahmen der Beschäftigungssicherung i.S.d. § 92a BetrVG**, da diese ausschließlich darauf ausgerichtet sind, die in der Dienststelle vorhandenen Arbeitsplätze zu sichern. 90

Der Mitbestimmung entzogen ist auch die konkrete **Durchführung von Maßnahmen zur Beschäftigungsförderung**. Hier können aber andere Beteiligungsrechte wie die **Mitbestimmung** nach § 72 Abs. 1 Satz 1 Nr. 1 Fall 1 („Einstellung"), nach § 72 Abs. 1 Satz 1 Nr. 1 Fall 5 („Befristung von Arbeitsverträgen"), nach § 72 Abs. 4 Satz 1 Nr. 10 („Gestaltung der Arbeitsplätze") oder die **Anhörung** nach § 75 Abs. 1 Nr. 3 („Anmietung von Diensträumen") oder Nr. 5 („Wesentliche Änderung oder Verlagerung von Arbeitsplätzen") eingreifen! 91

Die Mitbestimmung des Personalrates setzt erst dann ein, wenn auch eine **Absicht der Dienststelle** i.S.d. § 66 Abs. 2 Satz 1 besteht, eine Beschäftigungssicherungsmaßnahme durchführen zu wollen. **Kein Mitwirkungsrecht** besteht von daher bei vorbereitenden Maßnahmen, die dazu dienen, ob überhaupt eine Maßnahme zur Beschäftigungsförderung in Betracht zu ziehen ist. 92

Die Dienststelle muss eine **rechtzeitige Einleitung des Mitwirkungsverfahrens** vornehmen, sodass der Personalrat auch die Gelegenheit erhält, bei der Durchführung von Maßnahmen zur Beschäftigungsförderung seine eigenen Erfahrungen einzubringen und die Interessen der in der Dienststelle Beschäftigten sowie die zur Aufnahme dort vorgesehenen Personen zu berücksichtigen. Dementsprechend muss die **Durchführung des Mitwirkungsverfahrens noch vor der Stellung eines Beschäftigungsförderungsantrages** erfolgen (vgl. OVG NRW 05.08.1991 – CL 52/88 –). 93

8. Grundlegende Änderungen von Arbeitsabläufen bei Wirtschaftsbetrieben

<u>Nr. 8:</u> Nach **§ 73 Nr. 8** ist die „grundlegende Änderung von Arbeitsabläufen bei Wirtschaftsbetrieben" mitwirkungspflichtig. 94

Diesen Mitwirkungstatbestand gab es schon vor der Novelle 2007. Er wurde seinerzeit mit dem Hinweis auf die bestehende Organisationshoheit des Dienstherrn bzw. des Arbeitgebers gestrichen. Im Zuge der **Novelle 2011** wurde er wieder in das Gesetz zurückgeführt, sodass der Rechtsstand vor der Novelle 2007 wiederhergestellt wurde. Auch hierbei ist das Bestreben der Landesregierung zu erkennen, mit der letzten Novelle die Beteiligungsrechte des Personalrates unbedingt erweitern zu wollen (vgl. hierzu auch LT-Drucks. 15/2218, S. 54). 95

96 Der **Schutzzweck der Mitwirkung** soll die schutzwürdigen Interessen der von Arbeitsablaufänderungen in Wirtschaftsbetrieben betroffenen Beschäftigten und dabei auch die Wahrung des Gleichheitsgrundsatzes durch die Beteiligung des Personalrates sichern.

97 Das Mitwirkungsrecht kann im Einzelfall mit den **Mitbestimmungsrechten** nach § 72 Abs. 3 Nr. 3 („Wesentliche Änderung von Arbeitsmethoden") und nach § 72 Abs. 3 Nr. 4 Fall 3 („Maßnahmen der Änderung der Arbeitsorganisation") korrespondieren.

98 Der Begriff „**Arbeitsablauf**" stellt auf die zeitliche und räumliche Aufeinanderfolge von Arbeitsgängen zur Erzielung eines bestimmten Arbeitsergebnisses ab (vgl. hierzu auch BVerwG 15.12.1978 – 6 P 13.78 –).

99 Eine „**Änderung**" von Arbeitsabläufen stellt jede Modifikation und Umwandlung der bereits bestehenden Arbeitsablaufvorgänge dar.

100 Eine „**grundlegende**" Änderung von Arbeitsabläufen ist dann anzunehmen, wenn sich hiermit gemessen an den Umständen des Einzelfalles für die jeweils betroffenen Beschäftigten **gewichtige Auswirkungen körperlicher oder auch geistiger Art** ergeben.

101 Der Begriff „**Wirtschaftsbetriebe**" stellt auf die in § 72 Abs. 1 Satz 2 Nr. 5 benannten „**öffentlichen Betriebe**" ab.

III. Rechtliche Auseinandersetzungen

102 Streitigkeiten über den **Inhalt und die Grenzen des Mitwirkungsrechts** des Personalrates sind im personalvertretungsrechtlichen Beschlussverfahren nach § 79 Abs. 1 Nr. 3 i.V.m. Abs. 2 vor dem Verwaltungsgericht zu klären.

103 Die von den Maßnahmen der streitigen Mitwirkungsrechte **betroffenen Beschäftigten** sind keine Beteiligten dieses Verfahrens. Soweit sich aufgrund der Nichtbeachtung der Mitwirkung des Personalrates für sie Ansprüche ergeben sollten, so sind diese von ihnen eigenständig, d.h. bei Beamten im allgemeinen Verfahren nach der VwGO und dem VwVfG NRW vor dem Verwaltungsgericht und bei Arbeitnehmern im Urteilsverfahren vor dem Arbeitsgericht geltend zu machen. Die ordnungsgemäße Beachtung der Mitwirkungsrechte des Personalrates kann in diesen Verfahren inzidenter mitgeprüft werden.

§ 74 (Mitbestimmung bei ordentlicher Kündigung, Anhörung vor personellen Angelegenheiten)

(1) Der Personalrat bestimmt mit bei ordentlichen Kündigungen durch den Arbeitgeber. § 72 Absatz 1 Satz 2 gilt entsprechend.

(2) Der Personalrat ist vor Abmahnungen, bei Kündigungen in der Probezeit, bei außerordentlichen Kündigungen, bei Aufhebungs- oder Beendigungsverträgen und bei Mitteilungen an Auszubildende darüber, dass deren Einstellung nach beendeter Ausbildung nicht beabsichtigt ist, anzuhören. Hierbei sind die Gründe, auf die sich die beabsichtigte Abmahnung oder Kündigung stützen soll, vollständig anzugeben.

(3) Eine ohne Beteiligung des Personalrates ausgesprochene Kündigung oder ein ohne Beteiligung des Personalrates geschlossener Aufhebungs- oder Beendigungsvertrag ist unwirksam.

(4) Der Personalrat kann vor einer Stellungnahme die betroffene Arbeitnehmerin oder den betroffenen Arbeitnehmer anhören. Erhebt der Personalrat Einwendungen gegen die beabsichtigte Maßnahme oder Vereinbarung, hat er der betroffenen Arbeitnehmerin oder dem betroffenen Arbeitnehmer eine Abschrift seiner Stellungnahme zuzuleiten.

(5) Stimmt der Personalrat einer beabsichtigten ordentlichen Kündigung nicht zu, gilt § 66 Absatz 2 und 3 sinngemäß. Das weitere Verfahren regelt sich nach § 66 Absatz 5 und Absatz 7 Satz 1 und 2.

(6) Hat der Personalrat gegen eine beabsichtigte Kündigung in der Probezeit oder gegen eine außerordentliche Kündigung Einwendungen, gibt er diese binnen drei Arbeitstagen der Dienststelle schriftlich zur Kenntnis. Absatz 4 gilt entsprechend.

(7) Will der Personalrat gegen einen Aufhebungs- oder Beendigungsvertrag Einwände erheben, gibt er diese binnen einer Woche schriftlich der Dienststelle zur Kenntnis. Absatz 4 gilt entsprechend.

(8) Bei Initiativanträgen des Personalrats gilt § 66 Absatz 4 und 6 entsprechend.

Gliederung

I. Einleitende Bemerkungen

1 Die Vorschrift stellt sich inhaltlich und strukturell als unsystematisch dar. Sie enthält in **Abs. 1** ein **Mitbestimmungsrecht** des Personalrates bei ordentlichen Kündigungen und **in Abs. 2 Anhörungsrechte** für die dort benannten personellen Einzelmaßnahmen. Damit steht die Vorschrift im direkten Kontext des § 72 („Mitbestimmungsrechte"), des § 73 („Mitwirkungsrechte") und des § 75 („Anhörungsrechte in sonstigen Fällen").

1a Zu den einzelnen **Beteiligungsrechten nach dem LPVG NRW** siehe auch die **Übersicht in § 72 Rz. 4**.

1b Siehe auch **Tabelle:** Lexikon der wichtigsten Personalratsrechte

2 Die **Mitbestimmung** bei einer ordentlichen arbeitgeberseitigen Kündigung eröffnet dem Personalrat aufgrund des insoweit bestehenden Zustimmungsvorbehaltes eine gewichtige Einflussnahme.

3 **Wichtig!**

Wenn von einer beabsichtigten Maßnahme der Dienststelle (§ 66 Abs. 1 und 2 Satz 1) mehrere Mitbestimmungsangelegenheiten betroffen sind wie z. B. bei einer ordentlichen Änderungskündigung (vgl. Rz. 20), so besteht für die Dienststelle die Verpflichtung, den Personalrat in allen diesen Fällen zu beteiligen. Es besteht dabei keine Rangfolge der einzelnen Mitbestimmungstatbestände (vgl. OVG NRW 11.11.1982 – CL 54/81 –, 13.02.1984 – CL 45/82 – und 21.09.1987 – CL 4/86 –)!

4 Die **Anhörung** stellt sich als ein schwächeres Beteiligungsrecht dar und eröffnet dem Personalrat nur eine **formelle Beteiligungsmöglichkeit** (vgl. hierzu § 75 Rz. 2). Aus § 74 kann sich für den zu kündigenden Arbeitnehmer im Übrigen auch kein Weiterbeschäftigungsanspruch ergeben, wie z. B. in § 85 Abs. 2 Satz 1 BPersVG vorgesehen (so zutreffend LAG Hamm 11.03.2020 – 6 Sa 1182/19 –).

5 Die Vorschrift wurde mit ihrem aktuellen Inhalt im Zuge der Novelle 2007 neu in das LPVG NRW eingefügt und durch die **Novelle 2011** vollständig neu gefasst. Die Neuregelungen haben sich dabei im Großen und

Ganzen, an den Rechtsstand des § 72a LPVG NRW a. F. und damit an den Rechtszustand vor der Novelle 2007 angeglichen.

Die Vorschrift ist wie folgt aufgebaut: 6

Mitbestimmung:

Abs. 1 Satz 1: Mitbestimmung bei ordentlichen Kündigungen durch den Arbeitgeber

Abs. 1 Satz 2: Mitbestimmung bei bestimmten Beschäftigten nur auf Antrag

Abs. 3: Rechtsfolge einer Kündigung ohne Beteiligung des Personalrates

Abs. 4: Anhörung des Arbeitnehmers durch den Personalrat

Abs. 5: Verfahren bei Nichterteilung der Zustimmung

Abs. 8: Initiativantrag des Personalrates

Anhörung:

Abs. 2 Satz 1: Anhörungsrechte des Personalrates:
- Abmahnungen (Fall 1)
- Kündigungen in der Probezeit (Fall 2)
- Außerordentliche Kündigungen (Fall 3)
- Aufhebungs- oder Beendigungsverträge (Fall 4)
- Mitteilung der Nichtübernahme an Auszubildende (Fall 5)

Abs. 2 Satz 2: Verfahrensvorgaben für die Dienststelle bei Abmahnungen oder Kündigungen

Abs. 6: Verfahrensvorgaben für den Personalrat bei Einwendungen gegen eine Kündigung in der Probezeit oder gegen eine außerordentliche Kündigung

Abs. 7: Verfahrensvorgaben für den Personalrat bei Einwendungen gegen einen Aufhebungs- oder Beendigungsvertrag

Abs. 8: Initiativantragsrecht des Personalrates

II. Mitbestimmungsrecht bei ordentlichen Kündigungen durch den Arbeitgeber

Abs. 1: Die **ordentliche Kündigung durch den Arbeitgeber ist mitbestimmungspflichtig**. Das gilt für Beendigungs- und Änderungskündigungen, nicht aber für Teilkündigungen wie z. B. die von vertraglichen Nebenabreden (vgl. BAG 18.05.2017 – 2 AZR 721/16 und 13.12.2018 – 2 AZR 378/18 –). Hierbei handelt es sich durch die in Abs. 1 Satz 2 bestimmte Anwendung 7 des § 72 Abs. 1 Satz 2 um einen Fall der **eingeschränkten Mitbestimmung**, sodass die Einigungsstelle nur eine Empfehlung aussprechen kann und die endgültige Entscheidung des Kündigungsausspruchs bei dem in § 68 bezeichneten Organ liegt (vgl. hierzu § 66 Rz. 90).

8 Für die **Kündigung von Beschäftigten i. S. d. § 72 Abs. 1 Satz 2 Halbsatz 1**, d.h. z.B. für einen Personalleiter besteht ein **Mitbestimmungsrecht nur auf Antrag** (vgl. § 72 Rz. 353 ff.).

9 **Keine Mitbestimmung** besteht bei der **Kündigung von Beschäftigten i. S. d. § 72 Abs. 1 Satz 2 Halbsatz 2**, d. h. z. B. bei der Kündigung von Arbeitnehmern, die einen der Besoldungsgruppe B 3 an aufwärts vergleichbares Entgelt erhalten (vgl. § 72 Rz. 364 ff.). Ebenfalls der Mitbestimmung nicht unterlegen sind **Eigenkündigungen von Arbeitnehmern**!

10 Durch die Verwendung des arbeitsrechtlichen Begriffs der Kündigung ergibt sich, dass dem **persönlichen Anwendungsbereich** des Anhörungstatbestandes nur Arbeitnehmer und Beschäftigte i. S. d. § 1 Abs. 1 TVöD/TV-L unterliegen.

11 Dem **sachlichen Anwendungsbereich** des Mitbestimmungstatbestandes unterliegen nur die vom Arbeitgeber ausgesprochenen ordentlichen Kündigungen von Arbeitnehmern. Die Eigenkündigung eines Arbeitnehmers ist also mitbestimmungsfrei!

12 Unter einer „**Kündigung**" ist eine einseitig empfangsbedürftige Willenserklärung zu verstehen, die das Arbeitsverhältnis unmittelbar für die Zukunft sofort oder nach Ablauf einer Kündigungsfrist zur Beendigung bringen soll.

13 Eine „**ordentliche Kündigung**" löst das Arbeitsverhältnis fristgerecht auf. Maßgeblich sind dabei die **gesetzlichen** (§ 622 BGB) und **tarifvertraglichen** (z. B. § 30 Abs. 5 TVöD/TV-L für befristete und § 34 TVöD/TV-L für unbefristete Arbeitsverhältnisse) bzw. **individualarbeitsvertraglich** vereinbarten **Kündigungsfristen**. Zur ordentlichen **Kündigung einer nicht gegen das Coronavirus geimpften medizinischen Fachangestellten** vgl. BAG 30.03.2023 – 2 AZR 309/22 –.

13a **Wichtig!**

In der Praxis ist auf eine detaillierte und vollständige, aus Beweisgründen stets schriftlich vorzunehmende Unterrichtung des Personalrats zu achten. Eine unzureichende Unterrichtung führt trotz einer etwaigen Zustimmung des Personalrats zur Unwirksamkeit der Kündigung (vgl. BAG 05.02.1981 – 2 AZR 1135/78 – zum BPersVG)!

Muster 48: Ordentliche Kündigung 14

Muster 49: Kündigung 15

Muster 25: Ergänzende Mitteilung zur Personalratsvorlage 15a

Keine Mitbestimmung besteht bei einer **außerordentlichen Kündigung**, 16
die einen wichtigen Kündigungsgrund voraussetzt und nach § 626 Abs. 1 BGB zur sofortigen Beendigung des Arbeitsverhältnisses führt, und gesetzlichen, tarifvertraglichen oder im Arbeitsvertrag vereinbarten Kündigungsfristen nicht entsprechen muss. Hierbei weist der Personalrat aber ein **Anhörungsrecht nach Abs. 2 Fall 3** auf (vgl. Rz. 103 ff.).

Nach der höchstrichterlichen Rechtsprechung besteht allerdings ein Mit- 17
bestimmungsrecht des Personalrates bei einer **außerordentlichen Kündigung mit einer sozialen Auslauffrist**, da diese personalvertretungsrechtlich, wie eine ordentliche Kündigung behandelt wird. Hiervon wird in der Praxis zumeist Gebrauch gemacht, wenn einem umgangssprachlich „tariflich unkündbarem Arbeitnehmer" i. S. d. § 34 Abs. 2 TVöD/TV-L gekündigt werden soll (vgl. BAG 23.01.2014 – 2 AZR 582/13 –)! Zur Begründung einer solchen verhaltensbedingten Kündigung vgl. LAG Hamm 10.03.2016 – 15 Sa 451/15 – m. w. N. Ein Mitbestimmungsrecht besteht auch bei der **Umdeutung einer außerordentlichen Kündigung in eine außerordentliche Kündigung mit einer sozialen Auslauffrist** (vgl. BAG 15.11.2001 – 2 AZR 605/00 –)!

Wichtig! 17a

Der bereits eingetretene Ablauf der 2-Wochen-Frist des § 626 Abs. 2 BGB schadet dann nicht, wenn der Arbeitgeber die außerordentliche Kündigung mit einer sozialen Auslauffrist nach Abschluss des innerhalb der 2-Wochen-Frist eingeleiteten Mitbestimmungsverfahren unverzüglich ausspricht (BAG, 02.02.2006 – 2 AZR 57/05)!

Mitbestimmungsfrei sind auch **Empfangsbestätigungen im Rahmen der** 17b
Beendigung des Arbeitsverhältnisses, mit denen der Arbeitnehmer z. B. den Erhalt seiner Arbeitspapiere bestätigt oder arbeitgeberseitig die Rückgabe, der ihm arbeitgeberseitig überlassenen Unterlagen oder Gegenständen quittiert.

Muster 50: Empfangsbestätigung

Mitbestimmungspflichtig ist jede beabsichtigte arbeitgeberseitige ordentli- 18
che Kündigung; dies gilt auch für eine entsprechende **Wiederholungskündigung**, d. h. für eine entsprechend erneut ausgesprochene Kündigung (vgl. BAG 05.09.2002 – 2 AZR 523/01 –). Die **Auflösung des Arbeitsverhältnisses nach § 9 Abs. 1 Satz 2 KSchG**, z. B. wegen bewusst wahrheitswidriger Er-

klärungen des Arbeitnehmers in einem Rechtsstreit (vgl. BAG 24.05.2018 – 2 AZR 73/18 –) ist mitbestimmungsfrei.

19 Zum **Nachschieben von Kündigungsgründen** und der dabei bestehenden Beteiligungspflicht des Personalrates vgl. Rz. 124 ff.

20 **Mitbestimmungspflichtig** ist auch eine arbeitgeberseitige ordentliche **Änderungskündigung** (vgl. OVG NRW 05.04.2000 – 1 A 5152/98.PVL –). Sie stellt neben der ordentlichen und auch außerordentlichen Beendigungskündigung eine Nebenform dieser Kündigungsarten dar. Hierbei kündigt der Arbeitgeber das bisherige Arbeitsverhältnis und bietet aber gleichzeitig den Abschluss eines neuen Arbeitsverhältnisses zu geänderten arbeitsvertraglichen Bedingungen an. Das Arbeitsverhältnis wird also nicht beendet, sondern soll nur zu geänderten Konditionen fortgesetzt werden, wenn der Arbeitnehmer hierzu sein Einverständnis erklärt.

21 **Wichtig!**

Bei einer beabsichtigten Änderungskündigung sind insbesondere auch die folgenden Mitbestimmungsrechte zu beachten:
- Höhergruppierung oder Herabgruppierung (§ 72 Abs. 1 Satz 1 Nr. 4 Fall 2 oder 3)
- Übertragung einer höher oder niedriger zu bewertenden Tätigkeit (§ 72 Abs. 1 Satz 1 Nr. 4 Fall 4)
- Versetzung oder Umsetzung (§ 72 Abs. 1 Satz 1 Nr. 5 Fall 1, 2 oder 3)

21a **Muster 51**: Ordentliche Änderungskündigung

21b **Muster 52**: Personalratsvorlage für eine ordentliche Änderungskündigung

21c **Muster 25**: Ergänzende Mitteilung zur Personalratsvorlage

22 Zur Beteiligung des Personalrats eines Jobcenters bei einer Änderungskündigung vgl. BVerwG 01.10.2014 – 6 P 13.13 –.

23 **Voraussetzung für den Ausspruch einer Kündigung** durch den Arbeitgeber ist, soweit das KSchG zur Anwendung gelangt (vgl. § 1 Abs. 1), dass dieser hierfür einen **Kündigungsgrund** aufweist.

24 **Wichtig!**

Die Angabe des Kündigungsgrundes hat nur in der Personalratsvorlage (vgl. § 74 Abs. 5 Satz 1 i. V. m. § 66 Abs. 2 Satz 1) zu erfolgen. Eine Angabe im Kündigungsschreiben ist weder gesetzlich noch tarifvertraglich vorgeschrieben. Dies ist aus prozesstaktischen Gründen auch nicht zu empfehlen (vgl. auch entsprechend Rz. 132)!

Es lassen sich folgende **Kündigungsgründe** unterscheiden: 25

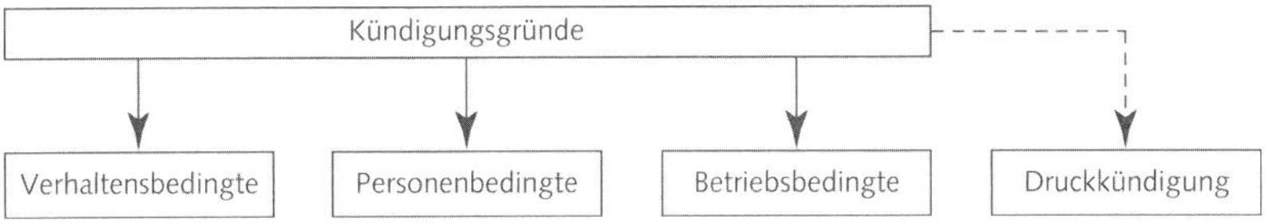

Bei einer **verhaltensbedingten Kündigung** stellt die rechtswidrige **schuldhafte arbeitsvertragliche Pflichtverletzung** durch den Arbeitnehmer den Kündigungsgrund dar. Da eine solche Kündigung nur das letzte Handlungsmittel des Arbeitgebers darstellen soll („Ultima Ratio“), hat er zunächst vor dem Ausspruch der Kündigung auf mildere Mittel zurückzugreifen, sodass regelmäßig der **vorherige Ausspruch einer Abmahnung** erforderlich ist. 26

Einen verhaltensbedingten Kündigungsgrund kann auch die **wiederholte Verletzung einer arbeitsvertraglichen Nebenpflicht** darstellen, d.h. z.B. der ständige verspätete Dienstantritt trotz wiederholter Abmahnungen (vgl. BAG 09.06.2011 – 2 AZR 284/10 –). 27

Siehe auch **Checkliste**: Verhaltensbedingte, ordentliche Kündigung 27a

Zur verhaltensbedingten Kündigung ist auch die **sog. Verdachtskündigung** zu zählen (vgl. LAG Köln 27.09.2023 zum Verdacht der Bestechlichkeit eines Marktaufsehers). Nach ständiger Rechtsprechung des BAG kann nicht nur eine erwiesene Vertragsverletzung, sondern auch bereits der **Verdacht einer strafbaren Handlung bzw. einer sonstigen Vertragspflichtverletzung** einen Grund zum Ausspruch einer verhaltensbedingten Kündigung darstellen (vgl. BAG 25.04.2018 – 2 AZR 611/17 –). Eine solche Kündigung kann gerechtfertigt sein, wenn sich für den Arbeitgeber starke Verdachtsmomente aufzeigen, die auf objektiven Tatsachen gründen und geeignet sind das für die Fortsetzung des Arbeitsverhältnisses erforderliche Vertrauen zu zerstören (vgl. LAG Köln 27.09.2023 – 5 Sa 51/23 – zur Bestechlichkeit eines Marktaufsehers). Der Verdacht muss sich aus objektiven Umständen ergeben, die derart beschaffen sind, dass sie einen verständigen und gerecht abwägenden Arbeitgeber zum Ausspruch der Kündigung veranlassen können. Der Verdacht muss dringend sein, d.h., es muss eine große Wahrscheinlichkeit dafür bestehen, dass er zutrifft (vgl. BAG 02.03.2017 – 2 AZR 698/15 – m.w.N.). Als Faustformel gilt, dass die angenommene Pflichtwidrigkeit als bewiesene Tat die gewollte Kündigung rechtfertigen können muss (vgl. BAG 12.08.1999 – 2 AZR 923/98 –). Siehe i.Ü. auch die ausführliche Darstellung bei Litschen/Herbert, § 34 Rn. 324ff. 28

33 **Wichtig!**

Im Rahmen der Personalratsbeteiligung zu einer Verdachtskündigung ist der Personalrat vollständig zu unterrichten. Dazu gehören sowohl alle belastenden als auch erkennbar entlastenden Umstände, die dem Arbeitgeber bekannt sind. Werden letztere nicht mitgeteilt, so ist die Kündigung wegen nicht ordnungsgemäßer Personalratsbeteiligung unwirksam (vgl. LAG Nürnberg 22.06.2010 –5 Sa 820/08 –)!

34 **Muster 55**: Außerordentliche Verdachtskündigung

34a **Muster 56**: Personalratsvorlage für eine außerordentliche Verdachtskündigung

Muster 25: Ergänzende Mitteilung zur Personalratsvorlage

35 Aus prozesstaktischen Gründen kann es für den Arbeitgeber zweckmäßig sein, eine **Tatkündigung und hilfsweise Verdachtskündigung** auszusprechen. Wenn der Arbeitgeber die schwere arbeitsvertragliche Pflichtverletzung des Arbeitnehmers für erwiesen hält, so kann er seine Kündigung als Tatkündigung aussprechen. Damit steht aber noch nicht fest, ob in einem späteren Kündigungsschutzprozess das Arbeitsgericht die Beweislage genauso wie der Arbeitgeber beurteilt. Vor diesem Hintergrund kann es für den Arbeitgeber sinnvoll sein, die Kündigung von Anfang an als Tatkündigung, hilfsweise aber zugleich auch als Verdachtskündigung auszusprechen. Denn dadurch stellt der Arbeitgeber klar, dass er den Arbeitnehmer vorwiegend aufgrund eines aus seiner Sicht für bewiesen gehaltenen arbeitsvertraglichen Pflichtverletzungsvorwurfes kündigen will, und für den Fall, dass das Arbeitsgericht dieser Beweiswürdigung nicht folgt, den Arbeitnehmer jedenfalls wegen des Vorliegens des dringenden Verdachts einer entsprechenden Pflichtverletzung kündigen will (vgl. BAG 03.04.86 – 2 AZR 324/85 –). Siehe zum ganzen auch **Bülow, Der praktische Fall – Die Verdachtskündigung, DöD 2024, S. 9.**

36 **Muster 57**: Außerordentliche Tat- und hilfsweise Verdachtskündigung

36a **Muster 58**: Personalratsvorlage für eine außerordentliche Tat- und hilfsweise Verdachtskündigung

36b **Muster 25**: Ergänzende Mitteilung zur Personalratsvorlage

37 Eine **personenbedingte Kündigung** liegt dann vor, wenn die Kündigungsgründe direkt in der Person des Arbeitnehmers liegen. In diesem Fall besteht eine fehlende Eignung des Arbeitnehmers, die von ihm geschuldete Arbeitsleistung ganz oder teilweise zu erbringen. Einen Hauptanwendungsfall für eine solche Kündigung stellt die **Kündigung wegen Krankheit** dar. Hierbei lassen sich dem Grunde nach die Fallgruppen der „Kündigung wegen häufiger Kurzerkrankungen“ (vgl. hierzu BAG 25.04.2018 –

2 AZR 6/18 –), der „Kündigung wegen lang andauernder Erkrankung" (vgl. BAG 20.11.2014 – 2 AZR 664/13 – und 22.03.2018 – 8 AZR 190/17 – zur Erkrankung für unabsehbare Zeit) und die „Kündigung wegen krankheitsbedingter Leistungsminderung bzw. dauernder Unmöglichkeit, die vertraglich geschuldete Arbeitsleistung zu erbringen" (vgl. hierzu BAG 20.03.2014 – 2 AZR 825/12 – und 12.04.2002 – 2 AZR 148/01 –) unterscheiden. Zu **Alkoholismus** vgl. BAG 07.12.1989 – 2 AZR 134/89 –, zur **Spielsucht** vgl. LAG Hamm 03.02.2011 – 8 Sa 1373/10 – und ArbG Bremen 21.07.1998 – 2 Ca 2271/97 – und zur **Internetsucht** sowie **Pornosucht** vgl. OVG Brandenburg 12.11.2009 – OVG 60 PV 1.09, 60 PV 1/09 –. Zu weiteren Einzelfällen vgl. auch die Darstellung bei Litschen/Herbert, § 34 Rn. 253 ff.). Zur **Erschütterung des Beweiswertes einer AU-Bescheinigung** vgl. BAG 13.12.2023 – 5 AZR 137/23 –.

Bei einer krankheitsbedingten Kündigung ist grundsätzlich eine **3-Stufen-Prüfung** vorzunehmen: 38

1. Stufe: Im Zeitpunkt der Kündigung muss eine **negative Prognose** hinsichtlich des zukünftigen Gesundheitszustandes des Arbeitnehmers bestehen.

2. Stufe: Die bisherigen und künftig zu erwartenden Krankheitszeiten müssen zu **erheblichen Beeinträchtigungen der Interessen der Verwaltung bzw. des Betriebes** führen.

3. Stufe: Die Beeinträchtigungen müssen so erheblich sein, dass dem Arbeitgeber eine **Fortsetzung des Arbeitsverhältnisses unzumutbar** ist (Interessenabwägung).

Der Arbeitgeber ist nicht zur **Durchführung eines Betrieblichen Eingliederungsmanagements** (BEM) nach § 167 Abs. 2 Satz 1 SGB IX verpflichtet, bevor er krankheitsbedingt kündigt. Ist er dem jedoch nicht nachgekommen, so ist er im Kündigungsschutzprozess darlegungs- und beweispflichtig dafür, dass auch ein BEM nicht dazu hätte beitragen können, neuerlichen Arbeitsunfähigkeitszeiten entgegenzuwirken (vgl. BAG 15.12.2022 – 2 AZR 162/22 – m. w. N. und insbesondere zur Möglichkeit ein BEM auch beginnen zu dürfen, wenn noch keine datenschutzrechtliche Einwilligung des Arbeitnehmers vorliegt). Zur **Mitwirkungspflicht des Arbeitgebers bei der stufenweisen Wiedereingliederung schwerbehinderten Arbeitnehmer** (z. B. als eine Maßnahmemöglichkeit im Rahmen eines BEM) vgl. BAG 16.05.2019 – 8 AZR 530/17 – m. w. N. Zum **Ablauf und zur Gestaltung eines BEM** siehe im Übrigen **Bülow, Der Praktische Fall – Das BEM in der Praxis, DöD 2023, S. 149.** 38a

Eine personenbedingte Kündigung kann auch **aus anderen objektiven Hinderungsgründen** wie z. B. aufgrund einer fehlenden beruflichen Zulassung, dem Entzug der Fahrerlaubnis, dem Verlust der Arbeitserlaubnis 39 oder wegen der Abbüßung einer Haftstrafe von mehr als zwei Jahren (vgl. BAG 24.03.2011 – 2 AZR 790/09 –, 22.10.2015 – 2 AZR 381/14 – und im Kontext auch 24.05.2018 – 2 AZR 72/18 zur Zustellung einer Kündigung in Untersuchungshaft) in Betracht kommen. Das gilt auch für **subjektive Leistungsmängel**, z.B. durch unüberwindbare Glaubenshindernisse oder erhebliche Lohnpfändungen bei Arbeitnehmern, die besondere Vermögensbetreuungspflichten aufweisen.

40 Um eine **betriebsbedingte Kündigung** handelt es sich, wenn ein oder mehrere Arbeitsplätze aufgrund der betrieblichen Situation wegfallen und eine Weiterbeschäftigung auf diesen Arbeitsplätzen zukünftig nicht mehr möglich ist. Dabei ist für den Wegfall von entsprechenden Beschäftigungsmöglichkeiten allein auf die unternehmerische Entscheidung des Arbeitgebers abzustellen (vgl. BAG 07.07.2011 – 2 AZR 12/10 –). Nach der Rechtsprechung ist Voraussetzung für die Betriebsbedingtheit einer solchen Kündigung nicht der Wegfall des konkreten Arbeitsplatzes, sondern vielmehr die Verringerung des Beschäftigungsbedarfs für bestimmte auszuführende Tätigkeiten (vgl. BAG 24.02.2005 – 2 AZR 214/02 –). Das kann z.B. der Fall bei der vollständigen Aufgabe eines Tätigkeitsbereiches sein wie beispielsweise bei der Schließung eines kommunalen Freibades oder einer Bücherei. Wenn der Arbeitgeber von mehreren vergleichbaren Arbeitnehmern nur einige, nicht aber alle Arbeitnehmer zu kündigen beabsichtigt, so muss er nach § 1 Abs. 3 KSchG eine **Sozialauswahl** vornehmen (vgl. BAG 21.07.1988 – 2 AZR 75/88 – und 17.01.2002 – 2 AZR 15/01 –). Das BAG hat geklärt, dass Arbeitgeber grundsätzlich nicht gehalten sind, nicht mehr benötigte Arbeitsplätze weiterhin zu besetzen. Der Arbeitgeber darf also festlegen, ob bestimmte Arbeiten weiter im eigenen Betrieb ausgeführt oder an Drittunternehmen vergeben werden (vgl. BAG 28.02.2023 – 2 AZR 227/22 –).

41 Zur **Sozialauswahl bei einer betriebsbedingten Änderungskündigung** vgl. BAG 13.06.1986 – 7 AZR 623/84 –.

42 Eine **sog. Druckkündigung** liegt vor, wenn der Arbeitgeber anfänglich eine Kündigung gar nicht beabsichtigt, sich aber dem Druck der Arbeitskollegen (z.B. in einer Abteilung), der Kundschaft (z.B. der Eltern von Musikschülern etc.) oder des Personalrates beugt, um den Ablauf des Verwaltungsbetriebs zu erhalten. Eine solche Kündigung unterliegt jedoch strengen Anforderungen. Insbesondere hat sich der Arbeitgeber zunächst einmal schützend vor den negativ im Fokus stehenden Arbeitnehmer zu stellen (vgl. BAG 19.07.2016 – 2 AZR 637/15 –). Nach der neueren Rechtsprechung hat er sogar die Arbeitnehmer, die die Arbeit verweigern, auch darauf hinzuweisen, dass ihr Verhalten einen schwerwiegenden, nach einer Abmahnung ggf. zur Kündigung berechtigenden Vertragsbruch dar-

stellt und dass ihnen für die ausfallende Arbeit kein Entgelt zusteht (vgl. BAG 15.12.2016 – 2 AZR 431/15 –). Soweit die unzufriedenen Kollegen bislang schon einen in der Praxis nicht zu unterschätzenden Mut aufweisen mussten, sich überhaupt gegenüber der Arbeitgeberseite zu offenbaren, hat die vorbenannte Rechtsprechung es ihnen psychisch gesehen nun noch schwerer gemacht. Von daher gilt es zu beachten, dass dem Arbeitgeber nach dieser Rechtsprechung jedenfalls nur die zuvor aufgezeigte Hinweispflicht, nicht aber auch die tatsächliche Umsetzung der dort benannten Maßnahmen obliegt! Die **Druckänderungskündigung** stellt einen Sonderfall der außerordentlichen Kündigung dar, kann aber auch als ordentliche (Änderungs-)Kündigung verhaltens-, personen- und betriebsbedingt erklärt werden (vgl. BAG 19.06.1986 – 2 AZR 563/85 – und LAG Rheinland-Pfalz 14.12.2007 – 9 Sa 304/07 –).

Für bestimmte Arbeitnehmer besteht ein **besonderer Kündigungsschutz**, sodass der Ausspruch einer ordentlichen Kündigung nicht möglich ist: 43

- Mitglieder einer Personalvertretung, einer Jugend- und Auszubildendenvertretung oder Jugendvertretung sowie entsprechender Ersatzmitglieder (§ 43 Abs. 2)
- Vertrauensperson der schwerbehinderten Menschen (§ 96 Abs. 3 SGB IX)
- Mitglieder eines Wahlvorstandes (§ 15 Abs. 3 KSchG)
- Arbeitnehmerinnen in der Schwangerschaft und im Mutterschutz (§ 17 MuSchG)
- Arbeitnehmer in der Pflegezeit (§ 5 Abs. 1 PflZG)
- Arbeitnehmer in der Elternzeit (§ 18 BEEG)
- Auszubildende (§ 22 BBiG)

Zum **Nachschieben von Kündigungsgründen** und der dabei zu beachtenden Beteiligung des Personalrates vgl. Rz. 124 ff. 44

Zum **Mitbestimmungsverfahren** bei einer ordentlichen Kündigung vgl. grundsätzlich die Verfahrensvorgaben nach § 66! 45

Für die Beteiligung des Personalrates bei einer ordentlichen Kündigung gelten dieselben Grundsätze wie für die Anhörung des Betriebsrates nach § 102 BetrVG. Dementsprechend ist eine Kündigung nicht erst dann unwirksam, wenn eine Unterrichtung des Personalrates (vgl. § 66 Abs. 2 Satz 1) in Gänze unterblieben ist, sondern bereits dann, wenn der Arbeitgeber seine **Unterrichtungspflicht** nicht vollständig nachgekommen ist (vgl. BAG 17.02.2000 – 2 AZR 913/98 – zum BetrVG). Damit Letzteres nicht der Fall ist, muss der Arbeitgeber neben der grundsätzlich **vollständigen Angabe der Sozialdaten** (vgl. BAG 28.02.2023 – 2 AZR 194/22 – das nur unter sehr strengen Voraussetzungen Ausnahmen zulässt) des zu kündigenden Arbeitnehmers vor allem eine derart **umfassende Kennzeichnung** 46

des Kündigungssachverhaltes vornehmen, dass der Personalrat ohne eigene Nachforschungen in der Lage ist, selbst die Stichhaltigkeit der Kündigungsgründe zu prüfen und sich ein Bild zu machen (vgl. BAG 05.04.2001 – 2 AZR 159/00 –). Dem Personalrat muss mitgeteilt werden, welches Fehlverhalten genau den Kündigungsgrund darstellt und warum das arbeitgeberseitige Beendigungsinteresse, das Fortsetzungsinteresse des zu kündigenden Arbeitnehmers überwiegt (Verhältnismäßigkeitsprüfung)! Teilt der Arbeitgeber dem Personalrat wesentliche **Umstände, die zu einer Entlastung des Arbeitnehmers führen** können, nicht mit, so führt dies zur Unwirksamkeit der Kündigung (vgl. entsprechend LAG Berlin-Brandenburg 15.03.2018 – 10 Sa 1601/17 – zu § 108 Abs. 2 BPersVG a. F.).

47 Der **Ausspruch einer ordentlichen Kündigung ohne Zustimmung des Personalrates** ist unwirksam.

48 Ferner gilt es neben der Beteiligung in sonstigen Angelegenheiten (§ 17 LGG NRW NRW) vor allem auch die zwingende **Pflicht zur Beteiligung der Gleichstellungsbeauftragten bei allen Kündigungen** zu beachten, da sie seit dem 15.12.2016 ansonsten nach § 18 Abs. 3 Satz 1 LGG NRW der Rechtsfolge der Rechtswidrigkeit unterliegen (vgl. näher hierzu Bülow, § 18 LGG NRW Rn. 82 ff.)! Als Verwaltungsangehörige (§ 16 Abs. 1 Satz 1 LGG NRW) ist sie bei einer ordentlichen Kündigung im Rahmen der 1-Wochen-Regelfrist nach § 18 Abs. 2 Satz 1 LGG NRW **noch vor der formellen Verfahrensbeteiligung des Personalrats und der Schwerbehindertenvertretung zu beteiligen** (arg. e contr. § 18 Abs. 2 Satz 3 LGG NRW der nur außerordentliche Kündigungen erfasst)! Zur Unzulässigkeit eines Verzichts der Gleichstellungsbeauftragten auf ihre Beteiligungsrechte vgl. im Übrigen OVG NRW 19.06.2015 – 6 A 589/12 – und auch Bülow, § 18 LGG NRW NRW Rn. 167 ff. Die (ordentliche) Kündigung eines schwerbehinderten Arbeitnehmers bedarf zu ihrer Wirksamkeit seit dem 30.12.2016 auch zwingend der **Beteiligung der Schwerbehindertenvertretung**, da sie ansonsten nach § 178 Abs. 2 Satz 3 SGB IX unwirksam ist. Die Schwerbehindertenvertretung ist nach § 178 Abs. 2 Satz 1 SGB IX unverzüglich (§ 121 Abs. 1 Satz 1 BGB) und umfassend zu unterrichten und vor einer Entscheidung in einem eigenständigen Verfahren anzuhören (vgl. LAG Mecklenburg-Vorpommern 07.03.2023 – 5 Sa 127/22 –). Anders, als im LPVG NRW für den Personalrat und im BetrVG für den Betriebsrat (§ 102 Abs. 2 Satz 3 BetrVG) geregelt, enthält § 95 Abs. 2 SGB IX allerdings keine konkrete Beteiligungsfrist für eine Kündigung. Von daher ist es vertretbar, in analoger Anwendung des § 74 Abs. 1 Satz 1 i. V. m. § 66 Abs. 2 Satz 3 LPVG NRW von einer Frist zur Stellungnahme auszugehen, die grundsätzlich zwei Wochen bzw. im Ausnahmefall eine Woche beträgt (so entsprechend auch Cramer u. a., § 95 SGB IX Rn. 11

für den Geltungsbereich des BetrVG). Weiterhin bedarf es nach § 168 SGB IX auch noch der **Zustimmung des Integrationsamts** (vgl. hierzu auch BAG 02.06.2022 – 8 AZR 191/21 –, wonach eine Nichtbeteiligung einen Entschädigungsanspruch nach § 15 AGG zur Folge haben kann). Die **Schwerbehindertenvertretung und das Integrationsamt können parallel zum Personalrat beteiligt werden** (vgl. OVG NRW 24.09.2021 – 20 A 3558/20.PVL und BAG 13.12.2018 – 2 AZR 378/18 –). Zur **Kündigungserklärungsfrist** vgl. BAG 27.02.2020 – 2 AZR 390/19 –.

III. Ausschluss der Mitbestimmung für bestimmte Beschäftigte

Nach **Abs. 1 Satz 2** gilt die Vorschrift des § 72 Abs. 1 Satz 2 entsprechend, sodass folgende zu beachten ist: 49

Für die **Kündigung von Beschäftigten i. S. d. § 72 Abs. 1 Satz 2 Halbsatz 1**, d.h. z.B. für einen Personalleiter (§ 8 Abs. 1 Satz 2), besteht ein **Mitbestimmungsrecht nur auf Antrag** (vgl. § 72 Rz. 352 ff.). 50

Keine Mitbestimmung besteht bei der **Kündigung von Beschäftigten i. S. d. § 72 Abs. 1 Satz 2 Halbsatz 2**, d.h. z.B. bei der Kündigung von Arbeitnehmern, die einen der Besoldungsgruppe B 3 an aufwärts vergleichbares Entgelt erhalten (vgl. § 72 Rz. 364 ff.). 51

Die entsprechende Anwendung des § 72 Abs. 1 führt weiterhin dazu, dass es sich bei der Mitbestimmung nach § 74 Abs. 1 Satz 1 um einen Fall der **eingeschränkten Mitbestimmung** handelt, sodass die Einigungsstelle nur eine Empfehlung aussprechen kann und die endgültige Entscheidung des Kündigungsausspruchs bei dem in § 68 bezeichneten Organ liegt (vgl. hierzu § 66 Rz. 90). 52

Nach **Abs. 8** kann der Personalrat auch eine **ordentliche Kündigung im Wege eines Initiativantrages nach § 66 Abs. 4** der Dienststelle vorschlagen. 53

IV. Anhörungsrechte

<u>Abs. 2:</u> Nach **Abs. 2 Satz 1** ist der Personalrat vor der Durchführung der hier aufgeführten personellen Einzelmaßnahmen anzuhören. 54

Der **Schutzzweck der Anhörung** besteht darin, dem Personalrat Gelegenheit zur Stellungnahme zu geben. Er soll dabei sowohl die schutzwürdigen Interessen der von der beabsichtigten Maßnahme betroffenen Beschäftigten als auch diejenigen der sonstigen in der Dienststelle vorhandenen Beschäftigten wahren und die Einhaltung des Gleichbehandlungsgrundsatzes überwachen können. 55

56 Im Gegensatz zum Verfahren der Mitbestimmung (§ 66) und der Mitwirkung (§ 69 i.V.m. § 66) ist das **Anhörungsverfahren** für den Gesetzesanwender **sehr unübersichtlich geregelt**.

57 **Das Verfahren gestaltet sich wie folgt:**

58 Vor der Durchführung einer der in **Abs. 2 Satz 1** aufgeführten Einzelmaßnahmen ist der Personalrat von der Dienststelle anzuhören. Die Dienststelle muss ihm Gelegenheit geben, als Gremium zu der von ihr beabsichtigten Maßnahme Stellung zu nehmen (vgl. BVerwG 01.12.1982 – 2 C 59.81 –). Dies erfolgt durch eine **Unterrichtung des Personalrates**. Obgleich hier keine gesetzlichen Formvorgaben bestehen, sollte diese aus Dokumentations- und Nachweisgründen stets **schriftlich** vorgenommen werden. Eine **unzureichende Unterrichtung führt dazu, dass das Anhörungsverfahren nicht wirksam eingeleitet worden ist** (vgl. entsprechend § 66 Rz. 38 m.w.N.).

59 Im Falle einer **beabsichtigten Abmahnung** oder **Kündigung** hat die Dienststelle nach dem Gesetzeswortlaut des **Abs. 2 Satz 2** (vgl. Rz. 78) dem Personalrat die **Gründe vollständig anzugeben**. Ungeachtet der auf die beiden vorbenannten Angelegenheiten reduzierten Vorgabe des Gesetzgebers sollte die Dienststelle dies im Übrigen auch in allen anderen Anhörungsfällen des § 72 Abs. 2 Satz 1 tun!

60 Der Personalrat hat nach Eingang der Anhörungsunterrichtung zunächst als **Gremium** über die ihm zugeleitete Angelegenheit eine **gemeinsame Beratung** für eine Stellungnahme an die Dienststelle und nach Maßgabe des § 34 Abs. 2 Satz 1 eine **Beschlussfassung** herbeizuführen.

61 Nach **Abs. 4 Satz 1** besteht für den Personalrat vor einer Stellungnahme die **Möglichkeit der Anhörung des betroffenen Arbeitnehmers** (vgl. Rz. 151 ff.).

62 Wenn der Personalrat **Einwendungen** gegen die beabsichtigte Maßnahme oder Vereinbarung erhebt, hat er nach **Abs. 4 Satz 2** eine **Abschrift von der Stellungnahme an den betroffenen Arbeitnehmer** zuzuleiten (vgl. Rz. 153).

63 **Wichtig!**

Die Stellungnahme des Personalrates unterliegt der Schriftform. Dies ergibt sich für Stellungnahmen, die eine Einwendung aufweisen im Umkehrschluss aus Abs. 4 Satz 2, da die dort benannte Abschrift eine „Urschrift" voraussetzt. Für die Fälle der Stellungnahme ohne die Erhebung von Einwendungen ergibt sich dies aus dem entsprechenden Sachzusammenhang mit der vorbenannten Vorschrift und auch aus § 2 Abs. 1 Halbsatz 1!

64 Es besteht dem Grunde nach **keine Fristenvorgabe** für eine Stellungnahme. Eine **Ausnahme** besteht nur bei Einwendungen gegen eine beabsich-

tigte Kündigung in der Probezeit oder gegen eine außerordentliche Kündigung. Hier muss der Personalrat nach Abs. 6 Satz 1 „binnen drei Arbeitstagen" der Dienststelle schriftlich eine Mitteilung machen. Einwendungen gegen einen Aufhebungs- oder Beendigungsvertrag hat der Personalrat nach Abs. 7 Satz 1 „binnen einer Woche" schriftlich der Dienststelle zur Kenntnis zu bringen.

Anders als im Mitbestimmungs- oder Mitwirkungsverfahren findet **keine** 65
Erörterung der Einwände zwischen der Dienststelle und dem Personalrat statt (vgl. BVerwG 24.11.1983 – 2 C 9.82 –). Ferner ist auch **kein Stufen- und Einigungsstellenverfahren** gesetzlich vorgesehen, sodass die Dienststelle auch bei Einwendungen des Personalrates weiter an ihrer Absicht festhalten und die Maßnahme durchführen kann.

Praxistipp! 66

Auch wenn keine gesetzliche Erörterungsvorgabe besteht, können und sollten der Personalrat und die Dienststelle trotzdem fristgerecht im Rahmen der vertrauensvollen Zusammenarbeit nach § 2 Abs. 1 Halbsatz 1 erörterungsbedürftige Anhörungsangelegenheiten persönlich miteinander besprechen und ihren Umgang nicht nur auf einen formalen Schriftsatzaustausch beschränken!

Übersicht zum Anhörungsverfahren (§ 74 Abs. 2 Satz 1, Abs. 4, 6 und 7): 67

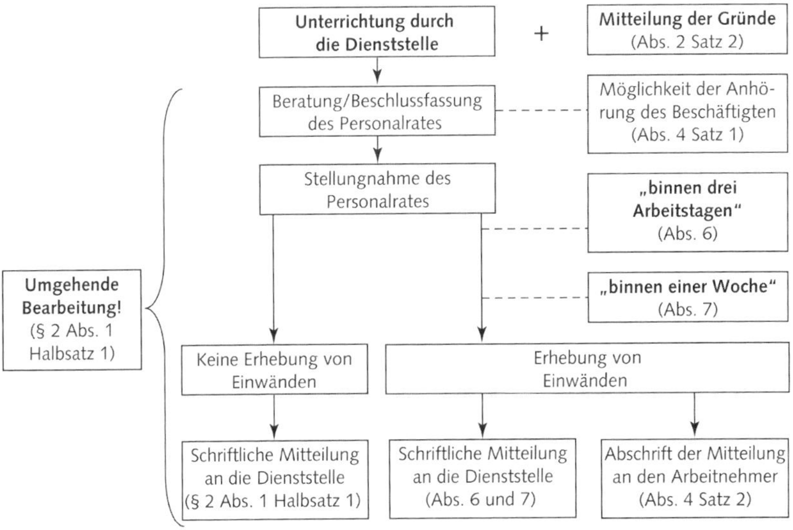

1. Abs. 2 Satz 1 Fall 1: Anhörung vor Abmahnungen

68 Nach **Abs. 2 Satz 1 Fall 1** ist der **Personalrat vor dem Ausspruch einer beabsichtigten Abmahnung anzuhören**. Dieses Anhörungsrecht wurde im Zuge der **Novelle 2011** wieder in das Gesetz aufgenommen, sodass der Rechtszustand vor der Novelle 2007 wiederhergestellt wurde. Siehe auch ausführlich zum Thema: **Bülow, Die Missbilligung im öffentlichen Dienst, Teil 1: Die individualarbeitsrechtliche Er- und Abmahnung**, PersV 2022, S. 284 und im Kontext auch Teil 2: Die personalvertretungsrechtliche Er- und Abmahnung, PersV 2022, S. 324. Siehe daneben auch **Bülow, Der praktische Fall – Die Arbeitnehmerabmahnung**, DöD 2023, S. 40.

69 Die **Intention des Gesetzgebers** richtet sich darauf, dem von der Abmahnung betroffenen Arbeitnehmer durch die Anhörung des Personalrates die Tragweite seines Fehlverhaltens und dabei auch die arbeitsrechtliche Maßnahme zu verdeutlichen, sodass im beiderseitigen Interesse bestenfalls eine spätere Kündigung vermieden werden kann (vgl. hierzu auch LT-Drucks. 9/3845, S. 70).

70 Vom **persönlichen Anwendungsbereich des Anhörungsrechts** sind nur Arbeitnehmer erfasst.

Kein Anhörungsrecht des Personalrates besteht für die beabsichtigte **Abmahnung des Personalrates** („Rüge des Gesamtgremiums") oder/und für die beabsichtigte **Abmahnung einzelner Personalratsmitglieder** in ihrer Funktion als Mitglied des Personalrates (vgl. § 42 Rz. 5 f.). Der Personalrat als solches weist im Übrigen auch keinen Anspruch auf Entfernung einer Abmahnung aus der Personalakte eines seiner Mitglieder auf (vgl. § 7 Rz. 11).

72 Unter einer „**Abmahnung**" ist die förmliche Missbilligung einer arbeitsvertraglichen Pflichtverletzung durch den Arbeitgeber zu verstehen, die mit dem Hinweis verbunden ist, dass bei einer erneuten Vertragspflichtverletzung individuale arbeitsrechtliche Konsequenzen drohen (vgl. hierzu auch BAG 10.11.1988 – 2 AZR 215/88 –). Hiervon abzugrenzen ist eine als milderes Mittel ggf. vorangehende **Ermahnung**, die Letzteres nicht enthält und damit noch keine direkten Konsequenzen für den Arbeitnehmer mit sich bringt (vgl. auch Rz. 75). Entsprechendes gilt für eine arbeitgeberseitige **Missbilligung** (vgl. OVG NRW 11.03.1992 – 1 A 621/91 –). Als **abmahnungsbefugte Personen** kommen nicht nur die Kündigungsberechtigten selbst, sondern alle Personen in Betracht, die aufgrund ihrer Aufgabenstellung dazu befugt sind, verbindliche Anweisungen bezüglich des Ortes, der Zeit sowie der Art und Weise der arbeitsvertraglich geschuldeten Arbeitsleistung zu erteilen (vgl. BAG 18.01.1980 – 7 AZR 75/78 –).

Muster 61: Erteilung einer Abmahnungsbefugnis 72a

Mit der Abmahnung rügt der Arbeitgeber also zum einen gegenüber dem Arbeitnehmer dessen arbeitsvertragliche Pflichtverletzung **(„Rüge- und Hinweisfunktion")**. In Abgrenzung zur Ermahnung muss dabei neben der Aufforderung, dass der Arbeitnehmer sich zukünftig vertragsgemäß verhalten soll, überdies auch die Androhung von weiteren arbeitsrechtlichen Konsequenzen bis hin zum Ausspruch der Kündigung für den Fall erneuter Pflichtwidrigkeiten enthalten sein **(„Warnfunktion")**. Die Abmahnung muss nicht schriftlich, sondern kann auch mündlich erteilt werden. Der Arbeitgeber sollte dennoch stets von der Schriftform Gebrauch machen, da so für beiden Seiten dokumentiert ist, welche Pflichtwidrigkeit des Arbeitnehmers gerügt worden ist und mit welchem konkreten Inhalt eine Abmahnung letztendlich ausgesprochen wurde **(„Dokumentationsfunktion")**! Die Abmahnung soll in tatsächlicher Hinsicht dazu führen, dass sich der abgemahnte Arbeitnehmer weiterhin vertragsgemäß verhält und die abgemahnte Pflichtwidrigkeit zukünftig unterlässt. Insoweit gilt es zu beachten, dass eine ordentliche verhaltensbedingte Kündigung dem Grunde nach erst nach dem Ausspruch von einer (ggf. auch mehreren) vorherigen Abmahnung gerechtfertigt, d. h. verhältnismäßig ist (vgl. BAG 17.02.1994 – 2 AZR 616/93 –). Eine Ausnahme hiervon besteht aber, wenn der Arbeitnehmer erkennbar zum Ausdruck bringt, dass er auch trotz des Ausspruchs einer Abmahnung nicht gewillt ist, sich zukünftig vertragskonform zu verhalten (vgl. hierzu BAG 18.01.1980 – 7 AZR 75/78 – und 18.05.1994 – 2 AZR 626/93 –). Keiner Abmahnung vor Ausspruch einer ordentlichen verhaltensbedingten Kündigung bedarf es zudem, wenn die Pflichtverletzung für sich genommen zu einer einen ordentlichen Kündigungsgrund rechtfertigenden Störung im Vertrauensbereich des Arbeitgebers führt (vgl. BAG 09.01.1986 – 2 ABR 24/85 –). Wenn die letztgenannten Umstände nicht der Fall sind, so stellt die Abmahnung in rechtlicher Hinsicht jedenfalls die Grundlage für eine ordentliche verhaltensbedingte Kündigung dar. Vor diesem Hintergrund bestehen nach der Rechtsprechung auch **erhöhte Anforderungen an die inhaltliche Ausgestaltung der Abmahnung und dabei vor allem an die Bestimmtheit der formulierten Pflichtverletzung.** Der arbeitgeberseitige **Ausspruch einer Abmahnung ist an keine Frist gebunden** (vgl. BAG 15.01.1986 – 5 AZR 70/74 –).[1] Die Abmahnung wird vor allem nicht von der tarifvertraglichen Ausschlussfrist des § 37 TVöD/TV-L erfasst, denn es handelt sich bei ihr um die Ausübung des arbeitsvertraglichen Rügerechts und nicht um einen Anspruch i. S. d. Tarifvorschrift (vgl. BAG 18.09.2019 – 5 AZR 240/18 –). Ungeachtet 73

1 Vgl. BAG, v. 15.01.1986 – 5 AZR 70/74 – juris.

dessen sollte ihr Ausspruch jedoch im Hinblick auf die arbeitgeberseitig angestrebte Verhaltensänderung tatsächlich möglichst immer beizeiten erfolgen. Denn der Arbeitgeber kann, auch wenn keine „Ausschlussfrist“ besteht, sein Recht zur Abmahnung ggf. durch ein zu langes Abwarten verwirken. Das kann etwa der Fall sein, wenn er nach Kenntnis des abzumahnenden Vorfalls eine erhebliche Zeitspanne ohne eine Reaktion verstreichen lässt und der Arbeitnehmer so die Hoffnung hegen kann, dass sich „die Sache“ für ihn erledigt habe. Die **Wirksamkeit einer zu Recht erteilten Abmahnung unterliegt keiner zeitlichen Grenze** (vgl. BAG 10.10.2002 – 2 AZR 418/01 und 19.07.2012 – 2 AZR 782/11 –). Eine wirksame Abmahnung wird mithin auch nicht nicht nach einer bestimmten Zeit, z. B. nach zwei Jahren – wie immer wieder zu hören ist – automatisch unwirksam. Das BAG geht jedoch zutreffend davon aus, dass das Gewicht einer Abmahnung im Rahmen der Wirksamkeitsprüfung einer ihr folgenden verhaltensbedingten Kündigung umso geringer ist, je länger die Abmahnung zurückliegt (vgl. BAG 19.07.2012 a.a.O). Die nach der Anhörung des Personalrats ausgesprochene **Abmahnung**, die **aus Dokumentations- und Beweisgründen schriftlich** erfolgen sollte, ist in der Personalakte aufzubewahren. Mit Wegfall der Warnfunktion kann der Arbeitnehmer nach Beendigung des Arbeitsverhältnisses vom Arbeitgeber die **Entfernung einer Abmahnung aus der Personalakte** verlangen (Art. 17 Abs. 1 DS-GVO), sofern der Arbeitgeber nicht im Einzelfall noch ein Interesse am Erhalt der Abmahnung etwa zur Abwehr von etwaigen Ansprüchen des Arbeitnehmers oder zur Begründung eigener Ansprüche gegen den Arbeitnehmer hat (so zutreffend LAG Hamm 13.09.2022 – 6 Sa 87/22 –). Siehe ausführlich zum Ganzen und noch viele weitere Aspekte im Hinblick auf den Umgang einer ausgesprochenen Abmahnung in der Praxis, **Bülow, Die Missbilligung im öffentlichen Dienst, Teil 1: Die individualarbeitsrechtliche Er- und Abmahnung**, PersV 2022, S. 284

74 Bei der **Formulierung einer Abmahnung** gilt es, insbesondere Folgendes zu beachten:

- Der Arbeitgeber muss das **abgemahnte Verhalten konkret und genau beschreiben** und dabei vor allem den Vertragsverstoß auch in zeitlicher Hinsicht (Datum und Uhrzeit) benennen. Pauschale Hinweise darauf, dass ein Arbeitnehmer z. B. in der Vergangenheit häufiger den Dienst verspätet angetreten hat oder dass er mehrfach seine Arbeitsaufgaben mangelhaft erledigt hätte, sind zu unbestimmt.
- Der Arbeitgeber muss das **abgemahnte Verhalten ausdrücklich als Vertragsverstoß rügen** und den Arbeitnehmer **auffordern, das abgemahnte Verhalten in Zukunft zu unterlassen**.

- Der Arbeitgeber muss darauf **hinweisen, dass ein weiteres Fehlverhalten weitere Abmahnungen bis hin zu einer Kündigung nach sich ziehen** können.
- Der Arbeitgeber muss beachten, dass die **Abmahnung von einer abmahnungsberechtigten Person ausgesprochen** wird. Das sind auf der Arbeitgeberseite zumeist die Personen, die auch zum Ausspruch einer Kündigung berechtigt sind. Daneben kommen aber auch all diejenigen in Betracht, die dem Arbeitnehmer gegenüber disziplinarisch weisungsberechtigt sind bzw. eine entsprechende Bevollmächtigung für den Ausspruch einer Abmahnung aufweisen.
- Soweit im Einzelfall bei wiederholten gleich gelagerten Pflichtverstößen der Ausspruch einer bzw. weiterer Abmahnungen geboten ist, hat der Arbeitgeber durch die **steigernde Androhung von arbeitsrechtlichen Konsequenzen** deutlich zu machen, dass er nicht durchweg immer weiter abgemahnt wird. Dementsprechend sollte in einer letztmaligen Abmahnung dieser Umstand auch entsprechend benannt und für den Wiederholungsfall direkt die Kündigung angedroht werden.
- Der Ausspruch einer Abmahnung unterliegt keiner Ausschlussfrist. Dennoch sollte der Arbeitgeber zur Erwirkung eines alsbaldigen vertragskonformen Verhaltens des Arbeitnehmers bemüht sein, eine **Abmahnung zeitnah** zum Pflichtenverstoß bzw. dessen Kenntnisnahme hin auszusprechen (vgl. BAG 15.01.1986 – 5 AZR 70/84 –).

Unter Berücksichtigung der zuvor dargestellten Voraussetzungen besteht 75
für eine arbeitsrechtliche **Ermahnung** (vgl. Rz. 73) **kein Anhörungsrecht** des Personalrates und im Übrigen auch nicht der Gleichstellungsbeauftragten (vgl. Bülow, § 17 LGG NRW Rn. 47). Entsprechendes gilt für die bloße **Beanstandung von Verhaltenspflichten des Arbeitnehmers**, z.B. der Hinweis eines Vorgesetzten, dass das Verhalten des Arbeitnehmers den Vorgaben einer Dienstanweisung zuwiderläuft (vgl. OVG NRW 11.03.1992 – 1 A 621/91.PVL –). Da die Ermahnung noch keine Maßnahme darstellt, bedarf es vor ihrem Ausspruch im Übrigen auch nicht der vorherigen Beteiligung der Gleichstellungsbeauftragten (vgl. Bülow, § 17 LGG NRW NRW Rn. 48). Soweit in der Vorauflage letzteres versehentlich bejaht wurde, so handelte es sich um einen redaktionellen Fehler.

Muster 59: Ermahnung (Arbeitnehmer) 75a

Muster Abmahnung, siehe **Muster 7** 76

Muster 60: Personalratsvorlage für Abmahnung 77

Muster 25: Ergänzende Mitteilung zur Personalratsvorlage 77a

Nach **Abs. 2 Satz 2** hat die Dienststelle dem Personalrat eine **vollständige** 78
Angabe der Gründe, auf die sich die beabsichtigte Abmahnung stützt, zu

machen. Auch wenn hierfür keine gesetzlichen Formvorgaben bestehen, sollte die Dienststelle auch dies aus Dokumentationsgründen stets in **schriftlicher Form** vornehmen!

79 Zur **Durchführung des Anhörungsverfahrens** vgl. grds. Rz. 57 ff.

80 Die **unterlassene Anhörung des Personalrats** vor der Erteilung einer Abmahnung, führt dazu, dass die Abmahnung formell nicht ordnungsgemäß zustande gekommen ist. Dem Arbeitnehmer steht damit ein **Anspruch auf Entfernung der Abmahnung aus der Personalakte** zu (vgl. ArbG Düsseldorf 17.12.2015 – 7 Ca 2980/15 – m. w. N.). Wenn er diesen nicht geltend macht, kann der Arbeitgeber aber eine solche **Abmahnung trotzdem für eine Kündigung verwenden**. Denn die unterlassene Anhörung vor der Abmahnungserteilung führt nicht zur (formellen) Unwirksamkeit einer späteren darauf gestützten verhaltensbedingten Kündigung (arg. e contr. § 74 Abs. 3). **Bei unwirksamen Abmahnungen**, die kündigungsrechtlich gesehen mildere Maßnahmen im Vergleich zu einer Kündigung darstellen, weist der Arbeitnehmer aber eventuell einen Entschädigungsanspruch nach § 15 Abs. 2 AGG auf (so BAG 22.01.2009 – 8 AZR 906/07 – für eine unwirksame Versetzung). **Nach der Beendigung des Arbeitsverhältnisses** hat der Arbeitnehmer im Übrigen nur ausnahmsweise einen Anspruch auf Entfernung ausgesprochener Abmahnungen (vgl. BAG 17.11.2016 – 2 AZR 730/15).

80a Für die formelle Wirksamkeit der Abmahnung bedarf es im Übrigen auch der zwingenden **Beteiligung der Gleichstellungsbeauftragten** (siehe hierzu auch Bülow, § 17 LGG NRW NRW Rn. 48), da die Abmahnung seit dem 15.12.2016 ansonsten nach § 18 Abs. 3 Satz 1 LGG NRW rechtswidrig ist (vgl. im Kontext auch VG Berlin 27.02.2014 – VG 5 K 379.12 –)! Als Verwaltungsangehörige (§ 16 Abs. 1 Satz 1 LGG NRW) ist die Gleichstellungsbeauftragte im Rahmen der 1-Wochen-Regelfrist nach § 18 Abs. 2 Satz 1 LGG NRW noch **vor der formellen Verfahrensbeteiligung des Personalrats und auch der Schwerbehindertenvertretung und des Integrationsamtes** zu beteiligen (arg. e contr. § 18 Abs. 2 Satz 3 LGG NRW der nur außerordentlichen Kündigungen erfasst). Zur Unzulässigkeit eines Verzichts der Gleichstellungsbeauftragten auf ihre Beteiligungsrechte vgl. im Übrigen OVG NRW 19.06.2015 – 6 A 589/12 – und auch Bülow, § 18 LGG NRW NRW Rn. 167 ff.

2. Abs. 2 Satz 1 Fall 2: Anhörung bei Kündigungen in der Probezeit

81 Nach Abs. 2 Satz 1 Fall 2 ist der Personalrat vor dem beabsichtigten Ausspruch einer Kündigung in der Probezeit durch den Arbeitgeber anzuhören. Dieses Anhörungsrecht bestand bereits vor der Novelle 2007, wurde

im Zuge dessen aber gestrichen. Durch die **Novelle 2011** wurde es wieder in das Gesetz zurückgeführt (vgl. LT-Drucks. 15/2218, S. 35, 51).

Das Anhörungsrecht stellt nur auf die arbeitgeberseitige Kündigung ab. 82
Kein Anhörungsrecht besteht somit für die **Eigenkündigung eines Arbeitnehmers** innerhalb der Probezeit.

Die Vorschrift stellt sich für den Fall einer solchen Kündigung in der Probe- 83
zeit als vorrangig zu berücksichtigende **Spezialregelung zu Abs. 1 Satz 1** dar.

Durch die Verwendung des arbeitsrechtlichen Begriffs der Kündigung unter- 84
liegen nur **Arbeitnehmer und Beschäftigte i.S.d. § 1 Abs. 1 TVöD/TV-L** dem **persönlichen Anwendungsbereich** des Anhörungstatbestandes.

Der **Schutzzweck des Anhörungsrechts** besteht darin, dem Personalrat die 85
Möglichkeit zu geben, durch seine Stellungnahme auf den Willen des Arbeitgebers einzuwirken und ihn so gegebenenfalls von seiner Absicht abzubringen, den Arbeitnehmer bereits in der Probezeit zu kündigen. Dabei ist der Personalrat gehalten, nicht nur die Interessen des von der Kündigung betroffenen Arbeitnehmers, sondern vor allem auch die Erfüllung der dienstlichen Aufgabenerledigung in der Dienststelle und das Wohle der weiteren dort Beschäftigten (vgl. § 2 Abs. 1 Halbsatz 1) zu berücksichtigen.

Muster 62: Kündigung in der Probezeit 86

Muster 63: Personalratsvorlage für eine Kündigung in der Probezeit 86a

Muster 25: Ergänzende Mitteilung zur Personalratsvorlage 86b

Praxistipp! 87

Wenn der Arbeitgeber im Rahmen der Probezeit die Eignung des Arbeitnehmers noch nicht abschließend beurteilen konnte und ihm deshalb unbedingt eine weitere „Bewährungschance" einräumen möchte, so kann er neben einer ggf. noch in Betracht kommenden Verlängerung der Probezeit (vgl. § 72 Rz. 88) alternativ wie folgt vorgehen:

1. Alternative:

Der Arbeitgeber kann das Arbeitsverhältnis noch während der Probezeit (vgl. hierzu Rz. 96) durch eine ordentliche Kündigung (vgl. Rz. 13) beendigen und dem Arbeitnehmer für den Fall, dass dieser sich im Rahmen der nunmehr längeren Kündigungsfrist bewährt, zur Wiedereinstellung bringen. Dazu muss er gegenüber dem Arbeitnehmer zusätzlich eine Wiedereinstellungszusage abgeben (vgl. BAG 07.03.2002 – 2 AZR 93/01 –).

Risiken:

- Mitbestimmung gem. § 74 Abs. 1 (vgl. Rz. 7 ff.) vor Ausspruch der ordentlichen Kündigung

- Mitbestimmung gem. § 72 Abs. 1 Satz 1 Nr. 1 Fall 1 (vgl. § 72 Rn. 23a) vor Abgabe der Wiedereinstellungszusage
- Im Klagefall: Soziale Rechtfertigung der Kündigung i. S. d. § 1 Abs. 2 KSchG
- Im Klagefall: Volle Darlegung und Beweis für das Scheitern der Bewährung!

2. Alternative:

Der Arbeitgeber hat auch die Möglichkeit, einen Aufhebungsvertrag mit einer über die Probezeit (vgl. Rz. 96) hinausgehenden Auslaufzeit abschließen. Bei dieser Gestaltungsform ist dann eine vertraglich bedingte Wiedereinstellungszusage für den Fall, dass sich der Arbeitnehmer bewährt, notwendig (vgl. BAG 07.03.2002 a. a. O.).

Risiken:

- Anhörung gem. § 74 Abs. 2 Satz 1 Fall 4 (vgl. Rz. 137 ff.) vor Abschluss des Aufhebungsvertrages
- Mitbestimmung gem. § 72 Abs. 1 Satz 1 Nr. 1 Fall 1 (vgl. § 72 Rn. 23a) vor Vereinbarung der bedingten Wiedereinstellungszusage
- Anfechtung gem. der §§ 119 ff. BGB
- Im Klagefall: AGB- Kontrolle gem. der §§ 305 ff. BGB
- Im Klagefall: Volle Darlegung und Beweis für das Scheitern der Bewährung!

Muster 64: Regelungen in einem Aufhebungsvertrag mit Wiedereinstellungszusage

88 Die „**Probezeit**" ist ein entweder gesetzlich oder tarifvertraglich angeordneter oder individualarbeitsvertraglich vereinbarter Zeitraum, während dessen das Arbeitsverhältnis unter erleichterten Bedingungen gekündigt werden kann. Dabei dient die Probezeit vornehmlich dem Arbeitgeber dazu, die Eignung des Arbeitnehmers als dauerhaften Vertragspartner für die Zukunft zu erproben und auch einschätzen zu können. Nach § 622 Abs. 3 BGB darf eine Probezeit **„längstens für die Dauer von sechs Monaten"** zur Vereinbarung gelangen. Im Geltungsbereich des TV-L/TVöD-VKA ist das die Regel. Nach § 2 Abs. 4 Satz 1 TVL-L/TVöD-VKA gelten die ersten sechs Monate der Beschäftigung als Probezeit, soweit nicht eine **kürzere Zeit** vereinbart ist. Eine kürze Probezeit ist also zulässig. Sie muss aber ausdrücklich vereinbart werden. Eine solche Vereinbarung stellt eine mitbestimmungspflichte Nebenabrede i. S. d. § 72 Abs. 1 Satz 1 Nr. 1 Fall 2 dar (vgl. § 72 Rz. 39 ff.) und muss stets schriftlich abgeschlossen werden (§ 2 Abs. 3 TV-L/TVöD-VKA). Die **Verlängerung der Probezeit** innerhalb des zuvor aufgezeigten 6-Monats-Zeitraums ist grundsätzlich rechtlich unproblematisch. Eine Verlängerung darüber hinaus hingegen nicht, da sie bei beidseitig tarifgebundenen Parteien des Arbeitsvertrags wegen eines Verstoßes gegen das sog. Günstigkeitsprinzip (vgl. § 2 Abs. 4 TV-L/TVöD i. V. m. § 4 Abs. 3 TVG) als unwirksam anzusehen ist. Für beidseitig nicht

tarifgebundene Arbeitsvertragsparteien ist eine Verlängerung darüber hinaus mit Blick auf § 622 Abs. 3 BGB ebenfalls nicht unproblematisch, wird jedoch vom BAG ausnahmsweise als zulässig erachtet, wenn z.B. unvorhergesehene Arbeitsausfälle vorliegen und die ausgefallene Zeit im Verhältnis zur gesamten Probezeit nicht unerheblich erscheint (vgl. BAG 09.06.2016 – 6 AZR 396/15 –, zur Unterbrechung von einem Drittel der ursprünglich vereinbarten Probezeit). Zur Kündigung in der Wartezeit, wegen der Verweigerung einer Corona-Impfung vgl. BAG 30.03.2023 – 2 AZR 309/22 –. Im Kontext interessant und nützlich ist auch: **Bülow, Der praktische Fall – Die „Probezeit" für Führungskräfte**, DöD 2023, 95.

Zur **Kündigung von Berufsausbildungsverhältnissen in der Probezeit** vgl. 89
§ 22 BBiG und § 3 TVAöD-BBiG/TVA-L BBiG. Soweit das BVerwG eine solche Kündigung zwar im Hinblick auf die Beteiligung nach dem BPersVG als ordentliche Kündigung bewertet, erwächst aufgrund der anders gelagerten Vorgaben des LPVG NRW daraus aber in Nordrhein-Westfalen **kein Zustimmungsrecht des Personalrats** aus § 74 Abs. 1. Denn der Landesgesetzgeber hat durch die gesonderte Regelung in der vorliegenden Vorschrift mit dem Wortlaut „Kündigungen in der Probezeit" sowohl ordentliche als auch außerordentliche Kündigungen in der Probezeit und im Übrigen auch sämtliche Probezeitkündigungen abschließend nur dem Anhörungsvorbehalt unterworfen (im Ergebnis ebenso Laber/Pagenkopf, § 74 Rn. 10148). Zur Nichtanrechnung der in einem vorausgegangenen Praktikum zurückgelegten Zeit auf die Probezeit in einem folgenden Berufsausbildungsverhältnis vgl. BAG 19.11.2015 – 6 AZR 844/14 – und zum Zugang der Kündigung bei minderjährigen Auszubildenden vgl. BAG 08.12.2011 – 6 AZR 354/10 –.

Von der Probezeit abzugrenzen ist das **befristete Probearbeitsverhältnis**, 90
das automatisch mit dem Ablauf der Probezeit sein Ende findet.

Beispiel für eine Formulierung im Arbeitsvertrag: 91

„Das Arbeitsverhältnis ist zum Zwecke der Erprobung des Herrn Mustermann (Arbeitnehmer) bis zum 31.12.20XY befristet und endet daher automatisch, ohne dass es einer Kündigung bedarf, mit dem Ablauf des 31.12.20XY."

Zur **Kündigung von Arbeitsverhältnissen in denen eine „Führung auf** 91a
Probe" (§§ 31 TVöD/TV-L) vereinbart wurde siehe **Bülow, Der praktische Fall – Die „Probezeit" für Führungskräfte**, DöD 2023, S. 95.

Der gesetzliche Kündigungsschutz greift nach § 1 Abs. 1 KSchG erst nach 92
6-monatiger Dauer des Arbeitsverhältnisses („Wartezeit"). Zum Ausgleich für den insoweit fehlenden Kündigungsschutz ist bei befristeten Probearbeitsverhältnissen i. d. R. die ordentliche Kündigungsmöglichkeit ausgeschlossen (vgl. auch § 15 Abs. 3 TzBfG)!

93 Bei **unbefristeten Arbeitsverträgen** gelten nach § 2 Abs. 4 Satz 1 TVöD/TV-L die ersten sechs Monate der Beschäftigung als Probezeit, soweit nicht eine kürzere Zeit vereinbart ist. Nach § 2 Abs. 4 Satz 2 TVöD/TV-L gilt es bei der Übernahme von Auszubildenden im unmittelbaren Anschluss an das Ausbildungsverhältnis in ein Arbeitsverhältnis zu beachten, dass die Probezeit entfällt.

94 Bei **befristeten Arbeitsverträgen ohne sachlichen Grund** gelten die ersten sechs Wochen und bei befristeten Arbeitsverträgen **mit sachlichem Grund** die ersten sechs Monate als Probezeit (vgl. § 30 Abs. 4 Satz 1 TVöD/TV-L).

95 Nach § 34 Abs. 1 Satz 1 TVöD/TV-L beträgt die **Kündigungsfrist** bis zum Ende des sechsten Monats seit Beginn des Arbeitsverhältnisses und damit auch in der Probezeit **zwei Wochen zum Monatsschluss**. Entsprechendes gilt nach § 30 Abs. 4 Satz 2 TVöD/TV-L für befristete Arbeitsverträge mit sachlichem Grund. Für die Fristwahrung ist maßgebend, dass die Kündigung spätestens am letzten Tag der Probezeit vom Arbeitgeber ausgesprochen und dem Arbeitnehmer zugestellt wird. Bei einer fristgemäßen Zustellung der Probezeitkündigung kann der tatsächliche Beendigungszeitpunkt des Arbeitsverhältnisses dann zeitlich der vereinbarten Probezeit nachgelagert sein (vgl. LAG Köln 18.11.1991 – 14 (4) Sa 263/91 –). Eine **abgekürzte Kündigungsfrist in der Probezeit** ist grundsätzlich unzulässig (vgl. § 622 Abs. 4 Satz 1 BGB). Soweit sie im Ausnahmefall dennoch vereinbart werden kann (vgl. § 622 Abs. 5 Satz 1 BGB), muss sie eindeutig im Vertrag ausgestaltet sein (vgl. hierzu BAG 23.03.2017 – 6 AZR 705/15 –). Entsprechendes gilt für die generell zulässige **Verlängerung der Kündigungsfrist**, d.h. also deren Verbesserung (vgl. § 4 Abs. 3 TVG). Dabei gilt es zu beachten, dass für Arbeitnehmer keine längeren Kündigungsfristen vereinbart werden können als für den Arbeitgeber (vgl. § 622 Abs. 6 BGB)!

96

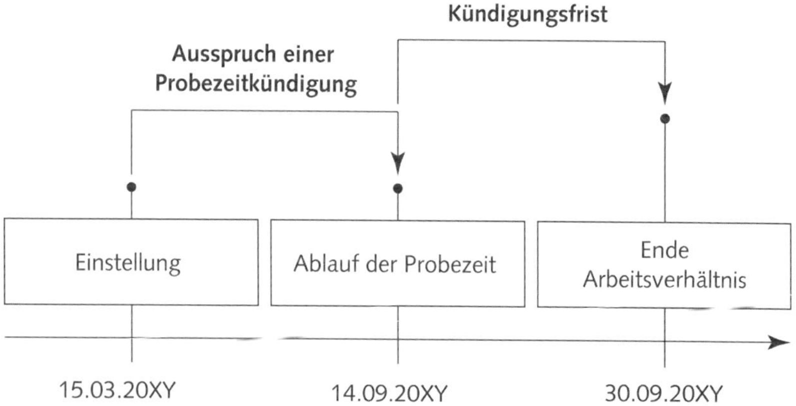

Beispiel: 97

Wenn ein Beschäftigter nach dem TVöD/TV-L unbefristet mit einer Probezeit zum 15.03.20XY eingestellt wurde, so läuft die Probezeit mit Ablauf des 14.09.20XY ab. Wenn diesem Beschäftigten noch innerhalb der Probezeit gekündigt werden soll, muss die Kündigung ihm spätestens am 14.09.20XY vom Arbeitgeber zugestellt werden. Das Arbeitsverhältnis endet dann zum 30.09.20XY.

Für **schwangere Arbeitnehmerinnen** gilt auch in der Probezeit ein **Sonderkündigungsschutz nach § 17 Abs. 1 MuSchG** (vgl. im Kontext auch BAG 27.02.2020 – 2 AZR 498/19 – wonach der Kündigungsschutz die auch schon vor der Aufnahme der arbeitsvertraglichen Tätigkeit gilt). 98

Im Rahmen der **Unterrichtung des Personalrates** hat die Dienststelle diesem gegenüber nach dem Wortlaut des **Abs. 2 Satz 2** eigentlich eine **vollständige Angabe über die Kündigungsgründe** zu machen. Bei einer Kündigung in der Probezeit richtet sich der Inhalt der Unterrichtungspflicht aber nicht nach den objektiven Merkmalen der Kündigungsgründe des noch nicht anwendbaren § 1 KSchG. Das folgt aus dem Grundsatz der subjektiven Determination (vgl. entsprechend BAG 12.09.2013 – 6 AZR 121/12 – zum BetrVG). Nach der Rechtsprechung stehen dem Arbeitgeber dementsprechend **verschiedene Möglichkeiten zur Unterrichtung des Personalrats** zur Verfügung: Er kann seine Kündigung entweder auf **substantiierbare Tatsachen** (1. Möglichkeit) **oder** nur auf **ein personenbezogenes Werturteil** (2. Möglichkeit) stützen. Macht er von der ersten Option Gebrauch, so muss er dem Personalrat die zugrunde liegenden Tatsachen bzw. Ausgangsgrundlagen substanziiert mitteilt (→ „Wer, was, wie, wann, wo …“). Pauschale Angaben wie z. B. „Der Dienstantritt erfolgte mehrfach zu spät oder Arbeitsaufträge wurden vielfach nicht ausreichend erledigt“ genügen dem nicht. Bedient er sich einer Probezeitkündigung, die nur auf einem subjektiven Werturteil beruht, was in der Praxis ausdrücklich zu empfehlen ist (!), so muss er auch nur dieses Werturteil als den eigentlichen Kündigungsgrund mitteilen. Die seinem Urteil zugrunde liegenden Erwägungen bzw. Ansatzpunkte muss er dem Personalrat auch dann nicht mitteilen, wenn sie einen substantiierbaren Tatsachenkern haben. Etwas anderes gilt nur dann, wenn in Wirklichkeit nicht das Werturteil, sondern bestimmte konkrete Verhaltensweisen oder Tatsachen den eigentlichen Kündigungsgrund bilden (vgl. entsprechend BAG 18.05.1994 – 2 AZR 920/93 – und BAG 12.09.2013 a. a. O. beide zum BetrVG). Nach der Rechtsprechung genügt z. B. folgende Mitteilung bzw. Begründung im Rahmen der Personalratsvorlage: Der Arbeitnehmer hat sich nach meinem subjektiven Werturteil „während der Probezeit nicht bewährt“ und ist „nicht geeignet, die ihm übertragenen Aufgaben ordnungsgemäß zu erfüllen“ (vgl. entsprechend BAG 22.04.2010 – 6 AZR 828/08 – zum BetrVG) oder „nach meiner allgemeinen, 99 subjektiven Einschätzung genügt der Arbeitnehmer meinen Anforderungen nicht" (vgl. entsprechend BAG 03.12.1998 – 2 AZR 234/98 – zum BetrVG) oder der Arbeitnehmer hat die „in ihn gesetzten Erwartungen nicht erfüllt" (vgl. entsprechend BAG 18.05.1994 – 2 AZR 920/93 – zum BetrVG) oder „Eine Fortsetzung des Arbeitsverhältnisses ist nicht in meinem Interesse" (vgl. entsprechend BAG 12.09.2013 a.a.O.). **Im späteren Kündigungsschreiben braucht und sollte (!) der Arbeitgeber im Übrigen keinerlei darüberhinausgehende Begründung abgeben!**

99a **Wichtig!**

Im Klagefall, kann der Arbeitgeber auch, wenn er der Kündigung nur ein reines Werturteil zugrunde gelegt hat, im Prozess durchaus einzelne Vorfälle und Beobachtungen vortragen. Er darf sich auf diese aber nicht zur Rechtfertigung seiner Kündigung berufen, sondern muss darstellen, dass diese Umstände in ihrer Gesamtheit ihm bzw. dem zuständigen Vorgesetzten das Gefühl vermittelt haben, dass eine Fortsetzung des Arbeitsverhältnisses nicht sinnvoll erscheint (vgl. hierzu auch entsprechend BAG 03.12.1998 – 2 AZR 234/98 – zum BetrVG)!

99b Das **Prüfungsrecht des Personalrats** ist auf Folgendes gerichtet: Er hat insbesondere zu prüfen, ob ein Verstoß gegen ein gesetzliches Verbot (§ 134 BGB), gegen die guten Sitten (§ 138 BGB) oder gegen den Grundsatz von Treu und Glauben (§ 242 BGB) vorliegt. Bloße Vorbehalte gegen die von der Dienststelle z.B. vorgetragene Eignungsbeurteilung des Arbeitnehmers in der Probezeit sind nicht ausreichend, um einen Verstoß im vorbenannten Sinne anzunehmen (vgl. BVerwG 30.11.1994 – 6 P 11.93 –).

100 Zur **Durchführung des Anhörungsverfahrens** vgl. grds. Rz. 57 ff.

101 Wenn der Personalrat **Einwendungen** gegen die beabsichtigte Kündigung in der Probezeit hat, so muss er nach Abs. 6 diese **binnen drei Arbeitstagen** der Dienststelle schriftlich zur Kenntnis geben (vgl. Rz. 156 ff.).

102 Eine **ohne Beteiligung des Personalrates ausgesprochene Kündigung** hat nach **Abs. 3** deren **Unwirksamkeit** zur Folge (vgl. Rz. 150)!

102a Die (Probezeit-)**Kündigung eines schwerbehinderten Arbeitnehmers** ist nicht nur personalvertretungsrechtlich eingeschränkt, sondern bedarf zu ihrer Wirksamkeit seit dem 30.12.2016 auch **zwingend** der **Beteiligung der Schwerbehindertenvertretung**, da sie ansonsten nach § 178 Abs. 2 Satz 3 SGB IX unwirksam ist. Die Schwerbehindertenvertretung ist nach § 178 Abs. 2 Satz 1 SGB IX unverzüglich (§ 121 Abs. 1 Satz 1 BGB) und umfassend zu unterrichten. Sie ist vor einer Entscheidung anzuhören. Anders als im LPVG NRW für den Personalrat und im BetrVG für den Betriebsrat (§ 102 Abs. 2 Satz 3 BetrVG) geregelt, enthält § 178 Abs. 2 SGB IX allerdings keine konkrete Beteiligungsfrist für eine Kündigung. Von daher ist es vertretbar **in analoger Anwendung des § 102 Abs. 2 BetrVG**, von einer **1-Wochen-Frist zur Stellungnahme** auszugehen (vgl. BAG 13.12.2018 – 2 AZR 378/18 –). Der Arbeitgeber hat zudem jede Begründung und Beendigung des Probearbeitsverhältnisses mit einem schwerbehinderten Arbeitnehmer ebenfalls dem **Integrationsamt innerhalb von vier Tagen anzuzeigen** (§ 173 Abs. 3 SGB IX). Hierdurch soll sichergestellt werden, dass gerade in der wichtigen Anfangsphase eines Arbeitsverhältnisses alle Möglichkeiten der begleitenden Hilfe im Arbeitsleben ausgeschöpft werden können. Eine **Beteiligung oder gar Zustimmung des Integrationsamtes bedarf es bei der Probezeitkündigung nicht** (§ 173 Abs. 1 Nr. 1 SGB IX). Nach der **Entscheidung des EuGH vom 10.02.2022 – C-485/20 HR Rail –** ist die **Kündigung von Schwerbehinderten auch in der Probezeit aber nur unter bestimmten Voraussetzungen möglich**. Soll hier aufgrund fehlender Eignung wegen der Schwerbehinderung gekündigt werden, ist der Arbeitgeberseite nachdrücklich zu empfehlen, sicherheitshalber zunächst zu prüfen und beweissichernd zu dokumentieren, ob der Arbeitsplatz i.S.d. EuGH-Rechtsprechung behindertengerecht ausgestaltet werden kann (1. Alt.) oder ob dem Arbeitnehmer ein anderer behindertengerechter Arbeitsplatz zur Verfügung gestellt werden kann (2. Alt.). Denn diese Fragen könnten im Rahmen eines späteren Kündigungsschutzverfahrens auch in der Probezeit Berücksichtigung finden soweit eine abschließende BAG-Rechtsprechung noch nicht vorliegt (vgl. hierzu ArbG Köln 20.12.2023 - 18 Ca 3954/23 - n.rk.).!

Ferner gilt es neben der Beteiligung in sonstigen Angelegenheiten (§ 17 LGG NRW), auch noch vorab die zwingende Pflicht zur **Beteiligung der Gleichstellungsbeauftragten bei allen Kündigungen** zu beachten, da sie seit dem 15.12.2016 ansonsten nach § 18 Abs. 3 Satz 1 LGG NRW rechtswidrig sind! Als Verwaltungsangehörige (§ 16 Abs. 1 Satz 1 LGG NRW) ist die Gleichstellungsbeauftragte bei einer Kündigung in der Probezeit im Rahmen der 1-Wochen-Regelfrist nach § 18 Abs. 2 Satz 1 LGG NRW noch **vor der formellen Verfahrensbeteiligung des Personalrats** (und ggf. der Schwerbehindertenvertretung) zu beteiligen (arg. e contr. § 18 Abs. 2 Satz 3 LGG NRW, der nur außerordentliche Kündigungen benennt). Zur Unzulässigkeit eines Verzichts der Gleichstellungsbeauftragten auf ihre Beteiligungsrechte vgl. im Übrigen OVG NRW 19.06.2015 – 6 A 589/12 – und auch Bülow, § 18 LGG NRW NRW Rn. 167 ff. 102b

3. Abs. 2 Satz 1 Fall 3: Anhörung bei außerordentlichen Kündigungen

Nach Abs. 2 Satz 1 Fall 3 ist der Personalrat bei einer beabsichtigten außerordentlichen Kündigung durch den Arbeitgeber anzuhören. Das betrifft 103

2 AZR 32/71 –). Der Arbeitgeber muss sich die **Kenntnis anderer Personen** nach Treu und Glauben **nur ausnahmsweise zurechnen lassen**. Damit dies der Fall ist, müssen diese Personen eine herausgehobene Position und Funktion in der Verwaltung bzw. dem Betrieb bekleiden und tatsächlich sowie rechtlich in der Lage sein, einen Sachverhalt, der Anhaltspunkte für eine außerordentliche Kündigung bietet, derart umfassend klären zu können, dass mit ihrer Mitteilung der Kündigungsberechtigte letztendlich ohne weitere Erhebungen und Ermittlungen seine (Kündigungs-)Entscheidung treffen kann (so BAG 23.10.2008 a. a. O.). Demzufolge muss ein solcher herausgehobener Mitarbeiter zum einen in einer ähnlich selbstständigen Stellung sein wie ein gesetzlicher oder rechtsgeschäftlicher Stellvertreter des Arbeitgebers (1. Voraussetzung). Zum anderen muss die verspätet erlangte Kenntnis des Kündigungsberechtigten in diesen Fällen auf einer unsachgemäßen Organisation der Verwaltung oder des Betriebs beruhen, obwohl eine andere betriebliche Organisation sachgemäß und zumutbar gewesen wäre (2. Voraussetzung). Beide vorbenannte Voraussetzungen müssen kumulativ vorliegen (so BAG 23.10.2008 a. a. O.). Wenn der vorbenannte (Vorgesetzte-)Mitarbeiter „Mittäter" bzw. „Beteiligter" der arbeitsvertraglichen Pflichtverletzung gewesen ist, so ist seine Kenntnis für den Lauf der Ausschlussfrist unschädlich! Neben dem zuvor dargestellten Fristenvorbehalt, muss eine außerordentliche Kündigung, gleichsam einer ordentlichen **Kündigung stets schriftlich erfolgen** (vgl. hierzu LAG Hamm 30.06.2022 – 17 As 1400/21 – m. w. N. zur Unwirksamkeit wegen eines bloßen Schriftzeichens statt Unterschrift).

114 **Wichtig!**

Die Wahrung der Kündigungserklärungsfrist des § 626 Abs. 2 BGB gehört nicht zu den erforderlichen „Gründen für die Kündigung" über die der Personalrat bei der Beteiligung vor dem Ausspruch der Kündigung unterrichtet werden muss. Soweit ihm gegenüber dennoch freiwillige Angaben gemacht werden, die für die Einhaltung der Frist des § 626 Abs. 2 BGB von Bedeutung sind, müssen diese allerdings wahrheitsgemäß erfolgen (vgl. entsprechend BAG 07.05.2020 – 2 AZR 678/19 – zur Betriebsratsbeteiligung)!

115 Bei Vorliegen eines **sog. Dauertatbestandes** beginnt die 2-Wochen-Ausschlussfrist nicht vor dessen Beendigung (vgl. BAG 22.11.2012 – 2 AZR 673/11 – zur betriebsbedingten Kündigung und 23.01.2014 – 2 AZR 582/13 – sowie 22.03.2018 – 8 AZR 190/17 – zur krankheitsbedingten Kündigung m. w. N.).

116 Die **Frist des § 626 Abs. 2 BGB** findet auch bei **Verdachtskündigungen** (vgl. Rz. 28 ff.) Anwendung. Wenn der Kündigungsberechtigte Anhaltspunkte für einen Verdacht, der zur außerordentlichen Kündigung berechtigt, auf-

weist, ist er gehalten, entsprechende Ermittlungen anzustellen und den betroffenen Arbeitnehmer innerhalb eines ersten Fristen-Schritt von einer Woche anzuhören (vgl. BAG 20.03.2014 – 2 AZR 1037/12 –), ohne dass die 2-Wochen-Ausschlussfrist bereits zu laufen beginnt (BAG 20.3.2014 – 2 AZR 1037/12 –). Dabei gilt es zu beachten, dass er die Ermittlungen im Weiteren nicht hinauszögert. Der Fristenlauf nach § 626 Abs. 2 BGB beginnt in einem zweiten Schritt erst, wenn die Ermittlungen vollständig abgeschlossen sind (vgl. BAG 28.11.2007 – 5 AZR 952/06 –). Soweit der Arbeitgeber **Anhaltspunkte für ein strafbares Verhalten des Arbeitnehmers** hat, kann er grundsätzlich den Fortgang eines laufenden Straf- und/oder Ermittlungsverfahrens abwarten. Wenn er in einem solchen Fall zu einem nicht willkürlich gewählten späteren Zeitpunkt kündigt, so ist dies zur Wahrung der Frist des § 626 Abs. 2 BGB regelmäßig ausreichend. Diese Möglichkeit des Zuwartens schränkt den Arbeitgeber in der Wahl seiner Mittel zur Sachaufklärung nicht ein. Es steht ihm vielmehr frei, (auch) eigene Ermittlungen anzustellen und die Strafverfolgungsbehörden nicht oder nicht unmittelbar einzuschalten. Auch „private" Ermittlungen hemmen – zügig vorangetrieben – den Lauf der Zwei-Wochen-Frist (so BAG 16.07.2015 – 2 AZR 85/15 –).

Wichtig! 117

Wenn der Arbeitgeber eine Verdachtskündigung ausgesprochen hat, und es kommen weitere belastende Erkenntnisse hinzu, die für sich betrachtet eine eigenständige Kündigung rechtfertigen, so kann er eine weitere Verdachtskündigung aussprechen, deren Erklärungsfrist dann durch die Erlangung der neuen Erkenntnisse ausgelöst wird (vgl. BAG 27.1.2011 – 2 AZR 825/09 –). Bei dieser Kündigung ist der Personalrat dann (erneut) entsprechend zu beteiligen!

Bei einer **sog. Druckkündigung** (vgl. Rz. 42) ist der Beginn des Fristenlaufs 118
nicht immer klar zu definieren. Vertretbar ist es hier, auf den Zeitpunkt der vollständigen Kenntnis des Kündigenden im Hinblick auf alle Umstände, die ihm die tatsächlich gezogene Schlussfolgerung erlauben, die Drucksituation könne allein durch Ausspruch einer außerordentlichen Kündigung beseitigt werden, abzustellen (so zutreffend ErfK/Müller-Glöge BGB § 626 Rn. 215).

Die **Berechnung der Ausschlussfrist** richtet sich nach den §§ 187 ff. BGB. 119
Zum Fristenbeginn bei Compliance-Untersuchungen vgl. BAG 05.05.2022 – 2 AZR 483/21 –.

Beispiele: 120

1. Wenn der Kündigungsberechtigte von den Kündigungsgründen z.B. an einem Montag Kenntnis erlangt, so endet die Ausschlussfrist mit dem Ablauf des Montags der übernächsten Woche (§ 187 Abs. 1 und § 188 Abs. 2 Satz 1 Halbsatz 1 BGB).

2. Wenn die Ausschlussfrist an einem Sonnabend, einem Sonntag oder einem gesetzlichen Feiertag abläuft, so tritt an die Stelle dieses Tages nach § 193 BGB der nächste Werktag (vgl. BAG 24.10.2013 – 2 AZR 1057/12 –).

121 Es gibt keine absoluten außerordentlichen Kündigungsgründe, wohl aber **typische von der Rechtsprechung angenommene Sachverhalte wie z.B.:**

- Sexuelle Belästigung (vgl. BAG 29.06.2017 – 2 AZR 302/16 – m.w.N.)
- Annahme von Schmiergeldern (vgl. BAG 21.06.2001 – 2 AZR 30/00)
- Beharrliche Arbeitsverweigerung (vgl. BAG 28.06.2018 – 2 AZR 436/17 –)
- Behinderung einer amtsärztlichen Untersuchung (vgl. BAG 06.11.1997 – 2 AZR 801/97 –)
- Beleidigung (vgl. BAG 06.02.1997 – 2 AZR 38/96 –)
- Entzug der Fahrerlaubnis (vgl. BAG 30.05.1079 – 2 AZR 630/76 –)
- Geschäftsschädigendes Verhalten (vgl. BAG 18.09.1997 – 2 AZR 36/97 –)
- Verbotene Annahme von geringwertigen Geldgeschenken (vgl. BAG 15.11.2001 – 2 AZR 605/00 –)
- Nebenbeschäftigung während der Arbeitszeit (vgl. BAG 26.08.1993 – 2 AZR 154/93 –)
- Diebstahl am Arbeitsplatz (vgl. BAG 17.05.1984 – 2 AZR 3/83 – und 10.06.2010 – 2 AZR 541/09 – zum sog. Emmely-Fall)
- Ankündigung einer Erkrankung (vgl. BAG 12.03.2009 – 2 AZR 251/07 –)
- Arbeitszeitbetrug (vgl. BAG 13.12.2018 – 2 AZR 370/18 – und LAG Mecklenburg-Vorpommern 16.07.2014 – 4 Sa 43/14 – m.w.N. sowie LAG Hamm 07.06.2022 – 6 Sa 97/22 – zur Darlegungs- und Beweislast des Arbeitgebers m.w.N.)
- Außerdienstliche Straftat mit Bezug zum Arbeitsverhältnis (vgl. BAG 10.09.2009 – 2 AZR 257/08 –)
- Außerdienstlicher Drogenkonsum eines Lkw-Fahrers (vgl. BAG 20.10.2016 – 6 AZR 471/15 –)
- Kündigung bei Gründen, die vor Beginn des Arbeitsverhältnisses liegen (vgl. BAG 05.04.2000 – 2 AZR 159/00 –)
- Unerlaubte Konkurrenztätigkeit (vgl. LAG Rheinland-Pfalz 01.12.1997 – 9 Sa 949/97 –)
- Selbstbeurlaubung während eines Prozessrechtsarbeitsverhältnisses
- (BAG 20.05.2021 – 2 AZR 457/20 –)
- Folgekündigung wegen versuchtem Prozessbetrug (vgl. LAG Köln 12.04.2010 – 2 Sa 819/09 –)
- Heimliche Aufzeichnung eines Gesprächs (vgl. LAG Hessen 23.08.2017 – 6 Sa 137/17 –)
- Unbefugter Kenntnisnahme und Weitergabe fremder E-Mails und Chat-Verläufe (vgl. LAG Köln 02.11.2021 – 4 Sa 290/21 –)

- Illoyales Verhalten einer Geschäftsführerin (vgl. BAG 01.06.2017 – 6 AZR 720/15 –)
- Drohung mit Selbstmord (vgl. BAG 29.06.2017 – 2 AZR 47/16 –)
- Bedrohung eines Vorgesetzten (vgl. BAG 28.02.2023 – 2 AZR 194/22 –)
- Verweigerung oder Verhinderung der betriebsärztlichen Untersuchung gem. § 3 Abs. 4 TVöD (vgl. BAG 25.01.2018 – 2 AZR 382/17 – u. ArbG Dortmund 15.10.2015 – 3 Ca 203/15 –)
- Vorlage falscher Corona-Testbescheinigungen (vgl. ArbG Kaiserslautern 30.06.2022 – 6 Ca 87/22 –)
- Äußerungen über Vorgesetze/Kollegen im Chat/WhatsApp (vgl. BAG 24.08.2023 – 2 AZR 17/23 –)
- Täuschung über Impfunfähigkeit (vgl. BAG 14.12.2023 – 2 AZR 66/23 –)

Zur außerordentlichen Kündigung von Berufsausbildungsverhältnissen **121a** siehe ArbG Köln 07.02.2023 – 2 Ca 6265/22 – m. w. N., das zutreffend die Nichtzulassung zur staatlichen Abschlussprüfung an sich nicht als wichtigen Beendigungsgrund i. S. d. § 22 BBiG angesehen hat!

Ferner gilt es neben der Beteiligung in sonstigen Angelegenheiten (§ 17 LGG **122** NRW) vor allem auch die zwingende **Pflicht zur Beteiligung der Gleichstellungsbeauftragten bei allen Kündigungen** zu beachten, da sie seit dem 15.12.2016 ansonsten nach § 18 Abs. 3 Satz 1 LGG NRW rechtswidrig sind! Die **Frist beträgt drei Arbeitstage**. Sie kann nur bei einer außerordentlichen Kündigung – ansonsten aber nicht (!) – zeitgleich mit dem Personalrat beteiligt werden. Zur Fristberechnung vgl. Rz. 156f. Eine nicht ordnungsgemäße Beteiligung führt nach aktueller Auffassung des LAG Düsseldorf vom 19.05.2023 – 7 Sa 770/22 zur Unwirksamkeit der Kündigung (vgl. auch Bülow, § 18 LGG NRW Rn. 78 m.w.N.)!. Zur Unzulässigkeit eines Verzichts der Gleichstellungsbeauftragten auf ihre Beteiligungsrechte vgl. OVG NRW 19.06.2015 – 6 A 589/12 – und Bülow, § 18 LGG NRW NRW Rn. 6ff. Die Kündigung eines schwerbehinderten Arbeitnehmers bedarf zu ihrer Wirksamkeit seit dem 30.12.2016 zwingend der **Beteiligung der Schwerbehindertenvertretung**, da sie ansonsten nach § 178 Abs. 2 Satz 3 SGB IX unwirksam ist. Die Schwerbehindertenvertretung ist nach dem Wortlaut des § 178 Abs. 2 Satz 1 SGB IX unverzüglich (§ 121 Abs. 1 Satz 1 BGB) und umfassend zu unterrichten und vor einer Entscheidung anzuhören. Anders als im LPVG NRW für den Personalrat und im BetrVG für den Betriebsrat (§ 102 Abs. 2 Satz 3 BetrVG) geregelt, enthält § 95 Abs. 2 SGB IX allerdings keine konkrete Beteiligungsfrist für eine Kündigung. Von daher ist es vertretbar **in analoger Anwendung des § 102 Abs. 2 Satz 3 BetrVG** von einer Frist zur Stellungnahme auszugehen, die **drei Tage** (nicht Arbeitstage) beträgt (vgl. BAG 13.12.2018 – 2 AZR 378/18 –). Weiterhin bedarf es nach § 168 SGB IX auch noch der **Zustimmung des Integra-**

tionsamts. Hat der Arbeitgeber entgegen § 167 Abs. 1 SGB IX a.F. ein Präventionsverfahren nicht durchgeführt, trifft ihn eine erhöhte Darlegungslast im Hinblick auf denkbare mildere Mittel, um die zum Anlass für die Kündigung genommenen Verhaltensverstöße zukünftig zu beseitigen. Die erhöhte Darlegungslast entfällt nicht deshalb, weil das Integrationsamt der Kündigung zugestimmt hat (so BAG 25.01.2018 – 2 AZR 382/17 –).

123 **Praxistipp!**

Zur Vermeidung von Unvollständigkeiten und/oder Widersprüchlichkeiten sollte der Arbeitgeber in allen vorgenannten Beteiligungsverfahren immer die gleiche vollständige Darstellung vornehmen!

124 Für den Arbeitgeber ist auch ein **Nachschieben von Kündigungsgründen** möglich. Kündigungsgründe, die bereits bei Ausspruch der Kündigung bestanden, ihm aber erst später bekannt geworden sind und für sich betrachtet die bereits ausgesprochene Kündigung weiter bestätigen und als solche nicht unbedingt geeignet sind, eine weitere eigenständige Kündigung zu tragen, können vom Arbeitgeber in einem vom Arbeitnehmer betriebenen Kündigungsschutzprozess uneingeschränkt nachgeschoben werden (vgl. allgemein auch BAG 18.01.1980 – 7 AZR 260/78 – und speziell zur Verdachtskündigung BAG 18.6.2015 – 2 AZR 256/14 –).

124a Hierbei besteht **keine Anwendung der Ausschlussfrist des § 626 Abs. 2 BGB** (vgl. BAG 04.06.1997 – 2 AZR 362/96 und 12.01.2021 – 2 AZN 724/20 –).

124b Der Arbeitgeber hat aber zu beachten, dass er beim Nachschieben von Kündigungsgründen **für jeden Einzelfall die erneute Beteiligung der Personalvertretung** vorzunehmen hat (vgl. BAG 11.04.1985 – 2 AZR 239/84 –). Das gilt im Übrigen auch für die Beteiligung des Integrationsamtes bei der (außerordentlichen) Kündigung eines schwerbehinderten Arbeitnehmers.

Übersicht:

125

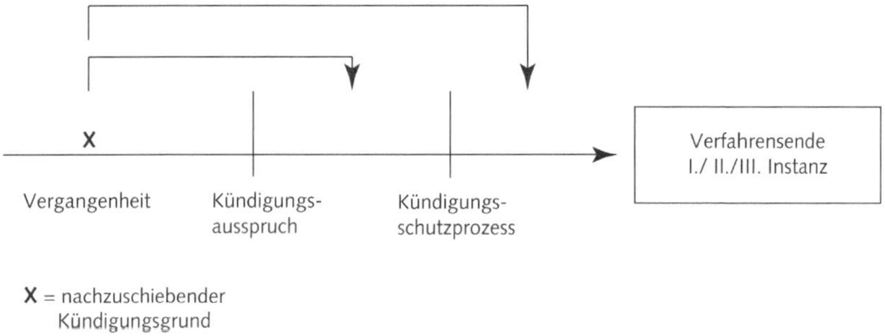

Muster 67: Personalratsvorlage für das Nachschieben von Kündigungsgründen 126

Siehe auch **Checkliste**: Nachschieben von Kündigungsgründen 126a

Im Rahmen der **Unterrichtung des Personalrates** hat die Dienststelle diesem gegenüber nach **Abs. 2 Satz 2** eine **vollständige Angabe über die Kündigungsgründe** zu machen. Da die Darlegungs- und Beweislast des Arbeitgebers in einem späteren Kündigungsschutzprozess hinsichtlich des wichtigen Grundes i.S.d. § 626 Abs. 1 BGB grundsätzlich auch die **Entkräftigung der vom Arbeitnehmer vorgetragenen Rechtfertigungsgründe** umfasst (vgl. BAG 17.03.2016 – 2 AZR 110/15 –), sollte die Kündigung und dabei schon die Personalratsvorlage entsprechend sorgfältig vorbereitet werden! Ein Arbeitgeber, der außerordentlich fristlos kündigen möchte, muss dem Personalrat nach der Rechtsprechung jedoch nicht mitteilen, dass dem Arbeitnehmer ein **Sonderkündigungsschutz** (vgl. z.B. Rz. 98) zukommt; gleichwohl sollte er dies in der Praxis bestenfalls dennoch zur Mitteilung bringen (vgl. hierzu BAG 24.11.2022 – 2 AZR 287/22 –). 127

Für die Anhörung des Personalrates bei einer außerordentlichen Kündigung gelten dieselben Grundsätze wie für die Anhörung des Betriebsrates nach § 102 BetrVG. Dementsprechend ist eine außerordentliche Kündigung nicht erst dann unwirksam, wenn eine Unterrichtung des Personalrates in Gänze unterblieben ist, sondern bereits dann, wenn der Arbeitgeber seine Unterrichtungspflicht vor allem nicht vollständig nachgekommen ist (vgl. BAG 17.02.2000 – 2 AZR 913/98 –). Damit Letzteres nicht der Fall ist, muss der Arbeitgeber neben der grundsätzlich **vollständigen Angabe der Sozialdaten** des zu kündigenden Arbeitnehmers vor allem eine derart **umfassende Kennzeichnung des Kündigungssachverhaltes** vornehmen, dass der Personalrat ohne eigene Nachforschungen in der Lage ist, selbst die Stichhaltigkeit der Kündigungsgründe zu prüfen und sich ein Bild zu machen (vgl. BAG 05.04.2001 – 2 AZR 159/00 –). **Das BAG hat im Hinblick auf das BetrVG nur die versehentliche Angabe von Sozialdaten unter strengen Voraussetzungen ausnahmsweise zugelassen** (vgl. entsprechend BAG 28.02.2023 – 2 AZR 194/22 –)! 128

Muster 41: Personalratsvorlage für eine außerordentliche Kündigung 129

Muster 34: Personalratsvorlage außerordentliche Verdachtskündigung 130

Muster 58: Personalratsvorlage für eine außerordentliche Tat- und hilfsweise Verdachtskündigung 131

Muster 25: Ergänzende Mitteilung zur Personalratsvorlage 131a

Siehe auch **Checkliste**: Verhaltensbedingte außerordentliche Kündigung 131b

132 **Wichtig!**

Die Angabe des Kündigungsgrundes hat nur in der Personalratsvorlage (vgl. § 74 Abs. 5 Satz 1 i. V. m. § 66 Abs. 2 Satz 1) zu erfolgen. Eine Angabe im Kündigungsschreiben ist weder gesetzlich noch tarifvertraglich vorgeschrieben und deshalb aus prozesstaktischen Gründen nicht zu empfehlen! Die Möglichkeit, dass der Arbeitnehmer nach Ausspruch der Kündigung gem. § 626 Abs. 2 Satz 2 BGB verlangen kann, dass ihm die Kündigungsgründe bekannt gegeben werden, stellt keine Wirksamkeitsvoraussetzung für die Kündigung dar (vgl. BGB 17.08.1972 – 2 AZR 415/71 –)!

Die Begründung einer außerordentlichen Kündigung durch den Arbeitgeber sollte frühestens in einem vom Arbeitnehmer eingeleiteten Kündigungsschutzprozess erfolgen, auch wenn er sich dadurch evtl. schadensersatzpflichtig machen kann. Hier sollte das Interesse an der Beendigung des Arbeitsverhältnisses mit dem Risiko eines der Höhe nach betriebswirtschaftlich wohl eher unbedeutenden Schadensersatzanspruches des Arbeitnehmers abgewogen werden. Dabei gilt es vor allem zu beachten, dass die Darlegungs- und Beweislast für einen gegebenenfalls behaupteten Vertrauensschaden, der durch die Nichtbegründung der Kündigung entstanden sein soll, prozessual dem Arbeitnehmer obliegt!

133 Zur Möglichkeit der **Anhörung des von der Kündigung betroffenen Arbeitnehmers** durch den Personalrat vgl. Rz. 151 ff.

134 Wenn der Personalrat **Einwendungen** gegen die beabsichtigte außerordentliche Kündigung hat, so muss diese nach **Abs. 6** diese **binnen drei Arbeitstagen** der Dienststelle schriftlich zur Kenntnis geben (vgl. Rz. 156).

135 Zur **Verpflichtung des Personalrates zur Zuleitung einer Abschrift** der an den Arbeitgeber adressierten Stellungnahme auch an den betroffenen Arbeitnehmer vgl. Rz. 153.

136 Nach **Abs. 3** ist der **Ausspruch einer außerordentlichen Kündigung ohne Beteiligung des Personalrates** unwirksam (vgl. Rz. 150). Entsprechendes gilt bei einem entsprechenden Kündigungsausspruch gegenüber einem schwerbehinderten Arbeitnehmer im Hinblick auf die Beteiligung der **Schwerbehindertenvertretung** und die Zustimmung des **Integrationsamtes** (vgl. Rz. 122). Ferner gilt es die zwingende Pflicht zur Beteiligung der **Gleichstellungsbeauftragten** bei allen Kündigungen zu beachten (vgl. Rz. 122). Zum Beteiligungsverfahren nach dem LGG NRW NRW siehe im Übrigen **gesonderte Kommentierung von Bülow zum LGG NRW NRW**; dort zu den §§ 17 und 18 LGG NRW NRW.

4. Abs. 2 Satz 1 Fall 4: Anhörung bei Aufhebungs- oder Beendigungsverträgen

Nach **Abs. 2 Satz 1 Fall 4** ist der Personalrat bei einem beabsichtigten Abschluss eines Aufhebungs- oder Beendigungsvertrages anzuhören. Dieses Anhörungsrecht besteht unabhängig davon, ob die Initiative für den Vertragsabschluss vom Arbeitgeber oder vom Arbeitnehmer selbst ausgeht (vgl. OVG NRW 14.03.2001 – 1 A 1620/99 –). 137

Das vorliegende Anhörungsrecht bestand bereits in der Vergangenheit, wurde durch die Novelle 2007 gestrichen und zur Erweiterung der Rechte des Personalrates im Zuge der **Novelle 2011** wieder in das Gesetz zur Herbeiführung des ursprünglichen Rechtszustandes aufgenommen. 138

Der **Schutzzweck der Anhörung** besteht darin, dem Personalrat die Möglichkeit zu geben, durch seine Stellungnahme gegebenenfalls auf den Willen beider Vertragspartner einzuwirken. Dadurch sollen vor allem die schutzwürdigen Interessen des von der Beendigung des Arbeitsverhältnisses betroffenen Arbeitnehmers gewahrt werden (Individualinteressen). Daneben sollen aber auch die Interessen der anderen Arbeitnehmer in der Dienststelle sichergestellt werden (Kollektivinteressen). Siehe zu beiden vorstehenden Schutzinteressen auch OVG NRW 14.03.2001 a. a. O.). Dementsprechend müssen dem Personalrat im Rahmen der Beteiligung zwar nicht die vollständigen Gründe nach Maßgabe des § 74 Abs. 2 Satz 2 mitgeteilt werden. Gleichwohl besteht für die Dienststelle aber ein **Unterrichtungsumfang i.S.d. § 65 Abs. 1 Satz 1**, sodass auf jeden Fall die beabsichtigten Vertragsinhalte mitzuteilen sind (vgl. hierzu LAG Hamm 15.02.2022 – 6 Sa 903/21 – wonach insbesondere die konkrete Benennung der Höhe einer vereinbarten Abfindung, dem Personalrat mitgeteilt werden muss). In der Praxis ist deshalb bereits die Vorlage eines Vertragsentwurfs zu empfehlen, der vollständig alle beabsichtigten Regelungen aufweist. Die bloße Mitteilung „wir beabsichtigen einen Aufhebungsvertrag abzuschließen" ist nicht ausreichend (ebenso ArbG Iserlohn 30.06.2021 – 1 Ca 737/20 –, bestätigt durch LAG Hamm 15.02.2022 – 6 Sa 903/21 –). 139

Die Begriffe „**Aufhebungs- oder Beendigungsvertrag**" stellen auf eine einvernehmliche vertragliche Beendigung des Arbeitsverhältnisses ab. Soweit es sich im Fall der Kündigung entweder durch den Arbeitgeber oder auch den Arbeitnehmer jeweils um eine einseitige Beendigung des Arbeitsverhältnisses handelt, besteht hierbei ein Einverständnis beider Vertragsparteien im Hinblick auf die Auflösung des Arbeitsverhältnisses. Es gilt die Vertragsfreiheit in den gesetzlichen Grenzen. Im Gegensatz zur Kündigung muss deshalb von keiner Seite ein Grund für die Auflösung angegeben wer- 140 bis zur nächstmöglichen Wiederholungsprüfung, höchstens um ein Jahr. Wenn Auszubildende ohne ein eigenes Verschulden die Abschlussprüfung erst nach beendeter Ausbildungszeit ablegen können, so gilt nach § 16 Abs. 2 TVAöD-BBiG/TVA-L BBiG die Regelung in § 16 Abs. 1 Satz 2 TVAöD-BBiG/TVA-L BBiG entsprechend. Eine Beendigung kann auch schon vor Ablauf der Ausbildungszeit nach **§ 21 Abs. 2 BBiG** durch Bestehen der Abschlussprüfung eintreten. Dazu muss das Prüfungsverfahren abgeschlossen und dem Auszubildenden das Ergebnis der Prüfung mitgeteilt worden sein. Ist für das Bestehen der Abschlussprüfung nur noch die erfolgreiche Ablegung einer mündlichen Ergänzungsprüfung in einem einzelnen Prüfungsbereich erforderlich, tritt die vorzeitige Beendigung mit der verbindlichen Mitteilung des Gesamtergebnisses in diesem Fach ein (vgl. BAG 20.03.2018 a.a.O.). Beabsichtigt der Ausbildende **keine Übernahme** in ein befristetes oder unbefristetes Arbeitsverhältnis, so hat er dies den Auszubildenden nach § 16 Abs. 3 TVAöD-BBiG/TVA-L BBiG drei Monate vor dem voraussichtlichen Ende der Ausbildungszeit schriftlich mitzuteilen.

147 Entsprechendes gilt für **Mitglieder einer Personal- oder einer Jugend- und Auszubildendenvertretung** (vgl. § 7 Abs. 2).

148 **Keine Anhörungspflicht** besteht für den Fall einer **Übernahmeabsicht** in ein Arbeitsverhältnis nach Abschluss der Berufsausbildung. Hierbei greift aber im Weiteren dann das Mitbestimmungsrecht bei der Einstellung nach § 72 Abs. 1 Satz 1 Nr. 1 Fall 1 (vgl. hierzu auch OVG NRW 05.08.1982 – CL 28/81 –)!

149 **Wichtig!**

Die arbeitgeberseitige Unterlassung einer schriftlichen Mitteilung und/oder Anhörung des Personalrats begründet keinen Anspruch auf Abschluss eines Arbeitsvertrages (vgl. LAG Düsseldorf 26.03.2014 – 4 Sa 1424/13 –)! Dem Auszubildenden kann u. U. aber ein Schadensersatzanspruch zustehen (vgl. entsprechend BAG 29.09.2005 – 8 AZR 573/04 –)!

V. Anhörung als Wirksamkeitsvoraussetzung

150 Abs. 3: Der **Ausspruch einer Kündigung** oder der **Abschluss eines Aufhebungs- oder Beendigungsvertrages ohne Beteiligung des Personalrates** führt zu deren **Unwirksamkeit**! Eine spätere Heilung ist nicht möglich!

VI. Verfahrensmöglichkeit und Verpflichtung

Abs. 4: Nach **Abs. 4 Satz 1** wird dem Personalrat eine **Anhörungsmöglichkeit des betroffenen Arbeitnehmers vor einer Stellungnahme** eröffnet. Damit erhält er Gelegenheit, die Interessen und auch die Sichtweise des von der jeweils beabsichtigten Personalmaßnahme betroffenen Arbeitnehmers zur Kenntnis nehmen zu können, um diese in seiner Stellungnahme gegenüber dem Arbeitgeber entsprechend zu berücksichtigen. Ob der Personalrat von dieser Möglichkeit Gebrauch macht, steht in seinem Ermessen. Eine Nichtanhörung führt deshalb nicht dazu, dass Anhörungsverfahren nicht ordnungsgemäß durchgeführt wurde (vgl. entsprecht BAG 02.04.1976 – 2 AZR 513/75 – und 12.10.1979 – 7 AZR 959/77 – zu § 102 BetrVG). Die Anhörungsmöglichkeit nach der vorliegenden Vorschrift begründet kein Recht des betroffenen Beschäftigten auf die Hinzuziehung eines Rechtsanwalts oder Gewerkschaftsvertreter zur Personalratssitzung. Sollte der betroffene Beschäftigte einem Hausverbot unterliegen, so ist im Hinblick auf eine Durchführungsmöglichkeit in der Dienststelle auf dessen Zweck (Stichwort: „Öffentlich-rechtliches Hausverbot") abzustellen (vgl. im Kontext auch entsprechend ArbG Kiel 06.06.1974 – 3 Ca 377/74 – zu § 102 BetrVG). Im Rahmen der Anhörung darf der Personalrat dem betroffenen Arbeitnehmer nur die Möglichkeit eröffnen, seinen eigenen Standpunkt vorzubringen. Die Anhörung dient also ausschließlich der Erkenntnisgewinnung vor der letztendlichen Stellungnahme gegenüber der Dienststelle. Deshalb darf der Personalrat hierbei **keine Rechtsberatung** vornehmen. Des Weiteren obliegt ihm die **Beachtung der Schweigepflicht nach § 9.** Das gilt insbesondere für die Tatsachen, die ihm die Dienststelle im Hinblick auf eine beabsichtigte Probezeitkündigung oder außerordentliche Kündigung nach § 74 Abs. 2 mitgeteilt hat (im Ergebnis ebenso Fitting, § 102 Rn. 69 zu § 102 BetrVG). Denn der Gesetzgeber hat nach § 9 Abs. 2 Satz 2 und 3 den Personenkreis gegenüber dem die Schweigepflicht nicht besteht abschließend geregelt. Beschäftigte, die von Personalmaßnahmen nach § 74 Abs. 2 betroffen sind, gehören ausdrücklich nicht dazu. Im Rahmen des Anhörungsverfahrens zu einer der beiden letztgenannten Kündigungen sind also nur Tatsachen ausgenommen, die nach § 9 Abs. 1 offenkundig sind oder ihrer Bedeutung nach keiner Geheimhaltung bedürfen (vgl. § 9 Rz. 11ff.). Das hat zur Folge, dass der Personalrat grundsätzlich **kein Recht zur Kenntnisgabe und Aushändigung der ihm zugeleiteten Personalratsvorlage nebst deren Anlagen gegenüber dem betroffenen Arbeitnehmer** aufweist. Er darf sie ihm vor allem nicht in Kopie überlassen! 151

Den **Ort der Anhörung** stellt grundsätzlich die, dem Personalrat von der Dienststelle zur Verfügung gestellte Räumlichkeit dar wie z.B. das Perso- 152 nalratsbüro oder zur Verfügung gestellte Sitzungsräume etc. Der Personalrat kann die Anhörung auch auf dem elektronischen (z.B. per E-Mail) oder schriftlichen Weg (z.B. per Telefax oder Brief) durchführen. Ein persönliches Aufsuchen des betroffenen Arbeitnehmers, z.B. im Krankenhaus oder zu Hause stellt eine Ausnahme dar und darf nur dann stattfinden, wenn eine entsprechende Erforderlichkeit unter entsprechender Berücksichtigung des Grundsatzes der sparsamen Verwendung öffentlicher Haushaltsmittel besteht. Der Personalrat weist **kein Zugangsrecht zum Arbeitsplatz** des betroffenen Arbeitnehmers auf, um dort eine Anhörung vorzunehmen. Eine Ausnahme hiervon besteht nur dann, wenn die Dienststellenleitung hierzu ihr Einverständnis erteilt hat.

153 Wenn der Personalrat **Einwendungen** gegen eine der in Abs. 2 Satz 1 benannten und von der Dienststelle beabsichtigten Maßnahmen oder Vereinbarungen erhebt, so hat er nach **Abs. 4 Satz 2** dem betroffenen Arbeitnehmer eine **Abschrift seiner Stellungnahme zuzuleiten**. Dies kann der Personalrat sowohl in elektronischer (z.B. per E-Mail) als auch in schriftlicher Form (z.B. Telefax oder Brief) vornehmen. Auch hier gilt, dass er grundsätzlich kein Recht auf Zugang zum Arbeitsplatz des betroffenen Arbeitnehmers hat, um eine Abschrift zu übergeben, soweit zuvor kein Einvernehmen mit der Dienststellenleitung darüber hergestellt wurde.

VII. Verfahren bei der Nichtzustimmung zur ordentlichen Kündigung

154 Abs. 5: Die Vorschrift regelt in **Abs. 5 Satz 1** für den Fall, dass der Personalrat einer beabsichtigten **ordentlichen Kündigung** nicht zustimmt, sich das weitere Verfahren in diesem Fall nach den Vorgaben des § 66 Abs. 2 und 3 sinngemäß orientiert (vgl. hierzu § 66 Rz. 14 ff. und 43 ff.).

155 Durch die Regelung in **Abs. 5 Satz 2** wird vorgegeben, dass sich das weitere Verfahren nach § 66 Abs. 5 („Stufenverfahren“) und § 66 Abs. 7 Satz 1 („Antrag auf Entscheidung durch die Einigungsstelle“) regelt (vgl. hierzu § 66 Rz. 76 ff. und 86).

VIII. Einwendungen gegen eine Probezeitkündigung oder eine außerordentliche Kündigung

156 Abs. 6: Nach **Abs. 6 Satz 1** hat der Personalrat, wenn er **Einwendungen** gegen eine beabsichtigte **Kündigung in der Probezeit** oder gegen eine **außerordentliche Kündigung** aufweist, diese **binnen drei Arbeitstagen**

der Dienststelle **schriftlich** zur Kenntnis zu geben. Der **Fristbeginn** erfolgt mit der Unterrichtung durch die Dienststellenleitung. Die **Fristberechnung** ist nach den §§ 186 ff. BGB vorzunehmen, wobei dem Personalrat drei volle Arbeitstage zur Verfügung stehen!

Beispiel: 157

Wenn dem Personalrat am Montag, den 18.05.20XY, die Anhörungsunterrichtung zugeht, so beginnt die Frist am Dienstag, den 19.05.20XY, um 0.00 Uhr und endet am Donnerstag, den 21.05.20XY, erst um 24.00 Uhr.

Nach **Abs. 6 Satz 2** gilt Abs. 4 entsprechend. 158

Die Dienststelle kann nach dem Fristablauf die beabsichtigte Kündigung 159
sodann aussprechen. Zur erforderlichen **Zustimmung des Integrationsamtes** bei der beabsichtigten Kündigung eines schwerbehinderten Arbeitnehmers vgl. Rz. 121 f.

IX. Einwände gegen einen Aufhebungs- oder Beendigungsvertrag

Abs. 7: Wenn der Personalrat **gegen einen Aufhebungs- oder Beendigungs-** 160
vertrag Einwände erheben möchte, so hat er nach **Abs. 7 Satz 1** diese **binnen einer Woche schriftlich der Dienststelle zur Kenntnis** zu geben. Zur Fristberechnung vgl. entsprechend Rz. 156.

Nach **Abs. 7 Satz 2** gilt Abs. 4 entsprechend. 161

Die Dienststelle kann nach dem Fristablauf den beabsichtigten Vertrags- 162
abschluss sodann vornehmen.

X. Initiativanträge des Personalrates

Abs. 8: Der Gesetzgeber hat den Geltungsgehalt dieser Vorschrift nicht 163
ganz verständlich formliert. Dem Wortlaut nach besteht **bei Initiativanträgen des Personalrats eine entsprechende Geltung des § 66 Abs. 4 und 6**. Fraglich ist, ob damit auch alle Beteiligungstatbestände des § 74 erfasst werden. Davon ist allerdings nicht auszugehen. Denn der Personalrat kann nach § 66 Abs. 4 nur (Mitbestimmungs-)Maßnahmen nach § 72 beantragen (vgl. § 66 Rz. 68). Folglich kann sich die vorliegende Vorschrift systematisch nur auf die in § 74 Abs. 1 gesetzlich zugelassene mitbestimmungspflichtige **ordentliche Arbeitgeberkündigung**, nicht aber auf die in § 74 Abs. 2 enthaltenen Personalmaßnahmen, die lediglich dem schwächeren Anhörungsrecht unterliegen beziehen (so im Ergebnis auch: Ceci-

or u.a. § 74 Rn. 81 und Klein/Lechtermann § 74 Rn. 20). Im Hinblick auf die letztgenannten (Personal-)Maßnahmen steht dem Personalrat deshalb nur ein „Anregungsrecht" i.S.d. § 64 Nr. 1 Rz. 2ff.).

XI. Rechtliche Auseinandersetzungen

164 Streitigkeiten zwischen der Dienststelle und dem Personalrat über den **Inhalt** und das **Eingreifen der Mitbestimmung** nach Abs. 1 und bzw. oder der Anhörung nach Abs. 2 sind im personalvertretungsrechtlichen Beschlussverfahren nach § 79 Abs. 1 Nr. 3 i.V.m. Abs. 2 vor dem Verwaltungsgericht zu klären.

165 Die von den Maßnahmen der streitigen Beteiligungsrechte betroffenen Beschäftigten sind keine Beteiligten dieses Verfahrens. Soweit sich aufgrund der Nichtbeachtung für sie Ansprüche ergeben sollten, so sind diese von ihnen eigenständig, d.h. bei Beamten im Verfahren nach der VwGO und dem VwVfG NRW vor dem Verwaltungsgericht und bei Arbeitnehmern im Urteilsverfahren vor dem Arbeitsgericht geltend zu machen. Die ordnungsgemäße Beachtung der Beteiligungsrechte des Personalrates können in diesen Verfahren inzidenter mitgeprüft werden.

§ 75 (Anhörung in sonstigen Fällen)

(1) Der Personalrat ist anzuhören bei

1. **der Vorbereitung der Entwürfe von Stellenplänen, Bewertungsplänen und Stellenbesetzungsplänen,**
2. **grundlegenden Änderungen von Arbeitsverfahren und Arbeitsabläufen,**
3. **der Planung von Neu-, Um- und Erweiterungsbauten sowie der Anmietung von Diensträumen,**
4. **der Anordnung von amts- und vertrauensärztlichen Untersuchungen zur Feststellung der Arbeits- oder Dienstfähigkeit,**
5. **der wesentlichen Änderung oder Verlagerung von Arbeitsplätzen.**

(2) Die Anhörung hat so rechtzeitig zu erfolgen, dass die Äußerung des Personalrats noch Einfluss auf die Willensbildung der Dienststelle nehmen kann.

Gliederung

I. Einleitende Bemerkungen

Die Vorschrift regelt neben den in § 74 Abs. 2 aufgeführten anhörungspflichtigen Angelegenheiten weitere Anhörungsrechte des Personalrates in sonstigen Fällen. 1

Im **Unterschied zur Mitbestimmung**, die dem Personalrat durch den dabei bestehenden Zustimmungsvorbehalt eine rechtlich festgelegte Einflussnahme auf die von der Dienststelle beabsichtigten Maßnahmen gibt, eröffnet die Anhörung dem Personalrat nur eine **formelle Beteiligungsmöglichkeit** und stellt sich damit gleichsam der Mitwirkung (§ 73) als ein schwächeres Beteiligungsrecht dar. 2

Zu den **Beteiligungsrechten nach dem LPVG NRW** vgl. auch die **Übersicht** in § 72 Rz. 4 und zum **Anhörungsverfahren des § 75** Rz. 69 und zu dem des § 74 Abs. 2 ansonsten auch § 74 Rz. 57 ff. Eine **unzureichende Unterrichtung des Personalrats führt dazu, dass das Anhörungsverfahren nicht wirksam eingeleitet worden ist** (vgl. entsprechend § 66 Rz. 38 m. w. N.)! 3

Muster 72: Personalratsvorlage im Anhörungsverfahren 3a

Siehe auch **Tabelle:** Lexikon der wichtigsten Personalratsrechte. 3b

Siehe auch **Tabelle:** Lexikon der wichtigsten Personalratsrechte. 4

II. Anhörungspflichtige Angelegenheiten

1. Abs. 1 Nr. 1: Anhörung bei der Vorbereitung der Entwürfe von Stellenplänen, Bewertungsplänen und Stellenbesetzungsplänen

a) Abs. 1 Nr. 1 Fall 1: Anhörung bei der Vorbereitung der Entwürfe von Stellenplänen

Abs. 1: Nach Abs. 1 Nr. 1 Fall 1 ist die Vorbereitung der hier benannten Planentwürfe anhörungspflichtig. 5

Schutzzweck der Anhörung ist, eine Beteiligungsmöglichkeit des Personalrates bereits im frühen Planungsstadium der Entwürfe von Stellenplänen, Bewertungsplänen und Stellenbesetzungsplänen zu bieten, um so dabei die berechtigten Interessen der betroffenen Beschäftigten zur Berücksichtigung zu bringen und die Wahrung des Gleichheitsgrundsatzes zu garantieren. 6

Unter einem „**Stellenplan**" ist haushaltsrechtlich die Ausweisung der Planstellen der Beamten und der Stellen der Angestellten und Arbeitnehmer zu verstehen (vgl. § 14 Abs. 1 Satz 1 Nr. 3 LHO NRW und entsprechend auch § 8 Abs. 1 GemHVO NRW sowie § 17 Abs. 1 EigBetrVO NRW). 7

Der Stellenplan weist also einen Soll-Charakter auf. Im Gegensatz zum Stellenbesetzungsplan (vgl. Rz. 14 ff.) ist bei ihm kein Personenbezug gegeben. Er ist entweder nach Organisationseinheiten gegliedert oder bezieht sich auf die gesamte Dienststelle. Er macht Angaben über die Anzahl, die Bezeichnung der in der Dienststelle vorhandenen Planstellen und enthält insoweit auch eine Beschreibung der Stellenwertigkeit durch die Angabe der Besoldungs- oder Entgeltgruppe (vgl. auch VG Düsseldorf 16.12.2010 – 34 K 1226/10 –). Die Darstellung kann sowohl in der Form eines Organigramms als auch in der einer Tabelle erfolgen. Die **Ausweisung von Stellen im Haushaltsplan** der Dienststelle berührt i. Ü. weder das im LPVG NRW als solches geregelte Recht noch schneidet es die, dem Personalrat gewährte Beteiligung ab (vgl. entsprechend BVerwG 23.6.2021 – 5 PB 6.20 – zum HmbPersVG und Anm. Bülow, ZTR 2022, S. 277).

8 **Gegenstand der Anhörung** ist die „**Vorbereitung der Entwürfe von Stellenplänen**", d. h. also die Ausarbeitung der Stellenübersicht i. S. d. § 27 LHO NRW (vgl. hierzu auch entsprechend BVerwG 24.09.2013 – 6 P 9.13 – zur Mitwirkung im PersVG BB). In diesem Zusammenhang gilt es zu beachten, dass auch **Änderungen von Stellenplänen** der Anhörung unterliegen, denn jede Änderung eines Stellenplans führt im Ergebnis zu einem neuen Stellenplan, wodurch auch eine erneute Anhörungspflicht erwächst (vgl. OVG NRW 28.12.1977 – CL 17/77 –). Zum Informationsanspruch des Personalrats im Hinblick auf den Stellenplan (namentliche Stellenbesetzungsliste) als dauerhafte Unterrichtungsquelle siehe BVerwG 23.01.2002 – 6 P 5.01 –.

9 **Kein Anhörungsrecht** besteht für **Planstellenbedarfsmeldungen durch nachgeordnete Dienststellen** (vgl. OVG NRW 12.10.1977 – CL 9/77 –) und für den **Hochschulbereich** (vgl. OVG NRW 02.10.1985 – CL 19/84 –).

10 **Wichtig!**

Im Rahmen der Anhörung kann der Personalrat bei der Vorbereitung der Entwürfe von Stellenplänen nicht die Vorlage von Stellenanforderungen verlangen, die in dem Entwurf keine Berücksichtigung gefunden haben (vgl. OVG NRW 05.07.1990 – CL 20/88 –)!

b) Abs. 1 Nr. 1 Fall 2: Anhörung bei der Vorbereitung der Entwürfe von Bewertungsplänen

11 Nach Abs. 1 Nr. 1 Fall 2 ist die Vorbereitung der Entwürfe von Bewertungsplänen anhörungspflichtig.

12 Der **Schutzzweck der Anhörung** besteht darin, dass der Personalrat bereits bei der Vorbereitung der Entwürfe von Bewertungsplänen seine Er-

fahrungen im Hinblick auf die Gesamtbetrachtung aller in der Dienststelle vorhandene Beschäftigten einbringen und so auch entsprechend zu deren Wohl auf die letztendliche Willensbildung der Dienststelle entsprechend einwirken kann.

Der Begriff „**Bewertungspläne**" erfasst alle Verzeichnisse oder Übersichten über den Stellenwert, d.h. also die Bewertung der Stelle und damit der einzelnen Ämter bzw. Dienstposten wie z.B. KGSt-Stellenplan-Stellenbewertungsgutachten (vgl. hierzu auch OVG NRW 03.08.1979 – 15 A 359/78 –). **13**

c) Abs. 1 Nr. 1 Fall 3: Anhörung bei der Vorbereitung der Entwürfe von Stellenbesetzungsplänen

Nach Abs. 1 Nr. 1 Fall 3 ist die Vorbereitung der Entwürfe von Stellenbesetzungsplänen anhörungspflichtig. **14**

„**Stellenbesetzungspläne**" sind auf der Grundlage des Stellenplans (vgl. Rz. 7) anzulegen. Sie stellen also Stellenbesetzungslisten dar, die letztendlich die tatsächlich besetzenden Stellen als Ist-Situation aufzeigen sollen. Damit stellen sie ein wichtiges Instrument des Personal-Managements dar. Denn sie zeigen, soweit eine Differenz zwischen dem Stellenplan (vgl. Rz. 7) und dem darauf basierenden Stellenbesetzungsplan besteht, auf, dass hier entweder eine entsprechende Personalbeschaffungsmaßnahme oder eine entsprechende Personalverteilungs- bzw. -abbaumaßnahme aufgrund eines bestehenden Personalüberhanges erforderlich ist. Aufgrund dieser dienststellenseitigen Personalplanungsbedürfnisse führt ein Stellenbesetzungsplan die Namen der Beschäftigten, ihre Zuordnung zu Tätigkeitsbereichen und darüber hinaus die für die Personalbedarfsberechnung wesentlichen Angaben auf (vgl. VG Düsseldorf 16.12.2010 – 34 K 1226/10. PVL –). Hierzu zählt auch die Angabe über Elternzeit und ihre Dauer (vgl. VG Düsseldorf 16.12.2010 – 34 K 2416/10.PVL –). **15**

Wichtig! **15a**

Die endgültigen Stellenbesetzungspläne sind dem Personalrat auf Verlangen nach § 65 Abs. 1 Satz 1 und 2 im Weiteren vorzulegen, soweit er im Einzelfall dartut, dass die Vorlage zur Erfüllung seiner Aufgaben erforderlich ist (vgl. zum BPersVG: BVerwG 26.02.1960 – BVerwG VII P 4.59 – und OVG NRW 24.01.2001 – 1 A 1538/99.PVB – sowie zum LPVG NRW: VG Düsseldorf 16.12.2010 jeweils a. a. O.)!

Keine Stellenbesetzungspläne stellen die **Lehrerzuweisungsverfahren** in NRW dar, da sie den Charakter eines Verteilungsverfahrens für die Lehrer innerhalb des Landes haben. **16**

2. Abs. 1 Nr. 2: Anhörung bei grundlegenden Änderungen von Arbeitsverfahren und Arbeitsabläufen

a) Abs. 1 Nr. 2 Fall 1: Anhörung bei grundlegenden Änderungen von Arbeitsverfahren

17 Nach Abs. 1 Nr. 2 Fall 1 sind „grundlegende Änderungen von Arbeitsverfahren" anhörungspflichtig.

18 Der **Schutzzweck des Anhörungsrechts** besteht darin, dass durch die Beteiligung des Personalrates ein kollektiver Beschäftigtenschutz vor einer Arbeitsüberforderung in der Dienststelle gewährleistet werden soll.

19 Der Begriff „**Arbeitsverfahren**" ist inhaltsgleich mit dem in § 72 Abs. 3 Nr. 3 verwendeten Begriff der „**Arbeitsmethode**" (vgl. hierzu § 72 Rz. 567).

20 Eine „**Änderung**" von Arbeitsverfahren ist anzunehmen, wenn ein dienststelleninterner organisatorischer Vorgang besteht, mit dem der Verfahrensweg zur praktischen Erfüllung der Arbeitsaufgabe neu bestimmt wird.

21 Zur Beantwortung der Frage, ob eine „**grundlegende**" Änderung von Arbeitsverfahren besteht, ist maßgeblich darauf abzustellen, ob die Änderung für diejenigen Beschäftigten, die bislang das Arbeitsverfahren angewendet haben, eine **in das Gewicht fallende körperliche oder geistige Auswirkung** hat.

b) Abs. 2 Nr. 2 Fall 2: Anhörung bei grundlegenden Änderungen von Arbeitsabläufen

22 Nach Abs. 1 Nr. 2 Fall 2 sind „Grundlegende Änderungen von Arbeitsabläufen" anhörungspflichtig.

23 Die Vorschrift korrespondiert mit dem **Mitwirkungsrecht nach § 73 Nr. 8** („grundlegende Änderungen von Arbeitsabläufen bei Wirtschaftsbetrieben"). Soweit bereits dieser Mitwirkungstatbestand eingreift, tritt die Anhörung nach der vorliegenden Vorschrift dahinter zurück. Ferner kann die vorliegende Vorschrift auch mit der **Mitbestimmung nach § 72 Abs. 3 Nr. 3 Fall 2 und 3** („wesentliche Änderung und wesentliche Ausweitung von Arbeitsmethoden") zusammentreffen. Da in diesem Fall zwei nicht gleich starke Beteiligungsrechte bestehen, hat die Dienststelle dem Personalrat auch zu beiden zu beteiligen. Entsprechende Überschneidungen können sich auch im Hinblick auf die **Mitbestimmung nach § 72 Abs. 3 Nr. 4 Fall 3** („Maßnahmen der Änderung der Arbeitsorganisation") ergeben.

24 Der Begriff „**Arbeitsablauf**" stellt auf die zeitliche und räumliche Aufeinanderfolge von Arbeitsgängen zur Erzielung eines bestimmten Arbeitsergebnisses ab (vgl. hierzu auch BVerwG 15.12.1978 – 6 P 13.78 –).

25 Zum Begriff der „**Änderung**" vgl. Rz. 20 und zum Begriff „**grundlegend**" vgl. Rz. 21.

3. Abs. 1 Nr. 3: Anhörung bei der Planung von Neu-, Um- und Erweiterungsbauten sowie der Anmietung von Diensträumen

a) Abs. 1 Nr. 3 Fall 1: Anhörung bei der Planung von Neu-, Um- und Erweiterungsbauten

Nach Abs. 1 Nr. 3 Fall 1 ist die hier benannte „Bauplanung" anhörungspflichtig. 26

Der **Schutzzweck der Anhörung** besteht darin, dass der Personalrat die Dienststelle im Vorfeld des von ihr zu gewährleistenden Arbeitsschutzes zu einer menschengerechten Gestaltung der Arbeitswelt in der Dienststelle unterstützen soll (vgl. OVG NRW 13.11.1998 – 1 A 2740/97.PVL –). Der Personalrat soll also die Möglichkeit erhalten, z.B. im Rahmen der hier benannten Bauplanung auf die kollektiven Interessen der Beschäftigten (Notwendigkeit von Parkplätzen, Toiletten, Treppen etc.) hinweisen zu können. Entsprechendes gilt auch für die Gleichbehandlung, wenn z.B. in einem Dienstgebäude mit nur zwei Etagen ein Fahrstuhl besteht und in einem Neubau mit vier Etagen nur ein Treppenaufgang geplant werden sollte, obwohl dort die Möglichkeit zur Schaffung einer Personenliftführung besteht. Wenn die nach der vorliegenden Vorschrift der Anhörung unterliegende **Maßnahme von einer fremden Dienststelle** ausgeht, so kann sich eine **Beteiligungslücke** ergeben (vgl. hierzu BVerwG 16.11.2011 – 6 PB 3.11 – und 27.11.2012 – 6 PB 12.12 – u.a. zum Begriff der „fremden Behörde"). 27

Die vorliegende Vorschrift kann mit dem **Anhörungsrecht nach § 75 Abs. 1 Nr. 5** („Änderung oder Verlagerung von Arbeitsplätzen") und mit der **Mitbestimmung nach § 72 Abs. 4 Satz 1 Nr. 7** („Maßnahmen zur Verhütung von Dienst- und Arbeitsunfällen") korrespondieren. 28

Um einen „**Neubau**" handelt es sich bei der erstmaligen Errichtung eines Gebäudes, z.B. bei der Errichtung eines zusätzlichen neuen Verwaltungsgebäudes neben dem Rathaus. 29

Um einen „**Umbau**" handelt es sich, wenn wesentliche Teile der Bausubstanz eines Gebäudes und dabei insbesondere tragende Bauglieder verändert werden, wie z.B. durch die Einfügung von neuen oder zusätzlichen Treppenhäusern und/oder Gebäudeebenen. Dazu gehört u.a. auch z.B. die Entfernung von tragenden Wänden im Flurbereich, die Entfernung von leichten Zwischenwänden in Büroräumen und die Verkleinerung, Verschließung, aber auch Erweiterung von vorhandenen Fenstern. Die Schaffung neuer Arbeitsplätze in einem Großraumbüro, z.B. durch den **Einbau von mobilen Kontaktboxen** zur Führung von Kundengesprächen (vgl. hierzu OVG Berlin-Brandenburg 19.10.2017 – 61 PV 7.16 –), unterliegt also nach der vorliegenden Vorschrift nicht der Anhörung, sehr wohl aber 30 nach § 75 Abs. 1 Nr. 5 Fall 1/„Änderung von Arbeitsplätzen“ (vgl. Rz. 51 ff.) und im Übrigen der Mitbestimmung nach § 72Abs. 4 Satz 1 Nr. 10/„Gestaltung der Arbeitsplätze“ (vgl. § 72 Rz. 938).

31 Ein „**Erweiterungsbau**“ zeichnet sich dadurch aus, dass ein vorhandenes Gebäude durch bauliche Erweiterungs-, Ausbau- oder Anbaumaßnahmen erweitert wird wie z. B. bei einer Raumvergrößerung, bei einem Ausbau des Dachgeschosses oder des Kellers sowie dem Anbau eines Gebäudeteils.

32 **Gegenstand der Anhörung** ist bereits die „**Planung**“ der vorbenannten Baumaßnahmen.

Ein anhörungspflichtiges Stadium der Bauplanung ist aber noch nicht bei bloßen Vorüberlegungen, sondern erst dann anzunehmen, wenn die Erstellung eines schriftlichen Bauplanungsentwurfes, der zur Abschätzung der in Anspruch zu nehmenden Haushaltsmittel dienen soll, vorgenommen werden soll (so zutreffend Lorenzen u. a., § 78 Rn. 121 – Stand LBS 11/2023).

33 **Kein Anhörungsrecht** besteht bei **baulichen Instandsetzungsmaßnahmen** (z. B. Einsatz von neuen Fensterdichtungsgummis, Ausbesserung von Wandputzschäden), soweit hierdurch nicht zugleich ein Neubau herbeigeführt wird wie z. B. bei der Instandsetzung eines durch Wasser- oder Feuerschaden unbenutzbar gewordenem Gebäudes.

b) Abs. 1 Nr. 3 Fall 2: Anhörung bei der Anmietung von Diensträumen

34 Nach Abs. 1 Nr. 3 Fall 2 ist die „Anmietung von Diensträumen“ anhörungspflichtig.

35 Der **Schutzzweck der Anhörung** besteht darin, dass der Personalrat die Dienststelle im Vorfeld der Anmietung von Diensträumen bei der Gewährleistung des Arbeitsschutzes unterstützen soll (vgl. OVG NRW 20.05.2010 – 16 A 276/09.PVL –).

36 Als „**Diensträume**“ sind alle die Gebäude zu bezeichnen, in denen die Dienststelle eingeschlossen ihrer Nebenstellen ihre Unterkunft hat. Das sind z. B. Büros, Sitzungssäle, Sozial- oder Sanitärräume, aber auch Flure, Flurhäuser, Treppen oder Treppenhäuser.

37 **Keine Diensträume** stellen lediglich temporär genutzte Räumlichkeiten dar wie z. B. ein für Stunden oder Tage angemieteter Sitzungssaal.

38 Unter der „**Anmietung**“ von Diensträumen ist der Abschluss eines Mietvertrages zu verstehen, bei dem der Dienststelle zu ihrer Unterbringung gegen die Zahlung eines Entgeltes Räumlichkeiten überlassen werden (vgl. § 535 BGB).

39 **Keine Anmietung von Diensträumen** stellt die kurzzeitige unentgeltliche Gebrauchsüberlassung von Räumen dar wie z. B. die kostenfreie Nutzung einer Schützenhalle für eine größere Versammlung etc.

4. Abs. 1 Nr. 4: Anhörung bei der Anordnung von amts- und vertrauensärztlichen Untersuchungen zur Feststellung der Arbeits- oder Dienstfähigkeit

Nach Abs. 1 Nr. 4 ist die hier benannte „Anordnung von ärztlichen Unter- 40
suchungen“ anhörungspflichtig.

Der **Schutzzweck der Anhörung** besteht darin, dem Personalrat zu ermög- 41
lichen, durch eine Stellungnahme gegenüber der Dienststelle die Anordnung von unnötigen amts- oder vertrauensärztlichen Untersuchungen zu vermeiden (vgl. OVG NRW 02.10.1998 – 1 A 4114/96.PVL –). Da es sich nur um ein Anhörungsrecht handelt, ist eine abweichende Einschätzung des Personalrats für die letztendliche Rechtmäßigkeit der Untersuchungsanordnung aber nicht von Bedeutung (vgl. OVG NRW 13.02.2017 – 6 A 1257/15 –).

Als „**Amtsarzt**“ sind Ärzte zu bezeichnen, die auf einer amtlichen Stelle bei 42
den unteren Gesundheitsbehörden i. S. d. ÖGDG NRW tätig sind. Sie nehmen Aufgaben der unteren Gesundheitsbehörde wahr und stellen dabei amtliche Bescheinigungen und Zeugnisse aus und erstatten Gutachten, soweit dies durch bundes- oder landesrechtliche Regelungen vorgeschrieben ist (§ 19 Abs. 1 ÖGDG NRW).

Der Begriff „**Vertrauensarzt**“ stellt eine früher verwendete sozialversiche- 43
rungsrechtliche Bezeichnung dar (vgl. § 369b RVO). Heute werden die Aufgaben des früheren Vertrauensarztes durch Ärzte des Medizinischen Dienstes der Krankenversicherung wahrgenommen (vgl. §§ 275 ff. SGB V und § 18 SGB XI). Ausgehend von dem Schutzzweck des vorliegenden Anhörungsrechtes ist in personalvertretungsrechtlicher Hinsicht bei der Begriffsbestimmung aber nur auf die Ärzte abzustellen, die im Auftrag des Dienstherrn bzw. Arbeitgebers den Gesundheitszustand oder die Arbeitsfähigkeit der Beschäftigten untersuchen, damit dieser die Möglichkeit erhält, Entscheidungen treffen zu können, die vom Vorliegen medizinischer Tatbestände abhängig sind (vgl. Lorenzen u.a., § 75 Rn. 170 – Stand LBS 11/2023). Dazu gehört z.B. die Überprüfung von Krankmeldungen der Beschäftigten auf ihre medizinische Berechtigung hin. Im Gegensatz zu **Betriebsärzten** (vgl. § 72 Rz. 857) ist die Dienststelle zur Bestellung von Vertrauensärzten nicht verpflichtet. Da die Feststellung der Dienstfähigkeit der Beschäftigten und auch die Feststellung der Notwendigkeit von Heilbehandlungen notwendige Erkenntnisse für die Personalplanung darstellen, sollte die Dienststelle dennoch stets eine freiwillige Bestellung herbeiführen!

5. Abs. 1 Nr. 5: Anhörung bei der wesentlichen Änderung oder Verlagerung von Arbeitsplätzen

50d Die Vorschrift wurde leider ohne nähere Begründung in das LPVG NRW aufgenommen (vgl. LT-Drucks. 3091, S. 40). Soweit teilweise vertreten wird, dass es sich um eine „Ausfall- bzw. Auffangvorschrift" handeln würde (vgl. Havers/Giesen, § 75 Rn. 21 und Laber/Pagenkopf § 75 Rn. 68), ist dem jedenfalls nicht zu folgen. Denn die nachtstehenden Anhörungstatbestände können im Einzelfall durchaus weitergehender sein als ebenfalls infrage kommende höherrangige Beteiligungsrechte (vgl. Rz. 53 und 64). In Vermeidung unnötiger Streitigkeiten darüber sollte die Dienststelle folglich im Hinblick auf die vorliegende Vorschrift, soweit geboten, **in der Praxis neben einem Mitbestimmungsverfahren zusätzlich ein paralleles Anhörungsverfahren durchführen**!

a) Abs. 1 Nr. 5 Fall 1: Anhörung bei der wesentlichen Änderung von Arbeitsplätzen

51 Nach Abs. 1 Nr. 5 Fall 1 ist die „Wesentliche Änderung von Arbeitsplätzen" anhörungspflichtig.

52 Der **Schutzzweck der Anhörung** besteht darin, dem Personalrat die Gelegenheit zu geben, bei der Änderung von Arbeitsplätzen die berechtigten Interessen der direkt betroffenen und auch der mittelbar in der Dienststelle hiervon betroffenen Beschäftigten zu wahren. Dabei soll er sich bereits im Vorfeld einbringen können.

53 **Das vorliegende Anhörungsrecht korrespondiert in der Praxis insbesondere mit den folgenden Beteiligungsrechten:**

- Umsetzung (Mitbestimmung nach § 72 Abs. 1 Satz 1 Nr. 5 Fall 2 und Fall 3)
- Einrichtung von Arbeitsplätzen außerhalb der Dienststelle (Mitbestimmung nach § 72 Abs. 3 Nr. 6)
- Regelung der Ordnung in der Dienststelle (Mitbestimmung nach § 72 Abs. 4 Satz 1 Nr. 9 Fall 1)
- Gestaltung der Arbeitsplätze (Mitbestimmung nach § 72 Abs. 4 Satz 1 Nr. 10)
- Errichtung, Auflösung, Einschränkung, Verlegung oder Zusammenlegung von Dienststellen oder wesentlichen Teilen von ihnen (Mitwirkung nach § 73 Nr. 3)
- Planung von Neu-, Um- und Erweiterungsbauten sowie der Anmietung von Diensträumen (Anhörung nach § 75 Abs. 1 Nr. 3)

54 Der Begriff „**Arbeitsplatz**" stellt nicht funktional auf einen bestimmten Dienstposten, sondern vielmehr auf einen **räumlichen Bereich** ab. Davon

sind räumlich umfasst der **Tätigkeitsbereich des Beschäftigten** und dessen **unmittelbare Umgebung**. Der hier vom Gesetzgeber verwendete Begriff entspricht demjenigen in § 72 Abs. 4 Satz 1 Nr. 10 („Gestaltung der Arbeitsplätze"), sodass auf die dortigen weitergehenden Ausführungen zu verweisen ist (vgl. § 72 Rz. 938).

Eine „**Änderung**" von Arbeitsplätzen liegt dann vor, wenn der vorbe- 55
nannte räumliche Bereich, in dem der Beschäftigte tätig ist und/oder auch dessen unmittelbare Umgebung verändert werden, z. B. durch die **Zusammenlegung mehrerer Büroräume** zu einem einheitlichen Büroraum bzw. die Auflösung eines Großraumbüros und die Schaffung von (neuen) Arbeitszimmern.

Von dem Anhörungsrecht des Personalrates erfasst sind nur „**wesentliche** 56
Änderungen". Dieser Begriff ist auslegungsbedürftig. Im Allgemeinen kann gesagt werden, dass das dann der Fall ist, wenn die Änderung für diejenigen Beschäftigten, die bislang auf dem von der beabsichtigten Maßnahme betroffenen Arbeitsplatz tätig gewesen sind, eine **in das Gewicht fallende körperliche oder geistige Auswirkung** hat. Zur Feststellung ist eine objektive Betrachtung anzustellen. Auf rein **subjektive Empfindungen** der betroffenen Beschäftigten kommt es nicht an (vgl. entsprechend BVerwG 30.08.1985 – 6 P 20.83 –). Ob eine solche mitbestimmungspflichtige Änderung vorliegt, ist im Einzelfall festzustellen. Eine wesentliche Änderung von Arbeitsplätzen liegt so z. B. vor, wenn im Rahmen der Zusammenlegung von Einzelbüros sich für die hiervon nunmehr räumlich gemeinsam ihre Arbeit verrichtenden Beschäftigten aufgrund ihrer unterschiedlichen Tätigkeitsschwerpunkte (z. B. konzentrierte Lese- und Denkarbeit einerseits und häufiges Telefonieren andererseits) ihr Arbeitserledigung, ihr Wohlbefinden oder ihre Leistungsfähigkeit negativ beeinflusst werden.

Eine anhörungspflichtige Veränderung kann auch die **Neuanordnung von** 57
Arbeitsmitteln darstellen wie z. B. die Aufstellung eines warmen und/oder lauten Kopiergerätes oder Druckers in unmittelbarer Nähe zum Arbeitsplatz. Zu weiteren in Betracht kommenden Beispielen vgl. auch § 72 Rz. 346.

Kein Anhörungsrecht stellen **organisatorische Änderungen** dar wie z. B. 58
die Neuzuordnung von Arbeitsplätzen zu einzelnen Abteilungen in der Dienststelle.

Ebenfalls nicht anhörungspflichtig sind **Änderungen der Verhaltensvorga-** 59
ben für die Beschäftigten am Arbeitsplatz wie z. B. die Neuregelung der Entgegennahme und Behandlung von Bestellungen und Postsendungen oder das Verbot, während der Dienstzeit am Arbeitsplatz Radio zu hören. Dabei besteht aber ein Mitbestimmungsrecht nach § 72 Abs. 4 Satz 1 Nr. 9 („Regelungen der Ordnung in der Dienststelle und des Verhaltens der Beschäftigten").

60 Kein Anhörungsrecht besteht auch bei der **Schaffung neuer Arbeitsplätze** oder der **Auflösung von Arbeitsplätzen**. Hier kann aber eine Mitbestimmung nach § 72 Abs. 4 Satz 1 Nr. 10 („Gestaltung der Arbeitsplätze") bestehen. Soweit sich die Schaffung neuer Arbeitsplätze im Rahmen der Bauplanung oder der Anmietung von Diensträumen vollziehen soll, kann auch ein Anhörungsrecht nach § 75 Abs. 1 Nr. 3 (vgl. Rz. 26) bestehen.

61 Kein Anhörungsrecht besteht im Übrigen für alle **unwesentlichen Änderungen** von Arbeitsplätzen.

b) Abs. 1 Nr. 5 Fall 2: Anhörung bei der Verlagerung von Arbeitsplätzen

62 Nach Abs. 1 Nr. 5 Fall 2 ist die „wesentliche Verlagerung von Arbeitsplätzen" anhörungspflichtig.

63 Zum **Schutzzweck der Anhörung** vgl. Rz. 52.

64 Zur **Überschneidung mit anderen Beteiligungsrechten** vgl. Rz. 53.

65 Zur Begriffsbestimmung „**Arbeitsplatz**" vgl. Rz. 54.

66 Eine „**Verlagerung**" von Arbeitsplätzen liegt vor, wenn mit der von der Dienststelle beabsichtigten Maßnahme ein **Ortswechsel des Arbeitsplatzes** einhergeht. Das ist z. B. der Fall, wenn einem Beschäftigten ein neuer Büroraum zugewiesen werden soll. Soweit dabei auch eine **Verlagerung der Arbeitsmittel** vom bisherigen zum neuen Arbeitsplatz hin vorgenommen werden soll, ist auch das Mitbestimmungsrecht nach § 72 Abs. 4 Satz 1 Nr. 10 („Gestaltung der Arbeitsplätze") zu beachten. Wenn die **Arbeitsplatzverlagerung im Zusammenhang der Bauplanung** oder der **Anmietung von Diensträumen** erfolgt, so besteht auch ein Anhörungsrecht nach § 75 Abs. 1 Nr. 3 (vgl. Rz. 26).

67 **Kein Anhörungsrecht** stellen **kurzzeitige Ortswechsel des Arbeitsplatzes** dar, z. B. die Zuweisung eines anderen Arbeitszimmers für ein bis zwei Stunden oder an einem Vormittag, damit am originären Arbeitsplatz Reinigungs- oder Reparaturarbeiten erledigt werden können. Ebenfalls nicht anhörungspflichtig ist die **Einrichtung von Arbeitsplätzen außerhalb der Dienststelle**. Hier greift vielmehr die Mitbestimmung nach § 72 Abs. 3 Nr. 6 („Einrichtung von Arbeitsplätzen außerhalb der Dienststelle").

III. Rechtzeitige Vornahme der Anhörung

68 Abs. 2: Die Dienststelle hat die Anhörung so „**rechtzeitig**" vorzunehmen, dass die Äußerungen des Personalrates auch noch Einfluss auf ihre letztendliche Willensbildung nehmen kann. Hier gilt es zu beachten, dass der

Personalrat nach Eingang der Anhörungsunterrichtung zunächst als Gremium die ihm zugeleitete Angelegenheit gemeinsam beraten und sodann auch nach Maßgabe des § 34 Abs. 2 Satz 1 zu beschließen hat. **Wenn der Personalrat Bedenken aufweist**, hat er diese der Dienststellenleitung **unter Angabe der entgegenstehenden Gründe zur Mitteilung zu bringen**. Anders als im Mitbestimmungs- und Mitwirkungsverfahren (vgl. § 66 Abs. 2 Satz 3 i.V.m. § 69 Abs. 2 Satz 1) sowie in den Anhörungsfällen einer beabsichtigten Kündigung in der Probezeit, einer beabsichtigten außerordentlichen Kündigung oder einem beabsichtigten Aufhebungs- oder Beendigungsvertrag i.S.d. § 74 Abs. 2 Satz 1 (vgl. § 74 Abs. 6 und 7) besteht für die im Katalog des § 75 enthaltenen sonstigen Fälle der Anhörung **keine Frist zur Stellungnahme.** Diesen Umstand muss die Dienststelle im Hinblick auf das durchzuführende Anhörungsverfahren und den letztendlich beabsichtigten Zeitpunkt des Maßnahmevollzugs entsprechend berücksichtigen. Dabei ist vom Personalrat im Rahmen der vertrauensvollen Zusammenarbeit nach § 2 Abs. 1 zu erwarten, dass er sich mit der ihm zur Vorlage gebrachten Anhörungsangelegenheit umgehend befasst und ohne unnötige zeitliche Verzögerungen der Dienststelle eine entsprechende Mitteilung macht.

Übersicht zum Anhörungsverfahren (§ 75): 69

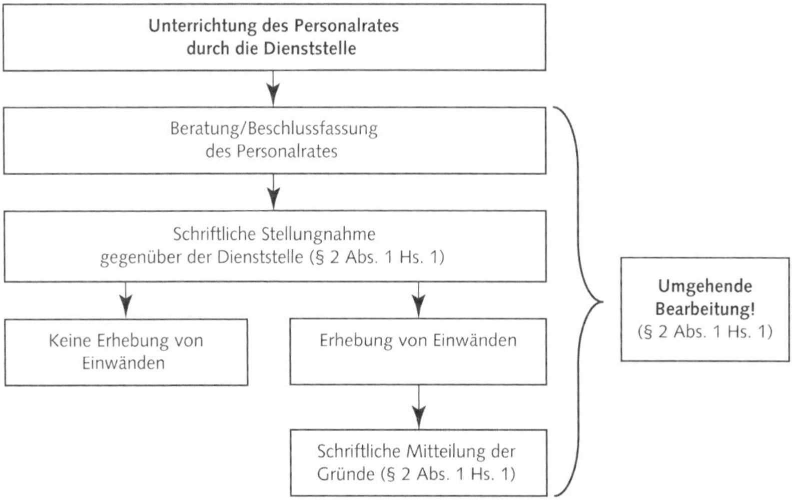

Eine **unzureichende Unterrichtung führt dazu, dass das Anhörungsverfahren nicht wirksam eingeleitet worden ist** (vgl. entsprechend § 66 Rz. 38 m.w.N.)!

IV. Rechtliche Auseinandersetzungen

70 Streitigkeiten zwischen der Dienststelle und dem Personalrat über den **Inhalt** und das **Eingreifen der Anhörung** nach § 75 sind im personalvertretungsrechtlichen Beschlussverfahren nach § 79 Abs. 1 Nr. 3 i.V.m. Abs. 2 vor dem Verwaltungsgericht zu klären.

71 Die von den Maßnahmen der streitigen Anhörungsrechte betroffenen Beschäftigten sind keine Beteiligten dieses Verfahrens. Soweit sich aufgrund der Nichtbeachtung für sie Ansprüche ergeben sollten, so sind diese von ihnen eigenständig, d.h. bei Beamten im allgemeinen Verfahren nach der VwGO und dem VwVfG NRW vor dem Verwaltungsgericht und bei Arbeitnehmern im Urteilsverfahren vor dem Arbeitsgericht geltend zu machen. Die ordnungsgemäße Beachtung der Anhörungsrechte des Personalrates kann in diesen Verfahren inzidenter mitgeprüft werden.

§ 76 (Teilnahme an verwaltungseigenen Prüfungen)

An Prüfungen, die eine Dienststelle von den Beschäftigten ihres Bereichs abnimmt, kann ein Mitglied des für diesen Bereich zuständigen Personalrats, das von diesem benannt ist, beratend teilnehmen; Teilnahme und Beratung beschränken sich auf den Ablauf der mündlichen Prüfung. Mitglieder des Personalrats dürfen bei Prüfungen, die sie noch abzulegen haben, nicht nach Satz 1 tätig werden.

Gliederung

I. Einleitende Bemerkungen

1 Die Vorschrift eröffnet dem Personalrat bei Prüfungen, die die Dienststelle für Beschäftigte ihres Bereiches abnimmt, ein Anwesenheitsrecht. Die Vorschrift entspricht § 67 BPersVG in **Satz 1 Halbsatz 1**. Die hier in **Satz 1 Halbsatz 2** getroffene Regelung schränkt allerdings das Anwesenheitsrecht im Gegensatz zur bundesrechtlichen Bestimmung ein. In **Satz 2** ist der Teilnahmeausschluss von bestimmten Personalratsmitgliedern geregelt.

II. Beratende Teilnahme an mündlichen Prüfungen

Satz 1: Nach **Satz 1 Halbsatz 1** kann an Prüfungen, die eine Dienststelle von den Beschäftigten (§ 5) ihres Bereiches abnimmt, ein Mitglied des für diesen Bereich zuständigen Personalrates, das von diesem benannt ist, beratend teilnehmen. 2

Der **Schutzzweck der Vorschrift** besteht darin, dem Personalrat die Möglichkeit zu geben, die Prüfungsteilnehmer und auch die Prüfungskommission derart zu unterstützen, dass ein störungsfreier Prüfungsablauf gewährleistet wird. Damit wird dem Umstand Rechnung getragen, dass der Personalrat gegenüber den einzelnen Prüfungsteilnehmern eine Betreuungs- und Vermittlungsfunktion sowie gegenüber der Prüfungskommission eine Unterstützungsfunktion bei dem äußeren Prüfungsablauf aufweist (vgl. OVG NRW 31.01.1979 – 6 P 19.78 –). 3

Der Begriff „**Prüfung**" stellt auf Verfahren ab, die in einer bestimmten Weise geregelt sind und der Feststellung von persönlichen und fachlichen Fähigkeiten sowie Eigenschaften der Prüfungsteilnehmer dienen (vgl. BVerwG 25.03.2009 – 6 P 8.08 –). Ein solches Verfahren setzt i. d. R. einen vorab genau festgelegten Prüfungsstoff voraus, auf den sich die Prüfungsteilnehmer entsprechend vorbereiten können (vgl. BVerwG 06.12.1978 – 6 P 2.78 –). 4

Keine Prüfungen stellen bloße **Gespräche** zwischen dem Dienststellenleiter oder einem seiner beauftragten Personen i. S. d. § 8 Abs. 1 und einem Beschäftigten zur Feststellung seiner Kenntnisse und Fähigkeiten dar, da es hierbei an einem geregelten Verfahren fehlt (vgl. BVerwG 14.05.1963 – VII P 9.62 –). Des Weiteren sind **Arbeitsplatzüberprüfungen**, die im Zusammenhang mit tariflichen oder organisatorischen Fragen stattfinden (vgl. BVerwG 06.02.1979 – 6 P 20.78 –), und **Unterrichtsbesuche** (vgl. OVG Rheinland-Pfalz 16.10.1985 – 2 A 14/85 – und OVG Niedersachsen 06.09.2021 – 18 LP 2/18 –) nicht als Prüfungen anzusehen. 5

Wichtig! 6

Soweit in solchen Gesprächen aber beteiligungspflichtige Angelegenheiten wie z. B. die Umsetzung des Beschäftigten (§ 72 Abs. 1 Satz 1 Nr. 4 Fall 4) oder die Übertragung einer höher oder niedriger zu bewertenden Tätigkeit (§ 72 Abs. 1 Satz 1 Nr. 5 Fall 2 ff.) etc. behandelt werden, gilt es zu beachten, dass auf Antrag des Beschäftigten ein Recht auf Teilnahme eines Personalratsmitgliedes nach § 65 Abs. 3 Satz 3 besteht!

Der **persönliche Anwendungsbereich** der Vorschrift erfasst nur **Prüfungen von Beschäftigten**. Zum Beschäftigtenbegriff vgl. die Ausführungen 7 zu § 5. Dementsprechend greift das Teilnahmerecht des Personalrates aufgrund der vorliegenden Vorschrift nicht für **Einstellungsprüfungen** von Bewerbern, die zum Zwecke der Einstellung in die Dienststelle stattfinden. Hierbei weist der Personalrat vielmehr ein Teilnahmerecht nach Maßgabe des § 65 Abs. 2 Halbsatz 2 auf.

8 Der **sachliche Anwendungsbereich** der Vorschrift erfasst nur Prüfungen, die eine Dienststelle von dem Beschäftigten ihres Bereiches abnimmt. Damit stellt der Gesetzgeber im Hinblick auf den „**Dienststellenbereich**" auf den jeweiligen Zuständigkeitsbereich der Dienststelle ab, d.h. den sog. innerdienstlicher Bereich (vgl. hierzu auch und OVG Niedersachsen 06.09.2021 – 18 LP 2/18 –). Dementsprechend sind Prüfungen, die von Einrichtungen abgenommen werden, die den Zuständigkeitsbereich der Dienststelle überschreiten, nicht erfasst. Wenn die Dienststelle allerdings Prüfungen, die in ihrer Durchführungszuständigkeit liegen, zur Durchführung einer externen Einrichtung übertragen (z.B. Prüfungsamt, Fachhochschule, Studieninstitut), so besteht in diesem Fall ausnahmsweise doch ein Teilnahmerecht des Personalrates (vgl. BVerwG 23.10.1970 – VII P 4.70 –).

9 Nach **Satz 1 Halbsatz 2** besteht ein **Anwesenheitsrecht bei mündlichen Prüfungen** in der Form einer **beratenden Teilnahme**. Es handelt sich um ein **gesetzliches Teilnahmerecht** des Personalrates, sodass hierfür kein Antrag der Prüfungsteilnehmer notwendig ist. Das Teilnahmerecht kann auch nicht dadurch ausgeschlossen werden, dass einzelne oder alle Prüfungsteilnehmer die Anwesenheit des Personalrates bei der Prüfung ablehnen! Das Anwesenheits- und Beratungsrecht erstreckt sich nur auf den **äußeren Prüfungsablauf**, nicht hingegen auf den sachlichen Inhalt der Prüfung, die Prüfungsanforderungen und letztendlich vor allem auch nicht auf die Teilnahme an der Beratung der Prüfungskommission (vgl. OVG NRW 31.01.1979 – 6 P 19.78 –).

10 **Wichtig!**

Die Dienststelle ist verpflichtet, dem Personalrat den Prüfungstermin und den Prüfungsort so rechtzeitig mitzuteilen, dass dieser darüber entscheiden kann, ob er von seinem Teilnahmerecht Gebrauch macht!

11 Im Hinblick auf den Schutzzweck der Vorschrift (vgl. Rz. 3) erscheint es vertretbar, dass dem Personalrat am Prüfungstag selbst auf seinen Wunsch hin auch eine **Durchschrift der Prüfungsfragen** ausgehändigt wird. Eine Einsichtnahme und Bekanntgabe der den Prüfungsfragen zugrunde liegenden Lösungsmodellen, Antworten und auch Notenspiegel verbietet sich allerdings. Soweit das BVerwG in seiner Entscheidung vom 25.03.2009 – 6 P

8.08 – zu § 80 BPersVG a. F. dem Personalrat im Rahmen seiner Teilnahme auch den Zugang zu inhaltlichen Prüfungsaspekten eröffnet, findet diese Rechtsprechung aufgrund der ausdrücklichen Beschränkung auf den Ablauf der mündlichen Prüfung in § 76 Satz 1 Halbsatz 2 keine Anwendung!

Das Teilnahmerecht des Personalrates beschränkt sich auf **ein Mitglied des zuständigen Personalrates** (vgl. auch BVerwG 18.06.1965 – VII P 12.64 – zur Zuständigkeit des Personalrates). Sofern der Personalrat sich keine Geschäftsordnung gegeben hat, in der er ein entsprechendes Mitglied und bestenfalls auch einen Vertreter im Verhinderungsfall benannt hat, ist er gehalten, einen entsprechenden **Entsendebeschluss** im Gremium herbeizuführen. Wenn der Personalrat keine Regelungen für den Verhinderungsfall getroffen hat, greift die Ersatzmitgliederregelung nach § 28 Abs. 1 Satz 2 (vgl. hierzu auch BayVGH 13.04.1988 – Nr. 18 P 88.00852 –). 12

Wichtig! 13

Sofern durch das teilnehmende Personalratsmitglied eine Störung des Prüfungsablaufs erfolgt, kann der Dienststellenleiter bzw. der Leiter der Prüfungskommission von seinem Hausrecht entsprechenden Gebrauch machen und das Mitglied von der weiteren Prüfungsteilnahme ausschließen (ebenso Fischer u. a. § 80 Rn. 5 a)!

III. Teilnahmeausschluss bestimmter Personalratsmitglieder

Satz 2: Dem Grunde nach steht es im Ermessen des Personalrates, welches Personalratsmitglied er für die Teilnahme an verwaltungseigenen Prüfungen entsenden möchte. Durch diese Vorschrift ist sein Ermessen aber insoweit eingeschränkt, als dass Mitglieder des Personalrates bei Prüfungen, die sie selbst noch ablegen müssen, **kein Teilnahmerecht** aufweisen. Damit trägt die Vorschrift dem in § 7 Abs. 1 enthaltenen Begünstigungsverbot von Personalratsmitgliedern entsprechend Rechnung. 14

IV. Rechtliche Auseinandersetzungen

Streitigkeiten im Hinblick auf das **Bestehen** und den **Umfang des Teilnahmerechts** des Personalrates sind im personalvertretungsrechtlichen Beschlussverfahren nach § 79 Abs. 1 Nr. 3 vor dem Verwaltungsgericht zu klären (vgl. hierzu auch OVG NRW 06.05.1970 – CB 14/69 –). 15

III. Hinzuziehung des Personalrates im Rahmen des Arbeitsschutzes und der Unfallverhütung in der Dienststelle

8 Abs. 2: Nach **Abs. 2 Satz 1** besteht sowohl für die Dienststelle als auch für die den Arbeitsschutz zuständigen Stellen eine **Hinzuziehungspflicht** im Hinblick auf den Personalrat oder die von ihm bestimmten Mitglieder bei allen im Zusammenhang mit dem Arbeitsschutz oder der Unfallverhütung stehenden Besichtigungen und Fragen bei Unfalluntersuchungen in der Dienststelle. Damit der Personalrat von seinem dementsprechenden Teilnahmerecht Gebrauch machen kann hat die Dienststelle ihn **frühzeitig über die Besichtigung bzw. Begehung zu unterrichten** (vgl. OVG NRW 24.11.2005 – 1 A 3019/04.PVL –).

8a Im Rahmen der Bestellung eines **Strahlenschutzbeauftragten** hat der Personalrat übrigens eine Abschrift der an die Überwachungsbehörde ergangenen Mitteilung zu erhalten (§ 70 Abs. 4 Satz 2 StrlSchG). Der letztgenannte Beauftragte hat mit dem Personalrat zusammenzuarbeiten und diesen über wichtige Angelegenheiten des Strahlenschutzes zu unterrichten (§ 71 Abs. 3 Satz 1 StrlSchG). Bei Schutzmaßnahmen ist der Personalrat zu beteiligen (§ 74 Abs. 3 Satz 3 StrlSchV).

9 Unter „**Arbeitsschutz**" ist die Summe aller rechtlichen, organisatorischen, medizinischen und technischen Maßnahmen zu verstehen, die dem Beschäftigtenschutz vor den Gefahren des Arbeitslebens dienen. Dabei ist das Ziel des Arbeitsschutzes, durch Vorsorge gegen Gefahren für Leben und Gesundheit den Zustand der Arbeitssicherheit in der Dienststelle herzustellen (vgl. OVG NRW 29.01.1999 – 1 A 2762/97.PVL –).

10 Nach **§ 4 ArbSchG** hat die Dienststelle bei Maßnahmen des Arbeitsschutzes von den nachfolgend benannten allgemeinen Grundsätzen auszugehen:

1. Die Arbeit ist so zu gestalten, dass eine Gefährdung für das Leben sowie die physische und die psychische Gesundheit möglichst vermieden und die verbleibende Gefährdung möglichst gering gehalten wird;
2. Gefahren sind an ihrer Quelle zu bekämpfen;
3. bei den Maßnahmen sind der Stand von Technik, Arbeitsmedizin und Hygiene sowie sonstige gesicherte arbeitswissenschaftliche Erkenntnisse zu berücksichtigen;
4. Maßnahmen sind mit dem Ziel zu planen, Technik, Arbeitsorganisation, sonstige Arbeitsbedingungen, soziale Beziehungen und Einfluss der Umwelt auf den Arbeitsplatz sachgerecht zu verknüpfen;
5. individuelle Schutzmaßnahmen sind nachrangig zu anderen Maßnahmen;
6. spezielle Gefahren für besonders schutzbedürftige Beschäftigtengruppen sind zu berücksichtigen;

7. den Beschäftigten sind geeignete Anweisungen zu erteilen und
8. mittelbar oder unmittelbar geschlechtsspezifisch wirkende Regelungen sind nur zulässig, wenn dies aus biologischen Gründen zwingend geboten ist.

Zum Begriff der „**Unfallverhütung**“ vgl. § 64 Rz. 21. 11

Die für den „**Arbeitsschutz zuständige Stelle**“ ist in der Dienststelle zunächst der Dienststellenleiter. Dieser kann Verantwortlichkeiten innerhalb seines Zuständigkeitsbereiches auf **interne Stellen** übertragen, z.B. auf die Fachkraft für Arbeitssicherheit, den Arbeitsschutzausschuss oder den Betriebsarzt. Soweit Letzteres erfolgt ist, sind diese Personen verpflichtet, dem Personalrat bei allen im Zusammenhang mit den von ihnen konkret wahrzunehmenden Arbeitsschutz oder Unfallverhütungsaufgaben stehende Besichtigungen und Fragen bei entsprechenden Unfalluntersuchungen hinzuzuziehen. Darüber hinaus kann auch eine **externe Stelle** den Arbeitsschutz in der Dienststelle wahrnehmen. Hier ist hauptsächlich auf die **Aufgabenwahrnehmung durch die Unfallkasse NRW** (UK NRW) mit Sitz in Düsseldorf und bestehenden Regionaldirektionen im Rheinland und in Westfalen-Lippe hinzuweisen. 12

Im Zusammenhang mit dem Arbeitsschutz oder der Unfallverhütung stehende „**Besichtigungen**“ stellen entsprechende Sachverhaltsermittlungen dar, die durch Augenscheinnahme in der Dienststelle und damit auf dem gesamten Gelände und in allen von der Dienststelle genutzten und dabei auch angemieteten Räumlichkeiten erfolgen (vgl. im Kontext auch OVG NRW 29.01.1999 – 1 A 2762/97.PVL – zu wiederholenden Besichtigungen). 13

Ausgehend vom Schutzzweck der Vorschrift ist bei der Frage, der **Gebotenheit der Hinzuziehung** eine weite Auslegung vorzunehmen. In den Fällen der sich einer **Untersuchung von Gefahrstoffbelastungen** anschließenden routinemäßigen Durchführungsmaßnahmen hat das OVG NRW in seiner Entscheidung vom 29.01.1999 – 1 A 2762/97.PVL – allerdings keine Notwendigkeit der Hinzuziehung des Personalrates gesehen. 14

Der Begriff „**Unfalluntersuchung**“ ist im Kontext der der Dienststelle obliegenden Untersuchungs- und Anzeigepflicht, die sich für Beamte aus § 45 BeamtVG und für Arbeitnehmer aus § 193 Abs. 1 SGB VII ergibt, zu sehen. Zur Begriffsbestimmung „**Unfall**“ kann in diesem Zusammenhang auf die in § 31 BeamtVG enthaltene Definition des „**Dienstunfalls**“ zurückgegriffen werden. Letzterer ist dann anzunehmen, wenn ein auf äußere Einwirkung beruhendes, plötzliches, örtlich und zeitlich bestimmbares, einen Körperschaden verursachendes Ereignis, das in Ausübung oder infolge des Dienstes eingetreten ist. Im Übrigen kann die Dienststelle ungeachtet der vorbenannten gesetzlichen Vorgaben auch in anderen Fäl- 15 sprechend ist auch eine Mitunterzeichnung der nach den beamtenrechtlichen Vorschriften zu erstattenden Unfallanzeige vorgeschrieben (vgl. Abs. 5).

25 Der Anspruch des Personalrates nach Abs. 4 besteht unabhängig davon, ob es letztendlich auch tatsächlich zu einer Hinzuziehung bei den vorbenannten Untersuchungen, Besichtigungen und Besprechungen gekommen ist!

26 Aus der vorliegenden Vorschrift erwächst für den Personalrat **kein Recht auf Erstellung von Niederschriften** über Untersuchungen, Besichtigungen und Besprechungen im vorbenannten Sinne auf. Soweit diese nicht vorhanden sein sollten, kann er allerdings der Dienststellenleitung vorschlagen eine Erstellung vorzunehmen.

VI. Beteiligung bei der Unfallanzeige

27 **Abs. 5:** Unfälle von versicherten **Arbeitnehmern** in der Dienststelle sind von der Dienststellenleitung dem Unfallversicherungsträger nach § 193 Abs. 1 Satz 1 SGB VII anzuzeigen, wenn versicherte Arbeitnehmer getötet oder so verletzt sind, dass sie mehr als drei Tage arbeitsunfähig werden. Nach § 193 Abs. 4 Satz 1 SGB VII ist diese Anzeige binnen drei Tagen zu erstatten, nachdem die Dienststellenleitung von dem Unfall Kenntnis erlangt hat. Der Personalrat hat dabei das **Recht** und die **Pflicht**, die **Unfallanzeige mit zu unterzeichnen** (§ 193 Abs. 5 Satz 1 SGB VII).

28 Bei **Beamten** gilt es zu beachten, dass an die Stelle der Unfallanzeige i. S. d. § 193 SGB VII ein **Bericht über den Dienstunfall** tritt (§ 45 Abs. 1 BeamtVG). Dabei ist eine Unterzeichnung durch den Personalrat allerdings nicht vorgesehen!

29 Der Personalrat weist einen **Anspruch auf Erhalt** einer **Durchschrift der Unfallanzeige oder des Dienstunfallberichtes** auf.

VII. Rechtliche Auseinandersetzungen

30 Streitigkeiten aus der Vorschrift sind nach § 79 Abs. 1 Nr. 3 i.V.m. Abs. 2 im personalvertretungsrechtlichen Beschlussverfahren vor dem Verwaltungsgericht zu klären.

31 Im Rahmen des vorbenannten Verfahrens kann der Personalrat die Feststellung beantragen, dass er zu einer der in Abs. 1 und Abs. 2 benannten Maßnahmen hätte hinzugezogen werden müssen. Zum Bestehen eines

hierfür erforderlichen Rechtsschutzbedürfnisses im Hinblick auf noch laufende und schon abgeschlossene Maßnahmen, die im Zusammenhang mit dem Arbeitsschutz oder der Unfallverhütung in der Dienststelle stehen, vgl. OVG NRW 11.11.1994 – 1 A 1006/92.PVL –. Soweit der Personalrat meint, dass er sich mit Auflagen und Anordnungen der für den Arbeitsschutz zuständigen Behörden nicht einverstanden erklären möchte, kann er gegen diese nicht im ordentlichen Verwaltungsverfahren mittels der Anfechtungsklage vorgehen (vgl. OVG NRW 16.11.1990 – 21 AK 24/89 –). Er kann allerdings seine Rechtsauffassung gegenüber der Dienststellenleitung äußern, sodass diese gegebenenfalls ein entsprechendes Klageverfahren daraufhin betreibt.

Vierter Abschnitt
Beteiligung der Stufenvertretung und des Gesamtpersonalrats

§ 78 (Zuständigkeiten)

(1) In Angelegenheiten, in denen die Dienststelle nicht zur Entscheidung befugt ist, ist an Stelle des Personalrats die bei der zuständigen übergeordneten Dienststelle gebildete Stufenvertretung zu beteiligen. In mitbestimmungs- und mitwirkungspflichtigen Angelegenheiten, in denen die Landesregierung auf Vorschlag einer obersten Landesbehörde entscheidet oder eine oberste Landesbehörde eine Entscheidung mit Wirkung über ihren Geschäftsbereich hinaus trifft, ist die Stufenvertretung am Vorschlag oder der Entscheidung der obersten Landesbehörde zu beteiligen. Betrifft der Vorschlag oder die Entscheidung nur Beschäftigte oberster Landesbehörden, tritt an die Stelle der Stufenvertretung der bei der obersten Landesbehörde gebildete Personalrat.

(2) Vor einem Beschluss in Angelegenheiten, die einzelne Beschäftigte oder Dienststellen betreffen, gibt die Stufenvertretung den Personalräten Gelegenheit zur Äußerung. In diesem Fall verdoppeln sich die Fristen der §§ 66 und 69.

(3) Werden im Geschäftsbereich mehrstufiger Verwaltungen Maßnahmen von einer Dienststelle beabsichtigt, bei der keine für eine Beteiligung an diesen Maßnahmen zuständige Personalvertretung besteht, ist an ihrer Stelle die Stufenvertretung bei der nächsthöheren Dienststelle zu beteiligen. Sofern in den Fällen des Absatzes 1 Satz 1 und 2 eine Stufenvertretung nicht besteht, tritt an deren Stelle der dortige Personalrat. Sofern in den Fällen des § 66 Absatz 5 oder des § 69 Absatz 3 eine Stufenvertretung zu beteiligen ist und diese nicht besteht, ist an ihrer Stelle die Personalvertretung bei der nächstniedrigeren Dienststelle zu beteiligen.

(4) Absatz 1 Satz 1 und die Absätze 2 und 3 gelten entsprechend für die Verteilung der Zuständigkeit zwischen Personalrat und Gesamtpersonalrat.

(5) Für die Beteiligung der Stufenvertretungen und des Gesamtpersonalrats gelten die §§ 62 bis 66 und 68 bis 77 entsprechend.

(6) Die Hauptpersonalräte bei den obersten Landesbehörden können eine Arbeitsgemeinschaft bilden.

Gliederung

I. Einleitende Bemerkungen

1 Die Vorschrift regelt zum einen die Zuständigkeit der Stufenvertretungen (§ 50f.) und des Gesamtpersonalrates (§ 52f.). Zum anderen enthält die Vorschrift auch Regelungen über die Zusammenarbeit mit dem örtlichen Personalrat.

Die in der Vorschrift getroffenen Zuständigkeitsregelungen sind zwingender Natur. Sie können daher weder durch eine Dienstvereinbarung (§ 70) noch durch Tarifvertrag abgeändert werden. Eine Umgehung durch abweichende Übung verbietet sich gleichermaßen, was vor allem für den Fall gilt, dass durch die Beteiligung einer unzuständigen Personalvertretung eine andere, eigentlich zuständige Personalvertretung im Hinblick auf die Wahrnehmung der ihr zustehenden Rechte faktisch ausgeschaltet werden würde.

2 Im Zuge der **Novelle 2011** wurde die in **Abs. 3** enthaltene Verteilung der Zuständigkeit bei einer fehlenden Personalvertretung oder Stufenvertretung insgesamt neu gefasst. Des Weiteren wurde nach Abs. 5 ein **neuer Abs. 6** angefügt, wonach die Hauptpersonalräte bei den obersten Landesbehörden nunmehr auch eine Arbeitsgemeinschaft bilden können.

II. Zuständigkeit zwischen Personalrat und Stufenvertretung

3 **Abs. 1:** Die Vorschrift regelt die **Zuständigkeitsverteilung** zwischen dem Personalrat und den Stufenvertretungen in den Geschäftsbereichen der **Landesverwaltung**.

Nach **Abs. 1 Satz 1** wird die **Zuweisung der Erstzuständigkeit an die Stufenvertretung** geregelt. In Angelegenheiten, in denen die Dienststelle nicht zur Entscheidung befugt ist, ist an die Stelle des Personalrates die bei der zuständigen übergeordneten Dienststelle gebildete Stufenvertretung zu beteiligen. Erlässt die oberste Dienstbehörde z. B. selbst eine Eingruppierungsrichtlinie, die dem Dienststellenleiter keinerlei eigenen Gestaltungsspielraum für eine personalvertretungsrechtliche Maßnahme zu Fragen der Lohngestaltung überlässt, muss sie zur Vermeidung einer Beteiligungslücke zuvor die Stufenvertretung beteiligen (vgl. VG Berlin 13.02.2019 – 71 K 6.18 PVB –). 4

Wichtig! 5

Die hier geregelte Zuständigkeit gilt für alle Beteiligungsrechte, die in § 78 Abs. 5 aufgeführt sind (vgl. Rz. 18)!

Zur Beantwortung der Frage, ob der Personalrat oder die bei der zuständigen übergeordneten Stelle gebildete Stufenvertretung zu beteiligen ist, kommt es darauf an, **welche Dienststelle** in den jeweiligen Angelegenheiten zur Entscheidung befugt ist und **den letztendlichen Maßnahmevollzug treffen kann** (vgl. hierzu auch BVerwG 31.01.2017 – 5 P 10.15 – und Anm. von Bülow hierzu in ZTR 2018, S. 240 ff.). 6

Für das **Bestehen einer Entscheidungsbefugnis** kommt es auf das Außenverhältnis an. Dementsprechend entfällt das Entscheidungsrecht der Dienststelle auch nicht aufgrund des Umstandes, dass sie an Weisungen der ihr übergeordneten Behörde gebunden ist, da diese grundsätzlich nur das Innenverhältnis betreffen (vgl. BVerwG 30.03.2009 – 6 PB 29.08 – und 26.07.2021 – 5 PB 11.20 – zur Entscheidungsbefugnis einer nachgeordneten Dienststellenleitung m. w. N.). 7

Zur Beteiligung des bei der Hauptdienststelle bestehenden Personalrates im Falle der beabsichtigten **Abordnung eines bei der obersten Dienstbehörde beschäftigten Beamten** zu einer dieser nachgeordneten Dienststelle vgl. OVG NRW 10.02.1981 – CB 14/80 –. Zur Zuständigkeit des **Personalrates der Mittelbehörde**, wenn dort beabsichtigt wird, eine Beförderung durchzuführen, vgl. BVerwG 19.12.1975 – VII P 15.73 –. 8

Nach **Abs. 1 Satz 2** ist die **Stufenvertretung am Vorschlag oder an der Entscheidung der obersten Landesbehörde zu beteiligen**, wenn in mitbestimmungs- und mitwirkungspflichtigen Angelegenheiten, in denen die Landesregierung auf Vorschlag einer obersten Landesbehörde entscheidet oder eine oberste Landesbehörde eine Entscheidung mit Wirkung über ihren Geschäftsbereich hinaus trifft. 9

10 Nach **Abs. 1 Satz 3** besteht eine **Ausnahme zu Abs. 1 Satz 2** in dem Fall, wenn der Vorschlag oder die Entscheidung nur Beschäftigte oberster Landesbehörden betrifft. In diesem Fall ist nicht die Stufenvertretung der bei der obersten Landesbehörde, sondern die **Zuständigkeit des bei der obersten Landesbehörde gebildeten Personalrates** gegeben.

III. Äußerungsgelegenheit des Personalrates

11 Abs. 2: Mit dieser Vorschrift sind die sich aus der Beteiligung der Stufenvertretung nach Abs. 1 Satz 1 ergebenden verfahrensrechtlichen Besonderheiten vom Gesetzgeber berücksichtigt worden.

12 Nach **Abs. 2 Satz 1** hat die Stufenvertretung den Personalräten vor einem Beschluss in Angelegenheiten, die einzelne Beschäftigte oder Dienststelle betreffen, **Gelegenheit zur Äußerung** zu geben. **Gegenstand des Äußerungsrechts** sind nur die Mitbestimmungs- und Mitwirkungsangelegenheiten, in denen eine Erstzuständigkeit der Stufenvertretung nach den Vorgaben des Abs. 1 Satz 1 besteht (vgl. OVG NRW 04.12.1985 – CL 15/84 –).

13 Nach **Abs. 2 Satz 2** erfolgt im Äußerungsfall nach Abs. 2 Satz 1 eine **Fristverlängerung**. Dabei verdoppeln sich die Fristen des § 66 („Mitbestimmungsverfahren“) und des § 69 („Mitwirkungsverfahren“) soweit deren Voraussetzungen erfüllt sind. Darüber hinausgehende Fristverlängerungen sind gesetzlich nicht vorgesehen und können auch nicht einvernehmlich herbeigeführt werden.

IV. Zuständigkeit bei Dienststellen ohne eine Personalvertretung

14 Abs. 3: Nach **Abs. 3 Satz 1** ist zur Vermeidung eines personalvertretungsrechtlichen Vakuums geregelt, dass wenn im Geschäftsbereich mehrstufiger Verwaltungen Maßnahmen von einer Dienststelle beabsichtigt werden, bei der keine für eine Beteiligung an diesen Maßnahmen zuständige Personalvertretung besteht, an ihrer Stelle die **Stufenvertretung bei der nächsthöheren Dienststelle** zu beteiligen ist.

15 Soweit Ersatzzuständigkeiten in der Vergangenheit nur für Stufenverfahren, nicht aber für die Fälle der originären Erstzuständigkeit von Stufenvertretungen geregelt waren, wurde mit der Neufassung des **Abs. 3 Satz 2** im Zuge der **Novelle 2011** eine Regelungslücke geschlossen. Der Gesetzgeber hat nunmehr bestimmt, dass sofern in den Fällen des Abs. 1 Satz 1 und 2 eine Stufenvertretung nicht besteht, an deren Stelle der dortige Personalrat tritt.

Mit der Regelung in **Abs. 3 Satz 3** hat der Gesetzgeber den Fall berücksichtigt, dass keine Stufenvertretung besteht. In Vermeidung eines personalvertretungsrechtlichen Vakuums ist von daher bestimmt, dass wenn in den Fällen des § 66 Abs. 5 oder des § 69 Abs. 3 eine Stufenvertretung zu beteiligen ist, diese aber nicht besteht, an ihrer Stelle die Personalvertretung bei der nächstniedrigeren Dienststelle zu beteiligen ist. 16

V. Zuständigkeit zwischen Personalrat und Gesamtpersonalrat

Abs. 4: Nach dieser Vorschrift gelten die Abs. 1 Satz 1 und Abs. 2 und 3 entsprechend für die Verteilung der Zuständigkeit zwischen dem Personalrat und dem Gesamtpersonalrat. Zur Errichtung und zur Aufgabenwahrnehmung des Gesamtpersonalrates vgl. die Ausführungen zu § 52f. 17

VI. Verfahren bei der Beteiligung der Stufenvertretung und des Gesamtpersonalrates

Abs. 5: Für die Beteiligung der Stufenvertretung und des Gesamtpersonalrates gelten die §§ 62 bis 66 und 68 bis 77 entsprechend. Zu § 65a und der Bildung eines Wirtschaftsausschusses auf hiesiger Ebene vgl. § 65a Rz. 9. 18

VII. Arbeitsgemeinschaften bei den obersten Landesbehörden

Abs. 6: Diese Vorschrift wurde im Zuge der **Novelle 2011** neu in das LPVG NRW aufgenommen. Sie eröffnet den Hauptpersonalräten bei den obersten Landesbehörden die Möglichkeit, eine **Arbeitsgemeinschaft** zu bilden. Auf der Bundesebene besteht bereits seit Längerem schon eine Arbeitsgemeinschaft der Hauptpersonalräte. Da hierzu allerdings bislang eine gesetzliche Legitimation fehlte, sollte mit der vorliegenden Vorschrift eine entsprechende rechtliche Grundlage geschaffen werden. 19

Neuntes Kapitel
Gerichtliche Entscheidung

§ 79 (Zuständigkeit der Verwaltungsgerichte, Verfahren)

(1) Die Verwaltungsgerichte, im dritten Rechtszug das Bundesverwaltungsgericht, entscheiden in den Fällen der §§ 7, 22, 25 und 43 Abs. 2 sowie über

1. **Wahlberechtigung und Wählbarkeit,**
2. **Wahl, Zusammensetzung und Amtszeit der Personalvertretungen und der in den §§ 54 und 60 genannten Vertretungen,**
3. **Zuständigkeit und Geschäftsführung der Personalvertretungen und der in den §§ 54 und 60 genannten Vertretungen,**
4. **Rechtsstellung der Mitglieder von Personalvertretungen und der in den §§ 54 und 60 genannten Vertretungen,**
5. **Bestehen oder Nichtbestehen von Dienstvereinbarungen,**
6. **Streitigkeiten aus § 67.**

(2) Die Vorschriften des Arbeitsgerichtsgesetzes über das Beschlussverfahren gelten entsprechend, der § 89 Abs. 1 Arbeitsgerichtsgesetz mit der Maßgabe, dass die Dienststellen auf die Prozessvertretung durch eine Rechtsanwältin oder einen Rechtsanwalt verzichten können.

(3) Das Beschlussverfahren kann auf die Unterlassung oder Durchführung einer Handlung oder Maßnahme gerichtet sein. § 23 Absatz 3 Betriebsverfassungsgesetz gilt entsprechend. Für einstweilige Verfügungen gilt § 85 Absatz 2 Arbeitsgerichtsgesetz. Die Zwangsvollstreckung findet nach § 85 Absatz 1 Arbeitsgerichtsgesetz statt.

Gliederung

I. Einleitende Bemerkungen

1 Nach der vormaligen bundesrechtlichen Rahmenvorschrift des § 106 BPersVG a. F. war für personalvertretungsrechtliche Entscheidungen die Zuständigkeit der Verwaltungsgerichte formuliert (vgl. aktuell § 108 BPersVG für die Bundesebene). Die vorliegende Vorschrift trifft insoweit Regelungen zur sachlichen Zuständigkeit der Verwaltungsgerichte und der anzuwendenden Verfahrensvorschriften für Streitigkeiten aus dem LPVG NRW.

II. Zuständigkeit der Verwaltungsgerichte

Abs. 1: Nach dieser Vorschrift entscheiden in den hier benannten Fällen die Verwaltungsgerichte im personalvertretungsrechtlichen Verfahren. Das sind in NRW im **ersten Rechtszug** die Verwaltungsgerichte Aachen, Arnsberg, Düsseldorf, Gelsenkirchen, Köln, Minden und Münster sowie im **zweiten Rechtszug** das Oberverwaltungsgericht NRW mit Sitz in Münster. Im **dritten Rechtszug** trifft sodann das Bundesverwaltungsgericht (vgl. auch §§ 2 und 184 VwGO) mit Sitz in Leipzig eine den verwaltungsgerichtlichen Instanzenzug abschließende Entscheidung). 2

Siehe auch **Übersicht:** Verwaltungsgerichtsbezirke NRW **(Anhang 2)** 3

Gerichte der Verwaltungsgerichtsbarkeit:

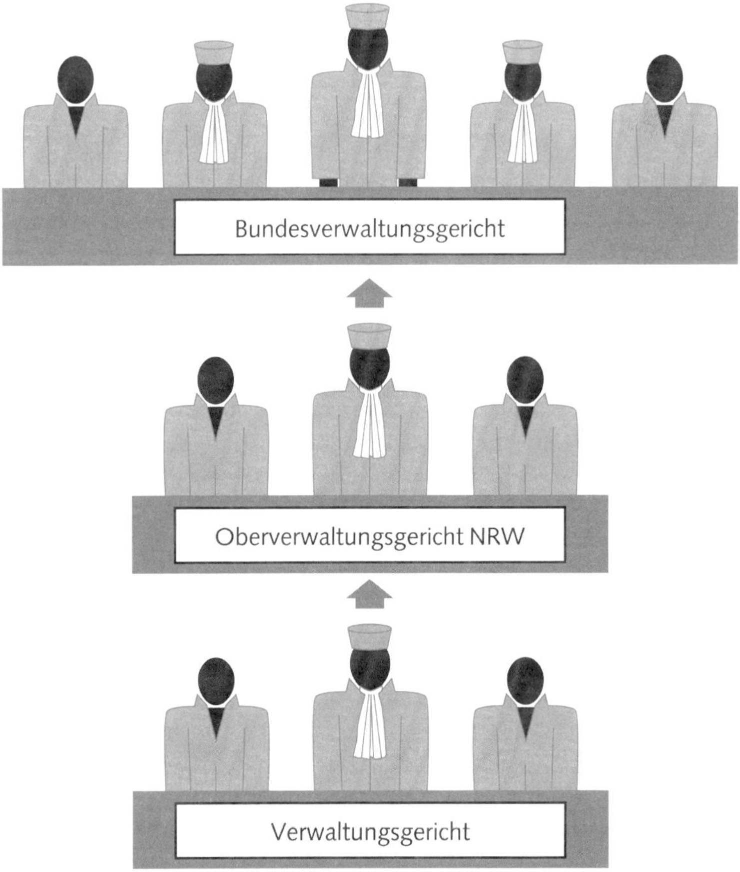

4 **Wichtig!**

Beschlüsse der Verwaltungsgerichte können mit dem Rechtsmittel der Beschwerde (§ 87 ArbGG) und Beschwerdeentscheidungen des OVG NRW unter gewissen Voraussetzungen mit der Rechtsbeschwerde (§ 92 ArbGG) angegriffen werden. Dabei gilt es zu beachten, dass beide Rechtsmittel eine aufschiebende Wirkung haben (vgl. §§ 87 Abs. 4 und 92 Abs. 3 Satz 1 ArbGG)! Zur sog. Nichtzulassungsbeschwerde siehe BVerwG 10.5.2023 – 5 PB 3/22 –!

5 Die in **Abs. 1** enthaltene **Aufzählung der sachlichen Zuständigkeiten** ist abschließend. Dementsprechend können personalvertretungsrechtliche Fragen in anderen gesetzlichen Verfahren allenfalls als Vorfragen inzidenter geprüft werden, so z.B. im arbeitsgerichtlichen Verfahren vor dem Arbeitsgericht oder im beamtenrechtlichen Verfahren vor dem Verwaltungsgericht.

6 Nach **§ 79 Abs. 1 Halbsatz 1** entscheiden die Verwaltungsgerichte in den folgenden Fällen:

Die Verwaltungsgerichte entscheiden nach **§ 79 Abs. 1 Halbsatz 1 i.V.m. § 7** über Streitigkeiten, die das **Behinderungs-, Benachteiligungs- oder Begünstigungsverbot von Personen, die Aufgaben oder Befugnisse nach dem LPVG NRW wahrnehmen** betreffen (vgl. § 7 Rz. 3 ff.).

7 Nach **§ 79 Abs. 1 Halbsatz 1 i.V.m. § 22** entscheiden die Verwaltungsgerichte über die **Wahlanfechtung**. Wird die Wahl des Personalrates oder einer Gruppe mit Erfolg angefochten, so setzt der Vorsitzende der Fachkammer des VG einen Wahlvorstand ein (vgl. § 22 Rz. 33). Siehe zur Thematik im Übrigen auch Bülow, Die Wahlanfechtung – Das Wichtigste im Überblick, PersV 2016, 250 ff.

8 Nach **§ 79 Abs. 1 Halbsatz 1 i.V.m. § 25** entscheiden die Verwaltungsgerichte über den **Ausschluss eines Mitglieds aus dem Personalrat** oder die **Auflösung des Personalrates** (vgl. § 25 Rz. 1 ff.).

9 Nach **§ 79 Abs. 1 Halbsatz 1 i.V.m. § 43 Abs. 2** entscheiden die Verwaltungsgerichte über die **außerordentliche Kündigung von personalvertretungsrechtlichen Amtsträgern**, d.h. Mitgliedern der **Personalvertretungen**, der **Jugend- und Auszubildendenvertretungen** sowie von **entsprechenden Wahlbewerbern** im **sog. Zustimmungsersetzungsverfahren** (vgl. § 43 Rz. 56 ff.). In diesem Verfahren ist der jeweils betroffene Arbeitnehmer nach § 43 Abs. 2 Satz 3 Beteiligter.

10 Nach **§ 79 Abs. 1 Halbsatz 2** entscheiden die Verwaltungsgerichte zudem in den folgenden Fällen:

Nach **Abs. 1 Halbsatz 2 Nr. 1** entscheiden die Verwaltungsgerichte über Rechtsfragen, die sich im Zusammenhang mit der **Wahlberechtigung** (vgl.

die Kommentierung zu § 10) und der **Wählbarkeit** (vgl. die Kommentierung zu § 11) ergeben. Die vom Gesetzgeber hier aufgegriffenen Fälle stellen auf Streitigkeiten ab, die vor der Wahl auftreten (vgl. auch VG Stuttgart 23.03.1977 – PSV 7/77 –). Soweit eine Durchführung der Wahl bereits stattgefunden hat, ist deshalb der Weg über das Wahlanfechtungsverfahren, d.h. über § 79 Abs. 1 Halbsatz 1 i.V.m. § 22 zu gehen (vgl. Rz. 7). Siehe zur Thematik im Übrigen auch **Bülow, Die Wahlanfechtung – Das Wichtigste im Überblick**, PersV 2016, 250ff. und **Bülow, Die Anfechtung einer Personalratswahl – Theorie & Praxis?**, ZTR 2020, 495 m.w.N. Als Verfahrensgrundlage kommt weiterhin auch die Feststellung nach § 26 Abs. 1 lit. h) (vgl. § 26 Rz. 12) in Betracht.

Nach **Abs. 1 Halbsatz 2 Nr. 2** entscheiden die Verwaltungsgerichte über **11**
die **Wahl** (§§ 12ff. i.V.m. der WO-LPVG NRW), **die Zusammensetzung und Amtszeit von Personalvertretungen** (Personalrat: §§ 13f. und 23 Abs. 1 und 2; Stufenvertretungen: § 50 Abs. 3 Satz 1 und § 51 Satz 1; Gesamtpersonalrat: § 53; Personalrat bei der Polizei: § 81; Lehrerpersonalrat: § 85 Abs. 1 Satz 1; Personalrat für Beschäftigte im Justizvollzug: § 93; Personalrat für Rechtsreferendare: § 95), der **Jugend- und Auszubildendenvertretungen** (§ 57 Abs. 1 Satz 2 und Abs. 2) und der **Bezirksjugend- und Auszubildendenvertretungen** sowie der **Hauptjungend- und Auszubildendenvertretungen** (§ 60 Abs. 1 Satz 3).

Im Hinblick auf die vorrangigen Regelungen in Abs. 1 Halbsatz 2 Nr. 1 **11a**
und in § 22 („Wahlanfechtung") kommt den hier aufgeführten **Streitigkeiten über die Wahl** eine Auffangfunktion zu.

Dazu gehören insbesondere Streitigkeiten über:

- die Personalratsfähigkeit der Dienststelle (vgl. § 1 Rz. 2ff. und § 13 Rz. 2ff.),
- die Dienststelleneigenschaft (vgl. BVerwG 3.10.1958 – VII P 9.57 –),
- die ordnungsgemäße Bestellung des Wahlvorstands (§§ 17ff.),
- die ordnungsgemäße Durchführung der Vorabstimmungen (§§ 15 und 16),
- die ordnungsgemäße Bildung des Abstimmungsvorstands (§ 4 Abs. 1 WO-LPVG NRW),
- die Kosten der Wahl (vgl. § 21 Abs. 2 Satz 1).

Streitigkeiten über die Amtszeit umfassen deren gesamten Rahmen (vgl. **11b**
hierzu auch BVerwG 10.06.1998 – 6 P 7/97 –).

Dazu gehören insbesondere Streitigkeiten über:

- den Beginn der Amtszeit (§ 23),
- die turnusmäßige und/oder vorzeitige Neuwahl (§ 24),
- den Wegfall der personalvertretungsrechtlichen Selbstständigkeit einer Dienststelle und des „Nicht-mehr-Bestehens" einer Personalvertretung (vgl. BVerwG 18.01.1990 – 6 P 8.88 –).

- Konkreter Antrag und konkrete Bezeichnung des Antragsgegenstandes z. B. Antrag auf …
- Konkrete Begründung des Antrags unter vollständiger Schilderung des zugrundeliegenden Sachverhaltes und seiner rechtlichen Würdigung
- Unterschrift
- Beifügung der Originalvollmacht bei Anträgen nach § 7 Abs. 5 Satz 1 lit. b)!

Die Dienststellenleitung und nicht die Dienststelle als solches, ist als Beteiligte im Verfahren zu bezeichnen (vgl. OVG NRW 11.01.2023 – 34 A 716/22.PVL mit Verweis auf BVerwG 21.09.2022 – 5 P 17.21 –)!

20 **Muster 74**: Antragsschrift für eine Auflösung des Arbeitsverhältnisses gem. § 7 Abs. 5 Satz 1 lit. b)

20a Eine wirksame **Verfahrenseinleitung des Personalrats durch einen Bevollmächtigten** (z. B. Rechtsanwalt oder Gewerkschaftssekretär) setzt vor allem voraus, dass Letzterer wirksam zur Verfahrensvertretung bevollmächtigt wurde. Dazu muss der Personalrat nach Maßgabe des § 33 einen Beschluss gefasst haben (1. Voraussetzung) und den Verfahrensvertreter darauf basierend bevollmächtigt haben (2. Voraussetzung). Zur Erledigung der Hauptsache durch den Antragsteller in einem vom Personalrat unwirksam eingeleiteten Verfahren vgl. VG Gelsenkirchen 19.10.2020 – 12c K 286/18.PVL –.

21 Für personalvertretungsrechtliche Streitigkeiten vor dem Verwaltungsgericht besteht dem Grunde nach **keine Antragsfrist, soweit das LPVG NRW keine eigenständigen Fristenvorgaben trifft**, wie z. B. im Fall der Wahlanfechtung nach § 22 Abs. 1, die innerhalb von zwei Wochen nach dem Tag der Bekanntgabe des Wahlergebnisses zu erfolgen hat.

22 Das **Antragsrecht des Personalrates kann verwirkt sein**, wenn diese seit der Möglichkeit der Antragstellung längere Zeit untätig geblieben ist und hierbei besondere Umstände hinzutreten, aufgrund derer seine verspätete gerichtliche Geltendmachung als Verstoß gegen den Grundsatz von Treu und Glauben i. S. d. § 242 Abs. 1 BGB angesehen werden kann (vgl. OVG NRW 18.09.1985 – 1 A 4061/92.PVL –)!

23 **Wichtig!**

Das personalvertretungsrechtliche Beschlussverfahren dient nicht der Sanktionierung von Fehlverhalten eines Beteiligten. In diesem Verfahren besteht also kein Rechtsschutzinteresse für die Feststellung von Pflichtverletzungen. Das gilt vor allem für einen auf einen abgeschlossenen Sachverhalt bezogenen abstrakten Feststellungsantrag des Personalrats, die Dienststelle habe durch die Verletzung eines Beteiligungs- oder Informationsrechts die Arbeit des Personalrats behindert (vgl. OVG NRW 03.04.2017 – 20 A 598/16 –)!

Nach § 79 Abs. 2 i.V.m. § 80 Abs. 2 ArbGG gilt gleichsam dem arbeitsge- 24
richtlichen Prozess auch im personalvertretungsrechtlichen Beschlussverfahren der in § 9 Abs. 1 ArbGG enthaltene **Beschleunigungsgrundsatz** (vgl. auch BVerwG 10.02.1967 – 7 P 6.66 –). Dessen Umsetzung wird aber von der hier vornehmlich in der Verwaltungsgerichtsbarkeit tätigen Richterschaft im Rahmen von Hauptsacheverfahren leider in der Praxis kaum beachtet! Soweit die Dienststelle also streitgegenstandsabhängig ein Interesse an einer zügigen Verfahrensbetreibung hat (z.B. im Rahmen eines Auflösungsverfahrens nach § 7 Abs. 5 lit. b) oder nach § 25 Abs. 1 oder eines Zustimmungsersetzungsverfahrens nach § 43 Abs. 2 Satz 1), so sollte sie durchaus deutlich auf die im personalvertretungsrechtlichen Verfahren geltende Beschleunigungsmaxime hinweisen!

Nach § 79 Abs. 2 i.V.m. § 83 Abs. 1 Satz 2 ArbGG gilt im personalvertre- 25
tungsrechtlichen Beschlussverfahren der **Untersuchungsgrundsatz**. Danach haben die (Verwaltungs-)Gerichte auch unabhängig von Beweisanträgen der Beteiligten den entscheidungserheblichen Sachverhalt aufzuklären. Davon unberührt bleibt hingegen die Pflicht, von den Beteiligten angetretene Beweise zu erheben, sofern die behauptete Tatsache entscheidungserheblich ist und Erhebungshindernisse nicht bestehen (vgl. BVerwG 30.10.2013 – 6 PB 19.13 –). Mit Blick auf die Mitwirkungsverpflichtung der Beteiligten nach § 79 Abs. 2 i.V.m. § 81ArbGG und eine zügige Verfahrensbetreibung (vgl. zuvor Rz. 24), sind und sollten sie also alle gerichtlichen Fragen und Auflagen entsprechend beachten. Eine Verletzung der Mitwirkungspflicht führt insbesondere zu einer Beendigung der gerichtlichen Aufklärungspflicht und kann dazu führen, dass sich das erforderliche Beweismaß verringert (vgl. BAG 25.03.1992 – 7 ABR 65/90 –).

Nach § 79 Abs. 2 i.V.m. § 87 Abs. 2 Satz 1 ArbGG finden für das **zweitins-** 26
tanzliche Verfahren die Vorschriften über das arbeitsgerichtliche Berufungsverfahren entsprechende Anwendung.

Muster 75: Beschwerdeschrift 27

Für das **drittinstanzliche Verfahren** (Rechtsbeschwerdeverfahren) wird 28
nach § 79 Abs. 2 i.V.m. § 92 Abs. 2 Satz 1 ArbGG eine entsprechende Geltung der arbeitsgerichtlichen Vorschriften über die Revision bestimmt. Zur Zulassung der Rechtsbeschwerde wegen Grundsatzbedeutung vgl. BVerwG 02.05.2017 – 5 PB 29.15 – und BVerwG 21.06.2023 – 5 PB 8.22 – und zur Formulierung vgl. entsprechend Muster 75 unter Verwendung des Passus „… unter Abänderung des Beschlusses des …“ (vgl. entsprechend Rz. 27).

Zur Zulässigkeit einer **Nichtigkeitsklage im personalvertretungsrechtli-** 29
chen Eilbeschwerdeverfahren vgl. OVG Magdeburg 22.12.2016 – 5 M 8/16 –. Dem Personalrat steht wegen der unangemessenen Dauer eines Beschluss-

verfahrens vor den Verwaltungsgerichten nach § 173 Satz 2 VwGO i.V.m. § 198 GVG kein Kompensationsanspruch zu (vgl. OVG Niedersachsen 03.08.2023 – 13 FEK 36/23 – n.rkr.).

30 Zur **Rechtsmittel- und Beschwerdebefugnis** im personalvertretungsrechtlichen Beschlussverfahren vgl. BVerwG 22.01.2016 – 5 PB 10.15 – und 04.07.2022 – 5 PB 13.21 –. Zum Anwaltszwang siehe BVerwG 02.05.2023 – 5 PB 2/23 –.

31 Soweit nach § 79 i.V.m. **§ 89 Abs. 1 ArbGG** bestimmt wird, dass die **Beschwerdeschrift** von einem Rechtsanwalt oder einer nach § 11 Abs. 2 Satz 2, 4 und 5 zur Vertretung befugten Person unterzeichnet sein muss, ist der Gesetzgeber des LPVG NRW hiervon abgewichen und hat der **Dienststelle** die **Möglichkeit** eröffnet, **auf die Prozessvertretung durch einen Rechtsanwalt zu verzichten**. Dieser Regelung liegt zugrunde, dass der Gesetzgeber gemeint hat, dass die Dienststelle über einen ausreichenden eigenen Rechts- und Sachverstand verfügt (vgl. LT-Drucks. 14/4239, S. 102). Die vorliegende Vorschrift verbietet der Dienststelle im Ergebnis jedenfalls nicht die Hinzuziehung und Verfahrensvertretung durch einen Rechtsanwalt oder Vertreter eines Arbeitgeberverbandes. Bei wichtigen und vor allem grundlegenden Streitfragen sollte sie also stets sehr gut abwägen, ob Sie ihre Rechtsinteressen vor Gericht wirklich allein vertreten möchte!

IV. Unterlassung und Durchführung von Maßnahmen

32 Abs. 3: Seit der Novelle 2011 kann sich das Beschlussverfahren nach **Abs. 3 Satz 1** auch auf die **Unterlassung oder die Durchführung einer Handlung oder einer Maßnahme** richten, wenn die Voraussetzungen des § 23 Abs. 3 BetrVG entsprechend vorliegen (vgl. nachfolgend Rz. 33 f.). Der Gesetzgeber hat diese Regelung gerade aus der Sorge heraus in das LPVG NRW aufgenommen, dass es dem Personalrat im Fall des Obsiegens in einem personalvertretungsrechtlichen Beschlussverfahren an ausreichenden Mitteln fehlt, die gerichtliche Entscheidung auch im Einzelfall tatsächlich durchzusetzen (so OVG NRW 03.04.2017 – 20 A 598/16 –). Auch ein darauf gerichteter Antrag kann **nur eine konkrete, noch nicht erledigte Maßnahme** zum Gegenstand haben (vgl. Rz. 23). Um bestimmt genug zu sein, muss der Antrag die zu unterlassende bzw. durchzuführende (n) Handlung (en) oder Maßnahme (n) so genau bezeichnen, dass sie für eine spätere Zwangsvollstreckung klar ist bzw. sind (vgl. VG Minden 11.04.2019 – 14 K 2566/17.PVL – und LAG Schleswig- Holstein 22.11.2001 – 4 TaBV 39/00 –). Zum ausschließlichen Antragsbefugnis des Personalrats vgl. Rz. 36. Weitere über den Wortlaut des Abs. 3 Satz 1 hinausgehende

Rechtspositionen des Personalrats oder gar Sanktionsmöglichkeiten eröffnet das LPVG NRW nicht (vgl. OVG NRW 03.04.2017 a.a.O.). Der Leistungsantrag nach Abs. 3 Satz 1 ist im Verhältnis zu einem Feststellungs- oder Gestaltungsantrag (vgl. Rz. 22) als selbstständig danebenstehend anzusehen (so Cecior, § 79 Rn. 116 f.). Der Personalrat kann also frei wählen, welchen Antrages er sich bedient.

In **Abs. 3 Satz 2** hat der Gesetzgeber eine **entsprechende Anwendbarkeit** 33
des § 23 Abs. 3 BetrVG formuliert. Damit hat er den vorangestellten Anspruch nach Abs. 3 Satz 1 systematisch folgend tatbestandlich dahingehend eingeschränkt, dass ein grober Verstoß der Dienststelle gegen ihre Verpflichtung aus dem LPVG NRW gegeben sein muss (so zutreffend Cecior, § 79 Rn. 131 ff. und Havers/Giesen, § 79 Rn. 40). Siehe ausführlich hierzu Lechtermann, Der „maßnahmebezogene"Antrag im Beschlussverfahren unter besonderer Berücksichtigung des LPVG NRW, PersV 2018, 90 ff.

Ein **grober Verstoß i.S.d. § 23 Abs. 3 BetrVG** muss objektiv erheblich 34
(1. Voraussetzung) und offensichtlich schwerwiegend (2. Voraussetzung) sein. Daran gemessen kann bereits ein einmaliger gravierender Verstoß der Dienststelle eine grobe Pflichtverletzung darstellen, wenn er objektiv erheblich ist. Das kann z.B. die Verweigerung der vertrauensvollen Zusammenarbeit nach § 2 Abs. 1 Halbsatz 1, die Verweigerung der Durchführung von Dienstvereinbarungen, das unbefugte Öffnen der Personalratspost oder die beharrliche Nichtbeantwortung von Initiativanfragen nach § 64 Nr. 1 trotz Erinnerung sein (vgl. § 64 Rz. 7 und 58). Mehrere leichtere Verstöße können im Wiederholungsfall ggf. zu einem groben Verstoß werden. **Kein grober Verstoß** ist anzunehmen, wenn die Dienststelle in schwierigen und ungeklärten Rechtsfragen eine bestimmte Meinung vertritt (vgl. VG Minden 25.01.2018 – 14 K 4234/16.PVL m.w.N.).

Auch, wenn in § 23 Abs. 3 BetrVG die im Betrieb vertretene Gewerkschaft 35
benannt wird, besteht für den einheitlichen personalvertretungsrechtlichen Anspruch nach Abs. 3 Satz 1 und 2 (vgl. Rz. 33) gleichwohl eine **Antragsbefugnis nur für den Personalrat** (str.: bejahend Cecior, § 79 Rn. 140 ff.; a.A. Laber/Pagenkopf, § 79 Rn. 114). Denn der Gesetzgeber hat bewusst in Abs. 3 Satz 2 ein Antragsrecht der Gewerkschaften nicht wie in allen anderen im LPVG NRW vorgesehenen Fällen (§§ 17 Abs. 2; 18 f.; 20 Abs. 1, 3; 22 Abs. 1; 25 Abs. 1; 46 Abs. 3) nicht mit aufgeführt (arg. e contr. LT-Drucks. 15/2218, 55). Das ist auch nachvollziehbar, da er den Gewerkschaften ansonsten die Möglichkeit eingeräumt hätte die Durchsetzung von Rechtspositionen des Personalrats bewirken zu können, was allerdings den Rahmen der in § 2 Abs. 1 Halbsatz 2 niedergelegten Unterstützungsfunktion bei Weitem überschritten hätte.

36 Wenn die Dienststelle der ihr durch rechtskräftige gerichtliche Entscheidung auferlegten Verpflichtung zuwiderhandelt, kann der Personalrat beim Verwaltungsgericht einen **Antrag auf Androhung eines Ordnungsgeldes** stellen (vgl. § 23 Abs. 3 Satz 2 BetrVG). Entsprechendes gilt, soweit die Dienststelle die ihr durch eine rechtskräftige gerichtliche Entscheidung auferlegte Handlung(en) nicht durchführt im Hinblick auf einen **Antrag,** dass die Dienststelle zur Vornahme der Handlung durch Zwangsgeld anzuhalten ist (vgl. § 23 Abs. 3 Satz 4). Das Höchstmaß des Ordnungs- und Zwangsgeldes beträgt 10.000 Euro (vgl. § 23 Abs. 3 Satz 5 BetrVG).

36a Nach **Abs. 3 Satz 3 i. V. m. § 85 Abs. 2 ArbGG** ist der **Erlass einer einstweiligen Verfügung**, der auch auf eine Unterlassung oder Durchführung einer Handlung oder Maßnahme (vgl. Rz. 32 ff.) gerichtet sein kann zulässig. Für dieses Verfahren gelten die §§ 935 ff. ZPO (vgl. § 85 Abs. 2 Satz 2 ArbGG). Die Verfügung bedarf eines Verfügungsanspruches und eines Verfügungsgrundes, d. h. einer „Eilbedürftigkeit". Zu den Voraussetzungen im Einzelnen siehe ausführlich BVerwG 04.2.2021 – 5 VR 1.20 – m. w. N. und daneben auch OVG Niedersachsen 14.09.2017 – 17 MP 7/17 – und OVG Rheinland-Pfalz 19.05.2016 – 5 B 10334/16.OVG –. Zur **Verneinung einer ausreichenden Glaubhaftmachung** vgl. insbesondere auch VG Gelsenkirchen 20.07.2018 – 12c L 659/18.PVL –. Zur **Verneinung einer Eilbedürftigkeit**, wenn der Antragsteller mit seiner Antragstellung fast zwei Monate zuwartet vgl. entsprechend OLG Stuttgart 25.02.2009 – 4 U 204/08 – und OLG Hamburg 15.08.2007 – 5 U 173/06 – oder, wenn er trotz behaupteter Eilbedürftigkeit im Verfahren Terminverlegungen oder Vertagungen beantragt vgl. entsprechend OLG Hamm 20.09.2005 – 4 U 82/05 –, 24.09.2010 – 17 O 129/10 und 15.03.2001 – 4U 200/10 –).

37 Nach **Abs. 3 Satz 4** findet die **Zwangsvollstreckung** nach Maßgabe des § 85 Abs. 1 ArbGG statt.

§ 80 (Fachkammern bei den Verwaltungsgerichten)

(1) Für die nach diesem Gesetz zu treffenden Entscheidungen sind bei den Verwaltungsgerichten des ersten und zweiten Rechtszuges Fachkammern (Fachsenate) zu bilden. Die Zuständigkeit einer Fachkammer kann auf die Bezirke anderer Gerichte oder Teile von ihnen erstreckt werden.

(2) Die Fachkammer (der Fachsenat) besteht aus einer oder einem Vorsitzenden, weiteren Richterinnen und Richtern und ehrenamtlichen Richterinnen und Richtern. Die ehrenamtlichen Richterinnen und Richter müssen Beschäftigte des Landes, einer Gemeinde, eines Gemeindeverbandes oder einer sons-

tigen der Aufsicht des Landes unterstehenden Körperschaft, Anstalt oder Stiftung des öffentlichen Rechts sein. Sie werden durch die Landesregierung oder eine von ihr bestimmte Stelle je zur Hälfte auf Vorschlag

1. **der unter den genannten Beschäftigten vertretenen gewerkschaftlichen Spitzenorganisationen und**
2. **der obersten Landesbehörden**

berufen. Für die Berufung und Stellung der ehrenamtlichen Richterinnen und Richter und ihre Heranziehung zu den Sitzungen gelten die Vorschriften des Arbeitsgerichtsgesetzes über ehrenamtliche Richterinnen und Richter entsprechend.

(3) Die Fachkammer (der Fachsenat) wird tätig in der Besetzung mit einer oder einem Vorsitzenden und zwei weiteren Richterinnen und Richtern und zwei ehrenamtlichen Richterinnen oder Richtern, von denen je eine oder einer nach Absatz 2 Satz 3 Nummer 1 und 2 berufen worden ist. Die Fachkammer (der Fachsenat) kann im Einverständnis der Beteiligten durch eine Richterin oder einen Richter entscheiden.

Gliederung

I. Einleitende Bemerkungen

1 Die Vorschrift bestimmt in Ergänzung zu § 79 („Zuständigkeit der Verwaltungsgerichte“) die Bildung von speziellen Fachkammern (Fachsenaten beim OVG NRW). Zur vorschriftswidrigen Besetzung vgl. auch BVerwG 25.07.2019 – § PB 19.18 –.

II. Bildung von Fachkammern/Fachsenaten

2 <u>Abs. 1:</u> Nach **Abs. 1 Satz 1** besteht die **Verpflichtung zur Bildung von Fachkammern (Fachsenaten)** bei den Verwaltungsgerichten des ersten und zweiten Rechtszuges für die nach dem LPVG NRW zu treffenden Entscheidungen. Vor den Verwaltungsgerichten Aachen, Arnsberg, Düsseldorf, Gelsenkirchen, Köln, Minden und Münster besteht insoweit je eine Fachkammer zum Landespersonalvertretungsrecht. Beim OVG NRW in Münster ist ein entsprechender Fachsenat gebildet.

3 Nach **Abs. 1 Satz 2** kann die **Zuständigkeit einer Fachkammer** auf die Bezirke anderer Gerichte oder Teile von ihnen erstreckt werden. Damit hat der Gesetzgeber wie auch in § 109 Abs. 1 Satz 2 BPersVG eine Ausweitung der örtlichen Zuständigkeit besondere personalvertretungsrechtliche Fachkammern zugelassen.

III. Richter der Fachkammer/des Fachsenates

4 Abs. 2: Nach **Abs. 2 Satz 1** besteht die Fachkammer (der Fachsenat) aus **einem Vorsitzenden Richter, weiteren Richtern** und **ehrenamtlichen Richtern**. Die Besetzung des Spruchkörpers mit weiteren Richtern neben dem Vorsitzenden (vormals abgeschafft mit der Novelle 2007) wurde mit dem Gesetz zur Neuregelung der Rechtsverhältnisse der Richterinnen und Richter sowie Staatsanwältinnen und Staatsanwälte im Land Nordrhein-Westfalen vom 08.12.2015 mit Wirkung zum 01.07.2016 wieder in das Gesetz aufgenommen (vgl. hierzu LT-Drucks. 16/9520, S. 137). Zur dabei eingeräumten Ausnahmemöglichkeit der Entscheidung durch den Einzelrichter vgl. Rz. 12a. Der Vorsitzende und die weiteren Richter müssen als Berufsrichter aus der Verwaltungsgerichtsbarkeit stammen.

5 In den **Sitzungen** und den **Beratungen** der Fachkammer bzw. des Senates haben die ehrenamtlichen Richter die gleiche Rechtsstellung wie die drei Berufsrichter (vgl. § 45 Abs. 1 DRiG).

6 Nach **Abs. 2 Satz 2** hat der Gesetzgeber **persönliche Voraussetzungen für das ehrenamtliche Richteramt** aufgestellt. Die ehrenamtlichen Richter müssen Beschäftigte des Landes, einer Gemeinde, eines Gemeindeverbandes oder einer sonstigen der Aufsicht des Landes unterstehenden Körperschaft, Anstalt oder Stiftung des öffentlichen Rechts sein.

7 Nach **Abs. 2 Satz 3** erfolgt eine **Berufung der ehrenamtlichen Richter in das Amt**. Dies hat grundsätzlich die Landesregierung vorzunehmen. Der Gesetzgeber hat aber auch die Möglichkeit eröffnet, dass die Vornahme durch eine von ihr bestimmten Stelle erfolgt. In NRW ist das der **Präsident des OVG NRW** (vgl. § 1 der Verordnung über die Berufung der ehrenamtlichen Richterinnen und Richter für die nach dem Landespersonalvertretungsgesetz zu bildenden Fachkammern (Fachsenate) vom 09.09.2003).

8 In **Abs. 2 Satz 4** sind die **Voraussetzungen für die Berufung in das Amt** geregelt. Diese ergeben sich aufgrund der Verweisung auf das ArbGG aus den **§§ 2ff. ArbGG** und den hierauf wiederum verweisenden **§ 37 ArbGG**. Übernimmt ein ehrenamtlicher Richter einer Fachkammer während der Amts-

zeit eine Funktion auf der anderen Seite, so entfällt eine Voraussetzung seiner Berufung (vgl. OVG Berlin-Brandenburg 22.12.2017 – OVG 4 E 16.17 –).

IV. Besetzung der Fachkammer/des Fachsenates

Abs. 3: Die Fachkammer (der Fachsenat) wird nach **Abs. 3 Satz 1** grund- 9
sätzlich in der Besetzung mit einem Vorsitzenden Richter und weiteren Berufsrichtern aus der Verwaltungsgerichtsbarkeit sowie zwei ehrenamtlichen Richtern tätig (sog. Spruchkörper), von denen je einer nach Abs. 2 Satz 3 Nr. 1 und 2 berufen worden ist. Die personelle Besetzung im Einzelnen bestimmt das Präsidium des jeweiligen Gerichts im Wege der Geschäftsverteilung nach § 4 VwGO i. V. m. §§ 21a ff. GVG.

Im **vorbereitenden Verfahren**, d. h. im Verfahren nach der Antragstellung 10
bis zur Anberaumung der mündlichen Verhandlung, trifft der Vorsitzende Richter zusammen mit den weiteren Berufsrichtern in entsprechender Anwendung des § 53 Abs. 1 Satz 1 ArbGG alleine Entscheidungen. Dabei können prozessleitende Entscheidungen bzw. -verfügungen vorgenommen werden wie z. B. die Anforderung von Beweisen oder die Beauftragung von Sachverständigen etc. (vgl. § 11 ArbGG).

Wichtig! 11

Die Berufsrichter der Fachkammer (des Fachsenats) entscheiden auch im Falle einer Verfahrensbeendigung durch eine Antragsrücknahme (vgl. entsprechend § 81 Abs. 2 Satz 2 ArbGG) und im Fall einer vergleichsweisen Einigung bzw. der übereinstimmenden Erledigungserklärung der am Verfahren Beteiligten ohne die ehrenamtlichen Richter (vgl. entsprechend § 83a Abs. 1 und Abs. 2 Satz 1 ArbGG)!

Gleiches gilt für Entscheidungen über den Antrag auf Erlass einer einstweiligen Verfügung. Auch hier kann ohne ihre Mitwirkung und dabei auch ohne mündliche Verhandlung allein entschieden werden (vgl. entsprechend BVerwG 22.03.2006 – 6 PB 5/06 – und OVG Rheinland-Pfalz 19.05.2016 –5 B 10334/16.OVG – zur Spruchkörperbesetzung mit nur einem Vorsitzenden Richter)!

Im Rahmen der mündlichen Verhandlung (der Hauptsacheverfahren) und 12
dabei auch im Hinblick auf die dort ergehenden Beschlüsse entscheidet hingegen die Fachkammer (der Fachsenat) in der zuvor dargestellten Besetzung.

Nach **Abs. 3 Satz 2** kann abweichend von der Spruchkörpervorgabe des 12a
Abs. 3 Satz 1 ggf. trotzdem eine **Entscheidung durch den (Einzel-)Richter** erfolgen. Diese Möglichkeit wurde erstmals mit dem Gesetz zur Neuregelung der Rechtsverhältnisse der Richterinnen und Richter sowie Staats-

anwältinnen und Staatsanwälte im Land Nordrhein-Westfalen vom 08.12.2015 mit Wirkung zum 01.07.2016 in das Gesetz aufgenommen. Voraussetzung hierfür ist das **Einverständnis aller (Verfahrens-)Beteiligten**. Dieses muss als Verfahrenshandlung schriftlich zur Niederschrift (z.B. im Rahmen einer Antragsschrift) oder zu Protokoll erklärt werden. Die Erklärung ist bedingungsfeindlich und kann nur auf den (Einzel-)Richter als solches, d.h. also nicht auf einen bestimmten Richter abstellen. Wer entscheidender (Einzel-)**„Richter"** ist hat der Gesetzgeber nicht definiert. Nach dem Wortlaut und Normzweck (vgl. auch LT-Drucks. 16/9520, S. 138) kommen hier alternativ nur die Berufsrichter der Fachkammer infrage. Die Entscheidung kommt dabei dem zuständigen Richter i.S.d. § 21g GVG zu, wobei keine gesonderte Übertragung des Rechtsstreits durch die Fachkammer (den Fachsenat) notwendig ist. Dabei gilt es allerdings zu beachten, dass für diesen das Einvernehmen der Beteiligten nicht bindend ist („kann" im Einverständnis …), sodass er nach eigenem billigem Ermessen letztendlich doch eine Entscheidung durch den Spruchkörper herbeiführen kann.

12b **Praxistipp!**

Eine einvernehmlich herbeigeführte Entscheidung durch den Einzelrichter ist bei einfach gelagerten Sach- und Streitständen von nicht grundsätzlicher Bedeutung aus verfahrensökonomischen Gründen durchaus zu empfehlen. Dieses Ansinnen sollte im Hinblick auf die darüber abschließend erfolgende Ermessensentscheidung des zuständigen (Berufs-) Richters stets konkret dargelegt, d.h. begründet werden!

Zehntes Kapitel
Sondervorschriften für besondere Verwaltungszweige und die Behandlung von Verschlusssachen

Erster Abschnitt
Polizei

§ 81 (Anwendbare Vorschriften)

Für die im Landesdienst stehenden Beschäftigten der Polizei bei den in § 82 bezeichneten Polizeidienststellen gelten die Vorschriften der Kapitel 1 bis 9 und 11 insoweit, als in diesem Abschnitt nichts anderes bestimmt ist.

Gliederung

I. Einleitende Bemerkung

Mit dieser Vorschrift wird der Erste Abschnitt der im 10. Kapitel enthaltenen **Sondervorschriften für die Polizei** eingeleitet. 1

II. Anwendbare Vorschriften für die Polizei

Die Vorschrift erstreckt den **Geltungsbereich der Sondervorschriften** des Ersten Abschnittes des 10. Kapitels des LPVG NRW auf alle im Landesdienst stehenden Beschäftigten der Polizei in den in NRW bestehenden Kreispolizeibehörden, dem Landeskriminalamt, dem Landesamt für Zentrale Polizeiliche Dienste, dem Landesamt für Ausbildung, Fortbildung und Personalangelegenheiten der Polizei und darüber hinaus auch die Deutsche Hochschule der Polizei (vgl. § 82). 2

Die Geltung der Sondervorschriften erfolgt nur insoweit, als dass im Ersten Abschnitt des 10. Kapitels nichts anderes bestimmt ist. Das hat zur Folge, dass die Vorschriften der Kapitel 1 bis 9 und 11 z.B. für **kreisbedienstete Polizisten, die im Wege der Personalgestellung in einer landratsgeführten Kreispolizeibehörde zum Einsatz gelangen** uneingeschränkt zum Tragen kommen (Arg. eingeschränkter Wortlaut: „im Landesdienst stehenden Beschäftigten der Polizei"). Dementsprechend können sie vor allem auch bei den Personalratswahlen in beiden vorbenannten Dienststellen eine Berücksichtigung finden (Stichwort: „in der Regelbeschäftigte") und nach § 10 Abs. 2 Halbsatz 1 ein entsprechendes Doppelwahlrecht aufweisen. 3

Abweichende Regelungen im Ersten Abschnitt sind: 4

- Der Dienststellenbegriff nach § 82 (Abweichung von § 1)
- Erhalt des aktiven und passiven Wahlrechts von Polizeivollzugsbeamten (Abweichung von den §§ 10 und 11)
- Kein Erlöschen der Mitgliedschaft im Personalrat der Stammdienststelle nach § 83 Abs. 1 (Abweichung von § 26 Abs. 2)
- Bildung eines Hauptpersonalrates beim Innenministerium nach § 84 (Abweichung von § 50 Abs. 1)

III. Rechtliche Auseinandersetzungen

Streitigkeiten über die Zuständigkeit des Personalrates im Hinblick auf einen Beschäftigten und dessen Zugehörigkeit zu einer Polizeidienststelle i.S.d. § 82 sind im personalvertretungsrechtlichen Beschlussverfahren nach § 79 Abs. 1 Nr. 1 vor dem VG zu klären. 5

§ 82 Dienststellen

Dienststellen im Sinne dieses Gesetzes sind die Kreispolizeibehörden, das Landeskriminalamt, das Landesamt für Zentrale Polizeiliche Dienste, das Landesamt für Ausbildung, Fortbildung und Personalangelegenheiten der Polizei und die Deutsche Hochschule der Polizei.

1 Die Vorschrift enthält eine **abschließende Aufzählung der Polizeidienststellen**. Im Zuge der **Novelle 2011** wurden diese um die „Deutsche Hochschule der Polizei" erweitert (vgl. LT-Drucks. 15/1644, S. 87).

2 Wer **Dienststellen i. S. d. LPVG NRW** sind, bezeichnet § 1 Abs. 2 und 3. Die vorliegende Vorschrift stellt insofern eine **Sondervorschrift** für den Bereich der Polizeibehörden in NRW dar.

3 **Polizeidienststellen** in NRW sind:
- Kreispolizeibehörden (vgl. §§ 2 Abs. 1, 3 POG NRW i. V. m. § 1 Kreispolizeibehörden KPBV NRW)
- Landeskriminalamt (vgl. § 13 Abs. 1 POG NRW)
- Landesamt für Zentrale Polizeiliche Dienste (vgl. § 13a POG NRW und auch § 6 Abs. 2 LOG NRW zur Eigenschaft als Landesbehörde)
- Landesamt für Ausbildung, Fortbildung und Personalangelegenheiten der Polizei (vgl. § 13b POG NRW und § 6 Abs. 2 LOG NRW zur Eigenschaft als Landesoberbehörde)
- Deutsche Hochschule der Polizei (vgl. das DHPolG)

4 **Keine Polizeidienststelle** im Sinne der vorliegenden Sondervorschrift stellt die Wasserschutzpolizei (vgl. § 3 Abs. 1 POG NRW) und die Fachhochschule für öffentliche Verwaltung in NRW (FHöV NRW) dar.

§ 83 Wahlberechtigung

(1) Abgeordnete Polizeivollzugsbeamtinnen und Polizeivollzugsbeamte sind nur bei ihrer Stammdienststelle wahlberechtigt und wählbar; § 10 Abs. 2 und § 26 Abs. 2 finden keine Anwendung.

(2) Auf die Kommissaranwärterinnen und Kommissaranwärter findet § 72 Abs. 1 Satz 1 Nr. 1 bei Einstellungen und § 72 Abs. 1 Satz 1 Nr. 11 keine Anwendung.

Gliederung

I. Einleitende Bemerkungen

Die Vorschrift trifft abweichende Regelungen zur Wahlberechtigung nach den Vorgaben der §§ 10 und 11 für den Fall der Abordnung und des Erlöschens der Mitgliedschaft im Personalrat unter den in § 26 Abs. 2 benannten Voraussetzungen. 1

Im Zuge der **Novelle 2011** wurden die mit der Novelle 2007 eingefügten Abs. 2 bis 4 wieder aufgehoben und damit den Kommissaranwärtern wieder das Wahlrecht in den Stammdienststellen in Anwendung des § 10 Abs. 4 zugestanden. 2

II. Wahlberechtigung und Wählbarkeit

Abs. 1: Bei dieser Vorschrift handelt es sich um eine Sonderregelung im Hinblick auf die Wahlberechtigung und die Wählbarkeit von abgeordneten Polizeivollzugsbeamten. 3

Diese weisen nach **Abs. 1 Halbsatz 1 eine Wahlberechtigung und Wählbarkeit nur bei ihrer Stammdienststelle** auf. 4

Nach **Abs. 1 Halbsatz 2** findet § 10 Abs. 2 und § 26 Abs. 2 keine Anwendung. Insoweit gilt zu beachten, dass durch den Anwendungsausschluss des § 10 Abs. 2 die Wahlberechtigung des Polizeivollzugsbeamten dann nicht verloren geht, wenn seine Abordnung länger als sechs Monate angedauert hat. Was den Anwendungsausschluss des § 26 Abs. 2 betrifft, so gilt Entsprechendes im Hinblick auf die Mitgliedschaft von Polizeivollzugsbeamten in einem Personalrat. 5

Regelungsgegenstand der Vorschrift sind nur Abordnungen. Für Versetzungen von Polizeivollzugsbeamten und auch Beurlaubungen ohne Dienstbezüge gelten die Allgemeinen Vorschriften der §§ 10 ff. 6

III. Ausschluss der Mitbestimmung bei Kommissaranwärtern

Abs. 2: Der Begriff „**Kommissaranwärter**“ stellt eine Dienstbezeichnung während des (Polizeivollzugs-)Vorbereitungsdienstes dar (vgl. § 11 Abs. 3 LVOPol 7

NRW). Auf sie findet das Mitbestimmungsrecht nach § 72 Abs. 1 Satz 1 Nr. 1 Fall 1 („Einstellungen") und das Mitbestimmungsrecht nach § 72 Abs. 1 Satz 1 Nr. 11 („Anordnung, welche die Freiheit in der Wahl der Wohnung beschränken") keine Anwendung.

IV. Rechtliche Auseinandersetzungen

8 Kontroversen über das Vorhandensein des aktiven und auch passiven Wahlrechts von Polizeivollzugsbeamten sind im personalvertretungsrechtlichen Beschlussverfahren nach § 79 Abs. 1 Nr. 1 vor dem Verwaltungsgericht zu klären. Entsprechendes gilt im Hinblick auf eine Mitbestimmung bei Kommissaranwärtern (vgl. 79 Abs. 1 Nr. 3).

§ 84 Hauptpersonalrat

Beim Innenministerium wird ein Hauptpersonalrat gebildet, dessen Mitglieder von den Beschäftigten der in § 82 bezeichneten Dienststellen gewählt werden.

1 In Abweichung der Vorgaben des § 50 wird ein **Polizei-Hauptpersonalrat** beim Innenministerium gebildet. Dessen Mitglieder werden von den Beschäftigten der in § 82 bezeichneten Dienststellen gewählt.

2 Rechtliche Auseinandersetzungen im Hinblick auf die Zusammensetzung und die Amtszeit des Polizei-Hauptpersonalrates sind nach § 79 Abs. 1 Nr. 2 im personalvertretungsrechtlichen Beschlussverfahren vor dem VG zu klären.

Zweiter Abschnitt
Lehrkräfte

§ 85 (Anwendbare Vorschriften, abweichende Regelungen)

(1) Für Lehrkräfte gelten die Vorschriften der Kapitel 1 bis 6, 8, 9 und 11 insoweit, als in diesem Abschnitt oder in § 69 Schulgesetz NRW nichts anderes bestimmt ist. Für die nach dem Schulgesetz NRW gebildeten Lehrerräte gelten in den Fällen des § 69 Absatz 3 Schulgesetz NRW die §§ 7 Absatz 1, 33, 37, 62 bis 77 und 85 Absatz 4 entsprechend.

(2) Abweichend von § 8 Abs. 1 handelt für das Ministerium, das für das Schulwesen zuständig ist, noch eine andere den Hauptpersonalräten benannte Person mit Entscheidungsbefugnis.

(3) Die Vorschriften über die Gruppen gelten nicht. Als Lehrkräfte im Sinne dieses Abschnitts gelten auch die in der Ausbildung zu einem Lehrerberuf stehenden Beschäftigten sowie pädagogische und sozialpädagogische Mitarbeiterinnen und Mitarbeiter gemäß § 58 Schulgesetz NRW. Lehrkräfte im Dienst der Landwirtschaftskammer gelten nicht als Lehrkräfte im Sinne dieses Abschnitts.

(4) Abweichend von § 63 treten die Dienststelle (§ 92 Satz 1 Nr. 2) und der Personalrat einmal im Schulhalbjahr zu einer gemeinschaftlichen Besprechung zusammen.

(5) In Dienststellen mit in der Regel 100 bis 199 Beschäftigten ist ein Personalratsmitglied von seiner dienstlichen Tätigkeit mit 12 Unterrichtsstunden in der Woche freizustellen. Auf Antrag kann die Dienststelle in den Fällen des § 42 Absatz 2 aus Gründen der Verwaltungsvereinfachung wegen der Teilnahme an Personalratssitzungen und der Erledigung der damit in unmittelbarem Zusammenhang stehenden Aufgaben eine dem durchschnittlichen Zeitaufwand entsprechende Ermäßigung der regelmäßigen wöchentlichen Arbeitszeit bewilligen.

(6) Absatz 4 gilt für das Ministerium, das für das Schulwesen zuständig ist und die bei diesem gebildeten Lehrer-Hauptpersonalräte entsprechend.

Gliederung

I. Einleitende Bemerkung

Mit dieser Vorschrift wird der zweite Abschnitt der im 10. Kapitel enthal- 1
tenen Sondervorschriften für Lehrkräfte eingeleitet.

II. Anwendbare Vorschriften für Lehrkräfte

<u>**Abs. 1:**</u> In **Abs. 1 Satz 1** wird geregelt, dass für Lehrkräfte die Bestimmun- 2
gen des LPVG NRW in den Kapiteln 1 bis 6, 8, 9 und 11 ausdrücklich nur dann Anwendung finden, wenn in § 85 bis 92 oder in § 69 Schulgesetz NRW nichts anderes bestimmt ist.

nur um eine gesetzliche Mindestvorgabe, sodass auch unterhalb des Schulhalbjahres gemeinschaftliche Besprechungen stattfinden können.

13 Das **Schuljahr** beginnt am 1. August und endet am 31. Juli des folgenden Jahres. Das Ministerium kann zulassen, dass in einzelnen Schulstufen oder Schulformen das Schuljahr in Semester (Schulhalbjahre) oder andere Zeitabschnitte gegliedert wird, und deren Beginn und Ende festlegen (vgl. § 7 Abs. 1 SchulG NRW).

VI. Sonderregelungen für die Freistellung

14 **Abs. 5:** Nach **Abs. 5 Satz 1** ist abweichend von der allgemeinen Freistellungsregelung in § 42 Abs. 4 Satz 1 bestimmt, dass in Dienststellen mit i.d.R. 100 bis 199 Beschäftigten ein Personalratsmitglied von seiner dienstlichen Tätigkeit mit 12 Unterrichtsstunden in der Woche freizustellen ist. Damit erhalten die Mitglieder der Personalräte für Lehrkräfte letztendlich ein höheres Freistellungsvolumen als die Mitglieder der allgemeinen Personalräte, da für sie neben den Unterrichtsstunden auch die Vor- und Nachbereitungszeit für den Unterricht entfällt (vgl. OVG NRW 20.11.2009 – 16 A 1337/09.PVL –).

15 Über die vorliegende Sonderregelung hinausgehende Freistellungen müssen nach Umfang und Art der Dienststelle zur ordnungsgemäßen Durchführung der Aufgaben der Mitglieder des Personalrates der Lehrkräfte **erforderlich** sein und bedürfen eines entsprechenden Freistellungsbeschlusses (vgl. OVG NRW 20.11.2009 a.a.O.)!

16 **Wichtig!**

Ungeachtet der vorliegenden Sonderregelung können die Dienststelle und der Personalrat der Lehrkräfte im beiderseitigen Einvernehmen bei außergewöhnlichem anlassbezogenem Bedarf eine vorübergehende erhöhte Freistellung herbeiführen. Deren Dauer hat sich dabei entsprechend am Anlass zu orientieren!

17 Nach **Abs. 5 Satz 2** kann die Dienststelle in den Fällen des § 42 Abs. 2 aus Gründen der Verwaltungsvereinfachung wegen der Teilnahme an Personalratssitzungen und der Erledigung der damit in unmittelbarem Zusammenhang stehenden Aufgaben eine **Ermäßigung der regelmäßigen wöchentlichen Arbeitszeit** von Mitgliedern des Personalrates der Lehrkräfte bewilligen. Dies setzt einen entsprechenden **Antrag** des jeweiligen Personalratsmitgliedes voraus. Dabei hat dieses eine **Begründung des Antrages** vorzunehmen und neben den vorgenannten Gründen zur Verwaltungs-

vereinfachung Ausführungen zu dem begehrten Umfang der Wochenarbeitszeitermäßigung auszuführen. Hierbei hat es zu beachten, dass sich der Ermäßigungsumfang dem Grunde nach an dem bestehenden durchschnittlichen Zeitaufwand zu orientieren hat.

VII. Gemeinschaftliche Besprechungen für den Bereich des Ministeriums

Abs. 6: Die in **Abs. 4** getroffenen Mindestvorgaben zur Durchführung gemeinschaftlicher Besprechungen gelten für das Ministerium, dass für das Schulwesen zuständig ist und die bei diesem gebildeten Lehrer-Hauptpersonalräten entsprechend. 18

VIII. Rechtliche Auseinandersetzungen

Streitigkeiten über die **Bewilligung einer beantragten Wochenarbeitszeitermäßigung** nach Abs. 5 Satz 2 sind nach § 79 Abs. 1 Nr. 4 im personalvertretungsrechtlichen Beschlussverfahren vor dem Verwaltungsgericht zu klären, da der Streit- bzw. Verfahrensgegenstand die Rechtsstellung der betroffenen Lehrkraft als Mitglied des Lehrerpersonalrates darstellt (a.A. BVerwG 23.10.1980 – 2 C 43.78 –, das die Auswirkung der einem beamteten Personalratsmitglied gewährten Freistellung vom Dienst auf die Arbeitszeitberechnung seiner Streitigkeit aus dem Beamtenverhältnis angesehen hat). 19

§ 86 (Besondere gemeinsame Personalvertretungen)

Im Bereich der Schulen und der Studienseminare werden für Lehrkräfte besondere gemeinsame Personalvertretungen gebildet.

Im Bereich der Schulen (vgl. § 6 SchulG NRW) und der Studienseminare (seit dem 01.08.2011 „Zentren für schulpraktische Lehrerausbildung“ vgl. § 5 Abs. 1 LABG NRW) werden für Lehrkräfte besondere gemeinsame Personalvertretungen gebildet. 1

§ 87 (Getrennte Personalvertretung)

(1) Für die im Landesdienst beschäftigten Lehrkräfte an Schulen und an Studienseminaren werden Personalvertretungen – getrennt nach Schulformen und besonderen Einrichtungen des Schulwesens – gebildet.

(2) Für nicht im Landesdienst beschäftigte Lehrkräfte kann die oberste Dienstbehörde bestimmen, dass getrennte Personalvertretungen entsprechend Absatz 1 gebildet werden. Werden getrennte Personalvertretungen nicht gebildet, bilden die Lehrkräfte der verschiedenen Schulformen je eine Lehrergruppe. Für diese Lehrergruppen gelten die Vorschriften dieses Gesetzes über die Gruppenwahl und die Rechte der Gruppen entsprechend, jedoch findet in den Fällen des § 34 Abs. 2 eine gemeinsame Beratung nicht statt.

Gliederung

I. Einleitende Bemerkung

1 Die Vorschrift regelt die Bildung von getrennten Personalvertretungen. Siehe zur **Wahldurchführung** auch die Kommentierung von Bülow zu den §§ 43, 44 WO-LPVG NRW.

II. Personalvertretungen für Lehrkräfte im Landesdienst

2 **Abs. 1:** Nach dieser Vorschrift wird bestimmt, dass für die im Landesdienst beschäftigten Lehrkräfte an Schulen (vgl. § 6 SchulG NRW) und an Studienseminaren (seit dem 01.08.2011 „Zentren für schulpraktische Lehrerausbildung" vgl. § 5 Abs. 1 LABG NRW) **Personalvertretungen getrennt nach Schulformen und besonderen Einrichtungen des Schulwesens** gebildet werden. Damit hat der Gesetzgeber die unterschiedlichen Interessenlagen der bestehenden Schulformen und vorbenannten besonderen Einrichtungen entsprechend berücksichtigen wollen (vgl. LT-Drucks. 7/3543, S. 63).

3 Zu „**Schulformen und besonderen Einrichtungen des Schulwesens**" vgl. die Ausführungen zu § 92 („Schulformen, Dienststellen).

Zum Informationsanspruch des nach Abs. 1 besonders gebildeten Personalrates, ob und gegebenenfalls ab wann eine Schule geschlossen wird vgl. OVG NRW 01.07.2014 – 20 B 490/14.PVL –. 4

III. Personalvertretungen für Lehrkräfte außerhalb des Landesdienstes

Abs. 2: Nach **Abs. 2 Satz 1** kann die oberste Dienstbehörde (vgl. § 2 Abs. 1 LBG NRW) bestimmen, dass für Lehrkräfte, die außerhalb des Landesdienstes beschäftigt sind, **getrennte Personalvertretungen** entsprechend der Vorgaben des Abs. 1 (vgl. Rz. 2) gebildet werden. 5

Wenn von der Möglichkeit des Abs. 2 Satz 1 kein Gebrauch und damit **keine getrennten Personalvertretungen** gebildet werden, so gibt **Abs. 2 Satz 2** vor, dass die Lehrkräfte der verschiedenen Schulformen je eine Lehrergruppe bilden. Für diese gelten nach **Abs. 2 Satz 3** die Vorschriften des LPVG NRW über die Gruppenwahl und die Rechte der Gruppen entsprechend, wobei in den Fällen des § 34 Abs. 2 („Besondere Gruppenangelegenheiten") **keine gemeinsame Beratung** stattfindet. 6

§ 88 (Dienststellen für beschäftigte Lehrkräfte im Landesdienst)

(1) Für die im Landesdienst beschäftigten Lehrkräfte sind die Schulen und die Studienseminare nicht Dienststellen im Sinne dieses Gesetzes.

(2) Dienststellen im Sinnes dieses Gesetzes für nicht im Landesdienst beschäftigte Lehrkräfte sind die Verwaltungen der Gemeinden, Gemeindeverbände und sonstigen der Aufsicht des Landes unterstehenden Körperschaften, Anstalten und Stiftungen des öffentlichen Rechts, bei denen die Lehrkräfte beschäftigt sind.

(3) § 1 Abs. 3 findet keine Anwendung.

Gliederung

I. Einleitende Bemerkung

1 Die Vorschrift regelt, welche Stellen für beschäftigte Lehrkräfte im Landesdienst als Dienststelle i. S. d. LPVG NRW zu betrachten sind.

II. Dienststellen für Beschäftigte im Landesdienst

2 Abs. 1: Die Vorschrift regelt, dass für die **im Landesdienst beschäftigten Lehrkräfte** an **Schulen** (vgl. § 6 SchulG NRW) und an **Studienseminaren** (vgl. § 86) diese nicht Dienststellen i. S. d. LPVG NRW sind. Damit hat der Gesetzgeber eine negative Regelung, d. h. also keine positive Bestimmung der Dienststellen vorgenommen. Letztere ergibt sich vielmehr aus § 92 Satz 1 Nr. 2 i. V. m. § 2 der Verordnung über die Errichtung von Personalvertretungen für die im Landesdienst beschäftigten Lehrer vom 01.10.1984. Dort sind z. B. für Lehrkräfte an der Grundschule die Schulämter und für Lehrkräfte der Realschule die Bezirksregierungen etc. als Dienststellen i. S. d. § 88 Abs. 1 benannt.

III. Dienststellen für Beschäftigte außerhalb des Landesdienstes

3 Abs. 2: Nach dieser Vorschrift sind Dienststellen i. S. d. LPVG NRW für die **außerhalb des Landesdienst beschäftigten Lehrkräfte** die Verwaltung der Gemeinden, Gemeindeverbände und sonstigen der Aufsicht des Landes unterstehenden Körperschaften, Anstalten und Stiftungen des öffentlichen Rechts, bei denen die Lehrkräfte jeweils beschäftigt sind.

4 Das hat zur Folge, dass die dortigen Verwaltungsleiter die Funktion des Dienststellenleiters sowohl für den dortigen allgemeinen Personalrat als auch für den Lehrerpersonalrat aufweisen.

IV. Keine Nebenstellen- oder Teildienststellenbildung

5 Abs. 3: Mit dieser Vorschrift wird klargestellt, dass einzelne Schulen oder Studienseminare von der obersten Dienstbehörde nicht zu selbstständigen Nebenstellen oder Teildienststellen erklärt werden können. Diese Vorgabe ist zwingender Natur.

§ 89 (Personal- und Stufenvertretungen)

(1) Bei den aufgrund von § 92 Satz 1 Nr. 2 bestimmten Dienststellen und bei den in § 88 Abs. 2 genannten Dienststellen werden Personalräte gebildet. Für die im Landesdienst beschäftigten Lehrkräfte werden außerdem – getrennt nach Schulformen und besonderen Einrichtungen des Schulwesens –

1. bei den Mittelbehörden Lehrer-Bezirkspersonalräte und
2. bei dem für das Schulwesen zuständigen Ministerium Lehrer-Hauptpersonalräte

gebildet.

(2) Die Bezirkspersonalräte für Lehrkräfte an Hauptschulen und an Förderschulen nehmen bei beteiligungspflichtigen fachaufsichtlichen Maßnahmen der Schulämter die Aufgaben nach diesem Gesetz wahr. In diesen Fällen ist der jeweilige Lehrer-Hauptpersonalrat zuständige Stufenvertretung.

Gliederung

I. Einleitende Bemerkung

Die Vorschrift konkretisiert die in § 86 vorgegebene Bildung von Lehrerpersonalräten. 1

II. Bildung von Lehrerpersonalvertretungen

Abs. 1: Nach **Abs. 1 Satz 1** werden bei den aufgrund von § 92 Satz 1 Nr. 2 bestimmten Dienststellen und bei denen in § 88 Abs. 2 genannten Dienststellen **besondere Lehrerpersonalräte** gebildet. 2

Nach **Abs. 1 Satz 2** werden zudem für die im Landesdienst beschäftigten Lehrkräfte getrennt nach Schulform und besonderen Einrichtungen des Schulwesens bei den Mittelbehörden Lehrerbezirkspersonalräte (Abs. 1 Satz 2 Nr. 1) und bei dem für das Schulwesen zuständigen Ministerium Lehrer-Hauptpersonalräte (Abs. 1 Satz 2 Nr. 2) gebildet. 3

Soweit der Gesetzgeber nur auf die im Landesdienst beschäftigten Lehrkräfte abgestellt hat, wird klargestellt, dass für die nicht im Landesdienst beschäftigten Lehrkräfte keine entsprechenden Stufenvertretungen zu bilden sind. 4

III. Lehrerpersonalräte an Hauptschulen und an Förderschulen

5 <u>**Abs. 2:**</u> Nach **Abs. 2 Satz 1** nehmen die Bezirkspersonalräte für Lehrkräfte an Hauptschulen und an Förderschulen bei beteiligungspflichtigen fachaufsichtlichen Maßnahmen die personalvertretungsrechtlichen Aufgaben nach dem LPVG NRW wahr. Der Begriff „**Bezirkspersonalräte**" stellt dabei auf die Lehrerpersonalräte an Haupt- und Förderschulen ab, die auf der Ebene der Bezirksregierung gebildet sind.

6 In den Fällen des Abs. 2 Satz 1 ist nach **Abs. 2 Satz 2** der jeweilige Lehrer-Hauptpersonalrat zuständige Stufenvertretung.

§ 90 (Wahlrecht der Schulleitung, Ansprechpartner)

(1) Schulleiterinnen und Schulleiter sind wahlberechtigt und wählbar. Sie gelten als Lehrkräfte der Schulform, der die Schule angehört, die sie leiten. Sofern sie Mitglied eines Personalrats sind, dürfen sie dann nicht beratend oder entscheidend tätig werden, wenn sie selbst oder die Schule, die sie leiten, durch die Angelegenheit unmittelbar betroffen sind. Die Sätze 1 und 3 gelten entsprechend für die Ansprechpartnerinnen für Gleichstellungsfragen an Schulen.

(2) Mitarbeiterinnen und Mitarbeiter gemäß § 58 SchulG gelten als Lehrkräfte der Schulform, in der sie überwiegend verwendet werden. Die in der Ausbildung zu einem Lehrerberuf stehenden Beschäftigten gelten als Lehrkräfte der Schulform, der sie im Rahmen der schulpraktischen Ausbildung zugewiesen werden. Ausbilderinnen und Ausbilder an Studienseminaren gelten als Lehrkräfte der Schulform, in der sie verwendet werden oder vor der Tätigkeit am Studienseminar gemäß § 6 LABG verwendet worden sind.

Gliederung

I. Einleitende Bemerkung

1 Die Vorschrift regelt das Wahlrecht der Schulleitung und die Zuordnung der einzelnen Beschäftigtengruppen zu einer bestimmten Schulform. Siehe hierzu auch Bülow, § 43 WO-LPVG NRW, Rz. 6.

II. Wahlrecht der Schulleitung

<u>Abs. 1:</u> Nach **Abs. 1 Satz 1** sind Schulleiter **wahlberechtigt** (aktives Wahlrecht) und **wählbar** (passives Wahlrecht). 2

Nach **Abs. 1 Satz 2** gelten Schulleiter als Lehrkräfte der Schulform (vgl. § 6 SchulG NRW), der die Schule angehört, die sie leiten. So gilt z.B. der Schulleiter einer Grundschule auch als Lehrkraft der Grundschule. 3

Nach **Abs. 1 Satz 3** wird bestimmt, dass Schulleiter, die Mitglied eines Lehrerpersonalrates sind, nicht beratend oder entsprechend tätig werden dürfen, wenn sie selbst oder die Schule, die sie leiten, durch die Angelegenheit unmittelbar betroffen sind. Damit hat der Gesetzgeber vermieden, dass Schulleiter in vorbenannten Fällen in einen Interessenkonflikt geraten. 4

Nach **Abs. 1 Satz 4** gelten die Vorgaben zum Wahlrecht und zum Beratungs- sowie Tätigkeitsausschluss von Schulleitern entsprechend für die Ansprechpartner für Gleichstellungsfragen an den Schulen. 5

III. Zuordnung zu bestimmten Schulformen

<u>Abs. 2:</u> Nach **Abs. 2 Satz 1** gelten Mitarbeiter i. S. d. § 58 SchulG NRW („pädagogisches und sozialpädagogisches Personal") als Lehrkräfte der Schulform, in der sie überwiegend verwendet werden. Der Begriff „**überwiegend**" stellt dabei auf den mehrheitlichen Verwendungseinsatz ab. 6

Nach **Abs. 2 Satz 2** gelten die in der **Ausbildung zu einem Lehrerberuf stehenden Beschäftigten** („Lehramtsanwärter") als Lehrkräfte der Schulform, der sie im Rahmen der schulpraktischen Ausbildung zugewiesen werden. Soweit sie eine Ausbildung für mehrere Schulformen erhalten, ist darauf abzustellen, welcher konkrete Zuweisungsbereich im Rahmen der praktischen Ausbildung festgelegt worden ist. 7

Nach **Abs. 2 Satz 3** gelten Ausbilder an Studienseminaren (seit dem 01.08.2011 „Zentren für schulpraktische Lehrerausbildung" vgl. § 5 Abs. 1 LABG NRW) als Lehrkräfte der Schulform, in der sie verwendet werden oder vor der Tätigkeit am Studienseminar gem. § 6 LABG („Zulassungsbeschränkung") zur Verwendung gelangt sind. 8

§ 91 (Versetzung, Abordnung, Stellenausschreibung bei Lehrkräften)

(1) Bei Lehrkräften gilt als Versetzung oder Abordnung im Sinne des § 72 Abs. 1 Nrn. 5 und 6 die Versetzung oder Abordnung an eine Schule oder ein Studienseminar.

(2) Bei Versetzungen von Lehrkräften an eine Schule oder ein Studienseminar gibt der bei der abgebenden Dienststelle gebildete Personalrat dem bei der aufnehmenden Dienststelle gebildeten Personalrat Gelegenheit zur Äußerung. Die Frist zur Äußerung gemäß § 66 Abs. 2 Satz 3 beträgt vier Wochen.

(3) Abordnungen von Lehrkräften nach § 72 Abs. 1 Satz 1 Nr. 6 unterliegen nur dann der Mitbestimmung, wenn sie länger als bis zum Ende des laufenden Schulhalbjahres andauern.

(4) Bei Stellenausschreibungen gemäß § 73 Nr. 2 wirkt der Personalrat nur mit, wenn die Ausschreibung nicht der Vorbereitung einer Maßnahme gemäß § 72 Abs. 1 Satz 1 Nr. 1 oder Nr. 3 dient.

Gliederung

I. Einleitende Bemerkung

1 Die Vorschrift trifft Sonderregelungen für die Versetzung, Abordnung und die Stellenausschreibung von Lehrkräften.

II. Versetzungs- und Abordnungsbegriff bei Lehrkräften

2 Abs. 1: Nach dieser Vorschrift gilt bei Lehrkräften als Versetzung oder Abordnung i. S. d. § 72 Abs. 1 Nr. 5 Fall 1 und Nr. 6 Fall 1 die **Versetzung oder Abordnung an eine Schule oder ein Studienseminar** (seit dem 01.08.2011 „Zentren für schulpraktische Lehrerausbildung" vgl. § 5 Abs. 1 LABG NRW). Mit dieser Regelung hat der Gesetzgeber dem Umstand Rechnung getragen, dass die Schulen und die Studienseminare nach § 88 Abs. 1 keine Dienststellen i. S. d. LPVG NRW darstellen (vgl. § 88 Rz. 2).

Zum Begriff der „**Versetzung**“ vgl. i.Ü. § 72 Rz. 187 ff. und zum Begriff der „**Abordnung**“ vgl. i.Ü. § 72 Rz. 220 ff. 3

Beispiel: 4

Wenn eine Lehrkraft z. B. für die Fächer Biologie und Kunst von der Gesamtschule A abgezogen und dauerhaft mit den vorbenannten Fächern an der Gesamtschule B zum Einsatz gelangt, handelt es sich um eine Umsetzung.

III. Personalratsbeteiligung bei der Versetzung von Lehrkräften

<u>**Abs. 2:**</u> Nach **Abs. 2 Satz 1** hat bei der Versetzung von Lehrkräften i.S.d. Abs. 1 der Lehrerpersonalrat der abgebenden Dienststelle den Lehrerpersonalrat bei der aufnehmenden Dienststelle eine **Äußerungsgelegenheit** einzuräumen. Diese muss damit Gelegenheit erhalten, sachlich und auch rechtlich zu der beabsichtigten Versetzung Stellung nehmen zu können. Nähere Form- und Fristvorgaben hat der Gesetzgeber hierzu nicht getroffen. 5

Keine Gelegenheit zur Äußerung nach den Vorgaben der vorliegenden Vorschrift ist zu geben, wenn die Lehrkraft vor der Versetzung an einer Dienststelle zum Einsatz gelangt ist, die keine Schule oder kein Zentrum für die schulpraktische Lehrerausbildung (ehemals Studienseminar) aufgewiesen hat (vgl. hierzu auch BVerwG 18.06.1999 – 6 P 7.98 –). Entsprechendes gilt für die Versetzung einer Lehrkraft, wenn diese vormals in einem anderen Bundesland zum Einsatz gelangt ist (vgl. OVG NRW 26.06.1998 – 1 A 2029/96.PVL –). 6

Nach **Abs. 2 Satz 2** beträgt die **Frist zur Äußerung** gem. § 66 Abs. 2 Satz 3 **vier Wochen**. 7

IV. Abordnung von Lehrkräften

<u>**Abs. 3:**</u> Nach dieser Vorschrift wird die Mitbestimmung der Lehrerpersonalräte bei der Abordnung von Lehrkräften i. S. d. § 72 Abs. 1 Satz 1 Nr. 6 eingeschränkt. Eine Mitbestimmung hierbei besteht nur dann, wenn die Abordnung **länger als bis zum Ende des laufenden Schulhalbjahres** (vgl. auch § 85 Rz. 13) andauert. 8

Wichtig! 9

Für die Abordnung von Lehrkräften müssen also <u>kumulativ zwei Voraussetzungen</u> vorliegen. D. h., die Abordnung muss für eine Dauer von mehr als drei Monaten umfassen und länger als bis zum Ende des laufenden Schulhalbjahres andauern.

10 Nach der Entscheidung des OVG NRW vom 20.05.1998 – 1 A 3642/96.PVL – findet die **Äußerungsregelung** des Abs. 2 Satz 1 **analoge Anwendung auf die Abordnung von Lehrkräften.**

V. Stellenausschreibungen für Lehrkräfte

11 Abs. 4: Nach dieser Vorschrift wird das Mitwirkungsrecht des Lehrerpersonalrates bei der Stellenausschreibung gem. § 73 Nr. 2 von Lehrkräften eingeschränkt. Ein Mitwirkungsrecht besteht nur dann, wenn die Ausschreibung der Vorbereitung einer (Personal-)Maßnahme nach § 72 Abs. 1 Satz 1 Nr. 1 („Einstellung") oder Nr. 3 („Laufbahnwechsel") dient.

§ 92 (Schulformen, Dienststellen)

Das für das Schulwesen zuständige Ministerium bestimmt durch Rechtsverordnung

1. **die Schulformen und besonderen Einrichtungen des Schulwesens, für die getrennte Personalvertretungen nach § 87 Abs. 1 und § 89 Abs. 1 Satz 2 zu bilden sind,**
2. **die Stellen, die für die im Landesdienst beschäftigten Lehrkräfte Dienststellen nach § 88 Abs. 1 sind.**

Es hat dabei die Schulstruktur und die Organisation der Schulverwaltung zu berücksichtigen. Schulformübergreifende Versuchsschulen können als besondere Schulform behandelt werden, wenn sie voraussichtlich länger als die Wahlperiode der Personalvertretungen bestehen werden.

Gliederung

I. Einleitende Bemerkung

1 Die Vorschrift stellt eine Ermächtigung zum Erlass einer Rechtsverordnung für das für das Schulwesen zuständige Ministerium dar. Darüber hinaus enthält sie inhaltliche Vorgabebestimmungen für einen solchen Verordnungserlass.

II. Verordnungsermächtigung

Satz 1: Nach dieser Vorschrift wird dem für das Schulwesen zuständigen Ministerium der Erlass einer Rechtsverordnung für die folgenden Regelungsgegenstände eingeräumt: 2

- Die Schulformen und besonderen Einrichtungen des Schulwesens, für die getrennte Personalvertretungen nach § 87 Abs. 1 und § 89 Abs. 1 Satz 2 zu bilden sind **(Satz 1 Nr. 1)**
- Die Stellen, die für die im Landesdienst beschäftigten Lehrkräfte Dienststellen nach § 88 Abs. 1 sind **(Satz 1 Nr. 2)**

III. Inhaltliche Vorgaben für eine Rechtsverordnung

Satz 2: Nach dieser Vorschrift hat das für das Schulwesen zuständige Ministerium bei dem Erlass einer Rechtsverordnung nach Satz 1 die Schulstruktur und die Organisationen der Schulverwaltung zu berücksichtigen. Dieser Bestimmung ist durch die Verordnung über die Errichtung von Personalvertretungen über die im Landesdienst beschäftigten Lehrer von 01.10.1984 entsprechend nachgekommen worden. 3

Die Rechtsverordnung des Schulministeriums ist in **Bülow, LPVG NRW Textsammlung für Praxis und Ausbildung** und über den zum Kommentar angebotenen Download-Link (vgl. Einleitung) abrufbar! 4

IV. Schulformübergreifende Versuchsschulen

Satz 3: Nach dieser Vorschrift können **schulformübergreifende Versuchsschulen** als besondere Schulformen behandelt werden, wenn sie voraussichtlich länger als die Wahlperiode der Lehrerpersonalvertretungen bestehen werden. 5

Dritter Abschnitt
Staatsanwältinnen, Staatsanwälte und Justizvollzug

§ 93 (Anwendbare Vorschriften für Beschäftigte im Justizvollzug)

Für die Beschäftigten im Justizvollzug gelten die Vorschriften der Kapitel 1 bis 9 und 11 insoweit, als in diesem Abschnitt nichts anderes bestimmt ist.

1 Die Vorschrift regelt für die Beschäftigten im Justizvollzug, dass für sie die Bestimmungen des LPVG NRW in den Kapiteln 1 bis 9 und 11 nur dann Anwendung finden, wenn in § 93 f. nichts anderes bestimmt ist. Es handelt sich dabei um den vormaligen § 94a a. F., der durch das Gesetz zur Neuregelung der Rechtsverhältnisse der Richterinnen und Richter sowie Staatsanwältinnen und Staatsanwälte im Land Nordrhein-Westfalen vom 08.12.2015 mit Wirkung zum 01.07.2016 entfallen ist.

2 Der Begriff „**Beschäftigte im Justizvollzug**" erfasst alle Beschäftigten, die im Rahmen der Wahrnehmung von Vollzugsaufgaben im Justizvollzug tätig sind. Dazu gehören z. B. Beamte die im allgemeinen Vollzugsdienst in den Justizvollzugsanstalten tätig sind, aber auch Beamte im mittleren Verwaltungsdienst bei den Justizvollzugsanstalten sowie Angestellte, die Aufgaben des Justizvollzugs an Gerichten und bei den Staatsanwaltschaften wahrnehmen.

§ 94 (Besondere Personalvertretungen für Beschäftigte im Justizvollzug)

(1) Für die Beschäftigten im Justizvollzug wird beim Justizministerium ein besonderer Hauptpersonalrat gebildet.

(2) Die Mitglieder des Hauptpersonalrates werden von den zum Justizvollzug gehörenden Beschäftigten gewählt. Nur zu dieser Stufenvertretung sind sie wahlberechtigt.

Gliederung

I. Einleitende Bemerkung

1 Die Vorschrift sieht die **Bildung einer besonderen Personalvertretung** für die Beschäftigten im Justizvollzug vor. Es handelt sich dabei um den vormaligen § 94b a. F., der durch das Gesetz zur Neuregelung der Rechtsverhältnisse der Richterinnen und Richter sowie Staatsanwältinnen und Staatsanwälte im Land Nordrhein-Westfalen vom 08.12.2015 mit Wirkung zum 01.07.2016 entfallen ist. Zur **Vorbereitung und Durchführung der Wahl** siehe auch die Kommentierung von Bülow zu den §§ 45, 46 WO-LPVG NRW.

II. Besonderer Hauptpersonalrat

Abs. 1: Soweit sich die Zuständigkeit des Justizministeriums erweitert hat, soll dort zur Wahrnehmung der besonderen Interessen der im Justizvollzug Beschäftigten ein **besonderer Hauptpersonalrat** gebildet werden (vgl. LT-Drucks. 18/4493, S. 9f.). 2

Den Hauptansprechpartner des Hauptpersonalrates stellt der **Dienststellenleiter** des Justizministeriums dar, d.h. der **Justizminister**. 3

III. Besondere Wahlberechtigung

Abs. 2: Nach **Abs. 2 Satz 1** werden die Mitglieder des besonderen Hauptpersonalrates beim Justizministerium von den zum Justizvollzug gehörenden Beschäftigten gewählt. 4

Nach **Abs. 2 Satz 2** wird klargestellt, dass die **Beschäftigten im Justizvollzug** nur zu **dieser Stufenvertretung eine Wahlberechtigung** aufweisen. 5

Keine Berücksichtigung findet die vorliegende Vorschrift im Hinblick auf die **Wahlberechtigung zu den örtlichen Personalräten**. Hier besteht ein Wahlrecht der Beschäftigten des Justizvollzugs zusammen mit den sonst tätigen Beschäftigten in der Dienststelle. 6

Vierter Abschnitt
Referendarinnen und Referendare im juristischen Vorbereitungsdienst

§ 95 (Anwendbare Vorschriften für das Rechtsreferendariat)

Für Referendarinnen und Referendare im juristischen Vorbereitungsdienst gelten die Vorschriften der Kapitel 1 bis 6, 8, 9 und 11 insoweit, als in diesem Abschnitt nichts anderes bestimmt ist.

Die Vorschrift regelt für „**Referendare im juristischen Vorbereitungsdienst**“, dass für sie die Bestimmungen im LPVG NRW in den Kapiteln 1 bis 9 und 11 nur dann zur Anwendung gelangen, wenn in den §§ 95 bis 103 nichts anderes bestimmt ist. 1

Zur Befähigung zum Richteramt (§ 5 Abs. 1 DRiG) und zum höheren Dienst ist der Abschluss eines rechtswissenschaftlichen Studiums an einer Universität mit dem erfolgreichen Abschluss der Ersten Juristischen Staatsprüfung und einem sich anschließenden Vorbereitungsdienst, der wiederum erfolgreich mit der Zweiten Juristischen Staatsprüfung abgeschlossen wird, 2 erforderlich. Die Sondervorschriften des vierten Abschnittes erfassen insoweit Personen, die im Rahmen eines öffentlich-rechtlichen Ausbildungsverhältnisses mit dem Land NRW einen Vorbereitungsdienst mit der Dienstbezeichnung „**Rechtsreferendar**" ableisten.

3 **Keine Anwendung der Sondervorschriften des vierten Abschnittes** findet für **Rechtspraktikanten** statt. Hierzu trifft das LPVG NRW in § 5 Abs. 4 lit. d) eine ausdrückliche Regelung, der heute allerdings in Ermangelung der nicht mehr bestehenden Möglichkeit der sog. einstufigen Juristenausbildung keinerlei praktische Bedeutung mehr zukommt.

§ 96 (Besondere Personalvertretungen für das Rechtsreferendariat)

(1) Für Referendarinnen und Referendare im juristischen Vorbereitungsdienst werden besondere Personalvertretungen gebildet, und zwar bei den

1. zu Stammdienststellen bestimmten Landgerichten Personalräte und

2. Oberlandesgerichten Bezirkspersonalräte.

(2) Dienststellen im Sinne dieses Gesetzes sind für Referendarinnen und Referendare im juristischen Vorbereitungsdienst die zu Stammdienststellen bestimmten Landgerichte.

Gliederung

I. Einleitende Bemerkung

1 Die Vorschrift regelt die Bildung von besonderen Personalvertretungen für Rechtsreferendare und die Bestimmung der personalvertretungsrechtlichen Dienststellen für Rechtsreferendare.

II. Personalvertretungen für Rechtsreferendare

2 __Abs. 1:__ Die Vorschrift gibt vor, dass für Rechtsreferendare besondere Personalvertretungen gebildet werden.

Nach **Abs. 1 Nr. 1** werden bei den zu Stammdienststellen bestimmten Landgerichten **Personalräte** und nach **Abs. 1 Nr. 2** werden bei den Oberlandesgerichten **Bezirkspersonalräte** gebildet. 3

III. Dienststellen für Rechtsreferendare

Abs. 2: Dienststellen i. S. d. LPVG NRW sind für Referendare die zu Stammdienststellen bestimmten Landgerichte. 4

§ 97 (Wahlberechtigung und Wählbarkeit im Rechtsreferendariat)

(1) Referendarinnen und Referendare im juristischen Vorbereitungsdienst sind nur zum Personalrat der Referendarinnen und Referendare bei dem Landgericht wahlberechtigt, das zu ihrer Stammdienststelle bestimmt ist.

(2) Nicht wahlberechtigt sind Referendarinnen und Referendare im juristischen Vorbereitungsdienst, die am Wahltage
a) unter Wegfall der Unterhaltsbeihilfe beurlaubt oder
b) einer Ausbildungsstelle außerhalb des Landes Nordrhein-Westfalen zugewiesen sind. (Wahlberechtigung und Wählbarkeit im Rechtsreferendariat)

(3) Wählbar sind nur wahlberechtigte Referendarinnen und Referendare im juristischen Vorbereitungsdienst, die am Wahltage
1. **sich seit mindestens drei Monaten im Vorbereitungsdienst befinden und**
2. **noch mindestens vier Monate der vorgeschriebenen Ausbildung zu durchlaufen haben.**

Gliederung

I. Einleitende Bemerkung

Die Vorschrift trifft **Sonderregelungen zum aktiven und passiven Wahlrecht im Rechtsreferendariat**. Im Zuge der Novelle 2011 hat die Vorschrift lediglich eine geschlechtergerechte Sprachanpassung erhalten. 1

II. Eingeschränkte Wahlberechtigung

2 Abs. 1: Nach dieser Vorschrift besteht eine **Wahlberechtigung für Referendare im juristischen Vorbereitungsdienst** nur zum Personalrat der Referendare bei dem Landgericht, das zu ihrer Stammdienststelle bestimmt ist.

3 Damit ist eine Wahlberechtigung der Referendare der dortigen Personalräte ausgeschlossen worden.

III. Keine Wahlberechtigung

4 Abs. 2: Die Vorschrift schließt die Wahlberechtigung von Referendaren im juristischen Vorbereitungsdienst in den hier benannten Fällen aus.

5 **Keine Wahlberechtigung** besteht nach **Abs. 2 lit. a)** für die **am Wahltag** unter **Wegfall der Unterhaltsbeihilfe beurlaubten Referendare**.

6 **Keine Wahlberechtigung** besteht für Referendare, die **am Wahltag** die **Zuweisung zu einer Ausbildungsstelle außerhalb von NRW** aufweisen. So, wenn nach § 35 Abs. 5 Satz 1 die Referendarausbildung bei einer geeigneten überstaatlichen, zwischenstaatlichen oder ausländischen Ausbildungsstelle stattfindet.

IV. Bestehen der Wählbarkeit

7 Abs. 3: Die **Wählbarkeit** (passives Wahlrecht) der Referendare im juristischen Vorbereitungsdienst besteht nur in den hier aufgeführten Fällen.

8 Nach **Abs. 3 Nr. 1** besteht eine **Wählbarkeit** nur dann, wenn sie **am Wahltag** sich **seit mindestens drei Monaten im Vorbereitungsdienst befinden** und nach **Abs. 3 Nr. 2** noch **mindestens vier Monate der vorgeschriebenen Ausbildung zu durchlaufen haben**.

9 Für das **Bestehen der Wählbarkeit** müssen die in **Abs. 3 Nr. 1 und 2** zuvor dargestellten Voraussetzungen kumulativ („und“) vorliegen!

§ 98 (Wahlvorschläge für die besonderen Personalvertretungen im Rechtsreferendariat)

Wahlvorschläge müssen abweichend von § 16 Abs. 5 und 6 nur von mindestens fünf vom Hundert der wahlberechtigten Referendarinnen und Referenda-

re, jedoch von mindestens drei wahlberechtigten Referendarinnen und Referendaren unterzeichnet werden.

1 In dieser Vorschrift hat der Gesetzgeber **abweichende Regelungen für Wahlvorschläge** für die besonderen Personalvertretungen im Rechtsreferendariat getroffen. Abweichend von den Mindestvorgaben in § 16 Abs. 5 und 6 im Hinblick auf die Unterschriftenliste (Unterschriftenquorum) bei einer Wahl in getrennten Wahlgängen (§ 16 Abs. 5) und bei einer gemeinsamen Wahl (§ 16 Abs. 6) reichen hier **Vorschläge von mindestens drei wahlberechtigten Referendaren** aus.

§ 99 (Wahlperiode für die besonderen Personalvertretungen im Rechtsreferendariat)

Die Wahlperiode beträgt zwölf Monate.

1 Soweit die **regelmäßige Amtszeit des Personalrates** nach § 23 Abs. 1 Satz 2 vier Jahre beträgt, hat der Gesetzgeber mit dieser Vorschrift den zeitlichen Gegebenheiten des Rechtsreferendariats entsprechend Rechnung getragen und die **Amtszeit der Personalvertretungen im Rechtsreferendariat** auf **zwölf Monate** festgelegt (vgl. hierzu auch LT-Drucks. 7/3543, S. 64).

§ 100 (Bezirkspersonalrat beim Oberlandesgericht)

(1) Der Bezirkspersonalrat beim Oberlandesgericht besteht aus Referendarinnen und Referendaren, die von den Personalräten der Referendarinnen und Referendare bei den Landgerichten des Oberlandesgerichtsbezirks gewählt werden.

(2) In den Bezirkspersonalrat wird für jeweils bis zu 150 Referendarinnen und Referendare, für die das Landgericht zur Stammdienststelle bestimmt ist, eine Referendarin oder ein Referendar gewählt. Wählbar sind Referendarinnen und Referendare, die dem Personalrat beim Landgericht als Mitglied oder als Ersatzmitglied angehören.

(3) Die §§ 17, 18, 50 Abs. 3 Satz 5 und 6 gelten entsprechend. Im Übrigen ist § 50 auf den Bezirkspersonalrat der Referendarinnen und Referendare beim Oberlandesgericht nicht anzuwenden. Scheidet ein Mitglied aus dem Bezirkspersonalrat aus, so wählt der Personalrat beim Landgericht, von dem das ausscheidende Mitglied entsandt worden ist, ein neues Mitglied.

Gliederung

I. Einleitende Bemerkung

1 Die Vorschrift stellt eine Sonderbestimmung gegenüber den zur Stufenvertretung getroffenen Regelungen in § 50 dar.

II. Zusammensetzung des Bezirkspersonalrats

2 Abs. 1: Die Vorschrift regelt die **Zusammensetzung des Bezirkspersonalrats beim Oberlandesgericht**. Dieser besteht aus Referendaren, die von den Personalräten der Referendare bei den Landgerichten des Oberlandesgerichtsbezirks gewählt werden.

3 Damit bezieht sich die Regelung entsprechend auf die **Oberlandesgerichte** Düsseldorf, Hamm und Köln sowie die sich in ihrem Gerichtsbezirk befindenden Landgerichte.

4 Die Regelung weicht von den Vorgaben des § 50 Abs. 2 ab, wonach die Wahl der Stufenvertretung durch alle Beschäftigten, die dem jeweiligen Geschäftsbereich angehören, vorgenommen werden kann. Der Gesetzgeber wollte damit sicherstellen, dass die bestehenden regionalen unterschiedlichen Interessen der Rechtsreferendare im Personalrat eine angemessene Repräsentation erfahren (vgl. hierzu LT-Drucks. 7/3543, S. 64).

III. Größe des Bezirkspersonalrats und Wählbarkeit

5 Abs. 2: Nach **Abs. 2 Satz 1** wird in den Bezirkspersonalrat **für jeweils bis zu 150 Referendare**, für die das Landgericht zur Stammdienststelle bestimmt ist, **ein Referendar** gewählt.

6 Nach **Abs. 2 Satz 2** besteht hierbei eine Wählbarkeit (passives Wahlrecht) für Referendare, die dem Personalrat beim Landgericht als Mitglied oder als Ersatzmitglied angehören.

IV. Bestellung des Wahlvorstandes

Abs. 3: Nach **Abs. 3 Satz 1** gelten die §§ 17, 18, 50 Abs. 3 Satz 5 und 6, d.h. also die Vorschriften über die Bestellung des (Bezirks-)Wahlvorstandes entsprechend. 7

Nach **Abs. 3 Satz 2** besteht ein **Ausschluss der Regelungen des § 50**. Von diesem Ausschluss sind allerdings nicht die in § 50 Abs. 3 Satz 5 und 6 enthaltenen Regelungen betroffen (vgl. Abs. 3 Satz 1)! 8

Nach **Abs. 3 Satz 3** ist die **Nachwahl für ausscheidende Mitglieder aus dem Bezirkspersonalrat** geregelt. In diesem Fall hat der Personalrat beim Landgericht, von dem das ausscheidende Mitglied entsandt worden ist, ein neues Mitglied zu wählen. Daraus ergibt sich, dass ein **Ersatzmitglied** in zeitlicher Hinsicht nur dann zum Eintritt gelangen kann, wenn ein **Verhinderungsfall eines regelmäßigen Mitgliedes** oder ein **Ruhen der Mitgliedschaft eines regelmäßigen Mitgliedes** vorliegt (vgl. § 28 Abs. 1 Satz 1). 9

§ 101 (Rechtsstellung der Mitglieder der besonderen Personalvertretungen im Rechtsreferendariat)

(1) Auf die Mitglieder der Personalvertretungen der Referendarinnen und Referendare finden § 40 Abs. 2 und § 42 Abs. 3 bis 5 keine Anwendung.

(2) Mitglieder der Personalvertretungen der Referendarinnen und Referendare dürfen gegen ihren Willen einer Ausbildungsstelle außerhalb des Bezirks ihrer Stammdienststelle nur zugewiesen werden, wenn dies auch unter Berücksichtigung der Mitgliedschaft in der Personalvertretung aus dienstlichen oder ausbildungsmäßigen Gründen unvermeidbar ist. Im Übrigen soll bei der Zuweisung zu einer Ausbildungsstelle Rücksicht auf die Mitgliedschaft in der Personalvertretung genommen werden. § 43 findet keine Anwendung.

Gliederung

I. Einleitende Bemerkung

Die Vorschrift trifft in Abs. 1 eine allgemeine Regelung zur **Rechtsstellung der Mitglieder der besonderen Personalvertretungen im Rechtsrefe-** 1

rendariat. In Abs. 2 werden Regelungsvorgaben zur Zuweisung der dortigen Mitglieder zu den Ausbildungsstellen getroffen.

II. Rechtsstellung

2 Abs. 1: Die Mitglieder der Personalvertretungen der Referendare erhalten im Gegensatz zu Mitgliedern des Personalrates **keine Haushaltsmittel nach § 40 Abs. 2** und weisen auch **keinen Anspruch auf dauerhafte Voll- oder Teilfreistellungen und zeitweise Freistellungen für Schulungen i.S.d. § 42 Abs. 3 bis 5** auf.

III. Zuweisung der Mitglieder zu den Ausbildungsstellen

3 Abs. 2: Die Vorschrift trägt der Regelung des § 34 Abs. 5 JAG NRW entsprechend Rechnung. Danach ist vorgegeben, dass, wenn die Ausbildungsmöglichkeiten im Oberlandesgerichtsbezirk nicht ausreichen oder ein Antrag des Referendars vorliegt, die Ausbildung mit Zustimmung des zuständigen Präsidenten des Oberlandesgerichts oder der Bezirksregierung für einzelne Ausbildungsabschnitte in einem anderen Oberlandesgerichtsbezirk erfolgen kann.

4 Dementsprechend dürfen nach **Abs. 2 Satz 1** Mitglieder der Personalvertretung **keine Zuweisung gegen ihren Willen** zu einer Ausbildungsstelle außerhalb des Bezirks ihrer Stammdienststelle erfahren, wenn dies unter Berücksichtigung ihrer Mitgliedschaft in der Personalvertretung aus dienstlichen oder ausbildungsmäßigen Gründen vermeidbar ist.

5 Nach **Abs. 2 Satz 2** besteht eine **Rücksichtnahmepflicht** auf die Mitgliedschaft in der Personalvertretung, soweit eine Zuweisung erfolgen soll.

6 Nach **Abs. 2 Satz 3** besteht **kein besonderer Schutz gegen Versetzungen, Umsetzungen und Abordnungen** nach Maßgabe des § 43.

§ 102 (Aufgaben und Befugnisse der besonderen Personalvertretungen im Rechtsreferendariat)

(1) Bei Grundsätzen über die Durchführung des juristischen Vorbereitungsdienstes (§ 72 Absatz 4 Nummer 13) sowie bei den anderen in den §§ 62 bis 65 und 72 bis 74 bezeichneten Angelegenheiten, soweit diese ausschließlich Referendarinnen und Referendare im juristischen Vorbereitungsdienst betref-

fen, sind an Stelle der nach den allgemeinen Vorschriften gebildeten Personalvertretungen die Personalvertretungen der Referendarinnen und Referendare zuständig. § 72 Abs. 1 Satz 1 Nr. 1 ist für die Aufnahme in den juristischen Vorbereitungsdienst nicht anzuwenden.

(2) In Angelegenheiten, die nicht ausschließlich Referendarinnen und Referendare im juristischen Vorbereitungsdienst betreffen, haben die Personalvertretungen der Referendarinnen und Referendare die Befugnisse einer Jugend- und Auszubildendenvertretung.

(3) In den zur Zuständigkeit der Bezirksregierung gehörenden Angelegenheiten ist nach Maßgabe von Absatz 1 und 2 der Bezirkspersonalrat der Referendarinnen und Referendare bei dem Oberlandesgericht zu beteiligen, in dessen Bezirk die Bezirksregierung ihren Sitz hat. In diesen Angelegenheiten nimmt im Rahmen von § 30 Absatz 4 auch eine Vertreterin oder ein Vertreter der Bezirksregierung an der Sitzung teil.

(4) Im Anschluß an das Verfahren nach § 66 Abs. 1 bis 5 können die Präsidentin oder der Präsident des Oberlandesgerichts oder der Bezirkspersonalrat der Referendarinnen und Referendare beim Oberlandesgericht eine Angelegenheit dem Justizministerium vorlegen, welches nach Verhandlung mit dem Bezirkspersonalrat endgültig entscheidet.

Gliederung

I. Einleitende Bemerkungen

Die Vorschrift beschreibt die **Aufgaben und die Befugnisse der besonderen Personalvertretungen im Rechtsreferendariat**. Im Zuge der **Novelle 2011** wurde ein vergangenes redaktionelles Versehen berichtigt. Soweit früher in der Vorschrift ein Klammerzusatz mit dem Verweis auf § 73 Nr. 4 enthalten war, als die Rechtsreferendare noch in einem Beamtenverhältnis auf Widerruf standen, wurde nunmehr ein Verweis auf § 72 Abs. 4 Satz 1 Nr. 13 („Grundsätze über die Durchführung der Berufsausbildung der Beschäftigten") aufgenommen. 1

II. Angelegenheiten, die ausschließlich Rechtsreferendare betreffen

2 Abs. 1: Nach **Abs. 1 Satz 1** besteht für die besonderen Personalvertretungen im Rechtsreferendariat, soweit die Angelegenheiten ausschließlich Referendare im juristischen Vorbereitungsdienst betreffen, folgende Zuständigkeit:

- Grundsätze über die Durchführung des juristischen Vorbereitungsdienstes (§ 72 Abs. 4 Nr. 13)
- Alle in den §§ 62 bis 65 und 72 bis 74 bezeichneten Angelegenheiten, wenn diese ausschließlich Referendare im juristischen Vorbereitungsdienst betreffen.

3 Nach **Abs. 1 Satz 2** wird klargestellt, dass die **Aufnahme in den juristischen Vorbereitungsdienst keine mitbestimmungspflichtige Einstellung** i. S. d. § 72 Abs. 1 Satz 1 Nr. 1 darstellt.

III. Angelegenheiten, die nicht ausschließlich Rechtsreferendare betreffen

4 Abs. 2: In Angelegenheiten, die nicht ausschließlich Rechtsreferendare im juristischen Vorbereitungsdienst betreffen, haben die für sie zuständigen besonderen Personalvertretungen die Befugnisse einer Jugend- und Auszubildendenvertretung. Das hat zur Folge, dass die §§ 30 Abs. 3, 35 Abs. 1 und 2 sowie 36 zur entsprechenden Anwendung gelangen.

IV. Angelegenheiten der Bezirksregierung

5 Abs. 3: Nach Abs. 3 Satz 1 wird bestimmt, dass soweit es sich um Angelegenheiten handelt, die in die **Zuständigkeit der Bezirksregierung** fallen, nach Maßgabe von Abs. 1 und 2 der **Bezirkspersonalrat der Referendare beim OLG** zu beteiligen ist, in dessen Bezirk die Bezirksregierung ihren Sitz hat.

6

Regierungsbezirk	OLG
Arnsberg	Hamm
Detmold	Hamm
Düsseldorf	Düsseldorf

Regierungsbezirk	OLG
Köln	Köln
Münster	Hamm

In den Angelegenheiten des Abs. 3 Satz 1 nimmt nach **Abs. 3 Satz 2** im Rahmen von § 30 Abs. 4 auch ein **Vertreter der Bezirksregierung** mit einer entsprechenden **Funktion als Dienststellenleiter** an der Sitzung teil. 7

V. Verfahren im Nichteinigungsfall

Abs. 4: Anders als im Mitbestimmungsverfahren mit dem Personalrat kann im **Nichteinigungsfall** zwischen den besonderen Personalräten der Rechtsreferendare und dem Präsidenten des OLG **keine Anrufung der Einigungsstelle** vorgenommen werden. Im Anschluss an das Verfahren nach § 66 Abs. 1 bis 5 können beide Seiten vielmehr eine **Vorlage an das Justizministerium** vornehmen, das nach Verhandlungen mit dem Bezirkspersonalrat dann endgültig, d. h. abschließend, entscheidet. 8

§ 103 (Vertretung der Dienststellenleitung)

Die Präsidentin oder der Präsident des Oberlandesgerichts oder des Landgerichts kann sich über § 8 Absatz 1 hinaus auch durch ihre oder seine Ausbildungsleiterin oder ihren oder seinen Ausbildungsleiter vertreten lassen.

Der Präsident des OLG oder des LG kann sich über die in § 8 Abs. 1 enthaltenen Vertretungsvorgaben hinaus auch **durch seinen Ausbildungsleiter vertreten lassen**. Damit hat der Gesetzgeber dem Umstand Rechnung getragen, dass nach **§ 33 Abs. 1 JAG NRW der Präsident des OLG** die Ausbildung der gesamten Referendare im juristischen Vorbereitungsdienst innerhalb seines Gerichtsbezirks leitet. Nach **§ 33 Abs. 2 JAG NRW** ist insoweit bei den Oberlandesgerichten und auch den Landgerichten **zur Unterstützung** die **Bestellung eines Ausbildungsleiters** vorzunehmen, der aus dem Kreis der dortigen Richter zu rekrutieren ist (vgl. hierzu auch LT-Drucks. 7/3543, S. 65). 1

Fünfter Abschnitt
Hochschulen

§ 104 (Anwendbare Vorschriften für das wissenschaftliche und künstlerische Hochschulpersonal)

Für Dozentinnen und Dozenten nach § 20 FHGöD, wissenschaftliche und künstlerische Mitarbeiterinnen und Mitarbeiter, Lehrkräfte für besondere Aufgaben, Lehrbeauftragte, wissenschaftliche und künstlerische Hilfskräfte sowie nach § 78 Hochschulgesetz nicht übernommene Beamtinnen und Beamte und entsprechende Angestellte an den Hochschulen, soweit sie nicht nach § 5 Abs. 4 Buchstabe a von der Geltung dieses Gesetzes ausgenommen sind, gelten die Vorschriften der Kapitel 1 bis 9 und 11 insoweit, als in diesem Abschnitt nichts anderes bestimmt ist. Die Vorschriften über die Gruppen gelten nicht.

Gliederung

I. Einleitende Bemerkungen

1 Die Vorschrift stellt klar, welches wissenschaftliche und künstlerische Personal an Hochschulen, an Kunsthochschulen und an den Fachhochschulen des Landes in den Anwendungskreis des LPVG NRW fällt. Zum Begriff der „studentischen Hilfskraft" siehe OVG NRW 10.01.2018 – 20 A 2767/17.PVL –.

II. Erfasster Personenkreis

2 Nach **Satz 1** finden die Vorschriften des LPVG NRW Anwendung auf den nachbenannten Personenkreis:

- Dozenten nach § 20 FHGöD
- Wissenschaftliche und künstlerische Mitarbeiter (§§ 44 Abs. 1, 45 HG und 37 Abs. 1 und 9 KunstHG)
- Lehrkräfte für besondere Aufgaben (vgl. §§ 42 HG und 35 Abs. 1 KunstHG)
- Lehrbeauftragte (vgl. §§ 43 Satz 1 HG, 36 Satz 1 KunstHG und 21 FHGöD)
- Wissenschaftliche und künstlerische Hilfskräfte (vgl. §§ 46 Abs. 1 und 3 HG sowie § 38 Abs. 1 und Abs. 3 KunstHG)
- Nach § 78 HG nicht übernommene Beamte und entsprechend Angestellte an den Hochschulen

Für diesen Personenkreis gelangen nach dem Willen des Gesetzgebers die **Bestimmungen des LPVG NRW** in den Kapiteln 1 bis 9 und 11 nur dann zur Anwendung, wenn in den §§ 104 bis 105b nichts anderes bestimmt ist. Das hat insbesondere zur Folge, dass für die besonderen Personalvertretungen für das wissenschaftliche und künstlerische Hochschulpersonal die **Freistellungsstaffel nach § 42 Abs. 4 Satz 1** eine uneingeschränkte Geltung erlangt (vgl. OVG NRW 16.01.1984 – CL 29/82 –). Entsprechendes gilt auch für den **allgemeinen Unterrichtungsanspruch nach § 65 Abs. 1**. 3

Nach **Satz 2** wird bestimmt, dass **keine Geltung der Vorschriften über die Gruppen** besteht. 4

§ 105 (Besondere Personalvertretungen für das wissenschaftliche und künstlerische Hochschulpersonal)

(1) Für die Beschäftigten nach § 104 werden besondere Personalvertretungen gebildet, und zwar jeweils ein Personalrat bei den Hochschulen und bei den Universitätskliniken. Die Beschäftigten nach § 104 sind nur für die Wahl zu diesen Personalvertretungen wahlberechtigt. § 8 Abs. 3 gilt nicht; für die Hochschule handelt die Präsidentin oder der Präsident oder die Rektorin oder der Rektor, für die Universitätsklinik die Ärztliche Direktorin oder der Ärztliche Direktor.

(2) Werden Medizinische Einrichtungen in der Rechtsform einer Anstalt des öffentlichen Rechts geführt, so handelt für diese die Ärztliche Direktorin oder der Ärztliche Direktor. Beschäftigte nach § 104, die Aufgaben in der Anstalt nach Satz 1 wahrnehmen, gelten personalvertretungsrechtlich auch als Beschäftigte dieser Anstalt; die Beschäftigteneigenschaft bei der Universität bleibt unberührt. Sie sind für die Wahl zu den nach Absatz 1 Satz 1 gebildeten Personalvertretungen wahlberechtigt.

(3) Abweichend von Absatz 1 Satz 2 sind die in § 104 bezeichneten Personen an den Kunsthochschulen auch für die Wahl zum Hauptpersonalrat wahlberechtigt. Sie bilden eine weitere Gruppe im Sinne von § 14 Abs. 1 Satz 1, soweit der Hauptpersonalrat aus mindestens drei Mitgliedern besteht. § 8 Abs. 3 gilt nicht; für die Hochschule handelt die Präsidentin oder der Präsident oder die Rektorin oder der Rektor.

Gliederung

(3) Wenn eine Stufenvertretung für die Beschäftigten in Hochschulen, Universitätskliniken und Studierendenwerken nicht besteht, werden die Kosten für den Geschäftsbedarf der Landespersonalrätekonferenzen nach Absatz 1 Satz 1 Nummer 1 und 2 entsprechend § 40 von dem für die Hochschulen zuständigen Ministerium und der Landespersonalrätekonferenzen nach Absatz 1 Satz 1 Nummer 3 entsprechend § 40 von den Studierendenwerken übernommen, ebenso wie die Kosten einer Freistellung pro Landespersonalrätekonferenz.

(4) Reisen zu den Sitzungen der Landespersonalrätekonferenzen gelten als Dienstreisen der Personalratsmitglieder in Anwendung des Landesreisekostengesetzes.

(5) Der Personalrat des Universitätsklinikums einerseits und die Mitglieder der Betriebsräte der mit dem Universitätsklinikum verbundenen Unternehmen, an denen das Universitätsklinikum eine Beteiligung von über 50 Prozent hält, andererseits können sich zu einer Arbeitsgemeinschaft (Konferenz der Personalvertretungen im Universitätsklinikum) zusammenschließen. Die Kosten für den Geschäftsbedarf der Konferenz nach Satz 1 werden entsprechend § 40 von dem jeweiligen Universitätsklinikum übernommen, ebenso wie die Kosten einer Freistellung pro Konferenz. Im Übrigen gelten die Absätze 1 und 4 entsprechend, für die Mitglieder der Betriebsräte in entsprechender Anwendung des Landesreisekostengesetzes.

Gliederung

I. Einleitende Bemerkungen

1 Die Vorschrift sieht die Einrichtung einer Landespersonalrätekonferenz auf der Landesebene vor. Die Vorschrift wurde im Zuge der **Novelle 2011** neu in das Gesetz aufgenommen, sodass die Bildung von Arbeitsgemeinschaften der in den Hochschulen und Universitätskliniken bestehenden Personalräte nunmehr auf der Landesebene eine eigenständige Bestimmung im LPVG NRW erhalten hat (vgl. hierzu LT-Drucks. 15/2218, S. 44).

II. Bildung der Landespersonalrätekonferenz

Abs. 1: Nach **Abs. 1 Satz 1** können sich die **Personalräte der Hochschulen gem. § 105** einerseits sowie die **Personalräte der Hochschulen, die die sonstigen Hochschulbeschäftigten vertreten**, und die **Personalräte der Universitätskliniken** andererseits auf der Landesebene zu einer Arbeitsgemeinschaft, die als Landespersonalrätekonferenz zu betiteln ist, zusammenschließen. Dabei wird ihnen das Recht eröffnet, sich eine **Satzung** zu geben. Soweit man dem Wortlaut der Vorschrift folgt, können damit letztendlich **zwei Landespersonalrätekonferenzen** gebildet werden. 2

Nach **Abs. 1 Satz 2** besteht die **Verpflichtung zur Veröffentlichung der Satzungen**. 3

III. Aufgaben der Landespersonalrätekonferenz

Abs. 2: Die Landespersonalrätekonferenz hat folgende Aufgaben: 4

- Koordination der Belange von Hochschulpersonalräten auf der Landesebene
- Vertrauensvolle Zusammenarbeit mit dem für die Hochschulen zuständigen Ministerium (vgl. § 2 Abs. 1 entsprechend)

IV. Regelungen bei Nichtbestehen einer Stufenvertretung

Abs. 3: Die Vorschrift trifft besondere Regelungen, wenn eine Stufenvertretung für die Beschäftigten in Hochschulen und Universitätskliniken nicht besteht. In diesem Fall besteht eine **Kostenübernahmeverpflichtung entsprechend § 40** durch das **für die Hochschulen zuständige Ministerium**. Entsprechendes gilt für die **Freistellungskosten pro Landespersonalrätekonferenz**. 5

IV. Sitzungsanreise

Abs. 4: „**Reisen**" zu den Sitzungen der Landespersonalrätekonferenz gelten als Dienstreisen und können somit in Anwendung des LRKG NRW entsprechend abgerechnet werden. 6

§ 105b (Wirtschaftsausschuss in Hochschulen und Universitätskliniken)

In den Hochschulen und den Universitätskliniken soll auf Antrag eines oder des Personalrats ein Wirtschaftsausschuss (§ 65 a) gebildet werden. Zu den wirtschaftlichen Angelegenheiten im Sinne des § 65a Absatz 1 Satz 2 gehört auch die Personalplanung und die Hochschulentwicklungsplanung.

Gliederung

I. Einleitende Bemerkungen

1 Mit dieser Vorschrift trifft der Gesetzgeber eine **Sonderregelung zur Errichtung von Wirtschaftsausschüssen im Bereich der Hochschulen**.

2 Die Vorschrift wurde im Zuge der **Novelle 2011** im Zusammenhang der neu geschaffenen Vorschrift des § 65a („Wirtschaftsausschuss") neu mit in das Gesetz aufgenommen (vgl. LT-Drucks. 15/2218, S. 45).

II. Bildung eines Wirtschaftsausschusses

3 Nach **Satz 1** soll in **Hochschulen** und den **Universitätskliniken „auf Antrag"** eines oder des Personalrates ein Wirtschaftsausschuss (§ 65a) gebildet werden. Nach **Satz 2** gehört zu den wirtschaftlichen Angelegenheiten i.S.d. § 65a Abs. 1 Satz 2 auch die **Personalplanung und die Hochschulentwicklungsplanung**, sodass der Kreis der wirtschaftlichen Angelegenheiten des Wirtschaftsausschusses im Hochschulbereich erweitert wird.

III. Wirtschaftliche Angelegenheiten

4 Nach **Satz 2** gehört zu den wirtschaftlichen Angelegenheiten i.S.d. § 65a Abs. 1 Satz 2 auch die **Personalplanung und die Hochschulentwicklungsplanung**.

5 Zur **Bildung**, zu den **Aufgaben**, den **Kompetenzen** und der **Zusammensetzung des Wirtschaftsausschusses** wird im Übrigen auf die Ausführungen zu § 65a verwiesen.

Sechster Abschnitt
Behandlung von Verschlusssachen

§ 106 (Behandlung von Verschlusssachen)

(1) Die Beteiligung eines Personalrats in beteiligungspflichtigen Angelegenheiten nach diesem Gesetz, die als Verschlusssache mindestens des Geheimhaltungsgrades „VS-Vertraulich" eingestuft sind, setzt voraus, dass die mitwirkenden Personalratsmitglieder nach den dafür geltenden Bestimmungen ermächtigt sind, Kenntnis von Verschlusssachen des in Betracht kommenden Geheimhaltungsgrades zu erhalten.

(2) In Angelegenheiten nach Absatz 1 sind die §§ 30 Abs. 3, 4. Alternative, 31 Abs. 2 Satz 2, 32, 35 und 36 nicht anzuwenden. Diese Angelegenheiten werden in der Personalversammlung nicht behandelt.

(3) Ein Personalrat, dessen Mitglieder sämtlich im Sinne des Absatzes 1 ermächtigt sind, ist in beteiligungspflichtigen Angelegenheiten mindestens des Geheimhaltungsgrades „VS-Vertraulich" insgesamt zu beteiligen. Er kann für die Beteiligung einen Ausschuss bilden, der aus dem Vorstand besteht; er hat diesen Ausschuss zu bilden, wenn die Ermächtigung aller Mitglieder nicht zustande kommt.

(4) Für das Verfahren in der Einigungsstelle und die Beteiligten nach § 67 gilt Absatz 1 sinngemäß. Kommt die Ermächtigung aller Mitglieder der Einigungsstelle nicht zustande, tritt an ihre Stelle ein Gremium, das aus der oder dem Vorsitzenden der Einigungsstelle und je einer oder einem von der obersten Dienstbehörde oder der Personalvertretung vorgeschlagenen Beisitzerin oder Beisitzer besteht.

(5) Die oberste Dienstbehörde kann anordnen, dass in Angelegenheiten nach Absatz 1 den Beteiligten nach Absatz 3 und Absatz 4 Unterlagen nicht vorgelegt und Auskünfte nicht erteilt werden dürfen, soweit dies zur Vermeidung von Nachteilen für das Wohl der Bundesrepublik Deutschland oder eines ihrer Länder oder aufgrund internationaler Verpflichtungen geboten ist. Im Verfahren nach § 79 sind die Voraussetzungen für die Anordnung glaubhaft zu machen.

Gliederung

I. Einleitende Bemerkung

1 Die Vorschrift regelt die personalvertretungsrechtliche Behandlung von Verschlusssachen.

II. Beteiligung des Personalrates in Verschlusssachen

2 Abs. 1: Mit dieser Vorschrift hat der Gesetzgeber die Möglichkeit geschaffen, dass auch beteiligungspflichtige Angelegenheiten, die als Verschlusssache mindestens mit dem Geheimhaltungsgrad „**VS-Vertraulich**" eingestuft sind, vom Personalrat behandelt werden können.

3 Die Definition einer „**Verschlusssache**" ist § 5 SÜG NRW zu entnehmen:

§ 5 (Verschlusssachen)

(1) Verschlusssachen sind im öffentlichen Interesse geheimhaltungsbedürftige Tatsachen, Gegenstände oder Erkenntnisse unabhängig von ihrer Darstellungsform. Sie werden entsprechend ihrer Schutzbedürftigkeit von einer amtlichen Stelle oder auf deren Veranlassung eingestuft.

(2) Eine Verschlusssache ist

1. STRENG GEHEIM, wenn die Kenntnisnahme durch Unbefugte den Bestand oder lebenswichtige Interessen der Bundesrepublik Deutschland oder eines ihrer Länder gefährden kann,
2. GEHEIM, wenn die Kenntnisnahme durch Unbefugte die Sicherheit der Bundesrepublik Deutschland oder eines ihrer Länder gefährden oder ihren Interessen schweren Schaden zufügen kann,
3. VS-VERTRAULICH, wenn die Kenntnisnahme durch Unbefugte für die Interessen der Bundesrepublik Deutschland oder eines ihrer Länder schädlich sein kann,
4. VS – NUR FÜR DEN DIENSTGEBRAUCH, wenn die Kenntnisnahme durch Unbefugte für die Interessen der Bundesrepublik Deutschland oder eines ihrer Länder nachteilig sein kann.

III. Rechtliche Auseinandersetzungen

4 Im Hinblick auf die vorliegende Vorschrift sind nach § 79 Abs. 1 Nr. 3 und 4 rechtliche Auseinandersetzungen im personalvertretungsrechtlichen Beschlussverfahren vor dem Verwaltungsgericht zu klären. In einem solchen Verfahren ist insbesondere der VS-Ausschuss i. S. d. § 106 Abs. 3 und das VS-Gremium i. S. d. § 106 Abs. 4 antragsberechtigt (vgl. BVerwG 26.04.2000 – 6 P 2.00 –).

Elftes Kapitel
Sonder- und Schlussvorschriften

§ 107 (Keine Anwendung auf Kirchen- und Religionsgemeinschaften)

Dieses Gesetz findet keine Anwendung auf Kirchen, Religionsgemeinschaften und ihre karitativen und erzieherischen Einrichtungen ohne Rücksicht auf ihre Rechtsform; ihnen bleibt die selbständige Ordnung eines Personalvertretungsrechts überlassen.

Gliederung

I. Keine Anwendung des LPVG NRW

1 Neben anderen Vorschriften ist insbesondere die Bestimmung des Art. 137 WRV Bestandteil des Grundgesetzes (Art. 140 GG). Danach besteht die Vorgabe, dass jede Religionsgesellschaft ihre Angelegenheiten selbstständig innerhalb der Schranken des für alle geltenden Gesetze ordnet und verwaltet. Entsprechendes findet sich auch in Art. 19 Abs. 2 Satz 1 LVerf NRW wieder. Dabei werden jedoch sprachlich, ohne dass ein inhaltlicher Unterschied besteht, die Begriffe Kirchen und Religionsgemeinschaften verwendet. Dementsprechendes findet sich insoweit auch im LPVG NRW wieder.

2 **Wichtig!**

Karitative und erzieherische Einrichtungen der vorbenannten Träger unterfallen, ohne Rücksicht auf ihre Rechtsform ebenfalls nicht dem LPVG NRW.

II. Rechtliche Auseinandersetzungen

3 Fragen darüber, ob Kirchen oder Religionsgemeinschaften bzw. deren karitative und erzieherischen Einrichtungen der Anwendung des LPVG unterliegen, sind nach § 79 Abs. 1 Nr. 2 im personalvertretungsrechtlichen Verfahren vor dem Verwaltungsgericht zu klären. Denn der Beantwortung dieser (Rechts-)Frage liegt die Klärung zugrunde liegt, ob i. S. d. § 1 Abs. 1 überhaupt verpflichtend Personalräte zu bilden sind.

- Bestellung des Wahlvorstandes (§ 19)
- Abberufung des Wahlvorstandes (§ 20)
- Vornahme einer Wahlanfechtung (§ 22)
- Herbeiführung eines Mitgliederausschlusses oder einer Auflösung des Personalrates (§ 25 Abs. 1)
- Teilnahme an Personalratssitzungen (§ 35)
- Anspruch auf Zuleitung einer Sitzungsniederschrift (§ 37 Abs. 2)
- Einberufung einer Personalversammlung (§ 46 Abs. 3)
- Teilnahme an Personalversammlungen (§ 49)

3 Der Begriff „**Berufsverbände**" unterliegt einem weiten Verständnis (vgl. BVerwG 25.07.2006 – 6 P 17.05 –). Erfasst sind hiervon dem Grunde nach sämtliche Vereinigungen von Beschäftigten, die von ihrer Ziel- und Zweckrichtung her gewerkschaftsgleiche Aufgaben wahrnehmen, einer entsprechenden Aufgabenerfüllung dienen, dabei aber die materiellen Anforderungen an den Gewerkschaftsbegriff (vgl. § 2 Rz. 11) nicht vollends erfüllen.

4 Die Vorschrift erfasst nur Berufsverbände, die „**in der Dienststelle vertreten**" sind. Das ist dann der Fall, wenn in einem solchen Verband bereits ein Beschäftigter (vgl. § 5) der Dienststelle angehörig ist (vgl. BVerwG 11.02.1981 – 6 P 20.80 –).

5 Damit die in der Dienststelle vertretenen Berufsverbände die vorbenannten Rechte in Anspruch nehmen können, müssen sie „**einer gewerkschaftlichen Spitzenorganisation angeschlossen sein**". Zur Begriffsbestimmung einer solchen Spitzenorganisation vgl. § 2 Abs. 2 TVG und zu ihrem (personalvertretungsrechtlichen) Verhältnis zu Gewerkschaften vgl. § 2 Rz. 11.

III. Rechtliche Auseinandersetzungen

6 Streitigkeiten über die einem Berufsverband zustehenden Aufgaben und Befugnisse nach dem LPVG NRW sind im personalvertretungsrechtlichen Beschlussverfahren nach § 79 Abs. 1 Nr. 2 oder 3 vor dem Verwaltungsgericht zu klären.

§ 111 (Ausnahme zur Nachwirkung von Dienstvereinbarungen)

§ 70 Abs. 4 Satz 2 findet keine Anwendung auf Dienstvereinbarungen, die vor Inkrafttreten dieses Gesetzes beschlossen worden sind.

1 Die Vorschrift wurde durch die **Novelle 2011** inhaltlich nicht geändert. Die Vorschrift des § 70 Abs. 4 Satz 2 findet keine Anwendung auf Dienst-

vereinbarungen, die ihren Abschluss in der Vergangenheit unter der zeitlichen Geltung des LPVG NRW in der Fassung der Novelle 1984, die am 22.01.1985 in Kraft getreten ist, gehabt haben (vgl. im Kontext auch BAG 02.08.2018 – 6 AZR 28/17 – zu einer Dienstordnung eines Theaters in NRW von 1942).

§ 112 (Wahlrecht der Beschäftigten in gemeinsamen Einrichtungen)

Abweichend von § 10 Absatz 2 können Beschäftigte, denen gemäß § 44b Absatz 1 und Absatz 2 Zweites Buch Sozialgesetzbuch Aufgaben der gemeinsamen Einrichtungen zugewiesen sind oder werden, bei den abgebenden Dienststellen wählen oder gewählt werden.

Die Vorschrift stellt auf gemeinsame Einrichtungen i. S. d. § 6d Alt. 1 SGB II, 1
d. h. die **sog. Jobcenter** ab, die in der gemeinsamen Trägerschaft der Bundesagentur für Arbeit und der Kreise und kreisfreien Städte stehen.

Geregelt wird, dass abweichend von § 10 Abs. 2 die Beschäftigten, denen 2
nach § 44b Abs. 1 und 2 SGB II Aufgaben bei den Jobcentern zugewiesen sind oder werden, bei den abgebenden Dienststellen das aktive und auch passive Wahlrecht innehaben. Das bedeutet also, dass diese Beschäftigten ein **doppeltes Wahlrecht** aufweisen.

Der **Sinn und Zweck** dieser Regelung besteht darin, dem besonderen Rechts- 3
verhältnis der Beschäftigten bei den Jobcentern entsprechend Rechnung zu tragen (vgl. LT-Drucks. 15/1644, S. 90).

Der **Geltungsbereich** der vorliegenden Sonderregelung bezieht sich **nur** 4
auf Beschäftigte mit zugewiesenen Aufgaben der Jobcentern, die einer Dienststelle entstammen, für die das LPVG NRW Geltung erlangt.

Soweit **Beschäftigten aus dem Bereich der Agentur für Arbeit** Aufgaben 5
der Jobcenter zugewiesen sind, gilt es, die **Anwendung des BPersVG** zu beachten. Zu deren Wahlrecht vgl. OVG NRW 20.06.2011 – 16 B 271/11.PVB –.

Zum Nichtbestehen eines eigenen Entscheidungsspielraumes des Dienst- 6
stellenleiters eines Jobcenters über die **Einführung und Ausgestaltung zentralverwalteter Verfahren der Informationstechnik**, mit der Folge, dass insoweit auch **kein Mitbestimmungsrecht des Personalrats** besteht (vgl. BVerwG 17.05.2017 – 5 P 2.16 – und Bülow zur Rechtsprechung des BVerwG 2017, ZTR 2018, 241 f.).